桐乡市财政税务志

（1996–2010）

桐乡市财政税务志编纂委员会 编

方志出版社
Publishing House of Local Records

图书在版编目(CIP)数据

桐乡市财政税务志. 1996～2010/《桐乡市财政税务志》编纂委员会编. —北京：方志出版社，2017. 3
ISBN 978-7-5144-2383-9

Ⅰ. ①桐… Ⅱ. ①桐… Ⅲ. ①地方财政—概况—桐乡—1996-2010 ②地方税收—概况—桐乡—1996-2010
Ⅳ. ①F812. 755. 4

中国版本图书馆 CIP 数据核字(2017)第 061324 号

桐乡市财政税务志（1996～2010）

编　　者：《桐乡市财政税务志》编纂委员会
责任编辑：宁　芳

出 版 人：冀祥德
出 版 者：方志出版社
地址　北京市朝阳区潘家园东里 9 号（国家方志馆 4 层）
邮编　100021
网址　http://www.fzph.org
发　　行：方志出版社发行中心
电话（010）67110500
经　　销：各地新华书店
设计排版：杭州美迪图文设计有限公司
印　　刷：浙江海虹彩色印务有限公司

开　　本：889×1194　1/16
印　　张：42.25
字　　数：1164 千字
版　　次：2017 年 3 月第 1 版　2017 年 3 月第 1 次印刷
印　　数：0001～1200 册

ISBN 978-7-5144-2383-9　**定价**：180.00 元

◆2004年5月，市财政地税局迁入茅盾西路2号新址

◆2001年11月18日，市国税局迁入庆丰南路51号新址

荣 誉

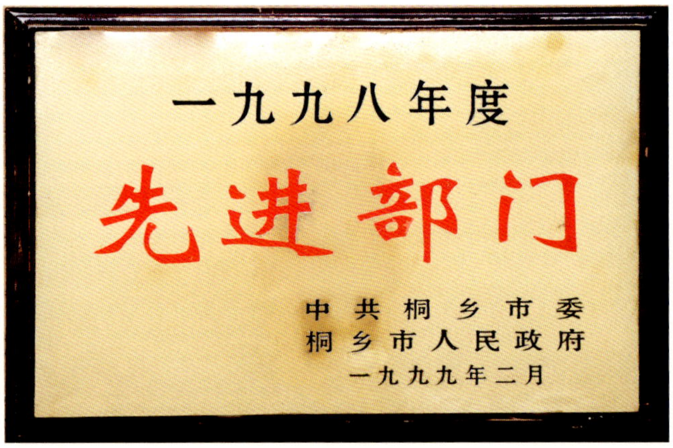

◆1998年，财政地税局被评为桐乡市先进部门，至2010年止，共有10次获得先进部门称号

◆2000年，桐乡市财政地税局被评为全省财政地税系统“二○○○年度形象工程活动先进单位”

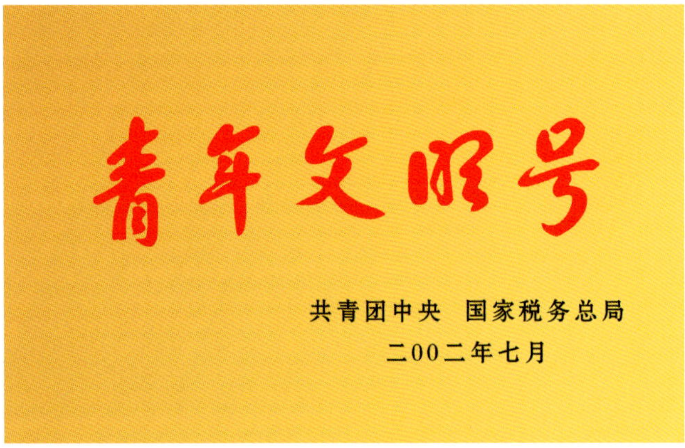

◆2002年7月，桐乡市国税局获共青团中央、国家税务总局授予的“青年文明号”称号

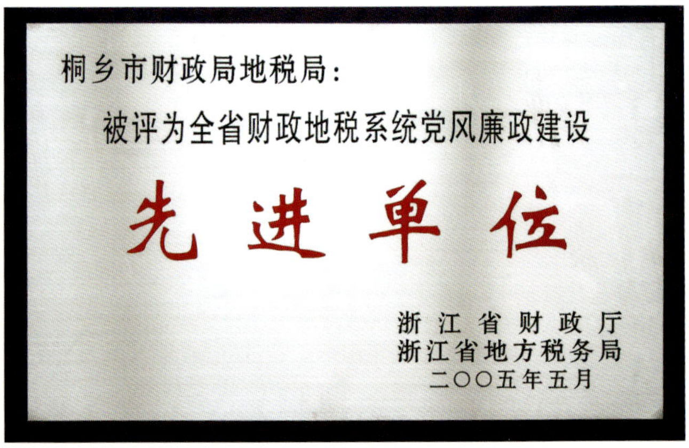

◆2005年5月，桐乡市财政地税局被评为“全省财政地税系统党风廉政建设先进单位”

◆2006年，桐乡市财政局获“全省财政系统先进集体”荣誉称号

◆2006年，桐乡市国税局获“全省国税系统文明单位”荣誉称号

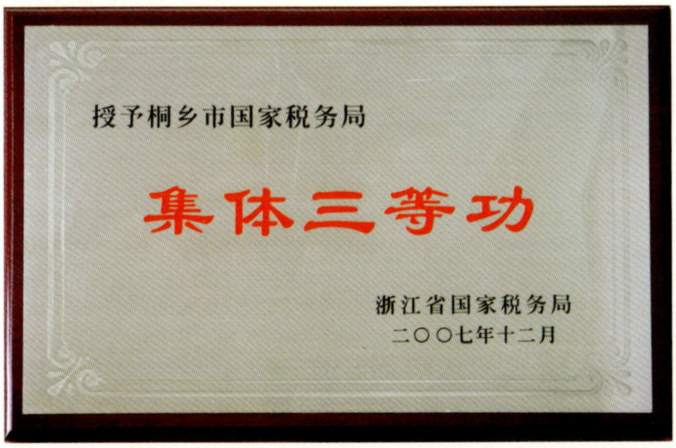

◆2007年12月，浙江省国税局授予桐乡市国税局集体三等功

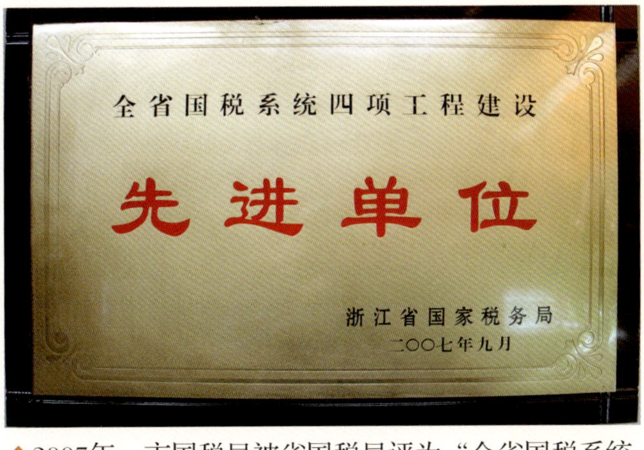

◆2007年，市国税局被省国税局评为“全省国税系统四项工程建设先进单位”

领导视察

◆2001年3月17日，财政部部长项怀诚视察乌镇

◆2002年4月，国家税务总局局长金鑫（左三）视察乌镇，省国税局局长钱宝荣（左四）、嘉兴国税局局长张来富（左二）、桐乡市国税局局长沈锡明（右二）陪同

◆2001年5月财政部副部长高强(右二)视察乌镇，省财政厅长翁礼华（左一）、桐乡市副市长邢海华（右一）、市财政局长柏利勇（左三）陪同

◆2008年，国家税务总局副局长钱冠林瞻仰茅盾故居

◆2001年，国家税务总局纪检组长贺邦靖（前排中）考察乌镇，省国税局局长钱宝荣（前排右一）陪同

◆2005年4月，国家税务总局总会计师董树奎（左四）到桐乡市地税局调研，省地税局副局长劳晓峰（右二）、桐乡市地税局副局长吴建勇（右四）陪同

领导视察

◆1998年11月，省国税局局长钱宝荣（前排中）视察桐乡市国税局，嘉兴市国税局局长王平（左二）、党组书记王瑞华（右二）、桐乡市国税局局长沈培璋（左一）、党组书记沈锡明（右一）陪同

◆2009年3月，财政部综合司司长戴柏华（中）到桐乡调研，桐乡市财政局局长赵洪亮（左一）陪同

◆2009年6月，省国税局副局长邢幼平（左二）到桐乡市国税局调研，桐乡市国税局局长钟华（左一）陪同

◆2006年4月，省地税局常务副局长单美娟（左二）到桐乡市地税局调研，桐乡市地税局局长赵洪亮（右二）、副局长吴建勇（右一）陪同

◆2002年6月，省国税局副局长周永卫（右二）到桐乡市国税局调研，桐乡市国税局局长沈锡明（右一）陪同

◆2007年1月26日，省地税局副局长钱子辉（右二）慰问桐乡地税局干部职工，嘉兴市地税局副局长张东生（右三）陪同

会议

◆2010年2月1日，市国税局召开全市国税工作会议

◆2010年2月6日，市财政地税系统召开财政地税工作暨党风廉政建设会议

◆2010年11月，市国税局、地税局联合镇、区、街道召开优化外企税收服务与管理研讨会

◆1998年，市地税局召开征管改革公开办税现场会

◆2002年8月21日，市国税局领导参加“青年文明号”活动日

◆2009年9月28日，市国地税濮院个体税收联合征收管理所成立暨揭牌仪式

◆2010年4月8日，桐乡市推广“纳税人之家”服务活动现场会议

税收宣传

◆1997年，市国地税联合开展“税收与文明”宣传活动

◆2004年4月10日，东兴广场税收宣传活动

◆2005年4月9日，市国地税组织税收宣传活动

◆2008年4月17日，老年自行车队宣传税法

◆2009年11月，桐乡市地税局组织“春雨”专项活动税收优惠政策辅导日暨税企沟通会

◆2009年，市财政地税局举行新闻发布会

◆2009年3月20日，市国税局开展企业出口退税政策咨询活动

◆2010年4月24日，税收宣传进市场，市国税局工作人员接受纳税人咨询

一线服务

◆2001年11月，新设立的国税办税服务厅

◆2004年5月，新设立的梧桐地税所征收大厅

◆2008年9月，市地税局干部下企业开展调研活动

◆2010年7月，市国税局干部下企业开展纳税评估

◆2009年6月，桐乡市第一家“纳税人之家”成立并召开第一届代表委员会第一次会议

◆2003年9月，市国税局开展“我当一天纳税人”活动

◆2007年2月，市财政地税局领导慰问干部职工

◆2010年8月，市地税局设立税收宣传广告牌

◆2010年9月19日，市国税局开展慈善捐款活动

◆2006年8月14日，市国税系统为困难家属捐款

◆2007年11月27日，市国税局“青年文明号”成员给贫困村图书室送书

◆2009年2月，市财政地税系统干部义务献血

◆2010年3月，市财政地税系统开展“种植‘财税林’、美化新家园”活动

◆2007年9月27日，市国税局参加“庆国庆·迎十七大”全市机关大合唱比赛

◆2006年6月18日，市财税代表队参加全市第十五届运动会开幕式

◆2007年9月29日，市国税局举办国地税机构分设十周年联欢晚会

◆2006年10月25日，市国税局运动员在嘉兴国税系统第二届乒乓球比赛后合影

◆2006年10月，市财政地税局组织干部职工开展拓展训练

◆2007年2月，市财政地税系统组织趣味运动会

◆2008年5月，市国税局参加市直机关运动会

◆2010年10月19日，市财政地税局篮球队与开发区篮球队举行友谊赛

◆市财税局运动员参加全市十六届运动会拔河比赛

◆2009年9月，市财政地税局参加桐乡市庆祝新中国成立60周年“红歌会”

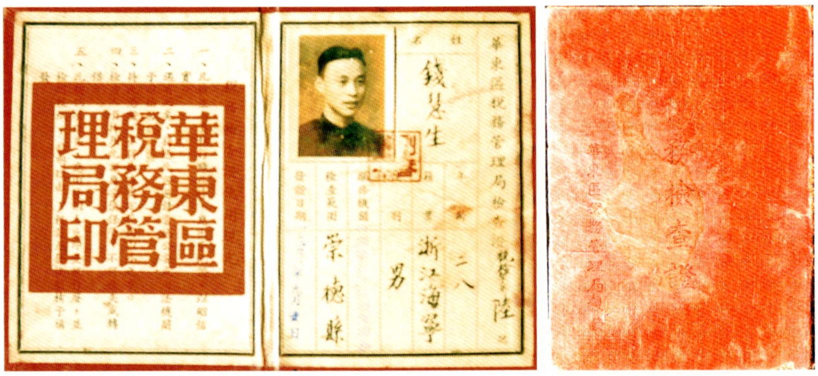

◆华东区税务管理局1953年印发的税务检查证

◆明万历年间崇德县税务碑在崇福镇发现，2008年2月送中国财税博物馆

◆明万历年间崇德县税务碑碑文（局部）

《桐乡财政税务志》(1996—2010)

编纂工作领导小组

组　　长:姜　玮　朱政华

副 组 长:钟　华　杨顺坤

成　　员:沈锡明　吴建勇　汤震明　吴海燕　房治方　沈培荣　沈富春　罗建荣　赵振贤　沈玉林　蒋小荣　杨胜亮　高海群　高建学　方　真　吴鉴伟　江永明　徐国平　王晓丹

编纂办公室

主　　任:吴海燕(兼)　沈培荣(兼)

副 主 任:罗建荣(兼)　高海群(兼)

成　　员:(按姓氏笔画排列)

王小寅　王云飞　王晓洁　韦庆勇　冯　恺　冯永梅　叶志伟　孙　健　孙羽萍　朱　伟　朱　泳　朱仲寅　朱国强　吴雪明　吴黎鸿　张　芳　张伟良　张丽萍　李永仙　李富中　杨　镛　杨伟东　沈　科　沈　锋　沈荣民　沈永才　沈建学　沈建峰　沈骁刚　邵　青　汪春荣　陆　坚　陆奇英　陆建华　陈晓曙　陈伟达　周耀芬　宓方冬　范伟林　茅路平　金润冬　倪为荣　姚剑祥　施杏仙　费　佳　徐兴良　徐建中　高荣甫　曹　丽　黄莉莉　董卫泉　虞福庆

编 纂 人 员

编纂指导:俞尚曦

编 写 组:汤震明　吴海燕　包万象　张志明　张绍雄　吴锡良　孙　坚　章建中　张　铮　陈敏娅　管利权　李建平　刘智跃　严　勇

序

地方志，是我国传统文化园地中一枝奇葩。“修志问道，以启未来”，已逐渐成为人们的共识。在当代，各种志书（包括部门志）的编纂为续写历史，弘扬社会主义先进文化发挥了愈来愈重要的作用，业已成为全社会增强道路自信、制度自信、理论自信、文化自信的生动体现。

在二轮修志的热潮中，《桐乡市财税志》（1996—2010）及时启动，坚持不懈，经过全体编纂人员数年来一以贯之的辛勤劳动，终于在2016年年底杀青付梓。新编《财税志》，体例完备，资料翔实；内容丰富，特色鲜明；具体而微，“堪存堪鉴”。这部新编的《财税志》，既有面上材料的铺叙，又不乏典型事例的剖析，真实客观地记载了1996—2010年这一特定历史时期内桐乡财税工作各个方面的全貌和阔步前进的历程，称得上是一部深具存史、资政、教化等多种意义的重要典籍。该志的面世，是全市财税文化建设的一个丰硕成果，它将为各界读者了解、认知桐乡财税工作的发展状况，及其在国民经济和各项事业发展中所具有的重要地位开启一个新的窗口；它的出版发行，对全市的财税事业，以及经济和社会的发展，必将发挥独特的推动作用。

我在财税部门工作了二十多个年头，她是我的“娘家”。现在虽然离开了财税工作岗位，但我对“娘家”始终怀着深深的眷恋和炽热的感情。在这部新编的《财税志》即将问世之际，我和大家一样感受到了春播秋收的喜悦，并愿借此机会，衷心祝愿全市的财税工作者奋发图强，开拓创新，取得更大的业绩！

凡　例

一、《桐乡市财政税务志》(1996—2010)以马克思列宁主义、毛泽东思想、邓小平理论、三个代表重要思想为指导,贯彻落实科学发展观,坚持辨证唯物主义与历史唯物主义观点,遵循国务院《地方志工作条例》规定的编纂指导原则,尊重历史,实事求是,全面、客观地记述桐乡市财政税务状况。

二、本志记述断限,始于1996年,终于2010年。部分内容,或往上追溯,或往下延伸,皆视行文需要而定。

三、本志采用章、节两级目录,横排门类,纵述史实,述而不论。除大事记、概述以外,共设置30章、121节。志中综合运用述、记、志、图、表、录等各种体裁,以志体为主。

四、桐乡于1993年3月26日撤县设市。本志以此日为限,之前称"桐乡县",之后称"桐乡市"。

五、本志一般采用本部门正式提供的数据。本部门缺乏该项数据的,则以历年《桐乡市统计年鉴》公布的数据为准。度量衡单位表述,一般采用习惯名称,必要时换算成法定计量单位。法定计量单位,按《中华人民共和国法定计量单位》表述。

六、志中纪年,民国时期,用阿拉伯数字书写,括注公元纪年。中华人民共和国成立后,用公元纪年。本志所载"50年代"、"80年代"等,均专指20世纪。

七、出于节省篇幅、避免重复的考虑,本志采用内容互见法。参见内容的表示形式为:参见本志"第×章·第×节·第×行"。

八、本志各表中的空格,表示该项统计指标数据不足本表最小单位数、数据不详或无该数据。

目　　录

概　述

桐乡市位于浙江北部杭嘉湖平原中部，总面积 727 平方公里。市区距上海市 148 公里，距杭州市 65 公里。沪昆高速公路(G60)、申嘉湖高速公路(S12)、320 国道、沪杭铁路客运专线、京杭大运河等水陆交通要道贯穿全境。2010 年年末，户籍人口 67.40 万人、暂住人口 38.46 万人。2010 年，全市实现地区生产总值 409.09 亿元，是 1995 年 68.54 亿元的 5.97 倍；财政收入 53 亿元，是 1995 年 3.27 亿元的 16.21 倍。2010 年，农村居民人均纯收入 14419 元，城镇居民人均可支配收入 28397 元。

改革开放三十多年来，桐乡财税部门在上级主管部门和当地党委、政府的领导下，坚持以经济建设为中心，积极探索社会主义市场经济条件下符合财政税收体制要求的财税管理方式，特别是近十五年来，围绕财政体制改革积极组织财政收入，合理安排财政支出，开发地方财源，支持地方经济发展，有力地支持了桐乡经济和社会事业的健康发展。

改革开放初期，财政体制实行分级包干体制，1992—1993 年全省实行分税制改革试点，桐乡被列入试点县(市)，1994 年开始正式实行分税制。此后，省对县(市)的财政结算体制每年都有调整，不断完善。1997 年开始，省实行“两保两联”奖励政策，即在确定实现当年财政收支平衡和确保完成消化历年赤字前提下，省财政将市、县(市)地方财政收入增收上解省级的收入与技改补助和奖励挂钩，是年，桐乡获得“两保两联”技改补助和奖励 63 万元；1998—2002 年获得省“两保两联”技改补助和奖励 1670 万元。2003 年，桐乡实行省规定的“两保一挂”奖励政策，即在确保实现当年财政收支平衡和确保完成消化历年赤字前提下，省财政的技改补助和奖励与地方财政体制收入比上年增收(环比)上缴额挂钩。2003—2007 年，桐乡按“两保一挂”奖励政策计算，获得奖励补助 5761 万元。2008 年，省进一步完善对县财政分配体制，调整为“分类分档激励奖补机制”。2008—2010 年，桐乡获得奖励补助资金 5427 万元。分税制后，乡镇财政管理体制也相应调整，并在以后年份不断完善，从 1995 年的“划分收支，核定基数，总额分成，定额补助(或递增上交)，自求平衡”，到 2009 年的“确定收支范围和基数，划分种类，收支挂钩”，其间乡镇财政体制共有 7 次调整，不断探索既激励乡镇财政规模不断壮大，又确保乡镇基本财力的管理体制。先后实行“收支挂钩、总额分成”“分税分成、差额上缴、转移支付”“增收分类分成、转移支付”“超收分成、欠收赔补”等乡镇财政体制。财政支出管理方面，按照公共财政的改革目标，十多年来，财政部门实施了一系列卓有成效的改革，包括会计集中核算、国库集中支付、工资统发、部门预算、政府收支分类、政府采购、国有资产管理、社会保障财务管理、基础设施建设财务管理、支农资金整合、农村综合改革、非税收入管理及金财工程建设等。同时不断完善和强化财政监督职能，拓宽监督领域，创新监督方式与手段，逐步建立事前、事中、事后有效结合的监督运行机制。2007 年，财政管理导入 ISO 质量管理体系，财政管理不断趋于规范与精细。

桐乡税务在探索中不断完善税收管理方式，经过十多年的努力，逐步建立起富有桐乡特色的税收征管模式。1995 年开始，尝试“申报、代理、稽查”三位一体征管模式，1997 年，开始建立“征、管、查”三位一体征管模式，设立征收大厅，依托信息化手段加强税收征管，创新纳税服务理念并不断向纵深推进。国地税进一步分设后,1998年,国地税分别在各自的征管领域积极探索,按照"以纳税申报和优化服务为基础,以计算机网络为依托,集中征收,重点稽查、强化管理"的税收征管模式,在税收工作实践中积极探索,逐步实现税务干部从"管户"向"管事"转变,税务工作从管理转向管理与服务并重。国税部门运用大税收视角和科学理念,加强税收征管,推进税源一体化管理,将税源管理工作与税收分析、纳税评估、税务稽查紧密结合,开展税收宏观分析、征管质量指标分析和行业税收分析,整合管理资源,提高管理效率,实现管理效能最大化。落实"服务科学发展、推进转型升级、创新管理机制、共建和谐税收"的工作主题,坚持科学化、专业化、精细化管理,优化纳税服务,实现"全市通办与一窗统办、大厅办税与网上办税、窗口办税与自助办税"三结合,为纳税人提供快捷便利的纳税服务。地税部门注重征管手段创新,注重精细化管理,点点滴滴,努力积聚财源,推进分行业、分规模、分税种管理,强化"数据采集一税源监控一税收分析一纳税评估一税务稽查""五位一体"横向互动机制,加大部门信息共享力度,推进征收管理科学化、专业化。从探索建立税收宣传辅导点到建立纳税人之家、从尝试建立纳税"绿色通道"到建立纳税服务志愿者队伍,税务管理质量、服务措施不断提升。2003年,国税、地税征管分别导入ISO 9000质量管理体系,税收征收管理进一步精细与和规范。

1999年,地税部门接收社会保险基金征收,2001年起实行"五费合征",不断探索加强管理的手段与方法,建立部门间的信息共享机制,并不断完善征缴机制,提高征管效率,1996—2010年,全市累计入库社会保险费600520万元。

十五年内,地方财政收入快速增长。1995年全市地方财政收入13824万元,2010年达到283049万元,年均递增22.30%;财政支出规模迅速扩大。全市财政支出从1995年的14650万元,增加到2010年的301962万元,年均递增22.35%。财政保障社会事业全面发展和支持地方经济发展的能力不断增强。

社会事业的保障能力明显提高。以建立公共财政为目标,坚持以人为本,全面落实民生政策。财政用于教育的支出不断增加,支持教育优先发展,城乡免费义务教育全面实施,国家助学制度全覆盖;加快推进医药卫生体制改革,城镇居民基本医疗保险制度、新型农村合作医疗制度全面建立;完善社会保障体系,实施积极的就业政策,城镇职工基本养老保险实现省级统筹,连续7年提高企业退休人员基本养老金水平,年均增长10%;建立新型农村社会养老保险制度,最低生活保障制度实现全覆盖;积极推进交通等公共基础设施建设,大力改善人民群众的出行条件;推进社会主义新农村建设。1996—2010年,桐乡财政预算内资金用于教育、医疗卫生、社会保障和就业、保障性住房、文化体育的支出合计656749万元,占全市预算内支出的40.84%。2003—2010年,累计投入财政资金11898万元用于村庄整治工程,其中争取到省补资金1418万元,经过近十年的整治,农村面貌日新月异,新农村建设雏形基本形成。

支持地方经济发展的能力明显增强。围绕工业立市战略,财政积极支持农业产业化经营和三产服务业同步发展,先后在骨干企业培育、园区平台建设、农业综合开发、科创园建设、生态环保建设、残疾人及下岗人员就业等方面出台扶持政策,不断调整财税扶持形式,优化支出结构与比例,1996—2010年,累计给予产业经济发展方面的财政、税收扶持资金约64.7亿元;出口退税约72.3亿元;农业领域(除农业产业外)财政投入约1.4亿元,助推地方经济平衡发展。1999年开始,财政注资乌镇旅游开发,并逐步整合扩股成为国有独资公司,2007年吸收中青旅投资,进一步加大乌镇旅游开发力度。经过十多年努力,乌镇逐步打造成为世界性的风情旅游小镇,全国十大魅力城镇之一,乌镇旅游成为桐乡的一张金名片。至2010年年底,乌镇旅游公司资产总额达到131117.34万元,净资产83904.79

万元，年接待旅游人数 575.28 万人次，年旅游收入 48808.49 万元，当年利润总额 24711.65 万元，上缴税金 8442.91 万元。

财税干部队伍建设不断加强。桐乡财税秉承“聚财为国，执法为民”的财税工作宗旨，“恪尽职守、秉公办事、优质服务、追求卓越”的财税职业精神，踏踏实实，勇于探索，勤于实践，集科学管理、规范管理、精细管理于一体，不断创造出崭新的财税工作业绩，2006—2010 年，财政局、国税局、地税局连续五年在市委年度考核中被评为先进单位，2006 年，市财政局获“全省财政系统先进集体”称号，2008 年，市国税局被国家税务总局、共青团中央授予“全国青年文明号”称号。

大　事　记

财政地税局

1996年

·1月·

1日，根据《桐乡市兵役义务费社会统筹实施办法》，桐乡实施兵役义务费社会统筹。2002年7月1日起停止征收。

·2月·

11日，桐乡市局召开年度财政税务工作会议。市财税局局长作《深化财税改革、坚持以法治税、加强财政监督、确保收支平衡》的财税工作报告，市人大和市政府相关领导参加会议并讲话。

·3月·

12日，桐乡首次部署开展行政事业单位国有资产产权登记。

·4月·

2日，市局开展全国第五个税收宣传月活动，活动主题为"税收征管与市场经济"。从1992年开始，税务系统每年定于4月份集中开展税收宣传，称"税收宣传月"，由国家税务总局制定指导思想、宣传主题，各地税务机构结合实际，开展税收宣传活动。

23日，桐乡国税局、地税局根据《浙江省深化税收征管改革指导性方案》和全省税收征管改革的统一步骤，成立税收征管改革领导小组。同年6月，桐乡市国税局、地税局被省局确定为全省第一批税收征管改革试点单位。

·5月·

9日，桐乡市局根据省财政厅、省地税局和市反腐败斗争联席会议及"纠风办"的要求，召开全市财税系统行业作风建设评议动员大会，在财税系统中开展"依法办税、秉公理财、规范管理、完善服务"为主题的行风建设活动，接受全社会行风评议。

是月，建立中共桐乡市财税局机关总支部委员会。1997年12月，国、地税机构分设，经批准撤销市财税局机关总支部委员会，建立市财税局党支部。2000年5月，再次建立市财税局总支部委员会。

·7月·

2日，桐乡市财税局妇委会建立。

是年，省政府批准濮院镇为全省第一批省级小城镇综合改革试点镇。嗣后，崇福镇、洲泉镇也先后被列入省级小城镇综合改革试点镇。翌年，市政府批准濮院镇设置财政局，制订《濮院镇财政体制改革方案》，从1997年1月1日起至2000年12月31日止，市对濮院镇单设财政体制。对崇福、洲泉两镇也出台相关扶持政策。

1997 年

·1 月·

27 日，市财政局确认市梧桐供销社为计算机替代手工记账单位，并颁发桐乡市第一张“采用计算机记账许可证”。此后，会计电算化被陆续推广。

·4 月·

中共桐乡市委通知，撤销财政税务局党组，建立市财政局党组。

·7 月·

1 日，市地税局税收征管软件《ZTAX》在崇福所首先启用，当年 12 月，乌镇等基层所相继启用。2000 年升级使用《TF98》。2002 年，《TF2000》征管软件全面投入运行。2007 年，《税友 2006》征管软件测试上线。

7 日，市财政局印发《关于调整乡镇财政管理体制的通知》。从 1997 年 1 月 1 日起，实行新一轮市与乡镇财政管理体制，其主要特征是：“划分收支、核定基数、收支挂钩、总额分成、定额补助、自求平衡。”

11 日，柏利勇任市财政局局长。11 月 23 日，兼任市地税局局长。

·8 月·

6 日，国税、地税机构进一步分设，市政府重新核定桐乡市财政局、桐乡市地方税务局和桐乡市国有资产管理局（副局级）职能配置、内设机构和人员编制方案。2002 年 2 月 21 日，桐乡市机构改革，不再保留桐乡市国有资产管理局，其职能并入财政局，挂桐乡市国有资产管理委员会办公室牌子。

·9 月·

2 日，召开国税、地税机构分设大会，国税、地税机构实质性分离。12 月，国税局迁至梧桐镇振兴西路 38 号新址。

·10 月·

1 日，桐乡市贯彻实施国务院颁布的《中华人民共和国契税暂行条例》和财政部出台的《中华人民共和国契税暂行条例细则》，对土地使用权出让开始征收契税。

3 日，市财政局召开资金管理会议，进一步规范地方财政周转金管理。

31 日，省财政厅印发《浙江省政府性基金预算管理办法》。当年，桐乡将原在财政部门预算外管理的教育费附加、排污费、地方税费附加等纳入政府性基金收支预决算。

·12 月·

是月，桐乡市财政局、地税局机关工作人员（具有干部身份的在编在职人员）向国家公务员过渡。

是年，全市 5 个地税所相继建立办税服务厅。至 1998 年 4 月，全市 8 个地税所全部建立办税服务厅。

1998 年

·1 月·

1 日，桐乡执行财政部发布的《事业单位财务规则》。

同日，桐乡实行“划分收支、分税分成、核定基数、差额上缴、转移支付、自求平衡”的新一轮乡镇财政管理体制。时间至 2000 年 12 月底止。

14日,市财政局成立财政周转金呆账核销审批小组。同年8月,成立财政周转金清理整顿工作领导小组。

·3月·

1日,市财政执行市政府《桐乡市加强预算外资金管理的实施意见》,将全市政府专项资(基)金,行政、事业性收费等预算外资金全部纳入财政专户,实行统一管理,建立预算内外有机结合的综合财政体制。

5日,市财政、地税局召开国地税分设后首次年度财税工作会议。财政、地税局局长作工作报告,市人大、市政府相关领导到会并讲话。以后年度,财政、地税局每年召开财政、地税工作会议,确定年度工作重点,局长作工作报告,市人大和市政府相关领导到会指导并讲话。

13日,市地税局成立税收征管改革领导小组,全面推进地方税收征管改革。初步建立对外以办税大厅为标志的纳税人自行申报纳税制度,对内形成以取消专管员管户制度为标志的服务、管理、稽查有机结合的税收征管新模式。

24日,设立桐乡市公安局驻桐乡市地方税务局联络室。

是月,中国共产主义青年团桐乡市财政地税局支部委员会成立。

·4月·

13日,市财政局印发《桐乡市行政事业单位票款同行结报暂行规定》《桐乡市行政机关、事业单位综合预算管理制度》。收入实行票款同行结报,资金全额上交财政专户,支出实行预算内外统一编制综合预算,实现预算外资金"收支两条线"管理。

·5月·

7日,桐乡市财政地税局工会工作委员会建立。

·6月·

16日,市地税局稽查大队设立税务违法案件举报中心,受理公民涉税举报案件。

30日,《桐乡市财政税务志》(1998年版)初稿经会审,市地方志编纂委员会批复同意出版。是年12月,《桐乡市财政税务志》(1998年版)正式出版。

·8月·

市地税局在梧桐所进行"银税联网"试点,实现用IC卡缴税。至1999年年初,全市8个地税所先后实行银税联网。

·9月·

30日,市地税局成立案件审理委员会。

·10月·

5日,市财政局成立行政复议委员会。

13日,桐乡市财政、地税局妇委会建立。

当月,由财政信用开发公司与浙江省国际信托投资公司合资建办的桐乡国际物业租赁有限公司出让全部股权,收回投资。

1999年

·1月·

1日,桐乡开始执行财政部发布的《行政单位财务规则》和《行政单位会计制度》。

同日，桐乡财政局贯彻市政府《关于进一步加强政府专项资金管理意见》，政府专项资（基）金的收支实行预决算制度，纳入财政预算管理。

是月，桐乡市政府采购中心（全民事业）建立，机构设在财政局，同年 3 月颁发《桐乡市政府采购管理办法（试行）》；6 月，在财政局建立政府采购领导小组办公室。当年组织政府采购 10 次，节约财政资金 8%。2004 年，设在财政局的采购中心注销。2005 年 10 月，政府采购实行管、采分离，采购中心隶属行政审批中心。

·2 月·

23 日，省编委办、省人事厅、省地税局联合下发《关于重新核定全省地方税务所人员编制及有关问题的通知》，桐乡基层地方税务所和稽查局工作人员统一实施国家公务员制度，地税系统编制实行省以下垂直管理。

·4 月·

1 日，市地税局开始代征企业职工基本养老保险。2005 年 6 月 1 日起，全市养老保险、医疗保险和失业保险由桐乡市地税局负责征收。2006 年 1 月 1 日起实行“五险合征”，工伤保险与生育保险全部由地税部门征收。

·8 月·

12 日，市政府批转《桐乡市土地出让金管理办法》。全市土地出让金实行收支两条线管理，土地出让收益列入财政预算管理。

·12 月·

8 日，市国有资产投资经营有限公司（国有独资）成立。2003 年 10 月，市城市投资有限公司（国有独资）成立。2005 年 6 月，国有资产投资有限公司并入市城市投资有限公司。

2000 年

·1 月·

1 日，根据市委、市政府《关于深化预算外资金管理的通知》《桐乡市进一步加强预算外资金管理实施细则》，全市实行收费统一标准、收支统一核算、会计统一管理、分配统一政策的“四统一”管理机制。

同日，桐乡对新发生的固定资产投资应税项目，暂停征收固定资产投资方向调节税。

·7 月·

1 日，桐乡实施财政部颁发的《会计从业资格管理办法》。

14 日，建立桐乡市农业税收征收管理中心（全民事业），负责全市农业“四税”的征收管理。

·9 月·

28 日，市政府批转《桐乡市罚缴分离实施办法（试行）》。2000 年 10 月 1 日起，作出罚没款决定的执罚机关与收缴罚没款的机构实行分离。

·12 月·

是年，针对中小企业融资难的现状，财政投资 500 万元，参与组建诚信担保公司。

是年，制定单位公用经费分类定额，市本级行政事业单位全面实行零基预算和综合预算管理。

是年，在推进地税征管现代化的同时，个体税收实现社会化征管。实行委托信用社代收的征收方式，在各乡镇组建 29 个协税护税工作小组，聘请 419 名协税护税员，

2001年

·1月·

1日,全市地税系统公文处理全面取消纸质文件,所有收发文均进入公文处理系统(ODPS),实现与省局远程收发对接。同年7月1日,财政系统公文处理全部进入公文处理系统(ODPS)。初步实现财税公文流转自动化。2007年1月,公文处理系统升级,《财政地税综合办公平台FOA》投入运行。

1日,桐乡市贯彻《中华人民共和国车辆购置税暂行条例》,开征车辆购置税。原有车辆购置附加费取消。

1日,全市机关(含乡镇)、事业单位,各类学校在职人员实行财政统一发放工资。2002年,财政统一发放工资覆盖至全市镇乡、街道事业单位。2004年,行政机关离退休人员离退休费实行财政统一发放。

·3月·

5日,市政府印发《桐乡市新一轮乡镇财政体制》。实行"划分收支、核定基数、增收分类分成、转移支付、自求平衡"的乡镇财政体制。

6日,市政府办印发《桐乡市市本级行政事业性收费票款分离暂行办法》,自此始,桐乡市具有行政收费职能的单位部门依据国家法律、法规和规章收取行政事业性收费实行"执收单位开票、银行代收、财政统管"的"票款分离"管理方式。

17日,财政部部长项怀诚一行到桐乡视察,调研财税工作。省财政厅厅长翁礼华、嘉兴市市长杨荣华随同视察、调研。

·7月·

市财政局组建桐乡市预算会计核算中心(全民事业)。2004年5月更名为桐乡市财政支付(核算)中心,市级机关、事业单位实行预算会计集中核算。是年8月正式运作。同年11月至2002年1月,分别建立卫生、教育、规划建设三个预算会计核算分中心。

·10月·

27日,省地税局批复同意桐乡地税局实施《新世纪之初桐乡地税现代化征管新框架实施方案》。11月15日,市局召开桐乡地税现代化征管实施会议。按照省地税局批复的《新世纪之初桐乡地税现代化征管新框架实施方案》和要求,部署落实地税征管机构、岗位设置,全面实行一级稽查,取消二级稽查,修订岗位职责,建立地税管理岗位责任区等地税现代化征管改革工作。

·11月·

8日,桐乡市财政、地税局成立机构改革领导小组。20日,印发《桐乡市财政、地税局关于机构改革的实施意见》,当月27日召开机构改革动员大会,部署两局机构改革。

·12月·

1日,全市个体工商业地方税收"双定"户全面实行"银税联网、实时扣税"的税收征收方式。

2002年

·1月·

1日,桐乡市实施所得税收入分享改革,实行所得税增量分成。以2001年实绩为基数,超基数部分中央与地方 5∶5 分享;2003 年及以后超基数部分中央与地方 6∶4 分享。

·2 月·

21 日,桐乡市人民政府办公室印发《桐乡市财政局职能配置内设机构和人员编制规定的通知》。不再保留桐乡市国有资产管理局,其职能并入财政局,挂市国有资产管理委员会办公室牌子。另设市控制社会集团购买力办公室和市政府采购办公室,不再保留市税收财务大检查办公室。

28 日,市财政、地税局召开中层领导职位"竞争上岗,双向选择"动员大会。3 月 12 日,通过竞争上岗、民主测评、竞岗演讲和领导评议,重新任命各科室、基层税务所领导人员。

·3 月·

12 日,市财政国库管理制度改革进入实质性阶段。按照逐步建立公共财政要求,经市政府"三定"方案批准,市财政局单设国库科,归并和集中分设在各科室的账户,由国库科统一管理全市预算内外资金,强化财政宏观调控职能。

·4 月·

1 日,全市镇乡(街道)财政体制调整,实行"确定收支范围和基数,划分税种,分类分成"的镇乡(街道)财政体制。梧桐街道因事权的特殊性,单独实行"确定收支基数,实行收支挂钩"财政体制。

·5 月·

12 日,桐乡市地方税务局"12366"电话语音特服系统开通。

27 日,中共中央委员、国务院专题办主任、财政部原部长刘仲藜到桐乡视察。

是月,财政部副部长高强到桐乡视察、调研财税工作。

·6 月·

1 日,个体地方税收"双定"户在原划卡征收的基础上实现委托银行批量扣税。

·7 月·

1 日,桐乡市根据农村税费改革有关政策规定,停止征收屠宰税、农业特产税。

4 日,桐乡市成立农村税费改革领导小组,领导小组下设办公室,办公室设在市财政局。

同日,桐乡市地方税务局经省地税局批准,全面推行税收执法责任制试点。22 日,地税局成立税收执法责任制试点工作领导小组,3 月 12 日,市地税局制定《桐乡市地方税务局税收执法责任制考核暂行办法》,并组织实施。

·11 月·

12 日,市财政局成立桐乡市"金财工程"领导小组,并启动该工程。

2003 年

·1 月·

1 日,桐乡市执行省政府新一轮地方财政体制:"采取按行业税种以及按比例分享等规范办法,进一步划清省与市、县(市)政府收入来源,明确分成办法,同时实行'两保两挂''两保一挂'财政政策"。桐乡市实行"两保一挂"财政政策。

·2 月·

6 日,财政部部长项怀诚到桐乡视察、调研。

·4 月·

23 日,赵洪亮任市财政局局长。同年 6 月,兼任市地税局局长。

·5月·

1日,市地税局制定并推行《桐乡市邮寄纳税申报暂行办法》。6月1日,在梧桐税务所试点,推广应用地税"网上申报系统"。7月1日,制定并推行《桐乡市地税系统 Internet 纳税申报暂行办法》。

22日,制定印发《桐乡市地方税务局税收执法过错责任追究实施办法(试行)》,并组织实施。

·6月·

10日,市地方税务局导入 ISO 9000 质量管理体系,成立工作领导小组及办公室。同年11月17日,经省地税局统一确定的国内权威认证机构认证,取得质量管理证书,成为桐乡市行政机关首家通过 ISO 9000 国际质量标准体系的单位。

是年,市地税局王晓丹被国家税务总局评为全国税务系统先进个人。

2004年

·1月·

1日,桐乡市执行中央和省有关文件,市政府印发《桐乡市人民政府关于免征农业税的通知》,当日起全市范围内免征农业税。

同日,桐乡市执行国务院《关于改革现行出口退税机制的决定》,以2003年出口退税实退指标为基数,对超基数部分的应退税额,中央和地方按75∶25的比例共同负担。2005年1月1日起,出口退税负担机制再作调整。超基数部分中央与地方按照92.5∶7.5的比例共同负担。

同日,市地税局对从事房地产开发的纳税人转让房地产取得的营业收入实行确定预征率预征土地增值税,项目全部竣工,办理结算后清算。

29日,市地税局印发《桐乡市地方税务局个体"大户"定期定额管理办法(试行)》,并组织实施。

·5月·

1日,市财政、地税局机关、地税梧桐税务分局、桐乡市预算会计核算中心迁入位于梧桐街道茅盾西路2号新址。新大楼占地面积1.02公顷,建筑面积15800平方米,2002年5月动工兴建,历时两年,2004年4月底,新大楼工程验收合格交付使用。

17日,桐乡市老干部文体协会财政地税局分会成立暨第一届会员大会召开。2007年1月4日,桐乡市老年人体育协会财政地税局分会成立。

·6月·

2日,市政府出台《深化收支两条线改革进一步加强财政管理的实施意见》,市级部门和单位的行政事业性收费和其他非税收入全部纳入预算管理。23日,市财政局印发《桐乡市市本级非税收入收缴管理暂行办法》,8月9日,市财政局印发《桐乡市财政票据管理实施细则》,规范化的政府非税收入收缴管理制度初步建立。

·7月·

1日,桐乡市国税局、地税局实行国地税联合办理税务登记证。

·8月·

17日,省地税局常务副局长单美娟率省局相关处室领导到桐乡进行税收执法责任制试点工作调研。

·10月·

1日,市地税局实施"一户通"电子缴税。

20 日，桐乡市金兰大酒店进行股份制改造，完成脱钩改制。

·12 月·

9 日，桐乡市地税稽查局通过省档案局档案管理等级考核小组考核验收，晋升为档案管理省二级达标单位。

20 日，中共桐乡市委批复，中共桐乡市财政局党组、纪律检查组，改建为中共桐乡市财政（地税）局委员会、纪律检查委员会。

20 日，市财政局被省财政厅确定为全省第二批“金财工程”试点单位。

是年，桐乡市级部门（单位）执行市政府印发的《桐乡市本级政府预算管理暂行办法》，全面推行部门预算管理。

2005 年

·1 月·

1 日起，桐乡执行财政部发布的《小企业会计制度》。

27 日，省地税局副局长钱子辉到桐乡市局慰问。

·4 月·

14 日，市国税局、地税局成立协作工作领导小组。28 日，国地税协作工作领导小组召开首次会议，研究部署国地税协作工作的展开。

是月，国家税务总局总经济师董树奎、省地税局副局长劳晓峰一行到桐乡调研有关房产税、土地使用税等地方小税种征管情况。

是月，国税、地税、工商三方登记信息比对平台建立并运行。

·9 月·

13 日，市地方税务局获“2004 年度浙江省地税系统质量管理先进单位”称号。

·11 月·

1 日，《桐乡市机动车辆车船使用税委托市交警大队代征管理办法》实施。

10 日，市政府出台《桐乡市社会保险费征缴管理办法》，桐乡市地方税务局被确定为全市社会保险费（基本养老保险费、基本医疗保险费、失业保险费、工伤保险费、生育保险费）征收主体。

25 日，市财政局、地税局、梧桐税务分局档案管理达标通过省级二级验收认定。

30 日，全市企业单位“网税系统申报”和“一户（卡）通”电子缴税全面推广，应用到位。“网税系统申报”达到 94.18％；“一户（卡）通”电子缴税达到 99％以上。

·12 月·

是月，国家税务总局助理巡视员张胜利带队到桐乡调研税收征管工作。

是月，浙江省财政厅助理巡视员方仁祥一行到桐乡调研乡镇财政管理工作。

2006 年

·1 月·

1 日，市地税局执行市政府办《关于社会保险费统一征缴管理若干具体问题的通知》，对全市社会保险费实行“五险合征”、分险种申报，统账分离，总额征收，分账记载的征缴管理办法。

1 日，桐乡市全面贯彻“以县为主”的义务教育体制，打破原有的市与镇乡街道财力分配格局，实行“确定收支范围和基数,划分种类,收支挂钩”的新一轮镇乡街道财政体制。

·3月·

1日,市地税局印发《关于进一步加强印花税征收管理工作的通知》,对印花税除税目税率表中“营业账簿”、“权利、许可证照”外的其他应税凭据,实行印花税预征管理办法。

·4月·

3日,省地税局常务副局长单美娟一行到桐乡财税局考察,听取关于“执法责任制管理信息系统”软件运行及需求情况汇报。

6日,桐乡市被浙江省政府确定为全省10个政策性农业保险试点县市之一。当年全市水稻、生猪、鸡、鸭、蔬菜(瓜果)大棚5个试点品种有657户投保,保险金额3583万元,保费收入92.1万元。农户自缴保费49.6万元,政府补贴42.5万元。

28日,桐乡市执行国务院公布的《中华人民共和国烟叶税暂行条例》,对全市农业特产晾晒烟叶(晒红烟叶)征收烟叶税。

·5月·

1日,桐乡市执行省政府《关于开征地方教育附加的通知》,从费款所属期当月起开征地方教育附加,停止征收农村教育费附加。

·8月·

11日,市财政局印发《桐乡市市级部门预算基本支出预算管理办法》《桐乡市市级部门预算项目支出预算管理办法》,自2007年编制部门预算起试行。

22日,省地税局常务副局长单美娟到桐乡财税局考察信息化建设。

·10月·

12日,市财政、地税系统被中共嘉兴市委、嘉兴市人民政府命名为“2004—2005年度嘉兴市级文明行业”。

·12月·

13日,省地税局稽查局副局长徐辉一行到桐乡调研地税稽查工作。

15日,省地税局副局长劳晓峰到桐乡地税局督查《税友2006》测试工作。

是年,试行部门预算上会制度,2006年市民政局、科技局部门预算随同市本级政府预算一并递交市人代会审议。

是年,桐乡执行国家税务总局《个人所得税自行纳税申报办法(试行)》,全年所得12万元以上的个人实行自行纳税申报。

2007年

·1月·

1日,桐乡市通过《浙江税务征管信息共享应用系统》,联通三方管理信息系统,实现工商、国税、地税三方联合办证、一体化服务新模式。

22日,桐乡市财政局被浙江省人事厅、财政厅授予“全省财政系统先进集体”荣誉。

26日,省地税局副局长钱子辉一行到桐乡地税局慰问全局干部职工。

·4月·

4日,市财政、地税局被省爱国卫生运动委员会命名为“浙江省卫生先进单位”。

16 日，市财政局成立 ISO 9001 质量管理体系贯标工作领导小组及办公室。同年 12 月 6 日，经深圳质量认征中心（环通认证）验收认证，获得 ISO 9001 质量管理证书，成为全省财政系统首家推行 ISO 标准化管理单位。

·5 月·

是月，市地税局被省地税局列为“网税系统”电子签名证书试点应用单位。

·8 月·

24 日，市地税局被省地税局评为 2006 年度“全省地税系统质量管理先进单位”。

·12 月·

是月，市国有资产监督管理委员会建立，下设办公室（简称国资办），与财政局合署办公。

是年，桐乡市被财政部、省财政厅、嘉兴市财政局确定为三级支农资金整合试点县（市），市政府印发《桐乡市财政支农资金整合工作实施意见》，根据财政部、省财政厅有关文件，开展支农资金整合试点。当年整合各级财政资金 19340 万元，整合社会投入资金 34151 万元，新增直接经济效益 13263 万元，带动农民增收 19175 万元。

是年，市财政局根据种粮农民政府补贴政策，建立农民补贴管理网络平台。由种粮农民在全市邮政储蓄网点开立财政补贴专用卡（一卡通），通过一卡通将补贴资金直接发放给农民。当年通过一卡通发放农资综合直补、粮食直补和良种补贴资金 586.15 万元，涉及农户 10.66 万户。

2008 年

·1 月·

1 日，桐乡市执行省政府新一轮对市、县（市）财政体制。并将“两保一挂”财政政策调整为“分类分档激励奖补机制”。

·3 月·

13 日，市国有资产监督管理委员会在市财政局召开第一次成员会议。桐乡市市长、市国有资产监督管理委员会主任朱海平主持会议。

·6 月·

12 日，《桐乡市残疾人就业管理系统》上线运行，实现市残联、民政、国税、地税等四部门信息数据联网，实现残疾人基础信息动态管理、税收优惠政策享受、残疾人就业保障金征收等方面的审核、监管，达到多方联动，数据共享。

17 日，“一户通”实时签约工作会议召开，市地税局、人民银行及各商业银行相关人员参加会议。实现“一户通”委托扣款和纳税人付款，直接在银行系统中办理委托授权。

·7 月·

9 日，共青团桐乡市财政地税局总支委员会成立。

·10 月·

8 日，市地税局获 2007 年度“全省地税系统质量管理体系先进单位”荣誉，同时被省地税局授予“浙江地税质量管理奖”。

23 日，市财政、地税局档案工作目标管理通过省一级验收。

28 日，全省财政支农资金整合试点工作现场会在桐乡市召开。

是年，市财政局对全市范围内农业综合开发、农业产业化、村庄整治、政策兑现等专项资金实行财政直接支付。

2009年

·1月·

1日起，桐乡执行国务院《关于实施成品油价格和税费改革的通知》，提高成品油消费税单位税额，取消公路养路费等六项收费。省核定桐乡替代原摩托车、拖拉机养路费，公路运输管理费收入返还基数1215.62万元，每年由省财政转移支付桐乡市财政。

·2月·

1日，镇(街道)财政管理体制重新调整和完善，实行“划分收支、核定基数、超收分成、欠收赔补、自求平衡”的新一轮财政体制。

·3月·

22日，财政部综合司司长戴柏华一行三人到桐乡调研宏观调控政策落实情况。

·4月·

15日，市财政局印发《桐乡市家电下乡补贴资金管理办法》。根据财政部、省财政厅有关文件，2009年2月1日至2013年1月31日期间，农民在本省家电下乡销售业务网点购买补贴类产品按比例给予财政补贴。

·5月·

26日，市财政局等6部门印发《桐乡市汽车摩托车下乡实施方案》。根据省财政厅文件，2009年3月1日至2009年12月31日期间，桐乡市农民三轮汽车报废换购轻型货车，以及购买1.3升及以下排量微型客车给予一定限量的财政补贴。2009年2月1日至2013年1月31日期间，全市农民购买摩托车比照家电下乡政策，给予限量财政补贴。

·6月·

2日，市财政、地税局成立推进企业发展服务业工作领导小组及其办公室，助推全市企业分离发展服务业工作。当年振石集团浙江宇石国际物流有限公司等31家企业完成企业分离发展服务业工作。

10日，市地税局在全市范围内对“税务登记新办、变更，发票领购、缴销，税务机关代开发票，建筑业、货物运输业代开发票，上门纳税(费)申报、缴纳税(费)款，税收电子转账专用完税证补开”等十项涉税事项实行“同城通办”。

25日，市地税局在市经济开发区试点“纳税人之家”服务。全市第一个“纳税人之家”——“桐乡经济开发区纳税人之家”成立，并召开第一届代表委员会会议。

16日，经省财政厅同意，市财政局自主开发的“金财工程”一体化信息系统建设正式启动。“金财工程”一体化信息系统建设的总体构架为：一个门户、一个集中数据库、一个统一应用支撑平台、两个保障体系、七大应用系统，涵盖全市所有财政管理业务。

·7月·

6日，市委、市政府成立“小金库”专项治理工作领导小组，印发《“小金库”专项治理工作实施办法》。市财政局设立“小金库”专项治理工作领导小组办公室，负责指导和协调全市“小金库”专项治理。

·9月·

28日，市濮院个体税收联合征收管理所成立大会暨揭牌仪式在濮院地税分局举行。

·10月·

桐乡市地方税务局梧桐税务分局办税大厅推出"一窗通"叫号系统。

·12月·

1日，桐乡市地方税务局在乌镇税务分局管辖区全面推广应用数字证书网上申报试点。2010年1月起，应用数字证书进行网上申报工作在全市范围内全面推广。

2010年

·1月·

1日，桐乡市财政国库集中支付改革正式上线运行，市财政局、财政支付(核算)中心、行政审批中心、公共资源交易中心、安监局、凤鸣高级中学、农业和农村工作办公室、药监局等8家单位先行试点，是年7月，试点单位扩大到38家。

·4月·

6日，市财政局、经贸局在东兴商厦举行家电下乡销售网点代办申领并垫付补贴资金试点启动仪式。市财政局、经贸局、东兴商厦三方签订《桐乡市家电下乡销售网点实行代办申领并垫付补贴资金协议书》，并为东兴商厦授发"桐乡市家电下乡财政补贴资金代付点"牌匾。即日起，农户在东兴商厦家电部购买家电下乡产品可直接领取财政补贴资金。

24日，桐乡市纳税服务志愿者大队成立，纳税服务志愿者活动启动仪式在市地税局举行。

·6月·

29日，中共桐乡市财政(地税)局机关委员会召开成立大会。

·8月·

1日，桐乡市公务用车制度改革全面实施。

·9月·

7日，市国资办选调3名财务总监分别委派驻桐乡市水务集团有限公司、桐乡市公益事业建设投资集团有限公司、桐乡市振东新区建设投资有限公司，

国　税　局

1997年

·9月·

2日，国税、地税机构进一步分设，市国税局分署办公。

9日，中共桐乡市委决定，建立市国家税务局党组。

22日，沈锡明任国税局党组书记，沈培璋任党组副书记。

29日，沈培璋任国税局局长，沈锡明任副局长(正局级)。

·11月·

8日，市国税局迁入振兴西路38号新址。

·12月·

5日，建立中共桐乡市国税局机关支部委员会。

24 日,开展机构分设后的首次税务登记验证。

29 日,市总工会批准,成立市国税系统工会工作委员会。

1998 年

·1 月·

16 日,省国税局授予市国税局“1997 年度县(区)市级征管工作目标责任制考核优胜单位”称号。

·2 月·

12 日,省国税局授予市国税局 1997 年度个体税收“五单工程”县级优胜单位一等奖。

·3 月·

3 月 11—12 日,全市国税工作会议召开,局长作工作报告。市人大常委会、市政府相关领导,嘉兴市国家税务局领导出席会议并讲话。国税工作会议每年召开一次,局长作工作报告,确定年度税收工作指导思想、工作目标、任务和要求。每年均邀请市政府、市人大财经委及嘉兴市国税局领导参加会议。

24 日,市公安局设立驻国税局联络室。

31 日,成立税务违法案件举报中心,受理涉及偷税、逃避追缴欠税、骗税、虚开、伪造、非法出售、非法取得增值税专用发票及其他税务违法行为。

·4 月·

2 日,国税系统首次聘请 9 名特邀监察员,公布内部监督电话,接受社会各界对国税工作的监督和指导。以后每两年调整一次。

11 日,开展“税收管理与依法治国”为主题的全国第七个税收宣传月活动,组织税收宣传日上街咨询,举办“税收政策与企业决策”法人代表培训班和“增值税发票结报系统”与电子化申报纳税企业操作人员培训班。税收宣传月活动每年举办一次,根据年度的宣传主题确定宣传内容。同时国税与地税协作,共同举办双方关联的税收宣传活动。

·5 月·

13 日,国税系统与人民银行国税库行计算机实现“银税联网”。

·6 月·

30 日,省国税局授予崇福税务所、乌镇税务所“1997 年度全省国税系统文明单位”荣誉。

·11 月·

5 日,省国税局局长钱宝荣,嘉兴市国税局局长王平、党组书记王善华视察桐乡市国家税务局办税服务厅。

·12 月·

25 日,设立桐乡市国家税务局征管分局和乌镇、梧桐、石门、洲泉、崇福 5 个办税服务厅,同时撤销乌镇、濮院、梧桐、屠甸、南日、石门、洲泉、崇福 8 个基层税务所。

1999 年

·1 月·

7 日,省国税局授予市国税局“1998 年度全省税务新闻先进单位”荣誉。

18 日,省国税局授予市国税局“1998 年度漏征漏管户清查工作先进单位”荣誉。

·4月·

14 日，省国税局副局长臧耀民、嘉兴市国税局局长王平视察桐乡国税工作。

30 日，市国税系统党风廉政建设大会召开。党风廉政建设大会每年举行一次。

·5月·

29 日，省创安领导小组授予市国税局省级“治安安全单位”荣誉。

·8月·

31 日，市国税局列入省国税系统加油机税控装置第一批试点单位。

11月·

1 日，恢复对储蓄存款利息所得征收个人所得税。

2000 年

·3月·

16 日，召开全市国税系统征管改革动员大会，以科学设置机构，明确划分职责，充实基层一线，建立法制完备，办事高效，行为规范的国税机构体系为目标，实施机构改革。

·12月·

20 日，省国税局表彰市国税局 2000 年度税收宣传“港台客商话税收”活动取得的成效，授予“最佳项目奖”。

2001 年

·2月·

2 月 5 日，省国税局副局长臧耀民到市国税局调研。

·3月·

13 日，省国税局授予市国税局 2000 年度“全省国税系统工作目标考核优胜单位”荣誉。

26 日，办税服务厅报税认证窗口高速认证主系统查获首例印发密文的电脑版假专用发票。

30 日，省综治委和创安领导小组授予市国税局 2000 年度省级“治安安全单位”荣誉。

·6月·

18 日，国家税务总局计统司处长郑文敏一行到桐乡市开展“九五”期间“税收征收率”调查。

·7月·

1 日，省国税局授予市国税局征管分局 2000 年度“全省国税系统省级文明单位”荣誉。

23 日，市国税系统公文实行计算机网上运行。

·8月·

30 日，举行首次税务行政处罚听证会。

·9月·

1 日，CTAIS 征管软件正式上线运行，并全面推广。

·10月·

17 日，国家税务总局副局长卢仁发到桐乡调研，浙江省国家税务局局长钱宝荣随同调研。

·11月·

4 日，国家税务总局纪检组长贺邦晴到桐乡国税局调研，浙江省国家税务局局长钱宝荣随同调研。

18 日,市国税局迁入庆丰南路 51 号新大楼。

·12 月·

14 日,嘉兴市国家税务局批复桐乡市国家税务局以市地为单位集中征收征管改革的实施方案。

2002 年

·4 月·

24 日,国家税务总局局长金鑫到桐乡调研,浙江省国家税务局局长钱宝荣随同调研。

·5 月·

21 日,省国税局副局长周永卫到桐乡调研。

·7 月·

4 日,共青团中央、国家税务总局命名桐乡市国家税务局办税服务厅为"全国青年文明号"。

5 日,省国税局副局长王小平到桐乡调研。

30 日,省国税局授予市国税局为"2001 年度全省国税系统文明单位"荣誉。

·10 月·

25 日,桐乡市国税局通过中质协质量保证中心 ISO 9000 认证工作验收,获得"质量管理体系认证证书"。

·12 月·

2 日,浙江省档案局、嘉兴市档案局、桐乡市档案局和上级国税局领导专家对桐乡市国家税务局综合档案工作进行考评验收,通过省二级档案管理标准验收。

2003 年

·1 月·

29 日,桐乡市委、市政府表彰王新华为桐乡市"十佳公仆"。

·8 月·

10 日,推进干部人事制度改革,建立"公开、公平、竞争、择优"的用人机制,竞争上岗。

·9 月·

8 日,开展"我当一天纳税人"活动。

·10 月·

31 日,全市增值税一般纳税人实施网上认证、防伪税控报税。

·12 月·

2 日,市国税局档案目标管理通过省国税局、档案局验收,成为省一级档案管理达标单位。

2004 年

·2 月·

25 日,省国税局表彰市国税局为全省国税系统工作目标考核优秀单位。

26 日,市国税局为全市 49 家企业颁发诚信证书,其中 10 家企业为"市十佳诚信纳税企业"、16 家企业为"A 级纳税信誉企业"、23 家企业为"AA 级纳税信誉企业"。纳税信誉企业评定工作每二年一次,并由国税、地税两部门联合评定。

·3月·

20日,国家税务总局总经济师王力到桐乡调研,省国税局局长钱宝荣随同调研。

·4月·

19日,国税系统防伪税控税务端网络版全面实施。

·5月·

18日,省国税局副局长周永卫到桐乡调研。

·7月·

1日,市国税、地税推出税务登记联合办证。

30日,市纪委确定市国税局为全市党风廉政建设工作5个示范点单位之一。

·9月·

24日,国家税务总局副局长卢仁发到桐乡调研,省国税局局长钱宝荣随同调研。

·11月·

23日,国税稽查局与市公安局经侦大队联手,查获内蒙古兴和县万利羊绒裘皮制品有限公司虚开增值税专用发票案件,查实无货虚开增值税专用发票260份,虚开销售额2222.15万元,涉税377.77万元,涉案罪犯被批捕。

2005年

·3月·

10日,国家税务总局副局长崔俊慧到桐乡调研,省国税局局长钱宝荣随同调研。

·5月·

18日,省国税局副局长周永卫到桐乡调研。

·10月·

21日,省国税局总经济师金星在桐乡市国家税务局召开座谈会,对进一步加强税收管理和稽查的执法监督提出要求。

29日,组织中层以上干部到浙江长湖监狱听取服刑犯现身说法,开展警示教育。

2006年

·1月·

3日,开始使用国家税务总局全国统一税收执法文书式样。

·3月·

29日,市国税局和市检察院联合召开预防职务犯罪工作会议,建立共同预防职务犯罪工作机制。

·4月·

17日,国家税务总局副局长徐善达到桐乡调研,省国税局局长钱宝荣随同调研。

·7月·

4日,省国税局总经济师金星到桐乡国税调研。

·8月·

18日,国税、地税首次联合开展国地税共管户纳税信用等级评定工作。

28日,省国税局、省公安厅“利剑二号”“810”专案联合工作会议在桐乡召开。同日,国家税务总局

“利剑二号”专案组组长、总局稽查局副局长刘建国到桐乡调研。

·11月·

17日,市国税局、市财政局、市地税局、市民政局、市残联五部门联合转发《关于调整完善现行福利企业税收优惠政策试点实施办法的通知》。

·12月·

11日,市国税局提前1个月完成2006年全年税收收入任务。

2007年

·1月·

1日,市国税局、地税局、工商行政管理局实现(税务登记)证、(营业执)照的“一窗式”办理和发放。是日,“桐乡市国家税务局普通发票管理系统”全面启用。

·3月·

1日,财政部、国家税务总局正式施行《检举纳税人税收违法行为奖励暂行办法》,市国税局稽查局举报中心在新暂行办法生效的第一天,向举报人发放第一笔2500元举报资金。

14日,省国税局总经济师金星到桐乡就企业所得税管理工作开展调研。

·7月·

1日,“工商税务无照无证协作管控系统”正式启动。

2日起,推广使用“农民办税方便卡”服务。

19日,省国税局在桐乡召开全省重点县市区国税收入分析会议。

·9月·

1日,启用《发票查询举报系统》。

30日,举办“国、地税机构分设十周年”系列纪念活动和联欢晚会。

·11月·

14日,省国税局总经济师金星到桐乡国税调研“秋风行动”,了解与公安机关联手打击利用伪造海关完税凭证抵扣税款的违法犯罪活动的开展情况。

·12月·

1日,国家税务总局巡视组到桐乡调研。

2008年

·1月·

1日,桐乡市内外资企业统一贯彻实施《中华人民共和国企业所得税法》《中华人民共和国企业所得税法实施条例》。

·3月·

27日,国家税务总局副局长钱冠林桐乡调研,省国税局局长钱宝荣随同调研。

·5月·

4日,原委托交通部门征收的车辆购置税移交国税部门征收。

·6月·

1日,首次推行“全市通办”涉税业务服务,具备办税服务全部职能的办税服务厅实行涉税业务通办。

12 日，《桐乡市残疾人就业管理系统》上线试运行，实现市残联、民政、国税、地税四部门信息数据联网。

17 日，国家税务总局征管司副司长任荣发、省国税局副局长张国均一行 10 人，到桐乡国税调研纳税服务工作。

18 日，选举产生首届中共桐乡市国家税务局机关委员会。

·7 月·

12 日，国家税务总局副局长崔俊慧到桐乡调研，省国税局局长钱宝荣随同调研。

·8 月·

26 日，全市推行“一窗统办”，即一个窗口办理多项涉税业务的办税新模式。

·10 月·

15 日，市国税局稽查局从国税大楼搬至景雅路 280 号银园大酒店三号附楼。

·12 月·

1 日，开发税企短信群发服务系统，随时将纳税提醒、催报催缴、政策宣传、通知发布等内容，通过短信群发方式告知纳税人。

10 日，税收精细化管理辅助分析软件《两税管理测评系统》启用。

2009 年

·1 月·

4 日，推出“智能排队叫号系统”和纳税人“自助办税服务平台”两项优化服务新措施。

·3 月·

12 日，推广实施“行业税源动态分析监控系统”（也称“行业建模”），对本地特色行业、重点行业建立模型进行监控。

·5 月·

1 日，推行实施“财税库银横向联网电子缴税系统”，实现财政、税务、国库的信息共享，财税库银税收收入电子缴库。

·6 月·

4 日，省国税局副局长邢幼平到桐乡专题调研加强征管与组织收入工作。

·7 月·

1 日，首批 58 户一般纳税人企业，启动防伪税控网上远程抄报税系统，实现随时随地报税。

·8 月·

11 日，首次完成对巨石集团有限公司从国外直接汇款缴纳非居民企业所得税 1093.86 万元税款的征收入库，这是桐乡市迄今为止对非居民企业所得税征收数额最大的单笔税款。

·9 月·

28 日，市国税局、地税局濮院个体税收联合征管所成立。

·11 月·

12 日，嘉兴市纠风办、嘉兴交通经济广播《行风热线》栏目组就桐乡市国家税务局创建省级“群众满意基层站所（办事窗口）”进行现场访谈。

·12月·

11日,省国税局确定市国税局为全省增值税普通发票管理工作三个试点县市局之一。

2010年

·1月·

8日,省国税局表彰市国税局为“全省国税系统群众满意基层国税站所办事窗口”。

·6月·

25日,省国税局表彰市国税局为“2009年度全省国税系统文明单位”。

·7月·

12日,市国税系统税务综合办公信息系统上线运行。

·11月·

30日,省国税局表彰市国税局为全省国税系统“五五”普法先进集体。

·12月·

28日,市国税局被列入2010年度嘉兴市规范化数字档案室。

第一章　财政体制

改革开放后，财政体制经历包干体制以及分税制两个阶段。1992—1993 年，浙江省实行分税制财政管理体制试点，桐乡县列入试点县（市）之一。试点期间，实行包干制和分税制两本账结算，实际仍按包干制结算。1994 年 1 月起，国务院颁布的《关于实行分税制财政管理体制的决定》实施，桐乡正式实行分税制财政管理体制。本章重点记述 1996—2010 年分税制体制下省对桐乡市的财政体制结算情况，并适当追溯 1992—1993 年分税制试点情况和 1994—1995 年分税制实施情况。

第一节　试行分税制财政管理体制（1992—1993 年）

1992 年至 1993 年，浙江省实行分税制财政管理体制试点，桐乡县为分税制试点县（市）之一，执行省政府对市（地）、县（市）试行的分税制财政管理体制。具体办法为：

一、收入划分为中央财政固定收入，地方财政固定收入，中央和地方财政共享收入三类。地方财政固定收入中，省级与市（地）、县（市）固定收入划分，基本维持原体制确定的范围，变动的有：固定资产投资方向调节税（原建筑税）由省财政固定收入改作市（地）、县（市）财政固定收入；中央四部门所属企业“三税”30％部分原为省财政固定收入，改为与中央下放的 70％部分一起并入一般产品税、增值税、营业税，为共享收入。

二、支出划分为中央财政支出，地方财政支出（省级与市（地）、县（市）财政支出划分，仍维持原体制不变）和中央专项支出。中央专项支出由中央财政统一管理，不列入地方财政支出包干范围。

三、收入基数以 1989 年收入决算数为基础，支出基数以 1989 年地方按包干体制应得财力为基础，并在必要的因素调整后加以确定。

地方财政固定收入加共享收入，与地方支出基数比较，收大于支的地区换算为 1991 年上解基数后，1992 年起按核定比例递增包干上解；支大于收的地区换算到 1991 年后，从 1992 年起实行定额补贴，并适当照顾贫困县。桐乡收大于支，属于上缴县。试点期间，新、老两种体制平行，省保县（市）不吃亏，照新体制结算，比老体制结算少得的可用财力，由省补足，因此实际仍执行收入递增包干体制。

四、原由中央、省和市（地）、县（市）按固定比例分成的收入和专项收入及其他不列入试行“分税制”体制范围的各项单独核算事项，仍按原办法执行。

五、省财政厅核定桐乡县以试行“分税制”财政体制计算的 1989 年收入基数、支出基数和定额补助基数为基数，扣抵向中央贡献款等因素后，作为 1991 年上缴基数。1992 年起，每年按 5.5％的比例递增包干上解。

表 1-1　　1992 年桐乡县试行“分税制”财政体制结算情况一览表

单位:万元

项　　目	金　额	项　　目	金　额
一、决算收入	19336	5. 地方可用财力	5854
加:固定资产投资方向调节税	24	三、按原包干体制结算	—
中央四部门三税	235	(一)递增包干上交地区	—
减:粮食财务包干指标	−97	1. 参与分成收入(包干体制口径,下同)	17866
外贸退库指标	−26	附:1991 年的参与分成收入实绩	16818
调整后的决算收入	19718	2. 减体制上交	12519
计:1. 不列入“分税制”范围的收入	953	1991 年体制上交实绩	11855
2. 地方固定收入	5854	递增上交部分	652
其中:城市维护建设税	640	增收上交 10%部分	12
3. 共享收入	12911	增收上交 20%部分	—
共享分成收入	3873	3. 减:贡献款	251
二、按“分税制”体制结算	—	4. 地方应得体制分成收入	5096
(一)上交地区	—	5. 加:不列入“分税制”范围的分成收入	899
1. 体制收入	9727	加:城市维护建设税	640
2. 减:体制上交	4772	6. 地方可用财力	6635
基数上交	4545	四、新老体制比较	—
递增上交	227	1. 地方应得体制分成收入(分税—包干—城建税)	−781
3. 地方应得体制分成收入	4955		
4. 加:不列入“分税制”范围的分成收入	899	2. 地方可用财力(分税制—包干制)	−781

资料来源:桐乡县 1992 年度财政总决算

表 1-2　　1993 年桐乡市试行“分税制”财政体制结算情况一览表

单位:万元

项　　目	金　额	项　　目	金　额
一、按包干体制结算		1. 参与分成收入	23892
(一)决算收入	25688	附:1991 年参与分成收入基数	16818
减:固定资产投资方向调节税	13	2. 减:体制上解	13991
省下放的趸售电力产品税	247	(1)91 年体制上解基数	11855
粮食财务包干指标	−96	(2)递增上解部分(5%或 5.5%)	1339
不列入“分税制”范围的收入	866	(3)增收上解 10%部分	238
城建税	766	(4)增收上解 20%部分	559
参与分成收入	23892	3. 减:贡献款	251
(二)递增包干上交地区		4. 地方应得体制分成收入	9650

续表 1－2

项　　目	金　额	项　　目	金　额
5. 加：不列入“分税制”范围的分成收入	866	四、补充资料	
加：城建税	766	（一）不列入“分税制”范围的收入	866
6. 地方可用财力	11282	1. 耕地占用税（60%）	120
二、按“分税制”体制结算		2. 预算调节基金（35%）	137
（一）决算收入	25688	3. 能源交通重点建设基金（9%）	25
减：粮食财务包干指标	－96	4. 教育费附加收入（地方分成部分）	282
调整后的决算收入	25784	5. 排污费收入	302
计：1. 不列入“分税制”范围的收入	866	（二）共享收入	19601
2. 地方固定收入	5317	计：1. 产品税	1375
3. 共享收入	19601	2. 增值税	14828
共享分成收入（分成 30%）	5881	3. 营业税	4366
（二）上交地区		4. 工商统一税	817
1. 体制收入（固定收入＋共享分成收入）	11198	减：城乡个体工商业户营业税	1364
2. 减：体制上交	5011	城乡个体工商业户商品零售营业税	421
基数上交	4545	（三）中央级收入	35
递增上交	466	1. 烟叶税	－123
3. 地方应得体制分成收入	6187	2. 酒产品税	21
4. 加：不列入“分税制”范围的分成收入	866	3. 酒专项收入	6
5. 地方可用财力	7053	4. 城镇土地使用税（50%部分）	71
三、新老体制比较		5. 耕地占用税（30%部分）	60
1. 地方应得体制分成收入（分税—包干—城建税）	－4229	（四）省级收入	25
		1. 耕地占用税（10%部分）	20
2. 地方可用财力（分税制—包干制）	－4229	2. 教育费附加	5
		教育费附加（10—12 月 18%部分）	5

资料来源：桐乡县 1992 年度财政总决算

第二节　分税制财政管理体制（1994—2010 年）

一、财政收支范围与基数

经过“分税制”试点，1994 年 1 月 1 日起，浙江省贯彻执行国务院《关于实行分税制财政管理体制的决定》，省级与市（地）、县（市）实施分税制财政管理体制。所有收入划分为中央财政固定收入、地方财政固定收入、中央和地方共享收入三类。桐乡市的财政收支范围和基数为：

（一）财政收入

桐乡市财政中属中央财政固定收入的有：消费税、中央企业所得税、金融企业（含信用社）所得税、车辆购置税(2001年起执行)等。外贸企业出口退税,除1993年地方已经负担的20%部分列入地方上交基数外,以后发生的出口退税全部由中央财政负担。2004年,国务院决定对现行出口退税负担机制进行改革,按照“谁出口,谁承担”的原则,以2003年出口退税实退指标为基数,对超基数部分的应退税额,由中央和地方按75∶25的比例共同负担。2005年,国务院决定完善现有出口退税负担机制,原核定的出口退税基数不变,超基数部分中央与地方按照92.5∶7.5的比例共同负担。

桐乡市财政中属地方固定收入的有:营业税、地方企业所得税、外商投资企业和外国企业所得税、个人所得税、城镇土地使用税、固定资产投资方向调节税、房产税、车船使用税、印花税、屠宰税、农业税、农业特产税、耕地占用税、契税,土地增值税、资源税(不含海洋石油资源税)、城市维护建设税、烟叶税(2006年起执行)、国有土地有偿使用收入、排污费收入(列专项收入)、其他收入等。

桐乡市财政中属中央与地方共享收入的有:增值税,中央得75%,地方得25%。1997年1月起,金融保险业营业税税率由5%提高到8%,增加部分的收入划归中央;1999年11月1日起对储蓄存款利息所得征收的个人所得税属中央收入。2002年1月起,所得税收入分享改革,改革企业所得税按企业隶属关系划分所得税收入的办法,对企业所得税和个人所得税实行中央和地方按比例分享。除上述项目外,其他各项收入(包括收入退库)按隶属关系原属中央、省和县(市)按固定比例分成的收入(主要是教育费附加、能源交通重点建设基金和预算调节基金),仍按固定比例分成。

(二)财政支出

桐乡市财政支出主要有全市行政管理费、公检法支出、部分武警经费、企业的技术改造和新产品试制经费、支农支出、城市维护建设经费,全市文化、教育、卫生等各项事业费,价格补贴支出及其他支出。

(三)地方财政收入基数

按1993年(基期年)地方决算总收入,扣除固定比例分成收入(能源交通重点建设基金、预算调节基金、教育费附加收入)、专项收入(排污费收入)、中央和省上划收入后的数字核定。1994年起,桐乡市地方财政收入比基数增长部分,省得20%,桐乡得80%。

(四)收入返还基数

以1993年实际收入,税制改革及中央、省、市(地)、县(市)之间收入划分情况为依据,核定1993年中央从市(地)、县(市)净上划的收入数额(即消费税+75%的增值税+非银行金融企业所得税-中央和省下划收入)。1993年中央净上划的收入全额返还给县(市),并以此作为以后省财政对县(市)收入的返还基数。1994年后,收入返还额在1993年基数上逐年递增,递增的计算与上划中央收入挂钩。当年上划“两税”(消费税、增值税)收入高于上年,按1∶0.3系数返还;低于上年,按低于额的30%扣减税收返还数;低于1993年基数部分,按低于数全额扣减税收返还数。税收返还收入比1993年基数的增加额,上缴省财政20%,县(市)留80%。

1994年实行分税制财政体制后,省财政厅先后制定“亿元县上台阶”“两保两联”“两保一挂”等财政激励政策。从1994年起,对地方财政收入首次上亿元的县(市)一次性奖励30万元,以后每年以3000万元为一个台阶,每上一个台阶一次性奖励20万元。省每年召开亿元县(市)会议(1998年改为双亿元)。是年,桐乡市地方财政收入12146万元,1998年达到双亿元。

二、1994年、1995年桐乡市预算收入分配情况

1994年,按1992年产品税、增值税、营业税实征数测算新三税(消费税、增值税、营业税)所占比例,以1993年实征数按上述测算比例换算,确定中央财政收入与地方财政收入基数。

(一)确定桐乡市 1994 年度各项基数

1. 上划两税基数(消费税和增值税 75%部分)14680 万元;

2. 税收返还基数(1993 年财政收入总额减原体制递增上交数后的余额)14243 万元;

3. 上划两税任务数(由省下达,1994 年为上划两税基数的 117%)17176 万元;

4. 原体制递增上交数(1993 年基数为 13991 万元,1994 年增加 5.5%)14760 万元;

5. 地方财政收入基数(财政总收入剔除两税和按固定比例留用项目后的收入)10439 万元;

6. 按固定比例留用项目:排污费 100%,教育附加 85%(1994 年 5 月起改为 73%),国家能源交通重点建设基金 9%和国家预算调节基金 35%留地方。

7. 贡献款(原上交中央款)251 万元;

8. 非银行金融企业所得税收入基数 28 万元;

9. 地方负担出口退税按 1993 年退税额的 20%专项上交基数 398 万元。

(二)1995 年,分税制财政体制不变,具体办法有所改动

1. 税务经费与地方收入挂钩,实行提退办法。1994 年实行分税制财政体制后,取消集贸市场税收分成办法。浙江省确定税务经费以 1994 年市(地)、县(市)集贸市场税收分成收入与地方财政收入为基数挂钩,挂钩比例实行一地一率。省核定桐乡提退比例为 6%,1995 年 1 月 1 日起执行。1996 年 9 月起,省财政厅调整税务经费提退范围,将原与地方财政收入挂钩调整为按剔除 25%增值税分成收入后的地方财政收入挂钩计算,提退比例仍按原规定执行。1998 年 9 月 1 日起,地方税务经费列入财政预算安排。

2. 上划两税基数改按 1994 年实际完成数计算,数额为 16747 万元;

3. 上划两税任务数确定为 18737 万元。超任务完成的,再按一定的比例奖励(1997 年实行"两保两联"后随之取消)。是年,桐乡获超任务奖励 29 万元。

4. 税收返还增加额上交 20%,仍以 1993 年 14243 万元为基数;

5. 原体制上交数固定为 14760 万元,以后年份也不再递增。

桐乡市 1994 年、1995 年财政体制结算:上划中央两税收入 35595 万元。地方财政决算收入 25970 万元,税收应返还收入 30249 万元,两税超任务奖励 29 万元、短收赔补 300 万元;体制上解数 29520 万元,上交中央贡献款 502 万元,上交出口退税地方负担 20%部分 796 万元,地方财政增收上交省 765 万元,税收返还增加额上交省 359 万元,体制内地方可用财力 24006 万元。

表 1-3　　1994 年、1995 年桐乡市财政体制结算情况一览表

单位:万元

项目	1994 年	1995 年	项目	1994 年	1995 年
	金额	金额		金额	金额
一、地方财政决算收入	12146	13824	排污费	342	403
减:1. 固定比例留用收入	699	569	教育费附加	306	169
其中:国家能源交通重点建设基金	8	—1	2. 调整后地方财政收入	11447	13255
			减:1993 年地方财政收入基数	10439	10439
国家预算调节基金	43	—2	地方财政收入增加额	1008	2816

续表 1-3

项目	1994年	1995年	项目	1994年	1995年
	金额	金额		金额	金额
3.增加上交省20%	202	563	1994年财政收入递增上交数	14760	
地方财政收入留用(2～3)	11245	12692	原体制上交数		14760
二、税收返还收入(1—2—3)	14424	15195	四、地方可用财力	10959	13047
1.1994年税收返还收入	14845	15433	地方财政收入留用	11245	12692
a.税收返还基数	14243	14845	市地县税收返还收入	14424	15195
b.上划两税基数	14680	16747	减:原体制上交	14760	14760
c.上划两税目标数	17176	18737	贡献款	251	251
d.上划两税完成数	16747	18848	地方应得体制分成	10658	12876
e.上划两税增长率	14	13	加:固定比例留用收入	699	569
f.税收应返还收入	14845	15404	减:地方出口退税负担20%	398	398
g.超任务奖励		29	五、往来结算		
2.税收返还增加额上交省	121	238	1.应上解省总数	15611	15972
税收返还基数		14243	2.省应补助总数	15675	16567
3.短收赔补	300		3.省拨调度数	1723	2686
(1)比目标短收赔补(c—d)×70%	300		4.年终欠省(+)或省欠(—)	1659	2091
三、原体制递增上交	14760	14760	5.省周转金	2800	3200
1993年财政收入递增上交基数	13991		6.与省往来	4459	5291

资料来源:桐乡市1994、1995年度财政总决算

三、1996—2010年预算收入分配情况

1996年3月,财政部印发通知,要求各省从1995年起,比照中央对省的做法,取消上解地区原体制上解的递增。省相应取消对桐乡市的上解递增,改为以1994年实际上交数为基数定额上交。上划两税基数按上年实绩数、税收返还基数按上年税收应返还收入确定,以后年份该两项均按环比计算。

1997年起,省对桐乡市实行"两保两联"(2003年改为"两保一挂")财政激励政策。技改补助和奖励挂钩比例为11%和4%,1998年技改补助挂钩比例增加5个百分点。1997年,桐乡市获得省"两保两联"奖励资金63万元。1998—2002年分别获得省"两保两联"奖励资金99万元、93万元、355万元、783万元和340万元。

1999年起,省对桐乡市罚没收入超过1993年基数上交省部分,由省财政结算返还50%。

表1-4　　1999—2010年桐乡市罚没收入体制结算返还情况一览表

单位:万元

年度	1999	2000	2001	2002	2003	2004	2005	2006	2007	2008	2009	2010
金额	8	271	256	257	276	501	537	514	443	447	898	548

资料来源:各年度财政总决算

2002年起，实行所得税收入分享改革，上划中央由原来两税改为四税，即消费税、增值税、企业所得税和个人所得税。地方企业所得税和个人所得税由地方税改为中央和地方共享税，实行所得税增量分成。以2001年为基期，所得税收入基数由省财政厅核定。其中：地方企业所得税基数按2000年收入数（不含退税）及核定增长率（核定增长率按2000年比1998年收入增长因素计算）、调整系数计算确定。地方个人所得税按2001年实际入库数加代扣代缴手续费确定。中央企业所得税、储蓄存款利息个人所得税按省财政厅实际下划数确定。基数内由中央返还地方，即省返还县（市），超基数部分2002年实行中央与地方5∶5分享。同时，配以所得税收入分享改革保障措施，对企业所得税和个人所得税按2001年确定的基数分别进行考核。2002年及以后年度的企业所得税和个人所得税完成数达不到核定数，省财政将扣减所得税基数返还额。

所得税收入分享改革，省核定桐乡市2001年企业所得税收入基数17168万元，上划中央企业所得税收入基数8584万元，即企业所得税基数返还额。核定桐乡市2001年个人所得税收入基数6746万元，上划中央地方个人所得税收入基数3373万元，即个人所得税基数返还额。扣除中央下划地方所得税收入1679万元，省核定桐乡市所得税返还基数10278万元。核定桐乡市所得税收入考核数24263万元，其中：企业所得税收入考核数17517万元；个人所得税收入考核数6746万元。2003年起，所得税实行中央与地方6∶4分享，中央得60%，储蓄存款利息个人所得税地方收入部分全部作为省级收入，省重新核定桐乡市所得税返还基数14208万元。

所得税分享改革后，省对地方财政体制收入增收上交省计算办法改为：以2001年增收上交省决算数为固定上交基数，加上当年增收上交数确定。当年增收以2001年地方财政体制收入决算数为基数。上述两项基数按所得税分享调整后，省核定桐乡市2001年增收上交省决算数8598万元，地方财政体制收入决算数42731万元。

省财政厅决定，从2002年起，代扣、代收、代征（下称“三代”）税款手续费纳入预算管理，改原来从税款中直接提取为财政支出安排，对有地方财政收入增收上缴省的市、县（市），其上缴部分由省结算返还。2002年桐乡市增收上缴省结算返还为：地税“三代”手续费结算补助217万元；农税“三代”手续费结算补助63万元。2003年起，“三代”手续费以2002年决算数为基数，作为省固定补助。

2003年，省政府决定，进一步完善地方财政管理体制。在确定市、县（市）财政收入基数的前提下，采取按行业税种以及按比例分享等规范办法，进一步划清省与市、县（市）政府收入来源，明确分成办法，同时实行“两保两联”“两保一挂”财政政策（桐乡享受“两保一挂”政策）。自2003年1月1日起实行，期限暂定为3年。主要内容包括收入基数及划分、收入分成办法，“两保一挂”奖励政策，固定补助，完善省对市、县（市）财政奖励政策等五个方面。

一、收入基数及划分

除规定为中央和省级收入外，桐乡市地方财政收入主要包括增值税、所得税地方分享部分，营业税、城市维护建设税、房产税、印花税、城镇土地使用税、土地增值税、车船使用和牌照税等地方税收收入，农业税、耕地占用税、契税收入和各项非税收入，各类基金收入。收入基数以2002年地方财政收入决算为基础，经调整上下划收入后，省确定桐乡市财政收入基数49241万元。2004年起，桐乡市免征农业税，省调减收入基数1664万元，调整后桐乡市2002年地方财政体制收入基数为47577万元。

二、收入分成办法

分固定上交、增量分成、税收返还三种办法。

（一）固定上交。原体制上交及分税制增收上交省部分，以2002年决算数为基数，作为固定上交省的金额。省核定桐乡市原体制上交 14760 万元,2002 年分税制增收上交省决算数 10765 万元。2003 年所得税分享比例调整,省调减上交基数 83 万元。2004 年因免征农业税,省调减上交基数 333 万元,调整后桐乡市 2002 年分税制增收固定上交省基数为 10349 万元。上交中央贡献款、地方负担出口退税专项上交基数不变,仍为 649 万元。

(二)增量分成。2003 年以后,地方财政收入超过 2002 年收入基数的增量部分,省与市、县(市)实行"二・八"分成,即省得 20%,桐乡市得 80%。

(三)税收返还。上划中央"两税"收入、以及所得税收入返还按原定不变。

三、"两保一挂"奖励政策

将"两保两联"技改补助和"亿元县上台阶"奖励、"三保三联"城市化专项补助等政策整合归并为"两保一挂"奖励政策。在确保实现当年财政收支平衡、确保完成政府职责任务前提下,实行省奖励与地方财政收入增收额挂钩。挂钩比例为增收额的 5%。2008 年,省政府完善省对市县财政体制,"两保一挂"奖励政策取消。桐乡市 2003 年至 2007 年,分别获得"两保一挂"省奖励补助资金 957 万元、1035 万元、899 万元、820 万元、2050 万元。

四、固定补助

从 2003 年起,税务经费、"三代"手续费等原单项结算的体制项目,以 2002 年决算数为基数,作为省对桐乡市固定结算补助。补助基数为 1900.64 万元。

2004 年,国务院决定改革出口退税机制。按照"新账不欠,老账要还,完善机制,共同负担,推动改革,促进发展"的原则,历史上欠退税款由中央财政负责偿还,确保改革后不再发生新欠,同时建立中央、地方共同负担的出口退税新机制。改革的具体内容:一是适当降低出口退税率。二是加大中央财政对出口退税的支持力度。三是建立中央、地方共同负担的出口退税新机制。从 2004 年起,以 2003 年出口退税实退指标为基数,对超基数部分的应退税额,由中央和地方按 75∶25 的比例共同负担。四是推进外贸体制改革,调整出口产品结构。五是对截至 2003 年年底累计欠企业的出口退税款和按增值税分享体制影响地方的财政收入,全部由中央财政负担。桐乡市出口退税超基数的退税额及免抵调库 25%部分,本着"谁出口、谁承担"的原则,由桐乡市财政负担。从 2004 年 1 月 1 日起,桐乡市报关出口的货物,出口退免税从桐乡市国库中退付,应由中央财政承担的出口退税基数 25%部分,由省财政返还,年度实际退税数低于省返还基数的,按实际退税数返还。省核定桐乡市出口退税基数为 27152 万元,应返还由中央财政承担的出口退税基数 25%部分为 6788 万元。

是年,根据《国务院关于做好 2004 年深化农村税费改革试点工作的通知》和省有关文件,桐乡市从 2004 年起在全市范围内免征农业税。同时,省对桐乡市财政体制决算计算当年增收上交省时也相应调整 2002 年收入基数,扣减 2002 年农业税收入实绩 1664 万元。

2005 年,国务院决定完善现有出口退税机制,1 月 1 日起,一是调整中央与地方出口退税分担比例。在原核定的出口退税基数不变的前提下,超基数部分中央与地方按照 92.5∶7.5 的比例共同负担。二是规范地方出口退税分担办法。三是改革出口退税退库方式,出口退税改由中央统一退库,相应取消中央对地方的出口退税基数返还,地方负担部分年终专项上解。

出口退税分担机制调整后,省对桐乡市出口退税分担也作相应调整。在维持原省核定的出口退税基数不变的基础上,从 2005 年 1 月 1 日起,出口货物退增值税(含出口货物"免、抵"增值税税额)中属于基数部分的退税额,继续由中央财政负担,超基数部分的退税额,按中央和地方 92.5∶7.5 的比例分担。出口退税改由中央统一退库后,应由桐乡市财政负担部分,年终决算时列作上解省财政,由省财政统一上解中央财政。

是年，浙江省人民政府决定，从2005年起全省全面免征农业税。因免征农业税影响地方财政收入，将根据各市、县(市)政府经济社会发展水平和财政收支状况，给予适当转移支付。省核定桐乡市免征农业税转移支付补助822万元，2005年为体制外单项补助，从2006年起列入年终省体制决算固定补助项。2006年起，除免征农业税省增加对桐乡市补助外，还有农村税费改革省补助407万元，桐乡烟厂停产省补助277万元。至2007年，桐乡市年终省体制决算固定补助基数调整为3478.57万元。

2006年，省对市、县(市)实行优化收入结构财力性奖励。奖励范围为地方财政收入占财政总收入比重提高、营业税及地方小税种收入比上年增长15%以上的市、县(市)。奖励办法一是优化结构奖励：即地方财政收入占财政总收入比重比上年提高的市、县(市)按提高的比重乘营业税及地方小税种环比增加额为奖励额。二是超收奖励：即对营业税及地方小税种收入环比增长15%以上的市、县(市)，超过15%至20%(含20%)部分给予增收额5%的奖励，超过20%的，再给予超过20%部分增收额15%的奖励。2006年至2007年，桐乡市获省优化收入结构奖励性转移支付补助2121万元。2008年省政府完善省对市、县(市)财政管理体制，该项政策不再单独执行。

2008年，省政府决定按照“明确责任，健全机制；积极稳妥，重点推进；公平合理，简明规范”的原则，完善省对市、县(市)财政体制。在确定市、县(市)财政收支基数的前提下，结合实际，规范省、市、县(市)收支范围和收入分成办法，完善“两保两挂”“两保一挂”财政政策和省对市、县(市)财政奖励政策，健全和完善省对市、县(市)转移支付制度。

一、财政收支划分及基数确定

(一)桐乡市地方财政收入。按属地除规定为中央和省级以外的收入，包括企业增值税25%部分、企业所得税40%部分、个人所得税40%部分，营业税、城市维护建设税、房产税、城镇土地使用税、土地增值税、耕地占用税、契税等，以及各项非税收入。

(二)桐乡市地方财政支出。包括一般公共服务、公共安全、教育、科学技术、文化体育与传媒、社会保障和就业、医疗卫生、环境保护、城乡社区事务、农林水事务、交通运输、工业商业金融等事务支出，及其他支出。

财政收入、财政支出、财力基数以2007年桐乡市财政收支决算为基础确定。

二、税收返还收入

(一)上划中央“增值税、消费税”税收返还收入，以2007年为基期年核定。2008年起，税收返还数额在2007年基数上逐年递增，递增率按当年上划中央“增值税、消费税”收入增长率的1∶0.3系数确定，即当年上划中央“增值税、消费税”收入每增长1%，省对桐乡市的税收返还增长0.3%。如若2008年以后上划中央“增值税、消费税”收入达不到2007年基数，则相应扣减税收返还数额；低于上年决算数，则按低于额的1∶0.3系数扣减税收返还数额。

(二)上划中央“企业所得税、个人所得税”税收返还收入，以2007年决算为基数核定。2008年起，上划中央“企业所得税、个人所得税”收入达不到2007年基数，相应扣减税收返还基数。

三、收入分成办法

(一)固定上交。历年按体制上交省的收入，以2007年决算数为基数，作固定上交。省核定桐乡市固定上交基数49190万元，包括原体制上解14760万元，上交中央贡献款251万元，外贸出口退税上解398万元，2002—2007年增收上解省33781万元。

(二)增量分成。2008年以后，桐乡市地方财政收入超过2007年收入基数的增量部分，实行“二·

八"分成,即省得20%,桐乡市得80%。省核定桐乡市2007年地方财政收入基数164737万元。

2008年以后,桐乡市上划中央"增值税、消费税"应返还收入比2007年返还基数的增加额,实行"二·八"分成,即省得20%,桐乡市得80%。2007年桐乡市上划中央"增值税、消费税"税收返还基数14243万元。

四、将"两保两挂"、"两保一挂"财政政策,统一调整为"分类分档激励奖补机制"

"分类分档激励奖补机制"将全省各市、县(市)分为两大类,一类是欠发达地区,实施三档激励补助和两档激励奖励政策。另一类是发达地区和较发达地区,在确保实现当年财政收支平衡、确保完成政府职责任务的前提下,实行省奖励与地方财政收入增收额挂钩,即按地方财政收入当年增收额的一定比例给予奖励。桐乡市被划为第二类,挂钩比例为增收额的5%,其中4%为发展资金,1%为考核奖励资金。2008—2010年,桐乡市按"分类分档激励奖补机制"计算,分别获得奖励补助资金1648万元、822万元、2957万元。

五、完善省对市、县(市)财政奖励政策

(一)实行省对市、县(市)营业税当年增收上交省部分予以返还和省级金融保险业营业税当年增收部分给予市、县(市)20%奖励的财政奖励政策。2008—2010年,桐乡市分别获得营业税增收奖励资金1124万元、2975万元、5392万元。

(二)对当年引进全国金融保险机构总部(或跨国公司区域性总部)的,给予引进地财政一次性奖励。

(三)鼓励和促进电力生产企业发展,适当提高新办电力生产企业所在地增值税返还奖励比例。新办电力生产企业缴纳的电力增值税25%部分,电力生产企业所在市、县(市)与省返还比例由"四·六"调整为"六·四",即市、县(市)得60%,省得40%,市、县(市)所得奖励按现行体制规定返还。

六、完善转移支付制度

加大省对市、县(市)一般转移支付力度,增强基层公共服务能力。整合优化专项资金,切实提高资金使用效益。规范专项转移支付,对按照相关人数计算的、具有相对固定性的专项转移支付列作体制固定补助,纳入一般性转移支付。

2009年,成品油价格和税费改革。根据《中央对地方成品油价格和税费改革转移支付办法》以及原浙江省对市、县(市)公路养路费等"六费"收入分成体制,省核定桐乡市替代原摩托车、拖拉机养路费,公路运输管理费收入返还基数1215.62万元。基数纳入年终省与桐乡市固定结算项目。

1996—2010年,桐乡市一般预算内财政总收入3063373万元。其中:上划中央两税收入1163728万元,上划中央所得税收入392262万元,桐乡市地方财政收入1507383万元。按分税制财政体制和省核定地方财政收入基数,15年间,桐乡市地方财政体制收入增收额26883万元,其中20%上交省,计287504万元。上划中央两税收入1163728万元,两税结算应返还收入349990万元,超任务奖励101万元,体制计算税收返还增加额136446万元,20%增收上交省27288万元。上解支出553949万元,其中:原体制上解(1994年基数)221400万元,地方财政收入增收上解287504万元,上交中央贡献款3765万元,外贸出口退税上解5970万元,出口退税超基数上解27991万元,其他上解7319万元。一般预算转移支付收入685060万元,其中:两税返还补助322803万元,所得税基数返还123942万元,出口退税基数返还及补助8717万元,成品油税费改革返还2432万元,各项专项补助135169万元,各项结算及其他补助91997万元。桐乡市预算内地方财政可用资金1638494万元。(见表1-5)

表 1－5

1996—2010 年桐乡市分税制财政体制结算统计表

单位：万元

年　　度	1996	1997	1998	1999	2000	2001	2002	2003	2004	2005	2006	2007	2008	2009	2010	合计
一、当年地方财政决算收入	15984	17428	20552	23657	36668	57943	56009	71978	83191	111650	128905	170598	204037	225734	283049	1507383
减：固定比例留用、专项收入	660		664	700	1659	2302	2447	3411	－6737	3368	4454	5861	6295	7033	8723	40840
①教育费附加	187		334	400	1209	1649	1700	1894	1445	2126	3353	4839	5094	5565	7026	36821
②排污费	473		330	300	450	653	566	429	779	1242	1101	1022	1201	1400	1413	11359
③农业特产税、屠宰税							181									181
④上下划收入调整数								1088								1088
⑤增值税出口退税 25％部分									－5435							－5435
⑥增值税免抵 25％部分									－3526							－3526
⑦水资源费														68	284	352
调整后地方财政体制收入	15324	17428	19888	22957	35009	55641	53562	68567	89928	108282	124451	164737	197742	218701	274326	1466543
减：地方财政收入基数	10439	10439	10439	10439	10439	10439	42731	49241	47577	47577	47577	47577	164737	164737	164737	839125
地方财政体制收入增收额	4885	6989	9449	12518	24570	45202	10831	19326	42351	60705	76874	117160	33005	53964	109589	627418
增收上交省(20％)	977	1398	1890	2504	4914	9040	2166	3865	8470	12141	15375	23432	6601	10793	21918	125484
2001 年增收上交省							8599									8599
2003 年体制增收固定上交省								10682	10349	10349	10349	10349				52078
2008 年体制增收固定上解省													33781	33781	33781	101343
当年地方财政体制收入增收上交省	977	1398	1890	2504	4914	9040	10765	14547	18819	22490	25724	33781	40382	44574	55699	287504
地方财政体制收入留用	14347	16030	17998	20453	30095	46601	42797	54020	71109	85792	98727	130956	157360	174127	218627	1179039
二、上划两税返还结算(1＋2－3)	15897	16431	17223	17557	18749	18852	20169	21512	22110	22907	24179	25701	26772	27404	27340	322803
1. 税收应返还收入(1＋d×0.3)×b	16210	16978	17968	18385	19876	20004	21650	23329	24077	25073	26663	28565	29904	30694	30614	349990
a. 上划两税收入	22136	25631	30614	32984	41900	42801	54541	68640	75976	86444	104720	129619	149870	163070	161665	1190611
其中：当年上划两税收入	22136	25631	30614	32984	41900	42801	54541	68640	49093	86444	104720	129619	149870	163070	161665	1163728
上划两税调整数									26883							26883
b. 税收返还基数(上年应返还数)	15404	16210	16978	17968	18385	19876	20004	21650	23329	24077	25073	26663	28565	29904	30694	
c. 上划两税基数(上年实绩)	18848	22136	25631	30614	32984	41900	42801	54541	68640	75976	86444	104720	129619	149871	163070	

续表 1－5

年　　度	1996	1997	1998	1999	2000	2001	2002	2003	2004	2005	2006	2007	2008	2009	2010	合计
d.上划两税增长率(a－c)/c×100％	17.45	15.79	19.44	7.74	27.03	2.15	27.43	25.85	10.69	13.78	21.14	23.78	15.62	8.81	－0.86	
2.超任务奖励	101															101
3.税收返还增加额上交省(20％)	414	547	745	828	1127	1152	1481	1817	1967	2166	2484	2864	3132	3290	3274	27288
①1993 年税收返还基数	14243	14243	14243	14243	14243	14243	14243	14243	14243	14243	14243	14243	14243	14243	14243	213645
②增加额(应返还收入－①＋奖励)	2068	2735	3725	4142	5633	5761	7407	9086	9834	10830	12420	14322	15661	16451	16371	136446
三、上解支出	16386	16807	17303	17920	20337	24538	26200	31069	34456	40285	44838	53831	61001	69324	79654	553949
1.体制上解	15737	16158	16650	17264	19674	23800	25525	29307	33579	37250	40484	48541	55142	59334	70459	508904
①原体制上解(1994 年基数)	14760	14760	14760	14760	14760	14760	14760	14760	14760	14760	14760	14760	14760	14760	14760	221400
②地方财政收入增收上解	977	1398	1890	2504	4914	9040	10765	14547	18819	22490	25724	33781	40382	44574	55699	287504
2.贡献款	251	251	251	251	251	251	251	251	251	251	251	251	251	251	251	3765
3.外贸出口退税上解	398	398	398	398	398	398	398	398	398	398	398	398	398	398	398	5970
4.其他上解			4	7	14	89	26	1113	228	165	202	767	757	1507	2440	7319
5.出口退税超基数上解										2221	3503	3874	4453	7834	6106	27991
四、一般预算转移支付合计	17770	18383	19400	21434	22937	24711	36475	43747	52217	47892	51944	58835	75025	84818	109472	685060
(1)两税返还补助	15897	16431	17223	17557	18749	18852	20169	21512	22110	22907	24179	25701	26772	27404	27340	322803
(2)各项追加补助	1693	1652	1515	3316	2483	2931	3163	4135	3931	4797	7790	8993	24096	26588	38086	135169
(3)各项结算补助	180	300	662	561	1705	2928	2865	3892	4425	4806	5767	9933	9949	15402	28622	91997
(4)所得税基数返还							10278	14208	14208	14208	14208	14208	14208	14208	14208	123942
(5)出口退税基数返还									6788							6788
(6)免抵未调库归还收入									755	755						1510
(7)出口退税一次性补助										419						419
(8)成品油税费改革返还														1216	1216	2432
五、预算内地方财政可用资金	17368	19004	22649	27171	39268	58116	66284	84656	100952	119257	136011	175602	218061	241228	312867	1638494
六、附列资料:上划中央所得税收入							15701	23159	27296	31972	37830	51267	64060	55667	85310	392262

资料来源:各年度财政总决算

注:1.上划两税收入为上划中央增值税 75％部分和上划中央消费税 100％部分。

2.上划所得税收入为 2002 年上划中央所得税 50％部分,2003 年起上划中央所得税 60 部分

1996—2010年，桐乡市上交上级财政1870782万元，占同期全市财政总收入的61.07%，其中：上划中央两税收入1163728万元，上划中央所得税收入392262万元。体制计算增收按20%上交省财政314792万元。（见表1—6）

1996—2010年，桐乡市财政总收入3063373万元，其中地方财政收入1507383万元，占同期财政总收入的49.21%。地方财政支出1608271万元。（见表1-7）

表1-6　1996—2010年桐乡市分税制财政体制上交上级财政收入统计表

单位：万元

年度	上交中央两税	上交中央所得税	上交省财政数			合计	财政总收入	占财政总收入%
			两税返还增加额上交省20%	地方财政收入增收上交省20%	小计			
1996	22136		414	977	1391	23527	38120	61.72
1997	25631		547	1398	1945	27576	43059	64.04
1998	30614		745	1890	2635	33249	51166	64.98
1999	32984		828	2504	3332	36316	56641	64.12
2000	41900		1127	4914	6041	47941	78568	61.02
2001	42802		1152	9040	10192	52994	100745	52.60
2002	54541	15701	1481	10765	12246	82488	126251	65.34
2003	68640	23159	1817	14547	16364	108163	163777	66.04
2004	49093	27296	1967	18819	20786	97175	159581	60.89
2005	86443	31972	2166	22490	24656	143071	230065	62.19
2006	104720	37830	2484	25724	28208	170758	271454	62.90
2007	129619	51267	2864	33781	36645	217531	351484	61.89
2008	149870	64060	3132	40382	43514	257444	417967	61.59
2009	163070	55667	3290	44574	47864	266601	444471	59.98
2010	161665	85310	3274	55699	58973	305948	530024	57.72
合计	1163728	392262	27288	287504	314792	1870782	3063373	61.07

资料来源：各年度财政总决算

注：上交中央两税数指实征增值税75%和消费税100%合计数

表1-7　1996—2010年桐乡市财政总收入、地方财政收入、地方财政支出统计表

单位：万元

年份	财政总收入	地方财政收入	地方财政占比例	地方财政支出
1996	38120	15984	41.94	16462
1997	43059	17428	40.47	18269
1998	51166	20552	40.17	21199
1999	56641	23657	41.77	28106
2000	78568	36668	46.67	36997
2001	100745	57943	57.51	53732

续表 1－7

年　份	财政总收入	地方财政收入	地方财政占比例	地方财政支出
2002	126251	56009	44.36	64972
2003	163777	71978	43.95	82936
2004	159581	83192	52.13	98769
2005	230065	111650	48.53	120615
2006	271454	128904	47.49	133859
2007	351484	170598	48.54	169753
2008	417967	204037	48.82	209722
2009	444471	225734	50.79	250918
2010	530024	283049	53.40	301962
合计	3063373	1507383	49.21	1608271

资料来源：各年度财政总决算

表 1－8　　1996—2010 年桐乡市按分税制财政体制划分预算内财政收入地方留用、上交数统计表

单位：万元

年　份	财　政总收入	其中：按财政体制分				税收返还补助数	占总收入%	占上划数%	留用＋补助占总收入%
		地方财政收　入	占总收入%	上划中央收　入	占总收入%				
1996	38120	15984	41.94	22136	58.06	15897	41.70	71.82	83.63
1997	43059	17428	40.47	25631	59.53	16431	38.16	64.11	78.63
1998	51166	20552	40.17	30614	59.83	17223	33.66	56.26	73.83
1999	56641	23657	41.77	32984	58.23	17557	30.10	53.23	72.76
2000	78568	36668	46.67	41900	53.33	18749	23.86	44.75	70.53
2001	100745	57943	57.51	42802	42.49	18852	18.71	44.04	76.23
2002	126251	56009	44.36	70242	55.64	30447	24.12	43.35	68.48
2003	163777	71978	43.95	91799	56.05	35720	21.81	38.91	65.76
2004	159581	83192	52.13	76389	47.87	36318	22.76	47.54	74.89
2005	230065	111650	48.53	118415	51.47	37115	16.13	31.34	64.66
2006	271454	128904	47.49	142550	52.51	38387	14.14	26.93	61.63
2007	351484	170598	48.54	180886	51.46	39909	11.35	22.06	59.89
2008	417967	204037	48.82	213930	51.18	40980	9.80	19.16	58.62
2009	444471	225734	50.79	218737	49.21	41612	9.36	19.02	60.15
2010	530024	283049	53.40	246975	46.60	41548	7.84	16.82	61.24
合计	3063373	1507383	49.21	1555990	50.79	446745	14.58	28.71	63.79

资料来源：各年度财政总决算

注：表内税收返还补助数栏系两税返还收入补助数和所得税基数返还收入，上划中央收入栏系增值税、消费税和所得税按规定比例上划数

第二章　财政收入

财政收入包括税收收入、依照规定应当上缴的国有资产收益、专项收入、地方自筹收入和其他收入，以税收收入为主要组成部分。并根据预算管理的需要分为一般预算收入、基金预算收入、债务预算收入三部分。2007年，政府收支分类改革，财政收入划分为税收收入、社会保险基金收入、非税收入、贷款转贷回收本金收入、债务收入以及转移性收入等项。

1996—2010年，桐乡市财政总收入4526130万元，一般预算总收入3063373万元，上划中央收入1555990万元，地方财政可用财力3160696万元。本章重点记述此期间桐乡财政总收入、上划中央收入和地方财政收入情况。

财政收入分中央、省、县(市)三个层次分流解缴国库。凡直接缴入上级国库的财政收入，在县(市)级财政预算收入中，不重复体现。

第一节　财政总收入

“八五”计划时期(1991—1995**年**)

1991年，桐乡县地区生产总值17.84亿元，综合经济实力在全国农村综合实力百强县(市)中列第47位。浙江省12个县(市)进入百强之列，列浙江省第6位。一般预算内财政总收入18095万元，较上年增长5.91%。1992年，地区生产总值22.56亿元，一般预算内财政总收入19336万元，较上年增长6.86%。1993年，桐乡撤县设市，企业改革向纵深发展，工商税收增幅较大。实施《中华人民共和国税收征收管理法》，实行征管改革，征查分离，检查面扩大，查补税款增加。是年，实现地区生产总值39.61亿元，一般预算内财政总收入突破2亿元，达到25688万元，比上年增长32.85%。1991年至1993年，桐乡实行“收入递增上交，超收分成”财政体制，直接上缴中央、省库的税收和基金收入3597万元。1994年实行分税制财政体制，全部税收收入划分为中央税、中央与地方共享税、地方税三类。按分税制口径计算，1994年，桐乡市一般预算内财政总收入28893万元，其中上划中央级收入16747万元，占57.96%，地方财政收入12146万元，占42.04%。1995年，加快企业改革步伐，经济持续发展，地区生产总值68.54亿元。同时，新税制严格控制减免税，财政收入亦相应增加。是年，一般预算内财政总收入32672万元、地方财政收入13824万元，分别比上年增长13.08%、13.82%。“八五”计划期间，一般预算内财政总收入124684万元，年均增长13.84%。

“九五”计划时期(1996—2000**年**)

1996年，围绕“抓住机遇、深化改革、扩大开放、促进发展、保持稳定”的基本方针，狠抓增收节支，经济总量和财政收入保持适度增长。1997年，全面完成国、地税机构分设，围绕全市经济建设，支持企业发展、促产增收。以组织收入为重点，深化征管改革，坚持以法治税，强化税务稽查。运用ZTAX征管软件，建立以纳税申报和优化服务为基础，以计算机网络为依托，以集中征收、重点稽查为主要特点的税收征管新模式。1998年,全市财税工作坚持以法治税,深化财税改革。加强税收征管,积极培育财源,支持经济发展,财政收入稳定增长,一般预算内财政总收入首超5亿元。1999年,加大财政投入,支持经济发展,培育财源。鼓励外贸和外资企业增加出口,出口退税首超亿元。完善征管改革,加强税务稽查,入库查补税款3279万元。"抓大不放小",加强小税种征管,开展印花税专项检查,印花税入库比上年增长183.54%。2000年,是"九五"计划期间财政收入增幅最高的一年,国家拉动内需政策的进一步贯彻和积极财政政策的实施,有力支持了企业发展。全年投入财政资金1.4亿元,用于巩固农业基础地位,支持企业发展,生态环境保护,推进企业改革和扭亏增盈。当年实现地区生产总值97.98亿元。同时,税务部门逐步完善税收征管模式,提高征管水平。是年,一般预算内财政总收入78568万元,比上年增长38.71%。"九五"计划期间,一般预算内财政总收入267554万元,年均增长19.18%。

"十五"计划时期(2001—2005年)

2001年,全年投入财政资金1.5亿元,支持经济和社会事业发展。完善税收征管,规范税务稽核,全面推行"银税联网,实时扣税"管理模式,确保税收应收尽收。规范财政监督,行政事业性收费实行票款分离,确保财政收入及时足额入库。一般预算内财政总收入突破10亿元,列浙江省县(市)一般预算内财政总收入第12位。2002年,财政改革进一步深化,实施所得税收入分享改革,超基数部分实行中央与地方按比例分享,所得税收入按规定比例分别解缴中央库和地方库。全面实施以"减调改稳、合理负担、转移支付、配套进行"为主要内容的农村税费改革,取消各种政策外的收费和农村教育集资,取消面向各类企事业单位、个体工商户和适龄公民收取的兵役义务费,停止征收屠宰税、农业特产税,农民人均减负22.58元。加强重点税源监管,完善企业所得税征管办法,开展砖瓦、水泥行业税收专项整治。2003年,有效应对"非典"、"缺电"和高温干旱影响,多渠道筹措资金,集中财力安排1.4亿元财政资金,落实税收优惠政策,减免企业所得税2.2亿元,支持工业立市。2004年,围绕"经济强市"目标,安排1.5亿元财政资金,支持农业、工业、三产和科技发展。巩固和深化农村税费改革,全面免征农业税。积极组织收入,征管改革向纵深推进,非税收入管理进一步规范。2005年,围绕"工业立市"主线,安排1.6亿元财政资金,减免各种税收2.75亿元,支持地方经济发展。安排500万元财政资金,建立"三产"发展引导资金,支持第三产业发展。是年,完成地区生产总值197.55亿元,一般预算内财政总收入超20亿元,列浙江省县(市)一般预算内财政总收入第11位。"十五"计划期间,一般预算内财政总收入780419万元,年均增长23.97%。

"十一五"计划时期(2006—2010年)

2006年,转变财政支持方式,进一步推进产业结构调整和增长方式转变,加大财源涵养建设。实现财政从扶持企业个体向扶持平台建设、园区建设和重点行业的转变,从注重投资规模向注重投资规模和投资质量并重,从注重经济效益向注重经济和社会效益并重的转变。落实财税优惠政策,安排财政资金1.63亿元,减免各类税收10288万元,支持经济发展。积极组织收入,加强非税收入管理,非税收入入库同比增长46.28%。2007年,积极组织财政收入,加大税收征管,以推广应用《税友2006》为契机,开展税收精细化管理。加强非税收入征管,重点抓好和完善社会保险"五费合征"工作,全年累计征收社保费7.31亿元,比上年增长26%。制订出台《国有土地出让收支管理办法》《国有土地出让收入分配办法》。配合市委、市府开展全市经济扶持政策调研,整合优化各类财政资金,全年安排财政资金2亿元,减免所得税1.14亿元,支持地方经济发展。推进和深化财政改革,全面启动ISO 9001质量管理体系建设,财政质量管理体系覆盖全局各科室及所属单位,涉及各工作岗位。是年,全市实现地区生产总值 276.35 亿元，比上年增长 20.08%。一般预算内财政总收入超 30 亿元，比上年增长 29.5%。2008 年，财政管理改革进一步深化，全面落实各项税收优惠政策，安排各类财政资金 2.45 亿元、减免各类地方税费 2.12 亿元、下调社保费缴费率等，为全市企业减负，支持经济发展。同时，积极组织财政收入，全面启用国有土地使用权出让管理系统，实现财政、国土部门信息共享。出台增收节支考核办法，规范非税收入征管。是年实现地区生产总值 323.21 亿元，一般预算内财政总收入超 40 亿元。2009 年，全市经济在逆境中保持稳步增长，三次产业获较快发展。财政在积极组织收入的同时，加大税收征收管理力度，加强非税收入征管，修订和完善《桐乡市国有土地使用权出让收入分配办法》，土地征用、出让实施信息化动态管理。及时调整完善财政支持企业发展的政策措施，促进企业转型升级。推进工业企业分离发展服务业工作，促进产业结构优化。当年完成分离企业 31 家，并对分离后的企业落实扶持政策，支持第三产业发展。2010 年，落实积极财政政策，推进经济转型升级。深化财税改革，完善财税运行机制，增收节支，实现财政收支平衡。全年安排 2.6 亿元财政资金，用于支持经济发展，为各类符合产业导向的企业减免税收 1.66 亿元。调整社会保险政策，共减征社会保险费 0.51 亿元。是年，完成生产总值 409.25 亿元，比上年增长 20.27%，一般预算内财政总收入超 50 亿元，列浙江省县（市）一般预算内财政总收入第 12 位，全国百强县中排名第 24 位。“十一五”计划期间，一般预算内财政总收入 2015400 万元，年均增长 18.17%。

巨石集团恒石工厂

1996—2010 年，桐乡市财政总收入（不含债务收入、转移性收入、预算外收入）4526130 万元，其中一般预算内财政收入 3063373 万元，占 67.68%；政府性基金收入 885662 万元，占 19.57%；社会保险基金收入 577095 万元，占 12.75%。

表 2-1　　1996—2010 年桐乡市财政总收入统计表（不含预算外）

单位：万元

年度	财政总收入	一般预算内收入		政府性基金收入		社会保险基金收入	
		金额	占总收入 %	金额	占总收入 %	金额	占总收入 %
1996	38120	38120	100				
1997	46987	43059	91.64	3928	8.36		
1998	54942	51166	93.13	3776	6.87		
1999	60641	56641	93.40	4000	6.60		
2000	83127	78568	94.52	4559	5.48		
2001	107937	100745	93.34	4902	4.54	2290	2.12

续表 2-1

年度	财政总收入	一般预算内收入		政府性基金收入		社会保险基金收入	
		金额	占总收入%	金额	占总收入%	金额	占总收入%
2002	157609	126251	80.10	5154	3.27	26204	16.63
2003	202955	163777	80.70	8419	4.15	30759	15.15
2004	210759	159581	75.72	11474	5.44	39704	18.84
2005	288309	230065	79.80	15614	5.42	42630	14.78
2006	342659	271454	79.23	13278	3.87	57927	16.90
2007	533482	351484	65.88	108876	20.41	73122	13.71
2008	692093	417967	60.39	179908	26.00	94218	13.61
2009	681694	444471	65.20	139189	20.42	98034	14.38
2010	1024816	530024	51.72	382585	37.33	112207	10.95
合计	4526130	3063373	67.68	885662	19.57	577095	12.75

资料来源:各年度财政总决算

注:1. 1996 年前政府性基金收入统计在预算外收入。

2. 社会保险基金收入从 2001 年开始逐步列入财政总决算,以前由劳动部门管理

1996—2010 年,桐乡市一般预算内财政总收入 3063373 万元,其中上划中央收入 1555990 万元,占总收入的 50.79%,年均增长 18.71%。一般预算内地方财政收入 1507383 万元,占总收入的 49.21%,年均增长 22.29%,其中工商税收收入 1046847 万元,占地方收入的 69.45%;所得税收入 320080 万元,占地方收入的 21.23%;农业四税收入 149680 万元,占地方收入的 9.93%;非税收入 115701 万元,占地方收入的 7.68%,企业收入(国企亏损退库)-124925 万元,占地方收入的 -8.29%。(见表 2-2、表 2-3)

第二节　上划中央收入

1996 年,按照分税制财政体制,上划中央收入为增值税的 75%和消费税的 100%。2002 年所得税分享改革后,上划中央收入增至四项,简称为上划中央“四税”。2002 年上划中央“四税”收入为:增值税的 75%;消费税的 100%;企业所得税的 50%;个人所得税的 50%。2003 年及以后,上划中央“四税”收入为:增值税的 75%;消费税的 100%;企业所得税的 60%;个人所得税的 60%。

1996—2010 年,桐乡市累计上划中央收入 1555990 万元,其中增值税收入 1155161 万元,消费税收入 8567 万元,企业所得税收入 270395 万元,个人所得税收入 121867 万元。(见表 2-4)

表 2－2

1996—2010 年桐乡市一般预算内财政总收入统计分析表

单位：万元

年度	一般预算内总收入	工商各税收入		农业四税收入		非税收入							
		金额	占总收入%	金额	占总收入%	小计	占总收入%	其中					
								国有企业计划亏损退库	排污费收入	教育费附加收入	罚没收入	行政性收费收入	其他收入
1996	38120	39613	103.92	1956	5.13	－3449	－9.05	－4233	473	187	121		3
1997	43059	45081	104.70	2206	5.12	－4228	－9.82	－4354			126		
1998	51166	52697	102.99	2304	4.50	－3835	－7.49	－4700	330	334	201		
1999	56641	57791	102.03	2240	3.95	－3390	－5.98	－4300	300	400	210		
2000	78568	79968	101.78	2514	3.20	－3914	－4.98	－8420	450	1209	2847		
2001	100745	101433	100.68	4732	4.70	－5420	－5.38	－10418	653	1649	2696		
2002	126251	125962	99.77	6317	5.00	－6028	－4.77	－11000	566	1700	2706		
2003	163777	156641	95.64	10560	6.45	－3424	－2.09	－9000	429	1894	2892	219	142
2004	159581	147570	92.47	12030	7.54	－19	－0.01	－9000	779	1445	5142	1387	228
2005	230065	212605	92.41	13152	5.72	4308	1.87	－7000	1242	2126	5504	2189	247
2006	271454	257186	94.74	7966	2.94	6302	2.32	－7000	1101	3353	5273	3280	295
2007	351484	331711	94.37	14371	4.09	5402	1.54	－7000	1022	4839	4561	1504	476
2008	417967	393877	94.24	17763	4.25	6327	1.51	－7000	1201	5094	4603	2095	334
2009	444471	417929	94.03	18325	4.12	8217	1.85	－9500	1400	5565	9116	1270	366
2010	530024	502853	94.87	33244	6.27	－6073	－1.14	－22000	1413	7026	5612	1211	665
合计	3063373	2922917	95.41	149680	4.89	－9224	－0.30	－124925	11359	36821	51610	13155	2756

资料来源：各年度财政总决算

注：1997 年排污费收入、教育费附加收入因年度统计口径原因，反映在基金预算收入中

表 2-3

1996—2010 年桐乡市一般预算内财政总收入分项统计表

单位:万元

项目 \ 年份	1996	1997	1998	1999	2000	2001	2002	2003	2004	2005	2006	2007	2008	2009	2010
收入总计	38120	43059	51166	56641	78568	100745	126251	163777	159581	230065	271454	351484	417967	444471	530024
一、上划中央收入合计	22136	25631	30614	32984	41900	42802	70242	91799	76389	118415	142550	180886	213930	218737	246975
其中:消费税	651	1058	2945	1325	869	31	31	63	112	133	125	157	245	338	484
增值税	21485	24573	27669	31659	41031	42771	54510	68577	48981	86310	104595	129462	149625	162732	161181
个人所得税							6817	9585	8967	10949	12681	14781	18722	18165	21200
企业所得税							8884	13574	18329	21023	25149	36486	45338	37502	64110
二、地方财政收入合计	15984	17428	20552	23657	36668	57943	56009	71978	83192	111650	128904	170598	204037	225734	283049
(一)税收收入	19433	21656	24387	27047	40582	63363	62037	75402	83211	107342	122602	165196	197710	217517	289122
1. 工商税收收入	14288	16528	18458	20698	26304	30899	40019	49403	52984	72876	89416	116647	137241	162081	199005
其中:增值税 25%	7162	8191	9223	10553	13677	14257	17170	22859	16327	28770	34865	43154	49875	54244	53727
营业税	4380	5217	5555	5661	7359	9963	14748	18835	27518	31433	34047	44415	48351	62808	88247
城建税	1267	1846	2149	2256	2671	3659	3485	4192	4968	5501	7677	10409	11022	12065	15239
车船使用和牌照税	23	55	81	98	116	135	198	220	271	180	529	534	1044	1484	2020
房产税	612	703	992	1489	1800	2111	2605	2480	2506	3672	6061	8504	10652	11454	11183
屠宰税	126	134	180	193	225	248	150								
城镇土地使用税	128	126	124	156	163	164	180	207	241	833	1974	3082	9887	10034	8370
土地增值税			20	40	74	96	105	91	469	1211	1955	3362	2816	6525	15112
印花税	102	139	79	224	206	266	378	519	684	1276	2270	3130	3525	3396	5052
固定资产投资方向调节税	12	25	55	28	13										
烟叶税											38	57	69	71	55
税款滞纳金罚款	476	92													
2. 个人所得税	1288	1426	1717	2238	3364	6144	6817	6390	5978	7299	8454	9854	12481	12110	14133

续表 2－3

项目＼年份	1996	1997	1998	1999	2000	2001	2002	2003	2004	2005	2006	2007	2008	2009	2010
3. 企业所得税	1901	1496	1908	1871	8400	21588	8884	9049	12219	14015	16766	24324	30225	25001	42740
4. 农业税收	1956	2206	2304	2240	2514	4732	6317	10560	12030	13152	7966	14371	17763	18325	33244
其中：农业税	1502	1620	1635	1366	1778	1595	1664	1595							
农业特产税	14	26	40	39	120	174	32								
耕地占用税	338	371	229	371	176	1344	1811	2601	5176	3019	2016	4005	3367	3385	5820
契税	102	189	400	464	440	1619	2810	6364	6854	10133	5950	10366	14396	14940	27424
（二）非税收入	－3449	－4228	－3835	－3390	－3914	－5420	－6028	－3424	－19	4308	6302	5402	6327	8217	－6073
1. 国有企业亏损补贴	－4233	－4354	－4700	－4300	－8420	－10418	－11000	－9000	－9000	－7000	－7000				
2. 国有资本经营收入												－7000	－7000	－9500	－22000
3. 国有资产有偿使用收入												476	334	199	381
4. 排污费收入	473		330	300	450	653	566	429	779	1242	1101	1022	1201	1400	1413
5. 教育费附加收入	187		334	400	1209	1649	1700	1894	1445	2126	3353	4839	5094	5565	7026
6. 罚没收入	121	126	201	210	2847	2696	2706	2892	5142	5504	5273	4561	4603	9116	5612
7. 行政事业性收费								219	1387	2189	3280	1504	2095	1270	1211
8. 能交及预算调节基金															
9. 水资源费收入														68	284
10. 其他收入	3							142	228	247	295			99	

资料来源：各年度财政总决算

注：收入项目设置按现行统计口径进行调整后设立

表 2-4　　1996—2010 年桐乡市上划中央收入统计表

单位:万元

年　度	一般预算总收入	上划四税总收入	占财政总收入%	分税种情况			
				增　值　税	消　费　税	企业所得税	个人所得税
1996	38120	22136	58.07	21485	651		
1997	43059	25631	59.53	24573	1058		
1998	51166	30614	59.83	27669	2945		
1999	56641	32984	58.23	31659	1325		
2000	78568	41900	53.33	41031	869		
2001	100745	42802	42.49	42771	31		
2002	126251	70242	55.64	54510	31	8884	6817
2003	163777	91799	56.05	68577	63	13574	9585
2004	159581	76389	47.87	48981	112	18329	8967
2005	230065	118415	51.47	86310	133	21023	10949
2006	271454	142550	52.51	104595	125	25149	12681
2007	351484	180886	51.46	129462	157	36486	14781
2008	417967	213930	51.18	149625	245	45338	18722
2009	444471	218737	49.21	162732	338	37502	18165
2010	530024	246975	46.60	161181	484	64110	21200
合计	3063373	1555990	50.79	1155161	8567	270395	121867

资料来源:各年度财政总决算

第三节　地方财政收入

1994 年,实行分税制财政体制后,中央财政与地方财政按税收性质划分收入,同时,划分地方各级财政收入范围,分别解交各级国库。县(市)级财政预算收入的资金,不等于县(市)可以全部支配使用的财力。桐乡市是收入大于支出的县(市),其中省财政参与分成的部分,以"上解支出"等形式结算上缴。留存部分是桐乡市地方财政收入的主要组成部分,加上上级转移支付收入和其他收入,构成桐乡市地方财政总收入。

1994 年,实行分税制财政体制后,一般预算内地方财政收入为五大类 23 项,至 2010 年基本保持相同,主要包括:(1)工商税收类:增值税的 25%,营业税(不含中央级和省级),企业所得税,个人所得税,城市维护建设税,车船税,房产税,屠宰税,城镇土地使用税,土地增值税,印花税,固定资产投资方向调节税,烟叶税等。(2)农业税收类:包括农业税,农业特产税,耕地占用税、契税。(3)企业收入类:即国有企业计划亏损补贴,这项为负收入,冲减财政收入。(4)专项收入类:包括排污费收入,城市水资源费收入,教育费附加收入等。(5)其他收入类。2000 年 1 月 1 日起,固定资产投资方向调节税暂停征收。2002年所得税分享改革后，企业所得税和个人所得税划为中央与地方共享税，2002年中央与地方按五五分成，2003年及以后按六四分享。根据国务院和省有关文件精神，桐乡市从2002年7月1日起，取消屠宰税，对在农业税计税土地上生产的农业特产品，只征收农业税，不再征收农业特产税。2004年在全市范围内免征农业税。2006年开始征收烟叶税。

2007年，政府收支分类改革，收入分类不仅包括预算内收入，还包括实行财政专户管理的预算外收入、社会保险基金收入等应属于政府收入范畴的各项收入。新科目将政府预算内、外收入和社会保险基金收入纳入统一的分类体系，按收入性质划分为：税收收入、社会保险基金收入、非税收入、贷款转贷回收本金收入、债务收入、转移性收入六部分。

一、税收收入

1996—2010年，桐乡市累计税收收入3072597万元，其中上划中央收入1555990万元，占全部税收收入的50.64%；地方税收收入1516607万元，占全部税收收入的49.36%。地方税收收入中，工商税收收入1366927万元，占地方全部税收收入的90.13%，农业税收收入149680万元，占地方全部税收收入的9.87%。

（一）工商税收收入

1996—2010年，桐乡市工商税收收入（不含中央级和省级，下同）累计1366927万元。其中：

“九五”计划时期（1996—2000） 工商税收收入121885万元，年平均收入24377万元，年平均收入比1995年增加10326万元，年均增长22.06%。

“十五”计划时期（2001—2005） 工商税收收入344564万元，年平均收入68912.8万元，年平均收入比“九五”时期增加44535.8万元，年均增长19.86%。

“十一五”计划时期（2005—2010） 工商税收收入900478万元，年平均收入180095.6万元，年平均收入比“十五”时期增加111182.8万元，年均增长22.13%。

1996—2010年，桐乡市工商税收分税种收入比重如下：增值税25%部分385054万元，占全部工商税收收入28.17%。企业所得税（2002年改为中央地方共享税，是年地方得50%，2003年及以后地方得40%）220417万元，占全部工商税收收入16.13%。个人所得税（与企业所得税相同）99693万元，占全部工商税收收入7.29%。营业税408573万元，占全部工商税收收入29.89%。城市维护建设税88406万元，占全部工商税收收入6.47%。车船税6988万元，占全部工商税收收入0.51%。房产税65824万元，占全部工商税收收入4.82%。城镇土地使用税35669万元，占全部工商税收收入2.61%。土地增值税31876万元，占全部工商税收收入2.33%。印花税21246万元，占全部工商税收收入1.55%。屠宰税、固定资产投资方向调节税、烟叶税、滞纳金等2247万元，占全部工商税收收入0.16%。（见表2-5）

（二）农业税收收入

农业税收收入包括农业税，农业特产税，耕地占用税、契税。农业税实行稳定负担政策，收入相对稳定。2002年7月1日起，桐乡市根据省政府指示，对在农业税计税土地上生产的农业特产品，不再征收农业特产税。2004年起，桐乡市免征农业税。

随着房地产业的兴起，耕地占用税和契税收入每年有大幅度增加。1996年耕地占用税和契税收入440万元，占一般预算内地方财政收入的2.75%，2010年收入33244万元，占一般预算内地方财政收入的11.74%。（见表2-6）

表 2－5

1996—2010 年桐乡市工商税收分税种收入情况统计表

单位：万元

年度	税收收入总额	增值税25%	企业所得税	个人所得税	营业税	城市维护建设税	车船税	房产税	屠宰税	城镇土地使用税	土地增值税	印花税	固定资产投资方向调节税	烟叶税	滞纳金罚款收入
1996	17477	7162	1901	1288	4380	1267	23	612	126	128		102	12		476
1997	19450	8191	1496	1426	5217	1846	55	703	134	126		139	25		92
1998	22083	9223	1908	1717	5555	2149	81	992	180	124	20	79	55		
1999	24807	10553	1871	2238	5661	2256	98	1489	193	156	40	224	28		
2000	38068	13677	8400	3364	7359	2671	116	1800	225	163	74	206	13		
2001	58631	14257	21588	6144	9963	3659	135	2111	248	164	96	266			
2002	55720	18170	8884	6817	14748	3485	198	2605	150	180	105	378			
2003	64842	22859	9049	6390	18835	4192	220	2480		207	91	519			
2004	71181	16327	12219	5978	27518	4968	271	2506		241	469	684			
2005	94190	28770	14015	7299	31433	5501	180	3672		833	1211	1276			
2006	114636	34865	16766	8454	34047	7677	529	5061		1974	1955	2270		38	
2007	150825	43154	24324	9854	44415	10409	534	8504		3082	3362	3130		57	
2008	179947	49875	30255	12481	48351	11022	1044	10652		9887	2816	3525		69	
2009	199192	54244	25001	12110	62808	12065	1484	11454		10034	6525	3396		71	
2010	255878	53727	42740	14133	88247	15239	2020	11183		8370	15112	5052		55	
合计	1366927	385054	220417	99693	408573	88406	6988	65824	1256	35669	31876	21246	133	290	568

资料来源：各年度财政总决算

表 2－6　　1996—2010 年桐乡市历年农业税收分税种收入统计表

单位：万元

年　度	农业税收总收入	分税种收入情况							
		农　业　税		农业特产税		耕地占用税		契　　税	
		金额	比重％	金额	比重％	金额	比重％	金额	比重％
1996	1956	1502	76.79	14	0.72	338	17.28	102	5.21
1997	2206	1620	73.44	26	1.18	371	16.82	189	8.56
1998	2304	1635	70.96	40	1.74	229	9.94	400	17.36
1999	2240	1366	60.98	39	1.74	371	16.56	464	20.72
2000	2514	1778	70.73	120	4.77	176	7.00	440	17.50
2001	4732	1595	33.71	174	3.68	1344	28.40	1619	34.21
2002	6317	1664	26.34	32	0.51	1811	28.67	2810	44.48
2003	10560	1595	15.10			2601	24.63	6364	60.27
2004	12030					5176	43.03	6854	56.97
2005	13152					3019	22.95	10133	77.05
2006	7966					2016	25.31	5950	74.69
2007	14371					4005	27.87	10366	72.13
2008	17763					3367	18.96	14396	81.04
2009	18325					3385	18.47	14940	81.53
2010	33244					5820	17.51	27424	82.49
合计	149680	12755	8.52	445	0.30	34029	22.73	102451	68.45

数据来源：各年度财政总决算

二、社会保险基金收入

桐乡市在实行基本养老保险和失业保险制度的基础上，1996 年下半年开始实行工伤保险和（大病）医疗保险制度，1999 年实行生育保险，2002 年起，实行基本医疗保险，包括基本医疗保险、大病（住院）保险、其他医疗保险。在地税代征前，上述各项社会保险基金由社会保险经办机构负责征收，收支不列入预算。1992 年起，财政总决算中增列社会保险基金收支，为附列资料，数据由劳动部门提供。1997 年，社会保险基金列入政府性基金收支预决算。

桐乡市社会保险基金从 2001 年开始，纳入政府性基金预算管理，此前社会保险基金由劳动和财政部门负责监督管理，列预算外资金，实行财政专户核算。是年，基本养老保险基金纳入政府性基金预算，2002 年基本医疗保险基金纳入政府性基金预算，2003 年失业保险基金纳入政府性基金预算，2006 年生育保险基金和工伤保险基金纳入政府性基金预算。2007 年，政府收支分类改革，社会保险基金从政府性基金中分出，设置为类级科目，单列社会保险基金预算。

表 2-7　　2001—2010 年桐乡市历年社会保险基金收入统计表

单位:万元

年度	社会保险基金收入小计	分险种收入情况					
		基本养老保险基金	失业保险基金	基本医疗保险基金	工伤保险基金	生育保险基金	其他社会保险基金
2001	2290	2290					
2002	26204	23293		2911			
2003	30759	23590	848	6321			
2004	39704	31176	1134	7394			
2005	42630	33010	1440	8180			
2006	57927	39905	3334	12417	1400	871	
2007	73122	49835	3435	14386	2244	1405	1817
2008	94218	66836	4062	17484	2431	1487	1918
2009	98034	66340	4943	20372	2771	1699	1909
2010	112207	76351	4625	25533	2324	1417	1957
合计	577095	412626	23821	114998	11170	6879	7601

资料来源:各年度财政总决算

三、非税收入

非税收入,包括各部门和单位按照国家规定收取或取得的行政事业性收费、政府性基金、罚款和罚没收入、彩票公益金和发行费、国有资源有偿使用收入、国有资产经营收入、以政府名义接受的捐赠收入、主管部门集中收入等。本志所载非税收入,包括政府收支分类改革前,一是反映在地方一般预算收入中的企业收入、专项收入、罚没收入、行政性收费收入、其他收入等。二是政府性基金收入(不包括社会保险基金)。行政事业性收费收入从 2004 年开始逐年分批纳入预算。政府收支分类改革后,非税收入包括政府性基金收入,专项收入,行政事业性收费收入,罚没收入,国有资本经营收入,国有资源(资产)有偿使用收入,其他收入等 7 个款项。按照政府收支分类改革后的统计口径,1996—2010 年,桐乡市非税收入累计 876438 万元,其中政府性基金收入 885662 万元,专项收入 48532 万元,行政事业性收费收入 13155 万元,罚没收入 51610 万元,国有资本经营收入(国有企业计划亏损补贴退库)负 124925 万元;国有资源(资产)有偿使用收入 1390 万元,其他收入 1014 万元。(见表 2-8、表 2-9)

表 2-8　　1996—2010 年桐乡市非税收入统计表

单位:万元

年度	非税收入小计	分款项收入情况						
		政府性基金收入	专项收入	行政事业性收费收入	罚没收入	国有资本经营收入	国有资源(资产)有偿使用收入	其他收入
1996	−3449		660		121	−4233		3
1997	−300	3928	0		126	−4354		

续表 2－8

年　度	非税收入小计	分款项收入情况						
		政府性基金收入	专项收入	行政事业性收费收入	罚没收入	国有资本经营收入	国有资源(资产)有偿使用收入	其他收入
1998	－59	3776	664		201	－4700		
1999	610	4000	700		210	－4300		
2000	645	4559	1659		2847	－8420		
2001	－518	4902	2302		2696	－10418		
2002	－874	5154	2266		2706	－11000		
2003	4995	8419	2323	219	2892	－9000		142
2004	11455	11474	2224	1387	5142	－9000		228
2005	19922	15614	3368	2189	5504	－7000		247
2006	19580	13278	4454	3280	5273	－7000		295
2007	114278	108876	5861	1504	4561	－7000	476	
2008	186235	179908	6295	2095	4603	－7000	334	
2009	147406	139189	7033	1270	9116	－9500	199	99
2010	376512	382585	8723	1211	5612	－22000	381	
合计	876438	885662	48532	13155	51610	－124925	1390	1014

资料来源：各年度财政总决算

注：政府性基金收入未包括社会保险基金

四、债务收入

桐乡市需要建设的重点民生工程较多，地方财政资金紧缺，除少部分项目努力向上争取补助资金外，绝大部分项目需依赖市财政和融资解决，故市财政面临较大支出压力，发行地方政府债券是实施积极财政政策、保持经济平稳较快发展的重大举措。经上级财政部门批准，桐乡市 2009 年和 2010 年，分别转贷财政部代理发行地方政府债券收入 27646 万元。其中 2009 年地方债券收入 17646 万元，用于沪杭客运专线桐乡段地方配套资金，此为国家重点铁路建设工程。2010 年地方债券收入 10000 万元，用于桐乡市文化中心工程 2000 万元，桐乡市第一人民医院迁建工程 2300 万元，桐乡市污水处理收集系统及尾水外排工程 1000 万元，桐乡市湿地生态功能修复工程 4700 万元。

五、转移性收入

地方政府的转移性收入，一是按现行财政体制结算的各项返还性收入，如增值税税收基数返还，所得税基数返还，成品油税费改革基数返还等。二是上级政府对下级政府的转移性支付收入，包括财力性转移支付收入，专项转移支付收入，政府性基金转移支付收入等。

1996—2010 年，桐乡市财政累计转移性收入(不包括预算外)731829 万元，其中预算内累计转移性收入 687335 万元，政府性基金累计转移性收入 44494 万元。预算内转移性收入主要包括增值税税收返还收入 322803 万元，所得税基数返还收入 123942 万元，各项专项补助 135171 万元，各项结算及其他补助 91997 万元，出口退税基数返还及补助收入 8717 万元，成品油税费改革基数返还收入 2432 万元，嘉兴市财政对桐乡补助收入 2273 万元。(见表 2－10、表 2－11)

表 2-9

1997—2010 年桐乡市政府性基金收入统计表

单位:万元

项目	1997	1998	1999	2000	2001	2002	2003	2004	2005	2006	2007	2008	2009	2010	合计
收入合计	3928	3776	4000	4559	4902	5154	8419	11474	15614	13278	108876	179908	139189	382585	885662
一、工业交通部门基金收入							949	1911	1092	1294	1241	1202	350		8039
1. 养路费收入								689	719	782	815	820			3825
2. 散装水泥专项基金收入							371	215	132	230	90	163	150		1351
3. 墙体材料专项资金收入							578	1007	241	282	336	219	200		2863
二、文教部门基金	3372	2822	3093	3510	4144	4323	5496	7739	8098	5498	4618	4993	5133	6527	69366
1. 农村教育费附加收入	3015	2822	3093	3510	4144	4323	5496	7739							34142
2. 城市教育费附加收入	357														357
3. 地方教育费附加收入									8098	5498	4618	4993	5133	6527	34867
三、农业部门基金收入		436	335	455	517	665	714	884	2221	3062	4289	4518	4338	6185	28619
1. 地方水利建设基金收入		436	335	455	517	663	714	884	2221	3062	4289	4516	4338	6185	28615
2. 森林植被恢复费												2			2
3. 农业发展基金收入						2									2
四、土地有偿使用收入									2844	2016	97057	167023	126722	364260	759922
1. 国有土地使用权有偿使用收入									2526	1837					4363
2. 国有土地使用权出让金收入											94516	159136	119970	346363	719985
3. 国有土地收益基金收入											1802	6299	5831	16353	30285
4. 农业土地开发资金收入											739	1588	921	1544	4792
5. 新增建设用地土地有偿使用费收入									318	179					497
五、其他部门基金收入	394						1101	940	1359	1408	1671	2172	2646	3444	15135
1. 彩票公益金收入												391	295	441	1127
2. 排污费收入	394														394
3. 政府住房基金收入													468	507	975
4. 残疾人就业保障金收入							1101	940	1359	1408	1671	1781	1883	2146	12289
5. 其他各项政府性基金收入														350	350
六、地方财政税费附加收入	162	518	572	594	241	166	159							2169	4581
1. 农牧业税附加收入	162	164	137	178	160	166	159								1126
2. 城市公用事业附加收入														2169	2169
3. 其他附加收入		354	435	416	81										1286

资料来源:各年度财政总决算

表 2－10　　1996—2010 年桐乡市转移性收入统计表

单位：万元

年度	转移性收入合计	转移性收入								
		预算内转移性收入								政府性基金上级补助收入
		预算内小计	增值税税收返还收入	地方所得税基数返还收入	出口退税基数返还及补助收入	成品油税费改革基数返还收入	各项专项补助	各项结算及其他补助	嘉兴市财政补助	
1996	17770	17770	15897				1693	180		
1997	18387	18383	16431				1652	300		4
1998	19991	19402	17223				1515	662	2	589
1999	21926	21437	17557				3316	561	3	489
2000	23694	23004	18749				2483	1705	67	690
2001	26461	24715	18852				2931	2928	4	1746
2002	36879	36480	20169	10278			3163	2866	4	399
2003	43973	43747	21512	14208			4135	3892		226
2004	54848	52325	22111	14208	7543		3931	4425	107	2523
2005	49274	47940	22907	14208	1174		4798	4806	47	1334
2006	55048	52109	24179	14208			7790	5767	165	2939
2007	62233	58939	25700	14208			8994	9932	105	3294
2008	82926	75102	26772	14208			24096	9949	77	7824
2009	99882	84951	27404	14208		1216	26588	15402	133	14931
2010	118537	111031	27340	14208		1216	38086	28622	1559	7506
合计	731829	687335	322803	123942	8717	2432	135171	91997	2273	44494

资料来源：各年度财政总决算

注：1996—2010 年政府性基金上级补助收入含嘉兴市 519 万元

六、预算外资金收入

1991 年，桐乡县贯彻执行《浙江省预算外资金管理办法》，县政府印发《桐乡县贯彻浙江省预算外资金管理办法具体实施意见》，规定县、乡镇两级财政是管理预算外资金的职能部门。翌年，县财政局印发《桐乡县预算外资金“财政专户储存”管理办法》，对预算外资金实行“财政专户储存”“收支两条线”管理。年末，专户储存资金 670 万元，储存单位 35 户。1995 年，全市预算外资金进行全面清理，至年末，专户储存单位扩大到 80 户，累计存入财政专户资金 6230 万元。1998 年，桐乡市贯彻国务院《关于加强预算外资金管理的决定》，印发《桐乡市加强预算外资金管理的实施意见》，建立预算内外有机结合的综合财政体制。规定预算外资金的所有权、支配权、调控权属于政府。所有预算外资金上缴财政专户，票款同行结报，“收支两条线”管理，实行单位综合预算。财政对单位预算外资金按 10％或 30％比例集中，提高财政的调控能力。2004 年，根据财政部、省财政厅有关非税收入管理规定，市财政局印发《桐乡市市本级非税收入收缴管理暂行办法》《桐乡市财政票据管理实施细则》，全面实行非税收入（预算外资金）“单位开票、银行收款、财政统管”管理模式。按国库集中收付制度规定，分别上缴

表 2－11 **1996—2010 年桐乡市地方财政可用财力(不含预算外)统计表**

单位:万元

年度	地方财政全部可用财力	税收收入	社会保险基金收入(财政口径)	非税收入			债务收入	转移性收入						上解省财政支出						上解嘉兴市财政支出
				小计	其中			小计	其中					上解省支出小计	其中					
					政府性基金收入	其他非税收入			返还性转移收入	各项专项补助	各项结算及其他补助	嘉兴市财政补助	政府性基金补助收入		体制上解	贡献款	外贸出口退税上解	出口退税超基数上解	专项上解	
1996	17347	19433		－3449		－3449		17770	15897	1693	180			16386	15737	251	398			21
1997	22936	21656		－300	3928	－4228		18387	16431	1652	300		4	16807	16158	251	398			0
1998	26979	24387		－59	3776	－3835		19991	17223	1515	662	2	589	17303	16650	251	398		4	37
1999	31619	27047		610	4000	－3390		21926	17557	3316	561	3	489	17920	17264	251	398		7	44
2000	44450	40582		645	4559	－3914		23694	18749	2483	1705	67	690	20337	19674	251	398		14	134
2001	66875	63363	2290	－518	4902	－5420		26461	18852	2931	2928	4	1746	24538	23800	251	398		89	183
2002	97875	62037	26204	－874	5154	－6028		36879	30447	3163	2866	4	399	26200	25525	251	398		26	171
2003	123851	75402	30759	4995	8419	－3424		43973	35720	4135	3892		226	31069	29307	251	398		1113	209
2004	153467	83211	39704	11455	11474	－19		54848	43862	3931	4425	107	2523	34456	33579	251	398		228	1295
2005	177364	107342	42630	19922	15614	4308		49274	38289	4798	4806	47	1334	40285	37250	251	398	2221	165	1519
2006	208616	122602	57927	19580	13278	6302		55048	38387	7790	5767	165	2939	44838	40484	251	398	3503	202	1703
2007	359253	165196	73122	114278	108876	5402		62233	39908	8994	9932	105	3294	53831	48541	251	398	3874	767	1745
2008	497856	197710	94218	186235	179908	6327		82926	40980	24096	9949	77	7824	61001	55142	251	398	4453	757	2232
2009	508501	217517	98034	147406	139189	8217	17646	99882	42828	26588	15402	133	14931	69324	59334	251	398	7834	1507	2660
2010	823707	289122	112207	376512	382585	－6073	10000	118537	42764	38086	28622	1559	7506	79654	70459	251	398	6106	2440	3017
合计	3160696	1516607	577095	876438	885662	－9224	27646	731829	457894	135171	91997	2273	44494	553949	508904	3765	5970	27991	7319	14970

资料来源:各年度财政总决算

注:1. 税收收入包括工商税收收入和农业税收收入;

2. 上解嘉兴市支出为按规定比例上解地市级城镇教育费附加,从 2004 年起向各县(市)筹集统筹经费和 2010 年筹集承办省运会经费;

3. 地方财政可用财力＝税收收入＋社会保险基金收入＋非税收入＋债务收入＋转移性收入－上解省支出－上解嘉兴市支出

国库和财政专户，实行预算管理和部门预算管理。是年，市公安局、法院、工商局、环境保护局、计划生育局等5个部门及所属单位收取的行政事业性收费和其他非税收入先行纳入预算管理，全额上缴国库。

1993年前，预算外资金包括行政事业部门收入、财政部门收入和国营企业主管部门收入。1993年，执行《企业财务通则》《会计准则》，预算外资金统计只包括财政部门和行政事业单位的预算外资金，不再包括国营企业预算外资金。1997年，财政部门预算外资金作为政府性基金管理，收支纳入政府性基金预算。至此，桐乡市预算外资金主要包括：法律法规规定的行政事业性收费、基金和附加收入、主管部门从所属单位集中上缴资金、乡镇自筹和统筹资金、其他未纳入预算管理的财政性资金等。

桐乡市预算外资金坚持统一领导、分级管理、先收后支、量入为出、专款专用、权责结合的原则，收支纳入财政综合预算管理。

表2-12　　1996—2010年桐乡市预算外资金收入统计表

单位：万元

年度＼项目	财政部门预算外资金	行政事业性收费收入	基金和附加收入	社会保险基金收入	彩票公益金收入	国有资源(产)有偿使用收入	上级补助收入	乡镇自筹、统筹资金	其他收入	合计
1996	923	11154	16684	6680			23	6789		42253
1997	763	18354	9585	7936			596	7293		44527
1998		21743	8400	7883				7886		45912
1999		25831	6116	8763				8020		48730
2000		31826	1665	12700				9512		55703
2001		26152	1234	11324				7986		46696
2002		26508	4584	1694				8518		41304
2003		23979	224	302				13564		38069
2004		21049	1329	480				7984	2715	33557
2005		23508		767				5811	1184	31270
2006		40320			94		475	5383		46272
2007		31804			414	1879	80	1943	127863	163983
2008		36583				2386	35	6634	33931	79569
2009		31637				4356	15	28534	2573	67115
2010		37155				7285	106	39401	35621	119568
合计	1686	407603	49821	58529	508	15906	1330	165258	203887	904528

说明：1. 1996—1997年，财政部门预算外资金、上级补助收入数据来源于各年度桐乡市财政总决算。

2. 1996—2003年，乡镇自筹统筹资金数据来源于各年度桐乡市乡镇财政总决算。

3. 社会保险基金：1996—1997年数据来源于各年度桐乡市财政总决算。2001年开始先后才将社会保险基金列入政府性基金核算，其中2001年基本养老保险（当年为部分）列入基金预决算；2002年基本医疗保险列入基金预决算；2003年失业保险列入基金预决算；2006年工伤及生育保险列入基金预决算。在未列入基金预算核算前，作预算外资金专项管理。1998—2005年数据摘自桐乡市社会保险事业局统计数据。

4. 1996—2003年其余数据均摘自各年度《桐乡市预算外资金收支决算表》。

5. 2004年起，财政总决算增列预算外财政专户决算；彩票公益金从2008年起列入政府性基金核算。

6. 2004—2010年（社会保险基金除外）数据来源于各年度桐乡市财政总决算

第三章　财政支出

1996—2010 年，正值国家“九五”“十五”“十一五”三个“五年计划”时期。在此期间，桐乡市的财政支出规模不断扩大，支出种类不断细化，支出结构不断优化。进入 21 世纪后，桐乡财政支出的一个重要特征，就是按照建设公共财政的要求，逐步向民生型财政转变。1996—2010 年，桐乡市地方财政总支出 4531165 万元，其中一般预算内地方财政支出 1608271 万元，占 35.49%，体制上解省财政 553949 万元，占 12.23%，上解嘉兴市城镇教育费附加及统筹经费 14970 万元，占 0.33%，政府性基金支出 898716 万元，占 19.83%，社会保险基金支出 577095 万元，占 12.74%，预算外资金支出 878164 万元，占 19.38%。本章记述的财政支出范围包括桐乡市一般预算内地方财政支出、政府性基金和社会保险基金支出、预算外资金支出三个方面。

第一节　一般预算内地方财政支出

“八五”计划时期(1991—1995 年)

桐乡市一般预算内地方财政支出 55697 万元，年均财政支出 11139 万元。支出侧重于支持农业、文教科卫、城市发展等方面。按照上级要求，加大农业综合开发力度、增加农副业生产投入。1991—1995 年，共投入支农资金 4495 万元，占总支出的 8.07%；文教科卫事业五年共投入 21011 万元，占总支出的 37.72%；其中：教育事业经费 11450 万元，占总支出的 20.55%。

“九五”计划时期(1996—2000 年)

桐乡市一般预算内地方财政支出 121033 万元，年均支出 24207 万元，同比增长 117.31%。在保证由财政承担人员工资发放的前提下，优先考虑农业、科技、教育，支持经济发展等重点投入。五年内用于农业综合开发、土地整理、水利建设、箱子田改造等支农支出 8930 万元，用于支持企业挖潜改造、扶持优势工程、培育行业龙头企业、技术创新工程、高新技术产业等支出 8021 万元。文化、教育、卫生等社会事业五年共投入 45249 万元，占总支出的 37.39%。其中教育事业支出 25762 万元，占 21.29%；医疗卫生支出 11610 万元，占 9.59%。

“十五”计划时期(2001—2005 年)

桐乡市一般预算内地方财政支出 421024 万元，是前 5 年的 3.48 倍，年均支出 84205 万元，同比增长 247.85%。5 年间，财政部门支持经济发展，调整和优化支出结构，构建公共财政框架。加大对农业、教育、科技、卫生、社会保障等民生公共事业的投入，农业、教育、科技支出达到法定比例和要求。5 年内用于民生支出 285151 万元，占全部支出的 67.73%。财政支出增长较快的原因有：中央和省增资政策的出台，贯彻国务院国发〔2000〕2 号文件，纠正地方制定的税收先征后返政策，改退库为列财政支出，以及社会保险制度改革、农村税费改革实施等。

“十一五”计划时期(2006—2010年)

桐乡市一般预算内地方财政支出1066214万元,是前5年的2.53倍,年均支出213243万元,同比增长153.24%。5年内财政安排各类资金10.68亿元,用于支持经济发展。进一步调整和优化支出结构,注重社会民生建设,加大投入,发展教育,扩大就业,强化收入分配制度改革,健全社会保障体系等,5年内用于民生支出达到805010万元,占全部支出的75.50%,同比增长182.31%。按照公共财政要求,整合、细化、分类支出内容,确保刚性支出到位。区别轻重缓急,对政府投资项目进行分类,做到有保有压,推进全市公共基础设施和重点项目建设。

1996—2010年,桐乡市一般预算内地方财政累计支出1608271万元,以1995年为基数,年均增长22.35%,连续15年,年年实现当年收支平衡。上解支出568919万元,至2010年年末,桐乡市地方财政预算内滚存结余资金为44186万元,均为项目专项资金,全部结转下年支出,年终无净结余。(见表3-1、表3-2)

第二节　政府性基金、社会保险基金支出

政府性基金专项用于支持特定基础设施建设和社会事业发展等方面。政府性基金以支定收,专款专用,结余结转下年继续使用,与一般预算资金分别核算,分别平衡。1997年前,桐乡财政对政府性基金列作财政部门预算外资金管理。1997年,将原在财政部门预算外管理的政府性基金(资金)纳入政府性基金收支预决算。是年,桐乡列入政府性基金支出决算数为3485万元,主要是用于教育事业发展的教育费附加支出3109万元,其中城市教育费附加支出214万元(1998年后列一般预算专项支出),治理环境污染、环境保护方面的排污费支出214万元(1998年后列一般预算专项支出),支持农业的地方财政税费附加支出162万元等。2001年后,社会保险基金、残疾人就业保障金、工交部门基金、土地有偿使用费等先后纳入政府性基金收支预决算。2007年,政府收支分类改革,社会保险基金单独设置为类级科目。2010年,桐乡市政府性基金和社会保险基金支出486146万元,是1997年的139.5倍。

社会保险基金在未纳入政府性基金核算以前,一直作为财政部门预算外资金管理,设财政专户,实行收支两条线,由财政和劳动部门双重管理。2001年,社会保险基金列入政府性基金预决算,但仍实行财政专户管理,专户核算,社会保险基金在政府性基金决算中列收列支。2007年,政府收支分类改革,按照支出功能分类,社会保险基金支出单独设置为类级支出科目,政府性基金支出不再包括社会保险基金支出数。

1997—2000年,桐乡市政府性基金支出16507万元,其中教育支出12092万元、文化事业支出3万元、农林水事务支出1887万元、排污费支出214万元、商贸部门支出30万元、其他支出2281万元。

2001—2005年,桐乡市政府性基金、社会保险基金支出187855万元,其中教育支出27223万元、文化事业支出395万元、农林水事务支出9316万元、残疾人就业保障支出1027万元、商贸部门支出460万元、工业交通部门支出4783万元、其他支出3064万元,社会保险基金支出141587万元。

2006—2010年,桐乡市政府性基金、社会保险基金支出1271449万元,其中教育支出25676万元、文化事业支出239万元、农林水事务支出29774万元、残疾人就业保障支出10866万元、商贸部门支出495万元、工业交通部门支出11603万元、土地有偿使用支出752104万元、城市公用事业支出2169万元、其他部门基金3015万元,社会保险基金支出435508万元。(见表3-3)

表 3－1

1996—2010 年桐乡市一般预算内地方财政支出统计表

单位:万元

项目 \ 年份	1996	1997	1998	1999	2000	2001	2002	2003	2004	2005	2006	2007	2008	2009	2010	合计
支出合计	16462	18269	21199	28106	36997	53732	64972	82936	98769	120615	133859	169753	209722	250918	301962	1608271
一般公共服务支出											31152	29908	32608	33625	35118	162411
基本建设支出	202	20	37	614	46	1690	1006	1316	405	190						5526
企业挖潜改造资金	342	600	648	1380	2140	4052	2959	2329	3062	3846						21358
简易建筑费	15		20													35
科技三项经费	160	322	380	422	927	1122	1579	2450	2737	3724						13823
支援农业生产支出	712	475	486	619	687	746	1073									4798
农业综合开发支出	439	432	357	450	495	926	939									4038
农林水气象等部门支出	477	553	478	934	1336	2255	2982									9015
农业支出								4185	6539	7237						17961
林业支出								80	136	196						412
水利和气象支出								1941	2430	3257						7628
农林水事务支出											9949	13806	17368	19745	25894	86762
国土资源气象等事务支出															193	193
工交等部门的事业费支出	209	322	498	843	888	2235	3753	6354	3962	4539						23603
交通运输支出											3876	5022	6796	27237	13614	56545
采掘电力信息等事务支出													0	3027	4829	7856
流通部门事业费支出	2			12			17									31
工业商业金融等事务支出											4442	4309	5877	0	6518	21146
粮油物资储备管理等支出														3255	362	3617
金融监管支出														48	49	97
文体广播事业费支出	791	847	915	1102	1346	1611	2232	2447	3008	3714	2537	4880	5770	6312	10010	47522

续表 3－1

项目＼年份	1996	1997	1998	1999	2000	2001	2002	2003	2004	2005	2006	2007	2008	2009	2010	合计
教育支出	3438	4072	4811	5723	7718	10729	13122	17894	24174	29462	37513	48517	60164	68157	85645	421139
科学技术支出	112	98	136	150	169	237	428	735	912	925	5401	6914	9076	10226	13517	49036
医疗卫生支出	1941	2074	2300	2508	2787	3309	4805	3393	4330	5160	5793	10093	13303	16107	23445	101348
其他部门事业费支出	786	771	881	1635	2564	3601	5086	7582	10240	10166						43312
环境保护支出											2027	4508	9977	10364	13897	40773
抚恤和社会福利救济费	395	471	556	1058	840	1152	1322	1980	2826	4557						15157
行政事业离退休经费	27	6	4	6	6	5	27	13	10	15						119
社会保障补助支出			599	283	219	796	1022	1105	1329	1813	6744	8258	11298	11981	15917	61364
国防支出									44	70	363	441	452	552	552	2474
行政管理费支出	3123	3425	4010	4575	4877	6611	8473	11333	12798	13657						72882
公检法司、公共安全支出	1054	1170	1268	1431	1972	3695	4512	7140	10461	10676	13251	16405	18648	19866	24952	136501
城市维护费支出	1032	1176	1227	2197	5123	5423	5604	6906	5406	8786						42880
城乡社区事务支出											8127	13481	16561	17924	24679	80772
政策性补贴支出	474	692	258	343	294											2061
专项支出	582	0	937	871	1323	1336	2133	2586	2641	2629						15038
地震灾后恢复重建支出													1706	2040	2257	6003
国债还本付息支出														9	317	326
其他支出	149	743	393	950	1240	2201	1898	1167	1319	5996	2684	3211	118	443	197	22709

资料来源：各年度财政总决算

注：1996—2005 年按政府收支分类改革前科目统计，2006—2010 年按政府收支分类改革后科目统计

表 3-2

1996—2010 年桐乡市一般预算内地方财政收支决算平衡表

单位:万元

年度＼项目	收入							支出				增设预算周转金	结余		
	合计	其中:						合计	其中:				合计	其中:	
		上年结余收入	当年决算收入	省级补助收入	嘉兴补助收入	调入资金	地方政府债券收入		当年决算支出	上解省支出	上解嘉兴支出			专项结余	净结余
1996	34789	1035	15984	17770				32869	16462	16386	21		1920	1920	
1997	37347	1536	17428	18383				35076	18269	16807			2271	1770	501
1998	43356	2943	20552	19400	2	459		38539	21199	17303	37		4817	4817	
1999	49911	4817	23657	21434	3			46070	28106	17920	44	238	3603	3603	
2000	63275	3603	36668	22937	67			57468	36997	20337	134	90	5717	5717	
2001	88376	5717	57943	24712	4			78454	53732	24539	183	995	8927	8927	
2002	101416	8927	56009	36476	4			91341	64972	26198	171	475	9600	9600	
2003	125325	9600	71978	43747	0			114213	82936	31068	209	600	10512	10512	
2004	146201	10512	83192	52217	107	173		134520	98769	34456	1295	400	11281	11281	
2005	170911	11281	111650	47892	47	41		162420	120615	40286	1519	400	8901	8901	
2006	189104	8091	128904	51944	165			180400	133859	44838	1703	400	8304	8304	
2007	237842	8304	170598	58835	105			225329	169753	53831	1745	400	12113	12113	
2008	291252	12113	204037	75025	77			272956	209722	61002	2232	500	17796	17796	
2009	347308	17796	225734	84819	133	1180	17646	322902	250918	69324	2660		24406	24406	
2010	428852	24406	283049	109472	1559	366	10000	384633	301962	79654	3017	33	44186	44186	

资料来源:各年度财政总决算

注:省级补助收入包括税收返还收入;调入资金是为平衡当年收支从预算外、政府性基金等调入资金;1996 年结余中其中属政府性基金结余 384 万元

表 3－3

1997—2010 年桐乡市政府性基金、社会保险基金支出统计表

单位：万元

项目	1997	1998	1999	2000	2001	2002	2003	2004	2005	2006	2007	2008	2009	2010	合计
支出合计	3485	3812	4318	4892	8690	33325	38450	50760	56630	72978	184645	280809	246871	486146	1475811
一、工业交通部门基金支出					12	8	968	1655	2140	2907	3788	4678	230	176	16562
养路费支出					12	8	16	1107	1855	2635	2981	4015			12629
公路客货运附加费支出								84	20	19		348			471
散装水泥专项资金支出							371	211	123	153	174	166	146	104	1448
墙体材料专项基金支出							581	253	142	100	633	149	84	72	2014
二、商贸部门基金支出				30	110	214	20	102	14	152	243	100			985
外贸发展基金支出						71	20	102	14	152	243	100			702
国家茧丝绸发展风险基金支出				30	110	143									283
三、文教部门基金支出	3109	2562	3258	3166	3784	4855	5168	6410	7401	6397	3516	4826	5757	5552	65761
城市教育费附加支出	214														214
农村教育费附加支出	2895	2562	3255	3166	3579	4770	5141	6303							31671
地方教育费附加支出									7323	6268	3476	4796	5717	5419	32999
文化事业建设费支出			3		205	85	27	107	78	129	40	30	40	133	877
四、农业部门基金支出		436	355	455	517	665	944	964	2231	3065	4340	4866	5018	4468	28324
地方水利建设基金支出		436	355	455	517	663	944	964	2231	3062	4289	4864	5018	4458	28256
农业发展基金支出						2									2
育林基金支出											10				10
森林植被恢复费支出												2		10	12
水资源补偿费支出										3	41				44
五、土地有偿使用支出								1655	1855	1564	97526	169125	134758	357252	763735
耕地开发专项支出								1655	43	443					2141
征地和拆迁补偿支出												12468	8005		20473
土地开发支出											61652	67152	25807		154611
城市建设支出											16324	48469	50679		115472

续表 3-3

项目	1997	1998	1999	2000	2001	2002	2003	2004	2005	2006	2007	2008	2009	2010	合计
农村基础设施建设支出											10939	18733	22884		52556
补助被征地农民支出											2646	2693	4761		10100
土地出让业务支出											2291	2049	2518		6858
其他土地使用权出让金支出											664	6428	4456		11548
新增建设用地土地有偿使用费支出											94	2847	9612	1167	13720
国有土地使用权出让金支出														340087	340087
国有土地收益金支出											1802	5386	4908	14583	26679
农业土地开发支出									1812	1121	1044	2842	1084	1371	9274
大中型水库移民后期扶持基金支出											70	58	44	44	216
六、其他部门基金支出	214	0	0	0	0	0	398	270	359	966	2110	2996	3074	4322	14709
排污费支出	214														214
彩票公益金支出												289	705	937	1931
政府住房基金支出													323	348	671
残疾人就业保障金支出							398	270	359	966	2110	2707	2046	3037	11893
七、地方财政税费附加支出	162	814	705	1241	1977	1379	193							2169	8640
农牧业税附加支出	162	164	137	178	160	166	159								1126
城镇公用事业附加支出														2169	2169
其他附加支出		650	568	1063	1817	1213	34								5345
八、社会保险基金支出					2290	26204	30759	39704	42630	57927	73122	94218	98034	112207	577095
基本养老保险基金支出					2290	23293	23590	31176	33010	39905	49835	66836	66340	76351	412626
失业保险基金支出							848	1134	1440	3334	3435	4062	4943	4625	23821
基本医疗保险基金支出						2911	6321	7394	8180	12417	14386	17484	20372	25533	114998
工伤保险基金支出										1400	2244	2431	2771	2324	11170
生育保险基金支出										871	1405	1487	1699	1417	6879
其他社会保险基金支出											1817	1918	1909	1957	7601

资料来源：各年度财政总决算

第三节　财政预算外资金支出

桐乡市预算外资金管理数次调整后，逐步实现预算外资金纳入预算管理或通过“收支两条线”纳入财政管理。支出实行先收后支、量入为出、专款专用、权责结合的原则。1996—2010 年，桐乡市按预算外资金统计口径计算，15 年累计支出 878164 万元，除必需的行政事业经费开支外，主要用于支持社会保障、改善民生等方面。包括：

(1)教育支出 173724 万元，主要用于支付各类学校正常运转经费、建设经费、义务教育经费保障等。(2)支持农业支出 50527 万元，主要用于支持农业农村基础设施建设，推进农业综合开发等。(3)医疗卫生支出 42071 万元，主要用于加强基层公共卫生服务建设，支持实施基本医疗保险、新型农村合作医疗等制度改革，提高城乡医疗救助水平。(4)社会保障和就业支出 64634 万元，主要用于支持落实积极的就业政策，扩大社会养老保险覆盖、提高退休人员养老金补助水平和城乡低保补助标准、自然灾害救助支出等。除预算外资金外，社会保障支出主要来自于预算内和社会保险基金安排的支出。(5)文化体育与传媒支出 48764 万元，主要用于改善基层公共文化体育建设，向社会免费开放公共博物馆、纪念馆，加强重点文物和非物质文化遗产保护等。(6)交通运输支出 62706 万元，主要用于支持公共交通基础设施建设，新建、改造农村公路，补助城乡公交等公益性支出。(7)城乡社区事务支出 129319 万元，主要用于加强城乡社区规划与管理，公共基础设施建设、维护与管理，包括城乡社区道路、桥涵、燃气、公共交通、道路照明，城乡社区环境卫生等。(8)国土资源等支出 57752 万元，主要用于土地整治、地质灾害防治等。(9)工业商业等支出 35322 万元，主要用于支持经济发展，安排企业挖革改资金，近年来的汽车、家电下乡以及以旧换新政策，推进新农村现代流通服务建设，促进商贸流通及服务业发展等。科学技术和环境保护支出主要由预算内资金保障。(见表 3-4)

第四节　财政支持、保障和改善民生

1996—2010 年，桐乡市地方财政一般预算内资金用于农林水利、教育、医疗卫生、社会保障和就业、科学技术、环境保护、文化体育、城乡社区事务、住房保障、交通运输、商业服务业、粮油物资储备、国土资源气象事务、地震灾后恢复重建等保障改善民生的支出合计 1121355 万元，占全市一般预算内地方财政支出的 69.72%，其中用于教育、医疗卫生、社会保障和就业、保障性住房、文化体育的支出合计 656749 万元，占 40.84%。此外，还有 30.28%的支出 486916 万元，主要用于一般公共服务、公共安全、电力信息、国债付息、金融监管、扶持经济发展等支出。(见表 3-5)

一、农林水事务支出

桐乡市财政各个时期的支农支出，都随着国民经济发展有较快增长。以 1995 年为基期，1996—2010 年，15 年间桐乡市财政用于支农支出的资金 214062 万元，年均增长 20.77%。其中预算内资金 133124 万元，占 8.28%，年均增长 23.97%，高于一般预算内地方财政支出增幅 1.62%和地方财政经常性收入增幅 1.67%。

1996 年，财政预算内外资金用于农业支出共计 3408 万元，其中预算内资金 1808 万元，在地方水利建设基金中支出 397 万元。主要用于农业基本建设投入、支援农村生产、小型农田水利建设、水利基础设施改造、农业综合开发等项目，以及农林水气象等部门的事业支出。

表 3-4 1996—2010年桐乡市财政预算外资金支出统计表

单位:万元

项目 \ 年份	1996	1997	1998	1999	2000	2001	2002	2003	2004	2005	2006	2007	2008	2009	2010	合计
一般公共服务支出	2345	1968	5193	7302	5245	4462	11345	6215	1194	1352	5682	8547	9993	8452	14190	93485
国防及公共安全支出	1363	1267	1538	970	1118	1042	915	689	137	38	15	35	11	0	3239	12377
教育支出	4750	5278	7866	10211	4080	8652	10087	8896	9564	13239	16404	14950	17090	20336	22321	173724
科学技术支出	33	45	5		23	3	26	3	1		43	298	597	718	564	2359
文化体育与传媒支出	674	810	1263	2107	2782	2436	2219	1293	3019	3546	4366	5501	7631	7286	3831	48764
社会保障和就业支出	718	723	428	431	1796	1423	1602	1141	713	663	413	955	710	783	2003	14502
医疗卫生支出	1023	1178	7879	8242	6789	1309	737	1515	961	1321	972	1947	1655	1226	5317	42071
环境保护支出	33	25	31									302	917	882	4201	6391
城乡社区事务支出	728	1484	2352	2748	4453	2641	2496	11262	3932	1972	4896	34437	12688	12064	31166	129319
农林水事务支出	1053	1232	1524	2764	4427	1540	555	5159	1033	608	2962	8377	7246	6704	5343	50527
交通运输支出	4178	1117	2065	712	1570	2523	342	166	2170	2916	434	10327	7844	7962	18380	62706
国土资源事务支出	5140	7427			1759	2451	1803	1046	3729	5185					29212	57752
工业商业金融等事务支出	8235	5059	3126	403	181		358	428			109	6326	1856	891	8350	35322
地震灾后恢复重建及住房保障														1031	396	1427
其他支出	2618	4855	3085	1839	801	2015	1365	0	9135	5811	5152	32564	7862	4872	15332	97306
社会保险基金支出	5165	6366	7798	8480	9965	9785	1570	199	289	515						50132
支出合计	38056	38834	44153	46209	44989	40282	35420	38012	35877	37166	41448	124566	76100	73207	163845	878164

注:1. 表中数据除社会保险基金支出外,均取于各相关年度桐乡市财政局预算外资金收支决算、乡镇财政总决算、桐乡市部门决算、桐乡市财政总决算预算外财政专户收支决算等,经对各类报表的数据归类计算后填列。

2. 2007年政府收支分类改革。2006年(含)前支出分类统计是按原支出渠道再按改革后分类就近计算填列。2007年(含)按改革后新科目统计。

3. 社会保险基金从2001年开始列入政府性基金收支预决算,此前作为预算外资金由财政和劳动部门实行专户管理。社会保险基金列入政府性基金收支预决算的时间分别为:2001年基本养老保险;2002年基本医疗保险;2003年失业保险;2006年工伤保险和生育保险。表中数据由桐乡市社会保险事业局提供,经计算后填列。

4. 地震灾后恢复重建及住房保障支出:2009年为支援四川汶川地震灾后恢复重建1031万元;2010年为住房保障支出396万元

表 3-5

1996—2010 年桐乡市地方财政一般预算内民生支出统计表

单位：万元

项目 \ 年份	1996	1997	1998	1999	2000	2001	2002	2003	2004	2005	2006	2007	2008	2009	2010	合计
财政支出合计	16462	18269	21199	28106	36997	53732	64972	82936	98769	120615	133859	169753	209722	250918	301962	1608271
1. 农林水事务	1808	1592	1328	2047	2518	4349	5266	6572	9305	11577	9949	13806	17368	19745	25894	133124
2. 教育	3668	4140	5263	6287	8903	11795	15156	19664	26424	31465	37513	48517	60164	68157	85645	432761
3. 医疗卫生	1947	2080	2306	2513	2801	3314	4811	3399	4335	5160	5793	10093	13303	16107	23445	101407
4. 社会保障和就业	423	484	1159	1347	1065	1953	2371	3098	4165	6385	6744	8258	11298	11981	15917	76648
5. 科学技术	272	420	516	572	1096	1359	2007	3185	3649	4649	5401	6914	9076	10226	13517	62859
6. 环境保护	416	247	585	1093	373	1845	1469	2032	1387	1147	2027	4508	9977	10364	13897	51367
7. 文化体育与传谋	741	789	850	932	1172	1423	1969	2220	2750	3466	2537	4880	5770	6312	10010	45821
8. 城乡社区事务	1032	1176	1247	2197	5123	5453	5604	7389	5435	8786	8127	13481	16561	17924	24679	124214
9. 住房保障								83	29							112
10. 交通运输	127	230	398	727	762	1522	3360	5923	3229	3801	3876	5022	6796	27237	13614	76624
11. 商业服务业	2						2				20	183	185	1189	6518	8099
12. 粮油物资储备管理事务							15				156	217	320	360	362	1430
13. 国土资源气象等事务											145	149	204	195	193	886
14. 地震灾后恢复重建													1706	2040	2257	6003
民生支出小计	10436	11158	13652	17715	23813	33013	42030	53565	60708	76436	82288	116028	152728	191837	235948	1121355
民生支出占比	63.39	61.08	64.40	63.03	64.36	61.44	64.69	64.59	61.46	63.37	61.47	68.35	72.82	76.45	78.14	69.72

注：1. 表中数据来源为各年度财政总决算。2007 年政府收支分类改革，2006 年(含)前支出分类统计是按原支出渠道再按改革后分类就近计算填列，不是很正确。

2. 住房保障支出原反映在城乡社区事务支出中，2010 年单列，是年桐乡在预算外安排 396 万元。在政府收支分类改革前，粮油物资储备管理事务支出主要由财政专项资金解决；国土资源气象等事务支出则统计在农林水事务支出中。地震灾后恢复重建支出是支援四川汶川地震灾后恢复重建

1997 年,预算内外共投入财政资金 3400 万元,其中预算内资金 1592 万元,在地方水利建设基金中支出 414 万元。主要用于南排盐官下河工程桐乡段水利工程、农业综合开发、示范园区建设和改善土地河道项目等方面。同时,还争取到财政部核拨的科技兴农项目资金 50 万元,商品粮基地建设项目资金 50 万元。

1998 年,加大农业、水利基础设施的投入,加快农机、农技的推广和运用。全年预算内外资金用于支农支出 3452 万元,其中预算内资金 1328 万元,在地方水利建设基金中支出 436 万元。投入财政资金 100 万元,推广和发展晚粳杂交水稻生产,示范面积 3.05 万亩;投入财政资金 376 万元,支持农业综合开发,农田受益面积 1.7 万亩;投入财政资金 1100 万元,用于南排工程莲花桥港桐乡段建设。1998 年 10 月,划拨财政资金 480 万元,用于箱子田改造。

1999 年,预算内外安排用于支农支出财政资金 5303 万元,其中预算内资金 2047 万元,在地方水利建设基金中支出 355 万元。重点支持湖羊生产、农田改造、泵站建设等。

2000 年,安排支农支出财政资金 7578 万元,其中预算内资金 2518 万元,在地方水利建设基金中支出 455 万元。投入农业综合开发项目 786 万元,土地治理新增项目 240 万元,安排 1000 万元用于 1999 年箱子田改造项目资金结算,20 个乡镇共完成箱子田改造 20207 亩。安排财政补贴资金 64.37 万元,用于拆窑复耕补助。是年 8 月,市财政全额出资 200 万元,注册成立桐乡市农信担保有限责任公司。

2001 年,安排支农支出 6566 万元,其中预算内资金 4349 万元,在地方水利建设基金中支出 517 万元。重点用于 2000 年度农业产业化项目验收及农业产业化经营专项贴息。全年安排财政资金 120 万元,对 2 万吨订单粮食实行财政补贴。安排财政资金 247 万元,对历年库存的 18489 吨政策性粮食一次性划转为企业自行性粮食进行财政补贴。

2002 年,预算内外用于支农支出 6652 万元,其中预算内资金 5266 万元,在地方水利建设基金中支出 665 万元。用于农村土地综合治理、农业综合开发、农业龙头企业发展及农村水利建设。

2003 年,预算内外用于支农支出 12834 万元,其中预算内资金 6572 万元,重点扶持农业综合开发、科技推广综合示范项目等,推进农业产业化经营,加强农机推广服务。在政府性基金中支出地方水利建设基金 944 万元,主要用于河道综合整治和圩区整治、泵站更新与改造。

2004 年,预算内外全部支农支出 11302 万元,其中预算内资金 9305 万元,在政府性基金中支出地方水利建设基金 964 万元,主要用于标准农田建设、农业生产机械化建设和河道综合整治。

2005 年,全部支农支出 14416 万元,其中预算内资金 11577 万元,在政府性基金中支出地方水利建设基金 2231 万元。加大对"三农"投入,促进农业综合开发,支持"十村示范、百村整治"工程,河道综合治理和农村劳动力培训。

2006 年,支持社会主义新农村建设,全年用于支农支出的财政性资金 1.6 亿元,其中预算内当年支农支出比上年增长 13.66%,高于财政经常性收入增幅 0.83 个百分点。重点扶持农业产业化经营,促进农业结构调整。推进政策性农业保险财政补贴、特色基地建设、农村信息化建设、农业动植物防控体系建设、农民素质培训工程、"十村示范、百村整治"工程、河道综合整治等一系列建设。

2007 年,全年支农支出 26523 万元。其中预算内资金 13806 万元,比上年增长 38.77%,政府性基金支出 4340 万元,预算外财政专户支出 8377 万元。重点用于圩区及配套设施改造,建设崇福、洲泉、屠甸、乌镇等 4 个镇节水灌溉工程和"生态市"建设、万里清水河道建设、"十村示范、百村整治"工程。

2008 年,全年支农支出 29480 万元。其中预算内资金 17368 万元,比上年增长 25.8%,政府性基金支出 4866 万元,预算外财政专户支出 7246 万元。用于加强农村基础设施和农村生态环境建设。

安排万户农户生活污水治理、河道长效保洁、“十村示范、百村整治”工程、农村劳动力素质培训、农民直补资金等专项资金，支持农村发展和农民增收。

2009 年，加大“三农”投入，预算内农林水事务支出 19745 万元，其中政府性基金支出 5018 万元，预算外财政专户支出 6704 万元。主要用于支持农业科技创新，农业综合开发，加快农业、水利基础设施建设，安排农村公路、河道综合整治、村庄整治等专项资金，推进现代新市镇、新社区建设。

2010 年，预算内农林水事务支出 25894 万元，其中政府性基金支出 4468 万元，预算外财政专户支出 5343 万元。主要用于 6 个土地治理项目和 8 个农业产业化经营项目。加大水利基础设施建设和投入力度，重点支持现代农业生产发展资金项目与小型农田水利重点县项目的建设。

表 3－6　　1996—2002 年桐乡市农林水事务支出统计表

单位：万元

项目＼年度	1996	1997	1998	1999	2000	2001	2002	合计
一、预算内支农支出小计	1808	1592	1328	2047	2518	4349	5266	18908
（占全部预算内支出%）	10.98	8.71	6.26	7.28	6.81	8.09	8.11	
（一）农业事业费类	477	553	478	934	1336	2255	2982	9015
农业事业费	247	342	258	342	344	1029	1132	3694
畜牧事业费	19	20	20	20	27	55	67	228
农机事业费	28	45	40	45	56	55	82	351
林业事业费	17	16	17	19	22	22	28	141
水利事业费	132	92	99	453	809	536	1371	3492
水产事业费	6	6	6	6	7	10	12	53
气象及乡镇企业事业费	1	2	7	12	5	5	30	62
其他农林水等事业费	26	29	30	36	60	542	255	978
农业资源调查区划费	1	1	1	1	6	1	5	16
（二）支援农村合作资金	712	475	486	619	687	746	1073	4798
小型农田水利补助	132	79	64	148	178	351	524	1476
支援农村生产资金	410	218	194	264	126	199	348	1759
农村农技推广植保护	31	34	109	97	66	61	42	440
农村草场和畜禽保护						7		7
农村造林、林木补助	4	10	9	16	23	14	13	89
农村水产补助	10	10	10	10	12	15	25	92
发展粮食专项生产资金	125	124	100	84	282	99	121	935
（三）农业综合开发支出	439	432	357	450	495	926	939	4038
（四）农业基本建设支出（上级补助）	180		7	30		150		367
（五）农业科技支出		132				200	200	532
（六）农业挖潜改造支出				14		72	72	158

续表 3－6

项目＼年度	1996	1997	1998	1999	2000	2001	2002	合计
二、政府性基金支农支出小计	547	576	600	492	633	677	831	4356
农牧业税附加支出	150	162	164	137	178	160	166	1117
地方水利建设基金支出	397	414	436	355	455	517	665	3239
三、预算外资金支农支出小计	1053	1232	1524	2764	4427	1540	555	13095
全部资金合计	3408	3400	3452	5303	7578	6566	6652	36359

注:1. 一般预算、政府性基金数据来源为各年度财政总决算。
2. 预算外资金数据来源:1996—1999 年为各年度预算外资金决算;2000—2002 年为各年度部门决算报表

表 3－7　　2003—2005 年桐乡市农林水事务支出统计表

单位:万元

项目＼年度	2003	2004	2005	合计
一、预算内支农支出小计	6572	9305	11577	27454
(占全部预算内支出%)	7.92	9.42	9.60	
(一)农业支出	4185	6539	7237	17961
行业管理	2490	4142	5032	11664
农业生产资料补贴	169	639	528	1336
农业资源和环境保护	531	574	607	1712
土地管理支出	154	180	133	467
农业综合开发	841	976	922	2739
(二)林业支出	80	136	196	412
行业管理	32	35	37	104
森林救灾	3	4	4	11
森林生态效益和造林	45	97	155	297
(三)水利和气象支出	1941	2430	3257	7628
行业管理	401	424	552	1377
防汛岁修抗旱	700	401	64	1165
水文水质水土水资源管理	7	7	86	100
水利建设	802	1565	2520	4887
气象支出	31	33	35	99
(四)补助村民委员会支出	116			116
(五)农业基本建设支出(上级补助)	50		190	240
(六)农业科技支出	200	200	697	1097
二、政府性基金支农支出小计	1103	964	2231	4298
农牧业税附加支出	159			159

续表 3－7

项　目 \ 年　度	2003	2004	2005	合　计
地方水利建设基金支出	944	964	2231	4139
三、预算外资金支农支出小计	5159	1033	608	6800
全部资金合计	12834	11302	14416	38552

注：1. 一般预算、政府性基金数据来源：各年度财政总决算。
　2. 预算外资金数据来源：各年度部门决算报表

表 3－8　　2006—2010 年桐乡市农林水事务支出统计表

单位：万元

项　目 \ 年　度	2006	2007	2008	2009	2010	合计
一、预算内支农支出小计	9949	13806	17368	19745	25894	86762
（占全部预算内支出%）	7.43	8.13	8.28	7.87	8.58	
（一）农业支出	5185	10750	11475	14120	20126	61656
行政运行及一般行政管理事务	1310	829	933	1006	1120	5198
农业事业机构	726	1342	1565	1926	2173	7732
农业技术推广和农业技能培训	593	869	1841	1140	2050	6493
病虫害控制	28	77	96	169	476	846
农产品质量安全与执法监管	262	830	445	539	399	2475
农业信息服务	200	132	101	120	76	629
耕地地力、渔业、水域保护		12	100	114	130	356
灾害救助及稳定农民收入补贴		171	255	586	307	1319
农业生产资料和农业生产保险补贴等	273	435	882	1039	1173	3802
农民合作经济组织和农村公益事业	29	2938	1681	398	138	5184
农业工作与政策研究	241	82	200	153	80	756
农业产业化和农产品加工与促销		1588	21	1723	1909	5241
农业资源保护和农村能源综合建设	240	240	218	63	200	961
农村人畜饮水和农村道路建设			30	1768	3411	5209
对村一事一议的补助				97	2368	2465
村级组织支出补助		840	430	454	1645	3369
其他农业支出	1283	365	2677	2825	2471	9621
（二）林业支出	207	276	295	589	543	1910
（三）水利支出	2965	2297	4512	4101	3062	16937
行政运行及一般行政管理事务	305	381	479	538	566	2269
水利工程建设与管理	870	464	2704	2275	596	6909
水土、水资源管理与保护	10	16	21	469	624	1140
水文测报与防汛抗旱	177	75	219	145	167	783

续表 3－8

项目＼年度	2006	2007	2008	2009	2010	合计
小型农田水利建设	719	1170	884	191	915	3879
其他水利支出	884	191	205	483	194	1957
(四)扶贫	154	145	196	210	180	885
(五)农业综合开发	1438	338	472	482	212	2942
(六)其他农林水事务支出			418	243	1771	2432
二、政府性基金支农支出小计	3065	4340	4866	5018	4468	21757
其中:地方水利建设基金支出	3062	4289	4864	5018	4408	21641
三、预算外财政专户资金支农支出小计	2962	8377	7246	6704	5343	30632
全部资金合计	15976	26523	29480	31467	35705	139151

注:政府收支分类改革后(2006 年数据已按新科目调整),财政安排农业科技支出部分统计在科学技术支出中。表中数据来源:各年度财政总决算

二、教育支出

按照《中华人民共和国教育法》的规定,结合实施科教兴国战略以及《国家中长期教育改革和发展规划纲要(2010—2020 年)》,桐乡市财政把教育作为财政支出重点,积极采取措施,大幅增加教育投入,满足法定支出要求,切实保障好每个孩子受教育的权利。《中华人民共和国教育法》第七章第五十五条规定:“各级人民政府的教育经费支出,按照事权与财权相统一的原则,在财政预算中单独列项。各级人民政府教育财政拨款的增长应当高于财政经常性收入的增长,并使按在校学生人数平均的教育费用逐步增长,保证教师工资和学生人均公用经费逐步增长”。以 1995 年为基期,1996 年至 2010 年,桐乡市财政预算内外用于教育支出的资金合计 671369 万元,年均增长 18.08%。其中预算内资金 432761 万元,占预算内支出的 26.91%,年均增长 24.07%,高于全部财政预算内支出增幅 1.72%和地方财政经常性收入增幅 1.77%。

1996 年,预算内外教育支出 8418 万元,其中预算内教育支出 3668 万元,占当年预算内支出的 22.28%,比上年增长 8.88%。投资 623 万元易地新建的洲泉中学交付使用;投资 200 万元,由香港著名人士邵逸夫捐资 80 万港元建造的邵逸夫中学实验楼竣工使用。全年共实施新建、扩建校舍及教学设施项目 44 个,竣工 34 个,竣工建筑面积 35305 平方米;竣工教工住宅 270 套,建筑面积 19970 平方米。全年投入图书经费、教学仪器、电教器材等 137 万元。

1997 年,预算内外教育支出 12527 万元,其中预算内教育支出 4140 万元,占当年预算内支出的 22.66%,比上年增长 12.87%。完成校舍新建、扩建和改造维修等项目 17 个,竣工面积 19143 平方米。桐乡市高级中学风雨操场竣工交付使用。

1998 年,预算内外教育支出 15691 万元,其中预算内教育支出 5263 万元,占当年预算内支出的 24.83%,比上年增长 27.13%。支持新建校舍项目 15 个,建筑面积 29790 平方米。完成竣工项目 18 个,建筑面积 32780 平方米,桐乡市第六中学校舍全面竣工。投资 1393.6 万元,新建教师宿舍 134 套,建筑面积 17420 平方米。同时,为全市 1656 名特困生减免书杂费共计 32.12 万元。

1999 年,预算内外教育支出 19753 万元,其中预算内教育支出 6287 万元,占当年预算内支出的

22.37%，比上年增长19.46%。竣工校舍建设项目23个，建筑面积42270平方米。

2000年，预算内外教育支出16149万元，其中预算内教育支出8903万元，占当年预算内支出的24.06%，比上年增长41.61%。桐乡二中和第六中学实验楼、教师进修学校综合楼、聋哑学校教学楼、永秀初中教学楼等项目竣工；炉头初中、民合初中实施整体搬迁。全年共建成多媒体教室33个，计算机房57个，新增教学计算机1633台，新增图书147815册。

2001年，预算内外教育支出24026万元，其中预算内教育支出11795万元，占当年预算内支出的21.95%，比上年增长32.48%。新建校舍项目14个，南日小学、高桥小学、洲泉中学、城东初中、大麻中小学等学校的教学楼相继建成。建立教育系统教育城域网，实现中心以上学校"校校通"。

2002年，预算内外教育支出30013万元，其中预算内教育支出15156万元，占当年预算内支出的23.33%，比上年增长28.50%。完成建设项目18个，完成建筑面积81060平方米。投入658.5万元资金，改造危旧校舍，完成危房改造项目11个，改造危房面积6670平方米；维修学校50所，维修面积75000平方米。支持实施扶贫帮困助学工程，义务教育阶段减免学费60多万元，并从普通高中学费中列支10%用于高中生助学。

2003年，预算内外教育支出33701万元，其中预算内教育支出19664万元，占当年预算内支出的23.71%，比上年增长29.74%。实施校舍建设项目23个，建筑面积82180平方米。竣工校舍14个单位工程，田径场4个。石门中学、职教中心第二期学生宿舍楼、桐乡一中综合楼、桐乡二中体育馆及学生公寓、第二实验小学和七中实验楼、大麻中心学校教学楼、洲泉镇小教学楼、崇福幼儿园综合楼竣工。河山幼儿园、洲泉众安村小学等危旧房改造完工。对茅盾中学因实行招收并轨生而形成的经费缺口给予经费弥补。桐乡市技工学校新建8380平方米的教学楼投入使用。根据《桐乡市困难家庭学生助学教育券实施方案(试行)的通知》，共资助各类贫困生3090人次，资助金额156万元。

2004年，预算内外教育支出42291万元，其中预算内教育支出26424万元，占当年预算内支出的26.75%，比上年增长34.38%。公办民工子弟学校—新民学校开学；桐乡市卫生学校迁建工程竣工。市职教中心二期宿舍、乌镇植材小学、凤鸣天女小学、实验一小振东校区等15个工程和4个田径场投入使用。筹建崇福镇小开发区校区，市区人民路小学、六中振东校区，易地新建石门镇中心小学。投入1852万元资金，新增计算机1361台、多媒体73套、钢木课桌椅19502套、图书8万余册。全面实施困难家庭学生助学教育券工程，全年共计资助各类贫困生5685人次，资助金额200多万元。

2005年，预算内外教育支出52027万元，其中预算内教育支出31465万元，占当年预算内支出的26.09%，比上年增长19.08%。推进以县为主的教育管理体制改革，全市中小学教师工资及部分福利待遇、学校公用经费和危旧房改造支出列入市财政预算。基础设施建设投入18040万元，全年新建续建项目23个，竣工项目8个。濮院小学毛衫城校区、新龙翔中心小学、乌镇中学等校校舍投入使用。投入1156万元，用于添置计算机、多媒体、图书等。继续以教育券形式资助贫困生6202人，资助金额231.65万元。投入300万元，用于职教中心购置专业实训设备。

2006年，预算内外教育支出60185万元，其中预算内教育支出37513万元，占当年预算内支出的28.02%，比上年增长19.22%。落实"以市为主"义务教育管理体制，1月1日起，除学校建设仍由市财政和乡镇共同承担外，全市教师工资、学校常规运转经费等由市财政予以保障统一安排。全面实施全市农村中小学"四项工程"，即："农村中小学家庭经济困难学生资助扩面工程、农村中小学爱心营养餐工程、农村中小学食宿改造工程和农村中小学教师素质提升工程"。2006学年开始，免除义务教育段的学杂费，共有77097名学生符合免费条件，共计减免849.5万元；6761人次的中小学生接受教育券资助,共计205.3万元;950名学生享受“爱心营养餐”,金额15.3万元。投入13750万元,完成校舍新、改、扩建项目26个,建筑面积5.25万平方米,凤鸣高级中学、六中振东校区等项目竣工。安排750万元用于技工学校建设,安排职教设备补助经费200万元,并安排资金新建职教中心体育馆。投入2150万元,用于全市中小学校购置教育教学器材、图书等。安排200万元用于农村教师素质提升工程。安排30.5万元专项资金,对7所民工子弟学校给予经费补助,用于符合条件的外来务工人员子女减免杂费。

2007年,预算内外教育支出66943万元,其中预算内教育支出48517万元,占当年预算内支出的28.58%,比上年增长29.33%。当年投入基建建设经费5500万元,完成学校基建项目14个;投入近2000万元,用于学校教育装备建设。全面完成农村教师素质提升工程,稳定农村学校教师队伍。公办学校在册学生中的新市民子女达到8836名,同时,扶持民工子弟学校发展,首次选派公办教师到民工子弟学校支教,安排58万元专项资金,对合格学校实施奖励;妥善解决经济困难家庭子女读书问题。积极实施资助扩面工程,全市义务教育阶段学生有18386人次获得资助323余万元,资助率11.3%。有18368人次学生享受“爱心营养餐”。投入330万元用于先进制造业教学基地建设;筹措286万元实施职业学校助学奖学计划,特困家庭、低保家庭学生就读职业学校减免学杂费205万元,就读工科类专业和农林类专业学生减免学杂费48万元,对品学兼优的职业学校学生兑现奖学金33万元。

2008年,预算内外教育支出82050万元,其中预算内教育支出60164万元,占当年预算内支出的28.69%,比上年增长24.01%。从2007学年第二学期开始,全市义务教育段中小学生免除课本、作业本费,全年减免2732万元,所减免的经费全部由财政安排列入预算。基建总投入8428万元。投资1600万元,新建1所公办新居民子弟学校;全年完成建设项目17个。投资3300万元,新建环城北路小学竣工。安排购书经费141万元,新增图书14.8万册;投入59万元用于义务教育阶段学校购买图书管理软件,65所学校全部实现图书计算机管理。有1852人次的中小学生得到教育券资助,资助金额103万元,有16065人次的中小学生享受“爱心营养餐”,补助金额160万元。支持农村中小学实施“领雁工程”,安排200万元专项资金,用于“领雁工程”培训。

2009年,预算内外教育支出94210万元,其中预算内教育支出68157万元,占当年预算内支出的27.16%,比上年增长13.29%。支持义务教育学校绩效工资改革,全市义务教育学校纳入绩效工资实施范围的正式工作人员4157人,实施绩效工资后年人均增资8803元。全市教育基本建设总投入11875万元,安排新建项目19个,续建项目7个。凤凰路小学二期工程、新建公办新居民子弟学校等竣工。投入1600万元,新建实验幼儿园城北分园、洲泉中心幼儿园,迁建石门中心幼儿园。实施桐乡市中小学校舍安全工程,制定三年总体规划及分年度改造投资计划。2009—2011年,全市规划实施消防和防雷整改项目37个、面积425863平方米,校舍迁(扩)建项目28个,面积128420平方米,总投资29220万元。

2010年,预算内外教育支出113385万元,其中预算内教育支出85645万元,占当年预算内支出的28.36%,比上年增长25.66%,财政对教育投入高于财政经常性收入增幅。完成基建项目16个,使用面积90400平方米,总投资17800万元。桐乡二中、桐乡八中、青石小学迁建工程,桐乡高级中学、桐乡一中部分改扩建工程竣工,新建实验幼儿园城北分园投入使用;投入资金16717万元,用于校安工程项目建设;配备专职保安,发放安保器材,安装紧急报警系统,内部监控探头等,159所学校(含幼儿园教学点)完成安装动态视频监控系统。投资6877.21万元易地新建桐乡市(高级)技工学校。调整中小学布局,全市有8个镇、街道不再设村校。全市义务教育阶段在读新居民子女26298人,其中18911人在公办学校就读,占比71.91%。

表 3-9

1996—2010 年桐乡市教育支出统计表

单位：万元

项目 \ 年份	1996	1997	1998	1999	2000	2001	2002	2003	2004	2005	2006	2007	2008	2009	2010	合计
一、预算内教育支出小计	3668	4140	5263	6287	8903	11795	15156	19664	26424	31465	37513	48517	60164	68157	85645	432761
（占全部预算内支出%）	22.28	22.66	24.83	22.37	24.06	21.95	23.33	23.71	26.75	26.09	28.02	28.58	28.69	27.16	28.36	26.91
教育管理事务经费											796	1024	1060	1283	1599	5762
高等及中等专业学校经费				105	105						468	533	627	947	791	3576
技工学校经费							154	293	251	543	382	654	514	982	597	4370
职业高中教育经费	192	293	186	341	1808	340	1686	2197	1936	1485	1665	1879	1788	2605	1933	20334
其他职业教育经费												245	353	20	32	650
中学经费	1302	1780	2260	2730	2905	3424	4931	6574	10793	14244	12934	17019	22410	24155	28224	155685
小学经费	1322	1500	1728	1902	2284	3392	5007	7520	9727	11697	17474	19167	23548	25136	33031	164435
学前教育经费	165	90	122	190	116	143	240	189	258	257	349	389	380	1774	4637	9299
其他普通教育经费											171	658	2131	2019	42	5021
成人及普通业余教育经费	21	36	44			22	42			55	32	45	55	77	72	501
教师进修及干部培训经费	183	178	185	322	304	392	434	473	517	507	618	1633	657	1057	927	8387
特殊教育经费	24	57	37	77	39	55	88	118	152	154	188	220	265	313	378	2165
广播电视教育经费	21	30	26	26	47	53	54	57	65	67	117	87	108	148	120	1026
其他教育经费	258	176	288	222	290	3101	749	700	733	701	129	1044	70	1784	6095	16340
专项支出：教育费附加支出	180		387	372	1005	873	1771	1543	1992	1755	2190	3920	6198	5857	7167	35210
二、政府性基金教育支出小计		3109	2562	3255	3166	3579	4770	5141	6303	7323	6268	3476	4796	5717	5419	64884
三、预算外教育支出小计	4750	5278	7866	10211	4080	8652	10087	8896	9564	13239	16404	14950	17090	20336	22321	173724
全部资金合计	8418	12527	15691	19753	16149	24026	30013	33701	42291	52027	60185	66943	82050	94210	113385	671369

注：1. 一般预算、政府性基金数据来源为各年度桐乡市财政总决算。预算外资金数据来源：1996—1999 年为各年度桐乡市预算外资金决算；2000—2002 年为各年度桐乡市部门决算报表；2003—2005 年为各年度桐乡市部门决算报表；2006—2010 年为各年度桐乡市财政总决算。

2. 2001 年（含）前教育支出不包括技工学校、卫校经费

三、医疗卫生支出

1995年前,在文教卫生事业费类下设卫生事业费、中医事业费、公费医疗经费三个款级科目。1996年,医疗卫生支出单设卫生经费类级科目,设卫生事业费、中医事业费、公费医疗经费、其他卫生经费四个款级科目。1997年,其他卫生经费并入卫生事业费,不再单独列示。1999年,卫生经费类增设款级科目药品监督管理事业费。2000年,公费医疗经费改称行政事业单位医疗经费。2003年,卫生经费类级科目改称医疗卫生支出,设卫生、中医、药品监督管理、行政事业单位医疗等4个款级科目。2004年,卫生监督管理增加食品监督管理职能,款级科目药品监督管理改称为食品和药品监督管理。2007年,单独设置医疗卫生类级科目,下设医疗卫生管理事务、医疗服务、社区卫生服务、医疗保障、疾病预防控制、卫生监督、妇幼保健、农村卫生、中医药和其他医疗卫生支出等10个款级科目。食品和药品监督管理在一般公共服务类下设置款级科目列示。2009年,食品和药品监督管理从一般公共服务类调整至医疗卫生类,医疗卫生类增设食品和药品监督管理事务款级科目。2010年,调整后的医疗卫生类款级科目设置为:医疗卫生管理事务、公立医院、基层医疗卫生机构、公共卫生、医疗保障、中医药、食品和药品监督管理事务和其他医疗卫生支出等8个款级科目。

1996—2010年,全市医疗卫生支出144813万元,年均增长17.96%。其中预算内医疗卫生支出102742万元,占预算内支出的6.39%,年均增长18.72%;预算外资金42071万元。

(一)医院、卫生院经费

1996—2010年,市财政用于综合医院、专科医院、基层卫生院的补助经费63842万元,其中财政预算内资金21771万元。主要用于卫生部门所属综合医院、中医医院、独立门诊、专科医院、教学医院、基层卫生院的差额补助。

医院、卫生院基本建设补助。1996—2005年,全市共投入医疗卫生基建建设资金13983万元(缺财政补助数字);2006—2010年,全市共新建医疗卫生用房17.7万平方米,改扩建4.5万平方米,完成投资61638万元,其中中央财政补助资金1590万元,省财政补助资金467万元,桐乡市财政投入18988万元。相继建设的医疗卫生项目有:1996年,拆建市三院急诊室等工作用房和市一院辅助用房;1997年,新建市一院住院大楼;1998年,市皮肤病防治医院(以下简称皮防院)迁建工程;1999年,市皮防院新建辅助用房;2000年,市一院在振兴东路新建二分院门诊用房;2002年,市三院扩建重症监护病房;2003年,拆建市一院新制剂室和新建市二院住院楼;2004年,改建市中医医院门诊大厅及急诊用房、市三院辅助用房、市妇保院工作用房;2005年,市中医医院改扩建ICU病房和CT工作用房、市二院改建体检中心和行政综合办公楼、市三院扩建住院部、ICU病房和手术室等医疗用房;2006年,市三院改造工作用房和扩建部分医疗用房、市皮防院改造门诊楼;2006—2007年,康慈医院迁建工程;2008年,市皮防院麻风康复村迁建工程;2009年,市二院建造医疗辅助用房、市三院新建实验室用房、市卫校新建附属医院桐乡市康复医院;2004—2010年,市一院迁建工程,新院区占地16.28公顷,总建筑面积97128平方米,住院楼可容纳835张床位。

药品同价廉价改革。2008年,市财政预拨100万元专项经费,用于医疗机构药品同价廉价改革。在浙江省实行384种低价药品的基础上,桐乡首批推出150种常用药品,并实施常用药品同价廉价制度,部分药品实行“零差率”。2009—2010年,财政给予150种同价廉价药品和“零差率”销售药品、120种国家限价药品与全省统一招标价差价全额补助,2009年惠民让利741万余元。

(二)合作医疗补助

1996年,全市有23个乡镇实行补助型合作医疗,有5个乡镇实行报销型合作医疗。是年,全市共筹集合作医疗资金266.16万元，其中乡镇政府财政拨款41.87万元，占15.73%。

1997年，全市有管辖村的建制镇和建制乡均须实行大病保险型等合作医疗。1999年12月25日起，实行农民大病合作医疗风险基金制度，市财政按全市农村人口年均1元/人标准列入预算，用于大额住院医药费的补偿。

2002年，桐乡市开始实施新型合作医疗制度，其中参加合作医疗的在乡重点优扶对象，经合作医疗报销后生活仍有特殊困难的，由民政部门按规定补助，参加合作医疗的农民可享受每年一次的免费健康体检；2003年起，城乡居民合作医疗首次同步实施，城镇居民最低生活保障对象纳入合作医疗参保，参保的个人缴费部分由市财政补助，民政部门统一缴费；2004年起，合作医疗基金在原筹资基础上增加省级财政补助，参保对象扩大到征地农民、农婚知青；2005年起，医疗保险实行全覆盖，未参加桐乡市城镇职工基本医疗保险、城镇职工基本医疗住院保险、城镇个体工商户、自由职业者大病医疗费用社会统筹和不享受单位医药费报销（含不享受父母单位医药费报销的儿童）的城镇居民全部纳入合作医疗参保范围。设立合作医疗基金财政专户、基金支出账户及镇乡街道代理报销点和备用金账户。基金核算年度内出现超支由市、镇乡街道两级财政分别承担；2008年，合作医疗基金改四级筹资为五级筹资，增加中央财政补助；2009年，对持有“最低生活保障救助证”的参保对象、在乡重点优抚对象、复员残疾军人、麻风病康复村休养员、持有“中华人民共和国残疾人证”“特困职工优惠证”的参保对象，其参加合作医疗个人缴纳的费用由市财政安排，纳入年度预算，分别由市民政部门、市残联、市总工会按规定全额补助。2010年，财政补助合作医疗基金9376万元，用于优扶对象医疗补助，城镇、农村医疗救助等资金219万元。2002—2010年，桐乡市财政对合作医疗基金的补助合计30402万元。

表3-10　　2002—2010年桐乡市新型合作医疗情况一览表

年　　度	2002.7.1/2003.6.30	2003.7.1/2004.6.30	2004.7.1/2005.6.30	2005.7.1/2006.12.30	2007	2008	2009	2010
总参加人数（人）	370307	432233	486114	499215	493188	499476	489568	482340
财政补助	185	562	1215	1889	3946	5494	7735	9376

说明：资料来源于《桐乡撤县设市20年纪事》，个别年份数据有修正。财政补助包括各级财政（含省及省以上财政补助）

（三）公共卫生服务支出

公共卫生包括疾病预防、卫生监督、妇幼保健、精神卫生、应急救治、采供血机构支出，以及基本公共卫生服务和重大疾病预防控制等重大公共卫生服务项目支出。1996—2010年，财政对公共卫生的投入逐年增加，预算内财政资金累计25306万元，年均增长26.28%。

2002年4月，市府办印发《关于发展社区卫生服务的实施意见》，市财政按新增人均1～3元的标准增加社区卫生服务经费，并安排一定的启动经费，保证社区卫生服务站所需工作经费。2003年5月，实施镇（乡、街道）、村两级卫生服务机构一体化管理，村卫生室与社区卫生服务机构实行两块牌子、一个机构，全市社区卫生服务的覆盖率达到80%以上。

2006年，启动社区卫生服务规范化建设，对社区卫生服务站加大投入，强化规范化管理。市政府印发《关于进一步加强农村公共卫生工作的意见》，建立健全市、镇乡（街道）、村三级公共卫生服务体系，建立健全市、镇乡政府（街道办事处）两级财政对公共卫生工作的投入保障和责任考核机制，建立健全以市为主，市、镇乡（街道）、村分级负责的公共卫生管理机制。全市按农村常住人口（流动人口按

30%计入常住人口数)每人每年16元的标准设立农村公共卫生服务专项资金,按参加新型合作医疗农民每人每年10元的标准设立农民健康体检专项资金,由财政预算安排。是年,财政安排农村公共卫生服务专项资金887万元,农民健康体检专项资金549万元,有325988人接受免费健康体检。

2007年,市政府印发《关于加快发展城乡社区卫生服务的实施意见》,加大对社区卫生服务的投入。新建、扩改建社区卫生服务中心(核定面积),按市财政60%、镇乡街道财政不低于20%的比例补助;对租房的社区卫生服务站支付的租金,市与镇乡街道分别按50%的比例承担。按照公共财政的要求,从2007年起,按全市常住人口每人每年20元的标准安排补助资金,纳入财政预算,专项用于对全市社区卫生服务机构提供公共卫生服务补助;按辖区服务人口年人均5元的标准安排突发公共卫生事件应急经费。是年,财政预算内用于社区卫生服务支出1634万元,至2010年,全市共有158个社区卫生服务站,卫技人员563人,社区卫生服务支出合计3100万元,年均增长23.80%。

(四)公费医疗支出

1995年,市政府批转市卫生局、财税局《桐乡市公费医疗管理制度改革试行办法》,对公费医疗制度进行改革:①公费医疗经费继续实行单位包干。按在职和退休(含退职)人员分别核定定额标准,在职人员共分三个档次,退休(包括退职)人员一个档次。超支部分单位负担30%,财政负担70%。乡镇在单位负担后,由市财政与乡(镇)财政各负担50%。②公费医疗经费实行"核定到人、年终结算、节余全奖"的办法。凡全年不使用医药费的按定额标准全额奖励;医药费小于定额标准的,奖励结余部分。

1997年1月,国务院改革公费医疗制度,市政府批转市卫生局、财税局《桐乡市公费医疗管理制度改革试行办法的补充规定》,建立全市统一的个人医疗账户和个人医疗基金。市财政对个人医疗基金给予补助,在职人员分三个档次、退休返聘人员一个档次和退休人员一个档次。发生医疗费用回本单位结报,先在个人医疗基金额度中支付,超过个人医疗基金额度的医疗费用由个人自负,超过自负额度按比例分段报销。离休和在乡二等乙级以上革命伤残军人,符合公费医疗报销范围的医疗费用,全额报销。个人医疗基金结余结转下年度。

2000年3月20日,桐乡市卫生局、桐乡市财政局联合印发《关于调整二〇〇〇年度公费医疗享受人员个人医疗基金及报销办法的通知》,对《桐乡市公费医疗管理制度改革试行办法补充规定》中的个人医疗基金额度及报销办法作适度调整。试行"核定到人、年初发放、年终结算、节约奖励"办法,所有享受公费医疗人员,凡全年不使用医疗费用或医疗费小于个人医疗基金额度的,其节约部分全额奖励给个人。

2001年12月1日,《桐乡市城镇职工基本医疗保险暂行规定》施行,原公费医疗制度自行终止。1996—2002年,公费医疗经费支出10314万元。

表3-11　　1996—2006年桐乡市医疗卫生支出统计表

单位:万元

项目 \ 年份	1996	1997	1998	1999	2000	2001	2002	2003	2004	2005	2006	合计
一、预算内资金全部支出数	16462	18269	21199	28106	36997	53732	64972	82936	98769	120615	133859	675916
预算内医疗卫生支出占比%	11.82	11.39	10.88	8.94	7.57	6.17	7.40	4.10	4.39	4.28	4.79	
二、预算内医疗卫生支出合计	1947	2080	2306	2513	2801	3314	4811	3399	4335	5160	6409	39075
(一)卫生事业费小计	884	1090	1051	1037	1298	1476	1940	3253	3801	4645	5974	26449

续表 3－11

项　目 \ 年　份	1996	1997	1998	1999	2000	2001	2002	2003	2004	2005	2006	合计
1. 医院经费	138	387	326	206	306	327	476	801	652	554	463	4636
2. 卫生院补助	268	266	282	304	165	174	157	277	341	268	174	2676
3. 防治防疫经费	234	119	120	194	364	401	365	678	712	995	1440	5622
4. 食品药品监督管理	5	9	5			13	187	113	125	186	206	849
5. 妇幼保健经费	12	19	10	11	24	23		38	57			194
6. 合作医疗补助					20	13		3	35	72	15	158
7. 其他卫生事业费	227	290	308	322	419	525	755	1343	1879	2570	3676	12314
(二)中医事业费小计	40	67	90	107	100	110	120	140	190	215	285	1464
(三)公费医疗经费小计	1017	917	1159	1364	1389	1723	2745					10314
(四)基建补助小计	6	6	6	5	14	5	6	6	5			59
(五)医疗保障小计									339	300	150	789
三、预算外资金医疗卫生支出	1023	1178	7879	8242	6789	1309	737	1515	961	1321	972	31926
四、全部医疗卫生支出合计	2970	3258	10185	10755	9590	4623	5548	4914	5296	6481	7381	71001

说明：预算内数据来源为各年度财政总决算(政府收支分类改革前)；预算外数据见本章表 3－4

表 3－12　　　　2007—2009 年桐乡市医疗卫生支出统计表

单位：万元

项　目 \ 年　份	2007	2008	2009	合计
一、预算内资金全部支出数	169753	209722	250918	630393
预算内医疗卫生支出占比%	6.10	6.56	6.42	
二、预算内医疗卫生支出合计	10351	13764	16107	40222
(一)医疗卫生管理事务	691	904	883	2478
(二)医疗服务	1105	1529	1187	3821
1. 综合医院	500	1060	122	1682
2. 中医医院	5	70	73	148
3. 精神病医院	180	96	263	539
4. 传染病医院		120		120
5. 处理医疗欠费		73	43	116
6. 其他医疗服务	420	110	686	1216
(三)社区卫生服务	1634	2131	1948	5713
1. 社区公共卫生服务	153	1174	1547	2874
2. 社区卫生专项		650	372	1022
3. 其他社区卫生服务	1481	307	29	1817
(四)医疗保障	3342	5387	7777	16506
1. 城市医疗救助	57	0	22	79
2. 新型农村合作医疗	3197	4909	7439	15545
3. 农村医疗救助		252	60	312

续表 3-12

项目＼年份	2007	2008	2009	合计
4.优扶对象医疗补助		30	67	97
5.城镇居民基本医疗保险			60	60
6.其他医疗保障	88	196	129	413
(五)疾病预防控制	662	974	1190	2826
(六)卫生监督	677	647	747	2071
(七)食品药品监督管理	258	461	473	1192
(八)妇幼保健经费	80	119	60	259
(九)农村卫生	1452	1572	1676	4700
1.乡镇卫生院		60	131	191
2.农村卫生专项	1442	1398	1517	4357
3.其他农村卫生	10	114	28	152
(十)中医药			163	163
(十一)其他医疗卫生支出	450	40	3	493
三、预算外资金医疗卫生支出	1947	1655	1226	4828
四、全部医疗卫生支出合计	12298	15419	17333	45050

注:预算内数据来源为各年度财政总决算(政府收支分类改革后);预算外数据见本章表 3-4

表 3-13　　2010 年桐乡市医疗卫生支出统计表

单位:万元

项目	金额	项目	金额
一、预算内资金全部支出数	301962	4.精神卫生机构	1200
预算内医疗卫生支出占比%	7.76	5.采供血机构	80
二、预算内医疗卫生支出合计	23445	6.基本公共卫生服务	1582
(一)医疗卫生管理事务	1125	7.重大公共卫生专项	325
(二)公立医院	3657	8.突发公共卫生事件应急处理	5
1.综合医院	3434	9.其他公共卫生支出	1188
2.中医医院	110	(五)医疗保障	9922
3.精神病医院	113	1.优抚对象医疗补助	69
(三)基层医疗卫生机构	659	2.城市医疗救助	19
1.城市社区卫生机构	22	3.新型农村合作医疗	9376
2.乡镇卫生院	260	4.农村医疗救助	131
3.其他基层医疗卫生机构	377	5.其他医疗保障支出	327
(四)公共卫生	6105	(六)食品和药品监督管理事务	475
1.疾病预防控制机构	874	(七)其他医疗卫生支出	1502
2.卫生监督机构	753	三、预算外资金医疗卫生支出	5317
3.妇幼保健机构	98	四、全部医疗卫生支出合计	28762

注:1.预算内数据来源为2010年财政总决算。因2010年政府收支分类医疗卫生支出科目变化较大,故单独列表反映,便于了解。预算外数据见本章表 3-4。

2.1996—2010年全部医疗卫生支出144813万元(详见本章表 3-11、表 3-12、表 3-13),其中:预算内医疗卫生支出102742万元;预算外医疗卫生支出42071万元

四、社会保障和就业支出

社会保障和就业支出包括社会保障和就业管理、就业补助、财政对社会保险基金的补助，民政管理事务、抚恤、退役安置、社会福利、社会救济、最低生活保障、自然灾害生活救助、行政事业离退休经费，残疾人事业，企业改革补助等。1996—2010年，桐乡市财政预算内外资金和政府性基金用于社会保障和就业支出104462万元，年均增长23.31%。其中预算内资金76656万元，占预算内总支出的4.77%，年均增长29.58%；政府性基金支出13304万元；预算外资金14502万元。主要用于支持落实积极的就业政策，实施促进就业的小额担保贷款贴息、职业培训补贴、职业技能鉴定补贴等扶持措施。实施针对就业困难人员的社会保险补贴、公益性岗位补贴等就业援助政策。积极扶持大学毕业生就业，建立对困难高校毕业生的援助制度。支持公共就业服务信息系统建设，加强就业指导服务，重点帮助下岗、失业人员、农村转移劳动力增强就业能力。进一步完善基本养老等社会保险政策，提高企业退休人员基本养老金补助水平和城乡低保补助标准，加大对低保对象等人员的补助力度，提高优扶对象人员抚恤和生活补助标准。在2005—2009年连续5年提高企业退休人员基本养老金水平的基础上，2010年按2009年人均养老金的10%左右提高基本养老金水平。加大对残疾人的救助力度，支持残疾人康复、体育、文化、教育等事业发展。做好自然灾害生活救助，保障受灾群众的基本生产生活。除上述资金安排的支出外，大部分社会保障支出主要是社会保险基金安排的支出。（见表3-14）

（一）社会保障和就业管理支出

1996—2010年，财政预算内社会保障和就业管理等事务支出17692万元。主要用于社会保障管理部门基本支出、社会保障综合性业务管理、劳动保障监察、劳动关系和维权、就业管理、公共就业服务和职业技能鉴定、社会保险经办机构开展业务工作、社会保险业务管理和基金监督，以及支持社会保险信息建设等。2006年开始，此项支出较以前年份增长更快，主要是2007年政府收支分类改革后，支出科目调整有较大变化，如原统计在其他部门事业费中的劳动保障事业费归入社会保障和就业类下的对应款等。此外，2009年办理竣工财务决算的“桐乡市人力资源市场建设项目”，全部投资3095.67万元，其中2395.67万元列支在2006—2009年财务年度。

（二）财政对社会保险基金的补助支出

财政对社会保险基金的补助包括对基本养老保险、基本医疗保险、失业保险、工伤保险、生育保险、新型农村社会养老保险和其他社会保险等基金的补助。2001—2010年，财政预算内对社会保险基金共补助6291万元，分别为基本养老保险基金60万元、基本医疗保险基金76万元、失业保险基金600万元、新型农村社会养老保险基金1606万元和其他社会保险基金3949万元。

（三）就业补助支出

1996—2010年，财政预算内就业补助支出4674万元，主要用于支持公共就业服务机构加强其人力资源市场信息网络建设，就业培训补贴、职业中介机构提供公益性就业服务的职业介绍补贴，符合条件的就业困难人员就业的社会保险补贴、公益性岗位就业的岗位补贴，符合规定条件的人员初次职业技能鉴定（限国家规定实行就业准入制度的特殊工种）给予一次性补贴和国家确定的特定就业政策方面的支出等。1999—2002年期间还包括安排用于国有企业下岗职工基本生活保障和再就业补助支出521万元。

（四）民政管理事务支出

1996—2010年，财政预算内资金用于民政管理事务支出10288万元，主要用于民政事务管理部门的基本支出，拥军优属经费，老龄工作、民间组织管理、行政区划和地名管理，基层政权和社区建设等。支持慈善事业发展，财政拨付“桐乡市慈善总会”财政资金200万元。

1.拥军优属支出。1999年，桐乡市人民政府出台《桐乡市拥军优属若干规定》。当年，开展优抚对象扶贫建房活动，14户重点优抚对象和老党员、老游击队员、老交通员得到建房资助。2002年开始，桐乡市创建双拥模范城，至2010年，桐乡市五次被浙江省人民政府授予“双拥模范城(县)”。是年，纪念入朝参战60周年，慰问参加过抗美援朝战争的32名老战士，还和省荣军医院共同开展“优抚对象复明工程”，为两名重点优抚对象免费进行白内障复明手术，安排146名重点优抚对象进行短期疗养。1991—2010年，用于三大节日慰问的费用600多万元。

2.行政区划和地名管理支出。此项经费主要用于对行政区划界线勘定、维护，以及行政区划和地名管理方面的支出。1991—2010年，桐乡市镇乡(街道)行政区划作过4次调整。

1993年，桐乡开展地名补查和资料更新工作，至1995年，出版《桐乡地图》；2000年，投入22万元全部更换梧桐镇城区道路路牌。2004年，《桐乡市地名管理办法》出台，2007年，新版《桐乡市行政区划图》出版。2008年，桐乡地名网(www.txdmw.com)和桐乡电子地图正式开通运行。2009年，修订《桐乡市电子地图》，改版完善桐乡市地名网，优化升级地名触摸屏系统。

3.社区建设保障支出。包括村民委员会和居民委员会，主要是保障村级组织换届选举相关费用。1992年，桐乡县委在河山镇石栏桥村开展村民自治示范活动试点，在此基础上，桐乡县第三届村民委员会换届选举工作全面展开。之后，每三年进行换届。1989年，《中华人民共和国城市居民委员会组织法》出台，桐乡于1990年10月在崇福镇试点，对居委会作调整、充实、完善。第二年5月，全县各建制镇铺开，居委会工作经费从每年2000元增加到15万元。2001年6月起，社区建设经费纳入财政预算，先后投入800余万元，新建、扩建一批社区居委会办公用房；投资300余万元，在市区建造健身苑、健身点、健身路、社区标志龙门架、黑板报、广告栏、宣传牌和市民学校等。2002年开始，提高社区党组织、居委会工作人员收入水平，同时办理社会保险。2005年起，市财政分别按每百户3000元和城镇常驻人口5元/年·人的标准向各街道、镇核拨社区工作经费和政府职能延伸经费，各街道、镇按1∶1比例投入。2008年，对社区新建(购买)办公、活动及服务用房，市财政按标准给予补助，每个社区最高不超过25万元。2010年，下拨农村社区经费244万元和办公用房补助经费66万元。2005—2011年，市财政累计下拨社区建设工作经费1120.29万元；社区政府职能延伸经费793.71万元；下拨社区建房补助经费837.34万元。

(五)行政事业单位离退休支出

包括由民政部门管理的军队离、退休人员和民政部门归口管理的地方退休、退职人员的费用。1985年起新的离退休干部、1993年起新的离退休勤杂人员离退休费由原单位发放，1995年起原由民政部门发放的也回归原单位。1996年桐乡市机关事业单位实行社会养老保险，2003年国家公务员(机关工作人员)及参照、依照公务员管理事业单位工作人员退出社会养老保险，退休人员等经费回原单位发放。2007年政府收支分类改革，“行政事业单位离退休”支出科目只反映实行归口管理的离退休经费，未实行归口管理的离退休经费仍在相关部门对应的功能科目反映。因此，桐乡市行政事业单位离退休支出款归集的经费，仅为离退休人员管理机构的支出。1996—2010年，行政事业单位离退休支出1225万元，包括军队移交地方政府的离退休人员经费。按照浙江省省对县(市)的财政管理体制，军队离退休干部的安置经费每年由浙江省财政厅下拨，1996—2010年共下拨经费285万元。

表 3－14

1996—2010 年桐乡市社会保障和就业支出统计表

单位：万元

项目/年份	财政支出合计	社会保障和就业总支出	预算内占财政支出比重%	预算内社会保障和就业支出	其中：抚恤事业费	社会福利事业费	救灾支出	社会救济	行政事业离退休经费	民政事务管理	社会保障和就业管理	财政对社会保险基金的补助	就业补助	残疾人事业费	基金预算社会保障和就业支出	预算外社会保障和就业支出
1996	16462	1149	2.57	431	139	9	57	115	28	63			8	12		718
1997	18269	1207	2.65	484	154	13	47	187	13	50			7	13		723
1998	21199	1587	5.47	1159	160	16	48	223	9	86	589		10	18		428
1999	28106	1778	4.79	1347	230	9	471	256	13	71	100		183	14		431
2000	36997	2861	2.88	1065	270	105	33	312	12	99	88		131	15		1796
2001	53732	3376	3.63	1953	306	87	68	370	13	283	166	500	130	30		1423
2002	64972	3973	3.65	2371	339	107	37	524	35	252	755	176	91	55		1602
2003	82936	4637	3.74	3098	595	359	55	611	24	300	437	107	561	49	398	1141
2004	98769	5148	4.22	4165	844	575	57	832	20	415	600	109	620	93	270	713
2005	120615	7407	5.29	6385	1308	1365	149	1158	28	453	1043	100	670	111	359	663
2006	133859	8123	5.04	6744	1327	761	114	1563	22	716	1715		381	145	966	413
2007	169753	11393	4.86	8258	1428	534	81	1206	759	1502	1350	340	898	160	2180	955
2008	209722	15062	5.39	11298	2187	491	562	1771	51	1945	2203	1600	280	208	3054	710
2009	250918	15126	4.77	11981	2175	625	212	1756	109	1760	4260	107	302	675	2362	783
2010	301962	21635	5.27	15917	2152	738	211	2162	89	2293	4386	3252	402	232	3715	2003
合计	1608271	104462	4.77	76656	13614	5794	2202	13046	1225	10288	17692	6291	4674	1830	13304	14502

说明：1. 预算内数据为各年度财政总决算；预算外数据见本章表 3—4。2007 年政府收支分类改革，支出科目有较大变化，2006 年前数据已按新科目就近计算调整后填列。

2. 表中数据不包括社会保险基金支出，社会保险基金支出见本章第二节政府性基金、社会保险基金支出

(六)救灾支出

1996—2010年,桐乡多次发生自然灾害。1996年“6·30”洪涝灾害,全市经济损失达1.93亿元,财政拨付救灾及冬令救济款83.1万元。1997年“7·10”洪涝灾害和11号台风影响,倒塌房屋1266间,转移安置2760人。财政下拨救灾款28.15万元,下拨40万元用于倒房困难户、五保户的基本生活和房屋修缮。1998年6月、7月,桐乡遭受暴风雨和冰雹袭击,倒塌房屋298间、死亡2人、伤5人。财政拨付救灾和临时救济款22.39万元。1999年6月下旬至7月中旬,桐乡遭受持续大暴雨侵袭(下称“6·30”洪灾),经济损失9个亿。财政下拨灾民紧急转移安置救灾款20万元。是年,财政预算内拨付自然灾害救济救助及救灾资金471万元。受“6·30”洪灾影响,2000年年初政府下拨大米9.77万公斤,解决5000多名贫困人员的生活;下拨临时救济款11万元,解决505户贫困户的燃眉之急。2001年梅汛期间,遭受“6·26”洪涝灾害,直接经济损失6990万元,财政下拨救灾款18万元。2008年1月,遭受低温雨雪冰冻天气,给全市带来严重的雪灾。财政下拨自然灾害生活补助经费22万元和自然灾害生活补助经费115万元。并根据省民政厅《关于切实加强“避灾工程”建设的通知》有关精神,下拨村级“避灾工程”项目建设补助资金39万元。2010年3月,桐乡市发生60年来最强春汛,全市农作物受灾面积6.96万亩。财政拨付救灾资金211万元,其中20万元用于4个规范化镇、街道避灾中心建设。1996—2010年,财政预算内用于救灾支出2202万元。

(七)社会救济支出

社会救济支出,分城镇社会救济和农村社会救济。城镇社会救济主要用于城市居民最低生活保障、城镇贫困人员基本生活保障等支出;救助管理机构的运转支出以及对生活无着落的流浪乞讨人员的救助支出。农村社会救济包括农村五保户供养以及农村最低生活保障等农村社会救济方面的支出。1996—2010年,财政预算内用于社会救济支出13046万元。

1.城镇帮困扶贫。1996年,实施《桐乡市城镇扶贫解困百户工程》,在梧桐镇等七大镇确定100户作为扶贫对象,实施扶贫解困。1997年1月1日起实施《桐乡市城乡居民最低生活保障制度暂行办法》,2002年1月1日起执行《桐乡市城乡居民最低生活保障实施办法》,2004年1月1日起实施《桐乡市城乡困难人员医疗救助暂行办法》,2006年1月1日起实施《桐乡市城乡困难人员医疗救助办法》,全市贫困群众的最低生活和困难群众看病治病得到保障。

2.精减老职工救济。精减老职工,是指1957年年底以前参加工作的,在1961年到1965年6月9日期间被精减的老职工。1962年6月1日,国务院颁发《精减老职工安置办法的若干规定》,对全部或大部分丧失劳动能力,不符合退休条件的老弱残职工,作退职处理。

按照国务院规定,桐乡将1957年底之前参加工作,1961年1月1日—1965年6月9日期间退职并发给一次性退职金的职工、现已全部或大部分丧失劳动能力的人员列为救济对象,救济标准几经提高,至2008年,桐乡市由民政部门管理的享受原工资40%救济的精减退职职工的生活困难补助标准为每人每月590元;享受定期生活困难补助的精减退职职工的生活困难补助标准为每人每月510元。至2010年年底,桐乡尚有享受定期生活补助退职职工人数108人。

3.五保供养。1983年,羔羊乡率先办起全县第一家敬老院。1989年,浙江省人民政府指示,乡(镇)兴办敬老院,扩大集中供养的规模,经费以乡(镇)统筹为主,依靠集体、社会,做到分级负担。至1998年,桐乡市有敬老院30所,集中供养500名五保老人,另有散居供养234人。五保供养标准为180元/月·人。2002年始,桐乡市共投入资金3000万元,对全市乡镇、街道敬老院进行合并重组,建成14所敬老院,拥有床位1346张。2006年,农村五保、城镇“三无”(无劳动能力、无生活来源、无赡养人和抚养人)对象享受医疗补助。2008 年,农村五保供养对象纳入公共财政保障范围。至 2010 年,全市有农村五保 464 人,城镇“三无”69 人,集中供养率为 100%。五保供养标准调整至每人每年 7600 元。

4. 医疗救助。境内解放后,政府对患病无力治疗的群众,采取减免医药费或发给救济金的办法予以帮助。1986 年,桐乡实行农村互助医疗制度。2006 年,出台《桐乡市城乡困难人员医疗救助办法》。

2002 年,桐乡市出台《桐乡市农村合作医疗实施办法》,至 2010 年,合作医疗人均筹资从 26 元提高到 300 元,其中各级财政补助从 5 元提高到 200 元。合作医疗参加对象从 2002 年的农村居民扩大到城镇居民、非本市户籍人员全覆盖。对持有“最低生活保障救助证”“中华人民共和国残疾人证”“特困职工优惠证”“低收入家庭救助证”的相关人员,以及在乡重点优抚对象、复员残疾军人、麻风病康复村休养员等,参加合作医疗个人缴纳的费用由市财政全额补助,纳入年度预算。2002—2010 年,医疗救助支出 2257.06 万元。

5. 农村扶贫。解放初期,农村扶贫主要由政府发放救济粮款、贷放种子、优惠供应化肥农药、减免农业税等。20 世纪 80 年代后,农村扶贫工作进一步深化,至 1990 年,桐乡共有 1758 户农村贫困家庭脱贫或基本脱贫。1997 年,桐乡实施农村困难群众危旧房改造,开展一乡一户扶贫建房工程。2008 年,开展“百企联百户、扶贫建新房”活动。至 2010 年,共投入资金 1798 万元,1629 户困难群众住房得到改善。

6. 最低生活保障。根据《桐乡市城乡最低生活保障制度暂行办法》,1997 年 1 月 1 日起,桐乡市施行城乡最低生活保障制度。保障金由市财政和乡镇、街道财政各承担 50%。是年,全市符合救济条件的困难户有 1139 户,3316 人,共发放保障金 93.74 万元。2001 年,出台《桐乡市城乡居民最低生活保障实施办法》,保障金调整为市财政 70%,乡镇、街道财政 30%负担。是年,共有 1386 户,4035 人列入低保对象,发放保障金 121.49 万元。2005 年,对 2004 年度享受低保人员发放一个月低保金标准的物价补贴,市财政负担 70%,镇乡、街道财政负担 30%。2009 年,出台《关于对城乡低收入家庭实施分类救助的意见》,救助范围扩大到家庭年人均收入高于本市低保标准 50%以内的低收入家庭,是年,为 1349 户低收入家庭发放救助款 67.45 万元。2009 年 12 月份开始,取消镇(街道)一级的低保资金配套,保障金由市财政全额负担。2010 年 10 月 1 日起,提高城乡居民最低生活保障标准,是年,发放保障金 1033.98 万元;发放低保春节慰问金 61.81 万元。当年还为低保人员等发放物价补贴 166.86 万元,为低收入家庭发放救助款 65.60 万元。(见表 3 - 15)

(八)社会福利支出

1996—2010 年,财政预算内社会福利支出 5794 万元,主要用于为儿童、老年人提供福利服务,民政部门举办的火葬场等殡仪事业单位补助,以及其他用于社会福利方面的支出。

1. 老年福利。1993 年,对 70 周岁以上老人实施社会优待服务。当年 10 月 1 日起,提高百岁老人生活补助费标准,至 2010 年,又分别三次提高百岁老人生活补助费;1998 年,对生活在最低保障线以下的高龄老人建立最低生活保障补助。2000 年 6 月,市政府制定《高龄老人优待服务政策措施》,是年,对 157 位五保老人、6 位百岁老人、9 户贫困户、177 位优抚对象进行重点慰问。2006 年,100 周岁及以上老年人,政府发给每人每月不低于 100 元的长寿保健补助金。2009—2010 年,政府通过购买服务,向 77 名符合补助条件的独居老人发放居家养老服务券;市财政出资为持低保证、特困职工证、残疾人证的高龄老人和行动不便的空巢老人安装“一键通”呼叫器 466 只。2010 年 1 月起,对年满 60 周岁以上无保障的老人实行养老生活补贴。

表 3－15　　1997—2010 年桐乡市城乡居民最低生活保障情况一览表

项目 年份	低保户数(户)			低保人数(人)			低保标准(每人/每月/元)		全年低保保障金发放数(万元)
	总　数	城　镇	农　村	总　数	城　镇	农　村	城　镇	农　村	
1997	1139	74	1065	3316	196	3120	140	80	93.74
1998	1229	103	1126	3635	280	3355	140	80	105.28
1999	1262	106	1156	3794	278	3516	140	80	102.80
2000	1369	147	1222	4023	377	3646	182	92	127.61
2001	1386	150	1236	4035	413	3622	210	106	121.49
2002	2421	284	2137	5956	658	5298	210	106	294.92
2003	3286	350	2936	7190	734	6456	230	120	435.97
2004	3412	435	2977	7181	807	6374	230	120	495.39
2005	3480	476	3004	7359	889	6470	250	150	624.87
2006	3422	448	2974	7192	815	6377	250	150	636.14
2007	3050	369	2681	5954	612	5342	270	170	678.80
2008	3191	376	2815	6273	631	5642	300	200	886.80
2009	3211	872	2339	6231	1101	5130	340	240	1175.93
2010	3140	368	2772	6059	590	5469	400	280	1033.98
合计	34998	4558	30440	78198	8381	69817			6813.72

说明:资料来源:相关数据由桐乡市民政局协助提供

2002 年,市财政补助 20 多万元,推动实施桐乡市首个"星光计划"项目,是年起,财政投入 3000 多万元,实施对 13 个镇、街道的 14 所规范敬老院的新建、改建、扩建、迁建。2003 年,投资 1678 万元,建立桐乡市老年公寓。2004 年,省市两级财政投入 100 多万元,建造 20 个老年活动中心。同时,市财政对 6 个经济薄弱村补助 114.5 万元,用于建立村老年活动室。

1992 年,桐乡成为浙江省农村社会养老保险试点县,首先在原南日乡的 4 个村试点,有 14136 人参加养老保险,投保率 84.6%,1993 年推广并覆盖全市。2008 年 11 月 18 日,桐乡市城乡居民社会养老保险养老金首发式在屠甸镇汇丰村举行,9800 名已到达退休年龄的老人陆续领取到社会养老保险金。

2. 儿童福利院。1999 年 12 月,桐乡市成立儿童福利院,收养孤残儿童、弃婴,儿童福利院经费全部纳入财政预算。2006 年,财政投入 190 多万元,实施桐乡市儿童福利院迁扩建。2000 年到 2010 年,共收养弃婴及其他孤残儿童、走失和流浪儿童 185 人,至 2010 年年末,有住院孤残儿童 22 人。

3. 殡葬改革。殡仪馆建设:1978 年,桐乡县投资 14 万元择地建造桐乡火化场。1997 年 6 月,投资 750 万元,迁建桐乡市殡仪馆。2006—2010 年,又投入 460 万元,对火化炉、火化车间等进行技改扩建。生态墓地建设:1995 年,投资 150 万元,建造桐乡市龙山公墓。2004 年,以镇乡、街道为单位兴建公益性生态墓地;以村为单位建设骨灰安息堂。市财政对每个生态墓地补助 10 万～30 万元;骨灰安息堂每村补助 1 万元。至 2010 年,全市有生态墓地 31 处;骨灰安息堂 43 个。

（九）抚恤和退役安置支出

抚恤和退役安置在政府收支分类中分属于两个款。抚恤包括死亡抚恤，按规定用于烈士、病故人员家属的一次性和定期抚恤金以及丧葬补助费；伤残抚恤，按规定用于伤残人员的抚恤金和按规定开支的各种伤残补助费；在乡复员、退伍军人生活补助，包括乡退伍红军老战士（含西路军红军老战士、红军失散人员）、1954 年 10 月 31 日前入伍的在乡复员军人、按规定办理带病回乡手续的退伍军人生活补助；优扶事业单位的补助，主要是民政部门管理的优扶事业单位支出，对集体优扶事业单位的补助，以及对烈士纪念建筑物的管理和维护支出；义务兵优待款项，用于义务兵优待方面的支出，以及其他用于优扶方面的支出。退役安置款项主要用于退伍军人的安置。军队移交政府的离退休人员安置及管理机构的支出。详见本章节《行政事业单位离退休支出》。

1. 优待抚恤。根据国家规定，中国人民解放军现役军人，残疾军人，复员军人，退伍军人，烈士遗属、因公牺牲军人遗属、病故军人遗属（下称“三属”），现役军人家属为优抚对象，依照规定享受优待抚恤。1985 年起，桐乡对“三属”人员实行终身抚恤制度。1996 年，出台《桐乡市兵役义务费社会统筹实施办法》，义务兵优待金实行社会统筹。2002 年 7 月 1 日起，义务兵优待金全部纳入财政预算。2002 年起，全市重点优抚对象享受合作医疗补助和民政补助。2003 年 8 月起，建立优抚经费自然增长机制。

2. 退伍军人安置。2000 年 3 月起，实行《桐乡市城镇退役士兵安置办法》，对自谋职业的城镇退伍士兵一次性发给自谋职业补偿金 2 万元，同时按军龄发给生活补助费，并代缴三年养老保险费。2007 年起，实行《桐乡市退役士兵安置管理办法》，退伍义务兵、复员士官实行货币化安置，鼓励自谋职业，按军龄补助的同时，一次性发给安置补偿金。退役士兵安置补偿金和军龄补助所需经费，由市、镇乡（街道）财政列入年度预算予以保障。1991—2010 年，全市共接收退伍军人 6760 人，其中农村 5199 人、城镇 389 人，安置伤残军人 25 名，志愿兵（士官）131 人。选择自谋职业 1016 人，发放安置费 2856.89 万元。

3. 革命历史纪念馆。桐乡市革命历史纪念馆于 1991 年 6 月建成，纪念馆所需经费列入财政预算保障。2006 年，财政投资 60 万元对革命历史纪念馆进行改建和维修。

（十）三峡库区和其他大中型水库农村移民

桐乡分两批安置三峡库区农村移民。2001 年 3 月，桐乡市政府和四川奉节县政府签订安置协议，第一批接收安置奉节县永乐镇农村移民 136 户，606 人。财政按移民人均 4000 元下拨安置经费 240.4 万元，为移民建购住房、铺设道路、修筑水利配套设施、铺设生活供水管网、架设输电线路和通讯线路等。2004 年，第二批接收安置重庆市涪陵区南沱镇和镇安镇农村移民 44 户、187 人。财政下拨安置经费 232 万元。此外，安置新安江等其他大中型水库农村移民 151 人。

（十一）残疾人事业支出

1996—2010 年，财政预算内用于残疾人事业支出 1830 万元；政府性基金预算残疾人就业保障金支出 11893 万元。

1991 年开始，先后开展白内障复明手术、小儿麻痹症矫治、聋儿语训、智残儿童康复训练、精神病防治和残疾人辅助器具供应等。2001 年开展“助行工程”，2002 年开展“助听工程”，2005 年实施“慈善光明工程”。1999—2010 年，落实“安居工程”，共为 453 户贫困残疾人家庭落实建房补助资金 327 万余元。2009 年，投资 2300.68 万元的桐乡市残疾人综合服务中心建成并投入使用。2001—2010 年，资助和奖励残疾学生及低保残疾人家庭子女就学 50 余万元。

1999年,出台《桐乡市照顾扶助残疾人规定》,2003年、2004年分别修订,加大对残疾人脱贫、就业、培训、求学、救助等方面的扶持力度。2004年开始对生活不能自理的残疾人实施生活补助,至2010年,共为1389人次生活不能自理残疾人发放生活补助1285.66万元。2007年开始,对城镇贫困残疾人个体工商户参加职工基本养老保险个人缴费部分实行全额补贴,2010年农村残疾人个体工商户纳入补贴范围。至2010年,共为101人次贫困残疾人个体工商户补贴职工基本养老保险个人缴费部分12.7万余元。2008年开始,对持证残疾人参加城乡居民合作医疗的个人缴费部分进行全额补助,至2010年,共为持证残疾人补助城乡居民合作医疗个人缴费部分176.70万元。

2008年,出台《桐乡市残疾人共享小康工程实施意见》。2010年8月,桐乡市人民政府颁发《桐乡市残疾人保障办法》政府令,残疾人事业经费全部列入财政预算,每年增幅不低于地方财政经常性收入的增长比例。持证残疾人在康复、接受教育、就业、社会保障等方面给予补助,补助范围包括:康复补助,受教育补助与奖励,自主就业贷款贴息补助与技能培训补助,社会保障补助,包括最低生活保障、重大疾病医疗救助、养老保险与医疗保险补助,危房改造补助与廉租住房或经济适用住房补助,重度残疾人居家安养、日间照料或集中托养补助,搭乘公共交通工具政府买单、提供免费辅助出行设备等。具体补助标准见第十三章《社会保障事业财务管理》第四节《优扶与社会救济》。

(十二)企业改革补助

1997—2005年,桐乡实行国有企业改制,资产均经国家审计机关或社会中介机构审计评估,财政、国资部门确认。99家企业经评估、剥离、提留后有57家为负资产或零资产,零资产和负资产企业的养老、医疗统筹等改制成本由市财政拨款解决。2001年,财政拨款用于企业改革支付工龄补助、提前退休补贴、下岗职工基本生活保障等687.6万元。2003年,财政安排专项资金6400万元,用于启动事业单位改革、实施国企改革攻坚、解决历史遗留问题等事项。

五、科学技术支出

1993年10月1日,《中华人民共和国科学技术进步法》施行,科技经费投入要求高于财政收入增长幅度。是年,桐乡科技投入79万元,比上年增长29.51%,以后年份连续环比增长。1994年,科技投入122万元,比上年增长54.43%;1995年,科技投入222万元,比上年增长81.97%,远高于桐乡财政收入增幅。是年,桐乡科技投入占当年财政支出比重达到1.52%,达到全国科技工作先进县标准。1997年起,桐乡市财政又相继设立星火、工业和农业科技发展基金(统称科技发展基金),中小企业技术创新风险基金(又称技术创新专项基金)。至2010年,基金总额4812万元,其中技术创新专项基金3000万元。

2000年6月2日,浙江省委、省政府颁发《关于加强技术创新发展高科技实现产业化的若干意见》,要求到2005年,省、市(包括县级市)、县财政科技投入按同口径占本级财政支出的比例分别达到7.8%、4%、3%。是年,桐乡财政投入科技经费1730万元,比上年增长73.69%,科技投入占当年财政支出的4.68%,高于财政收入增幅18.69个百分点。2006年,桐乡财政投入科技经费5694万元,科技投入占当年财政支出的4%。随后几年,桐乡财政用于支持科技事业经费逐年增加。2010年,桐乡财政对科技的投入14981万元,占财政支出比重4.96%,高于财政收入增幅8.44个百分点。

1996—2010年,桐乡财政对全市科技投入总额70030万元,15年间年均增长32.42%,主要用于:支持加强基础研究和前沿技术研究、社会公益研究、重大共性关键技术研究开发;支持现代农业产业技术体系建设;支持企业自主创新、提升创新能力;开展重大技术创新活动;加大对科技型中小企业技术创新和公益性行业科研的支持力度。(见表3-16)

表 3-16　　1996—2010 年桐乡市科学技术支出统计表

单位：万元

项目 年份	财政总支出	科技投入	科技投入占财政支出比重%	预算内科技投入占财政支出比重%	其中：								
					预算内科技投入小计	其中：						科技发展基金	预算外科技支出小计
						科技三项经费	技术开发研究经费	社会公益和农业研究经费	自然科学事业经费	其他科学技术支出	科学技术普及经费		
1996	16462	305	1.85	1.65	272	160	15	8	45		44		33
1997	18269	787	4.31	2.30	420	322	26	11	29		32	322	45
1998	21199	976	4.60	2.43	516	380	18	9	79		30	455	5
1999	28106	996	3.54	2.04	572	422	18	12	55		65	424	
2000	36997	1730	4.68	2.96	1096	927	18	14	73		64	611	23
2001	53732	1562	2.91	2.53	1359	1122	15	28	83		111	200	3
2002	64972	2233	3.44	3.09	2007	1579		32	150		246	200	26
2003	82936	3388	4.09	3.84	3185	2450		32	219		484	200	3
2004	98769	3900	3.95	3.69	3649	2737		32	294		586	250	1
2005	120615	4899	4.06	3.85	4649	3724			249		676	250	
2006	133859	5694	4.25	4.03	5401		2129		409	2267	596	250	43
2007	169753	7462	4.40	4.07	6914		117		349	5748	700	250	298
2008	209722	9923	4.73	4.33	9076		5619		877	1668	912	250	597
2009	250918	11194	4.46	4.08	10226		2901		1042	5251	1032	250	718
2010	301962	14981	4.96	4.48	13517		2354		1527	8421	1215	900	564
合计	1608271	70030	4.35	3.91	62859	13823	13230	178	5480	23355	6793	4812	2359

说明：1. 预算内数据来源为各年度财政总决算；预算外数据见本章表 3-6。

2. 科技发展基金：1997—2000 年为星火、工业、农业科技发展基金；2001 年始为中小企业技术创新风险基金（又称技术创新专项基金）。数据摘自桐乡统计年鉴。

3. 项目间数据差异较大系统计口径原因。2007 年政府收支分类改革，2006 年数据已按新科目调整。1996—2005 年按老口径统计，2006—2010 年按政府收支分类改革后新科目统计

六、环境保护支出

1982 年 7 月 1 日起，根据《浙江省征收排污费和罚款暂行规定》，对所有企业、事业和其他单位排放的污染物征收排污费，缴入县财政作为环境保护专项资金。桐乡财政从 1985 年起，在专款支出类中列“环境保护补助资金”项目，不包括环境保护事业费，专项用于治理污染物项目的财政补助和贷款。至 1995 年，环境保护专项补助支出 1833 万元。1996—2010 年，排污费专款用于“环境保护补助资金”支出 11089 万元，其中对全市 70 家（次）单位安排污染治理环保贷款 809.46 万元，对符合财政贴息的 37 家单位安排财政贴息资金 314.7 万元。1996 年后，以“一控双达标”和太湖流域水污染整治为契机，加大财政投入，支持加快城乡生活污水、生活垃圾、工业废水、工业危险废物、医疗废物、污泥治理和热网供热等环保基础设施建设。1996—2010 年，桐乡市财政用于环境保护支出 57758 万元，年

均增长30.22%。其中预算内环境保护支出51367万元，占全部预算内支出的3.19%，年均增长28.48%；预算外资金6391万元。主要项目为环境污染防治支出25234万元，自然生态保护支出4610万元，能源节约、资源综合利用支出1436万元，污染减排支出9499万元。

（一）整顿砖瓦行业

1999年3月26日，市政府印发《桐乡市砖瓦行业整顿实施意见》，计划2002年年底前关闭轮窑80座，市财政给予拆窑补助。补助包括三个方面：①按年按门数补助，早关多补，逐年递减；②按乡镇补助协调款；③复耕补助。是年，全市拆除轮窑30座，财政筹措整顿资金1313万元。至2002年，关闭轮窑79座。2005年至2006年开展第二轮砖瓦行业整顿。市财政补助办法不变，补助额度有所提高。2005年至2006年，共关停砖瓦企业37家。

（二）淘汰所有水泥机立窑

根据省政府“2007年前淘汰所有机立窑”的指示，2005年2月24日，市政府出台《关于加快淘汰水泥机立窑工作的实施意见》，根据机立窑设备的窑径大小与不同的使用年限给予财政补助。至2006年，21座水泥机立窑全部拆除，市财政兑现以奖代补奖励资金800万元。

（三）环境监察信息化建设

2000年，财政安排环保在线监测设备等专项经费88.09万元，在3家重点污染企业安装在线监测设备。2007年9月，财政投资147.98万元，用于省环境自动监测网络的地方配套。至2010年止，先后对155家企业安装在线监测设备，共给予财政补助389.18万元，初步形成全市重点污染源企业在线监测监控网络体系。2008年，投资概算1951万元的市环境监控中心投入运行。监控中心集数据采集系统、网络传输系统、数据处理存储系统、视频监视系统、多媒体展示及视频会议系统于一体，对全市重点污染企业实现远程在线监控。

（四）餐饮业油烟污染治理

2002年，市政府批转市环保局《关于对市区饮食业油烟污染实施整治的意见》，对市区范围内开展餐饮业油烟污染集中整治，按环保要求安装油烟净化设施。是年，28家企业签订合同，15家企业按环保要求安装油烟净化设施。2003年，市财政局、环保局联合制定《桐乡市油烟污染治理项目环保补助管理办法》，对油烟污染治理项目给予财政补助，补助标准为符合环保要求，安装油烟净化设施主机价值的20%。至2006年，累计完成餐饮业油烟污染治理268家，财政安排补助资金近40万元。2007年起，桐乡将油烟污染纳入“十一五”环境保护规划，对全市饮食服务业开展日常环境监督管理，油烟经处理达标排放。

（五）垃圾焚烧无害化处理

20世纪90年代，生活垃圾处理全部为简易的卫生填埋。2003年，市政府决定实施垃圾焚烧发电综合利用项目，由浙江新都热电有限公司实行市场化运作，分期实施。2005年7月，一期工程完工投入试运行，设计能力为日处理垃圾400吨。政府给予垃圾焚烧厂日包底焚烧360吨的垃圾焚烧补贴，每吨98元(日处理量超过360吨按实结算)。2005年，市政府出台《关于加快推进城乡基础设施一体化的实施意见》，在全市范围内开展“户集、村收、镇中转、市处理”的城乡垃圾收集处理一体化建设。2007年1月起，垃圾焚烧补贴提高到每吨120.82元，是年12月起，日包底焚烧量调整为600吨。

二期工程于2008年6月点火，设计日处理垃圾能力提高到800吨。12月，市财政局、审计局、规划建设局联合制定《新都绿色能源有限公司垃圾焚烧项目财政补贴办法》，从2008年1月1日起，垃圾焚烧补贴由基数补贴和新增运行成本补贴组成。至2010年，财政用于垃圾焚烧项目补助包括垃圾焚烧补贴、设施建设投入等支出19483.53万元。全市城乡生活垃圾日产日清，无害化处理率100%。

（六）支持创建生态县（市）建设

2004年，桐乡开始实施生态镇、生态村建设，开展农村生活污水氧化塘、沼气化治理，市财政安排专项资金补助。2007—2009年，结合农村改厕，推广生活污水六格式无动力生态化处理模式。单户每建一只无动力生活污水处理池，市财政给予补助650元、双户补助950元。至2010年年底，累计完成农村相对集中式小型生活污水治理工程22个，散户无动力生态化治理户数29314户，财政投入专项资金1615.4万元。

（七）尾水外排

2000年，桐乡启动市区污水截污管网工程，全市工业废水和生活污水由分散处理逐步接入污水厂集中处理。2007年，启动桐乡市污水处理收集系统及尾水外排工程，全市工业及生活污水通过管网分别输送到桐乡市城市污水处理厂、濮院污水处理厂、崇福污水处理厂、屠甸污水处理厂、开发区污水处理厂进行集中处理，达标后通过尾水外排管网排入钱塘江。工程计划总投资8亿元，2007年10月开工。2010年4月28日，崇福污水处理厂至排江口尾水管线率先投入试运行。2011年1月6日，桐乡市污水处理收集系统及尾水外排工程全线进入试运行。

（八）排污权交易

2008年3月，财政拨款50万元注册成立桐乡市排污权储备交易中心正式挂牌。至2010年，共有54家企业在排污权储备交易平台进行交易，交易总额1005.53万元。排污权交易资金统一纳入财政专户管理，收益主要用于环境质量改善、生态保护和环保基础设施建设。

表3－17　　1996—2010年桐乡市环境保护支出统计表

单位：万元

项目＼年份	财政支出合计	环境保护总支出	预算内占财政支出比重%	预算内环境保护支出	其中：环境保护管理事务	环境监测与监察	污染防治	自然生态保护	能源节约利用	污染减排	资源综合利用	其他环境保护支出	基本建设支出	预算外环境保护支出
1996	16462	449	2.53	416	14		402							33
1997	18269	272	1.35	247	33		214							25
1998	21199	616	2.76	585	35		541	9						31
1999	28106	1093	3.89	1093	44		497	2					550	
2000	36997	373	1.01	373	55		316	2						
2001	53732	1845	3.43	1845	82		461	2					1300	
2002	64972	1469	2.26	1469	107		359	3					1000	
2003	82936	2032	2.45	2032	150		1026	6					850	
2004	98769	1387	1.40	1387	338		619	30					400	
2005	120615	1147	0.95	1147	422		695	30						
2006	133859	2027	1.51	2027	395		1632							
2007	169753	4810	2.66	4508	657	512	2527	812						302

续表 3-17

项目 年份	财政支出合计	环境保护总支出	预算内占财政支出比重%	预算内环境保护支出	其中:									预算外环境保护支出
					环境保护管理事务	环境监测与监察	污染防治	自然生态保护	能源节约利用	污染减排	资源综合利用	其他环境保护支出	基本建设支出	
2008	209722	10894	4.76	9977	1133		5417	730	6	2601		90		917
2009	250918	11246	4.13	10364	1071	30	4321	713	284	2768	480	697		882
2010	301962	18098	4.60	13897	1380	30	6207	1232	641	4130	25	252		4201
合计	1608271	57758	3.19	51367	5916	572	25234	3571	931	9499	505	1039	4100	6391

说明:预算内数据来源为各年度财政总决算;预算外数据见本章表 3-4。项目间数据差异较大系统计口径原因。2007 年政府收支分类改革,后又逐年完善。2006 年数据已按新科目调整,1996—2005 年按老口径统计,2006—2010 年按政府收支分类改革后新科目统计。1996—2005 年污染防治支出属专项支出——排污费支出

七、文化体育与传媒支出

1996—2010 年,桐乡财政用于文化体育与传媒的支出 96113 万元,年均增长 17.87%。其中预算内资金文化体育与传媒支出 45821 万元,占全部预算内支出的 2.85%;基金预算支出 1528 万元;预算外资金投入 48764 万元。主要用于改善农村、城镇和社区基层公共文化体育设施建设;支持博物馆、纪念馆向社会免费开放;支持文化信息资源共享、广播电视"村村通"、农村电影放映、农村体育健身等文化惠民工程;加大文化专项资金投入,开展农家书屋建设工程;加强和支持文化遗产保护等。

(一)文化事业

1992 年—1993 年,桐乡两级财政(市财政、乡镇财政)共投入 620 万元,用于文化基础设施建设。市财政设立文化建设专项资金,用于农村公共文化服务体系建设。1995—2004 年,财政相继投资建设一批市级文化场馆:1995 年建成新文化馆,2000 年建成陆费逵图书馆,2003 年桐乡市图书馆和桐乡市科技会展中心竣工,其中图书馆财政投资 2100 万元、科技会展中心财政投资 1.7 亿元。2000 年开始,财政投资相继建成菊花广场、广福广场、市政广场、复兴广场、滨河广场等市级文化基础设施。1995—2010 年,财政重点加大对乡镇、村文化设施投入,相继完成省级"东海文化明珠"工程和村级文化中心建设、乡镇图书分馆和农村文化茶馆。2004 年,组建 15 个电影队,购置放映设备及故事片、科教片;2008 年起,财政投资实现电影数字化放映,所需经费市、乡镇(街道)按 40%、60%比例承担。

(二)文物管理

截至 2009 年年底,桐乡境内有全国重点文物保护单位 3 处,浙江省重点文物保护单位 2 处,桐乡市重点文物保护单位 51 处。1993—2010 年,财政拨款新建和维修部分文物场馆:1993 年异地新建博物馆;1996 年全面维修茅盾故居;1998 年新建丰子恺漫画馆;2003 年维修钱君匋故居;2010 年君匋艺术院改扩建等。1995—2010 年,财政拨款加强文物遗址的发掘、维修、保护:1995 年维修桐乡市重点文物保护单位崇福寺金刚殿、孔庙、文璧巽塔;2000 年起先后发掘普安桥遗址、金家浜遗址、徐家浜遗址、喇叭浜遗址、东园遗址、新地里遗址、董家桥遗址、杨家桥明代墓葬、姚家山遗址、向阳汉墓群、白墙里遗址、濮濮桥遗址等;2001 年,财政拨专款 110 万元,对留良新地里遗址进行考古发掘;2002 年,财政拨专款 25 万元,发掘石门安兴董家桥遗址;2006 年,京杭运河被列为第六批全国文物保护单位;

2007—2010 年，开展全市文物普查，479 处不可移动文物中，有古遗址 68 处，古墓葬 3 处，古建筑 270 处，古代石刻(碑刻)3 处，近、现代重要史迹及代表性建筑 135 处；2009 年，市财政拨款 10 万元，维修乌镇吴氏节孝牌坊；2010 年，财政投资 980 万元，启动罗家角遗址保护工程。

（三）体育事业

1993 年，财政投入 435 万元，新建桐乡市体育馆；2005 年，投入 506 万元，新建群众体育设施 232 处；2006 年，投入 494 万元，新建群众体育设施 244 处；2007 年，投入 1976 万元，新建桐乡市环城北路游泳池，校场东路两个露天塑胶地面篮球场，复兴北路、景雅路各两片露天塑胶场地网球场等群众体育设施 202 处。2008 年，投资 980 万元，新建群众体育设施 86 处，并全面整修体育馆。2007—2008 年，桐乡市和镇、街道两级财政共投入 1300 万元，新建梧桐街道篮球中心，内设遮雨式顶棚塑胶地面灯光篮球场和露天灯光水泥地面篮球场、室内健身房等，在崇福镇、石门镇新建体育馆。

（四）广播电视事业

广电基本建设：1995 年 8 月，投资 710 万元建造广电大楼；2007 年 9 月，广电大楼迁建，建设桐乡市传媒中心，2010 年竣工，总投资 1.26 亿元，财政直接拨款 3000 万元。

普及乡村广播：1989 年，实现有线广播专杆到村民小组，1993 年，成为嘉兴市第一个实现乙级音箱县(市)；2004 年，改造各村至村民小组的支线；2007 年，投入资金 1100 多万元，完成农村有线广播整网工程，整网村 170 个，成为全省第一个完成有线农村广播“村村通”的(县)市；2008 年开始，市财政每年安排 100 万元，镇、街道财政承担辖区内每只广播喇叭一年 5 元的维护费用，用于补助有线广播网络维护，确保全市有线广播“村村通”“户户响”。

改善广电设施：1997 年投资 1500 万元，全面完成桐乡市“有线广播电视光缆联网工程”，总共 7 条主干线，全长 185 公里，联通全市 30 个乡镇；1998 年，开展有线电视“进村入户”工程，2001 年，全市 172 个村全部实现“村村通”；2002 年，投资 400 万元，升级改造光缆主干网络；2007 年，全市开通数字电视；2008 年底，完成城区、集镇数字电视双向改造；2010 年，全面完成城镇居民数字电视入户工程，数字电视用户达 10.5 万户，农村数字电视入户率达到 35%以上。

信息化建设：2000 年年初，投入 226 万元，建成桐乡市第一条信息高速公路“广电宽带 IP 城域网”，6 家部门和 22 个单位实现联网；是年 9 月，耗资 592 万元，建设“政府第二代电子邮件系统”，实现市政府与 24 个乡镇政府的计算机联网；2008 年，投入 200 多万元，进行 IP 城域网千兆路由升级；2009 年，投入 100 多万元，进行网络扩容。

表 3－18　　1996—2010 年桐乡市文化体育与传谋支出统计表

单位：万元

项目 / 年份	财政支出合计	文化体育与传谋总支出	预算内支出占财政支出比重%	预算内文化体育与传谋支出	其中：文化支出	文物支出	体育支出	广播影视支出	新闻出版支出	其他文化体育与传媒支出	基金预算文化体育与传谋支出	预算外文化体育与传谋支出
1996	16462	1415	4.50	741	148	73	48	246		226		674
1997	18269	1599	4.32	789	187	83	60	201		258		810
1998	21199	2113	4.01	850	160	104	79	152		355		1263

续表 3－18

项目 年份	财政支出合计	文化体育与传谋总支出	预算内支出占财政支出比重%	预算内文化体育与传谋支出	其中：						基金预算文化体育与传谋支出	预算外文化体育与传谋支出
					文化支出	文物支出	体育支出	广播影视支出	新闻出版支出	其他文化体育与传媒支出		
1999	28106	3042	3.32	932	201	145	72	147		367	3	2107
2000	36997	3954	3.17	1172	282	102	75	188		525	0	2782
2001	53732	4064	2.65	1423	378	178	84	211		572	205	2436
2002	64972	4273	3.03	1969	462	116	160	329		902	85	2219
2003	82936	3540	2.68	2220	788	132	99	272		929	27	1293
2004	98769	5876	2.78	2750	932	234	112	301		1171	107	3019
2005	120615	7090	2.87	3466	1106	331	141	423		1465	78	3546
2006	133859	7032	1.90	2537	1528	318	143	475		73	129	4366
2007	169753	10421	2.87	4880	1920	456	788	1627		89	40	5501
2008	209722	13479	2.75	5770	2703	447	1849	583	80	108	78	7631
2009	250918	14071	2.52	6312	3217	656	644	603	429	763	473	7286
2010	301962	14144	3.31	10010	4966	1126	556	856	272	2234	303	3831
合计	1608271	96113	2.85	45821	18978	4501	4910	6614	781	10037	1528	48764

说明：预算内数据来源为各年度财政总决算；预算外数据见本章表 3－4。项目间数据差异较大系统计口径原因。2007 年政府收支分类改革，后又逐年完善。2006 年数据已按新科目调整，1996—2005 年按老口径统计，2006—2010 年按政府收支分类改革后新科目统计

八、城乡社区事务支出

城乡社区事务支出是 2007 年政府收支分类改革新设置的类级支出科目。政府收支分类改革前，建设事业费统计在工业交通等部门的事业费中，城市基础设施建设归集在城市维护费类下城市维护费款级科目中。城市维护费主要用于社会公共设施的维修和保养，在确保维修的前提下，也安排基础设施、公用事业、园林绿化、公共卫生等建设。1996—2005 年，城市维护费支出 81020 万元，其中预算内资金支出 43442 万元。2007 年，政府收支分类改革，按照支出功能分类，不再设置城市维护费科目，单独设置城乡社区事务类级科目。当年城乡社区事务类共设置款级科目 10 个，2010 年，城乡社区事务类共设置款级科目 14 个，具体包括城乡社区管理事务支出、城乡社区规划与管理支出、城乡社区公共设施支出、城乡社区住宅支出、城乡社区环境卫生支出、建设市场管理与监督支出等。1996—2010 年，桐乡财政用于城乡社区事务支出 1032351 万元。其中预算内支出 124214 万元，年均增长 23.51%；基金预算支出 766359 万元；预算外资金支出 141778 万元。主要用于加强城乡社区规划与管理，城乡社区公共设施建设、维护与管理，包括城乡社区道路、公共交通、道路照明、城乡社区环境卫生等。

（一）供水

1962 年 9 月，梧桐镇筹建供水站。80 年代，县财政拨款和当地政府筹资，陆续兴建自来水厂。

2001年，市政府出台《关于控制地下水资源开采的实施意见》，于2005年全部封闭全市深井，使用地面水；2003年，市政府出台《关于实施城乡供水一体化的若干意见》，全市实施城乡供水一体化建设，改造全市供水管网，扩容建设地面水厂。至2010年，全市城乡日供水量达到30万立方米。

1989—2013年，先后投资建设崇福地面水厂、梧桐果园桥地面水厂、市区运河水厂、同福地面水厂，并投入资金完成自来水深度处理工程，前后累计投入76789万元，其中1997—2008年，供水管网建设投资2.69亿元。

表3-19　　1989—2013年桐乡市供水建设情况一览表

投入项目	投入或建设时间	投入资金
崇福地面水厂一期	1989—1990年	
崇福地面水厂二期	1997年	500.13万元
崇福地面水厂自来水深度处理	2004年	2582.30万元
果园桥地面水厂	1990—1992年	1000　万元
果园桥地面水厂扩建及深度处理	1993年、1998年、2003年	1.62亿元
果园桥地面水厂深度处理	2008年	706.93万元
市区运河水厂	2005—2007年	2.50亿元
同福地面自来水厂	2007—2013年	3.08亿元

说明：崇福地面水厂2008年关闭转为应急水厂

表3-20　　1997—2008年桐乡市自来水供水管网建设统计表

年份	管网建设项目名称	建设管网长度（公里）	投资概算（万元）
1997	果园桥水厂至濮院引水工程	9.5	1000
1999	桐乡至屠甸引水工程　桐乡至百桃段建设项目	6.66	428
1999	崇福至洲泉引水工程　洲泉至大麻建设项目	16.5	847.95
2001	崇福至河山引水工程	18.6	1556
2001	桐乡至乌镇供水工程	12.2	1433
2001	桐乡至石门供水工程	12	1504
2001	崇福至羔羊、河山供水工程	19.98	1636
2003	桐乡至濮院供水复线工程	8.5	2150
2005	桐乡至高桥区域供水工程	9.28	1750
2006	桐乡至同福、崇福至大麻区域供水管线工程	17.8	3000
2007	桐乡至屠甸供水一级管网工程	7.5	950
2007	桐乡市西片供水管网工程（同福至崇福、同福至洲泉、洲泉至河山；崇福水厂改建为供水加压泵站建管线）	23.68	4800
2008	桐乡市运河水厂至凤鸣街道供水管道连接工程	16.7	5800

(二)饮用水水源保护

2008年开始,市财政每年安排650万元专项资金用于河道保洁;开展万里清水河道建设,财政累计投入资金1036万元;实施"千万农民饮用水工程"(省级)和"农村饮水安全工程"(中央级),财政累计投入资金11741万元,其中2009—2010年投入3334万元。此外,还开展省农村河道综合治理试点和全国重点地区中小河流治理,共投入资金5707.26万元。2009年,桐乡应急备用水源工程启动实施,批准概算总投资4.72亿元。

(三)排水、污水处理

2000年始,桐乡启动污水截污管网工程,先后建成桐乡市城市污水处理厂(后更名为桐乡市城市污水处理有限公司)、濮院污水处理有限公司、崇福污水处理有限公司、洲泉污水处理有限公司、高桥污水处理有限公司、屠甸污水处理有限公司、申和水务污水有限公司。2007年,启动桐乡市污水处理收集系统及尾水外排工程,项目总投资8亿元。

2001—2006年,桐乡市污水处理工程先后取得国债转贷资金和国债补助资金(国债转贷资金后转为中央补助资金)。桐乡市城市污水处理工程2001年获得国债转贷资金2600万元,1999—2001年取得国债补助资金2850万元;濮院污水处理工程2003年获得国债转贷资金400万元和国债补助资金1000万元;崇福污水处理工程2003年获得国债转贷资金670万元,2003—2004年获得国债补助资金650万元;桐乡第二污水处理工程2006年获得国债补助资金1440万元;桐乡市污水处理尾水外排工程2009年获得国债补助资金460万元。

2008年,市政府印发《关于加快推进污水集中处理工程建设的工作意见》,实施全市污水集中处理工程建设,主管网建设资金由市水务集团(国有全资)承担90%,镇(街道)财政承担10%;二级管网建设资金按照主体工程招标价,由市财政、镇(街道)财政、水务集团各承担三分之一,项目于2010年年底完成,全市12个镇、街道共建设污水二级管网188.74公里,二级泵站28座,投入资金16355.97万元。

2009年10月,市府办印发《关于加强现代新市镇和城乡一体新社区基础设施建设工作的若干意见》,全市实施交通、供电、电信、广电、供水、供气、污水治理等基础设施建设。污水治理主管网建设资金由市水务集团承担90%,各镇、街道承担10%;二级管网建设资金由市财政,镇、街道财政,市水务集团各承担三分之一;三级管网建设所需费用由"两新"实施主体自行承担,对达到生态无害化治理要求的农户按照650元/户的标准予以补助。享受市财政补助的建设项目,各镇、街道财政按50%的比例相应配套。

(四)乌镇古镇保护开发

1999年5月,乌镇古镇保护开发首期工程(东栅景区)全面启动,首期保护开发资金1300万元全部到位,又贷款200多万元改建安置用房。2003年5月,启动乌镇古镇保护与旅游开发二期工程(西栅景区),投入资金10多亿元,2007年2月建成并对外开放。

(五)市区园林、绿化、道路建设

2000—2005年相继投资建设市区园林、绿化带、道路设施建设。2000年建成新世纪公园,投资1.6亿元;2003—2008年建设桐乡植物园,投资1.6亿元;2009年改造凤鸣公园、建成市政广场、改造市区绿化带,分别投资400万元、2000万元、300万元;2000—2002年,实施复兴路改造,总投资9166万元;2001—2005年,实施北港河综合整治工程,总投资10.4亿元。同时,还改造320国道桐乡市区段、世纪大道和东北入城口等一批城市道路,并相应建设配套绿化带。

表 3-21

1996—2010 年桐乡市城乡社区事务财政支出统计表

单位：万元

项目＼年份	财政支出合计	城乡社区事务总支出	预算内支出占财政支出比重 %	预算内城乡社区事务支出	其中：城乡社区管理事务	城乡社区规划与管理	城乡社区公共设施	城乡社区环境卫生	城乡社区住宅	建设市场管理与监督	其他城乡社区事务支出	城市维护费支出	基金预算城乡社区事务支出	其中：政府住房基金支出	国有土地使用权出让金支出	城市公用事业附加支出	国有土地收益基金支出	农业土地开发资金支出	新增建设用地土地有偿使用费支出	预算外城乡社区事务支出
1996	16462	3622	6.27	1032								1032								2590
1997	18269	3939	6.44	1176								1176								2763
1998	21199	11603	5.88	1247	20							1227								10356
1999	28106	6259	7.82	2197								2197								4062
2000	36997	9576	13.85	5123								5123								4453
2001	53732	8094	10.15	5453	30							5423								2641
2002	64972	8100	8.63	5604								5604								2496
2003	82936	18651	8.91	7389	400				83			6906								11262
2004	98769	11022	5.50	5435					29			5406	1655						1655	3932
2005	120615	12613	7.28	8786								8786	1855					1812	43	1972
2006	133859	14587	6.07	8127	1105		2276	4746					1564					1121	443	4896
2007	169753	145374	7.94	13481	4868	300	4777	3493		43			97456		94516		1802	1044	94	34437
2008	209722	198316	7.90	16561	4271	1050	5706	5292	111		131		169067		157992		5386	2842	2847	12688
2009	250918	165025	7.14	17924	4991	627	4920	4407	70		2909		135037	323	119110		4908	1084	9612	12064
2010	301962	415570	8.17	24679	7056	837	4561	4525		19	7681		359725	348	340087	2169	14583	1371	1167	31166
合计	1608271	1032351	7.72	124214	22741	2814	22240	22463	293	62	10721	42880	766359	671	711705	2169	26679	9274	15861	141778

说明：预算内数据来源为各年度财政总决算；预算外数据见本章表 3—4，1996—1999 年数据有所调整。项目间数据差异较大系统计口径原因。2007 年政府收支分类改革，后又逐年完善。2006 年数据已按新科目调整，1996—2005 年按老口径统计，2006—2010 年按政府收支分类改革后新科目统计

(六)经济适用住房与廉租住房建设

2002年开始，桐乡推出经济适用住房与廉租住房制度，委托市建设局下属的公益事业投资公司操作实施。当年桐乡分别在市区、崇福、濮院、乌镇建设经济适用住房；2003—2006年分期实施“康居苑”住宅小区，共建设经济适用住房562套；2009—2012年建成第二个经济适用房住宅小区“康乐小区”，投资1.66亿元，建筑面积87277平方米。2002年10月和2006年3月，市政府先后出台廉租房管理、保障办法，对城镇经济困难家庭给予住房保障。2002—2012年全市分配销售经济适用住房1422套，解决廉租住房610户，其中88户用现房解决，522户用现金补贴形式解决。

(七)新市镇建设与小城市培育试点

2009年10月，桐乡市推进现代新市镇和城乡一体化新社区基础设施建设，全市实施交通、供电、电信、广电、供水、供气、污水治理等基础设施建设，市财政连续三年每年安排2000万元，对“两新”建设涉及的基础设施建设项目实行重点倾斜和财政补助。对通达新社区的道路，市财政按新迁入户数补助1000～1500元/户。2010年，崇福镇作为浙江省小城市培育试点，列入全省27个小城市试点镇之一，省财政每年补助试点专项资金4000万元，截至2013年，省补专项资金1.2亿元，省考核奖励资金650万元，全部用于崇福小城市培育试点项目建设，市财政按照与省级不低于3∶1的比例，落实配套资金，同时落实一级财政体制和税费返还政策。

(八)城市防洪

根据《桐乡市城市防洪规划》设计标准：防洪标准五十年一遇、排涝标准二十年一遇。桐乡市2002年1月开始实施防洪规划，至2013年共实施四期，其中一期工程2002年1月—2003年12月，总投资11307.91万元，工程含北港和新板桥港，新建水闸1座、修建护岸79.94公里、抬高及平整地面462.85万平方米、疏浚整治河道13条。二期工程2006年3月—2006年12月，总投资12657.81万元，工程包括丁家桥港、南永兴港、九曲港、清河桥港、砧桥浜、秦皇庙港延伸段、谢壬桥港等7条河道(浜)综合建设整治，建造桥梁9座，新筑河岸31公里，疏浚河道183.9万立方米、河道长20.6公里，安装栏杆5.20公里。三期工程2007年3月—2010年9月，总投资4701.07万元，工程包括丁家桥港、果园桥港、灵安港的治理，开挖土方61.5万立方米，修筑护岸13.3公里，安装栏杆1.32公里，建造桥梁3座。四期工程2009年3月—2013年4月，总投资2120.47万元，工程内容包括灵安港、灵梧港、北公桥港的治理，整治河道5.6公里，修筑护岸11.2公里，安装栏杆2.2公里，建造桥梁2座。

九、交通运输支出

1996—2010年，桐乡市财政预算内外用于支持全市交通事业发展支出152430万元(不包括用于交通基础设施建设贷款)，其中预算内资金76624万元，占全部预算内支出的4.76%；政府性基金预算支出13100万元。主要用于支持应由地方财政承担的全市公共交通基础设施建设，新建、改造农村公路，站场建设和支持城乡公共交通公益事业等。

1995年，投资6248万元，拓宽改建320国道，2003年、2008年两次对320国道市区段进行改造。是年，投资4207万元，建造梧桐立交桥，改建湖盐线梧桐立交桥两侧路段，成为全市第一个“四自工程”。并对桐乡至德清的“四自公路”进行改造。1998年，投资6.5亿元的沪杭高速公路桐乡段建成通车。2001年，市政府制定《桐乡市加快村级公路建设的实施意见》，至2003年，全市总投资19890万元(其中市财政每年安排1000万元)用于补助村级公路路面改造。三年时间，共改造村级道路593公里，改造村级公路危桥98座，全市178个村贯通沥青砼或水泥砼路面。2003年，市政府制定《关于加快农村危桥改造工作的实施意见》，至2005年，市财政每年安排1000万元，全面实施农村危桥三年改造工程。至2006年,全市共投入建设资金8375万元,其中市财政专项补助3390万元,改造和维修农村危桥544座。2004—2007年,投资9.36亿元,建设桐乡市绕城公路及高桥连接线。2005年3月,投资7600万元,迁建桐乡客运中心。2008年底,桐乡有市区通往各镇、街道按一级标准建设的公路,各镇、街道间的二级公路,各镇、街道通往各中心村的三级公路,各镇、街道通往村以及沟通村间道路的四级公路共1771公里。筹资4亿多元完成村级公路改造、农村危桥改造、港湾式停靠站、准四级车站等基础性交通设施建设,被誉为“民心工程”“乡村康庄工程”。全市178个村城乡三级公交车通达率100%。2006年10月至2010年1月,投资8.6亿元建设申嘉湖杭高速公路练杭(桐乡段),全长13.08公里。2010年9月,投资4200万元完成高桥至火车站公路连接线。县道养护资金由市财政保障,乡道、村道养护由各镇、街道负责,市财政按年分别补助到镇、街道,乡道按年补助每公里不低于5000元、村道按年补助每公里不低于2000元。

1994年以来,全市先后对境内杭申线、京杭运河、东宗线等航道实施改造,共投入改造资金10.39亿元,其中部、省专项补助资金6.27亿元,嘉兴市世行贷款1.36亿元,桐乡财政筹措建设资金2.76亿元。全市形成以杭申线、长山河(杭平申线)、京杭运河为“三横”,东宗线为“一纵”的“三横一纵”内河航道主骨架。至2010年年末,全市有内河航道22条,总里程269.5公里。

1994年7月—2002年4月,历时近8年分三个阶段对杭申线、京杭运河桐乡段改造工程瓶颈段航道工程进行改造。两条运河改造统称为内河航道改造工程,第一阶段为1994年至1996年的瓶颈段改造工程;第二阶段为1995年至2000年的全线改造工程;第三阶段为2000年至2002年护岸完善工程。2002年11月—2010年4月,历时8年分两期对东宗线嘉兴段航道进行改造,一期工程从乌镇到桐乡市区振兴西路桥,全长12.59公里,建设期为2002年11月—2006年12月,投资3.43亿元;二期工程起于桐乡市区振兴西路桥,终于杭平申线(长山河),全长6.4公里,建设期为2008年4月—2010年4月,投资3.23亿元,其中省筹2.1亿元,其余地方配套。

2009年4月—2010年9月,历时近17个月的沪杭高铁客运专线桐乡段竣工通车,总投资约33.07亿元,其中桐乡出资3.75亿元。沪杭高铁客运专线桐乡段北起屠甸镇联星村,南止崇福镇御驾桥村,全长18.858公里,其中高架桥17.36公里。沪杭高铁客运专线桐乡站站前广场,总投资13350万元,其中桐乡出资3350万元。

表3-22　　1996—2010年桐乡市交通运输支出统计表

单位:万元

项目 年份	财政支出合计	交通运输总支出	预算内支出占财政支出比重%	预算内交通运输支出	其中:				基金预算交通运输支出	其中:		预算外交通运输支出
					公路水路运输	铁路运输	石油价格改革对交通运输的补贴	其他交通运输支出		养路费支出	公路客货运附加费支出	
1996	16462	4305	0.77	127	127							4178
1997	18269	1347	1.26	230	230							1117
1998	21199	2463	1.88	398	398							2065
1999	28106	1439	2.59	727	727							712

续表 3-22

项目 年份	财政支出合计	交通运输总支出	预算内支出占财政支出比重%	预算内交通运输支出	其中:				基金预算交通运输支出	其中:		预算外交通运输支出
					公路水路运输	铁路运输	石油价格改革对交通运输的补贴	其他交通运输支出		养路费支出	公路客货运附加费支出	
2000	36997	2332	2.06	762	762							1570
2001	53732	4057	2.83	1522	1522				12	12		2523
2002	64972	3710	5.17	3360	3360				8	8		342
2003	82936	6105	7.14	5923	5923				16	16		166
2004	98769	6590	3.27	3229	3229				1191	1107	84	2170
2005	120615	8592	3.15	3801	3801				1875	1855	20	2916
2006	133859	6964	2.90	3876	3876				2654	2635	19	434
2007	169753	18330	2.96	5022	4622			400	2981	2981		10327
2008	209722	19003	3.24	6796	6394			402	4363	4015	348	7844
2009	250918	35199	10.85	27237	9414	17696	115	12				7962
2010	301962	31994	4.51	13614	13128	0	433	53				18380
合计	1608271	152430	4.76	76624	57513	17696	548	867	13100	12629	471	62706

说明:1. 预算内数据来源为各年度财政总决算;预算外数据见本章表 3-4。项目间数据差异较大系统计口径原因。2007 年政府收支分类改革,后又逐年完善。2006 年数据已按新科目调整,1996—2005 年按老口径统计,2006—2010 年按政府收支分类改革后新科目统计。

2. 表中数据不包括融资部分。至 2012 年年末,交通贷款余额近 15 亿元

十、公共安全支出

公共安全支出主要是公安支出、国家安全支出、司法支出、法院支出、检察院支出(简称公检法司经费)。桐乡财政需支出保障的有:公安、国家安全(桐乡 2004 年筹建嘉兴市国家安全局桐乡分局)、检察、法院、司法、武装警察(桐乡消防大队、武警桐乡支队)等。

1996—2010 年,桐乡市财政预算内外用于公共安全支出资金 147538 万元,年均增长 18.53%;其中预算内资金 136823 万元,占全部预算内支出的 8.51%,年均增长 25.05%。

(一)公安支出

1996—2010 年,财政预算内用于公安支出的资金为 103077 万元,占全部预算内支出的 6.41%,以 1995 年为基数,年均增长 25.53%。主要包括公安机关经费、业务经费、居民身份证管理、拘押收教场所管理等。公安机关经费也称基本支出,即人员经费和公用经费。业务经费主要有开展治安管理工作的支出,基本上根据实际需要开支。包括所属巡警队、特警队、派出所、110 等方面的支出;打击刑事犯罪、经济犯罪侦查支出;开展禁毒工作支出;道路交通管理支出等。居民身份证管理,根据公安部、财政部、国家计委 1986 年 3 月《关于颁发居民身份证工作经费问题的通知》,第一次颁发的居民身份证所需费用由中央和地方财政共同负担;集中发证完成后进入 16 周岁的人发证,以及换发、补发证件,所需的证件成本费和办公经费由地方财政支出。拘押收教场所管理支出主要是看守所、行政拘留

所等拘押收教场所管理支出，包括看守所的犯人给养费，但不包括公安人员经费。1996—2010 年拘押收教场所管理支出 1795 万元。2005 年投入 453 万元，扩建看守所监室。

（二）司法、法院、检察支出

1996—2010 年，财政预算内用于司法、法院、检察支出的资金为 29398 万元，以 1995 年为基数，年均增长 20.84%。主要包括机关经费、业务经费等。机关经费也称基本支出，即人员经费和公用经费。业务经费分为司法业务经费、法院业务经费和检察业务经费。

（三）武装警察支出

主要是对桐乡消防大队、武警桐乡支队的补助支出，如莱金补贴、活动场所修建等，支出主要是消防建设。1996—2010 年，预算内用于这方面的支出 3056 万元，其中 2003 年 7 月—2004 年 10 月投入资金 1361 万元，用于桐乡消防大队营房迁建；2008 年 12 月—2010 年 6 月投入资金 1055 万元，用于桐乡消防大队城南中队业务用房建设。

（四）国家安全支出

主要是国家安全部门开展安全业务方面的支出。2004 年，筹建嘉兴市国家安全局桐乡分局，经费由嘉兴、桐乡两级财政保障，桐乡财政主要是对嘉兴市国家安全局桐乡分局开展安全业务等方面的支出予以补助。2004—2010 年，桐乡财政预算内用于补助嘉兴市国家安全局桐乡分局开展安全业务等方面的支出 841 万元，其中 688 万元用于嘉兴市国家安全局桐乡分局掩护楼及业务用房建设。

表 3－23　　1996—2010 年桐乡市公共安全财政支出统计表

单位：万元、%

项目 年份	财政支出合计	公共安全总支出	预算内支出占财政支出比重	预算内公共安全支出	其中：						预算外公共安全支出
					国家安全支出	武装警察支出	公安支出	检察支出	法院支出	司法支出	其他公共安全支出	
1996	16462	2454	6.63	1091		6	749	119	148	53	16	1363
1997	18269	2445	6.45	1178		8	804	149	160	57		1267
1998	21199	2833	6.11	1295		27	906	132	169	61		1538
1999	28106	2411	5.13	1441		10	1021	150	187	73		970
2000	36997	3110	5.38	1992		20	1536	154	197	85		1118
2001	53732	4755	6.91	3713		18	2922	301	344	128		1042
2002	64972	5446	6.97	4531		19	3550	462	350	150		915
2003	82936	7839	8.62	7150		10	5697	473	717	253		689
2004	98769	10700	10.69	10563	35	67	8310	561	1284	271	35	137
2005	120615	10785	8.91	10747	58	61	8475	688	1178	277	10	38
2006	133859	13266	9.90	13251	163	283	10359	706	1396	344		15
2007	169753	16440	9.66	16405	101	304	12741	768	2024	467		35
2008	209722	18659	8.89	18648	215	740	13855	1346	1939	553		11

续表 3－23

项目＼年份	财政支出合计	公共安全总支出	预算内支出占财政支出比重	预算内公共安全支出	其中：国家安全支出	武装警察支出	公安支出	检察支出	法院支出	司法支出	其他公共安全支出	预算外公共安全支出
2009	250918	19866	7.92	19866	167	615	14009	1499	2538	910	128	
2010	301962	26529	8.26	24952	102	868	18143	2159	2389	1029	262	1577
合计	1608271	147538	8.51	136823	841	3056	103077	9667	15020	4711	451	10715

说明：预算内数据来源为各年度财政总决算；预算外数据见本章表 3－4。项目间数据差异较大系统计口径原因。2007 年政府收支分类改革，后又逐年完善。2006 年数据已按新科目调整，1996—2005 年按老口径统计，2006—2010 年按政府收支分类改革后新科目统计

十一、支援汶川地震灾后恢复重建

(一)上交省支援汶川地震灾后恢复重建统筹援建资金

2008 年，四川汶川发生特大地震。2008—2010 年，根据省统一部署，桐乡按照上年地方财政收入的 1％和非定向捐赠资金结余额 50％上划省支援四川省青川县灾后重建统筹资金 7694 万元，其中按照上年地方财政收入的 1％部分为 6003 万元，列财政预算内支出；非定向捐赠资金结余额 50％部分为 1691 万元。

(二)支援汶川地震灾后恢复重建

根据省委、省政府统一部署，桐乡市对口支援四川省青川县蒿溪回族乡灾后恢复重建。2008 年 9 月，桐乡成立支援青川县蒿溪乡灾后恢复重建指挥部。当年 12 月—2010 年上半年，相继完成桐乡所有援建项目，恢复重建项目包括卫生院援建、农房灾后恢复重建、产业援建、智力援助等四个方面 9 个工程项目，共投入援建资金 2782.41 万元，其中省统筹拨款 995.83 万元。

表 3－24　　桐乡市支持汶川地震救灾及灾后恢复重建财政支出统计表

单位：万元

序号	项目名称	实际投资	资金来源：省财政拨款(通过地方核算)	地方捐赠自留资金	省财政直接拨款	定向捐赠资金	按收入1％部分	非定向捐赠结余50％部分
1	上缴省财政统筹援建资金	7694.00					6003.00	1691.00
2	蒿溪乡卫生院工程	220.88	220.88					
3	蒿溪乡场镇综合整治工程项目	338.95	338.95					
4	蒿溪乡场镇道路桥梁工程项目	842.32		842.32				
5	蒿溪乡特色产业援助项目	186.00		100.00	86.00			
6	蒿溪乡示范村(点)配套设施建设项目	180.00		140.00	40.00			
7	蒿溪乡智力援助项目	42.82		42.82				

续表 3－24

序号 \ 项目	项目名称	实际投资	资金来源：省财政拨款（通过地方核算）	地方捐赠自留资金	省财政直接拨款	定向捐赠资金	按收入1％部分	非定向捐赠结余50％部分
8	蒿溪乡场镇供水工程项目	80.00		80.00				
9	蒿溪乡农村供水设施建设项目	140.00		140.00				
10	蒿溪民族学校绿化亮化工程（定向捐赠）	61.54				61.54		
11	灾后恢复重建项目捐赠（2010 年）	50.00		50.00				
12	蒿溪场镇建设及水毁恢复项目（2011 年）	60.00		60.00				
13	蒿溪场镇建设专项补助资金（2012 年）	50.00		50.00				
14	“611”工程补助资金	130.00			130.00			
15	农村饮水安全工程建设	50.00			50.00			
16	城乡住房配套设施和城乡环境综合整治专项	130.00			130.00			
17	购建活动板房支出	187.50		187.50				
18	抗震救灾物资运费	32.40		32.40				
合计		10476.41	559.83	1725.04	436.00	61.54	6003.00	1691.00

资料来源：桐乡市审计局审计报告（2010 年第 31 号）及财政局业务科室管理资料

第四章　乡镇(街道)财政

桐乡县(市)乡镇(街道)财政的分配体制历经多次调整与改革。

乡镇财政建立前，乡镇政府属县级财政预算单位，收支由县财政统管。1985 年，桐乡县在灵安乡建立乡财政试点，1988 年，全县除梧桐镇外，37 个乡镇均建立乡镇财政。1993 年，桐乡撤县设市，梧桐镇建立镇财政。

1993 年前，乡镇财政实行分级包干体制，1994—2010 年乡镇(街道)财政实行分税制财政体制，与省对地方财政分配体制基本同步。

乡镇财政的组织形式历经财政组——财政所——财政办的变迁过程。

本章重点记述 1996—2010 年乡镇(街道)财政体制的变化、结算情况和财政收支情况。

第一节　乡镇(街道)财政体制

一、1986—1995 年乡镇财政体制

1986—1988 年，桐乡县实行"划分范围，核定收支，收支挂钩，超收分成，超支不补，一年一定"的乡镇财政体制。1989 年起改为"核定基数，递增上交，超收分成，超支不补，一定两年"的财政体制。1991 年又改为"划分收支，核定基数，递增上交，超收分类分成，超支不补，一定两年"的财政体制。1993 年桐乡撤县设市，再次改为"划分收支，核定基数，分档环比递增，超收分类分成，超支不补，一定两年"的财政体制。

1994 年，实行分税制财政体制，乡镇财政体制遂由超收全额分成改为按税种分成。对 1993 年财政体制中有变动的税种基数进行调整，其余递增比例与超收分成办法等政策不变。调整的具体内容为：

(一)工商税收。以 1993 年资料为基础，把原产品税、增值税、营业税和工商统一税按新税制规定，转化成消费税、增值税、营业税和农业特产税，其中消费税属中央收入，不列入基数；增值税按 25％列作集体和个体收入基数；营业税全额列入收入基数；农业特产税按原体制参与全额分成。

(二)农业税。以 1993 年农业税任务数为收入基数。1994 年因农业税提高计税价格后的增量，作为超收分成，乡镇得 25％，市得 75％。

(三)城建税。城建税分成比例统一调整为六、四分成，即乡镇得 60％，市得 40％。

1995 年，市政府提出市与乡镇财政分配关系四原则："既保证市有一定的调节能力，又使各乡镇有实力继续加快发展；维护各乡镇现有利益格局基本不变，适当调节增量；既注意保护经济较发达乡镇的积极性，又注意全市各乡镇间的总体平衡；坚持预算管理体制的规范性，按统一办法规范市与乡镇的分配关系。"

据此制定并实行"划分收支，核定基数，总额分成，定额补助(或递增上交)，自求平衡，一定两年"

的乡镇财政管理体制。该体制的主要内容为：

(一)收入基数。以1994年实际收入数为收入基数，乡镇财政收入范围包括：乡镇集体、私营、联营联户、涉外企业以及个体工商户和乡镇事业单位缴纳的各项工商税收收入，农业税，乡镇财政部门征收的农林特产税，农户建房征地缴纳的耕地占用税和其他收入。税务部门的门征税收和各种查补税款不计算在内。

(二)支出基数。乡镇财政支出包括：乡镇行政管理费、支农支出、城镇维护建设费、乡镇事业费(包括文化、教育、卫生、广播、公费医疗、计划生育、优抚社救等)，以及其他支出。支出基数＝1994年度支出基数＋超收分成实绩＋专项分成实绩＋当年度固定补助。

(三)分成办法。教育费附加仍按原规定实行专项分成，各乡镇财政收入扣减教育费附加后，按25％比例计算为乡镇财政收入。

(四)定额补助(或递增上交)办法。定额补助(或递增上交)基数＝乡镇财政收入基数×25％－乡镇财政支出基数。

上述基数计算结果如为负数，即为市固定补助基数，由市财政给予补助。如计算结果是正数，即为乡镇应上交市财政的基数，并在此基础上每年递增上交，年递增率为10％。

(五)确保中央收入。各乡镇都应确保中央和地方财政收入增长，如全市未能完成中央税收任务需要赔补时，市财政将对收入达不到一定增长比例的乡镇实行扣赔。

根据以上规定测算，全市30个乡镇只有羔羊乡应递增上交，其余乡镇都由市财政给予固定补助。1995年底全市有27个乡镇有结余，3个乡镇累计赤字10.44万元，其中留良乡累计赤字6.38万元，史桥乡累计赤字3.91万元。

二、1996—2010年乡镇财政体制

1996年，市对乡镇的财政管理体制不变。1997年，按照国家分税制分级财政管理体制和《浙江省分税制财政体制实施方案》，桐乡市实行“划分收支、核定基数、收支挂钩、总额分成、定额补助、自求平衡”的乡镇财政管理体制。新体制一定两年，与上轮体制相比，调整的主要内容为：

(一)收入划分。梧桐镇集中征收的交通运输业营业税实行单列，单独分成。杭州卷烟厂嘉兴分厂缴纳的城市维护建设税不计入乡镇财政收入。

(二)基数的核定。以1996年实绩为基数。支出基数按1996年体制计算的乡镇可用财力加近两年的固定补助核定。

考虑照顾困难乡镇，乡镇的支出基数除以该乡镇享受全额预算管理人数后的值低于一定标准的，其差额作为增加市对乡镇的定额补助。该项补助实行单列，安排用于教育事业费的支出不得低于70％，否则在年终结算时扣回。

(三)收支挂钩、总额分成。各乡镇仍按25％作为总额分成比例。即乡镇财政收入乘以25％为总额分成收入。市财政将此作为与乡镇财政决算的依据。收入增加或减少，可用财力也随之增加或减少。实行单独分成的交通运输业营业税的分成比例为15％，另10％分给梧桐镇。教育附加仍实行单独分成并按月拨付。

(四)定额补助、自求平衡。定额补助计算公式为：1996年乡镇支出基数－1996年乡镇财政收入基数×25％作为困难乡镇的调节补助数单独下达。

是年，濮院镇作为小城镇综改的试点单位。经市政府第41次常务会议通过，印发《濮院镇党政机构改革实施方案》《濮院镇财政体制改革实施方案》，濮院镇设置财政局。桐乡市对濮院镇单独制定财政管理体制。主要内容为：

(一)收入划分。按照浙江省分税制财政体制，除国有企业、二轻企业、供销社、信用社外，在濮院镇辖区内列入地方财政收入范围的各项工商税收收入、农牧业税、耕地占用税、企业所得税和其他财政收入均纳入镇财政收入范围。

(二)支出划分。镇财政承担本级政府机关运转所需支出及本地区经济、事业发展和社会管理的所有支出。今后上级政府出台的增资因素，由镇财政自求平衡。

(三)体制结算。列入镇财政收入范围内，除增值税外的其他财政收入，以 1996 年收入实绩为基数，一定三年不变。基数内市与镇按 5.5∶4.5 比例分成，超基数部分扣除上交省财政 20%后，市与镇按 2∶8 比例分成。

(四)其他。土地出让纯收益，市、镇按 2∶8 分成。并以 1997 年收入实绩为基数，若超一倍以上，按 5∶5 分成。体制确定后，除原来未纳入乡镇支出基数的公费医疗及民政部门补助仍予核拨外，原则上不再享受市对镇的专项补助。

同时，对预算外资金管理也作出规定。如在镇辖区内由市有关职能部门收取的收费项目，除上交中央和省以外，市场管理费市镇按 8∶2 分成；造地费、造地专项基金市镇按 6∶4 分成，农户建房土地管理费全额留镇；城市建设设施配套费市镇按 2∶8 分成等。

翌年，濮院镇建立镇一级金库，由市人民银行指定农行濮院支行代理濮院镇金库业务，按规定办理镇财政收纳、划解和库款的支拨。

1998 年，全市经济发展遇到一定困难，原来高负债的隐忧开始显现，特别是部分企业和产品经不起市场的波折，乡镇之间经济发展不平衡的矛盾进一步突出，部分乡镇面临的财政困难较大。随着财税改革进一步深化，国税、地税机构完全分设，也需要对乡镇财政体制作出调整。当年开始实行“划分收支、分税分成、核定基数、差额上缴、转移支付、一定三年、自求平衡”的乡镇财政管理体制。调整的主要内容为：

(一)收入划分为市级固定收入，乡镇固定收入和市与乡镇共享收入三部分。增值税为市级固定收入，车船使用税不列入乡镇财政收入；农业税、农林特产税、企业所得税为乡镇固定收入；列入乡镇财政体制的其他财政税收收入为市与乡镇共享收入。

(二)分税分成办法。乡镇财政的固定收入，基数内全额留给乡镇，超基数市得部分扣除上缴省 20%和中央的收入后全额留给乡镇。市与乡镇共享收入，基数内按市与乡镇 7.5∶2.5 分成，超基数部分扣除上缴省 20%后市与乡镇 6∶4 分成。增值税比上年增长 6%以上的乡镇，其超收后的市得部分，市与乡镇 7∶3 分成。交通运输业营业税仍按原办法分成。开发区企业实行单独计列。

(三)基数的核定。收入基数有三个，即市级固定收入基数，乡镇固定收入基数和市与乡镇共享收入基数，均以 1997 年实绩为基数。支出基数按 1997 年乡镇既得财力确定。

(四)差额上缴。按上述收支基数核定后如乡镇分成收入基数大于支出基数，作为差额上缴市财政，该数确定后一定三年不变。

(五)转移支付。分保既得财力的转移支付、政策性转移支付和激励性转移支付三种。按上述收支基数核定后，如乡镇的分成收入基数小于支出基数的，其差额作为保既得财力的转移支付，该数确定后一定三年不变。对于地方财政收入增长率高于全市地方收入平均增长率的乡镇，以市实际增加的分成额的 10%作为激励性转移支付。乡镇实得人均财力低于市确定的人均财力，其差额市财政作为政策性转移支付。

1999年，乡镇事业单位机构改革，财政补助办法作相应调整。农业技术推广服务站、水利农机服务站、文化站、计划生育服务站、财政办公室（农村经济经营管理站）等五个单位，按年人均6000元的标准，一次性增加乡镇财政支出基数。村镇建设管理办公室、法律服务所、畜牧兽医站、经济管理办公室等四个单位，按有关规定实行自收自支。土地管理所、广播电视站在进一步明确市级主管部门与乡镇财务分配关系的基础上，按“收支两条线”要求，列入主管部门综合预算。提前退休人员因在原财政体制中已列入全额人员和人事局养老金范围，不再单独补助。离岗退养人员从离岗退养起至到达法定退休年龄止，市财政按每人每年给予专项补助3000元。辞去公职自谋职业人员的辞职补助费，下岗人员的辞退费，以及本人自愿并经组织批准或由组织安排去企业、村任职人员并与原单位脱钩者，发给一次性补助费，市财政按规定标准给予乡镇财政50%的一次性补助。

2000年，调整乡镇财政（濮院镇、洲泉镇除外）最低财力保障线标准，从人均9500元提高到11000元。

是年7月，对濮院镇财政体制又作适当调整，从2000年1月1日起试行一年。调整的主要内容为：

（一）收入划分。濮院镇辖区内收入不分经济性质和经济隶属关系，列入市级财政收入范围的地方税收收入（不包括增值税），以及农业税、农业特产税、耕地占用税、契税均列入镇财政收入范围。

（二）核定基数。收入基数：列入镇财政收入范围的各项收入，以1999年收入实绩为基数，核定基数为1445.61万元。支出基数：以1999年体制计算的预算内可用财力为基数，核定基数为595.31万元。

（三）分成办法。实行收支挂钩，总额分成。按以上核定的1999年收支基数测算，总额分成比例为41.2%。

2001年，按照保持相对稳定和力求简便、透明的原则，桐乡制定“划分收支、核定基数、增收分类分成、转移支付、自求平衡”的新一轮乡镇财政体制。此轮乡镇财政体制的特点主要是：

（一）收入范围的确定。

1.在原来收入范围划分的基础上，对本乡镇的企业到其他乡镇投资新办企业按属地原则确定。

2.各类税收收入，包括经税务、审计部门检查，由纳税人补缴的税收收入。

3.市级固定收入、乡镇固定收入和市与乡镇共享收入的划分调整为：市级固定收入包括契税、耕地占用税、车船使用税、屠宰税、土地增值税和交管站征收的车辆各税，市经济开发区（包括崇福分区）各企业（包括各乡镇到开发区投资兴办企业）、乌镇古镇保护与旅游开发管委会各企业、崇福镇皮毛市场、濮院毛衫城工业园区各企业和濮院羊毛衫市场托运中心的各项税收收入等。乡镇固定收入包括农业税、农业特产税、房产税、印花税、城镇土地使用税等。市与乡镇共享收入包括增值税的地方所得部分、营业税、企业所得税、个人所得税和城市维护建设税（不含杭州卷烟厂嘉兴分厂缴纳的城建税）等。

上述乡镇级固定收入、市与乡镇共享收入不包括属于市级固定收入范围区域内的企业或个人缴纳的各项税收收入。

（二）收支基数的核定。乡镇固定收入、市与乡镇共享收入基数均以2000年收入实绩为基数；增值税基数以体制结算当年的上一年收入实绩为基数。支出基数的核定，乡镇政府行政编制在职人员和离退休人员，学校在编人员和离退休人员的经费（综合人员经费和公用经费），按2000年年末实有人数，按最低财力保障线人均财力12000元计算。乡镇事业机构定编人员，按有关补助标准人均6000元计算。定期定量的民政经费，根据有关标准，按实有人数重新计算核定。

按照保乡镇既得财力的原则，对上述测算出来的基本支出基数，小于2000年乡镇既得财力的，以2000年乡镇既得财力为体制支出基数；反之，以测算出来的基本支出基数作为体制支出基数。以后年度执行中，凡乡镇支出范围内的各项增支，除隶属关系变更外，由乡镇自行消化，自求平衡。

由于2001年度增资幅度较大,人均财力较低的乡镇、街道难于支付增资支出,市财政决定对人均财力较低的乡镇、街道给予适当补助。补助标准按年初人均财力计算,低于16000元的补足到16000元。事业机构定编人员则提高补助标准,从原来每人6000元提高到9000元。同时,结合增资等因素,对本轮体制的支出基数部分也相应调整。

表4-1　　2001年桐乡市乡镇财政体制收支基数核定一览表

单位:万元

乡　镇	收　入　基　数			支　出　基　数		
	乡镇固定收入基数	市与乡镇共享收入基数	增值税基数	统一基数	单列基数	附:基本支出基数
合　计	4306.90	15016.81	11636.97	10340.99	278.09	8472.93
乌镇镇	224.12	720.51	721.41	602.78		602.78
民合乡	73.80	66.15	88.03	204.42		204.42
新生镇	91.14	271.93	130.49	240.71		240.71
炉头镇	148.97	147.42	250.65	324.54		324.54
梧桐镇	966.43	7090.02	2821.56	1659.30		907.31
灵安镇	163.47	570.85	455.69	444.79		444.79
南日镇	91.65	214.10	324.18	274.86		262.19
屠甸镇	124.95	555.10	437.36	291.62	37.62	279.47
百桃乡	69.88	241.09	117.73	266.52		242.68
石门镇	187.96	354.72	307.19	392.77	87.78	392.77
河山镇	147.80	506.81	814.79	450.52		408.82
羔羊乡	73.57	95.82	189.20	232.25		232.25
青石乡	71.78	180.41	225.26	228.55		228.55
大麻镇	92.45	167.70	214.27	274.48		274.48
永秀乡	63.17	87.11	123.05	196.58		196.58
同福乡	92.92	111.19	249.03	271.93		271.93
留良乡	87.05	127.74	205.82	239.55		239.55
虎啸乡	101.89	109.88	103.33	275.55		275.55
芝村乡	106.08	457.17	781.27	362.54		348.24
骑塘乡	48.52	233.66	85.24	211.48		211.48
高桥镇	96.62	81.78	91.05	352.30		352.30
濮院镇	800.85	1242.00	528.94	920.24		459.93
洲泉镇	235.75	612.36	1542.75	865.84	52.25	494.38
崇福镇	146.08	771.29	828.68	756.87	100.44	577.23

说明:(1)统一基数指按文件规定确定的基数。

(2)单列基数指原市属学校转为乡镇学校后的人员经费。

(3)基本支出基数指按文件规定测算的经费

(三)市与乡镇分成办法。乡镇固定收入的分成:超过收入基数部分,市得部分收入(即扣除上缴省20%和中央的收入,下同)全额留给乡镇。低于收入基数的,相应调减支出基数。市与乡镇共享收入(增值税除外)的分成:低于收入基数的,相应调减支出基数。超过收入基数部分,市得部分收入按不同乡镇类型确定分成比例。民合、羔羊、虎啸、骑塘、高桥等5个经济薄弱乡镇(下同)超过基数市得部分收入全额返回给乡镇。濮院、洲泉、崇福、石门、乌镇等5个中心城镇超过基数市得部分收入市与镇4∶6分成。其他乡镇超过基数市得部分收入市与乡镇5∶5分成。增值税的分成:实际缴纳增值税比上年增长6%以上部分(5个经济薄弱乡镇为实际缴纳增值税比上年增长数),其超收后的市得部分,按不同乡镇类型确定分成比例。经济薄弱乡镇全额返还乡镇。其他乡镇实行市与乡镇7∶3分成。

经税务、审计部门检查补缴的税款等按上述分成办法乡镇得50%。

调减支出基数后,若当年乡镇可用财力低于上述测算出来的基本支出基数,则以基本支出基数作为当年可用财力。

(四)实行最低财力保障线制度。每年由市财政根据当年财政经济状况,在综合考虑人员经费和公用经费后,确定统一的乡镇当年人均财力,以此作为乡镇最低财力保障线。年终结算时,把最低财力保障线与各乡镇当年实得人均财力比较,如乡镇实得人均财力达不到最低财力保障线,市财政按统一口径计算的乡镇财政供养人口给予补足。

2002年,随着行政区划调整和中央对所得税收入分成体制调整,所得税收入中央与地方实行五五分享,乡镇财政体制作相应调整,实行"确定收支范围和基数,划分税种,分类分成"的乡镇、街道财政体制。主要特点为:

(一)收支范围未作大的调整。

(二)收支基数重新核定。以2001年决算数为基数。支出基数按保既得利益原则,以2001年财政体制计算的可用财力确定。如乡镇、街道财政体制计算的可用财力低于最低财力保障线标准的,按最低财力保障线标准确定。最低财力保障线标准计算可用财力办法为:

1.抚恤社救经费中定期定量补助经费按规定的标准和实有人数计算。

2.1999年乡镇事业机构改革时确定的市财政部分补助经费的单位和事业编制数,按每人10000元补助。

3.其他各类经费统一按上年末乡镇、街道行政在编人员和学校在编的公办教职工人员,低于人均21000元的,补足到21000元。

行政区划调整后,屠甸、大麻镇事权扩大,屠甸镇、大麻镇分别增加支出基数30万元、15万元。

(三)收入分成办法。与中央共享税种:增值税、企业所得税、个人所得税市得部分实行专项分成。以同口径计算的上年决算数递增6%为基数,超收部分扣除上缴省20%后,市与乡镇、街道按6∶4分成。高桥镇2002年、2003年超基数市得部分全额留成。其它实行总额分成,超收部分扣除上缴省20%后,市与乡镇、街道按5∶5分成。高桥镇2002年、2003年超基数市得部分全额留成。

(四)确定固定上划数和下划数。按照既得利益的原则,以2001年收入决算数、总额分成的收入项目和分成比例计算,与支出基数比较,确定固定上划数和固定下划数。

(五)其他相关政策。行政区划调整后,原对经济薄弱乡镇的优惠政策不再执行。2002年至2003年期间,每年对石门镇固定补助60万元,对乌镇镇、崇福镇固定补助各30万元。兑现上级及市委、市政府下达的有关优惠政策时,市与乡镇、街道按本体制分别承担。

表 4-2　　2002 年桐乡市乡镇(街道)财政体制收支基数核定一览表

单位:万元

单位名称	收入基数				支出基数
	增值税25%部分	企业所得税50%部分	个人所得税50%部分	其他各项税收收入	
合计	12839.85	3668.23	3151.10	20184.80	12601.64
乌镇镇	857.71	183.30	152.38	873.23	962.12
龙翔街道	271.54	40.71	35.11	235.11	392.62
梧桐街道	3254.35	1547.22	1317.01	12107.45	1570.00
凤鸣街道	396.84	244.32	112.06	372.62	580.16
屠甸镇	534.65	149.64	100.68	405.74	507.09
石门镇	625.85	154.82	81.80	451.51	851.17
河山镇	722.90	41.12	68.80	461.12	470.36
洲泉镇	2097.25	493.37	438.34	1172.01	2103.81
大麻镇	231.45	55.35	96.94	172.04	405.42
崇福镇	2235.00	452.36	325.49	1172.15	2002.89
同福乡	330.28	12.00	20.31	119.19	337.20
高桥镇	603.22	45.10	111.15	584.54	899.50
濮院镇	678.81	248.92	291.03	2058.09	1519.30

因梧桐街道事权调整,是年单独制定梧桐街道财政体制。实行"财权与事权相统一,根据事权确定财权;考虑既得利益,确定收支基数;实行收支挂钩"的财政体制。

梧桐街道财政收入范围,按属地管理原则确定为:梧桐街道行政区划内(不包括桐乡经济开发区,运管所代征的税收)的国有、集体、股份制、联营、涉外、私营企业,有限责任公司,个体工商户,机关事业单位,农户以及个人缴纳的增值税、企业所得税、个人所得税、营业税、城市维护建设税、房产税、印花税、城镇土地使用税、土地增值税、农业税、耕地占用税、契税、罚没收入、其他收入,包括税务、审计部门查补税款。支出范围确定为:承担本级办事处机关运转和事权范围所需的各项支出。

梧桐街道的收入基数以 2001 年收入实绩为基数。确定为 20930 万元;支出基数经测算后确定为 1570 万元。

梧桐街道可用财力按照收支挂钩办法,与收入总量实行同比例增长。即:收入范围中的收入总量比收入基数增长 n 个百分点,可用财力在支出基数上相应增长 n 个百分点。因市级以上政策调整而使收入发生增加或减少,相应调整收入实绩数或决算数。

表 4-3　　2002 年桐乡市 13 个乡镇(街道)财政体制结算一览表

单位:万元

序号	项　　目	金　额	序号	项　　目	金　额
1	一、与中央共享收入超收分成	1176	13	3. 超基数乡镇应分得	525
2	1. 2002 年收入实绩	16774	14	四、实际执行支出基数	13041
3	2. 收入基数	13994	15	五、当年乡镇财政可得收入	15242
4	3. 超基数乡镇应分得	1176	16	六、决算补助收入	157
5	二、其他各项收入超收分成	500	17	七、当年乡镇财政实得收入	15399
6	1. 2002 年收入实绩	9393	18	八、当年乡镇财政已得收入	12898
7	2. 收入基数	8077	19	九、与上级往来	2501
8	3. 超基数乡镇应分得	601	20	十、本年应扣款	439
9	4. 短收部分乡镇赔补	—101	21	1. 医疗保险负担数	378
10	三、总额分成的乡镇分成收入	525	22	2. 2001 年体制结算上交市	61
11	1. 2002 年收入实绩	27937	23	十一、市财政实际返还数	2062
12	2. 收入基数	20930			

表 4-4　　2002 年桐乡市梧桐街道财政体制结算一览表

单位:万元

序号	项　　目	金　额	序号	项　　目	金　额
1	一、按体制结算超收应得收入	525	7	三、按体制结算应得收入	2095
2	1. 一般预算收入总额	27937	8	四、当年乡镇财政已得收入	1963
3	2. 收入基数	20930	9	五、与上级往来	132
4	3. 增长率(%)	33.45	10	六、本年应扣款	6
5	4. 支出基数	1570	11	1. 医疗保险负担数	6
6	二、核定的支出基数	1570	12	七、市财政实际返还数	126

2003 年,乡镇、街道财政体制不变,但对收支基数作适当调整。主要原因有以下几方面:

一是 2003 年,所得税收入中央与地方分享比例从五五分享调整到六四分享,即中央得 60%,地方得 40%。因此,乡镇、街道财政的共享收入所得税部分,按 2002 年收入实绩数换算为六四比例,相应调减收入基数。

二是基本医疗保险缴费自 2003 年开始全额由各单位向市社保中心缴纳后,原由市财政承担公费医疗经费 70%中的 50%部分的资金,已由各单位承担。原由市财政承担的经费,相应追加给乡镇、街道。

三是在乡重点优抚对象定期定额补助经费提高后改由市民政部门统一发放,原由乡镇、街道财政列支的在乡重点民政优抚对象的补助,自 2003 年起改由市财政安排支出,相应减少乡镇、街道财政支出基数。

表 4-5　　2003 年桐乡市乡镇(街道)财政体制收支基数核定一览表

单位:万元

单位名称	收入基数				支出基数
	增值税25%部分	企业所得税40%部分	个人所得税40%部分	其他各项税收收入	
合　计	9889.95	3226.31	2280.60	9393.37	11745.742
乌镇镇	884.73	295.22	218.00	1084.31	1067.954
龙翔街道	383.33	177.88	51.47	261.38	407.250
凤鸣街道	285.72	687.03	274.86	466.43	634.544
屠甸镇	616.34	137.21	124.78	488.12	629.160
石门镇	743.11	272.23	228.10	542.61	917.640
河山镇	908.69	106.48	91.64	549.34	512.980
洲泉镇	1796.23	233.59	208.82	1052.79	2074.266
大麻镇	268.00	26.28	73.39	171.01	500.262
崇福镇	2149.33	804.52	374.88	1433.92	1987.242
同福乡	224.62	48.95	39.84	149.08	353.644
高桥镇	595.30	82.06	193.07	518.18	868.462
濮院镇	1034.55	354.86	401.75	2676.20	1792.338
梧桐街道单列体制		收入基数:20930 万元		支出基数:1550.458 万元	

表 4-6　　2003 年桐乡市 13 个乡镇(街道)财政体制结算一览表

单位:万元

序号	项　目	金　额	序号	项　目	金　额
1	一、与中央共享收入超收分成	1327	14	3.超基数乡镇应分得	663
2	1.2003 年收入实绩	19666	15	四、实际执行支出基数	14367
3	2.收入基数	15927	16	五、当年乡镇财政可得收入	18130
4	3.超基数乡镇应分得	1511	17	六、决算补助收入	200
5	4.短收乡镇赔补	-184	18	七、当年乡镇财政实得收入	18330
6	二、其他各项收入超收分成	1773	19	八、当年乡镇财政已得收入	15079
7	1.2003 年收入实绩	11628	20	九、与上级往来	3251
8	2.收入基数	7833	21	十、本年应扣款	447
9	3.超基数乡镇应分得	1773	22	1.三峡移民安置资金	60
10	4.短收部分乡镇赔补		23	2.2003 年退休费	264
11	三、总额分成的乡镇分成收入	663	24	3.临时借款	100
12	1.2003 年收入实绩	28578	25	4.2002 年体制结算上交市	23
13	2.收入基数	19998	26	十一、市财政实际返还数	2804

2004 年,所得税收入继续实行中央与地方六四分享。是年,市政府决定自 1 月 1 日起,在全市范围内免征农业税。乡镇、街道财政因免征农业税影响财力部分的 75%,市财政给予转移支付,相应增

加乡镇、街道财政支出基数。同时,计划生育社会扶养费也从2004年1月1日起全额缴入国库,按其他税收收入分成标准与乡镇、街道财政实行体制分成。原预算外资金专项分成办法不再执行。上述原因,再次涉及乡镇、街道财政体制收支基数,因此,2004年乡镇、街道财政体制收支基数又作调整。

2006年,随着经济社会事业的发展,市与乡镇、街道需履行的政府职能发生很大变化,“以县为主”的义务教育体制,打破原有的市与乡镇、街道财力分配格局,随之调整乡镇、街道财政体制,实行“确定收支范围和基数,划分种类,收支挂钩,一定三年”的财政体制。主要内容为:

2006年3月,乡镇财政体制调整征求意见会

(一)收支范围的确定。乡镇、街道收入范围:除市级收入范围外,本行政区域内所属的国有、集体、股份制、联营、涉外、私营企业,有限责任公司,个体工商户,机关事业单位,农户以及个人缴纳的增值税、企业所得税、个人所得税、营业税、城市维护建设税、房产税、印花税、城镇土地使用税,包括税务、审计部门查补税款(除房地产业和建筑业的税收收入外)。

乡镇、街道财政支出范围:各乡镇、街道财政应承担本级政府、办事处机构运转所需支出及本地区经济、事业发展和社会管理所需的支出。驻乡镇、街道的市直派出机构经费由市级财政负担。

(二)收支基数的核定。收入基数以2005年乡镇、街道收入范围内收入实绩作为乡镇、街道的体制收入基数。其中:增值税按20%(其中免抵调库按12.5%)、所得税按32%、其他收入按80%确定收入实绩。支出基数分为最低财力保障基数和财政支出基数。最低财力保障基数的确定按2005年体制计算分成财力减去教育体制调整相应上划的财力(按2005年年末在编教师人均4.5万元计算)与乡镇、街道2005年年末在编行政人员人均6万元相比,从高确定为乡镇、街道的最低财力保障基数。支出基数的确定分为三种情况,第一种是最低财力保障基数高于在编行政人员人均6万元的乡镇、街道,最低财力保障基数即为该乡镇、街道的支出基数。第二种是最低财力保障基数为在编行政人员人均6万元的乡镇、街道,其最低财力保障基数低于收入基数20%的,按收入基数的20%确定为该乡镇、街道的支出基数。第三种是最低财力保障基数为在编行政人员人均6万元的乡镇、街道,其最低财力保障基数高于收入基数20%的,按其上一档支出基数的最低人均财力标准进行补足,确定为该乡镇、街道的支出基数。市财政对乡镇、街道财政实行的固定补助不列入支出基数。

(三)体制计算办法。乡镇、街道可用财力与体制收入总量实行定比同步增长。即:收入范围中的收入比收入基数增加1个百分点,可用财力在支出基数上相应增加1个百分点。房地产开发经营业和建筑安装业的营业税和企业所得税实行单独比例分成,按2005年收入实绩的地方留存部分作为收入基数,超基数部分市与乡镇、街道8.5∶1.5比例分成。如当年收入实绩低于收入基数的,按低于收入基数部分的10%扣减支出基数,扣至最低财力保障基数为止。由于市级以上政策调整而使收入发生增加或减少,相应调整收入实绩数或决算数。

(四)体制涉及的其他相关政策。对兑现上级及市委、市政府与收入范围内的各项收入相挂钩的有关优惠政策时,市与乡镇、街道按8∶2比例分别承担,在年终结算时一并计算。因市级以上权限部门出台政策,需要强制关停所属企业的,相应扣减乡镇、街道收入基数。

乡镇、街道财政收入增长情况实行专项考核奖励。具体办法为:当年乡镇、街道体制收入范围内的收入每增长1个百分点,市财政给予0.3万元的奖励,实行环比计算。

表4-7　　2006年桐乡市乡镇(街道)财政体制收支基数核定一览表

单位:万元

单位名称	收入基数		支出基数		固定补助					
	财政收入基数	房地产建筑业收入基数	财政支出基数	最低财力保障基数	环卫所体制下划	协警人员经费	城管人员经费	兑付集资款补助	原建制县补助	体制调整基数补助
合计	46090.54	21052.03	10225.05		745	935.20	70.00	108.00	50.00	1007.00
乌镇镇	2274.98	855.42	450.00	282.00	50.00	56.00	20.00			
龙翔街道	1322.35	236.16	265.00	186.00		22.40				
凤鸣街道	1439.55	272.71	285.00	216.00		21.60				
梧桐街道	18096.52	14081.15	2824.09		520.00	284.80				800.00
屠甸镇	1711.02	640.97	391.04		32.00	35.20				
石门镇	1891.27	191.11	375.00	264.00	18.00	43.20	10.00	48.00		
河山镇	1950.44	118.44	390.00	204.00		30.40		25.00		
洲泉镇	3998.46	408.20	1246.32		33.00	55.20	10.00	35.00		
大麻镇	1161.24	2.99	230.00	186.00		28.00				
崇福镇	5735.82	904.10	1140.00	456.00	57.00	112.80	15.00		50.00	
同福乡	529.57	21.65	200.34	162.00		18.40				
高桥镇	1478.31	976.90	558.81			35.20				
濮院镇	4501.01	2342.33	1869.45		35.00	192.00	15.00			207.00

说明:梧桐街道2006年财政体制年终决算时财政收入基数实际执行为17379.49万元;环卫所体制下划(含下水道疏通)补助数为820万元

2009年,根据深化财政体制改革和进一步贯彻落实分税制财政体制要求,镇、街道财政管理体制进行调整和完善,实行“划分收支、核定基数、超收分成、欠收赔补、自求平衡、一定三年”的新一轮财政管理体制。调整内容为:

(一)收支范围未作明显调整,税务、审计部门查补税款不再列入镇、街道收入范围。

(二)收支基数重新确定。收入基数以2008年镇、街道收入范围内收入实绩作为镇、街道的体制收入基数。其中增值税按20%(其中免抵调库按12.5%)、所得税按32%、其他收入按80%确定收入实绩。以各镇、街道上一轮支出基数加上2008年的超收分成和固定补助作为支出基数。同时按照保开门、保运转原则测算出各镇、街道基本财力保障基数,如支出基数低于基本财力保障基数的,则将基本财力保障基数确定为该镇、街道的支出基数。

(三)调整分成和赔补办法。2009年开始,以上一年各镇、街道收入范围内的收入实绩为基数,实行环比超收分成,对超过基数部分市与镇、街道实行3∶7分成。收入实绩完不成收入基数的,其短收部分按超收分成同比例扣减支出基数,扣至基本财力保障基数为止。

表 4－8

2006 年桐乡市 13 个乡镇(街道)财政体制结算统计表

单位：万元

项　　目	汇　总	乌镇镇	龙翔街道	梧桐街道	凤鸣街道	屠甸镇	石门镇	河山镇	洲泉镇	大麻镇	崇福镇	同福乡	高桥镇	濮院镇
一、收入范围体制内分成	13145.78	676.13	327.88	3072.89	360.13	476.40	416.85	471.00	1527.11	266.96	1874.27	257.92	600.78	2817.45
2006 年决算收入	56988.68	3418.23	1636.20	18910.84	1819.01	2084.58	2102.32	2355.50	4883.81	1327.33	9430.16	667.99	1589.33	6763.36
收入基数	45373.51	2274.98	1322.35	17379.49	1439.55	1711.02	1891.27	1950.44	3998.46	1161.24	5735.82	529.57	1478.31	4501.01
减：调整收入基数	54.28								12.60	17.72		10.69		13.27
实际执行收入基数	45319.23	2274.98	1322.35	17379.49	1439.55	1711.02	1891.27	1950.44	3985.86	1143.52	5735.82	518.88	1478.31	4487.74
增长比例		1.5025	1.2373	1.0881	1.2636	1.2183	1.1116	1.2077	1.2253	1.1607	1.6441	1.2874	1.0751	1.5071
支出基数	10225.05	450.00	265.00	2824.09	285.00	391.04	375.00	390.00	1246.32	230.00	1140.00	200.34	558.81	1869.45
收入范围内可用财力	13145.78	676.13	327.88	3072.89	360.13	476.40	416.85	471.00	1527.11	266.96	1874.27	257.92	600.78	2817.45
体制内超收分成	2920.73	226.13	62.88	248.80	75.13	85.36	41.85	81.00	280.79	36.96	734.27	57.58	41.97	948.00
二、房地产建筑业分成	－412.90	96.99	－9.53	－507.99	－5.85	－11.49	－3.96	－2.76	－14.46	0.24	－10.63	－0.51	28.57	28.49
收入实绩	16408.82	1502.04	140.80	9001.24	214.20	526.01	151.51	90.84	263.55	4.61	797.81	16.54	116.74	2532.27
收入基数	21052.13	855.42	236.16	14081.15	272.71	640.97	191.11	118.44	408.20	2.99	904.10	21.65	97.69	2342.33
超收分成 15％	154.30	96.99								0.24			28.57	28.49
短收扣减 10％	567.20		9.53	507.99	5.85	11.49	3.96	2.76	14.46		10.63	0.51		
三、出租房税收分成	79.78	0.21		52.70				0.47						26.40
收入实绩	375.21	18.44		192.39				2.75						178.22
收入基数	2038.18	12.91		113.11				1.92						87.49
超收分成 70％	119.97	0.39		55.50				0.58						63.51
减：体制内已分得	40.19	0.18		2.80				0.11						37.11
四、企业补助上解 20％	372.47	11.62	31.93	17.64	16.00	15.45	12.93	7.45	138.26	4.34	74.44	3.30		39.11
五、固定补助	3215.20	126.00	22.40	1904.80	21.60	67.20	119.20	55.40	133.20	28.00	234.80	18.40	35.20	449.00
六、其他补助	751.54	87.34	100.00		17.04		150.00	40.00	91.78	120.00	12.75	120.00		12.63
七、当年可用财力	16406.93	975.05	408.82	4504.76	376.92	516.66	669.16	556.66	1599.37	410.86	2036.75	392.51	664.55	3294.86
八、当年已拨款数	13265.33	568.56	255.97	4281.79	304.06	486.29	490.69	330.86	1457.20	243.79	1776.00	230.73	507.27	2332.11
九、年终决算应找补	3141.60	406.49	152.85	222.97	72.86	30.37	178.47	225.80	142.17	167.07	260.75	161.78	157.28	962.75

说明：1. 当年可用财力＝收入范围体制内分成＋房地产建筑业分成＋出租房税收分成－企业补助上解＋固定补助＋其他补助；

2. 企业补助上解 20％为：兑现与收入范围内的各项收入相挂钩的有关优惠政策，市与乡镇街道按 8：2 比例分别承担部分；

3. 固定补助包括：环卫所体制下划、协警人员经费、城管人员经费、兑付集资款补助、原建制县补助和体制调整基数补助等；

4. 其他补助包括：规模企业财政补助 10％部分、年终有关乡镇街道一次性补助等

表 4－9　2010 年桐乡市 12 个镇(街道)财政体制决算年终综合对账统计表

单位:万元

项　　目	镇街道汇总	乌镇	龙翔	梧桐	凤鸣	屠甸	石门	河山	洲泉	大麻	崇福	高桥	濮院
1.决算收入	91126	5808	3560	26554	3426	3242	4675	3530	10862	2281	11622	3455	12111
2.收入基数	77854	5227	3495	23143	3189	2946	4304	2759	7150	2204	10409	2651	10377
3.增长额	13273	581	65	3412	237	296	372	771	3712	76	1213	804	1734
4.体制内超收分成收入 70%	9291	407	45	2388	166	207	260	540	2599	53	849	563	1214
5.2010 年支出基数	25256	1490	727	6731	1141	868	1342	754	2649	756	2970	1062	4766
6.2010 年基本保障基数	17234	1440	674	3626	1141	868	1270	754	1490	748	2607	1037	1579
7.收入范围内计算可用财力	34547	1897	772	9119	1307	1075	1602	1294	5248	809	3819	1625	5980
8.加:房地产建筑业分成	3143	20	23	1865	3	98	49	44	138	－1	245	180	479
收入实绩	41728	1219	301	24147	174	1238	601	627	1471	15	2604	2852	6479
收入基数	20781	1086	150	11711	154	587	273	336	552	28	967	1651	3286
分成比例 15%(加)	3144	20	23	1865	3	98	49	44	138		245	180	479
短收扣减比例 10%(减)	1									1			
9.体制内分成小计	37690	1917	795	10985	1310	1173	1651	1338	5385	808	4064	1805	6459
减:企业享受政策补助上解 30%	1412	68	16	533	26	23	28	18	384	22	110	29	155
加:2010 年年终补助款	2525	180	350	300	270	65	240	190		250	500	180	
减:其他													
10.2010 年镇、街道财政可用财力	38803	2029	1129	10752	1554	1215	1863	1510	5001	1036	4454	1956	6304
11.附列资料:													
(1)2010 年已拨付镇、街道财政	33906	1790	827	9231	1491	1068	1592	1204	4349	806	3970	1462	6116
(2)2010 年尚未拨付(与上级往来)	4897	239	302	1521	63	147	271	306	652	230	484	494	188

注:本表取自 2010 年镇、街道财政总决算数据,按照《关于调整和完善镇街道财政管理体制的意见》(桐政发〔2009〕18 号)计算填列

表 4－10

2010 年桐乡市 12 个镇(街道)财政体制结算统计表

单位:万元

项　　目	汇　总	乌镇镇	龙翔街道	梧桐街道	凤鸣街道	屠甸镇	石门镇	河山镇	洲泉镇	大麻镇	崇福镇	高桥镇	濮院镇
一、体制内分成	37689	1917	795	10984	1310	1173	1651	1338	5385	808	4064	1805	6458
当年决算收入	91126	5808	3560	26554	3426	3242	4675	3530	10862	2281	11622	3455	12111
收入基数	77854	5227	3495	23142	3189	2946	4304	2759	7150	2204	10409	2651	10377
增长额	13273	581	65	3412	237	296	372	771	3712	76	1216	804	1734
支出基数	25256	1490	727	6731	1141	868	1342	754	2649	756	2970	1062	4766
基本保障基数	17234	1440	674	3626	1141	868	1270	754	1490	748	2607	1037	1579
体制内超收分成	9290	407	45	2388	166	207	260	540	2599	53	849	563	1214
收入范围内计算的可用财力	34546	1897	772	9119	1307	1075	1602	1294	5248	809	3819	1625	5980
加:房地产建筑业分成	3143	20	23	1865	3	98	49	44	137	—1	245	180	478
收入实绩	41728	1219	301	24146	174	1238	601	627	1470	15	2604	2852	648
收入基数	20781	1085	150	11711	154	587	273	336	552	27	967	1651	329
超收分成 15%	3144	20	23	1865	3	98	49	44	137		245	180	478
短收扣减 10%	—1									—1			
1. 执行按体制计算分成部分	37689	1917	795	10984	1310	1173	1651	1338	5385	808	4064	1805	6458
2. 执行按基本保障基数计算部分													
二、上解支出	1412	68	16	533	26	24	28	19	384	22	110	29	155
1. 企业享受政策补助上解 30%	1412	68	16	533	26	24	28	19	384	22	110	29	155
三、其他补助收入	2525	180	350	300	270	65	240	190		250	500	180	
1. 年终一次性补助	2525	180	350	300	270	65	240	190		250	500	180	
四、当年可用财力	38802	2029	1129	10751	1554	1214	1863	1509	5001	1036	4454	1956	6303
五、当年已拨款	33906	1790	827	9231	1491	1068	1592	1204	4349	806	3970	1462	6116
六、年终决算应找补	4896	239	302	1520	63	146	271	305	652	230	484	494	187

(四)体制涉及的其他相关政策。2009年起,按本体制计算各镇、街道当年超收分成部分的12%,相应增加各镇、街道下一年度支出基数。对按基本财力保障基数为支出基数和支出基数占2008年收入比例末位的镇、街道,按当年超收分成部分的15%,相应增加下一年度支出基数。房地产和建筑业营业税、企业所得税继续实行单独分成(不包括税务、审计部门查补税款),按2008年收入实绩的地方留成部分作为单独分成收入基数(营业税按80%、企业所得税按32%确定),超基数部分市与镇、街道实行8.5∶1.5比例分成。如当年收入实绩低于收入基数的,按低于收入基数部分的10%扣减当年分成财力,扣至基本财力保障基数为止。兑现上级及市委、市政府的各类优惠政策时,兑现资金市与镇、街道财政按7∶3比例分别承担,年终结算时一并计算,列上解支出。继续对镇、街道体制收入范围内的收入实行考核奖励。收入增幅在15%(含)以下的每增长一个百分点奖励2万元;收入增幅超过15%以上部分,每增长一个百分点奖励3万元。因个体税收征管办法改变需调整体制有关问题的,另行制定补充办法。对土地出让收入分配办法和基础设施配套费征收管理办法按有关规定执行。

是年8月,全市范围内实行个体税收联合征收管理。由市,镇、街道财政负责解决实施联合征管后征收人员报酬、办公经费、考核奖励等经费支出。联合征收管理机构人员经费,按原编制渠道解决。联合征收管理机构的办公经费,由市财政按人均2万元给予补助。对联合征收管理所人员的考核奖励经费,由所在地镇、街道解决。市财政在与镇、街道财政体制分成时,对个体税收超收分成在原来的基础上提高15个百分点,即对个体税收以2008年为基数,市与镇、街道超收分成比例为15∶85。

第二节　乡镇(街道)财政收支

一、预算内资金

1996年,全市30个乡镇一般预算内收入12122万元,专项转移支付收入851万元,上年结余结转1144万元,预算内全部可用资金14117万元。当年上解支出7727万元,乡镇预算内实际可用资金6390万元。是年,乡镇预算内支出5138万元,增设预算周转金4万元,年终滚存结余1248万元。至2010年,经多次撤并,全市有镇、街道12个。当年,镇、街道一般预算内收入91126万元,专项转移支付收入4789万元,上年结余结转3168万元,预算内全部可用资金99083万元。上解支出52324万元,镇、街道预算内实际可用资金46759万元。是年,镇、街道预算内支出41872万元,年终滚存结余4887万元。

1996—2010年,桐乡市乡镇、街道财政一般预算内收入747816万元,上级财政补助收入56590万元,1995年结余结转1144万元,调入预算外资金675万元,预算内全部可用资金806225万元。一般预算内支出合计303820万元,上解支出496805万元,增设预算周转金752万元,2010年末滚存结余结转下年使用资金4887万元。因统计口径原因,以上收支平衡差异39万元,主要是2003年梧桐、凤鸣、龙翔等三个街道统计在市级,其余年份统计在乡镇、街道级,上年结转数据有出入。

二、政府性基金

1997年,财政总决算增设政府性基金收支决算,将原作为预算外资金管理的政府性基金纳入政府性基金收支预决算。乡镇财政的政府性基金收支,主要是农村教育费附加。是年,全市各乡镇财政列入政府性基金核算收入决算数为3108万元,上年结转102万元。支出决算数为3164万元,年终滚存结余46万元。2010年,全市镇、街道财政政府性基金收入决算数为73471万元,其中:地方教育费附加收入6527万元,上级补助收入65409万元,上年结转1535万元。支出决算数为69875万元,其中:

镇、街道级支出63544万元,上解上级支出6331万元。年终滚存结余3596万元。

1997—2010年14年间,桐乡市乡镇、街道财政政府性基金分成收入27897万元,补助收入161568万元,1996年结余结转102万元。政府性基金支出185611万元,2010年末滚存结余结转下年使用资金3596万元。

三、预算外资金

在预算内资金、政府性基金之外,乡镇、街道财政预算外资金主要是各种专项资金收入,上级或其他主管部门拨给的各种专项补助收入,面向农民征收的政府性收费,其他收入等。上述资金上级对其用途都有原则规定。随着财政改革的进一步深化,行政事业性收费的规范等,预算外资金逐步减少。农村教育事业附加于1997年开始列入政府性基金核算;2004年开始,行政事业性收费、土地出让等逐年分批纳入一般预算内和政府性基金预算;农村教育集资、兵役义务费等,2002年7月农村税费改革时取消;1987年开始征集,1990年列入预算外资金管理的农业发展基金,2005年年底执行到期,2006年1月1日起停止征收。

四、预算外自筹资金

乡镇、街道财政预算外自筹资金(下称自筹资金),是财政预算内资金、政府性基金、预算外资金以外相对独立的自有资金,由各乡镇、街道自行筹措。随着农村经济的发展,特别是乡镇企业的兴起、壮大,各类集资、赞助和收取的各种费用,应运而生,自筹资金日益增加。预算外自筹资金包括:乡镇企业上交管理费、税后利润,税前列支上交乡镇的社会性支出资金,乡镇办事业收入,按照两个文明建设的需要,乡镇、街道根据本地实际情况,因地制宜地制订"乡规民约"、治安联防和地方基础设施建设的一次性建设集资,向农民集资统筹收入等。乡镇财政未建立前,乡镇自筹资金管理松散,全县无统一管理模式,各乡镇各自为政,有的部门和单位收入坐支,各行其是,县财政部门未了解和掌握其收支情况,全县性资料未汇集积累。1986年桐乡建立乡镇财政后,乡镇自筹资金逐步纳入乡镇财政管理,对部分乡镇自筹资金实行专业和专项管理,专款专用。乡镇财政自筹资金主要用于建设性支出,随着经济社会发展,乡镇、街道预算内资金不能满足社会事业发展需要,自筹资金用于事业行政经费的比重逐步增大。2010年,全市镇、街道预算外和自筹资金收入50723万元。其中当年收入39400万元,上年结余5576万元,上级补助收入7727万元。支出52703万元。其中:一般公共服务支出8081万元,社会保障支出1012万元,文教科卫支出2610万元,环境保护支出1132万元,农林水事务支出4545万元,交通运输支出3459万元,城乡社区事务支出15493万元,工业商业服务业支出1077万元,其他支出15294万元。

1996—2010年,全市乡镇、街道财政预算内和政府性基金累计收入498667万元,其中预算内分成收入251011万元,政府性基金分成收入27897万元,1996年结余结转102万元,补助收入218158万元,调入资金等1499万元。累计支出489431万元,增设预算周转金752万元,2010年年末滚存结余8484万元。支出主要为:农业支出36665万元、文教科卫支出118594万元、社会保障支出32898万元、城乡社区事务支出208582万元、工交商业支出24049万元、其他部门事业支出3296万元、一般公共服务及行政管理支出61177万元、其他支出4170万元。

1996—2010年,全市乡镇、街道财政预算外资金和预算外自筹资金累计收入470766万元,累计支出470486万元,调出资金280万元。支出主要用于:农业支出68837万元、文教科卫支出40813万元、社会保障支出7306万元、城乡社区事务支出133606万元、工交商业支出29639万元、其他部门事业支出38556万元、一般公共服务及行政管理支出59231万元、其他支出92498万元。

表 4－11 **1996—2010 年桐乡市乡镇、街道财政预算内收支总结算汇总统计表**

单位:万元

项目 \ 年度	合计	1996	1997	1998	1999	2000	2001	2002	2003	2004	2005	2006	2007	2008	2009	2010
收 入 合 计		14117	14243	17724	20299	26501	48844	60276	34448	86167	100327	65446	76677	90488	85624	99083
一、乡镇级预算内收入	747816	12122	12421	15708	16822	23012	43644	54104	29071	74895	89385	56989	69449	81214	77854	91126
二、上级财政补助收入	56590	851	574	811	1573	1926	2855	3245	3239	6806	7251	5344	4903	6989	5434	4789
三、上年结余		1144	1248	745	1904	1563	2345	2927	2138	4292	3650	3113	2325	2285	2336	3168
四、预算外资金调入	675			460						174	41					
支 出 合 计		14117	14243	17724	20299	26501	48844	60276	34448	86167	100327	65446	76677	90488	85624	99083
一、上解上级支出	496805	7727	7523	9485	10042	13756	28588	38705	14163	54965	65854	40581	47993	56592	48507	52324
1. 体制上解支出	492392	7727	7523	9485	10042	13756	28588	38705	14163	54965	65854	40209	47018	55738	47707	50912
二、本年支出	303820	5138	5588	6335	8656	10310	16834	18718	17009	27552	30360	22540	26399	31560	33949	41872
三、增设预算周转金	752	4			38	90	495	125								
四、年终滚存结余		1248	1132	1904	1563	2345	2927	2728	3276	3650	3113	2325	2285	2336	3168	4887
减:结转下年支出		71	240	1904	1563	2345	2927	2728	3276	3650	3113	2325	2285	2336	3168	4887
净结余		1177	892													

注:表中数据取自各年度乡镇财政总决算。因统计口径原因,2003 年未包括街道财政

表 4－12

1996—2010 年桐乡市乡镇、街道财政收支总结算汇总统计表

单位：万元

收支项目	年份	收入项目						支出项目										调出资金	增设预算周转金	年终结余
		合计	预算内分成	基金分成	资金收入	补助收入	调入资金	合计	农业支出	文教科卫	社会保障	城乡社区	工交商业	行政管理	其他部门事业费	一般公共服务	其他支出			
预算内资金及政府性基金	1996	6390	4395		1144	851		5138	354	2433	325	419	116	1169	125		197		4	1248
	1997	8682	4898	3210		574		8752	351	5787	398	547	122	1317	89		141			1178
	1998	10001	6223	2902	－387	811	452	8900	212	5831	424	525	91	1543	135		139			2279
	1999	10749	6780	2396		1573		11427	760	6339	905	883	246	1858	245		191		38	1563
	2000	14902	9256	2804		2842		13479	743	7916	661	1128	574	2017	198		242		90	2896
	2001	21812	15056	2810		3946		20378	1695	9994	819	3141	922	2594	145		1068		495	3835
	2002	22137	15399	2409		4329		22557	2428	10818	1103	2951	1147	3604	219		287		125	3290
	2003	21243	14908	2821	－971	4485		21309	2361	11258	1058	1751	1632	2782	211		256			3224
	2004	34701	19930	4094	1381	9122	174	33331	4990	15599	1981	3259	3214	3281	862		145			4594
	2005	38878	23531	3096		12210	41	38932	4350	19348	3079	5213	1935	3709	1067		231			4540
	2006	23096	16407	582		6107		24181	3664	3396	2872	5057	3161			5949	82			3455
	2007	27268	21456	275		5537		27270	2805	2935	3102	9816	3076			5486	50			3453
	2008	76914	24622	249	－335	52378		76808	3063	3865	4732	53455	3795			7702	196			3559
	2009	72698	29347	155		43196		71554	3496	5560	4596	46873	1562			8865	602			4703
	2010	109196	38803	196		70197		105415	5393	7515	6843	73564	2456			9301	343			8484
	合计	498667	251011	27999	832	218158	667	489431	36665	118594	32898	208582	24049	23874	3296	37303	4170		752	
预算外资金及自筹资金	1996	9674		2799	6789	101	－15	9332	644	3439	201	32	42	1526	817		2631			342
	1997	7191			7293		－102	7080		114				2396			4570			453
	1998	8034			7886	148		7701	1081	1025	428	1004	698	1813	124		1528	65		721
	1999	8602			8020	582		9241	2197	1473	444	1486	28	1517	1986		110			82
	2000	12694			11387	1307		11679	2495	1461	567	1700	1269	1943	2237		7			1097

续表 4-12

收支项目	年份	收入项目						支出项目										调出资金	增设预算周转金	年终结余
		合计	预算内分成	基金分成	资金收入	补助收入	调入资金	合计	农业支出	文教科卫	社会保障	城乡社区	工交商业	行政管理	其他部门事业费	一般公共服务	其他支出			
预算外资金及自筹资金	2001	14425			12047	2378		16485	3514	3207	427	2556	185	2516	4080					—963
	2002	18833			16419	2414		17832	2801	2172	403	4093	1125	2638	3370		1230			38
	2003	29027			23937	5453	—363	28619	4707	2471	343	9291		3060	8747		0			446
	2004	60710			54039	5829	842	59051	10866	4716	753	14422		6070	14824		7400	174		1931
	2005	35925			28134	7791		36515	7031	2934	616	9757		4101	2371		9705	41		1300
	2006	50916			37788	13128		49361	8598	3616	461	22000	1329			7939	5418			2855
	2007	93223			78261	14962		91156	7800	3738	671	31529	9223			5291	32904			4922
	2008	38242			20107	18135		39015	6533	3706	390	10052	5875			5630	6829			4149
	2009	36143			34982	1161		34716	6025	4131	590	10191	4197			4710	4872			5576
	2010	47127			39400	7727		52703	4545	2610	1012	15493	5668			8081	15294			0
	合计	470766		2799	386489	81116	362	470486	68837	40813	7306	133606	29639	27580	38556	31651	92498	280		

注:表中数据取自各年度乡镇财政总决算。因统计口径原因,2003 年未包括街道财政。预算内资金收入栏、预算外调入资金栏 1996 年为上年结转;其余为统计口径变化报表调整数

第五章　预算管理

预算管理包括：预算编制、执行和调整、财政决算、财政收支平衡等。完整的政府预算体系包括公共财政预算、政府性基金预算、国有资本经营预算，以及社会保障预算。截至2010年，桐乡市尚未正式建立国有资本经营预算和社会保障预算。

本章重点记述1996—2010年桐乡市本级预算编制、预算执行和调整、财政决算、财政收支平衡方面的基本情况。

第一节　预算编制

一、预算编制原则

桐乡市编制政府预算的总原则是：以国家法律、法规为依据，贯彻执行党和国家的路线、方针、政策；以国民经济和社会发展计划、财政中长期计划及有关财政经济政策为依据；以本级政府预算管理职权和财政管理体制确定的预算收支范围为依据；以上年度预算执行情况和本年度预算收支变化因素为依据，坚持“量入为出、确保重点、收支平衡、略有结余”的原则，并按照本级政府预算支出额的1%～3%设置预备费，用于当年预算执行中自然灾害救灾开支及其他难于预见的特殊开支；以上级政府和上级财政部门对编制年度预算草案的指示要求和政府收支科目分类为依据，负责编制桐乡市政府预算草案和市本级政府预算草案，提出预算调整方案和编制年度财政总决算。按规定从本级预算的结余中设置和补充预算周转金，其额度逐步达到本级政府支出预算总额的4%，用于调剂预算年度内季节性收支差额，保证及时用款。在各个不同的历史时期，政府预算编制都有具体的要求和侧重。

二、预算编制方法

中华人民共和国建立后，国家财政收支由中央统一管理。浙江省规定1949年10月起各专署所属为地方一级财政，按税种划分收入，地方收入由专署掌握开支。1951年起，国家财政采取统一领导、分级管理方针，专署及县财政列入省财政，乡村收支单独编制预算，不列入省预算。因此，1949—1952年，桐乡、崇德两县（下称两县）收入全额上缴，支出按月向嘉兴专员公署领用，编报月度岁入、岁出报告表结算，乡（镇）干部补贴和公用经费不列入预算，在自筹经费中列支。1952年11月，政务院发出《关于一九五三年度各级预算草案编制办法的通知》，按中央、省（市）、县（市）三级划分收支范围，确立三级预算体制。据此，1953年起，两县开始建立总预算制度，区、乡预算为县预算组成部分，采取“自下而上、自上而下”相结合方法编制财政收支预算。预算年度为公历1月1日至12月31日。规定属于县级财政收入的有：印花税、个人所得税（只开征存款利息税）、屠宰税、牲畜交易税、城市房地产税（两县不开征）、契税、文化娱乐税、车船使用牌照税、县管理的地方国营企业利润和折旧，以及县、区、乡的公产收入和其他收入。各级公立中学的学费全部列入预算，公立小学的学费一半列入预算，一半留存学校使用。地方财政收入不足支出部分，由上级财政补助。此后每年第三季度末，两县财政部门参照上年决算情况,针对本年度前三个季度国民经济计划指标和各部门收支预算执行情况,分析增减原因,安排第四季度财政收支计划。依据省下达的收支指标,结合本地实际,编制下一年度收支预算建议数。建议方案经县人民政府审核后报省财政厅,省财政厅按财政体制的有关规定下达年度收支预算指标。两县财政部门根据省下达的预算指标安排落实各部门收支预算指标。除收支项目变动较大者外,多数采用定额法和基数法编制各部门预算。

1979年前,省财政厅每年在县预算编制前分项下达收支指标,省部分事业主管部门也将本部门支出指标数告知县有关部门,县级预算编制根据上级下达的指标,少有回旋余地。1980年起财政管理体制改革,预算编制有实质性突破,省财政厅不再下达收支指标,市、县可以根据“收支平衡、量入为出”原则自行安排支出。此后,在相当长的时期内,桐乡县预算编制基本采用基数法,即在编制下一年度支出预算时,以上一年度实际支出数为基数,结合下一年度财政收入状况和影响支出等因素,对不同支出确定一个增长比例,由县财政部门拟定下一年度各部门支出预算控制数,经部门核实并反馈后再作调整,从而确定预算。此一时期,财政分配格局基本上是计划经济时期的大财政、供给制,其最大特点是财政包揽多,资金供给范围大,造成支出规模不断扩大、地方财政资金日益紧张局面。预算编制的科学性、合理性难于实现,出现年终突击花钱,争相扩大基数,支出结构不合理等状况。

1995年1月1日,《中华人民共和国预算法》《中华人民共和国预算法实施条例》施行,桐乡市政府预算编制进一步贯彻“量入为出,收支平衡”原则和“厉行节约,勤俭建国”方针,预算编制做到“统筹兼顾,确保重点,在保证政府公共支出合理需要前提下,妥善安排各项社会事业发展支出”。到1997年,预算编制虽有重大改革,但支出预算仍用基数法,一直处于“吃饭财政”的境地。

1998年以后,按照《桐乡市加强预算外资金管理的实施意见》,建立预算内外有机结合的综合财政体制,预算编制逐步采取零基预算方法,编制年度预算不再以上年度预算为基数,重新界定市本级部门(单位)财政资金供给范围,全面清理177家市级行政事业单位的592个银行账户,完善财政专户管理,对收费票据实行源头控管。是年10月,革新预算外资金管理模式,预算外资金从进“笼子”到进“盘子”,预算编制实行综合预算。1999年4月,市政府印发《关于进一步加强政府专项资金管理意见的通知》,明确政府专项资金的收支实行预决算制度,纳入财政预算管理。2000年,对市级单位进行分类,在测算前三年经常性公用经费支出的基础上,制定单位公用经费分类定额。2001年起,市本级部门(单位)的经常性经费实行“人员经费按实际、公用经费按定额、业务经费按职能”的原则编制支出预算,对专项经费根据需要与财力可能安排,彻底打破原来基数加增长的预算编制方法,实行零基预算和综合预算管理模式。

2003年,《桐乡市本级政府预算管理暂行办法》对预算的编制、执行、调整、决算、监督等均作明确规定。2004年起,全面实行市本级部门预算管理模式。2006年,部门预算进一步深化,按照细编预算要求,出台《桐乡市市级部门预算基本支出管理办法》《桐乡市市级部门预算项目支出管理办法》《桐乡市市级机关事业单位办公设备配置标准》,部门支出预算按基本支出和项目支出细编,对市本级机关事业单位办公设备配置实行标准化管理。是年,市财政局设立绩效评价科,开展财政支出项目绩效评价,会同市级主管部门,每年选择有代表性的政府投资项目,从立项、执行、完成实行全过程监督,进行绩效评价。2007年,印发《桐乡市市级行政事业单位公务用车购置管理暂行办法》,对市级机关事业单位公务用车的配置标准、更新等作明确规定。2008年,支援四川地震灾区重建家园,市委办、市政府办印发《关于支援抗震救灾切实压缩一般性行政支出的意见》,年内公用经费总量压缩5%。2009年,积极应对国际金融危机影响,中共桐乡市委十二届六次全会(扩大)会议提出“一压缩、二精简、三控制”

六项措施，要求全市各部门、各单位厉行节约、反对浪费，以实际行动降低行政成本，树立为民、务实、清廉良好形象，出台《关于厉行节约转变作风的若干意见》。是年，部门预算编制按照“坚决压缩公用经费；大力精简各类简报、会议；严格控制各类考察参观活动、公务用车购置；严格控制和清理各类创建、达标活动”等措施，实现“党政机关年度职能经费削减5%，部门专项经费削减10%，设备购置经费削减50%；年度出国（境）考察经费削减20%；年度公务用车经费削减20%以上”的目标。2010年，《桐乡市公务用车制度改革实施意见》试行，实行公务用车制度改革。公务用车制度改革后，年节约预算资金近千万元。是年，桐乡市财政国库集中支付上线运行；市财政局设立桐乡市财政项目预算审核中心，参与政府投资项目前期建设方案及其估算、概算、施工图预算、工程变更的评审和预算审核等。

桐乡市部门预算实行“综合预算、零基预算、优先保障、定额管理”原则。收入预算涵盖预算内外及单位自筹资金，即单位所有的全部资金都应编入收入预算中。支出预算分基本支出和项目支出两类。

（一）基本支出主要包括工资福利支出、商品和服务支出及对个人家庭的补助支出三部分。基本支出预算以定员定额管理为主，对不宜采取定员定额标准管理的支出，采取定项定额管理的方式。

1.人员经费按实际：预算单位根据市机构编制委员会下达的人员配置标准和在编实有人数，按实计算年度所需的人员经费。具体包括政府收支分类科目支出经济分类中301类“工资福利支出”所有“款”级科目。

2.公用经费按定额：公用经费定额分“定员定额”和“定项定额”。定员定额是由预算单位根据定编人数（实有人数）和本预算单位的人均综合定额标准计算而成。综合定额又分为运转定额、职能定额和学校生均定额。运转定额保障预算单位正常运转主要包括办公费、印刷费、咨询费、手续费、水费、电费、邮电费、物业管理费、租赁费、工会经费、福利费等。职能定额保障预算单位职能履行和工作任务的完成所必需的支出，主要包括差旅费、维修（护）费、会议费、培训费、招待费、专用材料（燃料）费、劳务费、委托业务费、其他商品和服务等。预算单位按政府收支分类科目中支出功能分类编制并细化到各个项目。各类全日制学校采用生均定额编制公用经费。

定项定额由交通费、电讯补助费、离退休人员活动经费、离休人员特需经费及办公设备购置费组成。其中电讯补助费、离退休人员活动经费、离休人员特需经费按照规定按实际享有人数和享用标准计算；交通费和办公设备购置费实行定项定额标准。

（二）项目支出预算是市级预算单位为完成特定行政任务或事业发展目标，在基本支出之外编制的年度项目支出计划。项目支出管理实行项目库滚动管理，项目支出预算的安排一般从项目库中选取，按照科学论证、合理排序的原则，结合当年财力状况，在确保延续项目和市委、市政府已确定的项目优先安排后，按轻重缓急、择优安排急需、可行的项目。当年预算未能安排的项目转入以后年度财政项目备选项目库。项目按其支出性质分为建设性项目、购买性项目、转移性项目及其他项目。建设性项目包括单项建设资金在50万元（含）以上的基本建设（含房屋维修）项目和5万元（含）以上、50万元以下的修缮项目。购买性项目包括设备购置、会议、大型活动等项目。转移性项目包括转移性支出项目和政策性支出项目，如按规定上缴上级的支出、补助下级的支出、债务还本付息支出等。其他项目是指除上述项目以外，市级预算单位为完成某项临时性工作任务，在预算单位职能以外开展的其他各类专项活动等需要安排的支出项目。预算单位申报项目预算须提供立项依据，同时还须具备以下条件，一是应符合国家有关方针政策和财政资金支持方向、支持范围；二是市委、市政府工作重点及政府在直接关系民生方面拟办的实事；三是行政工作和事业发展确实需要安排的项目；四是项目要有明确目标、组织实施计划和科学合理的项目预算，并经充分调研和论证。

按照《桐乡市本级政府预算管理暂行办法》,桐乡市部门预算采取自下而上的编制方式,编制程序实行“二上二下”的基本流程。一是编报部门预算建议数,简称“一上”。市财政局根据市委、市政府和上级财政部门下达的编制下一年度预算草案的指示,结合本市实际情况和对部门预算编制要求,于每年8月底以前将编制下一年度部门预算布置到各部门(单位),明确具体要求、报表格式、编制方法。各部门(单位)根据上年预算执行情况,以及预算编制年度事业计划和工作目标,分析各项增减因素对本部门(单位)收支的影响,按目细化编制本部门(单位)预算建议数,于9月底前报各主管部门。各主管部门于10月15日前完成审核、分析,汇总本级及所属单位的预算,形成部门收支预算建议数,上报市财政局。二是财政部门下达部门预算控制数,简称“一下”。市财政局依据年度收入预算和财政管理体制,测算年度财政可用财力。在此基础上,对各市级部门上报的预算建议数审核、平衡后,提出部门预算控制数,并汇总成市本级预算初步方案报市政府,经批准后于12月15日前向各市级部门下达预算控制数。三是市级各部门上报预算,简称“二上”。市级各部门在市财政局下达的预算控制数内,根据本部门(单位)年度工作任务和事业发展计划,提出调整意见,编制成部门预算草案后,于12月25日前上报市财政局。四是财政部门批复预算,简称“二下”。市财政局在对各部门上报的预算草案审核后,汇总成市本级政府预算草案,报经市政府批准后,由市政府提请桐乡市人民代表大会审议,并在市人代会批准后的一个月内将市级部门(单位)预算批复到各主管部门,并落实到各基层单位。

三、预算编制内容

政府预算编制一般包括:当年一般预算收入、地方一般预算收入和地方一般预算支出,上年结余用于本年度安排的支出,省体制计算返还收入和上级补助收入,市体制计算返还下级和补助下级支出,上解上级支出,下级上解收入等。预算编制内容按上级财政部门制定的收支分类科目分别列出,主要有财政收入预算和财政支出预算。预算收支科目是政府预算收支总分类及明细分类,系统反映政府预算收入来源和预算支出方向。预算收入科目分“类、款、项、目”四级;预算支出科目分“类、款、项、目、节”五级。

新中国成立初期,预算收支科目具有较明显的统收统支色彩。1956年收入分类适当简化。1979年合并税种,简化税制,收入科目更趋简单。1984至1986年,经过国营企业二步利改税,税收已成为预算收入的主要形式。1994年及以后,由于国家进行分税制和工商税制改革,并将政府性基金逐步纳入预算管理,收入分设为一般预算收入科目和基金预算收入科目。

1996年,桐乡市财政预算收入科目为:工商税收、农牧业税和耕地占用税、企业所得税、国有企业计划亏损补贴、其他收入、专项收入和罚没收入、行政性收费收入等7类。预算支出科目为:基本建设支出、企业挖潜改造资金、简易建筑费、科技三项费用、支援农村生产支出、农林水利气象等部门的事业费、工业交通等部门的事业费、商业部门事业费、城市维护费、文教事业费、科学事业费、其他部门事业费、抚恤和社会福利救济费、行政管理费、公检法支出、价格补贴支出、其它支出、专项支出、农业综合开发支出、卫生经费和行政事业离退休经费等21类。1997年,桐乡市开始编制政府性基金预算。是年,涉及基金预算收支科目有:文教部门基金收支,主要反映城市、农村教育费附加的收支(1998年后城市教育费附加列入一般预算),其他部门基金收支,主要反映排污费收支(1998年后排污费列入一般预算),地方财政税费附加收支等。随着经济发展和财政体制调整,上级财政部门及时调整和修改预算收支科目,直到政府收支分类改革前,该基本格局无大变化。

2007年,政府收支分类改革。桐乡市从编制2007年政府预算起,严格按政府收支分类改革后的科目实施。改革后的政府收支分类包括收入分类、支出功能分类、支出经济分类三部分。政府收入统一设 6 类，48 款；政府支出功能分类统一设 17 类，172 款；政府支出经济分类统一设 12 类，96 款。政府性基金收支不再分块单设科目。基金收入统一归入非税收入，并设款项科目反映，项级科目按基金名称设置。基金支出则在有关类款级功能科目下单独设置项级科目反映。财政部每年都会根据预算管理需要，在年度预算编制和执行过程中对部分科目进行适当修订补充。2010 年，桐乡市政府预算编制使用的预算收入科目分“税收收入”和“非税收入”两类。其中税收收入设增值税、营业税、企业所得税、个人所得税、城市建设维护税、房产税、印花税、城镇土地使用税、土地增值税、车船税、耕地占用税、契税、烟叶税等 13 款。非税收入设专项收入、行政事业性收费收入、罚没收入、国有资本经营收入、国有资源（资产）有偿使用收入等 5 款。政府性基金单独编制收支预算，收入科目设散装水泥专项资金收入、新型墙体材料专项基金收入、地方教育附加费收入、地方水利建设基金收入、残疾人就业保障金收入、政府住房基金收入、城市公用事业附加收入、国有土地使用权出让金收入、国有土地收益金收入、农业土地开发资金收入、彩票公益金收入等 11 项。预算支出科目（含基金预算）按功能分类设一般公共服务、国防、公共安全、教育、科学技术、文化体育与传谋、社会保障和就业、医疗卫生、环境保护、城乡社区事务、农林水事务、交通运输、资源勘探电力信息等事务、商业服务业等事务、粮油物资储备管理等事务、金融监管等事务支出、地震灾后恢复重建支出、国土资源气象等事务、住房保障支出、国债还本付息支出、其他支出等 21 类。

四、政府预算的法律批准制度

1955 年 11 月中旬，崇德县第一届人民代表大会第二次会议审议批准《1954 年财政预算执行情况和 1955 年财政预算初步意见》的报告。1956 年 8 月中旬，桐乡县第一届人民代表大会第四次会议审议批准《1955 年财政预算执行情况和 1956 年财政预算（草案）报告》。自此以后，两县人民政府（1958 年 11 月两县合并称桐乡县）每年向县（1993 年撤县设市称桐乡市）人民代表大会作财政预算报告（“文革”期间中断），提请人民代表大会审议通过并形成决议后，即成为具有法令性文件，由财政部门具体负责组织执行。

2005 年，桐乡市人民代表大会常务委员会制定《桐乡市本级预算监督办法》，2006 年起，除政府收支预算草案按法定程序提请市人代会审议外，每年由市人大常委会确定重点审议两个市级部门的部门预算，实行部门预算“上会制度”。是年，重点审议市民政局和市科技局部门预算。

桐乡市财政局围绕财政预算管理，推进综合预算、部门预算，财政国库集中支付，以及政府采购制度和“收支两条线”管理等四项财政管理改革，规范财政支出管理。按照“收入一个笼子、预算一个盘子、支出一个口子”的公共财政管理要求，严格执行“收支两条线”政策，加大资金统筹力度，非税收入全部纳入预算管理，实现所有政府性收入进“笼子”。全市已逐步形成“预算编制、预算执行、预算监督”三分离又相互制约的财政预算管理新机制。

表 5-1　2001 年桐乡市市级行政事业单位公用经费定额人均支出预算定额一览表

单位：元

序　号	单　位　分　类	预算定额/年
一	经常性公用经费（含经常性业务费）人均定额	
1	公安机关、检察院、法院	18000
2	政府五套班子	16500

续表 5-1

序　号	单　位　分　类	预算定额/年
3	执法机关、行政事业主管部门、较大事业单位	13000
4	一般事业单位	10000
二	学校生均定额	
1	高中生均定额	450
2	初中生均定额	350
3	小学生均定额	150
4	幼儿园生均定额	350
三	交通工具费用定额	
1	汽车每辆	20000
2	摩托车每辆	5000
四	经常性维修及小额购置费	
1	经常性维修按房屋面积计算,确定每平方米定额	5
2	小额购置费按在职人员计算,确定人均定额	50
五	机动经费:按公用经费总数的3%计算	
六	业务经费核定按单位职能进行。主要是根据上年实际支出数,剔除不可比增减因素后,结合财力,考虑预算编制年度实际支出需要进行核定。	

注:预算定额按综合预算原则安排资金来源

表 5-2　2007 年桐乡市市级行政事业单位公用经费定额人均支出预算定额一览表

单位:元

序　号	单位分类/项目	人均定额/年
一	运转定额	
1	在行政综合大楼办公部门	3000
2	在行政综合大楼以外办公部门	5500
二	职能定额	
1	综合性部门和行政执法部门: 市委、市政府、市人大、市政协、发展和改革局、经济贸易局、财政局、农业经济局、纪委(监察局)、组织部、宣传部、统战部、政法委、劳动和社会保障局、地税局、环境保护局、审计局、工商局、国土资源局、药监局、水利局、卫生局、司法局、法院、检察院、公安局。	20000
2	一般政务党务部门、社会团体、参照依照公务员管理的事业单位	18000
3	监督类事业单位	5000
4	纯公益事业单位	4500
5	准公益事业单位	4000
三	学校(生均定额)	
1	纯高中	500
2	职业中学(含技校、农技校、卫校、电大、外国语学校、旅游学校)	550
3	初中(含乌镇中学)	350

续表 5-2

序　号	单位分类/项目	人均定额/年
4	小学(含聋哑学校)	250
5	幼儿园	300
四	办公设备购置费	1600
五	交通费定额	单位定额/年
1	汽车(辆)	30000
2	摩托车(辆)	5000
3	船舶(艘)	30000

注:1. 行政单位 10 人(含)以下单位基本运转定额各上浮 500 元;
2. 职能履行定额县处级实职上浮 40%、科局级实职上浮 20%;
3. 预算定额按综合预算原则安排资金来源

表 5-3　　桐乡市市级机关事业单位办公设备配置标准一览表(2006 年制订)

序　号	类　　别	价 值 标 准
一	办公设备类	
1	台式电脑	6500 元/台以内
2	手提式电脑	12000 元/台以内
3	普通激光打印机	2000 元/台以内
4	扫描仪	1000 元/台以内
5	复印机	15000 元/台以内
6	碎纸机	800 元/台以内
7	激光传真机	2200 元/台以内
8	色带传真机	900 元/台以内
9	投影仪	20000 元/台以内
10	摄像机	8000 元/台以内
11	照相机	3000 元/台以内
12	各类空调	按当年度政府采购中标品牌的协议供货价格以内
二	办公家家具类	
1	办公室(含办公桌椅、文件柜等)	人均配置标准:2000 元~7000 元以内
2	会议室(10~20 人)会议桌	3000 元/张以内
3	会议室(20~30 人)会议桌	5000 元/张以内
4	会议室凳椅	150 元/只以内
5	接待室(局级以下原则上不单独安排)	10000 元/以内

资料来源:桐财发〔2006〕68 号文件。

注:对不列入上述规定范围的大型办公设备、大型专用设备、交通工具的配置标准,由各部门、单位报财政部门审核后确定

第二节　预算执行和调整

一、预算执行

桐乡市政府预算经同级人民代表大会审议批准后，由桐乡市人民政府，镇、乡人民政府和街道办事处负责组织执行，具体工作由财政部门负责。预算执行以组织预算收入为首要任务。在“发展经济、保障供给”财政经济工作总方针指导下，以促进经济发展，努力培养财源，提高经济效益，欲取先予，有予才有取等为指导思想，根据批准下达的预算收入任务，按照相关部门职能分解落实，编制年、季、月收入计划，按月检查执行情况，以月保季、以季保年。工商税收收入预算由税务部门按税收计划执行，收入计划层层落实，分别由税务部门核定落实到各税务分局(税务所)。税务部门在完成上级核定的税收计划同时，加强与财政部门间的联系，以促进收入预算的实现。企业收入包括：国营企业上缴利润(1983年后利改税)、基本折旧基金(1986年后全部留企业)、固定资产变价收入及其他收入等。企业收入由财政和国资管理部门负责。上缴利润和基本折旧基金由税务部门监缴。农业税收收入包括农业税(桐乡市2004年免征)、农业特产税(2002年7月1日起桐乡市对在农业税计税土地上生产的农业特产品不再征收农业特产税)、契税、耕地占用税，由财政部门负责征收(2010年1月1日起征管职能划归地方税务局)。农业税的征收由市财政局负责农业税收管理的科室负责土地面积、产量(定产和受灾减产)和征收额的核定，镇乡、街道财政所(局)具体负责农业税征收。1998年1月，桐乡市财政局设立桐乡市收费管理办公室，加强政府预算收入管理。2010年，设立财政收入管理科，以确保各项预算收入及时、足额缴入国库和财政专户；确保年度财政收入计划的完成和政府收入预算的实现。

经人代会批准的支出预算，在核定的年、季、月支出计划的基础上，由市财政局各相关职能科室(财务管理科室)执行。按照市级各部门职能分工，以及各时期机构设置的变化，市财政局内设行政事业财务、社会保障财务、企业财务、农业财务、基本建设财务等科室。各部门(单位)的经费申请分别经过财政相关职能科室审核、报批签发，由国库科通知人民银行国库，通过银行划拨。预算年度开始后，政府预算草案在市人民代表大会批准前，一般按上年同期基本支出预算支出数安排支出，预算草案批准后，按批准的预算执行。桐乡市财政局按照建立中国特色公共财政体系要求，通过体制、机制和制度创新，已逐步建立包括政府采购、财政统一发放工资、预算单位会计集中核算、银行账户管理、建立国库集中支付制度、公务卡制度、财税库银横向联网、财政总决算、部门决算等现代财政国库管理体系，涵盖国库集中收付、国库现金管理、政府采购管理、预算执行情况报告、政府预算会计核算管理以及财政国库动态监控等方面，并形成相互促进的有机整体。

二、预算调整

预算调整包括政府预算调整和部门预算调整。政府预算调整是指经人民代表大会批准的预算，在执行中因特殊情况出现收支不平衡，或支出预算超过年初预算较大，需要进行调整。部门预算调整是指年初财政批复的部门预算在执行中预算项目之间、预算科目之间的调整和预算执行中的预算追加(减少)。政府预算调整由市财政部门编制政府预算调整方案，报市人民政府审核后，由市政府提请市人大常委会审查批准。《桐乡市本级政府预算管理暂行办法》规定，市本级政府预算超收收入应主要用于各项法定支出和社会保障等必要的社会公共支出。市本级预算执行中，需动用超收收入追加支出时，其数额超过原批准地方财政预算收入总额5%时，财政部门应当编制超收收入使用方案，报市政府审核后提请市人大常委会审查和批准。每年的第四季度，市财政部门对当年预算收支情况作一次比较具体的预测，确需调整政府预算时，提出调整方案上报市政府审核后提请市人大常委会批准后执行。

部门预算的调整必须具备相关条件：一是市委、市政府对部门（单位）新增工作任务较重，年初预算未考虑，且单位预算资金确实不能满足工作需要，必须追加预算。二是部门（单位）职能增加（减少）后，需要追加（减少）的预算；部门间职能调整相应划转的收支预算；部门内科目之间调整而相应划转的支出预算。三是定编内新增人员所增加的人员经费、公用经费及日常办公设备添置需追加支出的预算。四是应缴财政专户收入增收相应增加征收成本和上缴上级支出等需追加的支出预算。五是由于政策性因素，造成应缴财政专户收入短收或增收必须相应追加支出，影响部门预算收支平衡，需追加（减少）的支出预算。六是年初已纳入支出预算的项目，因故不再实施，需要调减的支出预算。凡符合预算调整条件的，由单位向主管部门提出申请，经主管部门审核后向市政府提出调整预算报告，并抄送市财政部门。市财政部门根据市政府批示和相关部门（单位）提出的预算调整报告，对部门（单位）收支情况进行审核，结合资金来源按审批权限办理。经审批通过后的部门调整预算统一由市财政部门办理批复。市级部门预算调整审批权限为：属于科目之间调整，不增加或减少预算资金的，由市财政部门审批；需要经费追加、追减调整的，由市财政部门审核提出意见，报请市长审批。

第三节　财政决算

财政决算是财政预算的总结，是预算执行的最终结果，综合反映国民经济和社会发展成果和进程。编制财政决算是做好下一年度预算管理的基础。1951 年 7 月，中央人民政府财政部颁布的《预算决算暂行条例》对财政决算的编制和审定作出具体规定。1995 年，《中华人民共和国预算法》施行，财政决算编制进一步规范。桐乡市财政部门每年的年终决算编制做到内容真实，反映全面，数字准确，报送及时。

一、决算内容

桐乡市财政总决算由市本级财政总决算和乡镇、街道财政总决算构成，现行财政总决算与预算体系相适应，分别按收入分类和支出功能分类，全面反映政府收支活动，体现一个年度政府活动的范围和方向。部门决算是全面反映各部门（单位）年度预算执行情况的综合财务报告。部门决算数据是分析预测社会事业发展和编制部门预算的重要依据。随着财政预算管理改革的深入，部门决算按照科学化精细化理念不断改进和完善，将预算单位所有收支及资产负债情况全部纳入部门决算编报范围，并形成一套比较完善的部门决算报表体系和编审工作流程。部门决算的目标是建立部门决算与部门预算相互反映、相互促进的有效机制，形成“预算→决算→预算”规范的预算管理链条。

二、决算编制与审批

历年来，上级财政部门对决算编制都有具体的指导原则和编制要求。财政决算编制须按程序逐级进行，以各执行预算的基层单位（包括乡镇、部门）财务决算为基础。各部门（单位）根据《预算法》规定，年终进行财产物资和现金清理，结清账目，做到账账、账实相符，及时、准确、完整地编制部门（单位）决算草案，分列预算数和决算数及部门（单位）基本情况等，附决算说明书，按预算支出领报程序自下而上逐级审核汇总，上报同级财政部门。年终清理工作有：一是组织应缴的财政收入及时入库，努力完成收入任务。二是按照财政体制，做好与上级财政间的应缴应拨事宜的结算。三是做好上下级财政间及财政对主管单位预算追加、调减、划转的核对和已拨款项的核对。四是做好上下级往来的对账及督促各单位做好暂收暂付款项的清理和结账。五是督促各单位做好固定资产和材料清理及其他年终清理工作。

市财政局审核汇总所属行政、事业单位决算、企业财务决算、基建财务决算和所属下级(乡镇、街道)总决算。并按规定程序组织互查互审,处理决算中的未了事宜,核对有关数据。决算审核有单位自查、联审互查和上级重点审查等形式,主要审核支出是否符合政策规定,有无违反财经纪律等情况;审核报表数字的正误,口径是否一致,项目是否齐全,有无错漏;是否正确执行财政管理体制规定的上下级间的留、解比例并审查当年财政收支平衡情况。年度结束后进行整理调整,主要是继续将上年应缴未缴的财政收入收缴入库;检查支出,将不应在上年列支的支出收回;清理收支科目,对原列不正确的收支科目进行更正或调整;做好财政、税务、人民银行国库间的对账,务求一致。在做好上述工作的基础上,市财政部门编制年度财政决算,根据上级财政部门安排的时间表,报送审查汇编的决算和决算分析说明,在上级财政部门组织互审、核查无误后编制决算草案。2010 年,桐乡市财政总决算表包括一般预算、政府性基金、预算外财政专户资金及补充资料等 4 个部分,共涉及收支决算、收支明细、收支平衡、资产负债、基本情况等 27 张表格。

按照《中华人民共和国预算法》规定,决算须经人民代表大会常务委员会审查批准。桐乡市财政决算都在新一年的人民代表大会期间,由市财政局局长受市政府委托,向人民代表大会报告新年度预算草案时一并报告上年度预算执行情况。决算草案报市政府审定后,由市政府提请桐乡市人民代表大会常务委员会审查和批准。市财政局于本级人民代表大会常务委员会批准政府决算草案之日起 20 日内向市级各单位批复决算,原则上按照"谁批复预算、谁批复决算"的原则实施部门决算的批复工作。乡镇政府编制乡镇本级决算,提请本乡镇人民代表大会审查和批准。

第四节　财政收支平衡

1953 年编制县财政收支预算后,至 1978 年实行改革开放,根据"发展经济、保障供给"财政工作总方针,运用财政这一经济杠杆,促进工农业生产发展。各年度预算收支平衡由县级财政收入、支出和结余三部分构成。财政收入一般为年度全额预算收入分成,以前年度支出收回、上级补助收入、上年结余,少数年份尚有自筹、附加收入或调入资金等,财政收支保持着较好的平衡。中共十一届三中全会后,随着全党工作重心转移和财政体制的改革完善,特别是 1994 年开始实行分税制财政体制后,地方积极性充分调动,桐乡市地方财政预算收入有较快增长,财政收支"年年平衡、略有结余"。各年度财政收支平衡由以下因素构成:一是按财政体制计算可用的资金,包括地方财政一般预算决算收入、税收返还收入、上解支出;二是上级补助收入;三是上年结余;四是调入其他资金;五是财政支出。桐乡市财政、税务部门采取确保财政收支平衡的原则主要是依法治税、依法征管、应收尽收,确保完成财政收入预算。贯彻"发展经济、保障供给"财政工作总方针,积极支持各项改革,

2008 年 5 月,市人大领导视察财政地税局,听取工作汇报

支持经济发展，培育后续财源。坚持勤俭节约，狠抓增收节支，加强财政科学化精细化管理。确保重点项目支出和法定支出，压缩非生产性支出，强化支出管理，努力降低行政成本等。桐乡市财政年年实现收支平衡，无赤字财政。

表 5－4　　2004—2010 年桐乡市预算外财政专户收支平衡情况一览表

单位：万元

项目／年度	收入			支出			滚存结余
	合计	其中：上年结转	本年收入	合计	其中：本年支出	调剂支出	
2004	39005	13912	25093	27648	26453	1195	11357
2005	41860	11357	30503	36692	36651	41	5168
2006	51440	5168	46272	41448	41448		9992
2007	173975	9992	163983	124566	124566		49409
2008	128548	48979	79569	76100	76100		52448
2009	116563	52448	67115	73207	73207		46356
2010	165924	46356	119568	163845	163845		2079

资料来源：相关年份财政总决算

注：表中数据取自财政总决算。2008 年，彩票公益金纳入政府性基金核算，上年结转数相差 430 万元，是彩票公益金结余，已转入政府性基金预算

表 5－5　　桐乡市 2007—2010 年社会保险基金(五险)收支平衡情况一览表

单位：万元

项目／年度	基金名称	收入			支出			滚存结余
		合计	其中：上年结转	本年收入	合计	其中：本年支出	上解支出	
2007	企业职工基本养老保险基金	152804	90204	62600	28359	28359		124445
	失业保险基金	6960	3411	3549	1304	1304		5656
	城镇职工基本医疗保险基金	34068	17528	16540	9007	9007		25061
	工伤保险基金	4428	2120	2308	1006	1006		3422
	生育保险基金	2274	847	1427	734	734		1540
	合计	200534	114110	86424	40410	40410		160124
2008	企业职工基本养老保险基金	199211	124445	74766	35811	35210	601	163400
	失业保险基金	10211	5656	4555	1653	1394	259	8558
	城镇职工基本医疗保险基金	44093	25061	19032	12219	12219		31874
	工伤保险基金	5986	3422	2564	1367	1367		4619
	生育保险基金	3083	1540	1543	1004	1004		2079
	合计	262584	160124	102460	52054	51194	860	210530

续表5-5

项目 年度	基金名称	收入 合计	收入 其中:上年结转	收入 其中:本年收入	支出 合计	支出 其中:本年支出	支出 其中:上解支出	滚存结余
2009	企业职工基本养老保险基金	244084	163400	80684	43392	42730	662	200692
	失业保险基金	14131	8558	5573	2048	1733	315	12083
	城镇职工基本医疗保险基金	54161	31874	22287	16486	16486		37675
	工伤保险基金	7554	4619	2935	1874	1874		5680
	生育保险基金	3846	2079	1767	1261	1261		2585
	合　计	323776	210530	113246	65061	64084	977	258715
2010	企业职工基本养老保险基金	96090	200692	76021	50796	49889	907	225917
	失业保险基金	17276	12083	5193	2090	1795	295	15186
	城镇职工基本医疗保险基金	64629	37675	26954	19004	19004		45625
	工伤保险基金	8127	5680	2447	2299	2299		5828
	生育保险基金	4052	2585	1467	1460	1460		2592
	合　计	370797	258715	112082	75649	74447	1202	295148

资料来源:相关年份财政总决算

表 5-6

1996—2010 年桐乡市财政收支(一般预算内、政府性基金)平衡情况一览表

单位:万元

项目	收入									支出								结余					
	合计	一般预算				政府性基金				合计	一般预算				政府性基金			合计	一般预算			政府性基金	
		小计	其中:			小计	其中				小计	其中:		增设预算周转金小计	小计	其中:			小计	其中:		小计	其中:
年度			上年结余	本年收入	返还及上级补助收入		上年结余	本年收入	上级补助			本年支出	上解支出			本年支出	上解支出			专项结余	净结余		专项结余
1996	34789	34789	1035	15984	17770					32869	32869	16462	16407					1920	1920	1920			
1997	41663	37347	1536	17428	18383	4316	384	3928	4	38600	35076	18269	16807		3524	3485	39	3063	2271	1770	501	792	792
1998	48857	43356	2943	21011	19402	5501	1136	3776	589	42351	38539	21199	17340		3812	3812		6506	4817	4817		1689	1689
1999	56089	49911	4817	23657	21437	6178	1689	4000	489	50626	46070	28106	17964	238	4318	4318		5463	3603	3603		1860	1860
2000	71484	64375	3603	37768	23004	7109	1860	4559	690	62850	57868	37397	20471	90	4892	4892		8634	6417	5717	700	2217	2217
2001	101731	90576	6417	59443	24716	11155	2217	7192	1746	90339	80654	55932	24722	995	8690	8690		11392	8927	8927		2465	2465
2002	136538	102316	8927	56909	36480	34222	2465	31358	399	126041	92241	65872	26369	475	33325	33325		10497	9600	9600		897	897
2003	166696	126395	9600	73048	43747	40301	897	39178	226	153833	114783	83506	31277	600	38450	38450		12863	11012	10512	500	1851	1851
2004	202253	146701	11012	83365	52324	55552	1851	51178	2523	186180	135020	99269	35751	400	50760	50760		16073	11281	11281		4792	4792
2005	235281	170911	11281	111691	47939	64370	4792	58244	1334	219450	162420	120615	41805	400	56630	56630		15831	8091	8091		7740	7740
2006	271508	189624	8091	129424	52109	81884	7740	71205	2939	254298	180920	134379	46541	400	72978	72978		17210	8304	8304		8906	8906
2007	358918	237842	8304	170598	58940	121076	8906	108876	3294	337252	225329	169753	55576	400	111523	111523		21666	12113	12113		9553	9553
2008	488988	291252	12113	204037	75102	197736	9553	180359	7824	460047	272956	209722	63234	500	186591	186591		28941	17796	17796		11145	11145
2009	512573	347308	17796	244560	84952	165265	11145	139189	14931	472919	322902	250918	71984		150017	150017		39654	24406	24406		15248	15248
2010	834191	428852	24406	293415	111031	405339	15248	382585	7506	758623	384633	301962	82671	33	373957	373957		75568	44186	44186		31382	30382

资料来源:各年度财政总决算报表

注:1.表中本年收入包括:①预算外调入 1021 万元,其中:1998 年 459 万元;2004 年 173 万元;2005 年 41 万元;2010 年 348 万元。②政府性基金调入 1198 万元,其中:2009 年 1180 万元;2010 年 18 万元。③国债转贷资金 5090 万元,其中:2000 年 1100 万元;2001 年 1500 万元;2002 年 900 万元;2003 年 1070 万元;2006 年 520 万元。④转贷财政部代理发行地方政府债券 27646 万元,其中:2009 年 17646 万元;2010 年 10000 万元。

2.1997 年起财政总决算增设政府性基金收支决算(含社会保险基金),此前这部分资金在预算外反映。桐乡市从 2001 年起将社会保险基金纳入政府性基金核算。2007 年开始,政府收支分类改革,社会保险基金单独设立收支决算。2000 年及 2003 年净结余资金为国债转贷资金结余。

3.一般预算上解支出包括县(市)上解市地收入,决算报表以收入负数表示。1997 年政府性基金上解是城市教育费附加上解市地收入,1998 年及以后在一般预算核算

第六章　国有资产管理

国有资产管理的主要内容包括产权登记、清产核资、资产评估、资产处置、国有企业财务管理等。1997—2005年，桐乡市全面实施国有(营)企业改转制；2004—2005年，事业单位实施改制。国有(营)企业和事业单位改制后，国有资产管理重点发生转变，逐步由资产管理向资本管理转变。2006年，桐乡市组建国有投资公司，整合投资渠道，理顺出资人与资产经营人之间的关系。2010年，国资部门履行出资人职责，建立财务总监制度。

第一节　产权登记

一、国有企业资产产权登记

产权登记　桐乡市国有企业资产产权登记始于1991年，以后年份几乎每年登记，登记内容与口径时有变化。若干年份因档案保存不完整数据有缺失。2000年开始，产权登记数据实行软件管理。2007年，实行滚动式产权登记，即只登记新增和注销企业。

1996年1月，国务院颁布《企业国有资产产权登记管理办法》，国家国有资产管理局相应出台《企业国有资产产权登记管理办法实施细则》，根据省国资局的统一部署，1997年1月起，桐乡市开展企业国有资产产权登记。

当年，全市产权登记企业170家，资产总额256782万元，国有资产总额66572万元，其中国家资本及权益60196万元。

2000年7月1日起，桐乡市开展新一轮企业国有资产产权登记，并启用新的企业国有资产产权登记表、证。因涉及企业转制等情况，对当时已转制的企业国有产权登记作出规定：占有国有资产的企业发生资本(或国有资本)为零或企业所有者权益小于等于零时，以及改制后只占有剥离国有资产或提留国有资产的企业，按规定仍应办理产权登记及年度检查；实收资本为零的企业暂缓发证；企业所有者权益小于或等于零的企业，以及改制后只占有剥离国有资产或提留国有资产的企业，不予发证。是年开始，产权登记实行软件管理，2002年产权登记软件升级到新版本。

2003年，国家国资委对产权登记进行改革，实行“简化审查内容、减少登记指标、强化产权管理、改变年度检查方式”的原则。2005年1月1日起桐乡市执行新的企业国有资产产权登记办法，政府出资的企业及其子级企业，按规定进行产权登记后发放产权登记证，确认产权归属的法律关系。

是年12月，嘉兴国资委成立。根据嘉兴国资委要求，桐乡市开展国有企业户数清理，市国资办牵头，各镇乡(街道)和企业主管部门负责具体的清理工作。

2005年，企业换发国有资产产权登记表、证，市财政局在11月25日《嘉兴日报》桐乡版刊载《关于重新办理企业国有产权占有登记和核发新产权登记证的公告》，并召开工作会议进行布置，38个主管部门和公司参加。

当年，共有 125 家企业重新办理国有产权占有登记，其中国家授权投资机构 1 家，有限责任公司 96 家，国有企业 20 家，集体企业 1 家，中外合资(合作)企业 2 家，企业化管理事业单位 5 家。

125 户企业实收资本共计 17.06 亿元，其中国家资本 12.12 亿元，法人资本 3.77 亿元，外商资本 0.7 亿元，个人资本 0.47 亿元。国家资本及国有法人资本共计 14.94 亿元。

2006 年，国有资产产权重新占有登记企业 130 家，其中新办占有登记 20 家，注销 1 家，办理变动登记 21 家。登记企业实收资本 24.01 亿元，国有资本 20.59 亿元。

2007 年后，产权登记实行滚动式登记。

2009 年，办理产权占有登记 9 户，国有资本总额 10950 万元，办理产权变更登记 18 户，其中因增资变更的 11 户，注册资本增加额 24462 万元，其中国有资本 20050 万元，办理企业注销登记 2 户。

产权登记检查　1996 年，按照国家国有资产管理局的通知和省国资局的要求，桐乡财政局开展 1995 年度全市企业国有资产产权登记检查，对国有企业投资设立并领取“企业法人营业执照”的二级或二级以下企业实行分户登记，即“见法人就登”。同时规定年检时提供的《财务会计决算报表》(《资产负债表》《财务状况变动表》等)须经会计事务所、审计事务所审计确认。

2002 年 3 月，开展对 2001 年度企业产权登记年检，规定对在 2000 年前设立因各种原因未登记的各类企业，应以 2000 年年底的数据为准补办国有资产产权占有登记，然后再进行年检。

1997 年、2003 年、2006 年、2010 年均开展企业产权登记年检。

表 6-1　　若干年份桐乡市国有产权登记情况一览表

单位：万元

所属年度	登记户数	资产总额			净资产							
		总计	长期投资	其中：债券投资	总计	一、实收资本	其中：1.国家资本	2.法人资本	其中：国有法人资本	二、国有资本权益	其中：国家资本权益	国有法人资本权益
1995 年末	170	256782			69671							
1996	159	265955	8842		65408	48294	39014	7453	7193	17073	15639	1434
1997	157	281668	13143	2740	67523	53680	42428	9209	8980	13760	11415	2345
1998	127	290790	15737	1534	67528	52543	40071	10994	10006	14985	11212	3420
1999	105	281401	14322	1745	74857	49877	36560	11057	9806	24980	21115	3797
2001	101	312982	18347		113055	89222	45134	33518	27811		21112	584
2005	125					170600	121200	37700	149400			
2006	130					240100	205900					

资料来源：1998 年版《桐乡市财税志》第 179 页，市局档案室档案：“B2 国有资产”资料

二、行政事业单位资产产权登记

根据浙江省国有资产管理局《关于印发〈浙江省行政事业单位国有资产产权登记实施办法〉的通知》，桐乡市财政局于 1996 年 3 月下发《关于做好行政事业单位国有资产产权登记的通知》，具体部署行政事业单位的国有资产产权登记。

1996 年是行政事业单位产权登记第一年，财政部门开展户数核实、宣传发动、组织培训等工作，登记工作于 5 月底结束，办理产权登记的行政事业单位均按规定发放“国有资产产权登记证”，以后年度

产权登记年检工作正常开展。

1996 年登记的非经营性行政事业单位 228 户，年末国有资产总额 43758 万元，占用土地 108 万平方米，房屋建筑面积 86 万平方米。

表 6－2　1996—2000 年度桐乡市行政事业单位国有资产产权登记年度检查情况一览表

单位：万元

所属年度	登记户数	资产总额	负债总额	国有资产总额		主要财产情况				经营性资产情况	
				合计	其中：固定资产	土地占用面积（万平米）	房屋建筑面积（万平米）	汽车（辆）	专用仪器设备（台）	总额	出租/借
1996 年	228	73231	29473	43758	27987	107	86	188	241	381	17
1997 年	233	91758	33056	71930	38614	136	39	212	625	81	17
1998 年	235	116576	40753	75824	49010	172	109	181	629	2728	20
1999 年	226	122196	37349	84847	57111	176	65	226	3048	3571	400
2000 年	226	122051	28109	93942	62636	175	65	228	1377	3194	86

资料来源：根据财税局档案室报表编制

2002 年 9 月，根据省财政厅要求，桐乡市财政局组织开展行政事业单位产权占有的重新登记，制订《桐乡市行政事业单位国有资产产权登记工作方案》，并组织学习、培训。

本次产权重新登记仅限于市级行政事业单位，不包括乡镇政府所属单位。其主要特点：

1. 取消产权登记年检制度，代之以年度产权变动汇总登记制度，新的产权登记办法包括占有、变动和注销登记三种登记形式；

2. 加强与人事、民政、工商等部门的配合，强化“行政事业单位国有资产产权登记证”的作用，“产权登记证”为行政事业单位办理法人年检、政府统一采购、单位改制和资产处置时的必备材料，没有取得“产权登记证”的单位，政府有关部门不予办理上述相关事项；

3. 重新开发产权登记软件，并在财政部门内部采用网络方式进行数据上报和汇总。

本次重新登记的行政事业单位 165 户（不含企业化管理的事业单位），其中国家机关 52 户，事业单位 108 户，社会团体 5 户。

表 6－3　2002 年度市本级行政事业单位国有资产产权重新登记情况一览表

单位：万元

项目	登记户数	资产总额	负债总额	国有资产总额	主要财产情况						经营性资产
					土地占用面积（万平米）	其中：有土地使用证	房屋建筑面积（万平米）	其中：有房产证	汽车（辆）	专用仪器设备（台）	
合计	165	257633	102491	161716	107.1	64.9	75.3	19.9	452	2384	28834
国家机关	52	110782	51683	63599	15.6	11.5	23.6	7.9	346	946	3421
事业单位	108	146599	50766	97906	91.5	53.4	51.6	11.9	102	1434	25412
社会团体	5	252	42	211			1		4	4	

资料来源：根据财政局档案资料《2002 年市本级国有资产产权重新登记情况表》整理

根据省财政厅指示，2003 年开始取消产权登记年检制度，以占有、变动、注销登记代替年检登记，加强部门配合（办理法人年检、政府统一采购、单位改制和资产处置等事项时产权登记作为必备材料），升级软件管理系统，删减不必要的数据指标。

三、城镇集体企业产权登记

1996 年 8 月，财政部清产核资办公室下发紧急通知，贯彻落实国务院办公厅《关于在全国城镇集体企业、单位开展清产核资工作的通知》，1997 年 3 月，国家经贸委、财政部、国家税务总局联合印发《城镇集体所有制企业、单位清产核资集体资产产权登记办法》。市城镇集体企业的产权登记工作主要结合清产核资工作同时进行。

第二节　清产核资

一、国有企业清产核资

新中国成立后，国营工商企业多次开展清产核资。1961 年，县成立清产核资办公室，全面开展国营工商企业的清产盘点；1971 年，全县国营企业再次清产核资；1978 年，县成立"两清"领导小组，在各部门、各企业单位结合年终清查全面开展"清仓查库、清理资金"；1979 年，县成立"清产核资、扭亏增盈领导小组"，开展清产核资。

1995 年，全国开展第五次清户核资，为建国后规模最大的一次。

当年 3 月，桐乡市召开全市清产核资工作动员会议，在制订《桐乡市清产核资工作实施》方案的基础上，4 月 18 日—23 日，分系统集中举办两期培训班，参加培训的业务骨干 208 人。全市 8 个主管局、办、公司和 57 家企业组建领导班子，1095 人参加清产核资。

经清查，153 家企业共有资产 19.66 亿元，企业负债总额 15.25 亿元，所有者权益 4.41 亿元。全部企业平均资产负债率 77.56%，基本与全国水平持平。

通过核实，全市共批准各种损失 5781 万元，其中资产损失 5647 万元，潜亏挂账 76 万元，有问题长期投资 58 万元。根据政策相应冲减资本公积 4282 万元，盈余公积 695 万元，实收资本 804 万元。

经汇总处理，截至 1995 年 3 月 31 日，全市资产总额 21.82 亿元。负债总额 15.25 亿元，所有者权益 6.57 亿元，平均资产负债率降为 69.91%。

这次清产核资对企业单位占有使用的国有土地进行清查，并按规定对列入估价范围的土地实施估价入账。清查结果，153 家企业共占用国有土地 234 万平方米，列入估价范围的土地 149 平方米，估值 1.84 亿元，平均地价 123.23 元/平方米，其中商业用地 415.27 元/平方米，工业用地 112.59 元/平方米。

二、城镇集体企业清产核资

桐乡市清产核资试点工作于 1997 年 5 月开展，市领导小组首先印发《桐乡市城镇集体所有制企业、单位清产核资试点方案》，确定试点企业，试点户数占总企业户数的 10%，包括二轻、供销、信用社系统的企业。清产核资的时间点统一为 1997 年 3 月 31 日。

6 月，全市召开城镇集体企业清产核资工作动员会议并举办试点企业培训班。

7 月，市清产核资办与中国人民银行桐乡市支行联合转发省分行《关于开展城市、农村信用社清产核资工作的通知》，部署全市城市、农村信用社清产核资工作。

清产核资工作依靠税务部门和企业主管部门核实户数，全市共清理上报城镇集体企业 397 家。确定全市清产核资试点企业 91 家，其中二轻系统 7 家，供销社系统 45 家，濮院镇办企业 8 家，城市信用社2家,农村信用社29家。

经清查,31家信用社全部资产33.72亿元,其中流动资产29.65亿元,长期资产4.06亿元,负债总额32.48亿元,所有者权益1.25亿元;60家城镇集体企业全部资产5.38亿元,其中流动资产2.76亿元,固定资产1.97亿元,企业负债总额3.31亿元,所有者权益2.07亿元。

全市试点企业列入价值重估范围的固定资产账面原值618万元,账面净值405万元,重估后,原值增加380万元,净值增加233万元。全市试点企业共批准核销各种损失543万元。

清产核资试点于1997年10月底结束,11月清产办进行工作总结,91家试点企业的报表数据全部录入微机。

1998年3月,市清产核资领导小组下发《桐乡市城镇集体企业、单位清产核资工作方案》,全面铺开清产核资工作。清查资产的时间点定在1998年3月31日。

同年10月底,全市城镇集体企业清产核资工作结束。共清理统计上报企业415家,其中集体企业382家,金融企业31家。全面铺开的清产核资企业291家。经清理统计,351家集体工商企业资产总额25.7亿元,负债总额18.00亿元,所有者权益7.69亿元。

通过产权界定,集体工商企业实收资本5.87亿元,占所有者权益76.31%,其中集体资本5.09亿元,占全部资本96.68%。集体金融企业实收资本1.2亿元,占所有者权益96.64%,其中集体资本1.14亿元,占资本金的94.85%。

经价值重估,全市城镇集体企业清产核资列入主要固定资产价值重估的固定资产账面原值6619万元,账面净值3808万元,重估后原值增加3207万元,净值增加1727万元。

通过清查,共查出待处理资产损失和资金挂账2.15亿元(不包括金融企业),批准核销各种损失3541万元。

三、行政事业单位资产清查

1979年7月,桐乡县对行政事业单位的财产进行全面清查。

1991年,重新颁发《桐乡县事业行政单位财产物资管理办法》,并对事业行政单位的财产物资进行全面清查。并规定以后年份各单位每年必须对财产物资进行一次全面清理核对,如发生盘盈盘亏,查明原因后,按审批手续,分别报主管部门或财政部门审批。

1993年,事业行政单位财产又进行清查登记,全市共清查281户,1992年年末全部资产总值40031万元。

2002年7月,桐乡市部署开展全市行政事业单位清产核资工作。这次清产核资以2002年6月30日为清查时点,至11月结束,历时5个月。清产核资的范围:执行行政事业单位财务会计制度的行政事业单位,实行企业管理及企业集团下属的具有经常性财政经费关系的事业单位、社会团体,共376户,其中行政机构66户,事业单位290户,社会团体7户,其他经常性财政经费单位13户。

通过清产核资,共清理上报盘盈资产19200万元,其中流动资产盘盈455万元,固定资产盘盈18756万元;上报财产损失及挂账15017万元,其中流动资产损失2156万元,固定资产损失12564万元(包括房改房挂账1047万元)。经核实调整,全市行政事业单位国有资产总量为18.41亿元,其中行政单位3.87亿元,事业单位13.72亿元,企业化管理的事业单位0.82亿元。

2007年,全市开展行政事业单位户数清理登记。3月,市人民政府办公室下发《关于开展全市行政事业单位资产清查工作的通知》,并制订《桐乡市行政事业单位资产清查工作方案》,资产清查统一以2006年12月31日为基准日,清查工作包括单位基本情况清理、账务清理、财产清查、建立固定资产卡片、完善制度等项。

3 月 7 日，分两期召开全市资产清查布置暨培训会议。3 月 14 日—19 日，共举办 7 期软件操作强化培训班。

这次资产清查的范围主要包括：执行行政、事业单位财务会计制度的各类行政事业单位、社会团体，执行民间非营利组织会计制度、并同财政部门有经费缴拨关系的社会团体，不包括行政单位附属的未脱钩经济实体、执行企业财务会计制度的事业单位，以及事业单位兴办的具有法人资格的企业。

清查工作历时近三个月，纳入清查范围的各类行政事业单位(包括自收自支事业单位)、社会团体共 343 户，其中行政单位 67 户，事业单位 269 户，社会团体 7 户。根据省财政厅“要有 50%审计面”的要求，市清产办拟定《清查审计方案》，第一步：确定 30%左右的单位 113 户委托方联和求真两家会计师事务所进行审计；第二步：根据各单位上报损益情况，确定 20%～30%的单位委托会计师事务所进行重点审计。

表 6-4　　2007 年桐乡市行政事业单位资产清查情况一览表

单位：亿元

	资产总额	其中：固定资产	其中：①土地房屋建筑物	②交通运输设备	负债总额	净资产
行政单位	11.24	5.23	2.73	1.02	2.35	8.89
事业单位	36.86	15.46	9.77	0.61	11.70	25.16
合　计	48.10	20.69	12.5	1.63	14.05	34.05

资料来源：档案室提供的 2007 年行政事业单位资产清查报表数据

通过资产清查确认，行政单位汇总资产损失 7605 万元，资产盘盈 4994 万元；事业单位汇总资产损失 8956 万元，资产盘盈 11270 万元。

当年，联合用友政务软件公司开发应用《行政事业单位国有资产动态管理系统》，行政事业单位国有资产实施动态管理。该系统在 2008 年 2 月初正式启用。

第三节　资产评估

一、国有企业资产评估

1992 年开始，桐乡市国有企业资产转让、联营、合资、承包、抵押贷款等，由市财政局国有资产管理办公室出具《资产评估立项通知书》，委托桐乡会计师事务所进行资产评估。1992—1996 年，共委托国有资产评估项目 37 个，评估资产共计账面原值 5746 万元，账面净值 5112 万元，评估重置完全价值 10077 万元，评估净值 16509 万元，评估增值 11397 万元，增值率 223%。其中棒冰汽水厂、石油公司的土地和乌镇酒厂、桐乡诚博实业公司、桐乡食品公司崇福水产经营部的无形资产原未在账面反映，评估后全部确定为增值资产，共计 173.88 万元；1993 年桐乡机械厂因与台商合作经营，经国资办批准立项对投入的厂房及设备资产进行评估，以 1992 年 12 月 31 日为基准日，账面资产原值 491.75 万元，账面资产净值 312.56 万元，经评估资产重置完全价值为 1870.98 万元，评估净值 1531.99 万元，评估增值 1219.43 万元，增值率 390.14%。

1997 年 3 月，桐乡市推出股份合作制改革，市委下发《关于加快我市企业改革的实施意见》，明确要求股份制改革中资产评估基准日统一为1997年3月31日。改制的资产(包括国有土地使用权)在企业财产、资金清查的基础上,由资产评估机构评估,其中涉及的出让、折价入股等产权变动的国有土地使用权由土地专业评估机构评估。国有资产评估由市财政局会同主管部门审核确认。

资产评估根据资产类型,按规定选择重置成本法、收益现值法、现行市价法等进行评估。土地使用权价值依据城镇基准地价、修正系数及土地估价规程评估。改制后,仍作行政划拨管理的国有土地使用权实行剥离,委托改制企业实行专项管理。非经营性资产剥离后建立独立经营单位,实行专项管理,界定为国有资产、联社资产、社有资产的部分,由改制企业每年按银行一年期贷款利率的50%(宿舍、食堂、托儿所部分20%)向资产所有者交纳占用费。

离退休人员的社会保障根据企业自身的承受能力按企业应缴社会养老保险费3—10年的标准,在评估、核销、剥离后的净资产中划出一块,其中20%划入主管部门作解困专项资金,80%留企业实行专项管理,用于弥补离退休人员的养老、医疗统筹。

2000年4月,根据市委、市政府办公室《关于全面推进我市国有企业改革的补充通知》,部分企业实行国有资产整体退出,国有企业职工身份置换。改制企业全部资产进行评估,其中三年以上呆死账和需报废的资产经批准允许核销。改制企业可以从企业净资产中提留一块用于置换全体职工身份,提留标准根据企业净资产状况按在职职工、退休职工、内退职工及遗属、精简人员、工伤人员等分别确定。在职职工每个工龄年300—800元提留,用于置换职工身份的经济补偿。退休职工按人均1.5万元提留,用于退休职工社会保障金支出,专户储存;再提留人均1万元的社会保障补充资金,留在企业,用于退休职工在未纳入社会化管理和社区服务前过渡期内的医疗保障等费用支出。

原实行工效挂钩的国有企业,按政策规定提留的工资基金及应付福利费结余,根据2000年7月市政府专题会议精神,改制时按剩余部分的30%界定为国有资产,转入企业净资产。

1997—2005年,桐乡市因国有企业改制进行资产评估的企业有99家,其中负资产或零资产57家,评估确认国有资产净值12506.91万元,剥离国有土地267527.48平方米,估值3156.55万元,剥离非经营性资产2054.81万元,提留改制成本23709.91万元(包括离退休人员社会保障、分流安置人员的经济补偿等),同时按企业应收账款余额提留10%的坏账准备金、剥离坏账损失。

表6-5　　1997—2005年桐乡市转制企业资产评估情况一览表

年　份	评估确认企业(家)	确认国有资产(万元)	零资产企业(家)	剥离土地(平方米)	剥离非经营性资产(万元)
1997年	7	1393.86	2	98983.19	396.90
1998年	24	616.18	17	85065.22	1321.22
1999年	1	41.98		17623.00	139.39
2000年	16	1924.95	13	234.28	30.89
2001年	18	2804.47	10	58412.92	166.41
2002年	3	1052.29	2		
2003年	14	1621.48	6		
2004年	15	2802.37	7	7208.87	
2005年	1	249.33			
合　计	99	12506.91	57	267527.48	2054.81

二、行政事业单位资产评估

2004年8月，桐乡市委印发《关于进一步深化事业单位改革的意见》，市委办、市政府办下发《关于生产经营类事业单位改革的实施意见》，生产经营类事业单位进行产权制度改革，国有资本全部退出。

确定为改制的事业单位事先自行清产核资，然后委托有资质的中介机构进行资产评估，内部公示，向财政部门办理核准手续；土地资产评估后经国土资源管理部门确认。

事业单位改制主要在2004年和2005年，共涉及资产评估的单位有15家。确认评估国有资产净值10178.53万元，确认提留改制成本5336.54万元。

经评估确认，提留后，净资产为零或负的单位的改制成本均由市财政拨付。

2010年，全市公务用车改革，核减的车辆由国资部门牵头委托中介机构进行评估。是年8月起至12月，共核减车辆两批次203辆，评估价962.51万元。评估后统一向社会公开拍卖。

三、集体企业资产评估

1992年开始，桐乡二轻公司、供销总社、工业品总公司、物资局及乡镇农工商实业总公司下属的集体企业合资、联营、合并、转制、产权托管、资产转让、抵押贷款等，由相应的主管部门出具《资产评估立项通知书》，委托会计师事务所进行资产评估，1992年至1996年共委托评估企业59家。

1997年3月，启动城镇集体企业改转制。城镇集体企业的资产评估，一般由主管部门把关，财政与金融部门参与审核。

财政参与评估审核的有供销集团有限公司、桐乡缝纫机零件厂、嘉兴海鸥电器厂、崇德阀门厂、濮院绸厂、屠甸布厂、灵安塑料厂、桐乡电讯器材厂、桐乡缝纫机零件厂等。其中供销集团有限公司净资产数额25424.67万元，资产数额大，社会影响大，其余8家二轻集体企业均资不抵债，且数额较大，需财政给予解困资金。

第四节　国有资产处置与管理

一、国有企业资产管理

（一）国有企业改制、转制

根据中共十四届三中全会精神和市委、市政府部署，1995年12月，市人民政府发文批复同意将桐乡市商业局成建制地转体，组建为桐乡市商业集团总公司，商业集团总公司受市政府委托运营原属企业的国有资产，对资产进行管理，并行使国有资产所有权职责。

1997年3月，中共桐乡市委、市人民政府下发《关于加快我市企业改革的实施意见》，并附发《关于深化完善我市乡镇集体企业改制工作的若干意见》《关于我市国有、城镇集体企业推进股份合作制改革的若干意见》，启动全市国有企业和集体企业的改制。国有企业改制大致分二个阶段，第一阶段（1997—1998年），主要为改制试点阶段，以国有商业企业改制为主；第二阶段（1999—2005年），主要为改制推进阶段，以国有工业企业改制为主，同时深化、完善第一阶段改制政策。至2005年，国有企业改制基本结束。

第一阶段（1997—1998年）改制试点

1997年3月，在清产核资、资产评估和产权界定的基础上，全市21家国有商业企业当年纳入改制日程，其中濮院食品分公司、饮服分公司、烟糖分公司、医药分公司4家企业合并组建濮院国联商业有限公司；梧桐医药分公司、桐乡五交化商厦、梧桐文化体育用品商店、梧桐百货商店、梧桐久盛衣店、雅戈尔专卖店、梧桐烟糖新中商店、梧桐烟糖新汇商店、梧桐饮服照相馆等9家企业合并组建桐乡国联商业有限公司;桐乡市百货总公司本级、桐乡市建材装潢公司、桐乡百货商场、乌镇百货公司4家独立核算企业合并组建桐乡百货股份有限公司。

经财政局国资部门确认,濮院国联商业有限公司、桐乡国联商业有限公司、桐乡百货股份有限公司总资产分别为1038.17万元、1366.85万元、456.33万元,所有者权益分别为275.93万元、453.21万元、722.69万元。

根据改制政策,以1996年为标准提留社会养老保险统筹费和离退休人员医疗统筹费(人均240元),濮院国联、桐乡国联、桐乡百货的提留年限分别为5年、6年、8.5年,提留应交社会养老保险统筹费、医疗统筹费分别为139.53万元、301.21万元、335.14万元;依政策规定按应收账款10%提留坏账准备金,桐乡国联和桐乡百货分别为13.70万元、20.22万元;对国有土地使用权和非经营性国有资产(职工宿舍)进行剥离,濮院国联、桐乡国联、桐乡百货分别剥离96.48万元、123.05万元、300.48万元;桐乡百货住房周转金结余调增净资产,桐乡百货原库存商品的变价损失调减净资产。

经国资部门确认企业所有者权益通过调整、提留、剥离后,濮院国联、桐乡国联和桐乡百货国有净资产分别为39.92万元、15.26万元、21.08万元。企业改制后设置国家股、法人股两种股份,确认的国有资产分别重新投资入股,国家股份占总股本的比例分别为:濮院国联33.3%、桐乡国联10.56%、桐乡百货15%。

上述提留资产,其中20%上交主管部门作解困专项基金;80%留企业专项管理,用于弥补离退休人员养老和医疗统筹费用,由财政局、劳局动和企业工会实施监督;坏账损失提留留企业备用、剥离的国有资产委托企业专项管理,国资部门与企业签订《委托专项管理协议书》。

当年改制的还有浙江调速电机厂、桐乡进出口公司、石门米厂和桐乡化工厂4家企业,浙江调速电机厂评估资产扣除提留、剥离后净资产为317.51万元,改制后,企业设总股本317.51万元,其中国有股占10%,由市政府委托工业局行使出资人职能。桐乡进出口公司,经国资部门确认的净资产1000.1万元,公司职工出资购买部分国有资产158万元,国有资产剩余842.1万元。石门米厂评估资产扣除10%坏账准备和养老、医疗提留、资产剥离后净资产为零,企业按零资产改制。桐乡化工厂评估资产扣除提留、资产剥离后净资产为负,企业按零资产改制。

1998年,改制企业45家。

桐乡医药有限公司(由桐乡医药总公司本级、崇福医药分公司、乌镇医药分公司、乌镇五交化公司、市药材对外贸易公司、梧桐医药分公司、濮院医药分公司组建)、桐乡食品有限公司(由食品公司本级、果蔬餐饮调料公司、水产公司、梧桐食品分公司、梧桐哺坊、梧桐肉食商店、梧桐惠丰商行合并组建)、桐乡乌镇食品有限公司(由乌镇三珍斋酱鸡厂、乌镇食品分公司、乌镇饲养场、嘉兴市荣昌食品厂合并组建)、桐乡五交化有限公司、桐乡经济开发区房产开发公司5家企业国有净资产分别为45万元、14万元、37万元、20万元、281.54万元,确认后投资入股,国有股权分别为18%、13%、18.05%、16%、45.45%。

桐乡烟草综合经营公司经确认国有净资产50万元,由职工出资全额置换。

桐乡农药厂确认国有净资产168.64万元,80%转让给钱江生化股份有限公司,20%国有持股投资合办钱江生化有限责任公司。

崇福食品分公司、桐乡纺织品总公司、桐乡饮服公司、崇福糖业烟酒公司、崇福五交化公司、桐乡糖业烟酒有限公司(含糖业烟酒公司、原辅材料公司、梧桐烟糖分公司、嘉兴港乐饼业、桐乡酿造厂)、濮院物资公司等7家企业净资产为负，用土地使用权受让价值冲抵负资产后余额用于提留，按零资产转让，濮院物资公司土地使用权不足抵冲负资产，差额允许五年内用利润弥补。

屠甸食品分公司、石门食品分公司、洲泉食品分公司、大麻食品分公司、乌镇饮食服务公司、崇福饮食服务公司、崇福百货有限公司（含崇福百货公司本部、崇福百货大楼、崇福纺织品分公司）、乌镇食品厂、乌镇纺织品商店、乌镇糖业烟酒公司10家企业净资产经调整、提留、剥离后国有净资产确认为零，按零资产转让，剥离资产委托管理。

第二阶段（1999—2005年）改制推进

1998年7月，市委、市政府办公室印发《关于进一步推进企业产权制度改革的若干补充规定》，改制推进力度进一步加大，企业出售时，一次性购买优惠从10%—20%提高到10%—30%；国有改制企业非经营性资产实行剥离后应交纳的占用费，2000年底前缓交。按规定提取的职工养老保险费、离退休人员养老安置费统一划入市劳保所，实行统一管理，专款专用。

1999年改制企业3家。

乌镇锅厂实施经济性裁员、破产重组，在职职工发给一次性经济补偿金，由财政垫支180万元，存量资产处置收入上交市财政。

桐乡印刷厂按“二买断二保障”的形式改制，买断国有企业职工身份，买断企业资产（包括土地使用权），保障退休及内退人员基本生活，保障在职职工的合法权益。在职职工按每个工龄年700元标准买断职工身份；退休职工按人均1.5万元标准提留用于保障退休人员生活（人跟钱走，提留资金缴劳保所的，由劳保所管理退休人员；提留资金留企业的，由企业管理退休人员）；内退人员按每人年7200元标准计提生活费及养老保险费至退休年限，再按每人1.5万元标准提留退休生活保障金（钱留企业）；按人均1万元标准提留离退休人员大病医疗费；剥离老厂区相关土地、房产225.29万元，由国资部门收回；剥离新厂区土地、资产，新厂区土地使用权按确认的评估价40%计算出让金，非生产性用房按50%计算并计入净资产。经评估所有者权益445.47万元，按政策扣除相关提留、剥离相关资产后国有净资产为41.98万元，由企业职工整体购买，经市政府专题会议同意一次性付款给予优惠15%，国资以现金34.07万元投资新组建的桐乡印刷有限公司，国有股占比10%，其余1.61万元上交市财政。

会计师事务所根据省财政厅相关文件脱钩改制，本着“谁投资、谁拥有产权”的原则，市财政局投资发起组建桐乡会计事务所，故由市财政局收回投资资产。

2000年4月，市委办、市政府办印发《关于全面推进我市国有企业改革的补充通知》，土地资产处置采用新政策：原划拨土地使用权采取作价出资（入股）的，按土地评估确认价的40%确定，以国有资本金或股本金的方式注入改制企业；原划拨土地使用权采取出让方式处置的，土地出让金按土地评估确认价的20%确定；原划拨土地使用权以租赁方式处置的，土地租金以土地评估确认价的20%按银行还原利率确定。

是年，1997—1998年先行试点的企业陆续向市政府提出《要求完善改制的请示》，经市产权制度改革领导小组同意，试点改制企业按“两置换、两保障”政策作进一步深化与完善。

当年，深化完善改制企业2家。

桐乡化工厂在原提留基础上增加职工身份置换的经济补偿金71.36万元和改制后发生的坏账损失5.50万元，存在缺额76.86万元，用原剥离的行政划拨土地5308.7平方米，价值89.19万元冲抵，冲抵后余额12.33万元，作为国有股投入新组建的公司，国有股权9.17%；其余行政划拨土地9082.6

平方米，价值106.27万元，冲抵负资产(1997年改制结算时留存)后余额，按40%比例由企业补交土地出让金。

桐乡濮院物资公司在原确认的净资产的基础上调减改制前应纳税款18.24万元，提留双置换所需经济补偿金24.05万元，合计缺口资金75.11万元，市财政以濮院物资公司整体收购濮院物昌公司支付的70万元资金作改制成本拨付，剩余资金缺口，用原占用的行政划拨土地红线外部分79.41平方米，价值7.94万元抵冲，余额按20%补缴出让金。企业按零资产改制。

当年，新改制企业18家。

嘉兴兔皇羊绒制衣厂经评估确认净资产4265.34万元，扣除评估基准日后发生的或有损失和补缴税款439.88万元，提留10年的养老保障金和按应收账款10%的坏账准备金、经营者奖励1925.13万元，国有净资产1900.29万元，根据市委改制政策，给予购买者一次性付款优惠30%，资产全额买断资金1330.20万元，上缴市经济技术开发区。

桐乡农业机械公司土地出让金返还提留改制成本后结余11.11万元，留归企业用于抗灾救灾储备损失，企业职工以承担债务形式受让企业。

桐乡华兴包装厂、桐乡农业机械公司、桐乡饲料公司3家企业评估资产剥离土地、房屋后净资产均为负，按市委改制文件允许以行政划拨土地价值冲抵负资产，冲抵后有余额的，其中20%缴纳土地出让金，出让金扣除相关费用后返还企业用于改制成本。桐乡华兴包装厂和桐乡饲料公司行政划拨土地价值冲抵负资产后净资产仍为负，华兴包装厂财政原借款75万元作拨款，其余国有负资产由企业改组后按政策逐年弥补，饲料公司缺口资金8.5万元由企业自行解决。

濮院油厂经评估确认净资产585.69万元，工资基金结余30%并计净资产11.36万元，剥离行政划拨土地336.86万元，职工身份置换经济补偿和住房公积金350.51万元，缺口资金用行政划拨土地出让金(按20%补缴扣除相关费用后余额)返还弥补一块，剩余缺口35.33万元由企业自行消化。

桐乡经济贸易总公司资不抵债，市财政拨款80万元、外贸发展基金拨款19.57万元、外经委借款改拨款30万元作企业改制成本，结余部分上缴市财政外贸发展基金专户，其余债权债务由新公司承担，零资产方式转让。

桐乡华都实业有限公司(市政府驻京工作处)和桐乡江南贸易总公司(市政府驻沪工作处)，市财政分别拨付210万元、130万元作改制成本，企业以零资产方式改制。

浙江百家律师事务所和浙江同新律师事务所零资产方式改制。

市经济协作办下属5家企业实行经济性裁员、改制重组，企业资不抵债459万元，解除职工劳动关系经济补偿和退休人员社会保障金移交费用51.67万元由市财政核拨。

桐乡生产物资总公司实行经济性裁员、破产，裁员补偿费用和破产清算费用35.01万元，由市财政作解困资金拨付。

桐乡粮食供销公司终止经营，职工安置费用在清偿资产中优先安排。

是年11月，省财政厅下发《关于加强对国有产权转让行为监督管理的通知》，要求财政部门加强国有产权转让过程的监督与管理，严格规范产权交易机构的行为。

2001年，深化完善改制企业3家。

石门米厂按新政策重新调整净资产(原剥离资产中生产性土地全额调减剥离资产、非生产性土地按50%调减剥离资产)，行政划拨土地按土地使用权评估价值的20%补缴出让金，办理出让手续，出让金扣除相关费用后的余额全额返还企业并计入调整后的净资产。按新政策计算改制成本，新的改制成本包括在职职工按人均600元/年标准计提的身份置换经济补偿金、退休和内退人员按人均1.5万元标准提留的社会保障金、退休人员人均5000元标准的社会保障补充金、内退人员至退休年限内的基本生活费、退休后按行政机关退休干部待遇人员的午餐费，遗属、精简人员一次性补偿金。净资产扣除改制成本后缺口11.69万元，由市财政拨补。

乌镇食品厂按新政策重新调整剥离资产、计提改制成本。行政划拨土地按规定交纳土地出让金后返还企业并计入净资产，调整后的净资产不敷改制成本支出，缺口10.88万元，由市财政拨补。

崇福烟酒糖业有限公司按新改制政策测算的改制成本为414.18万元，扣除1998年改制已提留改制成本119.63万元，缺口294.55万元，由市财政拨补。

当年，新改制企业17家。

9家企业净资产有盈余（桐乡水泥厂、桐乡能源开发公司、桐乡外贸集团、桐乡地方工业供销公司包括下属华亚捻线有限公司和经联贸易公司、桐乡金属材料公司、桐乡建筑材料工业公司、桐乡煤矿机械厂）评估国有净资产通过调整、扣除剥离、提留后结余2965.21万元，其中金属材料公司净资产结余40.74万元，与土地出让金返还32.74万元上交主管部门（物资局）用于债务风险准备；桐乡水泥厂、桐乡外贸集团和桐乡煤机厂改制后国有资产再投入，分别为110万元、300万元和100万元，其余国有净资产实施转让，桐乡水泥厂和桐乡煤矿机械厂实行分期付款；桐乡能源开发公司、桐乡地方工业供销公司、桐乡建筑材料工业公司按改制政策规定享受一次性付款优惠，优惠比例经市政府专题会议精神分别为30%、25%、30%。

8家企业净资产为负（桐乡国际大酒店、桐乡毛纺织股份有限公司、桐乡路桥工程公司、桐乡建筑材料总公司、桐乡物资协作公司、桐乡浙北煤炭运销公司、桐乡振兴锅炉设备成套公司、桐乡国营工业供销公司煤炭运销公司），其中4家企业行政划拨土地抵充负资产后仍存在缺口，由市财政拨补或由主管部门解困资金解决，共计1916万元；1家企业用房产租金收入抵充负资产，缺口资金9.61万元由主管部门解困资金解决；3家企业零资产转让。

2002年，深化完善改制企业1家。

崇福食品有限公司按新改制政策重新计算改制成本，扣除1998年提留结余，存在缺口148.37万元，由市财政拨款解决。

当年，新改制企业2家。

桐乡化肥厂经评估净资产余额4910.14万元，资产剥离、提留、调整后净资产1052.29万元，根据市政府专题会议纪要精神，以100万元国有股本投资新公司，占比10%，余额转让，实行分期付款，与主管部门（工业局）签订分期付款协议。

屠甸粮管所经评估净资产为负，行政划拨土地冲抵负资产后余额按20%缴纳土地出让金，出让金返还用于改制成本，存在缺口23.88万元，由市财政拨补。

2003年，深化完善改制企业1家。

浙江调速电机厂以2003年3月31日为基准日，由会计师事务所对其资产重新评估，净资产2961.94万元，剥离土地资产、房屋资产，行政划拨土地评估价值1348.28万元，按20%比例交纳土地出让金，非经营性资产按评估价的50%转让，按规定提留改制成本988.75万元，扣除剥离、提留后净资产63.38万元，其中52.5万元用于新公司国有参股，10.88万元由新公司出资置换。当年改制企业拆迁事务所被注销，扣除改制成本后结余资金上交主管部门。

当年，新改制企业15家。

桐乡工程建设监理事务所35.84万元全额出让，一次性付款优惠15%，资金上缴主管部门。

桐乡富神制衣有限公司净资产631.31万元，国有参股20% ，余额资金一次性付款，给予优惠20%，资金上缴主管部门。

花神丝织厂和华夏丝绸净资产分别为325.07万元、428.36万元，国有资产全额置换，资金上缴主管部门，其中华夏丝绸一次性付款优惠10%。

崇德丝厂石门分厂、梅泾分厂、崇福分厂三厂净资产合计5560.86万元，分别按净资产的70%作底价出让，转让价三厂合计3892.6万元，受让方承担原公司贷款和内退职工基本生活费、社会保障金，原公司贷款2105万元，内退职工基本生活费和社会保障金738.1万元。土地出让金返还企业，三厂合计1365.72万元。

崇德丝厂梧桐分厂资产净值1947.40万元，其中未出售的梧桐胶木厂及职工宿舍110.84万元作底价出让，其余资产所有权不变，固定资产实行租赁，搬迁后土地政府收回，政府支付500万元作搬迁补偿费用。

崇德丝厂梅泾分厂幼儿园净资产46.41万元，实行内部招标转让，转让价45万元，资金用于崇德丝厂改制成本。

桐乡城建煤气公司和乌镇物资公司负资产用国有土地使用权抵冲，改制成本由主管部门统筹后缺口部分市财政解决，零资产改制。

桐乡建筑勘察设计院零资产转让。

农业投资开发公司被撤销后并入市国有资产投资公司。

崇福酒厂破产重组。

桐乡拆迁事务所注销，净资产扣除改制成本后结余资金上交主管部门。

2004年5月，市委办、市政府办联合下文公布，1997年开始的以文件、会议纪要等形式出台的一系列企业改制优惠政策至2004年12月31日截止。

2004—2005年改制企业18家，其中深化完善的改制企业1家。

乌镇食品有限公司1998年改制，2005年国有股权退出(包括对外投资的嘉兴三珍斋食品有限公司、嘉兴喜洋洋食品有限公司)。

期间，新改制企业17家。

10家改制企业有净资产结余。

桐乡金兰大酒店、桐乡施康药厂、花神丝绸集团公司、汽车物资回收公司、粮油综合经营公司、石门粮管所、乌镇粮管所、桐乡机械厂、交通工程公司、乌镇食品有限公司评估国有净资产，经调整、扣除剥离、提留后国有净资产结余共3077.7万元，除桐乡机械厂国有参股16.25万元外，其余企业国有资产整体退出，先内部招标，受让者一次性付款实行优惠，优惠比例：金兰大酒店、交通工程公司10%、花神丝绸、乌镇食品有限公司25%、粮油综合经营公司、石门粮管所、乌镇粮管所、桐乡机械厂20%。

7家改制企业净资产为负。

崇福物资公司1996年、1997年以全部固定资产和土地使用权办理抵押贷款，本金417万元，本息累计超过500万元，2000年年初，债权由华融资产管理公司杭州办事处接管，并通过诉讼方式处置，公司职工自愿出资通过公开拍卖取得原抵押物财产所有权，组建新的有限公司，原公司职工劳动关系调整，经济补偿金52.92万元由市财政拨付。

桐乡粮油对外贸易公司、洲泉粮管所、梧桐粮管所、桐乡燃料总公司、泰神丝绸织造有限公司、粮油储运公司等6家企业合计负资产681.65万元，按政策规定允许用行政划拨土地价值2908.68万元抵冲，抵冲后余额2227.03万元按20%比例补缴出让金，零资产改制，改制成本除泰神丝绸织造有限公司外共526.05万元由市财政拨付。泰神丝绸织造有限公司资产剥离、提留后净资产为负，零资产改制。桐乡燃料总公司市财政给予180万元解困资金，公司剩余的两宗土地共7208.87平方米实行公开拍卖，拍卖所得上交市财政。

1997—2005年，桐乡共完成国有改制企业146家次，其中56家企业分别按系统或行业实行合并或注销，存续改制企业90家。

表6-6　　1997—2005年国有企业改制资产处置基本情况一览表

单位：万元

改制年份	改制户数		净资产	净资产出让	国有资产净额出资入股	行政划拨土地冲抵负资产
	前	后				
1997年	21	7	1393.90	158.00	1235.9	—
1998年	45	24	602.50	184.91	394.27	760.92
1999年	3	3	41.98	41.98	34.07	—
2000年	20	11	1900.29	1900.29	12.33	268.82
2001年	20	15	2575.95	2325.21	210	1261.25
2002年	3	2	1052.29	952.29	100	63.16
2003年	16	13	6136.63	5919.21	167.9	13.85
2004年	16	14	2828.37	2828.37	—	1455.37
2005年	2	1	249.33	249.33	—	—
合计	146	90	16781.24	14559.59	2154.47	3823.37

资料来源：根据改制资料整理

2005年，实施原商业系统改制企业提留、剥离资产清算，当年清算2家企业：崇福百货公司、乌镇饮服公司，拨付清算款212.69万元。

2007年开始，陆续对改制企业国有持股部分实施转让，至2010年止，有7家企业实现国有股份完全退出，国有股本金300.9万元，转让金额1917.68万元。

2009年5月1日，《中华人民共和国企业国有资产法》实施，当年始，桐乡市国有资产转让“可以在企业内部公开协议转让”的条款不再执行，按规定在批准设立的产权交易场所公开进行。

是年，桐乡市出台《关于加强对国有改制企业剥离资产监督管理的通知》，对改制企业剥离资产进行清理，与企业重新签订委托管理协议，进一步明确职责，防止资产流失。

2005年3月，市委印发《关于深化专业经济主管部门改革的实施意见》，撤销市工业局、商业局、物资局、二轻工业总公司建制，在此基础上组建桐乡市国有城镇企业管理办公室，行使四系统原所属单位和企业的管理与改制等职责，负责协调原所属企业的安全生产等相关工作。同时，组建桐乡市国有实业资产管理有限公司，受国资办委托负责相应国有资产的管理，行使股东权利，监督参股企业的经营活动，确保国有资产的增值、保值；不再自主经营和对外投资。

市政府办印发《深化专业经济主管部门改革资产处置方案》,成立资产处置组,以2005年2月28日为基准日,原市工业局、商业局、物资局(物资总公司)、二轻工业总公司进行资产清查,所有资产由政府收回,账户中的资金余额划入市财政专户。商业总公司撤销后所有资产并入实业公司。原市工业局、商业局、物资局(物资总公司)所属全资企业,控、参股企业由实业公司管理。市二轻工业合作联社所属企业改制过程中由政府支付的各项资金(包括土地出让金返还)在剩余资产中结算归还政府,其余资产仍由二轻工业合作联社管理。

(二)国有产权交易管理

1992年,浙江省人民政府办公厅批准,浙江省罚没走私物资拍卖行在桐乡下设唯一的具有国有资产拍卖资质的机构:桐乡罚没走私物资拍卖分支机构。2001年,根据行业管理需要,经浙江省罚没走私物资拍卖行同意双方之间关系脱钩,更名为桐乡市九鼎拍卖有限公司。2003年,省财政厅批准桐乡市九鼎拍卖有限公司继续从事国有产权交易转让业务。

2005年,《桐乡市国有产权交易管理暂行办法》出台,国有产权交易逐步实行社会公开。濮院工旺热能公司资产处置,桐乡印刷有限公司、浙江桐化化工有限公司、桐乡化工有限公司三家改制企业国有股权退出均事先拟订方案,由产权交易机构公开招标出让。

同年,由公共资源交易中心、浙江省拍卖行、嘉丰拍卖行及正联拍卖行完成桐乡经济开发区标准厂房出售、梅泾宾馆处置、华兴包装有限公司10%国有股权退出等国有产权交易132项,总成交额8371.98万元,超出起拍价1961.29万元。

2010年,浙江调速电机有限公司25.8%国有股份退出,通过产权交易机构招标实现国有资产增值300多万元。

(三)国有投资公司组建

1999年12月,市政府批准成立桐乡市国有资产投资经营有限公司(简称国投公司),注册资本为人民币5000万元,其中财政现金投资2521万元,股权投资1674万元(由浙江振石股份有限公司、桐乡巨能热电有限公司、乍浦港开发投资、乍嘉苏高速公路投资组成),房产投资805万元。

2003年10月,市政府批准组建桐乡市城市建设投资有限公司(简称城投公司),系国有独资,公司设在财政局大楼内,法定代表人由市政府常务副市长担任。公司主要负责全市城市建设资金的筹措和管理,承担重大基础设施建设项目的融资、运作和建设。注册资本为人民币3亿元。

2005年6月,市政府批准城投公司和国投公司合并,注销国投公司,并调整城投公司注册资本和出资内容,注册资本增至4亿元。公司职责变更为:国有资产的建设、投资,控股、参股;资产收购、转让、租赁;受托国有资产经营、管理;城乡一体化中的基础设施和公益事业的投资建设。合并后的城投公司董事会由财政局组建,董事会由财政局长和相关副局长及科长担任。监事会由市政府有关部门为主组建,由市监察局、财政局、审计局等分管领导及公司职工代表担任。2009年4月,经国家发改委批准,公司首次发行12亿公司债券。2010年12月,因人事变动,市人民政府文件批复,城投公司董事、董事长进行调整。

2006年4月,市委下发《关于组建国有专业投资公司的实施意见》,基本精神是:立足已有的政府部门管理的国有经营性资产,根据社会管理和各项事业发展(包括政府投资项目)的需要设立或改组整合相应的专业投资公司。原政府部门所属的公司与部门脱钩,实现管办分离、政企分开。公司性质:市属国有资产营运机构。主要职责:管理或授权经营所辖范围的国有资产;提供公共服务;承接重要城市基础设施及社会公共事业项目投资开发运作;组织运用国有资产投资收益、政府投放的建设资金和融资，对外开发和其他企业的投资、控股、参股；负责对承资企业产权多元化改造，置换国有资产，盘活资产存量，以置换资金再投入，促进公用事业相关产业发展。监督管理：市政府授权委托财政局作为国有资产监督管理机构行使出资人权力，负责对国有专业投资公司的日常监督管理；各行政主管部门为联系部门，对相关业务工作给予指导帮助和行业管理。此后，桐乡市水务集团有限公司、交通建设投资集团有限公司、公益事业建设投资有限公司、水利建设投资开发有限责任公司、国源土地投资管理有限公司相继改组成立。

2007 年 9 月，经市政府批复，桐乡市水务集团有限公司注册资本 17000 万元，桐乡市交通建设投资集团有限公司注册 30000 万元，桐乡市公益事业建设投资有限公司注册资本 11000 万元，桐乡市水利建设投资开发有限责任公司注册资本 8000 万元等国有股权无偿划入城投公司，由城投公司作为出资人。

同年 9 月，市政府批准设立桐乡市国源土地投资管理有限公司，系国有一人法人公司，注册资本 1000 万元，由城投公司出资，公司主要职责是管理、储备公司所拥有的土地，并进行出让前期开发。

2010 年 1 月，市政府批复同意成立桐乡市新市镇投资开发有限公司（简称新市镇公司），注册资本人民币 10000 万元，由市国有资产监督管理委员会办公室履行出资职责。公司经营范围为新市镇、新社区的投资开发，并由新市镇公司投资成立各镇（街道、社区）两新建设开发子公司，投资额按承担两新工程建设新社区规划点数量确定。

各投资公司成立后，根据市委、市政府分解的年度工作任务，主要工作职责概要如下：

专业公司名称	主 要 工 作 内 容
水务集团	全市供水一体化及管网建设、“两新”建设供水管网配套、供水安全、家家乐水厂搬迁、污水厂建设、尾水外排等
公投集团	市区基础设施和公共设施建设、改造提升、复兴路工程建设、康泾塘东岸整治工程、拆迁安置房建设、政府指定部分办公楼拆迁工程建设、老干部活动中心（代建）、北港河地块开工建设、浙江传媒学院桐乡校区建设
交投集团	全市公路建设、城乡公交一体化建设、公共自行车项目建设
城投公司	承担政府投融资功能、发行债券等
新市镇公司	承担桐乡城乡一体新社区建设项目委托代建

2008 年，市成立考核领导小组首次对国有专业投资公司进行资本经营考核，被考核单位确定为水务集团、公投集团，考核领导小组由市政府办、组织部、发改局、财政局、国资办、规划建设局相关人员组成，考核内容为年度重点工作完成、财务风险管理、经济社会效益、内部管理等方面情况，考核采用百分制，考核结果与专业公司负责人薪酬挂钩。

除上述公司外，市财政还投资成立贷款担保公司，扶持中小微企业发展及三农经济发展。

2000 年 4 月，桐乡诚信担保公司成立。

2000 年 8 月，桐乡农信担保公司成立。公司实行市场化运作，由政府职能部门派员管理。

（四）乌镇旅游股份制改造

1999 年 6 月 10 日，乌镇旅游开发有限公司在工商局注册登记成立，注册资本 1300 万元。分别由桐乡市财政局财政信用开发公司(300万元)、市工商事务中心(100万元)、市金叶经贸有限责任公司(100万元)、桐乡市旅游总公司(50万元)、市房屋建设开发公司(100万元)、市统一征地办(100万元)、市第三人民医院(50万元)、市三电办(50万元)、市电力资产经营中心(50万元)、市交通工程公司(100万元)、乌镇资产经营总公司(100万元)、东兴实业有限责任公司(100万元)、粮食总公司(100万元)出资成立。

2003年7月,经公司股东会决议通过,增加注册资本1130万元,增资后注册资本2430万元;公司股东乌镇资产经营总公司、市金叶经贸有限责任公司、市工商事务中心、市电力资产经营中心与东兴实业有限责任公司签订出资额转让协议,公司股东市第三人民医院与市财信公司签订出资转让协议,公司股东市粮食总公司、市统一征地办公室与旅游总公司签订出资转让协议。

2005年10月8日,常务副市长张文华主持召开专题会议,就乌镇旅游开发有限公司股权结构调整,乌镇景区(一、二期)部分划拨土地补办出让手续和乌镇景区房产进行登记、变更的事宜进行专题研究,决定调整乌镇旅游开发有限公司股权结构,改为单一投资的国有独资公司,即把原所有股东股份全部无偿划转到桐乡市城市投资有限公司;把已经取得土地证书或者用地批文的房管所直管公房、私房和企业等单位与乌镇旅游公司签订拆迁协议后,先收回土地使用权(尚未取得土地使用权或用地批文的,先确权),经国资部门确认划转后,土地使用权直接变更到乌镇旅游公司。

2006年11月29日,市长费建文主持召开市长办公会议,就做大做强乌镇旅游产业进行专题研究,会议重点讨论理清乌镇旅游开发有限公司产权关系、乌镇旅游与战略投资者合作问题等十个方面的问题,同意把乌镇旅游开发有限公司资产划分为保护性资产、经营性资产和公共性资产。保护性资产归乌镇古镇旅游投资有限公司所有,并由其委托乌镇旅游开发有限公司管理;公共性资产划拨乌镇镇政府所有和管理。

当月,市旅游总公司、市三电办、市交通工程有限公司、振东新区建设投资有限公司(原名东兴实业公司)、市公投公司(原名房屋开发公司)、市财信公司原有的出资额转让给市城投公司。同时,股东会决议通过增加注册资本7570万元,增资后公司注册资本10000万元,市城投公司持有100%股权。

2006年12月,市政府批准组建桐乡市乌镇古镇旅游投资有限公司,国有独资,总投资13500万元,其中注册资本10000万元,其余作资本公积。公司主要职责:受托资产管理;旅游投资及管理等。

2006年12月,根据乌镇旅游开发公司股权转让协议,市城投公司将其持有的旅游公司100%股权,转让给市乌镇古镇旅游投资有限公司。

2006年12月8日,市财政局发函分别批复乌镇旅游开发有限公司剥离债权债务843.51万元,核销债务及资产2575.03万元。剥离公共性资产1407.92万元,剥离保护性资产1067.97万元,相应调减资本公积。

乌镇旅游开发有限公司以2006年11月30日为基准日,委托湖北民信资产评估有限公司进行资产评估,确认资产总额81877.81万元,负债58211.07万元,所有者权益23666.74万元。

2007年1月4日,市人民政府批复:1. 同意乌镇古镇旅游投资有限公司以增资扩股方式与中青旅控股股份有限公司签署关于桐乡市乌镇旅游开发有限公司的增资合同。2. 同意乌镇旅游公司的股本设置,增资扩股的价格以评估基准日2006年11月30日的净资产评估值23666.74万元为准。增资扩股后,乌镇旅游公司注册资本由10000万元增加为25000万元,其中中青旅出资15000万元,占60%,桐乡市乌镇古镇旅游投资有限公司出资10000万元,占40%。(中青旅实际增资款35500万元,15000万元计入注册资本,20500万元计入公司资本公积。城投公司实行增资13500万元,其中10000

万元计入注册资本,3500 万元计入公司资本公积)。3. 剥离的保护性资产归桐乡市乌镇古镇旅游投资有限公司所有,并与乌镇旅游公司签署委托管理协议,每年收取委托管理收益 170 万元,维修、维护费用由乌镇旅游公司承担。

2009 年,乌镇旅游开发有限公司、中青旅控股股份有限公司与 IDG 控股子公司 Hao Tian Capital I Limited 和 Hao Tian Capital II Limited(简称 IDG)三方谈判约定:IDG 注资乌镇旅游,公司变更为中外合资经营企业,三方签订《增资合同》《合资合同》《公司章程》文本,IDG 出资美元折合人民币 10456.18 万元,其中对乌镇旅游公司增加注册资本 4412 万元,余额计入资本公积。增资后公司股权结构变更为:桐乡市乌镇古镇旅游投资公司持股 34%、中青旅控股股份公司持股 51%、IDG 控股公司持股 15%。

2010 年年底,乌镇旅游开发有限公司资产总额 131117.34 万元,净资产 83904.79 万元,年接待旅游人数 575.28 万人次,年旅游收入 48808.49 万元,当年利润总额 24711.65 万元,上缴税金 8442.91 万元。

(五)国有资本管理

2005 年 12 月,市政府印发《桐乡市企业国有资本与财务管理暂行办法》(以下简称《暂行办法》),明确财政局与企业主管部门各自的管理职责;企业合并、分立、转让、中外合资合作、公司制改建等凡涉及国有资本变动事项,均按规定程序报经批准;市财政局、主管部门有权向全资企业或向拥有控制权的企业委派财务主管或财务总监。《暂行办法》还对国有资本投入管理、国有资本营运管理、国有资本收益管理、财务考核与评价等事项作出明确规定。同时印发《桐乡市市级国有资本经营收益收缴管理暂行办法》,各主管部门负责本部门及所属单位国有资本经营收益收缴;财政局负责市级国有资本经营收益监缴及国有资本经营收益资金专户管理;审计局负责国有资本经营收益资金收缴审计。2010 年 12 月,市编委批准国资办设立财务总监科,国资办公开招聘 3 名财务总监分别派往公投公司、水务集团、振东新区,履行财政财务监督职能。

2005—2010 年,部分企业陆续上交收益红利,共计 13380.80 万元。国有公司的上交款大部分又作为项目再投资投入企业。

二、行政事业单位资产管理

(一)日常管理

1996 年 3 月,根据国家国有资产管理局《行政事业单位国有资产处置管理实施办法》,市财政局转发上级文件并作补充:1. 明确行政事业单位国有资产包括的范围:流动资产、长期资产、固定资产、无形资产和其他资产;2. 规定行政事业单位间国有资产的转让和无偿划拨只能在全额预算管理单位之间,其余均实行转让,且须经主管部门审核后报市国有资产管理部门会同财政部门审批。报废、报损国有资产应由主管部门组织技术鉴定,闲置不用的固定资产国有资产管理部门和主管部门有权调剂和处置,使用单位未经批准不得擅自调拨、出售、出租;3. 有偿转让国有资产,应经具有资格的资产评估机构评估底价,报同级国资部门确认。

桐乡市行政事业单位的资产管理实行的是条块结合的办法,财政部门相关业务科室重点负责对辖区范围部门的日常指导与协调,涉及资产实质性处置,由国资管理科把握政策并实施操作指导。

1997 年,市财政局牵头开展行政事业单位非经营性资产转为经营性资产情况的调查,重点了解市属行政单位和全民事业单位非经营性资产初始投资兴办经济实体、入股、合资、经营、出租、出借等情况。

行政事业单位日常的资产处置由部门按规定自行实施,一次性资产处置数量较大的由财政局组织人员实地察看,处理完毕后处置情况报送财政局,采取台账登记形式,实行动态管理。

表6-7　　2005—2010年部门日常资产处置情况一览表

年　度		2005年	2006年	2007年	2008年	2009年	2010年
处置部门(个)		64	60	69	106	52	62
处置资产总量(万元)		5092.2	3027.6	2500.5	2038.9	10230.98	4760.57
其中:	办公及专业设备(万元)	1888.8	1750.8	445.9	834.9	9543.21	1298.68
	房产(万元)	2378.6	978.7	1669.0	638.2	635.88	995.61
	交通运输设备(辆/万元)	29/736.4	16/298.1	19/385.6	21/511.3	9/51.89	2466.28
处置形式	报废报损(万元)	1455.3	1671.4	683.5	1062.5	1061.4	1862.51
	转让(万元)	266.8	1072.2	1218.9	904.8	42.9	1608.49
	捐赠(万元)	98.7	229.6	68.7	65.1	25.96	
	无偿划转(万元)	3273.6	54.3	529.4	66.1	9090.73	1289.57

资料来源:国资科提供的电子资料

2004年9月,市政府办印发《桐乡市行政事业单位国有房地产处置管理暂行办法》,规定行政事业单位国有房地产处置原则上采取向社会公开拍卖方式,转让价格一般以评估价值为转让底价。

2005年12月,市人民政府出台《行政事业单位有资产管理暂行办法》(以下简称《暂行办法》),按照国有资产管理实行国家所有、分级管理和所有者与使用者相分离的原则,《暂行办法》明确市财政局与其他国有资产使用单位各自的管理责任与职责,重新规范国有资产日常管理、处置行为,杜绝出租过程中的不规范行为,房屋租金收入实行"收支两条线"管理。

2006年7月,市政府印发《关于进一步规范部门自管住宅公房处置工作的通知》。8月,市政府办公室下发《桐乡市行政事业单位房屋出租管理暂行办法》。市财政局与市监察局联合下发《关于开展行政事业单位出租房屋和自管住宅公房清理登记工作的通知》,清理市本级出租房屋,涉57家行政事业单位,出租房承租户约540户,面积68528平方米,年租金1254.45万元;自管住宅公房862处,其中成套住宅公房809套,非成套住宅公房53处,建筑面积共73939平方米,车库面积3606平方米,账面价值2151万元。其中空关185处,出借173处。

同时,市财政局与市招标采购市场管理委员会联合下发《行政事业单位房屋出租操作规程》,规定面积在60平方米以上(含60平方米)的房屋出租,统一进入市招标采购中心进行公开招租。各部门当年11月底前到期的出租房向财政局重新办理招租审批手续。当年进入市招标采购中心公开招租的有15个部门。

表6-8　　2006—2010年桐乡市行政事业单位出租房屋公开招租情况表

时　间	出租部门(个)	出租资产(处)	招租底价(万元)	成交价(万元)
2006年	15	40	124.7	155.21
2007年	14	67	192.1	213.8
2008年	8	23	562.6	588.6
2009年	9	100	760.06	1024.83
2010年	7	20	143.16	462.06

2007年，结合全市行政事业单位财产保险，对全市行政事业单位的固定资产进行统计，年底全市行政事业单位固定资产年末余额20.42亿元，其中乡镇2.45亿元。

同年，启动开发《行政事业单位资产管理》软件，2008年6月底正式使用，300多家行政事业单位国有资产基础信息纳入系统。

2008年，市政府发文修订《桐乡市行政事业单位国有资产管理暂行办法》，修订后的“办法”涵盖的管理内容更全面，既包括资产配置、使用、处置各个不同环节的管理要求，也对产权管理、纠纷处理、资产评估、资产清查和资产报告等基础管理工作进行全面规范。

2009年，市国资办对财政地税局及经贸局41套闲置公房进行处置，公开拍卖成交39套，成交价1154.80万元，增值253.27万元。

2010年7月，全市公务用车改革，国资办对核减的车辆委托中介机构评估后统一纳入资产交易平台向社会公开拍卖，至12月止，共拍卖车辆两批203辆，拍卖车辆评估价962.51万元，拍卖成交价总额1505.60万元，溢价率56.42%，拍卖所得，统一上缴市财政。

（二）事业单位改制

2004年8月，根据《浙江省人民政府关于深化事业单位改革的意见》，桐乡市委、市政府印发《关于进一步深化事业单位改革的意见》，市委办、市政府办随即联合印发《关于生产经营类事业单位改革的实施意见》，具体部署事业单位改制。事业单位改制政策基本参照国有企业，资产经审计评估，产权界定，资产核销，非经营性资产剥离、提留后的净资产，全部转让；土地使用权从单位资产中剥离，根据改制的不同形式和具体情况，分别采取收回国有土地使用权、国有土地使用权受让、国有土地租赁、保留行政划拨用地等四种方式予以处置。净资产中予以一次性计提和个人一次性缴纳的费用包括13个方面：1.提前退休人员按每提前一年1.5万元标准计提补充社会保险费；2.“协议参保”期间一次性提取23%基本养老保险（个人缴纳3%，）、8%基本医疗保险（个人缴纳2%），法定退休年龄后一次性按人均1.5万元标准缴纳基本医疗保险费；3.计提经济补偿金：按工作年限10年以下（含10年）1300元/工龄年，11～20年1400元/工龄年，21年以上1500元/工龄年，未进编的劳动合同制职工800元/年，自谋职业人员每人5000元；4.事业人员基本养老保险个人账户一次性补贴，按上年度平均工资×事业单位工作年限×0.4%×120个月；5.退休人员、提前退休人员医疗补助，按人均3.5万元标准；6.离休人员医疗保险费和非统筹费用，分别按4万元、6万元标准计提；7.离退休人员的日常管理费用按每人3000元一次性提取；8.遗属生活补助费，不可预测费用每人5000元；9.精简退职职工生活补助费；10.医疗期未满的病残人员及女职工“三期”费用；11.可以享受但尚未到位的一次性住房补贴和工龄住房补贴；12.原土地保养工的医疗保险费；13.退休人员午餐补贴、煤气补贴、清凉饮料费，按人均1520元标准计提，资产质量较好的改制单位还可提取其它补贴，最高不超过3000元/人。

2004—2005年，改制具有经营性质的事业编制单位28个，资产总额41615.96万元，界定国有资产14423.29万元，其中15家改制企业资产经评估确认，国有资产净值10178.53万元，涉及补偿费用5336.54万元。其中财政拨付776.93万元。改制过程中撤销13个单位，其中桐乡机动车培训站、桐乡职工介绍所、桐乡市产权交易所、财政信用开发公司、正泰法律服务所5个单位全部资产归回相应的主管部门，未涉及人员的安置补偿等问题；对外经济技术咨询服务部、市粮食中心化验室、水利农机服务站、粮校、有线电视技术服务部、广播电视服务公司电视摄像服务部、正义法律服务所、标准计量服务部8个单位资产、债务由主管部门承继，人员分流与安置费用284.96万元，由主管部门统筹解决或财政拨款解决（其中财政拨款115.17万元）。2个单位负资产按零资产改制（真菌研究所含胶布厂),改制成本财政拨付,拨付金额206.76万元。6个单位实行部分资产转让,其中粮食总公司土地、办公用房出让底价234.5万元,采取内部竞标形式,一次性付款给予优惠15%,改制成本140.07万元,在资产出让收益中列支;桐乡机动车驾驶培训学校,建筑物、土地资产财政收回后实行内部公开租赁招标,部分资产公开出让,出让资产价值250.24万元,一次性优惠15%,改制成本84.44万元,在出让收益中列支;蚕业公司包括下属桐乡蚕种场、大麻蚕种场、桐乡蚕种冷库3个单位,调整后的净资产(包括按20%计价的土地资产)1403.40万元,以协议方式转让,一次性支付优惠15%。改制提留成本1876.24万元,在出让收益中列支,不足部分财政解决,同时将划为蚕业公司所有的75万元净资产作为国有股本投入改制后的新公司。7个单位国有净资产实行全额出让:机关文印室、水利设计勘察设计所、水利桥梁工程队、桐乡房屋开发公司、凤鸣宾馆、村镇规划设计室、崇福大戏院,调整后的国有净资产5396.81万元,成交价6232.62万元,其中桐乡房屋开发公司分期付款,后因举报经审计核实补缴346.75万元;机关文印室、水利设计勘察设计所、水利桥梁工程队、凤鸣宾馆一次性付款,分别按规定优惠10%和15%。

粮食系统所属的粮油贸易公司、粮油储运公司、粮油食品工业公司、饲料公司、粮食收储公司5个单位,于2004年按企业改制后,2005年经市事业单位改革领导小组同意参照事业单位改制,重新计算改制成本,财政全额拨付经济补偿金。

第五节　国有企业财务管理

一、工商及金融企业财务管理

计划经济时期,国营企业的财务管理实行微观管理,利润分配制度先后经历利润全额上交前提下的奖励基金制度、企业基金制度、利润留成制度等几个阶段。1983年1月1日起第一步利改税(改上交利润为缴纳所得税),所得税后扣除企业合理留利,多余部分再缴纳一定的调节税,最后的利润留给企业,赋予企业一定的管理自主权;1984年10月1日起试行第二步利改税,减免部分企业调节税,进一步增加企业留利,激发企业的管理积极性;1987年桐乡试行承包经营责任制,进一步释放企业的管理潜能。8月8日桐乡毛纺厂、桐乡化肥厂、梧桐丝厂3户企业首批试点,厂长与政府委托的发包方代表签订为期4年的承包经营合同。此后有47家国营工商企业签订3～4年的承包经营合同,第一轮承包期至1990年年底结束。1991年,第二轮承包经营责任制开始,全县工业局、丝绸公司、烟草公司3个部门的21家企业签订承包经营合同,物资、商业、粮食、协作等系统实行两级承包。1994年财政税收制度改革,全民企业承包经营责任制终止。

1987年,桐乡首批企业承包经营合同签字仪式

1997年开始,根据省财政厅、劳动厅的联合文件,桐乡首先在国有房地产企业中实行工资总额与经济效益挂钩的办法。1998年扩大到辖区内所有的国有企业、国有控股企业及城镇集体企业。同时规定开业一年以上、生产经营正常,具备工效挂钩条件的企业,经批准均可实行工效挂钩,已改制为股份制或股份合作制的企业,如企业有要求也可实行工效挂钩。亏损企业可实行减亏挂钩或工资总额包干办法;国有工业企业采取市与企业直接挂钩(包干)的办法,其他企业继

续采用分层挂钩或包干的办法。工效挂钩办法直至企业彻底改制才结束。

国营企业的资金财产管理，改革开放前期，实行的也是微观管理方式。固定资产实行无偿调拨，1979 年起，试行有偿调拨；固定资产变价收入，1964 年前全部上缴财政，1964 年 4 月起留给企业主管部门作为“四项费用”来源，用于拨付需用的企业；基本折旧基金，1966 年前全部上缴财政，1967 年起，留给地方或企业，1986 年起全部留给企业自主使用；企业流动资金管理，1954 年前到 1983 年间，先后多次反复，经历财政和银行分别供应—纳入全县预算统一调度——律由人民银行统一信贷—定额内财政拨款、超定额银行信贷—人民银行统一管理等几个阶段。

改革开放后，财政对企业的财务管理不再局限于微观层面，政策享受涉及的范围更广泛，管理趋于宏观。特别是 1997 年开始的国有企业改转制后，财政部门的财务管理侧重于宏观层面的政策指导、制度规定与数据统计等。

企业的财务数据统计历年都按国有工业企业、工业供销企业、城市公用企业、商业企业（其中 1971—1975 年包括县以上供销社企业，1985 年起供销社改为集体企业）、粮油工业企业（1996 年起汇总口径改为粮食企业）等系统汇总。2002 年，财务数据统计口径发生变化，开始按国有企业、集体企业（主要包括二轻、供销社）、金融企业（信用社、担保企业）、外资企业等企业的经济性质统计汇总，重点骨干企业则报送财务快报。1997 年，浙江调速电机厂、浙江天女集团公司、桐乡巨石玻纤厂被列入全省“五个一批”骨干企业，桐乡市财政局从 1997 年起，向上编报《浙江“五个一批”企业主要财务指标季报》，1998 年，“五个一批”企业调整为：浙江天女集团、浙江新澳集团、浙江桐昆集团、巨石集团 4 家。2005 年，汇编企业逐步增加，并改为重点骨干企业财务快报，按月报送。

表 6－9　　1995 年按系统汇总的相关企业财务数据一览表

单位：户、万元、人

指标 系统	汇编户数	其中：亏损	利润总额	固定资产年末原值	全年职工平均人数	全年职工工资总额
国有工业企业	21	11	－4284	47771	12920	8282
工业供销企业	3	2	－2275	2346	123	98
城市公用企业	2	—	66.1	2592.4	125	165.4
商业系统	9	—	348.1	6254.9	2309	1865.7
物资系统	12	4	－62.8	4489.7	501	448.4
粮油工业企业	6	—	118	2220.0	549	369.0
合　　计	53	17	－6089.6	65673.6	16527	11228.5

资料来源：根据 1998 版《桐乡市财政税务志》第十章相关资料整理

注：“五个一批”指：大企业、大集团；高新技术企业；“小型巨人”企业；名牌产品企业；出口创汇企业

表 6－10　　国有企业（国有全资、参股、控股企业）财务数据一览表

单位：户、万元、人

项目 年度	汇编企业户数	年末总资产	年末负债	实收资本					全年平均职工人数	全年实发工资
				国家资本	集体资本	法人资本		个人资本		
						国有法人	集体法人	外商资本		
2002 年	103	432188	283574	56314	—	27429	991	4591 6217	8954	13334

续表 6-10

项目/年度	汇编企业户数	年末总资产	年末负债	实收资本：国家资本	实收资本：集体资本	实收资本：法人资本：国有法人	实收资本：法人资本：集体法人	实收资本：个人资本/外商资本	全年平均职工人数	全年实发工资
2010年	153	3184137	1821811	238017	465	99700	2707	2457 / 5986	7912	19901

资料来源：根据市财政局档案室“B2国有资产”相关资料整理

注：2010年市级国有控股企业84户，年末总资产1732513万元，年末负债1232184万元，国家资本147715万元，国有法人资本61810万元

表 6-11　　集体企业(二轻、供销社)财务数据一览表

单位：户、万元、人

项目/年度	汇编企业户数	年末总资产	年末负债	实收资本：集体资本	实收资本：集体法人资本	实收资本：个人资本	全年平均职工人数	全年实发工资
2002年	41	122284	61433	16768	8344	9087	3430	4674
2010年	26	140885	86182	17365	1691	9215	2263	6334

资料来源：根据市财政局档案室“B2国有资产”相关资料整理

表 6-12　　金融企业(信用社、小额贷款公司)财务数据一览表

单位：户、万元、人

项目/年度	汇编企业户数	年末总资产	年末负债	实收资本	1.集体资本	2.个人资本	3.法人资本	全年平均职工人数	全年实发工资
2002年	16	531483	531313	13581	13030	447	104	708	1124
2010年	4	1500771	1377883	38773	3920	16087	18764	625	8776

资料来源：根据市财政局档案室“B2国有资产”相关资料整理

注：信用社2006年实行统一法人改革，16个独立法人信用社合并为一个，2010年新成立3家集体资本的小额贷款公司

表 6-13　　金融企业(担保类)财务数据一览表

单位：户、万元、人

项目/年度	汇编企业户数	年末总资产	年末负债	实收资本：国家资本	实收资本：国有法人资本	实收资本：个人资本	平均职工人数	平均职工工资
2004年	3	6642	861	2350	2700	—	7	19
2010年	4	19058	2968	2930	4160	5200	47	135

资料来源：

注：2000年4月，桐乡诚信担保公司成立，2000年8月桐乡农信担保公司成立，2004年融信担保公司成立，2005年华尔担保公司成立，诚信担保和农信担保属国有投资，其财务数据同时汇编在国有企业中

表 6－14　　　　外资企业财务数据一览表

单位：户、万元、人

项目 年度	汇编企业户数	年末总资产	负债	实收资本	其中						全年平均职工人数	全年实发工资
					集体资本	法人资本		个人资本	中方资本	外商资本		
						国有法人资本	集体法人资本					
1996 年	109	160330	116491	44574	—	—	—	—	27329	17245	11621	7726
2010 年	463	4157609	2308037	1403012	7287	21502	95812	57985	—	900852	63911	170906

资料来源：根据市局档案室"B2 国有资产"相关资料整理

注：根据财政部文件，外商投资企业自 1996 年开始实行财政登记证管理，其财务数据纳入汇编

表 6－15　　　　"五个一批"（重点）骨干企业财务数据一览表

单位：户、万元、人

项目 年度	汇编企业户数	年末总资产	年末负债	实收资本	社会贡献总额	上缴国家财政	销售收入	利润总额
1997 年	3	44108	21497	16474	5558	1434		
2005 年	9	744890	399772			28405	1432457	54109
2010 年	65	4300658	2495962			161878	4485481	419143

资料来源：根据市局档案室"B2 国有资产"相关资料整理

注：2005 年开始改为重点骨干企业快报，9 户企业中有 2 户为国有企业

2010 年 12 月，国资办下设财务总监科，负责向国有投资公司派驻财务总监，履行财政财务监管职能。2011 年招聘 3 名财务总监，分别派驻水务集团、公投集团与振东新区开发有限公司。

二、粮食企业财务管理

1996 年起，根据国家规定和桐乡市人民政府要求，粮食实行"两线运行"，定购粮权属市政府，政策性粮油业务由市粮食局负责管理与经营。政策性业务所发生的费用市财政每年通过结算，给予相应的定额补贴和按实补贴。

同年，出台《国有粮食企业政策性经营业务和商业性经营性业务分别核算试行办法》，对政策性粮油经营业务和商业性经营业务按省国家税务局规定界定，明确规定政策性经营业务与商业性经营业务各自的会计科目设置和账务处理办法。

1998 年 10 月，组建国有独资的桐乡市粮食收储有限公司。

1999 年，粮食流通体制改革深化，市财政对崇福、石门、炉头的粮食企业进行调查摸底、资产核实、数据测算，在此基础上提出粮食收储业务与附营业务相分离的试点方案。

2002 年至 2004 年，粮食系统 18 家国有粮食企业先后改制，2005 年，桐乡粮食总公司改制。粮食收储有限公司仍保持国有性质。

2004 年 5 月，市人民政府办公室批转市粮食局、财政局、农业发展银行联合上报的《桐乡市市级储备粮油管理暂行办法》，该办法规定财政局负责筹措、核拨市级储备粮油的储存利息、费用及各项补贴

资金,并对核拨资金的用途行使监督管理职能,同时明确规定储备粮油的数量、品质、年限、储存管理、轮库原则、出库方式及各项补贴标准等。

2008 年,市人民政府办公室批转《桐乡市政策性粮油补贴暂行办法》。同年 6 月,市财政局制定《粮食收储有限公司粮食安全目标责任制考核试行办法》,2009 年、2010 年分别在前一年考核的基础上继续完善,考核对象为:市粮食收储有限公司及其下属中心粮库、崇福粮食收储分公司、军粮供应站的经营班子和全体职工,考核内容包括:粮食安全、购销业务、企业管理、绩效管理等方面,实行二级考核的奖励办法。

表 6-16　　1996—2010 年储备粮轮库及财政补贴一览表

单位:吨、万元

年　度	数　量	销售方式	储备粮成本	销售总金额	政策性补贴总额	备注
合计	101573		16365.053	16460.73	21223.59	
1996	6674		869.46	912.08	866.06	
1997	0				2051.00	
1998	0				1600.00	
1999	19400		3080.40	3080.40	3200.00	
2000	14849		2042.80	1378.90	4340.12	
2001	150		126.00	126.00	1140.65	
2002	4442		434.47	332.63	665.74	
2003	5657		656.65	553.37	790.70	
2004	5121		606.44	845.20	555.76	
2005	5000		715.30	883.53	438.22	
2006	8281		1585.24	1381.08	908.92	
2007	6718	拍卖	1559.96	1209.31	1196.60	
2008	8281	拍卖	1478.07	1734.97	1025.78	
2009	6718	拍卖	1236.17	1305.47	1008.09	
2010	10282	拍卖	1974.09	2717.79	1435.95	

资料来源:粮食局提供

粮食实物资产的管理以粮食局、收储公司为主,财政局重点监管三个方面:一是储备规模的控制,根据省定储备规模,2000 年为 7500 吨,2002 年调整为 10000 吨,2004 年调整为 13000 吨,2006 年调整为 15000 吨,2009 年调整为 17000 吨,2010 年调整为 19000 吨;二是政策性补贴的结算,每年根据政策精神和市场变化情况,财政局、粮食局、农发行联合发文,确定粮食补贴的相关政策,包括补贴标准,补贴范围和原则、资金拨付的程序等;三是粮食轮库管理,包括粮食收购补贴价格、粮食出库方式,粮食收购补贴,每年请示市政府后下文确定,储备粮收购不足需补库的,根据《市级储备粮油管理暂行办法》规定公开招标竞购;粮食出库根据制度规定二年为一个周期,2007 年开始,出库采取公开拍卖的方式。

第七章　行政事业财务管理

1996—2010年间，桐乡市财政的行政事业财务管理重点是：预算管理、财产物资管理、财务制度管理、经费管理、预算外资金管理、专项资金管理、乡镇财政管理等，其中对乡镇财政主要是制度管理。行政事业财务管理历来坚持“保证供给、厉行节约、量入为出、收支平衡”的原则，在日常工作中，核定和调整行政事业单位年度收支计划，按预算程序拨付行政事业经费，制定各项开支标准，审核月份、季度财务报表和年终决算，并对年度预算执行和财政资金使用情况进行检查和监督。

第一节　部门预算管理

行政事业单位财务管理形式随着经济和社会事业的发展，国家政策方针的调整，以及财政管理体制的改革完善而不断调整、变化。中华人民共和国成立后，桐乡市（县）行政事业财务管理形式大体经历统包统揽、预算包干、综合预算、部门预算等阶段。

1994年起，对市级机关逐步实行“切块包干、节约归己、超支不补”的管理办法，除大型购置、修缮费等一次性经费外的其他各项支出，统一纳入综合包干范围。是年在市委、市政府、市人大、市政协机关和公检法司等部门试行，以后逐步扩大和完善。

1998年，桐乡市建立预算内外有机结合的综合财政管理体制，试行财政综合预算管理，制定市级部门、单位公用经费分类定额。

2001年，市级部门、单位经常性经费实行“人员经费按实际、公用经费按定额、业务经费按职能”，专项经费根据需要与财力可能安排，全面实行零基预算和综合预算管理形式。

2004年起，按照《桐乡市本级政府预算管理暂行办法》规定，全面实行市级部门预算管理形式。2006年，进一步细化部门预算，市级部门预算实行基本支出预算、项目支出预算管理。

第二节　财产物资管理

20世纪50年代初，机关干部、职工借用单位家具，租住机关公房，分别按规定计收租金，列入单位预算外收入。“文化大革命”期间，全县行政事业单位机构撤并，人员调动，单位财产物资管理不完善，存在账实不符，家底不清的现象。1979年7月，根据国务院文件，桐乡县对行政事业单位的财产进行全面清查。按照《事业行政单位财产物资管理和核算办法》，对单价在20元以上，使用年限在一年以上的财物进行清理、登记、造册、入账，并规定今后每年清理一次，建立验收、领发、保管、调拨、检查和维修等管理制度。

1991年，重新印发《桐乡县事业行政单位财产物资管理办法》，固定资产的价值起点：全额预算管理和差额预算管理单位，凡使用年限一年以上，一般设备单价在100元以上，专用设备单价在200元以上;自收自支和企业化管理单位,一般设备单价在200元以上,专用设备单价在300元以上,均列作固定资产管理。差额预算管理单位、自收自支和企业化管理单位,分别建立修理购置基金制度和折旧基金制度。对固定资产的报废、报损和调拨(转让)等,分别规定审批手续。并规定各单位每年必须对财产物资进行一次全面清理核对,如发生盘盈盘亏,应查明原因,按审批手续,分别报主管部门或财政部门审批。是年7月起,对行政事业单位的财产物资进行全面清查。清查分自查、互查、重点检查和验收发证四个阶段。清查后,对固定资产建立财产物资卡,所有财产物资均建立账册,做到账、卡、物三相符。

1992年,调整固定资产价值起点。全额预算和差额预算管理单位,一般设备单位价值调整为200元以上,专用设备单位价值调整为500元以上;自收自支和企业化管理单位的设备调整为单位价值500元以上。1993年,重新清查行政事业单位财产。共清查281户,1992年末全部资产总值40031万元。

1995年9月,根据市委、市政府文件,在行政事业单位建立国家集体财物被盗责任赔偿制度。单位党政主要领导、分管领导对安全防范制度不落实,有关工作人员违反现金、物资存放规定,值班保卫人员(含值班领导)擅离岗位或玩忽职守等,造成单位财产物资被盗,责任人应按规定赔偿。被盗价值在2000元以下(含2000元)全额赔偿;2000元以上的,以2000元为赔偿基数,加上超过部分的20%赔偿,赔偿总额不超过20000元。数人负有赔偿责任的,应根据责任主次确定赔偿额。单位领导或部门负责人应承担责任的,其赔偿不得低于总额的30%。

1998年,根据财政部发布的《行政单位财务规则》《事业单位财务规则》,全市固定资产管理起点再作调整:使用年限在一年以上,一般设备单位价值在500元以上、专用设备单位价值在800元以上,为固定资产。对单位价值虽未达到规定标准,但使用年限在一年以上的大批同类物资,按固定资产管理。

是年5月,市财政局印发《桐乡市行政事业单位国有非经营性资产转为经营性资产管理暂行办法》,规定行政事业单位国有非经营性资产转为经营性资产,必须由非经营性资产占有单位提出申请,经主管部门审核同意后,报市国有资产管理部门会同财政部门批准;收入全额纳入单位财务管理,不得私设"小金库"。

2001年9月,全市各乡镇开展财政(财务)资产清理。按照"统一领导,统一时限,统一政策,谁管谁清"的原则,建立乡镇财政(财务)资产清理办公室。乡镇财政清理的内容为:一般预算收支、基金预算收支、专用基金收支,乡镇财政资金对外投资,各种债权债务(包括财政周转金),应收应付,结余资(基)金情况,各类票据,当期会计凭证、账簿、报表及历年的会计档案。乡镇机关事业单位及投资设立的各类经济实体清理的内容为:基本账户、专用账户及其他各种账户(包括工会、食堂账户等),不论预算内外和账内账外的各类固定资产、流动资产、对外投资、债权债务、经费收支、单位基本情况、各类票据、当期的会计凭证、账簿、报表及历年的财务会计档案。

2002年4月,浙江省财政厅印发《浙江省行政事业单位清产核资办法》,在全省行政事业单位开展清产核资。是年7月,桐乡市对全市执行行政事业单位财务会计制度的行政事业单位,实行企业化管理及企业集团下属的具有经常性财政经费关系的事业单位、社会团体,进行资产的全面清理。清理对象共376户,其中行政单位66户,事业单位290户,社会团体7户,其他经常性财政经费单位13户。至11月结束。通过财产清查、清产核资,共清理上报盘盈资产19211万元,上报财产损失及挂账15017万元(包括房改房挂账1047万元)。核实调整后,至2002年6月30日清查时间点,全市行政事业单位国有资产总量为18.41亿元,其中行政单位3.87亿元,事业单位13.72亿元,企业化管理事业单位0.82亿元。

是年12月,桐乡市国有资产管理办公室印发《桐乡市行政事业单位国有资产管理暂行办法》。

2003年,桐乡市市级行政事业单位开始实行国有资产产权登记。9月,市财政局印发《桐乡市行政事业单位国有资产产权登记工作方案》,至11月底,全面完成165户市级行政事业单位产权登记和产权登记证颁发工作。

2004年9月,市政府办印发《桐乡市行政事业单位国有房地产处置管理暂行办法》,规定行政事业单位转让国有房地产时,应事先报市财政局审批。房地产转让价格一般以评估价值为转让底价,其中评估价在200万元以上(含200万元),或转让价低于评估价90%(含90%),或以其他非社会公开方式转让的,由市财政局报市人民政府批准。

2005年12月,市政府颁发《桐乡市行政事业单位国有资产管理暂行办法》,内容涵盖行政事业单位产权登记、界定、变动和纠纷的调处;资产的使用、处置、评估、统计报告和监督;向上级有关部门通报情况等行政事业单位资产管理全过程。

2006年8月,市政府办印发《桐乡市行政事业单位房屋出租管理暂行办法》,规定行政事业单位出租的房屋是国有资产组成部分,根据"国家所有、分级管理"原则,由市财政局代表市政府行使所有权。行政事业单位出租房屋必须事先报市财政局审核批准,实行公开招租。出租房屋面积在60平方米以上(含60平方米)的,应统一进入市招标采购中心进行交易;60平方米以下的可由主管部门组织公开招租。租金收入全额入账,纳入部门预算管理。是年,市财政局组织开展"行政事业单位出租房屋和自管住宅公房清理登记"专项工作。

2007年3月8日,市政府办下发《关于开展全市行政事业单位资产清查工作的通知》,市清产办制订《桐乡市行政事业单位资产清查工作方案》,统一部署全市行政事业单位资产清查工作。本次资产清查以2006年12月31日为基准日。清查的内容主要为:单位基本情况清理、账务清理、财产清查、建立固定资产卡片、完善管理制度。清查范围主要包括:执行行政单位、事业单位财务会计制度的各类行政事业单位、社会团体,执行民间非营利组织会计制度、并同财政部门有经费缴拨关系的社会团体等单位。本次纳入清查范围的各类行政事业单位(包括自收自支事业单位)、社会团体共343户,其中行政单位67户,事业单位269户,社会团体7户。根据省财政厅"要有50%审计面"的要求,市清产办拟定《清查审计方案》,确定113个单位委托本市方联和求真会计师事务所进行审计;根据各单位上报损益情况,确定20%~30%的单位委托会计师事务所进行重点审计。本次资产清查,行政单位汇总资产损失7605万元,资产盘盈4994万元;事业单位汇总资产损失8956万元,资产盘盈11270万元。资产清查结果为:行政单位资产总额112400万元,其中净资产88900万元;事业单位资产总额368600万元,其中净资产251600万元。

2008年3月,市政府重新颁发《桐乡市行政事业单位国有资产管理暂行办法》。该办法涵盖行政事业单位资产配置、资产使用、资产处置、资产评估、资产清查、产权登记与产权纠纷处置、资产信息管理与统计报告等资产管理全过程,共分11章53条。明确市国资办和财政部门(包括镇、街道财政办)是政府负责行政事业单位国有资产管理的职能部门,对全市行政事业单位国有资产实行综合管理。是年6月,市财政局自行开发的行政事业单位国有资产管理软件《行政事业单位国有资产动态管理系统》上线运行,对市级行政事业单位国有资产实施动态管理。

截至2010年年末,桐乡市行政事业单位独立编制机构360个,其中行政单位80个,事业单位280个;独立核算机构298个,其中行政单位73个,事业单位225个。资产总额721952万元,其中行政单位150071万元,事业单位571881万元。净资产(国有资产总量)454399万元,其中行政单位118079万元,事业单位336320万元。

第三节　财务制度管理

1995 年 1 月 14 日,市财政局印发《关于行政事业单位财会工作实行同工种竞赛的通知》,同年 1 月 1 日起,行政事业主管部门财会工作开展同工种竞赛。内容包括会计报表的完整、准确、及时和财务执行情况的分析,会计基础工作和会计核算规范化,财产物资管理和财务管理情况等。是年,根据新的《事业行政单位会计核算办法》,对单位经费结余实行基金分配,规定行政事业单位年终经常性经费结余分别按事业发展基金、集体福利基金、职工奖励基金进行分配。全额预算管理单位分配比例为 60%、25%、15%;差额预算管理单位分配比例为 55%、25%、20%;自收自支管理单位分配比例为 50%、25%、25%。实行综合定额包干的单位,基金分配仍按原包干办法执行。当年已追加经常性经费的单位,其结余全部转入事业发展基金,不实行基金分配。2001 年,市财政局印发《关于统一结余分配基金比例的通知》,统一行政事业单位年终结余分配基金分配比例。2001 年起,执行《行政会计制度》的单位,年终经常性结余 30%计提职工福利基金,70%转入结余结转下年使用。执行《事业会计制度》的单位,年终经常性结余 40%计提职工福利基金,60%转入“事业基金”。有财政拨款已完工项目的专项经费结余,不计提职工福利基金,行政单位全额结转下年使用,事业单位全额结转“事业基金”。执行《医院会计制度》等行业会计制度的单位仍按原有关规定执行。

1997 年 11 月,市财政局转发省财政厅《关于印发〈事业单位财务规则〉和〈浙江省事业单位预决算管理制度〉等六个制度的通知》,并就桐乡实际,提出五点补充意见。一是行政单位在上级新精神出台前比照执行。二是《事业单位财务规则》从 1998 年 1 月 1 日起施行。三是规定事业单位的事业结余可提取的职工福利基金最高不得超过 40%;经营收支结余可提取的职工福利基金最高不得超过 60%。四是明确事业单位固定资产报废、报损、出借、出租和转让等单位价值在一万元以下的,由主管部门审批并抄报市国资办及市财政局备案;单位价值在一万元以上的经主管部门审核同意后报市国资办和市财政局审批。五是规定医疗基金的提取按本单位在编人员中未享受公费医疗人员的人数从收入中提取,标准为每人每月 80 元,年终有结余结转下年使用;修购基金按事业收入和经营收入额的 5%提取,分别在事业支出和经营支出中的修缮费,设备购置费各列支 50%。

1998 年,财政部颁发《行政单位财务规则》,桐乡市于 1999 年 1 月 1 日起实施。是年 10 月,市财政局、市广播电视台联合印发《桐乡市乡镇广播电视站财务管理试行办法》,1999 年 1 月 1 日起试行,并在试行中逐步完善。

1999 年 3 月,市财政局、市民政局联合印发《桐乡市乡镇民政事业费使用和财务管理办法的通知》,明确民政事业费使用原则、使用范围、预算管理、财务管理、财务监督以及民政事业费发放若干规定等。6 月,市政府办转发市财政局、市土地管理局提出的《乡镇土地管理所财务处理及管理的意见》,对乡镇土地管理所与乡镇财政有关经费、财产关系的处理,乡镇土地管理所的财务管理等提出处理意见和实施办法。

1999 年 1 月,桐乡市成立政府采购中心,负责政府采购计划的实施。全市各行政机关、事业单位由于政务活动或社会公共事业需要购买商品时,由政府采购中心提供。政府采购中心成立后,当年共组织政府采购 10 次,购置金额 774.37 万元,节约资金 60.18 万元(参见《控购与政府采购管理》)。2 月,市财政局财政稽查队成立。财政稽查队主要稽查各行政机关、事业单位、党派团体预算内、预算外资金的收支管理;稽查各项财政法律、法规、规章、政策的贯彻执行;稽查各部门收费项目的合法性,收费标准执行的准确性；受理违反财政法规的举报事宜，查处财政违章、违纪案件。财政稽查队成立后，制订《财政稽查工作职责》及《财政检查工作规则》，明确稽查程序，积极开展工作。当年共检查28个行政事业单位，查出违纪金额1259.5万元，移送税务机关补税26.06万元。2000年，市财政局设立财政监督科，与财政稽查队合署办公（参见《财政监督和绩效评价管理》）。8月，市财政局增设基本建设科，与市政府采购中心合署办公。基本建设科主要负责管理财政性基本建设资金；负责基本建设单位财务管理，工程概（预）算、竣工财务结算，工程招投标审查工作；负责行使财政性投资项目的其他财政管理职能（参见《基本建设财务管理》）。

2000年，市财政局印发《关于审定事业行政单位财务独立核算资格和颁发〈桐乡市事业行政单位财务独立核算登记证管理办法〉的通知》《关于颁发市级事业行政单位财务独立核算登记证的通知》。对176户行政事业单位颁发独立核算登记证，撤销原独立核算单位16户，新设独立核算单位1户。

是年，市财政局修订1999年印发的《关于调整行政事业单位经费列支范围的通知》《桐乡市行政事业单位经费支出列报口径》，2001年，市财政局又修订此《经费列报口径》。以后各个年度，政府预算收支科目均有不同程度调整，桐乡市行政事业单位经费列报口径也随之修订。2007年，政府收支分类改革，财政支出按功能和经济分类，市财政局印发《关于统一2007年〈桐乡市行政事业单位支出经济分类科目列报口径〉的通知》。此次修订后的经费支出列报口径执行至2010年未变。

2001年1月，桐乡实行财政统一发放工资。8月，组建桐乡市预算会计核算中心，市级机关、事业单位（含乡镇学校、卫生院）经费实行集中管理、统一开户、分户核算。2002年，教育、卫生、规划建设等部门建立分中心；各镇乡、街道设立会计核算中心，会计集中核算延伸至各镇乡、街道。

是年，市监察局、财政局、审计局组成联合检查组，对市级机关各部门、各单位房屋出租收入的财务情况进行专项检查。针对收入不按规定入账、以收抵支、违规发放职工福利、使用不规范票据等情况，三部门联合下发《关于加强行政事业单位房屋出租收入财务管理的通知》，对加强行政事业单位出租房屋财务管理作出六项规定。并对11个单位下发整改通知书。本次专项检查，共查出违纪金额117.35万元，查补各种税费12.59万元，应收回违规发放职工福利9.07万元。

2002年，启用行政事业单位个人收入管理系统软件。市财政局开发《桐乡市行政事业单位个人收入管理系统》。该软件的优点是：单位按月逐笔录入个人收入明细情况，可查阅和打印个人所得税纳税申报表、个人所得税台账、每人收入总额、“分配统一政策”中国家规定外奖励福利发放情况等。12月11日，市财政局将软件免费发放到全市126个行政事业单位。2003年12月，《个人收入管理系统》升级，并于2004年1月起正式启用V2.0新版《桐乡市行政事业单位个人收入管理系统软件》。

2003年，市教育局、财政局联合印发《桐乡市学校食堂财务管理暂行办法》，统一全市中小学校食堂财务核算办法。

2007年，深化部门预算改革，规范和加强预算年度结余资金管理，市财政局印发《桐乡市市级部门预算年度执行结余资金管理（暂行）规定》，单位基本支出结余纳入年终对部门节支考核；项目结余分净结余和专项结余。基本支出中交通费和办公设备购置费实行专项核算、结余专项结转，按规定滚存使用。其他基本支出结余资金，行政单位由财政部门在编制第二年部门预算时按综合预算的原则进行统筹安排；事业单位按相关会计制度规定进行事业基金和福利基金分配，第二年编制预算时，事业基金作为弥补事业单位收支差额和事业发展的来源编入部门预算。项目净结余资金由财政部门收回后统筹安排使用；专项结余经财政部门审核后，在不改变项目资金用途的前提下结转下年继续使用。2008年，市级机关事业单位增收节支考核办法由市政府印发实施。

1998年1月起,根据财政部颁发的《财政总预算会计制度》《事业单位会计准则(试行)》《事业单位会计制度》和《行政单位会计制度》等一系列新预算会计制度及相关财务规则,全市行政事业单位实行行政财务与事业财务分开核算,统一管理。改革后的预算会计分为财政总预算会计,事业单位会计,行政单位会计,参与预算执行的国库会计、收入征解会计(包括税务会计、农业税征解会计)和基本建设拨款会计等,其预算会计主体包括政府以及各类行政事业单位,会计记账方式由过去的"收付"记账法改为"借贷"记账法。

第四节　公用经费管理

行政事业单位公用经费主要包括公务费、修缮费、设备购置费、业务费、业务招待费及其他费用。公务费主要有办公费、邮电费、水电费、差旅费、会议费、车船燃料保险养路维修费等。

1996年,桐乡市财政局制订《桐乡市事业行政单位工作人员差旅费开支的规定》,当年7月1日起执行。2001年,转发执行省财政厅、省政府外事办《关于转发财政部　外交部关于印发〈临时出国人员费用开支标准和管理办法〉的通知》。2002年,修订《桐乡市行政事业单位工作人员差旅费开支规定》,2002年1月1日起执行。修订后的差旅费开支规定,出差人员乘坐飞机须经单位领导同意乘坐经济舱;火车(除软卧外。2004年6月取消)按实报销;轮船为三等舱;其他交通工具(不包括出租车)按实报销。鼓励出差人员乘坐火车,在途期间连续乘坐火车超过12小时的,每满12小时加发25元伙食补助。对超等级标准乘坐的按票价报销70%。桐乡市外出差而未带交通工具的,外地市内交通费每人每天省外15元、省内10元、嘉兴市内5元,在限额内凭据报销(含出租车)。住宿费规定:担任实职的副处级以上领导,研究员、主任医师、教授及相当技术职称的人员,不分省内外每人每天200元;其余工作人员省内120元、省外150元。限额内按实住天数报销,超过规定标准个人自负30%。工作人员出差伙食补助为省外每人每天25元、省内15元(不含毗邻地区:如湖州德清县、杭州余杭区、江苏吴江市等);嘉兴市内(含毗邻地区)10元;桐乡市内5元。市级机关(汽车驾驶员除外)在桐乡市内出差实行伙食费每人每月40元包干发放,包干后不再享受桐乡境内出差伙食补助。上挂下派伙食费补助标准为每人每天省外12元、省内8元、嘉兴市内5元,休息天不计;到乡镇挂职锻炼实行每人每月40元包干。参加本系统和其他有关部门举办的培训班(3个月内)每人每天伙食补助费省外12元、省内8元、嘉兴市内5元、桐乡市内3元;3个月以上减半。不脱产人员参加市有关部门组织的活动,期间由组织单位按每人每天15元计发误工补助,伙食补贴和往返车船费比照工作人员。汽车驾驶员实行里程补贴和安全补贴相结合的补贴制度,不再实行其他补助办法。里程补贴按每公里0.12元(是年4月调整为每公里0.15元)按月计发;安全补贴按每公里0.03元(2009年调整为每公里0.05元)按年计发。汽车驾驶员发生行车事故,安全补贴不得发放。早夜餐费开支标准为:工作人员工作至晚上12时(即凌晨0时)以后,每人每晚补助5元;早晨4时以前上班工作,每人每天补助3元。2009年1月1日起,工作人员工作到夜间23时以后的,可开支夜餐费每人每次15元。凌晨4时以前开始工作的,每人每次补贴早餐费8元。

1997年、1998年,市委、市政府先后印发《关于党政机关厉行节约制止奢侈浪费行为的实施意见》《关于党政机关厉行节约制止奢侈浪费行为的若干规定》,对公务接待、公务用车、外出参观考察、各类会议和活动、工资津贴发放、交通通信工具配置等均作详细规定,并建立外出参观考察,全市性会议召开,评比、表彰、检查项目等的审批制度。1997年12月,市委办、市政府办印发《关于进一步加强全市党政机关移动电话管理的通知》,全面清理全市各级党政机关、人大、政协、法院、检察院、人武部、人民团体和有关单位公费配置的移动电话，除特殊工作岗位外，凡公费配置的移动电话，一律按全省移动电话统一处置价格作价处理给持机者个人或拍卖。1998 年 1 月 1 日起，规定公费配置移动电话只限于特殊工作岗位，对确因工作需要（特殊工作岗位除外）通话费实行限额报销。2001 年 11 月，市委办、市政府办印发《关于贯彻执行通信工具管理有关规定的通知》，对全市党政机关公费通讯工具设备作出处理规定。对原规定公费配置的特殊岗位移动电话一律按新规定折价处理给持机者个人。公费配置的传呼机、公费安装的住宅电话一律在 12 月 20 日前办理好过户给个人的手续。2001 年 12 月 21 日起，党政机关工作人员限额发放通信补助费。住宅电话补助费按领导职务或职级、公务无线通信费补助按职级（含非领导职务）按月发放，定额包干，不得另行额外补助。离退休后，从办理手续的次月起，副乡（科）级及以上人员只享受住宅电话补助，不再享受无线通信费补助；其他离退休人员不享受任何通信费补助。其中按原规定不享受报销通信费用的党政机关一般工作人员无线通信费补助从 2001 年 1 月 1 日起执行。2003 年 1 月起，经市委、市政府同意，享受科（局）级待遇、未享受过住宅电话补助费的离休干部发放住宅电话补助费。

表 7－1　　桐乡市公务通信补助费发放标准一览表

公务无线通信补助费标准		住宅电话补助费标准	
职　级	月补贴标准（元）	职　级	月补贴标准（元）
正厅级	300	正厅级	130
副厅级	250	副厅级、县正职	120
正处级	200	县副职	80
副处级	180	部门正职、乡镇正职	65
正科级	150	部门副职、乡镇副职	55
副科级	100		
科员及以下	30		

注：1. 公务无线通信补助费：机构改革中离岗退养人员按同级在职人员的标准发放；现任副科级领导职务的副团级以上军队转业干部按正科级人员的标准发放；机关在编工勤人员按“科员级以下”人员的标准发放。

2. 住宅电话补助费：曾任乡（科）级以上实职，现从领导岗位上退下来后享受副科级以上政治、生活待遇的人员，按规定的职级补助标准发放；地厅级（含副厅级、享受一项或两项地厅级待遇离休干部）以上离退休人员按同级在职干部标准发放；处级（含副处级，享受政治、生活待遇人员）离退休人员按每月 50 元标准发放；曾任副科级以上实职的离退休人员每月仍按正科级 30 元、副科级 20 元标准发放

1998 年 3 月，市财政局印发《关于财政拨款的市级行政事业单位实行汽车统一投保的通知》，1998 年 1 月 1 日起，凡有财政拨款的市级行政事业单位的所有汽车（包括非财政拨款购置的汽车），由市财政局联系中保财产公司桐乡分公司实行统一投保。1998 年 10 月 1 日起，全市各行政事业单位业务招待费控制在当年公务费实际支出数的 2%以内按实列支。10 月，市财政局、人事局、卫生局联合印发《桐乡市行政事业单位工作人员子女医疗费管理办法》，行政事业单位工作人员子女报销医疗费实行单位和个人分成负担办法。独生子女的自负 50%，单位报销 50%；非独生子女的自负 70%，单位报销 30%，报销范围按公费医疗报销范围执行。子女医疗费实行统筹的系统，报销比例也不得突破本办法规定的比例。

1999 年，市财政局印发《关于确定托儿所、幼儿园最高报销标准的通知》，规定托儿所最高按一级托儿所收费标准报销、幼儿园最高按示范性幼儿园收费标准报销，超过标准部分一律自负，低于标准

按实报销。管理费报销比例为100%,保育费报销比例为60%,由父母双方单位各负担一半。2000年,全市托儿所、幼儿园收费标准调整,市财政局修订印发《关于调整事业行政单位幼儿入幼报销标准》《关于调整事业行政单位幼儿入托报销标准》,规定自2000年9月1日秋季新生入园、入托起,幼儿入园、入托学习期间,不分新生老生,不分管理费保育费,一律按每生每月50元报销,由父母双方单位各承担50%,若一方无经济来源的,则由另一方单位报销。

2000年,在测算前三年经常性公用经费支出的基础上,制定市级行政事业单位公用经费分类定额。2001年起,市级部门(单位)的经常经费实行"人员经费按实际、公用经费按定额、业务经费按职能"的原则安排支出预算,对专项经费根据需要与财力可能安排,彻底打破原来基数加增长的预算方法,实行零基预算和综合预算管理。2004年起,全面实行市级部门预算管理。

2006年起,部门预算进一步细化,每年选择两个部门的部门预算提交市人大常委会重点审议。市本级行政事业单位公用经费分别按基本支出、项目支出管理。制定《桐乡市市级机关事业单位办公设备配置标准》,对纳入部门预算编制范围的市级国家机关、参照依照公务员管理类事业单位,监督管理类、纯公益类、准公益类事业单位,实行办公设备配置标准化管理。其范围为纳入固定资产管理的常用办公设备。分为计算机设备类、计算机辅助设备类、其他办公自动化设备类、家用电器类和办公家具类等。大型办公设备、大型专用设备、交通工具由各部门、单位报财政部门审核后确定。

2007年,市财政局印发《桐乡市市级行政事业单位公务用车购置管理暂行办法》,市级行政事业单位购置公务用车按照"经济实用、按编配备、定额标准、从严审批"的原则执行。规定购置车辆配置标准、更新车辆购置条件、审批程序和监督管理等办法。购置车辆配置标准为:党政机关公务用车在车辆编制范围内,可配备一辆排气量2.0升以下,价格在23万元以内的国产轿车,其他均配备排气量2.0升以下,价格在20万元以内的国产轿车。政法部门、军警部队以及其他承担特殊职能单位购置特殊用途的车辆和对因特殊公务确需配备超标、超编车的,按相关规定执行。副处级以上领导干部公务用车配置标准,按省定标准执行。事业单位车辆配置参照党政机关执行。更新购置条件为:安全更新的车辆指副处级及以上领导的公务用车使用年限达到5年以上且累计行驶里程达到20万公里以上;部门的公务用车使用年限达到10年且行驶里程达到25万公里以上,或累计行驶里程达到30万公里以上,车辆发动机、方向机、变速器、前后桥、车架以及其他主要零配件损耗较大,经检测可能影响行车安全的汽车。

2008年1月,市财政局印发《关于规范上级转移支付资金财政管理(试行)的通知》,规定上级转移支付资金必须严格按补助的项目和用途,专款专用,不得擅自截留和移用。2008年1月1日起,对市级部门积极向上争取资金和项目,用于市内社会公益事业发展和基础设施建设,同时节减年度财政支出,增加地方财力的,实行业务经费补助。同年3月,市政府印发《桐乡市市级机关事业单位增收节支考核办法(试行)》,2008年1月1日起,对市级机关、参照依照公务员制度管理单位和监督管理类事业单位实行增收节支考核。考核方式分两种:增收节支综合考核和节支单项考核。

一、增收节支综合考核(有非税收入的单位)。具体分为:

1.收入考核。政府非税收入以上一年度实际缴入市财政局财政专户的实绩为收入基数。政府专项资金(不包括从土地出让金中提取的政府专项资金),按规定比例提取征收业务费,其中超过收入基数以上部分提取的征收业务经费,市财政按不高于40%安排征收工作奖励经费。征收业务经费不并入支出考核。其他非税收入(不含罚没收入、其他收入)年度收入实绩超过收入基数以上部分,按不高于40%安排征收工作奖励经费,市财政统筹60%,用于安排政府重点项目支出。

2.支出考核。考核范围为部门单位年度预算的基本支出中运转定额和职能定额部分,即公用经费。单位通过加强内部管理，厉行节约形成的公用经费结余，在弥补以前年度经常性赤字和项目累计赤字后形成的当年度净结余，市财政按不高于30%安排节支工作奖励经费。执法部门收取的罚没收入，当年度收入实绩超过上年度收入实绩以上部分，市财政按不高于30%安排办案经费补助，增加部门公用经费，并入支出考核范围。其他收入中房屋出租收入及自管住宅公房处置收入按规定的比例核定增加部门公用经费，并入支出考核范围。

二、节支单项考核(无非税收入的单位)。

按增收节支综合考核中的支出考核办法考核。其中当年公用经费净结余，市财政按不高于60%安排节支工作奖励经费。

是年，支援四川汶川地震灾区重建家园，严控“三公经费”支出，控制机关办公用房建设，规范津贴、补贴发放等工作措施，仅公用经费一项，当年总量压缩5%。

2009年2月，市财政局印发《关于贯彻桐委办〔2009〕4号〈关于厉行节约转变作风的若干意见〉文件精神的通知》，对落实市委、市政府“一压缩、两精简、三控制”六项措施，降低行政成本提出实施意见。压缩公用经费支出，党政机关年度职能经费削减5%，设备购置经费削减50%；调整专项经费支出结构，部门专项经费削减10%；切实减少公务用车支出，年度公务用车经费削减20%以上；压缩因公出国(境)经费，年度出国(境)考察经费削减20%。

2010年，市委、市政府决定在全市实行公务用车制度改革。按照“发展、稳妥、务实、规范”的要求，全市除人武部(预备役连)、法院、检察院、公安局暂不列入车改和对承担具体执法任务的单位经审核批准后可保留一定数量的行政执法用车外，市级机关部门、市直属单位和承担行政管理、公共管理职能的事业单位，全市各镇、街道党政机关及所属承担行政管理、公共管理职能的事业单位，均列入公务用车制度改革范围。公务用车制度改革后，根据车改人员的职务、职级、岗位确定发放公务交通费。

表7-2　桐乡市市级机关、事业单位车改人员公务交通费标准一览表

序号	人员范围	标准(元/月)
1	局正职	1860
2	局副职(正局级)	1700
3	局副职、副局级干部、副局级组织员、正局级调研员	1600
4	副局级调研员、享受(明确)副局级待遇人员、局长(主任)助理、党组(党委)成员(委员)	1300
5	中层正职及以下人员(人均)	800
6	事业性质人员(人均)	700

表7-3　桐乡市市级机关部门派驻市区以外的工作人员公务交通费浮动标准一览表

序号	驻地名称	浮动标准%
1	梧桐街道、开发区、振东新区	基准
2	龙翔街道、屠甸镇、濮院镇、濮院羊毛衫市场管理委员会	4.5
3	凤鸣街道、石门镇、高桥镇、高桥新区	6.5
4	乌镇镇、乌镇古镇保护与旅游开发管委会、崇福镇、崇福经济区管委会(崇福皮毛市场管委会)	9
5	洲泉镇、河山镇、临杭经济区	11
6	大麻镇	16.5

表 7-4　　桐乡市镇、街道机关及所属事业单位车改人员公务交通费标准一览表

序　号	人　　员　　范　　围	标准(元/月)
1	党政正职	1860
2	人大(人大工委)主席(主任)、政协联络处主任、正镇级组织员、正镇级信访员	1700
3	镇(街道)副职、正镇级调研员	1500
4	镇长(主任)助理、明确副镇级待遇	1100
5	公务员中层正职及以下人员(人均)	800
6	事业性质人员(人均)	700

镇、街道除按上述标准发放公务交通费外,还可根据单位驻地距市区远近适当上浮包干补贴标准,浮动标准最高与市级机关部门派驻市区以外的工作人员上浮标准相同。

是年 8 月起至年底,全市除国土资源局外,其余机关部门、镇、街道机关分三批完成车改,共涉及车改部门、单位 79 个。除教育系统教师、卫生系统医生、准公益类集体事业单位、中介组织人员外,共涉及车改人员 4070 名,其中行政人员 2174 名(含 24 名保留半年过渡期),事业编制人员 1896 名。涉及驾驶员 471 名,其中单位安置 444 名,解除合同 27 名。涉及车改车辆 572 辆,其中上交车辆 471 辆,过渡期留用半年 24 辆,长期留用 77 辆:执法用车 52 辆、招商用车 6 辆、新闻采访用车 14 辆、其他 5 辆。车改核减下来的车辆,由市国资部门牵头,委托中介机构评估后统一向社会公开拍卖。至 12 月,拍卖二批次 203 辆,拍卖车辆评估价 962.51 万元,拍卖成交价总额 1505.6 万元,溢价率 56.42%。拍卖所得统一收缴财政。

公务用车制度改革后,财政支出节减明显。全市列入车改的市级机关部门、市直属单位和各镇、街道党政机关 2009 年度车辆经费支出 2258 万元,车辆人员经费支出 2210 万元,合计 4468 万元。另按 2007 年和 2008 年数据测算,年均新车购置费 1150 万元,合计年公务交通经费支出约 5618 万元。车改后,全市各车改单位年发放公务交通费 4123 万元,留用车辆 77 辆,预计留用车辆经费 539 万元,合计年公务交通经费支出 4662 万元,比较车改前一年可节约财政支出 956 万元。

第五节　人员经费管理

一、工资

1993 年 10 月 1 日起,对机关和事业单位工作人员现行工资制度进行改革(以下称"九三工改"),改革的主要内容为:不再划分工资区,而是引入地区津贴。机关建立公务员工资制度,机关工作人员实行职级工资制,由职务工资、级别工资、基础工资和工龄工资四个部分组成。其中职务工资和级别工资是职级工资构成的主体。职务工资按工作人员的职务高低,责任轻重和工作难易程度确定,并随职务及任职年限的变化而变动。级别工资按工作人员的资历和能力确定,县(处)级以下分 9 个级别,一个级别设置一个工资标准。基础工资各类职务人员执行相同标准,每人每月 90 元。工龄工资按工作年限确定,工作年限每增一年,工龄工资增加 1 元,一直到离退休当年止。事业单位与机关工资制度脱钩,实行专业技术职务等级制、专业技术职务岗位工资制。其工资由固定部分和活的部分两块构成。根据单位特点和经费来源不同实行不同类型的工资制度。

表 7－5　　机关职务级别工资制工资标准一览表(1993 年 10 月实施)

单位:元/月

职务	职务工资								级别工资		基础工资	工龄工资
	1	2	3	4	5	6	7	8	级别	工资标准		
处长 县长	144	174	204	234	264	294			七	228	90	每工作一年按一元发给
									八	193		
副处长 副县长	118	143	168	193	218	243			九	164	90	
									十	135		
科长 主任科员	96	116	136	156	176	196	216		十一	111	90	
									十二	92		
副科长 副主任科员	79	94	109	124	139	154	169		十三	77	90	
科员	63	75	87	99	111	123	135	147	十四	65	90	
办事员	50	60	70	80	90	100	110	120	十五	55	90	

“九三工改”,全市机关事业单位在职 8986 名工作人员调整工资,月增资 1158308.73 元,人均月增资 128.90 元。其中机关工作人员 2743 人,月增资 323969.33 元,人均月增资 118.11 元;事业单位工作人员 6243 人,月增资 834339.40 元,人均月增资 133.64 元。同时,机关事业单位 1872 名离退休人员增加离退休费,月增资 193990.06 元,人均月增资 103.63 元。

1996 年,桐乡市新华书店试行工资总额与经济效益、社会效益考核挂钩(下称工效挂钩)。1998 年,崇福大戏院试行工效挂钩。1999 年,浙江同新律师事务所、浙江百家律师事务所试行工效挂钩。

1997 年 7 月 1 日起,机关行政人员每人每月基础工资标准由原 90 元提至 110 元。事业单位各类工作人员和机关工人根据工资制度的特点及其工资构成比例,在原职务(岗位)工资的标准基础上,各档增加 14 元,津贴、奖金(活动工资)部分按其在工资构成中的比例相应提高。全市 12136 名机关、事业单位在职工作人员月增资 268406 元,人均 22.12 元。

1999 年 7 月 1 日起,机关行政人员基础工资标准由每人每月 110 元提高到 180 元;级别工资标准由十五级至一级每人每月 55 元至 470 元提到 85 元至 720 元。调整事业单位工作人员和机关工人工资构成中的固定部分。活动部分按国家和省规定的工资构成比例也相应提高。全市 11883 名机关、事业单位在职工作人员月增资 1532246.30 元,人均月增资 128.94 元。

2001 年 1 月 1 日起,调整机关工作人员工资标准。基础工资由现行的每人每月 180 元提至 230 元,级别工资由现行的十五级至一级每人每月 85 元至 720 元提至 115 元至 1166 元。同时,适当调整机关工人的岗位工资标准和技术等级(职务)工资标准,机关工人的奖金部分按照其在工资构成中的比例相应提高。事业单位工作人员的工资调整大体参考机关同类人员的增资水平,相应调整其固定部分标准和活的部分水准。其中固定部分按增资额的 70%增加。全市 11801 位机关、事业单位在职工作人员月增资 3603421.70 元,人均月增资 305.35 元。是年 10 月 1 日起,公务员(含参照、依照管理的人员)各职务层次职务工资起点标准由 50 元至 480 元提高到 100 元至 850 元。同时,适当调整机关工人的岗位(职务)工资标准,机关工人的奖金部分按照其在工资构成中的比例相应提高。事业单位工作人员调整工资标准构成中的固定部分,活的部分按国家规定的工资构成比例也相应提高。全市

12079 名机关、事业单位在职工作人员月增资 1005264.40 元,人均月增资 83.22 元。

2003 年 7 月 1 日起,调整机关行政人员职务工资标准。各职务起点工资标准由现行的 100 元至 850 元提高到 130 元至 1150 元,其他各职务工资档次标准相应提高。同时,适当调整机关工人的岗位工资标准,机关工人的奖金部分按照其在工资构成中的比例相应提高。事业单位工作人员调整工资构成中的固定部分,活的部分按国家和省规定的工资构成比例也相应提高。

2006 年 6 月 14 日,《国务院关于改革公务员工资制度的通知》出台。桐乡市于 2007 年实施工资制度改革,公务员、机关工人、事业单位工作人员实行工资套改。公务员基本工资由现行职务工资、级别工资、基础工资和工龄工资四项调整为职务工资和级别工资两项,取消基础工资和工龄工资,公务员级别工资从原来的 15 级调整为 27 级。事业单位实行岗位绩效工资制度,由岗位工资、薪级工资、绩效工资和特殊岗位津贴补贴四部分组成,其中岗位工资和薪级工资为基本工资。技术工人仍实行岗位技术等级工资制,基本工资构成由现行岗位工资、技术等级(职务)工资和奖金三项调整为岗位工资和技术等级(职务)工资两项。岗位工资根据工作难易程度和工作质量确定,按初级工、中级工、高级工三个技术等级和技师、高级技师两个技术职务设置,分别设若干工资档次。普通工人,基本工资构成由现行岗位工资和奖金两项调整为岗位工资一项。是年,全市参加工改人数共 16628 人,其中在职人员 12181 人,人均月增资 284.60 元,离退休人员 4447 人,人均月增资 246.96 元。工资套改完成后,公务员年度考核累计 5 年称职及以上的,级别工资就近高套入晋升后级别对应工资标准;事业单位工作人员正常增加薪级工资以年度考核为依据,凡年度考核结果为合格及以上等次的,可从次年 1 月起增加一级薪级工资。

各个时期机关、事业单位工作人员基本工资标准调整的同时,对新参加工作人员的试用期工资标准也作相应调整。

表 7-6　　机关、事业单位新参加工作人员工资标准一览表

单位:元/月

时间	初中	高中 中专	大学 专科	大学 本科	双学士学位的大学本科毕业生、研究生班毕业和未获得硕士学位的研究生	硕士	博士
1993.10	170	180	195	205	220	240	270
1997.7	190	200	215	225	240	260	290
1999.7	280	295	315	330	350	375	415
2001.1	360	375	395	415	435	465	515
2001.10	400	418	443	465	493	530	590
2003.7	425	446	474	499	530	570	635
2006.7	570	590	655	685	710	770	845

二、津贴

"九三工改"后,1993 年 10 月 1 日起,机关事业单位各类岗位性津贴予以保留的项目有:1.机关工作人员岗位津贴。2.事业单位苦、脏、累、险和保健性津贴。3.原按国家和省规定执行浮动一级工资,但随着新工资制度的实施停止执行的,改为固定岗位津贴。4.麻风病院职工继续实行岗位津贴制度。

5. 农村乡镇机关工作人员原10％～15％的浮动升级奖励停止执行后，改从1994年1月起实行岗位津贴。6. 在县以下基层单位工作的农林科技人员，继续执行国发〔1983〕74号文件关于岗位津贴的规定。此外，原由国家和省规定发放的其他岗位性津贴，并入新设的津贴（活工资部分），不再另行发放；原由各地区、各部门、各单位自行设立的机关或事业单位岗位性等各类津贴，予以取消。

各种津贴的标准具体如下：

（一）机关事业单位工作人员职务（岗位）津贴

“九三工改”规定，在机关事业单位工作人员套改时，职务（岗位）津贴按以下标准：省级（不分正副职，下同）57元，厅级47元，处级37元，科级27元，科员（办事员、工人）21元。1996年12月，职务（岗位）津贴标准调整，并将行政职务的正副职分开，津贴标准适当拉开档次。

表7－7　　机关事业单位工作人员职务（岗位）津贴标准一览表

单位：元/月

职　　务	标　准	职　　务	标　准
省长及相当职务	220	副省长及相当职务	210
厅长及相当职务	180	副厅长及相当职务	170
处长及相当职务	140	副处长及相当职务	130
科长及相当职务	110	副科长及相当职务	100
科员及相当职务	80	办事员、工人	70
初期、见习、学徒期、熟练期人员	50		

2004年2月，根据嘉兴市人事局、财政局嘉人薪〔2003〕115号文件精神，桐乡市机关单位在职人员实施地方岗位津贴，离退休人员实施生活补贴，事业单位离休干部参照执行。2004年6月15日，根据嘉兴市财政局、人事局嘉财预〔2004〕7号文件精神，桐乡市财政局、人事局联合印发《关于监督管理类事业单位工作人员实施岗位津贴和对部分公益类事业单位实行经费补贴的通知》，监督管理类事业单位工作人员实施地方岗位津贴，退休人员实施生活补贴。其他事业单位不超过监督管理类事业单位同类人员标准，由各主管部门研究决定。

表7－8　　机关事业单位工作人员地方岗位津贴、生活补贴标准一览表

单位：元/月

机关工作人员（事业离休）				监督管理类事业单位工作人员				
职务（职级）	在职	离休	退休	职　　务		在职	退休	退职
正　厅	930			专业技术人员	正高级	450		
副　厅	820				副高级	410		
正　处	710				中　级	370		
副　处	630				助　级	350		
正　科	550				员　级	340		

续表 7-8

<table>
<tr><th colspan="4">机关工作人员(事业离休)</th><th colspan="6">监督管理类事业单位工作人员</th></tr>
<tr><th>职务(职级)</th><th>在职</th><th>离休</th><th>退休</th><th colspan="3">职务</th><th>在职</th><th>退休</th><th>退职</th></tr>
<tr><td>副科</td><td>480</td><td></td><td></td><td rowspan="5">管理人员</td><td rowspan="2">三级职员</td><td>正处</td><td>450</td><td></td><td></td></tr>
<tr><td>巡视员</td><td>850</td><td></td><td></td><td>副处</td><td>410</td><td></td><td></td></tr>
<tr><td>助理巡视员</td><td>740</td><td></td><td></td><td colspan="2">四级职员</td><td>370</td><td></td><td></td></tr>
<tr><td>调研员</td><td>660</td><td></td><td></td><td colspan="2">五级职员</td><td>350</td><td></td><td></td></tr>
<tr><td>助理调研员</td><td>580</td><td></td><td></td><td colspan="2">六级职员</td><td>340</td><td></td><td></td></tr>
<tr><td>主任科员</td><td>500</td><td></td><td></td><td colspan="3">普工、技工</td><td>340</td><td></td><td></td></tr>
<tr><td>副主任科员</td><td>450</td><td></td><td></td><td colspan="3">试用(见习)期人员</td><td>230</td><td></td><td></td></tr>
<tr><td>科员</td><td>430</td><td></td><td></td><td rowspan="3">退休</td><td colspan="2">高级、三级职员</td><td></td><td>340</td><td></td></tr>
<tr><td>办事员、工人</td><td>410</td><td></td><td></td><td colspan="2">中级、四级职员</td><td></td><td>310</td><td></td></tr>
<tr><td>试用(见习)期人员</td><td>290</td><td></td><td></td><td colspan="2">助级、五级职员及以下</td><td></td><td>280</td><td></td></tr>
<tr><td>厅级</td><td></td><td>735</td><td>655</td><td colspan="3">退职</td><td></td><td></td><td>250</td></tr>
<tr><td>处级</td><td></td><td>560</td><td>500</td><td colspan="3"></td><td></td><td></td><td></td></tr>
<tr><td>科级及以下</td><td></td><td>435</td><td>390</td><td colspan="3"></td><td></td><td></td><td></td></tr>
</table>

(二)审计人员岗位津贴

1997 年 1 月 1 日起,执行浙江省人事厅、浙江省财政厅浙人薪〔1998〕31 号、浙财行〔1998〕30 号文件,县级审计机关审计工作人员工作补贴标准由现行每人每天 1 元提高到 2 元。根据实际出勤天数计算,按月发放。调离审计工作岗位的人员停发审计工作补贴。

(三)人民法院办案人员岗位津贴

1997 年 1 月 1 日起,执行浙江省人事厅、浙江省财政厅、浙江省高级人民法院浙人薪〔1998〕34 号、浙财行〔1998〕31 号、浙高法政〔1998〕13 号文件,县级法院办案人员岗位津贴由现行的每人每天 0.40 元、0.50 元、0.60 元提高到 2.20 元。根据实际出勤天数计算,按月发放。因节日、假日,病假、事假,或脱产学习等原因未参加办案的,不发给岗位津贴。调离上述岗位的,停发岗位津贴。

(四)人民检察院办案人员岗位津贴

1997 年 1 月 1 日起,执行浙江省人事厅、浙江省财政厅浙人薪〔1998〕30 号、浙财行〔1998〕32 号文件,县级检察院办案人员岗位津贴由现行的每人每天 0.40 元、0.50 元、0.60 元提高到 2.20 元。根据实际出勤天数计算,按月发放。因节日、假日,病假、事假,或脱产学习未参加办案的人员不发给岗位津贴。调离上述岗位的,停发岗位津贴。

(五)人民警察警衔津贴

1995 年 1 月 1 日起,人民警察实行警衔津贴。后于 2000 年、2002 年、2004 年和 2007 年分别调整津贴标准。

表 7－9　人民警察警衔津贴标准一览表

单位：元/月

年份	警衔类别												
	总警监	副总警监	一级警监	二级警监	三级警监	一级警督	二级警督	三级警督	一级警司	二级警司	三级警司	一级警员	二级警员
1995	123	116	110	105	100	95	90	85	80	76	72	68	64
2000	161	153	145	138	131	124	118	112	106	100	94	89	84
2002	211	200	189	180	171	162	154	146	138	130	122	115	108
2004	228	216	204	194	184	174	165	156	147	138	129	121	113
2007	313	295	277	263	249	235	223	211	199	187	175	165	155

（六）公安派出所人民警察岗位津贴

2004 年 1 月 1 日起，经省政府批准，浙江省建立公安派出所人民警察岗位津贴制度。公安派出所人民警察岗位津贴标准为每人每月 200 元，根据实际出勤天数计算，按月发放。调离上述岗位或退休时，从次月起停发岗位津贴。

（七）城市下水道工人岗位津贴

1997 年 1 月 1 日起，执行浙江省人事厅、浙江省财政厅浙人薪〔1998〕88 号、浙财工〔1998〕31 号文件，城市下水道工人岗位津贴由现行的一等每人每天 0.90 元、二等 0.70 元、三等 0.60 元调整为一等每人每天 7 元、二等 4 元、三等 3 元。

（八）城市环境卫生工人岗位津贴

1997 年 1 月 1 日起，执行浙江省人事厅、浙江省财政厅浙人薪〔1998〕88 号、浙财工〔1998〕31 号文件，城市环境卫生工人岗位津贴由现行的每人每天 0.60 元、0.70 元、0.80 元调整为 3 元、4 元、5 元。

（九）纪检、监察办案人员岗位津贴

1997 年 1 月 1 日起，执行浙江省人事厅、浙江省财政厅浙人薪〔1998〕108 号、浙财行〔1998〕62 号文件，县（市）、乡（镇）级办案人员补贴标准，由现行的每人每天 0.80 元提高到 2 元。根据实际出勤天数计算，按月发放。调离上述岗位的办案人员，停发岗位津贴。

（十）信访专职人员岗位津贴

1995 年 8 月起，市级有关部门的专职信访干部的卫生保健津贴改为信访岗位津贴，标准为每人每月 30 元。1999 年 1 月 1 日起，执行浙江省人事厅、浙江省财政厅浙人薪〔1999〕73 号、浙财行〔1999〕45 号文件，县（市、区）信访局（办）信访专职人员岗位津贴每人每月 120 元。2003 年，根据市委第 12 次常委会精神，决定自 2003 年 11 月 1 日起，对全市镇乡、街道及信访工作任务比较重的部门信访专职人员发放岗位津贴，发放标准为每人每月 60 元。调离上述岗位或退休后，从次月起停发岗位津贴。

（十一）市残疾人联合会特殊岗位津贴

2002 年 7 月，人事局、财政局联合批复，同意市残疾人联合会工作人员实行特殊岗位津贴。其标准和发放办法为：取得初级手语等级证书的人员每人每月 60 元，取得中级手语等级证书的人员每人每月 80 元，取得高级手语等级证书的人员每人每月 100 元；缺勤半个月以上者，停发当月岗位津贴；

调离上述岗位或退休后,从次月起停发岗位津贴。

(十二)密码工作人员岗位津贴

2004 年 1 月 1 日起,执行浙江省人事厅、浙江省财政厅《关于建立密码人员岗位津贴的通知》,各级党委机要密码机构中从事核心密码工作的人员,工作年限不满 5 年的,每人每月 80 元;满 5 年不满 10 年的,每人每月 100 元;满 10 年以上的,每人每月 120 元。密码人员岗位津贴按月发放,自上岗之月起发放,自离岗次月起停发。密码人员实行岗位津贴后,原执行的机要岗位福利性补贴即行取消。

(十三)计划生育专职工作人员岗位津贴

2005 年 1 月起,执行嘉兴市人事局、嘉兴市财政局、嘉兴市人口和计划生育委员会《关于调整计划生育专职工作人员岗位津贴的通知》,计划生育专职工作人员岗位津贴标准,由每人每月 30 元调整为 60 元。实行范围及支付办法仍按浙江省财政厅(93)财行 162 号、浙江省人事厅浙人薪(93)62 号、浙江省计生委(93)30 号文件规定办理。

(十四)农村教师任教津贴

2008 年 1 月 1 日起,经省政府批准,浙江省建立农村教师任教津贴制度。按所聘的岗位和在农村学校任教的年限执行相应的津贴标准,对在农村学校任教的特级教师,在本人享受的任教津贴的基础上每月加发 500 元任教津贴。农村教师任教津贴仅限在岗时享受,按月发放。调离农村学校或退休后不再享受。

表 7 - 10　　农村教师任教津贴标准一览表

单位:元/月

职务等级		任教年限				
		1～5 年	6～10 年	11～15 年	16～20 年	20 年以上
专业技术职务	小学三级教师	60	90	120	150	180
	小学二级教师、中学三级教师	90	120	150	180	210
	小学一级教师、中学二级教师	130	160	190	220	250
	小学高级教师、中学一级教师	180	210	240	270	300
	小学中具有中学高级职称的教师、中学高级教师	280	310	340	370	400
管理职务	十级职员	90	120	150	180	210
	九级职员	130	160	190	220	250
	八级职员	150	180	210	240	270
	七级职员	180	210	240	270	300
	六级职员	230	260	290	320	350
	五级职员	280	310	340	370	400

注:未评聘专业技术职务的专任教师执行小学三级教师标准

(十五)假期期间岗位津贴计发办法

病假期间:实行机关职级工资制人员的职务(岗位)津贴与基本工资一起按病假规定比例发放;机关工人及事业单位工作人员的职务(岗位)津贴按固定部分的病假规定比例发放。事假期间:职务(岗位)津贴与基本工资一起,作为计发基数按事假规定比例扣发。产假期间:职务(岗位)津贴全额发给。妊娠假、哺乳假期间:职务(岗位)津贴与基本工资一起,分别按妊娠假、哺乳假规定发给。其中享受一年哺乳假(含产假)的人员,职务(岗位)津贴停发。

三、补贴

1965 年 4 月 1 日起,国家提高粮食统销价格,对行政 17 级以下工作人员每人每月发给粮价补贴 0.70 元,随工资发放。1966 年 8 月 1 日起,粮价补贴调整到每人每月 2 元,对负担 5 口之家的人员,可酌加半份至 1 份。此项补贴随着工资的增加,逐步冲销。1979 年 11 月起,因部分副食品供应价格调整,每人每月发给副食品价格补贴 5 元。随着改革逐步深化,物价逐步放开,多次调整生活补贴,增发书报费、卫生费、煤气补贴、午餐补贴等,弥补由于物价波动、生活费上涨产生的影响。

2001 年,根据嘉兴市人事局、嘉兴市财政局嘉人薪〔2001〕40 号、嘉财行〔2001〕96 号文件,桐乡市决定从 2001 年 1 月起调整规范机关事业单位工作人员补贴标准(市定补贴,称地方补贴)。执行的范围和对象为全市机关、事业单位在职人员、离退休人员和根据国发〔1978〕104 号文件办理退职的人员。地方补贴标准按职务分档,离休、退休、退职人员分别按同职务在职人员标准的 100%、90%、80%发放。事业单位离岗退养人员按退休人员标准执行。调整补贴所需经费分别为:经费来源主要为财政拨款的市级机关和市级事业单位由财政预算安排;经费来源主要为自筹、财政适当补助的市级事业单位自行消化有困难的,财政适当补助;经费完全自理的事业单位自行解决。按照分级财政负担的原则,乡镇级单位由乡镇解决。

表 7－11　　机关、事业单位工作人员地方补贴标准一览表

单位:元/月

类别 / 职务(等级)	机关工作人员 事业单位行政管理人员				事业单位专业技术人员	事业单位离退休(退职)人员			机关事业单位工人			机关事业单位无职务(等级)的退休(退职)人员
	在职	离休	退休	退职		离休	退休	退职	在职	退休	退职	
厅级及相当职务	390	390	351									
副厅级及相当职务	350	350	315									
县(处)级及相当职务	310	310	279	248								
副县(处)级及相当职务	270	270	243	216								
科级及相当职务	230	230	207	184								
副科级及相当职务	210	210	189	168								
科员	190	190	171	152								
办事员	170	170	153	136								
试用期人员	100											
教授及相当职务					390	390	351	312				
副教授及相当职务					310	310	279	248				
讲师及相当职务					230	230	207	184				
助教及相当职务					190	190	171	152				

续表 7-11

类别 / 职务（等级）	机关工作人员 事业单位行政管理人员				事业单位专业技术人员	事业单位离退休(退职)人员			机关事业单位工人			机关事业单位无职务(等级)的退休(退职)人员
	在职	离休	退休	退职		离休	退休	退职	在职	退休	退职	
技术员					170	170	153	136				
见习期、初期人员					100							
技师									230	207	184	
高级工									190	171	152	
中级工									170	153	136	
初级工									150	135	120	
普工									150	135	120	
学徒期、熟练期人员									100			
新中国成立前参加革命工作的老工人												210
退休干部												171
退职干部												152
退休工人												135
退职工人												120

四、奖金

(一)岗位考核奖

1980年开始,行政事业单位干部、职工实行增收节支奖,奖金额全年每人60元,民办公助人员发50%。1983年,行政事业单位发放预算包干节约奖,每人全年最高不超过15元。1985年,党政机关增收节支奖每人每年按120元执行。1986年1月1日起,国家机关奖励工资按人均每月8元计发。1987年1月起,每人每月再增加2元。1988年1月,各级国家机关、党派团体其工作人员奖励工资由每月10元提高到15元。1991年7月,奖励工资每人每月调整到25元。是年11月,年终岗位责任制考核奖的数额按国家机关、党派团体和实行全额预算管理事业单位在职实有人数人均180元核定,在年度考核的基础上,分别不同情况,可适当多奖、少奖或不奖。1992年3月,调整国家机关工作人员奖励工资标准,党政机关奖励工资标准低于全年人均3个月基本工资的,可以提高到3个月基本工资,并规定不搞平均发放,与责任大小和实际工作挂钩,具体按职务和工作年限确定并适当拉开差距。1994年,与公务员考核制度相衔接,岗位责任奖实行年终考核,按季预发。考核中被评为“优秀”的人员上浮考核奖。2001年,桐乡市实行市级机关部门、乡镇工作目标责任制考核制度,年度岗位责任奖与考核挂钩。根据考核结果,按相应档次发放工作人员考核挂钩奖。即评为先进部门和表扬部门的,奖金按不同档次适当高于标准奖,标准奖为人均3000元;考核得分前6名的,分三个档次给予加奖;年度考核末位或工作目标未完成按一定比例扣减考核奖。优秀等次的人员考核奖上浮20%;年度考核被确定为基本称职(合格)等次的,考核奖不发或减发,但最高发放不得超过50%;不称职(不合格)人员不发考核奖。另设领导职务上浮系数。2003年,市委办、市政府办印发《桐乡市镇乡、街道机关考核奖励办法(试行)》,镇乡、街道机关建立工作奖励制度。工作奖励实行与镇乡、街道工业经济竞赛和镇乡、街道职能工作考核结果适度挂钩,实行分类分档确定奖励标准;领导班子成员设立先进嘉奖。此后,每年奖金额度有所调整。2010 年度,市级机关部门考核工作奖励基数为每人 17000 元。年度考核结果被确定为优秀等次的人员奖励额度为 800 元;被评为先进部门的,考核奖上浮 20%;被评为表扬部门的,考核奖上浮 10%。非实施绩效工资事业单位工作人员年度考核奖发放为:监督管理类事业单位每人发放最高不得超过 13000 元;公益类事业单位每人发放最高不得超过 12000 元。年度考核结果被确定为优秀等次的人员奖励额度为 600 元。镇、街道机关考核奖发放仍按桐委办〔2003〕27 号文件执行。12 个镇、街道和开发区 2010 年度考核奖分三个档次。其中:经济发展考核工作奖励人均发放标准分别为 13100 元、12400 元和 11700 元;12 个镇、街道和开发区获先进嘉奖,核定人均(领导班子成员)发放先进嘉奖分别为 5500 元、5000 元和 4500 元;2 个镇获经济发展进位奖,核定人均(领导班子成员)发放进位奖 500 元。职能考核工作奖励人均发放标准分别为 10500 元、10000 元和 9500 元;6 个镇、2 个街道和开发区获先进嘉奖,核定人均(领导班子成员)发放先进嘉奖分别为 4700 元、4200 元和 3700 元;3 个镇和 1 个街道获职能考核鼓励奖,核定人均(领导班子成员)发放鼓励奖 2500 元。

(二)年终一次性资金

2002 年 1 月,桐乡市人事局、桐乡市财政局联合印发《关于机关、事业单位工作人员发放年终一次性奖金的通知》,决定从 2001 年起,机关、事业单位工作人员发放年终一次性奖金。发放的范围、对象为全市机关(含参照国家公务员制度的党委、人大、政协、法院、检察院、群团组织和依照国家公务员制度管理的事业单位,下同)、事业单位年度考核称职(合格)及其以上的工作人员。发放标准为工作人员本人当年 12 月份的工资。

表 7－12　　　　2001 年年终一次性奖金发放基数构成一览表

单位:元

类　别		项　　目
机　关	执行职级工资人员	1. 基础工资;2. 工龄工资;3. 职务工资;4. 级别工资;5. 职务(岗位)津贴;6. 综合补贴;7. 市定补贴。
	技术工人	1. 岗位工资;2. 技术等级工资;3. 工人奖金;4. 职务(岗位)津贴;5. 综合补贴;6. 市定补贴。
	普通工人	1. 岗位工资;2. 工资构成中的津贴;3. 职务(岗位)津贴;4. 综合补贴;5. 市定补贴。
事　业	专技人员及管理人员	1. 专技(职员)职务工资;2. 工资构成中的津贴;3. 综合补贴;4. 职务(岗位)津贴;5. 中小学教师、护士提高 10%部分;6. 市定补贴;
	工　　人	1. 技术等级工资;2. 工资构成中的津贴;3. 职务(岗位)津贴;4. 综合补贴;5. 市定补贴。

2002 年起,年终一次性奖金发放基数增加煤气补贴、午餐补贴和警衔津贴。2004 年起,机关工作人员年终一次性奖金发放范围增加考核奖和地方岗位津贴,取消警衔津贴,其中机关普通工人再增加工人奖金部分。事业单位可参照。2007 年起,机关工作人员年终一次性奖金发放范围又作调整,基本工资部分按工改后执行,津补贴和考核奖不变。其中执行职级工资制人员为职务工资和级别工资;机关技术工人为工人岗位工资和技术等级工资;机关普通工人为工人岗位工资。事业单位绩效工资未

实施前,可参照执行。实行绩效工资后,取消现行年终一次性奖金。2009 年起,机关工作人员年终一次性奖金发放基数再调整。发放项目为本人当年 12 月份统发的应发工资和四统一奖(镇、街道基本岗位奖)、年度考核奖。标准按本人当年 12 月份统发的应发工资+〔四统一奖(基本岗位奖)+年度考核奖〕÷12 计算,其中涉及系数的按系数上浮后计算。事业单位绩效工资未实施前,可参照执行。

(三)单位考核奖(四统一奖)

2000 年,桐乡市预算外资金管理领导小组办公室印发《桐乡市分配统一政策实施办法(试行)》(以下简称《办法》),决定对全市市级机关事业单位,除国家统一规定外的奖励经费(下称奖励经费)实行分配统一政策。按照平稳过渡、控制总额、与单位增收节支适度挂钩的原则,以 1999 年经核准后的实际数为基数,确定 2000 年度单位奖励经费人均最高发放数额。

表 7－13　　2000 年市级机关、事业单位考核奖(四统一奖)发放标准一览表

1999 年度人均实际发放数	2000 年度人均最高发放数
1. 人均 1.4 万元(含)以上	下降至 1.4 万元
2. 人均 1.2 万元(含)至 1.4 万元	保持去年实际发放数
3. 人均 1.0 万元(含)至 1.2 万元	可比上年增加 500 元
4. 人均 0.8 万元(含)至 1.0 万元	可比上年增加 700 元
5. 人均 0.6 万元(含)至 0.8 万元	可比上年增加 1000 元
6. 人均 0.6 万元以下	可比上年增加 1500 元或可达到人均 6000 元

注:上述每档人均最高不得超过上一档下限人均发放数;单位按不同类型由财政确定具体发放档次

同时,《办法》还规定奖励经费的发放:一是建立单位内部考核制度。各单位应具体制订内部考核分配办法,在核定的奖励经费基础上,拉开档次,鼓励先进。二是实行财政调节资金制度。以人均奖励经费发放数 6000 元为基数,超过部分征收财政调节资金。人均超过 1000 元的,征集 2%,人均超过 2000 元的,征集 4%,依此类推。三是奖励经费实行按职务(不含非行政领导职务)确定上浮系数。四是建立专项检查制度。监察、审计、财政等部门每年对执行分配统一政策的单位实行一次奖励经费发放专项检查。单位超发奖励经费,其超过部分必须向个人收回,并上缴财政。对在严格依法征收预算外资金等方面有重大贡献,并严格遵守有关规定的,可在年度终了时提出申请,经市政府批准后给予专项奖励。11 月,市预算外资金管理领导小组办公室印发《关于离退休分配统一政策规定的通知》,明确已实施"分配统一政策"单位的离退休人员的分配统一政策补助费的发放标准,按照离退休时的实职(不含非领导职务),补助费发放标准分别为县处级 3000 元/年;科局级 2500 元/年;一般干部 2000 元/年。上述职务均指离退休时的实职,不含非领导职务。是年,全市纳入分配统一政策的单位和部门 93 个,人员 3046 人;征集财政调节资金 208 万元。经对 2000 年度分配统一政策执行情况专项检查,有 43 个单位超过核定数发放奖励经费,应向个人收回奖励经费 86.92 万元;63 个单位未按规定全额代扣代缴个人所得税,应补缴个人所得税 57.98 万元。

2001 年,年度奖励经费调整为人均 9000 元至 14000 元,上下差距从 8000 元缩小到 5000 元。2002 年,奖励经费改称奖励福利经费,年度发放标准统一为人均 11000 元。对预算外资金管理较好,严格遵守"收支两条线"规定,财务会计管理严格按制度执行,经费由单位自行解决,且资金有结余的单位,“四统一奖金”可以适当提高。但最高控制在该单位2001年度核定的人均发放数以内。同时,适当调整领导职务上浮系数。2005年,奖励福利经费再作调整,年度人均发放最高控制数为:原低于12000元的,统一调整为12000元;12000元～13000元(不含)的,统一调整为13000元;13000元～14000元(含)的,统一调整为14000元。事业单位的个人收入分配由事业单位根据自身财力,在不超过主管部门人均发放数的前提下,提出方案报主管部门审批。2007年,年度奖励福利经费调整为:行政编制人员统一调整为15000元;事业编制人员在原主管部门核定标准基础上人均增加1000元。此标准执行至2010年未变。

五、福利与补贴

职工福利费开支范围较宽,有拨缴的工会经费、按规定提取的职工福利费、独生子女保健费、病假期间的生活待遇、职工探亲旅费、由原单位支付的退职金、退职人员及其随行家属路费、职工死亡丧葬费、遗属生活困难补助费、长期赡养人员补助费和预算包干结余分配转入用于集体福利支出的集体福利基金等。

(一)工会经费

工会经费是用于工会宣传、职工教育、文体活动以及工会行政费用支出,工会会员的困难补助和职工集体福利事业的补助支出等。工会经费的计拨标准,从1992年4月起,每月按职工工资总额的2%向工会计拨工会经费。2001年,市总工会、市财政局印发《关于实行会计集中核算行政事业单位计拨工会经费有关事项的通知》,规定凡已成立工会组织的单位,都必须严格按《工会法》等相关规定,按国家统计局《关于工资总额组成的规定》拨缴工会经费,并对工资总额中的各种资金的计提基数作统一规定。工会经费计拨标准为各单位上月全部职工工资总额的2%,其中40%上解市总工会,60%留基层工会。2004年起,工会经费仍按工资总额的2%计拨,归入公用经费定额,列入部门预算管理。

(二)福利费

桐乡市行政事业单位福利费实行定额管理,按标准提取,包干使用的方法。按标准提取的福利费主要用于工作人员及其家庭的生活困难补助和慰问病员,职工子女统筹医疗费补助,独生子女保健费,职工清凉饮料费以及兴办托儿所、幼儿园等集体福利事业。起初,职工福利费用于个人困难补助,后随生活水平的提高,用于个人补助的日趋减少,集体福利事业支出占福利费的绝大部分。1995年1月起,行政机关福利费计提标准提高至每人每月10元;事业单位仍按工资总额的2.5%提取。2003年1月起,桐乡市行政机关福利费开支改按在职人员年人均不超过120元标准按实列支;事业单位按在职人员“基本工资”的2.5%提取。2004年,预算编制改革,市级机关事业单位实行部门预算,福利费随单位公用经费定额列入部门预算。2007至2010年,公用经费定额划分为定员定额和运转定额,行政事业单位福利费随单位运转定额列入部门预算。

(三)夏令清凉饮料费

清凉饮料费在20世纪60年代后期就有规定。开始规定行政事业单位按标准提取福利费有结余,在高温期间(60天)可按标准每人每天开支清凉饮料费。后改为按标准发放,发放时间3个月,个别年份因持续高温,经批准后可增发1个月的清凉饮料费。1993年,夏令清凉饮料费调整为高温作业工人每人每月30元,非高温作业工人每人每月25元,一般工作人员(包括行政事业单位干部、教师、医务工作人员等)每人每月20元。2001年,机关事业单位工作人员(含机关工勤人员)夏令清凉饮料费发放标准调整为每人每月80元,每年发4个月。机关离退休人员按在职工作人员的标准发给。

(四)书报费

1985年,行政事业单位工作人员一次性发放书报费。1986年调整为按月发放,每人每月4元。1990年7月1日起,全县行政事业单位工作人员书报费发放标调整为每人每月6元。1991年12月起,调整为每人每月8元。1993年3月1日起,提高到每人每月12元。“九三工改”后,书报费纳入每人每月的统一保留补贴内。

(五)假期工资待遇

假期工资待遇除病假期间的生活待遇外,还包括女职工生育假(产假、哺乳假)、职工带薪年休假、探亲假、婚丧假、事假等。“九三工改”后,对国家规定的各类假期期间生活待遇,桐乡市执行1994年浙江省人事厅《关于机关事业单位工资制度改革后职工假期工资待遇问题的通知》和1995年浙江省人事厅《关于机关事业单位工作人员事假工资待遇问题的通知》。2008年5月,浙江省人事厅印发《关于机关事业单位工资制度改革后工作人员假期工资待遇的通知》。桐乡市机关事业单位工作人员假期待遇执行标准为:

1.病假待遇　病假在2个月以内的,按本人基本工资发给。各类人员基本工资的组成(下同):公务员:职务工资、级别工资;机关技术工人:岗位工资、技术等级(职务)工资;机关普通工人:岗位工资;事业单位工作人员:岗位工资、薪级工资。病假超过2个月不满6个月的,从第3个月起,工作年限不满10年的,按本人基本工资的90%计发;工作年限满10年的,按本人基本工资计发。病假超过6个月的,从第7个月起,工作年限不满10年的,按本人基本工资的70%计发,工作年限满十年的,按本人基本工资的80%计发。

2.女职工产假、哺乳假待遇　女职工在国家规定的产假期间,基本工资照发。产假,正常分娩者,给予假期90天,提前或超期分娩的,均按90天计算,难产或双生的,增加产假15天,妊娠三个月内自然(人工)流产的,给予假期20～30天,三个月以上七个月以下自然流产或人工引产的,给予产假50天;哺乳假,生育第一胎并领取“独生子女父母光荣证”的,假期为6个月,符合《浙江省人口与计划生育条例》批准生育第二胎的,假期为3个月。

3.探亲假待遇　按国家规定符合享受探亲假条件的工作人员,在探亲假和路程假期内,基本工资照发。探望配偶的,原则上每年一次,假期为30天。未婚探望父母的,原则上每年一次,假期为20天;两年一次的,假期为45天。已婚探望父母的,每四年一次,假期为20天。

4.婚丧假待遇　根据《中华人民共和国婚姻法》《浙江省人口与计划生育条例》,职工结婚可享受婚假待遇,法定结婚年龄结婚的,享受3天婚假;符合晚婚年龄的,可享受婚假15天(含3天法定婚假)。丧假(含公公、婆婆,岳父、岳母)为3天。婚丧假期间工资照发。

5.年休假待遇　1985年7月1日开始,桐乡县实行年休假制度。凡国家机关和事业单位的工作人员,工龄满5年者,都可以享受一定时间的休假待遇。2008年起,全市机关事业单位工作人员连续工作满1年、满10年、满20年后,从下月起分别享受5天、10天、15天的带薪年休假,在年休假期间,享受和正常工作期间相同的工资收入。机关、事业单位因工作需要不能安排工作人员休年休假的,每应休未休1天,按照本人应休年休假当年日工资收入的300%支付其年休假工资报酬。其中包含工作人员正常工作期间的工资收入。

6.事假待遇　1995年,对机关事业单位工作人员事假工资待遇作出规定。事假需由本人事先提出申请,经单位领导(或上级领导)批准,当年事假累计在30天以下(含30天)的,每天扣发本人基本工资的50%(日基本工资=月基本工资÷21天);当年事假累计超过30天的,从第31天起停发本人基本工资。事假期间如遇国家规定的周休息日和节假日不予扣发。

(六)健康休养

2001年起,桐乡市建立优秀公务员(机关工作人员)健康休养制度。健康休养的范围为全市党政群机关,包括参照、依照公务员制度管理的事业单位。上述单位的国家公务员(机关工作人员)符合健康休养条件的,给予7～10天的健康休养。健康休养的条件为:获得桐乡市级劳动模范的人员;获得嘉兴市级及以上系统与同级行政奖励主管部门联合表彰的先进工作者、劳动模范、记三等功以上人员;年度考核连续三年优秀的工作人员。健康休养由市委组织部和市人事管理部门统一组织,其间的交通费、住宿费由所在单位按公差标准报销,在本单位职工福利费中列支,其余经费由财政承担。

(七)体检

1998年,全市机关、事业单位在职、退休人员建立健康体检制度,一次性体检标准为每人80元,经费由财政承担。2002年起,增加高级专业技术人才为健康体检对象。2004年体检标准增至每人120元。2005年,体检标准调整为:处级(男)每人585元、处级(女)每人795元,此标准至2010年未变;科级及以下在职和退休人员每人120元。2006年,科级及以下在职和退休人员体检标准调整至每人180元。2008年,除公安系统每人350元外,科级及以下在职和退休人员体检标准为每人250元。2010年,除公安系统每人370元外,科级及以下人员体检标准为每人300元。

(八)丧葬费、一次性抚恤金和遗属生活困难补助

国家机关和事业单位工作人员死亡后有丧葬费、一次性抚恤金和遗属生活困难补助。

1.丧葬费　1954年,丧葬补助费按照200元编入预算,单位可根据不同情况酌情开支;退休人员去世在50元～100元内酌予发给。1986年,丧葬费计发标准由200元调整为400元。1994年7月起,国家机关、事业单位工作人员死亡丧葬补助费标准调整为800元。1999年1月起,调整为2000元。2005年1月起,丧葬费标准调整为4000元。此标准执行至2010年未变。

2.一次性抚恤金　1979年,一次性抚恤金计发标准为:因公牺牲、病故,县级干部分别为650元、550元;科级干部分别为600元、500元;一般干部分别为550元、450元。1986年起,一次性抚恤金调整为:因公牺牲按本人生前20个月基本工资或基本离退休费计发,病故按本人生前10个月基本工资或基本离退休费计发,但最高不超过3000元。“九三工改”后,一次性抚恤金又作调整:烈士为本人生前40个月基本工资或基本离退休费,因公牺牲为本人生前20个月基本工资或基本离退休费,病故为本人生前10个月基本工资或基本离退休费。同时,取消一次性抚恤金最高3000元限额规定。2004年10月起调整为:烈士为本人生前80个月基本工资或基本离退休费;因公牺牲为本人生前40个月基本工资或基本离退休费;病故为本人生前20个月基本工资或基本离退休费。此标准执行至2010年未变。

3.遗属生活困难补助　1957年,内务部、财政部、国务院人事局规定,机关事业单位工作人员牺牲、病故后,除按规定发给丧葬费和一次性抚恤金外,对其生前供养的直系亲属(下称遗属)尚需给予生活照顾。1979年11月后,根据参加革命工作年限不同,按照不同标准计发其遗属生活困难补助费。1988年9月起,按照1937年7月6日前、抗日战争时期、解放战争时期参加革命工作年限等不同情况,确定每人每月补助标准分别为55元、50元、45元。新中国成立前和新中国成立后参加革命工作的,每人每月补助标准为40元,农业户口每人每月37元。至2010年,浙江省人事厅(浙江省人力资源和社会保障厅)、浙江省财政厅多次调整机关事业单位工作人员死亡后遗属生活困难补助标准。

表 7-14　　1994—2010 年遗属生活困难补助标准调整一览表

单位:元/人月

时　　间	1937 年 7 月 6 日前参加革命工作	抗日战争时期参加革命工作	解放战争时期参加革命工作	新中国成立前后参加革命工作	
				非农业人口	农业人口
1994 年	165	145	130	115	100
1997 年	220	190	170	150	120
1999 年	290	250	230	200	160
2001 年	350	300	270	240	190
2003 年 7 月 1 日	385	330	295	255	200
2005 年 1 月 1 日	425	365	325	280	220
2006 年 1 月 1 日	470	400	360	310	240
2006 年 7 月 1 日	520	440	400	340	265
2007 年 7 月 1 日	575	485	440	375	295
2008 年 1 月 1 日	635	535	485	415	330
2009 年 1 月 1 日	730	615	560	480	380
2010 年 1 月 1 日	915	770	700	580	460

第六节　预算外资金管理

一、管理范围

1996 年 6 月 3 日,桐乡市政府印发《桐乡市预算外资金管理暂行办法》《桐乡市预算外政府专项资金集中管理暂行办法》。明确预算外资金范围为:各项附加收入和按规定在国家预算外集中的企业、事业收入等;国家机关、社会团体、事业单位的预算外资金,包括各种事业性收费、业务服务收入和以收费形式形成的各类基金、集资、附加,以及暂未纳入国家预算的行政性收费,行政事业单位的住房资金,其他按国家和省有关规定收取的属预算外性质的资金。社会保险基金在法律未对其管理作出具体规定前,也作为预算外资金管理。

2004 年,财政部发布《关于加强政府非税收入管理的通知》,通知明确非税收入的概念、内涵和资金的性质。自此,不再有"预算外资金"的提法。

2005 年,根据浙江省财政厅《关于加强政府非税收入管理的通知》《浙江省政府非税收入项目统一编码目录》(2005 版),桐乡市财政局编制印发《桐乡市政府非税收入项目统一编码目录》(2005 版),明确政府非税收入项目包括:行政事业性收费、政府性基金、国有资源有偿使用收入、国有资产有偿使用收入、国有资本经营收益、彩票公益金、罚没收入、经批准可收取的主管部门集中收入、以政府名义接受的捐赠收入以及政府财政资金产生的利息收入等。未列入目录内的,市财政将停止提供财政性票据。

二、管理措施

1996 年,根据市政府印发的《桐乡市预算外资金管理暂行办法》《桐乡市预算外政府专项资金集中管理暂行办法》，政府专项资金收入全额上缴财政，由财政部门实行分类分项集中管理。预算外资金管理按“先存后支、量入为出、专款专用”相结合原则，实行专户储存，收支两条线管理。规定一个独立核算的行政事业单位只能在一家银行开立收入、支出两个账户，“收入账户”除上缴财政专户外，只收不支，“支出账户”除财政专户拨入与市财政预算拨入外只支不收。并建立预算外资金、政府专项资金预决算制度，实行预算内外资金统一管理。对未按规定实行财政专户储存收支两条线管理，或弄虚作假，隐瞒不报，转移资金的，由财政部门通知开户银行，将其应纳入财政专户的资金转入财政专户；情节严重的，给予警告或通报批评，并可处以违法款额20%以下的罚款。

1998年1月，桐乡市财政局成立收费管理办公室。主要工作职责是贯彻、实施各级政府关于加强预算外资金管理的各项政策；审核、审批全市各单位的收费项目，并向受托单位发放委托征收证书；会同物价部门审核、审批收费标准；稽查全市预算外资金收支状况和政策执行情况；负责预算外资金的票据管理和结报等。同年4月，市政府印发《桐乡市加强预算外资金管理的实施意见》。随后，市财政局印发《桐乡市行政事业单位票款同行结报暂行规定》《桐乡市行政机关、事业单位综合预算管理制度》两个文件。此后，预算外资金管理较前有新的突破：一是明确预算外资金的所有权、支配权、调控权属于政府；二是所有预算外资金必须上缴财政专户，实行票款同行结报、收支两条线管理；三是实行单位综合预算制度，即单位预算内外的各种收支均纳入单位收支预算；四是财政对单位预算外资金按10%或30%比例集中，以提高政府调控能力。

1999年3月，市政府印发《关于进一步加强政府专项资金管理意见的通知》，规定自1999年1月1日起，政府专项资金收支实行预决算制度，纳入财政预算管理。同时对调整预算追加资金作出规定：属原定项目资金额度调整的，由分管副市长审批。属项目资金超预算，需追加指标的，资金额度在10万元以下的，由财政部门审核，报分管副市长审批；10～50万元的，由财政部门审核、分管副市长签署意见，报市长审批；50万元以上的，由市长或委托常务副市长召开办公会议审批。对使用政府专项资金进行基本建设投资的，建设项目投资在10万元以下的，由计划、财政部门会同审批；10～50万元以内的，由计划、财政部门签署审核意见，报分管副市长审批；50～100万元以内的，由计划、财政部门审核，分管副市长签署意见，报常务副市长或市长审批；100万元以上的，由市长或委托常务副市长召开办公会议审批。政府专项资金按收入总额的15%由市政府集中调控，具体由市财政局负责集中，集中的资金将用于社会公益事业和重点项目的建设。

是年12月，中共桐乡市委、市人民政府印发《关于深化预算外资金管理的通知》《桐乡市进一步加强预算外资金管理实施细则(试行)》，预算外资金收支纳入财政财务统一管理，实行收费统一标准、收支统一核算、会计统一管理、分配统一政策的“四统一”管理模式，建立起预算内外统筹安排支出的财政分配体系。从2000年1月1日起，先在市级行政机关、实行预算管理的其他机关、政党组织，具有行政管理职能的社会团体、企业主管部门和执行事业单位财务会计制度的事业单位实施(以下称部门单位)。部门单位为履行、代行政府职能，依据国家法律、法规和具有法律效力的规章收取、提取的未纳入财政预算管理的各种财政性资金(即预算外资金)统一按有关规定标准收取，纳入财政、财务管理。部门单位都须严格按行政单位、事业单位的财务规则和会计制度规范管理和核算，一切收支往来业务都必须统一纳入财务部门统一核算，通过一本总账，一份财务报表反映，即收支统一核算。部门单位的会计人员由财政部门设置的会计管理服务机构统一管理，即会计统一管理。部门单位的经费按照人员经费按标准、公用经费按定额、专项经费按可能进行统一安排。其中人员经费标准按各级政府、人事部门、财政部门的规定执行，公用经费由财政部门测定分类定额，报市政府审定。财政部门据此统一政策核定各部门单位的支出预算,即分配统一政策。当年,市级机关、事业单位个人收入分配除国家统一规定外的奖励经费实行分配统一政策。2001年实行财政统一发放工资;设立预算会计核算中心,市级机关、事业单位经费实行集中管理、统一开户、分户核算。2002年,会计集中核算延伸至各镇乡、街道。2003年,市委办、市府办印发《桐乡市镇乡、街道机关考核奖励办法(试行)》,全市13个镇乡、街道机关个人收入分配实行分配统一政策。

2000年9月28日,市府办批转市财政局、市人民银行、市监察局、市政府法制办制定的《桐乡市罚缴分离实施办法(试行)》,预算外资金管理在票款同行结报、"收支两条线"管理的基础上,推出罚没款收入罚缴分离管理办法。10月1日起,作出罚没款决定的执罚机构与收缴罚没款的机构(代收机构)相分离。即行政机关依法作出罚款的行政处罚后,被处罚当事人应持处罚决定书到财政部门指定的代收机构缴纳罚款。

2001年3月6日,市政府办印发《桐乡市市本级行政事业性收费票款分离暂行办法》,对市本级行政事业性收费实行"票款分离",确保所有行政事业性收费收入及时、足额缴入市财政预算外专户(下称财政专户)。票款分离的基本方式为"单位开票、银行代收、财政统管"。即:执收单位按规定的项目、标准,凭"收费许可证"实施收费行为时,只开具相关的收缴费凭证,不具体办理收款业务。由缴款人持执收单位开具的收缴费凭证到代理收费银行办理缴款手续,费款直接划缴代收银行的财政专户。国家规定应纳入预算管理的行政事业性收费按预算级次定期从财政专户划解同级国库。从2001年2月22日起,根据《桐乡市行政审批服务中心票款分离操作办法》,市行政审批服务中心内的执收单位和部门行政事业性收费实行票款分离管理。2001学年第一学期起,市属学校行政事业性收费纳入票款分离管理。11月,市土地管理局等五部门的行政事业性收费纳入票款分离管理。至年底,50个行政事业单位124项行政事业性收费项目实行票款分离,费款计28037万元,占全部预算外资金的57%。2002年,票款分离扩大到63个单位。并重新审定行政事业性收费项目,取消20个部门的40项收费,将14个部门的20项行政事业性收费转为经营性收费。建立市级行政事业性收费项目库,夯实行政事业性收费基础管理。

2004年6月2日,市政府印发《桐乡市人民政府关于深化收支两条线改革进一步加强财政管理的实施意见》。随后,市财政局印发《桐乡市市本级非税收入收缴管理暂行办法》《桐乡市财政票据管理实施细则》,非税收入按照不同情况实行分类管理,收缴实行票款分离、罚缴分离的收入收缴方式,全面实行非税收入"单位开票、银行代收、财政统管"的管理模式。按照国库集中收付制度规定,对桐乡市公安局、人民法院、工商行政管理局、环境保护局、计划生育局等五个部门及所属各单位按规定收取的行政事业性收费和其他非税收入全部纳入预算管理,全额上缴国库。其他部门和单位收取的行政事业性收费和其他非税收入全额缴入财政专户,实行部门预算管理。应纳入预算管理的行政事业性收费和其他非税收入,先缴入财政专户后,按月从财政专户集中汇缴国库。

2010年11月,浙江省财政厅印发《关于将按预算外资金管理的收入纳入预算管理的通知》。桐乡市从2011年1月1日起,教育收费(包括目前在财政专户管理的幼儿园保育费、代管费,义务教育住宿费,成人教育收费,高中以上学费、住宿费,高校委托培养费,党校收费,教育考试考务费,函大、电大、夜大及短训班培训费等)作为本部门的事业收入和事业单位国有资产出租收入、对外投资收益全部纳入财政专户管理,收缴比照政府非税收入收缴管理制度执行。其他各部门预算外收入(含以前年度欠缴、未缴财政专户资金)全部上缴同级国库,根据各项收入性质,分别纳入一般预算、政府性基金预算和国有资本经营预算管理。支出通过一般预算、政府性基金预算和国有资本经营预算安排,全部纳入部门预算管理。

三、清理整顿

1995年5月，省财政厅按照省政府修改后发布的《浙江省预算外资金管理办法》，印发《浙江省预算外资金管理办法实施细则》。桐乡对全市预算外资金管理现状进行全面清理。清理后，专户储存单位扩大到81户，清理封存账户86个。是年年末，专户储存单位80户，累计储存财政专户资金6230万元。

1997年9月，贯彻落实市政府加强预算外资金管理两个《暂行办法》，市财政局组织12名工作人员，分成4个调查小组，集中力量、集中时间对市级行政事业单位预算外资金开展专项调查。调查的主要内容是预算外资金的总量，收支管理状况，银行账户开设情况，执收的标准、项目、范围，票据的使用情况，政府资金的分布现状等。全市市级行政事业单位(含二级预算单位)共调查126户，涉及银行账户351个，除卫生系统下属的各市级医院外全部纳入这次调查范围。全市市级行政事业单位预算外资金截至1996年年底滚存余额为52389万元，其中：政府专项资金2695万元；住房资金11550万元；养老保险资金7181万元；失业保险基金492万元。

2000年1月，对市级机关各部门单位的行政事业性收费项目、收费标准进行全面清理和审核，重新核发行政事业性收费许可证285张，比清理前减少142张；保留收费项目417项，比清理前减少122项，其中取消7项，转经营服务性收费115项。

2003年，市财政局在对全市所有行政事业性收费(含政府性基金)项目进行清理和审核公布的基础上，根据省财政厅文件，重新整理并印发《桐乡市行政事业性收费收入项目统一编码目录》。

2004年，清理公安系统涉及车辆和驾驶员的行政事业性收费，取消省级设立的行政事业性收费项目11项，停止收取国家设立的行政事业性收费项目6项，合并4项行政事业性收费项目。经清理并按国家收费项目名称规范后，2004年1月1日起，公安系统涉及机动车辆的行政事业性收费项目为10项，涉及机动车驾驶员的行政事业性收费项目保留3项。同时公布取消部分行政事业性收费项目及由省财政厅设定的有关行政许可的行政事业性收费项目。取消公安、工商等部门行政事业性收费项目7项，停止收取劳动保障部门收取的劳动合同鉴证费1项。取消公安、工商、林业、卫生、文体、统计等部门及公共项目省财政厅设定的有关行政许可行政事业性收费14项。

2006年11月15日起，桐乡市将发展改革、民政、农业、卫生、文化、技术监督等部门部分不再体现政府管理职能和行为的8项行政事业性收费项目转为服务收费管理。取消公安、法院、检察院、财政、工商、广电、国土资源、人口和计划生育、建设、交通、教育、经贸、科技、劳动保障、林业、民政、农业、人事、食品药品监督、水利、司法、统计、外经贸、卫生、文化、新闻出版等26个部门67项行政事业性收费。

2007年3月，桐乡市财政局组织全面清理和统计全市行政事业单位政府非税收入。印发《关于清理和统计行政事业单位政府非税收入的通知》，规定全市凡具有征收政府非税收入行为的行政事业单位都必须填报《桐乡市行政事业单位政府非税收入情况统计表》，清理和统计工作主要采取单位自查形式进行，工作于4月底全部结束。

2008年9月1日，桐乡市财政局、工商行政管理局联合印发《关于做好工商“两费”停征后有关工作的通知》，根据财政部、国家发展改革委、国家工商总局《关于停止征收个体工商户管理费和集贸市场管理费有关问题的通知》和省财政厅、省工商局浙财综字〔2008〕94号文件，2008年9月1日起，停止征收个体工商户管理费和集贸市场管理费(下称“两费”)。并部署工商“两费”停征后做好收费票据以及前期预收管理费退付工作，成立“两费”退费工作领导小组，公布退费咨询、举报电话，财政、工商密切协调，落实资金，对2008年8月31日前已预先收缴的，属于2008年9月1日以后月份的“两费”做好退费工作。

是年12月16日，桐乡市人民政府办公室转发省政府《关于取消暂停征收部分行政事业性收费项目和降低部分收费标准的通知》，共取消行政事业性收费25项、暂停征收23项、降低收费标准9项。

2009年2月，桐乡市人民政府办公室转发省政府《关于第二批取消暂停征收部分行政事业性收费项目和降低部分收费标准的通知》，共取消行政事业性收费48项、暂停征收6项、降低收费标准2项。8月，市政府转发省政府《关于第三批取消暂停征收部分行政事业性收费项目和降低部分收费标准的通知》，共取消行政事业性收费8项、暂停征收2项、降低收费标准4项。11月，市财政局、市发改局、市物价局转发省财政厅、省物价局《关于公布浙江省行政事业性收费项目和收费标准目录的通知》。

是年7月，根据《浙江省人民政府办公厅转发省财政厅关于深化收支两条线改革进一步加强财政管理实施意见的通知》和省财政厅《关于加强政府非税收入管理的通知》，市政府办印发《关于进一步规范政府非税收入管理的通知》。8月7日，市财政局发出通知，在全市执罚机关开展罚缴分离专项检查，重点检查2008年1月1日至2009年6月30日期间，各执罚机关对财政票据的保管、规范使用情况；行政处罚过程中罚缴分离的执行情况；罚没物资的保管、处置情况等。专项检查从8月10日开始，至11月31日结束，有119个单位进行自查，对20个单位进行重点检查。

四、土地出让金管理

1995年4月22日，市政府印发《关于公布启用土地基准地价和土地出让实行成本包干、收益分成的通知》(1995年4月1日起执行)。这是桐乡实施土地使用制度改革二年多来，首次建立基准地价体系。本市范围内出让土地价格以公布启用的基准地价为最低限价；征地成本以核定的数额实行包干；土地出让净收益，基准地价以内市与镇乡六四分成，超基准地价以上部分市与镇乡三七分成，镇乡分成所得专项用于农业和集镇基础设施建设。此后，桐乡基准地价至2010年止，分别作过三次调整。

1999年8月，市府办批转市财政局关于《桐乡市土地出让金管理办法》，明确土地出让金是国家财政性资金，必须全额上缴财政专户，实行收支两条线管理。土地出让收益由财政列入预算管理，专项用于耕地开发和城市基础设施建设。财政部门是土地出让金收入的主管机关，土地出让收益按不同情况分别处置。批准的旧城改造项目，出让收益在扣除土地标定地价7%的净地租(最低不少于30元／平方米)后，全额拨补所属镇乡；新增建设用地的土地出让收益扣除上缴中央和省后，市财政按出让生地40%、出让熟地60%的比例拨补所属镇乡；利用存量土地出让收益，市财政按60%的比例拨补所属镇乡、按70%的比例拨补列入小城镇综改的城镇；企事业单位主动退出批而未用的闲置土地，在依法收归国有重新出让的，原属行政划拨的按40%、原属出让方式取得的按50%拨补退出闲置土地单位。镇乡和城镇集体企业改制补交的出让收益，80%拨补所属镇乡或主管部门。镇乡集体企业破产补交的出让收益，90%拨补所属镇乡。

2001年6月，市政府印发《新增建设用地耕地开垦费、指标调剂费、有偿使用费征收管理办法》，由市行政审批服务中心土管窗口征收，交市财政专户管理。耕地开垦费、指标调剂费作为市政府专项资金，用于耕地开发、土地复垦、土地整理等补充耕地项目。有偿使用费由市财政上交省和中央财政。

2002年1月，市政府决定，建立城市防洪工程、市河整治还贷机制，从土地出让金收入中筹措还贷资金。除行政划拨土地外，市区规划区内办理建设用地都纳入筹资范围。批准的旧城改造项目和工业用地每亩筹集 0.5 万元、其他建设用地每亩筹集 1 万元，市财政专户储存、专项管理、专款专用。

2003 年 5 月，市政府决定调整国有土地收益分配政策。经营性土地出让净收益，镇乡、街道年度供地量在计划内的，净收益全额拨补所属镇乡、街道，超过供地计划的实行市与镇乡、街道三七分成；市级各管委会、指挥部年度供地量在计划内的，净收益在扣除条件，划拨土地补办出让等补交的出让净收益全额归市财政。镇乡、街道集体企业因改制补交的出让净收益市与镇乡、街道二八分成；因破产补交的出让净收益市与镇乡、街道一九分成。市财政收益留成指标后全额拨补所属单位，在市区供地的市级各管委会、指挥部超过供地计划的实行市与单位七三分成。新征工业用地的出让净收益全额拨补所属镇乡、街道和市级各管委会、指挥部。存量土地续用、改变用途、改变土地利用。

2004 年 11 月，按照省财政厅、国土资源厅〈转发财政部国土资源部关于印发《用于农业土地开发的土地出让金收入管理办法》的通知〉精神，桐乡从 2004 年 1 月 1 日起，建立农业土地开发资金，专项用于农业土地开发。凡以出让方式取得土地使用权的，在土地出让财政结算环节，按 3500 元/亩计提农业土地开发资金，列入土地出让成本，当年 1—10 月补提农业土地开发资金 1890 万元。农业土地开发资金 20%上缴省，80%留地方。

2005 年，市政府再次调整国有土地出让收益分配政策。采用招拍挂方式出让的商住用地，土地净收益市与镇乡、街道二八分成，如市财政 20%部分超过每亩 6 万元的，则按每亩 6 万元提取。市级管委会、指挥部在市规划区范围内且采用招拍挂方式出让的商住用地，土地净收益市财政每亩提取 10 万元后全额拨付单位；市规划区范围外的商住用地出让净收益参照镇乡、街道分配办法处理。新征工业用地的出让净收益全额拨补镇乡、街道和单位。利用镇乡、街道原有行政划拨土地、集体建设用地等存量土地重新办理工业用地出让的，其净收益 80%拨补镇乡、街道。对已列入桐土资发〔2005〕36 号文件名单且属镇乡、街道的转制企业办理土地出让的，继续享受土地净收益 80%拨补镇乡、街道的政策。其他转制企业的出让净收益全额归市财政。

2007 年，同年 10 月，市财政局、国土资源局、人行桐乡市支行联合印发《桐乡市国有土地使用权出让收支管理办法》，进一步规范国有土地使用权出让收支管理。2007 年 1 月 1 日起，国有土地出让收支全额纳入地方政府基金预算管理。收入全部缴入地方国库，支出一律通过地方政府基金预算从土地出让收入中予以安排，实行彻底的“收支两条线”管理，在国库中设立专账，专门核算土地出让收入和支出情况，当年入库土地有偿使用收入 97057 万元。

是年 12 月，国有土地收益分配政策作再一次调整。镇、街道经营性用地出让净收益，属市场用地市财政留成 10%，其他用地市财政留成 15%，余额返还镇、街道；市规划区内的市级开发部门经营性用地出让净收益，属市场用地市财政留成每亩 5 万元，其他用地市财政留成每亩 8 万元，余额拨付单位；市规划区外的市级开发部门经营性用地出让净收益比照镇、街道办理。新征工业用地出让净收益全额拨补镇、街道和市级开发部门。开发区、工业区块内已出让土地收回重新办理工业用地出让，视同新征工业用地。其他工业用地出让净收益市财政留成 15%，返回镇、街道和市级开发部门 85%。其他用地，属被征地农民、被拆迁居民和企业的安置用地，其出让净收益全额返回镇、街道和市级开发部门。安置多余部分按经营性用地处理。处理历史遗留问题等其他用地出让净收益市财政留成 20%，返回镇、街道和市级开发部门 80%。市级政府性土地资产出让收入，改变土地利用条件等补缴的出让收入，房改房、经济适用房上市补缴的出让收入及滞纳金、没收保证金等全额留市财政统筹使用。

第七节　专项资金管理

1979年以前,全县财政专项资金由省"条线"(农业、工业、教育、卫生等垂直管理)下达项目和资金指标,县财政视项目进度拨款。对行政事业单位购置非生产性消费品实行控制购买,严格按照有关控制社会集团购买力政策规定执行。基本建设工程在动工时先拨部分资金,竣工验收时全部结清,超支属于不可预见因素的,报批追加预算。

1980年,财政管理体制改革,预算编制有实质性突破,省财政厅不再下达收支指标,市、县可根据"收支平衡、量入为出"原则自行安排支出。是年,桐乡县实行财政包干体制,支出预算根据地方可用资金,结合全县实际情况自主分配、自行安排,自编地方支出预算。除中央和省拨专款以外,各项支出均按企业、事业、行政单位的隶属关系,由县财政开支。随着经济和社会事业发展,每年预算均安排专项资金,按预算拨款程序控管。20世纪80年代末开始,财政部门加强对专项资金管理,原则上一个专项制定一个相应管理办法。此外,某项工作由财政安排和下拨专款,但额度较小,在完成专项工作后,该专项资金及时清理取消。

1989年4月,桐乡县控制社会集团购买力办公室建立,对行政事业单位非生产性购置实行控购管理(桐乡社会集团控购制度始于1959年6月,详见《控购与政府采购管理》)。1999年1月,桐乡市政府采购中心成立,行政事业单位由于政务活动或社会公共事业需要购买商品实行政府采购(详见《控购与政府采购管理》)。是年8月,市财政局增设基本建设科,负责管理财政性基本建设资金(详见《基本建设财务管理》)。

1999年1月1日起,实施《桐乡市市级行政事业单位专项经费管理办法(试行)》,市级行政事业单位使用财政核拨专项经费,实行专项经费跟踪反馈。具体包括:不分资金来源,耗费一万元以上的单台设备购置费,五万元以上房屋购建、修理费,专项业务费。专项经费专款专用,单独核算,实行事前、事中、事后全过程监督。单位使用专项经费时,应填写"行政事业单位专项经费用款申报表",报财政部门审核后按用款计划拨款。按季向财政部门填报"行政事业单位专项经费跟踪反馈表",以便财政部门及时了解项目进展、资金使用、工程进度等情况。专项经费项目完成后,及时组织验收和总结,填列《行政事业单位专项经费核销表》,财政部门及时对项目资金进行结算。2001年预算年度起,市级行政事业单位实行零基预算和综合预算管理,专项经费根据工作需要与财力可能的原则安排使用。2003年试编部门预算,2004年起,市级行政事业单位全面实施部门预算管理,2006年,市财政局印发《桐乡市市级部门预算项目支出管理办法》。

2006年6月,桐乡市财政局成立绩效评价科,制订《桐乡市财政支出绩效评价工作暂行办法》。当年探索性地开展桐乡市2004—2005年农村劳动力转移培训财政支出项目和2003—2005年"就业再就业专项资金财政支出项目"绩效评价。2008年6月,市政府印发《桐乡市财政支出绩效评价办法(试行)》,12月,市财政局陆续出台《桐乡市财政局绩效评价内部协调制度(试行)》《桐乡市财政局绩效评价工作流程(试行)》《桐乡市财政局绩效评价联席会议制度(试行)》《桐乡市中介机构参与绩效评价工作管理暂行办法》,初步建立起项目单位→主管部门→财政部门三个层次的绩效评价体系。当年还组织桐乡市2006—2007年期间普通高中教育经费收支绩效评价(绩效评价详见《财政监督和绩效评价管理》)。

2007年,桐乡市财政局被财政部、省财政厅、嘉兴市财政局确定为财政支农资金整合试点县(市),

根据工作要求，开展财政支农资金整合试点工作。成立市财政支农资金整合领导小组，制定财政支农资金整合实施方案，编制和制定农业主导产业、村庄整治重点项目和土地治理项目区三个《导向目录》，明确财政支农资金的具体支持对象、支持标准、支持环节。按照《导向目录》，建立起三个建设资金整合平台，整合各部门、各渠道的支农建设资金，建立规划、资源、资金“三位一体”的财政支农工作管理新模式。截至 2010 年，桐乡市累计整合市级以上财政支农资金 19340.02 万元，整合社会投入资金 34151.49 万元，新增直接经济效益 16263 万元，带动农民增收 19174.43 万元。试点工作经财政部审核考评，在全省 13 个试点县(市)中得分名列第一(财政支农资金整合详见《农业财务管理》)。

2010 年，经市机构编制委员会批准，市财政局建立桐乡市财政项目预算审核中心，参与政府投资项目前期建设方案及其估算、概算的评审。负责对招标前的施工图预算(标底)，以及对中标项目的工程合同有关条款的评审。负责政府投资项目工程变更投资签证评审，竣工财务决算评审和工程结算。

第八节　乡镇财政管理

1985 年 8 月，根据财政部《关于颁发乡(镇)财政管理试行办法的通知》，桐乡县在灵安乡进行建立乡财政试点。1988 年，全县除梧桐镇外 37 个乡镇均建立乡镇一级财政(下称乡镇财政)，各乡镇建立财政组，组长一般由乡镇长兼任，乡镇财政总预算会计由桐乡县财政税务局(1989 年 10 月，分挂桐乡县财政局、桐乡县税务局两块牌子)聘任，一般乡镇财政组至少有 3 人组成。乡镇财政建立后，相应建立乡镇财政预决算制度和定期向乡镇人民代表大会报告制度。乡镇财政作为乡镇政府管理财政的职能机构，行政上受乡镇政府领导，业务上受县财政局指导和监督，由县财政局预算股(1993 年 4 月改称预算科)主管，各财政税务所配备 1 名财政预算会计，负责指导各乡镇财政工作。1993 年，梧桐镇建立镇财政。随着桐乡市行政区域调整、财政管理改革，乡镇财政机构历经财政组、财政办公室、财政所、财政办公室等名称变更。至 2010 年，桐乡市所有街道、镇均设财政办公室，全市镇、街道财政办共有工作人员 111 人。

桐乡市财政局在制度建设、激励措施、培训干部等方面不断完善对乡镇级财政的管理。

一、健全乡镇财政机构，确立乡镇财政的实体地位

桐乡县 1986 年建立乡镇财政后，财政组组长一般由乡镇长兼任，财政总预算会计仅应付日常会计核算，财政财务管理和监督职能难于发挥。2002 年，各乡镇建立财政所，下设会计核算中心。落实市财政局领导联系乡镇财政工作制度，加强对乡镇财政的指导。印发《桐乡市乡镇财政所岗位设置和岗位职责的意见》，乡镇财政所设置所长、总预算会计、农税员等岗位，乡镇长不再兼任财政所所长。

二、完善乡镇财政体制，调动乡镇政府理财的积极性

1986—2010 年，乡镇财政共经历包干制和分税制两个时期 11 轮财政体制。按照不同时期的财政体制，本着体现县(市)与乡镇利益双兼顾，财权与事权相结合，承认差别与兼顾公平相统一，既鼓励发达乡镇，更照顾困难乡镇原则，引导乡镇更加注重财源培养，进一步从制度上发挥乡镇增收节支的积极性，提高企业经济效益。各轮体制调整，必从四个方面考虑：一是财权与事权相统一，根据事权确定财权，做到乡事乡办，乡财乡理；二是市与乡镇利益兼顾，既考虑市级财政有一定的财力调控权和一定的平衡调节能力，又注重乡镇的承受力和增收节支的积极性，引导乡镇注重企业经济效益的提高，确保乡镇既得利益；三是兼顾乡镇间财力相对平衡，建立乡镇最低财力保障线制度。在保乡镇既得利益的同时，实行增量向乡镇倾斜，适度调节，公平待遇，既注意保护经济发达乡镇的积极性，又运用财政转移支付手段，兼顾乡镇间财力的相对平衡。四是保持相对稳定和力求简便、透明。在各轮体制调整时，市财政局都召开乡镇长座谈会或走访乡镇，通报体制情况，征求体制调整意见。

三、完善乡镇财政管理，推进乡镇财政规范化建设

一是抓制度建设。针对乡镇财政预算约束软化，预算外资金管理混乱和财务管理不严等弊端，先后制定《乡镇财政岗位设置和岗位职责》《农业税征收规程》《财政票据管理办法》《预算外资金专户存储和收支两条线管理》《乡镇财政会计档案管理办法》等制度。1990 年，乡镇财政纳入市审计工作范围，对于乡镇财政在审计中发现的问题，及时提出相应改进意见，加强乡镇财政的管理，健全财务制度。针对部分乡镇财政总预算会计兼任乡镇行政机关会计，以及个别乡镇还兼任乡镇事业单位会计的状况，根据《财政总预算会计制度》第六条"总预算会计人员，不得兼任单位会计"的规定，2000 年，市财政局印发《关于明确乡镇财政总预算会计不得兼任单位会计的通知》。是年 11 月，市财政局转发省财政厅《关于在全省乡镇财政所建立和推行政务公开制度的通知》，全市各乡镇财政逐步建立起规范有序的乡镇财政政务公开制度。

二是抓人员培训。1990 年始，根据省财政厅《关于印发全省财政系统乡财政人员培训计划的通知》，县财政税务局决定实行乡镇财政人员岗位合格证制度，对乡镇财政人员进行系统的专业培训。是年 11 月 16 日—23 日，县财税局举办业务培训班，年内完成乡镇财政人员上岗合格证书培训。1999 年，进行乡镇预算会计电算化培训，确保乡镇财政总预算会计软件、单位预算会计财务软件及时正确应用。此外，每年召开乡镇长座谈会，定期举办财政所所长、总预算会计、核算中心主任、单位预算会计等人员参加的业务知识培训班，特别是财政及税收法规知识培训及会计知识的培训，不断提高乡镇财政工作人员的业务水准，规范乡镇行政事业单位财务管理、会计核算制度，拓宽乡镇财政的工作思路。2002 年，组织各乡镇财政所所长到江苏参观学习乡镇综合财政管理软件的先进经验，推进乡镇财政电算化工作进程。

三是规范乡镇财政预算管理，硬化预算约束。建立乡镇财政预决算向乡镇人大报告制度，并纳入市人大监督管理范围。针对乡镇财政性票据管理上存在的问题和不足，2002 年，市财政局印发《关于加强乡镇票据管理工作的通知》，明确财政性票据的发放、使用、核销等规定，规范和完善乡镇财政对财政性票据和乡镇预算外资金的管理。2003 年，乡镇财政建立财政综合预算管理制度。把乡镇预算内、预算外和各类基金全部纳入乡镇财政预算，实行统一管理，建立乡镇财政综合预算管理体系。乡镇行政事业单位预算内、预算外以及其他资金统一纳入单位经费预算，实行经费综合预算管理。2005 年，制订《桐乡市镇乡财政预算管理办法》《桐乡市镇乡街道财政专项资金管理办法》《桐乡市镇乡街道财务收支管理办法》，规范乡镇预算管理运作程序，完善预算追加、申报、审批制度，加强乡镇财政支出管理。乡镇行政事业单位编制单位预算，收支做到年初有预算、年终有决算、调整有方案。加强乡镇财政的预算外资金管理，改变乡镇预算外资金多头管理的现状，实行预算外资金票据源头控制。

四是建立和完善考核办法。2002 年，市财政局制定印发《桐乡市镇乡(街道)财政所责任制考核办法》(以下简称《办法》)，考核分综合类和业务类两块，涉及政治思想、预决算管理、行政事业财务管理等 25 项小项，采用百分制办法，分月、季、半年、年终进行记分，年终市财政局按各所得分高低进行奖励。是年，经考核，梧桐街道、崇福镇、屠甸镇、高桥镇等 4 个财政所获得优胜，受到市财政局表彰。2005 年，市财政局修订和完善此《办法》，调整和充实部分考核内容。

五是规范乡镇所属行政事业单位财务管理，加强财政监督。2001 年，乡镇机关和教师工资实行市财政统一发放；全面推行村账乡镇代管制度。2002 年，乡镇事业单位机构改革，各乡镇建立会计核算中心，乡镇行政事业单位逐步进入会计核算中心实行统一核算。2003年，市财政局、市监察局联合印发《关于乡镇行政、事业单位实行会计统一核算的通知》，进一步明确除乡镇卫生院实行条线统一核算外，其余乡镇行政事业单位及行政事业性银行账户全部纳入各乡镇会计核算中心集中核算。市财政局同时印发《桐乡市镇乡、街道预算会计集中核算操作规程》，规范乡镇会计核算中心会计核算行为，保证会计信息质量，进一步明确会计集中核算范围为：乡镇、街道行政机关、事业单位和社会团体以及在上述单位中的各种临时性机构。会计统一核算的内容为：集中核算单位的经常性经费、专项经费、自筹基本建设等经费。集中核算实行“一建立、二取消、三不变”的运行原则。一建立。即建立乡镇、街道会计核算中心，对进入会计核算中心核算的行政事业单位实行“集中支付、单一账户、分户核算”。二取消。即取消进入会计核算中心核算的单位银行账户，由会计核算中心开设单一账户；取消进入会计核算中心核算单位的会计与出纳，由会计核算中心集中核算，各单位设立报账会计。三不变。即经费管理体制不变，年度经费预算仍由各单位编报，财政审核后批复给单位包干使用；单位理财机制不变，资金的使用权、审批权和财务管理权仍由各单位掌握，单位仍对其各项财务收支活动负责；会计主体法律责任不变，单位的各项收支仍由各单位审批并承担相应的法律责任。在符合国家财经法律、法规和财务制度的前提下，会计核算中心为各单位办理会计核算。财政与审计两个部门联合下发《关于进一步加强乡镇行政、事业单位财务会计管理的通知》，强调法律、法规的严肃性，重申会计凭证的合法性、重要性、规范性，从白头凭证着手，进行合理性审查，对不符合规定的收支凭证，要求有关单位及时补办手续，进一步规范乡镇财政财务管理。

第八章　基本建设财务管理

基本建设财务管理属行政事业财务管理的一个重要内容，因其项目管理的特殊性，1999年市财政局增设基本建设科，重点对财政性基本建设项目实施财务管理。本章记述1996—2010年基本建设财务管理的基本情况，包括基本建设财务制度管理、资金管理、建设项目竣工财务决算管理。

第一节　基本建设财务管理机构

1972年起，桐乡县财政金融局（1973年3月复称桐乡县财政税务局）配专职工作人员，负责基本建设财务管理。1976年4月，中国人民建设银行桐乡工作组成立，隶属县财政税务局。1979年4月，建立中国人民建设银行桐乡县支行，管理基本建设预算和基本建设单位财务，办理拨款、贷款及结算业务。1981年，该行被确定为管理基本建设的专业银行，全县基本建设财务归其管理。

1994年8月，财政部、中国人民建设银行印发《关于财政部收回原委托中国人民建设银行代行的财政职能的通知》。1995年1月1日起，省财政厅收回原委托建设银行浙江省分行代行的财政职能，将审查工程预决算、签署建设项目年度财务决算、竣工决算等工作委托建设银行浙江省分行办理。随着建设银行转为商业银行，以及政府机构改革的要求，1998年，桐乡市财政局收回原委托市建设银行代办的基本建设财务管理职能，转由桐乡市财政局行政事业财务科履行该职能。

1999年，桐乡市财政局增设基本建设科（2002年改称经济建设科），负责管理财政性基本建设财政财务管理。

第二节　基本建设财务制度管理

桐乡市的基本建设财务管理，统一执行财政部制定的《国有建设单位会计制度》《企业基建业务有关会计处理办法》《基本建设财务管理若干规定》《财政基本建设支出预算管理办法》，以及上级主管部门有关基本建设财务管理的规定，制订适合桐乡实际的相关管理制度和办法，加强基本建设管理，规范基本建设程序，加强基本建设支出管理，严格执行概（预）算制度和基本建设项目竣工财务决算，提高财政基本建设资金使用效益。

1996年8月，执行《浙江省建设工程预结算审查管理暂行办法》，按照桐乡市基本建设管理的有关规定，严格工程预结算制度，进一步加强和规范建设工程预结算审查的管理。基本建设资金实行专户管理，凡涉及财政资金的项目，一律凭市计经委批复，到建设银行开立专户，到财政局办理资金拨付。对财政资金投入在50万元及其以上的建设项目，按有关规定实施招投标。

1998年，执行《浙江省建设工程价款结算暂行办法》，规定建设工程承、发包单位办理工程价款结算时，须经财政部门或经财政部门确认的具有工程预结算审价资格的社会审价机构审查后，方可办理建设工程价款结算。凡有财政性资金投入和国有单位用自筹资金进行建设的项目，由财政部门统一委托具有工程预结算审价资格的社会审价机构进行审查。项目施工期间，不论工期长短，工程价款结算不得超过工程合同总价的 95%，其余 5%作为质量保证金，按合同约定待工程施工验收合格，保修期结束后进行清算。同年，根据财政部《关于加强建设项目工程预(结)算竣工决算审查管理工作的通知》，全市凡使用国家财政资金、国有单位投资的基本建设项目工程预(结)算、竣工决算，按规定由财政部门或财政部门委托具有资质的社会审价机构审查。统一执行财政部制定的《基本建设项目竣工财务决算报表》。

2001 年，根据《浙江省财政性投资基本建设项目财政财务监督管理暂行办法》，桐乡市制订《加强对限额以下的财政性投资项目实行财政监督管理若干规定》，凡使用财政性资金投资的项目，符合《桐乡市建设工程施工招标投标管理办法》的，按其规定，对项目投资不足 50 万元或面积在 1000 平方米以下的建设项目，都必须按有关规定办理工程报建、招投标、工程预结算、工程竣工财务决算等各项工作。对不按规定办理基本建设相关手续的项目，财政部门有权停止拨款。

2002 年，市政府印发《桐乡市建设工程招标投标管理办法》，规定大型基础设施、公用事业等关系社会公共利益、公众安全的项目，使用国有资金投资的项目，国家融资的项目，包括项目的勘察、设计、施工、监理以及与工程建设有关的重要设备、材料等的采购，达到规定标准金额的，必须进入相应的建设工程交易中心进行招标投标。

2003 年，贯彻执行财政部《基本建设财务管理规定》，基本建设项目竣工财务决算财政性投资占项目概算投资比例达到 30%的小型项目或财政性投资达到 300 万元的非经营性大中型项目，以及达到 500 万元的经营性大中型项目，其竣工财务决算由市财政局或由财政局授权主管部门审批，实行"先审核、后审批"的办法，即先由建设单位通过财政局委托财政投资评审机构或具有财政性投资项目工程决算资质的审价机构，对项目竣工财务决算进行审核，再按规定批复。同时，对建设单位管理费开支等财务管理问题作出明确规定。同年 7 月，制订《加强政府投资项目资金管理的若干规定》《桐乡市政府投资项目资金概算审查操作办法》，规范政府投资项目的计划、概(预)算审查、概算调整等管理规定。明确政府性资金投资项目，其投资决策权属市政府。严格政府性资金投资项目的计划管理，市财政局主要负责项目资金来源的审查落实。每年年底由市财政局根据项目建设单位及主管部门报送的下一年度投资计划及融资方案，经论证后确定下年度投资计划和基本建设支出预算控制数。严格政府性资金投资项目的概(预)算审查。政府性资金投资项目的概(预)算，必须由财政部门审查或委托具有财政审价资质的审价机构审查，审查后的概算投资数作为项目批准投资数，财政和相关单位以此作为建设资金拨付的依据。严格政府性资金投资项目概算执行，建设过程中确因工程造价、设计变更等需要追加投资的，必须事先报经相关部门审查，落实资金、追加计划后进行概算调整。对不报批的，财政不予安排资金。是年 8 月 1 日，《桐乡市国家建设项目审计办法》公布施行。对该办法规定应由审计机关审计的国家建设项目，财政部门依据审计机关的审计结果，批复国家建设项目的决算。

2004 年，制订《桐乡市财政性投资基本建设项目财政财务监督管理暂行办法》，规定基本建设项目实行分级管理，市级项目中凡财政全额投资在 300 万元以上，或项目总投资在 500 万元以上、市财政补助 30%以上的项目，以及利用国债的项目，市财政局实行重点财政财务监督管理。

2005 年 8 月，《桐乡市政府投资项目管理办法》规定，市财政局负责政府投资项目财政性资金及财务活动的监督和管理。全市用于基本建设项目的财政性投资，统一纳入财政支出预算，实行财政专户管理。按基本建设年度支出计划、基本建设年度支出预算、基本建设程序、项目建设进度的相关规定拨付建设资金,并按投资额的10%保留工程余款,待工程竣工验收合格、竣工财务决算审批后结清余款。项目资金专款专用,不能混用、挪用,适时逐步实行财政直接支付和国库集中支付制。

2006年7月,《桐乡市工程建设项目招标投标管理办法》实施,依法必须进行招标的各类工程建设项目,包括项目的勘察、设计、施工、监理、咨询、项目管理以及与工程建设有关的重要设备、材料等的采购,达到规定标准之一的,必须进行招标。涉及国家安全、国家秘密、抢险救灾等特殊情况,不适宜进行招标的,经批准可以不进行招标。

2007年4月起施行《桐乡市市级政府投资项目合同管理暂行办法》。合同管理实行审查制和备案制,规定对市级政府投资项目的设计、咨询、监理、施工、采购等实行合同审查制和合同备案制。凡纳入市招标采购中心交易的市级政府投资项目实行合同管理审查制;其他项目实行合同管理备案制,由主管部门审查。实行合同审查制的项目,发包方在正式签订合同前,必须将双方协商一致的合同草案提交由政府主管部门确定的法律事务服务机构审查。建设工程合同无论是实行审查制还是备案制,均须在正式合同签订后7个工作日内将合同副本及审查意见报市财政局备案,此项工作仅持续到2008年。两年内,全市经浙江缘缘律师事务所、浙江同新律师事务所审查并报财政备案的建设工程合同122份。市财政局在收到备案合同后建立合同管理台账,对基本建设项目实行跟踪管理。

2008年5月至9月,市纪委常委会决定,由市监察局、市发改局、市财政局、市审计局四部门联合对政府投资建设工程项目概算执行情况进行专项检查。此次专项检查的范围主要是2005年至2007年度基本竣工或已完成竣工决(结)算的部分政府投资建设工程项目,共选取31个项目,涉及建设单位19个。主要检查项目的审批、招标投标、工程概算执行、建设资金使用和工程决算等方面。一、慎重确定项目。围绕市委、市政府的中心工作和群众关注的重点热点问题,确定政府投资建设工程中超概算问题作为本次重点检查项目。二、开展前期调研。在项目确定后,专门走访有关部门,了解2005年至2007年度基本竣工或已完成竣工决(结)算的部分政府投资建设工程项目基本情况,确定拟检查工程项目。三、2008年5月,下发《关于对政府投资建设工程项目概算执行情况进行专项检查的通知》,部署专项检查工作,明确检查范围、内容及方法,提出检查要求。四、认真开展自查。各项目建设单位按照专项检查的范围、内容和要求进行自查,认真总结,填写好自查表上报。五、开展重点抽查。在对各单位自查材料汇总分析的基础上,9月22日至24日,四部门组织人员分两个组,抽取12个项目进行重点检查。检查中共发现11个项目超概算,分三种情况:材料直观反映超概算的项目7个;在调整概算追加投资后未超概算,实际超概算的项目3个;未完工已超概算的项目1个。超概算原因除受物价波动、自然条件等因素影响外,主要有五个方面的原因。一是投资概算精度低,概算编制粗糙、漏项。二是随意改变建设规模、建设标准和建设内容,主动控制投资意识不强。三是工程合同管理、招标投标管理、资金拨付不规范,工程变更内控制度不严。四是工程管理人员业务素质参差不齐,部分人员工作责任心不强。五是对超概算行为处理、处罚力度不够,助长了超概算行为的发生。针对检查中所发现的问题,提出意见和建议如下:一是加强制度建设,规范政府投资项目管理;二是完善项目施工前各阶段准备工作,减少超概算隐患;三是强化施工合同管理,严格控制设计变更和现场签证,搞好工程竣工决算;四是加强宣传教育,切实增强对概算执行重要性认识;五是加大工程超概算行为的处罚力度。

是年6月6日,中共桐乡市委办公室、市政府办公室转发《省委办公厅省政府办公厅关于严格控制党政机关办公楼等楼堂馆所建设的通知》。7月1日,修订后的《桐乡市国家建设项目审计办法》公布施行。列入市重点项目计划的国家建设项目由市审计机关负责审计;未列入重点项目计划的国家建设项目由财政、审计两部门每年按7:3的工作量予以核定,分别委托具有法定资格的社会中介机构进行审计。市财政部门对社会中介机构接受委托出具的审计结果进行审核后作出竣工决算批复。未经竣工决算审计的项目,不得办理竣工验收手续。

11月26日,市政府印发《桐乡市政府投资项目概算调整管理规定》《桐乡市政府投资项目前期工作管理规定》,超概算及有重大变更情况的项目,在查清原因和追究责任的基础上,实行一次性调整概算程序。市发展改革部门受理概算调整申请报告后应及时委托符合资质要求的中介机构对拟调整概算进行评估,会同市财政部门提出概算调整初步方案。概算调整金额在项目总投资10%或200万元以内的,经市长审核同意后按程序审批;概算调整金额超过项目总投资达到10%或200万元及以上的,经市政府常务会议审议通过后按程序审批;总投资2000万元及以上的概算调整项目,由市政府报市人大常委会审议通过后按程序审批。单项工程变更应以合同明确的计价方式及价格调整,变更额度在20万元以内的,由业主单位集体讨论决定;变更额度在20万元(含)至50万元以内的,由业主单位集体讨论决定,并报市发展改革、财政部门审核;变更额度在50万元(含)至100万元以内的,由业主单位自行组织专家论证,集体讨论提出变更意见,报市发展改革、财政部门审核;变更额度在100万元(含)及以上的,由业主单位在组织专家论证的基础上报主管部门同意后提交市发展改革部门。市发展改革部门委托符合资质要求的中介机构进行咨询评估确定具体变更金额,会同市财政、审计部门提出变更审核意见,报市长审定。

政府投资项目前期工作包括项目课题调研、项目规划、项目储备、年度计划、项目建议书、可行性研究报告、初步设计和项目概算的编制、论证和审批等环节,以及属于项目前期范畴的其它工作。政府投资项目实行"项目储备库动态管理"和"项目计划管理"。列入政府年度投资计划的项目,应当从政府投资项目储备库中选取。项目业主和主管部门应于每年9月底前向市发展改革部门、财政部门提出下一年度政府投资项目建议计划,对已列入政府投资项目储备库的项目可直接入选下一年度政府投资项目建议计划。市发展改革和财政部门互相衔接政府年度投资项目及年度投资计划,财政部门主要审核资金筹措方案,并落实财政出资资金,会同发展改革部门编制政府年度投资建议计划,报市长审核后,提交市政府常务会议审定。总投资2000万元及以上政府投资项目须提请市人大常委会审议。政府投资项目年度计划应当优先保证续建项目的资金需求。政府与其他出资人共同投资的项目,各方资金应当同步到位。市财政根据年度投资项目计划,遵循估算控制概算,概算控制预算的原则,下达资金安排预算计划,并依据投资计划、支出预算、建设进度及各种资金的同比例到位情况分期拨付项目建设资金,并逐步实行国库直接支付制度。对政府重大投资项目和难以落实前期工作经费的政府投资项目,项目业主或主管部门可向市发展改革部门提出项目前期工作专项资金申请报告,经市发展改革和财政部门审核,市政府同意后,使用前期工作专项资金。前期工作专项资金由市财政每年安排一定的项目管理经费(暂定500万元),列入市发展改革部门年度部门预算,用于向上争取项目和资金、项目前期论证、可行性研究报告审查、初步设计和概算审查、施工图设计和预算审查以及节能咨询评估等开支。前期工作专项资金实行专款专用,滚动使用。项目前期工作完成后转入项目实施时,项目业主应及时将已发生的前期工作经费转入基建账户,并将已拨付的前期工作专项资金交回市财政。因项目未能实施等原因造成项目前期工作专项资金不足的,市财政及时补足,建立政府投资项目前期经费滚动使用机制。

第三节 国债专项资金管理

桐乡财政的国债专项资金是经上级财政部门批准,列入中央财政支出的建设项目,主要是污水治理、环保基础设施建设等项目。国债专项资金(包括国债转贷资金和国债补助资金)纳入政府预算内基本建设资金管理范围。根据财政部有关文件,桐乡市财政局制订《国债专项资金管理作业指导书》,按照基本建设管理程序,规范管理从国债专项资金申请到实行专户管理、与项目实施单位签订《国债资金转贷协议》、资金管理与拨付、财务管理与监督、国债资金偿还等各个环节,加强国债专项资金建设项目的财政财务管理与监督,确保国家国债政策的贯彻落实。2010年始,中央财政补助资金不再单独明确(列)国债专项资金,统一为中央预算内基本建设支出预算。桐乡市1999年至2009年,共拨入国债专项资金13679万元,其中国债转贷资金4570万元,国债补助资金9109万元。

表8-1　　1999—2009年桐乡市国债专项资金统计表

单位:万元

<table>
<tr><th>项　　目</th><th>文 件 依 据</th><th>资金数额</th><th>说　明</th></tr>
<tr><td>一、国债转贷资金小计</td><td></td><td>4570</td><td rowspan="16">2012年,根据财政部《关于将部分公益性国债项目转贷资金转为拨款的通知》,省财政厅下发浙财建〔2012〕121号文件,对桐乡市部分公益性项目国债资金本金,扣除按国债转贷协议计算至2012年3月15日到期累计应归还本金后的余额,全部转为中央财政拨款。具体为:桐乡市城市污水处理厂1077.28万元;桐乡市崇福镇污水处理工程426.36万元;桐乡市第二城市污水处理工程472.73万元;桐乡市濮院污水处理厂254.55万元。合计2230.92万元</td></tr>
<tr><td>桐乡市城市污水处理厂</td><td>浙财基〔2000〕18号
浙财基〔2000〕37号
浙财基〔2000〕62号
浙财建字〔2000〕10号
浙财建字〔2001〕19号</td><td>2600</td></tr>
<tr><td>桐乡市乌镇古镇保护与旅游开发二期工程</td><td>浙财建字〔2002〕59号</td><td>900</td></tr>
<tr><td>桐乡市崇福镇污水处理工程</td><td>浙财建字〔2003〕146号
浙财建字〔2003〕158号</td><td>670</td></tr>
<tr><td>桐乡市濮院污水处理厂</td><td>浙财建字〔2003〕146号</td><td>400</td></tr>
<tr><td>二、国债补助资金小计</td><td></td><td>9109</td></tr>
<tr><td>桐乡市生态防护林工程</td><td>浙财建字〔2001〕83号
浙财建字〔2004〕188号
浙财建字〔2006〕199号</td><td>190</td></tr>
<tr><td>桐乡市沿海防护林工程</td><td>浙财建字〔2008〕270号
浙财建字〔2009〕149号</td><td>50</td></tr>
<tr><td>桐乡市河山节水灌溉示范项目</td><td>浙财建字〔2001〕136号</td><td>100</td></tr>
<tr><td>桐乡市高桥节水灌溉示范项目</td><td>浙财建字〔2005〕189号</td><td>100</td></tr>
<tr><td>桐乡市城市污水处理厂</td><td>99财基发098号
2000财基发042号
2001财建发4号
浙财建字〔2002〕45号</td><td>2850</td></tr>
<tr><td>桐乡市濮院污水处理厂</td><td>浙财建字〔2003〕11号
浙财建字〔2003〕113号</td><td>1000</td></tr>
<tr><td>桐乡市崇福镇污水处理工程</td><td>浙财建字〔2003〕92号
浙财建字〔2004〕6号</td><td>650</td></tr>
<tr><td>桐乡市第二城市污水处理工程</td><td>浙财建字〔2006〕59号
浙财建字〔2006〕178号</td><td>1440</td></tr>
<tr><td>嘉兴桐乡市中等专业学校(桐乡卫校)医学实验楼</td><td>浙财建字〔2006〕216号</td><td>170</td></tr>
<tr><td>桐乡市副食品批发市场改扩建工程</td><td>浙财建字〔2007〕211号</td><td>300</td></tr>
</table>

续表 8-1

项　　　目	文件依据	资金数额	说　明
桐乡市外向型特色蔬菜生产和种苗繁育基地项目	浙财建字〔2008〕35 号	100	
桐乡市农村户用沼气项目	浙财建字〔2008〕274 号	104	
桐乡市石门中心卫生院迁建工程	浙财建字〔2008〕276 号	50	
浙江东江能源科技有限公司生物柴油项目	浙财建字〔2008〕296 号	480	
桐乡技工学校体艺馆工程	浙财建字〔2009〕18 号	200	
桐乡市洲泉镇中心卫生院迁建工程	浙财建字〔2009〕25 号	50	
桐乡市第八中学田径场工程	浙财建字〔2009〕26 号	100	
桐乡市农村公路建设	浙财建字〔2009〕30 号	715	
桐乡市污水处理尾水外排工程	浙财建字〔2009〕32 号	460	
三、国债专项资金合计		13679	

第四节　基本建设资金管理

桐乡市财政局对财政性基本建设项目做好项目可行性论证，全面实施工程造价招标投标，制订基本建设资金管理办法，在建设银行开设基本建设资金财政专户，建立政府投资项目管理台账。基本建设资金严格按照项目投资计划，按预算、按程序、按工程进度的原则拨款，并按工程总投资的 5%～10%预留工程余款，待工程竣工决算后再拨付。政府投资项目管理台账由《基本情况登记表》《资金管理台账》《合同管理台账》等组成。《基本情况登记表》主要反映项目单位、项目名称、批准文号、投资估算、批准概算、投资计划、建设内容等；《资金管理台账》主要反映“在建工程项目建设资金的预算安排、资金拨款记录等”；《合同管理台账》主要反映合同标的、建设工期、工程进度款项拨付的约定等建设工程合同主要条款。《基本情况登记表》由项目单位在初步设计批复后填列报送市财政局，并随表附送立项批文（立项、可研、初步设计）复印件、初步设计概算及施工图预算。2001 年后，按照财政资金管理要求，市财政局制订一系列规定、制度和操作规程，严格财政资金拨付程序与审批权限。2006 年始，对财政性投资较大的重点基本建设项目试行财政直接支付制度。即项目业主凭批准文件和设计、施工、监理等合同以及项目业主负责人签署的拨款申请，向市财政局办理拨款手续，市财政局审核后将工程款项直接向设计、施工、监理等单位支付。是年选择“桐乡市‘新世界广场’人防公用工程”为财政直接支付试点项目，该项目批准总投资概算 3000 万元，竣工决算实际总投资 2602.69 万元，节约资金 397.31 万元。总投资中财政直接支付金额为 2573.95 万元，直接支付率 98.9%。后扩展至“桐乡市老干部活动中心大楼工程”“桐乡市污水收集二级管网建设工程”“桐乡市‘两新’建设供水三级管网和污水收集二级管网建设工程”等项目。

基本建设资金拨付时，由建设单位根据批准的项目概（预）算以及工程建设的实际需要，按合同、工程进度提出用款申请。用款申请分项目前期（管理）费用和项目实施工程直接费用，分别提供相应文件资料作为拨款依据，上报市财政局经济建设科。基本建设资金拨付除具备相应拨款依据外，同时实施资金拨付限额管理。一次拨款在 100 万元（不含 100 万元）以下的，报分管副局长审批；一次拨款在100万元(含100万元)以上的,由分管副局长会同局长审批。

1996年至2000年,市财政预算内外基建支出25537万元。其中城市公共设施建设支出16718万元,城市公用事业建设支出3433万元,教育支出1463万元,环境保护支出2230万元,公共住宅建设1693万元。

2001年至2005年,市财政预算内外基建支出183883万元。其中城市公共设施建设支出104641万元,城市公用事业建设支出8850万元,教育支出14000万元,环境保护支出6690万元。2003年,桐乡市加快农村公路建设的步伐,市本级财政投入村级公路700万元,争取国债资金补助经费350万元,省补助经费1767.20万元,初步实现省交通厅提出的"乡村康庄工程"目标。

2006年至2010年,市财政预算内外基建支出349485万元,其中民生支出305145万元,主要项目有:教育支出42595万元,公共安全支出12719万元,文化体育与传媒支出11465万元,公共交通支出146011万元,医疗卫生支出18998万元,城乡社区事务支出14443万元,农林水事务支出8696万元,环境保护支出43212万元,支援四川抗震救灾和恢复重建支出7006万元。

第五节 建设工程项目竣工财务决算管理

桐乡市财政局全程参与基本建设项目的论证、可行性研究、初步设计评审、投资计划调整审查、招投标监督管理、设计变更审查和竣工验收。包括基本建设项目资金来源审查、投资估算、设计概算、招标标底、施工图预算、施工结算审查和竣工财务决算审批。

根据基本建设财务管理等有关规定,基本建设项目完工后,项目建设单位应在项目竣工后三个月内编制竣工财务决算,并报主管部门审核。基本建设项目竣工财务决算的内容包括《基本建设项目竣工财务决算报表》《竣工财务决算说明书》两个部分,主管部门收到竣工财务决算报告后,应及时审核,并将经其审核后的决算报告报财政部门审批;财政部门在收到竣工财务决算报告审批申请后一个月内答复或组织审核审批。基本建设项目竣工财务决算是正确核定新增固定资产价值,反映竣工项目建设成果的文件,是办理固定资产交付使用的依据。桐乡市基本建设项目竣工财务决算审批实行"先审核、后审批"的办法,即:先由建设单位通过财政局委托财政投资评审机构或具有财政性投资项目工程决算资质的审价机构,对项目竣工财务决算进行审核后,财政局再按规定进行审核批复。财政局审核的重点内容有:项目是否按规定程序和权限进行立项、可研和初步设计报批工作;项目建设超标准、超规模、超概算投资、擅自改变建设内容等问题审核;项目竣工财务决算金额的正确性审核;项目竣工财务决算资料的完整性审核;项目建设过程中存在主要问题的整改情况审核等,并对存在主要问题提出处理意见和处罚建议。

表8-2　　桐乡市部分重点项目竣工结算审查情况统计表

单位:万元

项　目　名　称	送审造价	审定造价	净核减	核减率%
F0202工程:建筑安装工程支出	2622.43	2564.66	57.77	2.2
城市污水处理工程:建筑安装工程支出	10870.88	10723.05	147.83	1.36
桐乡至濮院管网复线:建筑安装工程支出	462.84	383.90	78.94	17.05

续表 8－2

项　目　名　称	送审造价	审定造价	净核减	核减率%
自来水深度处理工程:建筑安装工程支出	1480.86	1223.75	257.11	17.36
桐乡市行政综合楼工程:建筑安装工程支出	13820.80	11481.70	2339.10	16.92
桐乡至高桥区域供水:建筑安装工程支出	1163.11	1124.50	38.61	3.32
崇福自来水厂深度处理:建筑安装工程支出	1108.24	971.69	136.55	12.32
市法院过渡用房装修:建筑安装工程支出	300.14	232.70	67.44	22.47
市老年公寓建设工程:建筑安装工程支出	1306.74	1197.42	109.32	8.37
城市污水处理配套工程:建筑安装工程支出	386.35	320.07	66.28	17.15
工商行政管理局办公楼:建筑安装工程支出	2427.12	1963.16	463.96	19.12
工商行政管理局办公楼:装修装饰工程支出	598.69	517.42	81.28	13.58
皮防院康复村易地迁建:建筑安装工程支出	538.89	478.56	60.33	11.20
环境监测中心业务楼:建筑安装工程支出	203.59	170.63	32.96	16.19
环境监测中心业务楼:装修装饰工程支出	75.82	63.24	12.58	16.59
嘉兴海关驻桐乡办事处业务用房	2740.00	2624.52	115.48	4.21

表 8－3　　**部分项目竣工财务决算审定汇总一览表**

单位:万元

建　设　单　位	工　程　项　目	审核种类	审定金额
桐乡市人民防空办公室	F0202 工程	竣工财务结算审核	3130.84
桐乡市档案局	档案馆维修工程		209.90
桐乡市城市污水处理有限责任公司	城市污水处理工程		15460.94
桐乡市自来水公司	桐乡至濮院管网铺设复线工程		1902.18
桐乡市自来水公司	自来水深度处理工程		3751.69
桐乡市崇福自来水厂	崇福至河山区域供水工程		1217.65
桐乡市崇福自来水厂	崇福自来水厂二期工程		500.13
桐乡市崇福自来水厂	崇福至洲泉区域供水工程		828.35
桐乡市行政综合楼筹建办	桐乡市行政综合楼工程		16411.23
自来水深度处理工程	桐乡至高桥区域供水工程		1201.04
桐乡市水务集团有限公司	桐乡至乌镇、石门供水工程和桐乡至石门与崇福至河山供水管线连接工程		2995.59
桐乡市水务集团有限公司	崇福自来水厂深度处理工程		2582.30
桐乡市人民法院	办公过渡用房装修工程		367.03
桐乡市老年公寓	市老年公寓建设工程		1678.20
桐乡市城市污水处理有限公司	城市污水处理配套工程		517.45
桐乡市公益事业建设投资有限公司	石门公路复兴南路至环城西路段改造工程		214.66
桐乡市公安局消防大队	消防大队营房建设工程		1360.77

续表 8-3

建设单位	工程项目	审核种类	审定金额
桐乡市公益事业建设投资有限公司	原320国道改造工程	竣工财务结算审核	2044.74
桐乡市交通局	新都热电垃圾焚烧道路项目		126.88
桐乡市水务集团有限公司	乌镇子夜路至慈云路供水管线		123.72
桐乡市国土资源局	乌镇、洲泉国土所办公用房		547.99
桐乡市环境保护局	监测网络及水质监测站工程		147.99
桐乡市工商行政管理局	乌镇工商所办公用房		364.32
中共桐乡市委党校	办公楼装修		60.28
桐乡市市政公用事业管理处	严家桥修复工程		44.65
桐乡市国有城镇企业管理办公室	办公室办公楼装饰工程		95.58
桐乡市财政局、地税局	综合办公大楼迁建		4932.39
桐乡市交投集团有限公司	长山河启新桥、寺桥便桥工程		106.96
桐乡市交投集团有限公司	湖盐线西双桥拓宽工程		525.12
桐乡市交投集团有限公司	同石公路二期改建工程		1488.25
桐乡市白蚁防治所	白蚁防治所业务用房		296.65
桐乡市水利局	新都热电垃桥梁、码头河道土方及护岸工程		486.80
桐乡市水务集团有限公司	桐乡至同福、崇福至大麻区域供水工程		2629.10
桐乡市水务集团有限公司	果园桥水厂扩建及取水口工程		6991.29
桐乡市水务集团有限公司	运河水厂供水工程		20155.59
桐乡市水务集团有限公司	运河水厂至凤鸣街道供水管道连接工程		5627.15
桐乡市水务集团有限公司	市区环城东路供水管线工程		900.86
桐乡市气象局	防灾减灾服务用房工程		862.04
桐乡市水务集团有限公司	桐乡至屠甸供水一级管网工程		945.08
桐乡市水利局	高桥节水灌溉示范项目		294.78
嘉兴海关驻桐乡办事处筹建办	嘉兴海关驻桐乡办事处业务用房		2624.52
桐乡市水务集团有限公司	果园桥水厂改造工程		706.93
桐乡市水务集团有限公司	凤栖公司仓储用房及校表中心工程		1290.86
桐乡市水务集团有限公司	西片供水工程		4833.73
桐乡市体育局	校场东路篮球场、复兴北路网球场		222.38
桐乡市崇福镇人民镇政府	小城镇经济综合开发示范镇项目		1325.25
桐乡市公安局交通警察大队	三中队业务用房工程		423.28
桐乡市劳动和社会保障局	人力资源市场建设工程		3095.67
桐乡市教育局	新建环城北路小学工程		3290.44
桐乡市人民防空办公室	新世界广场人防公用工程		2602.69
桐乡市公安局交通警察大队	机动车检测站工程		1884.57

续表 8－3

建　设　单　位	工　程　项　目	审核种类	审定金额
桐乡市规划建设局	办公楼迁建工程	竣工财务结算审核	3876.12
桐乡市信访局	接待用房工程		260.00
桐乡市国土资源局	崇福国土资源所办事大厅		379.95
桐乡市水务集团有限公司	濮院营业所大楼拆建项目		521.39
桐乡市人民法院	崇福法庭审判庭及办公用房工程		448.14
桐乡市皮肤病防治院	皮肤病防治院康复村易地迁建		514.53
桐乡市工商行政管理局	崇福工商所业务用房		525.95
桐乡市工商行政管理局	工商行政管理局办公大楼		3843.22
桐乡市工商行政管理局	濮院工商所办公用房		406.95
桐乡市公安局交通警察大队	直属二中队业务用房		527.82

第九章　控购与政府采购管理

桐乡县的控制社会集团购买力管理始于1959年。1989年桐乡县政府建立社会集团购买力办公室，对专控范围内的商品和劳保用品实行审批购买管理；随后相继对专控范围的小汽车、大轿车等征收道路建设配套资金和专控汽车消费调节基金。控购管理经历了从微观管理到宏观管理的过程。1996年，桐乡市试行政府采购制度。2005年，实行采办分离。

第一节　控制社会集团购买力管理

桐乡市（县）控制社会集团购买力管理从指定专控商品、指定专控商店，扩大至对专控汽车征收道路配套资金（又先后开征专控汽车消费调节基金、购置小汽车调节基金），1994年6月开始，实行"购置小汽车控购指标证"制度，1997年、1998年，先后启用新的"控购指标证"。

1995年年底，桐乡市拥有各种专控汽车1575辆。

1999年，根据省财政厅、公安厅、省控办的联合文件，停止征收购置小汽车调节基金，社会集团购买力控制管理逐步并入政府集中采购管理，政府控制购买目录与集中采购目录并轨。专控汽车的管理主要采用指标管理办法，指标范围内购置新车，经市控办审批盖章进入政府采购顺序。

1996年至1999年，桐乡共征收调节基金1900万元。

2010年7月，全市开展公务用车改革。嘉兴市管干部用车不纳入本次改革，人武部预备役连、公、检、法单位车辆除外，开发区、振东新区、濮院针织产业园区、崇福经济区、高桥新区、临杭经济区管委会各保留一辆招商用车，纪委、老干部局各保留一辆专用车，其余车辆实行评估拍卖，至2010年12月共拍卖车辆203辆。

第二节　政府采购管理

1996年，国家实行政府采购制度试点，桐乡市属较早开展此项工作的县市之一。1999年3月，桐乡市人民政府发布《桐乡市政府采购管理办法》，1999年4月1日起试行。桐乡市政府采购领导小组办公室（简称采购办）、桐乡市采购中心先后成立，均设在财政局。2000年，市控办、采购办、采购中心陆续与国库科合署办公。2005年10月，实行采办（采购中心与采购办）分离，采购中心单设，隶属于市行政审批中心。

一、政府采购的实施与管理

采购办的主要职责：执行政府采购政策、编制政府采购目录草案、审核年度政府采购计划、制定政府采购办法、受理政府采购投诉等。政府采购中心的职责：组织实施集中采购、接受采购人委托代理采购。集中采购以竞争性招标采购、有限竞争性招标采购和竞争性谈判采购为主，询价采购、定向采购和单一来源采购等方式为辅，采用何种方式采购由采购中心根据市采购办批准的采购计划执行。

1999 年暂定的集中采购项目有五类：①机动车辆及船只；②计算机及配套设备；③空调；④车辆保险、维修、供油；⑤其他（单台设备购置费或同类商品批量价格达到 1 万元及以上的）。

各主管部门将本部门及其所属行政事业单位当年度需采购的货物上报采购中心，采购中心根据各单位需求，分别组织招标采购。

2000 年开始试行常用空调定点供应。由采购中心事先对常用空调品牌进行公开招标，选定松下、飞歌、春兰等 11 个常用品牌推荐给各部门，部门确定需求品牌后向采购中心提出政府采购申请，办理专项经费审批手续，“控购”手续由采购中心统一办理。

2000 年 1 月，出台《桐乡市行政事业单位公务用车定点加油管理暂行办法》，2001 年 1 月 1 日起实施，市政府采购中心组织相关单位，通过询价谈判方式择优选定桐乡市石油公司各加油站为定点加油站，凡纳入定点加油范围的车辆实行公务用车一车一卡制度，在桐乡市区范围内加油，凭《牡丹卡》加油，统一核算，统一管理。境外出差需加油的，经单位领导签字方可报销。定点加油站名单：桐乡加油站（梧桐镇）、乌镇加油站（乌镇镇）、新农村加油站（320 国道与同洲公路口）、第七加油站（灵安镇南）、第十加油站（濮院镇西）、大麻加油站（大麻路口）、崇福石油城（芝村路口）、崇福加油站（崇福汽车站）。

2000 年 3 月 1 日开始，桐乡市人民检察院职务犯罪预防中心参与政府采购招标投标的监督管理。

2001 年 3 月通过公开招标，确定办公用纸定点采购供应商，全市行政事业单位办公用纸由定点供应商集中供应，一律不得自行采购。

2002 年 6 月，《中华人民共和国政府采购法》颁布，2003 年 1 月起施行，桐乡市政府采购制度改革由试点进入全面推行阶段。

当年桐乡市政府采购目录确定为 3 类 8 项：设备类、消耗类、服务类，具体为：交通工具、现代办公设备、一般办公设备、专业设备、办公用品、车辆消耗、会议服务、印刷服务。

政府采购的组织形式确定为集中采购与分散采购相结合。交通工具、车辆加油、保险、文件柜、复印纸、空调、电脑设备及复印机、油印机、一体机、打印机等，一、二类会议及财政专项拨款的会议以及办公家具购置全年预算金额在 5 万元（含）以上的由政府采购中心组织集中采购。其他纳入单位年度采购预算的设备，经批准由主管部门组织采购，政府采购办参与，一般每年不超过二次。

2003 年，制定《桐乡市级政府采购操作规程》，当年共实施政府采购公开招标 13 次，询价招标 6 次。仅单一来源采购一项，比预算节约 13.73%。

2004 年 1 月，制定《桐乡市本级政府采购实施办法》，政府采购的形式调整为采购中心集中采购、部门集中采购和单位分散采购三类。集中采购目录以内的采购项目，属跨部门通用产品的，由采购中心集中采购；属部门特殊项目的，由部门集中采购，一般不实行单位分散采购。集中采购目录和采购限额标准由市采购办按年制定并公布。并规定未被列入 2004 年度部门预算和政府采购预算的采购项目，无特殊情况，政府不予采购，单位不能擅自购买。货物类“办公家具”，服务类“培训服务”“印刷服务”均属政府采购范围，5 万元以下由采购单位分散采购，5 万元以上实行集中采购。同一采购项目同一预算年度内，单位分散采购限于二次以下。分散采购的采购资金支付实行财政授权支付；集中采购的企业自筹资金部分上划采购资金专户。

采购方式采用向社会公开招标、邀请招标、竞争性谈判、询价采购、单一来源采购等形式。货物采购（汽车除外）单项或批量预算金额一次达到 30 万元以上的，工程（基建工程除外）、服务项目（车辆服务除外),预算金额或投资总额50万元以上的,统一采用公开招标采购方式。基建工程公开招标按国家相关规定执行。

2004年8月,根据《中华人民共和国政府采购法》《关于政府采购应当采购本国生产货物、工程和服务的规定》,在政府采购活动中,桐乡市政府采购"坚持依法采购和使用国货"。

2005年5月,市监察局、财政局联合出台《桐乡市机关在职干部职工疗休养招投标管理办法(试行)》,市级组织的机关在职干部、职工疗休养和优秀公务员疗休养实行公开招标。市级机关组团的由市直机关党工委组织招标;镇乡、街道机关组团的由市总工会组织招标;优秀公务员疗休养由市人事局组织招标。招标分公开招标、邀请招标和议标等几种不同的形式,招标文件定稿后,报市采购办审核,招投标活动接受纪检监察机关和财政(政府采购)部门的监督。

2006年6月,市政府发布第46号令,重新公布《桐乡市政府采购管理办法》,7月1日起施行。当年开始,政府采购资金实行国库集中支付制度,财政设立"政府采购资金专户",归集、核算各类政府采购资金,集中支付政府采购款项。10月,市财政局下发《关于进一步加强政府采购工作的通知》,推行采购单位联系人制度。2008年,重新确定专职政府采购联系人,一个单位确定一名分管领导,一名专职政府采购管理员和财务对账员(大部门确定二名政府采购管理员)。

2007年起,首次实行办公耗材定点采购(即定点供货)办法,市招标采购中心按规程对办公耗材公开招标,中标供应商按中标供货合同、标书要求及承诺,向各采购单位提供中标产品及相关服务。

2008年12月,出台《桐乡市市级行政事业单位机动车辆定点维修管理暂行办法》,市级行政事业单位和团体组织的机动车辆统一到经政府采购程序确定的机动车辆定点维修企业维修和保养。

根据嘉兴市政府办文件,2010年桐乡市执行的政府采购目录及采购限额标准如下表所示:

表9-1　　2010年桐乡市政府采购目录及采购限额标准

	货物类	服务类	工程类
政府集中采购	电视机、电冰箱、摄影摄像设备、空气调节设备、计算机、打印机、传真机、复印机、速印机、碎纸机、投影仪、扫描仪、UPS、办公家具、学校课桌椅、钢质家具、办公用纸、网络设备(服务器、路由器、交换机、集线器、调制解调器等)、发电设备、交通管理监控设备、警用设备、保安设备、档案和保密设备、广播电视影像设备、灯光和音响设备、体育设备、电梯、炊事设备、锅炉、中央空调、环境监测设备、质量检测设备、汽车、商业软件(含系统软件、数据库软件、工具软件和应用软件等)	印刷、软件开发设计、租赁、车辆保险、车辆加油、车辆维修	网络工程及系统集成
部门集中采购	药品及医疗耗材、医疗设备和器械(10万元以上)、义务教育教科书及辅助学习资料、教育仪器和设备、图书资料(2万元以上)、消防部队技术装备	物业管理、专业设施养护	基本建设工程项目(市级20万元以上)、修缮和装饰工程(20万元以上)
分散采购	年度累计预算金额5万元		年度累计预算金额10万元

政府采购公开招标数额标准:单项或批量采购预算金额,货物类、服务类项目20万元,工程类项目50万元。

建设工程类项目的招投标实施由市规划建设局负责。

1999—2010 年累计实施政府采购 852 批次，采购资金 57118 万元，比预算节约财政资金 6504 万元。

2005 年至 2010 年建设工程招投标成交额 140.64 亿元，比预算节约财政资金 13.58 亿元。

2010 年 7 月，进一步推进政府采购的信息化建设，政府采购模块纳入金财工程一体化平台并上线试运行，首选财政局等 8 家市级单位进行试点。

二、协议供货

2003 年 12 月开始，全省实行政府采购协议供货制办法，对集中采购目录中的计算机(台式机、便携机)、打印机(激光、针式、喷墨、一体机)列入全省政府采购协议供货范围。桐乡根据省政府要求对协议供货数量与金额规定为：采购数量 60 台以下(含)或预算采购金额 60 万元以下，超过协议供货数量和金额的，采用公开招标方式。当年开始，桐乡签约的计算机供货商是桐乡万新电脑有限责任公司；签约的打印机供货商是桐乡华星电脑有限公司、桐乡万新电脑有限责任公司、桐乡市计算机信息网络中心。

2007 年 11 月，协议供货范围进一步扩大，包括台式电脑、便携式电脑、打印机、服务器、复印机、油印机、扫描仪、数码相机 8 个项目。桐乡市纳入协议供货的数量规定：台式电脑(显示器)采购数量为 10 台，便携式电脑采购数量为 2 台，打印机、扫描仪采购数量为 5 台，复印机采购数量为 1 台，服务器、油印机采购数量为 2 台，数码相机采购数量为 3 台。超过协议供货数量的采购项目采用公开招标方式。当年开始，与 14 户供应商签订供货协议。

第十章　农业财务管理

2002年，桐乡市实施农村税费改革；2003年，桐乡市实施新农村建设，大量的财政资金投入农业、农村项目，农业财务管理被提到十分重要的地位。2007年，桐乡市被财政部、省财政厅、嘉兴市财政局列为支农资金整合三级试点县(市)，2008年和2009年，省财政厅继续将桐乡列为全省财政支农资金整合试点县(市)，支农资金整合成为桐乡农业财务管理的亮点，探索并走出一条县(市)级财政支农资金整合的新路子，相继获得中央、省财政专项资金补助近2000万元。

本章重点记述1996—2010年间农林水事务重点项目资金、新农村建设项目资金的管理以及支农资金的整合情况，同时简要记述农村税费改革与农村综合改革的基本情况。

第一节　农林水事务资金管理

农林水事务资金包括农业、林业、水利、气象等农口部门支持农业生产的相关支出。资金来源和筹集包括：财政预算内农业支出、农业发展基金、水利建设基金、造地改田基金等，按照特定用途，分别设立财政专户，专账核算，专款专用。

桐乡相关农口部门负责农林水事务的组织实施，财政局农财科负责农业资金的管理与监督。1996—2010年，财政用于农林水事务支出214062万元，其中预算内资金133124万元，政府性基金30411万元，预算外资金50527万元。主要用于农业基本建设投入、支援农业生产、小型农田水利建设、水利基础设施改造、农业综合开发等项目支出，以及农、林、水、气象等部门事业支出。

一、水利建设项目

项目主要由水利局组织实施，项目资金来源包括预算内资金、地方水利建设资金，资金实行专户管理。

1997年5月—1998年8月建设的国家级重点建设水利项目南排盐官下河工程桐乡段，总投资6360万元，其中财政投资3400万元；1998年11月15日—11月30日建设的国家级重点水利项目南排莲花桥港工程桐乡段，总投资5000万元，其中财政投资1100万元。

其他财政给予资金补助的水利建设项目还有：

2002年、2003年，加固(宽)加高外河圩堤270.9公里；2003—2007年累计整治圩区15.945万亩；2002—2004年新筑河岸61.6公里，2007年修筑河岸106.7公里；2004年、2006年、2007年累计建设标准圩堤和生态圩堤550.33公里；2002年新建机埠45座、改建机埠74座、维修机埠108座；2002—2007年新建和改建排涝机站694座、维修772座，新改建水闸306座；2003—2007年新改建泵站690座、更新水泵1044台套；2010年新建泵站7座、新建排涝泵站33座；2002年完成河山节水灌溉工程项目建设，同时在梧桐等7个镇、街道和市良种繁育场推广节水灌溉工程9076亩；2003—2007年完成节水灌溉10.475万亩；2010年，新建高效节水灌溉工程2处，面积2030亩，其中喷灌面积100

亩、微灌面积1150亩、管道灌溉面积780亩,改造灌区2处,渠道衬砌39公里,新建和改造灌溉泵站40座。

2002—2007年,财政连续六年投入资金用于疏浚河道和河道综合整治,六年累计完成河道疏浚和综合整治1568.36公里,其中2007年结合"生态市"建设、万里清水河道建设和"十村示范、百村整治"工程,财政投入资金3004万元,深入开展河道整治,当年完成省定"万里清水河道"建设任务43条99公里。

二、土地整理项目

主要由国土资源局负责实施,项目资金来源包括:预算内资金、政府专项基金(非税收入),实行专户管理,2000年建立"造田改地资金"。

1998年,桐乡市启动土地整理工程,当年财政投入资金480万元,完成箱子田改造9027亩;1999—2001年完成箱子田改造36740亩。2000—2001年拆窑复耕,两年拆窑23只,复耕土地859.169亩。2003年,河山镇土地整理项目被国土资源部立为重点项目,项目总投资2096.6万元,其中获得国家土地整理专项资金补助1655万元。当年全市完成土地整理项目16个,整理总面积89791亩,建成标准农田72490亩,新增耕地21409亩。至2010年止,财政共投入资金50673万元,完成土地整理284034亩,新增耕地54226亩。

2006年9月10日,国家农业综合开发项目考评验收

三、农业综合开发项目

农业综合开发起始于1989年。是年,桐乡县成立领导小组,下设办公室,办公室设在水利局;2006年办公室归属桐乡市农业和农村工作办公室(简称农综办)。1997年前农业综合开发项目分三期推进,1997年开始按年度核定开发项目。开发项目分三类:第一类,1989年开始,实施土地治理开发项目;第二类,1997年开始,实施多种经营开发项目(后称产业化经营项目);第三类,2003年开始,实施科技推广示范项目。

项目实行"国家引导,配套投入,民办公助,滚动开发"的资金投入和筹集机制,资金筹集渠道包括中央、省、市级财政投入、乡镇财政配套、农业综合开发专项贷款、农村集体和农民自筹、企业投入等。

2000年前,部分省级财政资金为有偿使用(五年后逐年归还),部分资金到期后因乡镇无力偿还,由市级财政归还。1994年以后农综项目不再要求乡镇配套。2000年后省、市级财政资金作无偿使用。2008年开始,土地治理项目,省级与市级财政资金配套比例为1∶0.5;多种经营项目,省级与市级财政资金配套比例为0.9∶0.1,部分项目改用财政贴息办法。

财政配套资金由预算内、外、专项基金等财政资金组成。超计划缺口资金由项目所在地乡镇自筹解决。资金管理遵循"专户存储,专项专用"的原则,专人、专账、专户管理。乡镇配套的资金统一划入财政农综专户。全部项目资金到位后,通过桐乡市财政农业综合开发资金户划拨农综办农业综合开发工程资金专户,按项目进度拨付。土地治理项目的资金拨付:项目开工之初,预付30%,根据工程进度分别按30%、20%、20%的比例拨付。

1989—2010年,桐乡市共实施农业综合开发土地治理项目53个,投入各类资金36749万元,其中省以上财政资金 14131 万元,市财政投入资金 6613 万元;1997—2011 年,共实施多种经营项目 22 个,投入各类资金 17964 万元,其中省以上财政资金 2456 万元,市配套财政资金 320 万元;2003—2009 年,共实施科技推广示范项目 4 个,投入各类资金 2987 万元,其中省以上财政资金 1120 万元,市配套财政资金 500 万元。

四、村级经济壮大工程

由中共桐乡市委组织部牵头实施的村级经济壮大工程,2001 年启动,至 2010 年止共实施三轮。第一轮至 2003 年结束,全市确定 25 个市级扶持村和 30 个乡镇街道扶持村,出台 6 项政策措施,其中 3 项政策与财政直接相关:市财政每年安排 50 万元贴息资金,用于集体经济薄弱村发展;提高农业基础设施建设市级补助比例,市级补助在全市平均标准的基础上提高 40%,对老水闸、老机埠、老水泵的改造,市级补助提高到 75%;对扶持村实行财政补贴,市财政每年补助 2 万元,乡镇(街道)财政按 1∶1 比例配套,用于解决村干部工资、养老保险补助和必要的基础设施建设。三年间,财政共支付扶持资金 2225 万元。

第二轮 2004—2006 年,全市确定 18 个经济薄弱村,给予 5 个方面的扶持政策:①三年内,扶持村实施经营性固定资产投资的,单个项目投资 50 万元以上的,市财政给予一次性项目补助资金 10 万元,所在镇乡、街道按 1∶1 予以配套;②市财政每年安排 60 万元贴息资金,专门用于扶持村发展增收项目;③村投资建设标准厂房或其他集体建设用地,免收土地指标调剂费,免收办理建设项目中的市政基础设施配套费、中小学建设经费,其他收费全免、事业性收费减半收取;④土地整理净增耕地折抵指标调剂费分成比例提高;民桥改造市级补助由 35%提高到 50%;⑤市级部门对扶持村实行重点结对帮扶。

第三轮 2008—2010 年,全市确定一批经济强村、一般村和薄弱村,市财政每年安排 1200 万元专项资金,用于支持发展集体经济和保障村级组织运转;市财政对经济一般村和薄弱村新拆建的村集体生产经营性用房按建筑面积给予补助,每个村累计补助面积最高不超过 2000 平方米;一般村和经济薄弱村用集体资金新建生产经营性用房,按标准厂房优惠政策给予补助,每平方米 180 元,每村最高补助面积 1000 平方米;新建村办公场所,市财政每村补助 3 万元,镇、街道财政 1∶1 配套;设施农业给予补助,薄弱村提高补助比例;一般村和经济薄弱村集体经济的房租收入税收,地方留成部分实行专项补助。在此政策基础上薄弱村再给予 5 个方面的特殊优惠。

2006 年,市府办出台《桐乡市村级财务规范化管理制度》,推出村级财务系列管理制度:村级会计委托代理制、财务收支预决算制度、财会人员管理制度、货币资金管理制度、开支审批制度、民主理财制度、财产物资管理制度、票证和印章管理制度、审计监督制度。

各个镇乡(街道)建立农村集体财务规范化管理工作领导小组,各镇乡(街道)农村经营办公室负责村集体经济组织财务管理的指导和监督。

财政资金支持三农的项目还有推进农业保险保费财政补贴、农业机械补助、农村劳动力素质教育与培训等,详见本志第二十四章《财源结构与财税扶持经济发展》第二节中“财税扶持经济发展”。

第二节　农村税费改革与综合改革

根据《中共浙江省委、浙江省人民政府关于全面进行农村税费改革的通知》,2002 年 7 月,桐乡市启动农村税费改革,成立农村税费改革工作领导小组,经省委、省政府批准,出台《桐乡市农村税费改革方案》。2006年，根据省委、省政府的统一部署，桐乡市启动农村综合改革，实施更广泛的农村各项改革。

一、农村税费改革

2002年，桐乡启动农村税费改革，主要内容为：

（一）取消不合理收费，减轻农民负担

①2002年7月1日起，取消各种政策外的收费和农村教育集资、农业教育费附加；取消乡统筹等；②2002年7月1日起，取消屠宰税；③逐步取消农村劳动积累工和义务工，改革前人均11工，2002年人均2.6工，2003年1月1日起全部取消，比省委、省政府提出的取消时间提前一年；④2002年7月1日起，取消面向各类企事业单位、个体工商户和应征适龄公民收取的兵役义务费；⑤调整农业特产税，稳定农业税，对在农业税计税土地上生产的农业特产品不再征收农业特产税，清理退还蚕茧特产税143万元；2004年1月1日起，全市免征农业税。当年免征农业税1842万元，人均减负34元。

（二）改革和规范村提留

村级公益事业开支通过向全体村民合理收取公益事业资金的途径解决，严格实行“一事一议”制度，收取办法由村民认可，收取标准不超过上年农民人均纯收入的3%和1997年的预算额。

（三）“五项事业支出”列入财政预算管理，加强乡镇街道财政管理

原来由乡统筹费开支的农村义务教育、计划生育、优抚安置、民兵训练和乡村道路建设费，简称“五项事业支出”列入预算管理。加强镇乡街道财务管理，在各镇乡、街道建立会计核算中心，推行“零户管理”，实行会计集中核算。

（四）市财政合理负担部分费用，实施转移支付

农村税费改革后出现的乡镇资金缺口，市财政根据公共财政的要求和各镇乡街道经济发展水平、财政收支状况，区别对待，市财政合理负担，实施分类补助。转移支付系数的确定，按照预算内财力、城镇和农村教育附加计算的人均可用资金，划分为三类，实行市对镇乡、街道转移支付。第一类为洲泉镇、濮院镇、梧桐街道，转移支付系数0.5；第二类为河山镇、崇福镇、石门镇、乌镇镇、屠甸镇、凤鸣街道，转移支付系数1；第三类为高桥镇、大麻镇、同福乡、龙翔街道，转移支付系数1.5。

乡统筹费五项内容，桐乡市涉及其中三项：农村义务教育经费、民兵训练经费、优抚安置经费。第一项内容原由镇乡、街道统筹，第二、第三项内容原由市统筹。取消乡统筹后，民兵训练经费、优抚安置经费中现役军人优待金和城镇退伍兵安置经费等由市财政预算安排，每年支出1000多万元；涉及市对镇乡、街道转移支付的为农村义务教育经费，2001年共筹集745.48万元，省财政对桐乡市转移支付额，2002年188万元，2003年及以后每年421万元。此外，市财政对镇乡、街道实施转移支付的金额，2002年187万元，2003年及以后每年329万元。

市对镇乡、街道转移支付的基础数据以2001年为依据，按$\frac{\text{各镇乡、街道农村中小学生数}}{\text{全市农村中小学生数}}$的比重，乘以转移支付规模，再乘以该镇乡、街道转移支付系数确定，其中梧桐街道教育体制已上划到市，对梧桐街道的应转移支付资金，全部拨付给市教育局。

不再征收农业特产税和取消征收屠宰税后，减少的收入全部由市财政承担，不列入镇乡、街道财政体制收入范围和基数，不涉及转移支付。

2003年度始，对各镇乡、街道计划生育事业费实行转移支付，指标115万元，列入各年度镇乡、街道财政支出基数。2004年免征农业税后，市财政将影响镇乡、街道财力部分的50%共337.21万元由市财政转移支付，2004年开始列入镇乡、街道财政支出基数。

(五)出台10个配套政策

包括《关于严明纪律确保农村税费改革工作顺利进行的若干意见》《关于镇乡、街道"五项事业支出"列入财政预算管理的办法》《关于规范市对镇乡、街道财政转移支付的办法》《进一步加强镇乡、街道财政管理的意见》《关于稳定农业税负担规范征收管理工作的意见》《关于改革和规范村提留建立村公益事业资金的意见》《关于逐步取消劳动积累工和义务工并切实加强使用管理的意见》《关于村内筹劳管理办法》《关于确保农村义务教育健康发展的意见》《关于加强农村经营服务价格和收费管理的意见》。

二、农村综合改革

根据省委、省政府的统一部署,2006年,桐乡启动农村综合改革,巩固农村税费改革成果,实施更广泛的农村各项改革。改革的主要内容为:"三改革、一化解、一建立"。

(一)乡镇机构改革

明确乡镇、街道职能定位和精简机构人员。乡镇、街道内设机构优化整合,事业单位分类改革。

(二)深化农村义务教育管理体制改革

落实农村义务教育"以县为主"的管理体制,推进城乡教育均衡发展。2006年秋季入学起,全市城乡义务教育阶段学生免收学杂费,并进一步完善资助家庭困难学生的政策,对农村特困家庭学生在免收学杂费的基础上,继续免收课本作业本费、住宿费和免费提供爱心营养餐,当年市财政落实专项资金824.5万元,用以弥补免除的学杂费;市财政对农村教育"四项工程"(家庭经济困难学生资助扩面工程、爱心营养餐工程、食宿改选工程、教师素质提升工程)投入1340万元;2007年继续加大对教育的投入,用于农村义务教育的费用比上年增6000多万元,免除学杂费1797万元,停收"代办和服务性税费"1206万元。

(三)深化市、乡镇、街道财政管理体制改革

"以县为主"的义务教育体制,打破原有的市与乡镇街道的财力分配格局,结合新一轮镇乡街道财政体制进行改革,鼓励乡镇(街道)培植财源,增加分成。加强对困难乡镇财政转移支付力度(详见第一章《乡镇(街道)财政管理体制》)。

(四)化解乡村两级债务

2005年12月,市人民政府下发《桐乡市政府性债务管理暂行办法》,对市级及乡镇、街道化解和控制债务提出具体措施和步骤,并建立债务审批、公示制度。规定乡镇、街道及所属单位原则上不得新举政府性债务。2006年12月,根据省农业厅、农办、财政厅、民政厅《关于加强村级债务管理,坚决制止新债逐步化解旧债的意见》,各乡镇(街道)对2005年年底前各种债权债务及或有债务进行全面清理核实,市财政局根据上级相关要求制定《桐乡市化解其他公益性乡村债务的实施方案》,并将村级债务化解意见与方案报省财政厅审批。2008年乡村各类债务余额为2394万元,至2010年已偿还债务1611万元,偿还率67%。

(五)建立村级组织运转保障机制

村级组织的保障机制包括三个方面。

一是从2006年起,市财政对经济相对薄弱村和当年"一事一议"项目实行财政转移支付,确保村级组织正常运转。经济相对薄弱村的确定实行动态管理,一年一定,全市总量不超过70个,每年年初由市财政局和农经局根据上年各村人均可支配收入情况和组织运转经费保障情况,核定各乡镇、街道的薄弱村数量,各乡镇、街道确定具体的薄弱村。市财政转移支付额平均每村每年5万元,乡镇、街道

相应配套。同时,2006年起市财政每年安排250万元,用于鼓励村级兴办集体生产公益事业“一事一议”项目。2010年,市财政局、农经局联合出台《桐乡市村级公益事业建设“一事一议”财政奖补实施办法(试行)》,明确“一事一议”奖补规则、范围和操作顺序,奖补标准采取“普惠制”与“特惠制”相结合的办法,对列入奖补对象的村,“一事一议”筹资筹劳实际收缴率在50%(含)以上,80%以下的,每村每年给予1万元奖补,收缴率在80%(含)以上的,每村每年给予1.5万元财政奖补;当年收缴率虽在50%以上,但“一事一议”实际筹资款不足5万元的,市财政奖补最高不超过筹资款的20%。对列入省财政奖补计划的村级公益事业建设项目,采取“特惠制”措施,但市以上奖补资金一般不超过项目总投资的三分之二。

2008年,桐乡市政府出台《关于进一步深化村级经济壮大工程的若干意见》,市财政每年安排不少于1200万元专项资金,用于支持发展村级经济和保障村级组织正常运转。2010年,市财政根据省“关于财政扶持村级集体经济发展试点工作”的指示精神,制订《2010年桐乡市财政扶持村级集体经济发展组织实施方案》,报省财政厅批准,石门镇陆家庄村食用菌项目被列为省级财政扶持村级集体经济试点项目,项目总投资118.7万元,获得省补资金15万元,项目获得相应的经济效益,每年可增加村级收益15万元以上。

二是完善村务公开和民主议事制度。加强村级财务管理,完善村级会计委托代理制;加强村集体资产、建设工程、经济合同管理。

三是村范围内小型农田水利基本建设、道路桥梁修建、环境卫生改善、植树造林等集体生产公益事业,除财政给予适当补助外,遵循村民自愿、统筹规划、量力而行、共同受益、民主管理的原则,在村里实行“一事一议”,筹资筹劳。

第三节　新农村建设资金管理

桐乡市新农村建设始于2003年。桐乡市根据《中共浙江省委办公厅、浙江省人民政府办公厅关于实施“千村示范、万村整治”工程的通知》制定下发《桐乡市实施“千村示范、万村整治”工程若干政策(试行)》,明确以村庄规划为龙头,以改善农村生产生活条件为重点,进行农村基础设施建设。市财政设立“十村示范、百村整治”工程专项资金(以下简称专项资金),制定《桐乡市“十村示范、百村整治”工程专项资金管理办法》,从治理“脏、乱、差、散”入手,开展村庄环境整治,以后年度项目推进逐步走向纵深,如“二新”工程、“美丽乡村”建设等,但中心只有一个,即“村庄整治”。

2003—2005年,桐乡市实施“十村示范、百村整治”工程,专项整治工程的资金筹集原则为:建立政府扶持引导,集体和农民自筹为主,社会各方力量支持的多渠道筹资机制。

一、资金的筹集

(一)市财政每年安排不少于1000万元的村庄整治建设专项资金,并根据发展需要逐年递增;

(二)市财政每年再从经营性土地出让金纯收入中划出1%的资金,列入村庄整治专项资金;

(三)有条件的示范村和整治村向社会和企业募集部分建设资金;

(四)镇乡街道配套资金。

二、资金的使用

(一)示范村新村规划编制补助资金,主要用于被列为当年示范村建设计划的示范村村庄编制。

(二)村庄整治建设以奖代补资金,根据“十村示范 百村整治”工程建设进展,按“一村一补”的原则给予建设资金奖励,奖励资金主要用于“十村示范 百村整治”工程中村庄环境整治基础设施建设。

(三)补助标准:

1. 示范村规划编制资金补助标准:根据新村规划大小、规划标准,每村补助5万～10万元。

2. 村庄整治建设以奖代补资金补助标准,依据每年村庄整治建设实施计划、实施成效及考核验收结果,分三个档次进行奖励补助:

200～300户以下,每村奖励补助70万元;

300～400户以下,每村奖励补助80万元;

400户以上,每村奖励补助100万元。

在工业化进程、小城镇扩展进程中拆建的新村,符合省级全面小康示范村验收标准的,按示范村新村建设奖励补助标准的70%进行奖励补助;

整治村根据规模大小和整治质量,经省、市验收合格后,每村给予8万～15万元的奖励。

同时规定专项资金不得列支的项目以及资金的拨付和管理办法。

2006年,中共桐乡市委下发《关于建设现代新农村、推进城乡一体化的意见》,启动新一轮农村建设规划,总体目标:启动实施社会主义新农村示范村1个,建成省级全面小康示范村5个,社会主义新农村样板村3个,整治村38个,农家乐特色示范村3个。

濮院镇作为2006年桐乡社会主义新农村示范村所在镇,提出农村建设“一村一品”的试点,镇财政专项拨款1000万元,用于新农村建设。

2005年,全市共实施建设示范村4个、整治村39个、整治镇1个;2006年,全市共实施建设示范村5个、示范镇1个、样板村3个、整治村30个,其中3个示范村(样板村)为2005年度的整治村。至2007年年底,桐乡市共有146个村进行村庄整治,覆盖面达到90%,中共桐乡市委印发《桐乡市村庄整治建设长效管理工作考核办法(试行)》,以奖代补,进一步规范各项考核措施和标准:

1. 奖励档次分为一、二、三等;

2. 按已命名的示范村、整治村为计算单位:示范村每村每年1万元;整治村每村每年4000元;基础奖:各个乡镇街道统一为2万元,同时明确各项处罚规定。

2008年,根据《桐乡市实施“十村示范、百村整治”扩面提升若干政策(试行)》,桐乡市财政局印发《桐乡市“十村示范、百村整治”扩面提升工程专项资金管理办法》,加强和规范专项资金的使用和管理,同时,加大村庄整治建设的投入,市财政每年安排不少于2000万元专项资金,并根据新增财力和建设需要逐年增加;市财政每年再从经营性土地出让收入中划出1%～2%的款项,作为村庄整治专项资金,积累使用(比2004年增加一倍)。市级财政提高补助标准:

1. 整治村建设,按整治村规模每村补助8万～15万元;

2. 农村新社区建设,按整拆整建型和旧村改造型不同类型,每村补助70万～100万元;

3. 扩面提升村建设以新整治区域重点整治户为依据,每户补助800元;

4. 嘉兴市现代新农村建设、示范村建设分三年实施,每镇补助200万元;

5. 嘉兴市现代新农村建设、示范村建设分三年实施,每村补助90万～120万元。

2009年,桐乡市委下发《关于进一步推进农房改造集聚和加快现代新市镇建设的若干意见》和《关于推进农房改造集聚加快现代新市镇和城乡一体新社区建设的实施意见》,即“两新”工程(新市镇、新社区),以政府可承受、农民可接受、发展可持续为原则,加快新市镇和新社区建设。

濮院镇2010—2012年三年间,在“两新”工程建设中,财政投入累计5.42亿元,其中6000万元设立“三金”，即：宅基地整理复垦基金、土地流转基金、困难农户建房帮困基金。三年共完成农房改造集聚2252户，完成建设用地复耕1766亩，完成土地流转6150亩。

2010年，濮院镇以新联村为中心，辐射周边其他村庄，探索跨村集聚的新路径。规划土地300亩，可入住农户600户，并以连体排屋和公寓房为主，统一执行定位、定高、定向、定立面，定风格的“五定”要求，加快城乡一体新社区建设。

2010年，桐乡市村庄整治工作领导小组下发《关于开展“美丽乡村“农村环境卫生整治月活动的通知》，活动内容主要为：开展环境卫生集中清理活动；开展环境卫生薄弱环节的整治；开展环境卫生基础设施建设；开展环境卫生评创活动。活动覆盖全市177个村。

表10-1　　2003—2010年桐乡市村庄整治建设财政资金投入情况表

单位：万元

年度	总计	县(市)财政资金			省以上财政资金					备注
		合计	预算内	预算外/政府基金	合计	奖励补助	环境整治项目	农家乐	规划编制	
2003	48	0			48				48	
2004	688	500	390	110	188	84			104	
2005	1643	1400	400	1000	243	231	12			
2006	1307	1200	1200		107	68	23	16		
2007	1142	1030	1030		112	68	44			
2008	2431	2150	1350	800	281	270		11		
2009	2539	2100	100	2000	439	430		9		
2010	2100	2100	1772.5	327.5	0					
合计	11898	10480	6242.5	4237.5	1418	1151	79	36	152	

资料来源：根据业务科室管理资料整理

村庄整治工程自2003年实施，到2010年止，累计投入资金28350万元以上，其中财政投入资金11898万元，财政局每年都联合农办、农经局对项目实施及资金使用情况开展检查，其中部分年份检查结果如下：

2004年，全市5个示范村建设共拨付财政补助资金323万元，其中濮院永乐村与乌镇虹桥村各70万元、崇福芝村村100万元、崇福钱家埭村30万元、河山东浜头村53万元，34个整治村共拨付财政补助资金201万元，洲泉镇镇财政配套8万元、屠甸镇镇财政配套5万元。

2005年和2006年，省级以奖代补资金145万元，市级以奖代补资金2409万元，共计2554万元，其中整治村1252万元、示范村797万元、样板村165万元、整治镇100万元、示范镇240万元。各镇乡、街道和村的配套资金均大于市以上以奖代补资金，不少村有5万元以上的企业资助资金，企业资助最多的村有50多万元。

至2008年年底，村庄整治专项资金检查显示，全市45个村专项资金来源账面实现3413万元，整治村建设资金平均每村投入约85万元。2007年，深入实施“百家企业联百村、共建美好新农村”活动，当年统计，全市共有414家企业与64个村结对，共筹措企业等社会资金2087.5万元。

表 10－2

2007 年度桐乡市村庄整治建设资金检查情况汇总表

分项	建设性质				资金来源情况(万元)							资金使用情况(万元)						其中：		
	整治村	示范村	样板村	合计	合计	农办以奖代补资金	其中：省补	市道路配套及镇拨资金	村企结对资助	群众自筹	其他	合计	基础设施建设支出	村庄环境整治支出	新村规划编制支出	其他整治建设支出	预付工程款	已投入资金分类(万元) 整治村	示范村	样板村
梧桐	3			3	338.95	50	6	224.06	56.24	8.65		354.8	122.78	33.47	0.66	5.85	192.04	354.8		
凤鸣	4			4	265.15	65	6	146	40.87	13.28		282.77	195.42	42.25	0.62	24.48	20	282.77		
龙翔	3			3	130.1	50	6	80.1				232.93	31.69	41.14	0.03	9.07	151	232.93		
濮院		1		1	82	82	2					383.59	296.59	11.66	3.23	22.61	49.5		383.59	
乌镇	4			4	263.8	68	8	80	47.3	3.5	65	333.27	63.47	25.71	1.83	20.26	222	333.27		
屠甸	3			3	120.33	50	8	48.45	20.8	1.08		245.9	55.05	23.26	4.14	4.45	159	245.9		
崇福	6	1	1	8	484.7	254	9	152	65.6	13.1		1533.54	1085.37	211.3	11.83	36.04	189	405.71	518.38	609.45
高桥	5			5	267.32	82	8	133.28	32.04		20	305.97	271.27	25.12	0.69	8.89		305.97		
大麻	3	1	1	5	489.43	211	6	42.2	122.56	88.59	25.08	623.48	330.69	63.19	10.1	184.5	35	273.48	280.63	69.37
洲泉	4	1		5	625.61	166	8	308.71	140.9		10	917.68	638.06	208.05	2	39.57	30	467.93	449.75	
石门		1		1	141.13	100		30.93	10.2			155.86	98.96	36.04	2.75	18.11			155.86	
河山	2	1		3	204.32	135	6	20	41.1	0.22	8	465.35	304.27	53.31	5	71.77	31	212.72	252.63	
合计	37	6	2	45	3412.84	1313	73	1265.73	577.61	128.42	128.08	5835.14	3493.62	774.5	42.88	445.6	1078.54	3115.48	2040.84	678.82

注：资金使用情况中的预付工程款为账面已预付工程未结算资金，不包含账外应付未付情况

第四节　支农资金整合

一、基本概况

2006年,财政部下发《关于进一步推进财政支农资金整合工作的指导意见》,提出整合支农资金,提高资金使用效率的要求,以县为主和多级次整合相结合,以农业、农村发展规划为依据,以主导产业、优势区域和重点项目为平台,以切实提高支农资金使用整体效益为目的。支农资金整合范围,除救灾资金、粮食直补资金等特殊用途资金外,包括财政部门管理分配的支农资金以及农口部门预算中用于项目的支出。

2007年,桐乡市被财政部、省财政厅、嘉兴市财政局列为支农资金整合三级试点县(市),2008年和2009年省财政厅继续将桐乡市列为全省财政支农资金整合试点县(市)。2008年11月,省财政厅在桐乡市召开全省支农资金整合试点工作现场会,介绍、推广桐乡的工作经验。2010年,桐乡市支农资金整合获得中央、省财政补助专项资金1100万元,通过各类考核,成绩优异,获中央、省财政奖励资金700万元。

二、具体做法

2007年,桐乡市针对多年来财政支农资金投入使用中存在多头管理、分散使用、效率低下、监督落后等问题,实施支农资金整合。

市政府印发《桐乡市财政支农资金整合工作实施意见》,建立桐乡市财政支农资金整合工作领导小组,领导小组相关成员单位有:农经局、农办(农综办)、水利局、国土局、发改局、财政局。市财政局根据省财政厅和市政府的工作要求每年制订当年度支农资金整合工作实施方案。

(一)明确支农资金整合重点

一是农业主导产业建设资金整合,重点扶持桐乡市杭白菊、蔬菜、水果、畜牧、水产养殖、花卉苗木、蚕桑、晚稻八大农业主导产业的发展。

二是农村村庄整治重点项目建设资金整合,完成村庄整治的各项建设,同时,探索道路养护、河道保洁、垃圾收集、生活污水处理、绿化养护、路灯养护、文体设施管理等多方面有机结合的长效管理机制。

三是土地治理项目区建设资金整合,提高粮食综合生产能力、推进农业产业经营,提升土地治理项目的综合效益。

(二)加强预算管理(不包括村庄整治项目平台资金)

一是统一预算编制,根据《桐乡市财政支农资金整合工作实施方案》,对现行财政支农专项资金来源渠道、规模、期限、支持对象和支持方式,按照"该撤销的撤销,该压缩的压缩,该保留的保留,该增加的增加"的原则,进行一次全面调整,预算环节整合后分为农业产业化资金、农业示范性项目建设资金和水利示范性项目建设资金三类,统一预算编制。建立支农资金整合项目提前申报制度,积极探索早编细编预算方法。支农资金整合平台牵头部门负责项目受理申报和认证,提交支农资金整合工作领导小组审核。在编制部门预算时,牵头部门在按规定进行预算编制的基础上,再按要求编制项目实施方案和确认表,非牵头部门只报送《支农资金整合项目资金确认表》。

二是实施绩效预算,建立预期绩效年度报告目标申报制度,在支农资金整合项目实施方案中,明确提出项目资金使用的绩效目标,作为下一年度支农资金整合项目绩效评价的基础,绩效评价结果提交支农资金整合工作领导小组,并作为下一年度预算安排资金的依据。

(三)围绕重点,逐年突破

2007 年是支农资金整合试点第一年,整合资金的管理按紧密型方式,整合资金全部到位,单独建账,统一拨付。当年中央拨补桐乡支农整合奖励资金 1050 万元、省财政厅拨补桐乡省级支农整合资金试点奖励 780 万元、桐乡市整合市本级财政资金 2837 万元,整合市级财政资金项目 18 个(预算环节整合 40 多个项目),引导社会投入资金 20457 万元。

表 10-3　　2007 年桐乡市支农资金整合项目投入情况表

单位:个/万元

平台名称		合计	中央级项目及资金	省级项目及资金	市级项目及资金	引导社会资金
农业主导产业	农业产业化	1/ 5968			1/1042	4926
	示范性项目建设	12/15002	4/ 500	6/200	2/ 500	13802
土地治理项目		5/ 4154	1/ 550	2/580	2/1295	1729
合计		18/25124	5/1050	8/780	5/2837	20457

村庄整治项目平台涉及 9 个部门,整治内容根据市委市政府统一要求实施,资金管理以部门为主,分散投入,投入资金 12967 万元。

表 10-4　　2007 年桐乡市村庄整治项目资金整合情况表

单位:万元

编号	项目名称	分管部门	整合资金
1	村庄整治专项资金	农办	1430
2	长效管理专项经费	农办	35
3	河道综合整治	水利局	1800
4	河道保洁	水利局	145
5	农村生活污水治理工程	农经局	42
6	农村桥梁改造	交通局	240
7	农村通组道路	交通局	1000
8	生态村建设	环保局	240
9	农村生活污水改造	环保局	75
10	农村文体活动中心(室)建设	宣传部	200
11	农村电气化村建设	供电局	7138
12	农村路灯亮化工程	供电局	7
13	农村社区卫生服务社参与	卫生局	550
14	三位一体建设	供销总社	65
合计	14 个项目	9 个部门	12967

2008年，财政支农整合资金重点着力扶持一批竞争力和带动力强的水果专业合作组织，如濮院镇新妙智优质水果基地、石门镇猕猴桃标准化生产基地和屠甸镇精品水果示范基地等，项目实施总规模1078亩，项目建设总投资1401万元，其中市财政整合多个项目资金200万元（含财政、农经、水利等部门），整合省级资金200万元，吸引社会资金1001万元，其中5个扶持环节投资额709.67万元。

2009年，结合桐乡特色农业主导产业的发展需要，以特色农业主导产业为资金整合平台，建设一批具有带动性的规模化、标准化粮食生产、水产生产基地项目。一是粮食生产示范工程基地建设项目，在洲泉镇青石村建立稳定粮食生产示范基地1000亩；在崇福镇联丰村建立稳定粮食生产示范基地2000亩。二是水产示范基地建设项目，在屠甸镇建立水产示范基地327亩，其中新建种鳖标准化示范基地110亩。项目总投资891.54万元，其中省级资金200万元，整合市本级资金60万元，社会投入资金631.54万元。

资金在项目安排环节进行整合，不再区分资金来源，统一按一个标准管理使用，资金审批权集中在领导小组，确保资金投向合理和规范，项目建设专账核算。

2010年，财政支农整合资金重点用于土地治理项目投资，共分两个子项目：联丰（崇福镇联丰村）与联庄（凤鸣街道联庄村），与市土地综合整理项目拼盘整合，项目共实施土地治理20000亩，新建排灌站45座、衬砌渠道107.48公里、渠系建筑物6721处、机械平土7839亩、铺设机耕路183.83公里、营造农田防护林1970亩。项目总投资4365.53万元，其中中央财政资金900万元，省级财政资金900万元，市财政900万元，村群自筹资金426.65万元，其他资金573.35万元，机械平土专用拼盘资金665.53万元。

资金管理按照以项目定资金及专户存储、专款专用、专账核算、专人管理，实行市级核算制和市级报账制。

4.严格项目管理和资金监管

制定完善《桐乡市农业主导产业示范性项目管理办法》《关于农业结构调整优化项目的管理办法》《桐乡市水利建设专项项目管理办法》等制度和办法，严格推行项目法人负责制、项目招投标制、项目公告制、专家评审制、工程监理制、资金直拨制、县级报账制、专账管理制、配套承诺制、绩效评价制和资金使用情况反馈制等制度。确保支农资金安全和资金整合工作运转有序。根据省财政厅要求，每年开展对整合项目的检查和自评，并按规定将自评结果上报省厅，省厅每年对资金整合项目的实施情况开展检查或抽查。

5.强化“五个结合”提高整合资金的使用效益

一是与发展壮大农业服务组织相结合。重视农业基地建设和专业合作组织建设。

二是与提高农业科技应用水平相结合。重点扶持生态种养、大棚设施、节水灌溉、特色养殖等一批科技含量高、地方特色明显、发展前景好的农产品基地和加工项目。

三是与发展农信担保和农业保险相结合。2007年年末，全市通过农信担保公司担保，为种养大户和农业服务组织提供担保贷款4500多万元；农业保险实行保、补结合方法，农户在按照省定标准交纳保费基础上，市财政给予60%的补助，增强农业主导产业的抗灾能力。

四是与土地流转相结合。按照“依法、自愿、有偿、规范”的要求，对农户依法委托村级成片新流转土地，按面积和年限计算，财政给予每亩20万～100元直至一次性1万～3万元的奖励。2007－2010年桐乡市共新增流转土地65940亩。

五是与“大三农”综合改革相结合。探索出一条以“政府主导、部门协作、农民主体、社会参与”的村庄整治之路,2007－2009年,通过"百家企业联百村、共建美好新农村""十村示范、百村整治"等活动,三年共整合市以上财政资金6410万元,吸引部门和社会资金10560万元,农户出资1045万元。

2007—2010年,共整合各类资金53491.51万元,其中各级财政资金19340万元。

通过资金整合,初步实现集中财力办大事的基本目标,实现土地治理4.2万亩,新增农机总动力200千瓦,节水35万立方米,扩大良种复种面积7000亩,建立无公害设施农业237亩,新增粮食和果蔬等农产品生产能力178万斤和128万斤,带动农户种植规模11000亩,增加土地流转2579亩,吸引社会资金投资1300多万元。

2007年,通过农业财政资金整合项目"特色名果桐乡槜李示范基地建设",总投入160万元,市财政投入资金90万元,通过连栋大棚设施建设、种苗基地建设、栽培技术培训等措施,建成55亩槜李标准园,每年产值69万元,实现销售利润58万元。通过示范作用,带动周边农户进行标准化生产,增加收入,同时带动就业用工160余人。

表10－5　　　　桐乡市财政支农资金整合情况表

单位:万元

年　份	项目总投资	整合市以上财政资金	整合社会投入资金	新增直接经济效益	带动农民增　收
合　计	53491.51	19340.02	34151.49	16263	19174.43
2007年	47734	17634	30100	14743	17165.60
2008年	1401	400	1001	395	366
2009年	891.54	260	631.54	226	380
2010年	3464.97	1046.02	2418.95	899	1262.83

第十一章　社会保障事业财务管理

2000年7月，桐乡市财政局增设社会保障科，负责对社会保障资金的使用和管理实施财政监督，同时对市级社会保险资金实施财务管理。本章重点记述1996—2010年间社会保险资金、就业再就业资金、离退休(职)人员经费和优扶与社会救济资金的管理。社会保险资金包括“五险”(基本养老保险、基本医疗保险或基本医疗住院保险、失业保险、工伤保险和生育保险)、征地农民养老保险、城乡居民养老保险、城乡居民医疗保险。

第一节　社会保险资金管理

桐乡县的社会保险起步于1984年。社会保险费的征收与管理均由劳动局及其所属的劳动保障所负责。1999年委托地税部门征收，并实行收支两条线管理；2003年，建立被征地农民社会保障制度；2006年，全市实行“五险合征”，由地税部门负责征收；2008年，建立城乡居民社会养老保险。

社会保险资金财政实行专户储存，专户管理，专账核算，劳动部门负责除城乡居民医疗保险资金外的保险资金的事务性管理和劳动保险政策的执行；卫生部门负责城乡居民医疗保险资金的事务性管理和城乡居民医疗保险政策的执行。

一、基本养老保险

(一)企业职工养老保险

资金筹集　1984年1月，桐乡县首先在新招录的合同制工人中实行养老基金筹集，筹集标准为员工工资总额的18%(其中个人承担标准工资的3%)。1987年10月，全县固定职工离退休费用实行社会统筹，以固定职工工资总额与退休费之和为基数，按18%的比例筹集，统一调剂使用。1988年，全县乡镇聘用干部实行退休养老基金筹集，并逐步扩大到公安部门的乡镇聘用民警、司法部门的乡镇聘用法律工作者、农林水利部门的农村技术人员、土管部门的农村土地管理员、广电科技部门的农村聘用人员。是年，濮院、屠甸、乌镇、崇福、梧桐5个镇的镇办企业开始试行职工养老金统筹管理。

1993年1月，固定职工退离休费用社会统筹基金和劳动合同制工人的养老金合并，统称企业职工基本养老保险基金，缴费比例分20%和17%两个费率。实行国家、企业和个人三方共同负担，职工缴纳个人月标准210元工资的3%。参保职工以实名制建档，发放职工社会养老保险手册。

1994年1月起，各镇办企(事)业单位中列入劳动部门管理的固定职工，劳动合同制职工，企(事)业单位已退休、退职的人员以及“三资”企业中的中方职工，均纳入全市企业职工基本养老保险范围。

1996年1月起，终止和解除劳动关系的职工，允许个人续缴养老保险费；同时允许个体劳动者、自由职业者参加养老保险统筹个人缴费。

1998年7月1日起，企业职工基本养老保险缴费基数从“双基数”(单位参加养老保险职工工资总额与离退休费总额之和)改按全部职工工资基数之和的20%征收。是年10月1日起，对全市企业离休干部实行“一次缴费、保障发放”办法，企业单位按每位离休干部统筹费3万元的标准一次性缴至市劳保所，市财政按每位离休干部统筹费1.5万元的标准补助给市劳保所，由市劳保所负责发放离休金。

1999年8月，《浙江省职工基本养老保险条例》颁布实施，参保范围和对象包括国有企业、城镇集体所有制企业、股份有限公司职工，在城镇的有限责任公司、股份合作制企业、合伙企业、私营企业职工，外资企业中方职工，企业化管理的事业单位职工，个体劳动者。职工养老金委托地税部门代征，并实行收支两条线管理。

2006年1月1日起，全市社会保险费实行“五费合征”。基本养老保险费单位缴费比例为20%，职工个人缴费比例为8%；城镇个体劳动者基本养老保险缴费比例为20%。

2008年1月1日起，调整全市企业单位缴费比例，职工基本养老保险调整为17%。

2009年1月1日起，用人单位基本养老保险费缴费比例调整为15%。

2009年4月1日起，城镇个体劳动者基本养老保险缴费比例调整为18%，其中有雇工的城镇个体工商户，雇主的养老保险费全部由其本人缴纳；雇工的养老保险费，雇主缴纳10%，雇工缴纳8%。

2010年1月1日起，职工基本养老保险缴费比例调整为14%。

养老金发放　1997年1月起，企业退休(职)人员增加基本养老金，按不同的缴费年限分段增加养老金，最高缴费40年及以上的增加40元，最低不满20年的增加25元，退职人员增加15元。

2004年7月1日起，普遍调整企业退休人员基本养老金，实行“双挂钩”，第一部分：每月23元，第二部分，按缴费年限分档调整，最低不满15年的增加10元，最高40年以上的增加40元。在普遍调整的基础上，对1994年前退休的人员再按本人缴费年限增发养老金，最低缴费不满20年的，每月增加10元，最高30年以上的增加20元。

2006年7月1日起，普遍调整企业退休(退职)人员基本养老金，在此基础上，高级专业技术人员，高级技师和部分退休早、养老金偏低人员适当提高调整额度。普遍调整实行“双挂钩”，一是基本养老金，退休的增加56元，退职的增加40元；二是按缴费年限确定，缴费每满一年加1.50元。高级技术人员按职称相应增加，最低50元。其他退休人员70(女65)周岁～80周岁，按本人缴费年限每满一年增发1元，80周岁以上每满一年增2元。

2009年1月起，调整企业退休(职)人员基本养老金，普遍调整与特殊调整相结合，普遍调整实行“双挂钩”，一是基本退休金67元，退职55元；二是按本人缴费年限，每满一年增加2元。特殊调整，按职称相应增资，最低50元。其他70(女65)周岁以上人员，再按本人缴费年限每年增发1元。

2003年开始公布企业退休人员月最低基本养老金标准，2003年为494元，2004年为531元，2006年为553.40元，2007年为609.70元，2008年为699.00元，2009年为708.50元。

1999年开始，发放企业退休(退职)人员年终慰问费，每人130元～170元不等。

企业退休人员去世一次性抚恤费经多次调整，2007年1月1日起，标准为10000元。

企业离退休人员丧葬费多次调整，2004年1月1日起，标准调整为4000元，参加社会统筹的企业在统筹基金中开支。

遗属生活困难补助经多次调整，2010年1月起，补助标准为：供养的直系亲属非农户籍的，每人月460元，农业户籍的，每人月390元。

表 11-1　　1988—2010 年桐乡市企业职工基本养老保险参保情况统计表

	参保单位（户）	参保职工人数（人）			人均月养老金（元）
		总计	其中		
			在职	退休	
1988	468	33652	26455	7197	87.15
1989	539	33529	26186	7343	107.57
1990	541	40471	33034	7437	133.68
1991	541	41438	33842	7596	137.74
1992	544	42730	34905	7825	173.18
1993	410	44238	35936	8302	207.16
1994	397	46151	36986	9165	273.14
1995	397	44787	35361	9426	325.00
1996	380	41686	31715	9971	355.30
1997	395	41431	30959	10472	415.24
1998	434	42087	30578	11509	442.50
1999	581	47981	36102	11879	523.20
2000	880	51436	38607	12829	537.00
2001	1025	55094	41540	13554	665.00
2002	1753	84071	69043	15028	728.44
2003	2011	103974	85027	18947	777.18
2004	3026	127014	105972	21042	823.78
2005	2947	136896	114702	22194	941.88
2006	4996	157459	133503	23956	969.00
2007	5592	169821	142588	27233	1080.20
2008	6022	200854	170801	30053	1187.20
2009	6463	215000	180757	34243	1367.19
2010	7279	258485	222193	36292	1495.90

资料来源：市劳动和社会保障局提供

（二）机关事业单位养老保险

1995 年 1 月 1 日起，全市自收自支和差额拨款事业单位实行养老保险社会统筹，由人事局下设的机关事业单位养老保险管理所负责筹集和管理，筹集办法：单位按在职职工工资总额＋离休、退休、退职费总额＋遗属生活困难补助费总额三项之和的 21％缴纳；在职职工个人按本人月工资总额的 3％缴纳，职工个人应缴部分发放工资时扣缴。

1996 年 1 月 1 日起，养老保险统筹范围扩大到全市国家机关和全额拨款事业单位，扩大统筹人数为 8387 人（在职 6858 人，离退休 1389 人，遗属困难补助 140 人），基本养老保险基金按“余额上缴、差额下拨”的办法执行，由单位按月与人事局养老管理所结算。

2001 年 9 月 1 日起，全市机关、事业单位职工养老保险金由地税部门代征，并统一改按在职职工工资总额为缴费基数；单位按 23%比例缴纳，个人按 3%比例缴纳。职工个人缴纳的养老保险费由所在单位按月在工资中代为扣缴。机关事业单位职工基本养老保险基金全部纳入社会保障基金财政专户储存、专款专用，实行收支两条线管理。原人事局养老管理所结余的统筹资金全额结转劳动局社会保障基金专户。原单位负责发放的养老金，改由社保机构按月向财政申领后，通过工资入户的形式，委托银行或邮局代发。

2002 年 4 月 1 日起，统一按全市机关、事业单位在职职工月平均工资 1700 元为缴费基数。

2003 年 1 月起，全市国家公务员(机关工作人员)及依照公务员管理的事业单位工作人员，不再参加基本养老保险基金统筹。

2004 年 1 月起，行政机关和依照公务员管理的事业单位离退休人员(包括六个转体部门：工业局、商业局、物资局、供销总社、二轻总公司、丝绸公司的行政编制)的离退休费不再委托市社保中心代发，由各单位与在职人员一同发放。

2007 年 5 月 1 日起，事业单位养老保险缴费基数调整为 2100 元，征收比例未作调整。

至 2010 年年底，事业单位养老保险参保单位 213 家，总人数 15310 人(其中在职 11220 人、退休 4090 人)。

(三)农村社会养老保险

1996 年，执行《浙江省农村社会养老保险暂行办法》，桐乡开始面向非城镇户口的农村居民推行农村社会养老保险，主要采取储蓄积累式办法，实行个人账户制度，个人缴纳的养老保险全部记入个人账户。养老保险的月缴纳标准为：6 元、8 元、10 元、12 元、14 元、16 元、18 元、20 元共八档，按年缴纳。农村社会养老保险由民政局负责征收管理，设立农村社会养老保险基金总账。当年参保人数 35149 人。2000 年开始农村社会养老保险由劳动保障局负责征收与管理。部分参保人员逐步转入企业职工养老保险，2008 年后逐步与城乡居民社会养老保险并轨，允许个人自主选择通过补缴形式转入城乡居民社会养老保险。2010 年农村社会养老保险参保人数 32428 人，享受人数 689 人，基金结余 1372.2 万元。

(四)征地农民养老保险

2002 年 6 月，市政府出台《桐乡市统一征地管理办法(试行)》《桐乡市征用土地人员的分流安置暂行规定》，被征地农民首次纳入社保范围。对因征用耕地而产生的农村剩余劳动力和其他农业人口允许农户自主选择，或一次性货币安置，或参加养老保险。评估地价高于养老保险安置费用的，参险资金农户自理，评估地价低于养老保险安置费用的，差额部分由政府给予补助。补助资金由市统征办在征地成本中按实结转。

养老保险按不同年龄段分别制定，年满 16 周岁以上至 45 周岁(女 35 周岁)年龄段的被征地人员按在农村实际劳动年限缴纳养老保险费，缴费标准以上一年全省社会平均工资的 85%为基数，以 17%比例计算缴纳。最高缴费年限 15 年，社保中心为其设立养老保险个人账户，缴费满 15 年的，达到法定退休年龄后按规定发放养老金；缴费不满 15 年的，个人账户储存款一次性支付给本人，同时终止基本养老保险关系。

年满 45 周岁(女 35 周岁)以上至法定退休年龄之前年龄段的征地人员，一次性为其缴纳 15 年的养老保险费，待达到法定退休年龄时，办理退休手续领取养老金。

15 年一次性缴纳标准 34185 元，达到法定退休年龄可享受 464 元/月的养老金。

年满60周岁(女50周岁)以上征地人员,一次性为其缴纳15年的养老保险统筹费,然后以最低基本养老金生活保障标准按月发给养老金。

2003年12月,市政府下发《关于建立被征地农民社会保障制度实施意见》《桐乡市被征地农民社会保障制度实施细则》,市行政区域内(梧桐、龙翔、凤鸣三个街道及振东新区除外),2004年1月1日以后,因征用耕地而产生的农村剩余劳动力,属劳动年龄段的统一实行"低门槛准入,低标准享受"的保障政策,资金来源:30%由政府按征地总面积以每亩10000元的标准计提,征地单位在征地成本中列支;70%由村(组)集体经济组织和个人承担。

16周岁以上(含16周岁)至法定退休年龄段的被征地农民,按职工基本养老保险"低门槛准入,低标准享受"的办法参加养老保险,以本人工资为缴费基数,其中月工资低于全省职工月平均工资60%的,按60%确定,高于全省职工平均工资300%的,按300%确定;缴费比例为4%;缴费年限按其在农村实际劳动年限从16周岁起计算,最高年限15年。

征地时已达法定退休年龄及以上的被征地农民,一次性为其缴纳15年的养老保险费,从缴费的次月起按月领取养老保险金。

15年一次性缴纳标准为29460元,征地农民达到法定退休年龄,享受285元/月的养老金。未满16周岁或已享受城镇职工基本养老保险待遇的被征地农民,发给一次性安置补助费。

2004年1月起,根据市政府文件在全市土地出让金总额中按1%的比例提取保障风险金,每年由国土资源部门收取后划转到财政社保风险金专户;2004年8月,根据市政府文件,从全市经营性用地出让收入中提取5%,作为被征地农民基本生活保障专项资金,由国土资源部门收取后划转到财政局被征地农民基本生活保障专项资金专户。至2010年年底,两者累计滚存结余分别为12569万元和24293万元。

征地农民保障资金和社会保障风险准备金实行收支两条线,由市财政专户管理。

2009年7月1日起,执行《桐乡市被征地人员社会保障办法》。属于劳动年龄段的被征地人员,由征地单位为其缴纳养老保险,缴费年限最长15年,缴费标准:当年以每年13500元的缴费基数按20%比例缴纳,其中8%计入个人账户。年满60周岁(女50周岁)的被征地人员由征地单位一次性为其缴纳养老保险,达到法定退休年龄享受每月494元的养老金,享领人员死亡,发给丧葬费4000元,个人账户余额一次性支付给法定继承人。45周岁(女35周岁)以上不满60周岁(女50周岁)的被征地人员参保后,在未领取养老保障金前,由市就业管理机构发每月100元的生活补助费。

原按老文件参保的人员养老金标准按新文件规定享领,或同比例调整。劳动年龄段的被征地人员,参加职工基本养老保险的,按规定办理转换手续,换领《企业职工基本养老保险缴费手册》,按职工基本养老保险的当年城镇个体劳动者缴费标准、缴费年限、享领标准的下限执行。

2010年4月1日起,对原渔业村专业渔民实施基本生活保障,按照《桐乡市被征地人员社会保障办法》执行。资金来源:由市财政和所在镇(街道)、个人按60∶20∶20的比例分担。纳入养老保障的专业渔民共1280人,缴费金额40500元/人。

至2010年年底,被征地人员养老保障资金年末滚存结余5.98亿元。

(五)农婚知青养老保障

1998年10月1日起,为安置在本市24个乡镇的451名农婚知青一次性缴纳基本养老保险费。养老保险单位缴费部分市财政负担40%,乡镇(企业)负担40%;市社会保险负担20%,个人缴费部分由农婚知青个人负担。基本养老金计发,按市政府公布的上一年城镇居民最低生活保障线标准发放;

依据农婚知青本人下乡年限,每满一年发给5元基本养老金;在本市居民最低生活保障标准调整时,农婚知青的基本养老金同步调整;农婚知青退休后死亡的,一次性发给丧葬费、抚恤费2800元。2004年7月,农婚知青养老待遇按照全市企业退休人员养老金平均增长比例相应调整。2007年开始每年调增农婚知青的养老金,至2010年,农婚知青养老待遇月基本养老金为391.6元,月下乡年限补贴按年26.7元,同时叠加享受城乡居民养老社会保险基础养老金及基础养老金补贴。

表11-2　　2007—2010年农婚知青养老金调增情况表

调整年限	享受群体	增加基本养老金	增加下乡年限补贴
2007年7月1日起	2006年底前已享领养老待遇的农婚知青	25元/月	每一年下乡年限1.5元
2008年1月1日起	2007年底前已享领养老待遇的农婚知青	27元/月	每一年下乡年限2.00元
2009年1月1日起	2008年底前已享领养老待遇的农婚知青	31元/月	每一年下乡年限2.30元
2010年1月1日起	2009年底前已享领养老待遇的农婚知青	32元/月	每一年下乡年限2.60元

2010年止,全市有436名农婚知青享领养老金,人均月776.1元。

(六)城乡居民社会养老保险

2008年1月1日起,桐乡市推行城乡居民社会养老保险制度,参保对象为桐乡市范围内16周岁至60周岁(不含在校学生)的城乡居民。参保人员以个人缴费为主、政府财政给予适当补贴,个人账户与社会统筹相结合。缴费基数和比例按上年度桐乡市农村居民人均纯收入、城镇居民人均可支配收入或两者之和的平均数,当年个人缴费比例8%,按年缴费,缴费标准确定三档,供选择。市、镇(街道)财政按当期缴费基数的5%给予补贴,其中,3%用于建立参保人员补贴账户,2%用于建立城乡居民社会养老保险统筹基金。补贴资金市财政承担80%,镇(街道)财政承担20%。

城乡居民社会养老保险按年缴费,由所在镇、街道负责征收,市财政专户管理,劳动部门办理业务手续。市和镇、街道补贴资金按年缴入专户。

参保人员年满60周岁,缴费年限满15年,可按规定领取城乡居民社会养老保险养老金,养老金月标准按养老保险个人缴费账户与补贴账户储存额本息之和的1/156计发;对不享受社会养老保险(障)待遇、年满70周岁(含)的桐乡户籍居民,2008年4月1日起实行养老基本生活补助,补助标准:70—89周岁,城镇居民每人每月补助80元,农村居民每人每月补助50元;90周岁以上,城镇居民每人每月补助150元,农村居民补助90元,高龄老人的基本生活补助资金在统筹基金中列支,当年统筹基金不足支付部分,由市、镇(街道)财政按相应分担比例补足。

2009年7月1日起,对2008年底前符合并享受城乡居民社会养老保险待遇的人员每人每月增发15元养老金,年满70周岁的有地居民每月增发50元养老金,无地居民每月增发80元。

2010年1月1日,根据《国务院关于开展新型农村社会养老保险试点的指导意见》《浙江省人民政府关于建立城乡居民社会养老保险制度的实施意见》,桐乡市调整原有的城乡居民社会养老保险政策。养老金由基础养老金、个人缴费账户+缴费补贴账户养老金、缴费年限养老金三部分组成。基础养老金月标准60元;个人缴费账户+缴费补贴账户养老金月标准按二个账户储存额的1/139计发;缴费年限养老金月标准按年限确定,每年分别计发1元至3元。

建立缴费年限补贴账户和缴费补贴账户,其中缴费年限补贴为1.5%。

2010 年 1 月 1 日起，年满 60 周岁的本市户籍城乡居民，均可领取基础养老金(前提是其符合参保条件的子女应当参保缴费)；70 周岁以上不享受养老保险待遇的城乡居民基本生活补助调整为基础养老金，并且享受时限提前到年满 65 周岁。当年提高高龄老人基础养老金，分别按有地、无地居民每月增加 10 元、40 元，90 周岁以上，有地、无地居民每月分别增加 30 元、60 元。

制定城乡居民养老保险与农村社会养老保险、职工基本养老保险、被征地居民养老保险之间转换的政策衔接通道。原享受被征地居民养老基本生活保障、农婚知青养老生活补助、水库移民后期扶持政策、最低生活保障、计划生育家庭奖励扶助、社会优抚、农村“五保”和城镇“三无”人员供养、精减职工和遗属生活补助等待遇的人员，可叠加享受。

参保人员(包括参保缴费人员和享受养老金待遇人员)死亡后丧葬费补贴为 20 个月的基础养老金。

表 11－3　　2008—2010 年桐乡市城乡居民社会养老保险参保情况统计表

年　度	总　人　数(人)	其　中		滚存结余资金(万元)
		参保缴费人数(人)	享受人数(人)	
2008	93810	37586	56224	18044
2009	118450	59785	58665	25115
2010	190876	81945	108931	25793

资料来源：根据桐乡市社会保险事业局提供的数据整理

乡村医生　根据嘉兴市卫生局、劳动和社会保障局、财政局、人事局 2009 年 1 月《关于乡村医生参加养老保险的实施意见》，桐乡市确定在社区卫生服务机构执业未实行养老保险的乡村医生养老问题按其参加社区卫生服务的工作时间给予每人年 3200 元的财政一次性补助，其中 2000 元充入城乡居民社会养老保险的补贴账户，1200 元充入统筹基金，从 2011 年 1 月 1 日起执行，当年 155 人参保。

原西山煤矿随矿家属工　2009 年 3 月，根据市人民政府常务会议决定，对原西山煤矿随矿工作家属参加城乡居民养老保险给予一次性财政补助，按随矿工作年限每人年 600 元的标准计入补贴账户。共 32 名家属工参加养老保险。

交通系统原集体航运企业随船家属　2009 年 11 月，交通系统原集体航运企业随船家属工，比照原西山煤矿随矿家属工参加城乡居民养老保险，财政给予一次性补助，按随船工作年限每人年 600 元的标准计入补贴账户。共 15 名家属工参加养老保险，财政给予补贴 17.52 万元。

退职村干部　2010 年 1 月 1 日，根据市委办《关于健全退职村干部关爱机制的意见》，各镇(街道)分别制定村干部定期生活补助办法，对年满 60 周岁(女 55 周岁)的连续任职 3 年以上的村干部给予适当的定期生活补助，补助标准为每人每月 60 元，补助资金由市、镇两级财政共同承担，各承担 50%。对符合补助条件的退职村干部情况要求各村通过一定的形式公示。2010 年享受补助的人数为 3351 人，市财政补助 122.00 万元。

2010 年，全市参加城乡居民社会养老保险总人数 179316 人，享受养老金人数 108931 人。

表 11－4　　2008—2010 年城乡居民养老保险参保情况统计表

年　度	总　人　数	其　　中		享受待遇标准	
		参保缴费人数	享受人数	最　　高	最　　低
2008 年	93810	37586	56224	229	50
2009 年	118450	59785	58665	255	50
2010 年	190876	81945	108931	540	100
合　计	403136	179316	223820	—	—

资料来源:市劳动和社会保障局提供

表 11－5　　2008—2010 年个人缴费标准及财政补贴标准情况统计表

年　度	农村居民(或有地居民)		城镇居民(或无地居民)	
	个人缴费可选标准(年)	政　府　补　贴	个人缴费可选标准(年)	政府补贴
2008 年	730 元、1072 元、1415 元	457 元	1072 元、1415 元	670 元、885 元
2009 年	813 元、1208 元、1603 元	509 元	1208 元、1603 元	755 元、1002 元
2010 年	920 元、1360 元、1800 元	577 元	920 元、1360 元、1800 元	577 元、851 元、1124 元

资料来源:根据政府相关文件整理编制

二、医疗保险

(一)企业职工大病医疗费用社会统筹

1996 年 5 月,出台《桐乡市企业职工大病医疗费用社会统筹实施办法》,7 月 1 日起正式实施。实施的范围和对象:全市国有企业,城镇集体所有制企业,股份(合作)制企业,部属、省属企业,外商投资企业等各类企业中的原固定职工、劳动合同制工人和离退休(职)人员。费用由市社保机构统一征集,按季征缴,委托银行代为收取。征集基数:按参保单位上年度全市社会平均工资和企业报告期内参保的平均人数计算,统筹比例为 2%。统筹费用全部由企业承担。职工患病或因工负伤,属大病医疗费用统筹范围的,其住院一次治疗中,有效费用在 5000 元以上的部分,社保机构负担 70%,企业和个人共同负担 30%。

2001 年,市政府出台《桐乡市城镇职工基本医疗保险暂行规定》,部分企业职工不再实行大病医疗费用统筹。2004 年起所有企业职工均不再实行大病医疗费用统筹。

2003 年 12 月,《桐乡市城镇个体工商户、自由职业者参加大病医疗费用社会统筹实施办法》(以下简称《办法》)对已参加本市基本养老保险并履行缴费义务的城镇个体工商户、自由职业者和已办理退休(职)手续的人员,允许其选择参加城镇职工基本医疗住院保险或大病医疗费用社会统筹。征缴基数:按本市城镇职工缴纳基本医疗保险费的缴费工资为基数,以 2%的比例缴纳,每年一次,由市劳动保障事务服务所一次性征缴。

上述《办法》实施后,大病医疗费用社会统筹费并入城镇职工基本医疗保险统筹基金,统账使用,统一管理。

2006 年 1 月 1 日起“五费合征”,由地税部门负责征收(具体参见第十七章《专项基金和税费》)。

2007 年 7 月 1 日起,取消企业职工大病医疗费用社会统筹,原参保人员选择参加城镇职工基本医疗保险或基本医疗住院保险。

（二）职工基本医疗保险（城镇职工基本医疗住院保险）

2001 年 12 月，市政府印发《桐乡市城镇职工基本医疗保险暂行规定》《城镇职工基本医疗保险制度改革配套办法》，城镇职工基本医疗保险制度正式实施。原“大病保险”和“公费医疗制度”不再执行。2007 年 7 月 1 日起实施城镇职工基本医疗保险住院保险，与城镇职工基本医疗保险并行。2008 年 12 月，城镇职工基本医疗保险更名为职工基本医疗保险。

职工基本医疗保险覆盖各类企业、机关、事业单位、社会团体、民办非企业单位及其职工和退休（职）人员，参加基本养老保险的城镇个体工商户，自由职业者和办理退休（职）手续的人员。

2007 年 7 月 1 日起，实行城镇职工基本医疗保险缴费年限制度，医保缴费年限最低 20 年。同时实施基本医疗住院保险。

基本医疗保险基金由统筹基金和个人医疗账户构成，分别划定各自的支付范围，分别核算。

城镇职工基本医疗保险统筹基金使用原则是：以收定支，收支平衡。基金纳入财政专户管理，专款专用。

职工基本医疗保险实行定点医疗机构和定点零售药店制度，由市劳动保障部门确定并与其签订协议，加强管理与监督。参保人员按规定在定点医疗机构和定点零售药店就医、购药，享受医疗保险待遇。

参保人员在桐乡市定点医疗机构门诊、住院以及在定点零售药店购药，凭医保卡结算。在桐乡市以外的定点医院就医，需现金自费结算后到社保机构办理报销。2010 年 12 月，开通嘉兴市范围异地就医联网结算。

参保人员在定点医疗机构门诊治疗或定点零售药店购药，符合基本医疗保险支付范围的医疗费用，先由个人账户支付，账户不足支付的，由个人自负。

参保人员因病住院治疗，符合医疗保险报销范围的医疗费用，统筹基金支付起付标准以上到最高支付限额以下的费用。2010 年，统筹基金支付住院医疗费用的起付标准为 1000 元，结算年度内第二次住院起付标准按 80%计算，第三次以后不设起付标准；统筹基金年度内最高支付限额（符合医保支付范围）为 7 万元，超过部分由重大疾病医疗保险基金支付。

2007 年开始，对移交社会化管理的企业退休人员进行两年一次的健康体检。

2010 年年底，全市参保单位 7525 家，参保人数 218528 人，其中企业 184669 人、机关事业单位 19153 人、自由职业 14706 人。

表 11－6　　　1996—2010 年桐乡市职工基本医疗保险参保情况统计表

年　度	参保单位（户）	参保缴费人数（人）	基金收入（万元）	当年基金结余（万元）	滚存结余基金（万元）
1996	348	38757	240	193	193
1997	340	39021	547	290	483
1998	336	36756	438	145	628
1999	522	25299	1057	637	1265
2000	657	31249	1741	1304	2569

续表 11-6

年　度	参保单位（户）	参保缴费人数（人）	基金收入（万元）	当年基金结余（万元）	滚存结余基金（万元）
2001	594	36615	3335	2785	5354
2002	918	64326	1884	−1703	3651
2003	1227	50776	9229	2879	6530
2004	1216	56135	9898	2380	8910
2005	1158	58975	11288	2331	11241
2006	5272	115938	16083	5952	17193
2007	5810	129001	18727	6837	24030
2008	6226	158028	21344	5561	29591
2009	6681	189028	24983	4449	34040
2010	7525	218528	26954	7950	41990

资料来源：根据桐乡市社会保险事业局提供的数据整理

（三）重大疾病保险（2009 年更名为补充医疗保险）

2001 年开始，桐乡市采用商业保险的办法，对城镇职工基本医疗保险的参保人员实行重大疾病保险，由市社会保障机构统一投保。当年，按参保人员每人每月 5 元的标准筹集，资金来源：基本医疗保险统筹基金中提取 2 元、市财政拨付 2 元、参保人员个人缴纳 1 元；2005 年起，参保标准提高到 6 元，市财政增加到 3 元；2007 年起，参保标准未作调整，市财政调整为 2 元，统筹基金调整为 3 元。商业保险上不封顶。2001 年支付比例为 90％，2010 年调整为 85％。

（四）公务员医疗补助基金

2001 年 12 月起，全市机关、事业单位实施医疗保险制度，同时建立公务员（含事业单位）医疗补助基金，用于公务员、事业单位个人账户补助和门诊、住院医疗费补助。公务员医疗补助基金由单位按享受人员每人每年 1000 元缴纳，2001—2010 年，共筹集公务员补助基金 14918 万元。

（五）城乡居民合作医疗保险

20 世纪 60 年代开始，桐乡实行农村合作医疗，70—90 年代有过几次调整，但均属于自助、半自助形式。1997 年开始，桐乡市推行农村大病保险型合作医疗办法，由乡镇党委政府领导和组织，资金筹集采取个人、乡镇、村和企业三级筹集办法，按 4∶1∶1 的比例筹集，每人一次收费 20 元，连续享受三年，所筹集的合作医疗基金以乡镇为单位建立专用账户，由各乡镇的初保委（设在卫生院）负责管理并制定管理办法。参保对象因大病重病住院的医疗费用报销分两种类型供选择，一为比例报销型，起报线 1500～3500 元 5 档，卫生院求医报销 30％、市级医院求医报销 25％、市外医院求医报销 20％，最高报销限额 8000 元；二为灵活补助型，起报线 2000～3000 元，报销比例 10％，最高支付限额 1 万元。

1999 年《桐乡市农村大病合作医疗风险基金实施办法》出台，建立全市层面的农村大病合作医疗风险基金，资金来源：由市财政按全市农村人口年均 1 元的标准列入预算，划入市初保办专户，市初保办负责风险基金管理及医疗费用审核与补偿。风险基金主要用于参保人员一次性住院医药费 20000

元以上部分补偿(20000 元以下部分由乡镇级合作医疗基金补偿),分段按 40%～50%比例补偿,1 万元封顶。

2001 年,125 名患者医药费总额 457.73 万元,市级基金补偿 54.89 万元,每名患者补偿金额不超过 1 万元。

2002 年,桐乡市推行农村合作医疗制度,出台《桐乡市农村合作医疗实施办法》,基金筹集以户为单位参加,以村为单位收缴,以乡为单位管理。筹资标准每人 26 元。合作医疗基金采取"四级(即:市级、镇乡街道级、村级、个人)筹资、两级管理"的办法,市级合作医疗基金,统一划拨到市合作医疗办专户,用于大额医疗费用报销;镇乡、街道合作医疗基金,统一缴至镇乡街道合作医疗办专户,用于基本医疗费用报销。基金核算年度为当年 7 月 1 日至次年 6 月 30 日。

2003 年,合作医疗实行范围在原有的基础上增加城镇居民最低生活保障对象这一群体,筹资标准提高到 34 元。

2004 年,被征地农民、农婚知青列入合作医疗实行范围。基金筹集改为"五级筹资",增加省级补助。筹资标准提高到 52 元。

2005 年 5 月,《桐乡市城镇居民合作医疗实施意见》将合作医疗制度适用范围扩展至全市所有未参加医疗保险和医疗统筹的城镇居民。合作医疗基金实行"三级筹集(即:市级、镇乡街道级、个人)、一级管理、两级负责"办法。筹资标准 55 元。本基金与农村合作医疗基金统一核算,分账管理。

同时,市政府印发《桐乡市合作医疗管理办法补充规定》,调整合作医疗基金的核算、管理、参加范围。基金的核算时间调整为每年 1 月 1 日至 12 月 31 日,与会计核算年度一致;基金管理方式调整为"一级管理、两级负责";设立合作医疗基金财政社保专户和支出账户,设立镇乡街道代理报销点和备用金账户。市级合作医疗基金和镇乡街道合作医疗基金全部纳入财政专户,基金支出账户资金由财政专户划拨,镇乡街道代理报销点备用金账户资金由基金支出账户分期划拨。镇乡街道合作医疗基金账户由市合作医疗管理办统一管理,按镇乡街道分别设立分账,核算年度内基金出现超支,由市财政与镇乡街道财政分别承担。

2006 年,对参加城乡合作医疗的人员开展二年一次的健康体检。

2007 年,城镇、农村合作医疗合并,实行城乡居民合作医疗保险,基金采取"四级筹资、一级管理、镇乡核算"的办法。当年筹资标准人均 120 元,以后年度逐年提高,报销比例也逐年相应提高。

2003 年开始,省财政每年给予一定的农村合作医疗补助,当年补助 64.86 万元;2006 年开始中央财政每年给予一定的农村合作医疗补助,当年补助 95 万元;2010 年中央和省级财政分别给予桐乡合作医疗补助 163 万元和 1085.78 万元。2003 年至 2010 年省以上财政累计补助桐乡合作医疗款 4368.61 万元。

2004 年开始,住院报销比例不断细化,市外报销比例下降 10 个百分点,非定点医疗机构报销比例 10%,限额 1 万元。

2007 年、2008 年,门诊中医治疗报销上浮 10 个百分点。

2009 年开始,门诊、住院中医治疗与中药报销上浮 20 个百分点。

2010 年开始,门诊甲类药品给予全额报销,乙类扣除 5%～15%后报销,丙类不予报销。

表 11－7

2002—2010 年桐乡市城乡居民合作医疗保险情况一览表

所属年份	基金名称	筹资标准(元)					报销比例		参保人数(万人)
		总额	市	乡镇	村	个人	门诊	住院	
2002.7.1—2003.6.30	农村合作医疗	26	3	2	1	20	—	1000～10000 元 30% 10000～20000 元 20% 20000～40000 元 30%	37.03
2003.7.1—2004.6.30	合作医疗	34	8	5	1	20	500 元以上 5%	1000～40000 元 30% 市外 1000～40000 元 20%	43.22
2004.7.1—2005.6.30	合作医疗	52	15	10	2	25	500 元以上 10%	1000～10000 元 30% 10000～40000 元 50%	47.95
2005.7.1—2006.12.31	合作医疗	78	22.5	15	3	37.5	500 元以上 10%	1000～10000 元 30% 10000～40000 元 50%	47.66
	城镇居民合作医疗	82.5	27	18					
2007 年	城乡居民合作医疗	120	51	26	—	40	500 元以上社区卫生服务站 20%，镇乡街道卫生院 10%，其他医疗机构 5%	500～1000 元 20% 1000～10000 元 40% 10000～50000 元 50% 50000～70000 元(学生 10 万元)60%	47.25
2008 年	城乡居民合作医疗	170	71	31	—	60	500 元以上社区卫生服务站、卫生服务中心 25%，其他医疗机构 5%	500～1000 元 30% 1000～10000 元 45% 10000～50000 元 55% 50000～70000 元(学生 12 万元)70%	45.67
2009 年	城乡居民合作医疗	238	106	52	—	80	500 元以上社区卫生服务站、卫生服务中心 30%，其他医疗机构 5%	500～1000 元 30% 1000～50000 元 55% 50000～70000 元(学生 12 万元)70%	44.22
2010 年	城乡居民合作医疗	300	135	65		100	500 元以上社区卫生服务站、卫生服务中心 35%，其他医疗机构 10%	500～1000 元 30% 1000～10000 元 55% 10000～50000 元 60% 50000～80000 元(学生 12 万元)70%	43.37

资料来源：根据政府相关文件整理

注：2003—2007 年省以上按参保人员人均 3 元补助合作医疗，2008 年按人均 8 元补助，2009 年按人均 20 元补助，2010 年按人均 27.5 元补助。市乡镇补助中含省以上补助

三、失业保险费

(一)失业保险费征收

桐乡县实行失业保险制度始于1986年10月1日,时称“待业保险”,待业保险金由劳动保障部门征收与管理。

1993年11月起,待业保险改称失业保险。

1996年,《浙江省职工失业保险条例》颁布,桐乡市从1996年1月1日起实行,单位和个人同时缴纳失业保险费,单位按全部工资总额的1%缴纳,职工个人按本单位职工平均工资的0.5%缴纳,确定为每人每月2元,由企业代为扣缴。

1998年7月1日起,失业保险费缴纳比例调整,单位缴纳额提高至全部职工工资总额的2%;职工个人缴纳额提高至本单位职工平均工资的1%。

1999年1月,《国家失业保险条例》颁布,失业保险覆盖面扩大至全市企、事业单位。单位按照本单位全部职工工资总额的2%缴纳,职工个人按照本人工资的1%缴纳。

2001年7月1日起,失业保险征缴基数调整,按城镇各类企业上一年全部职工工资总额的2%缴纳。外商投资企业,按上一年中方职工工资总额的2%缴纳。事业单位按照本单位全部职工工资总额的2%缴纳,每人每月20元。企业职工暂按每人每月7元缴纳,事业单位职工包括机关、社会团体中的劳动合同制工人按每人每月10元缴纳,失业保险费不得减免。

2003年5月1日起,失业保险基金由地税部门负责征收,实行财政专户、收支两条线管理。

2004年,《浙江省失业保险条例》出台。1月1日起,缴纳额调整为:事业单位人员,机关、社会团体中的劳动合同制工人每人每月24元,企业职工每人每月9元,事业单位职工包括机关、社会团体中的劳动合同制工人每人每月12元。

2005年8月,失业保险费征缴扩覆,扩覆主要对象是全市尚未参加失业保险的所有企业及其他用人单位。2006年进一步扩覆到有雇工的个体工商户及有劳动关系的职工,实现用人单位全覆盖和全员参保。

2006年1月1日起“五险合征”,失业保险费单位缴费比例为2%,职工个人缴费比例为1%(农民合同制工个人不缴费)。

2008年1月1日起,缴纳额调整为:事业单位人员,机关、社会团体中的劳动合同制工人按每人每月30元、企业职工按本市上年度企业职工平均工资的1%缴纳,事业单位职工包括机关、社会团体中的劳动合同制工人每人每月15元。当年根据上级指示实行1个月减免政策(个人部分不减免)。

2010年,全市筹集失业保险基金5193.88万元,历年滚存结余1.5亿元。

表11-8　　1986—2010年失业保险基金覆盖情况统计表

年　份	参保单位(家)	参保人数(人)	享受失业金人数(人)	失业保险金收入(万元)	失业保险金支出(万元)
1986	347	30697	0	6.22	0
1987	383	32457	2	32.37	12.64
1988	478	39578	40	35.16	12.64
1989	527	39790	43	39.71	21.09
1990	568	41175	40	40.95	13.73

续表 11－8

年　份	参保单位（家）	参保人数（人）	享受失业金人数（人）	失业保险金收入（万元）	失业保险金支出（万元）
1991	590	42612	49	45.07	9.42
1992	602	41021	45	67.24	27.96
1993	571	46986	98	123.73	82.53
1994	561	47245	143	231.98	176.86
1995	567	47695	323	293.51	175.61
1996	602	49793	1638	393.60	284.66
1997	580	32979	2353	396.90	470.40
1998	594	29659	3027	631.20	628.24
1999	794	43500	3295	1060.95	944.99
2000	903	49260	4836	962.45	1312.60
2001	912	49300	5773	1601.27	1460.25
2002	915	49300	4335	1369.50	1436.75
2003	885	49300	3135	1267.25	1005.50
2004	930	52500	2535	1216.55	1095.46
2005	1970	55168	2190	1546.95	857.32
2006	3513	70000	1740	3577.16	1499.79
2007	4572	84000	1706	3768.12	1522.99
2008	4826	99750	1613	4555.18	1653.75
2009	5326	108000	1589	5573.92	2049.13
2010	7352	118000	1621	5193.88	2090.25

资料来源：市劳动局提供

（二）失业保险金发放

失业保险待遇包括失业保险金、医疗补助费、一次性生活补助费、失业女职工生育补助费、丧葬补助金和抚恤金等。

1987 年，失业保险金以月标准工资的一定比例发放；1995 年起，按照工作年限发放，同时对患重病双失业职工住院补助部分医疗费，对失业女职工给予 250～300 元的一次性生育补助；1996 年起，失业保险和医疗费补助按统一标准发放，发放标准逐年提高；1998—2001 年，对下岗、失业职工自谋职业者给予一次性扶持补助。上述政策延续至 2010 年不变。

表 11－9　　桐乡市城镇职工失业救济金发放标准情况统计表

年　　份	失业保险金额（元/人/月）	医疗补助费用（元/人/月）	合　　计（元/人/月）
1994.01—1995.12	50	5.00	55.00
1996.01—1997.03	172.50	10.00	182.50
1997.04—1999.06	187.50	10.00	197.50
1999.07—2001.03	244.00	10.00	254.00
2001.04—2003.12	268.50	12.50	282.00
004.01—2004.09	336.00	34.00	370.00
2004.10—2005.11	392.00	39.00	431.00
2005.12—2006.09	427.00	43.00	470.00
2006.10—2007.08	470.00	47.00	517.00
2007.09—2008.09	525.00	53.00	578.00
2008.10—2010.03	595.00	60.00	655.00
2010.04—2011.03	686.00	69.00	755.00

资料来源：市劳动局在编《桐乡市志》相关内容

表 11－10　1998—2001 年桐乡市下岗、失业职工自谋职业一次性扶持费的发放情况表

年　　份	发放总人数（人）	其　　中		发放金额（万元）
		失业职工数（人）	下岗职工数（人）	
1998	434	419	15	43.4
1999	420	418	2	42
2000	1260	1257	3	126
2001	1077	1077	0	107.7

资料来源：市劳动局在编《桐乡市志》相关内容

四、工伤保险

1996 年 5 月，《桐乡市企业职工工伤保险实施办法》出台，7 月 1 日起正式实施工伤保险制度。该制度覆盖本市各类性质的企业、个体工商户及职工，工伤保险基金按照“以收定支、略有结余”的原则征集，由社保机构委托银行代为收取。工伤保险费率分为三档：0.6%、0.8%和 1%，根据行业伤亡事故风险和职业危害程度分别确定适用的费率，计缴依据：按工资总额。职工个人不缴费。由社保经办机构办理具体的参保手续。

2006 年 1 月 1 日起实行“五费合征”。各类用人单位社会保险实行全覆盖，工伤保险费单位缴费比例为 0.8%，职工个人不缴费。

2010 年 1 月 1 日起，工伤保险实行全员参保，当年保险费收入 2324.49 万元，当年工伤保险费支出 2299.87 万元，年底滚存结余 5828.39 万元。

2010 年 7 月开始，工伤保险实行实名制参保管理。

工伤保险待遇包括工伤医疗待遇、工伤伤残待遇、死亡抚恤待遇。列入工伤保险基金支付的费用有:治疗和康复费用、住院伙食补助、到统筹地区以外就医的交通食宿费、安装配置残疾辅助器具费用、经鉴定确认的生活护理费、一次性伤残补助金和伤残津贴、终止或解除劳动合同应享受的一次性医疗补助金、因工死亡丧葬补助金、供养亲属抚恤金劳动能力鉴定费等。

表 11-11　　1996—2010 年桐乡市工伤保险情况统计表

年份	参保单位(户)	参保人数(人)		年份	参保单位(户)	参保人数(人)	
		缴费人数	享受待遇人数			缴费人数	享受待遇人数
1996	352	29946	3	2004	673	34758	280
1997	341	29299	61	2005	837	58846	955
1998	332	26457	53	2006	4949	148725	1237
1999	522	26311	106	2007	5426	161120	1905
2000	657	22975	11	2008	5876	187228	1960
2001	594	20484	34	2009	6154	200826	2159
2002	532	19110	76	2010	6333	222826	2326
2003	561	19040	115				

资料来源:市劳动局在编《桐乡市志》相关内容

五、生育保险

1998 年 11 月 25 日,市政府出台《桐乡市企业职工生育保险实施办法》,1999 年 1 月 1 日起实行。生育保险基金按“以支定收,收支基本平衡”的原则筹集,市社保机构统一向企业按季征收。市社保机构审核后通过银行代收。2010 年 7 月开始,生育保险实行实名制参保管理。

生育保险补偿包括生育津贴、生育医疗费用和一次性营养费。当年补偿标准:平产 1500 元,难产 2000 元,男方护理假期的工资、补贴 300 元。

2001 年 9 月,市劳动局、财政局、总工会联合发文,进一步完善生育保险办法,10 月 1 日起,扩大生育保险实施范围,覆盖群体为所有企业的职工,按月征缴。补偿标准调整为:生育津贴按本市上年度社会月平均工资计发、生育医疗费用平产 1000 元、难产 1500 元、一次性营养费为本市上年度社会月平均工资的 70%。生育保险的结算年度为当年 4 月 1 日至次年 3 月 31 日。

2006 年 1 月 1 日起实行“五险合征”,生育保险征缴比例为 0.5%,职工个人不缴费。

2006 年 7 月 1 日起调整生育津贴、医疗费用补偿金额,生育津贴以上月本人基本养老保险缴费工资为基数计发,医疗费用补偿对照生育保险待遇项目实行定额补偿。

1999—2010 年,全市累计征集生育保险基金 7885.38 万元,拨付 5293.51 万元,2010 年结余 2591.87 万元。

表 11－12 1999—2010 年度桐乡市生育保险情况统计表

年 度	参保单位（家）	参保人数（人）	享受人数（人）	年 度	参保单位（家）	参保人数（人）	享受人数（人）
1999	521	24904	224	2005	552	27069	178
2000	657	21675	283	2006	4949	148725	437
2001	594	19281	236	2007	5426	148725	1206
2002	532	18109	136	2008	5650	158728	1645
2003	561	17722	129	2009	5941	158826	2004
2004	552	16019	158	2010	6220	207626	2228

资料来源：市劳动局提供

第二节 就业再就业资金管理

一、下岗职工基本生活保障和再就业补助

桐乡从 1996 年开始启动下岗职工再就业工程。

1998 年 4 月，市政府印发《进一步做好再就业工作的实施意见》，提出筹措落实再就业工程专项资金的要求。1999 年 6 月，市财政局、劳动局出台《桐乡市再就业专项资金管理（试行）办法》，设置再就业专项资金。该资金筹措采取“三三制”：企业承担三分之一，市财政安排三分之一，社会筹集三分之一。社会筹集的资金一是从市失业保险基金中调剂，二是按规定征收再就业保障金，三是社会各界的捐助。当年筹集再就业资金 56.57 万元，再就业扶持等方面使用资金 14.10 万元。

1998 年 5 月，丝绸系统率先建立再就业服务站，至年末，丝绸、工业、商业、二轻、粮食等 5 个系统先后建立再就业服务站 34 个，1116 名下岗职工进入中心。至 2001 年，全市有 4417 名国有、集体企业的下岗职工与再就业服务站签订再就业协议，累计发放下岗职工生活保障资金 719.25 万元（生活保障金包括：基本生活费，医疗费，缴纳养老、失业、大病医疗统筹等社会保险费），减免各项税费 700 多万元。发放“自谋职业优惠证”3985 人，享受一次性扶持费人数 3191 人，发放一次性扶持费金额 3191 万元。

2000 年开始，下岗职工逐渐进入劳动力市场。2001 年 10 月，各个系统的再就业服务机构撤销，下岗职工进入劳动力市场，其基本生活保障制度与失业保险制度并轨。

2003 年 1 月，市委市政府下发《关于进一步做好就业再就业工作的实施意见》，进一步完善再就业扶持政策。是年开始实行再就业优惠证制度，当年发放办理“再就业优惠证”905 本，失业人员自谋职业和自主创业，享受税收减免 247 人、享受行政事业性收费减免 550 人，政府出资购买公益性就业岗位帮助就业困难人员（4050 人员①）实现再就业 269 人，主要办法是：政府对 4050 的用人单位按招用人数给予相应的社会保险补贴和每人月 150 元的岗位补贴。社会保险补贴实行企业先按规定足额缴纳，劳动部门审核，再给予相应的补贴。实行再就业培训，财政给予适当补贴：补贴标准为失业人员培

① “4050”人员：指女 40 周岁，男 50 周岁以上的无业人员，多为下岗工人。

训500元/人;创业培训1500元/人。

2003—2005年,财政每年安排促进再就业专项资金400万元。

2006年9月,市政府下发《关于进一步加强就业再就业工作的实施意见》,实施新一轮就业再就业政策,对持有"再就业优惠证"的人员三年内给予每人每月200元的社会保险补贴,大中专毕业生见习期间发放补贴,6个月见习期每人月300元。社会保险费补贴实行先缴后补办法,见习期补贴由接受见习的企业按月发放,见习期满财政按实拨补给企业。

2007年,启动"充分就业社区创建"工程,2008年实施"充分就业村创建"工程,至2010年底全市共有34个社区、125个村实施"创建"工程,财政以奖代补分别给予每个创建达标村2000元或5000元奖励。

2006—2008年,市财政每年安排就业专项资金1500万元。

2009年9月,市政府出台《关于进一步做好促进城乡就业工作的实施意见》,启动第四轮就业政策调整,财政每年安排就业专项资金1500万元。

2010年,安排60名就业困难人员在农村公益性岗位上岗就业,财政给予用人单位每人月300元补助资金。

2003年至2010年,就业再就业专项资金累计支出5887.55万元,其中发放社会保险补贴2114万元,岗位补贴2493万元,职业培训补贴822万元,再就业培训补贴87万元,劳动力市场建设93万元。

省财政对城镇再就业逐年给予资金补助。1999年省财政厅、劳动厅拨补本市城镇就业补助费4万元。2003年开始每年下拨就业或再就业、低保户劳动就业、充分就业等方面的补助经费,2010年止累计下拨就业再就业补助资金858万元,其中2003年70万元,2004年53万元,2005年45万元,2006年40万元,2007年255万元,2008年265万元,2009年130万元,2010年166万元。

二、征地农民安置与补助

20世纪90年代初,农村剩余劳动力向非农产业转移,主要是"离土不离乡"的就地转移。1991年至1995年,征地农民安置采取"谁征地谁安置"原则,由征地单位吸收安置被征地农民就业。1996年至2002年,主要采用一次性货币补助、招工、店面房安置等方式。

2002年,市政府出台《桐乡市统一征地管理办法》《桐乡市征用土地人员分流安置暂行规定》,因征地而产生的农村剩余劳动力和其他农业人口,按照"个人自主择业、市场调节就业、政府促进就业、社会统筹保险"的原则进行分流安置,被征地农民首次被纳入社保范围,同时允许选择一次性货币安置或参加养老保险等方式。一次性安置补助费按不同年龄段分别为6000元、10000元、12000元;养老保险由农户自主选择。征地单位同时为被征地农民缴纳每人1000元的征地代理服务费,由市统一征地办公室在征地成本中按实结算。代理服务费主要用于办理"农转非"手续、职业指导、职业技能培训、劳务代理、档案保管等,由就业管理服务处实行统一管理、统筹使用、专款专用。

2003年12月,市政府下发《关于建立被征地农民社会保障制度实施意见》《桐乡市被征地农民社会保障制度实施细则》,2004年1月1日起,市行政区域内除梧桐、龙翔、凤鸣三个街道和振东新区外的镇、乡因征用耕地而产生的农村剩余劳动力,属劳动年龄段的统一实行"低门槛准入,低标准享受"的养老保险安置政策,16周岁以下和享受城镇职工基本养老保险待遇的人员,发给一次性安置费。被征地农民办理"农转非"转换身份后,在就业、教育、兵役等方面,与城镇居民同等待遇:家庭人均收入低于城镇居民最低生活保障标准的,享受城镇居民最低生活保障待遇;在劳动年龄段内有劳动能力和求职愿望的,享受与城镇下岗职工和失业人员再就业同等优惠和援助政策;参加职业技能培训。代理服务费调整为800元/人，向征地单位收取。

2009年3月，市人民政府发布《被征地人员社会保障办法》，属于劳动年龄段的被征地人员，由征地单位为其缴纳养老保险；年满60周岁（女50周岁）的被征地人员由征地单位一次性为其缴纳养老保险；45周岁（女35周岁）以上不满60周岁（女50周岁）的被征地人员参保后，在未领取养老保险前，由市就业管理机构发每月100元的生活补助费。不满16周岁的被征地人员，一次性发给每人6000元的征地安置补助费；已参加职工养老保险的，一次性给予10000元的征地安置补助费；符合参险条件而选择一次性货币安置的，最高补助限额12000元。代理服务费调整为1000元/人，向征地单位收取。

2006年起，"农转非"人员参照城镇集体企业失业人员办理"再就业优惠证"，从事个体经营的免收管理类、登记类、证照类各项行政事业性收费；免费给予职业介绍；中介机构为持有"再就业优惠证"的被征地农民成功介绍就业并签订一年以上就业合同的，政府按人数给予60元补贴。

2002年至2010年，累计办理分流安置64373人，其中参加养老保险42601人，一次性安置21472人，发放"再就业优惠证"596本。

第三节　离退休(退职)人员经费管理

一、行政事业单位退休(退职)人员经费管理

1955年开始，桐乡、崇德两县办理干部退休、退职事项。退休费按本人参加工作时间与工作年限，依本人原标准工资的90%、80%、75%或60%发放，未到退休年龄但因病不能坚持工作的，经批准可办理退职，退职工资为本人原标准工资的40%。

80年代开始，对退休、退职人员实行补助，并多次提高退休费补贴。

1997年7月、1999年1月、1999年7月、2001年10月、2003年1月、2003年7月、2005年1月，机关、事业单位退休人员随在职人员增加退休费。

2009年1月起，新中国成立前参加工作的老工人增发退休金，红军时期参加革命工作的每人月增发600元，抗战时期参加革命工作的每人月增发450元，解放战争时期参加革命工作的每人月增发300元。

1996年12月1日起，机关、事业单位离退休人员按相应职级增加生活补贴，最低49元；2000年3月1日起，全市退休(退职)人员统一发放福利补贴(发放标准同离休人员)，2002年3月1日起福利补贴分月度、年度两部分发放，按正处、副处、主任科员、副主任科员、科员、技师、其他工人分别确定补贴标准，月度标准300～350元，年度标准2500～3000元；2003年起，月度生活补贴标准按职级(同上)提高至390～500元；2007年起年度生活补贴标准按职级(同上)提高至2500～5500元；2009年起月度生活补贴标准按职级(同上)再提高至685～1170元；2010年起又对年度补贴标准按职级(同上)提高至3380～5780元。

行政事业单位退休人员的生活、福利补贴还有：1993年10月起实行的每月100元的煤气午餐补贴、2001年12月起实行的副科级以上人员享受的电话费补贴，按处级、正副科级确定20～50元/月。

一次性抚恤费，丧葬费和遗属生活困难补助，离退休人员享受相同的政策规定。

2001年12月1日起，三年内对2001年底前退休的副处以上领导干部基本医疗保险按规定结报后应由个人自负部分给予补助，采用分年递减办法过渡，经费由财政承担，第一年补助自负部分的

70%,第二年50%,第三年30%,2004年12月1日起不再实行。

1990年开始,机关和事业单位每年按退休干部实有人数每人96元的标准提取活动费,2000年1月起全市机关、事业单位退休干部活动经费实行统筹,按每人每年50元标准,由财政局一次性划给市退休干部活动中心统筹经费专户。2009年1月起,机关事业单位退休干部职工管理活动经费从每人年300元提高到480元。

1999年开始机关事业单位退休人员实行二年一次的健康检查。

同时发放年终慰问费,每人260元。

二、离休人员经费管理

1979年,桐乡开始办理干部离休工作。离休干部基本政治待遇不变,生活待遇略为从优。1996年1月起,按照省组织部、老干部局、劳动厅、人事厅、财政厅五个厅局的联合文件,全省离休人员的待遇政策统一,各地不得自行制定待遇政策。经费来源:机关事业单位由财政安排,企业单位参加基本养老保险的由基本养老保险基金开支,未参加基本养老保险的由企业在营业外列支。

(一)离休人员生活福利费

离休人员离休工资按原工资照发,并逐年提高离休金,按机关同职务在职人员工资档次的档差增加,或按同职务在职人员增资额增加。1995年10月、1996年1月、1997年7月、1999年1月、1999年7月、2001年1月、2001年10月、2003年1月、2003年7月、2005年1月、2006年7月,离休人员先后单独或随机关事业单位在职人员增资增加离休金。2003年9月,事业单位离休干部纳入社会养老统筹,实行社会化发放。

1996年1月起,企业离休干部的离休金按机关同职务、同条件离休人员离休金水平调整,并对1995年12月31日前的离休人员离休金标准重新进行"套改"。

1997年7月1日起,教师职业的离休人员按教龄津贴和岗位津贴分别提高相应待遇。

2000年8月1日起,分别对抗战时期和解放战争时期参加革命工作的离休人员按机关副处级、副科级待遇调整离休金。

离休人员符合国家规定条件的生活补贴、福利补贴比照原单位在职同级干部标准执行。

1996年12月1日起,机关、事业单位离休人员按相应职级增加生活补贴,最低49元。

2000年3月1日起,全市离休人员统一分配政策,标准:县处级每年3000元,科局级每年2500元,一般干部每年2000元。

2002年3月1日起,福利补贴调整为月度和年度两部分发放,2003年起提高月度标准,2007年起提高年度标准,2009年起又提高月度标准,经过连续几年的调整,离休干部的生活补贴归并后为39848～69268元/年(分别按副厅、正处、副处、正科、副科职级确定补贴标准,以下未作注明,同)。

离休干部的生活和福利补贴其他还有:从1992年起实行每月5～10元的住房补贴;1993年10月起实行每月100元的煤气午餐补贴;1997年5月起实行每月25～40元的交通补贴;2001年12月起实行每月20～120元的电话费补贴;2008年1月起分别按抗战前期、抗战后期、解放战争时期三年阶段实行不同标准的护理费补贴,每月分别为650元、580元、500元,85周岁以上及生活完全不能自理的每月900元。其他还有遗属生活困难补助、离休干部去世后的一次性抚恤费等。

遗属生活困难补助经多次调整,2010年1月起标准调整为:1937年7月6日前参加革命工作的遗属补助标准915元,抗战时期参加革命工作的遗属补助标准770元,解放战争时期参加革命工作的遗属补助标准700元。2004年10月1日起,机关、事业、企业单位离休人员去世后的抚恤费调整为按

20 个月的离休金计发。

（二）离休人员“二项经费”

1982 年，离休干部每年每人补助特需经费 150 元，每年每人提取公用经费 500 元，作为离休干部学习、参观、保健等活动的经费开支。

2002 年 1 月起，特需经费标准由每人年 300 元调整为每人年 500 元，其中 250 元发放给老干部本人，250 元由老干部局统一管理。2003 年起，离休干部公用经费标准为每人 600 元，其中 50 元单位留存，550 元发给老干部本人。特需经费与公用经费统称为“二项经费”，以后每年出台使用办法。

（三）离休人员医疗补贴

离休老干部的医疗费用实报实销，单独制定报销办法。2002 年开始试行“确定基数、定额管理、发放到人、结余归已、超支报销”的办法，当年确定基数每人年 4000 元。2003 年医疗费管理办法调整为“定点医疗、定额包干、节约归已、超支全报”。2004 年医疗费预发定额调整为 5000 元。2007 年 1 月起，离休干部统一使用 IC 卡就医，5000 元医疗费定额年初打入卡内。2009 年 1 月起，解放战争期间参加革命的离休干部无固定收入配偶，实行医疗费报销，报销比例 65%，由财政按每人 20000 元标准划入职工基本医疗保险基金，实行专项专款管理。

离休干部每年进行一次健康检查。年终慰问费 300 元。

第四节　优抚与社会救济资金管理

一、自然灾害救济

桐乡境内自然灾害发生最多，危害最大的是水灾、旱灾、风灾。市财政每年根据民政部门的年初预算要求安排救济资金。1999 年，市纪委（监察局）、审计局、物价局、财政局、民政局、计经委等部门联合开展“6·30”赈灾募集、使用情况检查；2001 年开始实行村级财务公开，民政救济方案上墙公开。（具体救济内容参见本志第三章《财政支出》第四节《财政支持保障和改善民生》）

二、临时救助

主要针对因病、因残、火灾等原因造成的灾难或困难给予救济与补助。

市财政每年根据民政部门的年初预算要求安排救助资金，救助资金方案上墙公开，具体救助的内容参见本志第三章《财政支出》第四节《财政支持保障和改善民生》。

三、最低生活保障

1997 年 1 月 1 日起，桐乡市施行城乡最低生活保障制度。市财政和乡镇财政各承担 50%保障金，2001 年市财政负担比例提高到 70%，2009 年 12 月后由市财政全额承担。

当年城乡居民最低生活费标准：城镇居民家庭月人均 140 元，农村居民家庭月人均 80 元。当年确定全市符合救济条件的有 1139 户，3316 人，占全市总户数的 0.67%，占全市总人口的 0.51%。随着经济和社会的发展，2001 年、2003 年、2005 年、2007 年、2008 年、2009 年、2010 年多次调高低保金标准；因物价因素，2005 年、2007 年、2008 年、2009 年、2010 年分别在原低保金的基础上给予物价补助。2008 年开始，对低保群体实行春节慰问，每人慰问金 100 元。

表 11－13　　1997—2010 年桐乡市城乡居民最低生活保障情况表

年　份	低保户数(户)			低保人数(人)			低保标准(每人每月/元)	
	总　数	城　镇	农　村	总　数	城　镇	农　村	城　镇	农　村
1997	1139	74	1065	3316	196	3120	140	80
1998	1229	103	1126	3635	280	3355	140	80
1999	1262	106	1156	3794	278	3516	140	80
2000	1369	147	1222	4023	377	3646	182	92
2001	1386	150	1236	4035	413	3622	210	106
2002	2421	284	2137	5956	658	5298	210	106
2003	3286	350	2936	7190	734	6456	230	120
2004	3412	435	2977	7181	807	6374	230	120
2005	3480	476	3004	7359	889	6470	250	150
2006	3422	448	2974	7192	815	6377	250	150
2007	3050	369	2681	5954	612	5342	270	170
2008	3191	376	2815	6273	631	5642	300	200
2009	3211	872	2339	6231	1101	5130	340	240
2010	3140	368	2772	6059	590	5469	400	280
合计	34998	4558	30440	78198	8381	69817		

资料来源:根据市民政局在编《桐乡市志》相关内容

表 11－14　　若干年份桐乡市低保群体物价补助情况表

年　份	执行时间	发　放　标　准	
		城　镇	农　村
2005 年	一　次	230 元/人	120 元/人
2007 年	四　次	70 元、80 元、150 元、180 元/人	45 元、45 元、90 元、120 元/人
2008 年	四　次	135 元、155 元、120 元、42 元/人	90 元、90 元、75 元、30 元/人
2010 年	四　次	65 元、91 元、107 元、107 元/人	46 元、64 元、75 元、75 元/人

资料来源:根据政府相关文件整理

2001 年开始,实行《桐乡市城乡居民最低生活保障实施办法》,低保户认定结合村务公开实行上墙公示,认定的低保户实行发卡管理,低保金凭卡领取。

2004 年,成立桐乡市困难群众救助工作领导小组,组织低保工作大检查,共检查 12 个镇、乡、街道,抽查 22 个村,走访 31 户低保户。累计新增低保户 139 户、288 人,注销 44 户、56 人,调整低保补差 454 户、477 人。

2005 年,出台《桐乡市城乡居民最低生活保障工作规范化管理考核办法》。

2008 年,建立低保信息平台,实现市、镇、村三级联网,加强动态管理。

2009 年 11 月,出台《关于对城乡低收入家庭实施分类救助的意见》。将救助范围扩大到家庭年人均收入高于本市低保标准50%以内的困难家庭。建立低收入家庭救助信息平台数据库,完善同步进退机制,实行与低保同步的平台管理。

2010年,纳入低收入家庭进行救助的有1312户,每户发放救助金500元。

四、特殊困难人员救助

(一)孤老生活困难救助

救助的重点对象是生活没有依靠的老弱孤寡和缺少劳动力、无经济来源的群体。

1988年3月,桐乡成立社会福利有奖募捐委员会,在县境内发行中国社会福利奖券,1988年至2002年共销售社会福利彩票10554.5万元,除上缴国家外,桐乡留用福利资金1361.36万元,用于资助筹建桐乡市老年公寓、儿童福利院、乡镇敬老院及其他福利设施,并对弱势群体进行救助。

2004年1月1日起,面向全市福利企业按照减免税额的15%募集福利事业统筹资金,专项用于社会福利与社会救助,该项资金由税务部门协助征收。

1983年,全县有五保户648户,共661人经普查登记发证。是年,桐乡县羔羊乡率先办起全县第一家敬老院。乡政府每年拨款1万元,村委会给敬老院老人每人每年发80元。2002年开始,桐乡市投入3000万元,对各镇(街道)敬老院进行合并重组,至2010年止,全市建成14所敬老院,供养五保老人737人。敬老院基本采用"公办民助、民办公助"的形式。

1983年,五保户的供养标准年均150元,后随社会经济的发展逐步调整提高,2003年供养标准月平均254元,2008年8月1日起,新的《农村五保供养工作条例》出台,农村五保供养对象纳入公共财政的保障范围,供养标准每年由市政府公布。至2010年,五保供养标准为每人每年7600元。

(二)儿童福利院

1999年,桐乡成立儿童福利院,每年收养孤儿平均在20人左右,政府配备护理人员,经费全部由财政保障,病残儿童由政府出资帮助治疗,政府负责收养孤儿的生活与教育费用。2006年,财政投入190.90万元,迁建儿童福利院,2007年竣工建成。

(三)精简老职工救济

20世纪60年代初对部分丧失劳动能力,不符合退休、退职条件的老弱残职工由民政部门审核认定按政策进行精简,依本人原标准工资的40%按月发给救济费。其余生活困难的精简人员给予临时救济或定期定量救济。

1965年开始,对精减老职工开展普查,建立个人档案,落实政策,发放救济款。

"文化大革命"时期,原工资40%的救济基本不变,其他救济被打乱。80年代开始逐步增加对精简老职工的补助,至1987年年底,按原工资40%补助的补助标准增加到年人均531元,其他精减老职工年补助额为人均288元。2008年止,原按工资40%补助的补助标准调整为590元,其余精减退职职工的生活困难补助标准调整为510元。

据民政局资料记载,1991年,按工资40%补助的精减退职职工26人,其他生活困难的精简人员190人;2010年,已无按工资40%补助的精减退职职工,其他生活困难的精简人员尚有108人。

五、医疗救助

对贫病人员的医疗救助一直都处于零散和应急状态,救助力度也不大,资金来源:有政府安排给民政的临时救助款,或合作医疗资金。

2002年开始,医疗救助被纳入桐乡市新一轮合作医疗制度。对低保线内的贫困群体给予合作医疗保险费补助,当年补助标准为20元/人,以后年份逐步提高,其中2004年、2005年、2007年、2009

年、2010年调整后的补助标准分别为25元、37.50元、40元、80元、100元。

2005年1月1日起实施《桐乡市城乡困难人员医疗救助办法》，对三类群体根据医疗费用的自负情况实施分段医疗救助，一是城乡低保家庭，二是城镇特困职工家庭，三是患重大疾病严重影响基本生活或实际生活水平在低保标准内的家庭，最高每户每年不超过3万元。

2006年，完善《桐乡市城乡困难人员医疗救助办法》，1月1日起实施，救助对象每户医疗救助不足500元的，给予500元救助，取百元整数，每户每年最高限额5万元。

2007年开始实行医疗救助卡办法，对全市低保人群和康复村麻风病患者按人均40元标准发放救助卡，2009年提高至人均200元。

2010年，进一步完善《桐乡市城乡困难人员医疗救助办法》，取消500元最低定额补助办法，救助金取百元整数，最高救助限额提高到10万元，当年医疗救助金有结余，对困难群体重大疾病实施二次救助。

表11－15　　2002—2010年桐乡市医疗救助情况表

年　份	救助人次	救助金额(万元)	年　份	救助人次	救助金额(万元)
2002	6285	12.57	2007	9663	361.44
2003	8199	16.40	2008	8235	476.92
2004	7145	17.86	2009	8382	486.32
2005	8094	71.71	2010	12721	635.92
2006	1044	194.894			

资料来源：根据市民政局在编《桐乡市志》相关内容

2010年12月1日起，对参加城乡合作医疗的困难家庭试行医疗救助即时结报办法，依托桐乡市社会救助信息平台和桐乡市城乡居民合作医疗计算信息管理系统，实现医疗报销和医疗救助一次性结算。

医疗救助资金来源：2005年开始由市财政预算安排，每年按全市总人口每人5元的标准划拨，2008年、2009年分别提高至6元、7元。救助资金实行总量控制，专款专用，专项结报。省财政每年也给予一定补助，充实救助资金总量，2005—2010年，省财政分别下拨救助资金96万元、57万元、57万元、120万元、155万元、165万元，共计650万元。

六、帮困扶贫

帮困扶贫采取扶持生产自救，群众互助和国家补助相结合的办法。

(一)城镇

1996年开始，实施《桐乡市城镇扶贫解困百户工程》，在梧桐镇等七大镇确定100户扶贫对象，分解到市级机关各部门开展结对帮扶，解决贫困户子女入学、住房、就业等困难，过年过节还为困难群众送米、送油，捐钱捐物，帮助脱贫。城镇"百户工程"一直持续到2002年。

(二)农村

1997年开始，实施农村危旧房改造。开展一乡一户扶贫建房工程，对新中国成立以来没有建过房的困难户，采取市民政局补一点、乡镇资助一点、村民委员会帮助一点，贫困农户自筹一点的办法开展扶贫建房。

2008年，全市开展“百企联百户、扶贫建新房”活动，扶贫建房力度进一步加大。

表11-16　　1997—2010年桐乡市扶贫建房情况表

年　份	建　房　户	财政扶持资金	年　份	建　房　户	财政扶持资金
1997年	46户	18.4万元	2006年	100户	100万元
1999年	31户	12万元	2007年	102户	90.2万元
2000年	48户	22.7万元	2008年	100户	200万元
2001年	60户	30万元	2009年	156户	212.98万元
2002年	60户	30万元	2010年	88户	105.6万元
2003年	70户	35万元	累　计	960户	956.88万元
2005年	99户	100万元			

资料来源：根据市民政局在编《桐乡市志》相关内容和政府相关文件整理

七、慈善基金管理

2002年4月，桐乡市成立慈善总会，2002年8月至2008年3月，全市各镇、街道相继建立慈善分会，广泛募集善款，建立慈善基金，财政逐年拨款充实慈善基金。至2010年止，共募集慈善资金1.54亿元（含市财政拨款180万元），9年间实施“爱心助孤”“帮你圆大学梦”“大病医疗救助”“困难户帮困慰问”“农村扶贫建房”“花开百户造血型救助”“日常救助和应急性救助”等一系列慈善救助，救助金额3000多万元。慈善基金实行封闭运行，专户管理，委托财政实现保值增值。

八、残疾人保障资金管理

1990年11月，成立桐乡县残疾人联合会（简称“残联”），由市民政局代管，1997年11月分设。

1997年1月1日起，全市机关、团体、企事业单位、城乡经济组织按在职职工总数1.5%的比例安置残疾人劳动就业，安置人数达不到规定比例或安置残疾人有困难的单位，按规定每年度交纳残疾人就业保障金。1999年，征缴范围向乡（镇）、村拓展，全市城乡其他经济组织等用人单位均纳入实施范围。2001年起改进和完善保障金征缴办法，区域内安置残疾人达不到法定比例的机关、团体、事业单位及驻桐机构由市残联委托市信用社收取残疾人就业保障金；其余单位、企业委托市地税局征收，实行一年一征。保障金实行征退两条线管理，征收后统一划转到财政保障金专用账户，财政局每年下达收支计划，实行预算管理和收支两条线财政专户管理。

1998年开始统一使用“中华人民共和国残疾人证”，当年建档残疾人9337名。至2010年年底，全市有各类持证残疾人14625人。

表11-17　　1998—2010年桐乡市征缴残疾人就业保障金一览表

单位：万元

年　度	1998	1999	2000	2001	2002	2003	2004	2005	2006	2007	2008	2009	2010
征缴数	35	38	39	610	940	1062	940	1359	1408	1671	1781	1883	2146

资料来源：根据市残联在编《桐乡市志》相关内容

残疾人就业保障金的使用主要包括:

(一)残疾人康复

1991年开始,先后实施“助行工程”“助听工程”和“慈善光明工程”。1999年9月,市人民政府发布《桐乡市照顾扶持残疾人规定》,2004年市府办下发《关于桐乡市照顾扶持残疾人规定实施细则》,当年开始实施残疾人康复服务工作,康复服务主要委托市一院、二院、皮防院、中医院、聋哑学校、培智学校承担,托养主要委托乡镇、街道敬老院承担。低保家庭残疾人住院治疗的床位费、手术费优惠50%,低保家庭中的一级残疾人的住院医疗费用在残保金中给予报销20%,低保家庭中的重度精神病患者医疗费用由市、乡镇(街道)各承担50%。同时对贫困户白内障患者和聋儿安装助听器给予1000元补助(非贫困白内障复明每例200元)、假肢安装大腿一次性补助2000元、小腿全额补助;进康复村休养的麻风病人由乡镇(街道)给予每人年600元补助。

表11-18　2004—2010年桐乡市残疾人康复补助情况统计表

年份	通过康复机构补助		对白内障、假肢安装、助听安装的补助	
	机构数量(家)	金额(万元)	人数(人)	金额(万元)
2004年	7	27.35	216	5.3
2005年	10	23.57	12	1.5
2006年	7	15.2	233	6.9
2007年	4	7.7	9	1.5
2008年	2	8.6	302	9.74
2009年	2	6	537	69.25
2010年	3	11.5	460	66.05

资料来源:根据政府相关文件整理,经市残联补充完整

2008年开始,全面实施残疾人共享小康工程。市残联、市财政局、市卫生局联合制定《桐乡市残疾人康复工程实施细则》,对白内障患者复明给予补助。贫困群体每例补助2000元,非贫困群体每例补助1000元。贫困残疾人配助视器每例补助500元、配助听器每例补助2000元、安装上肢和小腿每条补助5000元,安装大腿每条补助10000元;非贫困残疾人减半补助。当年实施补助302人,补助金额9.74万元。至2010年止,共为959名1286例白内障复明、62名低视力患者配助视器给予免费或适当补助,其中2007年对11名贫困白内障患者免费实施复明;对41名贫困残疾人赠送轮椅和拐杖;为42名残疾人安装假肢;为195名听力障碍患者赠送助听器371台。为43名聋哑儿童进行语训。康复服务由定点医院、定点服务点实施,完成康复手术后由本人申请,凭发票到市残联报销相关费用。

2009年5月,桐乡市残疾康复指导中心建立。至年底,全市建立起14个康复中心,176个康复站。

(二)残疾人教育、就业

1990年6月,创办县聋哑学校,招收第一届2个班27名聋哑新生。1999年7月,创办市培智学校,招收第一届一个班14名智障新生。2004年,市人民政府出台《桐乡市照顾扶持残疾人规定》,聋哑、培智学校学生由所在乡镇、街道出资,每学期每个学生补助600元。2005年8月两校合并,更名为桐乡市特殊教育学校。2010年,该校有12个教学班,178名学生。

2004 年开始，对残疾人困难家庭子女就学开展助学补助，普通残疾学生每学期补助 300 元，贫困残疾家庭学生每学期补助 500 元，由市残联出资；至 2010 年共资助 303 人次，资助金额 15.13 万元。

1998 年，对残疾人开展职业培训，开设电脑、缝纫、书画等培训课程。2004 年，由乡镇负责组织残疾人培训，市残联每年下达培训任务，分乡镇下拨培训补贴，每年对培训落实情况组织考核。

2002 年开始，实施农村残疾人扶贫开发计划，建立并扶植残疾人扶贫基地，安排残疾人就业，1999 年，在河山镇张褚村和新生镇妙智村建立残疾人种养基地，扶持残疾人从事种养业，两个基地安置残疾人 25 名。2002 年开始对从事种养殖业的残疾人给予适当补助。2003 年实施残疾人"脱贫工程"和"小康致富"工程。2004 年，市政府出台《桐乡市照顾扶持残疾人规定》，进一步鼓励残疾人自谋职业，对残疾人从事个体经营、种养殖业向银行申请贷款的，给予贴息，贷款额度 30000 元以下全额贴息；30000 元至 100000 元贴息 50%。农村低保残疾人家庭从事种养殖业，根据规模给予 500～1000 元一次性补助。农村残疾人种养业大户带小户，根据带动规模给予 1000～2000 元的一次性补助。残疾人失业，原单位对缴纳过失业保险金的人员，一次性补助 1000 元。

种养殖扶贫基地逐步发展，不断完善管理办法，2006 年发展到 20 个，有苗木基地、水产养殖基地、生猪生态养殖基地、湖羊养殖基地、蔬菜种植基地等。至 2010 年年底，全市 20 个残疾人扶贫基地，共安置残疾人就业 139 名。扶贫基地每年组织考核验收，合格的按规定给予补助。

表 11－19　　2002—2010 年桐乡市残疾人教育、就业补助情况统计表

年　份	扶贫基地补助		种养植、自谋职业贷款贴息		残疾人培训补助	
	户　数	金额(万元)	户　数	金额(万元)	人　数	金额(万元)
2002 年	14	36.7	7	1.18	763	3.82
2003 年	14	28				
2004 年	13	40	14	4.5	1552	7.76
2006 年	20	48	22	7.45	2165	10.83
2007 年	18	48.05	38	13.7	2497	12.49
2008 年	19	45.3	46	21.52		
2009 年	20	47.82	30	31.78	1912	6.00
2010 年	20	68	76	47.65	1324	6.62

资料来源：根据政府文件整理，经残联补充完整

2010 年，桐乡乌镇自强旅游工艺品培训基地和桐乡林丰果业专业合作社被评为省残疾人扶贫示范基地，省财政分别给予 10 万元奖补资金，市相应分别给予 5 万元奖补。

（三）残疾人社会保障

1996 年开始，实施部门与困难户结对扶贫的办法。1997 年，575 户残疾人特困户纳入全市最低生活保障。1998 年，在全市开展一帮一、一带一结对助残活动，30 个乡镇建立青年志愿者助残联络站，社会捐资捐物 6 万余元。1999 年，采用"联、帮、包、带"的方式，在全市确定 100 个特困残疾人家庭作为重点扶持对象，进行结对扶持。1999 年开始，实施残疾人扶贫建房（2004 年更名为"安居工程"）补助，1999—2010 年，共给予 453 户贫困残疾人家庭建房补助 327 万余元；2002 年开始实施临时生活困难救济，2002—2010 年给予 1819 人次残疾人家庭 131.28 万元的临时生活困难补助。

2004年9月,市政府出台《桐乡市生活不能自理残疾人生活补助暂行办法》,对生活不能自理残疾人发放每人每月200元的生活补助。2004年生活不能自理残疾人232人,2010年年底为748人,2004—2010年共发放生活不能自理人员生活费1082.74万元。

2009年开始,实施残疾人共享小康工程,对贫困重度残疾人单独施行最低生活保障,全额享受最低生活保障;对属于低收入群体的重度残疾人按照低保标准,全额发放低保补助金(由最低生活保障金列支)。实施重度残疾人托(安)养工程,对纳入集中托养、居家安养和日间照料的重度残疾人实行经费补助。补助标准:贫困重度残疾人集中托养服务费按每人每年7800元补助、居家安养和日间照料服务费按每人每年3900元补助;非贫困重度残疾人纳入集中托养的服务费减半,纳入居家安养的补助3000元。

表11-20　　2009—2010年桐乡市重度残疾人生活补助情况表

年份	低保重残			低收入重残		
	补助人次	补助金额(万元)	人均(元)	补助人次	补助金额(万元)	人均(元)
2009	4671	118.89	254.54	1653	41.69	252.23
2010	4996	134.55	269.32	1600	41.94	262.16

资料来源:根据市残联在编《桐乡市志》相关内容

2006年开始,对城镇贫困残疾人个体工商户参加职工基本养老保险的个人缴费部分(8%)进行全额补贴,2010年农村残疾人个体工商户和参加城乡居民养老保险的残疾人也纳入补贴范围。

表11-21　　2006—2010年桐乡市残疾人养老保险参保补助情况表

	2006年	2007年	2008年	2009年	2010年
参保人数	16人	24人	23人	23人	1183人
补贴金额	1.54万元	1.31万元	3.19万元	3.33万元	32.25万元

资料来源:根据政府相关文件整理

2008年开始,对残疾人参加城乡居民合作医疗保险的个人缴费部分进行全额补助。

表11-22　　2008—2010年桐乡市残疾人医疗保险参保补助情况表

	2008年	2009年	2010年
参保人数	6165人	7103人	8394人
补贴金额	35.94万元	56.82万元	83.94万元

资料来源:根据政府相关文件整理

2001年9月,启动无障硬设施建设,逐步落实市政广场、宾馆商场等公共场所无障碍设施建设,初步建成复兴路、校场路2条盲人专用通道。2004年,在城市主要道路和旅游景点设置盲道、坡道20多公里,并设立2只过街提示音箱,为残疾人出行提供方便。

九、抚恤优待金管理

1992年8月，县政府出台《桐乡县军人抚恤优待办法》(以下简称《办法》)，1996年1月、2008年1月，两次重新发布该《办法》，进一步补充与完善相关内容。中国人民解放军和中国人民武装警察部队现役军人及在本县居住的残疾军人，复员退伍军人，烈士家属、因公牺牲军人家属、病故军人家属(简称“三属”)，现役军人家属，红军失散人员，按规定享受抚恤和优待。所需经费除中央和省补资金外由县级财政预算安排。

(一)优待

1996年开始，义务兵优待金实行城乡统筹，统筹标准为不低于当地人均年收入的70%。1997年开始，兵役义务费面向企事业单位和适龄公民征集，实行社会统筹。财税部门负责企事业单位的征集，乡镇财政组负责适龄公民的征集，当年统筹总额443.6万元。2002年7月1日起取消兵役义务费征集，优待金由市、乡镇财政预算安排。优抚金由民政局统一发放，专款专用。

优待金发放标准分别按城镇在职入伍、待业入伍、农村入伍不同类型确定，1991年优待金标准：城镇在职入伍660元、待业入伍480元；农村入伍625元，最高780元，最低500元。

义务兵优待金标准逐年提高，一般参照上级有关规定或周边县市的水平确定。2008年1月开始，优待金标准以上年度城镇居民人均消费性支出、农村居民人均生活消费支出统计指标为基础，结合城乡人口比例系数测算确定，逐年调整，自然增长。

表11-23　　1996—2010年桐乡市优待金发放情况统计表

单位：人、元

年　份	享受家属优待人数	优待金合计	人　均	年　份	享受家属优待人数	优待金合计	人　均
1996	1345	3440000	2557.62	2004	734	3340000	4550.40
1997	1354	3831300	2829.62	2005	774	3420000	4418.60
1998	1115	3200000	2869.96	2006	644	2890000	4487.58
1999	1143	3000000	2620.09	2007	654	5355000	8188.1
2000	1125	3480000	3093.33	2008	645	5290000	8201.55
2001	727	3000000	3657.22	2009	643	5470000	8507.00
2002	741	2710000	4546.59	2010	673	7083400	10525.00
2003	734	3340000	4550.40				

资料来源：民政局在编《桐乡市志》相关内容

2009年开始，根据嘉兴市的统一规定，确定进藏兵的优待标准高于义务兵2倍，进川兵的优待标准高于义务兵1.5倍。

表11-24　　若干年份桐乡市优待金标准调整情况表

单位：元

年　份	义务兵	进藏兵	进川兵	年　份	义务兵	进藏兵	进川兵
1999	2700	8100	5400	2003	3800	11400	7600
2001	3600		7200	2004	4200	12600	

续表 11－24

年　份	义务兵	进藏兵	进川兵	年　份	义务兵	进藏兵	进川兵
2005	4500			2009	9035	27105	22587
2006		13500		2010	10190	30570	25475
2008	8150	24450					

资料来源:根据政府相关文件整理

1992 年 8 月始,现役军人在部队立二等功以上的,由县人民政府给予奖励,一等功奖 3000 元,二等功奖 1000 元;立三等功者,由乡(镇)人民政府奖励 100 元。1996 年始,三等功奖励标准提高到 200 元。2008 年开始,对服役期间获得荣誉或立功的,分别按荣誉和立功的等级相应增发优抚金比例。

表 11－25　　桐乡市现役军人服役期间荣誉奖励标准一览表

荣　誉　等　级	奖　励　幅　度
获中央军事委员会授予荣誉称号	增发优抚金 35%
获军队军区级单位授予荣誉称号	增发优抚金 30%
立一等功	增发优抚金 25%
立二等功	增发优抚金 15%
立三等功	增发优抚金 5%

资料来源:根据政府相关文件整理

2003 年 12 月至 2010 年 12 月,桐乡籍军人在部队服役期间立功受奖人数共有 143 人,其中 9 人立二等功,134 人立三等功。

(二)抚恤

1. 一次性抚恤

1992 年,现役军人死亡一次性抚恤金标准:革命烈士发给四十个月薪金、因公牺牲发给二十个月薪金、病故军人发给十个月薪金。1996 年,除按上级规定的标准执行外,桐乡市再给予一次性补助:烈士家属 1 万元;因公牺牲军人家属 5000 元;病故军人家属 2500 元。2004 年,一次性抚恤标准调整为:烈士发给八十个月薪金、因公牺牲发给四十个月薪金、病故发给二十个月薪金。

2. 遗属补助(后称遗属定期抚恤)

1982 年,烈军属每月定补款 15 元。1983 年,全县有孤老烈属 72 名,当年起补助款每月提高 5 元。1984 年 3 月,农村烈士家属每月定补款 20 元,城镇 25 元,是年共发放定补款 8.33 万元。1985 年 1 月 1 日起,将“三属”的定期定量补助改为定期抚恤金并实行终身抚恤制度,按月发给抚恤金。

表 11－26　　已故现役军人遗属定期抚恤标准一览表

单位：元/人、月

名　称	1992 年		1996 年		1999 年		2000 年		2001 年	
	城　镇	农　村	城　镇	农　村	城　镇	农　村	城　镇	农　村	城　镇	农　村
革命烈士	61 元	47 元	130	115	200	180	220	200	240	220
因公牺牲	61 元	47 元	130	115	200	180	220	200	240	220
病故军人	56 元	42 元	125	110	195	175	215	195	235	215

资料来源：民政局提供

2003 年 4 月起，调整农村“三属”定期抚恤标准，以上年度本市农村居民人均纯收入为基数，分别按烈属 120％、因公牺牲军人家属 110％、病故军人家属 100％的标准发放。2008 年 1 月开始，重点调整城镇“三属”定期抚恤标准，以上年度本市城镇居民可支配收入为基数，分别按烈属 110％、因公牺牲军人家属 105％、病故军人家属 100％的标准发放。

3. 伤残军人抚恤

伤残军人抚恤根据伤残等级和伤残性质，在乡（没有参加工作的伤残人员）人员按年发放抚恤金，在职（参加工作的伤残人员）人员按年发放保健金。1992 年 8 月，桐乡县人民政府印发《桐乡县军人抚恤优待实施办法》，根据上级规定发布革命伤残军人抚恤金、保健金年标准如下：

表 11－27　　革命伤残军人抚恤金、保健金年标准表

伤　残　等　级	伤　残　性　质	在乡年标准（元）	在职保健金（元）
特　　等	因战	1560	240
	因公	1440	216
一　　等	因战	1260	206
	因公	1170	184
	因病	1060	
二等甲级	因战	920	156
	因公	830	140
	因病	760	
二等乙级	因战	656	135
	因公	590	122
	因病	554	
三等甲级	因战	416	108
	因公	400	98
三等乙级	因战	342	90
	因公	342	82

资料来源：民政局提供

1996 年 1 月，桐乡市人民政府印发修订后的《桐乡县军人抚恤优待实施办法》。2003 年 4 月起，调整在乡伤残人员的优抚金，发放标准以上年度本市城镇职工平均工资为基数，不同的伤残等级和伤残性质,按不同的比例发放。2008年1月,市人民政府修订并重新公布《桐乡县军人抚恤优待实施办法》。享受对象范围改为无工作单位或无固定收入的残疾军人,修订后的抚恤金标准以本市上年度城镇单位职工平均工资为基数,分别为:

一级因战、因公、因病残疾军人,分别按100%、95%、90%发放;

二级因战、因公、因病残疾军人,分别按90%、85%、80%发放;

三级因战、因公、因病残疾军人,分别按80%、75%、70%发放;

四级因战、因公、因病残疾军人,分别按70%、65%、60%发放;

五级因战、因公、因病残疾军人,分别按60%、55%、50%发放;

六级因战、因公、因病残疾军人,分别按50%、45%、40%发放;

七级因战、因公残疾军人,分别按40%、35%发放;

八级因战、因公残疾军人,分别按35%、30%发放;

九级因战、因公残疾军人,分别按30%、25%发放;

十级因战、因公残疾军人,分别按25%、20%发放。

在职和离退休伤残军人由单位按国家规定标准执行,其年收入与抚恤金之和低于上述标准的,由民政部门确认后按差额补足。

一至四级残疾军人,由国家终身供养。

(三)复员退伍军人补助

1992年8月,《桐乡县军人抚恤优待实施办法》发布,无固定收入、年老体弱、生活困难的在乡复员军人,红军失散人员,带病回乡的退伍军人等三类人员列入定期定量补助范围,并实行办理定期定量补助证管理办法。补助标准按本地群众的实际生活水平确定。

2003年7月、8月,出台《桐乡市重点优抚对象生活保障办法》《桐乡市优抚对象生活保障实施细则》,对在乡孤老复员军人、老复员军人和带病回乡的退伍军人分别按上年度本市农村居民人均纯收入的80%和70%给予补助。2008年4月起,调整为:无工作单位的抗战时期复员军人、解放战争时期复员军人、建国后复员军人及基本丧失劳动能力的带病回乡退伍军人,分别按上年度本市农村居民纯收入的80%、75%和70%发放。

1990年,全面普查确认,农村1954年底前入伍的老复员军人有1250人,保障面100%。1995年,“三属”、伤残军人、在乡复员军人共1421户。

2003年4月开始,对在乡的年满60周岁、无固定经济来源、家庭生活困难的优抚对象给予每年一次性生活补助,资金来源由各镇乡、街道在优抚对象自然减员经费结余中列支。

表11-28　　1998—2010年桐乡市在乡复退军人情况表

单位:人

年　份	1998年	1999年	2000年	2001年	2002年	2003年	2004年
人　数	1072	1035	1065	943	872	717	687
年　份	2005年	2006年	2007年	2008年	2009年	2010年	
人　数	654	590	665	653	722	697	

资料来源:民政局提供

注:其中2007—2010年包括参战、参试人员766人

（四）医疗及其他补助

革命烈士、因公牺牲军人、病故军人、现役军人的家属，以及带病回乡的复员退伍军人、在乡伤残军人，因病治疗无力支付医疗费的由卫生部门酌情给予照顾，因治病造成生活困难的，民政部门给予临时医疗补助。2002 年全市实行合作医疗统筹，优抚对象的个人筹资部分由民政部门给予补助。

表 11－29　　2002—2010 年对优抚对象合作医疗统筹自负部分补助情况表

单位：元/人

年　限	2002.7—2004.6	2004.7—2005.6	2005.7—2006.12	2007 年	2008 年	2009 年	2010 年
补　助	20	25	37.5	40	60	80	100

资料来源：根据政府相关文件整理

当年 7 月，市民政局、卫生局、财政局联合制订《桐乡市重点优抚对象医疗费补助暂行办法》，对享受定期抚恤的在乡革命烈士、因公牺牲军人、病故军人家属和在乡、下岗的三等革命伤残军人、1954 年 10 月 31 日以前入伍享受定补的在乡复员军人、享受定补的带病回乡退伍军人因病治疗的医药费经合作医疗报销后的自负部分按性质给予不同比例补助，补助比例有 50％、40％、30％几个档次，最高限额分别为 5000 元、3000 元、2000 元、1500 元。2008 年 11 月起，自负部分补助标准调整为 80％、70％、60％、50％，门诊费用按年优抚金标准的 10％补助。

残疾军人的旧伤复发采取按规定报销的办法。2003 年 4 月起，对二等乙级以上军人医疗费实行"确定基数、定额管理、发放到人、结余归已、超支报销"办法。确定的基数为：60 岁以上每人年 3000 元，40 岁以上每人年 2000 元，39 岁以下每人年 1000 元。

2008 年 11 月起，一至六级残疾军人发生的医疗费用自负部分由单位报销，企业由市财政补助，无工作单位的按 2003 年补助标准给予补助。七至十级残疾军人旧伤复发，由工伤保险基金开支，无工作单位或无固定收入的给予报销。

优抚对象家庭生活和住房困难的，当地政府给予救济帮助。

表 11－30　　1998—2010 年桐乡市抚恤补助发放情况表

单位：万元

年　份	抚恤事业费	其　中：烈属复退军人补助	年　份	抚恤事业费	其　中：烈属复退军人补助
1991	55.7	46.40	1999	155.52	140.04
1992	66.90	51.50	2000	400.52	400.52
1993	78.50	78.20	2001	560.90	555.10
1994	81.50	81.30	2002	656.27	643.92
1995	213.80	211.80	2003	459.61	366.05
1996	138.60	136.60	2004	709.60	366.00
1997	153.60	151.60	2005	937.40	394.20
1998	171.10	161.20	2006	974.40	462.70

续表 11－30

年　份	抚恤事业费	其　中：烈属复退军人补助	年　份	抚恤事业费	其　中：烈属复退军人补助
2007	946.70	495.30	2009	1375.00	620.00
2008	1420.90	745.10	2010	1717.40	765.00

资料来源：民政局提供

(四)退伍军人安置

1997年，退伍军人安置实行“双向选择，供需见面，市场调节，包底安置”的办法。

1999年，桐乡市人民政府出台《桐乡市城镇退役士兵安置暂行办法》(以下简称《办法》)，鼓励退役士兵自谋职业，实行货币化安置。该《办法》4月1日起执行。退役士兵自谋职业者，一次性发给补偿金2万元，同时按军龄发给生活补助费：义务兵每年2000元，志愿兵每年1000元，一次性代缴三年养老保险费。资金来源为市财政拨款。

2006年12月，桐乡市人民政府出台《桐乡市退役士兵安置管理办法》，2007年7月1日起执行，推进城乡一体化的退伍安置改革。退伍士兵自谋职业的，每一年军龄给予2000元生活补助，同时根据入伍时的户籍性质发放一次性安置补偿金。城镇按本市上年度城镇居民人均可支配收入的120%核定；农村按本市上年度农村居民人均收入的50%核定；转业士官按上年度本市城镇居民人均可支配收入的200%核定。资金保障：城镇由市财政负担，农村由镇乡(街道)财政负担，市财政给予50%的补助。

1999年实行货币化安置后，至2010年共接收退役士兵4446人，其中1016人选择自谋职业，发放安置费2856.89万元。

表 11－31　　1999—2010年桐乡市退伍军人安置及自谋职业补助情况表

单位：人、万元

年　份	接收人数	自谋职业		年　份	接收人数	自谋职业	
		人　数	安置费			人　数	安置费
1999年	529	120	243.78	2005年	334	80	200.44
2000年	415	90	253.2	2006年	318	50	135.71
2001年	395	79	201.2	2007年	334	95	225.83
2002年	345	66	187.8	2008年	317	64	245.2
2003年	398	85	240	2009年	344	78	284.1
2004年	376	101	245.01	2010年	341	108	394.62

资料来源：民政局提供

第十二章　国库集中支付

2001年3月，财政部下发《财政国库管理制度改革试点方案》，开始实施财政国库管理制度改革，基本目标是改革传统的财政资金银行账户管理体系和资金缴拨方式，建立以国库单一账户体系为基础、资金缴拨以国库集中收付为主要形式的财政国库管理制度。桐乡市财政国库集中支付工作主要有工资统一发放、预算会计集中核算、建立国库集中支付制度和公务卡制度。

第一节　工资统一发放

实施财政统一发放工资的原则是："单位按规定编报，编制部门核准编制，人事部门核定人员和工资，财政部门核拨经费，银行及时足额代发到人"。2001年1月，桐乡市对实施国家公务员制度的国家机关（含乡镇机关），参照执行国家公务员制度的党委、人大、政协、法院、检察院、群团组织，依照国家公务员制度管理的事业单位，有财政拨款的转体单位及全市各类学校的在职人员实行财政统一发放工资。离退休人员离退休费由市社保中心统一发放。列入财政统一发放工资的项目有：市（县）级以上政府及其人事、财政部门的文件统一规定发放的工资、奖金、津贴、补助以及其他工资性项目。确定财政统一发放工资的承办银行为工行桐乡市支行、农行桐乡市支行、建行桐乡市支行，确定承办乡镇人民政府和乡镇各学校财政统一发放工资的代发银行为桐乡市信用联社。桐乡市财政局从2000年下半年着手准备，联合市人事局、市人民银行，印发《桐乡市行政机关和教师财政统一发放工资暂行办法》以及财政统一发放工资程序、会计核算办法、明确代发工资银行、银行发放程序等5个配套文件，并选择具有代表性的部门、单位先行试点，确保全市2001年1月起财政统一发放工资工作顺利到位和正常运转。2002年，桐乡市镇乡、街道事业单位机构改革，财政统一发放工资工作覆盖至全市镇乡、街道事业单位。镇乡、街道事业单位的工资性支出，除由市财政统一发放外，其余全部由镇乡、街道财政统一委托承办银行以"工资卡"形式代发。2004年1月起，全市行政机关离退休人员、依照国家公务员制度管理的事业单位离退休人员、6个转体部门原行政编制离退休人员的离退休费实行财政统一发放。享受十三个月或十三个半月的离休人员，增加的一个月或一个半月工资部分，原由市社保中心发放的抚恤费、丧葬费、遗属困难补助费由各单位自行发放，不实行财政统一发放。2005年，随着全市行政事业单位机构改革的不断深化和完善，相应调整财政统一发放工资办法。原已实行财政统一发放工资的准公益事业单位，除确认仍需统一发放的单位外，其他单位自2005年7月起财政停止统一发放，由单位自行发放。非独立核算准公益事业单位，如与财政统一发放工资单位统一核算的，原则上由财政统一发放工资。如回原单位发放确有利于工作，经审核批准后可以由单位自行发放。至2010年12月，桐乡市纳入市级财政统一发放工资的单位277个；统一发放工资的人数共10777人，其中在职9855人，离退休922人；月支付金额3576.98万元。

第二节　预算会计集中核算

2001年,桐乡市决定在市级行政机关、事业单位实行预算会计集中核算,嗣后即取消行政事业单位银行账户,预算单位不设会计人员,只设单位报账会计,财政资金收付由桐乡市预算会计核算中心集中办理、统一核算。印发《桐乡市市级机关、事业单位加强会计统一管理、实行会计统一核算实施方案》,并设立桐乡市预算会计核算中心,负责市属实施公务员制度管理的行政机关、事业单位的预算会计集中核算。是年2月,市编委批准桐乡市预算会计核算中心建制(2004年事业单位机构改革,更名为桐乡市财政支付(核算)中心)。至8月,桐乡市预算会计核算中心(以下统称"核算中心")组建完毕,3个单位进入核算中心试运行。会同市监察、审计、人民银行联合展开对桐乡市行政事业单位银行账户的清理,共清理账户910个,保留305个,撤销48个,限期撤销557个。至年底,共分两批44个单位进入核算中心集中核算。到2002年10月,市属92个部门、单位全部纳入核算中心实行集中核算。

《桐乡市市级机关、事业单位会计集中核算实施办法》规定:在保持法人单位的预算内外资金使用权和财务管理体制不变的前提下,撤销法人单位的银行账户(除核准保留的特需账户外),不再配备会计人员,建立核算中心,创建以计算机网络技术为依托的会计核算信息管理系统。由核算中心统一开户,部门或单位资金的拨入、支出以及往来款项均通过核算中心统一核算。实行预算会计集中核算后,仍保持"三个不变"的原则。一是法人单位原有的预算管理体制不变。年度预算仍由各单位编报,财政审核批复后由单位按规定使用。二是单位理财机制不变。资金的使用权、审批权和财务管理权仍由各单位掌握,对其各项财务收支活动负责。三是会计主体法律责任不变。单位的各项收支仍由各单位审批并承担相应的法律责任。在符合国家财经法律、法规和财务制度的前提下,核算中心为各单位办理会计核算。

核算中心成立后,对行政事业单位的财政性资金,包括财政预算内资金、预算外资金和其他财政性资金进行集中核算,改变长期以来经费实行财政分配、单位包干、分散核算的制度,实行"集中管理、统一开户、分户核算"。核算中心实行业务处理电算化、会计信息管理网络化,单位、银行与核算中心联网。具体运作采取设置柜台对外受理结报,分前台受理审核与后台会计核算,并由开户银行在前台设立专柜,代理现金支付、转账、信汇、电汇、托收、托付等收支业务。市财政局先后制订并实施会计集中核算的《实施办法》《业务操作流程》《内部管理制度》《工作人员岗位职责》《单位报账会计工作职责及程序》《会计档案管理》等9个管理制度。

2002年,桐乡市镇乡、街道事业单位机构改革,各镇乡、街道设立会计核算中心,会计集中核算工作延伸至镇乡、街道。在借鉴市级会计集中核算工作经验基础上,市财政局、市监察局2003年5月联合印发《关于镇乡(街道)行政、事业单位实行会计统一核算的通知》,规定镇乡、街道行政事业单位除卫生院实行条线统一核算外,其余行政事业单位及行政事业性账户全部纳入镇乡、街道会计核算中心统一集中核算。进入会计核算中心集中核算后,单位账户全部取消。属于上级部门需要设立的银行专户,需经镇乡、街道财政所批准。至7月底,全市各镇乡、街道行政事业单位全部进入会计核算中心统一集中核算。11月,市财政局制定《桐乡市镇乡、街道预算会计集中核算操作规程》,按照"一建立""二取消""三不变"原则,规范各镇乡、街道会计集中核算工作,包括制度建设、工作职责、操作程序、业务流程、票据管理、财产物资管理、会计档案管理等。

桐乡市预算会计集中核算采取以下两种方式:一是集中核算。由核算中心对纳入会计统一核算的单位进行集中核算，各单位设置报账会计。二是分中心核算。在实行集中核算的基础上，对所属独立核算单位较多，资金收支业务量较大的系统，在主管部门建立核算分中心，由分中心对所属单位实行集中核算，并由市核算中心实施网络管理和业务指导。经市编委批准，2002 年，先后在教育系统、卫生系统、规划建设系统成立三个分中心，承担其所属二级预算单位的预算会计集中核算。至 2010 年，进入核算中心集中核算的市级预算单位(不含分中心)共 98 个。

附注：2012 年 12 月，财政部《关于进一步完善制度规定，切实加强财政资金管理的通知》和嘉兴市人民政府办公室《关于深化国库集中支付改革恢复预算单位会计核算主体地位实施方案的通知》出台，要求恢复预算单位会计核算主体地位。按照推进财政科学化、精细化管理要求，结合桐乡市深化国库集中支付改革，市财政局出台《关于深化国库集中支付改革恢复预算单位会计核算主体地位工作方案的通知》《深化国库集中支付改革恢复预算单位会计核算主体地位实施办法》，按照进一步建立和完善以国库单一账户体系为基础、资金拨付以国库集中支付为主要形式的现代财政国库管理制度，理顺和规范部门职能关系，恢复市级预算单位会计核算职能，简化国库集中支付业务流程，提高财政资金使用效率。计划从 2013 年 1 月起，用两年时间，按照积极稳妥、分步实施、平稳过渡的原则，恢复 98 个预算单位会计核算主体地位。具体执行中，共分七批实施。2012 年 12 月，第一批市文体局系统和市教育局、卫生局、建设局、广播电视台等 14 个预算单位完成恢复前的准备工作，2013 年 1 月，14 个预算单位与核算中心完成交接手续，恢复预算单位会计核算主体地位。最后一批于 2014 年 10 月完成交接手续。

第三节　建立国库集中支付制度

2001 年 3 月，财政部下发《财政国库管理制度改革试点方案》(下称《试点方案》)，实行财政国库管理制度改革。主要内容是建立国库单一账户体系，所有财政性资金纳入国库单一账户体系管理，收入直接缴入国库或财政专户，支出通过国库单一账户体系支付到商品和劳务者或用款单位，规范收入收缴程序和支出拨付程序。《试点方案》还规定六个方面改革配套措施。一是进一步推进预算编制改革；二是修订和制定相关法律法规和管理办法；三是建立财政管理信息系统的国库管理操作系统；四是建立健全现代化银行支付系统；五是建立财政国库支付执行机构；六是加强监督制约机制。

2002 年 2 月，桐乡市财政局单设国库科(2011 年批准更名预算执行局)，由预算会计集中核算向国库集中收付制度过渡。是年 6 月，印发《桐乡市市级财政资金拨付管理办法》。2005 年 10 月，针对《桐乡市市级财政资金拨付管理办法》在执行过程中暴露的问题，印发《桐乡市市级财政资金拨付内部管理规程》(以下称《规程》)。《规程》对财政性资金界定为市财政履行政府职责管理的所有资金，包括一般预算资金、纳入财政预算管理的政府性基金、财政专户管理的政府专项资金和一般预算外资金、专项经费中与财政资金配套的单位自筹资金和其他财政性资金。各类财政资金的拨付，都必须具有合法、合规、完整的预算，以及计划指标或者批准依据，不得办理无预算、超预算、无计划、超计划，无批准依据或批准手续不全，以及收取的资金不足拨付金额的资金拨付。《规程》对财政性资金拨付实行预算指标管理，预算支出指标统一由预算科下达，各职能科室按照下达的指标实行日常管理。同时，规定对专项资金拨付除具备相应的拨付依据外，实行限额管理。一次性拨款在 100 万元以下的，报经分管副局长审批；100 万元以上的，报经分管副局长审核后会同局长审批。《规程》还制定财政性资金拨付程序、资金拨付稽核制度和按月对账制度。对账主要包括相关职能科室间的财政预算资金拨付对账、财政专项资金和预算外财政专户资金拨付对账、财政部门与预算单位的收支对账、相关科室与开户银行的余额对账等，做到账表、账账、账证、账实相符。2007 年 7 月，随着桐乡市财政局全面导入

ISO 9001质量管理体系标准,国库业务开始按照 ISO 9001:2000 质量管理体系运行,财政资金拨付执行《财政资金申拨管理控制程序》。2010 年,根据 ISO 9001 质量管理改版工作的要求,全面修订国库集中支付相关管理程序文件,制定《国库集中支付管理控制程序》。

2009 年,根据省财政厅提出的在 2010 年年底前全省要全面推行试点国库集中支付改革和“收入一个笼子,预算一个盘子,支出一个口子”的要求,执行《财政部、中国人民银行关于印发〈财政国库管理制度改革试点方案〉的通知》《浙江省人民政府办公厅转发省财政厅等部门关于〈浙江省财政国库管理制度改革方案〉的通知》。2010 年 1 月 1 日起,桐乡市全面推行国库集中支付制度改革,确定桐乡市财政支付(核算)中心承担国库集中支付职责和相关业务,深化国库集中支付和预算会计集中核算工作。2009 年下半年起,开展国库集中支付改革调研、相关系统软件的开发、制度修订工作。10 月 20 日,市政府办公室转发市财政局、人民银行桐乡市支行关于《桐乡市财政国库管理制度改革试点方案》。依据试点方案,按照“一结合、三不变,明确职责、规范操作,统筹规划、分步实施,强化监督、提高效率”的原则,市财政局会同市人民银行,制定下发《桐乡市市级财政国库集中支付管理暂行办法》《桐乡市市级财政国库集中支付会计核算暂行办法》《桐乡市财政国库集中支付资金银行清算暂行办法》《关于国库集中支付改革试点工作有关事项的通知》《桐乡市预算单位银行账户管理办法》等配套文件和办法。依据浙江省财政厅有关确定代理银行的要求,择优选定工行桐乡市支行、建行桐乡市支行为桐乡市财政国库集中支付代理银行,在代理银行开设好财政零余额账户和单位零余额账户。根据“金财工程”一体化建设的总体要求,确定用友公司开发桐乡市国库集中支付改革的“用款计划”“集中支付”和“银行清算”等系统,利用现有财政与人民银行、代理银行之间的光纤线路,建立起财政、人民银行国库、代理银行等部门的信息管理系统,为国库集中支付改革提供操作平台和技术支持。

市级国库集中支付制度分三个阶段实施。第一阶段 2010 年 1 月至 7 月,为改革试点阶段;第二阶段为 2010 年 7 月至 12 月,为推广实施阶段;第三阶段为 2011 年,为完善提高阶段。2010 年 1 月,桐乡市财政国库集中支付改革正式上线运行。市财政局、财政支付(核算)中心、行政审批中心、公共资源交易中心、安监局、凤鸣高级中学、农业和农村工作办公室、药监局等 8 个单位纳入第一批改革试点,试点单位的所有财政性资金、全市所有单位统发工资和市政府扶持企业发展资金纳入国库集中支付试点范围。是年 7 月,试点单位扩大到 38 个,代理银行扩大为工行桐乡市支行、建行桐乡市支行、农行桐乡市支行和桐乡市信用联社等 4 家。2011 年 1 月,桐乡市财政国库集中支付制度全线运行。所有市级预算单位全部纳入国库集中支付制度。按照财政资金收支“方便、快捷、高效、规范”的整体要求,以国库单一账户为基础,资金缴拨以国库集中收付为主要形式的财政国库管理制度全面建立。

2010 年 6 月,桐乡市国库集中支付改革扩面试点动员会议

国库集中支付制度是国库集中收付制度的重要组成部分,通过建立国库单一账户体系,预算单位根据部门预算和用款进度编制分月用款计划,实际使用资金时依据用款计划采用财政直接支付或财政授权支付的方式将资金直接支付到供应者或用款单位。桐乡市财政国库集中支付制度的主要内容包括:一是建立国库单一账户体系,包括财政部门在人民银行开设的国库存款账户,在有关商业银行

开设的预算外财政专户和财政零余额账户，以及为预算单位开设的零余额账户和特设专户。二是建立分月用款计划制度。预算单位依据批准的年度部门预算，按照支出预算执行进度分资金性质编制分月用款计划。经财政部门批复的用款计划是办理各项财政资金支付的依据。三是规范财政支出拨款程序。财政支出分为购买性支出和转移性支出两大类，分别实行财政直接支付或财政授权支付。财政直接支付是由财政部门开具支付令，通过财政零余额账户直接将资金支付到商品、劳务供应商或用款单位账户。财政授权支付是预算单位根据财政部门授权，自行开具支付令，通过单位零余额账户将资金支付到商品、劳务供应商或用款单位账户。四是建立银行清算管理制度。国库集中支付代理银行根据相应支付令，通过财政、单位零余额账户支付资金后，与人民银行国库存款账户或预算外财政专户进行清算，传递和返回相关信息后，财政部门与预算单位进行会计核算。

桐乡市财政国库集中支付改革，一是系统应用自主开发。采用由用友公司结合“金财工程”一体化开发的财政国库集中支付系统，实现预算指标管理、财政统发工资、总预算会计、预算单位账务等系统与国库集中支付系统无缝对接，实现真正意义上的“一体化”。同时，与人民银行、国库集中支付代理银行之间实现信息数据无缝传递。二是制度设计独有特点。根据财政部和省财政厅有关规定，结合嘉兴市本级自行开发运行的实际效果，桐乡市财政局在制度设计方面与省财政厅有所不同，重点表现为：①资金全面纳入改革管理。除将一般预算内、政府性基金、一般预算外和其他财政性资金全部纳入改革范围之外，预算单位自筹资金也纳入改革范围。②用款计划额度不记账。对单位提交的用款计划额度记不记账，差异主要是结余不同。记账结余在单位，不记账结余在财政。相比较，用款计划不记账在结余处理上更显得合理。③财政直接支付比例高。依托“金财工程”一体化建设，国库集中支付资金涵盖部门单位所有财政性资金，包括政府扶持企业发展的资金等。2010 年，38 个试点单位共批复用款计划 105002 万元，其中直接支付计划 82635 万元，授权支付计划 22367 万元。累计支付清算 22847 笔，支付金额 100088 万元，其中直接支付 8050 笔，金额 79833 万元，直接支付中统发工资金额 42598 万元，企业扶持资金金额 16092 万元；授权支付 14797 笔，金额 20255 万元。一般预算国库集中支付支出金额为 89110 万元，占市本级一般预算支出比例为 34.26%，直接支付金额占国库集中支付金额比例为 79.76%。④集中核算单位授权支付审核严格。对集中核算单位授权支付申请的审核除按常规审核外，增加财政支付(核算)中心的中间审核环节，主要是对支出原始凭证的审核。⑤支付管理便捷高效。由于“金财工程”一体化平台的支持，实现财政、人民银行、预算单位在“一个平台，一个门户”操作，相关系统整合在一起，预算单位指标管理、用款计划、支付申请、退款和现金、财政与人行或代理银行数据发送等业务全部在一个平台操作，电子数据一步到位，减少数据导入等环节，支付管理便捷高效。

附注：2013 年，桐乡市财政国库集中支付改革工作向镇、街道财政推进。并选择在乌镇镇试点。2014 年，桐乡市财政国库集中支付制度改革实现镇、街道全覆盖。

第四节　公务卡制度

2010 年，桐乡市财政局按照全面建立国库集中支付制度的工作步骤，根据浙江省财政厅《关于预算单位公务卡制度改革的实施意见》，部署在桐乡市建立公务卡制度，决定在市本级预算单位先行实施公务卡制度，公务消费由公务卡取代现金支付结算，将公务消费置于阳光之下，加强财政财务管理。2011 年 12 月，会同市人民银行印发《桐乡市市级预算单位公务卡管理暂行办法》，对公务卡的开卡和日常管理、公务卡的使用管理和报销程序等均作出规定。2012 年 3 月,完成公务卡模块软件的开发;4 月,选择市农经局、广电台、水利局、公安局和国库集中支付代理银行桐乡市工商银行等 5 个预算单位和代理银行为首批实施公务卡制度试点单位;6 月,试点单位扩大到 9 个预算单位和全部国库集中支付代理银行;10 月,市级预算单位公务卡改革全覆盖,公务卡制度全面建立。按照公务卡改革步骤,适时向镇、街道财政推进。

公务卡分单位卡和个人卡两种。单位卡以预算单位名义开立,采用虚拟卡,只发卡号,不发实物卡,仅用于本单位同城特约委托收款业务的贷记卡或可透支专用账户,不得用于消费等其他支出。每个预算单位只能开立一个账号,信息由单位财务人员保管。个人卡由预算单位根据工作需要申请开立,实行实名制,主要用于日常公务支出和财务报销业务的贷记卡,个人作为持卡人承担相应法律责任。公务卡不得提取现金,由办理国库集中支付业务的代理银行为发卡银行。预算单位原则上选择本单位零余额账户开户银行作为本单位公务卡发卡行,预算单位与公务卡发卡行签订服务协议后应及时报市财政局和市人民银行备案。单位卡的信用额度在银行规定的最高限额内,由市财政局根据各预算单位的申请并结合国库集中支付资金流量测算确定后向预算单位授信。个人卡的信用额度,由预算单位根据银行卡管理规定和业务需要,与发卡行协商设定,但每张透支额度最高不得超过五万元。个人卡持卡人因离职、调动、退休等原因离开所在单位,应按规定及时清理个人卡项下债权债务,并注销或变更个人卡。截至 2012 年 12 月底,共为 190 个市级预算单位办理单位公务卡和 1223 张个人公务卡。单位公务卡累计托收金额 4541.41 万元,个人公务卡累计刷卡金额 271.11 万元。

第十三章　财政监督和绩效评价管理

1999年1月，桐乡市建立财政稽查队；2000年7月，财政局增设财政监督科，与财政稽查队合署；2002年2月改称监督检查科，财政的监督职能逐步清晰，2006年6月，财政支出绩效评价科设立，初步实现财政性资金使用绩效的事前约定、事中约束及事后评价。

第一节　财政监督

一、专项检查

1999年，对市民政局、交通局内河航运公司、市红十字会等22个行政事业单位、社会团体的内部财务管理及收支情况开展检查。2000年，对9个行政事业单位、9个乡镇、15个部门的下属机构开展财务检查；对5户国有企业开展财务审计；配合市纪委(监察局)、审计局、物价局、民政局、计经委等部门分别开展项目专题检查：如1999年度“6·30”赈灾款募集、使用情况的检查；梧桐幼儿园、卫生进修学校等教育系统5个单位收费项目的检查；城乡居民最低生活保障资金的检查；桐乡城市污水处理工程项目国债专项资金使用情况的检查；农村合作基金会联合会财务收支状况的检查等。通过检查发现违规拆借资金、乱收费等情况，及时督促整改。

2001年对10户企(事)业单位进行抽查，查出违纪金额107万元，其中私设“小金库”单位1个，罚款8万元。同年还联合监察局、审计局对市级机关事业单位出租房屋进行抽查，抽查14家单位，查出违纪金额13.51万元，补缴税款9.30万元，通过检查对出租房屋管理中存在的问题提出改进意见，联合监察局、审计局出台《关于加强行政事业单位房屋出租收入财务管理的通知》。当年还开展农村基础设施建设资金专项检查。

2002年，对工业局、商业局、二轻总公司的解困、转制专项资金以及2001年度的财务收支情况开展检查，发现违反财务制度的有17笔，涉及资金1064.16万元，督促补缴税款36.35万元。对校场路中段建设项目的专项资金进行检查，发现项目资金的50%被移用于菊花广场建设，违反《桐乡市行政事业单位专项经费管理办法》相关规定，检查后提出整改意见。

2003年，对崇福糖业烟酒公司开展财务检查，查出“小金库”59838元、应列未列财务会计统一核算而列入新改制企业的收入190321元，收缴市财政；配合审计局核查农口财政性专项资金和财政贴息与技改奖励资金。

2004年至2006年，陆续开展对国产设备投资抵免企业所得税的检查、福利企业所得税减免政策执行情况检查、工业企业购置自发电设备财政补助、生猪补贴政策落实情况的抽查，追回多抵免企业所得税52万元，查实应补缴税款495万元，责令缴回冒领和多申报财政补贴6.69万元。

2005年，开展市级重点基本建设项目的审计检查，世纪大道一期工程、桐乡市第二人民医院住院大楼工程、桐德公路工程项目审价，其中世纪大道一期工程审价核减600多万元。

2007年，开展经济适用房康居苑项目的检查，检查核减成本470.05万元，存量资产核增252.97万元，责令调整账户，督促如实披露相关会计信息。

2009年，配合市社保基金专项治理，对2008年年底社保基金财政专户资金年末余额和资金结构状况进行检查核实。

二、“四统一”分配政策检查

2000年，根据市政府要求，对140个单位自1999年3月至2000年2月资金的使用和工资发放总额等进行调查摸底，掌握全市的奖金水平与工资总额状况。2001年至2003年，开展对“四统一”分配政策执行情况的检查，共检查行政事业单位229户，乡镇广电站、土管所等单位24户，检查发现102户存在超发奖金现象，给予补缴个人所得税处理。2004年开始，“四统一”分配政策执行情况的检查改为由监察局牵头，审计局、人事局、财政局参与。

三、会计信息质量检查

2001年至2010年，对社会中介机构信息质量进行9次检查，共检查会计师事务所14户次，发现存在问题有：审计计划内容不够完整、未实施必要的审计程序、审计抽样不够规范、收集的审计证据不够充分、审计工作底稿内容欠完整、审计业务约定书填写不完整、个别报告无三级复核工作底稿、报告内容与格式欠规范、说明不充分、重大事项未作披露、验资报告未取得银行询征函、审计意见不当、无书面客户风险等级评价制度、无风险责任追究制度等，通过检查及时提出整改意见；延伸检查14户相关企业；2002年，查实3家企业违反会计制度规定，故意把1074.63万元的预收账款、3389.68万元的经营业务收入滞后入账，导致年度财务会计报告的失实，存在的偷漏税现象提请地税稽查局核查后追缴入库，对违反《中华人民共和国会计法》的行为，作出行政处罚，同时对会计师事务所存在的问题，向省财政厅反映，提出处理意见与建议；2003年，延伸检查2家企业，发现少缴个人所得税16万元，及部分企业所得税少缴等问题，移交地税稽查追缴入库；2006年，延伸检查企业，发现存在多列支成本费用，少计利润19万元，要求企业调整账户。

2002年，某会计师事务所个别注册会计师在审计过程中，与客户串通，出具财务结算审计报告时指导企业造假，会同企业骗取国家财政资金。该注册会计师被司法机关追究刑事责任，判处有期徒刑6个月，缓刑一年，并处罚金20000元，并吊销其注册会计师证书及执业许可证；没收该会计师事务所违法所得16800元，并处以一倍罚款。2003年，某会计师事务所个别注册会计师在审计过程中，因其过失行为，造成企业骗取国家财政资金的结果。该会计师事务所违法所得8100元被没收，并处以一倍罚款。

2007年，省财政厅开展2006年会计信息质量检查和会计师事务所执业质量检查，抽查3家企业的审计结论后发现某会计师事务所实施审计时，未严格履行三级复核制度，签订的审计业务约定书填写不完整，责令该事务所整改。

四、会计核算分中心会计质量检查

2006年至2008年，陆续对会计核算中心教育分中心、卫生分中心、规划建设分中心履行预算会计集中核算职责和内部操作流程设置及财务制度的执行情况进行检查，同时每年分别延伸检查3～4家预算单位，对存在的会计核算的规范性、往来款挂账和财务人员业务水平平衡性等问题提出整改意见。2007年，发现某预算单位虚增资产361.55万元，另一预算单位虚减结余16.02万元，提出调整账户意见。2009年至2010年，每年分别对3个镇(街道)的会计核算中心的业务操作流程设置、财务制度建立及执行情况进行检查，同时延伸抽查12～13个核算单位，对存在的财务审批制度执行不严格、资产处置不规范、往来款项长期挂账、入账凭证不规范、会计基础欠规范等问题提出整改意见与建议。

2010年9月，国有及控股企业小金库专项治理会议

五、“小金库”专项治理

2009年，开展桐乡市党政机关和事业单位“小金库”专项治理，先自查再抽查。通过自查，上报“小金库”5个，在自查的基础上联合监察、审计等部门成立联合检查组，抽查24个行政事业单位并进一步核查5个“小金库”单位，收缴3个设“小金库”单位的资金20.6万元，通报并处置相关责任单位的责任人，有2名责任人被移送司法机关。

2010年，开展党政机关、事业单位“小金库”治理“回头看”，查获“小金库”1个，涉及金额38.45万元，该案被移交司法机关处理，追究相关领导和责任人3人。

开展全市社会团体、国有及国有控股企业“小金库”自查，自查自纠“小金库”2个，涉及金额191.48万元，上缴市财政22550元，纳入账户资金119.84万元，补缴税款8.1万元，个人退还违规所得3.25万元。重点检查发现“小金库”1个，涉及金额3万元，作调账处理。

六、举报案件查处

2000年至2010年，共受理查处举报案件4件，追缴个人所得税18851元，违规发放的福利12560元，责令收回。

第二节　绩效评价

桐乡市财政局的绩效评价工作开始于2005年。当年，根据财政厅和农业厅要求，对全省特色优势农产品生产基地项目的绩效开展评价，桐乡财政局的评价项目是桐乡农业技术推广中心承担的2004—2005年历时二年的“桐乡杭白菊绿色生态基地建设及产业化”建设项目，项目计划投资200万元，省补100万元，地方配套100万元，2005年7月项目基本结束，初步显示成效。桐乡财政局联合农业局组织开展杭白菊绿色生态基地建设项目的绩效评价。评价组重点听取课题组汇报，实地踏看核心示范基地和良种繁育基地，并审阅、查看有关资料和专项资金的收支情况，从制度建设情况、资金使用情况和资金使用效益三个方面给予客观评价，评价结论反馈给省厅。

2006年6月，桐乡财政局绩效评价科成立，制订《桐乡市财政支出绩效评价工作暂行办法》，明确绩效评价的范围、内容、实施原则；确认5个中介机构为绩效评价的参与机构；建立由16位专家组成的绩效评价专家库。当年根据嘉兴市财政局的统一部署，探索性地开展本市2004—2005年农村劳动力转移培训财政支出项目的调查和绩效评价，最后提出合理利用教育资源、节约财政资金等方面的改进建议。当年还对本市2003—2005年“就业再就业专项资金财政支出”项目进行绩效评价，项目资金1983万元，其中省拨资金168万元。评价组人员采取检查会计资

2010年11月，桐乡市绩效管理业务培训班

料、实地抽查档案、与相关人员座谈、电话查询、发放问卷等形式对项目资金的使用情况作出客观判断与评价。

2008 年 6 月,《桐乡市财政支出绩效评价办法(试行)》出台,该办法对评价指标的设定与判断标准作具体的界定,并进一步明确绩效评价的结果应用。同年 12 月,出台《桐乡市财政局绩效评价内部协调制度》《桐乡市财政支出绩效评价工作流程》,对绩效评价工作的开展作进一步具体、细化的规定,初步建立起项目单位—主管部门—财政部门三个层次的评价体系。

2006—2010 年,共完成绩效评价项目 38 个,其中省、市联动项目 7 个,市级重点项目 11 个,市本级主管部门评价项目 20 个。经过几年的探索、实践,绩效评价的指标体系逐步建立并不断完善,如对本市河道综合整治项目,建立起 3 个一级指标和 15 个二级指标,评价结论逐步趋于客观,评价结果重视程度不断提高。本市河道综合整治项目,对存在问题提出建立健全计划及招标制度、项目负责人制度、健全资金配套制度、健全工程验收及审计制度、健全保洁制度等建议,为财政以后年度编制和安排预算提供参考依据。全市普通高中教育支出经费项目,存在的资本性购置未按预算进行资金管理,经常性项目和资本性项目支出混淆,教师个人收入差距过大,民办学校教师与公立学校教师之间分配存在差距、民办学校股东投资回报不合理、教育负债过大等问题给予客观评价,提出合理建议。本市工业生产性投资财政奖励资金支出项目,绩效评价结果同时抄报相关市领导和职能部门,指出奖励资金绩效上存在的问题,供领导决策作参考。

表 13－1　　2007—2010 年桐乡市财政局绩效评价项目表

评价实施时间	评价项目基本情况	评　价　形　式	评价层次
2007 年	浙江省环境自动监测网络建设项目，项目资金：493.37 万元，其中：省 264.86 万元，项目周期：2005—2007 年	委托中介机构	全省联动
	桐乡市河道综合整治项目，项目资金：9497.41 万元，其中：省 494 万元，项目周期：2004—2007 年	财政局、水利局组成评价组	桐乡重点
	省立项桐乡市蚕桑标准化基地建设，项目总投资 87.51 万元，其中省补 70 万元，高桥龙南村自筹 4.01 万元，蚕业公司 13.5 万元（建设期 2006－2007）	财政局、农经局组成评价组	桐乡重点
	省立项桐乡市崇福镇生猪生态养殖小区建设，项目总投资 339 万元，其中省补 50 万元，地方配套 50 万元，养猪户自筹 239 万元（建设期 2006.4—2007.10）	财政局、农经局组成评价组	桐乡重点
	桐乡市华光渔乐园建设项目，总投资 611 万元，其中省补 12 万元，桐乡农综办 83.69 万元，崇福农经服务中心 8 万元，浙江新纪元文化休闲有限公司 464 万元（建设期 2006.3—2007.10）	财政局、渔业局组成评价组	桐乡重点
2008 年	桐乡市同福乡新农村双丰畜牧生态养殖园区建设，总投资 134.1 万元，其中省补 50 万元，单位自筹 84.1 万元（建设期 2007.1—2008.6）	财政局、农经局、畜牧兽医局组成评价组	桐乡重点
	浙江省农村公共卫生服务项目，项目资金：1926.97 万元，其中：省 512.8 万元，项目周期：2005—2007 年		全省联动
	浙江省农村劳动力素质培训工程，项目资金：1313.46 万元，其中：省 150 万元；被征地农民分流安置资金 73.32 万元，项目周期：2004—2007 年		
	桐乡市普通高中 2006—2007 年教育经费收支，项目资金：9076.96 万元	财政局、教育局组成评价组	桐乡重点
2009 年	2007 年度桐乡市获省级以上驰名著名商标、商号企业奖励资金使用，项目资金 340 万元	工商局自评，企财科、行财科协助	部门自评
	2007 年桐乡市获省级以上名牌产品等生产企业奖励资金使用，项目资金 474 万元	技术监督局自评，企财税、行财科协助	
	农机推广奖励资金使用，项目资金 270.7 万元	农经局自评，农财科协助	
	城乡社区卫生服务站建设，项目资金 606 万元	卫生局自评，社保科协助	
	振东新区政府性债务资金使用	振东新区自评，国资科协助	
	自来水“一户一表”改选工程，项目资金 900 万元	水务集团自评，经建科协助	
	桐乡市危桥改造工程，项目资金 800 万元	交通局自评，经建科协助	
	生活垃圾处理费的使用情况，项目资金 1399 万元	城建局自评，综合科协助	
	桐乡市构建城乡一体化公共图书馆服务体系，项目资金 357.44 万元	文化局自评，预算科协助	

续表 13-1

评价实施时间	评价项目基本情况	评价形式	评价层次
2009 年	桐乡市 2007 年度工业生产性投资项目财政奖励资金使用,项目资金:2474.39 万元	财政局、经贸局组成评价组	桐乡重点
	浙江省乡村卫技人员素质提升工程,项目资金:98.97 万元,其中:省 18.97 万元,项目周期:2006—2008 年	委托中介机构	全省联动
2010 年	中央立项桐乡双季茭白产业提升项目,总投资 222.98 万元,其中中央补助资金 120 万元,市级补助 40 万元,自筹 62.98 万元(建设期 2009.7—2010.6)	财政局、农经局组成评价组	桐乡重点
	中央立项现代农业生产发展资金虾蟹产业提升项目——桐乡罗氏沼虾设施养殖示范园区建设,总投资 341.10 万元,其中中央补助 101 万元,市财政 40 万元,合作社、农户自筹 200.10 万元(建设期 2009.7—2010.5)	财政局、渔业局组成评价组	
	中央立项现代农业生产发展资金虾蟹产业提升项目——桐乡标准水产养殖塘建设改选项目,总投资 693.82 万元,其中中央补助 49 万元,市财政 56 万元,自筹 588.82 万元(建设期 2008.11—2009.5)		
	桐乡优质高效水果基地建设项目——桃园村槜李项目、濮院大圣果园项目,总投资 365.03 万元,其中省补 235 万元,市财政 90 万元,自筹 40.03 万元(建设期 2009.4—2010.4)	财政局、农经局组成评价组	
	嘉兴市 2009 年度人口和计划生育事务项目,项目资金:1879.08 万元,其中:省 104.8 万元	财政局、计生局组成评价组	嘉兴联动
	2008 年小企业创业基地和标准厂房建设补助,项目资金 537 万元。	经贸局自评,企财科协助	部门自评
	2008 年度省级以上驰名、著名商标、知名商号企业奖励,项目资金 263 万元。	工商局自评,企财科协助	
	2008 年度信息化示范项目及专项资金补助,项目资金 183 万元。	发改局自评,企财科协助	
	建设局排水工程,项目资金 113.4 万元。	建设局自评,经建科协助	
	桐乡新民学校建设,项目资金 1600 万元。	发改局自评,经建科协助	
	2009 年中央立项现代农业生产发展蔬菜产业提升项目:董家双季茭白,项目资金 160 万元。	农经局自评,农财科协助	
	河道长效保洁,项目资金 650 万元。	水利局自评,农财科协助	
	市政养护、绿化,项目资金 540 万元。	建设局自评,预算科协助	
	人才公寓管理中心经费,项目资金 200 万元。	人事局自评,预算科协助	
	绿色餐桌工程,项目资金 200 万元。	药检局自评,社保科协助	
	改水项目,项目资金 100 万元。	卫生局自评,社保科协助	

资料来源:根据相关业务科室提供的资料整理

第十四章　会计管理

本章记述的会计管理包括会计制度管理、会计基础管理、会计专业技术资格与职业资格管理和会计中介机构管理等。20 世纪 90 年代开始，桐乡市的会计管理以《中华人民共和国会计法》为核心内容，加强会计队伍建设，加强会计继续教育，同时注重会计执业质量监管。桐乡市(县)的会计中介起步于 90 年代初，分别由财政局和审计局牵头组建，至 90 年代末，会计中介逐步发展成熟，完成转制，实现中介独立。

第一节　会计法规与制度

桐乡市财政部门现行执行的会计法规和制度，主要有以下几种：

1985 年全国人大颁布的《中华人民共和国会计法》，1993 年修订，1999 年再次修订。

1990 年国务院颁布的《中华人民共和国总会计师条例》。

1993 年全国人大颁布的《中华人民共和国注册会计师法》。

1993 年财政部发布的《城乡集体经济组织会计工作的规定》。

1996 年财政部颁发的《村合作经济组织会计制度(试行)》，2004 年 9 月财政部制定《村集体经济组织会计制度》，2005 年 1 月 1 日起执行，《村合作经济组织会计制度(试行)》同时废止。

1997 年财政部相继颁发的《事业单位会计准则》《事业单位会计制度》，1998 年 1 月 1 日起执行，2012 年 12 月修订，2013 年 1 月 1 日起执行。

1997 年，财政部印发《财政总预算会计制度》。

1998 年 2 月 26 日，财政部印发《行政单位会计制度》，1998 年 1 月 1 日起执行。

1998 年省财政厅印发的《科学事业单位会计制度》。

1999 年财政部、卫生部联合印发的《医院会计制度》，2010 年 12 月修订。1999 年省财政厅印发《医院财务制度》。

2000 年财政部印发的《会计从业资格管理办法》；2000 年 7 月 1 日起施行，2005 年修订，3 月 1 日起施行。

2000 年国务院公布的《企业财务会计报告条例》，2001 年 1 月 1 日起施行。

2004 年财政部发布的《小企业会计制度》。

2004 年 8 月财政部印发的《民间非营利组织会计制度》，2005 年 1 月 1 日起执行。

2005 年 1 月财政部公布的《代理记账管理办法》，当年 3 月 1 日起施行。

2006 年财政部发布的《企业会计准则》《企业财务通则》，2007 年 1 月 1 日起执行。

2007 年 12 月财政部印发的《农民专业合作社财务会计制度(试行)》，2008 年 1 月 1 日起执行。

第二节　会计基础管理

一、从业资格管理

1990年起,对会计人员实行从业资格管理。凡在国家机关、社会团体、全民所有制和县以上集体企事业单位任职,属于会计专业范围的工作人员,须取得会计证。具有财经类大中专学历,或取得会计大中专"专业证书"的直接发放会计证;具有初中文化程度,从事会计工作二年以上的经考试合格发放会计证。当年开始,财政部门组织会计上岗培训。1996年开始实行会计证全省统一考试,会计证考试科目为:会计法规及会计基础知识、会计实务;考核科目为:计算技术,取得计算技术普通六级以上等级证书或财政部门核发的会计电算化初级培训合格证书者为合格。2002年,"会计证"更名为"会计从业资格证书"。2008年开始会计从业资格考试实行网络报名。

1994年、1996年、1998年、2000年、2002年等年度实行会计证年检,其中1994年、1998年、2002年年检同时还实行换证,以后年度不再实行年检。2003年,对未参加年检或未参加规定继续教育的1166名会计证持证人员通过《嘉兴报》公示宣布失效。2003—2004年开展无证上岗的清理整顿,结合税务部门展开的企业账证检查将588名无证上岗人员列入整改对象,113人调离会计岗位,83人参加中等学历教育,其余人员参加当年会计从业资格考试。

表14-1　　1993年以后部分年份桐乡市会计证发放、持有情况表

单位:本

年　度	新签发	换　发	年末持证人员	年　度	新签发	换　发	年末持证人员
1993年			3334	2006年	571	6500	
1994年	613	2591		2007年	812		
1995年	1651			2008年	696		
2004年			6489	2009年	865		9924
2005年	434			2010年	879		10536

资料来源:1993—1995年数据摘自1998年版《桐乡市财政税务志》第十四章,其余数据摘自科室提供的年度工作总结

2009年1月,桐乡市财政局在全市范围内对各单位会计人员配置情况开展调查,调查主要采取网络自行申报的形式,有4976家企业接受调查,其中持证会计人员4625名(金融部门、机关事业单位持会计证人员未参与调查)。

2009年10月,桐乡市财政局发文对会计人员持证上岗作进一步规范,明确十类岗位从业人员必须取得会计从业资格:①会计机构负责人②出纳,③稽核,④资本、基金核算人员,⑤收入、支出、债权债务核算人员,⑥工资、成本费用、财务成果核算人员,⑦财产物资的收发、增减核算人员,⑧总账,⑨财务会计报告编制人员,⑩会计机构内会计档案管理人员。要求各单位对上述岗位的人员进行自查整改,不得使用无证人员上岗。

2010年止,全市共有持证会计人员10536人。

二、会计电算化

1991年,浙江省出台《会计核算软件管理办法》。1993年,桐乡开始实行会计电算化培训,并实行

会计电算化试点。1995 年 12 月，经市财政局批准梧桐供销社为会计电算化试行单位，通过一年计算机与手工记账的同步运行，财政局正式确认梧桐供销社为计算机替代手工记账单位，1997 年 1 月 1 日起实行，并颁发“采用计算机记账许可证”。会计电算化陆续推广。会计电算化培训随之逐步扩大培训面。

1996 年，嘉兴市财政局出台《会计电算化知识培训考试管理办法》，一年组织四次考试、省财政厅组织阅卷并发放财政部统一印制的“会计电算化培训合格证”，“会计电算化培训合格证”纳入会计从业资格考试科目，实行单独考试，一直持续到 2013 年，“会计从业资格证”无纸化考试全面推行，会计电算化被完全纳入会计从业资格考试内容，与会计基础、财经法规与会计职业道德实行三科连考。

1998 年，市财政局转发省财政厅《关于未经审批用计算机替代手工记账有关问题的通知》，规定会计电算化须经财政部门批准才能实行，经财政部门审核验收确认才能用计算机替代手工记账。

1999 年，市财政局发文，对实行会计电算化后的会计档案管理提出相关要求：①对照《会计档案管理办法》《会计电算化工作规范》开展一次自查，②打印输出的会计凭证、账簿、报表应当符合国家统一会计制度要求，③磁盘存储会计数据，要随机备份，并实行双备份制度，④存储会计数据的磁盘、光盘等介质，要有专人保管，按保密等级进行管理。

1997—2000 年，先后对计算机替代手工记账的单位进行验收，验收合格的单位，财政局下文正式确认实行计算机记账。1997 年被确认实行的单位有 3 家，1998 年实行的单位有 12 家，2000 年实行的单位有 25 家。以后年份不再组织验收。

表 14－2　　1997—2000 年桐乡市经批准的计算机替代手工记账单位一览表

批准计算机替代手工记账的单位	起始时间
梧桐供销社	1997 年 1 月 1 日
嘉兴皇室公爵电器有限公司	1997 年 9 月 1 日
浙江省烟草公司桐乡市公司	1997 年 10 月 1 日
桐乡印刷厂、嘉兴海鸥电器厂、嘉兴康宝药业有限公司、桐乡市糖业烟酒总公司	1998 年 1 月 1 日
桐乡证券交易营业部	1998 年 4 月 1 日
浙江华芝丝绸有限责任公司	1998 年 6 月 1 日
桐乡医药用品厂、桐乡圣瑞斯羊绒衫厂、桐乡化工厂	1998 年 7 月 1 日
桐乡磊鑫化纤厂、桐昆集团、桐乡三星化纤厂	1998 年 6 月 1 日
桐乡化肥厂、嘉兴海亮钢管有限公司、浙江水泥厂、桐乡蚕业管理总站、嘉兴星河织造有限公司、桐乡第一人民医院、桐乡第二人民医院、桐乡第三人民医院、桐乡中医医院、桐乡皮肤病防治院、桐乡市妇幼保健所、桐乡市康慈医院	2000 年 1 月 1 日
桐乡市公安局	2000 年 3 月 1 日
桐乡市交通局	2000 年 4 月 1 日
桐乡市明星印染厂、浙江同辉染整有限公司	2000 年 5 月 1 日
嘉兴五丰电缆厂、桐乡泰爱斯热电有限公司、桐乡市利达针织有限公司	2000 年 6 月 1 日
桐乡机械厂、桐乡市浦鸣烟草贸易有限公司、浙江京马电机有限公司、桐乡市公安局交警大队	2000 年 7 月 1 日
桐乡市工商局	2000 年 9 月 1 日
桐乡市住房资金管理中心	2000 年 10 月 1 日

三、会计基础工作规范化

1997 年 6 月,市财政局转发财政部《会计基础工作规范》,并根据省财政厅印发的《浙江省会计基础工作规范化考核试行办法》及考核标准,通过培训、试点、考核验收、逐步推广几个阶段,推进会计基础工作规范化达标。桐乡市供销合作总社为桐乡市级会计基础工作规范化考核验收试点单位,试点工作于当年下半年进行,9 月份市财政局会同市供销合作总社考核验收组对梧桐供销社、农业生产资料总公司进行实地考核验收。经审核评定,梧桐供销社会计电算化部分考核得分 86.5 分,非电算化部分考核得分 85.5 分,符合考核标准;农业生产资料总公司会计基础工作总分 86.8 分,原始凭证、记账凭证部分考评分数达到标准分 60%以上,两个单位均确认为会计基础工作规范化单位。1998 年上半年,全市扩大会计基础工作规范化考核验收试点范围,每个主管部门、乡镇确定 1～2 家有限责任公司和私营企业作为试点单位,由各财政所负责牵头与协调。当年 13 家企业被确认为会计基础工作规范化单位:浙江省烟草公司桐乡市公司、桐乡毛纺织股份有限公司、桐乡市建筑材料总公司、桐乡市金属材料公司、浙江先锋机械厂、桐昆化纤集团有限责任公司、三星化纤厂、桐乡磊鑫化纤厂、桐乡化工厂、桐乡市圣瑞斯羊绒衫厂、桐乡医药用品厂、浙江华芝丝绸有限责任公司、桐乡证券交易营业部。会计基础工作规范化达标于 2000 年结束。

四、会计继续教育

1998 年,财政部颁布《会计人员继续教育暂行办法》,2001 年前会计人员的教育培训一般根据省财政厅与嘉兴市财政局确定的重点,不定期地以专题形式组织。1997 年开始对全市行政企事业单位开展会计基础工作规范化知识培训,考试成绩列为会计基础规范化考核验收的必备条件之一。1998 年,根据省财政厅文件,市财政局联合各部门、乡镇继续对全市各企事业单位财会人员分期分批组织会计电算化知识培训,考试合格颁发会计电算化知识培训合格证书。1999 年起,会计电算化初级知识培训纳入会计证年检。桐乡市从 2001 年开始,定期组织全市范围内持有会计上岗证的会计人员开展继续教育培训。培训教材使用省财政厅指定教材或嘉兴市财政局统一编印的教材。培训实施:2001—2004 年委托桐乡方圆会计师事务所承办,2005 年委托方圆联合会计师事务所承办,2006—2010 年由方联、求真会计师事务所、英才会计培训服务中心划片分别负责面授,财政局统一组织考试。

2006 年 9 月,出台《桐乡市会计人员继续教育实施办法(试行)》,四类人员视同参加相应年度的会计继续教育:①在职人员当年取得普通院校、国家承认的成人院校或国家组织的自学考试的会计、会计电算化、注册会计师、审计、财务管理、理财学等专业毕业证书者(2007 年修改,不再有取得毕业证书的要求);②当年通过会计、审计、统计、经济专业技术资格考试或注册会计师、注册资产评估师、注册税务师考试的任何一个科目;③参加注册会计师继续教育且年内达到 24 学时者;④年度内完成一项地(市)级以上(含)财政部门或会计学术组织立项或获奖的会计专业课题研究或在省级以上(含)经济类杂志发表一篇学术论文者。2007 年参加全国会计知识大赛第一赛程答题成绩合格的,也视同完成当年度继续教育培训。2009 年始,根据省厅统一部署推行网络培训,并实行无纸化考试。

建立对会计人员继续教育培训机构考核评估制度,出台《桐乡市会计人员继续教育培训单位考核评估办法(试行)》。

2002 年始高级专业技术资格会计人员由省财政厅统一组织培训,中级专业技术资格会计人员一般由桐乡市会计学会组织(其中 2007 年由嘉兴市会计学会组织)。具体培训情况整理汇总如下:

表 14-3　　2001—2010 年部分年份桐乡市会计人员继续教育情况一览表

<table>
<tr><th>培训时间</th><th>培训重点</th><th>培训、考试形式</th><th>参训对象</th><th>参训人数</th></tr>
<tr><td>2001.11—2002.3</td><td>《企业会计制度》《企业财务报告条例》《企业会计准则》。</td><td>由市会计学会和桐乡方圆会计师事务所承办。其中:集团公司、股份公司财务负责人、总会计师、高级会计专业技术职称人员另行组织培训。</td><td>全市范围内持会计证人员。</td><td></td></tr>
<tr><td>2002.11—2003.4</td><td>会计职业道德、内部会计控制规范、新发布中期财务报告、固定资产、存货等企业会计准则,会计从业资格管理。</td><td>市级会计人员由市财政局组织,镇乡、街道由方圆会计师事务所承办,设十三个培训场所。</td><td>中级专业资格及以下、无会计专业资格并持有会计证的人员。</td><td>5524</td></tr>
<tr><td>2004 年(属 2003 年度)</td><td>会计诚信、现行财务会计政策与税收政策比较。</td><td>由方圆会计师事务所承办,培训场所设在新世纪大酒店多功能厅。</td><td>中级专业技术资格并持有会计证的人员。</td><td rowspan="2">7060</td></tr>
<tr><td>2004.9.22—9.24</td><td>小企业会计制度。</td><td>邀请省财经学院张爱珠副教授讲课,培训场所设在金兰大酒店。</td><td>企业主管部门、镇乡、街道经管办财务科长及主办会计、每个乡镇 2 家企业的主办会计。</td></tr>
<tr><td>2004.9—2005.3</td><td>小企业会计制度、新《会计准则》、会计制度(2004 年)、会计基础法规与会计职业道德。</td><td rowspan="2">以镇乡、街道为单位设培训场所,由方圆会计师事务所承办。</td><td rowspan="2">全市范围内持会计证人员。</td><td>6352</td></tr>
<tr><td>2005.9—2006.3</td><td>新《会计准则》、会计制度(2005 年)、新税收政策等。</td><td>6800</td></tr>
<tr><td>2006.12—2007.6</td><td>企业会计准则、会计财政税收改革新动态、行政事业单位国有资产管理暂行办法、会计职业道德和会计相关的法律、法规。</td><td>由方联、求真会计师事务所、英才会计培训服务中心划片分别承办。</td><td>2006 年 9 月底前持桐乡会计从业资格证书的人员。</td><td>6700</td></tr>
<tr><td>2007.10—2008.6</td><td>新《企业会计准则》、企业财务通则、企业内部控制、企业所得税法、税收政策调整、财务管理、金融保险等知识。</td><td>由方联、求真会计师事务所、英才会计培训服务中心划片分别承办。其中中级职称会计人员由嘉兴财政局统一安排培训。</td><td>2006 年底前持桐乡会计从业资格证书的人员。</td><td>6562</td></tr>
<tr><td>2008.11—2009.6</td><td>企业内部控制基本规范、企业所得税法、税收政策调整、会计基础规范化、企业会计准则实施问题。</td><td>由方联、求真会计师事务所、英才会计培训服务中心划片分别承办。</td><td>2007 年 12 月底前持有会计从业资格证书且在桐乡财政局登记的人员。</td><td>7000 人</td></tr>
<tr><td>2009.11—2010.6</td><td>企业会计准则执行中有关问题解析、企业投资战略、财政支持企业政策、税收改革与政策调整、行政事业单位资产管理改革等。</td><td>由方联、求真会计师事务所、英才会计培训服务中心划片分别负责面授;同时根据省财政厅统一部署推出网络培训。其中建筑、房地产企业、中级职称会计人员由桐乡市会计学会负责承办。</td><td>2008 年 12 月底前持有会计从业资格证书的人员。</td><td>7400</td></tr>
</table>

续表 14-3

培训时间	培　训　重　点	培训、考试形式	参训对象	参训人数
2010.10—2011.3	出纳实务操作、纳税实务操作、最新税收政策和最新会计政策、企业实用财务管理、会计法、会计从业资格管理办法。	由方联、求真会计师事务所、英才会计培训服务中心划片分别负责面授；同时根据省厅统一部署扩大网络培训。其中建筑、房地产企业、国企办所属单位及中级职称会计人员由桐乡市会计学会负责承办。	2009年12月底前持有会计从业资格证书的人员。	8419

资料数据来源：根据市局相关文件整理和会计科补充完整

注：2001—2005年培训考试，由财政局于培训结束后，统一组织考试；2006年试卷由财政局统一命题，培训点于培训结束组织考试；2007年开始实行计算机无纸化考试。

2002年开始，具有高级专业技术资格的会计人员由省财政厅统一安排培训

五、会计知识大奖赛

1989年，全国举办首届会计知识大赛，桐乡县财税局组织全县会计、审计人员、会计管理人员参加大赛选拔，成立桐乡县会计知识大赛组织委员会。竞赛内容分十个部分：会计基础，工业会计、财务，商业会计、财务，行政事业单位会计、财务，基本建设会计、财务，会计法规，经济法规，财税法规，财务分析，新中国会计发展史。选拔分两个赛程，第一赛程为个人答卷参赛，全县6000多名会计人员城镇参赛率80%以上，乡(镇)办单位参赛率50%以上。在第一赛程的基础上，各系统、单位组织第二赛程的选拔，来自各系统、单位的42名选手进入第二赛程的复赛，复赛分笔试、口试，结果从高分到低分选出前6名参加县决赛，进入决赛的6名选手为：桐乡化肥厂范淑英、濮院丝厂吴益秋、桐乡砖机厂徐荣甫、灵安供销社朱建根、高桥粮管所陈益新、梧桐财税所朱玉龙。

1994年，省财政厅组织新会计知识大赛，桐乡市财税局组织全市财会人员和职业高中会计专业的师生参赛。竞赛主要内容：会计及相关法规(包括《中华人民共和国会计法》《中华人民共和国注册会计师法》《会计电算化管理规定》《新税收条例》等)；“两则”“两制”(包括《企业会计准则》《企业财务通则》《新行业财务会计制度及补充规定》)；会计基础知识(包括会计凭证、账簿、报表和会计档案管理、银行结算及现金管理等方面的基本知识)。大赛分两个赛程，第一赛程由全省统一命题印发考卷，各主管部门、职校、会计中介机构、财税、金融、审计等部门分头组织发放试卷并负责试卷回收。推荐出32名选手进入第二赛程，第二赛程采用笔试选拔，从高分到低分，取前四名(其中3名正式队员、1名候补队员)参加嘉兴市选拔赛，4名选手为：审计局鲍向农、粮食局沈学强、食品公司陈须勤、二轻总公司曹远杰。对获奖的个人和组织单位给予通报表彰。

2000年，全国第二届会计知识大赛桐乡赛区决赛

2000年，参加全国举办的第二届会计知识大赛，包括六个方面的内容：会计法及相关法律、配套法规，企业会计准则，股份有限公司会计制度，事业单位会计准则及会计制度，行政单位会计制

度，会计基础工作规范。大赛分两个赛程，第一赛程采用笔试答题方式，所有会计参加比赛，在此基础上各主管部门、乡镇分别选拔出5名选手进入决赛，决赛分初赛、复赛、决赛，以笔试、抢答两种形式决出前3名选手参加嘉兴赛区的比赛，前3名选手为俞晓英、冯永梅、李新孙。

2007年，全国举办第三届会计知识大赛，大赛面向从事财会、财经工作的人员，财经类大中专院校师生和财会工作爱好者。大赛以新企业会计准则为主要内容，此外还包括《中华人民共和国会计法》、企业会计准则、行政事业单位会计制度、内部控制规范、审计基础知识以及其他相关法规。大赛分两个赛程，第一赛程采用网上答题，第二赛程为选拔赛。选拔赛分三个阶段：第一阶段，各镇乡（街道）和部门、系统各选拔5名选手参加桐乡市组织的选拔赛，全市150人参加选拔赛，方联会计师事务所俞晓英、崇福镇周耿杰、财税系统陆毓英获一等奖，3名一等奖选手再加二等奖获得者沈建新（求真会计师事务所）组成桐乡代表队，参加嘉兴市组织的选拔赛，获得团体三等奖，俞晓英被选拔加入嘉兴市代表队参加全省选拔赛。本次大赛，对个人获奖选手、集体奖获得者和第一赛程的组织奖通报表彰。

六、会计专业工作荣誉

1989年、1991年、2006年、2008年分别对从事财会工作满三十年的会计人员颁发“会计人员荣誉证书”，获得荣誉证书的人员按年份分别为：164人、32人、48人、84人。

1988年桐乡县首次开展优秀会计人员推荐；1991年，全县开展第二次优秀会计人员和财会工作工作集体评选。此后几年该项工作中断。2005年，桐乡市财政局开展“桐乡市2004年度会计工作先进单位”评选，8家企业被评为全市会计工作先进单位。根据嘉兴市财政局、人事局的文件，当年推荐5名会计为嘉兴市优秀会计工作者。2005年有4名会计人员被评为嘉兴市优秀会计工作者。2008年、2010年，分别评定桐乡市先进会计工作者49名、48名，其中2010年有5名会计人员被推荐为嘉兴市级先进会计工作者。

七、会计执法

根据财政部《关于贯彻实施〈会计法〉加强会计监督意见的通知》和财政部、省财政厅《关于〈会计法〉执行情况重点检查的通知》，2001年，桐乡市财政局对桐乡××水泥有限责任公司1999年1月1日—2000年10月31日期间《中华人民共和国会计法》执行情况进行检查，发现该企业采取私设账簿的方法，隐匿销售收入，偷逃税款，桐乡市财政局根据财政部关于《财政部门实施会计监督办法》的有关规定发出《财政检查决定书》，对该行为的直接责任人会计、出纳各处以2000元罚款，同时吊销二人《会计证》，吊销之日起二年内不得重新取得。对桐乡市××绢纺有限责任公司2000年1月1日—2000年12月31日期间执行《中华人民共和国会计法》的情况进行检查，发现该企业向地税部门报送虚假的财务报表，偷逃税款，市财政局按规定发出《财政检查决定书》，对该行为的直接责任人处以5000元罚款。

2002年，根据桐乡市人民法院对桐乡市××羊毛衫厂偷税案的判决，市财政局对该企业的会计、财务制度执行情况作进一步查证，发现该企业会计伙同厂长违反国家税收法规，设立账外账、隐匿应税收入，偷逃税款，市财政局按规定对该会计作出吊销会计证的处罚。同年，根据人民法院对桐乡市××产品联营厂偷税案的判决，市财政局对该企业会计、财务制度执行情况进行查证，发现该企业出纳参与销售不入账，私立小金库，偷逃增值税，市财政局按规定对该出纳作出吊销会计证的处罚。

2009年1月，市财政局、地税局联合出台《桐乡市会计管理财政税务协作工作制度》，同时配套出台《桐乡市会计工作考核办法》，3月1日起实行。对全市所有应开展会计工作的单位和会计从业人员实行百分制考核，考核采取扣分制办法，共包含会计人员职业道德、会计工作要求、会计人员教育和管理、税务工作等4个大方面29个小项目,其中10个小项目纳入税务管理附属系统,实行计算机自动扣分,如:未按规定设置、保管代扣代缴税款账簿或会计凭证及资料,未按规定进行纳税申报等,部分项目实行手工扣分。2010年计算机自动扣分882户次,手工扣分128户次。

第三节　专业技术资格与执业资格管理

一、专业技术资格管理

1992年前的专业技术资格采用评审办法,1992年开始,会计人员专业职务评审改为会计专业技术资格考试。1994年年底止,桐乡经考试合格的有会计师187名、助理会计师323名、会计员822名。

1996年会计专业技术资格实行分类考试办法。

表14-4　　1996—1998年桐乡市专业技术资格考试合格情况表

单位:人

年份	会计师				助理会计师				会计员
	企业类		预算类		企业类		预算类		
	A	B	A	B	A	B	A	B	
1996年	22		1		41	7			117
1997年	27	6			42	17	3	1	115
1998年	35	10			74	27			113

1999年起,将三个级别的考试合并为两个级别:会计员和助理会计师合并为初级资格考试,中级资格(即会计师)考试不变,改变报考条件,不再划分AB类。

表14-5　　1999—2010年若干年份桐乡市会计专业技术资格考试合格情况表

单位:人

年份	中级职称	初级职称	年份	中级职称	初级职称
1999年	17	171	2006年	31	24
2000年	13	107	2007年	18	31
2002年	45	46	2008年	16	39
2004年	29	26	2009年	14	44
2005年	38	34	2010年	16	65

2003年,全国实行高级会计师考评结合试点,桐乡市考试合格人员44名,2004年经评审合格的人员8名。具有高级会计师任职资格的人员为:桐乡市财政局茅永良、许雷、吴海燕、陈敏亚,地税局韦庆勇,审计局房治方、鲍向农,国税局钟雪明。

2005—2010年,经考试、评审合格的高级会计师26名。其中2005年合格:桐乡市财政局陆建华,交通工程公司吴建琴，求是会计师事务所夏建英，方圆联合会计事务所屠建伦、黄宁秀、魏丽英。2006年合格：龙翔街道办事处李新孙，市财政局沈锋，地税局沈培荣，国税局金鑫、杨伟东，振东新区管委会潘国林，求是会计师事务所周富英，方圆联合会计师事务所陈震宇。2007年合格：桐乡国税局徐兴良、高海群，桐乡地税局冯永梅，乌镇旅游开发有限公司吴斌，求真会计师事务所潘忆炼，市经济技术开发总公司钟英、市财政支付中心叶峰。2008年合格：浙江省人事厅发证的高级会计师有市社会保障管理中心金志玲。2009年合格：桐昆化纤有限公司屈玲妹。2010年合格：求真会计师事务所王立伟、预算会计核算中心规划建设分中心胡莹、方联会计师事务所俞晓英。

二、执业资格管理

1991年，全国实行注册会计师统一考试，1992年、1993年桐乡经考试评审合格的注册会计师13名；1995年年底止，在册注册会计师21名，2010年年底，注册会计师人数50名，其中执业会员26名。

第四节 会计中介机构管理

一、会计师事务所

1991年9月，桐乡市会计师事务所成立，系全民事业单位，归口财政局管理。1999年，根据省财政厅指示实施改制，当年12月，省财政厅批复同意撤销桐乡会计师事务所，与审计局所属实施转制的申达会计师事务所合并成立桐乡方圆联合会计师事务所；经省财政厅批复同意方圆联合会计师事务所取得国有资产评估资格。同月成立求是联合会计师事务所；2001年2月经嘉兴国资局批准取得兼营资产评估业务资格。

2004年2月，成立桐乡求真会计师事务所有限公司，2011年7月变更为嘉兴求真会计师事务所有限公司。

2004年9月，设立桐乡方联会计师事务所有限公司。

同月，求是联合会计师事务所作出清算决议，12月20日注销。

2005年11月，设立桐乡市方联资产评估事务所。

2006年，桐乡方圆联合会计师事务所注销。

2007年11月，桐乡德力信会计师事务所成立。

2002年，某会计师事务所注册会计师在审计过程中因出现与客户串通，指导企业造假，出具虚假财务结算审计报告，会同企业骗取国家财政资金等行为，被追究司法责任并处罚金，吊销注册会计师证书及执业许可证书，单位被没收违法所得并处罚金。2003年，某会计师事务所注册会计师在审计过程中因出具不实的财务结算审计报告，过失行为造成企业骗取国家财政资金的结果，单位被处没收违法所得并处罚金。

表14－6 桐乡市会计师事务所2010年底基本信息一览表

中介机构名称	成立时间	性　　质	人　员　数	注册会计师	业务收入
嘉兴求真会计师事务所有限公司	2004.2	有限责任公司	28人	11人	723.8万元
浙江方联会计师事务所有限公司	2004.9	有限公司	27人	11人	686万元
桐乡德力信会计师事务所	2007.11	合伙制	14人	4人	185.4万元

2010 年 8 月,根据市委组织部关于“两新”组织党建工作要求,中介机构的党组织关系隶属于财政(地税)局党委。经中共桐乡市财政(地税)局委员会批准,各会计中介机构分别成立党支部,详见第二十六章《党群组织》。

二、代理记账

根据财政部《代理记账管理暂行办法》规定,经市财政局批复同意桐乡市信业记账服务中心、国立税务师事务所从 2001 年 1 月 1 日起开展代理记账业务。以后陆续增加,至 2010 年止经审核发放“代理记账许可证”15 家,实际开展业务 13 家。从业人员 97 人,代理记账户 527 户,年代理业务收入 320.5 万元。

2005 年,财政部出台《代理记账管理办法》,市财政局转发并提出补充意见。是年下半年,市财政局组织人员对 2004 年年底前设立的代理记账机构进行检查,从此时起,根据省财政厅和嘉兴市财政局的要求,对代理记账机构开展经常性检查。

第十五章　农业税收征收管理

农业税收包括农业税、农业特产税、契税和耕地占用税，由财政部门负责征收管理。农林特产税开征于1988年，1994年与农林牧水产品税归并为农业特产税，桐乡市于2002年1月停征，当年7月1日起正式免征。2004年1月，全市免征农业税。烟叶税原属于农业特产税中的一个品目，2006年4月独立开征，由桐乡地税局委托桐乡烟草公司代征。2010年1月1日起，契税和耕地占用税转由地税部门征收。

第一节　农业税

一、征收方式

桐乡县(市)农业税的计征方式，一直沿用“定产依率计征”“估产(查账)定率计征”“随售随征”三种征收方式。

(一)定产依率征收

对能够评定正常年景应税产量的土地以亩为单位，以稻谷为标准，确定计税产量，按规定税率计算征收农业税。每年征收前，按照纳税单位的计税面积及评定应产量，计算出应纳税额，发出书面通知，纳税人自觉缴纳入库。桐乡以土地为依据缴纳农业税的，全部按此方式征收。

(二)估产(查账)定率计征

对收入不稳定，不能合理评定常年应税产量的作物或产品(如水产养殖等)，通过估产、查账确定应税金额，按全省统一税率计征。桐乡对水产品，菊花、桑苗等产品，按此方式征收。20世纪50年代，淡水养殖一度停征农业税，改征渔业税，后又恢复征收农业税并降低税率，1988年起，改按农林特产税征收。税率在9%左右。

(三)随售随征

对部分农林特产全省统一制定税价税率，由收购部门在收购环节代扣代缴，或由税务部门随市征收。桐乡对晒红叶、蚕茧、市场零星应税农副产品等，按此方式征收。1988年起，列入农林特产税计征范围。

二、征收管理

农业税征收历来坚持“以粮食为主，辅以代金”，即农业税由粮食部门按质论价收购现粮，按规定的价格与财政资金结算，部分无法缴纳现粮的，折算金额(即代金)缴纳。

农业税现粮征收一般分“早稻预征”和“晚稻秋征”两季，全年统一结算。即在春秋两季粮食部门收购粮食时，委托粮食部门代扣汇缴农业税。

农业税征收每年在国家公布当年粮食订购价格后，由基层税务人员和各乡镇财政员按各乡镇应税土地面积，落实减扣各项减免税政策后的纳税金额，计算出当年应征农业税任务，通过县(市)财政审核汇总,通知落实到全县(市)约14万户农户。一般情况下,本年度农业税任务在当年9月30日前完成。

1980年起,农业税征收全省统一为"实物征收,货币结算"办法,即农民应纳农业税的现粮,按国家标准的统一价格,折算成应纳金额,粮食部门在农民出售粮食时抵交应纳的折算金额。农业税的代金和欠税部分,由基层税务人员和各乡镇财政员负责下村向农户征收,90年代开始由各乡镇财政组落实到村协助征收。

1985年,国家取消粮食统购,改为合同订购,桐乡县当年农业税全部折算成代金征收。

1986年,恢复"实物征收,货币结算"的办法,此后,财政粮折价随粮价有所调整,但结算办法仍是合同订购价不变。

1992年,省政府《关于加强农业税征收工作的通知》规定:农业税仍实行"实物征收,货币结算"的办法,全省统一确定为早晚稻各半比例,即按纳税农户农业税任务的50%征收早稻、50%征收晚稻。对缴纳粮食确有困难的纳税人,可以改征代金。桐乡县对农业税实物征收部分不足50%的乡(镇),全部征收代金。

1994年,桐乡市根据省人民政府文件,征收粮食品种不再确定比例,纳税户可以用早稻一季完成任务,缴晚稻谷和早稻优质品种的,差价找补给农民,凡有农业税征收现粮任务的,当年不再改征代金。

1999年起,桐乡市从实际情况出发,改进全市农业税征收办法,实行粮税分离,农业税统一征收现金,改变农业税征收一直以来采取的现粮征收与代金征收相结合的办法。

2001年起,农业税征管进一步改革,在崇福、河山等乡镇,鼓励缴纳农业代金的农户到农村信用社缴纳农业税,梧桐镇采取集中地点、时间、人员,在村、组设点的办法,方便农户缴纳农业税。2003年,继续探索农业税征收方式改革,大麻、洲泉、石门财政所负责征收的乡镇,农业税采用"划卡征收"办法,即农户可到农村信用社用银行卡划转农业税税款。当年,信用社划卡缴纳农业税共计770余万元,占全年征收任务的40.52%。

三、减免和优惠

(一)国家分别不同情况对农业税实施减免,减免主要有两种:

1.灾情减免:遭受水、旱、风、雹或其他自然灾害而歉收地区,按歉收程度,根据"轻灾少减,重灾多减,特重全免"原则,分别给予减免照顾。歉收不到2成不予减免;歉收2成以上不到3成按歉收成数减征;歉收3成以上不到4成按歉收成数加1成减征;歉收4成以上不到5成按歉收成数加2成减征;歉收5成以上全免。

2.社会减免:农业生产和生活有困难的革命老根据地、少数民族地区、贫瘠山区及革命烈士家属、回乡革命残废军人和因缺乏劳力或其他原因纳税有困难,根据情况给予适当的减税和免税照顾。

(二)1996—2004年农业税减免情况

1996年,桐乡市发生洪涝灾害,全市因灾有7736户农户减免农业税,涉及28个乡镇,共减免农业税786794元。

1999年,根据省财政厅文件,由于杭嘉湖地区遭遇历史上罕见的特大洪涝灾害。广大农户生产生活受到严重影响,根据农业税减免政策和受灾程度,全市共减免农业税328.10万元,占农业税总任务的12.57%,涉及农户69427户,占全市农户总数的50.78%,并对11个乡镇农业税减免落实情况进行核查。

2002年，根据省财政厅文件，桐乡市财政局对历年迁入洲泉、石门、濮院、崇福等地180户三峡库区农村移民安置土地所取得的农业收入，从有收入的年度起，免征农业税3年。

2004年，桐乡市进行农村税费改革试点，根据中共中央、国务院农村税费改革的指示，桐乡市人民政府颁发《关于免征农业税的通知》，当年起，全市全面免征农业税。

表15-1　　1996—2003年桐乡市农业税收入实征表

年份	计税面积（亩）	计税产量（吨）	计征税额（评估产）（元）		应征税额贴补（元）	贴补粮食差价（元）	减免税额（元）	实征税额合计（元）
			正税（11.1%）	附加（15%）				
1996	731659	169163124	23333430	3500015	26833445	3338925	6224720	17269800
1997	729274	168594414	23250602	3487590	26738192	3357876	4746740	18633576
1998	727249	168134856	23399849	3509978	26909827	3357159	4746740	18805928
1999	724500	167516482	22687566	3403134	26090700		3280955	22809745
2000	722799	167088276	1892011	2838016	21758127		216967	21541160
2001	719466	166355694	16990568	2548585	19539153		211502	19327653
2002	712288	166245660	16824061	2523609	19347670		212818	19134852
2003	699511	161820795	16527386	2479205	19006591		670125	18336466

第二节　农业特产税

农业特产税是农业税的组成部分，征收方式从农业税随售随征演变而来，1994年前，统称农林特产税。征收目的主要为调节农林特产收入，平衡农林特产和其他经济作物的税收负担，稳定粮食生产。

桐乡无山少林，农作物以水稻、小麦、蔬菜为主，是平原产粮地区，经济作物有蚕桑、杭白菊、晒红烟等。1994年前，以上三种主要农特产品未列入应税农特产品中。此外，桐乡尚有少量的瓜果、竹木、水产品等农林特产。由于种植面积小，品种不多，收入较少，并且按政策规定，农户房前屋后的零星树木所取得的收入，直接给予免税照顾，故农林特产税收，基本上比照粮田收入，与农业税一并征收。

1994年，国家税制改革，将原农林特产税和原农林牧水产品的产品税归并，统一征收农业特产税。1月开始，国家规定对烟叶在收购环节征收31%的农业特产税。桐乡市境内的晒红烟由市烟草专卖局在收购环节缴纳，当年征收烟叶特产税75146元。

同月，省财政厅下发《关于做好蚕茧农业特产税征收工作的通知》。规定凡在本省境内生产蚕茧的单位和个人，均为蚕茧农业特产税的纳税义务人，按照国务院和省政府的规定缴纳农业特产税。桐乡是全省蚕桑生产最大的县市，当年桐乡市在蚕茧出售环节征收蚕茧特产税，即在茧站收购环节设点征收，规定税率为8%，当年征收蚕茧农业特产税60518元。

1995年，根据省财政厅、省农业厅《关于蚕茧农业特产税实行发种（定种）环节代收代缴制度的通知》，桐乡市蚕茧农业特产税实行“源头控制征收”办法，即委托市农业局蚕桑指导站在预定（或发放）蚕种时，按定种张数向订购蚕种的单位和个人代收代缴。蚕茧农业特产税的征收标准：春、夏、秋等各季蚕种统一规定为10元/张。当年征收蚕茧农业特产税405990元。

是年10月1日起，桐乡市开始使用全国统一的“农业特产税应税产品外运税收管理证明”，实行农业产品源头征税。

1996年，根据省财政厅《关于1997年蚕茧农业特产税征收问题的通知》，蚕桑农业特产税减半征收，即按蚕种张数5元/张标准征收，当年征收蚕茧农业特产税812512元，以后年度特产税逐年稳定增长。

1998年以前，种子种苗不征收农业特产税。1998年，根据省财政厅《关于水产种苗生产经营收入征收农业特产税的通知》，对桐乡市水产种苗征收农业特产税，适用税率为生产者8%、收购者5%。征收过程中由于源头控制存在难度，实际征收结果并不理想。

1999年，按照省财政厅《转发国务院关于调整烟叶和卷烟价格及税收政策的紧急通知》，烟叶农业特产税税率由31%降为20%。市烟草公司根据烟叶收购金额按年度缴纳。当年桐乡的烟叶农特税从1998年的113700元降至96500元。

根据省农村税费改革精神，2002年1月1日起，桐乡暂停征收农业特产税，并将2001年预订蚕种时，代扣单位向农户代扣的每张蚕种3元的农业特产税全额退还给农户。2002年7月，中共桐乡市委、桐乡市政府出台《关于印发“桐乡市农村税费改革实施方案”的通知》，2002年7月1日起，正式停征农业特产税，农业税计税土地上生产的农业特产品，只征农业税，不再征收农业特产税。

表15-2　　1996—2010年桐乡市农业特产税收入情况表

单位：元

编　号	类别\年份	1996	1997	1998	1999	2000	2001	2002
1	淡水养殖	55336	47035	19032	1330	1671		
2	鲜干果	39893						
3	果用瓜类	26635	123132		500			
4	原木类							
5	竹　类							
6	茶叶花卉							
7	牲畜产品	6041			660			
8	药材类				22855			
9	其他类	98791	103926	31709	22195	16957	9990	2120
10	烟　叶			113666	96522	92456		350960
11	蚕　茧	812512	1126674	1390431	1418344	1217256	1920852	
12	合　计	1039208	1400767	1554838	1562406	1328340	1930842	353080

第三节　耕地占用税

耕地占用税是改革开放后开征的新税种，意在保护耕地，促进土地有序开发。

1987 年 4 月 1 日，国务院发布《中华人民共和国耕地占用税暂行条例》，并于同日起实施。

桐乡市根据浙江省政府批转的省财政厅《关于开征耕地占用税的报告》，对 1987 年 4 月 1 日以后依法审批占用的耕地，进行清理，补征税款，并从 9 月 1 日起，实行先纳税后发土地使用证的办法，控制税源，耕地占用税全面开征，外商投资企业暂不开征。

2007 年 12 月，国务院公布新的《中华人民共和国耕地占用税暂行条例》，规定对国有企业、集体企业、私营企业、股份制企业、外商投资企业、外国企业及其他企业和事业单位、社会团体、国家机关、部队以及其他单位、所有个人，包括个体工商户以及其他个人均按规定征收耕地占用税。

一、征税范围

凡占用国家所有和集体所有耕地，从事非农业建设的，均须征收耕地占用税。耕地包括菜地、园地、鱼塘、苗圃、花圃、茶园、果园、桑园、竹园和其他种植经济林木的土地等。

二、征税标准

1987 年耕地占用税开征时，根据省财政厅文件，桐乡县确定梧桐、崇福、濮院、石门、乌镇、屠甸、洲泉等 7 镇征收标准为每亩耕地征收税额 5000 元，其余乡（镇）每亩耕地征收税额 4000 元。

1992 年 7 月 1 日起，省财政厅调整耕地占用税征收标准，桐乡县不分城镇、农村，占用耕地用于建房或从事非农业生产经营的，统一按每亩 6000 元征收。

公路建设（包括高速公路、市政道路、内河航运、乡村简易公路）占用耕地，统一按每平方米 2 元标准，即每亩按 1333 元的税额征收耕地占用税。2007 年 12 月，国务院公布新的《中华人民共和国耕地占用税暂行条例》。2008 年，根据省人民政府《关于做好耕地占用税征管工作的通知》，桐乡市耕地占用税的税额标准调整为每平方米 45 元。

三、免税规定

1987 年，根据《中华人民共和国耕地占用税暂行条列》规定，桐乡县耕地占用税减免对象主要为：

部队（包括武警部队）军事设施用地，乡村简易公路、炸药库用地，学校、幼儿园、敬老院、医院用地，殡仪馆、火葬场用地，直接为农业生产服务的农田水利设施用地，经批准征用的土地，免征耕地占用税。

水库移民、灾民、难民、革命烈士家属、革命残疾军人、鳏寡孤独、军队离休及退休干部，在规定用地标准以内新建住宅，给予减税或免税照顾。

农村居民（指农业户口居民，包括渔民、牧民）占用耕地，建设自用的住宅，按征税标准减半征收。

四、审核权限

1987 年 4 月起，免税在 3 亩以下的，由县财税局核准；免税在 3 亩以上至 5 亩的，由县财税局审核，报嘉兴市财税局核准；免税在 5 亩以上，由县财税局审核，报省财政厅核准。2000 年 1 月起，调整减免税审批权限，占用耕地 10 亩以下，由县（市）财政局批准，并报嘉兴市财政局备案；占用耕地 10 亩（含 10 亩）以上、100 亩以下的，由嘉兴市财政局批准，并报省财政厅备案；占用耕地 100 亩（含 100 亩）以上、1000 亩以下的，报省财政厅审批；占用耕地 1000 亩（含 1000 亩）以上的，经市（地）、县财政局审查后，由省财政厅转报国家税务总局审批。

五、征收管理

经国土部门批准办理耕地占用手续的土地为耕地占用税的征税对象。1987 年 4 月起,桐乡县财政局委托县土地管理局,在用地单位申报办理使用土地手续时负责代征耕地占用税,并按月与市财政局结算税款。农村居民建房缴纳的耕地占用税,由各乡镇财政所负责征收,税款在与市财政局结算后解缴金库。

2001 年 2 月起,市财政局在桐乡市行政审批中心设立服务窗口,耕地占用税移入窗口征管,不再委托国土部门代征(农村居民建房缴纳的耕地占用税,仍由各乡镇财政所负责征收),行政审批窗口主要受理纳税人的纳税申报和减免申请,窗口设专人办理耕地占用税征收和减免上报与审核,国土部门审批土地以耕占税完税凭证和各级财政部门的减免批复为前置。

2005 年 7 月,根据省财政厅要求,嘉兴市财政局组织人员对桐乡市 2003 年、2004 年耕地占用税和契税政策执行情况进行检查。

根据浙江省财政厅、浙江省地方税务局《关于做好耕地占用税和契税征管职能划转工作的通知》,2010 年 1 月 1 日起,耕地占用税与契税征管职能由财政局划转至地税局。

表 15-3　　1991—2010 年桐乡市耕地占用税征收情况表

单位:万元

年　份	实征税额	年　份	实征税额	年　份	实征税额	年　份	实征税额
1987—1990	718.4						
1991	158	1996	338	2001	1429.5	2006	2016.1
1992	278	1997	371	2002	1814.7	2007	4005.3
1993	120	1998	352.6	2003	2601.3	2008	3366.6
1994	200	1999	603.4	2004	5175.8	2009	3385.6
1995	271	2000	168.8	2005	3018.7	2010	5820

第四节　契　税

中华人民共和国成立后,政务院公布《契税暂行条例》,规定凡土地房屋之买卖,典当、赠与或交换,均应凭土地房屋所有证,并由当事人双方订立契约,由承受人依照规定缴纳契税。

一、政策法规

1988 年,住房制度改革,桐乡县根据浙江省财政厅《关于房产契税政策及征收问题的通知》规定征收契税,房屋买卖、典当、赠与或交换等行为,契税税率分别为:买契税,按买价 6%征收;典契税,按典价 3%征收;赠与契税,包括实物有奖储蓄,给中奖者的房屋,均按现值 6%征收。

1997 年,根据省财政厅《关于支持促进我省住宅流通和消费有关契税政策问题的紧急通知》,存量房交易购进用于自住的房产契税,按 6%税率征收时,其中 3%由地方政府贴补。营业用房、赠送、奖励、中奖等房产契税的征收,仍按 6%税率。

1997 年 10 月,国务院颁布《中华人民共和国契税暂行条例》。桐乡市贯彻执行新条例,对区域内以受让、购买、受赠、交换等方式取得土地、房屋权属的单位和个人，按规定征收契税；以投资、入股、抵债、获奖、预购、集资建房等方式取得权属的视同前款。契税税率为3%。

计税依据根据不同情况分别为：①土地使用权出让、出售、房屋买卖的按成交价；②赠与的按市场价确定；③交换的按差价。国有土地使用权出让、土地使用权出售、房屋买卖为成交价格。土地使用权赠与、房屋赠与，由征收机关参照土地使用权出售、房屋买卖的市场价格核定。土地使用权交换、房屋交换，为所交换的土地使用权、房屋的价格的差额。成交价格明显低于市场价格并且无正当理由，或所交换土地使用权、房屋的价格差额明显不合理且无正当理由的，由征收机关参照市场价格核定。

2004年，省财政厅《关于契税征管若干政策的通知》规定，政府批准的土地、房屋征用拆迁，重新承受土地、房屋权属，没有超出补偿费和安置费标准的，免征契税，超出部分，统一按1.5%税率征收契税。尚未办理纳税申报手续且分属不同时期契税税率的应税未税项目统一执行土地3%、房屋3%（其中普通住宅1.5%）的契税税率。

2006年，由于房地产新政推动，二手房交易受营业税、个人所得税出台的影响，房屋交易量明显下降，契税收入比上年减少41.28%。

2007年，二手房转让活跃，全年征收契税10365.9万元。

二、减税免税

1997年，桐乡市住房制度改革领导小组和桐乡市财政局联合发文规定：城镇职工按规定第一次购买公有住房，免征契税。

1998年，贯彻落实《浙江省契税减税免税管理暂行办法》，国家机关、事业单位、社会团体、军事单位承受土地、房屋用于办公、教学、医疗、科研和军事设施者免征契税。因自然灾害等不可抗力灭失住房而重新购买住房的酌情准予减征或免征以及其他减征免征契税项目。

1998年7月，桐乡市对契税减免税实行分级、分类管理。减免税额在10万元（含10万元）以上的，报省财政厅审批；减免税额在5万元（含5万元）以上、10万元以下的，报嘉兴市财政局审批，并报省财政厅备案；减免税在5万元以下的，报桐乡县财政局审批，并报嘉兴市财政局备案。

1999年9月，桐乡市财政局转发省财政厅《关于进一步做好房产市场契税工作的通知》，同时调整房产市场契税税率：(1)个人购买自用普通住宅（不含别墅、营业房），按1.5%税率征收契税；(2)经市财政局审批同意后予以免征契税的积压空置商品住房是指1998年6月30日前经县级以上建设主管部门竣工验收并核发合格证，并在1999年7月31日前尚未售出的商品住房。

2000年，执行财政部、国家税务总局《关于公有制单位职工首次购买住房免征契税的通知》规定，经市政府房改部门批准，公有制单位职工首次按房改政策购买普通住房，免征契税。

2001年，省财政厅下发《关于进一步做好消化空置商品房有关契税工作的通知》，明确“1998年6月30日前建成尚未售出的商品住房”免征契税的优惠政策，延期至2002年12月31日止。

2003年，财政部、国家税务总局《关于企业改制重组若干契税政策的通知》对企业改制重组中涉及的若干契税政策作出具体规定。桐乡市遵照执行。

2008年，财政部、国家税务总局《关于调整房地产交易环节税收政策的通知》规定：对个人购买90平方米及以下普通住房，契税税率暂统一下调到1%。

三、征收管理

20世纪80年代以后，契税一直由桐乡县财税局负责管理，由梧桐、崇福、石门、濮院、乌镇、屠甸、洲泉等基层税务所直接征收。

1987年,根据省财政厅指示,实行源头控管,委托房管部门代征。

1997年,新契税条例出台,土地出让转让征收契税,当年增加税收112万元,比上年增长118%。

1998年,省财政厅对契税征收管理强调“应当以征收单位自征为主,要结合农税征管改革,配备专门人员,加强征管力量和手段,做好契税自征工作”。桐乡市财政局报经省财政厅批准,桐乡市土地管理局、市城建局房屋建设开发总公司、市房地产管理处、市经济开发区房产开发公司等4家单位为契税代征单位,代征时间至1999年12月31日止。

2000年7月,桐乡市财政局设立农业税收管理中心。

2001年2月,市财政局在桐乡市行政服务中心设立耕占税和契税征管窗口,专人负责耕地占用税和契税的征收,4个中心城镇仍由当地财政所委托房地产管理部门代征。2005年1月1日开始,全部进审批中心农税窗口实行自征。

2006年,由于房地产新政推动,二手房交易受营业税、个人所得税出台的影响,交易量明显下降,契税收入比上年减少41.28%。

2007年,由于城镇建设快速发展,房产需求扩大,二手房交易活跃,全年征收契税10365.9万元,成为全市财政收入重要来源之一。当年,由于城市建设拆迁房屋安置,按规定减免契税127.2万元。

2010年1月1日起,耕地占用税与契税征管职能由财政局划转至地税局。

表15-4　　1991—2010年桐乡市契税征收统计表

单位:万元

年　份	实征税款	年　份	实征税款	年　份	实征税款
1996	102	2001	1619	2006	5950
1997	189	2002	2810	2007	10366
1998	400	2003	6364	2008	14396
1999	464	2004	6854	2009	14940
2000	440	2005	10133	2010	27424

第五节　烟叶税

1994年税制改革前,烟叶税曾是工商统一税、产品税中的一个品目,之后,又将它划为农业特产税中的一个品目。2000年,农村税费改革,取消农业税。

2006年4月28日,国务院公布《中华人民共和国烟叶税暂行条例》,烟叶税收作为农业产品中唯一的一个例外被保留。烟叶税的纳税人是在中华人民共和国境内收购烟叶的单位,实行比例税率,税率为20%。桐乡市烟叶税纳税人仅桐乡市烟草公司一户,2006年征收烟叶税38万元,2007年征收57万元,2008年征收69万元,2009年征收71万元,2010年征收54万元。

第十六章　工商各税

本章记述的工商各税系桐乡市在1996—2010年间征收的税种，主要包括流转税、所得税、资源类税、特定目的税、财产行为税等五个方面。1994年税制改革后，根据国家税收制度规定，桐乡国税局与地税局按权限分别负责相关税种的征管，互相协作，共同完成税收征收任务。

第一节　流转税

流转税是以商品流转和非商品流转额为征收对象的税。1996—2010年桐乡征收的属于流转税性质的税种有增值税、消费税、营业税等。

一、增值税

1993年12月，国务院颁发《中华人民共和国增值税暂行条例》，1994年1月1日正式实施。增值税是中央和地方共享税，其中75%属中央财政收入，25%属地方财政收入。增值税是全市第一大税种，税收收入约占国税总收入的85%的左右。1996年以来，增值税政策主要变化如下：

1997年，市国税局对销售货物或提供加工、修理修配劳务以及进口货物的增值税纳税义务人，分两类征收增值税：一类为一般纳税人，根据不同的货物，基本税率为17%，低税率为13%或零税率。一类为小规模纳税人，征收率为6%。

1998年1月1日起，商业小规模纳税人特定货物销售行为的征收率由6%调减至4%。市国税局对寄售商店代销寄售物品、典当业销售死当物品、销售旧货和经上级机关批准的免税商品零售免税货物征收率由6%调减至4%。7月1日起，增值税一般纳税人购进或销售货物支付的运输费用的扣除率由10%降至7%。

1999年，实施增值税一般纳税人年审。2006年，取消一般纳税人年审。

2000年1月1日起，一般纳税人生产销售的商品混凝土，减按6%的征收率征收增值税，但不得开具增值税专用发票。12月1日起，对增值税一般纳税人生产的黏土实心砖、瓦一律按适用税率征收增值税，不得采取简易办法征收增值税。

2001年5月1日起，市国税局对废旧物资回收经营单位销售其收购的废旧物资免征增值税。对全市生产企业增值税一般纳税人购入废旧物资回收经营单位销售的废旧物资，可按照废旧物资回收经营单位开具的普通发票上注明的金额，按10%计算抵扣进项税额。7月1日起，对政府及主管部门委托自来水厂(公司)随水费收取的污水处理费，免征增值税。2002年6月1日起，对自来水公司销售自来水按6%的征收率征收增值税，对其购进独立核算水厂的自来水取得的增值税专用发票上注明的增值税税款(按6%征收率开具)予以抵扣。

2002年1月1日起，市国税局对全市增值税一般纳税人购进农业生产者销售的免税农业产品的进项税额扣除率由10%提高到13%。纳税人销售旧货(包括旧货经营单位和纳税人销售自己使用过的应税固定资产),无论增值税一般纳税人或小规模纳税人,也无论是否为批准认定的旧货调剂试点单位,一律按4%的征收率减半征收增值税,不得抵扣进项税额。纳税人销售自己使用过的属于应征消费税的机动车、摩托车、游艇,售价超过原值的,按4%的征收率减半征收增值税;售价未超过原值的,免征增值税。旧机动车经营单位销售旧机动车、摩托车、游艇,一律按照4%的征收率减半征收增值税。

2003年1月1日起,增值税起征点调整。个人(包括个体经营者及其他个人)销售货物或应税劳务,未达到以下规定起征点的,免征增值税。(1)销售货物的起征点为月销售额5000元;(2)销售应税劳务的起征点为月销售额3000元;(3)按次纳税的起征点为月销售额200元。

2003年2月27日,增值税防伪税控培训

2004年8月1日起,对新办商贸企业实施辅导期一般纳税人管理,其取得的专用发票抵扣联、海关进口增值税专用缴款书、废旧物资普通发票以及货物运输发票应在交叉比对无误后才能抵扣。辅导期内增购的专用发票实行预缴增值税,预缴的增值税可在本期增值税应纳税额中抵减,抵减不完的可在辅导期结束后第一个月退还。2010年3月,此规定随《国家税务总局增值税一般纳税人纳税辅导期管理办法》的发布而调整。

2005年,经批准汇总缴纳增值税的连锁经营企业总店应按统一核算的当月应缴增值税总额向所在地主管国税机关申报纳税。1月1日起,随着增值税防伪税控系统的全面覆盖,停止增值税征税、扣税凭证手工审核。

2006年,新华书店和农村基层供销社在本地销售的出版物,税收优惠自2006年1月1日起至2008年12月31日由先征后退改为免征增值税。

2007年,制定《增值税一般纳税人日常监控管理暂行办法》,强化增值税税基管理,一般纳税人零负申报率11.85%,比上年同期下降0.22%;低税负面率45.37%,比上年同期下降2.8%;增值税税负率2.67%,因高税负行业应纳税款减少、低税负行业销售规模继续增大,使整体税负比上年同期下降0.05%。

2008年,坚持"以票控税,网络比对,税源监控,综合管理"的十六字方针,改进流转税管理方法,实施增值税行业预警管理,开发增值税管理评测系统,应用申报数据确定行业平均税负率,筛选异常申报企业,建立相关行业指标体系和行业税收管理办法,加强对低税负企业的管理。

2009年1月1日起,实施增值税转型政策,增值税一般纳税人购进(包括接受捐赠、实物投资)或者自制(包括改扩建、安装)固定资产发生的进项税额,凭增值税专用发票、海关进口增值税专用缴款书和运输费用结算单据从销项税额中抵扣。

2010年,落实一般纳税人资格认定管理办法,强化一般纳税人征收管理。对羊毛衫行业、家纺行业、皮鞋行业、皮毛行业的申报情况,分行业、分部门、税负对比与进项税额抵扣情况等,实施动态管理,按月监控通报。

表 16－1　　各年度增值税税收收入占桐乡市国税收入比重一览表

单位：万元

年　度	国税收入总额	增值税收入	比　　重	年　度	国税收入总额	增值税收入	比　　重
1997	37611	34944	92.91%	2005	136963	118806	86.74%
1998	43143	38585	89.44%	2006	166188	143722	86.48%
1999	36246	33074	91.25%	2007	211188	178193	84.38%
2000	47610	43333	91.02%	2008	257988	205644	79.71%
2001	64321	58871	91.53%	2009	278818	222916	79.95%
2002	81444	75651	92.89%	2010	313900	224297	71.46%
2003	102208	94799	92.75%	合计	1897227	1577437	83.14%
2004	119599	104602	87.46%				

资料来源：《浙江税务统计年鉴》

二、消费税

1993 年 12 月 3 日，国家对消费税政策进行调整，颁布《中华人民共和国消费税暂行条例》，12 月 25 日，财政部制定《中华人民共和国消费税暂行条例实施细则》。消费税是税制改革后设置的一个税种，是在原产品税、工商统一税、特别消费税的基础上演变而成。消费税实行从价定率征收或从量定额征收的办法。消费税征税范围归纳为 5 大类：主要产品有烟、酒、鞭炮、焰火、奢侈品、汽车、摩托车、汽油、柴油、护肤品等。桐乡主要对金银首饰与酒类征收消费税。1995 年，金银首饰消费税纳税环节由生产环节改为零售环节。2001 年，国家对粮食酒和薯类白酒由从价定率计算纳税额调整为从价定率与从量定额相结合。2010 年，桐乡征收的消费税主要有金银首饰、酒和酒精。当年，东兴商厦贵重首饰销售入库消费税 302 万元。1997 年至 2010 年，消费税收入占全市国税收入总额的 0.47%。

表 16－2　　各年度消费税税收收入占桐乡市国税收入比重一览表

单位：万元

年　度	国税收入总额	消费税收入	比　　重	年　度	国税收入总额	消费税收入	比　　重
1997	37611	1057		2005	136963	133	
1998	43143	2945		2006	166188	125	
1999	36246	1325		2007	211188	158	
2000	47610	869		2008	257988	245	
2001	64321	31		2009	278818	339	0.12%
2002	81444	31		2010	313939	484	0.15%
2003	102208	63		合计	1583327		
2004	119599	112					

资料来源：《浙江税务统计年鉴》

三、营业税

1984年9月，国务院颁布《中华人民共和国营业税条例(草案)》，桐乡于当年10月1日起贯彻实施。1994年1月、2009年1月先后执行修订后的《中华人民共和国营业税暂行条例》，“凡在中华人民共和国境内提供应税劳务、转让无形资产或者销售不动产的单位和个人，为营业税的纳税义务人；纳税人提供应税劳务、转让无形资产或者销售不动产，按取得的营业额和规定的税率计算应纳税额，申报缴纳营业税。”

1994年实施分税制改革，营业税为地方税。科目简并为9个，税率一般为3%～5%，娱乐业5%～20%。

表16－3　　1994年1月起桐乡市执行的营业税税目税率一览表

税　　目	征　收　范　围	税　　率
一、交通运输业	陆路运输、水路运输、航空运输、管道运输、装卸搬运	3%
二、建筑业	建筑、安装、修缮、装饰及其他工程作业	3%
三、金融保险业		5%
四、邮电通信业		3%
五、文化体育业		3%
六、娱乐业	歌厅、舞厅、卡拉OK歌舞厅、音乐茶室、台球、高尔夫球、保龄球、游艺	5%～20%
七、服务业	代理业、旅店业、饮食业、旅游业、仓储业、租赁业、广告业及其他服务业	5%
八、转让无形资产	转让土地使用权、专利权、非专利技术、商标权、著作权、商誉	5%
九、销售不动产	销售建筑物及其他土地附着物	5%

注：表中第六项税目娱乐业的税率，桐乡根据浙江省规定，按10%税率征收

1997年1月1日起，金融保险业营业税税率由5%提高到8%，其中按原5%税率征收的部分，归地方财政收入，按提高3%税率征收的部分，归中央财政收入。农村信用社营业税，1997年12月31日前减按5%征收，仍作为地方财政收入；1998年1月1日起至2001年9月30日止，减按6%的税率征收营业税。农村信用社在税率调整后，按5%的税率征收的部分继续向主管地方税务局缴纳，新增的部分向国家税务局缴纳；2001年10月1日起，农村信用社减按5%的税率计征营业税，由地方税务局负责征收，营业税收入全部归属地方。2003年1月1日起，信用社的营业税按3%的税率征收。国家税务局不再征收营业税。

1999年7月1日起，娱乐业税目中的歌厅、舞厅、卡拉OK歌舞厅、游戏机等四项目的营业税税率从原10%调整到13%。电子游戏厅自2000年7月1日起按20%的税率征收营业税。2001年5月1日起，娱乐业中歌厅、舞厅、卡拉OK歌舞厅(包括夜总会、练歌房、恋歌房)、音乐茶座(包括酒吧)、台球、高尔夫球、保龄球、游艺(如射击、狩猎、跑马、游戏机、蹦极、卡丁车、热气球、动力伞、射箭、飞镖等)按20%税率征收营业税。2004年7月1日起，保龄球、台球税率调减为5%。2010年1月1日起，高尔夫球适用税率10%，其他娱乐业征收项目适用5%税率。

2001年1月1日起，个人按市场价格出租的住房，其应缴纳的营业税暂按3%的税率征收。

营业税以取得的营业额为计税依据，包括收取的全部价款和价外费用。2003年1月起保险业、金

融业、劳务公司、通信线路工程和输送管道工程、邮政电信、中国移动通信、交通运输业、旅游业、广告代理业、物业管理、不动产或土地使用权销售或转让等营业收入允许按规定实行项目扣减，按项目扣减后的余额征收营业税。

房地产市场税收政策曾有过多次调整，具体情况如下：

1999 年 8 月 1 日起，个人购买并居住超过一年的普通住宅，销售时免征营业税；个人购买并居住不足一年的普通住宅，销售时营业税按销售价减去购入原价后的差额计征；个人自建自用住房，销售时免征营业税。企业、行政事业单位按房改成本价、标准价出售住房收入，暂免征收营业税。1998 年 6 月 30 日前建成尚未售出的商品住房，销售时应缴纳的营业税在 2000 年年底前免税。

2005 年 6 月 1 日后，个人将购买不足 2 年的住房对外销售的，全额征收营业税。超过 2 年(含 2 年)的普通住房对外销售，免征营业税。2006 年 6 月 1 日后，原“个人将购买不足 2 年的住房对外销售的，全额征收营业税”的规定，提高至 5 年。

2009 年 1 月 1 日—2011 年 1 月 27 日，个人将购买不足 2 年的非普通住房对外销售的，全额征收营业税；个人将购买超过 2 年(含 2 年)的非普通住房或者不足 2 年的普通住房对外销售的，按销售收入减去购买房屋的价款后的差额征收营业税；个人将购买超过 2 年(含 2 年)的普通住房对外销售的，免征营业税。

1994 年起，按期纳税的起征点月营业额为 400 元、按次(日)纳税的起征点营业额为 50 元。2003 年 4 月 1 日起，按期纳税的起征点调整为月营业额 2000 元、按次(日)纳税的起征点调整为营业额 100 元。2005 年 7 月 1 日起，按期纳税的起征点调整为营业额 5000 元，按次(日)纳税的起征点未作调整。

营业税税收优惠除税法规定外，还有若干随经济形势需要出台的阶段性优惠政策，桐乡按规定执行，具体执行情况见第二十四章《财源结构与财税扶持经济发展》。

对营业税的征收管理，结合桐乡经济税源和行业特点，1995 年起，交通运输业、建筑业、房地产业、个人出租(自用)房产税收相继实行分税目按行业征管。

营业税具体的征收管理见第二十章《税收征收管理》。

1996—2010 年，累计征收营业税 430819 万元，其中 1997 年—2003 年国税局征收营业税 4777 万元。

第二节 所得税

1996—2010 年期间，桐乡征收的属于所得税性质的税种有企业所得税、个人所得税和外商投资企业和外国企业所得税(1991—2007 年)。

一、企业所得税

1993 年 12 月 13 日，国务院公布《中华人民共和国企业所得税暂行条例》，1994 年 1 月 1 日起实施。企业所得税是在合并原国营、集体、私营经济三项所得税后出台的税种。2007 年 3 月 16 日，十届全国人大通过《中华人民共和国企业所得税法》，将内外资企业所得税合并；11 月，国务院颁布《中华人民共和国企业所得税实施条例》，2008 年 1 月 1 日起施行。

根据国家税务总局要求，1994 年 10 月，桐乡国税局、地税局分设。国税局主要承担国家规定的中央企业所得税，中央与地方所属企事业单位组成的联营企业、股份制企业所得税，外商投资企业和外国企业所得税的征收管理；地税局负责地方企业所得税，包括国有、集体、私营、联营、股份制和有生产、经营所得的其他组织的企业所得税。实际执行中桐乡国税局、地税局仍然合署办公，共同征管。

1997年9月,国税进一步分设,根据1995年国家税务总局《关于企业所得税征收和管理范围的通知》规定,国税局的征收管理范围:(一)中央各部门、各总公司、各行业协会、总会、社团组织、基金会所属的企事业单位以及上述企事业单位兴办的(包括以货币、实物、土地使用权、知识产权投资等形式兴办)的预算内、外国有企业(包括境内、境外所得)的所得税。(二)金融保险企业的所得税。包括政策性银行、商业银行及其分支机构、合作银行、城市及农村信用合作社、城市及农村信用合作社联合社;保险公司及其分支机构、保险经纪人公司、保险代理人公司;证券公司及其分支机构、证券交易中心、投资基金管理公司、证券登记公司;信托投资公司、财务公司和金融租赁公司及其分支机构、融资公司、融资中心、金融期货公司、信用担保公司、典当行(公司)、信用卡公司等从事资金融通业务企业的所得税。(三)军队(包括武警部队)所办的国有企业的所得税。

地税局负责征收管理的范围:(一)地方各级国有企事业单位的所得税,包括地方各部门、各总公司、各行业协会总会、社团组织所属企事业单位及其兴办的国有企业的所得税。(二)集体企业所得税。指金融保险企业外的集体所有制企业的所得税,包括中央各部门、各总公司、各行业协会总会、社团组织、基金会以及各企事业单位在地方兴办的集体企业的所得税。(三)私营企业的所得税。

2002年1月1日起,根据国家税务总局对所得税收入分享体制改革后征管范围作出的规定,市地方税务局不再负责新办的企业(单位)、其他组织企业所得税征收管理。而属原地税管理的两个以上企业合并设立一个新的企业、因分立而设立的企业、缴纳企业所得税的事业单位改制为企业办理设立登记,仍由地税局征收管理。

2009年1月1日起,国家税务总局对新增企业所得税征管范围又作调整,实行跟主体税种管理来划分新增企业所得税征管的办法。

1994年1月起,根据《中华人民共和国企业所得税法》规定,企业所得税税率为33%,同时设定两档照顾税率,即18%和27%。年应纳税所得额在3万元(含3万元)以下的企业,减按18%的税率征收所得税;年应纳税所得额10万元(含10万元)以下3万元以上的企业,减按27%的税率征收所得税。

2008年1月1日执行新企业所得税的税率为25%的比例税率,非居民企业取得所得,适用税率为20%。国家重点扶持的高新技术企业为15%,小型微利企业为20%。

小型微利企业的标准:工业企业,年度应纳税所得额不超过30万元,从业人数不超过100人,资产总额不超过3000万元;其他企业,年度应纳税所得额不超过30万元,从业人数不超过80人,资产总额不超过1000万元。

企业所得税税收优惠除税法规定外,还有一些随经济形势需要出台的阶段性优惠政策,具体执行情况见第二十四章《财源结构与财税扶持经济发展》第二节。

2010年1月28日,企业所得税培训

企业所得税实行按年计算、分期预缴、年度汇算清缴的征收办法。桐乡对实行自行申报、查账征收的企业,统一实行分季预缴,年终汇算清缴,多退少补;实行核定(定额)征收的纳税人,按月预缴。

1996年2月起,桐乡地税相继在建筑安装、小型账证不健全企业中试行所得税定率预征,在砖瓦和皮毛行业中试行核定应税所得率的办法。

1997 年 9 月，随着税务机构进一步分设，国地税按规定分别征收企业所得税。

2000 年，国税对六种情况的纳税人实施核定征收和核定应税所得率征收。

2001 年，国税对汇总纳税企业实行“统一计算、分级管理、就地预交、集中清算”的征收管理办法。

2002 年，国税落实《企业所得税汇算清缴管理办法》，当年就地纳税的中央企业 28 户，其中盈利企业 10 户，销售收入（营业收入）18136.4 万元，应纳税所得额为 978.8 万元，入库应纳所得税 322.9 万元。

2005 年，国地税联合制定分行业的应税所得率最低标准。

2008 年，国税将纳税人分行业和按规模分类管理，管理方式有“行业平均利润率引导式预警管理”“行业控制利润率管理”和“核定管理”三种。

企业所得税具体的征管方式见第十九章《税收征收管理》。

2010 年止，国税系统企业所得税查账征收 5050 户，核定征收 466 户；地税系统企业所得税查账征收 1463 户，核定征收 357 户；

1996—2010 年，累计征收入库所得税 435552 万元，其中 1997—2010 年，国税征收入库所得税 80636 万元。

二、个人所得税

1980 年 9 月，第一部《中华人民共和国个人所得税法》公布实施。1993 年 10 月 31 日第八届全国人民代表大会常务委员会第四次会议，修改《中华人民共和国个人所得税法》，将个人所得税、个人收入调节税、个体工商业户所得税合并为个人所得税，对中国公民和在华的外籍人员、城乡个体工商户统一征收个人所得税，并于 1994 年 1 月 1 日正式颁布实施。此后《中华人民共和国个人所得税法》曾有多次修订。

个人所得税实行分类征税。主要包括：工资、薪金所得，个体工商户的生产、经营所得，对企事业单位的承包经营、承租经营所得，劳务报酬所得，稿酬所得，特许权使用费所得，利息、股息、红利所得，财产租赁所得，财产转让所得，偶然所得和经国务院财政部门确定征税的其它所得。市地税局负责征收。

1999 年 9 月 30 日，国务院发布对储蓄存款利息所得征收个人所得税实施办法，储蓄存款利息所得，按照每次取得的利息所得额计征个人所得税。市国税局负责征收。

2000 年 1 月 1 日起，个人独资企业和合伙企业比照个人所得税法的“个体工商户的生产经营所得”应税项目，计算征收个人所得税。

桐乡征收的个人所得税主要是工资、薪金所得，个体工商户的生产、经营所得和利息、股息、红利所得三大类，1996 年三类收入占个人所得税总收入比例为 92.05%，2010 年占 88.45%。1999—2010 年国税局征收的储蓄存款利息个人所得税累计收入 29588 万元，占相应年份累计的 1.97%。

工资、薪金所得　适用 5%～45%的超额累进税率，按月按扣减规定费用后的余额征税，2006 年前规定的扣除费用为 800 元，2006 年 1 月 1 日起扣除费用调整为 1600 元；2008 年 3 月起扣除费用调整为 2000 元。

工资、薪金所得实行源泉扣缴与自行申报并用的方式。纳税人两处或两处以上取得工资、薪金，自行汇总申报。

2005 年起，在梧桐地税分局 140 家企业中试行个人所得税全员申报，2006 年 4 月份起在全市推行，当年有 505 家企业实行个人所得税全员申报，2007 年年底全员申报企业达到 6597 家。

2006 年 1 月 1 日起，对年所得超过 12 万元以上的纳税人，实行自行申报，当年自行申报人数为

2690人。

2007年，对旅店业、咖啡、茶楼、酒吧四个行业的个人所得税带征率进行调整，调整后旅店业按市区、建制镇和农村分别确定带征率2%、1%；咖啡业带征率统一2%；茶楼业带征率统一1.5%；

个体工商户的生产、经营所得适用5%～35%的超额累进税率，以一纳税年度的收入总额减除成本费用后的余额为应纳税所得额。个体工商户的生产、经营所得应纳的税款实行自行申报方式，按年计算，分月预缴，年度汇算清缴，多退少补。对没有建账，无法汇算的个体工商户，采取带征方式征收个人所得税。带征率的确定，1999年前由各税务所(分局)在调查测算的基础上分别确定。1999年7月开始，地税局确定全市个人所得税带征率按行业、分乡镇分档，最低带征率0.5%～5%十个档次；2001年，国地税对河山个私绢纺行业大车税收个人所得税按3%确定带征率；2003年10月制定个人房屋出租个人所得税带征率，按年租金收入划分等级，按市区、建制镇与建制镇外三种类型分别确定。

表16-4　　2003年度桐乡市个人房屋出租个人所得税带征率标准一览表

年房屋租金收入	个人所得税带征率	
	市区、建制镇	建制镇以外
11000元以下(不含)	0%	0%
11000元至12000元(不含)	0.50%	1%
12000元至13000元(不含)	1%	1.50%
13000元至15000元(不含)	2%	3%
15000元至18000元(不含)	3%	4%
18000元至21000元(不含)	4%	5%
21000元至24000元(不含)	5%	6%
24000元至30000元(不含)	4%	5%
30000元至40000元(不含)	5%	6%
超过40000元	按实计算征收	

2008年12月修订，2009年1月起执行的地税局集贸、门征税收个人所得税带征率如表16-5。

表16-5　　桐乡市地方税务局集贸、门征税收个人所得税带征率标准一览表

应　税　项　目	所得税带征率	应　税　项　目	所得税带征率
一、取得增值税应税项目收入	2.0%	3.出租车	3.0%
其中：1.专业市场	1.0%	(二)建筑业	1.5%
2.工业性加工	2.5%	(三)服务业	1.0%
二、取得营业税应税项目收入		其中：房屋出租	1%～2%
(一)交通运输	2.5%	(四)转让无形资产	1.5%
其中：1.货运(含装卸搬运)	1.50%	(五)销售不动产	1%～2%
2.客运	2.50%	(六)文化体育业	1.0%

表 16－6

1996—2010 年桐乡市个人所得税征收情况一览表

单位：万元

	1996 年	1997 年	1998 年	1999 年	2000 年	2001 年	2002 年	2003 年	2004 年	2005 年	2006 年	2007 年	2008 年	2009 年	2010 年
合计	1287.6	1426.4	4956.9	2243.6	4647.3	9092.3	13633.6	15974	17932	21644	25308	29355	34230	31635	35673
国税		124		6	1283	2948	2971	2719	2987	3396	4173	4718	3027	1360	339
合计	1287.6	1302.4	4956.9	2237.6	3364.3	6144.3	10662.6	13255	14945	18248	21135	24637	31203	30275	35334
工资薪金所得	501.4	614	3045.1	1083.3	1563.4	2656.4	4275.9	5371	5087	6987	6929	9012	11300	11062	14171
个体工商户经营所得	541.4	389.2	886.5	677	1032	1770.4	4312.3	4896	6124	6500	7534	8706	9011	8730	11131
企事业单位承包、承租经营所得	50.4	89.9	40.5	133	314.8	799.9	629.7	981	1201	1293	1531	2131	2058	2314	857
劳务报酬所得	37.6	10.5	7.1	19.4	36.5	40.7	29.2	56	51	22	119	117	227	251	346
稿酬所得		0.1		0.1		0.1		1					2		
特许权使用费所得				245.7	8.3		0.7		25	14	15		22	30	40
利息股息红利所得	142.5	195.6	976	0.5	328.1	786	996.7	1594	2208	3250	4558	4086	7332	6508	5952
财产租赁所得	0.7		0.1	78.6		5.5	28.5	19	16	92	48	60	52	32	42
财产转让所得						4	52.5	161	4	15	99	414	933	1028	2675
偶然所得	3.7	3.1	1.6		50.6	1.6	35.5	47	105	24	217	25	146	258	67
其他所得	9.9											3	39		
税款滞纳金、罚款收入					30.6	79.7	301.6	129	124	51	85	83	81	62	53

2010年1月起执行的国地税共管户个人所得税附征率，按行业、区域确定，附征率分0.8%、1.0%、1.5%、1.8%四个档次。

对个体工商户具体的征管方式见第十九章《税收征收管理》。

利息、股息、红利所得适用20%的比例税率，2007年8月15日起，个人存款利息按照5%的比例税率征收个人所得税；2008年10月9日开始个人存款利息免征收个人所得税。利息、股息、红利所得按每次的收入额征税。实行源泉扣缴与自行申报并用的方式。

个人所得税免征、减征项目除税法规定外，还有一些阶段性优惠政策，具体执行情况见第二十四章《财源结构与财税扶持经济发展》。

1996—2010年，累计征收个人所得税24798万元，其中1997—2010年国税征收入库30051万元。

三、外商投资企业和外国企业所得税

外商投资企业和外国企业所得税由国税局负责征收。

1991年4月9日，第七届全国人民代表大会第四次会议审议通过的《中华人民共和国外商投资企业和外国企业所得税法》7月1日起施行。1991年6月30日，国务院发布的《中华人民共和国外商投资企业和外国企业所得税法实施细则》和《中华人民共和国外商投资企业和外国企业所得税法》同时施行。

1997年，国税局成立涉外税收管理分局，将委托基层税务所征管的外商投资企业进行集中统一管理。涉外税收业务全部进入办税大厅，从税务登记、发票出售、纳税申报等，实行一条龙服务。

1998年，组织外商投资企业开展为期两天的税收知识培训，121家外资企业的领导和会计参加。

2000年，国税局强化涉外税收管理，制定《桐乡市国税局外商投资企业和外国企业所得税征收管理工作规程》，明确职责，责任到位。同时，加强外税分局、征管分局、稽查局的工作协调，形成涉外税收工作的合力。

2002年起，外商投资企业和外国企业所得税由中央与地方按比例分享，2002年中央分享比例为50%，2003年起，中央分享的比例为60%。国税局加强涉外税收管理，开展审核评税和反避税，提高外税管理工作质量和效率，2003年通过调查取证和谈判，调增应纳税所得额473.97万元，补缴所得税26.31万元。

2006年，国税局开展涉外税务审计工作，按2005年涉外企业汇算清缴户数，确定10%进行税务审计，应为28户企业，实际审计32户，补征外资所得税237.17万元，补缴增值税17.91万元，加收滞纳金30.33万元。当年，税收情报交换工作，涉及美、日、加、澳四个国家居民(包括自然人和法人)取得的由中国境内单位支付收入的电子自动情报24份。

2007年3月16日，第十届全国人民代表大会第五次会议通过新企业所得税法，自2008年1月1日起施行。2007年，国税局入库外商投资企业和外国企业所得税首次超亿元，其中巨石集团有限公司缴纳外商投资企业所得税9572万元，占全市外商投资企业和外国企业所得税总额的66.97%。

2008年1月1日，实施新企业所得税法，实行统一比例的税负、统一税收优惠待遇，统一的税收管辖权，继续保持税收政策的连续性，税收负担的稳定性。同时，1991年12月13日发布的《中华人民共和国外商投资企业和外国企业所得税》和1993年12月13日发布的《中华人民共和国企业所得税条例》作废。当年，国税局开展2008年度企业所得税汇算清缴，全市参加企业392家，汇算清缴面100%。所得税纳税申报办法，由会计师事务所在企业自行汇算清缴前期开展查账业务，并依据查账报告作申报调整，扣除核定征收企业后，共有376家企业提供会计师事务所审计报告。同时，加大涉外税务审计和反避税工作力度，提高对涉外税收的监管能力，对37家审计企业共调整获利年度2家，合计调增应纳税所得额 1120.42 万元，补缴入库企业所得税、增值税、滞纳金，合计 210.59 万元。当年，5 家外资企业向省科技厅申报高新企业，办理所得税退库 1220 万元。

2009 年，国税局开展年度企业所得税汇算清缴，403 家企业参加所得税汇算清缴，汇算清缴面 100％。由会计师事务所在企业自行汇算清缴前期开展查账业务，并依据查账报告作申报调整，企业提供会计师事务所审计报告。当年，国税局单笔入库非居民企业所得税税款 1093 万元，此为桐乡国税首次(也是嘉兴国税系统首次)办理外方从境外直接汇款缴纳税款。

2010 年，国税局开展年度企业所得税汇算清缴，405 家企业参加所得税汇算清缴，汇算清缴面 100％。汇算清缴工作由中国注册会计师对企业的财务情况，按照所得税汇算清缴工作要求查账，并出具《审计报告》和《查账报告》。外资企业所得税年度纳税在浙江国税纳税申报平台申报，税源管理员对企业提交的《企业所得税纳税申报表》《企业年度关联业务往来报告表》《审计报告》《查账报告》进行二级审核，审核过程中发现企业申报表有计税错误、数据不符或逻辑错误等情况，在年度申报期限内以更正申报表来调整、在年度申报期限后以补充申报来调整。全市 405 家汇算清缴企业，实现营业收入 3642983 万元，利润总额 279311 万元，实际应纳所得税 41057 万元。当年，高新技术企业税收优惠 6652 万元，其中，巨石集团有限公司 3031 万元、桐乡中欣化纤有限公司 1595 万元、浙江华友钴业股份有限公司 1329 万元、振石集团恒石纤维基业有限公司 468 万元、浙江嘉名染整有限公司 132 万元、浙江华章科技有限公司 64 万元、浙江鼎泰药业有限公司 33 万元。同时，年度办理 16 家企业所得税税前扣除 7032.59 万元。

1997 年全市办理税务登记的外商投资企业共计 32 家，截至 2010 年年末外商投资企业办理税务登记 518 家。

1996—2010 年，累计征收涉外企业所得税 110521 万元。

第三节　资源类税

浙江省先后开征的资源类税税种有盐税、资源税、城镇土地使用税、土地增值税。桐乡开征的有城镇土地使用税、土地增值税。

一、城镇土地使用税

1988 年 9 月 27 日，国务院发布《中华人民共和国城镇土地使用税暂行条例》(以下简称《条例》)，1988 年 11 月 1 日起施行。桐乡于 1989 年 1 月开征城镇土地使用税。2006 年 12 月，国务院修改《中华人民共和国城镇土地使用税暂行条例》，2007 年 1 月 1 日起调整征收标准，并将外商投资企业纳入城镇土地使用税征收范围。

根据《条例》规定，桐乡县城和建制镇范围内使用土地的单位和个人，为城镇土地使用税的纳税义务人。以纳税人实际占用的土地面积为计税依据。桐乡市土地使用税每平方米的税额为：桐乡县梧桐大街路段，每平方米年税额为 0.6 元；梧桐镇其余地段和濮院、乌镇、石门、崇福、洲泉、屠甸六镇为每平方米年税额为 0.4 元；高桥、炉头、大麻、灵安四镇每平方米年税额为 0.2 元。

2006 年 7 月，《桐乡市人民政府关于调整桐乡市城镇土地使用税等级划分标准和适用税额的通知》规定，土地使用税等级划分和适用税额调整为：一级地段，适用税额为 2.00 元/每平方米；二级地段，适用税额为 1.50/元每平方米。三级地段，适用税额为 1.00 元/每平方米。地段划分见下表：

表 16－7　　2006 年 7 月桐乡市城镇土地使用税税额标准划分一览表

乡镇、街道	一级地段： 税额为 2.00 元/平方米	二级地段： 税额为 1.50 元/平方米	三级地段： 税额为 1.00 元/平方米
梧桐街道	世纪大道—校场路—复兴路—中山路	绕城公路以内除一级地段外的区域	除一、二级地段外的其他行政区域
凤鸣街道		绕城公路以内除一级地段外的区域	除二级地段外的其他行政区域
乌镇镇		东至姚震公路(向东延伸 800 米)；南至新北庄桥；西至东综线(金牛塘)、桐乡与湖州市界；北至桐乡与湖州市界、京杭运河、分水墩村	除二级地段外的其他行政区域
濮院镇		东至月河桥港；南至环城南路；西至浮石桥(永兴港)；北至环城北路	除二级地段外的其他行政区域
崇福镇		东至 320 国道；南至 320 国道；西至芝村公路；北至语溪公园、青阳路、跃进桥河、沙渚塘(其中运河向北延伸至北门止)	除二级地段外的其他行政区域
洲泉镇		东至指坟桥(延伸至浙江新凤鸣化纤有限公司止)；南至环城南路；西至庄前桥公路、德洲公路两侧；北至洲泉镇工业区(包括中池化纤特色园区)	除二级地段外的其他行政区域
大麻镇、石门镇、河山镇、屠甸镇、高桥镇、龙翔街道			全部行政区域

2007 年 5 月，根据桐乡市人民政府办公室下发的《关于同意同福乡工矿区开征房产税和城镇土地使用税的批复》，同福乡政府所在地列为工矿区，按规定征收城镇土地使用税。城镇土地使用税的征收区域为：同福乡政府的所在地(包括乡工业集中区和福严寺景区)，具体为东至 320 国道、南至六里桥港、西至京杭大运河、北至长山河及福严寺工商区。城镇土地使用税等级定为三级地段，适用税额每平方米 1.00 元/年，从 2007 年 1 月 1 日起执行。

同福乡撤乡并入凤鸣街道后，2008 年 1 月 1 日起，市境内全部区域纳入城镇土地使用税的征收范围。

2008 年 1 月 1 日起，桐乡市调整城镇土地使用税等级划分和适用税额标准，调整后城镇土地使用税土地等级划分为三级：一级土地：每平方米年税额为 9 元；二级土地：每平方米年税额为 6 元；三级土地：每平方米年税额为 3 元。全市城镇土地使用税等级划分和适用税额标准如下：

表 16－8　　2008 年桐乡市城镇土地使用税税额标准划分一览表

一级土地： 年税额为 9 元/平方米	二级土地： 年税额为 6 元/平方米	三级土地： 年税额为 3 元/平方米
桐乡市市区世纪大道－振兴东路(二侧)－景雅路－校场路(二侧)－康泾塘－中山路(二侧)－世纪大道。	桐乡市市区除一级土地外下列路线围成的区域：世纪大道－校场东路－景雅路－崇福大道－文华路－逾桥路－世纪大道；濮院镇下列路线围成的区域：北至北市河－北横街，西至挥士桥港，南至工贸大道以南规划路，东至叙星桥港；崇福镇下列路线(二侧)围成的区域：青年路－崇德路－崇新公路－青阳路。	全市除一、二级土地以外的所有行政区域。

城镇土地使用税按年计算、分期缴纳。桐乡按上、下半年两次缴纳。具体缴纳时间是：上半年为二月份、下半年为八月份。2007 年 7 月起，桐乡调整纳税期限，上半年为 4 月 10 日前，下半年为 10 月 10 日前。2010 年开始，调整为一年一次申报缴纳，缴纳期限为当年的 11 月 15 日。

城镇土地使用税的免征、减征除税法规定外，还有一些阶段性优惠政策，具体执行情况见第二十四章《财源结构与财税扶持经济发展》。

1996—2010 年，征收入库城镇土地使用税 35670 万元。

二、土地增值税

1993 年 12 月 13 日，国务院颁布《中华人民共和国土地增值税暂行条例》，1994 年 1 月 1 日起实施。

土地增值税的纳税义务人是有偿转让国有土地使用权、地上的建筑物及其附着物（以下简称转让房地产）并取得收入的单位和个人，不包括以继承、赠与方式无偿转让房地产的行为。

土地增值税以转让房地产取得的收入，减除法定扣除项目金额后的增值额作为计税依据，按照四级超率累进税率进行征收。

增值额未超过扣除项目金额 50％的部分，税率为 30％。

增值额超过扣除项目金额 50％、未超过扣除项目金额 100％的部分，税率为 40％。

增值额超过扣除项目金额 100％、未超过扣除项目金额 200％的部分，税率为 50％。

增值额超过扣除项目金额 200％的部分，税率为 60％。

桐乡市房地产开发较迟，1998 年才有相应税款入库。2004 年 6 月，桐乡市地方税务局出台《浙江省桐乡市地方税务局关于加强土地增值税征收管理工作的通知》，从 2004 年 1 月 1 日起，对从事房地产开发的纳税人转让房地产取得的营业收入，按预征率预征土地增值税，待项目全部竣工、办理结算后再进行清算，多退少补。纳税人以一个月为申报纳税期，于次月十日前向所在地地方税务机关办理纳税申报，预缴土地增值税。项目竣工决算完成以及全部商品房销售处置完毕后 30 日内，办理土地增值税的结算申，报多退少补。土地增值税预征率：①商铺 3％；②独门独户的高档住宅 1％；③除上述外的其它房地产 0.5％。

2006 年 7 月 1 日起，调整土地增值税预征率。其中营业用房、独门独户的别墅为 2％，商务（办公）用房为 1.5％，其他商品房预征率为 1％。

1998—2005 年房地产二级市场土地增值税委托国土局代征。2006 年 1 月始，移交审批中心财税窗口征收。

2007 年，调整二级市场土地增值税征收办法。

2010 年 7 月 1 日，桐乡根据《国家税务总局关于加强土地增值税征管工作的通知》规定，除保障性住房外，其他房地产开发项目的土地增值税预征率调整为：①营业用房、别墅 3％；②商务（办公）用房、排屋 2.5％；③其他商品房 2％。对不能准确核算收入和扣除项目的房地产开发项目，按不低于 5％的征收率核定征收。

1998—2010 年，共征收入库土地增值税 31876 万元。

第四节　特定目的税

浙江先后开征的特定目的税税种有烧油特别税、建筑税、奖金税、国营企业工资调节税、城市维护建设税和固定资产投资方向调节税。1994 年税制改革后，桐乡征收的特定目的税有城市维护建设税、固定资产投资方向调节税、土地增值税。2001年1月1日新增车辆购置税。

一、城市维护建设税

1985年2月8日,国务院公布《城市维护建设税暂行条例》,桐乡从1985年1月1日起施行。1994年税制改革,城市维护建设税按消费税、增值税、营业税三税为依据计算征收。2010年12月1日起,外商投资企业、外国企业以及外籍个人,纳入城市维护建设税的范围。

城市维护建设税税率,因纳税人所在地不同而不同:桐乡市城市维护建设税税率:市区为7%,建制镇为5%,不在市区、建制镇的为1%。2006年5月,乡镇拆并行政区域重新划定后,调整为桐乡市区绕城公路内7%,同福乡范围内1%,其他范围5%。同福乡并入凤鸣街道后,2008年1月起,城市维护建设税调整为除市区绕城公路内为7%外,其余范围均为5%。

城市维护建设税随同增值税、消费税、营业税征收,也随同减免,出口产品退还增值税、消费税的,不退还已缴纳的城市维护建设税,“三税”实行先征后返、先征后退、即征即退办法的,随征的城市维护建设税,不予退(返)还。

2010年12月1日前,中外合资企业和外资企业不征收城建税;2010年12月1日以后,按规定征收。

1996—2010年,征收入库城市建设维护税88408万元。

二、固定资产投资方向调节税

1991年,国务院颁布《中华人民共和国固定资产投资方向调节税暂行条例》,桐乡县开征固定资产投资方向调节税,1994年10月,因地税分设,地税局负责征收。2000年3月,按省政府决定,桐乡市停止征收固定资产投资方向调节税。

在中华人民共和国境内进行固定资产投资的单位和个人,为固定资产投资方向调节税的纳税义务人。

固定资产投资方向调节税根据国家产业政策和项目经济规模实行差别税率,分0%、5%、10%、15%、30%5个档次。根据国家税务总局规定,1999年7月1日—12月31日期间完成的固定资产,投资项目减半征收固定资产投资方向调节税。

固定资产投资方向调节税以固定资产投资项目实际完成的投资额为计税依据,其中更新改造投资项目为建筑工程实际完成的投资额。

浙江省规定按国家规定不纳入计划管理总投资5万元以下的项目,不征收投资方向调节税。对治理污染需要搬迁另建非生产性项目,不超过原建筑面积部分免征投资方向调节税,超过部分按规定计征。

固定资产投资方向调节税按固定资产投资项目的单位工程年度计划投资额预缴。年度终了后,按年度实际完成投资额结算,多退少补,项目竣工后,按全部实际完成投资额进行清算,多退少补。

桐乡涉及的征税项目主要为:个人修建、购买住宅投资,适用0%税率;水泥、机械电子、轻纺工业新型建材、饲料加工投资,适用5%税率;更新改造投资,适用10%税率;其它投资,适用15%税率。

1996—2000年共征收固定资产投资方向调节税133万元。

三、车辆购置税

车辆购置税前身是车辆购置附加费,起征于1985年5月1日,由交通部门征收。

2000年10月22日,国务院发布《中华人民共和中车辆购置税暂行条例》,2001年1月1日起实施,原有车辆购置附加费取消。车辆购置税的纳税人购置(包括购买、进口、自产、受赠、获奖或以其他方式取得并自用)应税车辆的单位和个人,征税范围为汽车、摩托车、电车、挂车、农用运输车,税率为10%。纳税人应当在向公安机关等车辆管理机构办理车辆登记注册前,缴纳车辆购置税。费改税后,车辆购置税暂时由国家税务总局委托交通部门继续代征。代征税收收入作为财政收入,但不作为经常性预算科目,指定交通部门用于公路建设。

2002年,根据国务院和国家有关部门文件,车购税费改革人员划转录用接收工作于当年12月31日前全部完成,交通部门的车购税代征同时停止。

2005年1月1日起,车辆购置税被定为中央税,作为中央收入上缴中央财政,由国家税务局负责征收。桐乡市作为县级城市,其汽车的车辆购置税由嘉兴市国家税务局负责征收,摩托车的车辆购置税由桐乡市国家税务局负责征收。车辆购置税系中央税,上缴中央财政。当年7月起,国税局开始对机动车辆采取"以票控税、信息共享、协同管理"的"一条龙"管理办法,强化机动车辆税收在生产、消费、购置等各环节的信息沟通,保护车辆购置税税基。10月25日,实施国家税务总局出台的《车辆购置税征收管理办法》。当年,共征收车辆购置税575万元。

2007年8月,实施POS机刷卡缴税办法,纳税人凭车辆购置税税票在办税大厅的POS机刷卡柜台进行刷卡缴税。

2008年5月1日起,嘉兴市国家税务局汽车车辆购置税征收的权限下放,桐乡国税负责征收桐乡市范围内包括汽车在内的所有机动车辆的车辆购置税,税收收入占全市国税收入总额的比重日增。当年,使用网上申报系统,凡由汽车销售商代理缴税、上牌的车辆,均由车行负责进行网上申报,申报内容包括纳税人基本信息和车辆基本信息,缩短纳税人缴税时间。

2009年,根据《财政部 国家税务总局关于减征1.6升及以下排量乘用车车辆购置税的通知》规定,对纳税人2009年1月20日至2009年12月31日期间购置的排气量在1.6升及以下的小排量乘用车,暂减按5%的税率征收车辆购置税。当年,车辆购置税征收13082万元。11月开始,实施车辆购置税纸质档案扫描方案,使用扫描仪将2008年5月以来的车辆购置税纸质档案转换成为电子档案,实现车辆电子信息共享,车辆转籍过户等事宜,只需打印对应的电子档案,并加盖车辆购置税征收专用章,无需再从档案室调取纸质档案。

2010年,根据《财政部 国家税务总局关于减征1.6升及以下排量乘用车车辆购置税的通知》。对纳税人2010年1月1日至12月31日间,购置1.6升及以下小排量乘用车,暂减按7.5%的税率征收车辆购置税。当年,车辆购置税整合浙科网络电子发票信息管理服务系统、纳税申报专网VPDN(虚拟专用拔号网络)系统和综合征管软件,车辆购置税征收系统全面运行。

2005—2010年,国税部门共征收车辆购置税42172万元。

第五节　财产和行为税

税制改革后,桐乡征收的财产行为税包括:印花税、城市房地产税、车船使用牌照税、房产税、车船使用税和屠宰税。

一、印花税

1988年8月,国务院颁布《中华人民共和国印花税暂行条例》。同年9月,财政部公布《中华人民共和国印花税暂行条例施行细则》。桐乡从1988年10月起实行。

印花税的征税范围和税目、税率如下:

表 16－9　　印花税税目税率一览表

税　　目	范　　围	税　　率	纳税义务人	说　　明
1.购销合同	包括供应、预购、采购、购销结合及协作、调剂、补偿、易货等合同	按购销金额万分之三贴花	立合同人	
2.加工承揽合同	包括加工、定作、修缮、修理、印刷、广告、测绘、测试等合同	按加工或承揽收入万分之五贴花	立合同人	
3.建设工程勘察设计合同	包括勘察、设计合同	按收取费用万分之五贴花	立合同人	
4.建筑安装工程承包合同	包括建筑、安装工程承包合同	按承包金额万分之三贴花	立合同人	
5.财产租赁合同	包括租赁房屋、船舶、飞机、机动车辆、机械、器具、设备等	按租赁金额千分之一贴花。税额不足一元的按一元贴花	立合同人	
6.货物运输合同	包括民用航空、铁路运输、海上运输、内河运输、公路运输和联运合同	按运输费用万分之五贴花	立合同人	单据作为合同使用的,按合同贴花
7.仓储保管合同	包括仓储、保管合同	按仓储保管费用千分之一贴花	立合同人	仓单或栈单作为合同使用的,按合同贴花
8.借款合同	银行及其他金融组织和借款人(不包括银行同业拆借)所签订的借款合同	按借款金额万分之零点五贴花	立合同人	单据作为合同使用的,按合同贴花
9.财产保险合同	包括财产、责任、保证、信用等保险合同	按投保金额万分之零点三贴花	立合同人	单据作为合同使用的,按合同贴花
10.技术合同	包括技术开发、转让、咨询、服务等合同	按所载金额万分之三贴花	立合同人	
11.产权转移书据	包括财产所有权和版权、商标专用权、专利权、专有技术使用权等转移书据	按所载金额万分之五贴花	立据人	
12.营业账簿	生产经营用账册	记载资金的账簿,按固定资产原值与自有流动资金总额万分之五贴花。其他账簿按件贴花五元	立账簿人	
13.权利许可证照	包括政府部门发给的房屋产权证、工商营业执照、商标注册证、专利证、土地使用证	按件贴花五元	领受人	

注:①财产保险费按保险费收入千分之一贴花;
②记载资金的账簿,按实收资本和资本公积总额的万分之五贴花

印花税采用“自行计税、自行购花、自行贴花”的“三自纳税”办法。

1998 年 12 月起,桐乡市地税局建立“源泉征税”制度,即在应税凭证书立、发放、认证、登记、管理

等控管环节，委托金融保险企业、市科委、房产管理部门、工商部门、土管部门等代售印花税票、代征税款；1999年1月起在全市金融保险、建筑安装、货运、出口产品生产、外贸企业及销售额在500万元以上的工商企业实行按期汇总缴纳印花税的办法。

2005年1月1日起，对金融企业的贷款、保险企业的财产保险、建筑安装企业的建筑安装、房地产企业的商品房销售、外贸企业的外贸出口等业务的应税合同实行核定应税合同比例办法。

印花税的具体的征管方式见第十九章《税收征收管理》。

1996—2010年累计入库印花税21245万元。

二、房产税（城市房地产税）

桐乡县从1987年起，开征房产税。2008年12月31日国务院发布第546号令，自2009年1月1日起，外商投资企业、外国企业和组织以及外籍个人依照《中华人民共和国房产税暂行条例》缴纳房产税。《中华人民共和国城市房地产税暂行条例》同时废止。

房产税由产权所有人缴纳。产权属于全民所有的，由经营管理的单位缴纳。产权出典的，由承典人缴纳。产权所有人、承典人不在房产所在地的，或者产权未确定及租典纠纷未解决的，由房产代管人或者使用人缴纳。

房产税开征时的征收范围是城市、县城、建制镇和工矿区。1987年起，桐乡县除炉头、大麻、灵安三镇外开始征收房产税；1988年起全面开征；2006年7月1日，桐乡市房产税的征收范围扩大到除同福乡行政区域外的所有行政区域；2007年1月开始，同福工商区纳入房产税征收范围，区域为：同福乡政府的所在地（包括乡工业集中区和福严寺景区），具体为东至320国道、南至六里桥港、西至京杭大运河、北至长山河及福严寺工商区；2008年同福乡撤乡并入凤鸣街道后，市域全部纳入房产税的征收范围。

房产税区分按房产原值和按租金两个类目征收，①按房产原值减除30%后的余值计征，税率为1.2%；②依照房产租金收入计算缴纳的，税率为12%。

2001年1月1日起，个人按市场价格出租住房，不分用途，均按4%征收房产税。但企业、自收自支事业单位及其他单位向本单位出租的自有住房，房管部门向居民出租的公有住房，凡按照市政府公布的公房出租价格〔①按使用面积计算的成套公房每平方米月租金标准为2元；②独用自行车库（棚）每平方米月租金标准为0.70元，多层住宅底层自行车库（棚）每平方米月租金标准为0.8元；③非成套砖混结构每平方米月租金标准为0.90元，非成套砖木结构每平方米月租金标准为0.75元〕出租的，免征房产税。

房产税按年征收、分期缴纳。桐乡市对从租计征的实行按月征收，从价计征的，分上下半年两次缴纳。具体缴纳时间是：上半年为二月份、下半年为八月份的征期内缴纳。但国家房产管理部门的房产税，按月缴纳。2007年7月起，桐乡调整纳税期限，上半年为4月10日前，下半年为10月10日前。2010年起，对从价计征房产税的调整为一年一次申报缴纳，缴纳期限为当年的11月15日前。对按出租收入征收的房产税，统一以取得租金收入为纳税义务发生时间，于次月15日前申报纳税。

房产税的免征、减征除税法规定外，还有一些临时性减税免税政策，具体执行情况见第二十四章《财源结构与财税扶持经济发展》。

1996—2010年，累计入库房产税66824万元。

三、车船使用税

原名车船使用牌照税。

1986 年 9 月 15 日国务院发布《中华人民共和国车船使用税暂行条例》，桐乡于 1986 年 10 月 1 日全面实施。

车船使用税采用定额税额。税额具体标准如下：

表 16－10　车船使用税税率表

项目		计税标准	税额(元)
机动车	乘人汽车	7 座以下每年每辆	100 元
		8 座至 13 座每年每辆	120 元
		14 座至 30 座每年每辆	140 元
		31 座至 50 座每年每辆	180 元
		51 座以上每年每辆	200 元
	载货汽车	按净吨位每年每吨	40 元
	摩托车	二轮摩托车每年每辆	80 元
		三轮摩托车每年每辆	60 元
		轻便摩托车每年每辆	20 元
非机动车		三轮车每年每辆	8 元
		汽车胎货车每年每辆	10 元
		双轮钢丝车每年每辆	6 元
机动船		150 吨以下(按净吨位计征)	每吨 1.20 元
		151 吨至 500 吨(按净吨位计征)	每吨 1.60 元
		501 吨至 1500 吨(按净吨位计征)	每吨 2.20 元
		1500 吨至 3000 吨(按净吨位计征)	每吨 3.20 元
		3001 吨至 10000 吨(按净吨位计征)	每吨 4.20 元
		10001 吨以上(按净吨位计征)	每吨 5.00 元
非机动船		10 吨以下(按净吨位计征)	每吨 0.60 元
		11 吨至 50 吨(按净吨位计征)	每吨 0.80 元
		51 吨至 150 吨(按净吨位计征)	每吨 1.00 元
		151 吨至 300 吨(按净吨位计征)	每吨 1.20 元
		301 吨以上(按净吨位计征)	每吨 1.40 元

车船使用税按年征收、分期缴纳。桐乡每年分两次(三、九月)缴纳；非机动车应纳税款，每年一次(三月)交清。

车船使用税由纳税人所在地税务机关征收，1997 年后由所在地的地方税务机关负责征收。

2006 年 12 月 27 日国务院第颁发新的《中华人民共和国车船税暂行条例》，中国境内的车辆、船舶的所有人或者管理人为车船税的纳税人。

新的《车船税暂行条例》自 2007 年 1 月 1 日起施行。

2006 年前，外商投资企业等涉外单位和外籍人员缴纳车船使用牌照税，2007 年 1 月 1 日起缴纳车船使用税。

调整后的车船使用税税额标准如下：

表 16－11　　车船使用税税率表

类　别	计　税　标　准	税额(元)
载客汽车	大型客车:载客人数大于或等于 20 人的每年每辆	540
	中型客车:载客人数大于 9 人且小于 20 人的每年每辆	480
	小型客车:载客人数小于或等于 9 人的每年每辆	360
	微型客车:发动机气缸总排气量小于或者等于 1 升的每年每辆	240
载货汽车	按自重每年每吨(包括三轮汽车、低速货车、专业作业车和轮式专用机械车)	60
摩托车	每年每辆	60
船　舶	净吨位小于或者等于 200 吨的,每年每吨	3
	净吨位 201—2000 吨的,每年每吨	4
	净吨位 2001—10000 吨的,每年每吨	5
	净吨位 10001 吨及其以上的,每年每吨	6

四、屠宰税

1950 年开征屠宰税,随后多次调整征收政策和管理办法。1994 年 5 月 4 日,浙江省人民政府出台《关于做好屠宰税征收工作的通知》,重新规定屠宰税征收标准和征管办法。1997 年 9 月起,全省国、地税机构进一步分设,该项税收由市地税局负责征收。

屠宰税的纳税人为:屠宰或收购猪、牛、羊等牲畜的单位(包括国有企业、集体企业、私营企业、外商投资企业、外国企业、股份制企业、其他企业和行政单位、事业单位、军事单位、社会团体及其他单位)和个人(包括个体经营和其他个人),按规定缴纳屠宰税。

屠宰税按头(只)定额征收。税额为:牛,每头 14 元;猪,每头 10 元;羊,每只 2 元。

征收形式,一是委托屠宰场、食品公司(站)代征;二是集市征收。

收购应税牲畜的,在收购地纳税;宰杀应税牲畜的,在屠宰地纳税;在收购环节已缴纳屠宰税的,宰杀环节不再征收。

单位和个人屠宰或收购应税牲畜,须向税务机关或代征单位报验纳税。食品公司等所有收购单位在收购白肉时,凭屠宰税完税证收购,对无完税证的白肉,按规定代扣屠宰税。

经营肉类的单位和个人,购入未缴纳屠宰税的白肉,在出售时应按规定补缴屠宰税。

2002 年 7 月 10 日,执行省政府决定,桐乡市停止征收屠宰税。

1996—2002 年,共征收屠宰税 1257 万元。

表 16－12

1996—2010 年桐乡市国地税各税收入情况统计表

单位:万元

项目＼年度	1996 年	1997 年	1998 年	1999 年	2000 年	2001 年	2002 年	2003 年	2004 年	2005 年	2006 年	2007 年	2008 年	2009 年	2010 年	合计
税收合计	41903	49488	57316	62834	85458	108938	131064	162224	191359	220453	263703	335393	400952	432243	528760	3072088
增值税	29599	34950	38585	43914	56263	58871	75651	94799	104602	118806	143722	178193	205644	222916	224297	1630812
消费税	651	1057	2946	1325	869	31	31	63	112	133	125	158	245	338	484	8568
营业税	5589	7236	8200	7905	9495	12096	16615	20889	28715	31433	34047	44416	48351	62808	88247	426042
企业所得税	1820	1292	1808	2367	8127	21005	16359	20055	25863	29281	30212	39212	40545	39075	77895	354916
涉外所得税	209	406	379	594	789	1163	1673	2735	4997	5908	9069	14293	26197	17359	24750	110521
个人所得税	1288	1426	1717	2245	4647	9092	13634	15974	17931	21644	25308	29355	34230	31635	35672	245798
城建税	1267	1846	2149	2256	2671	3659	3485	4192	4968	5501	7677	10410	11022	12065	15240	88408
房产税	612	703	992	1489	1800	2111	2605	2480	2506	3672	6061	8504	10652	11454	11183	66824
印花税	102	139	79	224	206	266	378	519	684	1276	2270	3129	3525	3396	5052	21245
城镇土地使用税	128	126	124	156	163	164	180	207	241	833	1974	3082	9887	10035	8370	35670
土地增值税			21	40	74	96	105	91	469	1211	1955	3361	2816	6525	15112	31876
车船税	23	56	81	98	116	135	198	220	271	180	529	533	1044	1484	2020	6988
烟叶税											38	57	69	71	54	289
屠宰税	126	134	180	193	225	249	150									1257
固定资产投资方向税	12	25	55	28	13											133
车辆购置税										575	716	690	6725	13082	20384	42172

第十七章　专项基金和税费（限税务部门征收）

本章重点记述1996—2010年间由税务部门征收的各类费种。桐乡市涉及的主要有:教育费附加、农村教育事业费附加、地方教育附加、粮食补偿金、粮食附加税、文化事业建设费、水利建设专项资金、兵役义务费、旅游发展统筹资金、基础设施建设基金、产业结构调节基金等。

第一节　教育费附加、农村教育事业费附加和地方教育附加

一、农村教育事业费附加

农村教育事业费附加原称教育集资。始于20世纪80年代,主要从社办企业上交利润中按比例收取,由乡镇人民政府征收,用于教育事业。不足部分从农业收入中征收补充。1990年开始,面向全县所有人开展“全民集资”,每人年均10元。2002年7月1日起面向农民征收的教育集资被取消。

1988年1月1日起,由财税部门负责向企业和个体工商户、私营企业征收教育费附加。1989年7月起,乡镇企业及乡范围内个体、私营企业改按销售收入0.5%征收。后又明确划分与规定征收农村教育事业费附加的范围。1994年起外商投资企业,按中方投资比例征收农村教育附加,由中方负责缴纳,2005年8月1日起,外商投资企业不再缴纳。2006年5月1日起停止征收农村教育事业费附加,改为教育费附加。

1996—2005年,桐乡县(市)累计入库农村教育事业费附加45039万元。

二、教育费附加

教育费附加的前身是教育集资。始于20世纪80年代,由城镇工商企业按实现利润和税后留利各缴纳1%。城镇个人每年人均收取教育集资10元,镇人民政府负责征收。

1985年开始,根据县委、县人民政府指示,教育费附加由财税部门代征,按实现利润和税后利润征收。1986年1月1日起,税务部门根据国家税务总局规定,按实际缴纳的产品税、增值税、营业税的税额计征依据征收教育附加,征收比例1%。1989—1993年,征收比例曾有4次调整。1994年1月起,改按增值税、消费税、营业税的税额计征,费率3.5%。并对城镇(含)以上企业举办的外商投资企业中方投资比例部分征收教育费附加,中方负责缴纳。1997年1月,征收率提高至4%。2005年8月1日起,外商投资企业不再缴纳教育费附加。2006年5月起,征收率调整为3%。

1996—2010年,累计入库教育费附加44514万元。

三、地方教育附加

地方教育附加系浙江省报请财政部批准,单独开征的地方费种。桐乡自2006年5月1日起征收。

桐乡市境内应缴纳增值税、营业税、消费税(以下简称“三税”)的单位(包括外商投资企业和外国

企业)和个人,依实际缴纳"三税"税额的2%征收。

地方教育附加由地税部门在征收"三税"时一并征收。

经批准减征或免征"三税"的单位和个人,相应减征或免征地方教育附加;"三税"实行先征后返、先征后退、即征即退的,除另有规定外,随"三税"附征的地方教育附加不予退(返)还;生产企业出口自产货物免抵增值税的,仍按规定征收地方教育附加;代扣、代收、代征"三税"的单位和个人,同时代扣、代收、代征地方教育附加。

2006—2010年,累计入库地方教育附加29367万元。

第二节　粮食附加税

1987年12月1日起,全省开征粮食附加税,桐乡随之执行,主要面向乡(镇)村工业、建筑、交通运输企业(包括家庭和联办企业),随产品税、增值税、营业税附征,按销售收入或企业收入的0.6%征收,全部交入省库。

1992年6月,产品税、增值税、营业税免征的企业(福利企业除外),同时免征粮食附加税,政策性免征"三税"的企业比照。菊花精厂经营菊花业务,按进销差价(即计征营业税的金额)计征粮食附加税。

1998年8月1日起,粮食附加税归并为农业发展基金,2001年2月1日起停止征收。

1996—2001年,共征收粮食附加税8830万元。

第三节　粮食补偿金

根据浙江省人民政府《关于开征粮食补偿金的通知》,桐乡于1989年4月1日起开始征收粮食补偿金。除财政拨款的行政、事业单位和已缴纳粮食附加税的乡(镇)村工业、建筑、交通、运输企业外,所有企业、事业单位、非农业户口个体工商户列入粮食补偿金征收范围。

粮食补偿金的征集标准:企事业单位每人每月3元;个体工商户按从业人员计算,每人每月5元,二者人员不重复计算。

1998年8月1日起,粮食补偿金归并为农业发展基金,2001年2月1日起停止征收。

1996—2001年,共征收粮食补偿金1728万元。

第四节　杭嘉湖骨干工程集资与水利建设专项资金

一、杭嘉湖骨干工程集资

1992年6月省政府下发《关于治理太湖流域杭嘉湖骨干工程集资办法的通知》,受益的嘉兴、湖州全部辖区等,自1992年1月1日起,征收杭嘉湖骨干工程集资款。

集资款按属地原则确定征收对象。所有从事生产、经营活动,有销售、经营业务收入的单位和个体工商户均为缴纳集资款义务人。集资标准按行业分1‰、2‰、3‰三个档次,依销售额为计征依据;金融企业按利息收入、保险企业按保费收入1%集资。集资款由税务部门负责征集,每年9月底前按上年度销售收入或营业收入、利息收入、保费收入(指企财、家财险保费收入)全额一次缴纳。杭嘉湖骨干工程于1997年结束。

1996—1997年,桐乡市共征收杭嘉湖骨干工程集资款2627万元。

二、水利建设专项资金

根据省政府印发的《关于水利建设专项资金征集办法的通知》,1994年1月1日起,在全省范围征集水利建设专项资金。所有从事生产、经营活动,有销售、经营业务收入的单位(含企业化管理的事业单位)和个体工商户均为征集对象。征集标准:按经济性质和行业分1‰、2‰、3‰三个档次分别征集;保险企业按财产保费收入的1%征集;城乡非农业征用土地按每亩加收征地附加费200元征集。桐乡自1998年1月1日起开始征收水利建设专项资金。

1999年1月1日起,桐乡市根据省厅、省局的文件调整水利建设专项资金征收标准,企事业单位及个体经营者征集率为0.12%;银行(含信用社)按当年利息收入的0.06%,保险公司按当年保费收入的0.06%,各类信托公司、财务公司等非银行金融机构按当年业务收入0.1%征集。

桐乡市从2001年1月1日起对定期定额征收的纳税人实行按月征收,以当月的定期定额数为计征依据。

2004年5月起,交通运输业的联营业务、建筑业的分包或转包业务、保险业的初包分保业务以及旅游业有其他团队参与接团的业务,其营业收入、保费收入的认定,参照营业税计税营业额的认定办法;异地施工的建筑安装企业的水利建设专项资金随营业税在劳务发生地缴纳入库;代开发票的货物运输业纳税人,水利建设专项资金在开具发票时随营业税同时扣缴;不到营业税和增值税起征点的单位和个人,水利建设专项资金相应免征。

2006年1月1日起,调整水利建设专项资金征收方式和征收标准。从2006年起(所属月份)由按年征收改为按月征收(即按上月销售收入计算缴纳的水利建设专项资金,并于次月申报征收期内申报缴纳),其中金融保险企业按季征收。征收标准:⑴企事业单位及个体经营者,按销售收入或营业收入的1‰征收;⑵银行(含信用社)的利息收入按0.6‰征收,保险公司的保费收入按0.6‰征收,各类信托公司、财务公司等非银行金融机构按业务收入1‰征收。

1998—2010年,桐乡市共征收水利建设专项资金58100万元。

第五节　文化事业建设费

桐乡市于1997年1月1日起征收文化事业建设费。

桐乡市范围内依照《中华人民共和国营业税条例》规定缴纳娱乐业、广告业营业税的单位和个人为文化事业建设费的缴纳人。由市地方税务局在征收娱乐业、广告业营业税时一并征收,费率3%。地方缴纳的文化事业建设费,全额缴入省级金库。文化事业建设费的缴纳期限与营业税相同。

1998年起,外商投资企业、外国企业和外籍个人依照暂行办法缴纳文化事业建设费。次年1月起,广告代理业务收入也按规定缴纳文化事业建设费。

1997—2010年,全市共征收文化事业建设费2039万元。

第六节　兵役义务费

根据《浙江省兵役义务费社会统筹办法》和桐乡市人民政府《桐乡市兵役义务费社会统筹实施办

法》,桐乡自1996年1月1日起,实行兵役费全社会统筹。

征收对象主要是:缴纳增值税、营业税、消费税的各类企业单位、个体工商户和适龄公民。

兵役义务费根据以支定收、均衡负担的原则,按照本市城乡人均收入和义务兵、"三属"、在乡革命伤残军人、享受定补在乡复员军人的人数,以及民兵预备役人员年度训练计划的情况,由财政、民政、军事部门负责测算收取的比例及金额。由财政、民政部门分配下达到各乡镇、主管部门,乡镇、主管部门负责分解落实到企事业单位,并把分配落实情况抄送市局及有关税务所,由税务所组织征收,每年10月底前征收完毕。

个体工商户和私营企业,按从业人员和雇工人数,每人每年20元的标准征收,由各税务所在10月份征税时一并收取。

适龄公民每人每年按50元的标准缴纳的兵役义务费,由乡镇政府负责收取。

2000年起,向个体工商户征收的兵役义务费比照个体税收委托信用社代征。

2002年1月1日起,兵役义务费实行按当期销售(营业)收入征收办法。征收对象为桐乡市所辖征兵区内从事生产、经营活动的各类企业单位(含中央、省属企业和自收自支企业化管理的单位、外来企业)和个体工商户。

征收标准:从事商业、供销、物资、外贸、医药等商业批发零售经营的单位和个体工商户,按销售(营业)收入额的0.4‰征收;其余行业按销售(营业)收入额的0.8‰征收。

兵役义务费由桐乡市地方税务局负责征收。

缴纳时间与纳税时间同。

按规定缴纳兵役义务费有特殊困难的,由缴纳人提出书面申请,填写"兵役义务费减免申请表",经征收机关审核后转报市人民政府审批。

兵役义务费统一使用税务完税凭证。

适龄公民兵役义务费按每人每年50元标准筹集,仍由各乡镇负责征集。

2002年7月1日起,桐乡市取消面向各类企事业单位、个体工商户和应征适龄公民收取的兵役义务费。

1996—2002年,共征收兵役义务费5147万元。

第七节　社会保险费

桐乡县的社会保险费筹集起步于1984年,由劳动部门负责筹集。1999年4月起,地税部门陆续接收各类社会保险费的代征。根据上级部门的相关指示,当年桐乡地税接收职工基本养老保险代征;2001年9月起接收机关、事业单位职工基本养老保险费代征;2002年4月起接收企业、机关、事业单位职工基本医疗保险费代征;2003年5月起接收企业、机关、事业单位失业保险费代征;2005年3月,浙江省人民政府出台《浙江省社会保险费征缴办法》,自当年6月1日起,社会保险费由地税机关负责征收;2006年1月1日起实行"五费合征",工伤保险费与生育保险费全部纳入代征。

2006年1月1日前,地税部门代征的养老、医疗、失业保险费的单位缴纳与个人缴纳应征数全部由社保部门产生。2006年1月1日实行"五费合征"开始,社会保险费由缴纳单位自行申报。社会保险费征收主体为地方税务机关。

缴费基数及比例:社会保险费缴费单位和缴费职工个人工资基数相分离。

2006年1月1日起,基本养老保险费、基本医疗保险费(基本医疗住院保险费、大病医疗统筹费)、失业保险费、生育保险费的单位缴费基数按上月参保职工工资总额确定,实行按月预缴,年终汇算清缴。参保职工月平均工资低于上一年全省职工月平均工资60%的,按照上一年全省职工月平均工资的60%确定;基本养老保险费、失业保险费职工个人缴费基数按其上一年月平均工资确定,如月平均工资低于上一年全省职工月平均工资的60%的,按照上一年全省职工月平均工资的60%确定,高于上一年全省职工月平均工资的300%的,按照上一年全省职工月平均工资的300%确定。基本养老保险费单位缴费比例为20%,职工个人缴费比例为8%;大病医疗统筹费单位缴费比例3%,职工个人不缴费;失业保险费单位缴费比例为2%,职工个人缴费比例为1%(农民合同制工人个人不缴费);工伤保险单位缴费比例0.8%,职工个人不缴费;生育保险费单位缴费比例0.5%,职工个人不缴费。基本医疗保险费的缴费基数以本市上一年度职工月平均工资确定。单位缴费比例8%,个人缴费比例2%,单位退休人员个人不缴费。城镇个体劳动者基本养老保险费的缴费基数按照不低于上一年全省职工月平均工资60%,不高于上一年全省职工月平均工资300%的原则确定。缴费比例20%。城镇个体劳动者的基本医疗保险费(基本医疗住院保险费)的缴费基数按当年度城镇职工基本医疗保险缴费基数的60%确定,在未达到法定退休年龄,领取养老金前以10%比例缴纳,达到法定退休年龄,从领取基本养老金的次月起以8%比例缴纳。大病医疗统筹缴费同上。

2007年7月1日起,社会保险费征缴险种的大病医疗费用社会统筹调整为基本医疗住院保险,同时调整社会保险费相关险种的征缴基数及比例。

2008—2010年,连续三次调整社会保险费相关险种的征缴比例。2008年1月1日起,城镇职工基本医疗保险单位缴费比例调整为7%,基本医疗住院保险单位缴费比例调整为3%;失业保险费缴纳按本市上年度企业职工平均工资的1%缴纳,机关、团体单位中的劳动合同制工人按每人每月30元,事业单位中的劳动合同制工人按每人每月15元缴纳。2010年1月1日起,基本养老保险的企业缴费费率调整为14%。

2009年3月,企业缴纳的失业保险费减免1个月(个人缴纳部分不减免)。

2010年3—6月,实行部分企业临时性减征失业、工伤、生育保险(个人部分不减征,金融保险、电力、电信、石油石化、烟草、房地产六大行业225家企业不减征)。

参保人数的确定:2006年1月1日起,各类用人单位社会保险参保实行全覆盖,其中失业保险、工伤保险、生育保险实行全员参保。基本养老保险、基本医疗保险(大病医疗统筹),用人单位申报参保职工人数低于本单位全部职工人数35%的,按本单位全部职工人数35%核定缴费;高于35%参保比例的,按实际参保人数申报缴费。

征缴与管理:社会保险费实行分险种申报,统账分离,总额征收。办理税务登记的用人单位,在办理税务登记时同时办理社会保险费缴费登记。不需要办理税务登记的用人单位,在办理社会保险登记之日起5日内到税务机关办理社会保险费缴费登记。

职工个人缴纳的社会保险费,市地方税务机关按社会保险经办机构核定的应征数实行按月征收,由缴费单位从其本人工资中代扣代缴。缴费单位如有参保人员增减变动,在每月20日前向社会保险经办机构报送《桐乡市社会保险参保人员增减情况变动表》。社会保险经办机构在每月25日前将职工个人应征数传输给地方税务机关。

城镇个体劳动者的社会保险费在当年1月1日—12月20日间按规定缴纳。

同时参加职工基本养老保险和职工基本医疗保险费(基本医疗住院保险费、大病医疗统筹费)的城镇个体劳动者,在每年1月1日—12月间按规定缴纳职工基本养老保险费和职工基本医疗保险费(基本医疗住院保险费、大病医疗统筹费)。

缴费单位于年度终了后45日内向主管地方税务机关报送《年度社会保险费汇算清缴申报表》和年度从业人员名册,办理社会保险费年度汇缴申报,经主管地方税务机关审核后,于4个月内办理费款退补手续。

1996—2010年,全市累计入库社会保险费600520万元。

第八节　残疾人就业保障金

桐乡市从1997年1月1日起开始征集残疾人就业保障金,市残疾人劳动就业管理所负责收取。2001年开始,市地税部门负责代征机关、团体、事业单位下属企业、经济组织的就业保障金(机关、团体、事业单位及外地驻桐机构的就业保障金由市信用社收取);2004年1月1日开始,地税部门负责全部就业保障金的征收。

征缴范围:机关、团体、企业事业单位、城乡经济组织等各类用人单位,2003年开始包括个体工商经济组织等用人单位。

征收标准:用人单位未达到规定比例安排残疾人就业的,每少安排1名残疾人,按统计部门公布的本地区上年度职工年平均工资的100%缴纳残疾人就业保障金;个体工商经济组织征收标准略有降低,按不低于本地区上年底职工平均工资的60%的标准征收。

征缴时间、方式和程序:根据《浙江省残疾人就业保障金征收管理办法》,2004年起地税部门受理残疾人就业保障金征收,1. 残联在每年6月15日前完成用人单位在职职工、残疾职工、应缴纳保障金数额的核定,并抄送地税部门。2. 地税部门根据残联提供的相关数据,向用人单位征收保障金;用人单位在7月10日前缴纳完毕。3. 地税部门在8月15日前将用人单位保障金缴纳、补缴、欠缴等情况反馈给残联。

用人单位未经批准逾期不缴纳残疾人就业保障金的,自欠缴之日起按日加收0.5‰滞纳金,滞纳金并入残疾人就业保障金。

2001—2010年,残疾人就业保障金累计收入13800万元。

第九节　旅游发展统筹资金

浙江省从1998年1月1日起在全省范围内开征旅游发展统筹资金,桐乡市如期开征。

征集范围:境内从事旅游经营活动的各类企事业单位(含外商投资企业及外省在桐乡境内的旅游企事业单位),包括各类旅行社、宾馆饭店(含招待所旅店)、餐馆(含个体餐馆)、出租汽车公司(含个体出租车)、旅游饭店管理公司、旅游定点商店、娱乐场所。

计征费率:均按营业(销售)额的1%计征,在企业管理费用中列支。征集范围中涉及的宾馆饭店、招待所、餐馆等综合经营企业的计征依据是该企业中应缴纳营业税、增值税的全部计税营业(销售)额。

2000年1月1日(所属)起,停止征收。

1998—2000年,桐乡市共征集旅游发展统筹资金114万元。

第十节　基础设施建设基金

1993 年 7 月 1 日起，桐乡开始征集基础设施建设基金。

征收范围和对象：桐乡市范围内从事生产、经营活动，有销售、经营业务收入的单位(包括省级及以上企业、其他县市在桐乡境内开办的企业)和个体工商户。

征集渠道和标准：城乡国有、集体工交、电力、邮电、烟草、建筑等生产性企业按销售额(营业额)的2‰征集；商业、供销、物资、外贸、饮食服务等流通、服务性企业按销售额(营业额)的 1‰征集，商业批发企业减半征收；金融企业按利息收入 1‰、保险企业按保险费收入 2‰征集；中外合资、合作经营企业按上述确定的行业征收率按中方出资比例征集，其资金列支由中方承担。私营企业和个体工商户的征集标准，按工业、商业、商业批发三档征收率划分计算征收。

征收和管理：市政府成立基础设施建设基金管理委员会，委托市财政局负责日常的组织、征收和管理。基础设施建设基金的征收办法参照农村教育附加费；征管政策比照工商税收的有关规定办理。即：企业、单位及个体工商户由所在地财税所负责征收；中外合资、中外合作企业由涉外科负责征收。从事临时经营业务的单位和个人以及其他征收“三税”的纳税人，凡通过税务机关门征开票或集贸市场上市征收“三税”的，按其发生的营业额随“三税”一并征收；委托代征的也随同“三税”委托代征。

一次征收基金不足 1 元的免征。

基础设施建设基金一般不予减免。企业遭受严重自然灾害，亏损数额较大，按规定缴纳有困难，经市财税局审核，报市管委会批准可给予减免照顾。

征集时统一使用《建设基金专用缴款书》，加盖“票证专用章”戳记。各所将征集款单独缴专户，每月终了后三天内用信汇单上划桐乡专户，随同票证报表上报财政局综合计划科。

基础设施建设基金于 1999 年停征。

1993 年征集基础设施建设基金 405 万元。1995—1999 年征集 7932 万元。

第十一节　菜篮子建设基金

1995 年 1 月 1 日起，桐乡市开征“菜篮子建设基金”。

征集范围和标准：桐乡范围内经营饮食业、旅店业、娱乐业的各类经济性质的经营单位和个人(包括行政事业单位)，依其营业收入的 2%缴纳菜篮子建设基金，1995 年 6 月 1 日起，减按 1.5%征集。对实行定期定额征收营业税的纳税人，按额定的营业收入计算征集。

征收管理：企业、行政事业单位、社会团体实行按月征收，个体工商户和其他个人实行按季征收，交款期限为月(季)后十天，逾期按日征收 2‰的滞纳金。

部分合作商店，由于退休职工较多等原因，给予定期减免照顾。

各所征集的“菜蓝子建设基金”解入“发票保证金”账户，定期在每月二十五日划入市局“统筹促产资金户”，按月向收费办结报票据，同时全额上解收费资金入市财政预算外专户并上报征收月报表。

菜篮子建设基金于 1999 年 5 月 1 日(所属)起停止征收。

第十二节　产业结构调节基金

桐乡市于1994年1月1日起对全市建材生产企业征收“产业结构调节基金”(以下简称“调节基金”)。

调节基金的征集范围:是本市从事黏土砖瓦生产和水泥生产的企业(包括全民、集体、私营企业和个体户)。

调节基金的征集率和征集办法:黏土砖瓦生产企业按实际取得的产品销售收入的3%征集。未经批准建办的砖瓦厂,加倍收取;水泥生产企业按实际取得的产品销售收入的1%征集。调节基金由市财税部门组织征收,实行按月计征,具体征收管理比照增值税办理。逾期交款,按日加收2‰滞纳金。

产业结构调节基金使用“桐乡市产业结构调节基金专用收据”。各财税所征收产业结构调节基金时,解入“发票保证金账户”,汇总向市局划解,每月分两次划入市局“统筹促产资金户”,划解时附收据报查联,月底填制征收清册。

产业结构调节基金于1997年1月1日起停止征收。

第十八章　税务稽查

20世纪90年代初，随着征管改革的推进，桐乡试行“两分离”或“三分离”的征管模式，税务稽查从税收征收管理中分离出来，建立税务稽查组织，制定税务稽查工作规程，规范税务稽查。本章记述1996—2010年间桐乡税务稽查的过程管理、稽查实施等内容。同时简要记述举报案件的奖励、税务案件的内部评审等内容。

第一节　组织机构

1991年9月，桐乡建立税务稽查队，1994年10月，更名为税务稽查大队，同时挂税务稽查分局牌子。1997年9月，国、地税进一步分设后，两局分别独立运作。

一、国税局

国税局直属机构包括稽查局(稽查大队)，10月起，分税种开展税务稽查。

1998年11月，国税局稽查局(稽查大队)规范内设机构，设置综合股、稽查股、案审股、执行股4个内设机构及梧桐稽查中队、乌镇稽查中队、石门稽查中队、洲泉稽查中队、崇福稽查中队5个下设机构。稽查局及下设机构人员共计90人。

2001年5月，《浙江省国家税务局系统机构改革方案》施行，稽查局内设机构有综合股、审理股、执行股、检查一股、检查二股、检查三股、检查四股、涉外税收检查股、增值税专用发票协查股等9个股。

2003年7月，《浙江省国家税务局关于加速税收征管信息化建设推进征管改革试点工作机构职能调整实施意见》施行，稽查局内设机构为综合执行股、案件审理股、增值税专用发票协查股、检查一股、检查二股(主要负责涉外税收检查)等5个股。

2005年5月，国税局直属机构稽查局内设综合执行股、选案股(举报中心)、检查一股、检查二股、案件审理股、协查股6个股。

2008年7月，《浙江省国家税务局系统规范稽查机构设置明确职责分工方案》施行，稽查局内设综合股、综合选案股、检查股、案件审理股、案件执行股等5个股。

2010年，稽查局按照“标本兼治、综合治理、惩防并举、注重预防”的方针，全面落实岗位执法责任制，强化稽查执法权的监督制约。

二、地税局

国、地税机构分设后，1997年11月，桐乡市地方税务局组建稽查大队(稽查分局)。

1998年5月，根据《中华人民共和国刑事诉讼法》相关规定，设立桐乡市公安局驻市地税局联络室。6月，根据《浙江省地税系统涉税举报案件暂行办法》，成立税务案件举报中心。9月，根据《浙江省税务稽查审理工作制度》，成立市地税局税务案件审理委员会。(详见第二十三章《法制建设》)。同月，稽查大队(税务稽查分局)更名为市地税局稽查局。同时，根据征管改革需要，各所建立稽查中队，形成上下结合的税务检查网络。

1999年4月,地税局稽查局下设综合股、检查一股、检查二股、案件审理和执行股五个职能机构。综合股与地税局税务违法案件举报中心合署办公;审理股与地方税务局案件审理委员会办公室合署办公;执行股与公安部门驻地方税务局公安联络室合署办公。

2000年,增设检查三股,在市城区实行一级稽查;在乌镇所、石门所、崇福所、洲泉所、濮院所设五个稽查中队。同时,成立市地税局税务案件选案工作小组,选案小组下设日常办事机构,机构设在征管税政科。

2001年10月,取消基层税务所二级稽查,实行市局一级稽查。

2003年7月1日起,检查二股负责地方税收全市行业性纳税评估工作。

2008年6月,纳税评估工作职能从稽查局移到征管科。同时,撤销检查三股。

内设职能机构的职责:检查股主要负责税务案件的检查和协查;综合股主要负责稽查局内部管理、行政、后勤及稽查工作计划、选案;地税局税务违法案件举报中心主要接受群众举报;审理股主要负责税务违法案件的审理;执行股主要负责税务违法案件的处理执行。

第二节 稽查管理

国家税务总局于1995年12月1日印发《税务稽查工作规程》,桐乡市的税务稽查工作开始按照规范化要求执行,稽查大队和各稽查中队每年制订稽查计划,根据稽查工作的需要和稽查力量行使税务稽查职能。

国地税分设后,稽查工作实行选案、检查、审理、执行四分离,并逐步完善。

一、国税局

(一)选案

稽查局通过多种渠道获取案源信息,集体研究,合理、准确地选择和确定稽查对象。

选案部门建立立案源信息档案,对所获取的案源信息实行分类管理。案源信息主要包括:财务指标、税收征管资料、稽查资料、情报交换和协查线索,上级税务机关交办的税收违法案件,上级税务机关安排的税收专项检查,税务局相关部门移交的税收违法信息,检举的涉税违法信息,其他部门和单位转来的涉税违法信息,社会公共信息,其他相关信息。

2000年3月,实施税务稽查选案工作暂行办法,加强征管与稽查工作衔接,规范稽查选案的内容和程序,选案案源主要指专项稽查、专案稽查和日常稽查。征管科负责税务稽查选案的日常工作。

选案部门负责稽查对象的选取,下达《税务稽查任务通知书》和《待稽查纳税人清册》,由稽查局组织实施,并对税收违法案件查处情况进行跟踪管理。

(二)检查

检查部门接到《税务稽查任务通知书》后,及时安排人员实施检查。检查由两名以上检查人员共同实施,并向被查对象出示税务检查证和《税务检查通知书》。国税稽查实行主查员制度,主查员对稽查实施的工作质量负责,协查员协助主查员实施稽查工作。检查人员必须严格按照法律、法规和规章制度的有关规定,规范、如实地调取证据材料,准确认定相关的事实,客观、公正评价纳税人、扣缴义务人履行纳税义务、扣缴义务的情况。

对被查对象实施国税稽查并已终结的案件,检查人员在《税务稽查报告》制作完毕后,均填制《税务稽查审理提请书》和《国税稽查案卷移交清单》，将《税务稽查报告》连同案卷资料办理稽查审理的提请手续，移送审理科（股）审理。

检查部门还具体负责组织实施税务协查。税务机关之间互相委托，对纳税人、扣缴义务人涉税事项协作开展调查、核实、取证工作，是国税稽查实施的重要组成部分。税务协查包括委托协查和受托协查两大类。

（三）审理

审理部门负责案件审理和税务行政处罚案件听证工作，负责移送局案审委涉税违法案件的初审工作。

2009 年 2 月 15 日，国税稽查局参加市公安局组织的经济犯罪防范宣传咨询活动

国税稽查局实行稽查审理主审员制度，主审员对稽查审理的工作质量负责，协审员协助主审员实施稽查审理工作。审理人员应在接到审理任务之日起 15 日内完成对税务案件的审理。

凡经稽查审理终结并给予税务行政处罚的税务违法案件，在办理税务案件处理的报批手续后拟写《税务行政处理决定书》和《税务行政处罚决定书》。发文稿前，向当事人书面送达《税务行政处罚事项告知书》，将税务行政处罚的有关事项告知当事人，并由当事人办理《送达回证》手续。《税务行政处罚事项告知书》并入稽查案卷归档。

（四）执行

稽查执行管理是稽查局根据税务案件的处理决定，将税务处理文书送达被执行人，并督促其依法履行税务处理决定。执行部门具体负责案件的执行工作，负责与司法、公安等部门的联络、协调。

执行人员接受稽查执行任务后，根据实际情况，采用直接送达、留置送达、委托送达、公告送达等方法，在 10 天内负责将税务处理文书等送达被处理人，如遇法定节假日顺延。

税务行政处理（罚）决定等执行完毕后，执行人员 3 天内制作上报《税务稽查执行报告》，并在稽查执行完毕后 10 天内，将《税务稽查执行报告》和执行环节的有关资料分户归集，制作《税务案件档案资料移交清单》，移送档案管理部门归档。

二、地税局

1998 年 5 月，桐乡市地方税务局出台《稽查中队税务稽查工作规程》，首先在乌镇试行稽查选案、稽查、审理、执行“四分离”；1999 年 3 月，市地税局印发《桐乡市地方税务局稽查中队税务稽查工作流程》，全市基层所推开稽查“四分离”；同年 6 月，出台《桐乡市地方税务局稽查局稽查工作流程》，稽查局内设机构实行“四分离”。2000 年 2 月、3 月，相继出台《桐乡市地方税务局税务所税务稽查工作规程》《桐乡市地方税务局稽查局税务稽查工作规程》，稽查“四分离”逐步完善。

（一）选案

稽查大队成立初期，没有明确的选案模式，案件来源一般根据群众举报或基层所选送；稽查中队的案件来源由专管员挑选后报所长办公会议确认。1998 年 5 月起，市地税局稽查中队的选案工作由所领导负责实施，案件来源一般根据：征管户数的一定比例筛选或随机抽取；办税服务厅移送的税务管理和发票违章案件；办税服务厅根据纳税申报情况提出的稽查建议；稽查中队主、协查过程中发现倾向性问题提出的稽查建议；市局布置的专项检查；公民举报及部门转办、上级交办取得的案件，经所长办公会议讨论决定,形成最终检查对象,书面形式下达,由稽查中队实施稽查。市稽查局的选案工作由综合股负责,一般来源:计算机选案、上级部门布置的专项检查选案、上级交办、部门转办、公民举报、税收业务科室选送,以及查处案件中发现,经稽查局办公会议确定稽查对象,书面下达给检查股。

2000年,市地税局成立选案工作小组,出台《桐乡市地方税务局税务稽查选案办法》。选案小组由局分管税收工作的副局长、相关税收科室、稽查局正副负责人组成。选案小组的主要职责:负责确定税务稽查对象;审定年度、季度选案计划,按月下达税务稽查对象名单;负责指导、检查、督促下级部门选案工作,日常工作由征管、税政科负责。各基层税务所成立选案协调小组,选案协调小组由所长任组长,副所长、稽查中队长、办税服务厅主任、个体稽管组长任组员,主要职责是:处理涉税举报案件,讨论、议定选案,日常工作由稽查中队综合岗负责。稽查局综合股设专职人员负责对举报案件的处理或转办、移办,以及其他案件的初选。

2002年4月,完善《桐乡市地方税务局税务稽查选案办法》,将监察科纳入选案工作小组,规范税务案件的来源、税务稽查对象的选定及处理等操作程序,并增加税务稽查案件的撤销条款,确保税务稽查的选案客观、公正。

2004年,根据《中华人民共和国税收征收管理办法》以及《中华人民共和国征收管理法实施细则》等法律法规,结合桐乡实际,修订完善选案办法。

(二)检查

1998年起,根据《稽查中队税务稽查工作规程》,基层税务所的税务稽查由稽查中队中队长负责牵头。中队长将税务稽查对象以《税务稽查任务通知书》形式落实到各检查组,检查组(二人组成)向纳税人发出书面稽查通知,告知稽查时间,需要准备的资料情况。对需要立案查处的税务案件,填写《税务案件立案申请书》,报经所领导批准后,进入一般程序实施稽查,稽查完毕,形成《税务稽查报告》,连同《税务稽查底稿》及其他证据,提交审理部门审理。对按规定不需要立案查处的一般税收违法案件,按照简易程序将《税务稽查底稿》和“税务稽查签证”交稽查中队中队长审核后,由稽查人员直接制作《税务处理决定书》,按规定权限报经批准后执行。

稽查局的税务稽查由各检查股长具体负责。制订税务检查工作制度,对各检查组(二人组成)下达《税务稽查任务通知书》。检查程序与稽查中队相同。

2000年,市地税局出台《桐乡市地方税务局稽查局稽查人员主、协查工作制度》,规定在每个案件查处过程中,指定一人为主查员,另外一人或多人为协查员,以案定人、以人定查,做到各司其职、相互配合、相互制约、相互促进。主查员需具有一定等级资格,主、协查人员不实行固定制。同时,实行个人岗位责任制考核,行政执法错案责任追究,主查人员负主要责任,协查人员负次要责任。

同年4月,制定《桐乡市地方税务局稽查案件复查工作制度》,按“下查一级”的原则对稽查部门在一定期限内查处的案件按一定比例进行重新稽核、检查。稽查局查处的税务案件由市局组织复查;各税务所查处的税务案件由稽查局组织复查。

同年8月,出台《桐乡市地税局稽查局责成自查工作制度》。责成自查的对象,由市局选案工作小组根据《桐乡市地税局税务稽查选案暂行办法》确定,以《桐乡市地税局责成自查任务通知书》形式下达稽查局,同时附《责成自查对象税务违法嫌疑报告表》。稽查局根据市下达的责成自查任务通知书,将任务分解落实到各检查股,由检查股填发《桐乡市地方税务局稽查局责任自查通知书》,连同《自查情况报告表》《税收、基金自查汇总清单》送达纳税人,限其在收到通知书十五日内对自身执行税法的情况进行自查,并将自查情况书面报税务稽查部门审核、待处。

检查股对纳税人未按规定期限内上报自查报告和上报自查资料，或虽在规定期限内上报自查报告，但未补缴税款也不提供相应证明材料的，以及在规定期限内上报自查报告和资料，经检查股审核认为纳税人仍未足额补报应纳税款或提供的资料不能全部消除违法嫌疑的，由检查人员实施检查。对纳税人上报的自查报告及资料，经检查股审核认为，纳税人已补报应纳税款，且消除违法嫌疑的，由检查人员制作《责成自查审核报告》连同自查资料报案审股审定。对责成自查单位（个人）本着“自查从宽、被查从严”的原则，依案件审理办法区别不同情况分别处理：责成自查补报的税款，责令补缴、加收滞纳金，如认定为偷税的，视违法情节从轻、减轻或免予处罚；对责成自查后列入重点稽查查补的税款，除责令补缴税款、加收滞纳金外，认定偷税的，处以所偷税款1～5倍的罚款，对情节严重，触犯刑法的，移送司法机关处理。2001—2010年，桐乡市地方税务局共布置纳税人责成自查815户，自查补缴各项税费、滞纳金3552.4万元。

（三）审理

稽查中队的案件审理由稽查中队审理员负责初审，草拟审理报告，提交所案审小组审议。对大案、要案或者疑难税务案件上报市地税局审理。审理的主要内容包括：①违法事实是否清楚，证据是否确凿，数据是否准确，资料是否齐全；②适用税收法律、法规、规章是否得当；③是否符合法定程序；④拟定的处理意见是否得当。审理中发现事实不清、证据不足或者手续不全等情况，由稽查人员负责增补。审理完毕，根据处罚权限，审理人员提出审理意见或上报市地税局审批。基层所权限内的案件，审理人员负责制作《审理报告》和《税务处理决定书》后，报所领导审批；权限规定需要上报市地税局审批的，审理人员填制《税务案件上报单》后连同全部案卷资料一并报市地税局审理。审理工作结束后，审理人员将《税务处理决定书》转交执行岗位执行，并将案卷资料移交综合岗位。

1999年6月，稽查局内设机构“四分离”到位后，地税局稽查形成三级审理格局（各税务所案审小组、稽查局审理股、市局案审委），同年7月，市地税局出台《税务案件审理分级管理暂行办法》。当年退回因事实不清、证据不足、执法程序错误的案件2件，直接纠正适用依据错误、计算不正确、处罚不当的案件62件，税务听证案例1件。

2000年2月，出台《桐乡市地方税务局税务违法案件审理暂行办法》，同年4月，出台《桐乡市地方税务局税务案件复审工作制度》，对立案查处的各类税务违法案件实施审理，对市地税局稽查局和各税务所审理的所有税务稽查案件进行复审。当年对5件税务案件进行复查，复审案件22件，通过复查复审，调整补税、罚款、滞纳金15.12万元，调整应纳税所得额41.03万元，并对复查情况及有关责任人进行通报。

2001年，制定《桐乡市地方税务局税务稽查审理工作制度》和《桐乡市地方税务局税务案件审理委员会工作制度》。税务稽查案件的审理，由稽查局案审股负责，复审由市地税局法规科负责，对涉税大案、要案以及定案有困难的疑难案件的审理和指导由市地税局案审委负责，法规科负责案审委的日常工作。税务案件审理实现“四统一”，即审理集中统一、处罚标准统一、滞纳金加收统一、案卷装订统一。

2003年6月，执行《浙江省地税系统重大税务案件审理暂行办法》。单位查补税款在50万元以上的案件，个体工商户、个人查补税款在5万元以上的案件由案审委负责。并实行每月案审情况反馈制度，编制《税务稽查案审情况反馈》，通报存在的问题、统一操作办法、规范执法行为。并定期召开典型案例分析会议，组织案件评比。

（四）执行

税务稽查实施“四分离”前，稽查的执行，由检查人员负责实施。

1998 年开始,稽查中队设置执行岗,税务稽查的执行工作由执行岗位负责。实际工作中,为确保稽查税款的及时、足额入库,执行人员按照“谁检查,谁执行”原则确定。执行人员根据批准的《税务处理决定书》,填制“税务文书送达回证”,送达被查对象,并负责将查补税款和罚款数据录入计算机,传递给申报征收岗位,由其负责税款和罚款的入库。执行工作结束后,执行人员填制《税收案件查处执行报告》,分别报送主管领导和综合岗留存归档。对既不执行《税务处理决定书》,又不申请复议或提起诉讼的被查对象,由执行岗按法定程序采取强制措施。

同年,稽查中队对长期拖欠税款的 4 户纳税人分别采取银行扣款、财产查封、扣押等税收保全和强制执行措施,强制执行入库税款 20 余万元,拍卖轿车一辆。

1999 年开始,稽查局设置执行股,负责稽查局查处的税务违法案件的具体执行。执行人员收到《税务处理决定书》或《税务稽查结论》后,负责填制“税务文书送达回证”,送达被查对象,并做好查补税款、罚款的催交入库工作。逾期不交的加收滞纳金,拒不履行处理决定的,按法定程序实施强制措施,对构成犯罪的,移送司法部门处理。当年,实施保全措施并强制执行 1 件,申请人民法院强制执行 3 件,冻结银行存款 17400 元,追补税款 15652.26 元。

2001 年,制定《桐乡市地方税务局税务执行工作制度》和《桐乡市地税局涉税犯罪案件移送操作办法》,规范税务执行和涉税犯罪嫌疑案件的移送程序。市地税局成立执行工作协调小组,明确稽查局执行股承担全市地税税收保全措施、强制措施的组织、协调和监督。当年对××丝厂采取强制措施,查封白厂丝和茧子等物资;对××药厂依法通知银行扣款;对逾期不缴纳罚款的 6 家企业和个人依法移送法院强制执行。对构成涉税犯罪嫌疑的××丝绸炼染厂、××丝厂涉税违法案件依法移送公安机关侦查。同时,对其他三起涉税犯罪案件作出鉴定。

2002 年,下发《关于进一步加强地税各执行机构与公安联络之间的联系和配合的通知》,确保税收执行的司法保护,强调税务行政执法的严肃性。当年,稽查局执行股共执行税务案件 536 件,移送法院执行 3 件。

2003 年 7 月,出台《桐乡市地方税务局税务执行工作制度(试行)》,规范执行工作具体行为。重点对执行程序和执行时间作出规定,执行人员接到批准的《税务处理决定书》《税务行政处罚决定书》后七日内,将上述文书送达当事人,并监督其履行。被执行人未按照《税务处理决定书》规定的期限缴纳税款的,执行人员在限期缴纳税款期限届满之日起五日内,制作《催缴税款通知书》送达被执行人,责令限期缴纳税款,同时从限期缴纳税款期限届满之日起,按日加收滞纳税款万分之五的滞纳金。措施无效,依法采取下列措施:由征管部门收缴其发票或者停止向其发售发票、对被执行人欠缴税款的情况定期予以公告、通知出境管理机关阻止其出境、责令其提供纳税担保或依法采取税收保全措施、强制执行措施等。无法采取上述措施或者采取上述措施无效的,申请人民法院强制执行。2003—2008 年,移送法院执行案件 12 件,稽查局采取强制执行措施 1 件,各基层税务所强制执行 280 件,执行入库税费及滞纳金 5389167 元。其中涉及养老保险金强制执行 11 户,金额 188427 元。

第三节 税务检查

税务检查是税务稽查的前身,税务部门根据中央、省、地的指示,围绕各个时期税收工作的重点和中心,结合自身特点,部署每年的税收检查工作。

1996—1997 年,根据国务院要求继续开展税收、财务、物价大检查,1998 开始,税收财务大检查转入经常性工作。

1996年，全市财务税收物价大检查会议

1996年，全市税收财务大检查应查4625户，实际检查7370户，占工商户总数的64%，其中6248户有违纪问题，重点检查面85%，违纪金额1737.39万元，应入库金额1758.18万元。其间配合检察机关侦破特大虚开增值税专用发票案一件，虚开增值税专用发票54份，价税合计27714189.79元，收取手续费98000元，实际导致国家税款流失1347844.37元，案犯陆××由检察院依法提起公诉。

1997年，全市从财政、国税、地税、审计等部门和社会中介机构抽调306名人员，组成126个检查组，对5805家企业和单位进行重点检查。国地税分别按分管税种开展税务检查，检查面41%，其中违纪3933家，违纪金额912万元，补缴税款(含基金)938万元，对658家给予经济处罚。

同年5月～6月，全市开展个人所得税代扣代缴及各类承租承包个人所得税专项检查，检查分自查和重点检查两个阶段。

国地税机构进一步分设后，检查开展情况分别如下：

一、国税局

1997年10月，国税局税务稽查按照“法治、公平、文明、效率”的治税思想，研讨打击偷、逃、抗、骗税行为，明确税务稽查的工作规程和目标任务，依法组织实施对纳税人、扣缴义务人履行纳税义务、扣缴义务情况的专项检查。当年，重点抓“金华税案[①]”协查工作，查实受票企业67家，查实发票121份，其中申报增值税进项税抵扣116份，抵扣增值税133.25万元。

1998年，国税局税务稽查实施选案、稽查、审理、执行“四分离“程序，加大对稽查人员的业务培训力度，提高稽查人员不同岗位的业务技能，包括办案程序、手续、事实认定、证据、定性、处理案件的文书资料等方面的业务处理能力。当年，查处首起虚开增值税专用发票案件，被告人在1996年11月至1997年2月间以牟利为目的，介绍他人虚开增值税专用发票6份，总计价税42.57万元，税款合计6.18万元，构成虚开增值税专用发票罪，被判处有期徒刑一年二个月，并处罚金2万元。

1999年，国税局成立两级案审委员会，印发《桐乡市税务案件审理工作制度》，规范税务行政执法行为。当年，组织两级案审6件，移送公安机关处理4件，补税830.94万元。

2000年，税务稽查从规范执法，依法稽查，以查促管，堵塞漏洞入手，出台《桐乡市国家税务局稽查局工作目标考核办法》，从严格立案程序、完成目标任务、强化处罚力度、加强查补税款入库管理、加强案件结案管理、规范执法、提高执法水平等五个方面进行量化考核。当年，组织开展出口退税专项检查，抽调40名税务干部，组成20个检查小组，对全市48家有出口经营权企业进行检查。是年3月，稽查局梧桐稽查中队中央企业所得税企业“管理费用”账户，采用资本性支出与取得收入无关其他各项支出未作纳税所得额调整、用于非应税项目购进的进项税额从销项税额中抵扣等方式偷

① 浙江省金华县虚开增值税专用发票案，是1994年税制改革以来，全国虚开增值税专用发票数额最大的案件(简称“金华税案”)。该案从1995年3月至1997年3月，金华县共有218家企业参与虚开专用发票，开出专用发票65536份，价税合计63.1亿元。

税一案，追缴企业所得税、增值税、罚款合计18.37万元。此案例获2000年度嘉兴市稽查案件评审一等奖。

2001年，组织开展整顿和规范税收秩序工作，打击出口骗税，商贸企业专项整治等专项清理检查，并加大涉税案件查处和移送力度。税务稽查两级案审，移送司法机关案件50件。当年立案查实的某针织服装总厂偷税案，该厂在1999年7月至2000年2月期间，采取账外隐匿销售收入手段偷税143.01万元，追缴入国库。该案移送桐乡市公安局经侦大队侦处。当年还立案查实某塑料厂及5名涉案人，在1997年5月至2000年4月间以牟利为目的，要求他人为自己虚开增值税专用发票和介绍他人虚开增值税专用发票等手段虚开增值税专用发票21份，抵扣税款16.19万元，全部追补入库。该行为构成虚开增值税专用发票罪，企业被判罚金5万元，涉案人分别被判处有期徒刑，并处以罚金。

2002年，开展对省国税局重点稽查监控企业、纳税大户税收调查等12项专项检查，突出查假票，查假帐，查假申报和举报查处等内容。同时，国税局与公安局经侦大队、人民法院开展税务案件执行月联合行动。当年6月，立案检查桐乡市某针织制衣有限责任公司，在2001年8月至2002年4月期间，以购货取得不符合抵扣条件的增值税专用发票147份，进项申报抵扣税款233.51万元。税款追缴入库，案件移送公安经侦大队立案侦查，企业法人被依法刑拘。

2003年，税务稽查组织开展实践评估—自查—检查工作新模式，企业自查税收风险点和税收问题，自行纠正纳税中存在的问题。税务机关通过企业自查，将企业税收风险在企业内部解决、在纳税评估环节解除，减少对企业的税务行政处罚。重点做好重大涉税案件查处和重大案件二级审理工作，国税案审委员会审案12件，移送公安机关6件。

2004年，组织开展对欠税100万～500万元企业、福利企业、货物运输业、医药生产及购销企业的专项检查，引导企业依法纳税。当年9月，对举报案件立案侦查，内蒙古兴和县××羊绒裘皮制品有限责任公司以现金结算方式购货，接收供货方提供的第三方发票，开票方按开票金额3%～6%收受开票费，公安经侦介入，通过外调和国税金税认证系统查询受票情况，认定犯罪事实，开票方被桐乡市公安局刑拘。桐乡国税并向内蒙古乌兰察布市提供相关企业虚开增值税专用发票的证据资料，为稽查破获虚开增值税专用发票案提供线索，该案成为当时内蒙古自治区虚开增值税专用发票第一大案。

2005年，完成总局布置督办的"北京泰克思有限公司"案件和"江苏奇美"案件，省局督办的长兴"1·09"案件、江西"12·06"案件、山东华鲁案件的协查，共对26家(次)企业协查发票975份，共入库税款1253.5万元。当年，按照"以查促管、以查促收"的要求，组织水泥生产企业开展税收专项检查，由嘉兴市稽查局检查2004年销售3000万元以上的水泥生产企业10家，桐乡国税主要检查2004年销售3000万元以下的水泥生产企业9家，查处有问题企业16家，共查补税款、加收滞纳金、处罚款合计696.27万元。

2006年，组织开展税收专项检查，制订《桐乡市国家税务局关于认真开展2006年税收执法检查自查工作的通知》，对煤炭运销企业税收专项检查、烟草经营企业税收专项检查、汽车销售行业税收专项检查、出口"免、抵、退"税企业税收专项检查、涉外企业税收专项检查等五项。当年，移送公安案件48件，涉案人员50人。

2007年，坚持"打防结合，标本兼治"的原则，着力查处偷、逃、骗、抗税行为。组织开展税收专项检查、税收举报检查、金税协查、专项"秋风行动"等日常税务稽查活动，共检查纳税人293户，其中有问题结案户数262户，查补入库2292.14万元。移送公安案件11件，涉案人员11人。桐乡某纸业有限公司在没有货物交易的情况下，于2006年11月至2007年2月期间收受杭州某纸业有限公司开具增值税专业发票105份，涉及金额1025万元，税额174万元，价税合计1199万元。此案公司法人代表被依法刑拘，追缴抵扣的进项税额168.08万元，加收滞纳金18.50万元。

2008年8月2日，国税稽查局开展“打击发票犯罪、维护税收秩序”宣传活动

2008年，税务稽查着力推进产业比较集中、税收征管薄弱地区的税收专项治理。落实税收违法案件“一案双查”和“一案两报告”办法①，加大案件查处力度，当年查处税款2233.49万元。当年，还开展品牌代理企业专项检查，其中对某糖业烟酒有限公司立案调账检查，查实在2006年4月至2007年12月期间，向销售对象赠送货物未按视同销售申报少缴纳增值税141.56万元，外购陈列柜赠送客户未按视同销售申报少缴纳增值税5.02万元，共补征增值税、滞纳金、罚款共187.08万元。

2009年，根据国家税务总局新印发的《税务稽查工作规程》，桐乡市国税局于2010年1月1日起，改进稽查工作方法，施行自查、辅导式检查与重点检查相结合的方式，有效促进纳税人遵从度，提高稽查工作效率。当年开展税收专项检查、税收专项整治和违法举报案件查处，共计查补税款5218万元，占国税收入的1.87%。当年7月9日，根据省国税局征管处关于桐乡昌源贸易有限公司涉嫌抽芯开具发票的线索，稽查局成立“7·09”专案小组，会同公安局经侦大队联合侦查，分赴杭州、余杭、宁波、东阳等地对40余家企业外调取证，共核实34家企业收受桐乡昌源公司的《浙江省货物销售统一发票》，发票联84份，票面金额达749万余元。该案成功侦破，3名涉案犯罪嫌疑人先后被桐乡市公安局刑事拘留，并移送桐乡市人民检察院审查起诉。

2010年，围绕“服务科学发展、共建和谐税收”主题，推行辅导自查与重点检查相结合的稽查模式，组织重点税源企业检查、大要案件查处、税收专项检查与专项整治，发挥“以查促收，以查促管、以查促查、以查促改”的职能。成立公安、国税、地税联合专案组，联合打击发票“买方市场”，破获、查处非法出售发票案件36件，捣毁28个制售假发票、非法出售发票窝点、团伙，抓捕犯罪嫌疑人38人，缴获各类真假发票137万余份，查实非法出售发票500余份，发票金额5000多万元。查处接受假普通发票、虚开增值税专用发票企业24家，发票119份(其中增值税专用发票98份，普通发票21份)，查补收入153万余元。

① “一案双查”和“一案两报告”中，“一案双查”是指在查处纳税人、扣缴义务人的税收违法稽查案件中，对涉案税务机关或税务人员违法违纪行为进行调查，并依照有关规定追究税务机关或税务人员责任。“一案两报告”是指稽查部门除形成案件稽查报告外，对发现税务机关或税务人员违法违纪的事实和线索，应及时报告，并协同监察部门对税务机关或税务人员违法违纪的事实和线索进行核实、撰写查核情况综合报告。

表 18－1　　1997—2010 年桐乡市国税稽查查补税款一览表

年度	稽查人员(人)	检查户数(户次)	有问题户(户次)	查补					入库		移送公安(件)
				税款(万元)	滞纳金(万元)	罚款(万元)	没收非法所得(万元)	合计(万元)	金额总计(万元)	其中税款(万元)	
1997	14	106	106	235.02				235.02	235.02	235.02	
1998	90	84	84	284.8	5.19	26.14		316.13	245.47	284.8	1
1999	82	1510	1223	1975.3	68.91	109.11		2153.32	2005.49	1827.47	3
2000	69	1092	729	897.89	0.03	347.18	0.42	1245.52	1190.54	864.07	4
2001	61	863	454	1066.78	2.89	383.78		1453.45	1358.02	977.73	50
2002	60	505	291	1809.23	103.64	398.86	5	2316.73	2242.5	1813.21	33
2003	40	315	212	2341.22	245.42	193.41		2780.05	2863.6	2378.27	6
2004	40	577	506	2151.19	165.1	126.96		2443.25	2459.12	2190.26	5
2005	34	299	227	1640.82	197.66	1479.36		3317.84	3384.36	1686.22	2
2006	34	615	568	6851.87	1399.32	1289.85	3.81	9544.85	8936.54	6597.3	48
2007	34	314	274	1863.58	249.38	0	252.38	2365.34	2385.39	1853.51	61
2008	33	141	100	1404.11	302.08	0	590.6	2296.79	2290.59	1406.56	22
2009	33	342	336	4417.25	334.34	457.61		5209.2	5218.63	4422.31	3
2010	29	276	276	3883	423	8		4314	4314	383	5
合计		7039	5386	30822.06	3496.96	4820.26	852.21	39991.49	39129.27	26919.73	243

二、地税局

1998 年 5 月，桐乡市地税局稽查局与桐乡市公安局经侦大队联合查获非法倒买倒卖假公路汽车定额客票嫌疑犯 2 人，收缴假公路汽车客票 173500 张。

是年，根据省地税局的指示，组织开展清查漏征漏管户以及租赁业专项检查。共清查出漏征户 613 户，漏管户 1076 户，查补税款 28.9 万元，罚款 2.6 万元，补办税务登记证 1376 户。租赁业清理检查 2065 户，查补税款 259.6 万元；饮食业、交通运输业发票专项检查 1449 户，查补税款 35.1 万元，罚款 1.4 万元。

同时，布置各税务所开展交叉检查，当年共检查纳税户 6266 户，检查面 32.35％，查补税款 964 万元，罚款 116.3 万元，补税罚款率 12.06％。

1999 年，全年共查处各类涉税违法案件 6027 件，其中立案 715 件，补税罚款金额 10 万元以上的案件 18 件，共查实税费、基金、滞纳金 975 万元，罚款 299 万元，同比增长 18％，罚款率达到 43％，同比增长 25％。

同时，组织开展印花税专项检查。采取自查与重点检查相结合的办法，对企业(单位)1998 年 1 月 1 日以后到检查之日各种应税凭证(含营业账簿)的贴花纳税情况进行全面清理检查。

当年 3 月、10 月分别二次组织各税务所开展二次重点检查，抽调检查人员 43 人次，组成 20 个检查小组，分别对 23 户纳税单位实施税务稽查。共调增企业应纳税所得额 140 万元，查补税款 264332

元，罚款 175236 元。

2000 年，开展以“坚持依法治税，规范执法行为，加大稽查力度，加强稽查管理，全面提高稽查干部综合素质”为内容的税务稽查规范促进年活动。查处各种涉税案件 1655 户，查补税款 1952 万元、罚款 449 万元、滞纳金 101 万元，平均处罚率为 23%。

2001 年，组织开展金融保险业、行政事业单位个人所得税，企业所得税汇算清缴，以及宾馆及餐饮业、砖瓦行业等五个税收专项检查。并抽调部分人员直接参与房产出租整治活动，对梧桐街道 1648 户房产出租户进行集中清理，补缴各类税费 21 万元；对 142 户逾期未缴税款房产出租户办理行政处罚告知手续，对其中 52 户实施行政处罚。对构成涉税犯罪嫌疑的 2 家企业依法移送公安机关侦查，对长期欠税的 2 家企业依法采取查封产成品、通知开户银行扣缴税款等强制措施，对逾期不缴纳罚款的 6 家企业和个人依法移送法院强制执行。当年共检查处理税务案件 292 件，查补税（费）995 万元、滞纳金 108 万元、罚款 276 万元，合计 1379 万元。

同年 7 月 18 日，会同市国税局、民政局对桐乡××化工厂进行突击检查，发现该企业存在编造虚假《出勤表》《工资表》，并按假出勤表、工资表编造“四表一册”，虚增“四残”人员比例等行为，决定取消该厂福利企业资格，并追缴已减免的税款。

2002 年，组织开展托运行业个人所得税、集贸及专业市场、个体工商大户等七个税收专项检查。此外，开展加油站收购业务税收清理，检查 10 户被收购单位，追缴税款 90 万元。

2003 年，抽调稽查局和基层所 50 名管理人员，组成 3 个大组、25 个小组，对全市 892 家中小企业实施账册、凭证检查。对 481 名会计无证从业人员转财政局会管科限期办证；对 470 家各类账簿设置不全的企业，由主管税务所依法责令整改；对 187 家账证不全，不能正确核算的企业实行核定征收；对 158 家内部财务会计制度或处理办法不报或内容不全的企业，由主管税务所依法责令重新制定、报补；对 351 家存在少缴税款或应纳税调整未调整的企业，由主管税务所督促补缴税款或作账户调整；对 35 家存在严重偷税嫌疑的企业，由市地税局选案小组确定为稽查对象。与市国税部门联合开展外国企业取得利息、特许权使用费等征收企业所得税和营业税专项检查，共收到 120 家企业的自查报告，并对 15 家企业进行重点检查核实。当年共查结各类税务违法案件 431 件，查补税款 752 万元、费（基金）15 万元，加收滞纳金 84 万元，处以罚款 330 万元，合计 1181 万元。

2004 年，围绕征管的难点和薄弱环节，有针对性地依法开展检查，扩大以查促管的成果。对 3 户行政事业单位进行重点检查，补缴个人所得税 9 万元，处罚款 8 万元；对 49 家独资合伙企业进行重点检查，查补缴税、费 66 万元，其中个人所得税 46 万元，加收滞纳金 6 万元，处罚款 57 万元，合计补税、加收滞纳金和罚款 161 万元。对 15 家房地产企业进行重点检查，查补税、费 470 万元，加收滞纳金 30 万元，处罚款 250 万元，合计 750 万元。同时，对全市开具货物运输业发票的 11 户单位进行重点检查，检查发现有 9 户存在申报不实的情况，共计补缴营业税 7 万元、企业所得税 0.5 万元、个人所得税 0.2 万元、其他税费 1 万元，加收滞纳金 1 万元，处罚款 11 万元，共计 21 万元。当年对 2003 年度 58 家企业进行企业所得税汇缴专项检查。

2005 年，全年共组织专项检查五次，检查各类税务违法案件 252 件，查补税款 1094 万元、费（基金）60 万元，加收滞纳金 204 万元，罚款 364 万元，合计 1722 万元。与市国税局联合开展羊毛衫行业税收专项整治活动，以无证户、个体小规模经营大户、贴牌生产户、外发加工户和规模经营的一般纳税人为整治重点。通过调查摸底、模拟超定额补报、纳税评估、综合评议，确定补税方案和目标管理办法。专项整治共入库地方税费 107 万元，其中企业所得税 51 万元，个人所得税 22 万元，城建税 19 万元,教育费附加15万元。

2006年,组织开展个体工商户、商业零售批发企业、房地产业、建筑业、个人所得税、企业所得税等六个地方税收对象的专项检查工作,实施重点检查户121户。

2007年,首次对全市19家企业2006年度社会保险费汇算清缴情况实施专项检查,发现有6家企业少缴社会保险费,查补入库社会保险费222308.75元。

2008年,开展调研式稽查,针对性地选择行业和企业,以《稽查建议书》等形式及时反馈征管薄弱环节和存在问题,发挥"以查促管"稽查职能。同时,地税部门与公安、交通、工商、城管等部门组成联合执法队伍,开展全市货物托运行业专项整治活动,对全市36户托运站点进行专项检查。当年共检查纳税户数211户,查补税款347万元、费(基金)14万元,加收滞纳金56万元、处以罚款185万元,合计602万元。

2009年,组织开展地方税收专项检查,全年共检查105户纳税户,查补税款2013万元、费(基金)24万元,加收滞纳金153万元、处以罚款154万元,合计2320万元。

2010年,与公安、国税部门联手,开展打击发票违法犯罪专项行动,对22家建筑(安装)企业及3户个体户实施发票检查,查实发票案件20户(17家建筑安装企业,3户个体工商户),涉及假发票555份,涉及假发票开票金额3636824.94元,查补税费、罚款及滞纳金计96万元。

1998—2010年,共检查户数18426户,查补入库税款、滞纳金及罚款1.86亿元。

表18-2　　1998—2010年桐乡市(县)地税稽查情况统计表

单位:元

年度	纳税总户数	检查户数	立案户数	税　款	滞纳金	罚　款	移送司法机关
1998	14361	39	35	808542.18	0.00	81542.44	
1999	18215	6027	715	9124528.89	166518.49	2991679.90	
2000	18431	1685	545	20380000.00	1040000.00	4670000.00	13
2001	19098	457	325	10700000.00	1280000.00	3330000.00	2
2002	18077	2011	281	18370000.00	2720000.00	5920000.00	4
2003	6558	431	257	7520000.00	840000.00	3300000.00	
2004	27227	298	249	17910000.00	880000.00	2320000.00	1
2005	29239	229	194	14140000.00	390000.00	2240000.00	1
2006	30768	252	129	10940000.00	2040000.00	3640000.00	3
2007	37869	316	149	6254923.97	826373.76	2174927.55	4
2008	38514	211	159	3475621.22	554405.50	1850648.91	
2009	48345	103	83	3821318.20	634038.04	1544705.10	
2010	49172	122	122	4522775.86	710031.63	2318924.11	

资料来源:1999—2010年桐乡市地方税务局稽查局《税务稽查机构查处税收违法案件情况统计表》

第四节　典型案例

税务部门把查处打击偷骗抗税作为税务稽查的重点,其中较为典型的案例如:

案例一:

1999年6月,"青浦、松江税案"协查行动,桐乡税务稽查、公安经侦密切配合,通过计算机对3万多份发票的排列,查获涉及桐乡境内受票单位20户,增值税专用发票28份,涉及中间人11名的××××案件,协查追缴已抵扣增值税税款18.40万元,罚款2.96万元,对中间人追缴增值税税款0.46万元,罚款0.93万元,共入库税款和罚款22.75万元。该案中间人犯虚开增值税专用发票罪,被判处有期徒刑六个月缓刑一年,并处罚款2万元。

案例二:

2006年,"利剑二号"[①]专案是国家税务总局和公安部共同发起,报经国务院领导批准的打击重大涉税案件的专门行动。"利剑二号"专案涉及桐乡市受票皮草皮毛企业329户,发票4350份,金额41369.34万元,税额7032.79万元。其中无法查找的注销企业有10家,非正常户1家,走逃企业2家,涉及发票112份,税款161.06万元。桐乡国税稽查局抽调38名骨干组成"利剑二号"专案检查工作组,采取集中检查与实地检查相结合的方式,查清外贸公司以受票方外贸公司是否真实"购买"货物,重点从货物、资金、运输等方面查实;对生产企业以受票方是否"购买"货物,重点从票、货、款、运输等方面查清。2007年1月,涉案301家企业缴纳增值税5342.92万元,加收滞纳金1120.84万元,合计6463.76万元。对取得枣强县定性虚开发票的企业依法进行处罚,罚款入库590.67万元。共有78家涉案企业被移送桐乡市公安局经侦大队立案侦查。

案例三:

桐乡××建材有限公司偷税案

2004年4月5日,桐乡市国家税务局稽查局稽查二股对桐乡市××建材有限公司2002年1月至2004年3月的增值税纳税情况进行检查,查阅相关账簿、凭证、出库单、日发货量清单等涉税资料。

一、当事人及当事人税款缴纳情况

桐乡市××建材有限公司系私营有限责任公司,2002年5月16日领取税务登记证,同年5月30日被认定为增值税一般纳税人。公司由四名股东分别持股51%、40%、5%、4%;拥有32门轮窑一门,主要生产红砖(空心砖、实心砖)。

当事人2002年3—4月无证申报销售收入639656.14元,销售8.5红砖29.01万块、空心砖272.474万块,入库增值税38379.37元;当事人2002年5月为小规模纳税人,申报销售收入31443.40元,销售空心砖15.79万块,入库增值税1886.62元。

当事人2002年5—12月申报销售收入4574664.30元,销售8.5红砖387.13万块、9.5红砖4.88万块,已入库增值税85979.20元;销售空心砖1777.448万块,销售收入4143387.64元,已入库增值税248603.24元,合计入库增值税334582.40元。

当事人2003年1—12月申报销售收入8318949元,销售8.5红砖707.095万块,销售收入1058172.64元,销项税额179889.35元,进项税额14337.50元,入库增值税165551.45元;销售空心

① "利剑二号"专案是根据国务院领导批示精神,自2006年5月以来,国家税务总局、公安部组织联合工作组对河北省枣强县毛皮加工行业2004至2005年的税收情况进行了重点检查(简称"利剑二号"专案)。

砖 2493.294 万块,销售收入 7260779.26 元,已入库增值税 435646.76 元,合计入库 601198.20 元。

当事人 2004 年 1—2 月申报销售收入 1266277.71 元,销售 8.5 红砖 89.79 万块,销售收入 138441.87 元,销项税额 138441.87 元,进项税额 41609.03 元,进项转出 37298.33 元,入库增值税 186941.78 元;销售空心砖 361.30 万块,销售收入 1127835.84 元,已入库增值税 67671.15 元,合计入库 86894.58 元。(由于当事人 2004 年 3 月账户未处理完毕,因此查至 2004 年 2 月)

当事人 2002 年经国税纳税评估自查申报销售收入 119558.80 元,于 2003 年 3 月 25 日补缴入库 20325 元。当事人 2002 年经国税纳税评估自查申报销售收入 54000.00 元,于 2003 年 10 月 31 日补缴入库 38340.00 元。

二、调查取证过程及违法事实

经查实,该公司在 2002 年 6 月至此 2004 年 2 月间,公司设内外二本账,并且在被查期间前二天烧毁部分(2002 年 6 月 2003 年 9 月)小账,私设小金库,隐匿销售收入。

一是公司在 2003 年 10 月至 2004 年 2 月私设账外账,不如实申报销售收入,隐匿 8.5 红砖销售收入 1519511.22 元,其他销售收入 15203.00 元,计 1534714.22 元(含税),少申报收入 1311721.56 元;8.5 红砖销售税额为 316119.09 元(含已申报数),可扣除进项税额 14662.22 元,扣除已申报纳税 85755.03 元,少申报纳税 215701.84 元。隐匿空心砖销售收入 317516.99 元,少申报纳税 19051.02 元;二项合计少申报纳税 234752.87 元。

二是在检查过程中查实该公司 2003 年 11 月至 2004 年 3 月生产产量记录 5 本,重点记录每月的生产品种、生产数量(扣除 2004 年 1 月产量,由于当事人 2004 年 1 月的产量记录不全,因此不予考虑),2003 年 11 月生产 8.5 红砖 326.628 万块、空心砖 260.365 万块,2003 年 12 月生产 8.5 红砖 394.67 万块、空心砖 186.097 万块,2004 年 2 月生产 8.5 红砖 313.241 万块、空心砖 175.318 万块,2004 年 3 月生产 8.5 红砖 563.595 万块、空心砖 120.126 万块;由于 2002 年 6 月至 2003 年 9 月的账外账烧毁,核定 2006 年 6 月至 2003 年 9 月期间的平均生产量为 587.10 万块(折合标准砖)及生产品种比例(8.5 红砖占 46.29%、空心砖占 53.71%),按相应其间的平均单价计算其应纳税款,核定空心砖销售收入为 7667126.30 元,销项税额 460027.59 元(含 5 月),扣除申报销售税额 531063.43 元,应补征增值税—71035.84 元;核定实心砖销售收入 7797261.97 元,销售税额 1325534.53 元,扣除已申报销售税额 163886.93 元,扣除进项税额 89516.45 元,应补征增值税 1072131.15 元,二项合计应补征 1001095.31 元。

三是上述二项合计 8.5 红砖销项税额为 1641653.62 元,可扣除进项税额 111551.12 元,已申报纳税 249641.96 元,应纳税额 1307560.29 元;空心砖销售税额 698084.73 元,已申报纳税 750033.54 元,应纳税款—51984.81 元;合计应补征 1228475.73 元。

四是扣除当事人在 2003 年 3 月经纳税评估 2002 年度申报销售收入 119558.80 元,已补缴增值税 20325.00 元,扣除 2002 年度自查补税 38340.00 元。

五是合计应补征增值税 1169810.73 元。

三、法规依据

根据《中华人民共和国增值税暂行条例》第一条、第二条、第十三条;《中华人民共和国税收征收管理法》第六十条、第一至四款、第六十三条、第三十五条;《中华人民共和国发票管理办法》第二十条、《中华人民共和国发票管理办法实施细则》第四十八条。

四、处理意见

根据《中华人民共和国增值税暂行条例》第一条、第二条第一款、第三条、第十二条;《中华人民共和国税收征收管理法》第六十条、第六十三条、第三十五条;《中华人民共和国发票管理办法》第二十条,《中华人民共和国发票管理办法实施细则》第四十八条。决定追缴该单位违法事实少缴增值税1169810.73元。

案例四:

某房产公司通过关联交易低售房产涉税案

一、案件背景情况

1.案件来源

该案为某税务分局审核评税转来的《征管与稽查工作急件传递单》提供的案源,根据地税稽查局《税务稽查实施分工通知书》,对该房地产开发有限公司2005—2008年度的纳税情况作全面稽查。

2.纳税人基本情况

该公司是中外合资企业,2002年12月在工商行政管理局登记注册,同时办理税务登记证,注册资本558万美元,经营期限10年,公司经营范围:普通住宅的开发建设。

该公司于2003年9月、2004年4月,受让取得某街道某小区B、C、D地块,其中C地块已开发完毕,地块面积152732.13平方米,总建筑面积为188,196.61平方米,可售面积为186,163.52平方米,开发用途为商业用房和住宅,已售155,618.27平方米,未售27,834.36平方米,2,710.89平方米转作自用固定资产。2009年6月对C地块开发完毕的项目,申报土地增值税结算。

二、检查稽核情况

(1)房产销售情况

该公司在C地块开发的沿街商铺销售68宗,(其中沿街商铺销售64宗,已售商铺面积约14120.02平方米,总销售金额34734232.00元,平均销售单价2460.00元/平方米;4宗商铺尚未销售,铺面积约943.04平方米);沿街联排住宅销售18宗,联排住宅面积约5017.05平方米,总价10916367.00元,平均销售单价2175.87元/平方米。小区内商住楼转为房产公司自用,商铺面积约2710.89平方米,固定资产结转开发成本6550904.85元,单位成本2416.50元/平方米。

(2)商铺销售的核实情况

①该公司64宗商铺的销售平均单价2460.00元/平方米,而同期销售的住宅房平均单价2893.00元/平方米,自用商铺结转开发成本单位成本2416.50元/平方米。

②经调查,该公司64宗商铺的受让对象与该公司存在一定的关联关系,销售对象均为杭州、上海、北京的人员,其中:确认该公司法定代表人家属购买商铺27宗,面积5248.96平方米;总经理家属购买商铺8宗,面积1630.56平方米;投资股东购买商铺12宗,面积3552.07平方米;公司高级管理人员购买商铺4宗,面积878.67平方米;上述人员购买商铺面积11310.26平方米,占已销售商铺80%以上。

③该公司销售的64宗商铺的销售时间集中在2005年11月和2006年3月至8月,销售对象都是外地人员。

④该64宗商铺中大都是二层。

(3)外围调查核实情况

通过对周边同区域、同时期、同路段沿街商铺销售价格的比较:发现该公司在C地块开发的沿街商铺销售64宗、沿街联排住宅销售18宗,商铺面积约14120.02平方米,联排住宅面积约5017平方米,售给具有关联关系销售对象的商铺销售价格均存在未按当期(2005年11月至2006年8月)市场公允价格销售情形。

(4)根据《中华人民共和国税收征收管理法》第三十五条第六点及《中华人民共和国税收征收管理实施细则》第四十七条,特聘请房产价值认定的权威机构进行评估,对上述商铺、联排住宅按当期同类市场销售公允价格进行评估对比。

经房地产评估事务有限公司采取回顾性的价格询价评估,沿街商铺64宗,该路沿街联排住宅18宗,评估价如下:

①沿街商铺销售64宗,已售商铺面积约14120.02平方米,64宗评估总价42692595.50元,确认64宗总价42738182.50元,平均单价3026.78元。

该公司64宗商铺的销售平均单价2460.00元/平方米,销售总金额34734232.00元,与评估参考价相差698万元。

②沿街联排住宅销售18宗,联排住宅面积约5017.05平方米,18宗评估总价11037510.00元,平均单价2200.00元。

该公司18宗联排住宅的销售平均单价2175.87元/平方米,销售总金额10906367.00元,与评估参考价11037510.00元,相差121143.00元。

房产公司对低价销售,申报的计税依据明显偏低,无其他正当理由,房产公司存在少缴销售不动产相关税费和少计土地增值额,少缴土地增值税结算税款的事实。同时还发现该公司2007年转为自用商业用房(会所)未申报缴纳城市房地产税、城镇土地使用税的事实。

三、主要违法事实及处理结果

1.主要违法事实

(1)城市房地产税方面

①2007年度自用商业用房(会所)2710.89平方米,房产原值6058839.15元,未按规定申报缴纳城市房地产税50894.25元。

②2008年度自用商业用房(会所)2710.89平方米,房产原值6550904.85元(包括装修费),未按规定申报缴纳城市房地产税55027.60元。

(2)城镇土地使用税方面

①2007年度已转为自用商业用房(会所)2710.89平方米,占用土地面积958.49平方米,未按规定申报缴纳城镇土地使用税1437.74元。

②2008年度自用商业用房(会所)2710.89平方米,占用土地面积958.49平方米,未按规定申报缴纳城镇土地使用税5750.94元。

(3)销售不动产营业税、土地增值税及其他相关税费,确认未按当期市场公允价格销售商铺,少计不动产销售6980000.00元;相应净增加土地增值额6624020.00元。(注:土地增值税已申报结算)

2.处理结果

(1)对上述少缴2007年、2008年城市房地产税方面的违法事实,根据《城市房地产税暂行条例》《中华人民共和国房产税暂行条例》的有关规定及《中华人民共和国税收征收管理法》第三十二条之规定:追缴2007年度、2008年度少缴城市房地产税50894.25元、55027.60元,同时加收滞纳金17100.47元、8474.25元。

(2)对上述少缴2007年、2008年城镇土地使用税方面的违法事实,根据2006年修改后的《中华人民共和城镇土地使用税暂行条例》,《中华人民共和国税收征收管理法》第三十二条之规定:追缴2007年度、2008年度少缴城镇土地使用税1437.74元、5750.94元,同时加收滞纳金483.08元、885.64元。

(3)根据《中华人民共和国营业税暂行条例》《中华人民共和国印花税暂行条例》《中华人民共和国土地增值税暂行条例》《中华人民共和国税收征收管理法》及其他相关税费的规定:补缴营业税349000.00元、印花税3490.00元,同时补缴相关税费;补缴土地增值税1987206.00元。并从2006年8月起加收滞纳金189110.89元。

(4)按照《中华人民共和国税收征收管理法》第六十三条第一款之规定进行处罚。

第五节　举报案件奖励

1998年6月,地税局成立税务案件举报中心,当年受理举报案件57件,其中来信举报25件,来电举报11件,有关部门转办4件。当年查处55件,查补税款25万元,罚款3万元,举报奖励1人,奖金1365元。

1999年7月,制定《桐乡市地方税务局涉税举报案件管理暂行办法》,对涉税举报案件明确奖励标准。

同年9月,出台《桐乡市地方税务局查处税务违法违章大要案奖励暂行规定》,按大案、重大案件、特大案件、重特大案件四个档次分别设置举报奖励标准,对办结且税款、滞纳金、罚款全部入库,又无行政复议和诉讼的涉税案件,给查办案件人员相应的奖励。奖励标准最低500元,最高1500元。

1998—2010年,地税部门共受理举报案件658户次,检查590户次,入库税款1452万元,滞纳金182.36万元,罚款571.75万元,奖励发放基金54965元。

表18-3　　1998—2010年桐乡市地税局受理举报案件情况表

年度	受理数(件)	查处数(件)	税款(万元)	滞纳金(万元)	罚款(万元)	奖励基金发放(元)
1998	57	55	25		3.00	1365
1999	86	81	128		79.00	0
2000	62	54	150	9.46	39.98	7000
2001	81	47	140	18.83	43.32	0
2002	92	93	163	18.71	89.84	5300
2003	63	59	36	3.50	24.80	500
2004	63	53	73	12.67	45.06	2000
2005	47	42	52	8.25	27.66	6800
2006	46	56	144	69.96	102.26	30500
2007	16	14	11	2.50	7.84	1500
2008	12	11	6	1.34	4.51	0
2009	24	12	396	9.89	21.23	0
2010	9	13	128	27.25	83.25	0

2003年,国税局受理举报:某企业在转制中存在偷税,1999年1月至2003年6月间挂账销售1015万元,税款172.51万元(企业自查入库),设小金库,追缴税款、滞纳金、罚款合计37.61万元。此案发放举报奖18858.95元。

第六节　税务案件评审

税务案件评审起始于1995年,当年市地税局出台《税务案件评比奖励办法(试行)》。1996年2月,对1995年1—6月各所、队的11件典型税务案件,进行汇总审议,共评出一等奖1个、二等奖6个、三等奖1个,参评奖3个。

表18-4　　1995年1—6月桐乡市税务违章案件评比结果一览表

奖级	案名	检查单位	检查人
一等奖	××丝厂税务违章案	高桥税务所	杨胜亮、黄健、马玉坤、朱伟
二等奖	××综合经营部违章案	崇福税务所	吴鉴伟、张建成、范继成
	××精品屋税务违章案	梧桐税务所	丁明森、吕伟、陆立宏、施锦松
	××塑料厂税务违章案件	洲泉税务所	吴海燕、倪为荣
	××经贸公司税务违章案件	大麻税务所	金鑫、孙红英
	××丝绵经营部税务违章案件	稽查大队	张铮、冯永梅、沈洪明
	××林等税务违章案件	稽查大队	徐天鹏、潘雪洪
三等奖	××电器材料厂	大麻税务所	王文其、费卫星
参评奖	××胜利裘皮制品厂	崇福税务所	吴鉴伟、范继成、张建成
	××秀电器材料厂	大麻税务所	孙红英、费卫星
	××电器厂	大麻税务所	沈银海、王华恳

1998年4月,市地税局根据浙江省地方税务局《税务案件办案评比及奖励暂行办法》要求,成立由局领导、税政科、征管科、稽查局大队的负责人组成的案件评比委员会。以所、队为单位,对已经立案查处的,能体现办案水平,个案偷税额度不低于1万元的税务案件进行评审。

2010年,根据《税务稽查工作规程》及相关规章,重新制定《浙江省桐乡市地方税务局案件评比制度》,1月1日起执行。

1999—2010年桐乡市地税局组织15次评比,共评选出一等奖14件,二等奖33件,三等奖44件。同时,"桐乡市××丝织有限责任公司涉税案""桐乡市××皮件有限责任公司涉税案"分别获浙江省2003年全省涉税案件评比二、三等奖。"浙江省××电影发行放映公司涉税案"获2005年度全省地税稽查案件评比三等奖。"××纸业(桐乡)有限公司偷税案"获2006年度省级三等奖。2008年1月,"浙江××装饰有限公司涉税案"和"桐乡××房地产有限公司涉税案"获嘉兴市级二等奖。"桐乡市××丝厂涉税案"获桐乡市行政执法质量三等奖。12月,桐乡市局获嘉兴市稽查案件评比集体一等奖,选送的"浙江××纺织有限公司偷税案"获个案三等奖。"桐市××过滤材料有限公司偷税案"获嘉兴市地税系统2010年度案卷评查二等奖,桐乡市地税局在2010年度嘉兴市税务案件质量评比中获得先进单位的荣誉称号。

第十九章　税收征收管理

1996—2010 年间，桐乡的税收征收管理经历较大改革，税收征管模式、征收方式都发生较大变化。本章主要记述其间国地税征管组织形式、征管模式和征收方法，税务登记等管理制度的变化和出口退税的管理等内容。

第一节　征管组织和模式

新中国成立后，桐乡的税收征管组织和模式随着各个时期税制、征管制度的变革，不断改进和完善。

一、征收组织

（一）基层所（局）

1995 年年底，共设置 11 个税务所，随着经济区域的变化，税务所的管辖范围相应调整。1996—2000 年，先后四次撤并基层税务机构，2000 年止，地税局下设 6 个税务所；2000 年 11 月，6 个税务所更名为征收局（对外仍称税务所）；2003 年 6 月，征收局更名为征管局（对外仍称税务所）；2004 年 1 月 1 日起，6 个征管局更名为税务分局。至 2010 年止，6 个税务分局分别负责全市范围内 12 个镇（街道）的有关地方税费、基金的征收及相关管理工作。基层机构变动的具体情况见本志第二十三章《组织机构》。

1986 年至 2001 年，地税各税务所还兼管乡财政工作。

（二）国税局 1997—2010 年期间基层征收组织的设置

1997 年 9 月，全省国地税机构进一步分设。市国税局随着征收机构的变化，逐步建立起适应税收征管的基层征收组织。当年 11 月，国税部门设直属机构 12 个：乌镇、濮院、梧桐、屠甸、南日、石门、洲泉、崇福税务所和涉外税收管理分局、稽查局（税务稽查大队）、发票管理所、税务计算中心。1998 年，撤销乌镇、濮院、梧桐、屠甸、南日、石门、洲泉、崇福税务所 8 个基层征收单位，设立国税征管分局和乌镇、梧桐、石门、洲泉、崇福等 5 个办税服务厅。国税稽查局（税务稽查大队）设梧桐、乌镇、石门、洲泉、崇福 5 个稽查中队。1999 年，国税征管分局设一个办税服务厅和崇福、乌镇、石门、洲泉 4 个延伸申报点。2002 年，设置管理局、稽查局、计划征收科。2003 年，调整机构，管理科设乌镇、梧桐、石门、洲泉、崇福 5 个责任区。2005 年，国税部门设立税源管理一科、二科、三科、四科和计划征收科（办税服务厅）。其中税源管理二科工作职能分别由乌镇、梧桐、石门、洲泉、崇福 5 个责任区具体运作。2007 年 7 月，设立国税崇福税务分局。2009 年 1 月，设立国税濮院税务分局。当年，国税系统的全职能办税服务厅（梧桐、崇福、濮院 3 个分局办税服务厅）和卫星办税服务厅（石门、洲泉、乌镇 3 个责任区办税服务厅）。当年，在濮院成立首个国、地税个体税收联合征管所。2010 年 12 月，设立国税梧桐税务分局。

（三）基层所（分局）内设机构

新中国成立初期至 20 世纪 80 年代末，基层税务所按内勤与外勤设组，内勤主要负责门征、经费、计划会计统计、票证领购等工作;外勤则负责辖区内政策宣传、税款征收、日常检查等工作。外勤又按企业和个体分组。管辖乡镇多的所,企业组内再按城镇和农村分组。

1991年起,大麻所首先进行征管查分离试点,内设机构按征收、管理、稽查设组。屠甸所则设管理组和征收检查组。

1996年6月,基层所按征收服务组、管理组、稽查组、综合组4个内设机构设置。

1997年,国地税进一步分设。税收征收管理仍按行政区域划分,全市地税系统5个税务所设办税大厅。

(四)分设后国税局基层内设机构的设置

1997年9月,国税基层税务所内设所长室、征管组、稽查组、内勤组等机构。

1998年,国税部门实行征收、管理、稽查“三分离”,征管分局(办税服务厅)负责纳税申报、税款征收、微机管理、税法咨询。管理分局设综合业务组、企业组、个体组、发票发售窗口、税务登记窗口。稽查局(税务稽查大队)设置综合股、稽查股、案审股、执行股4个内设机构和梧桐、乌镇、石门、洲泉、崇福五个稽查中队,中队主要负责税务检查工作。

1999年,国税部门对征管、稽查两线的职责进行划分,征管分局(办税服务厅)负责梧桐区域,下设崇福、乌镇、石门、洲泉4个延伸申报点。稽查局(税务稽查大队)机构不变。

2002年,国税部门实行以市(地)为单位集中征收征管改革,按照管理、稽查、征收系列人员按5∶3∶2比例配置。管理局92人,内设6个组(企业管理组、个体管理组、登记认定组、发票管理组、纳税评估组、金税工程组),管理梧桐区域;下设崇福、乌镇、石门、洲泉片组。稽查局共47人,内设综合股、案审股、执行股、涉外税收检查股、发票协查股、稽查一股、稽查二股。计划征收科26人,内设会统组、申报受理组、征收组。

2003年,征管机构将原来的管理科、纳税评估科、进出口税收管理科、涉外税收管理科、市场税收管理科调整为内设机构,在管理科下设乌镇、梧桐、石门、洲泉、崇福5个责任区。

2005年3月,国税部门设立税源管理一科、二科、三科、四科和计划征收科(办税服务厅)等内设机构。其中税源管理二科工作职能分别由乌镇、梧桐、石门、洲泉、崇福五个责任区具体运作。

2007年7月,设立国税崇福税务分局,内设综合、管理、征收3个股。

2009年1月,设立国税濮院税务分局,内设综合、管理、征收3个股。当年,国税部门设立市局和梧桐、崇福、濮院3个分局的全职能办税服务厅与石门、洲泉、乌镇3个责任区的卫星办税服务厅,进行涉税业务的分级通办,打破区域限制,实现跨市区纳税人的部分业务通办。同年,成立国地税个体税收联合征管所,内设管理一组、管理二组、综合服务组,对濮院市场内外个体税收实施联合征管。

2010年12月,设立国税梧桐税务分局,内设综合、管理、征收3个股。

(五)分设后地税局基层内设机构的设置

1998年8月,全市地税系统统一基层所机构和岗位设置。

税务所内设所长室、办税服务厅和稽查中队。纳税人的日常管理事务集中在办税大厅;需要对纳税人的涉税事项进一步审理的,由稽查中队负责。

办税服务厅设主任(综合管理)、税务登记、发票管理、申报征收、税法宣传(咨询)、受理(待批)涉税文书、税收会计统计、税收票证、计算机系统管理、计算机设备管理、乡镇财政管理、经费管理、收发文管理、资料管理等16个岗位。

2000年,市地税局重新调整税务所内设机构、岗位设置,增设个体稽管组。

稽查中队增加管理岗位;个体稽管组内设组长、个体管理和个体稽查3个岗位。

2002年10月,市地税局取消基层税务所二级稽查,调整基层税务所内设机构、岗位设置。税务所内设征收计会和管理两个小组,共18个岗位,梧桐所增设管理二组,专门从事个体税收稽核管理。

是年,市地税局办税服务厅设定为全能型的办税服务厅,并实行“一窗式受理”。

2006年,地税局再次调整基层税务分局内部机构和岗位,调整后,梧桐税务分局为省局规定的“第二类城区及规模大的基层税务分局”,设置行政后勤组、综合业务组、征收计会组、管理一组、管理二组5个组,18个岗位;崇福、洲泉、石门、濮院、乌镇税务分局为省局规定的“第三类规模较大的基层税务分局”,设置综合组、征收计会组、管理组4个组,18个岗位。

2009年3月,地税局内设机构进一步调整。梧桐分局的管理一组分设为企业管理一组、企业管理二组,管理二组分设为个体管理一组、个体管理二组;崇福税务分局管理一组、管理二组分别更名为企业管理组、个体管理组;其他分局管理组分别设为企业管理组、个体管理组。

二、征管模式

中华人民共和国成立后,税收征管模式大致分为四个阶段:第一阶段:1950—1987年,为一员到户,各税统管,实行集征、管、查于专管员一身的管理模式。第二阶段:1988—1994年,实行征管与检查“两分离”或征管查“三分离”制度,但仍定向征收、定向管理、定向检查。第三阶段:1995—1997年,申报代理稽查三位一体,建立办税服务厅,由“管户”向“管事”转变。第四阶段:1998—2010年,建立计算机网络,实行科学高效现代征管体系,取消专管员管户制度。

20世纪50年代初到80年代末,桐乡县设11个税务所,分别负责各自辖区内的税收征收。

1991年起,推行“征收管理与检查相分离”税收征管模式。基层税务所率先在大麻所推行征、管、查三分离试点、在屠甸所实行征管和检查两分离试点。

1995年,桐乡市税收工作的重心向征管和基层转移,制定代理机构管理办法,积极探索“申报、代理、稽查”三位一体的征管模式。2月,建立桐乡税务师事务所;1998年5月,成立桐乡市地益税务师事务所。

1996年,桐乡市地税局被省地税局确定为第一批税收征管改革试点单位。根据“法治、公平、文明、效率”八字方针和建立“以纳税申报和优化服务为基础,以计算机网络为依托,集中征收、重点稽查”的征管模式要求,成立桐乡市国家税务局、桐乡市地方税务局税收征管改革领导小组和办公室,拟定《桐乡市国家税务局、桐乡市地方税务局深化税收征管改革实施方案(试行)》(以下简称《征管改革方案》),筹建信息中心,调整财税所建制,健全市局、所两级稽查组织,建立微机税收征管信息系统。自1996年开始陆续对基层税务机构进行撤并;建立与公、检、法、商、司等部门经常性的工作联系制度,依靠多方力量,协同查案办案。

1997年,根据省地税局《关于加快税收征管改革步伐若干意见的通知》和建立“征、管、查三位一体”征管模式具体改革要求,设立办税大厅,建立办税员制度,增设税务代理站,进行“一条龙服务”试点,并逐步推广。9月,国地税机构进一步分设,税收管理机构仍按行政区域划分。

(一)分设后国税征管模式

1997年9月,全省国地税机构进一步分设,国税部门形成科学聚财的税收征管模式,按时间排序主要是:“以纳税申报和优化服务为基础,以计算机网络为依托,集中征收,重点稽查”的30字征管模式、“一体两翼”的征管模式、“信息数据集中处理,税款集中征收”的征管模式和“以申报纳税和优化服务为基础,以计算机网络为依托,集中征收,重点稽查、强化管理”的34字征管模式。

“以纳税申报和优化服务为基础,以计算机网络为依托,集中征收,重点稽查”的30字征管模式

1998年,国税部门实行“以纳税申报和优化服务为基础,以计算机网络为依托,集中征收,重点稽查”的30字税收征管模式。当年,加强计算机硬件建设,投入100多万元购置附属设备,建立崇福、乌镇、梧桐等6个税务所的办税服务厅,在梧桐税务所的办税服务厅安装了电子显示屏。同时,加强基层征收机关干部的计算机操作技能的培训与辅导,125名税务干部通过浙江省电子计算机考试,获得浙江省计算机应用能力初级证书。按照《桐乡市国家税务局税收征管工作岗位职责》的要求,税收专管员从“管户制”向“管事制”的转变,强化对税收专管员的分权制约,提高征管水平,推进税收专业化管理。实行征收、管理、稽查“三分离”,征收局制订《征收局岗位职责试行办法》,管理局制订《管理局工作制度》,稽查局制订《稽查局规章制度(试行本)》,细化和分解落实执法责任制,明确工作职责,推进税收征管向规范化、制度化发展。

“一体两翼”的征管模式

1999年,国税部门开展“一体两翼”①的税收征管模式。随着省国税系统推行有利于全面强化税收征管、有利于干部整体素质提高、有利于纳税人依法纳税意识提高的征管改革模式,桐乡国税部门建立征管分局、稽查局,各自履行职能,形成“一体两翼”的征管模式。征管分局强化税收征管,加强增值税基础管理工作,开展增值税一般纳税人年检年审,加强增值税日常稽核,深化和完善改革方案,提高征管质量和水平。稽查局实行选案、稽查、审理、执行四分离的监督机制。做到分工明确,相互配合,相互制约,并从选案原则、定案标准、证据采集、案情分析等方面明确相关流程和执法程序,提高稽查执法水平。当年,作为最直接最基层的以市局级为单位的集中征收、一级管理和一级稽查的征管格局得以建立。

“信息数据集中处理,税款集中征收”的征管模式

2002年,国税部门贯彻落实“信息数据集中处理,税款集中征收”的新型税收征管模式。1月,开始以地市为单位的集中征收改革,形成以地市为单位的“信息数据集中处理,税款集中征收,稽查核对集中以及人、财、物集中统一管理”的税收征管和行政管理体系。管理、稽查、征收系列人员按5∶3∶2比例配置,以体现集中征收、分类管理、重点稽查的要求。加强内部各职能部门的协调配合,着力完善服务制度,深化服务项目,细化工作职责,优化服务质量,加大服务范围,按照“规范申报、明晰流程、简化报表、集中处理、统一标准,各负其责、法规保证、稳妥安全”的标准,推行工作日全日服务制、征期加班制、首问负责制、服务承诺制、文明服务制,为纳税人创造良好的依法纳税环境。以信息化建设为载体,高目标、高起点、高速度地推进征管改革,引入ISO 9000质量管理体系,在依法治税、规范执法、优化服务等方面制定质量方针,提出征管考核达标率100%、执法错案投诉率为零、服务承诺兑现率100%、纳税人满意率98%以上的质量目标;按ISO 9000标准建立科学完善的税收征管质量管理体系,税收服务更加贴近纳税人。实施以防伪税控为主要内容的金税工程②,全市增值税专用发票存根联综合采集率全年达到100%。稽查协查系统受托回复率达到100%。拓展信息化的应用领域,多元

① “一体两翼”:以征管改革为主体,征管、稽查为两翼。

② 金税工程由一个网络、四个子系统构成。一个网络是指国家税务总局与省、地、县国家税务局四级计算机网络;四个子系统是指增值税防伪税控开票子系统、防伪税控认证子系统、增值税稽核子系统和发票协查子系统。其中,增值税防伪税控开票子系统是运用数字密码和电子信息存储技术,通过强化增值税专用发票的防伪功能,监控企业的销售收入,解决销项发票信息真实性问题的计算机管理系统。

化申报和税银一体化建设全面推进，一般纳税人电子申报实行率 98.53%，小规模纳税人电子申报实行率 93.02%，营业税电子申报实行率 90.9%，企业所得税电子申报实行率 100%，个人所得税电子申报实行率 100%，外商投资企业和外国企业所得税电子申报实行率 100%。征管质量“七率”考核持续攀高，登记率 98%、申报率 98.29%、入库率 99.74%、欠税增减率达到 50%、处罚率 53.76%、滞纳金加收率 100%、申报正确率 96.74%等考核指标，均超过省国税局工作目标考核标准。以计算机网络为依托的重点税源监控体系顺利实施，系统内部以及至嘉兴市局、省局的信息高速公路全面建成，基本满足以市地为单位数据集中和内部数据传输的需要，征管信息的集中处理和信息共享得到保障[①]。当年，全市集中征收的改革全面到位，税收管理实现从分散到集中的初次转变。

“以纳税申报和优化服务为基础，以计算机网络为依托，集中征收，重点稽查，强化管理”的 34 字征管模式

2003 年，国家税务总局在原“以申报纳税和优化服务为基础，以计算机网络为依托，集中征收，重点稽查、强化管理”的 34 字的征管新模式。桐乡国税按照省国税局提出“科学化、精细化”税收管理的工作要求，深化增值税纳税申报“一窗式”管理和规范网上申报“一窗式”流程，涉税事宜由一个窗口受理，全部办结后由同一窗口出去。全市 2485 户增值税一般纳税人全部实现增值税“一窗式”申报，实现“票表稽核”、征期申报，申报率和准确率达到 100%。增值税发票存根联采集率和稽查协查受托回复率均达到 100%、专用税票信息核对通过率 100%，获得省国税局工作目标考核加分。2004 年，国税深化“一窗式”管理模式，深入实施业务重组，简化办税流程，将原来 20 多个专业窗口，压缩成全程服务台、发票管理窗口、申报征收窗口 3 类具有相对综合服务功能的窗口，工作实行 AB 岗，保证为纳税人提供优质服务。2003 年，国税稽查局强化税务稽查，努力实践评估——自查——检查工作新模式，打击一切偷骗抗税违法行为。2005 年，国税局结合桐乡实际调整机构设置，理顺征收、管理、稽查相互关系，全面落实税收管理员制度，坚持管户与管事相结合、管理与服务相结合、属地管理与分类管理相结合，切实做到管理到户、责任到人，逐步实现税收管理从静态管理到动态管理、从粗放型管理到精细化管理的两大转变。统一网上纳税申报平台工作，深化业务重组，简化工作流程，实施政务公开，推进阳光办税，基本实现税、银、库一体化和纳税无纸化，征管质量和效率全面提高，征期申报率、入库率、税务登记率、申报正确率、滞纳金加收率、欠税增减率、处罚率均达到和超过上级局的考核标准。充分依托信息化手段，加快税、银、库一体化建设，加快信息资源整合步伐，实现防伪税控开票系统、认证系统、交叉稽核系统、协查系统、申报纳税系统和发票、会计、统计、评估等管理系统之间的信息共享，推进主体应用数据整合。实施电子申报、网上认证、无纸化征收、“一户式”储存等方式。2006 年，依托省国税局征管质量考核监控系统，建立“指标明确、取数规范、统计准确、通报及时”的征管质量考核体系及“细化差距、跟踪监管、联合督办，强化预防”的征管质量促进体系。2007 年，国税局加强征管质量管理，建立“数据分析—问题评析—指导运用”的征管质量“分析评价机制”，加大对 CTAIS[②]日常运行维护管理，实现从纯数据的通报、纯考核指标的监控到数据的延伸分析及全面动态监管过渡。2008 年，推行税源一体化管理，制定印发税源一体化管理的操作规程，明确界定税收征管各层级、各部门、各环节工作职责，建立和完善各部门之间横向的综合协调机制和各层级之间纵向的任务分配机制，提高税收征管整体效能。推进税收征管工作中各层级、各部门、各环节之间的相互衔接协调，加

① 以市(地)为单位集中征收模式，最后税款的征收功能并没有真正集中到地市局，仍由县市局处理。

② 中国税收征管信息系统。

强税源管理、税收分析、纳税评估和税务稽查各环节之间的联动,构建起职责明确、信息共享、协调互动、统一高效的税源一体化管理工作联动机制,建立“数据分析—问题评析—指导运用”的征管质量“分析评价机制”,平均申报率(99.70%)、入库率(100%)、滞纳金加收率(100%)、处罚率100%(户次)、欠税增减率-15.62%。2009年,国税局按照科学化、精细化管理的要求,税收征管新建和引入行业建模,通过典型调查,利用相同产品在一定时期内相对稳定的投入产出关系,根据企业的基本能源消耗、原材料成本、人力成本、费用等数据,掌握行业税收与经济规律,搭建行业或产品的税源监控模型,据以评估企业较为全面的涉税状况。当年,引入和新建模型26个,入模企业达到2134家,占工业一般纳税人的比重达到57.8%,监控税款13.04亿元,占国税收入的比重达到55.67%。2010年,按照入模户数、税收收入覆盖比例双过85%的工作目标,新构建其他纺织业、设备器材及元件制造业、农副食品加工业等11个大行业模型等。共建立和应用行业模型38个,其中自建行业模型18个,修改应用地区模型20个。入模企业总户数4854家,其中入模工业企业占工业一般纳税人户数比例为87.59%,入模企业税收占当期全部税收比例为92.97%,入模户数、税收收入覆盖比例双双超过85%的工作目标。

(二)分设后地税征管模式

征管方式演变 1998年10月1日起,按照国家税务总局“以纳税申报和优化服务为基础,以计算机网络为依托,集中征收,重点稽查”新模式的要求,桐乡市地税局实施进一步深化税收征管改革方案,在乌镇税务所试点,设立办税服务厅,按事设岗,集中办税,集中管理。形成对外以办税服务厅为标志的纳税人自行纳税制度;对内以管事制取代税务专管员管户为标志的税收征管新体系。2000年4月,通过省地税局税收征管新模式运行考核验收。

2001年开始,基层税务所不再履行稽查职能,实行税务稽核办法,相应制定《桐乡市地税局税务稽核工作管理办法(试行)》《桐乡市地税局税收征管与税务稽查工作职责划分及相互协调、联系办法(试行)》,明确征管与稽查的协调与衔接。

根据桐乡地税现代征管新框架要求,2002年开始,基层机构内部职责进行调整,实行大厅征收与管理服务相结合的管理方式,大厅征收主要从事受理申报、税款征收、税收票证、代征结报、计划会计、统计分析等工作;管理服务主要执行宣传培训和咨询辅导、税务登记和认定管理、核定申报方式和纳税定额、发票管理、代征单位确定及日常管理、减免抵缓退税审核报批、纳税评估、重点税源管理、税源调查、零散税收的征收管理,征收职能中的催报催缴、一般行政处罚等。管理服务岗位实行按经济性质划分管理责任区,分片管理办法,建立个体户巡回管理制度,并实行管理质量抽查考核,强化税收户籍管理,提高管户率和税收征管质量。

符合现代征收管理需要的格局建立起来后,至2010年止的较长时间内,桐乡地税重点致力于管理与服务的不断完善与提升。2002年7月开始,根据省地税局通知,开展税收执法责任制试点工作,并于第二年开始推出税收执法过错责任追究。同年,“在税收是经营”理念的支配下,全面导入ISO 9000质量管理体系,将税收征管全过程纳入精细化管理轨道。是年,市地税局调整税收征管业务流程,完善数据采集、审核、录入到复采、比对、维护等环节的管理办法,加强税源间接控管。2005年开始致力于税收征收大厅的标准化建设,实行窗口规范化服务考核。2006年,依托全面实施地税质量管理体系和自行开发的外挂软件(审核关于税与税收执法责任制管理信息系统),全面推行工作流程化管理,提出工作流程化、流程标准化、标准法制化的目标。共设置43个工作流程,基本覆盖地税征收管理全过程。2009年,在原有税收宣传辅导点的基础上,以镇(街道)为单位,建立纳税人之家,初步建立起税企之间的零距离平等沟通与对话平台，全市共建立13家“纳税人之家”。同年，推出“新办税务登记、变更税务登记、发票领购、发票缴销、税务机关代开发票、建筑业代开发票、货物运输业代开发票、上门纳税（费）申报、上门缴纳税（费）款、税收电子转账专用完税证补开”等十项同城通办业务，全年受理办结同城通办涉税业务1000余件次。

是年，完成办税服务厅标准化建设。

信息化应用 2000年4月起，经省地税局批准桐乡市地方税务局推行TAXfriend98，启动信息化征收管理软件；2002年征管软件升级为“浙江地税信息系统”（也称“税友2000”）；2007年升级为“税友2006”。

按照实现信息化支持下的科学化、专业化管理与纳税服务社会化体系相结合的现代地税征管新格局要求，2001年，出台《新世纪之初桐乡地税现代征管新框架实施方案》。税收征管业务逐步实现信息化管理。

2001年，梧桐所试行“银税联网”，个体双定户和申报户实行“实时扣税”，2002年6月起梧桐所征收的市区个体双定户全部委托市农行实行批量扣税；12月起，将“实时扣税”和“批量扣税”转换成前置机方式，在信用联社设立中心经收处。9月起，除部分尚未纳入预算会计统一核算的行政事业单位外，全市3810户纳税人和扣缴义务人实行“银税联网，实时扣税”的税款缴纳办法。并依托“税友2000”的税源管理模式，初步实现税源网络化监控。

2002年开始，选择部分有条件的纳税人进行电子申报试点。

2004年，建立健全涉税信息集约化采集、分析、交换、反馈系统，成为浙江省“网税系统”推广应用试点单位。从5月份开始推行网上申报，到12月份已登记的网上申报企业（单位）达4656家，占全部企业（单位）纳税户的93%；从10月份开始在全省第一家推行“一户通”电子缴税，经过乌镇分局的试点，在乌镇、石门、洲泉、崇福4个分局推行“一户通”电子缴税。在规范和完善行业性纳税评估的同时，重点完成化工等行业的评估，并根据评估情况和行业特点，加强后续行业性税收管理，采取计算机选案与日常征管、纳税评估移送相结合的综合选案方法。通过省地税局“新世纪之初现代地税征管新框架”考核验收。

2005年下半年，组织开发《审核评税与税收执法管理信息系统》，作为《税友2000》的外挂软件，2006年1月1日上线运行。该系统主要用于本局的审核评税、税收执法责任制考核、过错责任追究和工作流程化管理。其相关功能被省地税局采纳，并集成到后续开发的《税友2006》相关模块之中。

2006年11月，桐乡市地税局承担浙江省“税友2006”实地测试，并于2007年2月测试成功，正式上线运行，税务登记、发票购销、申报征收和文书受理等直接面向纳税人的前台税收征管业务全部纳入“税友2006”软件管理。随着新软件的上线运行，税收征管的操作层、管理层、网税、个体税收管理、税源间接控管、纳税评估等工作内容重新整合，税收征管、税费征管、计财工作、政策法规工作、稽查工作业务流程进行重组，重新确定业务工作流程115个，在“税友2006”中共设置工作流程181个，覆盖地税税收征收管理全过程。

2009年，启动数字证书网税系统申报的推广应用，12月份在乌镇分局试点的基础上，全市推开，认定CA网上申报户达8014户。

社会化管理 注重税收的社会化管理、注重与相关部门的协调、配合与借力，1999年12月1日起，在洲泉辖区的大麻镇、永秀乡、乌镇辖区的炉头镇的个体户分别委托大麻、永秀、炉头信用社代征，并逐步在全市推广施行。

2000 年 1 月，市地税局建立社会化护税组织，组建协税护税小组 29 个，聘请协税护税员 419 人，特邀协税护税员 7 人，协税护税员遍及全市各村、居委会和羊毛衫市场各交易区，各协税护税小组提供漏征漏管户等各类线索和信息 2609 条。

2009 年 9 月 28 日，国地税濮院个体税收联合征管所成立暨揭牌仪式

2004 年 7 月 1 日始，国地税联合实行税务登记二证合一；2007 年 1 月 1 日起，通过协作办公平台，实现工商、国税、地税三方部分管理信息共享，同时利用省局开发的“联合办证系统”对个体工商户实现三方协作办证。并与国税局联合开发“国地税发票管理系统”、联合工商、国税建立“三方清无协作管控平台”，实现三方信息共享。

2009 年，在濮院镇开展个体户国地税联合征管试点，国地税分别抽调管理人员，镇政府聘请税收征收管理员，成立濮院个体税收联合征收管理所，一块牌子，一套班子，合署办公，各税统征、统管。

第二节　征收方法

税务机关根据税收法规和纳税人的生产经营情况、财务水平以及便于征收管理的原则确定征收方法。桐乡在实际执行中主要采用查账征收、定率征收、定期定额征收、代扣代缴、委托代征、查定征收和自报、自核、自缴征收等不同征收方法，同时根据管理需要实行行业管理。

一、国税部门

主要有查账征收、核定征收、代扣代缴征收、委托征收几种。

(一)查账征收

适用对象为会计核算健全、提供的账表能够真实反映本单位的实际经营情况，并依照适用税率计算缴纳税款的工商企业、城镇集体企业、较大规模的私营企业等(主要是一般纳税人)。外商投资企业和外国企业、设在桐乡的中央企业及金融保险企业其企业所得税的征收也采用查账征收。

对企业年营业额(销售额)30 万元以上的小规模管理人，如按规定要求建账建证的，征收方法也可采用查账征收。

(二)核定征收

根据国家税务总局 2000 年 2 月 25 日下发的关于印发《核定征收企业所得税暂行办法的通知》(此暂行办法 2008 年 1 月 1 日前有效)，采取核定征收企业所得税适用对象为纳税人具有税法条文解释的六种情形之一的，核定征收采取定额征收和核定应税所得率征收两种办法。

明确企业所得税征收方式的认定方法、程序及标准，规定对一些中小企业财务核算、纳税申报不全不实的，由税务机关根据企业行业和产品特点，采取核定企业应税所得率和定额征收。规定增值税小规模纳税人及增值税一般纳税人工业企业税负在 1%以下、商业企业税负在 0.3%以下(不包括审核确认有正当理由的企业)，以及营业税纳税人纯益率在 3%以下(无正当理由)的，原则上实行核定征收办法征收企业所得税。2002 年度桐乡市有 46 家企业采取核定应税所得率征收方式征收，采取定额征收的有 7 户。采取核定应税所得率征收的，参加年度汇算清缴；采取定额征收的，不参加年度汇算清缴，按月征收。

表 19－1　　2002 年度桐乡市应税所得率一览表

行　　业	应税所得率	行　　业	应税所得率
商　　业	7%	房地产开发业	11%
工　　业	9%	饮食服务业	11%
交通运输业	7%	娱　乐　业	25%
建　筑　业	11%	其他行业	10%

2008 年，国税部门对企业所得税纳税人实行层级管理，推行企业所得税双重控制管理。

2009 年，将纳税人分行业和按规模划分为三类，分别采用"行业平均利润率引导式预警管理""行业控利润率管理"和核定管理方式。

实行行业平均利润率引导式预警管理的企业，所得税实行查账征收，按实预缴，年终据实清算的管理方式。适用行业内财务核算健全，生产经营收入、年应纳税所得额或者年应纳所得税额较大的企业。

实行行业控利润率管理的企业，所得税实行查账征收，但季度所得税预缴设控制利润率，年度汇算清缴设控制应税所得率。适用虽设置账簿但财务核算不够规范的企业，控制利润率和控制应税所得率暂定为一致。

实行核定管理的企业，其核定的应纳税所得率指标严格按照国家税务总局《企业所得税核定征收办法（试行）》的规定实施。适用未按规定设置账簿，或虽设置账簿，但账目混乱或者成本资料、收入凭证、费用凭证残缺不全等应采用核定征收方式的企业。

表 19－2　　2009 年桐乡行业控制利润（应税所得）率指标一览表

行　　业	行业控制利润（应税所得）率
建筑业（房屋建造和道路、桥梁施工的建筑企业）	年建筑劳务收入 1 亿元以下部分为 2.5%；年建筑劳务收入 1 亿元以上部分为 2%。
其他建筑业企业	不低于 8%
皮毛业	暂定为 5%
其他行业	不得低于桐乡市国、地税 2008 年制定的《行业应税所得率表》（浙桐地税发〔2008〕48 号）中规定的下限。

定期定额征收，根据国家税务总局 1997 年 6 月 19 日颁布的《个体工商户定期定额管理暂行办法》（此暂行办法 2007 年 1 月 1 日前有效），定期定额征收适用于生产经营规模小、又确无建账能力，经主管税务机关严格审核，报经县级以上（含县级）税务机关批准可以不设置账簿或暂缓建账的个体工商户。桐乡国税对个体工商户的征收方式主要是定期定额征收，还有部分采取"一脚踢"承

包或转让执照给个人或个人合伙经营的企业以及不建账或账证不健全的小型企业,也实行定期定额征收。

小规模纳税人经营规模较小,营业额较低,建账建证有困难的,按定期定额征收。但对使用发票的,按发票开票金额加定额方式征收。

(三)代扣代缴

1999年11月,国务院发布《对储蓄存款利息所得征收个人所得税的实施办法》施行,桐乡市对储蓄存款利息所得征收个人所得税。国税局对储蓄存款利息所得,按照每次取得的利息全额计征个人所得税,适用20%的比例税率,由储蓄机构向储户结付利息时代扣代缴。2008年10月9日起,经国务院批准,储蓄存款利息所得暂免征收个人所得税。

(四)委托代征

2000年10月22日,国务院发布《中华人民共和国车辆购置税暂行条例》,从2001年1月1日起开征车辆购置税,取代原来的车辆购置附加费,车辆购置税的征收委托交通部门代征。2005年1月1日起,车辆购置税由国税部门负责征收,桐乡市汽车车辆购置税由嘉兴市国家税务局负责征收,摩托车的车辆购置税由桐乡市国税局负责征收。2008年5月,嘉兴市国家税务局将汽车车辆购置税权下放,桐乡市国税局负责征收桐乡市范围内的所有机动车辆的车辆购置税。

二、地税部门

(一)查账征收

纳税人会计核算健全,在规定期限内能够根据本单位的财务报表或经营成果,向税务机关申报缴纳税款的,税务机关采取查账征收的方式。1986年4月21日,国务院发布《中华人民共和国税收征收管理暂行条例》,把查账征收确定为法定的税款征收方式。1993年8月4日,国务院发布《中华人民共和国税收征收管理法实施细则》,明确税务机关可以采取查账征收以及其他方式征收税款。桐乡对会计核算基本健全、纳税态度较好,并有办税员的工商企业、城镇集体企业、较大规模的私营企业等,一般采用此征收方式。至2010年止,桐乡市地方税务局对管辖范围内的1463家企业,实行查账征收,占所有企业(1820家)的80.38%;对管辖范围内的个体私营户采用查账征收,占全部个私工商户22469户的6.28%。

(二)定期定额征收

定期定额征收适用对象是生产经营规模小、又无记账能力,经主管税务机关严格审核,报经批准可以不设置账簿或暂缓建账的个体工商户。改革开放后,桐乡对不具备查账征收条件的个体私营经济;挂靠在镇、村办企业或有镇、村办企业提供生产经营场所,实际由个体和私营企业生产经营的挂靠户;以集体企业名义领取工商执照后,采取"一脚踢"承包或转让执照给个人或个人合伙经营的企业;原有的乡镇集体企业租赁、承包或拍卖给个人合伙经营且账证不健全的;小型集体企业不建账或账证不健全,且月自行申报营业额低于调整后定额的,实行定期定额征收管理。

1999年7月,桐乡市地方税务局制定《进一步规范定期定额管理工作实施意见》,规范定期定额的调整核定程序,统一定期定额标准。定期定额的调整核定程序为典型调查、业户自报、定额调整和核定、下达定额四个步骤。行业细分为19个,确定每个乡镇、行业的最低营业定额和平均营业定额。定额确定后,在实际执行中纳税人的实际营业收入不超过核定定额20%的,按定额计算各种税费;超过核定定额20%的,按实际营业额计算各种税费。下一期定额核定时作适当调整。

2000年开始,实行定期定额户分等定级办法,按行业分类、按地段分等级,分别确定相应的定额幅度。行业分成10个，每个行业再细分类别：商品分成六类、工业六类、饮食二类、理发二类、其他服务二类、文化体育二类、娱乐六类、建筑业一类、交运二类、地税其他二类。地段根据行业繁荣情况划分：市区分成二级至四级、建制镇二至四级、农村一至四级。

2002年12月，根据全省的统一要求，推行“分级定位、量化定额、民主评议、系数调整”的定期定额评定办法，分行业按区域划分编组（每组约100～300户），在组内按经营地段繁华与否（地租高低）、经营设施优劣、经营规模大小、经营环境好坏、经营品种多少等划分等级，一般分三等，每等再分三级。通过行业调查和税源普查，确定可量化的定额指标，开展典型调查，实行民主评议，最后作适当的系数调整。

2004年1月，试行个体“大户”定期定额管理办法，对年货物销售或提供增值税劳务额100万元以上的个体工商户，及具有特殊情况的国地税共管户，经市地税局批准，实行城建税、教育费附加（或农村教育费附加）、水利建设资金随核定的营业额定额征收；个人所得税实行“保底定额，自行申报”方式征收。

2005年1月1日起修改部分服务业、交通运输业定期定额等级划分标准。

2006年7月1日起，对本市范围内KTV行业、饭店煲店业实行行业税收管理办法，分别实行行业等级管理，划分等级标准，分别确定定额标准。KTV按市区、建制镇、农村分别划分四个等级；饭店煲店业按规模划分为一类、二类，再分别按市区、建制镇、农村确定指标、划分等级，以包厢、大厅分别确定不同的定额标准。定额核定采取按年一次核定，分月缴纳。2007年1月1日起，实行定额加发票超额方式征收税款。2009年12月起，对KTV行业作重点调整，由核定营业定额改为核定税费额，对该行业实行参数定税和目标管理相结合的管理方式。

2007年1月1日起，对旅店业、咖啡、茶楼、酒吧业实行行业税收管理办法，旅店业按市区、一类建制镇、二类建制镇、农村分别划分四个等级，并分别按相应等级确定定额标准；咖啡业按市区、一类建制镇、二类建制镇、农村分别划分二个等级，并分别按相应等级确定定额标准；茶楼按市区一等、市区二等、一类建制镇、二类建制镇、农村分别划分二个等级，并分别按相应等级确定定额标准；酒吧按市区一类、市二类、建制镇一类、建制镇二类、农村分别划分三个等级，并分别按相应等级确定定额标准。定额核定按年一次核定，分月缴纳。征收方式实行定额加发票全额的征收方式。

根据国家税务总局《个体工商户税收定期定额征收管理办法》和2006年下发的《关于个体工商户定期定额征收管理有关问题的通知》，桐乡市地税局出台《桐乡市地税局个体工商户税收定期定额征收管理实施办法》，2007年1月1日起执行。

同年起，对个人出租（自用）房产、自有房屋用于生产经营的房产实行A、B、C、D分类管理，其中的B、C二类纳税人的应税房产相关税费实行核定征收，按地段划定三个等次，相应分别确定三个级别，并分别按生产经营出租用和生产经营自用确定定额标准。2008年、2009年先后作对征管办法作修订完善。

2010年年底，全市地税系统个体双定户数为21336户，其中私营经济277户，个体经济21059户。入库税收105.92万元，其中私营经济994.27万元，个体经济10736.32万元。

（三）定率征收

主要针对纳税人无法正确计算应纳税所得额，税务机关采取的核定征收方法。核定征收有两种形式，一种是税务机关根据纳税人所属行业利润水平高低，确定所得税征收率；另一种是确定应税所得率。

1.确定所得税征收率征收办法

个人所得税带征　实行定期定额征收的个体工商户的所得税征收一般随营业额征收时带征,因此也称个人所得税带征率。

1999年,桐乡市地方税务局出台《进一步规范定期定额管理工作实施意见》,按行业、按乡镇确定最低营业定额和平均营业定额的同时,确定最低个人所得税带征率和平均个人所得税带征率。未办理税务登记的纳税人的个人所得税带征率比同等经营水平的办理税务登记的纳税人适当提高,带征率1%以下增加0.5,带征率1%~2%增加1,带征率2%以上增加1.5。

2000年,实行定期定额户分等定级办法,个人所得税带征率根据定额分别确定。

同年4月,对集贸、门征税收的个人所得税带征率标准进行调整,分别无证纳税人和有证纳税人制订不同的带征率。

2003年,实行个人房屋出租个人所得税带征办法,对纳入定期定额管理的个人房屋出租户,按年房屋租金收入划分9个级别,不同级别适用不同带征率,市区与建制镇执行相同带征率,建制镇以外出租户带征率比市区与建制镇相应级别的带征率高出1个百分点。

2006年7月1日起,饭店煲店业实行行业税收管理办法,个人所得税带征统一调整为1.5%。

同时期起,旅店业个人所得税带征率市区、建制镇均调整为2%、农村调整为1%;咖啡业个人所得税带征率调整为2%;茶楼个人所得税带征率调整为1.5%;酒吧个人所得税带征率调整为1.5%。

2007年1月1日起,调整国地税共管个体工商户个人所得税带征率,按行业、按地段确定个人所得税带征率,分1%、1.5%、2%、2.5%四个档次。

企业所得税预征　1996年2月1日起,桐乡对个人承包建筑安装工程所得和建筑安装企业集体自建工程所得,实行预征企业所得税办法。个人承包建筑安装工程企业所得税预征率为0.8%;建筑安装企业集体自建的各种清包工,按实际支付金额4%确定预征率。

2001年1月1日起,市地税局对辖区范围内小型且账证不健全、虽有规模但财务管理不健全,不能核算应纳税所得额,税负明显低于同行业水平又无正当理由的企业,实行企业所得税"定率预征、年终结算"的征收方法,预征率参照同行业、同类产品生产企业或同等规模企业的盈利水平逐户核定,市地税局规定的预征率幅度为:工业企业1%~5%,商品流通企业0.3%~3%,其他企业1%~8%。

2.确定应税所得率征收办法

2001年5月,出台《个人独资企业和合伙企业投资者个人所得税核定征收试行办法》。对不设置账簿或擅自销毁账簿或账证不全、无法提供纳税资料与凭证或纳税人申报的计税依据明显偏低、又无正当理由的个人独资企业和合伙企业,实行核定应税所得率征收方式征收个人所得税。应税所得率根据企业的实际情况,参照同行业、同类产品生产企业或同等规模企业的盈利水平,逐户核定,市地税局规定的应税所得率幅度为:工业、交通运输业、商业5%~20%;建筑业房地产开发业7%~20%;饮食服务业7%~25%;娱乐业20%~40%;其他行业10%~30%。2001年1月1日起实行,已经按预征率征收的企业,7月1日起改按核定应税所得率征收。

2002年1月1日起,在全市砖瓦和皮毛行业中试行核定征收企业所得税办法;2003年1月1日起全面施行。当年,全市范围开展中小企业的账册凭证检查,对其中存在账证不全等情况的企业实行企业所得税核定征收,当年共有1534户的企业纳入核定征收。市地税局统一确定的应税所得率幅度为:工业、交通运输业、商业7%~20%;建筑业、房地产开发业10%~20%;饮食服务业10%~25%;娱乐业20%~40%;其他行业10%~30%。2004年对办法进行完善;2005年又对办法作补充,企业所得税、个人所得税应税所得率核定进行合并，行业划分为9个类别，核定应税所得率幅度范围随之调整。

2004年，市地税部门对518家企业实行核定征收办法，占企业所得税汇算清缴户数1714户的30.22%，至2010年止，共有357家企业实行此办法，占企业所得税汇算清缴户数1463户的24.40%。

（四）代扣（收）代缴征收

20世纪60年代，对个体小商贩如卖棒冰等缴纳的零售税和所得税，委托饮食服务公司、食品厂代扣代缴。1983年10月1日起，对桐乡范围内从事批发、批零兼营和自销产品的工商企业，对外批发商品时，委托其按规定扣缴工商税和带征所得税。

1994年税制改革后，桐乡建立个人所得税代扣代缴制度，对各扣缴单位和个人，发放“个人所得税代扣代缴证书”，明确法定义务和责任。1997年国地税分设后，地税局制定《桐乡市地方税收纳税人扣缴义务人办税员管理办法》，并建立个人所得税收征收台账。

2001年1月1日起，桐乡市地税局实施《支付工资薪金所得个人所得税按月预扣、年终汇算清扣实施办法》，对扣缴义务人支付工资薪金所得应扣的个人所得税，采取按月预扣，年终汇算清扣，多退少补的扣缴办法。同时，建立支付个人工资薪金所得台账登记制度。2003年1月1日起，桐乡对纳入“四统一”的市级行政事业单位、社会团体启用“收入管理系统软件”。支付给本单位个人的各项工资薪金所得，按支付日期逐笔输入“收入管理系统软件”，每月月终自动生成《扣缴个人所得税申报表》，于次月的征期内办理月份预扣申报手续，按核定的个人所得税预扣率扣缴个人所得税。年度终了自动生成年度汇算清扣申报表，年后1个月内办理汇算清扣。

2009年1月起，根据新的车船税实施细则规定，保险公司履行车船税的代收代缴义务，纳税人购买汽车和摩托车等机动车辆，在机动车交通事故责任强制保险时，由保险公司代收代缴。

（五）委托代征

1996年前，各乡镇的农贸、集贸市场的税款征收委托乡镇财政组代征；屠宰税委托食品公司在屠宰、收购环节代征；代购销、借款、货物运输等合同及工商营业执照、房屋产权证等委托企业、银行、工商、建设等部门在合同书立或权证发放时代售代缴印花税。税务机关与代征（代售）单位签订代征协议书。

1996年起，对外来建筑安装企业应纳税款，委托桐乡市建筑业管理处代征。2003年10月起，改由市建设工程质量安全监督站负责代征。

1997年国地税分设后，原《代证协议》失去法律效力，地税部门自12月开始签订新的《委托代征税（费）款协议书》。门征税收委托国税部门代征税（费），由市局统一签订代征协议。

1998年12月起，对印花税管理实行“源泉征税”。应税凭证在书立、发放、认证、登记、管理等环节，委托金融保险企业、市科委、房产管理部门、工商部门、土管部门等代售印花税票、代征税款委托代售印花税票、代征税款，建立源泉征税制度。2002年9月，对全市范围内原有的委托代售印花税票、代征税款的企业（单位）的代征税款情况进行清理，重新确定印花税代征对象，签订委托代征税款协议，进一步落实代售、代征责任。

1999年10月起，全市试行定期定额征收纳税户委托信用社代征。

当年12月1日开始，洲泉辖区的大麻镇、永秀乡双定户税款委托大麻、永秀信用社代征；乌镇辖区的炉头镇双定户委托炉头信用社代征。2000年1月、2月、3月，乌镇、崇福、梧桐、屠甸、濮院辖区的部分乡镇的个体双定户税款相继实行委托当地信用社代征。

2001—2005年,个人出租(自用)房产税收委托公安(流管中心)、乡镇(街道)、社区、居委会等部门、单位代征。

2002年9月1日起,桐乡市境内从事停车场(包括机动车停车场和非机动车停车场)服务且实行定额加发票征收方式的单位和个人,应缴纳的地方税收委托交巡警大队代征。

2003—2008年,车船使用税委托交警大队代征。

1998—2005年12月,房地产二级市场土地增值税委托国土局代征。

2010年止,桐乡市地税系统共有代征单位41个,代征人员43人。

(六)查定征收

1985年开始,大麻个体绸机织造行业税收实施查定征收。1985—1991年,织机按台核定征收;1992—1995年,按经轴数量核定征收;1996—2001年,实行按月单台织机耗电量核定征收,以单台耗电量为起征点依据,起征点以上划分耗电级距,不同级距确定不同定额;2002年开始,起征点依据不变,实行单度电核定营业定额的办法,按月单台织机耗电量和单度电营业定额折算确定单台营业定额,查定征收。大麻镇牵头成立工商、税务等部门组成的稽征站,负责具体征收工作。

2001年5月1日开始,河山个私绢纺行业税收实施查定征收,营业额核定参照实际用电量,月份耗电量70度为起征点,不征税。起征点以上实行单度电核定营业定额,确定的单度电营业定额为14元,按纳税人上月实际耗电量和单度电的营业定额折算确定营业定额,查定征收。个人所得税带征率为3%,纳税期限统一以一个月为一期。并于次月10日前由纳税人自行到河山信用社各储蓄网点申报缴纳。

(七)自报、自核、自缴征收

纳税人的税款,由纳税人自行计算,自填缴款书,自行向当地国库按期缴纳税款的一种方法,亦称"三自"纳税。20世纪50年代初,桐乡对国营企业实行"三自"纳税方式。纳税期限根据纳税单位应纳税款的大小,分别核定十天、十五天或一月纳税一次。

1988年起,桐乡对印花税纳税人实行自行计算应纳税税额,自行购买印花税票,自行贴花办法。1998年起合同、证照类印花税实行源泉征税。

(八)特色管理

1.分税种管理

1999年1月1日起,全市金融、保险、建筑安装、货运、出口产品生产企业、外贸企业(含具有自营进出口权的企业)及销售额在500万元以上的工商企业,印花税实行按期汇总缴纳办法。纳税人当月书立、领受应税凭证(包括营业账簿),按月汇总申报,次月十日前向税务所办理申报、缴款(购票)手续。

2002年9月,市地税局对实行按月汇总申报纳税的企业、单位,其月份之间应纳税款数额差异较大的企业进行稽核。对外贸企业、出口产品生产企业、建筑房地产企业、年销售额2000万元以上的企业的购销合同签订情况和税款缴纳情况进行跟踪检查,督促其自行汇总申报纳税,对合同已签订,但未如实汇总申报纳税的企业加强稽查。同时,实行按月预缴,年终结算办法。

2005年1月1日起,根据《国家税务总局关于进一步加强印花税征收管理有关问题的通知》,制定桐乡市《关于进一步加强印花税征收管理的通知》,印花税纳税企业和单位纳税人,普遍建立印花税应税凭证登记簿制度,及时、准确、完整地登记印花税应税凭证;完善汇总纳税制度,扩大核定征收的范围。对金融企业的贷款业务、保险企业的财产保险业务、建筑安装企业的建筑安装业务、房地产企业的商品房销售业务、外贸企业的外贸出口业务等以及其他不能或不具备条件建立印花税应税凭证登记簿，及时、准确、完整登记的企业和单位，采取核定征收办法。纳税人书立、领受的合同，按核定的计税依据比例，缴纳印花税，并于次月办理纳税申报和税款缴纳。应税合同的比例视行业性质、具体业务情况确定为10%、30%、50%、80%、100%5个档次。

2006年3月1日起，扩大印花税核定征税的范围，提高应税合同的占比。调整后的预征税款的范围为除印花税税目税率表中的“营业账簿”“权利、许可证照”两个税目所列举的应税凭据外的其他应税凭证。应税合同比例档次减为：50%、80%、100%。

2007年1月1日起，商品房销售按产权转移书据征收印花税。2008年1月1日起，统一部分企业印花税税种税目登记、核定项目，统一发放房地产企业《印花税核定征收通知书》。本地建筑业纳税人自行按月申报，外地建筑业纳税人统一由各税务分局办税服务厅窗口开票时按开票金额征收。

2.分行业管理

交通运输业

1995年6月12日起，道路机动车客货运输实行全市集中统一征管，设立桐乡市道路运输税收征收管理办公室（简称征管办），集中征收的范围包括：①拥有机动车辆的集体、私营、个体企业及其他单位从事客货运输业务的；②企业车辆个人承包或承租从事客货运输业务的；③挂靠企业的个人车辆从事客货运输业务的；④外来运输车辆从事客货运输业务的；⑤临时性从事对外客货运输业务的。国有专业客货运输企业，从事拖拉机（不含农用车）运输的企业和个人，以及道路人力三轮车（含机动）客运业务的税收征管仍由所在地税务机关负责。

建筑业

1996年，市地税局制定《桐乡市建筑业税收征管办法》，本市范围内实际从事承揽建筑、安装、修缮、装饰和其他工程作业的单位和个人，纳入建筑业税收征管管理范畴。建筑业“预收工程款”，在开出发票取得工程价款时确定为纳税义务发生；纳税人按月办理纳税申报时，报送营业税纳税申报表的同时，附报相关工程结算情况表、安装工程合同、工程项目预算书、结算书、发票备查联等；收取预收工程款时，使用“桐乡市统一收款收据”；符合税务部门规定的5个方面规定条件的，允许开具《桐乡市建筑业统一发票》；转包工程，由总承包人代扣分包人的应纳税款；税务部门建立《建安企业单项工程税款征收台账》登记管理制度。同年11月开始，外来建筑安装企业的税收事项集中由梧桐税务所统一征管，梧桐所委托桐乡市建筑业管理处代征。同时，市国税局制定《建筑安装企业营业税征收管考核理办法》，就建筑安装企业的预收账款的清理、建筑安装企业台账、税款征收、纳税检查等项目进行考核。

2003年10月起，实行源泉控管，按项目属地管理的原则进行税款征收。外来建筑施工单位在市行政审批中心办理建筑项目施工许可证时，由市建设工程质量安全监督站负责代征建筑业有关税收；外来承建水利工程作业和交通工程作业的建筑单位，统一在工程作业地税务机关申报缴纳建筑业税收。本市建筑安装工程作业单位在市域承建建筑工程项目、水利工程和交通工程项目，统一向机构所在地税务机关申报缴纳建筑业税收。

2007年，出台《桐乡市建筑业税收管理实施办法（试行）》，12月1日起，建筑业税收征管实行税源间接控管机制管理模式。采用信息化手段，以建筑业工程项目为管理对象，通过部门信息共享和日常管理采集到的涉税信息与建筑业纳税人通过计算机网络实时申报的信息进行比对，实施管理。1996年市地税局制定的《桐乡市建筑业税收征管办法》《考核办法》及2003年的源泉控管制度停止执行。

2009年，市地税局出台《浙江省桐乡市地方税务局不动产、建筑业项目管理系统应用实施方案》，按照“以票控税、网络比对、税源监控、综合管理”的治税方针，依托信息化手段，建立项目管理系统台账,引入建设、国土、交通、水利、招投标中心等部门及镇、街道第三方信息,通过管理系统比对功能,实现税收征管和监控。

房地产业

2000年1月起执行《浙江省房地产业营业税征收管理办法》。

2001年2月,桐乡地税局在市行政审批服务中心设立窗口,统一受理梧桐、石门、屠甸三个区域的个人房地产税收征收;2006年1月扩展到全市所有企事业单位及个人(房地产企业除外)与房地产交易环节相关的税收征收,并与国土局、建设局建立房地产交易"三方"工作流程,实行以契税征管为把手的"先税后证"制度,实现房产二级市场税费一体化征收管理。

2004年,引入有资质的房地产评估事务所对全市所有房地产二级市场交易价格进行评估,提高房地产二级市场计税依据的准确性。

2008年,建立价格评估机制:①全市各镇、街道的住宅、商铺、市场按区域区分商品房及自(联)建房,设定房地产二级市场评估最低价;②工业厂房统一评估,区分商品房及自建房设定房地产二级市场评估最低价,自建房根据房屋主要部位条件及结构确定最低价格。

个人出租(自用)房产

2001—2005年,个人出租(自用)房产税收实行委托乡镇(街道办事处)流动人口管理中心、社区、居委会等部门、单位代征。2009年开始,梧桐分局与梧桐街道、城管局三方协作征收。

2007年1月开始,个人自有房产用于生产经营的实行A、B、C、D分类管理。A类是指出租(自用)房屋面积100平方米以上纳税人;B类是指出租(自用)房屋面积100平方米以下,使用该房屋的纳税人从事生产经营的营业定额达到起征点以上,且该出租房屋的承租人愿意代为缴纳出租房屋相关税(费)的;C类是出租(自用)房屋面积100平方米以下,使用该房屋的纳税人从事生产经营的营业定额未达到起征点,或虽达到起征点以上的,但承租人不愿意代为缴纳出租房屋的相关税(费)的;D类是指应税房产所在地在市场内的纳税人。同时,将原来的委托流管中心或镇、街道代征改为地税机关自行征管为主委托相关管理部门(机构)征管为辅的征收方式。当年核实应征户数为12162户,征收入库户数为10247户,征收面为84.25%,入库税费款975万元。

2008年1月1日,修订《桐乡市个人出租(自用)房产税收征收管理实施办法》,并出台《桐乡市个人出租(自用)房产税收征收管理操作办法》。修订后的个人出租行为分为个人非住房出租用于生产经营的、个人非住房出租用于居住的、个人住房出租的三种情况。分别按不同税率征收房产税与营业税。当年征收户数11216户,征收面为87.10%,征收税费款1184万元,比上年增加145万元,同比增长19.56%。

2009年1月1日,再次修订《桐乡市个人出租(自用)房产税收征收管理实施办法》和《桐乡市个人出租(自用)房产税收征收管理操作办法》,建立个人出租(自用)房屋税收正常的征管秩序和长效管理机制。同时,对梧桐街道、振东新区、开发区范围内个人生产经营用房税收,与桐乡市城市管理行政执法局、桐乡市人民政府梧桐街道办事处共同实施协作征收管理。

第三节　管理制度

桐乡市在税收征管中先后建立起一系列制度,在实践中逐步规范,其中较为主要的有税务登记、税种税源登记与认定、纳税申报、纳税评估、发票管理、减税免税等制度。

一、税务登记

(一)登记

税务登记又称纳税登记,包括设立登记、变更登记、停复业登记、注销登记、外出经营报验登记、税种税源登记等。

1986 年,根据国务院颁布的《中华人民共和国税收管理暂行条例》,桐乡市开始实行税务登记制度,凡从事生产、经营有纳税义务的单位和个人均须办理税务登记。1994 年桐乡市国家税务局和地方税务局分设后,税务登记证分别加盖国、地税两个印章。

同年 9 月,两局按"统一代码,分别登记,分别管理,相互配合"原则,对同一纳税人分别发放两个税务登记证(除纯地税户外)。纳税人办理国、地税开业、变更、注销等税务登记手续,委托桐乡税务师事务所统一办理。

1997 年 5 月,《征管软件》(ZTAX)"税务登记"模块开始在濮院所运行,增加"快速查询"功能,实现企业编码和税务登记号的相互查找。

1998 年 6 月 20 日起,地税税务登记证由桐乡地益税务师事务所办理。市地税局与税务代理机构、工商所实行信息沟通,建立定期联系制度,减少税务登记与工商登记户数的差距,避免漏征漏管户的产生。

2000 年 12 月,国地税召开联席会议,税务登记实行国地税协作管理,每月定期拷贝户管数据,双方核对数据差距并分析差距原因,根据实际情况修改处理,同时进一步加强与工商部门联系,每月向工商部门提取相关登记、注销信息,共同加强对无证固定业户的控管,督促依法办理税务登记。

2001 年 2 月开始,按照市政府的统一要求,地税部门税务登记(除个体工商户以外)移至市行政审批中心办理,并与工商、国税窗口集中办证。当年 8 月 14 日开始,针对羊毛衫市场旺季的特殊情况,实行与工商、国税联合同步办证。

2003 年,地税局税务登记管理纳入 ISO 9000 质量管理体系,制作新开业税务登记、税务登记变更、税务登记停、复业管理、税务登记注销、税务登记换证、税务登记验证、非正常户处理、税务登记户籍管理、税种登记、外来户管理、外出经营管理等 11 个作业指导书。

2004 年 7 月 1 日起,在省内首家实行国、地税联合办证制度。制定《税务登记联合办证实施办法》《税务登记联合办证信息传递办法》,实现两证并一证。纳税人只需到国地税的任何一个窗口,即能办理两方税务登记。当年共办证 2222 张。

2007 年 1 月 1 日起,国税、地税共同在各工商所的登记窗口设立税务登记办证窗口。新开业个体工商户,在工商部门领取营业执照的同时即办理税务登记证,实现工商、国税、地税三方联合协作办证。

2008 年,利用《浙江省税务征管信息共享应用系统》,进一步完善国税、地税、工商协作办证机制,全年共办理税务登记 7124 户。共清理 832 户。实施新办、变更税务登记免填单业务,当年新办及变更税务登记共 10588 户。同年 11 月 1 日起,全市统一免收税务登记证工本费。

2009 年 6 月 10 日起,各类新设立、变更税务登记(包括企业、个体、临时税务登记、无其他纳税事项的个人所得税扣缴义务人登记)实行"同城通办"。

2010 年 5 月 21 日起,桐乡市地方税务局、工商行政管理局、国家税务局共同制定印发《协作办理变更登记操作规程》,对变更个体工商户实施工商、国税、地税三方联合协作办证。至年底共协作办理个体变更登记 539 户。同时,开发计算机操作软件,在"税友 2006"中设置《工商办理登记情况查询》

2010年12月,工商局、国税局、地税局召开联席会议

《工商办理变更情况表》,确保税务登记信息与工商注册信息的一致性。国税部门采用 ctais 软件自动导入系统加强税务登记变更情况管理。

(二)换证

1996年6月,根据浙江省国税局、浙江省地税局的通知,在全市开展税务登记换证,1996年5月底以前,全市领取税务登记证并需要换证的15220户,注册税务登记证986户,实际换发税务登记证14152户,注册税务登记证935户。实际换发国税税务登记证11063户,注册税务登记证811户。

1999年6月,根据省局通知,全市换发税务登记证。遗失税务登记证件的,一律在《嘉兴报》登报声明作废。当年,国税部门在全市统一换发税务登记证(包括已办理税务登记不到三年的纳税户)。发生个人所得税扣缴义务的扣缴义务人,未向税务机关申报登记的,应当到税务机关申报登记,填写扣缴税款登记表。换发税务登记证件从6月份开始,11月底结束。全市8861户登记户,有1290户被清理注销,换证率为87%。当年,运用AT97征管软件,对税务登记户数按照正常户、非正常户、停业户、待处理户进行分类管理。

2006年9月,根据国家税务局关于换发税务登记证件的通知,在全市开展税务登记换证。国地税部门联合发布《桐乡市国家税务局、桐乡市地方税务局关于统一换发税务登记证件的公告》,制订《桐乡市国家税务局、桐乡市地方税务局税务登记联合换证实施方案》,国税、地税部门按地域划分,责任分别落实,做到纵向到底,即责任人负责换证工作责任区域内从宣传发动、填表收费、信息复采、系统录入到证件发放的全过程的责任落实;横向到边,即除了换证工作外,同时做好工商已登记税务未登记户的催办、国地税登记信息差异的核对与调整等,结果互相认可。国、地税共管户,采取分工合作方式换证。纯地税纳税人,由地税部门负责换证;外商投资企业由国税负责换证。全市应换证户数34791户,其中关停及注销202户,失踪1159户。同时,清理出漏征漏管户884户。

(三)验证与清理检查

1997年12月起,全市开展税务登记验证。1997年10月底前,桐乡市范围内经工商行政管理部门批准开业、并办理税务登记的单位和个人,以及外省、市、县到本地从事生产经营的业户,都纳入验证范围,验证后取得国标统一代码标识。当年,国税部门第一次开展税务登记验证工作,对在桐乡经工商行政管理部门批准开业、并办理税务登记的单位和个人,以及外省、市、县到桐乡从事生产经营的业户进行验证检查,全市共验证税务登记14646户,占应验户数的96%。

1998年2月,地税局对税务登记验证工作开展检查考核。崇福税务所、洲泉税务所被评为"一九九七年度税务登记验证工作组织优胜单位"。

2000年,根据省地税局指示,开展税务登记验证。结合税务登记验证进行漏征漏管户专项清理,共清理出漏征漏管户448户,其中既未办工商登记又未办税务登记的432户,已办国税税务登记未办地税税务登记的41户,补办税务登记户数395户,查补税额、罚款和加收滞纳金金额24356.00元。

2001年5月至7月,在全市范围内开展税务登记户籍管理情况专项清查。清查的对象:桐乡市范围内经工商、民政、编委、技监等部门办理登记审批手续,应依法办理地税税务登记的企事业单位、社会团体、个体工商户。基本查清全市纳税户籍的分布状况。

2005年，根据省局的要求，对纳税人税务登记信息进行全面清理。

2007年，依托工商、税务责任区户管协作网络，通过无照无证户协管信息交换系统（简称协管系统），建立工商、税务责任区监管信息多方交换机制，协同开展无证、无照户的清查管控，实现责任区户口巡查三方互动，将协作办证向户管源头和后续属地监管双向延伸。

2009年，国税、地税、工商开展三方协作"清无"，共清理无照无证户3152户，国税通过清无增加的月征税定额达到1320万元。

1998年10月，根据国家税务总局印发的《税务登记办法》，桐乡地税局采用划分正常户与非正常户的办法加强税务登记管理，列为非正常户时间超过一年，派员核查确认不存在的纳税户强行注销其税务登记证，同时税务登记管理与发票使用管理相结合，提高纳税户管理的准确性。

2010年1月1日起，实施《桐乡市地方税务局税务登记注销管理办法（试行）》，对税务登记注销、变更环节的税费款汇算清缴、所得税清算和剩余资产分配涉税管理等进行规范。从5月26日开始，个体工商户在工商窗口即可办理个体税务登记变更，采用软件自动将变更信息导入CTAIS中，实现工商税务三方的信息同步。当年，国税税务登记信息变更827户。

表19－3　　1996—1997年桐乡市纳税登记户数统计表

单位：户

年度	合计	国有经济	集体经济	私营经济	个体经济	联营经济	股份制经济	外商投资经济	港澳台投资经济	其他经济
1996	13228	330	2904	148	9432	83	211	36	84	
1997	14175	281	2655	199	10734	78	107	39	82	

表19－4　　1998—2010年桐乡市纳税户数统计表

单位：户

年度	登记户数	纳税户数										
		合计	国有企业	集体企业	股份合作企业	联营企业	股份公司	私营企业	其他企业	港澳投资企业	外商投资企业	个体经营
1998	16340	15658	307	2778		0	324	320		81	48	11800
1999	17700	13142	239	1580	329	13	262	869		85	53	9712
2000		15863	170	766	366	8	281	1304		82	47	12839
2001		21949	430	1182	378	13	401	1521		87	56	17881
2002	33187	26251	643	966	354	10	32	1854		102	80	21889
2003	33184	26030	628	825	329	7	31	2166		129	115	21480
2004	24753	15898	213	391	255	6	35	2422		152	137	12000
2005	28154	17220	185	278	196	6	42	2662		194	173	13195
2006	33513	14804	188	240	217	5	43	3076		230	200	10151
2007	39790	20754	262	251	206	5	666	5240	1	261	229	13633

续表 19-4

年度	登记户数	纳税户数										
		合计	国有企业	集体企业	股份合作企业	联营企业	股份公司	私营企业	其他企业	港澳投资企业	外商投资企业	个体经营
2008	49474	22683	334	226	199	4	691	5734		263	235	14997
2009	51837	26432	383	707	251	2	682	6266		260	229	17652
2010	56088	28782	384	200	330	1	835	19354	0	269	224	7185

资料来源:1996—2010 年《浙江省税务统计》

注:①税务登记户数,仅指已发证及注册税务登记证的户数,不包括实行只登记不发证的户数。其中“个人独资”“个人合伙”统计在私营企业中。

②2000—2001 年《浙江省税务统计》未统计“登记户数”

二、税种税源登记与认定

(一)税种税源登记

税种税源登记的对象是按规定办理税务登记的纳税人。纳税人在办理税务登记后,如实填写《纳税鉴定申报表》,向主管税务机关申请办理税种税源登记。主管税务机关对纳税人的《纳税鉴定申报表》进行审核鉴定,确定其适用的税种、税目、税率(或单位税额)和纳税环节、计税依据、纳税期限、征收方式等。

(二)各类资格认定

税务资格认定包括:

增值税一般纳税人认定

增值税一般纳税人是指年应征增值税销售额(以下简称年应税销售额,包括一个公历年度内的全部应税销售额)超过《中华人民共和国增值税暂行条例》及其《实施细则》所规定的小规模纳税人标准的企业和企业性单位。这类企业及企业性单位应当向主管税务机关申请一般纳税人资格认定。

对下列五种情形的纳税人不办理一般纳税人认定:①个体工商户以外的其他个人;②选择按照小规模纳税人纳税的非企业性单位;③选择按照小规模纳税人纳税的不经常发生应税行为的企业;④非企业性单位;⑤销售免税货物的企业。

企业所得税征收方式鉴定

根据纳税人的账簿设立、会计核算、纳税资料提供以及所得税申报等情况,依据《中华人民共和国税收征收管理法》和国家税务总局印发的《核定征收企业所得税暂行办法》,对纳税人采用查账征收或核定征收方式缴纳企业所得税做出鉴定。企业所得税征收方式鉴定工作每年进行一次,办理时限为当年 3 月底前。当年新办企业应在领取税务登记证后 3 个月内鉴定完毕。

纳税申报方式核定

纳税人、扣缴义务人一般采用直接到税务机关办理纳税申报或者报送代扣代缴、代收代缴税款报告表。2000 年开始,国税部门逐步推出电子申报、电话申报方式进行纳税申报;2005 年,统一网上纳税申报平台,实施电子申报、网上认证、无纸化征收。2002 年,地税部门对定期定额委托银行扣款缴税的纳税人采用扣款视同申报的办法,简化申报手续;2003 年 5 月 1 日起,全市范围内推行邮寄申报办法;2009 年 12 月,全面推行数字证书网上申报试点。以上申报方式,除上门申报外,采用其他申报方式，均由纳税人或扣缴义务人提出申请，经主管税务机关批准。

委托代征(代售)资格认定

税务机关委托代征(代售)单位和人员履行代征零星分散、异地缴纳税收和代售印花税票，其资格均经税务机关审批和核准，向受托方发放《委托代征税款证书》。委托代征协议内容发生变化，委托方(税务机关)变更协议内容，发变更通知书给受托方。终止委托代征义务，由税务机关制作《终止委托代征税款协议通知书》，受托单位接到通知后，缴回《委托代征证书》、缴清代征税款，并缴销税收资料。

纳税人分类认定

1998年起，桐乡市地税局根据省地税局统一部署，对地方税收纳税人依据纳税申报、缴纳税款、纳税档案、税法遵从度、财务管理水平等综合情况划分为ABC三类纳税户；2002年起，桐乡市国税局根据国家税务总局的要求，在全市开展纳税信用等级评定，按照纳税人依法纳税程度进行ABCD分类认定；2004年起，国地税联合开展纳税人信用等级评定。

发票领购资格确认

办理税务登记且税务登记状态为“正常”纳税人，因经营需要，经管辖地税务机关审批确认，给予领购相应种类的发票的资格。2008年起，对货物运输自开发票纳税人和代开票中介机构进行年审。

办税员资格认定

1998年11月起，地税局建立地方税收纳税人、扣缴义务人办税员制度，发放桐乡市办税员资格证书(包括临时、兼职办税员证)。2004年6月17日停发。

出口退免税认定

所有适用出口货物劳务与服务增值税退(免)税和出口货物消费税退税、出口免税政策，均按照国家税务总局的规定办理出口退(免)税资格认定。出口企业在办理对外贸易经营者备案登记或签订首份委托出口协议之日起30日内，填报《出口退(免)税资格认定申请表》，提供相关资料到主管税务机关办理出口退(免)税资格认定。其他单位在发生出口货物劳务业务之前，填报《出口退(免)税资格认定申请表》，提供相关资料到主管税务机关办理出口退(免)税资格认定。同时，出口企业和其他单位在出口退(免)税资格认定之前发生的出口货物劳务，在办理出口退(免)税资格认定后，在规定的退(免)税申报期内按规定申报增值税退(免)税或免税，以及消费税退(免)税。

减免税资格认定

税务部门对申请享受减免税的纳税人性质进行资格认定，主要确定其是否可以享受税法规定的税收优惠政策。未经资质认定或认定不合格的企业不得享受相关的税收优惠政策。①小微企业认定：企业办理税务登记和税源税种认定后，符合小微企业标准的，即可享受小微企业的优惠政策。②高科技企业认定：科技企业必须同时满足规定的条件，并且近三个会计年度的研究开发费用总额占销售收入总额的比例符合规定要求。③福利企业资格认定：根据《中华人民共和国残疾人保障法》《残疾人就业条例》，民政部制订的《福利企业资格认定办法》等相关文件，民政、残联、税务等部门联合对申请企业进行认定，企业经认定为福利企业并取得福利企业证书后可享受一定比例的税收优惠照顾。④农业龙头企业认定：农业龙头企业由地方政府认定，享受国家规定的企业所得税、增值税税税收优惠政策。⑤资源综合利用企业认定：根据财政部、国家税务总局关于资源综合利用及其他产品增值税政策的文件精神，对申请享受资源综合利用产品增值税优惠政策的纳税人进行认定，认定发给“资源综合利用认定证书”，给予享受增值税优惠政策。

非盈利组织免税资格认定

取得税务登记证的非盈利组织,根据财政部、国家税务总局《关于非营利组织免税资格认定管理有关问题的通知》和《关于非营利组织企业所得税免税收入问题的通知》,市财政局、国税局、地税局三家联合对递交申请的非盈利组织进行联合会签、审核认定。

三、纳税申报

纳税申报方式主要有上门申报、邮寄申报、电子申报、电话申报、委托申报五种。桐乡主要采用上门申报、邮寄申报、网上申报、简易申报、数字证书网上申报等方式。

(一)国税部门

2000年开始,国税部门逐步推出电子申报、电话申报方式进行纳税申报;2005年,统一网上纳税申报平台,实施电子申报、网上认证、无纸化征收。2000年,市国税局试行代理申报,纳税人采用其他方式申报有困难的,可以委托中介机构办理纳税申报。税务代理的确立以委托人自愿委托和税务师事务所自愿受理为前提。

2001年,浙江省国家税务局印发《电子(电话)申报纳税实施办法(试行)》和《电子(计算机网络)申报纳税实施办法(试行)》。市国税局开始试点推行电话申报纳税办法,用电话报税方式主要适用于实行定期定额征收增值税的小规模纳税人。对采用电话报税的纳税人在税银联网的金融机构开户,作为纳税人电话报税缴纳税款的基本账户。同时,在个体户中全面推行电话申报。

2002年,市国税部门改变梧桐个体征收方式,由原来的上门申报征收变为银行批量扣款征收,节约人力,确保税款按时入库。是年,市国税局开始对增值税一般纳税人、外商投资企业和外国企业所得税推行网上电子申报。

2005年开始,根据浙江省国家税务局《全省统一网上安全纳税申报平台推广实施方案》,市国税局推广应用VPDN网页(WEB)申报方式,开通全省国税系统统一网上安全纳税申报平台。

2006年开始,市国税局根据国家税务总局《个体工商户税收定期定额征收管理办法》的规定,推行个体定期定额户按照扣款进行申报的简易申报办法。其存款余额低于当期应纳税款,致使当期税款不能按期入库的,税务机关按逾期办理纳税申报和逾期缴纳税款处理。

2010年,国税局延续个体工商户以扣款简易申报形式、企业以VPDN网上申报为主的纳税申报形式。

(二)地税部门

1998年6月23日,桐乡市地方税务局根据《中华人民共和国税收征收管理法》等有关税收法律、法规的规定,印发《关于加强纳税申报税款征收管理的通知》。进一步加强纳税申报管理。对未按规定办理纳税申报的,按顺序处置:

1. 发放《税收违法行为限期改正通知书》;

2. 限期内改正的:(1)个体工商户每逾期一天处以10元罚款;(2)个体工商户以外的纳税人,在一个年度内第一次逾期的,每天处以罚款20元;第二次逾期的,加倍处罚,以此类推。

3. 纳税人逾期不改正、对逾期处罚不申请复议也不向人民法院起诉、又不履行的,按《中华人民共和国税收征收管理法》第五十六条规定提请人民法院强制执行。

当年7月1日起,启用《浙江省地税税(费)纳税综合申报表》。1998年10月1日起执行《浙江省地方税收纳税人申报纳税管理办法》。

1999年10月起,全市定期定额征收方式纳税户的税款委托信用社代征;2002年开始,定期定额委托银行扣款缴税的纳税人采用扣款视同申报的办法；2003年开始，全市范围内推行多元化申报方式，5月1日起，相继实施邮寄纳税申报方式和网上申报试点；7月1日起推出270家企业进行网上申报。截至2003年年底，辖区范围内共有税务登记户24396户，其中网上申报270户，邮寄申报437户，简易申报17032户，上门申报6657户。

2004年，桐乡市地税局被省地税局列入网上申报试点单位，当年5月，梧桐税务分局新增600户试点应用单位；6—8月，相继在各个分局推广应用，到年底实行网上申报户数达3763户，占企业总户数的72%。

是年，地税局“网税系统”申报、一户通电子缴税在企业单位中全面推广到位，截至11月底，认定“网税系统”申报企业单位5129户，占94.18%，一户通电子缴税6112户，达99%以上。基本实现无纸化申报征收。

根据新的《中华人民共和国个人所得税法》，2007年1月1日起，对2006年度个人所得12万元以上的个人收入情况实行自行纳税申报，至2007年3月31日止，全市共有2690人办理自行纳税申报；2008年全市共有3113人办理自行纳税申报。

2009年12月，全市实行数字证书网上申报，至12月底，认定CA网上申报户8014户，占应申报户的96.33%。2010年年底，实现CA网上申报8296户。

四、纳税评估

纳税评估主要包括搜集整理评估资料、审核评析、确定约谈对象、约谈举证、认定处理、成果应用六个环节。纳税评估分为日常评估和专项评估两类。日常评估是指税务分局在日常征管工作中对纳税人的申报纳税情况进行审核、分析、评定。专项评估是指上级布置或者根据指标分析确定的针对某一行业或某一类纳税人的申报纳税情况进行审核、分析和评定。

（一）国税部门

2001年，国税部门首次开展纳税评估，成立增值税评估领导小组，研究制定《桐乡市国家税务局增值税纳税评估管理办法》，对纳税评估程序、纳税评估机构及工作职责、评估资料的搜集、评估对象的确定、审核评析的方法、认定处理等方面作出具体规定。当年，对桐乡市5家企业开展纳税评估尝试，通过评析、测算，结合企业自查，确认发现存在推迟成立销售现象及购进固定资产进项申报抵扣等问题，对部分疑点较大企业实施稽查以进一步确认。

2002年，开展对砖瓦企业、水泥企业、石油化工企业及部分皮毛企业的纳税评估。对商贸企业的增值税，通过销售变动率和税负差异这两个核心指标，并对每月异常的企业进行评估。对防伪税控系统开具的专用发票信息与CTAIS申报系统的申报数据进行核对（即“票表稽核”），利用计算机自动分析功能，对防伪税控系统开具的发票（防伪税控开票数据必须小于申报数据）重点开展评估。

2003年，国税部门设立纳税评估科，充实评估人员，设置相应的评估工作职责，利用国税部门CTAIS系统、金税工程系统的信息资源，开展人机相结合的纳税评估，实现纳税评估对所有纳税人的全覆盖。

2004年，注重规范评估操作程序，把评估纳入两权监督范围。建立健全纳税评估指标采集办法，调整、优化评估指标，提高评估分析指标的科学性。按照“评估一自查一稽查”新程式开展工作，选准重点评估对象，规范评估行为，强化纳税辅导，督促企业自查自纠，提高纳税人依法履行纳税义务的能力。纳税评估主要涉及专项评估、日常评估和对列入稽查的企业事前评估三大块。

2005年5月，纳税评估由征收管理科负责，纳税评估从评估面和评估成果两个方面进行绩效考核，提出结合经济税源联动分析，做好评估基础工作，增加评估指标，将行业平均增值率、平均利润率、平均税负、平均物耗、能耗等数据纳入评估指标体系，把计算机评估、案头资料分析和必要的下户调查结合起来，为科学评估提供依据。当年，将账外经营和虚假抵扣作为纳税评估的重点，将增值税、消费税和所得税通过合理指标结合起来进行有效评估。

2006 年，开展纳税评估模型建设工作，通过加强重点税源、重点行业的管理，完善行业预警指标体系，制定具体的行业评估办法，通过抽样典型调查、建立数学模型、确定指标值、编写评估提纲、召开分析例会、约谈核实等做法，切实提高行业评估的质量和效率。

2007 年，在浙江省国税系统开展的优秀纳税评估案例评选中，桐乡国税选送的多税种联合评估案例被评为全省一等奖。

2008 年，根据国家税务总局纳税评估管理办法的规定，结合桐乡市局纳税评估工作的实际，按照分类实施、因事制宜、人机结合、简便易行的原则，制定印发《桐乡市国家税务局纳税评估工作规程》(以下简称《规程》)。《规程》的适用区分两种不同情况：一是按照上级局布置下达的专项评估任务，对涉及重点行业、重点税源和重要涉税事项的纳税评估，以及各税源管理部门在日常管理中发现重大疑点自行提出列为评估案源的，进入专业评估工作程序，必须按照《规程》操作；二是对申报稽核、涉税信息采集、清理核实、调查认定等各项日常工作过程中涉及纳税人予以责令改正、自查补申报、涉税调整、轻微违章处理的，为日常稽核，不进入专业评估程序。当年，落实省国税局年度联合评估任务，完成涉及桐乡市彩印包装和化纤行业共 18 家企业的评估。

2009 年，根据《桐乡市国家税务局纳税评估操作规程》，开展“交流评优”，不定期开展纳税评估工作交流，并按年组织开展优秀纳税评估案例的选送评优工作。从各税源管理单位选送的案例中评出 12 个全市优秀纳税评估案例，其中一等奖 3 个、二等奖 4 个、三等奖 5 个。

2010 年，国税部门制定《对评估案件在征管辅助系统中操作要求及纸质资料规范性要求》，对纳税评估工作在程序的规范性、资料的完整性方面作出具体的要求；对重点评估案件在征管辅助系统中的操作作出规定。同时，制定《管理、评估、稽查案件移送办法》，明确各部门间的工作职责和移送、反馈要求。当年，对电脑横机加工行业、皮毛硝染行业、缫丝行业、皮鞋制造行业、粮食加工行业、房地产开发行业等 6 个行业开展行业性专项评估；对生产面向市场最终消费品企业、连续亏损和长期微利企业进行重点评估。

表 19－5　　2001—2010 年桐乡市国税局评估收入一览表

单位：万元

年　度	评估户次	占税务登记%	纳税评估收入	数　据　来　源
2001	5		移送稽查	市国税局年度工作总结
2002	368		881	市国税局年度工作总结
2003	3826		1683	纳税评估科年度总结
2004	3643		1941	纳税评估科年度总结
2005	778	3.3	2518	征管质量通报
2006	1572	5.99	2639	征管质量通报
2007	1830	6.58	3213	征管质量通报

续表 19－5

年　度	评估户次	占税务登记%	纳税评估收入	数　据　来　源
2008	1304	4.38	2164	征管质量通报
2009	398	1.19	1490	征管质量通报
2010	1150	3.08	3633	征管质量通报

注：从 2005 年度起按月编制《征管质量通报》

（二）地税部门

2003 年 7 月 1 日起，地税局试行纳税评估。建立以行业为主的评估指标和以行业经营、会计核算为基础的指标体系，通过对行业纳税信息的评估，发现行业中存在的涉税问题，通过约谈、自查补报、反馈征管中存在的问题等形式，发现纳税征管问题、规范纳税行为、完善税收征管方式。当年对植绒、印染两个行业共 39 户纳税人开展 2002 年度的纳税评估，其中 9 家植绒企业补报企业所得税 44 万元，个人所得税 42 万元（工薪 2 万元），加收滞纳金 5 万元，计 91 万元，9 家企业 2002 年度自行申报所得税 42 万元，补报 84 万元，补报率 203%。30 家印染企业补报营业税 5 万元，企业所得税 86 万元，个人所得税 21 万元，其他各税 9 万元，加收滞纳金 13 万元，计 134 万元，30 家企业 2002 年度自行申报所得税 156 万元，补报 107 万元，补报率 68%。

2004 年，对 2003 年 7 月 1 日—2004 年 12 月 31 日期间缩绒、羊毛衫、皮鞋、化工 4 个行业的 283 户纳税人进行评估，补报税款（费）、滞纳金 835 万元。

是年 3 月 1 日起，地税局将行业纳税评估全面导入 ISO 质量管理体系。当年制定《桐乡市地方局行业性纳税评估工作信息沟通制度》，在实际评估中向每户评估对象发放“评估满意度调查表”，接受监督和意见；评估结束，向相关的乡镇、分局通报评估工作情况，取得相关部门支持。同时，利用分析评估系统，加强评估工作的监督检查和考核。

2006 年，地税部门开发并启用“审核评税与执法责任制管理信息系统”，将分局的审核评税纳入系统操作，通过行业税负比对和行业税负预警指标的应用，扩大审核评税范围，进一步促进审核评估机制的完善。当年纳税评估 1086 户，其中有 5 户转稽查，共补缴税费 3045.2 万元。

2007 年，根据省地税局统一要求，市地税局开展餐饮业专项纳税评估。评估工作全部通过“税友 2006”系统操作，根据餐饮业所辖税源和纳税人的不同情况运用分析对比方法进行纳税评估。当年评估确立的对象为 2006 年前开业的查账征收纳税人和规模较大的双定户，“连续三个月零申报未申报”“与上年同期相比应纳地方税额降幅达 50%（含）以上”“连续三年以上亏损”的餐饮企业。选取 71 户实施纳税评估，3 户转作稽查，共补税 25.68 万元，加收滞纳金 2.48 万元。

2008 年，市地税局修订纳税评估办法，强化行业税收管理，利用“税友 2006”系统功能和征管信息数据，设置行业平均指标、税负预警指标和纳税异常指标。建立十个行业指标体系，市地税局和分局通过行业指标进行分析比对，对有异常情况的纳税人分解落实到各责任人，由各责任人进行案头审核和实地核实，当年共纳税评估 223 户，纳税人自行补缴税（费）272 万元。

是年，根据省地税局的统一部署，对全市旅游行业开展专项评估。确定计税营业额率、应纳税所得率两个行业指标，全市 16 家旅行社，除 1 家处于关停状态外，全部进行纳税评估。确定计税营业额率 6%和应纳税所得率 0.5%的预警值。对低于预警值的企业发送提示函，责令其进行自查自纠。

2007年至2008年6月共计补缴营业税9.77万元,比正常申报增加34.7%,附加税费1.21万元,企业所得税3.69万元,加收滞纳金1.03万元,共计15.69万元。

2009年2月,市地税局制定《桐乡市地方税务局纳税评估工作试行办法》。当年对全市住宿行业开展专项评估。桐乡市涉及住宿纳税人共计322户,通过对纳税人基础信息的采集和调查,选取纳税评估对象75户,约谈71户,对其中的52户进行实地调查,共补缴入库入税费22.07万元。其中营业税12.18万元、所得税0.61万元、其他各税7.58万元、各费(基金)0.86万元、滞纳金0.84万元。调减企业所得税亏损数额0.22万元。经分析、测算,产生行业预警指标值3个,具体为:营业利润率30%、工资收益率20%、能耗收益率20%。

2010年,市地税局根据省局以及嘉兴市局《关于开展交通运输业和邮政业专项评估的通知》要求,对全市交通运输业进行专项评估。全市涉及交通运输业纳税人50户,经过基础信息采集和调查摸底,确定28户评估对象,约谈27户,实地调查23户,共补缴入库税费8.84万元,其中营业税0.22万元、企业所得税1.3万元、其他各税4.84万元、各种费(基金)1.92万元、滞纳金0.59万元。共调减企业所得税亏损数额7.2万元,督促企业自行入库0.7万元、调整2009年度应退未退企业所得税18.9万元。2010年度企业所得税应缴数调增11.2万元。产生行业预警指标值5个,分非危险品运输及危险品运输两类。

截至2010年年底,通过纳税评估共建立旅游业、印染业、毛衫业和住宿业等行业的预警指标和23小行业的行业指标。

2008年起,桐乡依托《浙江地税信息系统》,按照《纳税评估工作试行办法》开展专项纳税评估。梧桐税务分局选送的《桐乡市某旅游有限公司纳税评估案例》和《桐乡市某旅行社有限责任公司纳税评估案例》在嘉兴市2008年度纳税评估优秀案例评选中获优胜奖和鼓励奖;石门税务分局选送的《嘉兴某大件运输有限公司纳税评估案例》和梧桐分局报送的《嘉兴市某危险化学品运输有限公司纳税评估案例》在嘉兴市2010年度纳税评估优秀案例评选中获优胜奖和鼓励奖。梧桐分局选送的《桐乡某旅游公司纳税评估案例》获浙江省2008年度优秀纳税评估案例二等奖;《桐乡某宾馆经营管理有限公司纳税评估案例》获2009年度专项纳税评估案例鼓励奖;石门分局选送的《嘉兴某运输有限公司纳税评估案例》获浙江省2010年度优秀纳税评估案例二等奖。

五、发票管理

按照《中华人民共和国税收征收管理法》规定,税务机关是发票的主管机关,负责对发票的印刷、领购、开具、取得、保管、缴销进行管理和监督。税务机关管理的发票有两种,即增值税专用发票和普通发票。

(一)增值税专用发票

增值税专用发票是纳税人经济活动中的重要商业凭证,而且是兼记销货方纳税义务和购货方进项税额的合法证明。

原全国使用的增值税专用发票有万元版、十万元版、百万元版和千万元版。1994年7月1日起,全国统一使用新版增值税专用发票,这是专用发票第一次换版。当年,以既有利于加强专用发票的管理,又不影响小规模企业销售为出发点,对能够认真履行纳税义务的小规模企业,其销售货物或应税劳务由税务所代开专用发票。

1995年,根据国家税务总局《增值税专用发票防伪税控系统业务管理暂行办法》,就专用发票及防伪税控系统"金税卡""税控IC卡"的发售管理、开具管理、申报管理作出具体规定,加强对增值税专用发票的管理。当年，全国人民代表大会常务委员会《关于惩治虚开、伪造和非法出售增值税专用发票犯罪的决定》实施。

1996年1月1日起，取消百万元版、千万元版专用发票，启用千元版、百元版专用发票，并从3月1日起，企业取得的大面额专用发票抵扣联，不再作为扣税凭证。是年，规范发票印章的管理，并对发票的保管使用，层层签订责任书。实施发票保证金集中收取、归还的管理办法。进一步加强对增值税专用发票的管理。组织力量对增值税一般纳税人进行清理检查，建立增值税专用发票的监督管理机制。

1997年1月1日，国家税务总局决定进一步扩大推行增值税专用发票防伪税控系统。加强对增值税专用发票的管理，凡使用百万元版增值税专用发票的企业，一律配备防伪税控系统自行开具，同时取消税务机关代开百万元版增值税专用发票；7月1日，全面推行将十万元版增值税专用发票纳入防伪税控系统。11月1日起，全国统一停止发售1994年专用发票。1998年1月1日起，全国统一停止开具1994版专用发票。对纳税人取得1998年1月1日以前开具的1994年版专用发票抵扣联，限于1998年3月底申报，逾期未申报的，按废票处理。

1998年，桐乡市作为全省第二批增值税结报系统试点单位，对每个增值税一般纳税人所开具的所有增值税专用发票录入电脑，通过“发票结报、纳税申报”培训，有201家企业可直接将增值税发票(抵扣、存根)上的相关数据录入计算机，1400多户实行税务代理申报。该系统随着防伪系统的普及而终止。

1999年，按照国家税务总局《增值税防伪税控系统管理办法》，加强增值税征收管理和规范防伪税控系统的管理。

2000年1月1日起，手写十万元版专用发票停止使用。制定《防伪税控内部管理办法》《防伪税控企业操作规程》，与服务单位共同制定《防伪税控维护单位管理办法》《防伪税控维护工作双向协议书》等。完成对防伪税控企业开票子系统的升级，对部分企业会计区间的修改、报税，逐步停供手工增值税专用发票，全面启用认证子系统、协查子系统、稽核系统，到2002年年底前，所有的增值税一般纳税人均纳入防伪税控系统。当年，将海关完税凭证、运输发票、废旧物资发票、农产品收购凭证(含农业生产者开具的普通发票)等“四小票”全部纳入金税工程税控管理系统进行信息采集和比对。落实国家税务总局先后出台的“四小票”信息采集和稽核比对工作规程。

2003年6月1日起，全市增值税一般纳税人全部通过增值税防伪税控系统开具增值税专用发票，停止开具手写版专用发票(税务机关为小规模纳税人代开除外)。10月，国家税务总局采取多种管理措施，出台配套的政策法规，加强货物运输业税收征管，海关进口增值税专用缴款书和废旧物资发票管理；加强国税部门和地税、海关等多部门之间的信息交流与协作，规范数据传递的期限和方法；整顿货物运输业市场经济秩序，统一自开票和代开票纳税人的认定标准，统一全国公路和内河货运业的发票版式和联次，统一发票抵扣时间与要求；免费为企业提供相关的电子信息采集软件，加强“一窗式”申报抵扣审核力度，要求一般纳税人取得需要抵扣的运输发票、海关和废旧物资等凭证时，需要填写对应的申报表附列资料和《抵扣清单》，并同时报送载有《抵扣清单》电子数据的软盘。

2004年，加强对新办商贸企业增值税管理，对新办商贸零售企业认定为增值税一般纳税人后实行辅导期管理。7月1日起，实行辅导期一般纳税人管理的商贸企业，其防伪税控开票系统最高开票限额单张不得超过一万元，如果开票限额确实不能满足实际经营需要的，经审核，按照规定另行审批其增值税防伪税控开票系统最高开票限额和数量。国税人员在对辅导期一般纳税人进行票种核定时，按照以下原则进行票种鉴定：纳税人持票最高数量为25份，每次购票最高数量为25份。第一个月内首次领购专用发票数量不能满足经营需要，需再次领购的，税务机关在第二次发售专用发票前对其进行实地查验,核实其是否有货物实物,是否实际从事货物零售业务,对未从事货物零售业务的,取消其一般纳税人资格。辅导期一般纳税人因需要增购增值税专用发票的,先预缴税款。纳税人应依据已领购并开具的正数专用发票上注明的销售额按4%征收率计算,向主管税务机关预缴税款,同时将领购并已开具的专用发票的记账联复印件一并提交税务机关核查。主管税务机关对纳税人提供的专用发票清单与专用发票记账联进行核对,并确认企业已经预缴税款之后,允许继续领购。3月,推行VPDN网上安全认证,纳税人凭网上办税安全认证卡进行网上申报和网上增值税发票的认证。

2006年10月,国家税务总局修订1993年12月发布的《增值税专用发票使用规定(试行)》,新修订的《增值税专用发票使用规定》2007年1月1日起实施,主要修改内容有:1.明确规定一般纳税人应通过增值税防伪税控系统使用专用发票。2.明确专用发票实行最高开票限额管理。3.对一般纳税人取得专用发票后,发生销货退回、开票有误等情形在增值税专用发票的处理上作出新的规定。4.对汇总开具专用发票提出新要求。一般纳税人销售货物或者提供应税劳务汇总开具专用发票的,必须使用防伪税控系统开具《销售货物或者提供应税劳务清单》,并加盖财务专用章或者发票专用章。5月,市国税局将全市增值税一般纳税人开具的增值税普通发票纳入增值税防伪税控系统管理,统一推行防伪税控一机多票系统。9月1日起,进一步提高四小票电子数据采集质量,按照国家税务总局要求,税务机关和纳税人,一律使用新版软件(V2.30)开具、采集、检查和汇总电子数据,旧版软件同时停止使用。

2008年5月,运输发票纳入网上认证。10月,经过前期系统培训,在全市4000多户增值税一般纳税人中推广运行红字发票管理系统。

2009年7月,在全市推广防伪税控网上远程抄报税,纳税人可以不受区域、地点、时间、方式限制,随时报税。当年,全市共有增值税一般纳税人4726户,其中企业4674家、个体52户,均具有领购增值税专用发票资格。

2010年,市国税局加强对失控企业及专用发票使用金税卡、IC卡的监管,重点加强“认证后失控发票”的督查管理和走逃专用发票的后续处理工作。当年,防伪税控系统获取失控发票信息30份,移送税务稽查查补税款12.24余万元。

(二)普通发票

1996年10月,在全市范围内实行普通发票换版。旧发票一律使用到1996年年底止。国地税举办发票管理员培训班,组织考核,合格者取得发票管理员证书。

1997年1月起,统一使用采用防伪措施的新版普通发票。5月起,征管软件“TF98”“发票管理”模块在濮院所运行,发票领购、缴销实现计算机操作管理。7月,崇福所正式启用,以后在全局各所推广应用。9月起,国地税分设后,按照发票属性由国地税分别管理。

国税部门

2001年,浙江省国家税务局普通发票为5类27种(含涉税管理凭证),具体名称有:通用特殊类发票3种、货物销售类发票18种、货物收购类发票3种、加工修理类发票2种、涉税管理凭证浙江省外出经营税收管理证明单。2004年普通发票为浙江省国家税务局发票换票证、浙江省国家税务局代开统一发票、浙江省货物销售统一发票、浙江省出口货物销售统一发票、机动车销售统一发票、浙江省加油站成品油销售发票、浙江省废旧物资销售统一发票、浙江省普通用户电费专用发票、浙江省小型用户电费专用发票、浙江省水费专用发票、浙江省收购统一发票、浙江省农产品收购专用发票、浙江省粮食收购专用发票、浙江省加工修理修配统一发票等14个种类。2010年,浙江省国家税务局普通发票换版,新版普通发票按照填开方式,分为浙江省国家税务局通用机打发票、通用手工发票、通用定额发票三大类。保留机动车销售发票、二手车销售发票。

1997 年以后,普通发票曾四次换版,分别是 1998 年版、2001 年版、2004 年版、2010 年版。

1.1998 年版普通发票　该版普通发票共分为 27 种。对每一种发票赋予一个种类码,发票字轨为十位阿拉伯数字和文字相结合,在发票的号码前冠以市地名,在发票的左上角印制十位发票区别代码。该版本 1998 年 1 月 1 日启用,旧版发票使用到 1998 年年底止,1999 年 1 月 1 日起一律使用新版发票。

2.2001 年版普通发票　2001 年 1 月 1 日,在机动车维修、工业加工修理修配行业推行裁剪式普通发票,原浙江省机动车维修发票和浙江省工业加工维修修配发票 2001 年 4 月 1 日后停止使用。2001 年 10 月,发票换版。该版发票分 5 类 27 种,发票字轨为市(地)名(简称)加 17 位发票区别代码,在发票的不同位置分别印制。在发票的右上角印制市(地)名(简称)加 7 位数顺序号码,在发票左上角印制 17 位发票区别码。

3.2004 年版普通发票　该版发票共分为 14 种。发票分类代码为 12 位阿拉伯数字,发票号码为 8 的阿拉伯数字,代码、号码统一印制在发票右上角:第一排为分类代码,第二排为发票号码。新版发票从 2004 年 10 月 15 日开始投入使用,旧版发票使用到 2005 年 3 月底止。2006 年 8 月,开始在一般纳税人中推广应用增值税普通发票。

2004 年 12 月 7 日,省国税局对普通发票采用新的防伪措施。

2005 年 1 月 1 日,全国税务机关推行统一的全国普通发票分类代码和发票号码。桐乡市税务机关按统一的发票代码和发票号码印制普通发票。

2006 年 7 月 1 日,启用《普通发票管理系统》,规范发票信息的采集、申报比对、税款缴纳,切实加强以票控税工作。8 月 1 日起,协同公安部门车辆登记管理所,统一使用新版机动车销售统一发票。凡从事机动车零售业务的单位和个人,在销售机动车(不包括销售旧机动车)收取款项时,必须开具税务机关统一印制的新版机动车销售统一发票,旧版机动车销售统一发票使用到 2006 年 7 月 31 日止。

2007 年 7 月起,对原手工版农产品收购发票进行换版,统一使用电脑版农产品收购发票,并应用专门的农产品收购发票开具软件。

2007 年度,市国税系统共发售各类电脑版普通发票 345496 份,发售各类手工版普通发票 63632 本,计 1590800 份,两者共计 1936296 份。以份数计,电脑版普通发票占 17.84%,手工版普通发票占 82.16%。

2008 年,对《普通发票管理系统》进行优化,配套研发《发票查询举报系统》,不仅在税务机关内部强化发票管理,也为社会提供发票查询辨伪,实现普通发票闭环控管。当年,综合运用两大系统呈报管理创新项目,被浙江省国家税务局评为 2008 年度管理创新优秀项目。2009 年,在桐乡市试点推行网络发票,市国税局率先开始推行网络发票,万元版以上取消手工发票,全部纳入电脑在线开具。同时,配套对《普通发票管理系统》进行再开发,增加发票预警功能。

4.2010 版普通发票　2010 年,市国税局结合普通发票换版,先后举办七期换版工作培训。小规模纳税人可向税务机关领购所有普通发票票种,包括货物销售发票、加工修理发票、冠名发票、收购统一发票等 11 种类型。当年,换版对象 3400 余户(次),办理缴旧换新 3000 余户(次)。

地税部门

属于地税局管理的发票有:地税局通用发票、地税局换票证、公路货运发票、水路货运发票、全国联运货运发票、出租车发票、机动车定额发票、非机动车定额发票、搬运装卸发票、建筑业发票、饮食业发票、旅店业发票、娱乐业发票、广告业发票、服务业发票、代办货物托运业发票、经济服务业发票、运输服务业发票、房地产销售发票、铁路延伸发票、税务统一收款收据和机动车停车场发票等22种。

1997年11月,地税局实施《桐乡市地税普通发票管理暂行办法》。明确普通发票的领取、发售、具名发票的印制、发票工本费结报、发票保管、清理以及违章处理的工作规程。组织开展对印刷企业的年检年审,桐乡确定的定点印刷厂为桐乡印刷厂。

1998年7月,根据《浙江省地方税务局关于印发〈浙江省地税发票样本〉的通知》,加强对已使用发票的审核,防止利用发票进行偷税及其他违法活动。严格企业印制具名发票的条件审核,具名发票由市局发票管理所统一审批,印制前送《印制具名发票申请书》、具名发票样张,市地税局发票管理所审批后下达《发票印制通知书》。企业印制的具名发票成本费由市地税局发票管理所一次性收取。

根据省地税局的统一部署,1999年1月1日开始,启用新版外出经营活动税收管理证明(简称"外经证")。新版"外经证"实行由税务机关填开办法,不再直接发给纳税人使用(2010年11月1日起"外经证"不再纳入发票管理范围,按日常文书处理。)

2000年8月开始,在部分宾馆、酒店中,推广使用饮食业专用电脑发票(简称电脑发票),同时实施《桐乡市饮食业电脑发票管理暂行办法》,从使用资格、开票软件、领购、开具、保管、检查与稽核、违章处罚等七个方面进行规范。

2001年开始,全省统一实行在票体上套印红色空心字"本发票限于2002年12月31日前填开使用方为有效"的字样,每年依次类推,次年对上年发票逐户清理。

2003年2月1日起,启用浙江省货物运输业代开统一发票,对货物运输业自开票和代开票纳税人实行认定管理。2005年,根据上级部署,开展自开票纳税人的检查审核,当年自开票纳税人10户,经检查全部合格,保留2006年度自开票资格。2008—2010年,每年开展货物运输业自开发票纳税人和代开票中介机构年鉴审核,保留符合条件的自开票纳税人和代开票中介机构资格,取消不合格自开票纳税人资格,2009年年底,年检合格的有自开票纳税人8户,代开票中介机构1户。2010年年底,年检合格的有自开票纳税人12户和代开票中介机构1户。

2006年度,根据上级的统一部署,所有票种全面换版,桐乡地税局对文化体育业、旅游业、广告业、销售不动产、保险中介服务业务、国际货运代理业务统一推行使用电脑发票,到年底止,使用电脑开票的纳税人190户。当年出台《桐乡市地方税务局电脑版普通发票管理办法》。

2007年2月1日起,国税、地税联合开发的"国地税发票管理信息系统"正式上线运行,实现国地税发票信息共享,国地税发票开具数与实际申报数实现实时比对,地税缴销的发票信息全部录入该系统,实现以票管税。是年,全面推广电脑开票,到11月止,有580户纳税人使用电脑开票。

2008年,安装使用新版开票软件,至12月底推广电脑开具发票用户3242户,占用票户的81.64%,制定《桐乡市电脑发票管理暂行办法》。定额统一发票限额为50元,停供100元、500元的定额统一发票,并限制供应量。

2009年2月,扩大"税友2006"功能,完善发票领购、缴销等工作流程。3月1日起,实行限期三个月缴销制度,及时取得发票开具信息。

2010年,采取定额与行业相结合的办法。对从事足浴、美容美发、女子护肤美容、托运的个体户,以及月营业额在4万元以下(不含4万元)的茶楼、旺季月营业额1万元以上(含1万元)的浴室浴池业推广电脑发票。至年底,使用电脑发票3963户,占用票户的86.66%。

是年，经省地税局同意，在梧桐分局率先进行网络在线开票试点。并根据《浙江省地税发票样本(2010年版)的公告》和《全国普通发票简并票种统一式样工作实施方案》的要求，实行发票换版，同时对全市所有具名发票进行清理。对单一票种年实际使用量未达到2万份的，取消具名发票印制资格，转入统一发票处理。通过清理，予以保留的具名发票有：乌镇景区和福严寺景区的门票、汽车公司和友谊公司的公交车票；电信和移动公司按省统一具名的发票。其余具名发票一律取消。具名发票总数从2009年年底的92种减少到27种。11月起取消手工和定额具名发票。全面推广电脑发票，至2010年12月底，使用电脑发票4047户，占总用票户的87.58%。

(三)发票保证金管理

按照发票保证金制度，收取的发票保证金，采取一半留所，用作关、停、并、转企业退还周转使用，一半交桐乡市局集中管理。国地税机构分设后本着谁管理，谁退还的原则，将原保证金分割为国税、地税两块，分别管理。征收增值税、消费税，并使用国税发票而收取的保证金，划归国税局管理；征收营业税，并使用地税发票而收取的发票保证金，划归地税局管理；既征收增值税、消费税，又征收营业税，国税发票和地税发票兼用而收取的发票保证金，按主体税种划分，主体税种为增值税、消费税的，划归为国税局管理；主体税种为营业税的，划归为地税局管理。

2003年起，停止收取发票保证金。

2007年根据《浙江省地方税务局转发国家税务总局关于加强发票保证金管理的通知》的要求，对以前年度收取的发票保证金进行清理检查，需退还但无法找到纳税人而未退还的发票保证金有239600元，涉及纳税人共487户，在《嘉兴日报·桐乡版》予以公告。

六、减免税(费)管理

(一)国税减免税管理

国税部门减免税主要税种有增值税、消费税与企业所得税，自1997年国地税机构分设以来，主要从以下几个方面落实国家税收优惠政策。

增值税方面

1.起征点政策：

1997年9月，市国税局延续1993年财政部发布的中华人民共和国增值税暂行条例实施细则，实施起征点以下免税政策：销售货物的起征点为月销售额600～2000元；应税劳务的起征点为月营业额200～800元；按次纳税的起征点为每次(日)应税额50～80元。

2008年，市国税局按照财政部、国家税务总局新修订并重新发布的《中华人民共和国增值税暂行条例实施细则》，调整起征点：销售货物的起征点为月销售额2000～5000元；应税劳务的起征点为月营业额1500～3000元；按次纳税的起征点为每次(日)应税额150～200元。

2008年—2010年，桐乡市以最高限额标准执行起征点政策，个人(含个体工商户)同时适用。

2.支持农业生产：

1996年12月29日，市国税局按照《关于增值税若干过渡性优惠政策问题的通知》文件规定，对1995年到期的税收优惠政策进行清理，对饲料、农膜、化肥、农药、农机、种子、种苗等农业生产资料免征增值税。

2001年4月18日，市国税局按照《关于停止执行商业企业批发肉、禽、蛋水产品和蔬菜业务增值税先征后返政策的通知》文件规定，自2001年1月1日起，商业企业批发肉、禽、蛋、水产品和蔬菜业务增值税先征后返政策停止执行。7月，按照《关于饲料产品免征增值税问题的通知》文件规定，自

2001年8月1日起对免税饲料产品范围及国内环节饲料免征增值税的管理办法作进一步明确:一是免税饲料产品范围,包括单一大宗饲料、混合饲料、配合饲料、复合预混料、浓缩饲料。二是原有的饲料生产企业及新办的饲料生产企业,凭省级税务机关认可的饲料质量检测机构出具的饲料产品合格证明,提出免税申请,经省级国家税务局审核批准后,由企业所在地主管税务机关办理免征增值税手续。

2001年7月19日,市国税局按照《关于若干农业生产资料征免增值税政策的通知》规定,执行免税政策:①农膜;②生产销售的除尿素以外的氮肥、除磷酸二铵以外的磷肥、钾肥以及以免税化肥为主要原料的复混肥;③生产销售的48个品种的农药,自2004年1月1日起,该项政策停止执行;④批发和零售的种子、种苗、化肥、农药、农机。生产销售的尿素统一征收增值税,并在2001、2002年两年内实行增值税先征后退的政策。2001年对征收的税款全额退还,2002年退还50%,自2003年起停止退还政策。

2003年11月4日,市国税局按照《关于调整饲料生产企业饲料免征增值税审批程序的通知》文件规定,调整饲料生产企业免征增值税审批程序:申请免征增值税的饲料除单一大宗饲料、混合饲料以外,配合饲料、复合预混料、精料补充料和浓缩饲料均应由浙江省饲料质量监督检验站进行检测。新办或新开发的饲料产品申请免征增值税应出具检测证明。2004年1月1日起,新办饲料生产企业或原饲料生产企业新开发的饲料产品免征增值税由市国家税务局审批。已经审批过的免税饲料项目,国税机关审核后继续免税。

2005年7月1日,市国税局按照关于暂免征收尿素产品增值税的通知,对国内企业生产销售的尿素产品增值税由先征后返50%调整为暂免征收增值税。根据国家关于有机肥产品免征增值税的通知规定,自2008年6月1日起,纳税人生产销售和批发、零售有机肥产品(指有机肥料、有机—无机复混肥料和生物有机肥)免征增值税。

3.支持资源综合利用:

1996年12月29日,市国税局按照《关于增值税若干过渡性优惠政策问题的通知》规定,对1995年到期的政策进行清理,对10个项目保留原有的规定,明确对利用废渣等生产的建材产品免征增值税。

2001年4月29日,市国税局按照《关于废旧物资回收经营业务有关增值税政策的通知》文件规定,5月1日起,单位回收经营收购的废旧物资免征增值税,利用废旧物资加工生产的产品不享受废旧物资免税政策。6月19日,根据《关于污水处理费有关增值税政策的通知》的规定,7月1日起,对各级政府及主管部门委托自来水厂(公司)随水费收取的污水处理费,免征增值税。12月1日,按照《关于部分资源综合利用及其他产品增值税政策问题的通知》规定,桐乡市明确对部分资源综合利用产品增值税政策,一是规定自2001年1月1日起,实行增值税即征即退的政策:①利用城市生活垃圾生产的电力;②在生产原料中掺有不少于30%的废旧沥青混凝土生产的再生沥青混凝土;③在生产原料中掺有不少于30%的煤矸石、石煤、粉煤灰、烧煤锅炉的炉底渣(不包括高炉水渣)及其他废渣生产的水泥。二是规定自2001年1月1日起,对部分新型墙体材料产品(产品目录见附件)实行按增值税应纳税额减半征收的政策。三是规定自2001年12月1日起,对增值税一般纳税人生产的黏土实心砖、瓦按适用税率征收增值税,不采取简易办法征收增值税。

2003年10月20日,市国税局按照《对利用废渣生产的水泥熟料享受资源综合利用产品增值税政策的批复》规定,对生产原料中粉煤灰和其他废渣掺兑量在30%以上的水泥熟料,按《关于部分资源综合利用及其他产品增值税政策问题的通知》规定，享受增值税即征即退政策。同时执行对利用城市生活垃圾生产电力，城市生活垃圾用量（重量）占发电燃料的比重达到80%以上（含80%），享受增值税政策的规定。

4.对校办企业税收扶持：

1996年12月29日，市国税局按照《关于增值税若干过渡性优惠政策问题的通知》规定，对学校办企业、福利企业增值税实施即征即退。

2000年3月23日，市国税局按照《关于校办企业有关税收政策问题的通知》规定，自2000年1月1日起，校办企业增值税退税政策停止执行。9月28日，市国税局按照《关于校办企业免税问题的通知》规定，对校办企业生产的应税货物，用于本校教学、科研方面的，经审核确认，免征增值税。2004年1月1日起取消税收优惠政策，校办企业生产的应税货物，用于本校教学科研方面的，免征增值税；校办企业为本校教学、科研服务提供应税劳务免征营业税。至此，校办企业享受的增值税优惠政策全部停止。2004年2月5日，市国税局按照《关于教育税收政策的通知》规定，对特殊教育学校举办的企业可以比照福利企业标准，享受国家对福利企业实行的增值税和企业所得税优惠政策。

5.对福利企业的税收优惠：

2007年6月15日，市国税局按照《关于促进残疾人就业税收优惠政策的通知》规定，对安置残疾人的单位，实行按实际安置残疾人的人数，限额即征即退增值税或减征营业税的办法。安置每位残疾人每年可退还的增值税或减征的营业税的具体限额，由县级以上税务机关根据省人民政府批准的最低工资标准的6倍确定，桐乡市执行每人每年3.5万元。市国税机关按月退还增值税，当月已交增值税额不足退还的，在当年度（纳税年度，下同）内以前月份已交增值税扣除已退增值税的余额中退还，仍不足退还的可结转当年度以后月份退还。

企业所得税方面

2008年1月1日起，全国实施《中华人民共和国企业所得税法》，在此之前，市国税局对企业所得税是依不同注册类型的企业执行相关的税收优惠，其中外商投资企业执行《中华人民共和国外商投资企业和外国企业所得税法》、内资企业执行《中华人民共和国企业所得税暂行条例》。

1.关于外商投资企业所得税

1999年7月，市国税局按照《关于扩大外商投资企业从事能源效能基础设施项目税收优惠规定适用范围的通知》规定，对从事能源、基础设施项目的生产性外商投资企业报经国家税务总局批准后，可减按15%的税率征收企业所得税。9月，按照《关于外商投资企业技术开发费抵扣应纳税所得额有关问题的通知》规定，外商投资企业技术开发费比上年增长10%以上，允许再按技术开发费实际发生额的50%，抵扣当年度应纳税所得额。

2000年5月，市国税局按照《外商投资企业和外国企业购买国产设备抵免企业所得税管理办法》规定，对企业自1999年7月1日购进的未使用过的国产设备，报经省局批准后，在新增所得税额中抵免。

2002年2月，市国税局按照《关于外商投资企业追加投资享受企业所得税优惠政策的通知》规定，从事经国务院批准的《外商投资产业指导目录》中的鼓励类项目的外商投资企业，符合条件的，报省级主管税务机关批准，投资者在原合同以外追加投资项目所取得的所得，单独计算并享受税法所规定的企业所得税定期减免优惠：追加投资形成的新增注册资本额达到或超过6000万美元的；追加投资形成的新增注册资本额达到或超过1500万美元，且达到或超过企业原注册资本50%的。

2007年12月,市国税局按照《关于实施企业所得税过渡优惠政策的通知》规定,按照原税收法律、行政法规和具有行政法规效力文件规定享受的企业所得税优惠政策,按规定办法实施过渡:①自2008年1月1日起,原享受低税率优惠政策的企业,在新税法施行后5年内逐步过渡到法定税率(过渡期优惠政策)。②自2008年1月1日起,原享受企业所得税"两免三减半""五免五减半"等定期减免税优惠的企业,新税法施行后继续按原税收法律、行政法规及相关文件规定的优惠办法及年限享受至期满为止,因未获利而尚未享受税收优惠的,优惠期限从2008年度起计算。

2008年2月,市国税局按照《关于企业所得税若干优惠政策的通知》和《中华人民共和国企业所得税法》规定,2008年1月1日之前外商投资企业形成的累积未分配利润,在2008年以后分配给外国投资者的,免征企业所得税;2008年及以后年度外商投资企业新增利润分配给外国投资者的,依法缴纳企业所得税。同时按照《关于外商投资企业和外国企业原有若干税收优惠政策取消后有关事项处理的通知》规定,外商投资企业和外国企业原执行的若干税收优惠政策取消后的税务处理:(1)原外商投资企业的外国投资者从外商投资企业取得税后利润直接再投资本企业增加注册资本,或者作为资本投资开办其他外商投资企业,在2007年年底以前完成再投资事项,并在国家工商管理部门完成变更或注册登记的,按照《中华人民共和国外商投资企业和外国企业所得税法》及其有关规定,给予办理再投资退税。在2007年年底以前用2007年度预分配利润进行再投资,不给予退税。(2)外国企业从中国取得的利息、特许权使用费等所得免征企业所得税的处理,所涉及的合同在2007年年底以前签订,且符合《中华人民共和国外商投资企业和外国企业所得税法》规定免税条件,经税务机关批准给予免税的,合同有效期内可继续给予免税,不包括延期、补充合同或扩大的条款。至此,外商投资企业在"二免三减半"、再投资退税、技术开发费抵免及购入国产设备抵免方面得到较大优惠,随着内外资企业所得税统一,相关的如"二免三减半"未到期及国产设备抵免未抵完等均得到延续并享受完毕。

2.关于企业所得税

市国税局按照企业所得税法规定的企业从事农、林、牧、渔业项目的所得,可以免征、减征企业所得税。对以"公司+农户"经营模式从事农、林、牧、渔业项目生产的企业,可以享受减免企业所得税优惠政策。对金融机构农户小额贷款的利息收入在计算应纳税所得额时,按90%计入收入总额。保险公司为种植业、养殖业提供保险业务取得的保费收入,计算应纳税所得额时,按90%比例减计收入。

企业从事前款规定的国家重点扶持的公共基础设施项目的投资经营的所得,自项目取得第一笔生产经营收入所属纳税年度起,第一年至第三年免征企业所得税,第四年至第六年减半征收企业所得税。

企业从事前款规定的符合条件的环境保护、节能节水项目的所得,自项目取得第一笔生产经营收入所属纳税年度起,第一年至第三年免征企业所得税,第四年至第六年减半征收企业所得税。企业购置并实际使用《环境保护专用设备企业所得税优惠目录》《节能节水专用设备企业所得税优惠目录》和《安全生产专用设备企业所得税优惠目录》规定的环境保护、节能节水、安全生产等专用设备的,该专用设备的投资额的10%可以从企业当年的应纳税额中抵免;当年不足抵免的,在以后5个纳税年度结转抵免。

高新技术企业,减按15%的税率征收企业所得税。企业为开发新技术、新产品、新工艺发生的研究开发费用,未形成无形资产计入当期损益的,按照规定据实扣除的基础上,按研究开发费用的50%加计扣除;形成无形资产的,按照无形资产成本的150%摊销。一个纳税年度内,居民企业技术转让所得不超过500万元的部分，免征企业所得税；超过500万元的部分，减半征收企业所得税。企业的固定资产由于技术进步等原因，需加速折旧，可以缩短折旧年限或者采取加速折旧的方法。

从事国家非限制和禁止行业，符合小型微利企业条件的减按20%税率征收企业所得税：(1)工业企业，年度应纳税所得额不超过30万元，从业人数不超过100人，资产总额不超过3000万元；(2)其他企业，年度应纳税所得额不超过30万元，从业人数不超过80人，资产总额不超过1000万元。

企业安置残疾人员，在支付残疾职工工资据实扣除的基础上，再按支付给残疾职工工资的100%加计扣除。

企业以《资源综合利用企业所得税优惠目录》规定的资源作为主要原材料，生产国家非限制和禁止并符合国家和行业相关标准的产品取得的收入，减按90%计入收入总额。

3.过渡期优惠政策

按照原税收法律、行政法规和具有行政法规效力文件规定享受的企业所得税优惠政策，按规定实施过渡：自2008年1月1日起，原享受低税率优惠政策的企业，在新税法施行后5年内逐步过渡到法定税率。其中：享受企业所得税15%税率的企业，2008年按18%税率执行，2009年按20%税率执行，2010年按22%税率执行，2011年按24%税率执行，2012年按25%税率执行；原执行24%税率的企业，2008年起按25%税率执行。自2008年1月1日起，原享受企业所得税"两免三减半""五免五减半"等定期减免税优惠的企业，新税法施行后继续按原税收法律、行政法规及相关文件规定的优惠办法及年限享受至期满为止，因未获利而尚未享受税收优惠的，其优惠期限从2008年度起计算。

享受上述过渡优惠政策的企业，是指2007年3月16日以前经工商等登记管理机关登记设立的企业；实施过渡优惠政策的项目和范围按《实施企业所得税过渡优惠政策表》执行。

(二)地税减免税管理

1994年税制改革后，国家减免税政策作较大调整。1996年继续保留的减免项目有：高新技术企业、新办第三产业、为农生产服务行业、资源综合利用企业、老少边穷地区企业、技术转让收入、乡镇企业10%部分、就业服务企业、校办企业、民政福利企业、受灾企业企业所得税减免；行政事业单位各类行政性收费营业税减免；企业职工工会和技术交流队的技贸收入、"四技收入"营业税暂缓征收；困难企业的水利建设资金减免；困难企业的房产税减免；军工企业土地使用税减免等。

1996年，省地税局出台《减免企业所得税管理办法》，明确减免税管理权限：①高新技术企业、新办第三产业、为农生产服务行业、资源综合利用企业、老少边穷地区企业、技术转让收入、乡镇企业10%部分，减免税权限由县(市)地方税务局审批；②就业服务企业、校办企业、民政福利企业、受灾企业，年减免税额在5万元(含5万元)以下的，报县(市)地方税务局审批；③就业服务企业、校办企业、民政福利企业、受灾企业，年减免税额在5万元～10万元(含10万元)，由县(市)地方税务局审核后，报市(地)地方税务局审批；年减免税额在10万元以上的，由县(市)地方税务局审核后，报省地方税务局审批。

审批或上报审批时，由税务机关了解核实企业提出的申请，并建立减免税审议负责制。

当年符合享受企业所得税减免条件报省审批3批次，共31家企业；报嘉兴市局审批4批次，共68家企业；桐乡市局审批4批次，共49家企业。

1998年10月1日起，根据省地税局《企业所得税减免税管理实施办法》文件，企业所得税减免审批权限调整为：年减免税额10万元以下，由县(市)地方税务局审批；10万～20万元(含20万元)的报市(地)地方税务局审批;20 万元以上,报省地税局审批。按审批权限逐级上报。经批准减免税的纳税人,在享受减免税期间,按照统一规定报送纳税申报表和财务会计报表,按规定预缴企业所得税。税务机关定期开展减免税情况检查,发现纳税人情况发生变化不应继续享受减免税或纳税人不按规定使用减免税,以及纳税人用隐瞒、欺骗手段骗取减免税的,取消或停止减免税执行。税务机关建立减免税台账,对纳税人实行档案管理。

2000 年 5 月开始,国家实行技术改造国产设备投资抵免企业所得税政策,省地税局出台《抵免企业所得税审核管理办法》,总投资在 2000 万元(含)以下的项目,授权县(市)地方税务局审核,报省局备案;总投资在 40000 万元(含)以下的项目,授权市(地)地税税务局审核,报省局备案;总投资超过 4000 万元以上的项目,由主管地税局直报省局审核。国产设备投资抵免企业所得税实行跟踪管理,并纳入税源分析,分析资料按要求报送省局。

当年,桐乡地税局审批 5 家企业享受国产设备投资抵免企业所得税政策。

2000 年 12 月 1 日起,省地税局对校办企业和福利企业的企业所得税审批权限下放市、县(市)地方税务局。

2001 年 5 月,省地税局对县级(含县级)以上党校提供教育劳务收费收入、单位和个人从事技术转让、技术开发和与之相关的技术咨询、技术服务收入减免营业税的审批权限下放市、县地税局审批。当年桐乡市局对 105 所学校的教育性收费收入和党校的教育劳务收费收入办理营业税减免审批。

2002 年 9 月,桐乡市地税局出台《减免税(费、基金)集体审核办法》,市局成立减免税集体审核小组。以后年度,因人事工作岗位调整,审核小组作多次调整。基层所受理纳税人申请后,由所长办公会议集体审议并形成会议纪要,集体审核材料报市局集体审核小组审批。市局减免税集体审核小组以会议形式从三个方面进行审核、审议:①是否符合税收法律、法规及政策减免规定;②纳税人申请减免的情况及基层税务所调查的情况是否清楚、真实、可靠,理由是否充分,条件是否符合;③减免的幅度、额度是否适当。建立减免税公开制度,基层税务所接到市局减免税批复后,张榜公开减免结果,接受纳税人和社会各界的监督。

2006 年,桐乡地税局组织各税务分局开展减免税结算审核,在基层分局审核的基础上市局组织人员进行重点抽查。到 2006 年止,尚有 10 种减免税(费)类型,包括福利企业所得税减免、国产设备投资抵免企业所得税、资源综合利用减免企业所得税、涉农企业所得税减免、社会性开支企业所得税减免、医疗卫生收入营业税、企业所得税减免、下岗再就业个体工商户营业税、城建税、教育附加、个人所得税减免、残疾人员个人所得税减免、困难企业房产税减免、困难企业水利建设专项资金减免等。企业所得税、水利建设专项资金按规定权限逐级报批;其余减免由县(市)级地税局按省局规定审批。

表 19-6　　2008—2010 年桐乡市企业所得税税收优惠部分项目数据一览表

单位:元

项　　目	2008 年		2009 年		2010 年	
	户　数	金　额	户　数	金　额	户　数	金　额
一、免税收入	53	31010.86	64	26329.73	60	25284.72
1. 国债利息收入	4	707.04	4	3040.23	1	3685.47
2. 符合条件的居民企业之间的股息、红利等权益性投资收益	34	26913.41	43	22534.07	47	16730.37

续表 19－6

项　　目	2008 年		2009 年		2010 年	
	户　数	金　额	户　数	金　额	户　数	金　额
3.符合条件的非营利组织的收入					1	3838.44
4.其他	16	3390.41	18	755.44	12	825.89
二、减计收入	3	176.53	4	244.48	4	346.39
1.企业综合利用资源，生产符合国家产业政策规定的产品所取得的收入	2	176.14	4	244.48	3	263.45
2.其他	1	0.4			1	82.94
三、加计扣除额合计	53	3265.07	56	2828.88	80	9783.23
1.开发新技术、新产品、新工艺发生的研究开发费用	34	3154.04	18	2360.48	22	8720.67
2.安置残疾人员所支付的工资	17	110.81	40	468.06	59	944.00
3.其他	2	0.23	1	0.34	4	118.56
四、减免所得额合计	64	619.37	92	1923.04	238	2844.38
(一)免税所得	56	524.93	76	1586.34	124	1693.84
(二)减税所得	6	3.12	14	13.21	41	176.21
(三)从事符合条件的环境保护、节能节水项目的所得			1	323.41	1	697.89
(四)符合条件的技术转让所得					1	0.74
(五)其他	2	91.32	1	0.08	72	275.70
五、减免税合计	1247	25956.73	1994	17411.80	2345	23477.94
(一)符合条件的小型微利企业	1091	359.48	1854	685.34	2203	1028.33
(二)国家需要重点扶持的高新技术企业	2	6642.53	6	1116.23	12	9258.51
(三)过渡期税收优惠	159	15140.28	134	15607.82	119	11379.65
(四)其他	2	3814.43	2	2.41	26	1811.45
七、抵免所得税额合计	1	18.16	1	1.30	2	28.62
(一)企业购置用于环境保护专用设备的投资额抵免的税额			1	1.30	2	28.62
(二)企业购置用于节能节水专用设备的投资额抵免的税额	1	18.16				

表 19－7　　1997—2010 年度桐乡市国税系统税收直接优惠情况统计表

单位：万元

年　度	1997 年	1998 年	1999 年	2000 年	2001 年	2002 年	2003 年	2004 年	2005 年	2006 年	2007 年	2008 年	2009 年	2010 年
税收优惠	9643	11194	10087	8680	11769	16291	18615	17521	25998	28746	38196	30615	47365	36347

注：此为桐乡市国税系统 1997 年到 2010 年度直接优惠情况统计表，而间接优惠限于统计原因，无法列表说明，数据取自《浙江税务统计年鉴》，其中 2008 年度起涉外企业执行统一的《中华人民共和国企业所得税法》，其优惠总额已包含在企业所得税中

表 19－8　　1998—2001 年桐乡市地税系统减免税分类型统计表

单位:万元

年　份	合　计	高新技术企　业	新办企业	校办企业	民政福利企　业	涉外企业	其他减免
1998	489	0	2.6	0.4	295	0	191
1999	622	0	51	17	297	0	257
2000	737	0	18	0.1	77		641.9
2001	14754	0	30	2	10978	0	3744

表 19－9　　2002—2010 年桐乡市地税系统减免税分类型统计表

单位:万元

年　份	合　计	其中:涉外企业	高新技术企　业	民政福利企　业	购　买国产设备	残疾人就　业	再就业扶　持	其　他减　免
2002	17413			8531				8882
2003	19892	3		12090	825			6977
2004	24712	0	0	9719	5261		122	9610
2005	10636	3	0	7049	839		83	2665
2006	14305	107	0	9436	985		70	3814
2007	6797	23	0	945	1687		78	4087
2008	25123	1390	0	0			38	25085
2009	10723	1996	2215			1	23	8484
2010	21182	2304	7141			112	12	13917

第四节　出口退税管理

出口货物退(免)税,简称出口退税,系按国际惯例对企业已经出口的产品退还在出口前各环节缴纳的国内流转税(主要是增值税和消费税)税款。

1994 年,新税制实施后,桐乡市出口退税按照《出口货物退(免)税管理办法》规定,出口货物适用零税率,依据进项金额退还出口货物在国内生产、流通环节已纳增值税、消费税,并且把外商投资企业列入退税企业范围。

1999 年 4 月 23 日,市国税局邀请省国税局外税处专家对全市外资企业高级管理人员开展税法知识培训

桐乡市自 1999 年 1 月 1 日起,按规定将机械及设备、电器及电子产品、运输工具、仪器仪表 4 大类机电产品的出口退税率提高到 17%;农机、纺织原料及制品、鞋等的出口退税率提高到 13%;部分化工原料、橡胶制品、塑料制品等的出口退税率提高到 11%;农产品的出口退税率提高

到5%。7月1日起，按《关于进一步提高部分货物出口退税率的通知》，将服装的退税率提高到17%，部分机电产品的退税率提高到15%。

2001年5月8日，桐乡市按照《浙江省出口货物“免、抵、退”税收管理暂行办法》，加强出口退税管理，严肃税收法规，增强税法刚性，做到严肃出口退税政策，规范出口退税管理，严格出口退税审批，落实预防打击骗税。在生产型出口企业中，全面推行出口货物税收“免、抵、退”办法，在实施过程中做到内外资企业政策一致，管理办法一致。

2002年，支持和扩大生产性出口企业实行“免抵退”，增加可免抵税额，支持外工贸企业发展生产基地；完善与简化操作程序，充分利用口岸电子执法系统的相关信息数据，督促出口企业及时申报，优先保证重点出口企业的退税；推广运用出口退税电子信息系统和“免抵退”税管理系统，做好出口退税专用税票电子信息工作，加快出口退税二期网络版的推行进度，提高审核进度和质量。

2003年7月，根据出口退税“新账不欠，老账要还”的原则，办理出口货物增值税退税欠款36617.16万元，完成全部清欠计划的100%，全市历年累计出口退税欠款全部还清。

2004年，加强出口退税管理，做好出口退税清算，加快单证回收速度和审核进度，扩大“免抵退”税的数量和范围，按照全年免抵调库12763万元的目标，推进利用增值税专用发票电子信息审核出口退税工作的水平。

2005年，按照完善中央与地方出口退税负担机制的相关规定，桐乡市退免税总额为56775万元。其中退税34037万元，免抵调库22738万元。省财政厅核定桐乡市退税基数为27150万元，全市超基数退免税款为29625万元，地方财政承担2221.8万元。

2006年1月1日起，开通出口退税网上申报系统，从出口的货物(以出口报关单上的出口日期为准)，外贸企业出口退税申报系统使用8.0版，既方便纳税人提高出口退税的进度，又减轻税务机关的工作压力。7月24日，按照《外商投资项目采购国产设备退税管理试行办法》，规定享受外商投资项目采购国产设备退税的范围、项目确认书和设备清单的办理、备案登记管理、退税申报和审核、退税监管等内容的管理。加强外资企业采购国产设备退税管理，严格实施案头单证审核，电子信息比对和实地调查核实。9月14日，落实调整部分商品出口退税率、增补加工贸易禁止类商品目录和出口合同备案等规定，调整桐乡生产企业66家、外贸企业14家，涉及100多种产品，主要有装饰布、化纤丝、丝纱线、羊毛纱、布料、经编织物、部份床上用品、羊皮革、塑料制品等。根据桐乡市1—8月出口申报数据显示，涉及申报出口额13690万美元，占全市申报出口总额的21.9%，影响出口退税额2200万元。

当年，出口货物退免税审批权限下放，浙江省国家税务局指定桐乡国税为全省国税系统试点单位。

2007年1月，开展出口货物备案单证检查，涉及外贸企业37家，生产企业275家。通过企业自查自纠，对2006年申报退税的外贸企业和生产企业出口货物备案单证进行“清仓”。通过税务检查，采用向出口企业调取备案单证检查和实地检查备案单证两种形式，筛选40%以上的外贸企业和20%以上的生产企业。通过自查与检查达到备案单证齐全，备案单证内容与申报退税资料一致。

2008年，实施“出口企业征退联动实时监控系统”管理创新项目，被列入浙江省国家税务局2008年管理创新入库项目。该创新项目明确征、退税环节的业务流转程序、工作职责、完成时限等管理内容，征收、管理、退税、稽查等相关部门信息共享，齐抓共管，对企业管理形成上下联动、环环相扣的管理链条，实现征、退税部门之间的“无缝衔接”。

2007年7月1日至2009年6月3日，根据财政部、国家税务总局连续七次调整出口退税率的政策规定，尤其是2008年8月至2009年2月国家连续五次提高出口退税率政策，国税部门针对不同时期推出的出口退税率调整办法,根据桐乡实际,组织专门成员,对连续提高出口退税率政策开展调查分析,形成《国家五次提高出口退税率对桐乡外贸出口和税收收入影响初析》的专题报告,全面分析退税政策调整对桐乡经济影响和对策。如:桐乡市出口企业在五次退税率调整中,认为玻璃纤维制品属于技术含量较高、符合国家产业政策,现行退税率偏低。2008 年度,全市玻璃纤维出口企业 11 户,出口额 30760 万美元,占全市总出口额的 17.89%,是桐乡市出口产品的主要行业之一。但自 2008 年 8 月 1 日起的五次出口产品退税率调整中均未涉及玻璃纤维,其出口退税率自 2007 年 7 月 1 日下调后一直维持 5%,不利玻璃纤维行业的发展实际。国税部门再次对玻璃纤维行业进行深入调研,提出《关于要求提高玻璃纤维出口退税率的建议》的报告,这一建议诠释玻纤行业发展轨迹,具有实际操作意义,得到上级局的高度重视,部分建议被采纳。2009 年 4 月 1 日起,"其他玻璃纤维制品"的出口退税率由原 5%提高至 13%。

2009 年,管理创新"出口企业征退联动实时监控系统",对出口企业 2008 年度已出口未申报数据开展逐户、逐条核查清理,监控系统共清理生产企业 156 家,外贸企业 37 家,剔除退运、红冲调整、进口料件余料退回、信息不齐已备案及已视同内销处理等情况后,涉及应补征税款企业 22 家,共计出口销售额 308 万美元,应计提销项税额 311 万元。

2010 年,根据外商投资项目采购国产设备退税有关政策规定,共办理外商投资项目采购国产设备退税企业 35 家,累计办理退税 10194 万元。6 月,开展符合跨境贸易人民币结算试点,全市上报 133 家企业,有利于企业规避汇率风险,节省企业进行外币衍生产品交易的有关费用和两次汇兑所引起的部分汇兑成本,加快结算速度,提高企业资金使用效率。9 月,开展出口退税《出口货物税收函调管理办法》和《关于协查出口货物税收有关情况的复函》的操作业务培训,124 家外贸企业的财务人员和企业负责人参加,掌握新出台的出口货物税收函调管理办法。

表 19-10　　1997—2010 年桐乡市出口退税情况表

单位:万元

年份	出口退税	免抵调库	合计	年份	出口退税	免抵调库	合计
1997	4932	—	4932	2004	58347	14102	72449
1998	6306	—	6306	2005	34024	22738	56762
1999	10840	—	10840	2006	55824	18031	73855
2000	12930	—	12930	2007	56602	22200	78802
2001	20265	—	20265	2008	51200	35326	86526
2002	7442	15185	22627	2009	72600	59001	131601
2003	23650	12763	36413	2010	85000	23569	108569

资料来源:出口货物退(免)税统计月报表

第二十章　税收计划与会统、票证

桐乡市的税收会计、计划和统计、票证管理工作，实行局、所两级管理。

2010年1月，国税局内设机构改革时，界定计会统工作的职责为：编制年度税收计划、免抵调库计划；监督检查税款缴、退库；开展税收收入分析预测、税收收入能力估算及重点税源监控、企业税收资料调查；承担税收会计核算、统计核算、税收票证管理等；承担税收收入数据的综合管理应用；负责税款缓缴、呆账税金、死欠税款核销管理。

2002年前，地税部门的计财(会)工作以单纯性的税收计划、会计、统计与票证管理、税务经费管理为主；以2002年机构改革为标志，计财(会)工作逐步强化税收计划执行情况分析和重点税源监控管理职能。是年，根据省地税局统一要求，桐乡地税执行新的会计核算办法，采用税收会计一级核算，取消基层单位税收会计核算。基层单位的计财职能缩减为：税收计划执行和执行情况分析、税源分析与票证管理。

第一节　税收计划

税收计划是国家预算和地方预算的重要组成部分，是国家与地方部署和安排计划期内税收收入、检查与考核税收工作的重要依据。税收计划包括计划编制、分配、下达、执行、检查、分析等构成税收计划管理的体系步骤，其主要任务是掌握税源，分析税收发展变化趋势，编制分配税收计划、检查考核计划执行情况，提供领导决策。

一、税收计划的编制与执行

税收计划分年度(分季)计划、季度(分月)计划两类。市局的年度计划由市局向省局上报预测数后由省局统一下达税收任务；市局税收任务的分配也采取自下而上编制和自上而下核定的办法，各基层所(分局)通过调研、测算后向市局上报年度或季度税收计划，市局平衡后给各所(分局)下达税收任务。季度执行计划属年度计划的具体安排，也采取“一上一下”的办法，一般由各税务所(分局)提出建议数，市局结合年度计划核定下达季度计划。分季按月由市局核定各所税收计划数，各所按月进行完成情况分析，提出完成任务措施。

各税务所(分局)根据市局核定年度、季度执行计划，一般不再分解到组。

1997年前，桐乡市税收计划的编制方法一直沿用“基数法”。以税收入库数或预计入库数为基数，参照历年税收增长水平与计划期有关指标变化，确定增长系数，并考虑计划期部分行业变化趋势等特殊因素对税收收入的影响，以此得出计划期的税收计划数，即“基数×系数+(-)特殊因素”的方法。

1997年起，税收计划的编制在原基础上加入国内生产总值(GDP)等相关经济指标，实行与国内生产总值(GDP)挂钩的办法，即国内生产总值税收负担率法。编制方法主要以平均“税收负担率”和计划期的国内生产总值为依据,计算计划期的税收收入数,它由平均"税收负担率"、计划期的预计国内生产总值、国内生产总值偏差系数、应分摊差额和特殊因素构成。其公式为:计划期税收计划=计划期预计GDP×近年GDP计划偏差系数×近年平均税收负担率+应分摊差额。以此作为权衡当年税收任务的因素之一。

当年10月起,国、地税局分别编制税收计划。

(一)国税部门税收计划

1997年10月起,国税部门编制税收计划,根据上级下达的税收计划指标,通过预测分析、税源调查等一系列工作,结合辖区实际情况以及上年基数,将税收计划分解落实到征收单位,征收单位再分解到每个税收管理员,层层落实,每月编制并通报全市税收计划执行情况,确保税收计划的实现。

2010年,国税部门制定税收计划完成和税收预测工作考核办法,将税收计划完成情况和税收预测列为工作考核的一项重要内容。

2010年1月15日,国税部门组织学习全省国税工作会议精神,研究全市组织收入计划

表20-1　1997—2010年桐乡市国税局工商税收计划完成情况表

单位:万元

年　份	收入计划	累计入库	完成计划	同　比(%)	年　份	收入计划	累计入库	完成计划	同　比(%)
1997	34000	36007	105.90	19.03	2005	134899	136962	101.53	14.52
1998	41859	43143	103.07	19.82	2006	155433	166188	106.92	21.34
1999	46773	47086	100.67	8.74	2007	188122	211188	112.26	27.08
2000	52860	59258	112.10	25.85	2008	244793	257988	105.39	22.16
2001	61285	61373	100.14	3.57	2009	278800	278818	100.01	8.07
2002	76894	81444	105.92	32.70	2010	305700	313939	102.70	12.60
2003	90881	102208	112.46	25.49	合计	1822406	1914627		
2004	110107	119599	108.62	17.02					

说明:1997年、1998年收入为增、消"两税"收入

(二)地税部门税收计划

1998年起,市地税局税收计划分年度计划和季度执行计划两种,年度计划按主体税种、预算级次编制,季度执行计划分按月份编制,作为检查考核依据。季度执行计划属年度计划的具体安排,一般由各税务所、分局提出建议数,市局结合年度计划核定下达。各税务所、分局根据市局核定年度、季度执行计划,分解到各征管组,责任到人。

当年开始,县(市)局按月编制《地税收入进度表》,按核定的税收计划数公布各所每月的完成情况，按年度进行考核。2001 年前，税收入库的均衡性被纳入考核指标之一；2001 年起，指令性色彩淡化，而指导性、预测性作用愈加突出，计划收入考核的重点放在征管质量和有否实现"应收尽收"和均衡入库上。

1996—2010 年，全市税收收入累计计划 1039524 万元，实际完成 1149744 万元，累计完成计划的 110.60%。

表 20－2　　1996—2010 年桐乡市工商税收计划完成情况一览表

单位：万元

年　份	收入计划	累计入库	完成计划	同　比（%）	年　份	收入计划	累计入库	完成计划	同　比（%）
1996	38663	40942	105.89		2004	66359	71760	108.14	119.57
1997	11686	11822	101.16		2005	78040	83490	106.98	116.35
1998	14215	13882	97.66	117.46	2006	91260	97515	106.85	116.80
1999	15650	15748	100.63	113.44	2007	109980	124205	112.93	127.37
2000	18320	24917	136.01	158.22	2008	141090	142964	101.33	115.10
2001	30000	44617	148.72	179.06	2009	153000	153425	100.28	107.32
2002	48616	49620	102.07	111.21	2010	167000	214821	128.64	140.02
2003	55645	60016	107.86	120.95	合计	1039524	1149744	110.60	—

说明：1996 年数据为国地税合计数。资料来源：《浙江省税务统计》

二、经济税源调查与重点企业监控

（一）税源调查

经济税源调查是税收计划的基础。税务部门通过经济税源调查、重点税源监控了解并掌握经济税源情况，加强税源管理，为税收计划的制定提供数据支持和决策参考。税源调查大多由省税务局统一部署，结合桐乡实际开展。

1996 年 2 月，根据国家税务总局统一部署，桐乡市对列入 1995 年度全国营业税纳税人税收情况进行调查。

1997 年 10 月起，桐乡市国、地税局分别按各自分管税种，实施税源管理。

国税部门

1997—2010 年，国税部门针对组织收入工作中的热点、难点、重点和疑点问题，每年开展税收调查和分析，重点剖析疑难问题，详尽分析税收收入特点和影响税收增、减收因素，挖掘税源，加强监控。

2001 年，对纺织业、服装及其他制品业、化学原料及化工制品业、非金属矿物制品业、电气机械和机械制造业，以及消费税主要税源的饮料制造业、烟草加工业等开展全面调查。对入库税款 50 万元以上重点税源企业，开展税源调查分析统计。

2001 年税源调查情况

2001 年税源，当年组织税收收入 64321 万元，比 2000 年增长 8.53%，其中中央级入库 48404 万元，省级入库 426 万元，市（县）级收入 15491 万元。

分经济类型情况:国有经济占税收收入11.09%,集体经济占14.73%,私营经济占22.54%,外商投资经济占8.95%,股份制经济占28.64%,港澳台投资经济占4.76%,联营经济占0.24%,个体经济占9.05%。

分税种情况:增值税、消费税“两税”占税收收入的91.58%,营业税占1.12%,涉外所得税占1.81%,企业所得税占0.92%,个人所得税占4.58%。

增值税主要税源

纺织业。全年税收入库16812万元,占增值税收入的28.56%。其中国有经济920万元,集体经济2474万元,联营经济1万元,股份制经济3921万元,私营经济5839万元,外商投资经济2381万元,港澳台投资经济1048万元,个体经济228万元。

服装及其他制品业。全年税收入库8121万元,占增值税收入的13.79%。其中国有经济176万元,集体经济1337万元,联营经济31万元,股份制经济1091万元,私营经济3333万元,外商投资经济633万元,港澳台投资经济1222万元,个体经济298万元。

化学原料及化工制品业。全年税收入库7292万元,占增值税收入的12.39%。其中国有经济303万元,集体经济920万元,股份制经济5390万元,私营经济332万元,外商投资经济266万元,港澳台投资经济69万元,个体经济12万元。

非金属矿物制品业。全年税收入库5422万元,占增值税收入的9.21%。其中国有经济5万元,集体经济1845万元,股份制经济1726万元,私营经济1663万元,外商投资经济107万元,个体经济76万元。

电气机械及机械制造业。全年税收入库3356万元,占增值税收入的5.7%。其中国有经济1012万元,集体经济470万元,联营经济46万元,股份制经济623万元,私营经济735万元,外商投资经济248万元,港澳台投资经济147万元,个体经济75万元。

其他制造业。全年税收入库4070万元,占增值税收入的6.91%。其中国有经济24万元,集体经济812万元,联营经济47万元,股份制经济1290万元,私营经济1076万元,外商投资经济460万元,港澳台投资经济190万元,个体经济171万元。

电力业电力、煤气及水生产和供应水业。全年税收入库2410万元,占增值税收入的4.09%。其中国有经济1855万元,集体经济37万元,股份制经济27万元,外商投资经济479万元,港澳台投资经济12万元。

批发和商业零售业。全年税收入库8538万元,占增值税收入的14.51%。其中国有经济1690万元,集体经济742万元,联营经济28万元,股份制经济3582万元,私营经济808万元,外商投资经济7万元,港澳台投资经济3万元,个体经济1678万元。

消费税主要税源

饮料制造业。全年入库11万元,其中集体经济4万元,私营经济5万元,个体经济2万元。

烟草加工业。全年入库10万元,主要集中在国有经济。

其他行业。全年入库10万元,其中,股份制经济5万元,私营经济2万元,个体经济3万元。

营业税主要税源

金融、保险业。全年入库718万元,其中国有经济600万元,集体经济108万元,股份制经济10万元。

涉外税收税源

全年涉外税收入库8817万元。其中,中外合资企业入库7228万元,中外合作企业入库716万元，外资企业入库854万元，外国企业入库19万元；涉外增值税入库7654万元，外商投资和外国企业所得税1163万元。

企业所得税税源

全年企业所得税入库590万元。其中，国有经济441万元，集体经济25万元，股份制经济124万元。

表20-3　　2001年度桐乡市国税局税收征收情况表

单位：

项　　目	合　　计	中央级	省　　级	县　　级	其中：查补收入
总　　计	44212	28294	426	15491	1451
一、税收收入合计	64321	48404	426	15491	1451
1.增值税收入	58871	44153	426	14292	1333
(1)国内增值税	58871	44153	426	14292	1333
一般增值税	69520	52140	426	16954	
福利企业退增值税	—10649	—7987	0	—2662	
2.消费税收入	31	31	0	0	2
国内消费税	31	31	0	0	2
3.营业税	718	718	0	0	9
金融保险营业税	718	718	0	0	9
4.企业所得税	590	554	0	37	107
5.外商投资企业和					
外国企业所得税	1163	0	0	1163	
6.个人所得税	2948	2948	0	0	
二、出口退税合计	—20265	—20265	0	0	
1.出口货物退增值税	—20265	—20265	0	0	
三、其他收入合计	156	156	0	0	
税务部门其他罚没收入	10	10	0	0	
税务行政性收费	146	146	0	0	

表20-4　　2001年度桐乡市入库税款50万元以上重点税源企业统计表

单位：万元

序　号	纳　税　人　名　称	税　　收	销　　售
1	浙江桐昆化纤集团股份有限公司	1971	160773
2	桐乡市供电局	1746	75194
3	桐乡市丝绸有限公司	1414	26906
4	嘉兴品源纺织有限公司	1197	23432
5	桐乡市新凤鸣化纤有限公司	1178	37576

续表 20－4

序　号	纳　税　人　名　称	税　　收	销　　售
6	浙江磊鑫化纤股份有限公司	1058	36781
7	浙江省烟草公司桐乡市公司	985	26524
8	浙江天女集团制漆有限公司	897	13865
9	桐乡市崇德丝厂	810	14247
10	嘉兴华富特种纤维厂	732	20614
11	桐乡泰爱斯热电有限公司	695	6192
12	桐乡市三星化纤有限公司	691	39559
13	桐乡市凤鸣合纤有限公司	684	31405
14	桐乡市亿宏绢纺有限责任公司	585	12989
15	桐乡市一舟皮革有限公司	496	8428
16	浙江东兴商厦股份有限公司	490	17979
17	嘉兴梅林精密机械有限公司	438	3398
18	浙江华芝丝绸有限责任公司	420	9212
19	桐乡威图纺织有限公司	420	5584
20	嘉兴市兔皇羊绒有限公司	419	3186
21	1 浙江先锋机械厂 2 浙江华东大型模具厂	377	4081
22	嘉兴三珍斋食品有限公司	369	3688
23	桐乡市顺新毛纺织有限公司	361	1586
24	桐乡市濮院绢麻纺织有限公司	344	8533
25	中国石油化工股份有限公司浙江嘉兴桐乡石油支公司	341	13129
26	桐乡市长虹化学纤维厂	334	3881
27	桐乡煤矿机械厂	328	7016
28	桐乡灯具厂	323	6189
29	桐乡市屠甸水泥有限责任公司	311	4095
30	嘉兴新华漂染有限公司	304	2931
31	桐乡市印刷有限公司(嘉兴烟草印刷厂)	300	3187
32	桐乡市电信局	296	122
33	桐乡化肥厂	287	5818
34	桐乡众志时装有限公司	286	4280
35	桐乡神通服装设计制作有限公司	285	4577
36	桐乡市恒生鞋厂	279	6606
37	桐乡市骑塘丝厂	270	3997
38	浙江同艺制衣有限公司	266	4660
39	浙江厚源纺织有限公司	263	8145

续表 20-4

序　号	纳　税　人　名　称	税　　收	销　　售
40	浙江越丰皮革集团有限责任公司	258	3017
41	桐乡市同成纺织厂	248	5150
42	桐乡奇绩针织制衣有限公司	242	5515
43	浙江同辉染整有限公司	200	3985
44	桐乡市青石丝厂	193	2015
45	桐乡市晚村纺丝厂	192	2935
46	桐乡市河山伟业纺织有限责任公司	190	7526
47	桐乡市精梳毛纺织厂	190	5527
48	桐乡市炉头丝绸印染厂	172	15078
49	浙江三元亚麻纺织有限公司	170	14986
50	浙江调速电机厂	170	2741
51	浙江新澳纺织集团有限责任公司	169	9241
52	桐乡市健民过滤材料有限公司	167	2913
53	桐乡市第二水泥厂	164	3305
54	嘉兴市华益丝绢总厂	163	5331
55	桐乡市自力有限责任公司针织子公司	163	3779
56	桐乡市屠甸利达印染厂	163	2602
57	桐乡双锤针织有限公司	163	3697
58	桐乡市华灵丝绸有限责任公司	154	2843
59	桐乡市虎啸水泥厂	152	1610
60	桐乡市振大水泥有限公司	151	2799
61	桐乡市中辉皮草有限责任公司	149	2447
62	桐乡机械厂、嘉兴日用电器厂	148	844
63	浙江东长集团有限公司	147	1401
64	桐乡市鑫灵织造厂	145	6847
65	桐乡市雄鹰皮草有限公司	145	1858
66	桐乡市羔羊水泥有限公司	145	2176
67	嘉兴皇室公爵电器有限公司	144	3530
68	桐乡欧迪亚皮革有限公司	141	2629
69	桐乡市新都包装材料水泥厂	140	2594
70	嘉兴宏麟皮化有限公司	139	1463
71	桐乡市华良丝绸有限责任公司	139	3858
72	申银万国证券股份有限公司桐乡证券交易营业部	137	1084
73	桐乡绵丝厂有限责任公司	136	3332

续表 20－4

序　号	纳　税　人　名　称	税　　收	销　　售
74	中国农业银行桐乡市支行	136	3283
75	桐乡市瑞琦源亚麻纺织厂	136	1193
76	桐乡市南日制革有限公司	134	2549
77	桐乡市五金交电化工有限公司	133	4013
78	桐乡市糜老大针织服装总厂	132	74
79	桐乡市建泰纺织有限公司	129	6506
80	桐乡市建筑材料总公司	128	5849
81	中国工商银行桐乡市支行	128	4272
82	嘉兴巨石玻璃纤维复合材料有限公司	126	1942
83	桐乡市新宇水泥厂	126	2016
84	桐乡市雪球皮草制品有限公司	125	7587
85	嘉兴得华服装有限公司	125	1396
86	浙江天女集团稀土永磁有限公司	124	1159
87	桐乡市炉头制丝有限责任公司	123	2563
88	桐乡雅禾纺织有限公司	123	1654
89	浙江桐乡振石股份有限公司	123	1549
90	桐乡市华丰水泥有限责任公司	121	1742
91	桐乡市鑫隆新合纤有限公司	120	9868
92	桐乡市洲泉胜利丝厂	116	2334
93	嘉兴星河织造有限公司	115	6056
94	桐乡市雅龙纺织厂	113	926
95	桐乡市凤凰丝织厂	112	4171
96	中国人民保险公司桐乡市支公司	110	3503
97	桐乡春隆喷织有限公司	109	3548
98	桐乡市电力设备有限公司	109	1063
99	桐乡市糖业烟酒总公司	107	3579
100	桐乡市新华羊毛衫有限公司	106	2083
101	桐乡市自来水公司	103	1827
102	桐乡佳龙化工有限公司	102	2861
103	桐乡市恒丰差别化纤维有限公司	101	10604
104	桐乡市第三毛纺织厂	99	
105	桐乡市玉溪丝厂	99	
106	嘉兴市申仕利羊绒制衣厂	98	
107	桐乡东正鞋业有限公司	98	

续表 20-4

序号	纳税人名称	税收	销售
108	桐乡市生辉绢纺有限责任公司	98	
109	桐乡市超石水泥有限责任公司	98	
110	中国建设银行桐乡市支行	97	
111	桐乡市嘉盛纺织有限责任公司	97	
112	嘉兴桐江被服有限公司	97	
113	桐乡市羔羊华盛纺丝厂	95	
114	桐乡市长城水泥厂	94	
115	桐乡市民联服装厂	94	
116	桐乡市自力有限责任公司	93	
117	桐乡市伟丰毛织有限责任公司	92	
118	桐乡市大洋丝业有限公司	91	
119	嘉兴双飞龙铜材有限公司	90	
120	嘉兴华夏丝绸有限公司	90	
121	桐乡市恒丰造纸厂	90	
122	桐乡银凤来有限责任公司	90	
123	桐乡市晚村绢绸织造厂	90	
124	桐乡市嘉梧丝厂	90	
125	桐乡市晚村丝厂	89	
126	桐乡市明星印染厂	88	
127	桐乡市化工轻工建筑材料总公司	88	
128	加兴市铁塔厂	87	
129	桐乡市邮政局	86	
130	桐乡市化工有限公司	84	
131	巨石集团有限公司	84	
132	浙江蕾琴毛织有限公司	84	
133	桐乡市河源绢毛纺织有限公司	83	
134	桐乡市濮院油脂有限公司	83	
135	桐乡市大盛鞋业有限责任公司	82	
136	浙江京马电机有限公司	81	
137	中国银行桐乡支行	81	
138	桐乡市海河电力设备制造厂	81	
139	桐乡雅禾织唛有限公司	81	
140	桐乡市盐业有限公司	80	
141	桐乡市百桃金业轻纺厂	80	

续表 20－4

序　号	纳　税　人　名　称	税　　收	销　　售
142	桐乡富神制衣有限公司	79	
143	桐乡雅兴商标织造有限公司	79	
144	桐乡市华盛皮革制衣有限公司	79	
145	桐乡市正龙化纤有限公司	78	
146	桐乡市金属材料公司	77	
147	桐乡市富康丝绸厂	76	
148	浙江合源印染有限公司	76	
149	桐乡市深圳远大成纺织实业有限公司	75	
150	桐乡市恒球皮草制品有限公司	73	
151	桐乡市物资回收总公司	72	
152	嘉兴市雀屏化工有限责任公司	72	
153	浙江省桐乡市靓妞羊绒制衣有限公司	72	
154	桐乡医药用品厂	71	
155	嘉兴华帛绒毯有限公司	71	
156	桐乡市钱林丝绸印染服装总厂	70	
157	桐乡市鑫宝制衣有限公司	70	
158	桐乡市运河水泥有限公司	70	
159	浙江百源纺织有限公司	69	
160	桐乡市崇福粮油工贸公司、桐乡市崇福粮食管理所	69	
161	桐乡市双富制丝有限责任公司	69	
162	桐乡市双箭集团有限责任公司	69	
163	桐乡市金翅翔纺织有限责任公司	69	
164	桐乡市华安绢纺原料厂	68	
165	桐乡市兴源皮件有限责任公司	68	
166	桐乡崇福新华书店	68	
167	桐乡市穗河水泥有限责任公司	68	
168	桐乡市振辉皮草制品有限责任公司	68	
169	桐乡市地方工业供销公司	68	
170	桐乡市禧龙绵丝纺有限公司	68	
171	桐乡市汇泉制丝厂	67	
172	嘉兴海鸥电器厂	67	
173	桐乡市医药有限公司	67	
174	桐乡市蓓蕾服装厂	66	
175	桐乡市金源工贸有限责任公司	66	

续表 20－4

序　号	纳　税　人　名　称	税　　收	销　　售
176	桐乡市长秀丝纺有限责任公司	66	
177	桐乡市万成制衣有限公司	65	
178	桐乡市大自然制衣有限公司	64	
179	桐乡高科电子有限公司	64	
180	嘉兴无缝钢管厂	64	
181	桐乡市屠甸晶奥电子有限责任公司	63	
182	桐乡市龙兴纺织有限公司	63	
183	桐乡市新嵘胜纸业有限公司	62	
184	嘉兴凤鸣家纺有限公司	62	
185	桐乡市医药有限公司梧桐分公司	61	
186	桐乡市天隆绵丝制品有限公司	61	
187	桐乡市新澳毛纺销售有限公司	60	
188	桐乡市河山工艺玻璃器皿厂	60	
189	桐乡市宏立针织有限责任公司	60	
190	桐乡市春风皮革制衣有限公司	60	
191	嘉兴博雅时装有限公司	60	
192	浙江省嘉兴白水泥厂	60	
193	桐乡市高桥龙盛制革皮件厂	60	
194	嘉兴和麟皮革制品有限公司	59	
195	桐乡市银河丝厂	59	
196	浙江特丽丝制衣有限公司	58	
197	桐乡市崇福自来水厂	58	
198	桐乡市马格喜服饰有限责任公司	58	
199	桐乡市京马家用电机有限公司	58	
200	桐乡市化工轻纺有限责任公司	57	
201	桐乡华日织造有限公司	57	
202	桐乡市恒丰建材有限责任公司	57	
203	嘉兴施康制药有限公司	57	
204	桐乡市冠峰纸业有限责任公司	57	
205	桐乡市巨振矿业有限责任公司	56	
206	桐乡市濮院振兴建材有限责任公司	56	
207	桐乡市双骏丝绒时装有限公司	56	
208	嘉兴祥隆皮革有限公司	56	
209	桐乡市宇风立绒有限公司	55	

续表 20－4

序　号	纳　税　人　名　称	税　　收	销　　售
210	桐乡市富丽针织制衣有限公司	55	
211	桐乡市浦鸣烟草贸易有限公司	55	
212	桐乡市生辉照明电器有限公司	55	
213	浙江足佳集团男鞋厂	55	
214	浙江桐乡外贸集团股份有限公司	54	
215	嘉兴金凯悦制衣有限公司	54	
216	桐乡市凯林瑞制衣有限责任公司	54	
217	桐乡钱凤制绒有限公司	53	
218	桐乡市永正制革厂	53	
219	桐乡市医药有限公司崇福分公司	52	
220	桐乡市新日升鞋业有限公司	52	
221	桐乡市崇福上市针织厂	52	
222	桐乡市桐德电力配件联营厂	51	
223	嘉兴佳美丝制衣有限公司	51	
224	桐乡市石湾砖瓦厂	51	
225	桐乡越丰制衣有限公司	51	
226	桐乡市正大涂料有限公司	51	
227	桐乡市石门电气厂	51	
228	浙江省电信实业集团桐乡市有限公司	50	

2001年度，国税部门对入库税款50万元以上重点税源企业，开展税源调查分析统计，其中：1000万元以上企业6家，入库税款8564万元，占全年税收总额的13.31%。500万元以上企业8家，入库税款6079万元，占全年税收总额的9.45%。400万元以上企业6家，入库税款2683万元，占全年税收总额的4.17%。300万元以上企业11家，入库税款3692万元，占全年税收总额的5.74%。200万元以上企业12家，入库税款3180万元，占全年税收总额的4.94%。100万元以上企业60家，入库税款8336万元，占全年税收总额的12.96%。50万元以上企业125家，入库税款8845万元，占全年税收总额的13.75%。

表 20－5　　2001年度桐乡市入库税款500万元以上重点税源企业统计表

单位：万元

序　号	纳　税　人　名　称	税　　收	销　　售
1	浙江桐昆化纤集团股份有限公司	1971	160773
2	桐乡市供电局	1746	75194
3	桐乡市丝绸有限公司	1414	26906

续表 20－5

序　号	纳　税　人　名　称	税　　收	销　　售
4	嘉兴品源纺织有限公司	1197	23432
5	桐乡市新凤鸣化纤有限公司	1178	37576
6	浙江磊鑫化纤股份有限公司	1058	36781
7	浙江省烟草公司桐乡市公司	985	26524
8	浙江天女集团制漆有限公司	897	13865
9	桐乡市崇德丝厂	810	14247
10	嘉兴华富特种纤维厂	732	20614
11	桐乡泰爱斯热电有限公司	695	6192
12	桐乡市三星化纤有限公司	691	39559
13	桐乡市凤鸣合纤有限公司	684	31405
14	桐乡市亿宏绢纺有限责任公司	585	12989

附：

《企业税源调查分析报告》

（单位：桐乡市糖业烟酒有限公司，时间：2004 年 12 月至 2005 年 9 月）

桐乡市国家税务局：

我公司 2004 年 12 月至 2005 年 9 月商品销售收入 39042091.82 元，销售成本 31993542.51 元，毛利 7048549.31 元，综合销售毛利率为 18.05%，应交增值税 1224885.91 元，税负率为 3.14%；同比分别销售＋21.30%、毛利＋7.30%、应交增值税＋134271 元、＋12.31%，综合销售毛利降低 2.36 百分点，税负率降低 0.25 百分点。

2004 年 12 月至 2005 年 9 月与去年同期相比，销售额上升、销售毛利应交税金也相应增加，但综合毛利率有所降低，引起税负率相应降低。

主要原因有：

一、我公司近几年来所经营的主导品牌如泸州老窖原浆酒、湖北稻花香酒、绍兴东风酒、长城葡萄酒、红石梁啤酒等系列，经过几年开拓经营后已过价格顶峰，进入市场成熟平稳期，表现为销售量上升、销售价格有所下降，综合毛利率下降较多，引起税负下降；同时今年我公司面临同行激烈的市场竞争，为保持和扩大市场占有率，相比去年销售让利较多，同比销售毛利率下降 2.36 百分点，若按去年同期毛利率计影响毛利 917489 元，相应减少应交税金 155973 元，影响税负 0.40 百分点。

二、各品牌酒厂方市场扩张欲望较强，我公司作为各品牌厂方在全国或浙北区域代理商，承受着厂方要求扩展市场压力，厂方为扩展市场占有率，力推部分低档产品如泸州老窖厂的红高粱、老白干酒等，我公司 1—9 月这二个品种销售 35000 多箱，金额 1225000 元，绍兴小花雕 12700 箱销售额 482600 元，但毛利几乎为零，按平均毛利率 18.05%减少利毛 308222 元，相影响应交税金 45298 元，应减少税负 0.14 百分点。

三、今年 9 月末存货 774.44 万元（其中估价部分 181.24 万）实际为 593.2 万元，与 2004 年 11 月末634.27万元(其中估价141.93万元)实际为492.34万元相比增加100.86万元,相应减少应交税金17.15万元,应降低税负0.50百分点。2004年9月末存货717.35万元(其中估价125.17万元)实际为592.18万元,2003年11月末存货484.85万元(其中估价81.37万元)实际为403.48万元,相比多188.70万元,相应减少应交税金32.08万元,相应降低税负0.99百分点。

四、今年1—9月相比去年同期在销售毛利率有所降低的情况下,因销售增加应交增值税金增加较多,已基本扭转销售上升税负有所下降的局面,1—9月与去年同期相比应交税金增加242784元,增加幅度较大。在今年市场竞争越趋剧烈的情况下,应交增值税与销售基本保持同步增长。

综合以上因素,今年实际税负率为3.14+0.40+0.14+0.50=4.18%;与去年同期的3.39+0.99=4.38%相比基本持平。

桐乡市糖业烟酒有限公司

2005年11月10日

2004—2010年,均开展全国税源调查,调查内容基本相似。

2005年,全部调查企业主营业务收入2998576万元,内销货物计征增值税的销售额3171536万元,内销货物免征增值税的销售额38423万元,出口货物销售额194947万元,实际缴纳增值税56701万元,占全部增值税入库数118806万元的47.73%;内销货物计征消费税的销售额1584万元,已纳消费税额107万元,占全部消费税入库数133万元的80.45%。

1.从行业分析,制造业仍是税收收入的主要组成部分,受原材料价格上涨,企业存货增加等因素影响,税负率和所占比重均呈下降趋势。

表20-6　　2005年度桐乡市国税部门行业税收分析一览表

单位:万元

行业	户数	2005年				2004年				税负率(%)		
		本年内销货物计征增值税的销售额	应纳增值税税额	已纳增值税额	已纳增值税比重(%)	本年内销货物计征增值税的销售额	应纳增值税税额	已纳增值税额	已纳增值税比重(%)	2005年	2004年	增减
	1	2	3	4	5	6	7	8	9	10=3/2	11=7/6	12=10—11
	286	3171536	58443	56701		2868184	54945	55312		1.84	1.92	—0.08
制造业	258	2876604	48964	47327	83.47	2577968	46313	46742	84.51	1.70	1.80	—0.1
电力燃气及水的生产供应业	5	170619	5323	5128	9.04	144562	4501	4577	8.27	3.12	3.12	0
农业、信息传输、计算机服务和软件业	2	88	3	3	0.01					3.41		
批发和零售业	21	124225	4153	4243	7.48	145654	4131	3993	7.22	3.34	2.84	+0.5

2. 按注册类型分析，其他有限责任公司、私营企业和外商投资企业是税收收入的主要来源。

表 20－7　　2005 年度桐乡市国税部门企业类型分析一览表

单位：万元

行业	户数	户数比重（%）	2005 年				2004 年				比重增减（%）
			本年内销货物计征增值税的销售额	应纳增值税税额	已增税纳值额	已纳增值税比重（%）	本年内销货物计征增值税的销售额	应纳增值税税额	已增税纳值额	已纳增值税比重（%）	
	1		2	3	4	5	6	7	8	9	10＝5－9
	288		3171536	58443	56701		2860167	54831	55199		
国有企业	7	2.43	213627	7643	7358	12.98	181320	6329	6445	11.68	1.3
集体企业	6	2.08	10703	395	357	0.63	21189	990	968	1.75	－1.12
联营企业、国有独次公司	3	1.04	13895	563	564	0.99	53668	742	618	1.12	－0.13
改组的股份合作企业	13	4.51	27049	926	736	1.30	28765	1457	1592	2.88	－1.58
其他有限责任公司	73	25.35	670446	15523	15647	27.60	619198	15022	15395	27.89	－0.29
股份有限公司	12	4.17	725691	7490	6941	12.24	592052	4553	4595	8.32	3.92
私营企业	132	45.83	996224	16025	15851	27.96	914804	17784	17826	32.29	－4.33
外商投资企业	42	14.58	513901	9878	9247	16.30	449171	7954	7760	14.06	2.24

3. 从利润率分析，利润率高，说明企业经营成果好。

表 20－8　　2005 年度桐乡市国税部门企业利润率分析一览表

单位：万元

行业	户数	2005 年			2004 年			利润率增减
		主营业务收入	利润总额	利润率（%）	主营业务收入	利润总额	利润率（%）	
	1	2	3	4＝3/2	5	6	7＝6/5	8＝4－7
	258	2911320	89729	3.08	2503890	98153	3.92	－0.84
电气机械及器材制造业	13	61322	2914	4.75	52390	4824	9.21	－4.46
电力、热力、水的生产和供应业	5	171415	7766	4.53	132946	4667	3.51	1.02
化学纤维制造业	19	1339867	6377	0.48	1082828	6203	0.57	－0.09
橡胶制品业	3	27136	2968	10.94	14285	1257	8.80	2.14
化学原料及化学制品制造业	9	100381	4446	4.43	73701	4341	5.89	－1.46
非金属矿物制品业	34	245809	20761	8.45	243807	35866	14.71	－6.26
有色金属冶炼及压延加工业	3	77208	6260	8.11	53783	6291	11.70	－3.59

续表 20-8

行业	户数	2005年			2004年			利润率增减
		主营业务收入	利润总额	利润率(%)	主营业务收入	利润总额	利润率(%)	
医药制造业	2	2214	75	3.39	1761	40	2.27	1.12
造纸及纸制品业	8	42164	2227	5.28	20569	1833	8.91	−3.63
纺织业	93	528472	17746	3.36	474987	14226	3.00	0.36
纺织服装、鞋、帽制造业	18	67816	2707	3.99	112508	2721	2.42	1.57
皮革、毛皮、羽毛(绒)及其制品业	30	117606	3617	3.08	94655	3509	3.71	−0.63
批发、零售业	21	129910	11865	9.13	145670	12375	8.50	0.63

2010年,列入调查的企业499户,抽样检查95户,重点调查363户,既抽样检查又重点调查41户,调查集团公司5户。被调查企业涉及29个行业,货物劳务59种。被调查企业户数按行业分类:纺织业186户,占被调查企业37.27%;批发业44户,占被调查企业8.82%;纺织服装、鞋、帽制造业40户,占被调查企业8.02%;非金属矿物制品业35户,占被调查企业7.01%;皮革、毛皮、羽绒及其制品业31户,占被调查企业7.91%;化学纤维制造业23户,占被调查企业4.61%;化学原料及化学制品制造业20户,占被调查企业4.01%。国税部门对上报的税收调查资料户进行基础性审核,数据真实、准确、完整。被调查企业2009年实现主营业务收入531亿元,主营业务利润53.99亿元,利润率4.32%。内销货物计征增值税的销售额482亿元,按简易征收办法征税货物销售额6.22亿元,内销货物免征增值税的销售额2.97亿元;内销货物计征消费税的销售额4075万元。入库增值税(不含免抵调库)118282万元,占全部增值税(不含免抵调库)入库数的72.16%,入库消费税206万元,占全部消费税入库数的60.95%。

地税部门

1997年,地税部门开展工商税收欠税情况调查和粮食附加税问题专项调查。

1998年起,地税部门开展营业税等主体税种经济税源的调查。

1999年,开展房产税、土地使用税税源调查核实,7月1日起,建立房产税、土地使用税税源变更申报登记制度。

2000—2005年,6年内开展5次企业所得税税源调查。

2001年,对交通运输业、建筑业营业税开展征税调查,并对高收入行业、高收入个人开展调查。

2008年,开展营业税抽样调查。

2008年、2009年连续两年开展社会保险费费源调查。

2009年,市地税局制定行业性税源调查工作制度,各税务分局撰写经济税源调查分析报告14篇,选报上级税务机关6篇。

2010年,对减免税进行统计调查。同年,市地税局组织各税务分局针对辖区范围内税源变化情况开展调查、分析,调查濮院后整理行业、洲泉蚕丝被行业、洲泉皮鞋行业、崇福木材行业、桐乡专业市场等税源。

附：

皮鞋行业税收调查

洲泉镇皮鞋产业，近几年快速发展，经营户快速扩大，营业规模日益膨胀，已成为地方经济增长的新亮点。但由于皮鞋行业源于作坊式经营，虽历经发展渐成规模，但仍具有生产方式简单，内部管理粗放，缺乏自主品牌等特点。

一、行业背景

20世纪80年代曾远近闻名的“足佳皮鞋”，就生产于洲泉青石，而“足佳”的品牌有其辉煌的历史。“足佳”作为桐乡制鞋业的“黄埔军校”，曾经培养出数以百计的技术能手和管理经营人才。在新的形势下，洲泉镇利用原先皮鞋生产工艺、技术、设备、销售等优势，进一步发展皮鞋产业，原先一度沉寂的洲泉皮鞋又重振旗鼓。至2010年止，共有皮鞋生产企业240多家，各类鞋材企业90多家，每年生产各类皮鞋2000万双，产品销往北京、上海、哈尔滨等国内各大城市，还出口日本、俄罗斯、中东等国家和地区。为打响洲泉皮鞋的品牌，东田村与嘉兴足佳房地产公司联合投资兴建“足佳鞋业广场”，以这一专业市场为支撑，进一步促进皮鞋产业的发展。足佳鞋材市场总建筑面积10万平方米，鞋业商铺1200多个，公寓商务用房250套，配置物流中心、精品展示中心、信息中心、设计中心、现代专业市场配套设施等，并有娱乐休闲、餐饮、超市、棋牌室、咖啡屋等，为商家提供服务。为使有限的土地能更多地产出效益，积极发展皮鞋工业园区“鞋业特色区”。特色园区用地300亩，建设鞋业生产厂房12万平方米，现有企业40多家，出现了新的经济增长点，成为国内大型的皮鞋生产基地。足佳鞋材市场依托周边鞋业特色经济兴旺的优势，构建鞋业贸易的平台，“前有市场，后有工厂”，工贸联手的集约型格局更为明显。

二、皮鞋行业经营现状

虽然金融危机对我国经济的影响还未完全消除，但皮鞋行情未受丝毫影响，皮鞋的需求量增大，很多小皮鞋制造厂和鞋材生产厂如雨后春笋般生长出来。皮鞋生产企业的生产能力和经营状况，如以10个人的小厂为例，每月单鞋生产能力约3500多双，生产周期在上半年约4个月；每月凉鞋生产能力约3000多双，生产周期在上半年约2个月；每月棉鞋生产能力约1800多双，生产周期在下半年约4个月，全年约2.7万多双的生产能力。

内销皮鞋企业的三角债务比较严重，皮鞋销售商赊账销售，皮鞋生产商赊账鞋材款，而且付款日期基本上是一年结算两次。外销企业销售款结算比较及时，不存在大量的应收款，但由于受人民币升值的影响，企业减少近3%的利润率。工人工资基本上实行包底工资和计件工资相结合，多劳多得，全年工资约在20多万元左右，工资占了较大的比重，且企业大部分劳动力来自外来人口，工人流动性大。

三、征管状况

皮鞋行业经营多为个体和个人独资、合伙企业，目前，个体工商户约200多家，企业40多家。

皮鞋经营业户多为个体，私营性质，财务管理比较不规范，现金交易大，经营上受市场因素影响波动较大，生产情况很难掌握，给税收核定，日常管理造成很大困难，征收依据难以掌握，大多数业户无账目设置，原料购入、产品发出、日常消耗很难查证，完全依赖于业主本人提供或管理人员从其他渠道获得；有账目设置的企业，虽有专业的财务人员把关，但收入、成本、费用核算不规范，数字前后逻辑性差。上述情况使得管理人员很难确定征收标准，税收负担难以平衡。

个体工商户，实行定期定额征收，个人独资、合伙企业和部分所得税由地税征收的私营企业，按所得税法规定，实行查账征收和核定征收，皮鞋行业所得税实行最低定额标准征收。

根据目前《皮鞋行业核定征收所得税管理办法》规定，税务核定所得税最低税额标准，超定额自行申报相结合的办法。最低税额标准＝从业人员(人数)×单位税额×调整系数。

(1)单位税额的测算：定额依据为从业人员，单位定额按最低保本点计算：[750(人均月工资)]÷15%(毛利率)＝5000元，但考虑到实际税收负担率及淡旺季因素，确定单位定额为5000＊80%＝4000元÷人。皮鞋行业应税所得率确定在5%左右比较合理，因此，单位应纳税所得额4000＊5%＝200元/人，确定每人每月应纳税额为50元，单位税额为50元。

(2)人数的确定，第一个核定期，以企业申报的数据为依据；下一核定期，由企业自报结合税务机关核实数，由税务机关核定。

(3)调整系数：流水线，系数设置为100%～110%，无流水线的为100%，有流水线的为110%；

品牌，系数设置为105%，无品牌的为100%，有品牌的为105%；

综合经营能力，系数设置为90%～110%，为90%、95%、100%、105%、110%五档；

人员规模，系数设置为90%～120%，20人以下为90%，20～40人为100%，40～70人为110%，70人以上为120%。

所得税的最低定额征收，加强和规范了本地区皮鞋行业所得税征收管理工作，增强了该行业纳税人依法纳税的意识，公开定额程序，公平税收负担，促进了该行业的有序竞争，确保了应纳税款的及时足额缴纳入库。

个体工商户小规模纳税人一律实行定期定额征收方式，一般纳税人执行建账建制，配备专业财务人员。管理人员还有针对性地到经营大户，纳税意识较淡薄户上门说法，做政策解释和思想疏导工作。

分局税源管理人员对纳税人报送的纳税资料进行认真审核，为监督纳税人的纳税义务履行情况，管理人员不定期对纳税人的生产情况进行调查摸底，设备投入使用、企业用工情况，同时还逐个对企业报送的数据进行对比，查看是否有谎报现象。市场行情千变万化，纳税人的生产经营情况也会受其影响而上下波动，为及时了解新办法的执行情况，平衡纳税人的税收负担，分局管理人员进行政策回访，听取纳税户的情况反映和有益见解，检查制度落实过程中反映出的不足，切合实际地提出修改意见，以便分局全面掌握情况。

通过近几年来经济发展和税收征管的加强，皮鞋行业税收有较大的增长，下图为近五年税收增长情况：

四、加强皮鞋行业税收征收管理的建议

(一)加强税法宣传，增强企业经营者的纳税意识。利用各种宣传渠道广泛开展税法宣传，特别是对企业经营者进行有针对性的宣传，提高他们依法纳税的自觉性，从根本上转变纳税意识淡薄的现状。不定期地以召开座谈会的形式，有目的地指出他们在税收征收中存在的问题和不足，并在内部通报各自的税负率，在纳税人内部相互监督，促使他们依法纳税。同时，要加强个体工商户的税收法律宣传力度，促使他们形成依法纳税观念，同时开展科学双定，使定额与他们的生产能力基本相符，鼓励一些规模较大的个体工商户建立账证，实行查账征收。

(二)大力开展纳税评估，针对皮鞋行业的生产特点及生产流程，选择几家核算比较规范的企业，进行分析，建立一套皮鞋行业的预警指标体系。对一些和预警指标相差较远的企业开展纳税评估，督促企业详细说明原因并自查自纠,对涉及偷漏税的企业,作为稽查选案对象,进行重点稽查。

(三)加强会计队伍业务培训辅导,督促他们严格按照企业财务制度和税法的要求,进行财务成本核算,正确全面核算企业财务成果,依法照章纳税。利用会计学组的载体,经常性开展业务交流,把一些好的会计处理方法经验推广开来,供大家借鉴。同时对一些屡教不改,账目混乱,成本核算不规范的财务人员利用会计考核系统按规定进行考核扣分,直止移送财政部门处理。

(四)加强部门协调,加强与国税、工商、银行等部门的联系,特别是国税部门,科学引用他们行业模型的有关数据资料,为我们地税征收管理服务。加强与当地政府部门的联系,争取他们对税收工作的支持,养成一个全社会支持的依法纳税的和谐环境。

(二)税源监控

国税部门

1998 年,年纳税额分别 500 万元以上、100 万元以上和 50 万元以上税源大户,实行分类管理、申报稽核复查复核制度。

2002 年始,逐步建立国家税务总局、省国税局、市国税局和县(市)国税局四级监控网络。其中纳入国家税务总局分户监控范围的是年缴纳“增、消”两税或“内外资企业所得税”500 万元以上及主营业务收入 1 亿元以上重点企业,桐乡市有 18 家企业。

2003 年,建立重点大户联系制度,走访企业,了解生产经营情况、税收增减情况和今后发展趋势,将税收情况分析和预测作为制度执行;利用 CTAIS 系统,逐笔监控应征税款入库进度和未入库税款,分析税款增减原因。当年,纳入国家税务总局重点税源监控企业 18 家,入库税款 16520 万元,占比 18.47%。对年纳税 100 万元以上 95 家企业列入省国税局监控范围,重点企业税收占总税收的 40%左右,并开发全市纳税企业分行业税负实时监控预警系统。

2005 年起,按照《管理员制度》规定,由管理员承担日常税源管理责任,重点跟踪重点税源,动态管理,计划财务部门通过征管信息系统负责对全局重点税源实施监控。

2006 年开始,国家税务总局将重点税源企业纳入监控范围,当年,纳入总局监控企业 33 家,2007 年,纳入总局监控企业 42 家,2008 年,纳入总局监控企业 35 家,2009 年,纳入总局监控企业 38 家,2010 年,纳入总局监控企业 42 家,均按月逐级审核上报重点税源分户月报表,通报分户纳税情况。是年,巨石集团有限公司被定为省局定点联系企业、桐昆集团被定为嘉兴市局定点联系企业。

表 20－9

2010 年国家税务总局监控桐乡市企业税收收入情况统计表

2010 年 12 月

序号	企业名称	全部销售收入(万元)			应税销售收入(万元)			税收收入(万元)				
		2010 年	2009 年	同比增减 %	2010 年	2009 年	同比增减 %	2010 年	其中：两税收入	2009 年	其中：两税收入	同比增减 %
1	浙江同力重型机械制造有限公司	30772	18851	63.24	27500	18777	46.46	708	708	595	595	18.99
2	桐昆集团股份有限公司	385375	303989	26.77	376690	294733	27.81	4795	4795	3850	3850	24.55
3	桐乡市易锋机械厂	21494	12249	75.48	21494	12249	75.48	782	782	640	640	22.19
4	嘉兴市烟草公司桐乡分公司	113178	102408	10.52	113178	102408	10.52	5326	5326	5460	5460	－2.45
5	桐乡市供电局	327625	245476	33.47	327339	242190	35.16	7280	7280	5328	5328	36.64
6	浙江双箭橡胶股份有限公司	58791	47866	22.82	58791	47866	22.82	1190	1190	1440	1440	－17.36
7	嘉兴三珍斋食品有限公司	19104	15139	26.19	18263	14919	22.41	896	703	968	701	－7.44
8	浙江内曼格机械制造有限公司	8209	11307	－27.40	1501	2129	－29.50	466	256	1686	1146	－72.36
9	浙江东兴商厦股份有限公司	70710	62294	13.51	70667	62253	13.52	1958	1958	1591	1591	23.07
10	浙江天女集团制漆有限公司	30153	29685	1.58	30153	29685	1.58	1150	1150	1327	1327	－13.34
11	桐乡河山南方水泥有限公司	30739	28618	7.41	30739	28618	7.41	1152	1152	996	996	15.66
12	浙江同辉纺织股份有限公司	12043	9109	32.21	12043	9109	32.21	551	551	598	598	－7.86
13	桐乡市印刷有限公司(嘉兴烟草印刷厂)	25151	22405	12.26	25151	22353	12.52	1198	1198	1269	1269	－5.59
14	浙江厚源纺织股份有限公司	7915	10200	－22.40	7915	10200	－22.40	629	629	884	884	－28.85
15	浙江开元皮革有限公司	78996	52638	50.07	78996	52630	50.10	420	420	612	612	－31.37
16	振石集团恒石纤维基业有限公司	28890	23992	20.42	13710	9333	46.90	1817	1645	1545	708	17.61
17	桐昆集团浙江恒盛化纤有限公司	649615	587070	10.65	626868	542690	15.51	9774	9774	7875	7875	24.11
18	嘉兴恒美服饰有限公司	42002	45974	－8.64	271	394	－31.22	2284	1417	5207	3811	－56.14
19	巨石集团有限公司	361528	248619	45.41	175536	132776	32.20	21950	19725	22676	21466	－3.20
20	桐乡市中天建设混凝土有限公司	13295	14979	－11.24	13295	14979	－11.24	800	800	903	903	－11.41
21	桐乡市桐源电力物资贸易有限公司	21908	18779	16.66	21908	18779	16.66	867	615	1318	597	－34.22

续表 20－9

序号	企业名称	全部销售收入(万元)			应税销售收入(万元)			税收收入(万元)				
		2010年	2009年	同比增减%	2010年	2009年	同比增减%	2010年	其中：两税收入	2009年	其中：两税收入	同比增减%
22	浙江华友钴业股份有限公司	138677	123096	12.66	116659	115057	1.39	1286	1505	1270	885	1.26
23	中辉人造丝有限公司	21430	21527	－0.45	20614	18932	8.88	1181	1067	1196	1009	－1.25
24	浙江红太阳毛纺织有限公司	40834	22978	77.71	29672	18939	56.67	124	124	916	907	－86.46
25	浙江嘉名染整有限公司	39012	29362	32.87	33592	25043	34.14	613	462	1653	1328	－62.92
26	浙江新中和羊毛有限公司	51136	36215	41.20	20182	16906	19.38	1230	1045	882	735	39.46
27	桐乡市新都混凝土有限公司	11241	9074	23.88	11241	9074	23.88	848	675	764	544	10.99
28	桐乡金石贵金属设备有限公司	8948	14371	－37.74	8948	14371	－37.74	2953	916	5727	2354	－48.44
29	桐乡市桐星混凝土有限公司	11924	10183	17.10	11924	10183	17.10	715	715	611	611	17.02
30	桐乡市中驰化纤有限公司	194131	152766	27.08	186092	144082	29.16	2604	2604	2223	2223	17.14
31	中神通服装有限公司	13936	14647	－4.85	12973	13290	－2.39	675	627	885	826	－23.73
32	桐乡中欣化纤有限公司	183887	154991	18.64	177767	150081	18.45	2904	2319	2450	2182	18.53
33	浙江新都绿色能源有限公司	20476	20485	－0.04	20476	20485	－0.04	256	88	551	551	－53.54
34	桐乡磊石微粉有限公司	22695	22580	0.51	22695	22580	0.51	3260	1967	3916	2414	－16.75
35	浙江大能纺织印染有限公司	8730	6931	25.96	8730	6931	25.96	494	494	506	506	－2.37
36	空气化工产品(桐乡)有限公司	24127	22203	8.67	24127	22203	8.67	2700	1942	1929	1686	39.97
37	巨石攀登电子基材有限公司	24718	15595	58.50	23002	11328	103.05	2841	2824	1611	1611	76.35
38	桐乡濮院协鑫环保热电有限公司	23384	21462	8.96	23384	21436	9.09	612	612	779	779	－21.44
39	洋紫荆油墨(浙江)有限公司	35679	21386	66.83	35679	21386	66.83	1702	1383	967	967	76.01
合计		3212458	2631499	22.08	2839765	2331377	21.81	92991	83443	95604	83915	－2.73
1	桐乡市农村信用合作联社	75076	84998	－11.67	32253	10252	214.60	6400	0	3392	0	88.68
2	桐乡市新纪元电气工程安装有限公司	22140	26029	－14.94	3934	4301	－8.53	714	0	743	6	－3.90
3	桐乡市帝豪家居市场开发有限公司	19945	15255	30.74	4890	9456	－48.29	1154	0	1759	0	－34.39

地税部门

1998年一季度起,将1997年全市应征税额50万元以上的48户企业(其中1户企业100万元以上)列为省重点监控企业,实施重点税源监控,并建立《重点企业生产经营税收情况统计表》编报制度。

2000年,桐乡地税局作为全省第二批试点单位,全局推广应用TaxFriend98浙江地税信息系统"地税之友"软件,使用税收计划模块,对重点企业税源进行监控。

2002年,进一步完善局、所二级重点税源监控制度,重新调整市局重点税源监控对象,选择143家税源大户按月对销售、利润、各税种的应征及入库税款进行对比分析。各税务所将占全所应征税额不少于70%的大户作为重点税源监控对象,并将监控职责分解落实到正副所长和管理岗人员。

2003年,依托"税友2000"的税源管理模式,拓宽税源监控面,实现税源的网络化监控。实现重点税源管理向整体税源管理的过渡,还将纳税人主要的18项财务指标录入"税友2000"系统。

2004年,按照重点税源监控户监控面达到全部地税收入的60%以上的要求,注重对新的税收增长点和潜在税源进行监控,通过核对筛选,上划中国银行桐乡支行、中国人民财产保险股份有限公司桐乡支公司、申银万国证券股份有限公司桐乡振兴东路证券营业部、中国工商银行桐乡市支行、中国建设银行桐乡市支行、中国农业银行桐乡市支行、中国人寿保险股份有限公司公司桐乡市支公司、中国太平洋财产保险股份有限公司桐乡支公司等8户企业为省局直属一分局重点监控企业,新增桐乡市同力房地产项目开发有限公司、浙江桐昆房地产开发有限公司、浙江厚源房地产开发有限公司、桐乡市新都家园商城置业有限公司、浙江正中房地产开发有限责任公司崇福分公司等5户企业为重点税源监控企业。经过调整,2004年重点税源监控共212户。

2005年,根据浙江省地方税务局的要求和桐乡市加强重点税源监管工作的需求,市局在各分局上报重点税源监控建议名单的基础上,新增桐乡福利造纸厂等152户企业为2005年重点税源监控企业,确定桐乡市大洋丝业有限公司等13户企业撤销重点监控。根据上级部门要求,桐乡市银凤来有限责任公司等10户企业由县市级调整为省级重点监控企业。

2006年,根据《浙江省地方税务局关于布置2006年重点税源监管工作的通知》要求,监控面从2005年的356户扩大到415户,入库税款占地税税款比例达到65.81%。

2007年,监控面扩大至500户,其中省级以上100户、县级122户、分局级278户,入库税款占地税税款比例达到68.58%。

2008年,确定全年监控户数1000户,其中省级以上110户、县级163户、分局级727户,监控户数比上年翻一番,2008年全部重点企业入库税收收入99431万元,占全部税收收入比重为69.55%,其中省级以上监控企业入库57496万元,占全部税收收入比重为40.22%。

2009年,继续扩大税源监控范围,监控户数从2008年度的1000户增至1189户,增长18.9%,其中省级以上116户、县级187户、分局级886户。重点企业入库税收收入108558万,占地方税收收入比重达到70.76%,其中省级以上、县级、分局级监控企业入库税收收入分别为59209万元、18884万元、30465万元,占地方税收收入比重分别为38.59%、12.31%、19.86%。

2010年,税源监控户数从2009年度的1189户增加到1279户,增长7.57%,其中省级以上118户、县级180户、分局级981户,入库税收收入140910万元,占地方税收收入比重达到77.47%。

第二节　会计统计

一、税收会计

税收会计运用会计核算的基本原理和方法，对税收资金从申报、开票、征收、入库等环节连续、系统、全面、综合的核算与控制。桐乡市国税局、地税局是税收会计的主管核算单位，基层税务所是税收会计的基层核算单位。

桐乡县(市)除集市征收外历来实行纳税人纳税申报制度，纳税申报即产生应征税款。

(一)税款征收

新中国成立初期至20世纪80年代的税款征收入库，一般由税务机关根据纳税申报表填开缴款书，纳税人直接缴入金(国)库经收处；梧桐、崇福、乌镇、石门等地财务管理健全的国营企业曾一度实行“三自”纳税(即自行填开缴款书、自行审核、自行缴库)；门征和集市征收的零星税款、部分个体工商业户的小额税款用现金收缴的，由税务机关给纳税人开具完税证后，填开汇总缴款书缴入金(国)库经收处；委托代征单位征收的税款，由代征单位开具完税证收缴现金，代征单位填开汇总缴款书后缴入金(国)库经收处或代征单位向税务机关结报后由税务机关填开汇总缴款书缴入金(国)库经收处。非金(国)库经收处的银行、信用社对本行、社开户单位缴纳的税款，于当日通过票据交换等途径向金(国)库经收处银行划交税款。1996年建立征收大厅后，逐步实行在大厅设立金(国)库经收处，税款征收统一开具缴款书直接缴入大厅经收处。

国、地税机构进一步分设后，1997年10月起，国、地税分别征税，各个税务所重新确定金(国)库经收处。

使用完税凭证收缴的税款，执行省局规定的“双限”制度，即“限期限额”，1987年，省局规定的“双限”为：税务所，限期10天内，限额500元内；农村税务专管员，限期10天内，限额300元内；代征单位，限期10天内，限额100元内。1995年，“双限”调整为：税务部门征收人员限期10天(在征税期时间段，限期3天)，限额5000元，；代征单位限期10天，限额2000元。2006年，代征单位的“双限”调整为限期1个月，限额5万元。

国税部门

1997年国地税机构分设后，市国税局推广应用ZT97征管系统，税款征收入库、销号、报表制作等实现计算机操作，全面反映申报、征收、入库、提退、在途、退库减免、滞纳税款等各项资金。2001年10月1日起，启用中国税收征管信息系统，简称CTAIS系统，执行国税总局《欠缴税金核算办法》，“待清理呆账税金”总账科目下增设“关停企业呆账税金”“空壳企业呆账税金”“政府政策性呆账税金”“其他呆账税金”4类明细科目，反映各类原因造成的欠税情况。同时，对各类欠税一律计算加收滞纳金。数据纳入CTAIS系统，总账下设15个一级科目。2002年7月，进一步规范税收预算科目和级次，罚款、滞纳金凭证明确预算科目；每天与银行对账，精确至科目。

地税部门

1998年1月1日起，门征税收地税委托国税代征的税款，缴入地税经收处，由地税所从经收处取回税票后，手工录入计算机，划解税款至金(国)库；集贸税收国地税相互委托代征，税款结报时，60%税款填开国税汇总缴款书缴入国税经收处，40%税款填开地税汇总缴款书缴入地税经收处。

1998年，在梧桐所试行IC卡缴税；1999年，试行个体“双定户”用存折委托信用社代扣税款的办法,2000年在全局推广;2001年,在梧桐所集贸征收点进行“银税联网、实时扣税”试运行的基础上,8月进一步在梧桐所辖区内所有纳税户中推广;2004年,乌镇分局试行银、税、库联网“一户通”扣税,10月开始签约,11月“一户通”扣税成功,成为全省县(市)级第一家“一户通”电子缴款单位。

(二)会计账簿

税收会计账簿是编制会计报表的主要依据,1997年沿用至2010年的税收会计账簿,按其用途分总分类账、明细分类账、日记账和辅助账。

(三)税款划解

新中国成立初期,经收处代收的税款每日派员向县支库解缴,同时向县市税务局报解;1953年起,改为邮寄票汇,月终信汇自带或电话划解;1955年起,又改为由税务所将缴入金(国)库经收处的税款,按日(期)填制汇总缴款书交金(国)库经收处办理税款汇解,划转县支行入库;1980年7月起,实行税款日划日报,即通过金(国)库经收处每日直接向金(国)库划解和税务所每日向县局报解。税款划解前,税务所每日与经收处首先进行税票核对销号,即开出税票数与银行解缴税票数核对,存在未入库税票的即行催讨,准确无误后进行划解。

2004年,国税实行网络纳税申报,推行实时扣款,起用电子税税票。2005年到2010年,实行国税部门、人民银行金库、税款结算银行计算机横向联网,实现从纳税人缴税到划分报解、报表传递、数据核对等全部环节的自动化。

是年开始,地税部门实行银、税、库联网“一户通”扣税,税款划解实现电子化,即金(国)库经收处于次日与税务分局核对数据准确后,向国库划解税款,并由经收处将划解数据传送给地税局。

(四)会计报表

会计报表随会计核算办法改变而相应变动。单式记账法会计报表只编报《工商税收会计报表》,复式记账法设置《税收资金平衡表》《应征税金明细表》《入库税金明细表》《待征税金明细表》《减免税金明细表》《税收提成收入明细表》等。1997—2010年的会计报表主要有《税收资金平衡月报表》《入库税金明细月报表》《应征税金明细月报表》《待征税金变动情况月报表》《提退税金明细月报表》《减免税金明细月报表》《查补税金及税款滞纳金、罚款收人明细月报表》《滞纳金明细月报表》《待清理呆账税金明细月报表》。2001年,新增《代征代扣税款明细月报表》。2006年,新增《多缴、待解、在途、待处理损失税金及损失税金核销明细月报表》和《税务代保管资金明细月报表》。年度报表比月度报表增加纳税登记户数表。

(五)会计核算

1950年,执行财政部、国家税务总局《各级税务机关暂行会计制度》规定采取收付记账法,使用18个会计科目,分19项税目核算。1958年,执行财政部、国家税务总局《税收计划统计和会计制度》,增加税收会计内容,执行与金库对账签证,保证税、库双方数字一致。“大跃进”年代和“文化大革命”时期,提倡“以表代账”“无账会计”,简化上报数字,削弱税收会计核算与会计职能。

1986年起,税收会计由单式收付记账法改为资金复式记账法核算。1994年起执行省地税局制定的《税收会计核算试行办法》,复式记账法改为借贷复式记账法,税收会计核算起点由征收环节延伸到应征环节,全面反映申报、征收、入库、提退、在途、退库、减免、滞纳欠税等各项税收资金。分别设立《应征税收明细账》《入库税收明细账》《在途税收明细账》《提退款项分税种明细账》等。

1997年10月起,国、地税局进一步分设后,各自分别实施税收会计核算。

1999年11月起,储蓄存款利息所得恢复征收个人所得税,国税部门增加会计核算税种。2005年

1月1日起，车辆购置税由国税部门征收，纳入会计核算的范围。

1999年1月，根据《浙江省地税系统税收会计核算达标考核管理办法》，桐乡地税局开展全市性的税收会计核算达标自测自评和考核等级申请，经嘉兴市局的复查复审和省局的抽查抽审、考核验收，桐乡地税局的乌镇所、崇福所被评为1998年度税收会计核算上解优胜单位。

1999年，桐乡市地税局及各基层所全部通过省地税局考核，均达到省局制定的优秀等级目标，顺利通过省局达标考核验收。

根据国家税务总局《税收会计制度》和《浙江省地方税务局税收会计核算实施细则》规定，2002年7月起，桐乡市地税局执行新的会计核算办法，采用税收会计一级核算，取消基层单位税收会计核算。

2006年10月，地税部门启用升级的“一户通”电子缴税系统后，进一步实现税收会计电算化。

（六）提退库管理

税款的提退库，包括错征税款，出口退税、减免退税、减税还贷退库、所得税汇算清缴和增值税结算退库，代征代扣税款手续费提取和集贸市场税收分成等。税款的退库，计算差错的误征税款，小额退税（1986年前限额为10元以下，1986年后提高为30元以下，1996年提高为100元以下），由所长批准，在自收税款中退还；其他退税由退税单位或个人提出申请，按照审批权限，由县（市）局长签具意见后，填写《收入退还书》，通过国库办理退还。分成收入的提取，1995年及以前，集贸市场分成根据省地税局规定采取退库形式，每月从征收入库的税款中提取，1996年开始集贸分成收入并入财政体制结算。税款退库由相关职能部门依据税法审查签署意见，报主管领导批准，开具《税收收入退还书》，送国库办理退库手续。

代征代扣手续费的提取，2001年及以前，地税部门代征代扣手续费根据省局规定采取退库形式，每月市局根据代征代扣税款数额按照省局规定的费率从征收入库税款中提取，2002年开始，代征代扣手续费采取费用列支的形式，不再在入库税款中提取。

2010年，国税部门办理各类退税，实行程序化、规范化操作。审核每一笔退库的预算科目、级次、退库凭证与文书在内容与金额是否一致、章戳是否齐全等，对出口退税按照指标随到随办；政策性减免退税、先征后退只要资料齐全，手续完备，符合政策及时办理，对外贸结算退税、计算失误误收税款等，做到差错率为零。

（七）欠税管理

1994年税制改革，1994年、1995年省地税局连续两年对欠税情况进行调查，1994年年底欠税余额719.2万元，1995年年底欠税余额364.5万元。

1996年4月，根据国家税务总局《关于对欠税进行统计调查的紧急通知》和省地税局《关于开展税收会计改革和税收票款检查工作的通知》，全局开展欠税、税收会计和税收票款自查和重点检查。

1997年10月，国地税机构分设后，国地税分别实施欠税管理。

国税部门

1998年，国税部门专门下发《关于开展欠税调查清理工作》和《清理欠税计划》，把清理欠税列入税收工作议事日程。当年，清理各种欠税2600多万元。1999年，压缩欠税1761万元。2006年，清理陈欠入库744万元。2002年、2006年、2007年，加大清理欠税力度，对欠税大户的欠税额在30万元以上的企业在《嘉兴日报》桐乡版上公告。2004年、2005年、2006年三年实现无新欠。2010年，申请法院强制执行和行使税收优先权，经与法院多次衔接、沟通，对欠缴增值税税款的桐乡市四户化纤有限公司提请法院强制执行，经过行政裁定、立案审查、执行等环节，依托司法机构的强制力，企业欠缴的581.19万元税款全部追缴。同年，根据《阻止欠税人出境实施办法》，向公安机关出入境管理部门报备,对符合条件的欠税人阻止出境。

地税部门

1997 年 10 月,桐乡市地税部门对全市企业欠税情况开展调查,调查内容包括 9 月底税务机构分设前已开出税票未入库的地税税款。

1998 年,省地税厅省地税局下达欠税控制指标,桐乡 1997 年年末欠缴消费税、增值税(简称两税)余额 468 万元,省地税局下达控制目标 350 万元。桐乡市局对各所 1998 年 8 月底以前已开出税票尚未入库的情况,组织力量进行检查,并对开出税票未入库的税款视不同情况采取相应的措施:普遍向纳税人发出《限期纳税通知书》,依照《中华人民共和国税收征收管理法》(以下简称《征管法》)有关规定,采取通知银行扣缴税款、查封、扣押纳税人财产、物资以及公开拍卖扣押财产、物资等强制执行措施。

1999—2001 年,桐乡市地税局根据欠税情况和清欠进度逐年制定年度清欠考核办法,1999 年当年清欠的重点是 1996 年年底前应缴而尚未缴纳的税款(即三年以上的欠税)和由于企业关停等原因无法收取的死欠通过调查进行呆账清理确认;对历年欠税、已申报未开票、已开票未入库及已批准缓缴未入库的税款全部录入电脑。

2000 年的清欠目标是:压缩陈欠、控制新欠,市地税局对下达给各所的清欠指标进行考核,考核实行加、扣分办法,与奖励结合。各所根据市地税局要求有针对性地排出清欠计划,并落实到户,与相关企业签订《分期清缴欠税(费)责任书》,指定专人督促企业清缴欠税。当年底止,共签订《清缴责任书》257 户次,分期清缴税(费)总额 1682.8 万元,其中税款 712.2 万元,占全部欠税(陈欠加呆账税金)的 43%,清缴入库欠税 1148 万元。

2000 年年底,欠税余额 1023.9 万元,其中陈欠 771.4 万元,本年新欠 252.5 万元。

2001 年的清欠目标是压缩陈欠、杜绝新欠。加大清缴力度,严格缓缴税款的审核审批,落实清欠责任人,严格执行滞纳金制度。全年清缴入库欠税 873.7 万元,欠税(包括陈欠和新欠)比上年同期下降 22.11%。

是年,根据国家税务总局印发的《欠缴税金核算管理暂行办法》,对全市尚未清缴入库的 2000 年底前已发生的呆账税金和往年陈欠按规定进行分类,重新确认。

2005 年 1 月 1 日起,桐乡市地税局根据省地税局《欠税公告办法(试行)》通知,实行欠税信息公告,一季度公告一次,根据要求对单位纳税人欠缴 200 万元以下、个体工商户及其他个人欠缴 10 万元以下的相关信息报经市局征管科批准后,各税务分局分别在征收大厅公告;单位纳税人欠缴 200 万元以上、个体工商户及其他个人欠缴 10 万元以上的相关信息报嘉兴市地税局公告;对走逃、失踪的纳税户以及其他经查下落不明的纳税人的欠税情况报省局公告。

同年 10 月,根据省地税局转发的《国家税务总局关于开展欠税核查工作的通知》,市地税局成立欠税核查工作领导小组,对在 2004 年 12 月 31 日前形成,截至 2005 年 9 月 30 日尚未清缴入库的呆账税金、往年陈欠进行核查,最终形成电子数据文件逐级上报。

当年 10 月底,共发布欠税公告 3 次,公告户数 32 户,公告欠税金额 239 万元。

2010 年 12 月底止,报省公告的企业纳税人 4 户,欠缴税款 29574.18 元;报省公告的个体纳税人 24 户,欠缴税款 11367.57 元。

二、税收统计

税收统计一直以来与税收会计紧密结合,机构合一、报表产生同步,即“会统结合”。

税收统计以税款的征收、入库数字为依据,分别按经济类型、行业、分主体税种进行统计。

1995年以前，桐乡的税收统计都按征收数统计；1996年起，税收统计一律按入库数统计。

税收会计、统计报表分为月、季、年报表。以1993年年报为例，当年会统报表包括："税收入库（上解）明细年报表""各项提退明细月报表""出口产品退税明细年报表""国有企业所得税入库税额统计年报表""国家能源交通重点建设基金、国家预算调节基金入库税额明细年报表""欠税月报表""代征、代扣税款手续费、集贸市场税收分成收支情况年报表""税务系统经费收支年报表""税务系统固定资产情况年报表""税务系统建房用房情况年报表""工商税收分经济类型统计年报总表"及产品税、增值税、营业税、奖金税、工资调节税、固定资产投资方向调节税等税种的分经济类型统计年报表，"涉外税收税额统计年报表""集体企业所得税、私营企业所得税分项目统计年报表""个人收入调节税、个人所得税统计年报表""农村税收税额统计年报表""用税收归还贷款统计年报表""减免税分项目统计年报表""外商投资企业和外国企业所得税统计年报表""纳税登记统计年报表"。

1994年税制改革后，会统报表增加"资金平衡表""各项收入应征款项年报表""待征款项明细年报表""杭嘉湖"三江"治理水利工程集资情况表"，同时增加票证方面的"票证用存年报表""印花税票用存年报表"。

1997年8月起，市国税局、地税局分设，税务统计分别按各自分管税种实施。

（一）国税部门

税收统计分为统计内容和报表两块。

统计内容除反映各税分经济类型、分征收品目、分行业、分税目征收税款外，还设置"减免税"、"纳税登记户数"等税政报表，全面系统反映税务工作的基本情况。

统计报表分旬报、月报、季报、半年报和年度报表等20余种。税务统计报表种类和内容随税制变动而变动。1997—2010年，统计报表有12种："税收收人分行业分税种统计年报总表""税收收人分企业类型统计年报总表""增值税分行业分企业类型统计月报表""消费税分税目分企业类型统计月报表""营业税分行业分企业类型统计月报表""营业税分税目分企业类型统计月报表""企业所得税分行业分企业类型统计月报表""资源税分税目分企业类型统计月报表""涉外税收税额统计月报表""税收欠税分行业分企业类型统计月报表""待清理其他呆账税金分项目统计月报表""纳税登记户数统计年报表"。2000年新增"个人所得税分项目统计月报表"，2006年新增"增值税主要品目税源统计月报表"。

（二）地税部门

桐乡地税实施TF98后，税收统计基本数据全部实行电子化。1999年始，税收统计报表从分经济类型调整为按企业类型归集统计，同时调整欠税报表为"税收欠税分项目统计年报表"；增加"税收分行业统计年报表"。

到2010年，地税局税收会统报表有16种，分别为"税收资金平衡年报表""入库税金明细年报表""应征税金明细年报表""待征税金变动情况年报表""提退税金明细年报表""减免税金明细年报表""查补税金及税款滞纳金罚款收入明细年报表""税收收入分产业统计年报总表""税收收入分企业类型统计年报表""营业税分企业类型统计年报表""企业所得税分企业类型统计年报表""个人所得税分项目统计年报表""涉外税收税额统计年报表""待清理呆账税金明细年报表""税收欠税分项目统计年报表""纳税登记户数统计年报表"。

三、税收分析

（一）国税部门

国税部门通过经济税源普查、重点税源监控、出台有关办法、利用信息网络技术等（主要是根据定期、专题和历史的统计资料,经过调查整理,运用对比分析、平均分析、动态分析、因素分析等方法)对税收政策和税政措施实施情况、税收计划执行情况、经济税源发展变化情况,征收措施落实情况进行分析研究,掌握经济税源情况,提高税收分析质量,加强经济税源管理。

2001年6月,国税部门开展税源分析,要求各考核单位按季报送税收计划执行情况报告,征收局侧重静态分析,管理局侧重动态分析。

2005年,实施税收与经济发展联动分析机制,对增值税增减原因围绕重点行业、重点税源、税负率变化等项目展开分析。

2006年,继续做好税收与经济联动分析,撰写多篇税收分析材料。

2010年,税收分析与税源监控不断深化,教育培训税收分析人员,完善收入分析制度,健全税收分析档案,提高税收分析预测能力,用宏观分析找问题,微观分析找原因的方法强化税收与经济的联动。

附:

桐乡市国税局2010年全年国税收入情况分析

一、桐乡市国税税收收入情况

2010年,省国税局下达的收入计划为30.57亿元,比上年实绩增长9.64%。全年全市实际组织税收收入31.39亿元,比上年同期增长12.60%。其中"两税"收入224782万元(含免抵调库23569万元),比上年同期增长0.68%,不含免抵调库"两税"收入增长22.50%;企业所得税收入68434万元,比上年同期增长66.42%,其中内资企业所得税入库43699万元,比上年同期增长84.09%,外资企业所得税入库24735万元,比上年同期增长42.29%;储蓄利息所得税入库339万元,比上年同期下降75.07%;车辆购置税入库20384万元,比上年同期增长55.82%。

表20-10　　2009—2010年嘉兴各县市国税收入情况一览表

单位:万元

单　　位	税收计划	2010年	2009年	同比增长%	完成计划%
全市合计	2093081	2226155	1939175	14.80	106.36
市本级	636601	690297	580546	18.90	108.43
海宁	339139	370277	308308	20.10	109.18
桐乡	305700	313939	278818	12.60	102.70
平湖	271186	289240	246533	17.32	106.66
嘉善	243717	254484	222470	14.39	104.42
海盐	296738	307918	302500	1.79	103.77
其中:秦山核电	151000	151400	169102	−10.47	100.26
海盐不含核电	145738	156518	133398	17.33	107.40
全市不含核电	1942081	2074755	1770073	17.21	106.83

二、2010年桐乡市市国税部门组织收入的主要特点

(一)当年全市不含调库税收收入呈恢复性快速增长,国税贡献的地方一般预算收入增速快于国

税总增速。不含调库累计入库税收收入290370万元，同比增长32.10%。不含调库收入的快速增长，一方面有去年同期基数较低的因素，更重要的原因是经济复苏回升，2010年全市GDP409.1亿元，按可比价计算，同比增长14.3%。国税贡献的地方一般预算收入同比增长15.05%。

（二）增值税同比增幅回落，企业所得税大幅增长。全年组织增值税收入224297万元元，同比增长0.62%。其主要原因是免抵调库收入大幅下降，全市办理调库23569万元，同比下降60.05%。企业所得税入库68434万元，比去年增长66.42%，占全市税收收入21.80%，比去年提高7.05个百分点。工业经济效益增长是内外资企业所得税增长迅猛的根本原因，第三产业中房地产业入库税收24437万元，比去年同期9047万元，增长170.11%，是所得税增长的另一主要因素，其原因主要是前期房地产业销售形势较好，价格上涨较快，国家调控政策的影响尚未反映到税收上。

（三）车购税成为全市组织收入新的增长点。受益于汽车产销量的高速增长，汽车销售市场的火爆带动相关税收的增长。全市2010年征收车购税20384万元，比上年增长55.82%。

（四）重点税源中重点企业贡献突出。50万元以上重点企业共入库税收207575万元，占税收收入总量的66.12%，不含免抵调入库185988万元，比上年同期的151599万元增长22.68%。

三、落实优惠政策，服务地方经济

2010年，合计落实国家税收优惠政策19亿元，帮助全市企业在后金融危机时期进一步强筋壮骨，增强发展后劲。

（一）落实推进产业结构调整的税收优惠政策，着眼于构建现代产业发展新体系。全面落实增值税转型政策，推动产业结构优化升级。2010年全市申报固定资产进项税额57798万元，剔除2010年1月的影响税额，比上年增长75.10%，实际抵扣进项税额42430万元，剔除1月的影响，比上年增长147.49%，抵扣率达57.08%，比去年同期增长10.13个百分点。

（二）落实优化需求结构的税收优惠政策，着眼于构筑消费、投资、出口协调拉动的新格局。全市累计办理出口退免税108569万元，其中办理退税85000万元，同比增长17.08%。

（三）及时落实小排气量乘用车车辆购置税减免政策，累计办理小排量车购税减免1829万元。

（四）落实促进企业自主创新的税收优惠政策。积极落实国家重点扶持高新技术企业税收政策，已落实高新技术企业优惠1406万元。落实资源节约和环境保护的税收优惠政策，着眼于构建集约节约生态型发展模式。贯彻落实国家鼓励资源综合利用、发展循环经济优惠政策，全年资源综合利用企业办理增值税退税3747万元。

（五）落实改善民生的税收优惠政策，着眼于构建社会主义和谐社会。累计为福利企业退增值税额8551万元；落实小型微利企业及支农惠农等税收优惠22600多万元。

表20－11　　**桐乡市国税收入分税种执行情况一览表**

单位：万元

项目	本月			累计		
	入库数	上年同期数	同比%	入库数	上年同期数	同比%
一、税收收入总计	16510	15346	7.59	313939	278818	12.60
其中：免抵调库	1242	800	55.25	23569	59001	－60.05
1.两税收入	14347	13877	3.39	224782	223255	0.68

续表 20－11

项　　目	本　　月			累　　计		
	入库数	上年同期数	同比%	入库数	上年同期数	同比%
(1)增值税	14312	13859	3.27	224298	222916	0.62
(2)消费税	35	18	94.44	484	339	42.77
2.其他税收收入	2163	1469	47.24	89157	55563	60.46
(1)企业所得税	—242	—357	—32.21	68434	41122	66.42
内资企业	—461	—390	18.21	43699	23738	84.09
外资企业	219	33	563.64	24735	17384	42.29
(2)利息所得税	16	41	—60.98	339	1360	—75.07
(3)车辆购置税	2389	1786	33.76	20384	13082	55.82
二、“两费”收入	17	12	41.67	142	127	11.81
三、国税罚款收入	4	3	33.33	14	8	75.00
附:1.出口退税(不含免抵)	—7413	—5868	26.33	—85000	—72600	17.08
2.个体私营税收	8972	8113	10.59	137787	112062	22.96
3.涉外税收	3462	4454	—22.27	102316	107964	—5.23
4.稽查查补	70	24	191.67	6587	5218	26.24
5.评估税款	1203	218	451.83	6749	3838	75.85

表 20－12　　桐乡市国税局分部门计划执行情况一览表

单位:万元

部　门	年度计划	本月预测情况			本月入库数		累计入库数		完成年度计划%	累计上年同期数		同比增减%
		预测数	开票数	误差率	小计	其中:免抵调	小计	其中:免抵调		小计	其中:免抵调	
税收合计	305700	17701	19902	11.06	16510		313939	23569	102.70	278818	59001	12.60
1.管理二科	102000	6759	7537	10.32	6335		115964	4272	113.69	93038	8558	24.64
(1)梧桐	61800	3225	3513	8.20	2073		72702	1930	117.64	55163	3960	31.79
(2)洲泉	15200	994	1255	20.80	709		15629	208	102.82	14123	1134	10.66
(3)石门	14500	1450	1572	7.76	2560	955	17020	1319	117.38	13552	1352	25.59
(4)乌镇	10500	1090	1197	8.94	993		10613	815	101.08	10200	2112	4.05
2.管理四科	144700	5047	5048	0.02	3789	287	130693	17103	90.32	131904	47020	—0.92
3.崇福分局	26800	2900	3371	13.97	2598		28523	2007	106.43	24113	3005	18.29
4.濮院分局	18200	1295	1557	16.83	1399		18375	187	100.96	16681	418	10.16
5.纳税服务科	14000	1700	2389	28.84	2389		20384		145.60	13082	0	55.82
6.稽查		10			70		6587			5218	0	26.24

说明:开票数不含门征、呆账;稽查单独列开。稽查入库中不含罚没收入

（二）地税部门

税收分析分别按月、季、年进行，分析内容包括税收计划执行情况、税源变化情况、征收政策与措施落实情况等，根据实际需要有所侧重。1998年省地税局下发开展“税收统计分析”的文件，桐乡市局根据省局要求开展税源分析工作，各基层单位报送税收计划执行情况报告，掌握收入进度，每月对税收收入进度进行简要分析，季度对税收增减变化原因作较详细分析，市局综合后向省局报送相关税收统计分析材料。2002年6月，桐乡地税局布置各基层所和稽查局对当年二季度收入情况和三季度及全年收入进行预测，并召开地税收入与税源分析工作会议，为市局开展税收统计分析提供更为详实的数据资料。从此开始，桐乡地税局每季度或半年度召开税收分析会议。桐乡地税局按月通报收入进度、分析收入情况，并定期编报《税收收入执行情况分析》，内容包括当期收入进度和特点，增、减收原因和增、减收情况对比分析；纳税户登记注册类型、税种、行业税源变化情况；贯彻执行税收政策情况；下阶段收入的预测以及为完成税收计划采取的措施和后期征收建议等。基层单位通过不定期走访辖区内纳税大户，及时了解相对一个时期内经济运行状况及趋势，提高税收收入预测的准确性。

2005年起，市地税局利用TRAS软件和TF2000中的分析功能加强对重点税源数据的分析，除按月开展企业数据的准确性、异常性分析，企业的增减收原因分析以外，各分局逐步开展分行业、分产业、分企业类型税收分析、重点税源与本地经济适应性分析、行业税负评估标准分析及重点税源趋势预测和预警等深层次应用分析。

2009年，开始应用“税友2006”快捷查询软件。

附：

桐乡市地方税务局2010年度收入情况分析

2010年度，全局共组织各项收入390515万元，较上年292794万元（含契税、耕地占用税，下同）增收97721万元，增长33.38%。其中入库税收收入214821万元，较上年153425万元增收61396万元，增长40.02%，完成省局下达计划167000万元的128.64%，完成自定税收计划190000万元的113.06%。入库耕地占用税5920万元，同比增长71.90%；契税27424万元，同比增长83.57%。入库其他非税收入142450万元，较上年121044万元增收21406万元，增长17.68%；其中社保基金113410万元，同比增长14.54%；三项规费26305万元，同比增长33.03%。

2010年度地税收入特点：

一、第三产业税收比重继续提高，第二产业增长略显缓慢

2010年，第三产业入库税收收入121609万元，较上年83869万元增收37740万元，增长45%，占全部税收收入比重达到56.61%，比重较上年提高1.95个百分点；第二产业入库税收收入93142万元，较上年69503万元增收23639万元，增长34.01%，占全部税收收入比重为43.36%。

第三产业税收高速增长主要依赖于房地产业。2010年房地产业入库税收收入70041万元，占全部税收收入比重达到32.60%，同比增收32597万元（占全部税收增收额61396万元的53.09%），增长87.06%（上年同期房地产业税收37444万元，占全部税收比重为24.41%），房地产业税收增收贡献率超过五成。其中入库营业税44461万元，同比增收19682万元，增长79.43%；土地增值税15099万元，同比增收8682万元，增长135.30%；企业所得税2440万元，同比增收1537万元，同比增长170.21%；城建税2756万元，同比增收1269万元，增长85.34%；个人所得税2376万元，同比增收

1002 万元,增长 72.93%;印花税 1113 万元,同比增收 557 万元,增长 100.18%。房地产业入库三项规费 2828 万元,同比增收 1257 万元,增长 80.01%。

相对于房地产业的迅猛发展,第三产业中其他行业增长乏力,2010 年第三产业中房地产业以外的行业共入库税收收入 51568 万元,较上年 46426 万元增收 5142 万元,增长 11.08%,占全部税收收入的比重下降 6.25 个百分点,税收增收贡献率仅 8.38%。

第二产业税收比重的下降主要是建筑业增长缓慢。2010 年制造业入库税收收入 59108 万元,较上年的 40451 万元增收 18657 万元,增长 46.12%,占全部税收收入的比重为 27.52%,比重较上年提高 1.15 个百分点,增收贡献率为 30.39%;2010 年建筑业入库税收收入 32347 万元,占全部税收收入比重为 15.06%(较上年下降 2.71 个百分点),同比增收 5089 万元,增长 18.67%(增收贡献率 8.29%),其中沪杭高铁代征税款 3266 万元(同期 493 万元),外来建筑入库 7631 万元(同期 6811 万元)。剔除沪杭高铁及外来建筑,本地建筑全年入库 21450 万元(同期 19954 万元),同比增长 7.50%。

二、企业效益企稳回升带来所得税呈现恢复性增长态势

企业上报财务报表显示,2009 年 4 季度全市企业所得税地税征收企业实现主营业务收入 120.43 亿元,同比增长 18.49%,实现利润总额 8.91 亿元,同比增长 510.27%;其中制造业实现主营业务收入 79.63 亿元,同比增长 15.12%,实现利润总额 6.06 亿元,同比增加 6.45 亿元(上年 4 季度—0.39 亿元)。2010 年 1—11 月全市企业所得税地税征收企业实现主营业务收入 455.41 亿元,同比增长 31.58%,实现利润总额 18.32 亿元,同比增长 93.45%;其中制造业实现主营业务收入 320.29 亿元,同比增长 29.64%,实现利润总额 14.80 亿元,同比增长 79.83%。

2010 年,入库企业所得税 34210 万元,同比增长 123.41%,其中制造业入库 20908 万元,同比增长 212.66%(纺织业 3862 万元,增长 50.96%;化纤业 7806 万元,同期为—989 万元;建材业 1776 万元,增长 194.64%;化学制品业 1758 万元,增长 185.31%;皮革皮毛业 1213 万元,增长 133.40%);批发零售业入库 2088 万元,同比增长 45.03%;租赁和商务服务业入库 3540 万元,同比增长 8.52%;建筑业入库 3645 万元,同比增长 121.76%;房地产业入库 2440 万元,同比增长 170.19%。全市重点行业中的纺织、化纤、建材业均有较大增长,企业所得税总体呈现恢复性增长态势。

企业所得税高速增长的原因主要是上年市内企业受金融危机影响效益大幅下降,同期企业所得税基数较低。除了企业效益回升因素外,另一个原因是 2008 年两法合并后取消或调整了诸多所得税减免政策,2008 年度共减免企业所得税 18083 万元(其中国产设备抵免 13033 万元),而本年减免企业所得税为 12809 万元(其中高新技术企业减免 6029 万元),同比少减免 5274 万元。

2010 年入库个人所得税 35334 万元,同比增收 5059 万元,增长 16.71%。企业效益回升后工资薪金发放逐渐回归常态,加强个体工商户所得税管理和落实股权转让、限售股转让等政策也带来个人所得税的增收。其中工薪所得税入库 14171 万元,增长 28.10%,全员申报企业正常工资薪金同比增收 2545 万元,企业年金入库 123 万元,外来建筑同比增收 449 万元;个体工商户所得税入库 11131 万元,增长 27.49%;财产转让所得税入库 2675 万元,增长 160.16%,其中股权转让入库 1065 万元、限售股转让入库 202 万元(上年同期均无),审批中心房屋转让所得税同比增收 516 万元。

三、地方税费均衡增长,收入结构优化

在房地产行情带动下,2010 年营业税及地方七税共入库 145278 万元,同比增长 34.72%,占全部税收收入的比重为 67.63%。其中营业税入库 88247 万元,同比增长 40.50%,主要是房地产业增长带动;城建税 15240 万元,增长 26.31%,“三税”特别是营业税的增长带动,2010 年内资营业税较上年增长42.85%，内资增值税同比增长10.88%；房产税和城镇土地使用税同比分别减收271万元和1665万元，原因是2010年减免和办理延期缴纳较上年均有所增加；土地增值税15112万元，同比增长131.61%，房地产（特别是专业市场，如世贸中心、浙北旅游购物中心、四季汇床上用品家纺市场）发展带动土地增值税大幅增长；印花税入库5052万元，增长48.79%，企业销售增长、物价上涨、房屋销售大增等带动印花税增收，其中制造业、房地产业印花税同比分别增收827万元、557万元；车船税入库2020万元，增长36.16%，小排量车购税优惠政策和公务用车改革带动全市汽车销售大幅增长，今年国税车购税较上年同期增长55.82%，小型客车车船税同比增收509万元。

2010年，入库"三项规费"26305万元，同比增长33.03%，其中教育费附加入库7807万元，增长26.26%；地方教育附加7253万元，增长27.18%；水利建设资金11245万元，增长42.57%，水利建元设资金增长主要是制造业增收2371万元（纺织业、化纤业分别增收615万元、494万元）、批发零售业增收425万元。

四、社保基金保持较快增长

2010年，入库各项社会保险基金113410万元，同比增收14398万元，增长14.54%。其中养老保险基金入库77258万元，同比增收10256万元，增长15.31%；基本医疗保险基金入库25533万元，同比增收5161万元，增长25.34%；失业保险基金、工伤保险基金、生育保险基金分别入库4921万元、2324万元、1417万元，同比分别减收338万元、446万元、282万元，原因是这三个险种企业缴纳部分当年4—7月落实社保费缴费比例临时下浮共减免2990万元（其中失业保险1465万元、工伤保险937万元、生育保险588万元）。其中自谋职业者缴纳社保基金1867万元，同比增收3181万元。社保基金保持较快增长的主要原因是企业效益回升后工资发放增加，以及参保范围扩覆和缴费基数的提高。

五、地方两税成为地税新的增长点

2010年起，契税和耕地占用税由地税部门负责征收，全年入库"地方两税"33244万元，同比增收14918万元，增长81.41%，其中契税入库27424万元，增长83.57%，耕地占用税5820万元，增长71.90%。"地方两税"总量占全部地税收入的比重为8.51%，但其增收额占全部地税收入增收额的比重达到15.27%，成为地税收入新的增长点。

六、政策性因素带来的减收日趋明显

2010年，减免各项收入21182万元，较上年同期10723万元多减免10459万元。其中分别减免企业所得税12089万元、房产税2558万元、土地使用税612万元、营业税559万元、水利建设资金1508万元。4—7月落实社保费缴费比例临时下浮政策，企事业单位共减免2990万元。

企业基本养老保险单位缴纳部分缴费比例由17%调整为15%，1月共减少养老保险基金332万元（所属2009年12月），2010年起缴费比例由15%下调到14%，2—12月全部企业共减少养老保险基金2097万元，合计共减少养老保险基金2429万元。

表20－13　　2010年度桐乡市地税局税收计划执行情况表

单位：万元、%

项　　目	12月入库	本年累计	上年同期	同　比
总　　计	29226.39	390515.16	292794.45	33.38
（一）税收收入合计	11817.38	214821.43	153424.83	40.02

续表 20－13

项　　目	12月入库	本年累计	上年同期	同　比
1.营业税	6974.35	88246.75	62807.95	40.50
房地产业	1412.57	44461.47	24779.45	79.43
建筑业	3813.50	23131.61	19889.47	16.30
租赁和商务服务业	156.38	3677.87	2901.34	26.76
住宿和餐饮业	221.80	3374.25	3058.37	10.33
金融业	17.56	1924.50	2504.15	−23.15
交通运输仓储邮政业	497.05	3066.25	2601.02	17.89
信息传输计算机软件业	144.65	2413.30	2190.15	10.19
居民服务和其他服务业	191.20	1761.68	1385.75	27.13
2.企业所得税	749.31	34209.71	15312.25	123.41
制造业	691.44	20908.40	6687.16	212.66
纺织业	99.15	3861.75	2558.17	50.96
非金属矿物制品业	15.63	1775.82	602.70	194.64
化学纤维制造业	0.09	7805.61	−989.47	
化学原料及制品制造业	498.88	1758.39	616.30	185.31
皮革毛皮羽毛绒制品业	7.74	1212.66	519.57	133.40
电气机械及器材制造业	1.39	622.71	565.41	10.13
批发零售业	−34.30	2087.61	1439.45	45.03
租赁和商务服务业	11.11	3540.39	3262.41	8.52
建筑业	135.06	3644.97	1643.63	121.76
房地产业	−49.54	2439.73	902.98	170.19
交通运输、仓储和邮政业	9.07	954.76	976.52	−2.23
3.个人所得税	2419.72	35333.59	30275.09	16.71
工资、薪金所得	1047.86	14170.69	11062.07	28.10
个体工商业户所得	1032.11	11130.84	8730.46	27.49
利息股息红利所得	40.22	5952.38	6508.37	−8.54
企事业承包承租所得	22.38	856.97	2314.49	−62.97
财产转让所得	238.27	2675.07	1028.23	160.16
4.城市维护建设税	1026.62	15239.67	12065.51	26.31
5.房产税	292.08	11182.78	11453.77	−2.37
6.印花税	436.86	5052.35	3395.68	48.79
7.城镇土地使用税	−548.81	8369.70	10034.59	−16.59
8.土地增值税	296.54	15111.81	6524.76	131.61
9.车船税	170.71	2020.40	1483.89	36.16
10.烟叶税		54.67	71.34	−23.37

续表 20－13

项　　目	12月入库	本年累计	上年同期	同　　比
(二)耕地占用税	850.66	5819.72	3385.58	71.90
(三)契税	4436.70	27423.87	14939.59	83.57
(四)非税收入合计	12121.65	142450.14	121044.45	17.68
1.教育费附加	544.45	7807.34	6183.53	26.26
2.文化事业建设费收入	44.64	469.35	264.74	77.29
3.税务部门其他罚没收入	0.71	6.80	11.02	－38.29
4.社会保险基金收入	10045.86	113409.83	99011.57	14.54
(1)养老保险基金	6948.69	77257.84	67001.86	15.31
(2)基本医疗保险基金	2113.32	25532.84	20371.65	25.34
(3)失业保险基金	463.84	4920.60	5258.58	－6.43
(4)工伤保险基金	217.20	2324.49	2770.92	－16.11
(5)生育保险基金	135.40	1417.12	1699.26	－16.60
(6)其他社保基金	167.41	1956.94	1909.30	2.50
5.水利建设专项资金	957.66	11245.12	7887.28	42.57
6.地方教育附加	528.33	7252.51	5702.69	27.18
7.残疾人就业保障金		2259.19	1982.48	13.96
8.其他			1.14	

表 20－14　　2010年度桐乡市地税局各分局税收计划执行情况一览表

单位:万元、%

单　　位	年度计划	完成实绩	完　　成	上年同期	同　　比
合　　计	190000	214821.43	113.06	153424.83	140.02
乌镇分局	11500	13409.24	116.60	9792.16	136.94
濮院分局	21200	24982.74	117.84	18139.86	137.72
梧桐分局	119600	134280.72	112.27	92523.33	145.13
石门分局	7300	7754.36	106.22	6384.17	121.46
洲泉分局	10600	13340.48	125.85	8999.82	148.23
崇福分局	19800	21053.92	106.33	17585.46	119.72

表 20－15　　2010年度桐乡市地税局税收收入入库率统计表

金额单位:万元、%

单　　位	12月入库率			累计入库率		
	实际入库	应入库	入库率	实际入库	应入库	入库率
乌镇分局	692.32	692.32	100.00	13409.23	13443.97	99.74
濮院分局	1369.44	1369.73	99.98	24982.73	24988.74	99.98

续表 20-15

单　位	12 月入库率			累计入库率		
	实际入库	应入库	入库率	实际入库	应入库	入库率
梧桐分局	6329.05	6345.50	99.74	134280.70	134320.31	99.97
石门分局	384.52	384.52	100.00	7754.36	7754.36	100.00
洲泉分局	574.65	574.65	100.00	13340.49	13340.49	100.00
崇福分局	2467.40	2467.46	100.00	21053.91	21054.43	100.00
合　计	11817.38	11834.18	99.86	214821.42	214902.30	99.96

表 20-16　2010 年度桐乡市地税局地方税费收入结构统计表

单位:万元

项目		乌镇	濮院	梧桐	石门	洲泉	崇福	计财	合计
营业税及地方七税占全部税收比重	税收合计	13409	24983	134281	7754	13340	21054		214821
	本项合计	6836	17708	96116	4799	7112	12707		145278
	本年比重	50.98	70.88	71.58	61.89	53.31	60.35		67.63
	上年全年比重	55.92	69.92	75.47	58.62	58.08	61.86		70.29
	年度目标	52.78	66.80	73.58	64.08	54.59	60.84		68.53
个私税收	上年同期	3855	12199	52695	4723	5289	12195		90956
	本年入库	6017	17107	86638	5924	7133	13864		136683
	增长%	56.08	40.23	64.41	25.43	34.86	13.69		50.27
三项规费	上年同期	1353	1721	10143	1385	2561	3026	—415	19773
	本年入库	1670	2151	13540	1869	3574	4091	—591	26305
	增长%	23.43	24.99	33.49	34.95	39.55	35.19		33.03

表 20-17　2010 年度桐乡市地税局社保基金征缴情况统计表

单位:万元

项目		乌镇	濮院	梧桐	石门	洲泉	崇福	合计
养老保险基金	应缴数	464.06	389.09	4429.09	420.91	716.73	814.87	7234.75
	入库数	464.06	388.94	4427.88	420.91	716.73	814.87	7233.39
	征缴率	100.00	99.96	99.97	100.00	100.00	100.00	99.98
基本医疗保险基金	应缴数	161.36	123.60	1492.33	103.41	163.78	265.46	2309.94
	入库数	161.36	123.53	1491.99	103.41	163.76	265.46	2309.51
	征缴率	100.00	99.94	99.98	100.00	99.99	100.00	99.98
失业保险基金	应缴数	43.45	34.58	239.29	37.54	64.87	73.27	493.00
	入库数	43.45	34.56	239.16	37.54	64.86	73.27	492.84
	征缴率	100.00	99.94	99.95	100.00	99.98	100.00	99.97

续表 20－17

项　　目		乌　镇	濮　院	梧　桐	石　门	洲　泉	崇　福	合　计
工伤保险基金	应缴数	24.76	16.09	99.88	22.39	27.65	43.44	234.21
	入库数	24.76	16.09	99.67	22.39	27.65	43.44	234.00
	征缴率	100.00	100.00	99.79	100.00	100.00	100.00	99.91
生育保险基金	应缴数	15.47	10.08	62.27	13.96	17.01	27.14	145.93
	入库数	15.47	10.07	62.25	13.96	17.01	27.14	145.90
	征缴率	100.00	99.90	99.97	100.00	100.00	100.00	99.98
其他社保基金	应缴数	11.17	7.72	105.50	9.73	11.55	21.75	167.42
	入库数	11.17	7.72	105.50	9.73	11.55	21.75	167.42
	征缴率	100.00	100.00	100.00	100.00	100.00	100.00	100.00
合　　计	应缴数	720.26	581.15	6428.36	607.93	1001.59	1245.92	10585.21
	入库数	720.26	580.91	6426.44	607.93	1001.56	1245.92	10583.02
	征缴率	100.00	99.96	99.97	100.00	100.00	100.00	99.98

第三节　票证管理

税收票证是一种特殊凭证，税票在没有填用前，是一种无价证券，具有无限的经济价值，填用后，是税收会计、统计的原始凭证，也是纳税人的完税依据，同时还是国库办理收纳预算收入的主要凭证。税收票证在领取、填用、结报、缴销、保管等方面有一整套严密的管理制度。

1997 年 9 月起，国、地税局机构进一步分设，国、地税各自分别实施税收票证管理。

一、国税部门

(一)税收票证种类

1998 年 8 月，浙江省国税局发布《税收票证管理办法实施细则》。2006 年 8 月，省国税局重新修订《税收票证管理办法实施细则》。票证种类按性质，分为完税凭证、处罚凭证、管理凭证 3 类，同时，还包括税收业务上使用的票用章戳。税收票证分别由中央和地方统一制发。

1999 年，国家税务总局根据《税收票证管理部分》规定，制定全国统一的 23 种税收票证式样和使用说明，桐乡市国税机关据此规定，印制和使用统一式样税收票证。

2002 年 12 月，国家税务总局推出税收电子转账专用完税证。2004 年 6 月，桐乡国税局实施电子缴库改革。经省局批准，统一启用一联式电子缴税完税凭证，用于转账扣款，不得收取现金，仅作为纳税人完税凭证。

2006 年 10 月，市国税局使用的票证和章戳有：税收通用缴款书、出口货物税收专用缴款书、税收汇总专用缴款书、税收通用完税证、税收定额完税证、税收转账专用完税证、代扣代收税款凭证、税收罚款收据、当场处罚罚款收据、税收收入退还书、小额税款退税凭证、列入税收票证管理的凭证及章戳，以及出口货物完税分割单、税收电子转账专用完税证、车辆购置税缴款凭证、车辆购置税完税证明、车辆购置税退税凭证、税务登记证费和发票工本费专用财政票据。章戳有征税专用章、车辆购置税征税专用章。

(二)税收票证管理

1998 年,国家税务总局根据票证管理新情况,制定新的《税收票订管理办法》,浙江省国家税务局出台《税收票证管理办法实施细则》,桐乡市国税局制定《税收票证管理制度》,根据规定使用统一式样的税收票证。2010 年,国税部门设专职票证管理人员 1 名,内部税票使用人员 24 名,代征单位 18 个。税收票证的领发、保管、使用、结报缴销、作废、停用、损核销、销毁、归档等按制度执行。定期进行票证检查和票证盘库,盘存的票证保持合理的库存。

(三)税收票证领发

国税部门每年编报税收票证领用计划,上报上级税务机关,由局指定的票证管理人员向嘉兴市国家税务局领取税收票证。基层税务人员及代征单位人员领取票证时,由领、发人员当面共同清点领发数量和号码,双方清点核对无误后,在《票款结报手册》上登记各类票证的数量、字轨和起止号码、领发时间,双方相互签章。

(四)税收票证保管

税收票证保管有专人,存放设有专门的库房且设施配套完善,各基层用票单位和各代征单位票证存放设有专用的保险箱柜,开票人员须按有关规定保管税收票证。

税收票证填用严格执行"十不准",自收现金税款的税务人员、扣缴义务人和代征单位,票款结报缴销按照"限期限额"和"三带"规定及时办理票款结报缴销。代征单位的票证数量严格控制,对票款结报手册与票证分类出纳进行登记,税务机关对代征单位的的代征税款款账户、税款入库、票证保管及票证填写进行检查和指导。

定期编制《票证用存报表》,反映税收票证领、用、存情况,供上级局核对配发数量和了解掌握所属单位用存数量,作为印发、配发票证的依据,报表按月、按年编报。

二、地税部门

(一)税收票证种类

1994 年税收票证分 6 类 30 种;税制改革后,1995 年税收票证分为 5 类 22 种;1998 年税收票证调整为 4 类 21 种;1999 年,全国统一税收票证,分四类 23 种;2000 年及以后部分税收票证有过多次局部调整。2005 年,税收票证进一步细化,分 4 类 29 种;2008 年开始税收票证归并为 3 类 23 种。

表 20-18　　1994—2010 年税收票证种类的变化情况一览表(一)

票证分类	票证名称(1994 年)	票证名称(1995 年)	票证名称(1998 年)
缴款书类	各税缴款书	各税缴款书	
	集体企业所得税专用缴款书	涂炭各税缴款书	涂炭税收缴款书(平推式)
	固定资产投资方向调节税专用缴款书	汇总缴款书	税收汇总缴款书
	国营企业所得税专用缴款书		
	国家基金专用缴款书	固定资产投资方向调节税专用缴款书	固定资产投资方向调节税专用缴款书

续表 20－18

票证分类	票证名称(1994 年)	票证名称(1995 年)	票证名称(1998 年)
完税证类	各税完税证	各税完税证	税收完税证
	燃(烧)油特别税纳税凭证	涂炭各税完税证	涂炭税收完税证
		定额完税证:壹元、伍元、拾元	税收定额完税证:壹元、伍元、拾元
涉外类	外商投资企业外国企业所得税完税证		
	各税完税证(涉外车船使用牌照税、房地产税)		
	个人所得税完税证(代缴款书)		
	工商统一税完税证(代缴款书)		
标志类	车船使用税纳税标志	车船使用税纳税标志	车船使用税纳税标志
	车船使用税免税标志	车船使用税免税标志	车船使用税免税标志
出口专用税票	出口产品退税专用缴款书		
	出口产品退税分割单		
	出口退税防伪标记		
其他类	固定资产投资方向调节税零税率专用凭证	固定资产投资方向调节税零税率专用凭证	固定资产投资方向调节税零税率项目凭证
	罚款收据	罚款收据	税收罚款收据
	税票调换证		税票调换证
	扣货凭证		
	没收物品收据	代扣代收税款凭证	代扣代收税款凭证
	工业用盐减税凭证	纳税保证金收据	纳税保证金收据
	固定工商业外出经营税收管理证明单	收入退还书	收入退还书
	农牧业用盐减税凭证	印花税销售凭证	印花税销售凭证
		扣押商品、货物、财产专用收据	扣押商品、货物、财产专用收据
			代征报酬领据

表 20－19　　　　1994—2010 年税收票证种类的变化情况一览表(二)

票证分类	票证名称(1999 年)	票证名称(2000 年)
缴款书类	涂炭税收缴款书(平推式)	税收通用缴款书(平推式)
	固定资产投资方向调节税专用缴款书	固定资产投资方向调节税专用缴款书
	税收汇总缴款书	税收汇总缴款书
	税收完税证	税收通用完税证(手工)
完税证类	涂炭税收完税证	税收通用完税证(涂炭)
		税收转账专用完税证
	税收定额完税证:壹元、五元、拾元、壹拾叁元	税收定额完税证:壹元、五元、拾元、壹拾叁元

续表 20－19

票证分类	票证名称(1999 年)	票证名称(2000 年)
标志类	车船使用税纳税标志	车船使用税纳税标志
	车船使用税免税标志	车船使用税免税标志
其他类	税收收入退还书	税收收入退还书
	代扣代收税款凭证	代扣代收税款凭证
	税收罚款收据	税收罚款收据
	固定资产投资方向调节税零税率项目凭证	固定资产投资方向调节税零税率项目凭证
	税票调换证	税票调换证
	纳税保证金收据	纳税保证金收据
	印花税票销售凭证	印花税票销售凭证
	扣押商品、货物、财产专用收据	扣押商品、货物、财产专用收据
	代征报酬领据	委托代征报酬领据

表 20－20　　1994—2010 年税收票证种类的变化情况一览表(三)

票证分类	票证名称(2005 年)	票证名称(2008 年)
缴款书类	税收通用缴款书(本装式)	税收通用缴款书(本装)
	固定资产投资方向调节税专用缴款书	税收通用缴款书(滚筒)
	税收(汇总专用)缴款书	税收(汇总专用)缴款书
完税证类	税收通用完税证(手工)	税收通用完税证(本装)
	税收通用完税证(本装式)	税收通用完税证(滚筒)
	税收转账专用完税证(个体版)	税收转账专用完税证
	税收转账专用完税证(通用版)	
	税收电子转账专用完税证	税收电子转账专用完税证
		个人所得税完税证明(加套封)
		个人所得税完税证明(2010 年开始使用)
	税收定额完税证:壹元、五元、拾元、壹拾叁元、伍拾元	税收定额完税证:壹元、五元、拾元、伍拾元
标志类	车船使用税纳税标志	
	车船使用税免税标志	
其他类	税收收入退还书	税收收入退还书
	代扣代收税款凭证	代扣代收税款凭证
	税收罚款收据	税收罚款收据
	税票调换证	税票调换证
	纳税保证金收据	税务代保管资金专用收据
	印花税销售凭证	印花税销售凭证
	扣押商品、货物、财产专用收据	
	代征报酬领据	委托代征报酬领据
		契证(2010 年开始使用)

1996 年 1 月起，桐乡市国税局、地税局实施省局检发的《税收票证管理暂行办法》，部分税务所先后实现用电脑开税票。

1998 年 7 月 1 日起执行《浙江省地税系统税收票证管理实施办法》，地方税收全面实现电脑开税票。

2006 年全市企业纳税户实施“一户通”电子缴税方式后，纳税户只要凭银行开出的“一户通系统同城特约委托收款凭证”入账，无需再到地税局开具税收票证。

（二）税收票证管理

1953 年至 1986 年间，县局级的税收票证直接向省局领取；1986 后，县（市）局向嘉兴市局领取，基层税务所向县（市）局领取，代征单位由管辖的税务所配发。基层税务所向县（市）局领用税收票证时，填具票证领用单；专管员或代征单位领用税收票证，建立《票证结报手册》，领用后相互在《票证领用登记册》和《结报手册》上签字。

县（市）局设置专用库房储存税收票据，实行专人管理；基层税务所设置专用保险箱柜存放税收票证，专人负责申领和配发；专管员和代征单位按组或按人配备保险箱，每天下班前结存的空白税票和已开具尚未解缴银行的税票清点后全部存放保险箱，不允许私自存放或随身携带。

1996 年 4 月，根据省地税局《关于开展税收票款检查工作的通知》，市地税局组织各税务所和稽查大队开展票款自查和复查，自查以基层所为主，自查面达到 100%，市局组织复查，复查以抽查为主，选择2～3 个基层所进行复查。检查包括 5 个方面的内容：①空白票证（包括印花税票）库存与账面的核对，1996 年已停用税票的缴销和销毁情况；②代征单位、协税员和税务专管员自收税款结报“双限”制度和“三带”规定的执行情况，出售印花税票核销手续，纳税保证金管理情况；③已填完税证、税收罚款收据报查联与收据联、临时经营发票与完税证进行核对；④检查票证填写质量和票款管理安全防范措施；⑤新版税票使用过程中的情况等。以后每年都按规定组织票款自查和重点检查。

1996 年 5 月，炉头税务所农贸市场征管办于 17 日深夜遭窃，市场协管员放入保险箱内的 124 份完税证被盗，其中 50 份系空白税款，74 份已填开，市地税局及时报案，并下发通报文件对遗失税票声明作废。

2000 年 9 月，市地税局制定《桐乡市地方税收代征单位管理办法》（10 月 1 日起执行），对代征单位的代征行为进行规范。建立代征单位税收票证结报手册，代征单位在领取票证时需填写票证字别、号码、份数，清点无误后在结报手册上相互签字。代征单位设置专用箱柜保管票证，并由专人负责。税收票证的填用执行“十不准”，即：不准用缴款书收取现金；不准用完税证代替缴款书；不准用其他凭证代替税收票证；不准用税收票证代替其他收入凭证；不准用白条子收税；不准开票不收税（赊税）；不准收税不开票；不准几本（同类）票证同时使用；不准跳号使用；不准互相借用票证。代征单位的票证结报缴销一般为 10 天，缴销时清点号码，作废票证全份上缴。

2001 年，市地税局开展票证管理工作竞赛，竞赛采取百分制倒扣分办法，包括票证领用手续、税票填用的作废率、票证结报、结报账册及手册的登记、票证保管与存放、代征税款的管理、票证的完整性、票证的传送、票证的销号等方面内容。

第二十一章　纳税服务

纳税服务贯穿于税收工作的全过程，体现在税收征收、管理、稽查、行政复议等各个环节，税务机关各部门皆有涉及。1995 年，桐乡推行税务代理，1996 年，设立征收服务大厅，标志着税务服务事项逐步从税务管理领域独立出来。2010 年 1 月，国税部门设置纳税服务科（办税服务厅），12 月，地税部门单设纳税服务科，工作职能是负责组织、协调全局层面的各项纳税服务工作。本章主要记述 1996—2010 年间税务部门服务职能的演进，差别化纳税服务的推进，以及税务代理的发展等方面的内容。

第一节　税务机关服务职能的演进

一、服务形式

1995 年以前，实行专管员“保姆式”服务。专管员的工作是下企业收税，了解税源，税务登记，税收辅导，了解企业生产经营情况等；基层税务所设门征窗口，用于纳税人上门缴税开票、零星税款征收、办理临时开票、发票发售等。

1996 年 8 月，根据省国家税务局和地方税务局的指示，桐乡启动税收征管改革步伐，目标是“建立以纳税申报和优化服务为基础，以计算机网络为依托，集中征收，重点稽查”的新征管模式。

基层所开始建立办税大厅，办税大厅的主要功能是办理税务登记，发票管理，申报征收，税法咨询，税务管理等。

1997 年，国地税进一步分设后，征管改革进一步深化。

国税部门

国地税机构进一步分设后，国税部门将办税服务厅建设作为税收征管改革的突破口，1997 年，投入资金 100 多万元，陆续建立崇福、石门、乌镇等 6 个征收大厅。

1998 年，建立便利快捷、功能齐全的办税服务厅，为纳税人提供税前、税中、税后的全方位服务。推行办税承诺，办证窗口规定，纳税人办理税务登记证五日内办妥等制度；在出口退税管理中，外税窗口规定在 20 个工作日之内办理退税手续。建立与工商、地税联系制度，当年，工商部门办理工商登记时，同时向税务部门发出税务登记通知书，加强征管户管理。

1999 年，按照有利于全面强化税收征管，有利于干部整体素质的提高，有利于纳税人依法纳税意识的提高的“三个有利于”原则，建立征管分局、稽查局，形成一体两翼的征管模式和职能。

2004 年，推进审批制度改革，清理审批事项，减少审批环节，简化审批手续，缩短审批时限，提高涉税实现的即办率，依法归并表证单书，简化重组业务流程，拓展“一窗式”管理办税，在办税大厅调整设立申报纳税、综合和发票三类通用窗口。

2004 年 7 月 1 日起，实行税务登记国地税联合办证。国、地税税务登记窗口，统一受理纳税人开业、变更税务登记申请，登记窗口由纳税人任意选择，不需分别申报。2007 年 7 月至 2010 年 12 月，三方联合办证28687户。

2005年2月起，地税委托国税在门征临时开票征收“两税”时代征城建税、教育费附加、个人所得税，解决纳税人门征开票在国、地税两头跑的问题。当年，按照“以申报纳税和优化服务为基础，以计算机网络为依托，集中征收，重点稽查，强化管理”的34字模式，全面落实税收管理员制度。

2008年，以计算机信息技术为依托，积极推进网上办公、网上咨询、在线开票、短信宣传等服务，运用“企信通”短信平台，完善网上申报，优化网站服务功能。推行全市通办、一窗统办、自助服务、叫号服务、引导服务、预约服务、上门服务和延长办税时间等措施，把办税服务厅建设成“宣传税法的阵地，依法征税的场所，为民服务的窗口”。

2009年，完善涉税业务“一窗统办”“全市通办”办法，落实全程服务各项措施，优化业务流程，简化办税程序。

2010年，结合桐乡市委市政府“效能提升年”和“作风建设年”活动，推进办税服务厅标准化建设，推行资料简并和一窗式管理，全面推行涉税事项“免填单”服务，6月，实施车购税免申报服务，8月，推出8大类16项涉税业务的免填单服务，11月，设立车辆购置税业务QQ服务咨询群服务。开展全市纳税人满意度和需求度调查，纳税人对国税机关的满意度为98.87%。

地税部门

1998年，地税部门在乌镇所试点，全面推行税收征管改革，调整税务所内部机构设置，办税服务厅设税务登记、税务咨询、发票管理、申报征收、资料管理、受理待批涉税文书、综合管理、财政周转金管理、乡镇财政管理、农税农财管理、经费管理、收发文管理、会计统计、税收票证管理、计算机设备管理、计算机系统管理等岗位，不设管理组，个体管理岗作为稽查中队下设的岗位之一，纳税人的日常税务事宜集中在办税服务厅办理。

2009年7月，地税局税收宣传进“行风热线”开展服务

2002年，根据省地税局建立地税现代征管新框架的指示，桐乡地税局征管改革进一步深化，各税务所内设机构设置再作调整，设置管理服务组、申报征收组。同时出台《桐乡市地方税务局税收巡回管理服务制度（试行）》，实行税务管理责任人按责任区巡回管理服务办法。重点税源大户（重点监控企业），每月巡回管理服务一次；其他企业全年巡回管理服务至少一次；坐落在城镇（集镇）的个体户，每季巡回管理服务至少一次；农村个体户半年巡回管理服务至少一次。巡回管理服务与日常税务管理服务相结合，集税收宣传、辅导、咨询、办税督促于一体。

2005年2月起，地税委托国税在门征临时开票征收“两税”时代征城建税、教育费附加、个人所得税。

2005年、2006年先后完成内设机构职能任务调整，办税服务厅设定为全能型的办税服务厅，并实行“一窗式受理，一站式服务”；大厅内放置涉税表识参考样本，供纳税人参考。逐步完善大厅服务设施：开辟电子申报小网吧，提供免费复印、设置电子显示屏、触摸屏、排队叫号系统，2009年叫号系统升级。

2007年，根据浙江省地方税务局《关于进一步做好纳税服务若干意见》，市地税局统一设置分局示意图、工作人员去向牌，办税服务厅统一设置宣传牌、通知牌、公告牌；原电子申报小网吧扩展为纳税人自助服务区域;设置“咨询台”;对外服务窗口除设置“一窗式”外,还统一设置“综合服务”“发票管理”两个对外服务窗口,使纳税服务更快捷。

二、服务内涵

1996年5月,根据省厅、省局的统一部署,全市开展财税系统行风建设评议活动,提出“规范管理、完善服务”的目标要求。

国地税进一步分设后情况:

国税部门

1997年,有组织、有计划、有步骤地开展税收宣传活动,做到电视里有图像、广播里有声音、报刊上有文章,营造良好的宣传氛围,争取社会各界对国税工作的理解和支持。

1998年,开展“笑迎纳税人,满意在大厅”服务纳税人竞赛活动,提高服务质量,树立窗口形象。推行政务公开。3月,开展为期7天的企业纳税申报电子化业务培训班,300多家企业的700名财会人员参加培训。

1999年,在办税大厅向社会和纳税人公布所承担的工作内容、税收政策、办事程序、处理结果等事项,接受监督。窗口人员按照各自岗位,明确工作职责,继续推行“首问责任制”“服务承诺制”。当年,举办29期增值税专用发票辅导培训班,全市2092人参加学习,2261人参加考试。

2001年,通过桐乡广播电台开设“税收之窗”、《桐乡报·财经广场》、电视台常年广告等途径大力宣传税收政策、发票管理、涉外税收、税务稽查等税法知识。新《征管法》颁布后,用两个月时间为3202户企业讲解新《中华人民共和国税收征收管理法》和《增值税政策》等税法知识。

2002年,组织1700多户一般纳税人参加防伪税控培训。

2003年3月6日,实现全市2345户增值税一般纳税人企业全部实现防伪税控系统覆盖,在嘉兴市国税系统率先提前实现防伪税控全覆盖。4月至6月推行网上认证,推行面100%。

2006年,市国税局与地税局联合开展“税法进农家”活动,与电信系统统一制作手机彩铃和办公电话彩铃的宣传税收。国地税联合对共管户纳税信用等级企业进行表彰,鼓励纳税人依法诚信纳税,提高税法遵从度。

2007年,开展出口退税和储蓄存款利息个人所得税政策调整的宣传贯彻落实工作。举办新《企业所得税法》纳税人培训班。开展纳税信用等级评定工作。

2009年,开展“服务企业、服务基础”专项行动和“纳税服务月活动”“四心服务”专项活动。联系乡镇,走访企业,召集全市100多家重点骨干企业的财务人员举办税企互动会,深入农民专业合作社开展税收优惠面对面活动。当年,国税干部“送政策上门”100多次,发放税收宣传册3500余份。

2010年,围绕“始于纳税人需求,基于纳税人满意,终于纳税人遵从”工作目标,联合地税创建“纳税人之家”、成立纳税服务志愿者大队,开展税法宣传与纳税服务。

地税部门

1998年9月,根据上级部门的统一部署,推行政务公开,一是办事依据公开,二是办事程序公开,三是办事标准公开,四是办事纪律公开,五是办事结果公开。公开形式以方便群众周知和便利为原则,主要通过《桐乡地税宣传》刊物、《法规汇编》、宣传折页、《嘉兴报·桐乡版》专栏、桐乡电视台游动字幕、地税局各所办税服务厅公开栏等,或通过召集纳税人专题会议、所得税汇算清缴会议等形式进行宣传。

1998年11月出台《桐乡市财政地税系统服务承诺制度》,对税务登记、发票管理、申报缴税、税务咨询、待批文书等方面的服务、办理时间作明确要求。实行首问责任制，使用文明用语，对大厅工作人员提出“主动、热情、礼貌服务”的工作要求。对外设立服务承诺投诉电话。

2001 年，梧桐地税所率先推出“税企联系卡”，分发给纳税人。“税企联系卡”载明管理责任人姓名、联系电话、投诉监督电话和纳税服务项目，纳税服务项目有：地方税收法律、法规咨询及辅导；纳税申报及其他涉税事项咨询及辅导；办税程序的咨询及辅导；受理涉税违法行为举报。

2002 年，根据地税现代征管新框架的要求，桐乡地税推出一系列方便纳税人的服务举措，引入质量管理体系，全面规范税务行政行为，提高税务行政质量；完善限时服务、服务承诺、首问责任制、政务公开以及文明服务等制度；建立“12366”语音特服系统，开通短消息提醒、纳税咨询和投诉举报等功能。

2003 年起，桐乡市地方税务局尝试开展税收宣传辅导点活动，以辅导点为平台，为纳税人开展纳税辅导与咨询。是年石门税务分局率先试点。2004 年，在全市先后设立 89 个税收宣传辅导点，将全市纳税人分成 45 个片，105 个组。各片组按季组织一次宣传辅导，当年累计活动 400 余次，涉及 12000 余人次。2006 年，制定《桐乡市地方税务局税收宣传辅导片组活动管理办法》《桐乡市地方税务局税收宣传辅导点活动制度》，税收宣传辅导点活动趋于规范化、制度化。

2009 年，在全市推出十项同城通办事项，包括新办税务登记、变更税务登记、发票领购、发票缴销、税务机关代开发票、建筑业代开发票、货物运输业代开发票、上门纳税（费）申报、上门缴纳税（费）款、税收电子转账专用完税证补开。纳税人可就近选择地税征收大厅办理涉税事项，至 12 月底共办理同城通办事项 153 户次。根据省地税局统一要求，是年对纳税人涉税申请资料进行清理和简并，取消 52 项办税业务事项，减少 41 份主表份数，113 项附列资料。同时结合实际，取消定额申报表、发票超定额申报表和领购发票申请表。

2010 年，围绕“始于纳税人需求，基于纳税人满意，终于纳税人遵从”工作目标，立足完善“办税服务厅、网上税务局、纳税人之家”建设，市地税局在梧桐分局管辖的开发区试点建立第一家“纳税人之家”，随后总结经验逐步推广，全市建立“纳税人之家”11 户。“纳税人之家”以咨询服务团为载体，开展“税收优惠政策辅导日”“新办企业办税辅导日”“诚信兴商”、社保费政策座谈会、房地产（中介）企业的税收政策辅导、电脑版发票推广、税收优惠政策讲解等活动；建立桐乡市首个青少年暑期税法教育基地；以监督评议团为载体，开展问卷调查、召开重点税源企业或规模企业法人代表座谈会、邀请部分人大代表、政协委员视察“纳税人之家”，提高纳税人之家的影响力；以纳税人参事团为载体，举行以案说法座谈会、社保费政策座谈会、定期定额户座谈会，举办“执法开放日”活动，实行重大重要涉税违法案件开展公开审理、公开讲评，加强征纳双方互动。第二年，开发建立“纳税人之家”网站，同时制定《桐乡市“纳税人之家”考核评价办法（试行）》和《桐乡“纳税人之家”网站管理办法》，纳税服务工作纳入制度化管理。

2010 年 8 月，桐乡“纳税人之家”服务活动推广现场会

开展纳税服务志愿者活动，制订《桐乡市纳税服务志愿者管理办法（试行）》。2010 年 4 月 24 日，桐乡市成立纳税服务志愿者大队，地税各分局相应建立中队。当时共招募志愿者 125 名，其中大队部志愿者 37 名，中队志愿者 88 名，其成员包括国地税部门，以及会计师事务所、税务师事务所、企业财务的业务骨干。志愿者队伍主要采取定期与日常服务相结合的方式为本地区内需

要纳税服务援助的特殊困难群体以及其他需要纳税服务援助的特定人员按照合法性和无偿性原则提供相关涉税服务，其服务区域覆盖整个桐乡市。全市共确定22个固定服务对象，其中企业7家，个体工商户15户。志愿者根据固定对象自身实际需求，上门为其提供发票领购代办、残疾优惠政策、下岗优惠政策等税收优惠政策辅导，针对财务力量薄弱的纳税人进行财务知识、税收业务知识培训。

三、服务手段

国税部门

1997年，国税部门建立以计算机为依托，税务登记、发票管理、申报征收、税法咨询合为一体的征收管理新格局。加强"两税"管理，对微机操作人员进行分层次培训，有3个所率先实施ZTAX软件管理。年初取消增值税"税负保底、年终结算"办法，出台一系列增值税管理和发票管理的办法和措施，规范管理制度和操作规程，增强依法治税的透明度。

1999年，充分应用ZT97网络资源优势，不断完善和健全征管质量考核，当年税收征期申报率、入库率分别达到96%以上。

2000年9月，举办广翔企业端报税软件培训，实现防伪税控、发票结报、纳税申报一体化功能。11月，推行电子申报，全市几十户个体户率先采用电话申报。

2009年1月4日，市国税局推行纳税人自助报税系统

2001年，推广应用CTAIS软件，6月20日启动，共录入纳税人征管信息数据78.5万余条，审核修改数据信息5000多条，全系统投入计算机41台，打印机10台，参加干部26人，聘用学生29人，保障进入CTAIS各项数据的准确性和完整性，9月1日前，实现CTAIS系统上线运行。

2002年，推进多元化申报和银税一体化建设，有2205户一般纳税人实行电子申报方式，实行率98.53%；有720户小规模纳税人(除双定户)实行电子申报方式，实行率93.02%。

2004年，开展全程服务，实施业务重组，简化办税流程，将原来20多个专业窗口，压缩成全程服务台、发票管理窗口、申报征收窗口3类具有相对综合服务功能的窗口，工作实行AB岗。完善增值税申报纳税"一窗式"管理，推行"一窗一人一机"模式，完善网上申报、网上认证、税银库一体化和纳税无纸化办税服务和开发电子自助税收服务系统。

2005年，统一网上纳税申报平台，实施电子申报、网上认证、无纸化征收、"一户式"储存，基本实现税、银、库一体化和纳税无纸化，方便纳税人申报纳税。9月1日，新综合征管软件CTAIS2.0版上线运行，防伪税控开票系统、认证系统、交叉稽核系统、协查系统、申报纳税系统和发票、会计、统计、评估等管理系统之间信息共享，主体应用数据得到整合。推行VPDN报送系统，将双定户以外的所有纳税人纳入VPDN平台申报，初步构建税收业务计算机管理应用系统的基本框架。

2006年，做好防伪税控"一机多票"的推行，率先在嘉兴市国税系统完成税控企业"一机多票"升级，使用增值税发票的企业全部纳入防伪税控系统。

2007年，加强税收信息化建设，国税与地税、工商建立联合办证协作系统；国税、地税、民政、残联联合开发"桐乡市残疾人就业管理系统"；皮毛市场以近控销管理系统和代征代开管理系统；因特网普通发票举办平台建设系统。

2009年,创新纳税服务手段,推行财税库银横向联网电子缴税方式,在嘉兴市国税系统率先推行“网上远程抄报税系统”和车购税档案电子化管理,完善POS机缴税功能,提升纳税服务效能及品质。

2010年,推广“企业所得税在线备案管理系统”,全市2537家企业在系统中备案,实现优惠政策“动态化管理”。首创电脑在线开具普通发票业务,推广运用网络发票,实施身份证信息网上验证,对1075户用票户的身份证信息进行验证和核查,率先试点缴税扣款协议的国税、地税、银行、纳税人四方联合签约。

地税部门

1998年,地税局在梧桐所试点,个体定期定额户实现用IC卡缴税。2001年,全面实行“银税联网、实时扣税”。

2002年,定期定额委托银行扣款缴税的纳税人采用扣款视同申报的办法,简化相关工作。

2003年5月,市地税局在梧桐地税所选择部分有条件的纳税人进行网上电子申报试点,同年7月1日起电子申报在全市范围内推开;5月1日起,全市范围内推行邮寄申报办法。至此,全市基本形成上门申报、简易申报、网上申报、邮寄申报等多元化申报模式,方便纳税人,降低纳税成本。2004年,经省地税局批准,桐乡地税局列入“浙江地税因特网办税服务系统”(简称网税系统)试点,当年5—8月份网税系统逐步推广到位,其功能扩展为纳税申报、税务咨询与解答、税收宣传等。当年年底实行网上申报户数达3763户,占企业总户数的72%;2005年达到5129户,占企业总户数的94.18%。2005年开始,实行一户通电子缴税,当年达到6112户,占总户数的99%以上。

2007年,试行数字证书网上申报,在试行总结的基础上,2009年12月继续在乌镇分局全面推行数字证书网上申报试点,全市561户企业纳入数字证书网上申报,至2010年共认定CA网上申报户8014户,占应申报户的96.33%,11月止使用CA证书通过网上申报户7222户。数字证书网上申报工作得到省地税局肯定,作为先进经验,其做法在全省被推广应用。

2008年,纳税服务进一步推进,两个分局配备POS刷卡机;税务登记全部实行免填单服务;2008年11月起全部免收税务登记工本费。

2010年,结合电脑发票的推广应用,实行定期定额征收管理纳税人网上发票预缴销办法。

四、服务措施落实

国税部门

2000年,加强“金税工程”建设,完善《增值税专用发票管理工作规程》,制定《防伪税控内部管理办法》《防伪税控企业操作规程》,与服务单位共同制定《防伪税控维护单位管理办法》《防伪税控维护工工作双向协议书》。当年,完成对防伪税控企业开票子系统的升级。

2002年,加强对增值税减免税项目的监督管理,增值税减免税项目的优惠政策及时落实到位,公开承诺、全程服务,年初即抓好增值税减免税项目清理及上报减免工作。

2003年4月,制定网上认证推行计划,抓好宣传、培训、服务、审核四个环节,推行面100%。调整增值税起征点,确保下岗事业人员再就业税收优惠政策的落实到位。

2004年10月,落实党风廉政建设责任制和效能建设,制定《桐乡市国家税务局作风纪律督查实施办法》。

2006年,落实“一台两窗”岗位职责,优化服务环境,提高办税效率。创新推出“税务QQ”系统,自动获取CTAIS2.0内待办实现和超期未办事项信息。

2007年,成立群众满意基层国税站所(办事窗口)领导小组,深入开展浙江省国税系统“群众满意基层国税站所(办事窗口)”的创建。

2008年,纳税事宜“全市通办”,在梧桐、崇福两个办税大厅面向全市通办申报征收、抄税认证、发票领购、税务咨询等八大类办税服务厅的主要涉税业务,纳税人不受主管税源管理部门的限制,可就近选择全职能办税服务厅办理。

2009年,创新纳税服务手段,推行财税库银横向联网电子缴税方式,在嘉兴国税系统率先推行“网上远程抄报税系统”和车购税档案电子化管理。

2010年,完善个体工商户营业执照和国地税税务登记证“三合一”变更办理办法,实现三方变更信息同步。

地税部门

2002年,市地税局出台《桐乡市财政地税局关于切实转变机关作风,全面推进优质服务的具体措施》,设立服务对象意见卡和意见箱,公开接受纳税人对纳税服务的评价与意见反馈。

2004年始,开展经常性的效能建设明查暗访活动,出台《桐乡市财政局地税局效能建设制度》,并与岗位责任制考核相结合,对检查中发现的问题进行通报。

2005年,制订出台《桐乡市财政地税局窗口单位规范化服务标准》和《桐乡市财政地税局规范化服务窗口单位考评办法》,内容包括服务承诺、首问责任制、文明服务用语、政务公开、廉洁自律等。同时公开投诉电话,大厅内设置意见簿,并进一步改进意见箱、意见卡的利用办法,实行意见箱统一定期开箱,通报考评结果和意见簿、意见箱收集到的意见、建议,其中窗口单位的考评结果在大厅对外公开。是年始,地税服务窗口设置服务质量评价系统;2007年,纳税服务评价器统一升级。

2009年开始,办税服务厅开展纳税服务之星评选活动,制定《桐乡市“纳税服务之星”考评实施办法(试行)》,当年评出服务之星8名,其中4名被推荐为嘉兴市级服务之星,2名被评为省省级纳税服务之星;2010年评出纳税服务之星9名,其中4名被推荐为嘉兴市级服务之星,2名被评为省级纳税服务之星。

第二节　差别化纳税服务

一、纳税信用等级评定

根据《中华人民共和国税收征收管理法》《中华人民共和国税收征收管理法实施细则》和国家税务总局、浙江省国家税务局的有关规定,桐乡市国税局从2002年起开展纳税人纳税信用等级评定,并根据《国家税务总局纳税信用等级评定管理试行办法》《浙江省纳税信用等级评定管理实施办法(试行)》,制定《桐乡市纳税信用等级评定管理办法》,以依法、公正、公平、公开为原则,明确评定内容、评定标准、评定程序、评定方法。

2001—2003年,评定“纳税信誉企业”,2004年,根据浙江省国家税务局和浙江省地方税务局要求,国地税联合开展纳税信用等级评定,评定企业改称“纳税信用企业”。当年由国税局牵头,地税局协助。以后每两年评定一次,国、地税轮流牵头负责。

纳税信用企业设定A、B、C、D四个等级。评定采用百分制,得分在95分以上的,为A级;95分以下60分以上的,为B级;60分以下20分以上的,为C级;得分在20分以下的,为D级。在税收辅导、税源监控、发票供应、稽查选案、涉税事项审核等税务管理活动中,根据纳税人不同的纳税信用等级,落实不同的税务管理措施。A(AA、AAA)级纳税人,享有国家税务机关、地方税务机关依法给予的以下待遇:

1.除专项、专案检查以及金税协查等检查外,两年内可以免除税务检查;

2.联合授予AAA级纳税信用等级证书或牌匾；

3.建立税收政策辅导制度，定期上门纳税辅导；

4.根据其它情况采取激励办税的服务措施。

二、纳税信用评定

2001年度，评定A级纳税信誉企业34户。

2002年度，评定A级以上纳税信誉企业38户，其中AA级纳税信誉企业22户，A级纳税信誉企业16户。

2003年度，评定A级以上纳税信誉企业44户，其中AAA级纳税信誉企业17户，AA级纳税信誉企业13户，A级纳税信誉企业14户。

2004年度，改为纳税信用等级评定，当年评定A级以上纳税信用企业72户，其中AAA级纳税信用企业24户，AA级纳税信用企业4户，A级纳税信用企业44户。

2005年至2006年度，评定A级以上纳税信用企业(含纯地税户为4户)81户，其中AAA级纳税信用企业22户，AA级纳税信用企业32户，A级纳税信用企业27户(含纯地税户为4户)。

2007年至2008年度，评定A级以上纳税信用企业(含纯地税户为5户)90户，其中AAA级纳税信用企业40户，AA级纳税信用企业22户(含纯地税户为4户)，A级纳税信用企业28户(含纯地税户为1户)。

2009年至2010年度，评定A级以上纳税信用企业(含纯地税户为4户)109户。其中AAA级纳税信用企业58户(含纯地税1户)，AA级纳税信用企业24户(含纯地税2户)，A级纳税信用企业27户(含纯地税1户)。

2005年，结合第14个税收宣传月活动，在全市范围内开展“诚信纳税户”评比活动，通过“申报及时率”“计算差错率”“有无欠税和税收违章行为”等方面综合评定，从符合条件的纳税户中选出十户“诚信纳税户”企业和十户“诚信纳税户”个体工商户。十佳诚信纳税企业为：浙江天女集团制漆有限公司、浙江同力重型机械制造有限公司、桐乡灯具厂、浙江省烟草公司桐乡市公司、桐乡市恒生鞋厂、浙江中鼎纺织有限公司、桐乡市新华羊毛衫有限公司、桐乡市金隆丝业丝线有限公司、浙江濮院羊毛衫城发展股份有限公司、桐乡市自力有限责任公司。十佳诚信纳税个体工商户为：桐乡市梧桐新三伍大酒店、桐乡市梧桐休闲生活咖啡馆、桐乡市屠甸亨佳斯针织制衣厂、桐乡市乌镇忆江南客栈、桐乡市崇福得利工业设备安装队、桐乡市高桥振元大酒店、桐乡市洲泉国泰皮鞋厂、桐乡市濮院怡婷饭店、桐乡市濮院东方旅馆、桐乡石门创世纪大酒店。

第三节　税务代理

一、税务代理机构成立和发展

随着市场经济的不断发展，适应现代管理需要的税收征管模式应运而生，保姆式的专管员制度被取消，税务代理随之诞生。其主旨是剥离原由税务部门包办的一系列应由纳税人履行的纳税事务工作，明确征纳双方的法律责任。税务代理机构起到税务部门和纳税人之间的桥梁作用。

1995年2月23日，浙江省国家税务局、浙江省地方税务局联合发文批准设立桐乡税务师事务所，所有制性质为全民事业自收自支单位，编制员额20人，职责或服务范围为：税务代理、咨询，经济咨询、代理，会计办税人员培训，资产评估。5月起确定人员开展税务事务代理，至当年年底止实有人员

12 人，税务代理业务收入 393264.93 元。

1997 年 5 月，根据国家税务总局《税务代理试行办法》规定，税务师事务所主要从事办理税务登记、发票领购、纳税申报、缴纳税款和申请退税、制作涉税文书、审查纳税情况、代理记账、税务咨询、申请行政复议、总局规定的其他业务等税务代理业务。9 月，市国税局经批准成立桐乡市税务师事务所，扩大代理人员队伍，设立市税务代理工作指导委员会，加强税务代理行业管理，规范税务代理行为，促进税务代理业的健康发展。11 月 5 日，嘉兴市国家税务局文件批复同意，桐乡市国家税务局设事业单位桐乡市税务师事务所。当年，国税局设立税务代理工作指导委员会。

1998 年，通过市人事局向全社会招聘 5 名代理人员(会计师 4 名)，共有税务代理人员 40 余名，税务师事务所设置代理工作本部，下设梧桐、崇福、乌镇、石门、洲泉、濮院、南日、屠甸 8 个办事处。

1998 年 5 月，地税部门设立地益税务师事务所，2000 年撤销建制。

2000 年 4 月起，桐乡市信业记账服务中心、国立税务师事务所相继设立，开展记账与税务代理业务，至 2010 年止持有"代理记账许可证"的机构 15 家，实际开展代理业务 13 家。从业人员 97 人，代理记账户 527 户，年代理业务收入 300 多万元。

二、税务师事务所的改制与监管

1999 年 11 月，国税局根据浙江省国税局关于《清理整顿税务代理行业实施方案》《税务机关公职人员离职从事税务代理的意见》《税务代理机构彻底脱钩改制中有关财产处理的意见》，成立清理整顿脱钩改制领导班子，启动并实施税务代理机构在编制、人员、财务、职能、名称 5 个方面与国税机关彻底脱钩相关工作。桐乡市税务师事务所搬离国税办税大厅，单独运行，税务代理真正成为独立的社会中介行业。

2000 年 2 月，国家税务总局下发《国家税务总局关于在税收工作中发挥注册税务师作用的通知》，市县税务代理机构由市县国地税局征管科室监管。桐乡市国税局按照脱钩不脱管的原则，注重做好规范监控税务代理机构的各项涉税代理工作。4 月，设立桐乡国立税务师事务所有限责任公司。6 月 13 日，经核准领取营业执照，并开展对税务师事务所的改制，对事务所在基准日(2000 年 6 月 30 日)前的经营情况、资产负债和企业权益情况进行清查，进行财产和产权的界定，最终形成资产处置方案和事务所改制方案。28 日，成立由 4 人发起、11 人出资的新型税务师事务所——桐乡国立税务师事务所有限责任公司，7 月，桐乡国立税务师事务所有限责任公司开始建账，至此，桐乡税务师事务所的改制工作完成，代理机构在编制、人员、财务、职能、名称各方面与税务机关彻底脱钩。

2001 年 10 月，国家税务总局制定《税务代理业务规程》。

2004 年 8 月，国家税务总局发文强调各级税务机关要依法支持注册税务师行业的发展，同时要加强业务指导、监督管理。

2010 年，国家税务总局令第 14 号实施《注册税务师管理暂行办法》。12 月底，桐乡国立税务师事务所有从业人员 47 人(含临时工 12 人)，其中注册会计师 1 人、注册税务师 5 人，有固定客户 3210 户。

2000 年 7 月 1 日，国立税务师事务所与国税机构脱钩，单独运行揭牌仪式

第二十二章　信息化建设与ISO管理

桐乡财税系统的信息化建设随发展的财税工作而不断推进。随着财政管理和税务征管水平的不断提高，ISO质量管理成为财税部门进一步规范管理、提高行政效能的手段之一。经过不断的实践、尝试与摸索，桐乡财税的信息化建设得到长足的提高、财税的管理水平也有较大提升。

第一节　财政地税系统信息化建设

桐乡财税系统的信息化建设起步于20世纪80年代末期。1989年，计划会计股率先应用计算机；1993年，市地税局为9个基层税务所配备电脑，建设计算机房；1996年，市局筹建信息中心，建设计算机网络机房；1997年11月，地税信息中心建立；2001年9月，建立财政信息中心，桐乡财税的信息化建设迈上轨道。

一、硬件建设

1989年，市地税局购置第一台电脑，长城0520，用于计会股编制报表。1990年省财政厅先后通过条线为农财股、预算股配置电脑，联想286和AST286。自此开始，各科室陆续配置电脑，档次逐年提高，1995年国资科配置的电脑已经是486。1996年年底全局共配置电脑68台，2001年为地税干部配备电脑171台。2002年财政地税局实现人手1台电脑，586以下电脑全部淘汰。2004年淘汰所有PⅡ及以下的PC。2005年添置便携机，每个分局配置1台，是年基本淘汰PⅢ机型，全局干部使用P4以上机型。2006年配置人手一只U盘。2009年配置终端电脑。

1999年2—3月，在梧桐所征收大厅设置触摸屏，其他所相继配备。2004年在6个分局征收大厅设置自助申报终端(提供纳税人网上申报)，第二年更新终端设备，并配备激光打印机。

2000年10月，局内部的WEB服务器和FTP服务器相继建立。2002年服务器升级：TF2000主服务器内存和CPU均增加一倍，TF2000备份服务器、ODPS服务器更换为性能更好的服务器。

2003年，购置新的服务器，组成双机热备系统。

2004年，市地税局搬入新大楼，启用中心机房，面积140平方米，同时更新ODPS、WEB和前置服务器。

2005年，更新TF2000双机系统的服务器；更新Notes和FTP系统服务器；并新添2台HP740服务器。

2006年购置财政3台IBM小型机和1套存储设备，当年购置备份设备。

2008年购置2台地税IBM小型机、更新18台交换机。

二、软件建设

(一)软件应用

人事管理系统

1997年单机版《干部人事管理系统(财政版)》运用，主要反映干部人事基本信息、学历学位、技术职称等方面内容,作为人力资源分析依据;2006 年后升级为全省统一的网络版《人力资源管理》软件,增加干部岗位变化相关内容。

预算外资金管理系统

1998 年收费办公室成立,首先使用佳博软件《预算外资金管理系统》,主要用于行政事业单位票据领购、核销与票据资金的结报;2001 年改用《浙江省行政事业性收费和政府性基金管理系统》(简称 CFS),增加票据资金账务处理模块和与银行的数据传输功能。

企业财务管理软件

①2000 年开始,使用财政部统一的《会计报表》软件,主要用于统计和编报国有企业和行政事业单位资产和财务收支状况;②2004 年启用《外商投资企业财政登记》软件;③2005 年开始,省财政厅统一的"久其报表数据管理系统"投入使用,主要用于"粮食企业月报"、"大中型企业快报"、"外商投资企业年报"三类报表;④2009 年 9 月"大中型企业快报"从"久其报表数据管理系统"独立出来,使用省财政厅统一的网上申报平台《浙江省企业分户快报网上直报系统》;⑤2006 年开始,使用省厅每年下发的年度《企业财务会计决算报表》系统,主要用于编制和上报相应报表;⑥2007 年,全国统一的《农民补贴网络信息系统》(单机版)上线运行,通过受补面积管理,补贴金额自动生成,并通过银行直接发放到农户,实现对农补贴的直接与快捷;⑦2010 年开始,使用省厅每年下发的年度《全国金融企业财务决算报表》软件,用于编制和上报金融企业年度决算报表;同年开始,金融企业财务平台《金融企业财务快报系统》投入使用,主要用于产生季度报表。

国有资产管理软件

①2002 年,启用全省统一的一次性《行政事业单位清产核资》软件,主要用于编报报表;②2005 年,启用《企业国有资产产权登记信息系统(管理版试行)》;③2007 年,启用《全国行政事业单位资产清查报表管理系统》;④2010 年开始,使用财政部统一的《行政事业单位国有资产上报系统》平台。

财务核算软件

2001 年,预算会计核算中心建立,选用用友公司 933 财务核算软件,主要用于进核算中心管理的预算单位财务账套核算;2005 年,省财政厅开发《国库集中支付》软件,核算中心使用其中的核算模块,933 财务软件停用。

公文处理与协同办公系统

2001 年,启用省局统一开发的 ODPS 公文处理系统,成功实现与省地税局的远程收发文;并于是年推广使用 Notes 邮件系统;2007 年公文处理系统升级为《财政地税综合办公平台 FOA》,2009 年,FOA 由 2.5 版升级为 3.0 版。

金财工程

2002 年,财政科室开始使用省财政厅统一开发的《审核拨付》软件(金财工程的前身),当时桐乡财政使用三大模块:指标管理,由有预算单位管理职能的科室用于预算指标管理;资金申拨,由有预算单位管理职能的科室用于资金申拨;会计核算,国库科用于财政总会计及专户会计的财政资金核算。

2003 年 8 月,桐乡市局向省厅申请列入"金财工程"试点,2004 年 10 月,经省厅批复,桐乡市财政局被列为"金财工程"全省第二批试点单位。"金财工程"包括"财政综合办公平台""预算编制""指标管理""资金申拨""集中支付与集中核算""财政收入动态分析系统"等财政核心业务软件。桐乡市局经过几个月的业务流程梳理和衔接,2005 年 5 月,"预算编制"系统上线,2006 年 1 月,核算中心的"集中支付"系统上线,2007 年"财政综合办公平台"上线。

农业税征管软件

2006 年启用浙江省统一的《浙江省农业税收征管信息系统》，系统实行局域网管理，主要包含 4 个模块，实际使用其中二个模块：契税、耕地占用税，用于信息录入与开票管理。

土地出让金管理系统

2003 年，桐乡财政在全省率先实施土地出让金电脑管理，初始使用佳博软件《土地出让金管理系统》，主要用于出让金管理、核算及基本报表的产生；2008 年全面升级，使用《国有土地使用权出让收入管理系统》，升级后包括“征地收储、出让收支、通用报表”三大系统。

会计管理系统

2003 年，启用《浙江省会计人员管理系统》，主要对全市所有的持证会计人员的基本信息进行管理，包括人员统计与增减信息管理工作；2007 年全省统一的会计人员继续教育平台《会计培训管理系统》投入应用，主要用于会计人员的网络培训，涵盖继续教育报名、培训与考试的全过程。

《ZTAX》征管软件

1997 年开始，运用省局统一开发的征管软件《ZTAX》，上半年在濮院所试点，7 月 1 日，崇福所首先启用，12 月，乌镇等基层所相继启用。《ZTAX》征管软件覆盖税收征管的纳税登记、发票管理、纳税申报、税款征收、计会统处理、票证管理等方面。信息中心工作人员根据桐乡实际对软件作部分修改和补充，增加“快速查询”功能、“计算器”功能、“系统信息查询”功能、“税务登记”户数显示功能、“时间信息和屏幕保护”功能、“纳税人档案查询”功能、“企业编码查询”功能、操作员密码修改功能等，并实现热键调用，方便操作。

TF98 征管软件

2000 年 6 月，启用《TaxFriend98(TF98)》征管软件，启用模块情况如下：

表 22—1

<table>
<tr><th colspan="2">模块名称</th><th>全面启用时间</th><th colspan="2">模块名称</th><th>全面启用时间</th></tr>
<tr><td rowspan="7">一级模块</td><td>税务登记</td><td>2000 年 6 月</td><td rowspan="3">二级模块</td><td>行政处罚</td><td rowspan="4">2000 年 6 月</td></tr>
<tr><td>办税员管理</td><td>2000 年 6 月</td><td>电子征管档案</td></tr>
<tr><td>申报开票</td><td>2000 年 6 月，9 月份起启用 2.0 版</td><td>领导综合查询</td></tr>
<tr><td>会统管理</td><td rowspan="7">2000 年 6 月</td><td rowspan="7">扩充模块</td><td>财务管理</td></tr>
<tr><td>票证管理</td><td>税收计划管理</td><td>2000 年 10 月</td></tr>
<tr><td>编码管理</td><td>税源管理</td><td rowspan="5">2000 年 6 月</td></tr>
<tr><td>系统维护</td><td>稽查管理子系统</td></tr>
<tr><td rowspan="3">二级模块</td><td>双定管理</td><td>复议应诉赔偿</td></tr>
<tr><td>发票管理</td><td>法规管理</td></tr>
<tr><td>涉税文书</td><td>税收保全强制</td></tr>
</table>

各基层分局先后启用情况为：梧桐、屠甸所 2000 年 4 月 1 日起投入运行；乌镇、洲泉所 2000 年 5 月 1 日起投入运行；濮院、石门、崇福所 2000 年 6 月 1 日起投入运行。

2001 年,TF98 从 2.0 版升级到 2.1 版,双定户全面纳入 TF98 并全面实行“银税联网、实时扣税”。

2002 年,征管软件升级,TF2000 全面投入运行。

2006 年,启用省地税局统一的《税源间接控管系统》,主要具有查询功能,用于《税友 2000》征管系统的数据监控与查询,实现税源管理岗税源监管制度的实施,满足工作人员定制查询的需求。

2007 年,TF2006 上线运行;2010 年,契税、耕地占用税模块启用。

建筑业项目管理系统

2009 年,全省统一的《不动产建筑业项目管理》软件启用,主要用于房地产行业、建筑业企业的发票开票管理和用票企业向税务部门报送发票用票信息与数据。

网税系统

2004 年,省地税局统一开发的“网税系统”试运行,经省地税局批准,5 月梧桐分局首批试点网上申报,6—8 月网上申报在其他分局推开;2007 年,桐乡地税率先在全市试点电子签名;2010 年 CA 证书全面推广。

个人所得税全员管理信息系统

2004 年,全省统一的《个人所得税全员管理信息系统》软件启用,主要用于具有工资、薪金个人所得税代扣代缴义务的单位用于员工工薪收入明细管理和向税务部门报送个人所得税代扣代缴信息与数据。

浙江省电脑版发票开票系统

2010 年,全省统一的《浙江省电脑版发票开票系统》启用,主要用于电脑发票使用单位的发票开票管理和向税务部门报送发票用票信息与开票数据。

委托代征软件

同年,全省统一的《委托代征软件》启用,主要用于代征单位的开票管理和向税务部门报送税票用票信息与代征数据。

(二)软件开发

设备管理系统

1997 年,自行开发《设备管理系统》,主要用于局内部计算机类设备的领、用、存管理;2013 年升级为网络版。

发票管理系统

①1998 年,自行开发的《饮食业电脑发票开票系统》启用,主要用于饮食行业的电脑发票开票管理和向税务部门报送发票用票信息与发票开票金额统计数据;②2010 年,开发完成《国地税发票比对管理系统》,主要用于对国地税共管户发票开票信息和缴税情况的比对,加强对国地税共管户的管理。

“一户通”扣税系统

2004 年,试行银、税、库联网“一户通”扣税系统;2007 年并入税友 2006 系统。

请假系统

2005 年,自行开发的《请假系统》启用;2010 年并入“协同办公管理系统”,经升级改造,实现请假数据与考勤数据的实时比对。

协同办公管理系统

2006 年,自行开发《桐乡财政地税协同办公管理系统》上线,当时是以搭建税务管理的相应平台为主，如税务登记与户籍管理、普通发票管控、国税小规模企业分类管理、定额质量评析、个体大户管理、国地税定额采集信息数据转换等，陆续地增加日常综合管理模块，如办公耗材出入管理、考勤管理、点菜管理等。

审核评税和执法责任制管理信息系统

①2006年开始，启用银通公司开发的《审核评税和执法责任制管理信息系统》，得到省局的肯定，2007年其功能被省地税局纳入税友2006系统，推广应用于全省。②2008年4月，自行开发《税友2006》"执法质量管理子系统"上线运行，启用工作流程管理，实现《税友2006》全过程跟踪考核。

联合办证软件

2006年，配合国地税、工商联合办证的需要，联合国税开发《联合办证软件》，实现税务登记与工商营业执照的同步发放与管户数据的三方一致；2007年，《税友2006》测试上线，协作办证软件随之升级。

社保地税联网系统

2006年，配合"五费合征"，参与开发《社保地税联网系统》，实现地税与社保间地税登记信息、社保应征数据与地税征收数据的实时自动交换接收和处理。2010年2月系统升级。

国有资产管理系统

2007年，联合用友政务软件公司开发《行政事业单位国有资产动态管理系统》，于2008年6月启用，在资产清理的基础上对国有资产实行动态管理。

车辆管理系统

2008年，自主开发《车辆管理系统》，用于财政对车辆的编制管理和预算单位车辆维修费用、耗油量等运营费用情况统计，实现对预算单位车辆供养的精细化管理，"金财工程"上线后停用。

金财工程

2009年6月16日，自主开发的"金财工程"正式上线，主要应用于财政管理(因省厅统一开发的"金财工程"无法满足桐乡财政的管理需求，经局党委研究决定自主开发"金财工程")，当年启动的主要模块有：预算编审系统、基础数据库、项目库、车辆管理系统、统发工资管理系统等模块，省厅统一开发的"金财工程"系统相应模块停用；2010年开始，启用国库集中支付、账户管理、政府采购、会计核算等模块，省厅统一开发的"金财工程"系统相应模块停用。

残疾人就业管理系统

2008年，自主开发的《残疾人就业管理系统》上线运行，并获得省级科技成果鉴定。

地税业务交流平台

2009年，自主开发的地税业务问题交流平台上线，主要用于系统内基层分局与市局间的业务提问与解答；2010年停用。

税企通

2009年，自主开发的税企通信息交流平台上线，主要涵盖税务部门与纳税人之间、与税务相关部门之间、税务部门内部间的信息交流与沟通，其功能包括：为纳税人提供政策咨询、一般业务交流、为"纳税人之家"成员提供重点服务、远程帮助纳税人解答或操作税务软件中的难题；与国税、工商、经贸等15个部门建立信息互通与共享；税务部门内部的业务探讨与交流。

工商、国地税无照无证协作控管系统

2010年，联合工商、国税开发完成《工商、国地税无照无证协作控管系统》，投入运行，主要用于地税漏征漏管户的核查与管理。

三、网络建设

(一)内网建设

1996年开始,各基层所陆续建立征收大厅,开始布设网络设施。

1997—1998年,相继实现中心机房与各基层所、税收科室、局领导范围内的网络连接。1998年,建立RAS服务器,通过电话拨号方式实现市局与基层所的数据传输。2000年实施市局中心机房建设,完善局域网络建设,同时初步建立广域网。广域网以广电局的光纤通信网为主干通信线路。

2001年,市局实现公文处理系统与省地税局的远程收发文,并于是年在全局推广Notes邮件系统。

2002年,乌镇、梧桐、洲泉三个所的触摸屏主机安装网卡,实现与局网络的互联。

2003年,局内部网站建立,内部网站作为信息发布与交流的园地,首页开辟的主要栏目:《最新动态》《最新通知》《社会热点》《专题报道》《今日发文》《省局通知》《市局通知》等栏目,同时还内设部门设置、财税信息、网上党校、政策法规、学习园地、精品下载、休闲娱乐等七大模块。

2004年,局新大楼启用,中心交换设备通过改造,网络核心工程达到千兆级水平。

2006年,地税广域网升级扩容,速率从512KB扩容到2MB。

2007年,地税视频会议系统实施,实现与省地税局实时视频信号接收。

2009年,由外网转为内网的短信平台,实现自动发送与提醒。

(二)外网建设

1998年,在梧桐所试点,实现IC卡缴税;当年6月开始至第二年的年初,8个税务所均先后实行银税联网。

2001年,开通桐乡政府网,主要用于政务信息公开,包括的栏目有:机构概况、政策文件、报告统计、规划计划、工作信息、财政信息、行政审批、人事信息。

2001年,双定户全面纳入TF98并全面实行“银税联网、实时扣税”。

2004年,试行银、税、库联网“一户通”扣税;2006年“一户通”电子缴税系统升级。

2005年,桐乡财税外网门户网站建立,首页设置财政公告、税务公告、财税信息、财经要闻四大版块;同时设有政务公开、财税服务、信息公告、建议投诉、财税文化、网上查询等模块。2008年财税外网改版升级,增加网上办税功能,同时提供“表格下载”、“软件下载”服务。

2006年,配合国地税联合办证和“五费合征”的需要,相继开通与国税、劳动保障部门的网络联结,实现部门间的工作协作,数据信息接收和处理;2010年12月,税友2006实现与金保工程(劳动保障部门)数据的接口升级改造。

2007年,建立短信平台;2009年与税收业务整合升级,由外网转为内网。

同年,建立政府网和VPN通道相结合的与外单位、纳税人的连接网络,移动办公成为可能。

2008年4月,配合残疾人保障金征收管理工作的需要,开通与残联的网络联结,《残疾人就业管理系统》上线运行。

2009年,为方便人大直观、全面、有效监督财政预算编制和执行情况,“金财工程”开设专门接口,建立《人大在线监督系统》并投入运行。

同年,自行开发的税企通上线,实现税务内部、税务与纳税人之间(包括“纳税人之家”成员)、税务与部门间的网络联结,达到共享、信息交流的目的,同时为纳税人提供政策咨询、业务问题解答、税务软件远程操作协助等服务,还为“纳税人之家”成员提供重点服务。

2010 年 6 月，《会计之家》网站上线，首页设置准则制度、要闻快递、资格考试、办事指南、热点问题、学会专栏等板块，同时设置咨询反馈、求职招聘、交流园地等服务平台。

同年 10 月，《纳税人之家》网站上线，首页设置网上办税、涉税查询、服务动态、纳税人学校、网络课堂、纳税人风采等版块；提供纳税人服务热线和地税信息技术服务热线；同时设置宣传专区、互动专区、工作动态、通知通告、热点专题、维权中心等栏目。

四、安全建设

（一）网络安全队伍建设

1996 年，市局建立计算机网络管理员队伍，并组织管理员重点对网络管理系统、工作站操作系统、数据库管理系统三个方面内容进行培训。每个基层所选派 1 名具备计算机操作技能的工作人员担任管理员，梧桐、崇福、濮院、石门所分别增派 1 名管理员。

2004 年，市局建立信息化安全组织机构，建立领导小组，领导小组下设办公室，办公室成员由信息中心的专业工作人员组成，职责具体，分工明确。

2005 年，建立《计算机信息管理（联络）员制度》，原计算机系统管理员和维护联络员自动变更为计算机信息管理（联络）员，并对信息管理（联络）员队伍进行扩大，梧桐分局与稽查局各设管理（联络）员 2 名，其他基层分局和财政支付（核算）中心、局机关各科室、行政审批中心各设管理（联络）员 1 名，同时制定计算机管理（联络）员职责、实行例会制度、按月学习培训制度。

（二）网络安全制度建设

1999 年开始，实施备份制度，按年备份。（2008 年，配合省局应急中心系统的建立，实施地税数据实时异地备份，在濮院分局安装 1 台服务器搭建异地备份系统，对中心机房的重要数据实现夜间异地备份。）

2002 年，开始对计算机实行制度化管理，出台《桐乡市财政局、地方税务局计算机系统运行管理办法》《中心机房管理制度》《计算机网络及信息安全管理制度》《信息系统安全应用管理制度》。

2003 年 11 月，进一步出台《计算机网络运行和系统安全定期分析制度》《计算机系统技术事故防范处理和上报制度》。

2004 年 8 月，建立《网络与信息安全防范处置预案》，重点对计算机网络、办公系统、征管系统、金财工程系统、电子邮件系统及内外网站的安全制订 9 条安全防范措施、12 条应急处置措施。此年开始，实行 AB 角负责计算机运行维护，并对 TF2000 应急系统的软件及时升级；数据比对，实时监控，保证系统正常运行。

2006 年，制定《计算机类设备管理办法》，实行“机随人走”，减少不必要的设备损耗，提高计算机的安全性。

2010 年，对《计算机类设备管理办法》等 8 个管理制度进一步修订完善，计算机管理进一步规范。

（三）杀毒防毒与网络维护

1999 年开始为各所配备杀毒软件（KILL98），在市局信息中心“远程访问服务器”上建立“病毒专栏”。每月进行软件升级。是年 4 月有两个所各有 1 台计算机遭到“CIH”病毒的破坏，造成计算机数据的全部丢失和计算机“BIOS”的破坏。2000 杀毒软件升级到 KILL2000 网络版。

2002 年，在充分调研的基础上，确定提高局计算机系统网络安全及防病毒能力方案，11 月，通过采购中心完成设备采购与安装，通过完善设备配备和管理来不断提高计算机系统安全性能（安装防火墙和网络版的防病毒系统）。

2003年,更新防病毒系统服务器,完善趋势防病毒系统对电子邮件类病毒的防杀能力;计算机系统网络加密系统建设。

2005年,添置1台防火墙和1台入侵检测设备,重新构建内网安全系统;在外网上配置防火墙。从整体上提高计算机系统的安全防范能力。

2007年,实施IP地址和MAC地址的绑定,防范病毒传播。

2008年,购置防火墙1台、VPN设备一套,另外还购置网络设备维保。

2009年,局内网杀毒软件升级更新,地税网段由趋势杀毒软件更换为赛门铁克杀毒软件。当年为"信息化安全建设年",3月,启用《桐乡市财政地方税务局网络硬盘管理系统》,加强个人文档安全管理。

2010年,实施网络改造工程,通过划小安全域、扁平化网络结构、规范外联单位接入、重新规划网络地址、分局线路从VLAN改造为裸光缆措施强化网络安全。

(四)硬件设施保障

2004年,新大楼启用,中心机房配备联动的自动火警系统和惰性气体自动灭火系统。此年对各税务分局配备UPS供电设备,适应应用系统对设备的不间断要求。2006年,升级UPS不间断电源;配备备份设备。

第二节　国税系统信息化建设

1997年10月,市国税局设立计算中心,专司国税系统税务信息化工作,承担软件应用、硬件维护等组织管理工作。2010年计算中心更名信息中心,专业人员3人。信息化建设从1997年分设时的单机操作运行,发展到2010年的税收业务、行政办公、财务管理、人事管理、规范执法、纳税服务等多层次、全方位的综合运行,科学化管理水平得到提升。

一、硬件建设

1997年,随着国地税机构的进一步分设,国税信息化建设开始起步。当年,市国税局机关和基层税务所仅有20几台电脑,主要用于税款的征收开票、税务登记等一些简单的单机处理操作。1999年,加强硬件设备建设,投入奖金180余万元,购置SUN小型机、网络设备、电脑、复印机等120多台,全系统分批开展计算机知识培训,200多名税务干部获得计算机初级证书。2000年,开展办公自动化培训,布置25台联网电脑,聘请计算机老师,开展三期Windows基础、上网、电子邮件、Word、excl、公文处理等培训。随着征管改革的不断深入,信息化建设不断深入发展,通过举办信息化知识培训,开展计算机操作竞赛等活动,技术专业水平不断提高,形成设备管理、硬件维护、网络运行监控、软件研发、新系统推广应用的信息化建设专业队伍。网络建设实现了与上级国税机关、政府部门、银行之间的互联。2010年,国税系统设有机房1个,小型机2台、BBS服务器1台,计算机发展到国税干部人均配置1台,重点岗位人均配置2台,全系统共有300多台计算机和硬件配套设施。

2000年4月17日,市国税局开展港台客商话税收活动

二、软件建设

（一）软件应用

ZTAX征管软件

1997年，国地税机构分设之初，市国税局税收征管改革以计算机为依托，应用ZTAX征管软件，少量的计算机用于简单的税款征收开票和税务登记等一些单机处理操作。当年，78名微机操作人员培训获得初级证书。

ZT97征收管理系统

1998年，市国税局全面启动应用ZT97征管软件，加强公文处理拟稿、审稿、核稿、登记、拟办、阅办、催办、传递、存档等操作人员培训，掌握软件功能，提升数据处置能力。投入人力、物力、财力、对设备、系统、应用软件进行全面测试。

出口退税软件

1998年，市国税局应用《出口退税审核系统》，使用计算机处理出口退税审核工作，对出口货物退（免）税进行电子数据对审，可查询外部电子数据和历史数据，出口退税审核信息化处理由单机向网络化发展。2005年8月，出口退税审核二级网络系统上线运行，数据集中到嘉兴市国税局。2006年2月，省国税局集中进出口管理系统上线运行，企业可上网使用系统进行预审，企业办理出口退税更加方便。2008年，市国税局自行开发《出口企业动态监控系统》，集数据统计、分析、查询、预测、传递、预警、评估与监控等功能于一体的信息化平台，系统功能更加强大，数据更加全面准确，出口企业征退税衔接和防范出口骗税得到加强，出口货物退（免）税工作得到保障。2010年，继续使用《出口企业动态监控系统》，外向经济的信息化平台建设不断完善。

金税工程系统

1998年，市国税局应用金税工程系统，系统由增值税防伪税控系统、认证子系统、稽核子系统，协查信息管理子系统等系统组成。其中，增值税防伪税控系统又分税务端使用的子系统和企业端使用的子系统，税务端使用的子系统包括税务发行子系统、企业发行子系统、发票发售子系统、报税子系统和税务机关代开发票子系统，企业端使用的子系统是开票子系统。

同年，完成使用增值税专用发票防伪税控系统内部和企业的专用设备更换工作，对未纳入防伪税控系统，但按次销售达到百万元以上业务的企业全部安装配备新系统。从4月1日起，企业所有需要开具专用发票的销售业务一律采用新系统开具，并扩大到开具十万元版专用发票的企业。同时，实施“浙江省增值税发票结报系统①”，结报系统X·25网，采用大型数据库软件，以省国税局为中心，县市局为工作站的增值税发票结报、稽核、监控网络体系。结报数据的采集方式，由数据采集器方式、通过计算机方式、税务代理方式三种。

1999年，开始推广运行增值税防伪税控系统中开票子系统、发票发售子系统、企业发行子系统，部分增值税一般纳税人停止使用手工十万元版专用发票，而使用增值税防伪税控系统开具电脑版专用发票。

2000年1月1日，金税工程稽核系统正式开通运行。国税系统运用高科技手段，通过“金税工程”增值税计算机稽核系统来加强税收征管和监控，防止税收流失，遏制增值税发票犯罪。稽核系统以企业申报信息为稽核主导，以发票信息为稽核辅助，及时发现和查处增值税偷骗税行为的计算机管理

① “结报系统”：以计算机网络为依托，以纳税人或税务代理报送增值税发票电子数据为基础，以强化增值税征收管理为目标，实现对增值税发票全面管理的一项工程。

系统。

2001年,推广运用增值税防伪税控系统,全市1917户增值税一般纳税人参加防伪税控系统企业培训1674户,占现有一般纳税人总户数的93%。707户应用防伪税控系统开具电脑版专用发票,占应运用推广户数的39%。当年,全市开具万元以上销售额增值税专用发票的企业,全部运用增值税防伪税控系统。增值税认证子系统、稽核子系统,协查信息管理子系统同时运行。

2002年1月1日起,所有增值税一般纳税人必须通过增值税防伪税控系统开具销售额万元以上专用发票。9月,全市金税工程二期,实际应用防伪税控开票子系统企业804家,占全市增值税一般纳税人总户数的35%。当年,推广发行IC卡、将防伪税控开票子系统从DOS版升级为WINDOWS操作系统版。

2003年6月,增值税防伪税控系统覆盖到全市增值税一般纳税人,先后共举办各类防伪税控培训班80多期,有2200余人参加了培训、考核,取得合格证书。同时,开展100多场次的金税工程宣传辅导,印制发放防伪税控宣传资料1.2万多份(本),定期编印《桐乡金税信息》简报。当年,全市2345户一般纳税人率先实现防伪税控全覆盖。7月,停止使用手工版专用发票。

2004年,推行防伪税控网络版,增值税一般纳税人档案信息共享以及在发票发售时,对企业抄、报税情况的比对,防止由于二次写入税控IC造成的数据紊乱。

2005年9月1日,新综合征管软件CTAIS2.0版,即中国税收征管信息系统上线运行,实现防伪税控系统、出口退税系统的整合,初步构建了税收业务计算机管理应用系统的基本框架,确保网络和网上申报认证信息数据的安全。

2006年1月1日,“四小票”[①]审核监控系统正式运行(防伪税控税务端软件在省国税局平台集中运行)。国税系统成功推行防伪税控一机多票系统,增值税一般纳税人利用防伪税控开票子系统既可以开具增值税专用发票,也可以开具普通发票。

2007年,运用金税工程数据,加强涉税信息数据管理,降低专用发票的作废率、负数发票率、失控发票率和无重大数据错传、重传、漏传,保持全年增值税一般纳税人档案信息采集、综合采集率、抵扣发票认证率100%。

2008年,着力加强各税种、各环节的业务整合和信息资源整合,提高科技管税水平。

2009年,推广电脑在线开具普通发票,完成所有万元版普通发票以上和全部专业市场代开发票的电脑在线开票和部分千元版普通发票的在线开具。8月,推行网上抄报税工作,举办23期培训班,对全市3800户增值税一般纳税人集中培训,有3500多家企业实现网上抄报税,占应推行户数的90%以上,在嘉兴国税系统第一家全面推行。

2010年,重视专用发票使用管理工作,重点加强“认证后失控发票”的督查管理,切实加强对失控企业及专用发票使用“两卡”[②]的监管,减少隐患。完成“扣税凭证审核检查管理信息系统”增值税专用发票稽核比对异常信息的审核,检查和处理等日常管理工作。

---

① “四小票”:是指增值税一般纳税人取得并据以计算抵扣进项税额的运输发票、废旧物资销售发票、海关进口增值税专用缴款书、税务机关代开增值税专用发票。

② “两卡”:是指金税卡和IC卡。金税卡是装在电脑主机里的硬件,IC卡是类似电话卡一样的一个卡片。关系是金税卡是主要的,IC卡相当于U盘或者移动硬盘一样,就是为了方便税务局和企业中间的信息交流。IC卡来回把企业跟税务局端的信息带来带去。

公文处理系统

2000 年，市国税局扩展计算机的应用领域，加快办公自动化的建设步伐，与省国税局开通公文远程封发，公文处理系统，实现国税系统内部公文收文、发文、立卷归档等公文处理主要过程的信息化，提高办公质量和效率。2010 年 7 月，《税务综合办公信息系统》上线运行。

CTAIS 软件

2001 年，市国税局应用 CTAIS（中国税收管理信息系统）征管软件，省国税局要求系统从 ZT97 升级到 CTAIS（1.05 版），9 月 1 日前上线运行。国税部门从 6 月 20 日开始，投入计算机 41 台，打印机 10 台，参加干部 26 名，聘用学生 29 名，全体参战同志，冒酷暑、战高温，放弃休息、加班加点，夜以继日的连续奋战，喊出"奋战六十天，确保 CTAIS 系统高质量上线运行"的口号，系统共录入纳税人征管信息数据 78.5 万余条，其中，正常户 11945 户，非正常户 207 户，一般纳税户认定 1949 户，金银首饰认定 50 户，民政福利企业认定 85 户，税种认定 11312 户，票种认定 4914 户，定额认定 7969 户，出口退税认定 93 户，电子申报 291 户，防伪税控企业认定 689 户，委托代征认定 66 户，残疾人名册登记 3549（人），审核修改数据信息 5000 多条，完成对全市 1949 户增值税一般纳税人的期初设置，385 户企业的期初预缴设置（其中出口货物预缴 295 户，代开发票预缴 90 户），全市 308 户欠税企业的期初设置，录入数据 538 条。同时，对实行实时扣款纳税人进行了银行扣款资格设置，录入户数 2021 余户，银行扣款资格设置记录 2021 条。8 月 28 日，CTAIS 各项数据准确完整，系统提前正式上线运行。至此，全市 11397 户纳税人全部纳入 CTAIS 管理系统，其中实行网上申报 2971 户，一般纳税人网上申报已达 100%，电话申报 1924 户和银行网点申报 6899 户，占全部已申报纳税户数的 89.28%。该系统 2005 年以后，升级到 CTAIS（V2.0 版）。

财务管理系统

2001 年，市国税局应用《财务管理系统》，实现财务核算、出纳管理、工资管理的信息化。2007 年，融合会计核算、财务管理、报表处理、固定资产管理等功能为一体的网络版财务管理系统投入运行。2010 年，使用网络财务管理软件，财务电算化管理程度得到提升。

人事管理系统

2003 年应用人力资源管理系统，涉及人事工作的机构编制、人员信息管理、系统干部管理、人员调转管理纳入信息化管理。2007 年至 2010 年，中国税务人事管理系统运行，人事管理的数据集中到省国税局处理。

CTAIS V2.0 综合征管软件

2005 年，市国税局应用综合征管软件 CTAIS（V2.0 版），系统由管理服务、征收监控、税务稽查、税收法制和税务执行 5 个功能模块。组织开展 CTAIS V2.0 上线应用培训 5 期，处理 CTAIS V2.0 运行前数据 40094 条，经过多次完善、升级，软件功能基本涵盖包括税务登记、税种登记、认定管理、发票管理、文书管理、个体定额管理、征收监控、税收法制、税务执行、税务稽查等税收业务的各个环节，全市所有一般纳税人均被纳入中国税收征管信息系统（V2.0）。

VPDN 网上安全认证平台

2005 年，市国税局联同嘉兴电信公司、浙科公司推出《VPDN[①] 网上安全认证平台》，全市各小规模纳税人、纯所得税国税纳税人上网后，通过 VPDN 账号、专用账户和密码，经 VPDN 专用隧道登陆

---

① VPDN 网上申报平台，VPDN 用户只要向浙江省电信有限公司申请使用 VPDN 业务，获得专用账户和密码，通过宽带上网或拨号上网，经 VPDN 专用隧道登陆国税网站，就可完成网上申报的一个安全、高效、快捷的税务服务平台。

国税网站，就可足不出户完成网上纳税申报。平台采用先进的IP虚拟通道技术和两次认证手段，将国税专网与普通互联网进行了有效地隔离，实现数据传输的保密性和在线服务平台的可靠性，全市3600多家企业在网上平台安全运行。

普通发票管理系统

2006年，市国税局应用《普通发票管理系统》，以系统为管理平台，自动获取CTAIS发票的核定、领购、结存、缴销、代开、发票违章处罚等时点和动态信息，通过对纳税人自购发票、代开专用和普通发票开具额、发票用量、结存信息、发票违章、发票稽核、定额等信息的录入、读取、对比和评析，将发票缴销、结算等全部纳入计算机管理。该系统分别在2007年、2009年进行再开发①。

车辆购置税系统

2007年，市国税局应用车辆购置税征收管理系统，车购税数据集中到省国税局。2009年，做好车购税征收系统升级工作，在征收工作中要严格审核机动车销售统一发票或《海关关税专用缴款书》等价格证明上的开具时间，准确比对"机动车整车出厂合格证"等车辆合格证明上的技术参数，确保政策执行到位和征收工作正常进行。11月，开始实施车辆购置税纸质档案扫描方案，使用扫描仪将2008年5月以来的车辆购置税纸质档案转换成为电子档案，输入档案库，电子档案库建成后，只需打印对应的电子档案，并加盖车辆购置税征收专用章，无需再从档案室调取纸质档案。2010年，应用车购税网上申报系统，整合和利用浙科网络电子发票信息管理服务系统、纳税申报专网(VPDN)系统和综合征管软件车购税征收系统，采用身份认证电子密钥和密码验证双重校验机制，通过VPDN专网技术实现对纳税人发票使用、纳税申报信息的实时监控，提高车购税征管信息化水平。

(二)软件开发

桐乡国税主页

1999年，市国税局自行开发编制《桐乡国税主页》软件，通过"桐乡国税主页"在系统内部发布最新最快的税收政策、税收收入、发票管理等17项内容，达到信息交流与共享。

纳税申报系统

1999年，市国税局开发电话申报系统，试行个体定期定额户中可直接通过电话办理纳税申报。2001年，增值税一般纳税人实行软盘申报。对定期定额征收增值税的小规模纳税人，推行电话申报纳税办法，在电话申报后通过银行划转应交税金。个体定期定额户实行简易申报，税款征收通过税银网络从纳税人基本结算帐户中扣缴。2002年，运用网上申报系统，使原使用软盘申报的企业逐步改用网上申报，实现所有一般纳税人实行网上申报的目标。2005年开始，国税局推广应用VPDN网页(WEB)申报方式，方便纳税户通过计算机网络进行网上申报。2006年，对个体定期定额户的纳税申报按照扣款作申报的简易申报办法。2010年，延续个体工商户以扣款简易申报形式、企业以VPDN网上申报为主的纳税申报形式。

税务QQ软件

2006年，市国税局开发"税务QQ"系统，可自动获取CTAIS(V2.0)内待办事项和超期未办事项信息、公文处理系统内未阅文件、内部通知和统计信息等，为税收征管提供了技术支撑。"税务QQ"项目被省国税局列入管理创新项目库，在全省国税系统信息化会议上编入信息化建设交流材料。

① 参阅软件开发栏目，《发票查询举报系统》。

“一窗式”联合办证系统

2007年，市国税局、地税局、工商局成功开发(税务登记)证、(营业执照)本的“一窗式”联合办证系统，办证窗口办理和发放三窗合一，信息数据自动读取，三方证照的同步发放，从源头上保证了税务登记与工商登记在户数与时间上的一致，解决了长期以来困扰着税收征管工作的基础性难题，体现了“服务更便民、效能更提高、管理更到位”的现代行政管理理念。

残疾人就业管理系统

2008年，市国税局与地税、残联、民政四个政府部门联合开发的《残疾人就业管理系统》上线运行，系统纳入福利企业资格认定、残疾人办证、就业、工资发放、退税计算等内容，实现区域内互联互通，为办理残疾人就业的税收优惠政策提供方便。

发票查询举报系统

2007年，市国税局在2006年应用的普通发票管理系统的基础上，自行开发《发票查询举报系统》，系统内容涵盖普通发票领用、开具、与个体定额和超定额、小规模企业申报稽核，优化了原《普通发票管理系统》，不仅在税务机关内部强化发票管理，为社会提供发票查询辨伪等，形成普通发票闭环控管。2009年，对普通发票管理系统再开发，增加发票预警功能，有效防范和解决长期困扰的发票使用管理中的问题，使事前风险防范与事中、事后监督检查有机结合，应用实时掌握存根联信息，实现“管票”与“管税”的结合。2010年继续使用。

毛衫行业税收管理定位分析系统

2009年，市国税局开发应用《毛衫行业税收管理定位分析系统》，多方位多渠道采集涉税信息，形成“税收征管电子地图”，只需打开电子地图点击企业名称，所有纳税人的涉税动态信息一目了然，解决羊毛衫行业分布范围广，经营规模小，纳税意识不强，申报销售比例较低，造成账外销售、销售不开票等现象，真正让无形的工作变得“可视”“透明”，加大了“信息管税”力度，实现对税源的全方位实时监控。

企业所得税税收优惠在线监控管理系统

2009年，市国税局开发《企业所得税税收优惠在线监控管理系统》，实现所得税优惠政策项目的动态管理，防范了不符合优惠政策条件的纳税人骗取税收优惠的漏洞。《企业所得税税收优惠在线监控管理系统》被省国税局列为管理创新项目、嘉兴国税系统全市推广项目。

研发税收管理员分析测评系统

2009年，市国税局自主研发《税收管理员分析测评系统》，从强化税源监控和管理，提高税收征管质量和效率需要出发，以税收管理的科学化、精细化为目标，对CTAIS系统中的相关数据进行梳理、汇总，行业代码重新归并、拆分和细化，设计了增值税一般纳税人的行业税负率、低税负率、零负申报率，企业所得税纳税人的行业平均利润率、应税所得率、微利企业面率、零负申报率等多种测评指标，这些指标对当期、历史、同比、变动率进行统计分析评测，也可以分管理片区、分管理员查询明细，查询的结果都具有存档、打印、导出功能。并且可按“市局→管理片区→管理员→纳税人明细”的顺序层层下钻分析，宏观上能反映全市的总体情况，微观上可以列出每一名税收管理员各项指标乃至某户企业的详细信息，夯实了税收征收管理基础。

缴税协议四方联合签约

2010年，市国税局、市地税局、纳税人和商业银行四方缴税协议联合签约，就纳税人委托国税、地税、商业银行办理扣缴税费(包括滞纳金、罚款、税务行政性收费、社会保障性缴款)业务，共同签订的协议。该协议统一表式,统一协议书编号,统一缴税开户银行、账户、账号,并一式四份,国税、地税、纳税人、商业银行各执一份。签约该协议的,国税在综合征管系统银税协议模块中录入协议有关内容,地税由银行一户通系统自动在TF06系统中回写协议有关内容,开户银行分别将协议信息录入"财税库银横向联网系统"和一户通系统。通过四方联合签约,扩充了国地税双方中间平台业务,为构建征管信息交换平台,有效整合双方的信息资源,实现信息资源共享提供了良好合作的典范,为国地税其他方面的协同管理打下了基础。

税务登记变更机制

2010年,市国税局在2007年"一窗式"联合办证系统的基础上,2010年,再开发工商、国税、地税三方变更信息机制,个体工商户在工商窗口办理个体税务登记变更,采用软件自动将变更信息导入CTAIS中,实现工商税务三方变更信息同步。

二、网络建设

(一)内网建设

国地税分设之初,市国税局计算机应用主要以单机为主,所使用的征管软件ZTAX是基于DOS的单机版。1998年,国税系统与上级国税机关的联网,采用X.25技术与省国税局通信,主要用于增值税发票结报数据传输。1999年,国税系统开通《桐乡国税主页》软件,在系统内部发布最新最快的税收政策、税收收入、发票管理等17项内容,达到信息交流与共享。同时,利用主页网络平台,在系统内建立局域网,实现国税系统数据共享处理。2004年,市国税局与省国税局办公自动化网络开通,公文远程封发,内部公文处理系统,收文、发文、立卷归档等,实现公文处理过程的信息化。2005年11月,国税系统利用国税内部网,建立视频会议室,运用视频会议系统,与省市国税局机关视频会议系统联通。2010年,国税系统信息化应用涵盖税收业务、公文处理、人事管理、财务管理等行政办公全过程,初步实现税收征管手段的现代化。

(二)外网建设

1999年,市国税局加强对日常税收征管计算机的应用,建立以局机关为中心,各科室联通的广域网,为征管数据的共享和集中处理提供了条件。2000年5月,市国税局开通税银一体化联网系统软件,通过桢中继线路同市农业银行和市人民银行金库互联,解决纳税人缴税在税务机关与银行之间来回跑的问题,实现纳税人使用银行卡在国税机关直接缴税。2004年,国税系统与市政务信息网联网,部门之间的公文、信息交换在网上处理。国税系统建立网上自助服务系统,纳税人可在网上认证、网上申请、网上申报等涉税事宜,网上可短信发布税收政策、网上投诉、举报等功能的服务体系,全市一般纳税人2989户,实行电子申报2962户,占99.09%;小规模纳税人12939户,电子申报12522户,占96.78%;所得税1100户,电子申报1079户,占98.09%,基本实现纳税人网上无纸化纳税。2006年,国税系统加强数据采集与比对系统开发的投入,由服务器担任网络路由、数据采集、数据库、JSP服务、WEB服务的可共享数据库平台,形成涵盖工商、地税、国税登记库的单向通信结点,共享三个单位登记的数据查询。2007年9月,国税系统从技术规划、整理需求、服务器安装加固、域名申请和备案到平台内容管理系统的选择、安装、配置、调试,设立因特网普通发票举报平台。2009年,国税系统与地税部门建立联合征管网,不定期交换税收征管信息,解决国地税之间征管信息相对独立、不共享的问题。2010年,国税系统与上级国税机关、政府部门、银行之间实现互联,形成信息交换互联的网络格局。

三、安全建设

2006年,市国税局加强计算机安全管理,加强网络安全防范,完善系统内部安全监控体系,维护机房运行环境设备，提高数据安全等级和系统抗风险能力。2007 年，严格内外网隔离制度，对所有因工作需要上外网的电脑，加装了网络隔离卡和双硬盘。在本单位所有上网电脑上，安装了病毒防火墙，重要服务器上更安装了软件防火墙，对内外网加装了物理防火墙，从未爆发大规模的病毒传染，防止各类事故的发生。2008 年，对系统内近三百台电脑，进行桌面防护系统和操作系统补丁全面清理；对全系统范围内的网络安全、信息安全进行一次拉网式的检查，对系统内的计算机及相关设备进行重新编号贴签，对每一台电脑及相关设备进行一次全面清理，及时消除安全隐患。

第三节　ISO 质量管理体系建设

一、财政质量管理

2007 年，桐乡财政局决定在财政系统全面导入 ISO 9001 质量管理体系标准（简称贯标）。融入质量管理理念、目标管理思想和“以服务对象为关注焦点”的服务理念，实现财政工作过程控制。ISO 9001质量管理涵盖财政财务管理服务的各项工作，适用于财政各内部单位和部门。

财政系统导入 ISO 在全省属于首例，当时主要参照江苏南京和无锡财政局的相关内部管理和贯标经验，质量管理体系由北京经典智业认证咨询中心马小萍帮助指导建立。

贯标工作分四个阶段推进，见表 22－2。最后形成《质量手册》，并编制 44 个程序文件，15 个《工作手册》，57 个作业指导书，整理形成 493 个业务表单，质量管理体系文件，贯穿内部管理各个环节、覆盖财政工作各个方面，体系文件于 2007 年 7 月 1 日正式颁布试运行。

表 22－2

<table>
<tr><td colspan="2">第一阶段：3 月 1 日—4 月 17 日</td><td colspan="2">第二阶段：4 月 18 日—5 月 31 日</td></tr>
<tr><td>策划准备</td><td>1. 咨询老师现场调研、总体策划
2. 根据咨询意见作好各项准备
3. 确定 ISO 质量管理体系实施方案
4. 成立贯标工作领导小组及办公室
5. 确定管理者代表
6. 召开贯标工作动员大会
7. 全员培训</td><td rowspan="3">体系设计、文件编写</td><td rowspan="3">1. 设计质量管理体系
A. 确定局组织机构
B. 确定各部门各岗位质量职责
C. 确定体系文件结构层次及文件清单
D. 确定表证单书与质量记录
E. 确定质量方针和质量目标
2. 按计划编制体系文件初稿，设计表单
3. 体系文件及记录表单讨论、会审、修订
4. 体系文件记录表单按审批程序审批
5. 体系文件印制与发布</td></tr>
<tr><td colspan="2">第三阶段：6 月 1 日—10 月 31 日</td></tr>
<tr><td rowspan="3">体系运行</td><td rowspan="3">1. 全员体系文件培训
2. 全系统按体系文件运行
3. 内审员培训
4. 三次内审及不合格项整改
5. 管理评审
6. 模拟审核
7. 体系运行日常的检查、辅导与整改</td></tr>
<tr><td colspan="2">第四阶段：11 月 1 日—11 月 30 日</td></tr>
<tr><td>体系认证</td><td>1. 确定认证机构
2. 认证前迎审准备
3. 认证机构现场审核
4. 不合格项整改、关闭
5. 认证</td></tr>
</table>

2007 年 12 月 6 日，经深圳质量认证中心（环通认证）验收认证，获得 ISO 9001 质量管理证书。

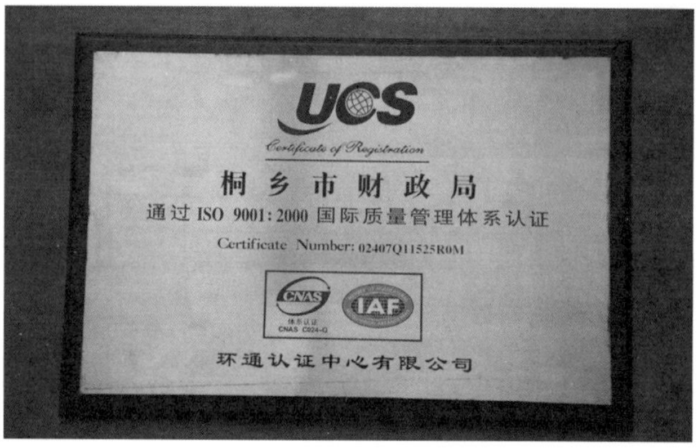

2007 年 12 月，桐乡市财政局通过质量管理体系认证

按 ISO 9001 质量管理体系要求，局长赵洪亮为最高管理者，并任命副局长房治方为管理者代表。每年组织三次内审，年终一次外审，通过内审、外审对财政工作流程进行质量控制，不合格项及时整改、关闭，体现持续改进的管理思想。

2010 年 5 月，根据《质量管理体系要求》和 ISO 9001:2008 标准及环通认证中心建议，结合财政管理改革、金财工程建设和市局财政业务工作管理过程的调整，对质量管理体系文件进行改版，由 A 版更改为 B 版，7 月底正式发布实施。改版后的程序文件改为 43 个，作业指导书改为 60 个。

二、地税质量管理

2003 年，根据省地税局要求，桐乡地税局决定结合桐乡实际在地税系统全面导入 ISO 9000 质量管理体系，导入范围为地税系统所有涉税管理科室和综合科室以及各基层单位，体系覆盖的产品范围，包括地税征收、管理、稽查的全过程和各种涉税服务及本系统的内部管理。本着“以人为本、规范管理、依法治税”的指导思想，将 ISO 9000 质量管理体系作为新的管理理念，引入地税工作全过程。

根据质量管理体系要求，局长赵洪亮为最高管理者，任命副局长吴建勇为管理者代表。市地税局成立领导小组并下设办公室，负责整个工作的协调与落实，因人事调动和工作需要，2004 年 9 月、2008 年 6 月、2011 年 1 月，领导小组成员和办公室成员曾 3 次调整。

贯标工作共分四个阶段进行，见表 22－3。

表 22－3

阶段		内容
第一阶段：6 月 10 日—30 日	准备动员培训	1. 拟定实施方案 2. 成立领导小组、办公室及文件编写小组 3. 全员动员、培训、考试 4. 体系调研、诊断：识别和评价 5. 识别顾客和法律法规、上级有关强制性规定 6. 清理现行有效文件和记录表单
第二阶段：7 月 1 日—31 日	体系文件编写	1. 确立质量方针、质量目标和分目标 2. 落实质量职责和相互关系 3. 策划体系文件的内容，确定文件目录 4. 文件编写指导 5. 落实质量手册、程序文件、作业指导书、记录表单编制 6. 文件讨论、审核、定稿、批准 7. 文件发布 8. 组织对体系文件学习培训
第三阶段：8 月 1 日—10 月中旬	体系运行及改进	1. 文件发布试运行 2. 体系运行现场指导、改进 3. 内审员审核培训 4. 第一次内审(咨询老师为主) 5. 第二次内审(内审员实施审核) 6. 管理评审实施
第四阶段：11 月 1 日—30 日	体系认证	1. 认证前迎审培训 2. 现场认证审核 3. 审核后关闭不合格项 4. 获取证书

整个导入过程由杭州伟业企业管理咨询有限公司负责咨询，市地税局专门抽调部分税收业务骨干组成编写小组、下设 5 个业务组分头撰写体系文件，最后形成的体系文件包括：1 个质量手册，25 个

2010 年 3 月，桐乡市财政局组织质量管理培训

程序文件，92 个作业指导书和 502 张记录表单。体系文件于 7 月 25 日发布，从 8 月 1 日起试运行，11 月中旬由省局统一确定的国内权威认证机构通过外审认证，并取得质量管理证书，桐乡地税税收征收管理服务活动步入国际标准化管理行列。

贯标后因地税岗位设置变化、业务流程优化需要、税收政策法规变化等原因，2004 年 7 月、2006 年 3 月两次对体系文件进行部分修改，2007 年 6 月、2008 年 8 月、2010 年 3 月三次对体系文件进行改版升级，2010 年发布的 ISO 9000 质量管理体系文件(C 版)共包括 63 个体系文件，其中 1 个质量手册，13 个控制程序文件，49 个作业指导书。根据质量管理要求，市局每年组织 ISO 9000 质量管理体系执行情况的自查和抽查，并结合执法责任制进行考核，体现持续改进的管理思想。

2004 年开始，省地税局开展全省地税系统质量管理考核评先，至 2010 年，桐乡地税局连续 7 年被评为质量管理先进单位；2008 年、2010 年又两次分别被省地税局授予"浙江地税质量管理奖"。

三、国税质量管理

2002 年 5 月，市国税局以信息化建设为载体，按照科技加管理的要求，高目标、高起点、高速度地推进国税征管改革，制定"依法治税、规范执法、优化服务、文明高效"的质量方针，提出征管考核达标率 100%；服务承诺兑现率 100%；执法错案投诉率为零；纳税人满意率 98%以上的质量目标，全面导入 ISO 9000 税收管理质量体系，促进依法治税，强化监督管理，建立起职责明确、预防为主、过程控制的税收征收管理和行政管理体制，全面实现税收征管的规范化、制度化、程序化，促进队伍整体素质和工作效率的提高。5 月 23 日，成立推行 ISO 9000 质量管理体系认证工作领导小组，领导小组下设贯标办公室。5 月 26 日，召开贯标动员大会，全系统 200 余名干部职工参加会议，要求组织机构到位、动员辅导到位、目标任务到位、首期工作到位，确保顺利通过贯标质量认证。浙江方圆企业管理咨询有限公司专家作 ISO 9000 业务讲座，介绍 ISO 9000 质量标准内容，国税机关为什么要推行 ISO 9000 论证等，提高全体干部职工的思想认识和工作能力。确定 5 月 26 日至 6 月 30 日为质量管理体系文件编制阶段，按 GB/T19001－ISO 9001:2000 标准要求编写作业指导书、职位说明书、程序文件、质量手册、表单初稿，并对初稿进行第一次审核与修改、确定文件会审稿并组织会审定稿后，发布作业指导书、职位说明书、质量手册，形成 46.93 万字(表单)的 ISO 9000 标准体系文件。10 月 1 月，开始进入申请取证阶段，按照 ISO 9000 标准，建立科学和完善的税收征管质量管理体系，明确税收执法过程的控制要求和税收执法质量的验证要求，使各项税收执法工作和影响税收执法工作结果的全部因素处于严格的受控状态，使每个执法人员从事的每项工作、每一环节都能做到有章可循、有据可查，从而建立起一套预防和处理不符合要求的税收执法业务的机制。同时，实行每月体系维护员例会制度，部门体系维护岗通过例会将部门作业指导书及相关体系文件的编写及持续修改、内部日常维护、体系运行情况、体系文件的适宜性情况及时反馈，及时解决，实现体系维护的长效管理。实行部门巡回检查制度，制定符合实际需要的巡回检查办法及计划，有计划有步骤地实施部门巡回检查，使部门的巡回检查成为预防及纠正不合格或潜在不合格项的功能。通过有效的内部监督制度，建立长效体系维护，按照"预防为主，过程控制，持续改进"的工作要求，体现税收征管的新特点、税务机关的新特色、质量管理的新境界,提高规范执法水平,推动税收事业持续改进和发展。在ISO 9000标准体系文件运行中,严格按照质量方针要求,坚持"通过认证只是起点,而决不是终点"的理念,努力追求质量管理的新境界。10月17日—10月19日,中质协质量保证中心专家专程进行审核,各项要求和标准基本符合ISO 9001的质量管理体系。10月25日,中质协质量保证中心颁发证书。至此,国税局成功引入ISO 9000质量管理体系,这也是桐乡市级行政机关中首家质量管理体系。

2002年10月19日,市国税局通过中质协质量保证中心专家对市国税局ISO 9001质量管理体系审核验收

2003年,按照ISO 9000标准建立的科学和完善的税收征管质量管理体系,在综合考虑与税收执法紧密相关的组织结构、程序、过程等方面因素的基础上,明确税收执法过程的控制要求和税收执法质量的验证要求,使各项税收执法工作和影响税收执法工作结果的全部因素处于严格的受控状态,使每个执法人员从事的每项工作、每一环节都能做到有章可循、有据可查,有利于建立起一套预防和处理不符合规范要求的税收执法业务的机制,从而在较大程度上解决执法不严、执法随意等老大难问题。7月7日,市国税局对包括最高管理层在内的各个单位和部门,以ISO 9001:2000标准的要求和国家有关的法律法规的要求,就质量管理体系是否符合策划的安排等,组织了内审和管理评审。通过审核,未发现严重不合格项和一般不合格项,发现观察项2个,并在规定的时间内,作了对照分析,进行了整改。同时,组织对内审员进行再培训,在提高内审员的体系文件编写水平、检查与审查能力的基础上,对体系文件,特别是对涉及体系有效运行的文件更改、监督检查、内审、纠正预防等进行修订,在现有程序文件规定的基础上,增加作业指导书,落实"写我所做、做我所写、记我所做"的要求,建立有效的监督检查和纠正预防机制,遵循"依法治税,规范执法,优质服务,文明高效"的质量方针,持续改进,不断完善,切实提高质量管理体系的运行质量和效果。7月24日至25日,中质协质量保证中心进行第三方审核,ISO 9001:2000标准和国家有关法律法规的要求,运行情况良好,具备申请监督审核的条件,通过了年度监督审核。

2004年,市国税局加大ISO 9000质量体系管理力度,对全局范围内体系文件包括质量手册、程序文件、职位说明书、作业指导书和相应的表证单书等进行全面修改。一是组织全系统质量管理体系文件换版。开展以业务重组为主线的税收征管改革,按照《中华人民共和国行政许可法》实施要求,体现体系文件的有效性和实用性,作为体系维护的负责部门,协调开展对体系文件改版工作,文件改版与业务重组同步进行。在体系文件修改过程中,认真做好审核把关和资料归集,在B版体系文件作业指导书中增加质量管理体系文件管理等五个体系维护作业指导书,对体系的日常维护工作细化及规定。B/0版体系文件,内容更加完整,在经过适当的归并后,作业指导书从原有的114份调整增加到126份,而表证单书从原有的607份减少到532份。10月15日发布《B1版作业指导书》。二是通过中质协质量保证中心的审核。认真做好部门巡回检查监督工作,按照程序文件中质量检查控制程序和巡回检查作业指导书的要求,定期检查科室人员作业方法是否正确,服务质量是否符合本局的服务承诺。强化质量监督,坚持开展内部审核和管理评审工作,严格按照程序文件中内部质量管理体系审核控制程序及内部审核作业指导书有关规定要求负责编写《年度内审计划》。8月3日至4日,组织内审员开展二天的质量管理体系内部审核工作，以验证质量管理体系是否符合标准要求，是否得到有效的保持、实施和改进。在内审的基础上，组织开展对各部门自评报告，质量方针适宜性、质量目标完成情况等报告的审核，使质量管理体系满足标准的要求，顺利通过中质协质量保证中心为期二天的审核。三是加强 ISO 9000 日常管理。实行每月体系维护员例会制度，实现体系维护长效管理。实行有序有效的部门巡回检查，强化内部监督，制定符合部门实际需要的巡回检查办法及计划，使部门的巡回检查成为部门内部自查的手段之一，充分发挥其预防及纠正不合格或潜在不合格项的功能，强化内部监督，切实提高规范执法水平。

2005 年，市国税局发布 B/2 版体系文件，2 月，发布 B/3 版体系文件，提高体系与实际工作的结合度，对具体工作的指导更加有效。同时，围绕 ISO 9000 日常管理的持续改进目标，提高实际工作与质量管理体系的结合度，以体系的有效运行来规范税收工作，对 12 个作业指导书的运行情况进行了内审，实现 ISO 9000 日常管理“四突破”，即内审目的有突破。内审改变以往为外审而内审的方式，开拓新思路，不搞大而全，力求以内审促体系文件质量的提高，以内审促执法的规范化，并寓执法检查工作于内审之中避免内审的“走过场”，使内审成为发现问题、查找隐患的一种手段。内审方法有突破。内审改变以往以部门为内审对象，而是以工作流程，根据每一指导书的目的、适用范围、职责、工作程序、质量目标、相关文件、质量记录逐项审核作业指导书的相关内容是否符合有关法律法规要求、实际的业务操作是否符合作业指导书要求、作业指导书的内容是否涵盖了工作的所有要求及流程。内审质量有突破。内审目的明确、内审方法结合实际，内审质量有较大提高。内审后续管理有突破。内审主要涉及的部门，运用质量管理体系日常管理考核机制，把 ISO 9000 日常管理工作纳入部门内部考核，将所有涉及的作业指导书层层分解，落实到岗，由各岗位对自己所承担的作业指导书的修改及日常管理负责，并通过每月部门巡回检查及市局内审等监督检查手段进行必要的监督考核，以保证体系规范有效。

2006 年，市国税局 ISO 9000 质量管理体系暂停，运用省国税局征管质量考核监控系统，建立和推行“指标明确、取数规范、统计准确、通报及时”的征管质量考核体系及“细化差距、跟踪监管、联合督办，强化预防”的征管质量促进体系。当年，全市平均登记率 100％、申报率 99.73％、入库率 100％、欠税增减率－21％、滞纳金加收率 100％、处罚率(户次)100％、处罚率(金额)65.32％。

第二十三章　法制建设

财税系统的法制建设包括财政、税收的执法监督管理、法制宣传教育、政务信息公开等方面。

1997 年 11 月，桐乡市财政、地税局与国税局分别设立政策法规科，挂靠在局办公室。1999 年 6 月，国税局内设机构调整，法规科挂靠税政科；2000 年 3 月，财政、地税局单设法规科。

随着依法行政工作的全面推进，执法责任制逐步建立并完善，财政、税收的行政执法水平不断提高。截至 2010 年，市财政地税系统和国税系统均连续五年被评为桐乡市依法行政考核执法先进单位，嘉兴市"五五普法"先进集体，全省财政系统、国税系统普法先进集体。

第一节　执法监督

财税部门的规范性执法可追溯至 1994 年。是年全省开始实行《税务检查证》制度，税务人员在征收、管理、检查工作时必须出示"税务检查证"。1995 年换发"中华人民共和国税务检查证"。1997 年国地税分设后，地税部门对正式工作人作人员重新核发"中华人民共税务检查证"、对聘用的协税员核发"浙江省临时税务检查证"。截至 2010 年，地税稽查类税务检查证 40 个、2011 年地税征管税务检查证 148 个。

2000 年，财政部门 49 名财政人员通过培训、考试取得"浙江省行政执法证"；2004 年，国税系统 196 名干部通过省国税局统一组织的执法资格考试和执法资格认证，取得税收执法资格证书(其中确认执法能级一级的一名，二级的七名，三级的十八名，获得能级认证人员占现有干部的 13%)。2006 年，国税系统 185 名干部取得由国家税务总局颁发的中华人民共和国税收执法资格证书。2010 年止，财政执法证持证人员为 50 名(地税未全面实行执法证制度)。当年，国税系统招收公务员上岗培训时均须参加省国税局组织的税收执法资格考试。

财税执法监督是财税部门规范执法的有效保障，财税部门除利用"检查证""执法证"实现对执法的约束与监督外，还从以下方面对执法实现有效监督：规范性文件管理、执法责任制建设、行政救济和稽查案件的审理、复查、复审等。

一、规范性文件管理

(一)财政地税系统

2000 年开始，市财政地税局出台规范性文件统一由法规科进行合法性审查。

2002 年，清理 1983 年以来桐乡财政局、地税局制发的，与 WTO 规则和现行税收法律、法规不相适应的财政、地税规范性文件，共清理废止规范性文件 173 件，其中财政 36 件、地税 137 件，确保所有规范性文件与国家法律、法规相一致。

2004 年，《中华人民共和国行政许可法》出台，根据上级要求，对市局涉及行政许可审批、收费事项的相关文件进行清理，经上报确认的行政许可项目对外公告。

2008 年，全面清理 1994 年以来的税收（费）规范性文件，共清理文件 574 件，报批全文废止 246 件、部分废止 4 件，修订 8 件。

2010 年，再次实施规范性文件清理，清理后，继续有效的财政规范性文件 141 件，拟废止 67 件，似修订 12 件；继续有效的地税规范性文件 72 件，拟废止 57 件，拟修订 1 件，市政府发文涉及财政地税内容的继续有效规范性文件 41 件，拟废止 21 件，拟修订 3 件。

（二）国税系统

2006 年，市国税局制订 2006—2010 年桐乡市国家税务局依法行政工作规划和《桐乡市国税系统开展法制宣传教育的第五个五年规划》。

2007 年，开展税收规范性文件的清理，严格按照“谁制定、谁清理、谁公布”的工作原则，分别组织专人逐项、逐条进行分析、评估，对不符合上位法规定的规范性文件予以废止或失效，共清理规范性文件 346 件，确认有效文件 182 份，全文废止的 161 份，废止部分条款的 3 份。并对废止或失效的相关文件发文公布。

2008 年，执行税收规范性文件备案制度，依法严格审查，按月向嘉兴市国税局法规处和桐乡市政府法制办报备案。按照全国统一税收执法文书规定，确定税务有关新文书的审批程序和使用办法，确保在有关征管执法文书的使用上附合法规规定。

2010 年 7 月 1 日起，市国税局根据国家税务总局税收规范性文件制定管理办法第六条规定，国税系统制订的规范性文件均依据法律、法规、规章或省以上（含本级）税务机关税收规范性文件的明确授权，无授权则不制订相应的规范性文件。

二、执法责任制建设

（一）财政地税系统

2000 年 2 月，根据桐乡市依法治市的工作要求，继《桐乡市财政局、地方税务局行政执法责任制实施办法》《各科、所行政行政执法责任书》之后，编制二卷《行政执法责任制》手册，第一卷（综合类）、第二卷（财政类）。

2000 年 7 月，桐乡市地方税务局第一次开展税收执法检查，对各基层税务所 1999 年以来执行税收法律、法规、政策的情况进行检查。初步确立“执法检查”框架，与《桐乡市财政地税局基层所工作目标责任制考核办法》和税收类九个方面的业务工作考核相结合，逐步形成较完整的执法监督体系。

是年，市地税局下发通知，规定基层税务所对纳税人违反税收法规的处罚权限为 1000 元以下，超过处罚权限的由市局填发《处理决定书》。当年还出台《稽查中队税务稽查工作流程》，对基层税务所履行的稽查职能进行规范。

2001 年，根据省地税局的指示，桐乡地税局建立行政执法责任制，局与各所、科、稽查局签订为期二年的《行政执法责任书》，明确行政执法责任，规范执法。自此，《执法责任书》每二年签订一次，并逐步实现财政、地税、国资的全覆盖。

2002 年，制定各税收科室和稽查局的《执法工作职责》。

是年开始到 2003 年，相继出台《税收执法责任制实施方案》和《税收执法责任制考核暂行办法》《税收执法过错追究实施办法》。

2002 年 9 月，桐乡市地税局作为全省地税系统执法责任制试点单位，根据省地税局税收执法责任制试点工作的要求精神，试行《行政执法责任制考核办法》。

2003 年，制定实施《税收执法过错责任追究实施办法》，当年共发现执法过错线索 33 件，通过过错责任调查、审议,按规定实施责任追究23件。此后一年间,累计实施过错责任追究达84件,127人次。

围绕“权力责任化”这个主题,税收执法责任制以四个环节为重点:①分解岗位职责,以事定岗、以岗定责、岗责明确、权责相当;②明确工作规程,整合ISO质量管理体系对岗、责、权进行文件化、系统化的程序控制;③开展评议考核,2002年考核办法出台后,2005年、2007年先后两次修改完善;④严格过错追究,旨在解决“做什么”“怎么做”“做得怎么样”及“做得不好怎么办”的问题。

2006年年初,自行开发的《税收执法责任制考核系统软件》试运行,确定183个考核指标(其中实现计算机考核57个)和474个考核环节,初步建立税收执法责任制考核人机结合的考核体系和全过程监控、考核的机制。

2007年,省地税局税收执法责任制在桐乡市局试行成功的基础上在全省推行,并在桐乡市局考核软件的基础上开发运行《TF2006》考核模块。在此基础上,桐乡市局的考核方案进一步完善,2009年,共设置市局税收科室、稽查局、税务分局日常考核与专项考核4个方案。

2008年,开创性地提出“工作流”的设想,实现过程考核中工作时限的电子化考核,至2010年止分批上线运行“工作流”223个,此成果被省局采纳并运用于开发《税友龙版》。

2008年3月,新出台《桐乡市地方税务局税收执法责任事项考核计分标准》。

同年6月,根据省政府法制办和省财政厅、省地税局相关文件,桐乡市财政局、地税局对本部门的行政执法主体资格、行政执法职权及其法律依据进行全面梳理,报经市政府法制办审核确认,发布《桐乡市财政局行政执法主体资格及法律依据》《桐乡市地方税务局行政执法主体资格及其法律依据》《桐乡市财政局行政执法依据目录》《桐乡市地方税务局行政执法依据目录》《桐乡市财政局行政执法职权及其法律依据》《桐乡市地方税务局行政执法职权及其法律依据》。

2009年11月,根据市政府要求,市财政局对行政许可事项进行梳理、分类,并整合行政许可职能,按照“一事一流程”原则,以作业指导书的形式将两项行政许可事项的工作流程格式化,对外公布。

2010年8月,根据上级的统一部署,出台《桐乡市财政行政处罚自由裁量权指导意见》《桐乡市财政局行政处罚自由裁量权执行标准》及其配套制度《桐乡市地方税务局规范税务行政处罚自由裁量权实施办法》。

(二)国税系统

1998年,市国税局成立税收执法领导小组,将执法责任制列入国税工作的议事日程,规范税收执法行为。2006年、2008年、2009年,根据实际情况及时调整税务行政执法责任制领导小组成员。日常办事机构设在政策法规科。

1999年,市国税局成立两级案审委员会,制定《桐乡市国家税务局税务案件审理工作制度》,规范税务行政执法行为。国税稽查局制定《稽查人员工作守则》《办理税务案件纪律》。对因税收违法、违纪处罚金额个人50元以上、单位5000元以上的实行听证告知,对个人处罚金额在5000元以上、单位处罚金额在50000元以上的,处罚决定书报市政府法制办与嘉兴市国家税务局备案。

2000年,组织实施《浙江省国税系统税务行政执法责任制实施办法》和落实全国税务系统开展的税收执法权、行政管理权“两权”监督,建立健全内部监督管理制度。落实税务行政执法责任制,规范稽查工作程序,完善行政执法责任,做到涉税案件检查做到程序合法,案例材料证据确凿,引用法律、法规正确,处罚适当,提升税务案件查处质量。落实“两权”监督制约,对干部队伍执行法律、行政法规和廉洁自律准则情况进行监督,在案件审理、执法责任制、错案追究制、税收执法检查等方面,规范税收执法行为。

2001 年，市国税局与系统内执法单位签订《税务行政执法责任书》，严格实行过错责任追究。

2002 年，引入 ISO 9000 质量标准标准体系，细化执法岗责体系，探索强化日常税收执法监督和过程监控，建立一套预防和处理不符合要求的税收执法机制，确立税收管理新理念。是年，省国税局执法检查调研组对桐乡国税开展为期 5 天的调研，内容涵盖税收执法全过程。

2003 年，局成立行政执法领导小组，局内设机构及相关部门相应成立行政执法小组。

2004 年，组织《中华人民共和国行政许可法》学习，规范非许可的行政审批，按确定的法律依据、行政许可条件、行政许可权限程序、期限等实施审批。

2005 年，按照《浙江省国税系统税收执法过错责任追究实施细则》，制定市国税局关于实施执法过错责任追究制度。是年，制订税务稽查案件复查制度，由政策法规、监察、涉案企业税源管理部门抽调人员组成复查小组，按《税务稽查工作规程》办理。当年，抽取 12 件案件，复查结果，10 户未发现问题，纠错 2 户。

2006 年，制定《桐乡市国税局征管质量考核办法》，推行"指标明确、取数规范、统计准确、通报及时"的征管质量考核体系及"细化差距、跟踪监管、联合督办，强化预防"的征管质量促进体系。

2007 年，推行"税收执法管理信息系统"，全过程监控与考核税收执法行为，成立推行税收执法责任制（税收执法管理信息系统）工作领导小组，印发《桐乡市国家税务局关于运行税收执法管理信息系统有关问题的通知》，实现对税收各项执法业务全过程连续、全面、自动监督和考核。

2008 年，邀请市检察院反渎职侵权局领导作预防职务犯罪讲座，组织党员、干部、职工去浙江省第六监狱接受现场警示教育。

2009 年，规范行政处罚自由裁量权和税务行政许可项目，清理税务行政许可项目、非行政许可审批事项和税务行政处罚自由裁量权。

2010 年，印制《税收执法风险预防手册》，运用"税收执法管理系统"等执法管理软件，对日常税收征管中疑似过错进行分析。健全《稽查员下户工作审批登记制度试行》《桐乡市国家税务局稽查建议工作制度》《桐乡市国家税务局稽查局涉税案件催办、督办管理办法（试行）》三个制度。

三、行政救济

（一）财政地税系统

20 世纪 90 年代前一直未有申请复议案件。

1990 年 2 月，桐乡县税务局成立由莫建林等七人组成的税务行政复议委员会。行政复议委员会承担部分对内行政救济职能，减少行政争议发生，通过受理投诉、举报、信访及日常执法监督和回访，多渠道畅通行政救济途径。1995 年，桐乡市地税局成立行政复议委员会；1998 年，桐乡市财政局成立行政复议委员会。随着人事的调整，财政、地税局复议委员会成员分别有过多次变动。

1994 年，财税局因资金出借等工作事项，开始聘任常年法律顾问。此后，常年法律顾问的工作范围逐步扩大到重大执法行为的合法性审查。

1998 年至 2010 年共接受听证、复议案件 6 件。

1999 年 8 月，桐乡市地税局稽查局稽查的桐乡××加油站偷税案，因虚假纳税申报少报少缴企业所得税 64634.76 元，被查补税款并处罚款，合计补罚 105349.90 元。同年 8 月 30 日，协和加油站申请要求听证，桐乡地税局稽查局于 1999 年 9 月 14 日组织人员召开听证现场会，对案件的事实及证据的合法性、真实性进行辩论，通过答辩，会议提出"维持原对加油站偷税行为拟作的处以 0.5 倍罚款 40715.14 元的行政处罚"的意见。

2001 年 12 月,洲泉地税所按规定向××绢纺原料有限公司征收农村教育费附加,该公司提出异议,并向桐乡市地方税务局提出复议申请,要求按城镇教育费附加征收,同时退回错征的农村教育费附加。桐乡市地方税务局受理后经复议委员会会议,对被申请人洲泉地税所的具体行政行为进行合法性与合理性审查。2002 年 1 月 4 日,桐乡市地税局发出《税务行政复议决定书》,维持原决定。

2004 年 9 月,桐乡××纺织品有限公司就桐乡市地税局及桐乡市社会保障管理中心职工养老保险费核定补缴及执行强制措施,向桐乡市人民法院提起诉讼。一审判决驳回原告诉讼请求,同年 12 月,原告不服一审判决,上诉于嘉兴市中级人民法院,经二审判决维持原判裁定。

2004 年 10 月 25 日,桐乡××化纤有限公司将桐乡财政局等单位为华强合成纤维厂逾期借款分期归还协议鉴证视为一般担保合同纠纷而向嘉兴市中级人民法院起诉,财政局答辩应诉,后原告以实体争议已协商解决为由撤诉,12 月,嘉兴市中级人民法院作出准许原告撤诉的终审裁定。

2005 年 8 月,桐乡市××工程技术咨询服务部就资产界定行政纠纷向市人民政府提出行政复议申请,要求市财政局国资办纠正对桐乡市××工程技术咨询服务部投资主体及相关财产性质界定作出的具体行政行为。10 月,复议机关作出撤销桐乡市财政局桐财函〔2005〕33 号行政行为的复议决定,11 月,市财政局据此重新进行资产界定。

2007 年 12 月,杭州××信息技术有限公司就政府采购招投标事宜投诉于桐乡市财政局,市财政局受理并调查后,发出《政府采购供应商投诉处理决定书》。2008 年 4 月,××公司不服此决定,向嘉兴市财政局提出行政复议申请,桐乡市财政局作《复议答辩书》。5 月,杭州××信息技术有限公司撤销行政复议,经嘉兴市财政局审查,终止行政复议。

(二)国税系统

1997 年至 2010 年,市国税局参与税务行政诉讼四起。

1. 2000 年,公民沈××诉市国税局行政不作为案,一审作出裁定:驳回原告的起诉。原告不服,提起上诉。2001 年 1 月,嘉兴市中级人民法院裁定:准许上诉人沈××撤回上诉。

2. 2001 年,桐乡市××服务供销公司税务行政处罚听证案件,桐乡市××服务公司就市国税局拟作出的处罚决定提出听证要求。该公司就市国税局拟作出的处罚决定向嘉兴市国税局提出复议要求。国税局对桐乡市××服务供销公司税务行政处罚听证案复议认为,当事人提出的申辩事实理由无法律法规依据,不能成立,提出的处理要求不符合法律法规,不予采纳,按原处罚决定办理。

3. 2004 年,浙江××时装有限公司税务行政复议,根据群众举报检查发现,浙江××时装有限公司于 2001 年 11 月将库存产品 11156 箱,以 250 万元直接抵偿给××农村信用合作社联合社,未按规定申报纳税,认定该公司偷增值税 141509.43 元。当事方提出税务行政复议。税务行政复议认为,申请人提出的事实与理由均不能成立,该申请人的违法事实清楚,证据确凿,适用法律法规正确,程序合法,内容适当,决定予以维持。

4. 2004 年,桐乡市××杭白菊制品厂税务行政复议案。××杭白菊制品厂系增值税一般纳税人。2002 年申报销售收入 506934.99 元,应纳增值税 15282.61 元,税负 3.01%,2003 年 1—11 月申报销售收入 483342.46 元,应纳增值税 11943.85 元,税负 2.47%,2003 年 11 月经纳税评估,已补 2002 年度增值税 13000.00 元(其中:补应税销售收入增值税税款 6500.00 元,进项转出补增值税税 6500.00 元)。该厂提出税务行政复议。市国税局复议认为,申请人提出的事实与理由均不能成立,查处违法事实清楚,证据确凿,适用法律法规正确,程序合法,内容适当,决定予以维持。

附件1：

桐乡市国家税务局《浙江×××时装有限公司的税务行政复议》税务行政复议答复书

嘉兴市国家税务局：

接《嘉兴市国家税务局行政复议答复通知书》(嘉国税复答字〔2004〕第1号)，根据《中华人民共和国行政复议法》第二十三条规定，对税务行政复议申请人浙江××时装有限公司的税务行政复议申请书中提出的事实与理由，现答复如下：

一、案件基本情况

根据群众举报[桐乡市国税局稽查局2002年收文举字第27号(省国税稽查局04—4号、嘉兴市国税稽查局5号)]，我局稽查局于2002年3月28日至4月5日对浙江××时装有限公司2001年度的纳税情况进行了检查。经检查发现，浙江××时装有限公司于2001年11月，将库存产品11156箱，以250万元直接抵偿给遂昌农村信用合作社联合社，未按规定成立销售与申报纳税。案件经审理后，认定浙江××时装有限公司偷增值税141509.43元，根据规定，我局作出追缴所偷增值税141509.43元，按规定加收滞纳金，并处罚款70754.72元[浙嘉桐国稽税罚处字(2003)第0102号税务行政处罚决定书]。

二、作出处罚决定的事实、证据及依据

事实：遂昌县农村信用合作社联合社与浙江××时装有限公司、××集团遂昌针织厂发生借款合同纠纷，丽水市中级人民法院下达了(1999)丽中经初字第154号民事判决书，要求浙江××时装有限公司、××集团遂昌针织厂在法定期限内履行给付义务，但其在法定期限内未履行给付义务。为此，丽水市中级人民法院于2001年9月20日查封、扣押了浙江××时装有限公司存放在桐乡史桥老厂区仓库的羊毛制品，并于2001年11月29日以浙江省丽水市中级人民法院民事裁定书(丽中经执字2000第42—1号)决定将扣押的浙江××时装有限公司存放在桐乡史桥老厂区仓库的羊毛制品共计11156箱以250万元的价款直接抵偿给遂昌县农村信用合作社联合社。该批抵偿货物无相应出库记录、未申报纳税。

主要证据：浙江省丽水市中级人民法院民事裁定书(丽中经执字2000第42—1号)；抵偿清单；浙江××时装有限公司1999年、2001年产成品帐页；浙江××时装有限公司法定代表人××的询问(调查)笔录。

依据：根据《中华人民共和国增值税暂行条例》第一条、第十二条、《中华人民共和国增值税暂行条例实施细则》第二十五条(该公司于1998年3月已取消增值税一般纳税人资格)、《中华人民共和国税收征收管理法》第六十三条第一款之规定，该公司违法事实成立，其行为已构成偷税。

三、对复议申请人提出的事实与理由的答辩

1.复议申请人认为作偷税处罚于法无据，并提出以下理由：由于该笔抵债款一直无法确定正确的款项，并且申请人在2002年4月1日的《关于桐乡市××针织服装总厂、浙江××时装有限公司库存产品及申报纳税情况的报告》和2002年4月3日的《应申报纳税》中，请求桐乡市国家税务局待该批抵债款的实际变卖凭证到后再申报纳税，所以称未申报纳税这一点桐乡市国家税务局一直是很清楚的。

本局认为上述理由不成立，与事实不符合，理由如下：

(1)浙江省丽水市中级人民法院民事裁定书(丽中经执字2000第42—1号)决定将扣押的浙江×

×时装有限公司存放在桐乡史桥老厂区仓库的羊毛制品共计11156箱以250万元的价款直接抵偿给遂昌县农村信用合作社联合社,时间是在2001年11月29日,在该项收入的纳税义务发生后,该纳税人一直未对所取得的250万元的应税收入申报纳税,因此该申请人的行为符合《中华人民共和国税收征收管理法》第六十三条对偷税行为所规定的手段与结果:采取不列收入及不申报的手段,导致少缴税款。

(2)申请人所称的《关于桐乡市××针织服装总厂、浙江××时装有限公司库存产品及申报纳税情况的报告》及《应申报纳税》,我局并未收到。

申请人复议申请书中提到的《关于桐乡市××针织服装总厂、浙江××时装有限公司库存产品及申报纳税情况的报告》是在2002年4月1日,而我局对该公司的检查时间起始为2002年3月28日[见《税务稽查通知书》浙嘉桐国稽税稽通字(2002)第0078号、权利义务告知书、廉政监督卡税务文书送达回证],也就是说,即使申请人向本局提交且本局接收了该《报告》,时间上也是在我局已实施稽查后。该企业的违法行为发生在2001年11月,是否有该报告,并不改变该违法事实的性质,故申请人所称"未申报纳税这一点桐乡市国家税务局一直是很清楚的",既不成立,也不改变该违法事实的性质;

(3)申请人所认为的该笔抵债款一直无法确定正确的款项,需待该批抵债款的实际变卖凭证到后再申报纳税,是对增值税纳税人、纳税义务、纳税期限与计税依据的认识错误。浙江省丽水市中级人民法院于2001年11月29日,以民事裁定书(丽中经执字2000第42—1号)裁定(该裁定已发生法律效力),将扣押的共计11156箱羊毛制品以250万元的价款直接抵偿给遂昌县农村信用合作社联合社,说明:一是该笔货物的物权已转移至遂昌县农村信用合作社联合社,二是物权转移的时间为2001年11月29日,三是价款为250万元(抵偿了250万元的债务)。根据《中华人民共和国增值税暂行条例》第一条、第十二条、第二十条、第二十三条及《中华人民共和国增值税暂行条例实施细则》第二十五条规定,纳税义务已然成立(2001年11月29日),税款所属期应为2001年11月,取得该笔货物应税收入的纳税义务人浙江××时装有限公司应于2001年12月1日起至10日申报纳税。

申请人应否或是否取得该批抵债款的实际变卖凭证,与申请人按规定申报缴纳抵偿该笔经法院裁定为250万元的货物所应申报缴纳的税款无关。该笔货物抵偿给遂昌县农村信用合作社联合社后,变卖抵债物资、以及取得多少变卖收入,是遂昌县农村信用合作社联合社的行为。申请人认为的应待该批抵债款的实际变卖凭证到后再申报纳税,是对税法规定的曲解。

另复议申请书中提到的"到了2002年1月22日,浙江××时装有限公司法定代表人××和遂昌县农村信用合作社联合社法定代表人周章法在《还款协议书》中重新商定,该批羊毛制品为150万元"。这一情况,在我局实施稽查及处理过程中,申请人均未出示或谈到上述事实及提供证据,且目前也无证据证明该情况已为事实,故应不予采纳。

2.复议申请人认为所作出的补税行为与事实不符,并提出以下理由:桐乡市国家税务局在取得了遂昌县农村信用合作社联合社的传真件,该传真件证明"经公开拍卖得价款壹佰零陆万元",明知道该批抵债羊毛制品的"拍卖价为壹佰零陆万元"的情况下,诱导申请人在认定为250万元的《税务稽查签证》书上签字,并按250万元款项计算补交税款,这种做法与客观事实不符。

本局认为上述理由不成立,与事实不符合,理由如下:

(1)申请人对补税行为进行复议的条件尚未成立。根据《中华人民共和国税收征收管理法》第八十八条规定:纳税人、扣缴义务人、纳税担保人同税务机关在纳税上有争议时,必须先依照税务机关的纳税决定缴纳或者解缴税款及滞纳金或者提供相应的担保,然后可以依法申请行政复议。而申请人现既未缴纳税款也未提供相应的担保，故不能对补税行为提请复议。

(2)罚款金额确与补数金额相关，但遂昌县农村信用合作社联合社证明“经公开拍卖得价款壹佰零陆万元”，并不是对该纳税人计算补缴税款的依据，相反更进一步证明了遂昌县农村信用合作社联合社已在行使发生法律效力的裁定所确认的权利，处置了已属遂昌县农村信用合作社联合社所有的该笔货物(理由同上1—(3))。

(3)该批抵债物资账面成本四千多万，而抵偿债务为250万元，已属价格明显偏低。《中华人民共和国增值税暂行条例》第七条规定：纳税人销售货物或者应税劳务的价格明显偏低并无正当理由的，由主管税务机关核定其销售额。但我局在处理此案中认为，该批货物价格明显偏低的理由应当是正常的，既是积压、库存产品，且有法院的裁定书为证，故我局认定以250万元为依据计算补税。

综上，我局按250万元款项计算补交税款应是正确的，申请人所认为的“诱导申请人在认定为250万元的税务稽查签证书上签字，并按250万元款项计算补交税款，这种做法与客观事实不符”，是不成立的。

3. 申请人认为《处罚决定书》严重违反了执法程序，并提出了如下理由：在2003年12月22日收到处罚事项告知书后，于2003年12月23日书面提出：一、不作偷税处理，二、按106万元计算应补税款；否则要求举行听证。桐乡市国家税务局在收到申请人的书面请求后，未依法更改税务处理决定，亦未依法组织举行听证，却于2003年12月26日直接作出了《处罚决定书》，无故剥夺了申请人的合法听证权利，严重违反了相关法定程序。

本局认为上述理由不成立，与事实不符合，理由如下：

(1)申请人于2003年12月23日提出的，是申请人对我局拟作出的处罚决定持有异议，在我局的处罚告知后的陈述、申辩。我局接到该陈述、申辩材料后，即进行认真研究，最终认为申请人所述的申辩理由不成立，不应采纳，并作出了公正、合法、合理的决定。因此，在我局作出处罚决定前的听证申请期，我局并未接到申请人的听证申请。

(2)申请人于2003年12月23日提出的陈述、申辩，是：一、不作偷税处理，二、应补税款为63600元，三、作出公正、合法、合理的税务处理决定，否则要求举行听证。而我局，是根据申请人的违法行为、依据法律法规的规定作出的决定，事实清楚、依据正确、处理恰当，是公正、合法、合理的决定。

(3)尽管我局作出的是公正、合法、合理的决定，但我局在决定不采纳申请人的陈述、申辩理由后，虽无规定的程序要求，还是采取了一切可与申请人联系的方式，想尽快告知申请人我局对其的陈述、申辩不予采纳的情况，以提醒申请人是否要求举行听证，但都不能联系上。

申请人未在法定的听证时限内提出听证要求，是申请人自动放弃听证权利，不存在我局无故剥夺申请人的合法听证权利的事实。

综上所述，本局认为申请人提出的事实与理由均不能成立，该申请人的违法事实清楚，证据确凿，适用法律法规正确，程序合法，内容适当，提请市局对我局作出的浙嘉桐国稽税罚处字(2003)第0102号税务行政处罚决定予以维持！

此致

礼

附：有关证据材料(略)

桐乡市国家税务局

2004年3月10日

附件 2:

桐乡市××加油站(以下简称加油站)税务行政处罚听证案

1999 年 7 月,根据"人民来信来访办理单"主要内容摘录:该加油站自 97 年开始营业以来一直设有对内对外报表,在其费用中,一部分工资归列管理费用,这部分工资与该站经营无关,是协和公司分摊进去的;从 1998 年年底开始,将设在武康的浙北管理处发生的费用以桐乡站的名义归入该站费用中,每月至少六七千元;99 年起,把应在年底分给合伙方的利作为费用分摊到管理费用中,每月 6000 元;福利费、工会经费的计提按公司摊入工资和本站职工工资之和计提;该站内设购物便利店,月定额 1500 元,实际销售超过 20%未申报纳税。

1999 年 7 月,经稽查局领导批准立案查处。

1999 年 7 月—8 月,通过对加油站相关人员的谈话和账薄调取检查、财务报表核对,于 1999 年 8 月 4 日形成"税务检查报告书"。加油站的主要违章事实:1997 年"管理费用"中多摊销开办费用 15346.5 元、多列支工资 35549 元,少缴企业所得税 16795.51 元;1998 年"管理费用"中多列支工资 122528 元、多计提职工教育经费、职工福利费、职工工会经费 19242.83 元、多摊销开办费 5371.49 元、多摊销土地使用权 56666.60 元,合计少缴企业所得税 64634.76 元。

检查人员提出处理意见:1997 年企业属于免税期,不补税处于 0.5 倍罚款;1998 年补税并处 0.5 倍罚款,合计补税 64634.76 元,罚款 40715.14 元。同时于 1999 年 8 月 16 日向案审组提交"税务案件审理提请书"。

1999 年 8 月 18 日,审理小组经审理形成"税务案件审理报告",作出审理结论:补税 64634.76 元,罚款 40715.14 元。

同年 8 月 30 日,稽查局向加油站发出"桐乡市地方税务局税务行政处罚事项告知书"。同时告知本案行政处罚符合听证条件,允许在收到告知书之日起三日内向税务机关提出申请。

当日,加油站向桐乡地税局递交"关于申请参加听证的报告"。

同年 9 月 6 日,稽查局向加油站发出"税务行政处罚听证通知书",定于 1999 年 9 月 14 日 14 时在桐乡金兰大酒店二楼会议室举行听证。

听证会如期召开,稽查局吴建勇担任主持人,稽查局调查人员:徐国平、沈洪明、王雪寒参加会议,稽查局冯永梅记录。本案当事人、加油站法人代表与委托的代理人出席会议。

听证会记录:

时间:1999 年 9 月 14 日下午

地点:桐乡市梧桐镇金兰大酒店

听证会案由:桐乡加油站不服浙江省桐乡市地方税务局稽查局拟作的税务行政处罚

主持人:吴建勇

调查人员:徐国平、沈洪明、王雪寒

当事人:×××

代理人:××× ×××

记录人:冯永梅

内容:听证会开始

主持人:由本案调查人员提出人的税务违法行为并祟事实证据材料,提出行政处罚建议和依据。

调查人：税务违法行为见指控书（略）及七项证据材料（略），依据《中华人民共和国税收征收管理法》第四十条第一款及国税发（1997）191号第一条第一、二款之规定，认定桐乡加油站（以下简称加油站）采取虚假纳税申报的手段，少报少缴企业所得税的行为是偷税，处以40715.14元罚款。

主持人：下面代理人对调查人提出的税务违法事实及相关问题进行申辩和质证，并可出示新的证据。

代理人：我想首先申请主持人将我们这次听证材料不要通过媒体报道。

主持人：在这里我想说明，我们告知当事人听证时必须在听证前提出这个要求，现在你提出，我们可以考虑。

代理人：我们企业纳税申报的调整，与我们企业的人员调动频繁有关，所以没有按要求进行纳税调整，这次补税罚款对我们触动很大，首先，我介绍一下我们的企业，我们企业是外商投资企业，总站在宁波，1995年开展，桐乡加油站从1997年5月开业的，开办时间不长，员工队伍年龄比较年青，我们从事经营活动时间一般需经过三个月的培训、试用，然后再上岗的。年终未按要求纳税，与我们企业人员流动有关，与上层管理有关，这次检查发现未调整①计税工资，因我们企业网络比较分散，员工计税工资较高，没有进行纳税申报，没有办理年终优惠手续，②1997年我企业享受减免税规定，由于资料在税务所里，我们要求确认减免税期限。

主持人：减免期限调查人员说明一下。

调查人：1997年申请减免所得税报告表，报经批准免征97年度企业所得税。

主持人：代理人继续。

代理人：1998年缴纳企业所得税，我们没有进行汇算清缴，对1998年应缴多少，已缴多少，欠多少，但我们1998年预缴7万元多，应缴4万元多，所以应该预缴的减去应缴的，才是我们欠缴的。

主持人：继续

代理人；1997年5月我企业开业，1997年无形资产没有提，到1998年发现忘记提了，1998年补提了，我们认为有看法。我发言完毕。

主持人：下面就双方就本案的事实证据的合法性、真实性进行辩论：①1998年企业有否进行汇算清缴，②1997年无形资产未摊，1998年补摊，③企业职工工资，代理人刚才说因企业自身特点，税收可否照顾，就上述3个问题，逐一辩论，首先，第一个问题，请调查人员发言。

调查人：我们取证1998年加油站报送梧桐税务所1998年度汇算清缴申报表，帮代理人提出的问题不存在（出示证据：申报表），1998年度加油站申报应纳税所得额142357.98元，纳税调整额为零，应税46978.14元，实际预缴73959.28元，这是一个事实。

主持人：代理人申辩

代理人：我们预缴比应缴多，申报汇算清缴表我们申报了。

主持人：刚才第一点调查人员有什么补充？

调查人：加油站1998年一、二、三、四季度申报应缴企业所得税46978.14元，梧桐税务所于1999年6月以税收收入退还书退还预缴税款超过企业自行计算年度应缴税款数，退还26981.16元。

主持人：代理人请发言。

代理人：1998年应按我们实际缴纳进行计算，我们虽然收到了退税26981.16元，我们应按已缴数73959.28元，作本次检查的已缴数。

主持人：调查人发言

调查人:根据《中华人民共和国企业所得税暂行条例》第十五条、十六条规定,纳税人应于年度终了后四十五日内向其所在地税务机关报送决算报表和所得税申报表,上述从企业所得税的预缴到年终报送申报表,再到梧桐所退税,这是一完整的过程,纳税人对自己的申报负完全责任,这与我们的这次检查是另一个过程,申报过程和检查是两个过程,人们这次检查过程是根据《税务稽查工作规程》第九条、第十条规定进行检查的。

主持人:代理人发言

代理人:对预缴 73959.28 元,申报应缴 46978.14 元,退 26981.14 元,1998 年四个季度共缴 73959.28 元,我们认为预缴的就是我们实际缴纳的。

主持人:调查人有什么补充?

调查人:请代理人不要混淆“应纳所得税”,退还的已经退还,1998 年应纳所得税为 46978.14 元,与预缴 73959.28 元,不要混淆。

主持人:代理人有什么需要说明?

代理人:没有

主持人:对 1997 年无形资产未扣除,1998 年补扣除进行辩论。

调查人:依浙江省浙地税发(1994)128 号规定,对企业应计未计费用,作为企业自愿放弃,照章计征企业所得税,依据(1996)79 号规定,应计未计费用,不得转移,对加油站 1997 年度未扣费用在 1998 年补扣,不可以。

主持人:代理人有什么说明?

代理人:没有

主持人:对加油站职工问题,可否照顾进行辩论。

调查人:企业计税工资照顾应提出书面申请,企业没有提出书面申请。

主持人:代理人

代理人:申请我们确实没办,但考虑企业的实际情形,可否照顾。

主持人:调查人

调查人:申请应在年度终了四十五天之内完毕,企业没有办理上述手续。

主持人:代理人

代理人:计税工资能补就补,不能补就好了。

主持人:上述辩论,代理人还有什么补充。

代理人:补充,递延资产规定 5 年摊销,我们 1997 年多摊,以后年度少摊,我们自己没有调整,1997 年我们是免税的,现在遭受罚款,我们认为太沉重,是否可以考虑。

主持人:调查人员需要发言吗?

调查人:我出示的证据明确,加油站 1997 年 5 月份开始经营,发生开办费 150458.55 元,依据《企业会计准则》第三十二条第二款、《企业所得税暂行条例实施细则》第三十四条第一款规定,应不短于 5 年平均摊销,对 1997 年、1998 年分摊应调整。

主持人:代理人对 1997 年已办理免税,年终未例行调整,本次检查又作偷税处罚,不理解,请调查人员发言。

调查人:1997 年度加油站存在偷税行为,属虚假纳税申报,作为纳税人应对自己申报的行为负法律责任,依据《征管法》第四十条规定,虚假纳税申报为偷税,加油站客观存在应调整而未调整

50895.50 元应纳税所得额，是偷税，依据国税发（1997）191 号，对免税企业单位可只作罚款处理，所以依征管法第四十条，处于罚款 0.5 倍。

主持人：代理人有否补充？

代理人：免税未申报，之后我们才知道，教训深刻，我们企业承受能力有限，罚款能否减轻点？

主持人：调查人员有什么发言？

调查人：我们向梧桐税务所取得税务文书送达回证。

主持人：下面请代理人作最后陈述。

代理人；在听证前，我们没打算听证，但我们有这个权力时，我们想就我们没搞清楚的事情能搞清楚，作为我们的教训，通过听证，我们了解税法，同时通过听证，能与税务部门多交流，再陈述一点，检查情况，对年终未进行纳税调整，以后不会再犯同样错误，要求税务人员能重新考虑罚款数额。

主持人：本次听证会结束。

听证会结束后稽查局形成听证报告，并提出处理意见：维持原对加油站偷税行为拟作的处以 0.5 倍罚款 40715.14 的行政处罚。

加油站补罚税款于 1999 年 10 月 8 日全部解缴入库。

四、税务案件审理和复查、复审

财政地税系统

1998 年 9 月，桐乡市地方税务局成立税务案件审理委员会，对涉税大案、要案以及稽查定案有困难的疑难案件进行审理和指导。案审委设主任委员一名，副主任委员两名，委员会下设办公室，办公室设在稽查局，承担税务案件审理委员会的日常性工作，列入案审委审理案件的初审。2000 年至 2008 年间，因人事变化案审委成员曾有三次调整，案审委下设的办公室于 2001 年 8 月移至法规科。

1999 年 7 月，市地税局出台《桐乡市地税案件审理分级管理暂行办法》，2000 年 2 月《办法》再作修订，对税务违法案件实行各税务所案审小组、稽查局审理股、市局案审委三级审理，审理权限根据上级相关规定确定。

2000 年 4 月，市地税局出台税务案件复审、复查工作制度，旨在加强税务行政执法监督和制约，规范税务稽查的具体行政行为，提高稽查质量。

1999 年至 2010 年，案审委审理重大税务案件 85 件，其中移送司法机关处理 17 件。复查、复审税务稽查案件 175 件，通过复查、复审提出调整处理意见，对其中事实不清、证据不足、执法程序错误的案件予以退回；对适用依据错误、计算不正确、处罚不当的案件令其直接纠正，并相应调增或调减查补税款。

国税系统

1999 年，市国税局成立两级案审委员会，针对重大税务案件审理和稽查案复查、复审及指导，制订国税系统税务案件审理工作制度，并制定《办理税务案件纪律》。行政复议的日常工作由政策法规科负责。

国税两级案审委员会由稽查局为一级案审委员会，市局为两级案审委员会组成。稽查一级案审委员会负责稽查局检查部门查处的案件，对应补税金额、拟处罚金额达到一定数额，由稽查局案审委员会成员集体审理，作出处理处罚决定；一级审理认为重大疑难案件，需提交市局案审委员会审理的，由一级案审提出初审意见，呈报市局案审委员会两级审理。市局两级案审委员会负责对一级案审委员会呈报的税务案件进行审理,对一审案件的处理结果,提出维持或调整处理意见,对重大涉税案件作出是否移送司法机关处理的结论。

1997—2010年,桐乡市国税系统审理重大税务案件350件,移送司法机关处理181件。复查、复审涉税案件171件。

第二节 法制宣传

根据省厅、省局和市委、市政府的统一部署,1997—2010年,相继开展财税“三五”、“四五”、“五五”普法教育。2001年,财政地税和国税部门分别建立普法教育领导小组,并制定普法教育五年规划。

一、财税部门内部的法制教育和培训

(一)财政地税系统

2005年6月,财政地税局组织《财政违法行为处罚处分条例》培训

普法教育:十多年内组织学习的法律有:《中华人民共和国预算法》《中华人民共和国会计法》《中华人民共和国税收征收管理法》《中华人民共和国行政诉讼法》《中华人民共和国行政处罚法》《中华人民共和国刑事诉讼法》(1997—2000年)、《中华人民共和国会计法》《中华人民共和国婚姻法》《中华人民共和国政府采购法》《中华人民共和国行政许可法》、新《中华人民共和国征收管理法》及实施细则、《财政违法行为处罚处分条例》《中华人民共和国税务行政处罚法》《中华人民共和国国家赔偿法》(2001—2005年)、《中华人民共和国物权法》《中华人民共和国交通法》(2006—2010年)等。

行政执法教育:2000年开展财政干部“行政执法证”培训与考试、2006年组织财政、地税干部进行行政执法培训。

2002—2008年,先后组织财政地税干部参加WTO知识培训与考试、“行政执法风险”专题讲座、《行政法学》《伦理学》培训与考试、“依法行政 防范风险 化解矛盾”专题讲座等,增强行政执法的法制观念。

(二)国税系统

2001—2005年,开展“四五”普法教育,成立“四五”普法教育领导小组,制定“四五”普法教育规划。通过市级“四五”普法验收。2006—2010年,加强对法制宣传教育工作的领导,成立“五五”普法领导小组,开展4期“五五”普法教育培训,225人(次)参加学习。国税“五五”期间的普法教育活动,得到省国税局的好评,获全省国税系统“五五”普法先进集体称号。

1998年,市国税局按照“法治、公平、文明、效率”的治税思想,加大税收法律知识的培训力度,组织开展三个层次的法制教育培训:一是开展一周的企业纳税申报电子化业务培训班,300多家企业的700名财会人员学习。二是组织开展涉外税收知识培训,121家企业参加学习。三是开展企业法人税收政策与企业决策培训班,800余名企业法人参加税收政策和经营决策者学习,获得成绩合格证书。

1999年,针对出口退税政策变动频繁的特点,即时为出口企业举办业务辅导,及时通报退税工作进度,介绍出口退税新政策规定,得到省国税局四次追加指标,基本满足企业退税的要求。

2000 年，举办广翔企业端报税软件培训，一般纳税人实现软盘申报；个体户采用电话进行申报。

2001 年，举办出口企业总经理培训班、全体外贸业务员培训班，参加人员达 143 人，提高出口企业的防范意识。

2002 年，组织参加国家税务总局举办的“中国加入世界贸易组织与税收”的 WTO 专题培训班。

2003 年，开展“非典”时期税收减半征收、个体定额起征点调整等税收优惠政策宣传教育。

2004 年，组织学习《中华人民共和国行政许可法》，掌握《中华人民共和国行政许可法》对涉税事项确立的公示制度、申请与受理、审查与决定、听证、监督与检查、违法责任的追究等规定。利用每周五时间，组织学习国家新颁布的法律法规，组织案例分析，不定期进行考试，提高依法行政工作能力。

2005 年，市国税局与地税局建立联席会议制度，加强税收宣传，形成管理合力。

2006 年，举办两期出口退税政策和出口退税网上申报培训班，防范出口骗税，全市 40 多家外贸企业和 62 家新企业参加培训。

2007 年，成立执法资格统一考试协调小组，组织参加税收执法资格考试，全系统 189 名干部取得执法资格证书，14 名干部参加税收执法资格考试。

2008 年，开展新企业所得税法申报表、申报软件与应纳所得税额的计算操作方法培训辅导。

2009 年，深入开展“服务企业、服务基层”专项行动、“纳税服务月活动”和“四心服务”专项活动，开展纳税辅导，走访企业 103 家，村社区 2 个，召开座谈会 9 次，提高纳税人办税能力。

2010 年，按照“审时度势，把握政策、能宽不严、搞好服务”十六字工作要求，联合多家单位、部门创建“纳税人之家”和桐乡市纳税服务志愿者大队，开展结构性减税政策和各项税收优惠政策宣传教育和为纳税人送服务、送政策活动。

二、对社会各界的财税法律法规宣传

对社会各界的财税法律法规宣传形式多样、内容丰富，以一年一度的税收宣传月活动为平台，结合日常税收法律法规宣传，国税、地税有分有合，广泛开展。

(一)税收宣传月

1991 年，桐乡县成立税法宣传教育活动领导小组，分别在县广播电台和县电视台开播“税务之声”“税法之窗”等专栏节目，各税务所设立税法咨询服务站，税法宣传教育活动广泛深入开展。

1992 年起，每年的 4 月被确定为全国“税收宣传月”，宣传月主题：1992 年为“税收与发展”；1993—1994 年“税收与改革”；1995 年“税收与法制”；1996 年“税收征管与市场经济”；1997 年“税收与文明”；1998 年“税收管理与依法治国”；1999 年“依法治税、强国富民”；2000 年“税收与未来”；2001 年“税收与公民”；2002 年“诚信纳税、利国利民”；2003—2007 年“依法诚信纳税、共建小康社会”；2008—2013 年“税收・发展・民生”。

2010 年 4 月 15 日，国地税联合开展税收政策宣传辅导走进经济开发区

宣传月活动的主要内容：国地税联合上街设摊宣传是较为常规的形式，设摊期间同时展出黑板报、分发宣传资料、赠送税收法律法规政策汇编、开展现场税收问题抢答等。税收宣传月期间重点开展的其他活动有：

1993 年，县税务局会同县广电局开展“税收与改革”专题新闻采访，分别邀请县政府领导、财税局长和纳税人谈税收与经济、税收与改革；在县广播电台开设“税收与改革”专题讲座；开展全县电视有奖征答活动和税法知识演讲比赛；税收知识进校园，税务干部担任税收宣传校外辅导员。

1994—1995 年，在《桐乡电话信息报》开设“税收与法制”专题栏目；在桐乡人民广播电台“农家乐”节目中开设“税法园地”讲座；在桐乡电视台以“卡通”形式，每天播出税收宣传标语，并在“桐城经纬”节目中组织税收知识有奖问答；在全市个体工商户中开展税法知识大赛，1995 年组织全市“税收杯”摄影大赛。

1996 年，在电台、电视台开设“税法园地”“税法之窗”栏目，播放电视剧《纳税启事录》；组织采访市人大代表、政协委员“谈税收，促发展”活动；开展“我是纳税人”新税制知识竞赛和“税收与家庭”书法、漫画大赛；向全市纳税人发出一封公开信；结合上街设点开展个人所得税现场纳税申报。

1997 年，国地税机构分设，国税局建立信息员和通讯员队伍，组建税务新闻信息宣传网络，开展税收宣传，当年被评为全省税务新闻先进集体。地税机构组织“税收小品电视大赛”、税收知识百题竞赛活动。

1998 年，市国税局通过广播电视开设税收知识有奖竞赛节目，在《桐乡报》开设税法宣传专版。市地税局在《嘉兴日报》开辟地税税务案例分析专栏、个人所得税知识问答专栏。

1999 年，市地税局组织少儿税收宣传歌曲传唱和歌舞比赛活动。市国税局围绕“依法治税，富国强民”主题，举办 29 期增值税专用发票培训班，2261 人参加考试。

2000 年，市国税局和教育局联合组织开展“税收在我心中”中小学生征文比赛，全市 73 所学校三万余名学生参加，千余名家长帮学生收集资料，144 名教师作写作辅导，评选出优秀作品 143 篇，市国税局、教育局联合表彰优秀作品的作者。市国税局推出《外国客商话税收》项目，邀请外国和港台客商企业老总座谈，听取外国和港台客商对国税工作的意见建议。

2001 年，市地税局与市教育联合举办“地税带来家乡美”中学生税收宣传征文比赛。市地税局召开全市乡镇长座谈会；展出黑板报 70 多块；组织税收宣传书法比赛，100 多人参加；赠送《个体私营企业税收知识问答》《漫画税收》《地税宣传》等各种税收宣传资料 2.6 万多份。市国税局组织国税系统干部 85 人次深入乡镇企业，用两个月时间向 3202 家企业宣讲新《中华人民共和国税收征收管理法》《增值税政策》等税法法规。

2002 年，市国地税联合开展诚信纳税单位评选；推出全市十强纳税大户诚信纳税倡议活动。国税局在电视台开设“有了您的纳税，才有共和国的繁荣”的公益广告、在广播电台开播“税收之声”专题节目，并参与《桐乡报财经广场》栏目的宣传。地税在桐乡影剧院推送两场《钢铁税官》文艺专场演出。

2003 年，地税编制税收宣传画板在各乡镇和社区的宣传橱窗展出；开展税收电影下乡活动。推出生产型企业老总话“免抵退”活动。邀请相关企业参加扩大免抵退税政策推介会，支持生产型企业申报自营进出口权，促使企业尽快开展自营出口业务，引导企业参与国际竞争。

2004 年，市国税局联同桐乡电信公司、浙科公司进行 32 场 VPDN 网上安全谁平台和税务短信平台操作培训和依法诚信纳税宣传，同时推出局长、中层干部接待月，设立纳税人咨询服务台，热情诚恳接待每一位纳税人。地税在《嘉兴日报》开辟“税收知识之窗”栏目，宣传税收知识，解答纳税问题；在桐乡电视台“电视党校”栏目举办电视税法知识讲座。

2005 年，国地税联合在全市范围内开展十佳诚信纳税企业和十佳诚信纳税个体工商户的评选，向广大纳税人印发“双十佳”诚信纳税户“依法诚信纳税倡议书”，并举行颁奖文艺演出。国税干部走进开发区合资企业，请元宝服饰等十多家企业领导和财务人员进行税企面对面座谈，及时解决企业的涉税问题。地税组织大型税收宣传活动《地税与您相约》，在菊花广场举办“依法诚信纳税，共建小康社会”广场文艺演出。税收宣传项目获浙江省地方税务局2005年度优秀税收宣传项目一等奖。

2006年，国地税联合市教育局、团市委、妇联在全市中小学校开展“让我们共同携手呼唤诚信纳税”主题教育活动，五个部门联合向全市中小学生发送“税收—共和国的血脉”的公开信；组织税务干部以校外辅导辅导员的身份，进校园分发宣传资料，送税上门讲好辅导课。地税开展“星、税、缘”寻找地税形象使者、“和谐税收你·我·他”调查问卷、等主题活动；利用全市农村示范户平台，开展“建设新农村，税法进农家”文艺下乡；举办全市范围的专题知识竞赛，100余名选手参与角逐。

2007年，市长在《桐乡报》发表税收宣传月文章，各街道(镇乡)20多个单位“一把手”、企业家撰文谈税收。地税组成宣传小分队，深入机关、社区、市场、企业、园区，开展法制宣传“五进”活动。

2008年，国地税共同组织丰子恺漫画学校百余名学生，以漫画形式在百米围墙现场制作“税收·发展·民生”壁画；开展中学生“我眼中的税收”征文活动，全市20多所中学的初中、高中学生积极参与，收到征文作品145篇，汇编成书，作为税收宣传资料赠送。国税开展走进桐乡电视台“菊乡茶馆”栏目，现场直播解答纳税人关心的税收政策问题。国地税联合组织市老年自行车队开展巡回税收宣传活动，共出动人员240多人次，总行程150余公里，延续13天；国地税联合举办“税企同心、共建和谐”税企联谊会。

2009年，市国税局组织全市100家重点税源企业参加的税收宣传辅导会，开展涉税事宜税企良性互动，为重点税源企业解难释疑。地税以“保增长促转型、抓改革促发展、重民生促和谐”为主线，开展“齐心服务发展、全心服务企业、热心服务群众、真心服务基层”宣传行动，整合税收宣传资源，构建税收“大宣传”格局。该项目被省国税局评选为2009年税收宣传月优秀项目。6月，桐乡市“纳税人之家”创建试点工作启动，桐乡市首个“纳税人之家”——桐乡经济开发区“纳税人之家”成立，《中国税务报》《嘉兴日报》等媒体相继作专题报道。

2010年，国、地税联合组织“服务转型升级，走进行业龙头骨干企业”、“零距离：局领导走进税收政策辅导一线”、“国、地税走访人大代表、政协委员面商建议、提案办理意见”、中小学生税收宣传漫画比赛等活动。国、地税同时分别开展税收“六进”宣传活动，进机关、进乡村、进社区、进学校、进市场、进单位。市国税局当年召开各类座谈会12场，税法咨询80人次，走访7个乡镇(街道)、12个村、4个养殖场、4个专业市场、18家企业、4个社区、65所学校，共发送宣传资料8000多份。市地税局成立纳税服务志愿者大队，分6个中队，招募志愿者123人，固定服务对象23个。开展“纳税人之家”推广服务活动，至2010年年底止共建立11个镇(街道)、市场、行业“纳税人之家”。

“五五”普法期间，财政地税共开展法律进企业600余次，进机关20多次，进乡村60多次，进社区40多次，进学校10多次，进市场30多次，进单位60多次，宣传栏等各种宣传阵地90多块。

(二)开展经常性的财税法律法规宣传活动

1.面向社会各界

通过广播、电视、报纸等新闻媒体和常年公益宣传，加深纳税人对“依法诚信纳税”的社会共识；每年以会议、讲座的形式，向企业、个体工商户、机关、事业单位开展法规制度和政策的宣传，比如，结合所得税汇算清缴会议，组织相关法律法规的宣传讲解；聘请人大代表、政协委员担任行风监督员，每年召开一至二次行风监督员会议，向他们宣传财税法律法规，汇报财税部门工作情况等。

国地税共同参加全市举行的“五五”普法大型法律咨询活动及“12·4”法制宣传活动，其中国税部门根据年度法制宣传重点，有针对性开展法制宣传教育活动，发放增值税专用发票使用规定、教育储蓄存款利息所得免征个人所得税有关问题解答、出口退税办理程序宣传、发票查询举报系统等税收宣传资料,为群众提供税收政策知识。

2001年政府网开通,地税设专栏开展财税相关法规、制度、政策的宣传;2006年财税外网开通并与政府网联结,开设"财政公告""税务公告""财税信息"等栏目;2010年"会计之家""纳税人之家"网站相继建立,财税法规制度和政策的宣传成为常态化。

2006年—2010年,市国税局连续五年向桐乡市委、市政府、市人大、市政协四套班子、行风监督员和国税收入100万元以上的纳税人赠送《中华人民共和国地方税收法规汇编—浙江国税卷》。

2001年—2010年,地税每半年印制《税法公告》、按月印发《地税宣传》,分别印发20期和120期,累计向社会各界发送120余万册。

2.面向纳税企业

1997年至2010年,面对各行各业的纳税人,国税和财政地税部门根据企业不同需求,开展多渠道、多形式、多层次的税收法律法规宣传,营造依法治税的社会环境。

(1)开展税收优惠政策宣传。一是开展福利企业、校办企业培训。福利企业、校办企业在新税制后,仍保留税收优惠政策。国税将政策规定宣传到每一户企业,全面落实"先征后退"返还增值税税收政策。二是开展增值税政策培训。2006年,国家税务总局、公安部开展"利剑二号"专案检查,涉及桐乡皮毛企业,市国税局印发《皮毛企业增值税一般纳税人进项税额有关知识解答》资料,重点宣传增值税一般纳税人进项税额的有关税法规定。三是开展优惠政策持续宣传。开展鼓励高新产业、外商投资企业和资源综合利用企业、再投资退税、购买国产设备抵免政策、高新技术和支持可持续发展政策、扶持"三农"、起征点调整和下岗失业人员再就业等税收优惠政策,帮助纳税人掌握税法知识。四是开展送政策进企业活动。2009年,开展送政策进企业活动,走访150户(次)重点骨干企业,开展面对面现场解惑释疑,宣传增值税转型政策、企业研发费用加计扣除、资源综合利用等优惠政策,发放《增值税转型政策汇编》等宣传册3500余份,现场解答涉税疑难问题50余个。

(2)开展出口退税政策宣传。2001年,推行生产性出口企业"先征后退"改按"免抵退"政策,2002年,对生产性自营出口企业一律实行"免、抵、退"的结算办法,2003年,实行生产型企业自营出口业务和扩大免抵退政策,推出生产型企业老总话"免抵退"活动,邀请部分生产型出口企业负责人参加扩大免抵退政策推介会,国税局领导宣讲扩大免抵退政策,支持生产型企业申报自营进出口权,引导企业参与国际竞争。2006年,进行出口退税政策和出口退税网上申报培训,宣传工作均结合中心工作及时展开。2010年,利用纳税人之家开办新增出口企业业务辅导培训平台,第一时间宣讲有关政策规定,辅导办理退(免)税认定手续。

(3)开展新企业所得税法宣传。2008年,施行新企业所得税法与实施条例,国税部门专门印制新企业所得税法和实施条例小册子,赠送给当地党委政府和部门。专门邀请市经贸局、外经贸局、经济开发区、国企办、各大主要经济园区等十大部门领导,对新旧企业所得税法变化开展对话和交流。专门通过桐乡电视台"菊乡茶馆"栏目,专题宣传新企业所得税法、实施条例和新会计准则辅导,向全社会宣传新企业所得税法。

(4)面向外商投资企业的宣传。2006年,国税推出因特网上宣税法活动,在因特网上开通税企联系专用通道,全市近300家外商投资企业可在网上互通,国税部门将《涉外企业所得税政策摘要》等税收政策、宣传资料,挂在平台上,方便纳税人下载,双方还可以在平台上进行业务联系和沟通。

(5)举办各类培训班。1999年开始,地税部门每年对当年度有税收违法行为的企业主要负责人和办税员举办法制宣传教育培训班；2001 年财政地税部门面向全市企事业单位共举办 32 期《中华人民共和国税收征收管理法》培训班、35 期《中华人民共和国会计法》及新《企业会计制度》培训班、2 期税收法制培训班；2002 年财政地税举办 6 期税收法律知识培训班、38 期会计法培训班，参训人次近 4000 人；2004 年配合“千户企业学法”活动，国地税与市普法办联合举办税法知识讲座 13 次，参加人员 1023 人。

(6)建立税收宣传辅导点。2003 年地税出台《税收宣传片组活动管理办法(试行)》，在全市范围内建立企业纳税人活动网络，在石门税务分局试点建立税收宣传辅导点，并在全市推行。以各征管局管辖地为区域，将企事业单位划为若干个片，并按片的大小编若干组，以片组为单位零距离开展税收宣传活动。2004 年地税制订《桐乡市地方税务局税收宣传辅导点活动制度》，同时将税收宣传辅导纳入 ISO 9000 质量管理体系，实施标准化管理。至 2004 年，全市共分为 45 个片、105 个组，设立税收宣传辅导点 89 个，当年各辅导点累计开展各项活动 500 余次，受众 24000 余人次。

3. 面向农民专业合作社

2006 年，市国税局联合市工商局、市农经局，深入农村养殖大户，针对农村专业合作社的税收优惠政策开展宣传，面对面解答《农民专业合作社相关税收优惠政策》。2007 年，向种植户和生产合作社发放“农民办税方便卡”，解释办税享受销售菊花、小桑苗等农产品免征增值税等优惠政策。2008 年，开展对从事农、林、牧、渔业项目的所得，可以免征、减征企业所得税的宣传。2009 年，邀请部分农村专业合作社代表进行座谈，解释或说明农村专业合作社税收优惠政策享受条件、范围等内容，现场解答专业合作社可享受的税收优惠政策等有关事项。2010 年，深入农村养殖大户及文化示范户进行税收政策调查，赠送《税收宣传小手册》。

第三节　信息公开

一、政务公开

根据上级厅、局和市委、市政府的要求，桐乡市财政、地税和国税系统从 1998 年开始推行政务公开，分别建立领导小组并下设办公室，办公室主任分别由一名分管财政和税收业务的局领导兼任，有组织、分步骤地将财政地税办税和理财的相关信息向社会公开，当年信息公开工作分三个阶段推进：组织发动、实施、总结。公开内容包括五个方面：办事依据、办事程序、办事标准、办事纪律、办事结果。公开的渠道主要通过《桐乡地税宣传》《桐乡报》、桐乡电视台、桐乡电台以及“乡镇广播”、地税服务大厅显示屏等媒介展开，同时编印《桐乡财税法规汇编》。当年，根据市政府的统一部署，财政、国税、地税、分别在《桐乡版》刊出部门工作职责、任务、目标，接受社会各界监督。实行政务公开的同时，还建立《财政地税服务承诺制度》，建立监督小组，推动政务公开工作的进一步落实。

随着财税改革的推进，2001 年，桐乡市财政地税局根据财税政务工作的变化，将调整后的财税工作项目、内容重新公布。当年出台《桐乡市财政、地税局政务公开制度》，政务信息公开实现制度化、常态化。

2008 年，国税局发布政府信息 108 条；2009 年，发布 218 条。

2010 年，财政地税发布信息 87 条，其中动态信息 21 条，公告、通知类信息 16 条，政策制度类信息 30 条。市国税局在桐乡市人民政府门户网站上“桐乡市国家税务局政府信息公开”专栏公开政府信息 310 条。其中机构概况 24 条、政策文件 29 条、报告统计 11 条、工作信息 196 条、财政信息 3 条、行政审批 5 条、行政执法 10 条、公共服务 1 条、人事信息 31 条。

二、涉税事项公告

(一)财政地税系统

涉税事项公告包括:定期定额户定额信息公告、非正常户及税务登记证件失效公告、欠税公告、税务违法案件公告。

1997 年 6 月起,桐乡地税局实施定期定额公告,主要按管辖地通过上墙张贴形式公告,基层税务所(分局)配置自助终端机后,通过自助终端机公告。

1998 年,根据国家税务总局和省地税局关于实行"税务违法案件公告"的指示精神,桐乡地税局以《地税宣传》刊物为平台,设立"曝光台"栏目,对税务违法案件进行公告。1999 年 9 月,桐乡地税局出台《桐乡市地方税务局税务违法案件公告办法》,对已经生效的税务违法违章案件采用正式公文和集中简要公告的形式进行公告,公告除利用《地税宣传》专栏外,还陆续开辟办税服务大厅公告栏、自助服务机公告栏,借助《桐乡日报》等媒体,公告各类税务违法违章大要案、立案查处的税务举报案件和具有典型意义的税务违法案件。同时每年召开"以案说法"座谈会。

2004 年 2 月起,对非正常生产、经营的纳税户和认定为税务登记证失效的纳税人,由基层税务分局按月在办税服务厅内公告。

2005 年起,实行企业欠税情况公告,根据权限划分,桐乡市地税局对欠缴税款的公告权限为:企业、单位纳税人欠缴税款在 200 万元以下(不含 200 万元),个体工商户和其他个人欠缴税款 10 万元以下(不含 10 万元),欠税信息在办税服务厅公告;限额以上由嘉兴市地税局公告,经基层单位上报汇总后报嘉兴市地税局下文公告;对走逃、失踪查无下落的纳税户的欠税信息,由省地税局公告。2003 年—2010 年累计向社会公告的税务稽查案件共 872 件。

(二)国税系统

2002 年,市国税局即时公布税收政策,让纳税人随时了解新出台的税收政策法规及工作信息。

2005 年,市国税局按照《中华人民共和国行政许可法》及国家税务总局、浙江省国家税务局《实施税务行政许可工作制度及暂行办法》的要求,对包括发票使用和管理审批等项目的税务行政许可事项、依据、条件、程序、数量、期限、申请人需提交的全部材料目录、申请书示范文本等事项在办税大厅公示,并对发票使用和管理的审批等项目实施税务行政许可,应用行政许可信息管理系统,实现税务行政许可管理的信息化。根据桐乡市人民政府法制办公室《关于做好行政执法主体清理公告工作的通知》,做好行政执法主体公告工作。

2006 年,市国税局在办税大厅专设窗口,由专门的税务执法人员统一受理行政许可申请、送达行政许可决定,把好行政许可前哨关口。在办税大厅全程服务台公布办税程序、法律规定、时限要求等事项,建立举报箱,公开举报电话,接受纳税人和社会的监督。

2010 年,市国税局宣传纳税人依法享有的 14 项权利和负有的 10 项义务,维护纳税人的合法权益,提高纳税人依法诚信纳税的意识和税法遵从度,营造公平、公正、公开的治税环境。

第二十四章　财源结构与财税扶持经济发展

新中国建国初期，崇德、桐乡两县的财政收入主要依靠个体手工业和私营工业，个体、私营的总产值占比在80%左右；手工业和私营工商业改造之后，财源结构中的90%以上来源于全民所有制和集体所有制。中共十一届三中全会后，政府强调“四个轮子一起转”，不断鼓励和扶持经济发展，桐乡的集体和个体、私营经济得到较快发展。1996年开始，市委、市政府积极推进经济体制改革，促进经济增长方式的转变，国有、集体企业相继实施兼并、改制，同时先后出台“抓大活小”“扶优扶强”“优势工程”“规模经济”“外向型经济”“科技创新”等鼓励、扶持政策，激活经济发展潜力，巨石集团、天女集团、桐昆集团、双箭集团、新凤鸣集团等民营经济企业不断发展壮大，成为桐乡经济的领头羊；进入21世纪后，政府逐步对平台建设加大鼓励和扶持，经济开发区、乡镇工业园区不断壮大，濮院羊毛衫市场、崇福皮毛市场、桐乡鞋材市场等专业市场逐步形成，孕育、促进桐乡经济的繁荣。全市经济结构发生较大变化，财源结构随之变化。

第一节　财源结构

1995年，桐乡市工商税收40918.7万元，不同经济性质的比重分别为：国有经济21.88%、集体经济61.76%、私营经济0.34%、个体经济8.05%、联营与股份制经济2.77%、外资经济5.20%。

从1996—2010年国税、地税部门征管的分类型、分行业企业发展与税收收入情况，可以窥见桐乡财源结构变化的基本轨迹。

一、国税系统

（一）国税管辖企业

表24-1　　1997年桐乡市纳税户数统计年报表

单位：户

项　目	合　计	国有经济	集体经济	联营经济	股份制经　济	私营经济	港澳台经　济	外商投资经济	个体经济	其他经济
纳税户数	13363	260	2467	94	91	203	89	42	10117	

表24-2　　2010年桐乡市纳税登记户数统计年报表

单位：户

序号	项　　目	合　计	国有企业	集体企业	股份合作企业	联营企业	股份公司	私营企业	其他企业	港澳台投　资企　业	外商投资企业	个体经营
1	1. 增值税	19686	16	93	142	4	245	4747	1	197	160	14081

续表 24－2

序号	项　　目	合　计	国有企业	集体企业	股份合作企业	联营企业	股份公司	私营企业	其他企业	港澳台投资企业	外商投资企业	个体经营
2	一般纳税人	4975	9	43	70	3	221	4172		191	158	108
3	小规模纳税人	14711	7	50	72	1	24	575	1	6	2	13973
4	1. 消费税	84		4			2	8				70
5	2. 企业所得税	3662	8	26	72		103	3107	6	175	165	
6	3. 个人所得税	10										10
7	4. 车辆购置税	2806	15	285	210	128	653	1296	96	2	3	118
8	附列资料:纳税户数	23602	39	408	424	132	990	6822	102	222	198	14265
9	登记户数	39001	104	511	614	132	1305	7674	103	285	233	28040

(二)国税组织收入

表 24－3　　1997—2010 年桐乡市收入计划与组织收入统计表

单位:万元

年　份	计　划　数	完　成　数	年　份	计　划　数	完　成　数
1997	34000	37611	2004	110107	119599
1998	41859	43143	2005	134899	136963
1999	46773	47086	2006	155433	166188
2000	52860	59258	2007	188122	211188
2001	61285	61373	2008	244793	257988
2002	76894	81444	2009	278800	278818
2003	90881	102208	2010	305700	313939

(三)国税收入占一般预算总收入比重

表 24－4　　2007—2010 年桐乡市国税对财政收入贡献一览表

单位:万元

年　份	财政一般预算总收入	国税贡献的财政一般预算总收入	国税收入占一般预算总收入比重(%)	地方一般预算收入	国税贡献的地方一般预算收入	国税收入占地方收入比重(%)
2007 年	351484	200202	56.96	170598	54125	31.73
2008 年	417967	242004	57.9	204037	66778	32.73
2009 年	444471	258512	58.16	225734	70631	31.29
2010 年	530024	285023	53.78	283049	81263	28.71

二、地税系统

表 24－5　　1996—2010 年桐乡市地税纳税户分企业类型情况统计表

单位：户

年份	登记户	合计	国有企业	集体企业	股份公司	联营企业	有限责任和股份制	私营企业	港澳台及外资	个体经营
1996		13228	330	2904	211	83		148	120	9432
1997		14175	281	2655	107	78		199	121	10734
1998	16340	15658	307	2778	324			320	129	11800
1999	17700	13142	239	1580	591	13		869	138	9712
2000		15863	170	766	647	8		1304	129	12839
2001		21949	430	1182	378	13	401	1521	143	17881
2002	33187	26251	643	966	386	10	321	1854	182	21889
2003	33184	26030	628	825	360	7	320	2166	244	21480
2004	24753	15898	213	391	290	6	287	2422	289	12000
2005	28154	17220	185	278	238	6	289	2662	367	13195
2006	33513	14804	188	240	260	5	454	3076	430	10151
2007	39790	20754	262	251	872	5		5241	490	13633
2008	49474	22683	334	226	199	4	691	5734	498	14997
2009	51837	26432	383	707	251	2	682	6266	489	17652
2010	56088	28782	384	200	330	1	835	7185	493	19354

资料来源：根据 1996—2010 年《浙江省税务统计》资料整理

注：1996 年、1997 年、2000 年、2001 年无登记户统计

表 24－6　　1999—2008 年桐乡市地税纳税户分行业结构情况统计表

单位：户

年份	合计	一、制造业	三、电力燃气及水生产和供应业	四、建筑业	五、交通运输仓储及邮政业	六、批发和零售业	七、金融业	八、信息传输、计算机服务和软件业	九、租赁和商务服务业	十、房地产业	十一、住宿和餐饮业	十二、文化体育和娱乐业	十三、其他行业
1999	13142	2908	17	129	1863	6644	47			22	1182		330
2000	15863	3605	15	114	1920	8494	46			25	1462		182
2001	21949	4674	16	126	2015	9905	49			43	3636		1485
2002	26251	5603	12	144	1944	12598	46			62	3831		2011
2003	26030	6477	24	167	1675	10975	46	111	152	85	2449	454	3415

续表 24-6

年份	合计	一、制造业	三、电力燃气及水生产和供应业	四、建筑业	五、交通运输仓储及邮政业	六、批发和零售业	七、金融业	八、信息传输、计算机服务和软件业	九、租赁和商务服务业	十、房地产业	十一、住宿和餐饮业	十二、文化体育和娱乐业	十三、其他行业
2004	15898	5284	1066	1022	519	6336	36	75	143	126	4904	5030	2521
2005	17220	3995	18	183	385	10532	35	54	186	161	734	115	822
2006	14804	6160	22	207	403	5424	42	43	220	149	792	235	1107
2007	20754	7122	30	679	797	9085	40	57	351	205	888	253	1247
2008	22683	7586	31	453	803	10183	27	57	424	230	951	244	1694

资料来源:根据1999—2008年《浙江省税务统计》资料整理

注:1."十一、住宿和餐饮业,十二、文化体育和娱乐业"1999—2002年合为"社会服务业";

2.1996—1998年,行业结构不同,不具可比性;

3.2009—2010年,无纳税户数分行业统计数

表 24-7　　1996—2010年桐乡市地税税收收入企业类型结构情况统计表

单位:万元

年份	合计	内资企业							港澳台及外资	个体经营
		小计	国有企业	集体企业	股份合作	联营	有限责任公司、股份有限公司	私营		
1996	41903	33824	10032	21212	910	1366		304	4115	3964
1997	11753	10088	4505	4922	351	223		87	176	1489
1998	17652	15407	5553	8999	605			250	414	1831
1999	15748	13520	5705	5725	1525	8		557	225	2003
2000	24918	21927	5890	6637	7299	52		2049	351	2640
2001	44617	40339	8837	5696	2415	95	16298	6998	915	3363
2002	49620	42126	12036	3221	2141	185	11703	12840	1458	6036
2003	60016	51207	13646	3026	2447	221	13771	18096	1892	6917
2004	71760	60256	13978	2448	1508	876	14497	26949	2810	8694
2005	83490	68701	17873	2050	1745	484	16267	30282	4845	9944
2006	97515	77949	15569	1183	2594	316	20243	38044	5972	13594
2007	124205	99946	6792	974	3706	384	35273	52817	8321	15938
2008	142964	113261	9987	897	4626	159	35913	61679	13015	16688
2009	153425	122775	8504	845	4451	30	34590	74355	14049	16601
2010	214821	178007	8827	855	4140	−1	50191	113995	14127	22687

资料来源:根据1996年—2010年《浙江省税务统计》资料整理

注:1997年国地税分设,此后数据不含增值税、消费税

表 24－8　　1996—2010 年桐乡市地税营业税收入分企业类型结构情况统计表

单位：万元

年份	合计	内资企业							港澳台及外资	个体经营
		小计	国有企业	集体企业	股份合作	联营	有限责任公司股份有限公司	私营		
1996	5589	4855	2282	2544	13	1		15	62	672
1997	6485	5695	2822	2551	175	134		13	60	730
1998	7067	6151	3139	2759	226			27	78	838
1999	7029	6050	3288	2136	541			85	49	930
2000	8642	7356	3183	2306	1450			417	125	1161
2001										
2002	16251	13454	5544	1700	345	1461	2946	2773	665	2132
2003	20809	17580	5508	1604	566	172	4609	5121	857	2372
2004	28715	24108	5931	1239	300	214	6220	10204	1526	3081
2005	31433	25668	5450	1226	621	71	6638	11662	2249	3516
2006	34047	26543	5442	477	952	57	6898	12717	2378	5126
2007	44416	34976	2605	399	1117	40	10779	19467	2598	6842
2008	48350	38365	2029	321	1715	34	11191	23075	2964	7021
2009	62808	51753	1679	353	2084	23	12541	35073	4035	7020
2010	88247	73906	1603	366	1750	0	19010	51177	4288	10053

资料来源：根据 1996—2010 年《浙江省税务统计》资料整理

表 24－9　　1996—2010 年桐乡市地税企业所得税收入企业类型结构情况统计表

单位：万元

年份	合计	国有企业	集体企业	股份合作	联营	有限责任公司股份有限公司	私营
1996	1821	957	829	4	24		7
1997	1122	329	674	101	4		13
1998	1550	116	1333	17			84
1999	1998	547	1081	148			222
2000	7644	640	2235	3851	15		903
2001							
2002	15606	2384	745	1252	16	5660	5550
2003	18243	2975	763	1403	25	5440	7637
2004	18962	2713	556	836	622	4396	9839
2005	21136	6103	346	606	343	4578	9160
2006	21829	3876	301	768	222	5544	11118

续表 24－9

年　份	合　　计	国　有 企　业	集　体 企　业	股　份 合　作	联　　营	有限责任公司 股份有限公司	私　　营
2007	26076	175	243	1522	306	11336	12494
2008	24395	325	199	1294	103	11225	11249
2009	15312	128	157	527	－1	7843	6658
2010	34210	237	184	785		13885	19119

资料来源：根据1996—2010年《浙江省税务统计》资料整理

从1996年至2010年财政收入、税收收入与国内生产总值的比较也可看出经济规模与财源结构的关系。

表 24－10　　1996—2010年桐乡市财政收入、税收收入与生产总值(按当年价格计算)比较一览表

单位：万元

年　份	生产总值	一般预算收入	占　　比	税收收入	占　　比
1996	757534	38120	5.03%	41569	5.49%
1997	771003	43059	5.58%	47287	6.13%
1998	813956	51166	6.29%	55001	6.76%
1999	851392	56641	6.65%	60031	7.05%
2000	979817	78568	8.02%	82482	8.42%
2001	1089195	100745	9.25%	106165	9.75%
2002	1222599	126251	10.33%	132279	10.82%
2003	1440843	163777	11.37%	167201	11.60%
2004	1724439	159581	9.25%	159600	9.26%
2005	1975452	230065	11.65%	225757	11.43%
2006	2301317	271454	11.80%	265152	11.52%
2007	2763464	351484	12.72%	346082	12.52%
2008	3232098	417967	12.93%	411640	12.73%
2009	3402658	444471	13.06%	436254	12.82%
2010	4092549	530024	12.95%	536097	13.1%
合计	27418316	3063373	11.17%	3072597	11.21%

资料来源："生产总值"取自"桐乡市统计信息网"《2011年桐乡统计年鉴》
"一般预算收入"和"税收收入"数据取自在编《桐乡财税志》(暂名)第三章《财政收入》

从地方财政收入占一般预算收入的比重和工商税收占地方财政收入的比重，可以看出桐乡财源的主要构成是税收，2000年后教育费附加征收逐年增加，税收占比有所下降。

表 24－11　　1996—2010 年桐乡市地方财政收入占一般预算收入比重情况一览表

单位：万元

年　份	一般预算收入	地方财政收入	地方收入占一般预算收入比重	工商税收收入	工商税收占地方财政收入比重
1996	38120	15984	41.93%	14288	89.39%
1997	43059	17428	40.47%	16528	94.84%
1998	51166	20552	40.17%	18458	89.81%
1999	56641	23657	41.77%	20698	87.49%
2000	78568	36668	46.67%	26304	71.74%
2001	100745	57943	57.51%	30899	53.33%
2002	126251	56009	44.36%	40019	71.45%
2003	163777	71978	43.95%	49403	68.64%
2004	159581	83192	52.13%	52984	63.69%
2005	230065	111650	48.53%	72876	65.27%
2006	271454	128904	47.49%	89416	69.37%
2007	351484	170598	48.54%	116647	68.38%
2008	417967	204037	48.82%	137241	67.26%
2009	444471	225734	50.79%	162081	71.80%
2010	530024	283049	53.40%	199005	70.31%
合计	3063373	1507383	49.21%	1046847	69.45%

资料来源：本志第二章《财政收入》

第二节　财税扶持经济发展

财税对经济的扶持，重在培养财源。随着经济的发展和财税规范管理的需要，财税扶持经济的手段不断发生变化。20 世纪 80 年代开始，财政运用信用资金放贷和税收优惠扶持经济实体，90 年代达到高峰。1999 年开始，财政信用资金逐步淡出，财税扶持手段以财政补助与奖励为主，同时辅以税收返还政策。财税扶持的方向，从直接对产业经济的扶持向产业平台建设过渡；从对工业领域的扶持发展到对农业领域、服务业领域和特殊群体的扶持；促进消费，提高社会购买力等方面。

一、财政性贷款

20 世纪 80 年代开始，财政资金以信贷的方式积极介入地方经济，支持地方经济发展，一度起到积极的作用。周转金按资金的不同来源和不同投放去向分为：支农周转金、企业财务周转金、乡镇财政周转金、涉外周转金、财政技改统筹资金、减免税统筹资金、财政信用开发资金、预算外融通资金等。

1988 年 7 月，桐乡成立财务开发公司，1989 年撤销，建立资金管理股（1993 年 4 月改科），继续经营财务开发公司业务，1992 年 6 月建立财政信用开发公司。

1992 年、1993 年开始，县局税政股、财政信用开发公司与省物产租赁公司、省信托投资公司等联系，在桐乡开展融资租赁业务，至 95 年止共引进租赁项目 155 个，引进资金 2.89 亿元。

1995 年末，财政性贷款资金余额 65058 万元。

1996 年，根据省财政厅关于财政周转金管理“五个统一”(统一制度、统一管理、统一计划、统一开户、统一核算)的规定精神，市财政局建立“资金结算中心”，归口预算管理。同年 11 月，市财政局出台《桐乡市地方财政周转金管理暂行办法》，财政周转金实行“分科安排，集中划款”的管理办法，科室不再保留周转金银行帐户，只设备查台帐。资金占用费率定为 1.08%，占用费收入由“资金结算中心”记入贷款科室周转金余额。

根据财政部《整顿财政周转金方案》的通知和省财政厅“进一步加强财政周转金管理”“抓紧做好财政周转金清理整顿工作”的指示精神，1998 年开始逐步回收贷放资金，停止新借、协商回收老债。当年，先后成立局财政周转金审批小组和财政周转金清理整顿工作领导小组，制定《财政周转金管理工作规程》《财政周转金管理工作职责》，乡镇财政所履行借款推荐和催收职责。

1999 年财政周转金清理力度进一步加大。省财政厅从 98 年开始对出借给市地县的财政周转金每年扣 20%，市财政局下发《关于借给乡镇的财政周转金处理意见的通知》，对 1999 年底前乡镇未归还的财政周转金采取首先从历年提取的乡镇财政风险基金中归还，其次给予还款优惠折让等办法，当年通过清理、与银行协商置换等方式回收周转金 1.3 亿元，及时归还省厅相关处室借款享受折扣优惠 1400 多万元。

2000 年 3 月，面向企业借款人出台“加快清理财政周转金的若干政策”，采取银行置换、提前还款优惠等措施。当年共降低贷款 11585 万元，净回收 10456 万元。

同年 5 月，根据《浙江省财政周转金呆帐处理实施办法》，出台《桐乡市财政周转金呆帐处理实施细则》，加大周转金清理力度。对属于 3 大类 5 小类情形形成的企业呆帐予以核销(帐销案存)：一、借款人严重亏损资不抵债，依照法律宣告破产；二、借款人遭受重大自然灾害或意外事故未获保险补偿；三、受国家宏观经济政策调整影响，企业剩余资产清偿不足归还借款的。①经法律程序判决无法收回的部分或全部周转金；②经批准转制挂空或借款人事实已歇业、关闭；③由于产业结构调整(砖瓦厂、丝厂等)而关闭；④乡镇区划调整造成撤销乡镇财政组周转金无法归还；⑤其它经市政府批准的。

至 2004 年 11 月止，回收资金归还省厅、市财政后结余资金 3729.1 万元，用于社会事业建设。

二、财税对产业经济的扶持

1994 年税制改革后，国家调整减免税政策，一般减免税取消，保留部分政策性减免，如高新技术开发、新办第三产业、为农服务、资源综合利用、福利企业等，减免形式也发生变化，一般采取先征后退、先征后返等形式。1998 年后较多采用财政直接补助的形式。

1995 年 4 月，根据桐乡市委《关于认真实施“优势工程”的通知》，出台相关财税扶持政策，培育工业重点，推动经济发展。“优势工程”的目标任务是：到 1997 年年末在全市范围内力争 300 家企业工业产值(或销售收入)超 1000 万元，税利(包括净资产增加值)超 100 万元，其中前百强企业的总产值达到 100 亿元，总利税达到 10 亿元。

列入优势工程的企业给予享受四个方面的财税政策：上缴所得税比上年增长 10%以上部分，以先征后返的方法全额退还企业，用于企业扩大再生产。以融资租赁方式租入的固定资产，有承受能力的，报经批准可实行加速折旧。市财政每年安排 2000 万元，专项用于优势工程企业的技术改造贷款，对单项技术改造投资在1000万元以上，并在全市产业、产品结构调整中有推动作用的，经批准给予适当贴息。减半收取新建或改建项目中产生的相关政府性收费。

1999—2003年，市委、市政府连续5年出台政策，对经济园区内企业、高新技术企业、科技型中小企业、规模企业、工业龙头企业等，给予不同程度的财政返还、所得税免征、加速折旧、地方性规费减半征收等鼓励措施，对名特优新产品、浙江名牌、中国名牌、企业股份制改造(上市)等，直接用财政资金给予奖励。

2002年，市委、市政府推出工业经济“320工程”(即三个20家企业:20家龙头企业、20家新兴企业、20家特色企业)，入围“320工程”的企业除符合政策享受相应的财税优惠政策外，上缴税金、销售收入等指标考核达到规定目标的，再给予相应奖励。

2003年，市委提出“工业立市”战略，市人民政府出台进一步扶持政策，鼓励加大工业投入，鼓励招商引资，鼓励出口，鼓励科技创新、企业管理创新。当年，市府办下发《桐乡市落实工业经济有关扶持政策责任分解》的通知，对1999年以来市委、市政府出台的一系列经济(主要是工业经济)扶持政策进行梳理，进一步明确牵头部门与协助部门的职责。文件中涉及56个政策点，其中20个政策点与财政税收直接相关，33个政策点与财政税收间接相关。

2005年，市委、市政府下发《促进全市经济发展的若干政策意见》，首次把农业产业与第三产业纳入政策扶持范围，扶持政策每年充实、完善，每年下发。2008年开始，下发《推进全市经济提升转型创新发展的若干政策意见》。连续六年的“政策意见”内容覆盖农业与农村经济、工业经济、科技创新、开放型经济与招商引资、服务业、循环经济与节能减排等各个领域，重点引导企业在基础设施投资、生产性投资、外商投资、规模经营、产业升级、产业集聚、新产品开发、品牌建设、科技创新、绿色循环、节能降耗、污染治理等方面加大推进力度。政策落实主要采取财政补助与奖励。

(一)1996—2010年税收扶持经济发展的基本情况

1996—2010年间，国税部门分别不同时期根据政策规定相继给予民政福利企业、校办企业(1996—2000年)、涉外企业(1996—2000年)、高新技术企业(2005—2010年)增值税先征后退税收优惠;2002—2008年，给予资源综合利用企业增值税即征即退税收优惠;2002年给予废旧物资经营企业、饲料生产企业、农业生产资料经营企业、等增值税免税优惠;2004年，落实“三农”税收优惠、下岗人员再就业等税收优惠政策;2007年开始，相继落实国产设备抵免、农村电网维护费等税收优惠政策;1997—2008年给予涉外企业所得税税收优惠;2009年开始，涉外企业所得税优惠与内资企业所得税优惠合并。

15年间国税部门累计减免税收317842万元，其中民政福利企业增值税123989万元;减免校办、涉外企业增值税3734万元;减免资源综合利用、高新技术产业等增值税49778万元;减免外资企业所得税107084万元、内资企业所得税13639万元，其他税收减免19618万元。

1999—2003年，地税部门对空置房销售等特定行为减免营业税;对部分困难企业实行房产税减免;2003年开始对下岗人员、残疾人自主就业给予营业税、城建税、教育附加、个人所得税减免;2008年开始对小微企业减免企业所得税;2000—2007年对企业技术改造购置的国产设备抵免企业所得税;2008年开始对企业购置用于环境保护、节能节水、安全生产的专用设备投资抵免企业所得税;当年开始，国、地税对民政福利及安置残疾人企业给以所得税前列支残疾人工资的形式给予减免税优惠。1998—2008年对部分困难企业减免水利建设基金。

1996—2010年，地税部门累计减免各类税费173497万元，其中企业所得税减免136599万元(其中福利企业减免59416万元，国产设备抵免19398万元，其他各类企业所得税减免57785万元);营业税减免 1658 万元;房产税减免 11503 万元;土地使用税减免 2008 万元;水利建设资金减免 10458 万元;其他各类税费减免 11271 万元。

表 24－12　　1996—2010 年桐乡市分税费种减免额(按征收期统计)一览表

单位:万元

税种 年份	减免税总额	增值税	营业税	涉外企业所得税	企业所得税	城建税	房产税	土地使用税	水利建设基金	教附	个人所得税	其他
1996	7115	6805			121	157	32					
1997	9865	9643	8		95	97	22					
1998	11683	11194			299				190			
1999	10691	10087			372		87		145			
2000	9416	8551	4	129	215	1	312	3	201			
2001	26523	10914	29	855	13508	0.3	416	4	769	0.2	27	
2002	34216	14483	23	1808	16921		466	2	513		0.2	
2003	39225	13620	197	4925	19212	1.2	536		731		3	
2004	43672	10088	76	7000	24436	6	579	1	1436	3	47	
2005	38259	14199	94	10864	10873	8	553	6	1620	5	37	
2006	43442	13619	127	13753	14433	10	1061	12	384	6	37	
2007	45876	13221	191	23901	6418	14	1094	136	873	10	18	
2008	55738	12303	168	14870	21520	13	1656	443	848	8	20	3889
2009	58089	12013	182	28979	9006	14	2131	789	1335		14	3626
2010	57529	9956	559		12809	39	2558	612	1413		56	29527
合计	491339	170696	1658	107084	150238	361	11503	2008	10458	32	259	37042

资料来源:根据国税局统计资料;1996 年—2010 年地税《浙江省税务统计》相关资料整理,2009—2010 年水利建设基金根据桐乡市地税局规费科提供资料

(二)1996—2010 年财政扶持经济发展的基本情况

1996 年后,较多地运用财政政策扶持经济发展,市委市府相继出台“优势工程”、园区政策、“320 工程”及每年连续下发的覆盖一二三产业的政策意见,均采取财政补助形式。1997 年,财税部门出台“纳税大户”享受财政周转金借款资金占用费优惠政策,对 1996 年度实际缴纳工商税款 250 万元以上,或 1997 年度比 1996 年度实缴税款增长 12%以上的企业,给予财政周转金借款资金占用费优惠,当年享受优惠的“纳税大户”有 12 户,优惠政策包括三个方面:一是企业在上年度实缴税款 50%的额度内可以向财政申请周转金借款;二是在上年度实缴税款 50%的额度内资金占用费减收:技改借款减 30%,流动借款减 20%;三是借款期限优惠:技改项目贷款期最长两年,流动资金借款期最长半年。

财政返还与奖励政策从 1994 年开始,主要是企业所得税返还用于还贷,支持地方工业技术改造。1996 年开始增值税、营业税等也纳入财政返还范畴,主要对象是民政福利企业和列入“优势工程”的企业。除民政福利企业属特殊照顾外,重点扶持产业结构调整和鼓励企业做大做强,当年向上争取外贸

出口退税指标 6687 万元。1999 年开始推出园区政策，推动集合与集约发展；2003 年推出重点专业市场扶持政策，并出台鼓励下岗人员自谋职业政策；2010 年推出分离发展服务业鼓励政策。

1998 年开始，采取直接的财政补助与奖励政策，1998 年、1999 年桐乡财政对 21 户企业的环保项目贷款以财政补助的形式予以豁免；1999 年、2000 年对近百户污染治理与环保项目，予以财政贴息与补助，以后每年都对环保类项目给予相应的财政补助；1998 年开始对重点技术改造、技术创新项目、高新技术项目给予财政贴息与补助；对新产品开发给予个人奖励。

是年开始，省财政每年对污染治理项目、科技项目、技术创新项目、出口基地建设、招商引资项目等下拨资金给予补助，补助项目与补助金额逐年增加。

1999—2002 年、2005—2006 年，桐乡市分别开展二轮砖瓦行业整顿，启动企业转型升级，市财政按砖窑门数与年限给予补助，补助标准：第一轮 1999 年关停的每门补 1.5 万元、2000 年关停的每门补 1.4 万元、2001 年关停的每门补 1.2 万元；第二轮 2005 年 10 月底前拆每门补 3 万元、2005 年 12 月底前拆每门补 2 万元、2006 年年底前拆每门补 1 万元。2007 年始，整顿水泥行业，鼓励转型升级，淘汰机立窑，按年限与窑径大小给予拆窑补助。

2000—2003 年，实行出口商品贴息补助，贴息资金由嘉兴市财政下拨，2002 年开始桐乡市实行出口商品增量贴息奖励、对境外参展予以贴息奖励。

2003 年始，对工业生产性投资、乌镇旅游开发予以财政贴息奖励。

2004 年始，财政奖励力度进一步加大，增加对镇、街道园区工业性基础设施建设投资的财政奖励，并对著名商标、名牌产品创建和 ISO 质量管理论证等予以奖励；实行出口规模增长奖励。

2006 年始，新增对有贡献经营者个人的财政奖励，第三产业发展项目中增加对重点专业市场、专业特色街的财政奖励。

2007 年，加大对中小企业创业中心建设的财政补助力度。

1996—2010 年，15 年间财政补助项目围绕做大做强做优、经济转型升级的目标，不断增加财政补助资金规模，探索财政补助方式，加强财政补助资金管理，累计财政补助资金 155973 万元。

表 24－13　　1996—2010 年桐乡市财政扶持产业经济情况表(按当年支出统计)

单位：万元

项目 年份	财政返还及奖励	财政贴息与补助	小　计	项目 年份	财政返还及奖励	财政贴息与补助	小　计
1996	302	1940	2242	2004	4587	6641	11228
1997	1433		1433	2005	3800	7772	11572
1998	1656	674	2330	2006	6082	9601	15683
1999	2588	502	3090	2007	8852	9374	18226
2000	6200	2883	9083	2008	9240	10964	20204
2001	10413	2066	12479	2009	3586	14452	18038
2002	3489	2156	5645	2010	4877	13118	17995
2003	3106	3619	6725	合计	69909	83822	155973

资料来源：财政返还及奖励数据由企财科、税政科提供的登记台账资料和部分财税批文整理

桐乡易锋机械厂起步于1997年,村办企业,后转制为股份制,主要与上海大众配套生产汽车零配件,经民政部门审批认定为福利企业。1997年开始财政给予福利企业所得税减免,2009年、2010年给予房产税、城镇土地使用税减免,2006年开始给予地方水利建设资金减免,至2010年共给予各类税收减免2959.52万元。1998年开始给予福利企业增值税返还,至2010年共返还增值税1522.04万元;2007年开始财政在工业发展、科技三项经费、科技进步、企业转型升级等方面给予奖励扶持,至2010年,给予各类财政奖励336.64万元。

桐乡易锋机械厂当年企业职工40人、固定资产总值275.6万元、产品销售收入268.59万元、当年上缴税金27.21万元,至2010年企业职工增加到254人,固定资产总值4444.7万元,当年产品销售收入20453.09万元、累计上缴税金8003.29万元,2008年被认定为省级高新技术企业。

2000年4月财政注资分别成立桐乡市诚信担保公司,并逐年增资,为中小企业、种养业户贷款担保。2006—2010年财政累计为诚信担保公司增资7100万元,2011年年底诚信担保公司注册资本10100万元,担保能力放大6.1倍,达到61610万元的担保额。2000—2010年财政拨付诚信担保公司奖励资金2852万元,其中上级奖励补助202万元。2000年财政注资5000万元新成立桐乡市诚信高新技术创业投资有限公司,重点对创新型企业融资进行担保。

(三)出口退税优惠政策

出口货物退(免)税,简称出口退税,是指出口产品在各生产、流通环节所纳的产品税、增值税、营业科、特别消费税、消费税等在产品出口后,国家退还给出口企业的一种优惠措施。

1.优惠政策变化:

1997年,生产企业实行"先征后退",外贸企业实行"免、退"税。其间几经变革,优惠政策不断优化和调整,以下几次调整较为典型:

2000年,桐乡率先调整生产企业出口退税管理办法,生产企业出口货物由"先征后退"调整为"免、抵、退"的办法,进一步减轻企业税收负担。

2004年6月1日起,取消出口货物增值税税收专用缴款书制度。

2005年10月,进一步统一申报办法,加大信息技术运用力度,全面推广"二期网络版",实现网络申报,全部纳入系统管理。

截至2010年,生产企业实行"免、抵、退"税,外贸企业实行"免、退"税。

2.出口退税率调整:

1997年,出口货物退税率为3%、6%、9%三档。后经两次大规模的调整,出口退税率大幅提高。

1998年1月1日起,为应对东南亚金融危机,根据国务院的规定,提高出口退税率,支持外贸出口。

2008年8月1日起,为应对全球金融危机,连续七次提高出口退税率。

2010年年底,出口货物退税率为5%、9%、11%、13%、15%、16%、17%七档。

3.出口退税计划的落实:

1994年,国家税务总局颁发的《出口货物退(免)税管理办法》施行。市国税局为了适应社会主义市场经济发展的、科学的、稳定的出口退税制度,依据进项金额退还出口货物在国内生产、流通环节已纳增值税、消费税,把外商投资企业列入退税企业范围。

2001年5月,市国税局在生产型出口企业中,全面推行出口货物税收实行"免、抵、退"办法,"免"税,是指对生产自营出口或委托外贸企业代理出口的货物,免征本企业生产环节增值税。"抵"税,是指生产企业自营出口或委托外贸企业代理出口的货物应予免征或退还的所耗用原材料、零部件等已纳税款抵项内销货物的应纳税款。“退”税是指生产企业自营出口或委托外贸企业代理出口货物占本企业当期全部货物销售额50%以上的，在一个季度内，因应抵扣的税额大于应纳税额而未抵扣完时，经主管出口退税的税务机关批准，对未抵扣完的税额部分予以退税。做到内外资企业政策一致，管理办法一致。

2003年，市国税局根据出口退税“新账不欠，老账要还”的原则，当年办理出口货物增值税退税欠款36617.16万元，完成全部清欠计划的100%，全市历年累计出口退税欠款已全部还清。

2006年5月23日—25日，全省进出口税收专题工作会议在桐乡召开，会议为进一步规范出口货物税收管理工作，加强出口货物退(免)税评估管理，贯彻落实中华人民共和国出口退税暂行条例，改进出口货物税收函调制度和加强增值税小规模纳税人出口货物免税管理，增强出口退税的基础建设，努力做好进出口税收的管理工作，提出了新的要求。

2007年7月1日至2009年6月3日，财政部、国家税务总局连续七次调整出口退税率，市国税局针对2008年8月至2009年2月期间，国家连续五次提高出口退税率的政策变化，深入企业开展调查研究，撰写出《国家五次提高出口退税率对桐乡外贸出口和税收收入影响初析》的调研报告，为出口企业积极应对出口退税率调整政策当好参谋。根据调查中掌握的玻璃纤维制品属于技术含量较高、符合国家产业政策，现行退税率偏低的情况，专题向省国税局呈报《关于要求提高玻璃纤维出口退税率的建议》，列举了2008年度，桐乡市玻璃纤维出口企业11户，出口额达30760万美元，占全市总出口额的17.89%。但自2008年8月1日起的五次出口退税率调整中均未涉及玻璃纤维，其出口退税率自2007年7月1日下调至5%后一直维持至今。该建议被部分采纳，从2009年4月1日起，“其他玻璃纤维制品”的出口退税率由原来的5%提高到13%。当年，实施“深入调研，摸清底数，设定指标，预警监控、分析评估，强化管理、健全制度、征退联动”的免抵退税企业管理办法，加强对一般纳税人监控分析系统的免抵退税企业管理，提高免抵退税企业税负，提高免抵税额占免抵退税总额的比重。

2008年，市国税局推出管理创新“出口企业征退联动实时监控系统”项目，明确征、退税环节的业务流转程序、工作职责、完成时限等管理内容，形成征收、管理、退税、稽查等各部门齐抓共管，信息共享的出口企业征退税管理合力。对企业管理形成上下联动、环环相扣的管理链条，实现征、退税部门之间的“无缝衔接”，既提高了税收管理质量和效率，又保障了出口退税的安全。该项工作被浙江省国家税务局列入2008年管理创新项目库。

2009年12月28日，浙江国税信息专题介绍《桐乡市局动态监控出口企业显成效》的经验，桐乡市局依托通过“出口企业动态监控系统”，对出口企业2008年度已出口未申报数据的清理，逐户、逐条核查监控系统中列出的出口企业未申报出口额及对应的明细记录，并据此进行视同内销处理，共清理企业193户，涉及应补征税款企业22户，共计出口销售额308万美元，应计提销项税额311万元。对出口企业信息和退税管理信息数据进行整合和二次开发利用，在统计分析、预警评估、数据传递以及在日常管理、预警评估、征退衔接等方面取得的成效。

2010年6月，上报符合跨境贸易人民币结算试点企业133家，跨境贸易人民币结算将有利于企业有效规避汇率风险，使其经营成果清晰化，节省企业进行外币衍生产品交易的有关费用和两次汇兑所引起的部分汇兑成本；加快结算速度，有效提高企业资金使用效率(桐乡国税信息2010年第31期)。9月21日，开展新出口退税《出口货物税收函调管理办法》和《关于协查出口货物税收有关情况的复函》的业务培训，124家外贸企业的财务人员和企业负责人参加，提高企业操作能力(桐乡国税信息2010年第41期)。当年，办理出口退税85000万元，免抵调库23569万元，累计达到108569万元。

表 24-14　　1997—2010 年桐乡市出口退税情况一览表

单位:万元

年　份	出口退税	免抵调库	合　计	年　份	出口退税	免抵调库	合　计
1997	4932	—	4932	2004	58347	14102	72449
1998	6306	—	6306	2005	34024	22738	56762
1999	10840	—	10840	2006	55824	18031	73855
2000	12930	—	12930	2007	56602	22200	78802
2001	20265	—	20265	2008	51200	35326	86526
2002	7442	15185	22627	2009	72600	59001	131601
2003	23650	12763	36413	2010	85000	23569	108569
累计							722877

二、财政对农业领域的引导与扶持

(一)对纯农业的补助

(1)粮农综合直补:2004 年省政府印发《关于抓好粮食生产保障粮食市场供应的通知》,省财政厅、农业厅联合制订相关政策:从 2004 年开始对粮油种植大户实行直接补贴,购置大中型农业机械实行以奖代补,县市级相应配套。桐乡市人民政府下发《关于扶持粮食生产有关政策的通知》,结合桐乡实际规定相应的补贴范围和标准:①种粮油大户直接补助:全年水稻、油料作物累计种植面积 20 亩以上,在省政府每亩 10 元直接补助的基础上,市政府再给予每亩 10 元的直接补助;②良种补助:全年种植优质水稻累计面积 20 亩以上,在省政府每亩 5 元良种补助的基础上,市政府再给予每亩 5 元的良种补助。购置大中型农业机械“以奖代补”政策,当年未印发文件,“按农机购置金额的三分之一奖励”的政策不折不扣执行。2005 年,市政府进一步重申“扶持粮食生产有关政策”,农机补助除上级补助外再补助 15%~20%。

2004—2005 年,省拨粮食直补资金 33.74 万元,省补大中型农业机械购置奖补资金 125.18 万元。

2006 年,国家成品油价格形成机制实行改革,对农补贴新增农资综合直补,当年增支补贴 158.49 万元,其中省补 157.61 万元,2007 年纳入粮农直补;2007 年成品油增支补助范围扩大到渔业林业,当年补助 84.97 万元,均为省补。

2007 年,根据国务院指示精神对冬种油菜给予每亩 10 元的良种补贴,当年补贴资金 45.44 万元。

2008 年,种粮农资综合直补标准提高为每亩 42.70 元,当年直补金额增至 1177.74 万元。

2009 年,出台《农业机械购置财政补贴实施办法》,进一步细化农机补贴标准,规定补贴的数量上限,对全市农机补贴资金实行总量控制,并进一步明确补贴操作程序。2010 年继续完善,补贴数量上限作适当调整。该年农资综合直补标准提高为每亩 48.37 元,当年直补金额 1342 万元。农机购置补贴 629.78 万元,其中中央补贴 363.41 万元,省补 50.81 万元。

2010 年,农资综合直补标准提高至每亩 49.05 元,当年直补资金 1416 万元,其中省补 1415.75 万元。农机购置补贴 804.765 万元,其中中央补贴 425.06 万元,省补 117.31 万元。

表 24-15　　2004—2010 年桐乡市种粮农户农资综合直补统计表

单位：万元

年　度	粮农直补		农机以奖代补	农资综合直补
	订单粮价外补贴	种粮大户补贴		
2004 年		22.46	99.34	—
2005 年		23.99	166.87	—
2006 年	68.73	25.62	120.04	158.49
2007 年	176.55	26.90	309.44	507.59
2008 年	226.09	40.12	270.74	1178
2009 年	145.55	79.45	629.78	1342
2010 年	382.46	144.75	804.76	1416.26

资料来源：根据企财科提供资料整理

(2)农业机械化引导：2005 年，推进粮食收割机械化体系建设项目，市给予各镇(街道)财政补贴 35.54 万元，2009 年补贴 32.5 万元。

2008—2010 年，对各粮油专业合作社粮油生产机械化作业环节财政补贴分别为 13.48 万元、41.38 万元、332.45 万元。

2009 年，对各粮油农机专业合作社实行水稻、油菜机械化栽植及油菜机收技术研究及示范推广项目财政补贴 41 万元。

(3)农业信息化引导：2006 年年底，根据财政部要求，桐乡市制订《推进中国农民补贴网建设进一步加强种粮农民补贴管理的实施方案》，决定在全市建立种粮农民的基础信息数据库，重点推进种粮农民补贴“一卡通”，确保对农补贴的及时发放，2007 年“一卡通”正式启动。2008 年市财政对两个省级农业信息化服务示范点各给予 1 万元的补贴。2007－2009 年全市实施并推广农民信箱，市财政对实施并推广的乡镇给予补助，三年共补助 19 万元。

(4)农业植物疫情和病虫防治补助：2007—2010 年，以防控加拿大一枝黄花为重点的重大农业植物疫情防控在全市推开，市财政及时给予相应的财政补助，主要工作由各镇(街道)农经中心牵头开展，4 年共给付防控补助 31.8 万元。2008—2010 年，市财政对农业植保专业合作社给予农作物、林业病虫害防治补助，三年补助资金 127.81 万元。

(5)政策性农业保险：2006 年 4 月，根据省政府《关于开展政策性农业保险试点工作的通知》，桐乡市政府决定实施政策性农业保险，同时，全市财政拨款的机关事业单位车辆保险自 2006 年 5 月 1 日起统一由中国人民财产保险桐乡支公司为农险共保体承担人，实现以险养险。

(二)对农村副业扶持

(1)农业科技化引导：2009—2010 年，实行农业科技下户和推广工程，市财政对全市 37 个项目的农业技术入户和推广给予补助，主要项目有葡萄设施栽培技术、茭白种植标准化生产管理、无公害水稻标准化种植、无公害蔬菜种植、杭白菊无公害栽培、翠冠梨标准化生产技术推广、荷兰小青瓜栽培技术、粮食新品种、黑木耳标准化生产、脱水蔬菜、小洋葱栽培、机械化插秧、水稻高效低耗直播、森林病虫害无公害防治等;养殖项目:种鸭旱养、种鸭品种改良、猪蓝耳病综防、生猪养殖零排放、生猪养殖规范化免疫、中华鳖养殖;养蚕业项目:舒适化养蚕新技术等,共补助资金100.2万元。

同时,市财政对全市9个农业标准化示范项目给予资金补助,其中种植项目有百合鲜切花标准化生产示范基地建设、葡萄标准化生产示范基地建设、晚稻全程机械化操作标准化生产示范区建设、芦笋无公害标准化生产示范基地建设、猕猴桃无公害标准化生产示范基地建设;养殖项目有无公害中华鳖标准化生产示范基地建设、规模化蛋鸡养殖技术示范基地建设、土鸡养殖技术标准化生产示范基地建设等,补助资金36万元。

(2)能繁母猪、后备母牛补贴:2007—2008年根据省政府指示,对能繁母猪给予财政补贴,2007年全市能繁母猪养殖5903户,存栏能繁母猪14443头,每头补贴50元,2008年全市能繁母猪养殖6985户,存栏能繁母猪19506头,每头补贴100元,两年合计补贴267.28万元,其中省补53.36万元。

2007年,全省开展政策性农业保险和政策性能繁母猪保险,桐乡参保能繁母猪14645头,市级财政承担保费补贴金额52.72万元,2008年市级财政承担保费补贴金额70.1万元,上交省统一参保。

2008年,根据省政府"促进奶业持续健康发展若干政策",桐乡对本市范围内的3户奶牛养殖户的137头存栏后备母牛给予每头500元的补贴,合计补贴6.85万元。

(3)农家乐特色村(点)以奖代补:2007年,根据省农办有关文件,对桐乡市内的三家农家乐进行验收(崇福华光村的华光渔乐园、大麻海华村的千渔塘休闲农庄、洲泉道村村的稻乡人家),并分别给予每户5万元的奖励,龙翔街道杨园村的桐乡梦里水乡生态园被列为2008年度嘉兴市市级农家乐特色点,给予5万元以奖代补奖励。

(4)家禽养殖补助:2004年,受禽流感疫情影响,家禽养殖户和加工经销业生产经营受到损失,根据省政府文件,相继出台扶持政策:免收家禽养殖、加工企业和养殖农户畜禽产品防疫检疫费、排污费等,减半收取市场管理费、个体工商户管理费,政策一直延续到2006年6月30日。2006年,桐乡嘉兴三珍斋食品有限公司获得省"2005—2006年重点家禽养殖、加工企业和疫苗定点生产企业流动资金贷款财政贴息"22.32万元。2007年,根据省政府办公厅文件,对桐乡市196户规模养禽场(户)和乌镇三珍斋、桐乡伊好两家食品有限公司给予财政资金补助,合计补助资金110.61万元,重点用于加强品种改良、扩大生产加工能力、提升产品质量。

2009年,屠甸镇金翼生态养殖专业合作社和崇福镇鑫源旺养鸡场被列为浙江省2008年度蛋鸡标准化规模养殖场改造以奖代补单位,每个蛋鸡场分别给予奖励12万元,主要用于规模养殖场改造设施建设与设备购置。

(5)水产养殖补助:2001年,省委省政府出台《关于进一步促进农业增效农民增收的若干政策意见》,农业结构面临调整机遇,桐乡绿盛水产良种开发有限公司(大麻)的淡水养殖示范项目被省确定为第一批省级优质高效水产养殖示范基地,连续三年获得省财政补助资金15万元、25万元、35万元,2003年同时获得项目贷款贴息30万元、稻田养鱼奖励5万元。2007年,全省打造百万亩生态型水产养殖塘标准化示范项目,《桐乡市水产养殖塘标准化建设及老塘改造实施意见》出台,决定对达到标准化池塘建设及老塘改造要求的区块进行以奖代补,2008年,改造桐乡9个养殖户的1308.5亩养殖塘,市财政奖补资金46.42万元,桐乡绿盛水产良种开发有限公司当年获得省补资金47万元。2008年,省补助桐乡百万亩生态水产养殖塘标准化建设43万元,渔业技术信息服务体系建设5万元。2010年,省继续对该项目补助,桐乡获得省补97.3万元,同时获得省水产种子种苗项目补助20万元。

（三）农村劳动力转移、素质提升引导

2004年，桐乡市启动农村劳动力转移培训工程，培训任务主要由桐乡市农业技术学校、桐乡市技工学校、嘉兴服装学校、濮院人力资源开发中心、桐乡市总工会职工学校、桐乡市职业技术培训中心承担。

2005年，桐乡市启动农村劳动力素质培训工程，培训任务由各镇（街道）与各定点联系的桐乡市农业技术学校等11个单位负责实施。培训的专业、工种有厨艺、物管、机械、电工、服装缝制、计算机、财务等，与本地重点产业、行业挂钩，以培训促进就业。2004—2010年，7年内共培训农村劳动力12.21万人，财政补助资金1132.98万元，其中省补553.12万元。

表24-16　　2004—2010年桐乡市农村劳动力培训补助情况一览表

单位：人、万元

项目 年份	培训人数	补助金额	其中：省补	项目 年份	培训人数	补助金额	其中：省补
2004	18290	177	110	2008	14665	137.03	44.52
2005	4947	138.91	120	2009	5360	136.66	74.2
2006	45753	322.55	90	2010	6879	77.23	54.40
2007	26219	142.6	60	合计	122113	1131.98	553.12

资料来源：根据每年省、市下达的补助文件整理

（四）对农业产业化经营的扶持

桐乡市的农业产业化经营始于20世纪90年代后期。1999年市成立农业产业化经营办公室。财政对产业化经营的扶持主要采取专项贴息的办法。2000年，市产业化经营办公室与财政局联合制订《桐乡市农业产业化经营专项贴息资金使用管理办法》，2002年市政府出台《关于加快农业产业化经营的若干政策意见》，2003年又下发《关于进一步加快农业结构战略性调整的若干政策意见》，2005年市委、市政府将对农业与农村经济的扶持纳入《关于全市经济发展的若干政策意见》（2008年改为《关于推进全市经济提升转型创新发展的若干政策意见》），对农扶持力度进一步加大，扶持政策包括7个方面：①农业示范基地建设，②农业生态保护，③农业龙头企业发展壮大，④农业服务体系建设，⑤品牌农业建设，⑥农业的招商引资，⑦新型农机推广等。2008年，增加“鼓励加速土地流转”“鼓励规模养殖”“发展设施农业”“扶持专业服务组织”等方面内容。经过连续多年的扶持、引导，初步形成具有特色的规模化优质农产品基地：百亩以上规模化、成片种植杭白菊、蔬菜基地26个，面积22万亩；百亩以上优质水果基地19个，面积4209亩；设施农业基地面积6050亩；年存栏家畜3000头以上和蛋禽1万羽以上、肉禽2万羽以上规模化养殖小区42个；全市建立无公害、绿色农

2009年4月15日，国地税联合开展农民专业合作社税收优惠政策政策面对面服务

产品基地43个,面积18.5万亩,有机食品基地2个,实现农业增效、农民增收、农村稳定发展。2003年6月成立董家茭白专业合作社。2006年,市财政投入15万元,支持实行农业产业化运作;2007年,龙翔董家推出双季茭白绿色生态园区建设,列入全省农业主导产业示范性项目和财政支农资金整合试点项目,获得中央补助50万元,桐乡配套补助50万元,当年还获得省绿色食品标准化生产及市场营销网络建设扶持资金10万元、桐乡市财政给予以奖代补8.55万元;2008年,董家茭白生产合作社被评为省级示范性合作社,分别获得省和桐乡市财政奖励10万元;2009年,董家茭白被列为现代农业生产发展蔬菜产业提升项目,获得中央补助105万元;2010年,获得中央财政给予的农民专业合作组织奖励30万元。2006—2010年,董家茭白生产基地累计获得中央、省、县三级财政奖励扶持449.13万元(其中:中央185万元,省20万元,桐乡市级244.13万元)。成为桐乡市面积最大的茭白专业生产基地,合作社共有社员163人(2003年为103人),资产总额538.62万元,常年联结茭农2800余户,种植茭白面积13500亩(2003年为4400亩)。拥有茭白交易市场3000㎡,茭白保鲜库7300吨,大棚设施栽培基地面积3000亩。社员从茭白生产经营获得的纯收入比当地从事同类产业的农民增加37.20%。

2000—2010年,财政累计投入农业产业扶持资金5555.33万元。

表24-17　　2000—2010年桐乡市财政对产业化扶持情况一览表

单位:万元

年　份	金　额	年　份	金　额
2000	330.5	2006	1150
2001	343.5	2007	1150
2002	431.3	2008	1519.34
2003	932.69	2009	1846
2004	819.06	2010	1605
2005	1121.43	合计	5555.33

资料来源:根据《桐乡市农业志》第843页和每年市政府文件整理

2000年8月,市财政全额出资400万元,注册成立桐乡农信担保有限责任公司,至2010年止,公司注册资本增加到1000万元,累计为全市种养业农户提供担保63838.93万元。

(五)拉动农村消费

家电、汽车、摩托车下乡:根据省政府的统一部署,2009年4月,出台《桐乡市家电下乡工作实施方案》,从2009年2月1日起到2013年1月31日,桐乡市农村居民,在经经贸部门确认备案的东兴商厦等二十多家销售网点购买家电下乡产品自用的,申报确认后给予财政补贴。补贴额为产品销售价格的13%(其中:中央财政补贴80%,省级财政补贴20%),纳入补贴的家电共为六类:彩电、冰箱、洗衣机、手机、空调、热水器。2009年兑现财政补贴资金441.6万元,2010年兑现财政补贴资金2110.4万元。

2009年5月,《桐乡市汽车摩托车下乡实施方案》规定,从2009年3月1日到2009年12月31日,桐乡市农村居民购买三轮车汽车或低速货车报废并换购轻型载货车、或购买1.3升及以下排量微型客车，给予财政补贴；从2009年2月1日到2013年1月31日，桐乡市农村居民购买摩托车可比照家电下乡政策给予财政补贴。

2009年兑现财政补贴资金705万元，2010年兑现补贴资金897.64万元。

2009年9月，省政府办公厅下发《关于汽车家电以旧换新实施方案的通知》，从2009年6月1日至2010年5月31日对符合规定标准和使用年限的汽车、规定范围内的家电实行以旧换新，补贴资金由中央财政和省财政负担，县市主要负责结合家电下乡、汽车摩托车下乡工作一并贯彻。

2009年兑现财政补贴资金35.52万元，2010年兑现补贴资金810.41万元。

第二十五章　组织机构

中华人民共和国建立后，随着社会和经济的发展变化，桐乡市财政税务部门的组织机构、内设机构及基层组织的组织形式均相应进行调整。1997 年 9 月，国地税分设是新中国成立以后一次较大的机构调整。国地税分设后，国税局、地税局都实行一系列的征管改革，基层组织机构随之调整。本章主要记述 1949—2010 年间财税机构及其内设机构、基层机构的调整及其职能的演变情况。

第一节　机构沿革

一、桐乡县财税局机构沿革(1949 年 5 月—1958 年 11 月)

1949 年 5 月 4 日，桐乡县城和平解放，建立县城军事管制委员会，成立县人民政府，设财粮科。嘉兴国税局派军事代表接管桐乡国税稽征所，桐乡县财粮科接管地方税捐稽征处。经嘉兴专区批准，调整国税和地方税的管辖范围，原海宁国税稽征所管辖的屠甸，吴兴县国税稽征所管辖的乌镇驻场划归桐乡国税稽征所，原桐乡国税稽征所管辖的灵安驻场，划归崇德国税稽征所。桐乡县国税稽征所迁址于乌镇。地方税管辖区调整如下：同年 9 月，原桐乡县管辖的石湾镇部分划归崇德县，原吴兴县管辖的乌镇部分，划归桐乡县。同年 12 月，原嘉兴县管辖的塘濮镇部分划归桐乡县。

1950 年 3 月 6 日，成立桐乡县人民政府税务局，决定国税和地方税机构合并，财政和税收机构分设。3 月 10 日，县税务局、财政科、桐乡国税稽征所三方交接清楚。3 月 14 日，税务局正式开始办公。局址设在桐乡北门直街栏杆桥堍 10 号。内设税务股、会计股、总务股，下辖青乌镇税务所、濮院镇税务所、屠甸镇税务所。

1951 年 7 月，成立南日税务稽征组。同年 10 月，局机关增设检查股、计划股、人事股。同年 11 月，成立炉头税务稽征组。同年 12 月，各税务所启用新印戳，原桐乡县青乌镇税务所印章改为桐乡县人民政府乌镇税务所，局机关税务股改称税政股，总务股改称秘书股。

1952 年 6 月，人事股撤销。

1953 年，检查股改称监察股，会计股改为会票股。同年 12 月 21 日，设立桐乡县人民政府梧桐镇税务所。

1954 年 10 月，南日稽征组扩大建制为桐乡县人民政府南日税务所，局机关计划股、会票股合并称计会股。

1955 年 6 月，南日税务所撤销。局机关设秘书股、计会股、税政股、监察股，下辖乌镇、梧桐、濮院、屠甸 4 个税务所，另设南日稽征组、炉头稽征组。

1956 年 1 月，撤销监察股，设专职监察员。同年 4 月，撤销梧桐镇税务所，城区业务由县局直接办理。

1958 年 4 月 7 日，成立桐乡县财政局。同年 4 月 20 日，桐委人字第 945 号《关于改革财政体制的通知》中指示:“经县人民委员会研究决定,将原财粮科、税务局、保险公司三个机构合并成立财政局,作为县人民委员会的组成部分,下设秘书股、工商保险业务股、农业税股、财务预算股,基层设乌镇、濮院、屠甸3个办事处。”

二、崇德县财税局机构沿革(1949年5月—1958年11月)

1949年5月5日,崇德县城解放。嘉兴国税局接管崇德国税稽征所、崇德县财粮科接管地方税捐稽征处,在城关区、石门区、洲泉区设立税捐稽征所,并根据行业的不同,在全县范围内建立纳税评议小组。

1950年3月10日,成立崇德县人民政府税务局,内设税务股、会计股、总务股,下辖石门税务所、洲泉税务所、灵安税务所、留良税务组、大麻税务组。

1951年8月,局机关增设人事股、秘书股、撤销总务股。同年10月,增设检查股、计划股,留良税务组扩建为高桥镇税务所。

1952年2月,建立大麻镇税务所。同年6月,撤销人事股。

1953年,会计股、计划股合并称计会股,检查股改称监察股。

1955年5月,撤销监察股。

至1958年4月,局机关设秘书股、计会股、税政股,下辖石门、洲泉、灵安、高桥、大麻5个税务所。

1958年4月17日,根据崇县人委222号文指示,县人委财粮科、税务局、保险公司合并,建立崇德县财政局。财政局机关设业务股、秘书股、财会股,下辖石门、洲泉、灵安、高桥、大麻等财政所。

三、桐乡县(市)财税局机构沿革(1958年4月—1997年8月)

1958年11月,撤销崇德县建制,其行政区域划归桐乡县。崇德县财政局并入桐乡县财政局。两局合并后,财政局机关设秘书股、工商保险业务股、农业税股、财务预算股,下辖乌镇、濮院、屠甸、崇福、洲泉、石门、高桥、大麻等办事处。

1959年4月,县政府批准恢复设置梧桐财政办事处。同年6月,颁发《桐乡县公房租赁管理暂行办法》,明确财政局及各地办事处为管理国家房产的行政机构,办理房产的分配、调度及修建等事项。同年9月,全省统一基层财政机构名称,各财政办事处复称财政所,局机关工商保险业务股改称税政企业股,农业税股改称公社财务股,财务预算股改称预算会计股,增设灵安、炉头、南日3个财政所。

1960年6月,启用桐乡县财政局房地产管理处及桐乡县财政局濮院财政所房管组、屠甸财政所房管组、洲泉财政所房管组、乌镇财政所房管组、石门财政所房管组、崇福财政所房管组印章。同年9月,建立桐乡县财政局公房修建管理工作队,下设乌镇、崇福、濮院、梧桐4个修建工作组,公房修建管理工作队隶属于税政企业股业务领导。

1961年8月18日,复设桐乡县税务局,下设乌镇、卜院、梧桐、炉头、南日、屠甸、崇福、高桥、石门、洲泉、大麻、灵安等12个税务所,原财政所同时撤销。财政、税务两局分设后,财政局机关设秘书股、预算股、企业财务股、公社财务股、房地产管理处、基层派长驻财政员。税务局机关设秘书股、税政股、计会股。

1964年12月,财、税两局实行两块牌子、一套人马、统一领导、合并办公。局机关设秘书股、业务股、预算计会股、农业税股、房地产管理处。两局的基层组织、税务所、房管组、长驻基层财政员,工作统一由税务所全面部署、集中领导,但房管组对外仍保留印戳、招牌。两局有关业务仍分别行文。

1966年3月13日,炉头税务所并入乌镇税务所、大麻税务所并入崇福税务所、灵安税务所并入梧桐税务所。同年4月20日,撤并交接工作结束,在炉头、大麻、灵安三地分别设立税务稽征组。

1966年5月,“文化大革命”开始,工作机构瘫痪。

1968年,桐乡县财税局成立革命委员会,革委会下设政工组、生产组、后勤组。

1970年12月,财税与银行合并,建立桐乡县财政金融革命委员会。

1973年3月,撤销桐乡县革命委员会生产指挥组财政金融局,建立桐乡县财政税务局。机构调整后,财税局机关设人事秘书股、预算会计股、税政股、农业税股、企业财务股、房地产管理处。下辖乌镇、梧桐、崇福、濮院、屠甸、石门、洲泉、南日、高桥、炉头、大麻等11个财政税务所。

1975年年底,成立桐乡县房地产管理局,撤销财税局房地产管理处。

1980年5月,农业税股改称农业财务股,同年9月,原预算会计股分设预算股、计划会计股,增设财政监察股。

1987年12月止,局机关设人事秘书股、税政股、预算股、计划会计股、农业财务股、企业财务股、财政监察股、检查组,下辖乌镇、濮院、屠甸、石门、洲泉、高桥、大麻、南日、梧桐、崇福、炉头等11个财政税务所。

1987年6月起,桐乡市检察院在市财税局派驻税务检察室。

1988年3月,设立涉外税收股,同年10月,原检查组更名为稽管检查股。

1989年4月,建立桐乡县控制社会集团购买力办公室。同年8月,设会计事务管理股,建立桐乡县税务检查站(暂由崇福财税所代管)。同年10月,县局挂桐乡县财政局、桐乡县税务局两块牌子。同年12月,建立资金管理股。

1990年11月,设立综合计划股。

1991年5月,设立国有资产管理股,同年9月,设立局稽查队(属全民事业单位)。

1992年7月,增设国有资产管理办公室,与国有资产管理股实行两块牌子一套班子。

1993年1月,撤销人事秘书股、财政监察股,设立办公室、人事监察股和发票管理所(全民事业单位)。同年4月,桐乡"撤县建市",原桐乡县财政局、桐乡县税务局更名为桐乡市财政局、桐乡市税务局。局内设机构名称由"股"改为"科"。

至1993年年底,内设机构有办公室、人事监察科、预算科、企业财务科、农业财务科、会计事务管理科、资金管理科、综合计划科、国有资产管理科、税政科、涉外税收科、计划会计科、稽管检查科、稽查队、发票管理所、财政自学考试办公室,下辖乌镇、濮院、屠甸、梧桐、南日、崇福、石门、洲泉、大麻、高桥、炉头11个财政税务所和桐乡市税务检查站。

1994年7月,设立桐乡市税务局涉外税务所,与涉外税收科合署办公。同年10月,实行对外挂财政、国税、地税三块牌子,领导班子分别任命,实行三块牌子、一套班子、合署办公,分别行文的机构管理体制。同月,撤销税务稽查队,组建税务稽查大队,同时挂税务稽查分局牌子,实行上级税务机关和本级税务局双重领导;稽管检查科更名为稽征管理科。

1995年7月,桐乡市财政局增设行政事业财务科,与预算科合署办公。

1996年7月,设立资金结算中心,归口预算科管理。同月,成立信息中心筹建组。1997年11月,更名为桐乡市地方税务局信息中心。12月,撤销炉头财政税务所,其管辖范围划归乌镇财税所。

1997年8月,撤销高桥财税所,其管辖范围划归南日财税所;撤销大麻财税所,其管辖范围划归洲泉财税所。

1997年9月,桐乡市国地税机构完成分设。同年12月,市国税局迁至振兴西路。

四、桐乡市财政局、地税局、国资办(国资局)机构沿革(1997年9月—2011年底)

1997年8月6日,实施《桐乡市财政局职能配置、内设机构和人员编制方案》《桐乡市地方税务局职能配置、内设机构和人员编制方案》《桐乡市国有资产管理局职能配置、内设机构和人员编制方案》。市财政局设职能科室 12 个：办公室、政策法规科、人事教育科、监察科（纪检组）、预算科（税政科、基本建设科）、行政事业科（社会保障科）、综合计划科、会计管理科、农业和农业税收管理科、资金管理科、企业财务科、对外经济科。下设 1 个直属财政分局（梧桐直属分局），7 个财政所（乌镇、濮院、屠甸、南日、石门、洲泉、崇福财政所）。市政府市控制社会集团购买力办公室和市税收财务大检查办公室等 2 个非常设机构挂靠市财政局；管辖财税培训中心、财政信用开发公司、会计师事务所等 3 个事业机构。财政局仍保留国有资产管理科和国有资产管理办公室。市地方税务局设职能科室 8 个：办公室、政策法规科、人事教育科、监察科、税政科、征收管理科、计划财务科、计算机管理科。下设 1 个直属分局（梧桐直属税务分局），7 个税务所（乌镇、濮院、屠甸、南日、石门、洲泉、崇福税务所）。桐乡市国有资产管理局为桐乡市财政局管理的副局（科）级机构（未建）。设职能科室 3 个：综合科、产权管理科、资产评估科。

1997 年 11 月，嘉兴市地税局重新确定桐乡市地税局内设职能科室 7 个：办公室（政策法规科）、人事教育科、监察室、税政科、征收管理科、计划财务科、涉外税收管理科（涉外税收管理所）。直属机构 11 个：税务稽查大队（分局）、梧桐直属分局、乌镇税务所、濮院税务所、屠甸税务所、南日税务所、石门税务所、洲泉税务所、崇福税务所、发票管理所、信息中心。事业单位 2 个：桐乡地益税务师事务所、税务培训中心。

1998 年 9 月，税务稽查大队（税务稽查分局）更名为桐乡市地税局稽查局（直属机构）。

1999 年 1 月，建立桐乡市财政稽查队。4 月，稽查局设综合股、检查一股、检查二股、案件审理股、执行股等 5 个职能机构（副股级）。同月，撤销南日财政税务所，其管辖范围划归崇福财税所。同年 8 月，桐乡市财政局增设内设机构基本建设科（与政府采购中心合署办公）。

2000 年 2 月，撤销屠甸财税所，其管辖范围划归梧桐财税所。3 月，稽查局增设检查三股。同年 7 月，设财政监督科，与财政稽查队合署办公；行政事业科（社会保障科）分设为行政事业科和社会保障科。

2002 年 1 月 16 日，重新确定桐乡市地方税务局职能配置内设机构和人员编制，桐乡市地方税务局为嘉兴市地方税务局直属机构，实行垂直管理，设 7 个职能科室：办公室、人事教育科、监察科、政策法规科、税政管理科（规费管理科、涉外税收管理科）、征收管理科、计划财务科。

2 月 21 日，重新确定桐乡市财政局职能配置内设机构和人员编制，不再保留桐乡市国有资产管理局，其职能并入财政局，挂市国有资产管理委员会办公室牌子。市财政局设 15 个职能科室：办公室、人事教育科、监察科、政策法规科、预算科（税政科）、国库科、综合科、会计管理科、行政事业科、社会保障科、经济建设科、农业和农业税收征收管理科、企业财务科、监督检查科、国有资产管理科，另设市控制社会集团购买力办公室和市政府采购办公室，与市财政局有关科室合署；不再保留市税收财务大检查办公室。

2003 年 6 月，成立桐乡市地税局乌镇、濮院、梧桐、石门、洲泉、崇福等 6 个征管局。

2004 年 4 月 1 日，桐乡市地税局所属基层征管单位更名，各征管局（税务所）分别更名为乌镇税务分局、濮院税务分局、梧桐税务分局、石门税务分局、洲泉税务分局、崇福税务分局。更名后的征管机构于 2004 年 4 月 1 日正式对外挂牌、启用新印章。

2005 年 4 月，市地税局监察科更名为监察室，其工作职责不变。同月，税政管理科（规费管理科、涉外税收管理科）分设为税政管理科（涉外税收管理科）、规费管理科两个独立科室。7 月，单独设立规费管理科。10月,计划财务科与财政局信息中心、地税局信息中心分设,财政局信息中心与地税局信息中心合署办公。

同年,桐乡市委、市政府两办公布《深化完善政府机构改革方案》,明确市财政局为市政府国有资产监督管理机构,不再保留国有资产管理委员会办公室牌子。市政府授权市财政局代表国家履行国有资产出资人职责。

2006年6月,财政局内设科室监督检查科增挂财政支出绩效评价科牌子。

2007年12月6日,建立桐乡市国有资产监督管理委员会(简称国资委),为市政府非常设议事协调机构,统一协调解决国有资产管理、监督、运营过程中的重大问题。国资委下设办公室,简称国资办,与财政局合署办公。国资办设2个职能科室:国有经营资产管理科、行政事业资产管理科。2010年12月8日,国资办增设财务总监科。

2010年5月,市财政局调整部分内设机构,行政事业科与综合科合署办公,行政事业科、综合科的工作职责不变。9月,省地税局下文明确桐乡市地方税务局下设副科级直属机构1个:市地税局稽查局,正股级派出机构6个:梧桐税务分局、乌镇税务分局、濮院税务分局、石门税务分局、洲泉税务分局、崇福税务分局,其中梧桐税务分局正职领导可高配副科级领导职务。

2011年10月13日,重新确定市财政局职能配置内设机构和人员编制,市财政局内设16个职能科室:预算局(财政收入管理科)、基层财政管理科、预算执行局(国库支付科、政府采购监管科、市控制社会集团购买力办公室)、财政监督局(绩效管理科)、行政事业科、农业科、社会保障科、经济建设科、企业科、综合科、会计科、信息调研科、政策法规科(行政许可科)、人事教育科、办公室、监察室。桐乡市地方税务局下设10个职能科室:办公室、人事教育科、监察室、政策法规科(科研科与其合署)、税政管理科、规费管理科、征收管理科、纳税服务科、计划财务科、信息化管理科。直属机构和派出机构不变。

五、桐乡市国家税务局机构沿革(1997年9月—2010年底)

桐乡市国家税务局于1994年9月30日正式挂牌成立。市国税系统实行垂直管理的领导体制,在机构、编制、经费、领导干部职务审批等方面实行垂直管理。党、团、工、妇等组织实行市国税局和地方党委双重领导。

1997年9月,桐乡国、地税机构进一步分设。11月,桐乡市国家税务局正式分署办公,迁入梧桐镇振兴西路38号国税新大楼。2001年11月18日搬迁至庆丰南路51号国税综合业务大楼。

1997年11月,桐乡市国家税务局内设机构6个:办公室(政策法规科)、人事教育科、监察科、税政科、征收管理科、计划财务科。

1998年11月5日,桐乡国税机构改革动员大会

直属机构12个:乌镇税务所、濮院税务所、梧桐税务所、屠甸税务所、南日税务所、石门税务所、洲泉税务所、崇福税务所、涉外税收管理分局、稽查局(税务稽查大队)、发票管理所、税务计算中心。

1997年11月,稽查局(税务稽查大队)调整为副科级单位。

1998年10月,撤销乌镇税务所、濮院税务所、梧桐税务所、屠甸税务所、南日税务所、石门税务所、洲泉税务所、崇福税务所 8 个基层征收单位，设立桐乡市国家税务局征管分局和乌镇、梧桐、石门、洲泉、崇福等 5 个办税服务厅。

1998 年 11 月，桐乡市国家税务局稽查局（税务稽查大队）设置综合股、稽查股、案审股、执行股 4 个内设机构和梧桐稽查中队、乌镇稽查中队、石门稽查中队、洲泉稽查中队、崇福稽查中队 5 个下设机构。浙嘉国税人（1998）270 号批复核定市国税局机关行政编制 30 名。领导职数：局长 1 名，副局长 3 名，稽查局（税务稽查大队）局长（大队长）1 名，科（股）级领导职数 30 名（含直属机构股级领导职数）。

1999 年 6 月，调整内设机构设置，原增挂在办公室的政策法规科调整增挂在税政科。

1999 年 9 月，专设进出口税收管理分局，挂靠涉外税收管理分局，并合署办公。

2001 年 5 月，市国税局设办公室、税政科（股）{法规科}（股）、计划财务科（股）、人事教育科（股）、监察室 5 个内设科（股）室，管理局（征收管理科）、征收局、稽查局、进出口税收管理分局、涉外税收管理分局 5 个直属机构。管理局下设崇福管理站。稽查局内设综合股、审理股、执行股、检查一股、检查二股、检查三股、检查四股、涉外税收检查股、增值税专用发票协查股 9 个内设机构。核定行政编制 211 人，其中管理编制 27 人，征收编制 184 人。局领导和机关行政科（股）室使用管理编制，其中局长 1 名，副局长 2 名，纪检组长、总经济师各 1 名；股级领导职数 8 名。直属机构人员使用征收编制，其中股级领导职数 22 名。

2001 年 12 月，市国税局内设办公室、人事教育科、税政法规科、计统征收科、监察室；直属机构为管理局、稽查局、进出口税收管理分局、涉外税收管理分局。重新核定人员编制 247 名，其中行政编制 233 名，事业编制 14 名。

2003 年 7 月，市国税局内设机构：办公室、人事教育科、监察室、税政法规科、计统征收科、管理科、纳税评估科、进出口税收管理科、涉外税收管理科、市场税收管理科。直属机构：稽查局，设综合执行科、案件审理股、增值税专用发票协查股、检查一股、检查二股（主要负责涉外税收检查）。2005 年 5 月，市国税局内设机构：办公室、政策法规科、税源管理一科、税源管理二科、税源管理三科、税源管理四科、计划征收科（办税服务厅）、人事教育科、监察室。直属机构：稽查局。内设综合执行股、选案股（举报中心）、检查一股、检查二股、案件审理股、协查股。2006 年 3 月，市国税局不再设置独立的车购税征收机构，车购税征收由计划征收科（办税服务厅）负责。2007 年 7 月，设立桐乡市国税局崇福税务分局。2008 年 7 月，稽查局内设综合股、综合选案股、检查股、案件审理股、案件执行股。2009 年 1 月，设立桐乡市国家税务局濮院税务分局，内设综合股、管理股。12 月，重新核定市局行政编制 241 人，事业编制 12 人，合计 253 人。2010 年 1 月，桐乡市国税局实施机构改革方案。

桐乡市国家税务局根据工作职责相应设置内设机构、直属机构、派出机构和事业单位。共设 11 个内设机构：办公室、政策法规科、收入核算科、纳税服务科（办税服务厅）、征收管理科、人事教育科、监察室、税源管理一科、税源管理二科、税源管理三科、税源管理四科。直属机构：稽查局。派出机构：崇福、濮院税务分局。2010 年 12 月，设立桐乡市国家税务局梧桐税务分局，内设综合股。

六、桐乡市财政、税务局所属企事业单位组织沿革

1988 年 6 月，建立桐乡县财务开发公司（全民事业单位），1989 年 12 月撤销。

1990 年 11 月，建立桐乡县国债服务部（全民事业单位），1998 年 9 月，国债服务部停止办理业务，业务移交桐乡市信用社。

1991 年 9 月，建立桐乡县会计师事务所（全民事业单位），归口县财政局领导。1999 年 12 月，中介机构体制转换，注销桐乡市会计师事务所。

1992 年 6 月，建立桐乡县财政信用开发公司(全民事业单位，2004 年 5 月定为生产经营类事业单位)。同年 11 月，财政信用开发公司实行改制，债权、债务由桐乡市国有资产投资经营有限公司接收。9 月，成立桐乡县财税学会。12 月，建立财税培训中心(全民企业单位)，2004 年 5 月注销。1995 年 6 月，开设金兰大酒店，2004 年 5 月转制。

1994 年 4 月，财政信用开发公司与浙江省国际信托投资公司合资筹建桐乡国际物业租赁有限公司，1998 年 10 月退出并收回投资。

1995 年 2 月，建立桐乡税务师事务所(全民事业单位)，对外开展税务代理工作(该所于 1997 年 9 月转为桐乡市国税局所属单位)。7 月，建立桐乡市财会用品服务部(全民企业单位)，归属桐乡县会计师事务所管理，1999 年 12 月随桐乡会计师事务转制撤销。

1996 年 7 月，成立信息中心筹建组。1997 年 11 月，改为桐乡市地方税务局信息中心(全额拨款事业单位，2004 年 5 月定为社会公益类纯公益性事业单位)；2013 年 3 月撤销，并入桐乡市数字财政管理中心。

1998 年 1 月，建立桐乡市收费管理办公室(全民事业单位，2004 年 5 月，定为监督管理类事业单位)。5 月，成立桐乡市地益税务师事务所(全民企业单位)，2000 年 1 月中介机构改革，撤销地益税务师事务所。

1999 年 1 月，建立桐乡市人民政府采购中心(市政府设于财政局的机构，全民事业单位)，2004 年 5 月注销。12 月，组建桐乡市国有资产投资经营公司(股份制公司)。

2000 年 7 月，建立桐乡市农业税征收管理中心(全民事业单位，2004 年 5 月，定为监督管理类事业单位)。

2001 年 7 月，建立预算会计核算中心(全民事业单位)，实行行政事业单位财务会计统一核算。2004 年 5 月更名为财政支付(核算)中心。

2001 年 9 月，建立桐乡市财政局信息中心(全民事业单位，2004 年 5 月，定为社会公益类纯公益性事业单位)；2013 年 3 月，更名为桐乡市数字财政管理中心。

2003 年 10 月，组建桐乡市城市建设投资有限公司(国有独资公司)。

2004 年 5 月，桐乡市农业税征收管理中心与桐乡市收费管理办公室合并；2010 年 12 月，桐乡市收费管理办公室(桐乡市农业税征收管理中心)增挂桐乡市财政票据管理中心牌子。

2005 年 6 月，桐乡市国有资产投资经营公司与桐乡市城市建设投资有限公司合并，注销国投公司，组建新的桐乡市城市建设投资有限公司。

2006 年 12 月，组建桐乡市乌镇古镇旅游投资有限公司(国有独资公司)。

2010 年 1 月，成立桐乡市新市镇投资开发有限公司(国有独资公司)。

七、桐乡市国税局所属企事业单位组织沿革

1997 年 11 月 25 日，成立税务计算中心。2007 年 5 月 30 日，更名为信息中心。

1997 年 11 月 25 日，成立桐乡税务师事务所，2000 年 6 月底，桐乡税务师事务所与国税局脱钩，7 月，更名为国立税务师事务所开业。

2001 年 5 月 28 日，成立机关服务中心，2005 年 6 月 1 日，撤销机关服务中心。

1997 年 11 月 25 日，成立税务培训中心，2001 年 4 月 28 日，撤销税务培训中心。

第二节　机构职能

一、市财政局职能

1997年8月，市政府批准市财政局“三定方案”，财政局的职能为：贯彻执行国家的财政、税收、财务、会计、国有资产管理工作的法律、法规、规章和方针、政策。根据全市国民经济和社会发展战略，编制中长期财政计划和年度财政预算草案，经批准后组织实施；监督乡（镇）财政预算的执行，办理市级各部门的预算追加、追减和调整；审核财政决算，对社会财务进行综合平衡；对预算外资金进行监督管理。根据上级财政部门、市人大、市政府的有关规定，制定全市财政、税收、财务、会计经费开支等方面的管理制度，并组织实施和检查监督。参与基建投资、劳动工资、物价、经济贸易、外汇、科技、教育、住房、社会保险等改革，加强宏观调控和监督；积极支持社会公益事业和基础设施建设，增强企业活力，支持外向型经济发展，促进农村经济的稳步前进，保障文、教、科、卫等事业的健康发展。按照规定权限和程序，参与研究税收减免规定，以及办理报批工资。管理和监督各级财政收支和各部门财务活动，指导和监督所属事业单位的财务管理；对社会集团购买力进行控制，对违反财经纪律的问题依法进行检查和处理。管理基本建设拨款管理分配挖潜改造资金和新产品的试制费，负责基本建设和世界银行贷款项目的财务管理，负责非贸易非经营用汇的管理；管理全市国债工作，参与与制定全市证券市场的政策和管理。管理和指导全市的会计工作，根据国家有关规定依法对注册会计师、会计师事务所和注册会计师协会进行监督、指导，组织实施会计专业技术资格的考试和聘请工作，加强全市财会人员的队伍建设。制定财政税收科学研究和教育规划，组织开展财政、税收、财会学术研究和财政、财会干部的培训，负责对市级财税、财会社会学术团体的管理工作；负责财政宣传工作和财税信息管理系统建设。承办市政府及上级财政部门交办的其他事项。

2002年2月，市政府批准市财政局“三定方案”，其划入的职能：原市外经委承担的外国政府贷款业务管理职能；市审计局承担的指导和管理社会审计的职能；原市农经委承担的国家农业综合开发项目的建设管理职能。新增的职能；彩票监督管理；会计委派制的组织实施和指导工作；市级行政机关和部分事业单位工作人员工资统一发放工作；指导、协调、监督全市政府采购工作，管理本市本级政府采购；利用日本国际协力银行非官方发展援助不附带条件贷款业务的综合协调、管理和监督；参与社会保障政策的制定，负责社会保障预算安排、资金使用及财务监督。转变的职能：按照逐步建立公共财政的要求，改进预算管理制度，推行部门预算和实行国库集中支付制度，建立预算编制、执行、监督相分离的预算管理运行机制，统一管理预算内外资金，强化财政的宏观调控职能；强化预算约束，改进对财政性资金购买力的控制管理办法，取消对市级部门社会集团消费的专项控制商品（小汽车除外）的审批；强化财政监督，逐步建立预算收入保障机制，预算支出有效监控机制和财政内部监督制约机制；加强和改善对国有资产独资及国有控股、参股企业的资产和财务管理，统一资产和财务管理，实现资产管理和财务管理的有机结合；建立健全国有资产的管理、监督与营运体系；取消财政周转金管理；取消每年一次的财政税收财务大检查。

2011年11月，市政府批准市财政局“三定方案”，划入和增加的职能：划入原市国家税务局的城市商业银行和农村合作金融机构的财务管理职责；增加负责国有资产经营预算、政府债务收支计划、社会保障预算等预算的编制和管理职责。划出和取消的职能：将全市耕地占用税和契税的征收管理职责划给市地方税务局承担；取消农业税和农业特产税的征收管理职能；取消已由国务院、省政府、市政府公布取消的行政审批事项。完善和强化的职能:围绕财政管理科学化、规范化、精细化目标,强化预算编制、执行、监督职责;围绕推进基本公共服务均等化和主体功能区建设,完善公共财政体系;增强政府宏观调控能力,强化财税调节收入分配的职责。

二、市国家税务局职能

1994 年 9 月 30 日,浙江省桐乡市国家税务局正式挂牌对外开展工作。1995 年 1 月,浙江省国家税务局《关于制定市、地、县国家税务局职能配置、内设机构和人员编制方案的意见》,明确县国家税务局是各地主管国家税收工作的职能机构。其主要职责是:①贯彻、执行党和政府的经济、税收工作方针、政策与法律法规,组织实施国家有关具体税收政策和规章制度。②负责本地区中央税、中央地方共享税及国家指定的税种和能源交通重点建设基金、预算外调节基金的征收管理工作;编制税收计划,完成税收任务。③根据省局布置和要求,积极探索,建立科学、严密、有效的税收征管体系,强化税收执法职能,运用各种现代化手段,提高税收征管水平,做好本地区国税系统的税收计划、统计报表的汇总统计工作。④管理本地区进出口商品的工商税收,负责本地区出口退税工作。负责本地区集贸市场和个体税收管理工作。⑤负责查处税务违章的大案、要案,加强对纳税情况的检查。⑥按照国家税务总局及省国税局的要求,市地国家税务局负责管理本地区县一级国家税务局系统的机构、编制,管理县(市)局的副局长,执行、贯彻本系统人事、劳动工资管理制度和办法。⑦负责本地区系统的干部职工教育培训、思想政治工作、精神文明建设以及监察、审计工作。监督检查本地区国家税务局系统机关及其工作人员执行国家法律行政法规和规章的情况。⑧结合实际调查研究税收理论,进行税法宣传,开展税收咨询。负责本地区税务行政诉讼和行政复议工作。

1997 年,全省国地税机构进一步分设,11 月,浙江省国家税务局发文明确县(市)国家税务局职能:市国税局负责和主管中央税、中央与地方共享税及国家指定税种的征收管理职能。承担着全市增值税、消费税等主题税种和中央企业所得税、外商投资企业所得税、金融企业所得税、居民储蓄存款利息所得个人所得税、金融企业部分营业税的征收任务以及出口退税的管理任务。其主要职责是:1. 贯彻执行各项税收法规、行政法规和规章;按照上级国税局的部署,组织、编制、分配和考核税收收入计划,努力完成各项税收收入任务。2. 负责本地区中央、中央地方共享税的征收管理工作,统一负责本地区集贸市场和个体税收管理工作;负责本地区涉外税收的征收管理工作和进出口税收的管理工作。3. 监督检查本地区各部门、各单位以及国税局系统及其工作人员执行国家税收法律、行政法规规章的情况,负责税务行政复合诉讼工作。4. 负责本地区国税系统机构、编制、人员和经费的管理,负责税务干部岗位培训、干部教育工作,政治思想工作、基层建设和税收宣传工作,调查了解纳税户的生产经营情况、增值税源,促进本地区经济发展。5. 负责本地区国税系统的税收计划、统计报表汇总统计工作。7. 承办上级国税局交办的各项有关事项。

2009 年 9 月 21 日,国税濮院分局开业仪式

2001 年 5 月,浙江省嘉兴市国家税务局明确市国家税务局在机构改革中进一步调整职能。主要职责是:1. 贯彻执行国家的税收法律、法规和规章,结合桐乡市的实际情况,研究制定具体的实施办法。2. 根据桐乡市经济发展规划,研究

制定税收发展规划和年度工作计划并组织实施。3.根据桐乡市经济税源和省国家税务局下达的税收计划,编制税收收入计划并组织实施。4.负责增值税、消费税、金融保险业营业税、中央企业所得税、非银行系统金融企业所得税、涉外企业所得税等税种的征收管理和稽查工作;负责增值税专用发票、普通发票和其他税收票证的管理工作。5.负责监督检查税收执法情况;负责税务行政处罚听证、复议和诉讼工作。6.负责本地进出口税收和涉外税收的征收管理工作。7.负责税收会计、统计工作。8.负责经费、财务、基本建设和资产管理工作,负责审计和政府采购工作。9.负责机构、编制和干部人事管理工作。10.负责思想政治工作、精神文明建设和基层建设,负责教育培训管理工作。11.负责纪检、监察工作。12.负责税收信息化、现代化工作的规划和实施,建设和管理信息系统。13.研究税收理论和税收政策,分析税收信息,掌握税收动态;组织开展税法宣传工作。14.承办上级国家税务局和当地党委、政府交办的有关工作。

2005年5月,浙江省嘉兴市国家税务局印发《桐乡市国家税务局进一步规范机构设置明确职责分工的方案》,明确桐乡市国家税务局是桐乡市主管国家税收工作的职能部门,为正科级全职能局。

2009年12月,浙江省国家税务局系统市、县国家税务局机构改革工作方案的通知,明确桐乡市国家税务局为全省国税系统58个县级全职能局之一,级别为正科级。

三、市地方税务局职能

1997年8月,市政府批准市地方税务局"三定方案",确定其职能为:贯彻执行国家税收法律、法规和方针、政策。负责地方税收的征收管理,根据全市国民经济发展规划和预算安排的要求,编制年度地方税收计划;负责各项地方税收专项基金的征收管理和地方集体企业(除地方金融机构)、私营企业财务管理工作。支持地方经济发展,涵养财源,大力组织税收收入,完成全市地方税收任务。积极探索,建立科学、严密、高效的税收征管体系,强化税收执法职能,运用各种现代化手段提高税收征管水平,做好全市税收计划、统计、会计报表的汇总统计工作,负责市本级的税务经费管理。负责查处税务违章案件,加强对纳税情况的检查。负责全市地方税务干部队伍的教育培训工作、思想政治工作和精神文明建设工作。结合实际研究税收理论和税收政策,分析经济信息,掌握税收动态,组织税收宣传,开展税务咨询工作。负责全市地方税务系统税收法制建设和税务行政诉讼、行政复议工作。承办市政府、省地方税务局和市财政局交办的其他事项。

2002年2月,市政府批准市地方税务局"三定方案",其新增职的能:负责有关地方费、基金的征收管理。强化的职能:认真贯彻落实省、嘉兴市地方税务局的各项工作要求;加强税收征管,深化地方税收征管改革,努力提高税收征管水平;坚持依法治税,加大稽查力度,强化地方税税收执法及监督职能,加强地税信息化建设;加强地税系统队伍建设,提高干部整体素质;加强对所得税的征收管理。

2011年11月,市政府批准市地方税务局"三定方案",其新增的职能:按照省政府的统一布置,承担基本养老保险、基本医疗保险等规费、基金的征收管理工作;根据省局的统一布置,承担契税和耕地占用税的征收管理工作。强化的职能:加强税收科学化、精细化、专业化管理,深化地方税收征管改革,努力提高税收征管水平;加强社会保险费等规费征管和税费规划、科研工作;加强税收征收管理信息化建设,强化地税信息化规划、协调和项目管理,深化数据采集、分析和应用,确保信息安全;加强纳税服务,改进和优化纳税服务方式,构建和谐的税收征纳关系。

四、市国有资产管理机构职能

1997年8月,市政府批准市国有资产管理局"三定方案",确定其职能为:贯彻执行国家和省、市有关国有资产管理的方针、政策和法律、法规及规章制度,拟定市国有资产管理制度,颁发和实施细则,经市政府批准后,组织实施并检查、监督,对违法行为进行行政处罚。负责国有资产的清产核资、产权界定、国有股权行政管理,产权纠纷调处,进行产权登记、资产统计、分析等基础性管理工作;建立健全国有资产管理信息系统,培育和监管国有资产产权交易市场,负责存量资产合理流动和增量资产有效投入,促进国有资产机构优化。会同有关部门对国有企业向股份制、国有独资公司改组、转制的审核;会同有关部门审核或批准企业国有资产的经营形式和国有企业的设立、合并、分立、终止、拍卖;审批产权变动;组织清算和监缴或收缴被撤销、被解散、终止、企业的国有资产;会同有关部门对中外合资、合作企业中的中方国有资产产权和境外企业、机构的国有资产进行管理。根据国家和省颁发的国有资产保值增值的指标体系和办法,会同有关部门制定本市国有资产保值增值的指标的具体考核办法,报市政府审批;监督、考核和评价企业国有资产和国有产权营运公司的资产负债、经营损益等财务状况及经营效益状况。参与研究国有企业税后利润分配方案,并监缴国有资产收益,负责监缴国家股股利、股权转让收益,非经营性资产占用费收入、国有产权营运公司资产收益,国有产权转让收入:配合财政部门逐步建立国有资产经营预算。会同有关部门研究制订全市国有资源性资产管理和行政事业单位国有资产管理的制度和办法,报市政府审议批准后执行,参与处理、调解、裁定重大产权纠纷。会同有关部门负责办理对国有资产授权经营的有关事项;审查、批准资产经营机构的资产经营收支计划,并对其进行监管、考核、评价。贯彻执行国家资产评估的法律、法规和管理制度,对全市资产评估机构进行监督管理;根据国家有关规定,负责资产评估项目的立项、确认和资产评估纠纷裁定工作。按照分级管理的原则,具体办理市级境内外企业、事业单位国有资产授权经营单位国有资产的管理,负责市属单位在发生中外合资、合作经营、股份制改组、企业设立、合并、分立、兼并、出售、拍卖、破产和组建企业集团等改制经济行为时的资产评估立项、确认工作和参与对上述经济行为的审批工作,并做好产权变动收入和国家股利及其股权转让的收缴工作。加强国有资产管理队伍建设做好市清产核资办公室的有关工作。

2002 年 2 月,市政府批准市财政局"三定方案",决定设置桐乡市财政局。不再保留桐乡市国有资产管理局,其职能并入财政局,挂市国有资产管理委员会办公室牌子。(市国资局未建立)。

2007 年 12 月,市政府批准市国有资产管理办公室"三定方案",确定其职能为:根据市政府授权,依照《中华人民共和国公司法》和《企业国有资产监督管理暂行条例》等法律、法规和市委、市政府有关规定,履行国有资产出资人职责。指导和推进国有企业的改革和重组;对所监管企业(含企业化管理的事业单位,下同)国有资产的保值增值进行监督,加强国有资产的管理工作;推动国有经济结构和布局的调整。审核所监管企业工资总额及主要负责人工资水平,研究制定并组织实施所监管企业经营者收入分配政策;配合有关部门制订企业化管理事业单位收入分配和工资水平政策;研究制订所监管企业经营者激励、约束机制的实施方案。代表市政府向所监管全资、控股、参股企业派出监事与财务总监、产权代表与董事,参与企业重大决策,监管国有资产。参与国有专业投资公司经营班子的考察。建立和完善国有资产保值增值指标体系,拟订考核标准和办法;通过统计和稽核,对所监管企业国有资产的保值增值情况进行监管;负责对所监管企业国有资本金进行预算管理,编制国有资本金预算。负责收缴所监管企业国有资本金收益和占用费及产权转让收益,并对资本收益进行监督、管理、调度使用,维护国有资产出资人的权益。负责国有资产产权界定,参与集体资产产权界定。负责对行政事业单位资产国有资产实施动态管理,负责行政事业单位资产使用、资产处置的审批、产权登记、统计分析。贯彻执行国有资产管理的法律、法规和政策,研究制定全市国有资产管理规章制度和有关规范性文件,并组织实施和监督执行。负责市清产核资办公室的日常工作。向市政府、市国资委报告国有资产监管、营运过程中涉及的重大问题。承办市委、市政府和上级国有资产监督管理委员会交办的其他事项。

第三节　内设机构设置和职能

一、财政局内设机构设置和职能

1997年8月，市政府批准市财政局“三定方案”，设置内设职能机构12个。即办公室、人事教育科、监察科、政策法规科、预算科（税政科、基本建设科）、行政事业科（社会保障科）、综合计划科、会计管理科、农业和农业税收管理科、资金管理科、企业财务科、对外经济科。另设市控制社会集团购买办公室和市税收财务大检查办公室。

（一）内设机构

1. 办公室

1993年1月，由人事秘书股（1973年3月—1993年1月）分建，人事秘书股的前身是秘书股（1958年4月—1968年5月）。办公室职责为：负责文电、机要、会务、档案、财务、后勤等机关日常运转工作；承担文稿起草、信息、宣传、信访、督查、档案、收发、机要、保密、保卫、基建、电子政务和政务公开等工作；负责组织办理人大代表议案、建议和政协委员提案；负责局财务资产管理和后勤服务保障工作。

2. 人事教育科

1993年1月，在人事秘书股（1973年3月—1993年1月）和财政监察股（1980年3月—1993年1月）基础上建立人事监察科，1997年8月由人事监察科（1993年1月—1997年8月）分设。人事教育科职责为：负责管理和指导局机关、所属单位的机构编制、人事、劳动工资及档案等工作；负责制定并组织实施工作目标责任制考核工作；制定并组织实施财政系统的教育培训规划；组织干部职工培训和学历教育；组织开展精神文明建设和财税文化建设；负责局离退休人员的管理服务工作。

3. 监察室

1993年1月，在人事秘书股（1973年3月—1993年1月）和财政监察股（1980年3月—1993年1月）基础上建立人事监察科，1997年8月由人事监察科（1993年1月—1997年8月）分设。2005年4月监察科更名为监察室。监察室职责为：负责制定和贯彻落实党风廉政建设各项规章制度，组织开展廉政教育、预防、监督、检查和考核工作；负责受理群众来信来访和对工作人员的控告、申诉；负责调查、处理工作人员的违法违纪行为；负责行政执法监察工作；负责行风和效能建设；负责服务对象满意度调查工作。

4. 政策法规科（行政许可科）

政策法规科建于1997年8月，2011年10月增挂行政许可科。政策法规科（行政许可科）职责为：负责财政法制工作；负责本局行政处罚案件审核，办理财政行政复议和行政诉讼案件应诉工作；负责全市财政法制宣传教育工作；负责规范性文件的审查和报送备案工作；负责财政行政执法监督工作；负责局行政许可事项、非行政许可事项的政务公开工作；负责行政许可事项的受理、审查、审批工作。

5. 预算局（财政收入管理科）

（1958年4月—1959年9月）称财务预算股，（1959年9月—1961年8月）称预算会计股，（1961年8月—1964年12月）称预算股，（1964年12月—1968年5月）称预算计会股，（1973年3月—1980年9月）称预算会计股，1980年9月，预算会计股分设为预算股和计划会计股，1997年8月始称预算科(税政科),2011 年 10 月,预算科改称预算局(财政收入管理科)。预算局(财政收入管理科)职责为:牵头负责一般预算、政府性基金预算、政府非税预算、政府专项资金预算、政府采购预算、基本建设预算、社会保障资金预算、国有资本经营预算、政府性债务收支计划等编制管理,负责市级复式预算编制;研究全市财政发展战略,编制中长期财政规划;参与制定宏观经济政策,提出运用财税政策实施宏观调控的建议;负责与省财政厅的财政体制和结算管理工作,提出预算平衡和财力分配方案;负责编制全市和市本级财政年度预算草案;负责制定公共预算等各类预算管理制度、预算收支政策和管理工作,牵头制定定额和支出标准体系;负责市级专户资金(专用基金)计划管理;牵头负责预算管理流程的规范和完善工作。

负责编制年度财政收入计划;汇总全市一般预算收入、基金预算收入、国资经营收入、社会保险基金收入、政府性债务收入以及其他政府性收入信息数据,编制有关收入报表;负责制定加强财政收入管理有关制度及实施细则;负责预测分析全市财政收入计划完成情况;负责对全市重点财政收入进行监控管理;负责对各执收单位政府非税收入年度征收计划执行情况进行考核评价;负责与市国税局、市地税局等部门的税收政策联系协调工作;根据国家税法或授权会同有关部门制定地方税收政策,转报减免税申请;组织企业所得税税源等调查工作,提出政策调整的建议;参与做好部分产品增值税退税审批工作;参与检查、监督财税收入政策执行情况。

6. 基层财政管理科

基层财政管理科建于 2011 年 10 月。基层财政管理科职责为:指导镇(街道)财政工作,编制镇(街道)中长期财政建设规划;研究制定镇(街道)财政体制和管理政策,协助制定支持村级组织建设、村级集体经济发展和村干部报酬保障等财政政策措施;负责贯彻市与镇(街道)的财政分配政策;负责市与镇(街道)的财政体制结算管理工作;负责镇(街道)相关专项资金使用管理;负责审核镇(街道)财政预算和决算,对镇(街道)财政财务工作进行指导、监督;参与制定宏观经济政策,提出运用财税政策实施宏观调控的建议。

7. 预算执行局(国库支付科、政府采购监管科、市控制社会集团购买力办公室)

2011 年 10 月,国库科、政府采购办公室、市控制社会集团购买力办公室合并,在此基础上,建立预算执行局(国库支付科、政府采购监管科、市控制社会集团购买力办公室)。其职责为:牵头组织实施预算执行职责;组织实施财政国库管理制度、总预算会计制度和行政单位会计制度;研究制定全市财政国库管理制度改革方案及相关配套制度,组织实施市级财政国库管理制度改革工作;负责财政预算总会计和财政专项资金的核算工作;负责财政收支统计工作,分析、预测财政预算执行情况,调度财政资金,按规定开展国库现金管理;牵头负责部门决算的编制管理工作,编报财政总决算;负责制定预算单位银行账户管理制度,建立市级国库单一账户体系;负责财税库银横向联网工作;负责市级预算单位月度用款计划(含政府采购资金用款计划)的审批下达;负责市级国库集中支付资金的清算工作;负责组织招标确定国库集中收付代理银行,制定相关考核制度,考核代理银行执行代理协议;负责对预算单位财政资金使用情况进行监控;牵头负责预算执行流程的规范和完善工作。

负责市级国库集中支付改革具体实施工作;协助建立市级国库单一账户体系;负责管理和审批预算单位银行账户的开立、变更、备案和预算单位财政性资金拨款印鉴;下达财政授权支付汇总清算额度;复核代理银行拨款凭证及收支日报表;负责向预算内外总会计报送财政支出报表;监督代理银行办理财政资金直接支付、授权业务及代理协议执行;负责对纳入国库集中支付单位的支付信息实行监控。

负责政府采购工作全过程的监管，拟订政府采购地方性政策；负责拟订集中采购目录和有关限额标准；依法审批政府采购方式和自行采购项目；依法指定政府采购信息发布媒体，负责政府采购信息管理和统计；负责政府采购评审专家和供应商管理；负责建立全市评审专家库、商品价格库和供应商库；依法认定政府采购业务代理资格和专业岗位任职资格；负责政府采购供应商投诉处理；负责政府采购对外事务，研究提出有关政策建议，承担有关事务。负责集控办工作及全市党政机关和事业单位小汽车编制及控购管理。

8.财政监督局(绩效管理科)

1999年1月，建立桐乡市财政稽查队。2000年7月，建立财政监督科，与财政稽查队合署办公，2002年2月称监督检查科，2006年6月监督检查科增挂财政支出绩效评价科牌子，2011年10月称财政监督局(绩效管理科)。财政监督局(绩效管理科)职责为：牵头组织实施各项财政监督职责；制定财政监督的政策和制度；监督财税、会计法律、法规、规章、政策的执行；检查反映财政收支管理中的重大问题，提出加强财政资金管理的政策建议；查处违反财税、会计、国资、政府采购等法律、法规、规章、政策和财经纪律的案件；负责会计信息质量检查和会计师事务所等中介机构执业质量的监督检查；监督财政局内各部门(单位)在预算编制、执行和监督过程中执行财政法律、法规、规章、政策与制度的情况；监督财政局下属事业单位的财务收支管理工作。

负责拟订财政支出绩效管理的相关政策、制度和办法，制定财政支出绩效管理指标与标准体系；牵头组织实施市级财政支出绩效管理工作；审查市级部门绩效目标和绩效指标，组织实施预算执行绩效跟踪和执行结果绩效评价，反映财政支出管理中存在的主要问题，提出优化财政支出结构与管理的意见和建议；负责建立与管理绩效评价中介机构库和专家库，组织指导中介机构和专家参与绩效管理工作并对其评价质量进行监督；负责建立绩效管理工作信息库和绩效管理结果应用机制。

9.行政事业科

1995年7月，建立行政事业财务科(与预算科合署办公)，1997年8月，称行政事业科(社会保障科)，2000年7月，行政事业科(社会保障科)分设行政事业科和社会保障科。行政事业科职责为：负责市人大、政协、党派团体、行政、政法、军警、人防、教育、科技、文化、新闻出版、计划生育、体育、广电、档案、地震、发展和改革、国土资源、环境保护、住房和城乡建设、交通运输、安全生产、经济贸易等部门的预决算有关工作，研究提出相关财政政策；牵头制定、修订、解释行政事业单位财务制度并组织实施；负责行政事业单位综合性开支标准和涉外开支标准的制定、修订和解释工作；负责行政事业单位收入分配和津补贴管理有关工作；负责归口行政事业单位财务管理；参与归口部门和单位财政支出绩效评价工作。

10.农业科

1958年4月—1959年9月称农业税股，1959年9月—1964年12月称公社财务股，1964年12月—1968年5月、1973年3月—1980年5月称农业税股，1980年5月，称农业财务股，1997年8月，称农业和农业税收管理科，2002年2月称农业和农业税收征收管理科，2011年10月称农业科。农业科职责为：负责农业、林业、水利、渔业、农办等方面的部门预决算有关工作，研究提出相关财政政策；负责财政安排的气象补助经费的使用管理；负责财政支农专项资金管理，研究制定相关财政支农政策；负责水利建设专项资金、造地改田资金的使用管理；会同有关农口部门做好防汛抗旱等救灾资金的使用管理工作；负责农业综合开发项目资金和财务管理工作，研究制定农业综合开发资金和财务管理办法，组织编报全市农业综合开发年度决算；负责村级公益事业“一事一议”筹资筹劳财政奖补政策的管理;负责制定支持村级组织建设、村级集体经济发展和村干部报酬保障等财政政策措施;参与有关涉农补贴财政政策的制定和落实;负责归口行业事业、企业的财务管理;参与归口部门和单位财政支出绩效评价工作。

11.社会保障科

2000年7月,行政事业科(社会保障科)分设为行政事业科和社会保障科。社会保障科职责为:负责市社会保障、卫生、民政、残联等方面部门预决算有关工作,研究提出相关财政政策;组织市级社会保障资金的财政专户管理;参与社会保障制度改革研究和政策制定;负责社会保障预决算的编制管理,组织实施对社会保障资金使用的财政监督;牵头有关抚恤、优待补助标准的制定;参与归口部门和单位财政支出绩效评价工作。

12.经济建设科

1997年8月,设预算科(税政科、基本建设科),1999年8月,单设基本建设科(与政府采购中心合署办公),2002年2月,称经济建设科。经济建设科职责为:负责全市基本建设管理有关工作,研究提出相关财政政策;牵头管理财政基本建设资金,会同有关部门审批政策性基建贷款贴息;参与财政性基本建设投资计划的安排和投融资体制改革研究;负责基本建设财政财务管理制度的制定和财政投资评审工作;参与政府性投资项目的招投标管理,会同有关部门管理政府性投资工程造价;负责国有投资项目的统计分析;参与基本建设项目的绩效评价工作。

13.企业科

1958年4月—1959年9月称工商保险业务股,1959年9月—1961年8月称税政企业股,1961年8月—,1964年12月称企业财务股,1964年12月—,1968年5月称业务股,1973年3月称企业财务股,2011年10月称企业科。企业科职责为:贯彻执行国家有关企业财务管理的政策、法规和制度;牵头负责企业财务的监督管理;参与企业财政政策、企业改革政策、国家与企业的分配政策的研究制定,指导企业财务管理工作;负责有关财政扶持企业的专项资金管理;负责粮油、棉花、食糖、生猪、化肥、农药、医药等储备商品的财政专项补贴和风险基(资)金管理;负责组织全市企业财务快报、年度决算报表的汇总编报和分析。

负责全市各级政府外债的统一归口管理;负责管理国际金融组织和外国政府的贷(赠)款业务;负责政府承担还贷责任的政府外债项目的还本付息付费管理;负责对政府外债项目的财务管理;贯彻执行国家有关金融企业资产财务管理的法律、法规、政策、制度;研究制定促进地方金融业改革发展的财政政策;负责地方金融企业资产财务的监督和管理;研究制定促进融资性担保业务发展的政策措施,并实施监督和管理;负责全市地方金融企业财政性公共资源的汇总审核;负责财政预算内行政机构、事业单位和社会团体的非贸易外汇管理。

14.综合科

1990年11月,建立综合计划股,2002年8月称综合科。综合科职责为:负责政府非税收入的管理,拟订政府非税收入管理制度和政策;负责编制全市政府非税收入收支计划;管理行政事业性收费、政府性基金;负责行政事业性收费项目的审批,参与行政事业性收费标准的确定,负责财政票据(含罚没票据)管理;负责全市政府非税收入统计分析;负责全市彩票监管,会同有关部门研究制定彩票公益金使用管理制度,审核公益金使用计划;参与研究制定住房、工资、物价改革政策,会同有关方面制定土地、湖泊、矿产等国有资源收入政策;负责国有土地使用权出让收支管理政策的贯彻落实和制度制定;参与全市住房制度的改革,负责住房基金管理。

15. 会计科

1989 年 8 月建立会计事务管理股，1997 年 8 月，改称会计管理科，2011 年 10 月称会计科。会计科职责为：负责全市会计工作的监管，研究制定全市会计管理政策，组织会计法律、法规、制度的贯彻实施；负责会计核算制度、会计基础工作规范、会计电算化、会计从业资格、会计专业技术资格等管理工作；依法监督管理会计师事务所、资产评估事务所等中介服务机构；负责监督检查代理记账单位的业务；负责指导全市会计委派工作；协助办理会计代理记帐和会计从业资格证有关行政审批事项。

16. 信息调研科

2011 年 10 月，建立信息调研科。信息调研科职责为：组织、协调、管理本系统财税调研工作；拟订并组织实施本系统财税调研工作规划、方案；负责对财税改革和发展中的一些重大问题进行调查研究和预测分析；按照市委、市政府和省厅要求，提出本市运用财税政策调控经济的意见和建议；研究地方收入发展战略，编制中长期地方收入发展规划；参与起草全市财税工作重要制度办法；组织全市财税调研工作，开展财税政策措施和财税改革理论研究；承办市委、市政府和省厅布置的重要课题调研；负责搜集国内、国际先进的财税管理经验、资料，为领导决策服务。

1997 年 8 月以后内设科室削减和合并情况

1. 资金管理科

1989 年 12 月，建立资金管理股，2002 年 2 月，市政府批准市财政局"三定方案"未报批。实际职责为经营财务开发公司业务。

2. 国有资产管理科

1991 年 5 月建立国有资产管理股，1992 年 7 月，增设国有资产管理办公室，与国有资产管理股实行两块牌子一套班子，1997 年 8 月，市政府批准市财政局"三定方案"中未报批，实际保留。2002 年 2 月，市政府批准市财政局"三定方案"，重新设置，实际职责为承担"国有资产管理局"工作。2007 年 12 月，建立"国资办"(国资委下设办公室)，其职能并入"国资办"。

3. 对外经济科

1997 年 8 月，市政府批准市财政局"三定方案"设置"对外经济科"，实际未建立。其职责并入有关科室承担。

4. 国库科

建于 2002 年 2 月，2011 年 10 月，国库科并入预算执行局。

5. 财政稽查队

1999 年 1 月，建立桐乡市财政稽查队，2000 年 7 月，建立财政监督科，与财政稽查队合署办公，2002 年 2 月称监督检查科。

(二)市政府设于财政局的机构

1. 市控制社会集团购买力办公室

建于 1989 年 4 月，2011 年 10 月并入预算执行局。

2. 市政府采购办公室

建于 1999 年 1 月，2011 年 10 月并入预算执行局。

3. 市税收财务大检查办公室

2002 年 2 月，市政府批准市财政局"三定方案"，明确不再保留市税收财务大检查办公室。

(三)行使或者支撑行使财政职能的其他机构

1. 财政信息中心(全民事业单位)

建于2001年9月,2004年定为社会公益类事业单位,2013年3月,更名为桐乡市数字财政信息中心。其职责为:负责信息化建设调研,制订本局信息化建设方案,并组织实施;负责制订计算机系统及其安全运行管理规范,并组织实施;负责计算机网络、硬件、软件及信息资源的配置及管理;负责计算机网络、硬件、软件系统的维护工作,保障正常运行;负责计算机应用(信息化)的技术支持、业务指导和培训工作;负责计算机信息业务工作中的有关数据的分析处理;负责协助重要采购供方评价和物资验证。

2. 桐乡市收费管理办公室(全民事业单位)

建立于1998年1月。2004年5月,市收费管理办公室与市农业税征收管理中心合并,合并后名称为市收费管理办公室(市农业税征收管理中心)。2010年12月,市收费管理办公室(市农业税征收管理中心)增挂桐乡市财政票据中心牌子,更名为桐乡市收费管理办公室(桐乡市农业税征收管理中心、桐乡市财政票据管理中心)。2011年11月,桐乡市收费管理办公室(桐乡市农业税征收管理中心、桐乡市财政票据管理中心)更名为桐乡市财政票据管理中心。市财政票据管理中心主要职责为:负责制定全市财政票据的政策和管理办法;负责全市种类财政票据的申印、购领发放、结报核销的行政审批工作;监督稽查全市各类财政性票据的管理和使用情况;负责全市政府非税收入收缴管理及监督稽查工作。

3. 市农业税征收管理中心(全民事业单位)

建立于2000年7月;2004年5月,市农业税征收管理中心与桐乡市收费管理办公室合并(具体见"桐乡市收费管理办公室"相关内容)。市农业税征收管理中心职责为:负责全市农业"四税"的征收管理工作。

4. 财政支付(核算)中心(全民事业单位)

2000年7月,建立市预算会计核算中心,2004年5月,市预算会计核算中心更名为财政支付(核算)中心。其职责为:集中核算市属实施公务员制度管理的行政事业单位的经常性经费,包括由单位管理的备用金支出及市预算会计核算中心直接支付的人员经费管理。

二、市地税局内设机构职能

1997年8月,市政府批准市地税局"三定方案",设置内设职能机构8个。其中办公室、人事教育科、监察科、政策法规科分别与市财政局相应科室为一个机构两块牌子。

1. 办公室

办公室职责为:负责文电、机要、会务、档案、财务、后勤等机关日常运转工作;承担文稿起草、政策研究、信息、宣传、信访、督查、档案、收发、机要、保密、保卫、基建、电子政务和政务公开等工作;负责组织办理人大代表议案、建议和政协委员提案;负责局财务资产管理和后勤服务保障工作。

2. 人事教育科

人事教育科职责为:负责局机关、所属单位的机构编制、人事、劳动工资、职称及干部职工档案的管理工作;贯彻落实省地税局制订的地税系统教育规划,组织实施干部职工教育、培训工作;负责精神文明建设和思想政治工作;组织开展系统文化建设;负责局机关及所属单位离退休人员的管理服务工作;组织实施各单位、科室及工作岗位职责履行情况的考核评议工作。

3. 监察室

监察室职责为:按照省、市地税局和地方党委政府的要求,制定本系统监察工作规章制度,并抓好落实;负责开展廉政纪律教育,并对本局各部门及其工作人员的廉政建设进行监督检查;负责地方税收和有关规费(基金)行政执法监察工作;负责督查本系统内部各项制度的贯彻落实;受理对本系统各部门及其工作人员违法违纪行为的检举、控告工作;负责本系统工作人员有关违法违纪大要案件的处理工作;负责本系统党风廉政建设和行风、效能建设;负责开展服务对象满意度调查。

4.政策法规科(科研科与其合署)

建于1997年8月,2011年10月称政策法规科(科研科与其合署)。其职责为:组织监督检查地方税收法律、法规执行情况;负责地税普法宣传教育工作;负责本系统有关规范性文件的审核、备案工作,并定期进行清理、评估、反馈和汇编;参与起草地方税收和有关规费(基金)征收政策、法规性文件;负责税收执法责任制相关工作;负责规范税务行政审批工作;负责办理税务行政复议、行政应诉和行政赔偿工作;负责税务案件审理委员会的日常工作;负责税务行政处罚案件听证的组织工作;负责组织税务稽查案件的复查复审。

组织、协调、管理本系统税收科研工作;拟订并组织实施本系统税收科研工作规划、方案;负责对税收改革和发展中的一些重大问题进行预测研究;研究地方税收发展战略,编制中长期地方税收发展规划;参与起草全市地税工作重要制度办法;组织开展全市税收调研工作;承办上级布置的重要课题调研;负责搜集国内、国际先进的税收管理经验、资料,为领导决策服务。

5.税政管理科(规费管理科、涉外税收管理科)

1950年3月,桐乡、崇德两县建立税务局,局机关内设税务股,1951年12月,改称税政股,1964年12月—1973年3月,财政局税政企业股与税务局税政股合并称业务股,1973年3月,恢复建立桐乡县财政税务局,称税政股,2002年2月,称税政管理科(规费管理科、涉外税收管理科),2011年10月,称税政管理科。其职责为:负责全市企业所得税、个人所得税、营业税、文化事业建设费、城市维护建设税、印花税、房产税、城镇土地使用税、土地增值税、车船税、烟叶税、资源税、契税、耕地占用税、教育费附加、地方教育附加等有关税(费)种的政策管理;贯彻省、市局制订的征管办法,负责有关税(费)种的调查研究,制定各税(费)种征管具体措施和办法并组织实施;组织实施有关税(费)种的纳税评估、税源管理、汇算清缴;指导有关税(费)种的日常管理、日常检查;参与有关税(费)种的纳税辅导、咨询服务、税收法律救济工作;负责全市集体企业、私营企业、个体工商户财务制度实施的监督管理工作;负责牵头组织税收协定、反避税、情报交换、国际税收合作等工作;负责非居民税收管理工作。

6.规费管理科

2005年4月,税政管理科(规费管理科、涉外税收管理科)分设为税政管理科(涉外税收管理科)、规费管理科两个独立科室。规费管理科职责为:负责全市基本养老保险费、基本医疗保险费、失业保险费、工伤保险费、生育保险费、水利建设专项资金、残疾人就业保障金等各项规费和基金的征收管理;负责有关规费和基金的调查研究,研究制定具体征管办法并组织实施;组织实施有关规费和基金的日常评估办法;指导有关规费和基金的日常管理、日常检查;参与有关规费的政策辅导、咨询服务、法律救济工作。

7.征收管理科

1986年3月,建立检查组(股级),1988年10月,更名为稽管检查股,1994年10月,更名为稽征管理科,1997年8月,改称征收管理科。其职责为:负责指导全市地税征管工作;负责贯彻综合性税收征管法律、法规、规章及规范性文件,拟订具体操作办法;研究提出专业化征收管理和完善税收征管规程的建议;探索、深化全市地方税收征管改革工作并组织实施;组织实施税收征管数据管理应用办法和综合性纳税评估办法;承办征管质量考核、风险管理和税收收入征管因素分析工作;承担税务登记、纳税申报、普通发票管理、税控器具推广应用等工作;组织落实个体和集贸市场税收征管工作;组织实施注册税务师的管理、规范税务代理行为。

8.纳税服务科

纳税服务科于2011年10月建立。其职责为:负责地方税收纳税服务体系建设;组织、协调和指导各部门、各税种、各环节的纳税服务工作;贯彻、制定并组织实施纳税服务工作规范和操作规程;组织协调、实施纳税辅导、涉税咨询、维权等服务工作;受理纳税人投诉、指导税收争议调解;负责办税服务厅、12366语音特服系统、短信系统、知识库等方面的纳税服务平台的制度建设和管理;组织实施税收信用体系建设;组织实施面向纳税人的税法宣传;组织实施注册税务师的管理、规范税务代理行为。

9.计划财务科

1980年9月,原预算会计股分设为预算股和计划会计股,1997年8月,改称计划财务科。其职责为:负责编制、下达年度地方税收计划;汇总、审核全市地方税收会计、统计、信息数据,编制有关报表;负责制订税收计划、会计、统计管理的有关制度及实施细则;执行、分析全市地方税收计划完成情况;负责重点税源的监控管理;负责各项税务经费的收支管理;负责地方税收票证的管理。

10.信息化管理科

2011年10月建立信息化管理科。其职责为:负责地税信息化工作的总体规划工作;负责对地税信息化工作的指导、协调;负责地税信息化制度建设和监督检查工作;负责地税信息化建设项目立项、技术标准、业务需求、资金使用、设备引进等方面的管理工作;负责社会、经济和税收等信息数据的采集、分析、应用;负责地税信息化建设相关需求、方案的论证等工作。

计算机管理科

1997年8月,市政府批准市地税局"三定方案",设置计算机管理科,实际未建立,其职责由地税局信息中心承担。

市地税局信息中心(全民事业单位)

1996年7月,成立"信息中心筹建组",1997年11月,建立桐乡市地方税务局信息中心,与财政局信息中心合署,其职责与财政局信息中心职责同。

三、国资办(国资局)内部机构职能

1997年8月,市政府批准市国有资产管理局"三定方案",设置内设职能机构3个。

1.综合科

其职责为:主要负责管理国有资产产权代表和外部监事,包括推荐、考察、考核、奖惩、流动等人事日常管理;拟定国有资产管理办法,工作计划,起草综合性文件和报告;进行国有资产管理改革工作的研究探讨,并提出建议;负责国资局的内部管理事务,包括文秘、信息、经费和综合服务工作。

2.产权管理科

其职责为:主要负责国有资产经营收益预算、决算的审核和汇总,负责国有资产的产权登记和年检,负责国有资产的清产核资,产权界定等工作,监管国有资产的产权交易市场,负责国有资产的产权纠纷处理。

3.资产评估科

资产评估科职责为:主要负责国有资产评估的管理,包括评估机构、评估人员的审核,评估立项、评估确认、评估纠纷等的管理工作;负责企业国有资产存量流动管理和增量投资管理,办理国有资产授权经营工作，并对经营效益进行跟踪、检测，包括资产增值保值指标的核定、考核，投资控制、投资收益的管理；会同有关部门拟定行政事业国有资产管理的规章制度，负责行政事业单位占有的国有资产管理。

市国有资产管理局实际未建立，其职能由财政局有关科室承担，2002 年 2 月，市政府批准市财政局“三定方案”，明确不再保留国有资产管理局，其职能并入财政局。

2007 年 12 月，市政府批准市国有资产监督管理委员会办公室“三定方案”，设置内设职能机构 2 个。

1. 国有经营资产管理科

其职责为：研究提出国有经济布局和结构调整的政策建议；研究制订国有资产管理办法和管理制度；负责所监管企业国有资产产权界定、登记、划转、处置及产权纠纷调处等工作；负责所监管企业资产评估项目的检查、核准和备案；审核所监管企业资本金变动方案；监督、规范国有资产产权交易；规范企业投资、对外担保与监督管理工作；指导所监管企业改制工作；负责委派产权代表、董事、监事和财务总监的管理；负责市清产核资办公室的日常工作，组织所监管企业清产核资工作；负责国有资产经营责任考核，并对授权企业进行监督；参与所监管企业“工效挂钩”方案的审批；负责对监管企业国有资产收益的监督、管理。负责对所监管企业进行国有资本经营预算管理；负责国有资产统计、分析。

2. 行政事业资产管理科

其职责为：贯彻执行国家有关行政事业单位国有资产管理的法律、法规和政策；根据国家国有资产管理的有关规定，制订行政事业单位国有资产管理的规章制度，并组织实施和监督检查；参与制定本级行政事业单位国有资产配置标准和相关费用标准，负责资产配置事项的审批，按规定进行资产处置和产权变动事项的审批，负责组织产权登记、产权界定、产权纠纷调处、资产统计报告、资产评估、资产清查等基础管理工作；负责行政事业单位出租、出借国有资产的审批，按规定权限审批事业单位有关国有资产对外投资、资产担保等事项，负责与行政单位尚未脱钩的经济实体和生产经营类事业单位改制工作中的国有资产的监督管理，组织行政事业单位长期闲置、低效运转和超标准配置资产的调剂工作，建立行政事业单位国有资产整合、共享、共用机制；负责本市行政事业单位国有资产收益的监督、管理；建立和完善行政事业单位管理信息系统，对行政事业单位国有资产实行动态管理；研究建立行政事业单位国有资产安全性、完整性和使用有效性的评价方法、评价标准和评价机制，对行政事业单位国有资产实行绩效管理。

3. 财务总监科

2010 年 12 月，增设财务总监科。其职责为：负责全市国有企业的财务监管，督促国有企业建立健全内部规章制度，监督企业对相关法律法规及规章制度的执行；负责对所监管企业进行财务预算管理和国有资本经营预算管理，审核所监管企业工资总额及主要负责人工资水平；负责国有资产和相关财务数据的统计、分析和上报，对国有企业承担的政府重点建设项目进行全过程监管，指导、督促所监管企业清产核资；负责国有资产经营责任考核，并对授权企业进行监督；指导组织监管企业的内部审计；负责委派产权代表、董事、监事和财务总监的管理，做好财务总监的委派、薪酬和年度考核工作。

四、国税局内设机构职能

1997 年至 2010 年，机构职能随着征管改革的需要，形成相应的内设机构，制订相应的机构职能，随着内设机构增减变化，工作职能逐步完善，形成较为完整的工作职能，确保各项国税工作的开展。

1. 办公室职责：1997 年 11 月，负责局机关文秘、文书档案、信息、文印、信访、保卫、保密工作；负责局领导日常办公事务管理;负责税收宣传、新闻发布;负责系统报刊征订发行;负责行政后勤、本级财务管理及系统税务服装管理。增挂法规科牌子,负责受理税务行政复议;举行税务处罚听证程序,开展税收执法检查。1999 年 6 月,法规科挂靠税政科,不再承担法规职能。2001 年 5 月,增加负责制定市国家税务局机关和系统的年度工作计划及长远发展规划;处理局机关日常政务,起草和审核有关文件和报告;负责有关会议组织、秘书事务、督促检查、文电处理、调研、政务信息和外事工作;制定办公规章制度;负责办公自动化工作。2001 年 12 月,增加负责税收宣传工作。2005 年 5 月,增加负责组织税收科研、学术交流和科研成果的鉴定、评选、推广及奖励工作;负责局机关和本系统目标管理考核及督察督办工作;组织实施综合行政管理信息系统;办理人大代表建议、政协委员提案;协助领导对有关工作进行综合协调。2009 年 12 月,增加负责起草重要文稿;承担机关政务公开、政府信息公开工作;拟订机关事务具体工作制度并组织实施;承担机关办公用品的采购、保管、分配、维修;负责局机关房产管理工作;负责局机关装备管理。

2. 人事教育科职责:1997 年 11 月,负责机构设置、人员编制、公务员管理、劳动工资和人事档案管理等人事工作;负责党务工作、基层精神文明建设和思想政治工作;负责公务员培训和成人学历教育;负责事业单位技术职务评聘审核工作;负责离退休人员的管理服务工作。2001 年 5 月,增加负责制定人事管理制度;负责机构、编制、任免、调配、专业技术职务工作;负责教育培训管理和组织实施。2001 年 12 月,增加负责执行人事管理制度。2005 年 5 月,增加负责考核、交流、辞职辞退、工资福利工作;负责党建、工会、共青团和妇联工作。2009 年 12 月,增加监督检查执行干部人事规章制度情况;管理机关外事工作;组织实施税务文化建设和基层建设;拟订学历教育工作规划、年度计划,开展培训质量考核与评估;落实上级巡视相关工作。

3. 监察室职能:1997 年 11 月,负责全市税务机关和工作人员执行国家税收政策、法规的监督、监察;查处本系统干部职工违法违纪案件;负责党风党纪廉政教育和行风建设。2001 年,增加负责本系统的纪律检查和行政监察工作。2005 年 5 月,增加负责贯彻执行党和国家的路线方针及税收法律、法规情况的监督检查;负责党的纪律检查、行政监察和廉政建设工作;负责执法监察和纠风工作;负责信访举报、违法违纪案件工作。纪检组与监察室合署办公,一个机构,两个名称。2009 年 12 月,负责组织协调本系统的党风廉政建设和反腐败工作;受理对机关工作人员违法违纪行为的检举、控告及有关申诉;查处机关工作人员违法违纪案件及其他重要案件;开展执法监察和纠风工作。

4. 税政科职能:1997 年 11 月,负责贯彻落实上级制定的各项税收政策、法规,调查、反馈情况;负责增值税专用发票的管理;负责城乡信用社的财务管理;负责税法公告管理。1999 年 6 月,政策法规科挂靠税政科合署办公,承担法规日常工作的同时,负责处理案审委员会的日常事务。2001 年 5 月,税政科(政策法规科)增加负责增值税、消费税、金融保险业营业税和中央企业所得税、储蓄存款利息所得税的征收管理和税政业务;负责增值税防伪税控系统实施和管理工作;负责商业银行的财务制度管理工作;对税收法律、法规的执法情况进行监督检查;承办重大税务案件的审理和行政处罚工作、听证工作;办理税务行政诉讼和行政复议等事项。2001 年 12 月,增加负责税政调研。2005 年 5 月,增加负责流转税、所得税等税种的税政业务;负责金税工程流转税业务的管理、推广应用及认证报税、数据采集、稽核管理工作;负责增值税等税种的纳税评估、日常稽核和日常管理性检查工作;负责涉税法律事务。2009 年 12 月,增加组织实施税收法律法规、部门规章及规范性文件执行情况的监督检查,承担税收执法质量考核工作;配合财政、审计等部门对税务部门在税收政策上的监督与审计工作。负责金税工程的管理、推广应用及认证报税、数据采集、稽核管理工作。

5.计划财务科职能:1997年11月至2001年5月,负责贯彻落实本级税收计划;负责汇总、编报税收计划、会计、统计数据;监督税款的征收、解缴、入库;负责税务经费管理,编制年度经费预、决算,指导、监督基层税务所经费使用、管理和财务制度的执行;负责税收票证的管理、检查工作。2001年12月,负责税收计划的编制、执行情况的分析、税收会统的核算;负责辖区内纳税人的申报受理、征收开票、报解入库;办理各项税款的提退工作;负责市局下拨经费的管理工作。2003年7月,负责防伪税控IC卡报税、专用发票抵扣联认证的职能。2005年5月,负责税收计划管理、税收会计、统计等信息数据的统计分析工作;负责编制和分配税收计划、指导组织收入工作,进行税收预测分析;负责税款征收信息的集中处理和会计核算工作,组织并检查税款征收、解库、提退等制度的执行;负责税款缓缴、呆账税金、死欠税款核销管理和欠税公告等工作;负责税源资料的调查和测算,监控重点税源;负责税收票证的管理。当年,增加办税服务厅职能,负责承办纳税人到税务机关办理的各种涉税事项,具体包括税务登记、纳税申报、税款征收、税款解缴、欠税公告、发票购销、税法宣传、金税发售、报税稽核、咨询辅导和受理减免申请及有关优惠政策申请等工作。同年,办税服务厅与计划征收科合署办公,一个机构两块牌子。2009年12月,计划征收科更名为纳税服务科(办税服务厅),负责组织、协调和指导机关各部门、各税种、各环节的纳税服务工作;组织实施纳税服务工作规范和操作规程;组织落实纳税人权益保障规章制度及规范性文件;组织协调、实施纳税辅导、咨询服务、税收法律救济等工作,受理纳税人投诉;指导税收争议的调解;承担"12366"热线、网站纳税服务栏目的运行管理工作及纳税信用评定工作;负责税务代理工作的监督、管理、指导、协调。(原计划征收科相关职能由收入核算科承担)

6.收入核算科职能:2009年12月,接替原计划征收科的相关职能。负责编制年度税收计划、免抵调库计划;监督检查税款缴、退库情况;开展税收收入分析预测、税收收入能力估算及重点税源监控、企业税收资料调查工作;承担税收会计核算、统计核算、税收票证管理等相关工作;承担税收收入数据的综合管理应用工作;负责税款缓缴、呆账税金、死欠税款核销管理工作。

7.征收管理科职能:1997年11月,负责贯彻落实上级制定的各项税收征收管理的政策、法规、措施等,调查反馈贯彻落实情况;负责税务登记管理工作;负责征收管理和征收改革的日常工作;负责个体工商户和市场税收的管理;负责普通发票的管理;负责对纳税人办税人员纳税辅导。2005年5月,更名为税源管理一科,负责组织实施综合性税收征管法律、法规和规章制度,处理执行税收征管法规、条例中的有关事项;研究、制订税收征管工作的措施、办法;牵头组织对征管质量的综合考核;负责组织征管软件的推广和应用;牵头负责纳税评估的组织实施和指导、协调、管理工作;负责征管查协调工作;负责税务登记、户籍管理的指导;负责普通发票的管理;承办领导交办的其他工作。2009年12月,负责流转税、所得税等多个税种的纳税评估、日常稽核和日常管理性检查工作;组织所辖范围内增值税一般纳税人、所得税重点企业的具体纳税评估工作和上级机关部署的重点评估企业的纳税评估工作;牵头组织开展行业、区域性或重点税源专项纳税评估工作;推广应用评估软件,及时报送纳税评估案例及相关材料。

8.管理局职能:2001年12月,负责对桐乡区域内纳税人的专业管理工作,组织实施综合性税收征管法律、法规和规章制度,研究制定有关税收征管制度和办法;指导税务登记、征管质量考核、纳税申报和税收资料的管理;负责纳税人税务登记的认定和管理、核定申报方式和纳税定额、纳税评估、发票管理、催报催缴、交叉稽核、增值税专用发票认证、核定申报方式、金税工程、减免抵缓退税审批、零散税收征管;负责征管软件和除涉及增值税征管以外的税控器具的推广和应用工作。2003年4月,更名为管理科,负责原管理局职能(除纳税评估外)。7月,取消相应防伪税控IC卡报税、专用发票抵扣联认证职能,由计划征收科承担。2005 年 5 月,更名为税源管理二科,负责对所辖区域内纳税人(外商投资企业和外国企业除外)的专业化管理工作。负责对所辖税源实施监控管理,对辖区内纳税人实行分类管理和有效服务;负责所辖纳税户税务登记、税务认定及纳税申报的调查核实、进行税收分析和纳税评估、税法宣传、纳税辅导、税收调研、纳税服务、日常检查、户籍管理、政策送达、税源调查、定额核定、催报催缴、数据采集分析、处理一般性违规违章行为和零星税款的征收等工作。2009 年 12 月,增加负责对所辖纳税人的监控、管理、服务及委托代征代扣单位的管理工作,具体负责所辖调查核实纳税户税务登记及纳税申报、进行税源预测和分析、重点税源管理跟踪监控等。

9. 进出口税收管理分局职能:2001 年 12 月,负责进出口贸易的税收管理;负责辖区外贸企业出口货物的退税申报、初审和生产型企业出口货物的免、抵、退税收管理;组织实施出口退税工作。2003 年 4 月,更名为进出口税收管理科,负责原进出口税收管理分局的职能。2005 年 5 月,更名为税源管理三科,负责国家进出口税收政策及管理办法的贯彻落实、日常监督检查工作;负责出口货物退免税的审核审批、年终清算;组织落实本地出口货源征税情况并负责对外复函;负责出口货物退免税信息化管理系统的推广应用和维护工作;配合有关部门组织实施反避税检查。2009 年 12 月,负责出口货物退免税的审核和确认;编制出口退(免)税计划。

10. 涉外税收管理分局职能:2001 年 12 月,负责贯彻执行国家涉外税收法律法规;负责外商投资企业、外国企业的各项税收业务管理工作;实施反避税调查、按《涉外税收审计规程》组织实施。2003 年 4 月,更名为涉外税收管理科负责原涉外税收管理分局"贯彻执行国家涉外税收法律法规"的职能。2005 年 5 月,更名税源管理四科,负责外商投资企业和外国企业所得税政策;负责所辖区域外商投资企业和外国企业的反避税和审计规程工作;负责所辖区域外商投资企业和外国企业实施业务指导;负责所辖区域外商投资企业和外国企业的收税管理员职责;负责所辖区域外商投资企业和外国企业的纳税评估工作。2009 年 12 月,负责贯彻执行国家涉外税收法律法规,配合有关部门组织实施反避税检查,负责税收协定执行、反避税实施、涉外税务审计、外国居民税收监管、情报交换、国际税务管理合作等,负责所辖外商投资企业、外国企业的税源管理工作,组织实施特别纳税调整工作。

11. 信息中心职能:2001 年 12 月,负责本局税务征管网络、软、硬件的日常维护;参与税控器具及省局、总局软件的推广应用和技术培训工作(包括办公自动化);按照信息系统管理制度和技术标准,建立和管理相关数据库、金税卡的发放。2005 年 5 月,负责组织税收管理、综合行政管理等信息系统建设;执行信息系统管理制度和技术标准;建立、管理和维护计算机网络与涉税信息等综合数据库;参与组织应用软件开发和税控器具的推广、应用及技术培训;根据工作需要,对征管数据进行质量审核、加工处理、综合分析等;负责网络及系统安全管理工作。2009 年 12 月,负责落实税收管理信息化建设规划和实施方案,执行信息系统管理制度和技术标准;承担机关信息化建设的技术支持、保障工作;承担税收管理信息系统的运行维护及短信系统的运行管理工作;组织信息安全管理与实施;负责机关计算机设备的维修、维护、调配管理。

12. 机关服务中心职能:2001 年 12 月,接替原办公室后勤服务工作的相关职能。负责固定资产、车辆的管理;全局性会议的后勤服务;办公用品的采购发放及有关人员的接待;负责税务服装管理、安全保卫等工作。2005 年 5 月,机关服务中心撤销,工作职能回归办公室。

13. 市场税收管理科职能:2003 年 4 月至 2005 年 5 月,负责对集贸市场内纳税人税务登记的认定和管理,核定申报方式和纳税定额、发票管理(不包括发售)、减免抵缓退税审批(核)、零散税收征管等项工作。

14.纳税评估科职能：2003年4月，负责所辖区域内纳税人纳税评估工作的组织、实施工作。负责开展流转税、所得税、涉外所得税企业的纳税评估。2005年5月，纳税评估职能由税源管理一科承担。

15.发票管理所职能：1997年11月至2005年5月，负责对基层发票管理工作的监督、检查、指导；负责对各类普通发票的印发管理工作；负责监督检查印刷厂按规定印刷发票，使用发票监制章及印制发票各项制度的执行情况。

第四节　基层财税机构职能与辖区

由于财税体制改革和乡、镇撤并，基层机构职能、管辖区域也相应变化。

一、基层机构职能

（一）财政、地税基层机构

1.税务分局

国地税机构分设后，市政府批准财政局、地税局“三定方案”，分别下设财政所和税务所（合署办公），称桐乡县财政局××财政所、桐乡县地方税务局××税务所，2002年1月，市政府批准财政局“三定方案”，撤销财政所。2003年6月，税务基层机构改称桐乡市地方税务局××征管局（税务所），2004年4月，更名为桐乡市地方税务局××税务分局。其职责为：负责各项税收（规费）政策法规的贯彻执行和征管措施的组织实施；负责纳税申报的受理、审核及信息化数据的录入；负责组织各种税（费）、滞纳金和罚款征收入库；负责欠税清理、各项税（费）的催报催缴；负责税源调查分析、税收收入预测和税源监控管理；负责税收计会统、票证管理工作以及税收计划的执行与分析；负责日常征管的违章处理以及日常征管中需要采取的税收保全和强制执行措施提请；负责办理税务登记及税种登记工作；负责办理认定管理、核定申报方式、纳税定额管理；负责纳税人报备、报告事项的受理及管理；负责办理有关发票领购、发售、缴销、保管等工作；负责受理纳税人减、免、抵、缓、退税审核或审批和税前扣除项目的审核、备案及上报等工作；负责开展税收宣传，提供税务咨询、解答、辅导等各项纳税服务工作；负责协税网络、代征（售）单位的日常管理和零散税收征管；负责审核评税、日常税源管理、个体税收日常检查及稽查案源的提供；负责税收征管资料的收集、整理、归档、保管工作；负责辖区内各项业务工作中有关数据的分析处理；负责对各项业务完成情况的检查；负责纳税保证金、发票保证金的管理；负责外来户和外出经营税收管理；负责定期调查、走访纳税人，了解纳税人的反馈和期望，并对纳税人满意程度进行统计分析，提出改进意见；负责本部门基础设施设备等财产管理和安全保卫以及工作环境管理；负责识别、验证、保护和维护纳税人财产；负责纳税人建帐建证管理；负责举报案件和上级交办、部门转办案件的查处工作；负责本部门质量管理运行情况和税收执法责任制的监督、检查和考核工作。（税务分局职责详见《ISO质量管理体系》）

财政所职责为：兼管农业税征收，联系和指导乡镇财政工作。

2.稽查局

1991年9月，建立局税务稽查队（属全民事业单位）。1994年10月，撤销税务稽查队，组建税务稽查大队，同时挂税务稽查分局牌子，实行上级税务机关和本级税务局双重领导。1998年9月，税务稽查大队（税务稽查分局）更名为桐乡市地税局稽查局。其职责为：负责起草修订税务稽查工作制度和办法；负责稽查案源提供，分解落实已选定的稽查对象；负责制订检查计划，实施税务稽查和税务协查工作；负责局税务违法案件举报中心的日常工作；负责一般案件审理认定、处理和提交局案审委员会审理案件的初审工作;负责地税稽查案件公告的策划;负责一般行政处罚案件的听证工作;负责稽查案件需采取的、税务分局提请的税收保全和强制执行;负责案件结果分析和税务违章教育辅导;负责税务违法案件查处情况的分析,提出税务征管建议;负责税务稽查案件的执行;负责对基层税务分局税收管理案件税务行政处罚的指导工作;负责与有关部门协调涉税司法保卫、公安联络室的日常管理工作及承办涉税刑事案件移送工作;负责税务检查证的管理;负责稽查案卷档案资料管理工作;负责税务稽查业务表证单书的策划与确认及领发工作;负责税务稽查业务工作中有关数据的分析处理;负责税收责成自查工作;负责定期调查、走访纳税人,了解纳税人的反馈和期望,并对纳税人满意程度进行统计分析,提出改进意见;负责识别、验证、保护和维护纳税人财产。(稽查局职责详见《ISO质量管理体系》)

(二)国税基层机构

1.派出机构

税务所:主要负责对所辖税源的监控管理工作,对辖区内纳税人实行分类管理和有效服务;具体负责所辖纳税户税务登记及纳税申报的调查核实、进行税收预测和分析、税收宣传、纳税辅导、税收调研、纳税服务、日常检查、户籍管理、政策送达、税源调查、定额核定、催报催缴、数据采集分析、组织实施纳税评估、处理一般性违规违章行为和零星税款的征收等,承办上级局交办的其他工作。

税务分局:主要负责对所辖税源的监控管理及委托代征代扣单位的管理工作,对辖区内纳税人实行分类管理和有效服务。具体负责所辖纳税户税务登记及纳税申报的调查核实、进行税收预测和分析、税收宣传、纳税辅导、税收调研、纳税服务、日常检查、户籍管理、政策送达、税源管理、定额核定、催报催缴、数据采集分析、组织实施纳税评估、处理一般性违规违章行为和零星税款的征收等,承办上级局交办的其他工作。

征管分局:主要负责办理税务登记,受理纳税人纳税申报,征收开票、税票销号入库,税收会计核算、统计分析,税收票证的领、用、存、缴销核算,重点税源监控工作;负责增值税一般纳税人的认定管理工作,增值税日常稽核和增值税专用发票交叉稽核工作,税收退库的审核工作,对企业的欠税管理和清理工作;负责税收宣传和对纳税人的培训辅导工作,个体工商户的开业、变更登记、申报等工作的管理;负责增值税专用发票、普通发票、企业收款收据、发票领导证等领购管理工作。

2.稽查局

1997年11月,市国税局直属机构稽查局(税务稽查大队),副科级。2001年,国税机构改革,建立国税局一级稽查体制,直属机构设稽查局为正股级。2003年,稽查局升格为副科级。2005年,稽查局为正股级。2008年又升格为副科级。税务稽查机构经过多年的变革,税务稽查职能历经不同的变化。其职责为:稽查局(税务稽查大队)负责查处税务违章的大案、要案,加强对纳税情况的检查;负责管理系统内的税务稽查工作;负责同地方司法机关的联系和查处税务犯罪案件。稽查局主要是组织贯彻税务稽查规章制度,拟定具体实施办法;负责税务违法案件的查处和协查工作;负责与同级公安、检查、审判机关协调税务稽查中的司法工作;负责税收案件举报工作。2001年12月,国税一级稽查工作职责为:一是负责对全县(市)国税涉税案件查处工作,打击偷骗抗税违法行为,维护正常税收秩序。二是负责全县(市)国税日常检查、专项检查、举报案件、协查案件、一般纳税人注销检查、调查检查、专案检查等工作。负责本辖区内检查案件的审理和执行工作。三是负责受理上级交办、有关部门转(移)办、群众举报等各类税务违法案件的案源管理,并按规定组织查处。四是负责组织国税稽查政策、规定和各项工作制度的实施和考核。五是负责与县级公、检、法等有关部门的联系与协调工作。

六是负责组织政治、业务的学习与研讨，提高税务稽查干部的政治业务素质。七是完成县局和上级局交办的其他工作任务。2005 年 5 月，增加负责对年度计划确定的重点税源企业和税务违法案件的查处、审理、执行工作；组织贯彻税务稽查规章制度，拟定具体实施办法；负责税收案件举报的受理、转办；负责与公安、检察、审判机关协调税务稽查中的司法工作；负责金税工程发票协查工作；负责牵头组织税收专项检查工作。2008 年 7 月，增加负责组织贯彻税务稽查法律、行政法规、规章、制度，拟定具体实施办法；负责牵头组织税收专项整治工作；参与重大税收违法案件的审理工作。2009 年 12 月，增加组织、协调税收违法案件的查处、审理和执行工作。

三、基层机构辖区沿革

（一）税务（地税）部门基层机构

表 25－1　税务（地税）部门基层机构管辖范围一览表

名　　称	起始时间	管　辖　区　域
乌镇分局（所）（1950 年 3 月建所）	1950.3	青镇乡（含青镇）、民厚乡、永新乡
	1950.5	乌镇镇、民东乡、民西乡、新生乡、新丰乡、新建乡（12 月新增）
	1956.3	乌镇镇、建丰乡、民合乡、新生乡
	1958.10	乌镇公社（原乌镇镇、建丰乡、民合乡）
	1961 年	乌镇镇、乌镇公社、民合公社、新生公社
	1966.3	炉头所并入设稽征组辖：炉头公社、民兴公社
	1973.5	炉头所恢复建制，所辖划出
	1984.1	乌镇镇、民合乡、民兴乡、新生乡、乌镇乡
	1985.6	乌镇镇（乌镇乡并入）、民合乡、民兴乡、新生乡
	1995.3	乌镇镇、新生镇（乡改镇）、民合乡、民兴乡
	1996.12	1996 年 12 月，撤销炉头所并入乌镇所。 乌镇镇、新生镇、民合乡、民兴乡、炉头镇
	1998.11	乌镇镇（民兴乡并入）、新生镇、民合乡、炉头镇
	2001.9	乌镇镇（民合乡并入）、新生镇（9 月行政区域并入濮院镇，税收至 12 月底）、龙翔街道（炉头镇更名为龙翔街道）
	2002.1	乌镇镇、龙翔街道
濮院分局（所）（1950 年 3 月建所）	1950.3	濮院镇、城南乡、逾桥乡、革新乡、稻绿乡、永安乡、乐安乡
	1950.5	濮院镇、塘濮乡、城南乡、逾桥乡、革新乡、稻禄乡、永安乡、乐安乡
	1956.3	濮院镇、永乐乡
	1958.10	濮院公社（原濮院镇、永乐乡、新生乡）
	1961.4	濮院镇、濮院公社
	1984.1	濮院镇、濮院乡
	1992.6	濮院镇（濮院乡并入）
	2001.9	濮院镇（新生镇并入）
	2002.1	濮院镇

续表 25-1

名称	起始时间	管辖区域
屠甸分局(所)1950年3月建所	1950.3	屠甸乡(含屠甸镇)、殳山乡、亭桥乡、南日乡
	1950.5	屠甸镇、屠甸乡、百福乡、桃园乡、南日乡、永丰乡、亭桥乡、晏城乡、太平乡(殳山乡7个村划归海宁县,另建太平乡)
	1951.7	屠甸镇、屠甸乡、百福乡、太平乡、桃园乡
	1956.3	屠甸镇、屠平乡、百桃乡
	1958.10	屠甸公社(原屠甸镇、屠平乡、百桃乡)
	1961.4	屠甸镇、屠甸公社、百桃公社
	1984.1	屠甸镇、屠甸乡、百桃乡
	1992.6	屠甸镇(屠甸乡并入)、百桃乡
	2000年3月,撤销屠甸所建制,其管辖范围划归梧桐所管理	
梧桐分局(所)1953年12月建所,1956年4月撤销,1959年4月恢复建制	1953.12	梧桐镇
	1956.4	梧桐所撤销
	1959.4	梧桐公社(原梧桐镇、逾禄乡、新南乡)
	1961.4	梧桐镇、梧桐公社
	1966.3	灵安所并入设稽征组辖:灵安公社、钱林公社
	1984.1	梧桐镇、梧桐乡、灵安乡、钱林乡
	1984.12	(梧桐乡分设为梧桐、城南2个乡) 梧桐镇、梧桐乡、灵安乡、钱林乡、城南乡
	1992.6	梧桐镇(梧桐乡、钱林乡、城南乡并入)、灵安镇
	1993年	梧桐镇、灵安镇、桐乡经济开发区
	1998年	梧桐镇、灵安镇(1998.11史桥乡并入)、桐乡经济开发区
	2000.3	屠甸所并入辖:屠甸镇、百桃乡
	2001.9	梧桐街道(梧桐镇更名,百桃乡并入)、凤鸣街道(灵安镇更名)、屠甸镇(南日镇东片并入)、桐乡经济开发区
	2007.10	梧桐街道、凤鸣街道(同福乡并入)、屠甸镇、桐乡经济开发区
	2007.10	梧桐街道、凤鸣街道、屠甸镇、桐乡经济开发区
南日所(组)1951年7月建立稽征组,1954年10月建所,1955年6月撤所建组,1959年9月恢复建所	1951.7	南日乡、永丰乡、亭桥乡、晏城乡
	1954.10	南日乡、永丰乡、亭桥乡、晏城乡
	1955.6	南日乡、永丰乡、亭桥乡、晏城乡
	1956.3	城南乡、丰桥乡
	1958.10	南日公社(原城南乡、丰桥乡)
	1959.9	南日公社
	1984.1	南日乡
	1984.11	南日乡分为:南日乡、晏城乡、史桥乡、亭桥乡
	1992.6	南日镇(南日乡、晏城乡合并而成)、史桥乡

续表 25－1

名　称	起始时间	管辖区域
南日所(组)	1997.8	高桥镇、骑塘乡
	1998.11	南日镇、高桥镇、骑塘乡(史桥乡并入灵安镇,划归梧桐所管理)
	1951年7月至1954年10月及1956年3月至1959年9月稽征组时期由屠甸所管理。1999年4月,撤销南日所建制,其管辖范围由崇福所管理	
炉头所(组)1951年11月建立稽征组,1959年9月建所,1966年3月撤所改组,1973年3月恢复建所	1951.11	民兴乡、民建乡(含炉头集镇)、正明乡、新民乡、翔厚乡、同安乡、重兴乡
	1956.3	民建乡、新厚乡、正兴乡、安兴乡
	1958.10	炉头公社
	1959.9	炉头公社
	1961.4	炉头公社、民兴公社
	1961.12	炉头公社、民兴公社、翔厚公社
	1966.3	炉头公社、民兴公社、翔厚公社
	1973.3	炉头公社、民兴公社、翔厚公社
	1984.1	炉头乡
	1985.2	炉头镇(炉头乡撤乡建镇)
	1951年11月至1959年9月及1966年3月至1973年3月稽征组时期由乌镇所管理。1996年12月,撤销炉头所建制,其管辖范围划归乌镇所管理	
灵安所(组)1950年3月建所,1966年3月撤所建组	1950.3	灵安乡、纪目乡、惠桥乡、同福乡、中福乡、天福乡、钱林乡、太平乡、大众乡
	1956.3	灵安乡、钱林乡、同福乡
	1958.10	灵安公社(原灵安乡、钱林乡、同福乡)
	1961.4	灵安公社、钱林公社
	1984.1	灵安乡(1985年11月撤乡建镇)
	1985.11	灵安镇(灵安乡撤乡建镇)
	1966年3月,灵安所撤所建组,划归梧桐所管理	
石门分局(所)1950年3月建所	1950.3	石门镇、八泉乡、羔羊乡、羔石乡、上莫乡、五泾乡、河山乡、张褚乡
	1956.3	石门镇、羔羊乡、河山乡、八泉乡
	1958.10	石门公社(原石门镇、羔羊乡、河山乡、八泉乡)
	1961.4	石门镇、羔羊公社、河山公社、八泉公社、石门公社、安兴公社
	1984.1	石门镇、石门乡、八泉乡、河山乡、羔羊乡、安兴乡
	1987.2	石门镇(石门乡并入)、八泉乡、河山乡、羔羊乡、安兴乡
	1992.6	石门镇、羔羊乡、安兴乡、河山镇(八泉乡并入)
	1998.11	石门镇(安兴乡并入)、河山镇、羔羊乡
	2001.9	石门镇(羔羊乡并入)、河山镇
洲泉分局(所)1950年3月建所	1950.3	洲泉镇、义马乡、晚村乡、东园乡、青石乡、永秀乡、南庄乡、芝村乡
	1956.3	洲泉镇、义马乡、晚村乡、青石乡、永秀乡、芝村乡
	1958.10	洲泉公社(洲泉镇、义马乡、青石乡、晚村乡)

续表 25－1

名　　称	起始时间	管　辖　区　域
洲泉分局(所)1950年3月建所	1961.4	义马公社(含洲泉镇)、晚村公社、青石公社
	1984.1	洲泉镇、青石乡、义马乡、晚村乡
	1997.8	大麻所并入辖:大麻镇、永秀乡
	1998.11	洲泉镇(义马乡、晚村乡并入)、青石乡、大麻镇、永秀乡
	2001.9	洲泉镇(青石乡及永秀乡北片并入)、大麻镇(永秀乡南片并入)
	2001.9	洲泉镇、大麻镇
高桥所(组)1950年3月建立留良税务组,1951年10月留良税务组,改为高桥税务所,1958年10月名称高桥改为留良,1961年8月名称留良改为高桥	1950.3	留良乡、虎啸乡、梵山乡、肇昌乡、高桥乡、芦母乡、骑塘乡
	1951.10	留良乡、虎啸乡、梵山乡、肇昌乡、高桥乡、芦母乡、骑塘乡
	1956年	高桥乡、留良乡、骑塘乡、虎啸乡
	1958.10	留良公社(含高桥乡、留良乡、骑塘乡、虎啸乡一部分)
	1961.4	高桥公社、骑塘公社
	1984.1	高桥乡、骑塘乡
	1989.3	高桥镇、骑塘乡
	1992.6	高桥镇(亭桥乡并入)、骑塘乡
	1997年8月,撤销高桥所,其管辖范围划归南日所管理	
大麻所(组)1950年3月建立税务组,1952年2月税务组改税务所,1966年3月税务所改为税务稽征组,1973年3月恢复财税所建制	1950.3	大麻乡、海卸乡、湘漾乡
	1952.2	大麻乡、海卸乡、湘漾乡
	1956年	大麻乡(原大麻乡、海卸乡、湘漾乡、平西乡一部分并入)
	1958.10	大麻公社(原大麻乡、永秀乡)
	1961.4	大麻公社、永秀公社
	1984.1	大麻乡(1985.12乡改镇)、永秀乡
	1985.12	大麻镇(乡改镇)、永秀乡
	1966年3月至1973年3月稽征组时期由崇福所管理。1997年8月,撤销大麻所建制,其管辖范围划归洲泉所管理	
崇福分局(所)1958年11月建立财政办事处,1959年9月改称所	1958.11	崇福公社(原崇福镇、芝村乡、上墅乡、虎啸乡一部分)
	1961.4	崇福公社、上墅公社、芝村公社、留良公社、虎啸公社、同福公社
	1984.1	崇福镇、上市乡、芝村乡、留良乡、虎啸乡、同福乡
	1998.11	崇福镇(上市乡并入)、芝村乡、留良乡、虎啸乡、同福乡
	1999.4	南日所并入辖:南日镇、高桥镇、骑塘乡
	2001.10	崇福镇(芝村乡、留良乡、虎啸乡并入)、高桥镇(骑塘乡、南日镇西片并入)、同福乡(南日镇东片并入屠甸镇划归梧桐所管理)
	2007.10	崇福镇、高桥镇(同福乡并入凤鸣街道划归梧桐所管理)
	2007.10	崇福镇、高桥镇

桐乡市地方税务局稽查局,为桐乡市地方税务局副科级直属机构。主要负责桐乡市地方税务局所属管辖单位的地方税务稽查工作。

（二）国税部门派出机构

表 25－2　　　　国税部门派出机构管辖范围一览表

名称		起讫时间	管辖区域
征管分局	乌镇办税服务厅	1998.12—2001.5	乌镇镇、新生镇、民合乡、炉头镇
	梧桐办税服务厅	1998.12—2001.5	梧桐镇、灵安镇、桐乡经济开发区、屠甸镇、百桃乡、濮院镇
	石门办税服务厅	1998.12—2001.5	石门镇、河山镇、羔羊乡
	洲泉办税服务厅	1998.12—2001.5	洲泉镇、大麻镇
	崇福办税服务厅	1998.12—2001.5	崇福镇、芝村乡、留良乡、虎啸乡、同福乡、南日镇、高桥镇、骑塘乡
管理局(征收管理科)		2001.5—2003.7	桐乡全区域乡镇
管理科	乌镇责任区	2003.7—2005.5	乌镇镇、龙翔街道
	梧桐责任区	2003.7—2005.5	梧桐街道(梧桐镇更名、百桃乡并入)、凤鸣街道(灵安镇更名)、桐乡经济开发区、濮院镇、屠甸镇(南日镇东片并入)
市场税收管理科	石门责任区	2003.7—2005.5	石门镇、河山镇
	洲泉责任区	2003.7—2005.5	洲泉镇、大麻镇
	崇福责任区	2003.7—2005.5	崇福镇(芝村乡、留良乡、虎啸乡并入)、高桥镇(骑塘乡、南日镇西片并入)、同福乡
税源管理二科	乌镇责任区	2005.5—	乌镇镇、龙翔街道
	梧桐责任区	2005.5—2010.12	梧桐街道、凤鸣街道(同福乡并入)、桐乡经济开发区、濮院镇(2009.1划归濮院分局辖)、屠甸镇
	石门责任区	2005.5—	石门镇、河山镇
	洲泉责任区	2005.5—	洲泉镇、大麻镇
	崇福责任区	2005.5—2007.7	崇福镇、高桥镇、同福乡
崇福税务分局		2007.7—	崇福镇、高桥镇、同福乡(10月并入凤鸣街道划归梧桐辖)
濮院税务分局		2009.1—	濮院镇
梧桐税务分局		2010.12—	梧桐街道、凤鸣街道、屠甸镇、桐乡经济开发区

附一：因工作需要，局专门成立领导小组，主要是领导和推动各项专项活动及阶段性中心工作。

表 25－3　　1996—2010 年桐乡市财政地税局成立的各类领导小组一览表

成立时间	领导小组名称	成立单位
1995.8	桐乡市财税系统企事业单位管理领导小组	财政局、国税局、地税局
1995.8	桐乡市税务代理工作指导委员会	国税局、地税局
1996.4	桐乡市税收征管改革领导小组	国税局、地税局
1997.8	桐乡市税务机构进一步分设协调小组	国税局、地税局
1997.11	调整市局社会治安综合治理工作领导小组	财政局、地税局
1998.1	财政局财政周转金呆帐核销审批小组	财政局

续表 25－3

成立时间	领导小组名称	成立单位
1998.3	桐乡市地税局税收征管改革领导小组	地税局
1998.6	行风建设工作领导小组	财政局、地税局
1998.8	财政局财政周转金清理整顿工作领导小组	财政局
1998.9	桐乡市地税局税务案件审理委员会	地税局
1998.9	政务公开领导小组	财政局、地税局
1998.9	“形象工程”活动领导小组	财政局、地税局
2000.3	桐乡市地税局税务案件选案工作小组	地税局
2001.2	创建文明机关领导小组	财政局、地税局
2001.2	市财政、地税局离退休人员管理领导小组	财政局、地税局
2001.5	“三个代表”重要思想学教活动领导小组	财政局、地税局
2001.11	“整顿作风、整顿环境”活动领导小组	财政局、地税局
2001.11	桐乡市财政局、地税局机构改革领导小组	财政局、地税局
2001.11	“四五”普法教育及依法治理领导小组	财政局、地税局
2002.5	“转变作风、优化环境”教育活动领导小组	财政局、地税局
2005.5	“创三优科所、当三满意人民公仆”领导小组	财政局、地税局
2002.5	桐乡市财政地税局创建文明行业领导小组	财政局、地税局
2002.6	“万名群众评机关”活动领导小组	财政局、地税局
2002.6	财政局、地税局信访工作领导小组	财政局、地税局
2002.7	地税局税收执法责任制试点工作领导小组	地税局
2002.7	桐乡市财政局清产核资领导小组	财政局
2002.8	财政地税局党风廉政建设责任制领导小组	财政局、地税局
2002.8	桐乡市财政地税局拥军优属领导小组	财政局、地税局
2002.11	桐乡市“金财工程”领导小组	财政局
2003.2	党的十六大精神主题教育领导小组	财政局、地税局
2003.3	调整生态示范区建设领导小组	财政局
2003.6	嘉兴市级文明行业和“文明窗口”“文明科室”“文明股(组)”“文明干部(职工)”系列创建活动领导小组	财政局、地税局
2003.10	桐乡市财政地税系统信息化领导小组	财政局、地税局
2004.3	效能建设活动领导小组	财政局、地税局
2004.3	桐乡市地税局ISO 9000质量管理领导小组	地税局
2004.4	桐乡市国税局、地税局协作工作领导小组	国税局、地税局
2004.7	整顿和规范市场经济秩序工作领导小组	地税局
2004.8	信息化安全组织机构领导小组	财政局、地税局
2004.11	创建文明行业领导小组	财政局、地税局
2004.11	打造“平安桐乡”活动领导小组	财政局、地税局
2004.12	调整档案工作领导小组	财政局、地税局

续表 25-3

成立时间	领导小组名称	成立单位
2004.12	档案管理工作省级达标活动领导小组	财政局、地税局
2005.2	保持共产党员先进性教育活动领导小组	财政局、地税局
2005.10	创建学习型组织领导小组	财政局、地税局
2006.1	桐乡市财务会计信用等级管理领导小组	财政局
2006.4	调整安全保卫领导小组	财政局、地税局
2006.4	创建省级卫生单位工作领导小组	财政局、地税局
2006.5	治理商业贿赂专项工作领导小组	财政局、地税局
2006.11	“五五”普法教育及依法治理领导小组	财政局、地税局
2007.1	调整创建社会治安综合治理领导小组	财政局、地税局
2007.4	“作风建设年”主题实践活动领导小组	市财政、地税局
2007.4	ISO 9001 质量管理体系建设贯标领导小组	财政局
2007.4	“作风建设年”暨“转变作风树形象、比学赶超促发展”主题实践活动领导小组	市财政、地税局
2007.7	实施“健康教育工程”领导小组	财政局、地税局
2007.5	民主评议基层站所暨创建“群众满意基层站所(办事窗口)”活动领导小组	财政局、地税局
2007.11	桐乡市地税局依法行政工作考核领导小组	地税局
2007.12	桐乡市财政局、地税局网站管理领导小组	财政局、地税局
2008.1	“十七大精神”主题宣传教育活动领导小组	财政局、地税局
2008.5	财政支农资金整合工作领导小组	财政局
2008.7	调整“定期定额”工作领导小组	地税局
2008.10	市国有专业投资公司年度工作、经营业绩考核领导小组(下设办公室在市国资办)	国资办
2008.11	桐乡市会计管理改革领导小组	财政局、地税局
2009.3	深入学习实践科学发展观活动领导小组	财政(地税)局党委
2009.4	“服务企业、关爱民生”专项行动领导小组	财政局、地税局
2009.5	迎接国家三类城市语言文字工作评估领导小组	财政局、地税局
2009.6	推进企业分离发展服务业工作领导小组	财政局、地税局
2009.8	桐乡市治理“小金库”工作领导小组办公室(桐乡市财政局代)	财政局
2009.12	市财政局国库管理制度改革工作领导小组	财政局
2010.3	信息化建设“大集中”工程领导小组	地税局
2010.4	推进四个“经济服务类重点项目”领导小组	财政局、地税局
2010.4	“纳税人之家”推广工作组领导小组	地税局
2010.6	“转变作风树形象、提升效能促发展、人人争当‘菊乡先锋’”创先争优活动领导小组	财政局、地税局
2010.7	桐乡市财政局强农惠农资金专项清理和检查工作领导小组	财政局
2010.8	公务用车制度改革工作领导小组	财政局、地税局
2010.12	“六五”普法教育及依法治理领导小组	财政局、地税局
2010.12	桐乡市财税 12366 语音特服系统领导小组	财政局、地税局
2010.12	市地税局深化管查互动机制工作领导小组	地税局

表 25－4　　1997—2010 年桐乡国家税务局各类领导小组成立一览表

建立时间	领导小组成立文件名称
1997.10	关于成立桐乡市国家税务局税收征管改革领导小组及办公室的通知
1997.10	关于建立国税局机关综合治理领导小组的通知
1997.12	关于建立桐乡市国家税务局保密工作领导小组的通知
1998.6	关于建立民主评议行风工作领导小组的通知
1998.8	关于成立全市国税系统政务公开工作领导小组的通知
1999.3	中共桐乡市国税局党组关于成立落实党风廉政建设责任制领导小组的通知
1999.7	关于建立市局内部审计领导小组的通知
1999.7	关于成立选案协调领导小组的通知
2001.2	关于建立桐乡市国家税务局机构改革领导小组的通知
2001.5	关于成立桐乡市国税系统精神文明建设领导小组的通知
2001.5	关于建立桐乡市国家税务局“学教”活动领导小组的通知
2001.5	桐乡市国家税务局关于成立整顿和规范税收秩序领导小组的通知
2002.5	关于建立桐乡市国家税务局开展“转变作风、优化环境”主题教育活动领导小组的通知
2002.2	桐乡市国家税务局关于成立综合档案管理领导小组的通知
2002.5	桐乡市国家税务局关于成立 ISO 9000 质量管理体系认证工作领导小组的通知
2002.2	关于建立桐乡市国家税务局精神文明建设领导小组的通知
2002.4	桐乡市国家税务局关于成立拥军优属领导小组的通知
2003.7	关于成立开展“万名群众评机关”活动领导小组的通知
2003.9	关于成立桐乡市国家税务局防腐保廉体系、推进行政效能监察工作领导小组的通知
2003.12	桐乡市国家税务局关于成立“12345”市长电话工作领导小组的通知
2003.1	关于成立党的十六大精神主题教育领导小组的通知
2004.3	关于成立桐乡市国家税务局贯彻实施行政许可法领导小组的通知
2004.3	关于成立桐乡市国税局机关效能建设领导小组的通知
2004.4	桐乡市国家税务局、桐乡市地方税务局关于成立协作工作领导小组的通知
2005.1	关于成立桐乡市国家税务局保持共产党员先进性教育活动领导小组的通知
2005.8	桐乡市国家税务局关于成立职务犯罪预防工作领导小组的通知
2006.4	桐乡市国家税务局关于成立“四项工程”建设领导小组的通知
2006.8	桐乡市国家税务局关于成立“五五”普法领导小组的通知
2006.1	桐乡市国家税务局关于成立网上申报工作领导小组的通知
2007.5	桐乡市国家税务局关于成立民主评议基层站所暨创建群众满意站所(办事窗口)活动领导小组的通知
2008.8	桐乡市国家税务局关于成立廉政文化建设工作领导小组的通知
2009.3	中共桐乡市国家税务局党组关于成立深入学习实践科学发展观活动工作领导小组的通知
2010.2	桐乡市国家税务局关于成立维稳工作领导小组的通知
2010.4	桐乡市国家税务局关于成立“深化作风建设年”活动领导小组的通知
2010.5	桐乡市国家税务局关于成立纳税服务工作领导小组的通知

第二十六章 党群组织

中共桐乡县(市)财税党组织建立于1962年,随后相继建立团、工、妇群众组织。1997年9月国地税进一步分设后,财政地税局与国税局分别设立党、团、工、妇组织,老干部实行分别管理。

桐乡市财税学会是桐乡财税部门的学术性研究组织,财政、国税、地税干部借助学会这个平台,结合财税工作实际开展调查研究,研讨财税业务。桐乡市会计学会是会计学术性研究组织,设于财政局,是全市会计工作者开展会计学术研讨的平台。

本章主要记述1996—2010年间桐乡县(市)财税系统党、团、工、妇及老干部组织的发展、变化,学术团体的发展等内容。记述时限适当向前追溯。

第一节 中共组织

一、组织沿革

(一)党委(组)

1962年7月,建立中共桐乡县财经党组。1980年7月,建立中共桐乡县财税局(含建设银行)党组。

1997年4月,国税、地税机构分设,撤销财税局党组,建立财政局党组(财政、地税);同年9月,建立中共桐乡市国税局党组。

2004年12月,撤销中共桐乡市财政局党组,建立中共桐乡市财政(地税)局委员会。

(二)纪(委)检组

1991年3月,建立财税局纪检组。

1997年10月调整财税局纪检组,新建国税局纪检组。

2004年12月,撤销桐乡市财税局纪律检查组,建立桐乡市财政(地税)局纪律检查委员会。

2010年12月,财政地税局和国税局分别建立机关纪律检查委员会。

(三)党支部

桐乡县、崇德县两县机关初建时,都未单独建立党支部。桐乡县局机关党员参加财经支部(银行税务联合支部)活动;崇德县局机关党员先后参加县府支部、银行税务联合支部活动。

1955年,桐乡、崇德经批准相继单独建立桐乡县税务局支部、崇德县税务局支部,桐乡县税务局乡党员11名、崇德县税务局党员5名。

1962年7月,建立财政税务局党支部。

1966年,“文化大革命”开始后,党组织一度被迫停止活动,党组织几经变化,直至1973年,财税局单独建立党支部。

1979年6月至1993年12月期间,支部经历四届改选。

2008年6月18日,市国税局召开全体党员大会

1996年5月,经中共桐乡市机关党委批准建立中共财政税务局总支部,下设3个支部(行政支部、企业支部、老干部支部)。

1997年12月,撤销财税局总支部委员会,建立财政、地税局机关支部委员会。

2000年5月,建立中共财政税务局总支部,下设4个支部,老干部支部改名为离退休支部。其中局机关行政支部分成2个支部,2002年5月机关行政支部扩展到3个支部,2004年10月机关行政支部扩展到5个支部,2006年4月机关行政支部扩展到6个支部。

2004年12月,桐乡财政、地税局建立党委,基层分局党组织组织关系转到财政(地税)局党委。各基层地税分局党支部实行市局和属地双重管理,以市财政(地税)局党委管理为主。

2005年4月,撤销中共桐乡市财政地税局机关总支部委员会及所属支部委员会,建立中共桐乡市财政(地税)局委员会所属支部委员会,下设13个党支部(其中企业支部属原金兰大酒店挂靠单位),其中新转入6个基层分局支部。同时,成立中共桐乡市财政(地税)局委员会办公室。

2007年11月,中共桐乡市财政(地税)局委员会换届,撤销中共桐乡市财政地税局企业支部。

2009年12月,建立中共桐乡市财政(地税)局委员会机关委员会。2010年6月29日,选举产生首届中共桐乡市财政(地税)局机关委员会组成成员。

2010年6月,根据嘉兴市委组织部《关于理顺嘉兴市注册会计师事务所党组织隶属关系的通知》精神,中共桐乡市财政(地税)局委员会吸收求真会计师事务所有限公司支部委员会、方联会计师事务所有限公司支部委员会、德力信会计师事务所支部委员会为所属支部。2010年12月,支部换届选举。2010年12月止,中共桐乡市财政(地税)局委员会所属支部有正式党员223名。

国地税分设后,1997年12月,建立中共桐乡市国家税务局机关支部委员会。

1997年11月至1998年10月,乌镇、濮院、梧桐、屠甸、南日、石门、洲泉、崇福等8个税务所单独建立党支部,由所在地镇(乡)党委领导。

1999年4月,成立中共梧桐国税支部委员会,2001年9月撤销。

2002年2月,组建中共桐乡市国税局第一届党总支委员会,下设机关第一党支部委员会、机关第二党支部委员会、机关第三党支部委员会、稽查局党支部委员会。全系统共有党员85名(其中正式党员84名,预备党员1名)。

2007年12月,建立中共桐乡市国家税务局机关委员会。保留机关第一党支部、机关第二党支部、机关第三党支部、稽查局党支部。增设崇福税务分局党支部、退休干部党支部。

2009年,建立濮院税务分局党支部。

2010年7月,建立桐乡市国立税务师事务所党支部,挂靠国税局机关党委领导。

2010年,中共桐乡市国税局机关党委所属支部有正式党员120名。

二、历任党组织负责人

(一)县财经党组(1962.7—1968.5)

1962年7月23日,根据县委(62)103号《关于公布成立政法等7个党组和党组成员的通知》决定，建立中共桐乡县财经党组。

书　　记：徐炳章（1962.7—1963.1）

成　　员：董　临（1962.7—1968.5）

姚英翔（1962.7—1968.5）

（二）县财税局（含建设银行）党组

根据县委（80）89号文《关于建立县劳动局等13个单位党组的通知》决定，建立中共桐乡县财税局（含建设银行）党组。

书　　记：李文筠（1980.7—1984.3）

成　　员：张之松（1980.7—1984.3）

张兆祥（1980.7—1984.3）

夏建清（1981.8—1983.9）

（三）县（市）财税局党组（1993年4月牌子和印章"县"改为"市"）

书　　记：李文筠（1984.3—1987.6）

钱满程（1988.11—1990.7）

莫建林（1990.7—1993.3）

沈培璋（1993.3—1997.4）

副 书 记：钱满程（1987.6—1988.11）

沈锡明（1994.9—1997.4）

成　　员：张之松（1984.3—1986.3）

莫建林（1984.3—1990.7）

钱满程（1985.4—1987.5）

陈建明（1987.8—1990.6）

沈培璋（1989.12—1993.3）

汤震明（1990.6—1992.2）

柏利勇（1991.5—1992.12）

沈锡明（1991.8—1994.）

汤震明（1992.12—1997.4）

陆　劲（1993.7—1997.4）

杨雪明（1994.9—1997.4）

岳锡龙（1995.6—1997.4）

（四）市财政局党组（1997.4—2004.12）

书　　记：沈培璋（1997.4—1997.10）

柏利勇（1997.10—2003.4）

赵洪亮（2003.4—2004.12）

副 书 记：柏利勇（1997.7—1997.10）

沈锡明（1997.4—1997.10）

李炳松（1999.11—2001.3）

成　　员：陆　劲（1997.4—1997.10）

汤震明(1997.4—1999.6)
杨雪明(1997.4—1999.7)
岳锡龙(1997.4—1997.4)
尹夏青(1998.1—2001.3)
吴建勇(1999.8—2004.12)
梁　虎(2001.3—2001.12)
茅永良(2001.3—2004.12)
吴海燕(2001.3—2004.12)
林建强(2001.11—2004.12)

(五)市财政(地税)局党委(2004.12—　　)

书　　记:赵洪亮(2004.12—2010.9)
姜　玮(2010.9—　　)

成　　员:林建强(2004.12—2005)
吴建勇(2004.12—　　)
茅永良(2004.12—2005)
吴海燕(2004.12—　　)
房治方(2005.8—　　)
姜　玮(2007.4—2008.4)
沈培荣(2008.4—　　)
沈富春(2008.5—　　)
方　真(2009.4—　　)

(六)市国税局党组

书　　记:沈锡明(1997.9—2008.5)
钟　华(2008.5—　　)

副 书 记:沈培璋(1997.9—2001.6)
汤震明(2009.12—　　)

成　　员:陆　劲(1997.9—2008.7)
吕依萍(1998.8—2002.5)
汤震明(1999.6—2009.12)
刘延军(2001.11—2006.5)
王新华(2004.6—2007.4)
葛向红(2005.9—2007.10)
顾玖松(2006.5—2009.9)
陆文忠(2006.7—　　)
罗建荣(2007.4—　　)
吕　伟(2008.3—2010.3)
杨胜亮(2009.9—　　)
赵振贤(2009.12—　　)

邬卫国(2010.7—　　)

三、财税局纪委(纪检组)

财税局纪检组建立于 1991 年 3 月,1997 年 4 月,改称财政局纪检组,2004 年 12 月建立财政(地税)局纪律检查委员会。

(一)财税局纪检组(1991.3—2004.12)

纪检组长:沈锡明(1991.9—1997.10)
李炳松(1999.11—2001.3)
吴建勇(2001.11—2003.6)
吴海燕(2003.6—2004.12)
副 组 长:陆　劲(1994.6—1997.10)
纪 检 员:沈明富(1991.9—1997.10)
吴炳甫(1994.6—1997.10)
章建中(1994.11—1997.10)
吴海燕(2002.9—2003.6)
包万象(2002.9—2003.6)
张林芳(2003.6—2004.12)

(二)财税局纪委(2004.12—　　)

书　　记:吴海燕(2004.12—　　)
委　　员:方　真(2005.4—　　)
张林芳(2005.4—2009.9)

(三)国税局纪检组

刘延军(2001.11—2006.5)
顾玖松(2006.5—2009.9)
陆文忠(2009.9—2009.12)
杨胜亮(2009.12—　　)

四、机关党委及机关纪委

2009 年 12 月市委批复同意建立中共桐乡市财政(地税)局机关委员会,2010 年 6 月召开成立大会。2010 年 12 月建立中共桐乡市财政(地税)局机关纪律检查委员会。

(一)市财政(地税)局机关党委

书　　记:吴海燕(2010.7—　　)
组织委员:方　真(2010.7—　　)
宣传委员:沈建峰(2010.7—　　)
群工务员:吴鉴伟(2010.7—　　)
纪检委员:张丽萍(2010.7—　　)

(二)市财政(地税)局机关纪委

书　　记:吴海燕(2010.12—　　)
委　　员:方　真(2010.12—　　)
张丽萍(2010.12—　　)

张林芳(2010.12—　　)

(三)市国税局机关党委

2008年6月建立首届中共桐乡市国家税务局机关委员会。

书　　记:顾玖松(2008.6—2010.1)

杨胜亮(2010.1—　　)

副 书 记:王云飞(兼宣传委员)(2008.6—　　)

虞福庆(2010.1—　　)

组织委员:虞福庆(2008.6—2010.1)

纪检委员:朱国强(2008.6—　　)

委　　员:朱仲寅(2008.6—2010.1)

邬卫国(2008.1—　　)

杨伟东(2008.12—　　)

朱　泳(2010.1—　　)

沈永才(2010.1—　　)

专职委员:杨胜亮(2008.6—2010.1)

刘智跃(2008.6—　　)

(四)市国税局机关纪委

书　　记:朱　泳(2010.12—　　)

委　　员:魏　中(2010.12—　　)

邹梅蓉(2010.12—　　)

五、党支部(总支)

(一)财税局(财政、地税局)党支部(总支)

1.总支

1996年5月财税局选举产生的总支部委员会

总支书记:岳锡龙(1996.5—1997.12)

副 书 记:李建平(1996.5—1997.12)

组织委员:徐文标(1996.5—1997.12)

宣传委员:刘智跃(1996.5—1997.12)

纪检委员:徐松燧(1996.5—1997.12)

2000年5月财政地税局选举产生的总支部委员会

总支书记:李炳松(2000.5—2002.5)

副 书 记:章建中(2000.5—2000.9)

吴海燕(2000.9—2002.5)

组织委员:章建中(兼)(2000.5—2000.9)

吴海燕(兼)(2000.9—2002.5)

宣传委员:沈燕萍(2000.5—2002.5)

纪检委员:孙　坚(2000.5—2002.5)

委　　员:方　真(2000.5—2002.5)

张绍雄(2000.5—2002.5)

徐松燧(2000.5—2002.5)

2002年5月财政地税局改选产生的总支委员会

总支书记:吴海燕(2002.5—2004.10)

组织委员:孙　坚(2002.5—2004.10)

纪检委员:蒋一真(2002.5—2004.10)

宣传委员:沈燕萍(2002.5—2004.10)

委　　员:马志刚(2002.5—2004.10)

沈富春(2002.5—2004.10)

王庆林(2002.5—2004.10)

2004年10月财政地税局换届产生的总支委员会

总支书记:吴海燕(2004.10—2005.4)

副 书 记:方　真(2004.10—2005.4)

组织委员:徐文标(2004.10—2005.4)

纪检委员:蒋一真(2004.10—2005.4)

宣传委员:张　铮(2004.10—2005.4)

委　　员:孙羽萍(2004.10—2005.4)

王庆林(2004.10—2005.4)

2.支部

1955年9月建立中共崇德县税务局支部。1958年4月县税务局、财粮科、保险公司合并,建立财政局支部。

支部书记:殷龙生(1955.9—1958.4)

1955年初,建立中共桐乡县税务局支部。至1958年4月,选举第二届支部委员会。

支部书记:丁肇锡(1955.—1956.12)

沈锡元(1957.1—1958.4)

组织委员:徐炳章(1957.1—1958.4)

宣传委员:冯祖荣(1957.1—1957.9)

1958年4月,县税务局、财粮科、保险公司合并,建立财政局支部。1958年11月,崇德县财政局并入。至1962年10月,选举三届支部委员会。

支部书记:徐炳章(1958.4—1959.11)

支部书记:吴函秋(1959.12—1961.10)

副 书 记:张子松(1959.12—1961.10)

支部书记:姚英翔(1961.10—1962.7)

副 书 记:张子松(1961.10—1962.7)

1958年4月,恢复成立县税务局,经财贸总支批准,建立桐乡县税务局党支部。

支部书记:徐炳章(1961.10—1962.7)

副 书 记:吴函秋(1961.10—1962.7)

1962年7月,机关党委(62)1号文件批复,桐乡县财政局、税务局两个支部合并,建立财税局党支部。选举二届支部委员会。至“文化大革命”开始停止活动。

支部书记:徐炳章(1962.7—1963.1)

宣传委员:姚英翔(1962.7—1963.1)

组织委员:吴函秋(1962.7—1962.8)

支部书记:丁肇锡(1963.2—1968.5)

宣传委员:姚英翔(1963.2—1968.5)

组织委员:李宗海(1963.2—1968.5)

1971年6月,县政工组组织办公室在《桐乡县财政金融局革命委员会关于筹建整建党领导小组的报告》上批示,同意财政金融局建党小组的报告及党小组任职人员。同年10月,县级机关党委发文批复,同意建立桐乡县革命委员会生产指挥组财政金融局支部。

组长:姚英翔,副组长:董　临,组员:李文华、张寅权、顾景星。

支部书记:姚英翔,支部委员:董以信、李文华、张兆强、张寅权。

1973年3月,财政金融局撤销。银行、财税局各自建立党支部。

1973年11月选举产生的支部委员会。

支部书记:姚英翔(1973.11—1975.12)

组织委员:朱培铨(1973.11—1979.6)

宣传委员:李宗海(1973.11—1978.6)

1979年6月选举产生的支部委员会

支部书记:张子松(1979.6—1981.10)

副 书 记:吕应鳌(1979.6—1981.10)

1981年10月选举产生的支部委员会

支部书记:张子松(1981.10—1984.9)

组织委员:夏建清(1981.10—1983.9)

宣传委员:吕应鳌(1981.10—1984.9)

1984年9月选举产生的支部委员会

支部书记:莫建林(1984.9—1987.3)

宣传委员:钱满程(1984.9—1987.3)

组检委员:吕应鳌(1984.9—1987.3)

1987年3月选举产生的支部委员会

支部书记:莫建林(1987.3—1989.6)

宣传委员:陈建明(1987.3—1989.6)

组检委员:吕应鳌(1987.3—1989.6)

1989年4月选举产生的支部委员会

支部书记:陈建明(1989.6—1990.10)

柏利勇(1990.10—1991.6)

组织委员:徐松燧(1989.6—1991.6)

宣传委员:张志明(1989.6—1991.6)

1991年6月选举产生的支部委员会

支部书记:柏利勇(1991.6—1992.12)
副 书 记:张志明(1991.6—1993.5)
组织委员:徐松燧(1991.6—1993.5)
宣传委员:宋宵鸣(1991.6—1993.5)
纪检委员:沈明富(1991.6—1993.5)
1993年5月选举产生的支部委员会
支部书记:陆　劲(1993.5—1996.5)
副 书 记:李建平(1993.5—1996.5)
组织委员:尹夏青(1993.5—1996.5)
宣传委员:宋宵鸣(1993.5—1996.5)
纪检委员:吴建勇(1993.5—1996.5)
1996年5月选举产生的支部委员会
1.行政支部
支部书记:刘智跃(1996.5—1997.12)
副 书 记:章建中(1996.5—1997.12)
组织委员:王云儿(1996.5—1997.12)
宣传委员:蒋一真(1996.5—1997.12)
纪检委员:朱学伟(1996.5—1997.12)
2.企业支部(金兰大酒店)
支部书记:徐文标(1996.5—1997.12)
3.老干部支部
支部书记:徐松燧(1996.5—1997.12)
(二)财政、地税支部
1997年12月选举产生的支部委员会
总支书记:尹夏青(1997.12—2000.5)
副 书 记:章建中(1997.12—2000.5)
组织委员:章建中(兼)(1996.5—1997.12)
宣传委员:徐文标(1997.12—2000.5)
纪检委员:吴建勇(1997.12—2000.5)
青年委员:宋宵鸣(1997.12—2000.5)
2000年5月选举产生的支部委员会
1.第一支部
支部书记:孙　坚(2000.5—2002.5)
组织委员:孙　坚(兼)(2000.5—2002.5)
宣传委员:沈富春(2000.5—2002.5)
纪检委员:孙羽萍(2000.5—2002.5)
2.第二支部
支部书记:方　真(2000.5—2002.5)

组织委员:方　真(兼)(2000.5—2002.5)

宣传委员:韦庆勇(2000.5—2002.5)

纪检委员:王小寅(2000.5—2002.5)

3.企事业支部(金兰大酒店)

支部书记:张绍雄(2000.5—2002.5)

4.离退休支部

支部书记:徐松燧(2000.5—2002.5)

组织委员:徐松燧(兼)(2000.5—2002.5)

宣传委员:张之松(2000.5—2002.5)

纪检委员:王庆林(2000.5—2002.5)

2002年5月改选产生的支部委员会

第一支部

支部书记:孙　坚(2002.5—2004.10)

组织委员:孙　坚(兼)(2002.5—2004.10)

宣传委员:许　雷(2002.5—2004.10)

纪检委员:张绍雄(2002.5—2004.100

第二支部

支部书记:蒋一真(2002.5—2004.10)

组织委员:蒋一真(兼)(2002.5—2004.10)

宣传委员:韦庆勇(2002.5—2004.10)

纪检委员:王小寅(2002.5—2004.10)

第三支部

支部书记:马志刚(2002.5—2004.6)

组织委员:马志刚(兼)(2002.5—2004.6)

宣传委员:汪春荣(2002.5—2004.10)

纪检委员:方　真(2002.5—2004.10)

企业支部(金兰大酒店,不设委员)

支部书记:沈富春(2002.5—2004.10)

离退休支部

支部书记:王庆林(2002.5—2004.10)

组织委员:沈彤寿(2002.5—2004.10)

宣传委员:李文筠(2002.5—2004.10)

纪检委员;王庆林(兼)(2002.5—2004.10)

2004年10月换届产生的支部委员会

第一支部

书　　记:徐文标(2004.10—2005.4)

组织委员:徐文标(兼)(2004.10—2005.4)

宣传委员:曹　丽(2004.10—2005.4)

纪检委员:沈学强(2004.10—2005.4)

第二支部

书　　记:蒋一真(2004.10—2005.4)

组织委员:蒋一真(兼)(2004.10—2005.4)

宣传委员;韦庆勇(2004.10—2005.4)

纪检委员;王小寅(2004.10—2005.4)

第三支部

书　　记:张　铮(2004.10—2005.4)

纪检委员:张　铮(兼)(2004.10—2005.4)

组织委员:吴雪明(2004.10—2005.4)

宣传委员:朱铭星(2004.10—2005.4)

第四支部

书　　记:孙羽萍(2004.10—2005.4)

组织委员:孙羽萍(兼)(2004.10—2005.4)

宣传委员:孙　坚(2004.10—2005.4)

纪检委员:田绿峰(2004.10—200.4)

第五支部

书　　记:方　真(2004.10—2005.4)

组织委员:方　真(兼)(2004.10—2005.4)

宣传委员:许　雷(2004.10—2005.4)

纪检委员:张林芳(2004.10—2005.4)

离退休支部

书　　记:王庆林(2004.10—2005.4)

宣传委员:李文筠(2004.10—2005.4)

组织委员:沈彤寿(2004.10—2005.4)

纪检委员:王庆林(兼)(2004.10—2005.4)

企业支部(金兰大酒店,不设委员)

书　　记:费细毛(2004.10—2005.4)

2005年4月建立市财政(地税)局党委所属(机关)各支部委员会。2005年4月至2010年12月,选举三届支部委员会(2005年4月、2007年11月、2010年12月)。

第一支部

书　　记:徐文标(2005.4—2010.12)

　　　　　徐国平(2010.12—　　)

委　　员:曹　丽(2005.4—　　)

　　　　　沈学强(2005.4—2006.4)

　　　　　沈　锋(2006.4—2010.12)

　　　　　吴雪明(2010.12—　　)

　　　　　陆　坚(2010.12—　　)

第二支部

书　　记:蒋一真(2005.4—　　)

委　　员:韦庆勇(2005.4—2006.4)

王小寅(2005.4—　　)

徐建中(2006.4—2006.9)

马玉坤(2006.9—2009.10)

姚建祥(2010.12—　　)

第三支部

书　　记:张　铮(2005.4—2010.5)

沈建峰(2010.5—　　)

委　　员:吴雪明(2005.4—2006.4)

朱铭星(2005.4—2009.10)

宓方冬(2006.4—　　)

王仲新(2009.10—2010.12)

王雪寒(2010.12—　　)

第四支部

书　　记:孙羽萍(2005.4—2010.12)

韦庆勇(2010.12—　　)

委　　员:孙　坚(2005.4—2006.4)

田绿峰(2005.4—2010.12)

韦庆勇(2006.4—2010.12)

陆建华(2010.12—　　)

沈　锋(2010.12—　　)

第五支部

书　　记:方　真(2005.4—2010.12)

张林芳(2010.12—　　)

委　　员:张林芳(2005.4—2010.12)

沈富春(2005.4—2006.9)

徐建中(2006.9—　　)

陈晓曙(2010.12—　　)

沈荣民(2010.12—　　)

第六支部

书　　记:姚仿娟(2006.4—　　)

委　　员:张冶红(2006.4—　　)

沈学强(2006.4—2010.12)

陈晓岚(2010.12—　　)

离退休支部

书　　记:王庆林(2005.4—　　)

委　　员：李文筠（2005.4—　　）

　　　　　沈彤寿（2005.4—　　）

企业支部（金兰大酒店，不设委员）

书　　记：费细毛（2005.4—2007.11）

（三）国税党支部（党总支）

1.党总支

第一届国税党总支委员（2002.2—2005.8）

书　　记：刘延军（2002.2—2005.8）

副 书 记：陆林荣（2002.2—2005.8）

　　　　　刘智跃（2002.2—2005.8）

组织委员：金　鑫（2002.2—2005.8）

宣传委员：沈永才（2002.2—2005.8）

纪检委员：沈明富（2002.2—2005.8）

群团委员：毕振亚（2002.2—2005.8）

第二届国税党总支委员（2005.8—2008.6）

书　　记：刘延军（2005.8—2006.6）

　　　　　顾玖松（2006.6—2008.6）

副 书 记：陆林荣（2005.8—2008.6）

　　　　　刘智跃（2005.8—2008.6）

组织委员：金　鑫（2005.8—2005.12）

宣传委员：沈永才（2005.8—2008.6）

纪检委员：沈明富（2005.8—2008.6）

群团委员：毕振亚（2005.8—2008.6）

委　　员：许建良（2005.8—2008.6）

　　　　　施文奎（2005.8—2008.6）

2.党支部

国税局机关党支部（1997.12—2002.12）

书　　记：吕依萍

副书记兼纪检委员：陆林荣

组织委员：王云儿

宣传委员：刘智跃

基层税务所党支部（1997.11—1998.10）

乌镇税务所党支部

书　　记：毕振亚

委　　员：虞福庆

濮院税务所党支部

书　　记：杨胜亮

委　　员：朱召平

梧桐税务所党支部
书　　记:施文奎
委　　员:施　炬　陆文忠
屠甸税务所党支部
书　　记:吴炳甫
委　　员:罗建荣
南日税务所党支部
书　　记:李建平
委　　员:朱玉龙
石门税务所党支部
书　　记:金　鑫
委　　员:朱仲寅
洲泉税务所党支部
书　　记:沈云奎
委　　员:杨　镛　姚志义
崇福税务所党支部
书　　记:严　勇
委　　员:朱　泳　朱晓明
梧桐国税党支部(1999.4—2001.9)
书　　记:吕依萍
副 书 记:吴炳甫
委　　员:朱召平　施　炬　陆文忠
机关第一党支部(2002.10—2005.8)
书　　记:刘智跃
副 书 记:施文奎
组织委员:周建明
纪检委员:钟雪明
宣传委员:王新华
机关第一党支部(2005.8—2008.6)
书　　记:刘智跃
副 书 记:姚志义
组织委员:王文其
纪检委员:钟雪明
宣传委员:金润东
机关第一党支部(2008.6—　　)
书　　记:王云飞(2008.6—2009.11)
　　　　　虞福庆(2009.11—　　)
副 书 记:姚志义

组织委员:王华恳

纪检委员:金润东

宣传委员:钟雪明

机关第二党支部(2002.10—2005.8)

书　　记:金　鑫(2002.10—2005.8)

副 书 记:严　勇(2003.8—2005.8)

组织委员:施　炬

宣传委员:杨　镛

机关第二党支部(2005.8—2008.6)

书　　记:金　鑫(2005.8—2005.12)

　　　　严　勇(2005.12—2007.6)

副 书 记:严　勇(2005.8—2005.12)

组织委员:朱仲寅

纪检委员:沈永才

宣传委员:沈建学

机关第二党支部(2008.6—　　)

书　　记:朱仲寅(2008.6—2008.11)

　　　　杨伟东(2008.11—2010.1)

　　　　朱仲寅(2010.1—　　)

副 书 记:沈建学

组织委员:黄　健

纪检委员:沈永才

宣传委员:魏　中

机关第三党支部(2002.10—2005.8)

书　　记:沈明富

副 书 记:吕依萍(2002.10—2003.8)

　　　　毕振亚(2003.8—2005.8)

组织委员:严　勇

纪检委员:杨胜亮

宣传委员:朱晓明

机关第三党支部(2005.8—2008.6)

书　　记:沈明富

副 书 记:毕振亚

组织委员:朱晓明

纪检宣传委员:杨胜亮

机关第三党支部(2008.6—　　)

书　　记:沈明富

副 书 记:毕振亚

严　勇(2008.11—　　)

组织委员:朱晓明

纪检委员:施　炬

宣传委员:高荣甫

稽查局党支部(2002.10—2005.8)

书　　记:毕振亚(2002.10—2003.8)

许建良(2003.8—2005.8)

副 书 记:朱国强

组织委员:王云儿

纪检委员:虞福庆

宣传委员:李建平

稽查局党支部(2005.8—2008.6)

书　　记:许建良(2005.8—2005.11)

陆文忠(2005.11—2007.7)

严　勇(2007.7—2008.6)

副 书 记:朱国强

组织委员:毛培生

纪检委员:虞福庆

宣传委员:杨　镛

稽查局党支部(2008.6—　　)

书　　记:刘智跃(2008.6—2008.11)

邬卫国(2008.11—　　)

副 书 记:严　勇(2008.6—2008.11)

刘智跃(2008.11—　　)

组织委员:毛培生

纪检委员:吴炳甫

宣传委员:杨　镛

崇福分局党支部(2007.12—　　)

书　　记:杨胜亮

委　　员:李建平(2008.11—　　)

杨　镛(2008.11—　　)

濮院分局党支部(2009.4—　　)

书　　记:沈永才

副 书 记:姚志义

委　　员:包全荣

退休干部党支部(2007.12—　　)

书　　记:陆林荣

国立税务师事务所党支部(2010.7—　　)

书　　记:张立虎

(四)基层所(分局)党支部领导人名录

2005年4月前,基层所(分局)单独建立支部,1988年前,或单独建立支部,或与其他单位合建支部,基层党组织均由所在地镇(乡)党委领导。建立财政(地税)局党委后,基层党组织各党员的组织关系转到财政(地税)局党委。桐委发(2004)28号文件明确规定"各基层地税分局党支部实行市局和属地双重管理,以市财政(地税)局党委管理为主。"新转入的分局支部有6个:乌镇分局支部、濮院分局支部、梧桐分局支部、石门分局支部、崇福分局支部、洲泉分局支部。

乌镇所(分局)支部

书　　记:洪彬耀(1988.1—1991.90

　　　　林建强(1991.10—1995.1)

　　　　马志刚(1998.1—2000.7)

　　　　陆永根(2000.8—2004.6)

　　　　沈培荣(2006.4—2008.6)

　　　　马玉坤(2008.6—　　)

副 书 记:毕振亚(1995.2—1997.12)

　　　　莫根林(2004.6—2005.1)

　　　　马玉坤(2005.4—2006.9)

委　　员:周耀芬(2005.4—2010.12)

　　　　钱　斌(2007.11—2009.10)

　　　　沈建良(2009.10—　　)

　　　　许霖杰(2010.12—　　)

濮院所(分局)党支部

书　　记:李康治(1988.1—1993.9)

　　　　陈宏烈(1993.9—2001.8)

　　　　徐建中(2002.5—2005.9)

　　　　沈建峰(2005.9—2010.5)

　　　　张　铮(2010.5—　　)

副 书 记:徐建中(2001.8—2002.5)

委　　员:范益民(2001.8—2006.4)

　　　　周建明(2005.4—2006.4)

　　　　戚水荣(2005.9—2009.10)

　　　　费　佳(2006.4—2009.10)

　　　　朱建国(2009.10—　　)

　　　　潘云峰(2009.10—　　)

　　　　周耀芬(2010.12—　　)

石门所(分局)党支部

书　　记:钱子茂(1988.1—1993.11)

　　　　孙　坚(1993.11—1996.4)

金　鑫(1996.4—1997.12)
陆永根(1997.12—2000.8)
吴鉴伟(2000.8—2004.6)
马志刚(2004.6—　　)

副 书 记:孙　坚(1993.5—1993.11)
张林芳(1999.6—2003.4)

委　　员:沈建峰(2002.11—2005.9)
李永仙(2005.4—2006.9)
吴黎鸿(2009.10—　　)
计学良(2009.10—　　)

洲泉所(分局)党支部

书　　记:庄福奎(1988.1—1990.7)
严　勇(1993.7—1997.10)
吴海燕(1997.12—2000.7)
马志刚(2000.7—2001.100
陆永根(2004.6—2008.9)
陆奇英(2009.10—　　)

副 书 记:严　勇(1990.8—1993.7)
朱洪良(2001.10—2005.4)
朱洪良(2008.9—2009.10)

委　　员:朱洪良(2005.4—2006.4)
倪为荣(2005.4—2005.9)
朱树明(2005.9—　　)
张月龙(2006.4—2009.10)
朱洪良(2008.6—2008.9)
朱洪良(2009.10—　　)

梧桐所(分局)党支部

书　　记:柏利勇(1988.1—1990.8)
庄福奎(1990.8—1998.1)
蒋一真(1998.11—2002.3)
张　铮(2002.3—2004.6)
吴鉴伟(2004.6—　　)

副 书 记:蒋一真(1998.1—1998.11)

委　　员:徐国平(2005.4—2006.9)
江永明(2005.4—2006.4)
朱洪良(2006.4—2008.6)
盛大年(2006.4—2008.6)
倪为荣(2010.12—　　)

黄莉莉(2010.12—　　)
陶　红(2010.12—　　)

崇福所(分局)党支部

书　　记:连轩云(1988.1—1993.9)
吕依萍(1993.9—1997.12)
田绿峰(1997.12—2007.7)
章建忠(2000.7—2009.3)
汪春荣(2009.3—　　)

副 书 记:张林芳(1998.12—1999.6)
张楚雄(1999.6—2005.4)

委　　员:叶坤泉(2005.4—2006.4)
沈荣民(2005.4—2006.4)
江永明(2006.4—2008.9)
张月龙(2009.10—　　)
施锦松(2009.10—　　)

高桥所党支部〔1997年8月,根据嘉财人(96)324号批复,撤销高桥财税所建制,并入南日财税所〕

书　　记:张楚雄(1988.10—1997.8)

南日所党支部〔1999年4月,根据浙嘉地税人(1999)73号、桐编委(1999)35号批复撤销南日财税所建制,并入崇福财税所〕

书　　记:徐文标(1988.1—1993.9)
管利权(1993.9—1995.4)
吴炳甫(1996.2—1997.9)
张楚雄(1997.9—1999.6)

炉头所党支部〔1996年12月,嘉财人(96)324号,浙嘉地税人(96)175号撤销炉头财政税务所,并入乌镇财税所〕

书　　记:林建强(1988.1—1988.4)
陈宏烈(1989.8—1993.7)

副 书 记:陈宏烈(1988.4—1989.8)
毛培生(1993.8—1996.12)

大麻所党支部〔1997年8月,根据嘉财人(96)324号批复,撤销大麻财政税务所,并入洲泉财政税务所〕

书　　记:周金生(1988.1—1997.8)

屠甸所党支部〔2000年3月,浙嘉地税人(2000)66号、桐编委(2000)11号,批复撤销屠甸财政税务所,并入梧桐财政税务所〕

书　　记:王庆林(1988.1—1991.11)
沈云奎(1991.12—1997.12)

副 书 记:钱彬耀(1997.12—2000.2)

(五)两新组织支部

2010年6月,中共桐乡市财政(地税)局所属各两新组织支部委员会

求真会计事务所有限公司支部委员会

书　　记:岑国安(2010.9—　　)

委　　员:倪　斌(2010.9—　　)

　　　　　杨月琴(2010.9—　　)

方联会计事务所有限公司支部委员会

书　　记:屠建伦(2010.9—　　)

德力信会计事务所有限公司支部委员会

书　　记:金炫丽(2010.9—　　)

第二节　群团组织

共青团组织

财税系统团组织何时建立,缺乏资料,无法考证。“文化大革命”开始后,团组织停止活动。1971年8月,全县开展整团建团,财税局团组织恢复活动。

1995年,财税局有团员27人,团支部书记钱毅强。

1997年9月,国地税分设后财政地税局与国税局团组织的变化情况如下:

财政、地税局

1998年3月,经市团桐机工委(1998)7号文批准,建立桐乡市财政地税局团支部委员会,2008年6月,建立桐乡市财税局团总支部(归属市直机关团工委),并将基层税务分局团组织划归桐乡市财税局团总支部管理,下设6个团支部,(未达建立团支部人数要求的分局团员划归第二支部管理)。2008年6月之前,基层所(分局)团支部参加当地团组织活动,归所在地镇团委领导。2010年1月,成立崇福分局团支部。2010年9月,成立方联、求真、德力信3家会计师事务所组建的联合团支部,命名为事务所一支部。

1998年3月,经选举产生团支部委员会

书　　记:沈燕萍(1998.3—2001.6)

组织委员:钱毅强(1998.3—2001.6)

宣传委员:江　煜(1998.3—2001.6)

2001年6月,换届选举产生团支部委员会

书　　记:沈燕萍(2001.6—2004.6)

组织委员:朱晓红(2001.6—2004.6)

宣传委员:江　煜(2001.6—2004.6)

2004年6月,换届选举产生团支部委员会

书　　记:孙伟杰(2004.6—2007.9)

组织委员:蒋强峰(2004.6—2007.9)

宣传委员:朱国强(2004.6—2007.9)

2007年9月,换届选举产生团支部委员会

书　　记:茅路平(2007.9—2008.7)

组织委员:李海良(2007.9—2008.7)

宣传委员:蒋娟芬(2007.9—2007.12)

李泉江(2007.12—2008.7)

2008年7月9日,选举产生团总支部委员会

总支书记:茅路平(2008.7—　　)

组织委员:宋亚平(2008.7—2010.1)

潘　俊(2010.1—　　)

宣传委员:陆砚秋(2008.7—　　)

2008年6月后,团总支部委员会所属各团支部委员会

①第一支部(局机关团支部)

书　　记:茅路平(2008.7—　　)

副 书 记:李海良(2008.7—　　)

②第二支部(稽查及基层团支部)

书　　记:孙　雅(2008.7—　　)

副 书 记:钱伟琴(2008.7—　　)

③第三支部(梧桐分局团支部)

书　　记:宋亚平(2008.7—2009.11)

朱潇洁(2009.11—　　)

副 书 记:朱潇洁(2008.7—2009.11)

④第四支部(濮院分局团支部)

书　　记:吴　婧(2008.7—2011.8)

⑤第五支部(石门分局团支部)

书　　记:陆砚秋(2008.7—　　)

⑥第六支部(乌镇分局团支部)

书　　记:邱　淼(2008.7—　　)

⑦第七支部(崇福分局支部、2010年6月建立)

书　　记:闵　巍(2010.6—　　)

组织委员:沈丽叶(2010.6—　　)

宣传委员:何颖杰(2010.6—　　)

⑧事务所一支部

书　　记:冯铱晖(2010.10—　　)

国税局

1998年国税局团支部

书　　记:王亚红

委　　员:赵振贤

2000年3月8日国税局团支部

书　　记:赵振贤

委　　员:方　炜

2002年2月22日国税局团总支部委员会

团总书记:朱　伟

委　　员:徐惠芳　王云飞　龚　伟　方　炜

2008年6月,国税局团总支部委员会

团总书记:詹津津

委　　员:方　炜　都成杰

2008年12月,国税局团总支部委员会

团总书记:苏　丹

委　　员:顾益明　方　炜

工会组织

1952年10月,建立桐乡县税务局工会委员会,主席陈自觉。1986年8月,根据县委办(1986)34号文件精神筹建局机关基层工会,并选举产生局工会委员会。1987年5月,桐乡县总工会同意建立桐乡县总工会财税工会工作委员会,由莫建林等7人组成,莫建林任主任,沈彤寿任副主任。1991年3月调整成员,工会工作委员会由沈培璋等7人组成,沈培璋任主任,杨雪明任副主任。

1997年9月,国税、地税机构分设,分设后财政、地税局和国税局工会组织建设情况如下:

财政、地税局

1998年5月,财税工会工作委员会

主　　席:尹夏青

副 主 席:张绍雄

组织委员:陈宏烈

经审委员:曹　丽

宣传委员:宓方冬

文体委员:孙羽萍

女工委员:王仲新

2004年11月,选举产生桐乡市财政地税工会第一届委员会,任期五年(2004.11—2009.11)

主　　席:茅永良(2004.11—2007.5)

　　　　　姜　玮(2007.5—2009.2)

　　　　　沈富春(2009.2—　　)

副 主 席:沈富春(2007.5—2009.2)

　　　　　徐建中(2007.5—　　)

委　　员:沈富春(2004.11—2007.5)　宓方冬(2004.11—　　)　姚仿娟(2004.11—　　)

　　　　　徐文标(2004.11—　　)　沈建峰(2007.5—　　)

经费审查委员会。

主　　任:张林芳(2004.11—　　)

委　　员:沈小涵(2004.11—　　)　陆奇英(2004.11—　　)

国税局

1997年12月21日设立国税工会工作委员会

主　　任：刘智跃

副 主 任：王云儿

委　　员：施文奎　周正远　虞福庆　王美华　高海群

经审委员：沈永才

2007年，国税工会工作委员会下设机关工会、稽查局工会、税源管理工会、办税服务厅工会

2008年9月11日，国税工会工作委员会改选

主　　席：顾玖松

副 主 席：王云飞（2008.9—2009.2）

　　　　　高海群（2008.9—2009.2）

委　　员：魏　中　朱晓明　朱　伟　刘智跃

经审会主任：姚志义

委　　员：王美华

　　　　　王华恳

女职委主任：高海群

委　　员：吴亚萍

　　　　　李　烨

2009年2月17日，国税工会工作委员会增补

副 主 席：朱　伟

　　　　　张　芳

委　　员：杨　镛

妇女组织

财税局妇女组织情况：国地税分设后财政、地税局和国税局相应分别建立妇女组织。

财政、地税局

1998年10月，桐乡市财政、地税局妇委会调整建立，2001年2月，因人事变动，经局党组研究决定，调整桐乡市财政、地税局妇委会组成人员，2004年8月，换届选举，产生财政地税局妇委会：

主　　任：邱利宁

副 主 任：钟莲芬

委　　员：吴海燕　孙羽萍　曹　丽　徐霞华　徐佩珠

2001年2月，财政、地税局妇委会组成人员调整为

主　　任：孙羽萍

副 主 任：钟莲芬

委　　员：吴海燕　沈燕萍　徐霞华　曹　丽

2004年8月，换届选举，组建新一届妇委会

主　　任：曹　丽

副 主 任：侯涛红　陈晓曙

委　　员：周新宁　胡美龙　朱晓红　姚仿娟

2008年9月，换届选举，组建新一届妇委会

主　　任：侯涛红

副 主 任:黄莉莉　陈晓曙

委　　员:曹　丽　陆奇英　周新宁　姚仿娟

2010 年 6 月,换届选举,组建新一届妇委会

主　　任:张丽萍

副 主 任:黄莉莉　陈晓曙

委　　员:曹　丽　陆奇英　周新宁　姚仿娟

国税局

1998 年 9 月 2 日,因国、地税机构分设,成立妇委会组织

主　　任:高海群

副 主 任:吴霞萍

委　　员:王美华　李　烨　梁　红　俞小琪　陈洁莲

2002 年 3 月 13 日,妇委会组织改选

主　　任:王云儿

副 主 任:吴霞萍

委　　员:李　烨　张　芳　张冬明　陆玉文

2003 年 10 月,妇委会组织选举

主　　任:高海群

副 主 任:吴霞萍

委　　员:李　烨　邱根英　邱玲娣

2008 年 10 月,妇委会组织选举

主　　任:张　芳

副 主 任:吴霞萍

　　　　　张国平(2009.6—　　)

委　　员:李　烨　苏　旦　邱根英　徐春莉

2010 年 1 月,妇委会组织选举

主　　任:张　芳

副 主 任:张国平

委　　员:李　烨　邱根英　苏　旦　徐春莉

老干部文体分会及体育协会分会

2004 年 5 月 17 日,成立桐乡市老干部文体协会财税局分会,2007 年 9 月 5 日换届改选。2007 年 7 月 4 日成立桐乡市财税局老年人体育协会分会。

(一)桐乡市财税局老干部文体分会

2004 年 5 月,成立桐乡市财税局老干部文体分会,选举出第一届协会会长及理事。

会　　长:王庆林

副 会 长:徐松燧　沈彤寿

秘 书 长:金克贤

副秘书长:庄福奎

理　　事:连轩云　彭　洁

2007 年 9 月 5 日换届改选，会长及理事未变。

(二)桐乡市财税局老年人体育协会分会

2007 年 7 月 4 日，桐乡市财政地税局成立桐乡市老年人体育协会财政地税局分会，选举出第一届协会会长及理事，有会员 39 名。

名誉会长：赵洪亮

名誉副会长：林建强

会　　长：王庆林

副 会 长：徐松燧　沈彤寿

秘 书 长：金克贤

副秘书长：庄福奎

理　　事：连轩云　彭　洁

国税局未设立老干部文体分会和老年人体育协会分会。具体工作由人教科和退休支部组织实施。

第三节　学术团体

桐乡市财税学会

1992 年 9 月，建立桐乡市财政税务学会，第一届理事会 22 人，会员 75 人。截至 1996 年 10 月，财税学会出刊《学会通讯》43 期，刊出论文 123 篇，各种研究成果在地市级以上刊物刊出 48 篇，其中获地市级以上各奖项的 6 篇。

1996 年 11 月换届选举产生第二届理事会，有理事 31 名，常务理事 12 名，会员 81 名。截至 2001 年 8 月，共收到调研文章 125 篇，出刊《学会通讯》(包括学会交流)24 期。

2001 年 8 月换届选举产生第三届理事会，有理事 36 名，常务理事 13 名，会员 84 名。本届共收到调研文章 281 篇。

2006 年 7 月换届选举产生第四届理事会，有理事 26 名，常务理事 15 名，会员 79 名。本届共出版发行《学会通讯》35 期、学会交流 18 期，共完成调研课题达 217 篇，刊登文章二百余篇。

第一届理事会(1992 年 9 月建立)

顾　　问：李文筠(桐乡县政协原主席)

名誉会长：钱满程(桐乡县人民政府原副县长)

会　　长：沈培璋(桐乡县财税局副局长)

副 会 长：沈锡明(桐乡县财税局副局长)

　　　　　柏利勇(桐乡县财税局副局长)

　　　　　汤震明(桐乡县财税局副局长 1993 年增补)

理　　事：林建强(乌镇财税所所长)

　　　　　钟雪明(梧桐财税所副所长)

秘 书 长：方联翩(高级经济师)

副秘书长：徐松燧(财税局预算股股长)

　　　　　宋宵鸣(财税局涉外税收股副股长)

第二届理事会(1996年11月换届选举)
顾　　问:李文筠(桐乡县政协原主席)
名誉会长:莫建林(桐乡市人民政府原副县长)
会　　长:柏利勇(桐乡市财税局副局长)
副 会 长:沈培璋(桐乡市财政、地税局局长)、沈锡明(桐乡市国税局局长)、方联翩(高级经济师)
秘 书 长:陈敏娅
副秘书长:尹夏青(桐乡市财税局预算科科长)、宋宵鸣(桐乡市财税局涉外税收科科长)
常务理事:柏利勇、沈培璋、沈锡明、汤震明、杨雪明、陆劲、岳雪龙、宋宵鸣、尹夏青、吕依萍、钟雪明、方联翩

第三届理事会(2001年8月换届选举)
名誉会长:费建文(桐乡市人民政府市长)
顾　　问:李文筠(桐乡县政协原主席)
　　　　　方联翩(高级经济师)
会　　长:柏利勇(财政、地税局局长)
副 会 长:沈锡明(国税局局长)、吴建勇(地税局副局长)
秘 书 长:陈敏娅(财政、地税局办公室副主任)
副秘书长:管利权(国税)、宋宵鸣(财政局资金管理科科长)
常务理事:柏利勇(财政)、沈锡明(国税)、汤震明(国税)、陆劲(国税)、吴建勇(地税)、茅永良(财政)、宋宵鸣(地税)、吕依萍(国税)、钟雪明(国税)、陈敏娅(地税)、沈锋(财政)、方联翩(退休)、管利权(国税)
　　　　　林建强(财政、2004年2月增设)
　　　　　吴海燕(财政、2004年2月增设)

第四届理事会(2006年7月换届选举)
名誉会长:费建文(桐乡市人民政府市长)
顾　　问:李文筠(桐乡县政协原主席)
　　　　　柏利勇(桐乡市政协副主席)
　　　　　方联翩(高级经济师)
会　　长:赵洪亮(桐乡市财政、地税局局长)
副 会 长:沈锡明(桐乡市国税局局长)、吴建勇(桐乡市地税局局长)
秘 书 长:陈敏娅(桐乡市财政、地税局办公室副主任)
副秘书长:管利权(国税)
常务理事:沈锡明　男(桐乡市国税局局长)
　　　　　汤震明　男(桐乡市国税局副局长)
　　　　　陆　劲　男(桐乡市国税局副局长)
　　　　　王新华　男(桐乡市国税局总经济师)
　　　　　钟雪明　男(桐乡市国税局出口退税管理局局长)
　　　　　管利权　男(桐乡市国税局办公室)
　　　　　赵洪亮　男(桐乡市财政局、地税局局长)

吴建勇　男(桐乡市地税局副局长)
吴海燕　女(桐乡市财政局副局长)
姜　玮　男(桐乡市财政局局长助理)
林建强　男(桐乡市财政局正局级调研员)
沈富春　男(桐乡市财政局、地税局办公室主任)
方　真　男(桐乡市财政局、地税局人教科科长)
沈　锋　男(桐乡市政局国库科科长)
陈敏娅　女(桐乡市财政局、地税局办公室副主任)

桐乡市会计学会

桐乡市会计学会是由桐乡市会计理论与实务工作者自愿组成的非营利性、具有法人资格的会计界社会组织,成立于1986年10月7日,第一任桐乡市会计学会会长李文筠,副会长兼秘书长施德淼。

2001年11月5日,在金兰大酒店召开第二届会员代表大会,会议选举产生桐乡市会计学会第二届理事会,选举产生第二届理事会会长、副会长、秘书长。会议决定聘请桐乡市副市长何炳荣为名誉会长。

2004年10月20日,在市财政局715会议室召开第三届会员代表大会,代表大会应到代表50人,实到代表43人。会议选举产生桐乡市会计学会第三届理事会,理事会又召开了三届一次会议,选举产生第三届理事会会长、副会长、秘书长。

2006年2月5日,桐乡市科协《关于同意桐乡市会计学会增选和调整理事会人员的批复》同意增选鲍向农、韦庆勇为理事,增选房治方为副会长,韦庆勇为秘书长,武利深为副秘书长。

2009年8月20日,桐乡市会计学会召开第四届会员代表大会,本次会议应到代表76人,实到代表59人。第四届理事会第一次理事会议选举产生桐乡市会计学会第四届理事会会长、副会长、秘书长。决定吸桐乡市方联会计师事务所有限公司、桐乡市求真会计师事务所有限公司为单位会员,至此,学会个人会员达到418名,单位会员2个。

学会成立后,多次被评为桐乡市科协系统先进学(协)会和嘉兴市会计学会先进学组。学会组织不断壮大,先后成立皮草分会、毛衫分会、国有城镇企业分会、绢纺分会、建设分会等5个分会和金融学组、教育学组、交电丝绸学组、供销粮食学组、行政事业学组、中介机构学组、财政地税学组、国税学组、洲泉学组、开发区学组、乌镇学组等11学组。

桐乡市会计学会第二届理事会(2001年11月)

名誉会长:何炳荣　男　桐乡市副市长
会　　长:柏利勇　男　会计师(桐乡市财政局、地税局局长)
副 会 长:茅永良　男　高级会计师(桐乡市财政局副局长)
秘 书 长:许　雷　男　高级会计师(桐乡市财税局办公室主任)
理　　事:王旭如　男　高级会计师(桐乡市桐昆集团)
　　　　吴建勇　男　会计师(桐乡市地税局副局长)
　　　　沈锡明　男　会计师(桐乡市国税局局长)
　　　　沈明富　男　会计师(桐乡市国税局科长)
　　　　沈兴福　男　会计师(市供销集团有限公司副董事)
　　　　杨国华　男　会计师(巨石集团财务科科长)

房治方　男　高级会计师(桐乡市审计局副局长)
费继勇　男　会计师(桐乡市工业局财务科科长)
徐建伦　男　会计师(桐乡市教育局财务科副科长)
屠建伦　男　审计师(方圆联合会计师事务所所长)
郭学尚　男　会计师(东方大酒店财务总监)
陆建明　男　会计师(桐乡市经济贸易局综合科科长)

桐乡市会计学会第三届理事会(2004 年 10 月)

名誉会长:柏利勇　男　会计师(桐乡市政协副主席)
会　　长:赵洪亮　男　(桐乡市财政局、地税局局长)
副 会 长:林建强　男　经济师(桐乡市财政局副局长)
茅永良　男　高级会计师(桐乡市财政局副局长)
秘 书 长:武利深　男　经济师(桐乡市财政局副科长)
理　　事:吴建勇　男　会计师(桐乡市地税局副局长)
朱建峰　男　会计师(桐乡市农业银行副行长)
王旭如　男　高级会计师(桐乡市桐昆集团顾问)
沈锡明　男　会计师(桐乡市国税局局长)
沈明富　男　会计师(桐乡市国税局科长)
钟雪明　男　高级会计师(桐乡市国税局科长)
杨国华　男　会计师(巨石集团财务科科长)
房治方　男　高级会计师(桐乡市审计局副局长)
陈　学　男　会计师(桐乡市医药公司财务科科长)
屠建伦　男　审计师(方圆联合会计师事务所所长)
徐建庆　男　审计师(桐乡市供销总社财务科科长)
俞建邈　男　审计师(桐乡市供电局财务科科长)
徐建伦　男　会计师(桐乡市教育局财务科副科长)

2006 年 2 月 5 日,桐科协(2006)10 号文《关于同意桐乡市会计学会增选和调整理事会人员的批复》增选和调整:

理　　事:鲍向农　男　(桐乡市审计局副局长)
韦庆勇　男　高级会计师(桐乡市财政局科长)
副 会 长:房治方　男　高级会计师(桐乡市财政局副局长)
秘 书 长:韦庆勇　男　高级会计师(桐乡市财政局科长)
副秘书长:武利深　男　经济师(桐乡市财政局副科长)

桐乡市会计学会第四届理事会(2009 年 8 月)

名誉会长:柏利勇　男　会计师(桐乡市政协副主席)
会　　长:赵洪亮　男　(桐乡市财政局、地税局局长)
副 会 长:吴海燕　女　高级会计师(桐乡市财政局副局长)
秘 书 长:韦庆勇　男　高级会计师(桐乡市财政局科长)
常务理事:赵洪亮　男　(桐乡市财政局、地税局局长)

钟　华　男　（桐乡市国税局局长）

茅永良　男　高级会计师（桐乡市机关事务局局长）

吴建勇　男　会计师（桐乡市地税局副局长）

吴海燕　女　高级会计师（桐乡市财政局副局长）

房治方　男　高级会计师（桐乡市财政局副局长）

鲍向龙　男　（桐乡市审计局副局长）

陆文忠　男　（桐乡市国税局副局长）

韦庆勇　男　高级会计师（桐乡市财政局科长）

（理事会成员以姓氏笔画排列 31 名）

韦庆勇、朱政华、朱洪亮、汤震明、吴建勇、吴海燕、吴黎红、张月龙、杨国华、沈明富、沈培荣、沈富春、沈锡明、陆文忠、陈学、周峰、房治方、林建强、武利深、茅永良、俞建邈、胡菊新、费佳、赵洪亮、钟华、钟雪明、徐建伦、徐建庆、徐建荣、屠建伦、鲍向龙

本会单位会员：

“桐乡市方联会计师事务所有限公司”

“桐乡市求真会计师事务所有限公司”

第二十七章　行政组织

本章主要记述1996—2010年间桐乡财税部门的人事变化，组织机构及内设机构、基层组织的负责人更替，财税工作人员非领导职务及技术职务的基本情况等内容。记述时限适当往前追溯。

第一节　人员编制

财税部门属政府行政职能部门，其正式工作人员1997年前称干部。招收录用、调动、辞退等，由政府人事部门办理。截至1995年年底全局在职干部383人，聘用制人员72人，职工16人。

1997年8月，国税局、地税局分设，财政地税合署办公，工作人员过渡为国家公务员，国税、地税公务人员实行垂直管理。

财政、地税部门

财政局公务人员编制由地方管理；地税局公务人员编制由省地税局管理，公务人员招录，由当地人事部门负责按要求统一实施，其中地税公务人员须事先经省地税局批准。

表27-1　　1996—2010年桐乡市财政地税局干部基本情况统计表

单位：人

年度	总计	其中				文化程度						备考	
		在基层工作	女性	共产党员	共青团员	硕士	本科	大专	中专	高中	初中	职工人数	事业编制人员
1996	394	293	88	142	117		26	127	142	94	5	16	72（乡镇财政）
1997	201	131	48	76	55		14	68	66	49	4	17	72（乡镇财政）
1998	209	138	50	81	55		16	79	70	43	1	8	101
1999	207	141	49	82	55		16	87	62	41	1	9	37
2000	219	136	51	93	46		20	92	63	40	4	9	9
2001	230	135	59	97	41		26	107	54	39	4	9	21
2002	236	133	62	100	35		38	108	51	35	4	9	29
2003	244	132	68	105	39		68	115	33	24	4	11	35
2004	242	137	72	108	21		79	115	24	20	4	9	34
2005	247	139	77	123	21	1	100	104	20	18	4	9	35

续表 27－1

年度	总计	其中				文化程度						备考	
		在基层工作	女性	共产党员	共青团员	硕士	本科	大专	中专	高中	初中	职工人数	事业编制人员
2006	250	133	79	135	15	1	134	74	18	19	4	9	36
2007	256	139	82	141	14	1	149	72	13	21		9	36
2008	251	128	83	137	18		151	70	12	18		9	36
2009	256	136	88	153	15		161	66	12	17		9	35
2010	266	139	97	167	17	3	173	64	12	17		9	38

国税部门

市国税局公务人员编制由省国税局管理，公务人员按国家机关标准由省国税局统一招录。市国税局按需制订招录计划，报省国税局审批招录。

表 27－2　　1997—2010 年桐乡市国税局干部基本情况统计表

单位：人

年度	总计	其中				文化程度						备考	
		在基层工作	女性	共产党员	共青团员	硕士	本科	大专	中专	高中	初中	职工人数	事业编制人员
1997	243	182	60	77	115		15	67	100	101	28	8	0
1998	214	167	47	75	99		15	66	88	90	23	8	0
1999	221	171	56	78	43		16	75	73	44	21	9	0
2000	222	171	56	87	54		19	99	81	58	33	9	0
2001	224	173	45	85	31		18	102	52	34	9	9	0
2002	215	0	44	85	20		27	118	37	24	9	9	1
2003	216	0	44	87	15		55	122	17	13	9	9	1
2004	220	0	46	91	5		88	93	16	13	9	9	1
2005	221	0	47	93	5		104	78	15	14	9	9	1
2006	220	0	49	94	5		126	57	14	14	9	9	1
2007	222	21	51	97	4		138	51	11	13	9	9	1
2008	225	24	54	103	3		146	51	9	12	7	9	2
2009	232	35	60	113	4		151	53	8	13	7	9	2
2010	234	36	60	119	3		153	52	5	10	5	9	2

第二节　领导职务

按照党的干部管理制度，财政局科局级领导由市委组织部任免并直接管理；地税局科局级领导由省地税局任免,受省地税局和桐乡市委组织部双重管理。1984 年 7 月起,财税局的股所级干部由财税部门直接任免并管理,其中人事科、监察科科长的任免须分别报组织部、纪委备案。1998 年后,按照党的干部管理制度,市国税局科局级正职领导由省国税局任免、副职领导由嘉兴市国税局任免、科级干部由本局任免,其中人事科长、监察室主任任免,须报嘉兴市国税局人教处、监察室备案。地税局人事科、监察室主任任免同时还须分别报嘉兴地税局人教处、监察室备案。

一、科局级负责人名录

表 27-3　　桐乡县、崇德县财税系统科局级领导干部名录

(1949.6—1958.12)

机构名称	职　务	姓　名	性别	出生年月	籍　贯	任职起止时间
崇德国税稽征所	军代表	曹际平	男			1949.8—1950.3
	代理副所长	曹际平	男			1949.8—1950.3
	主　任	黄柏松	男			1949.9—1949.11
崇德地方捐税稽征处	负责人	赵嘉祥	男			1949.6—1950.3
崇德县财粮科	科　长	李开元	男			1949.5—1949.8
		沈邦人	男	1917.5	浙江桐乡	1952.9—1953.2
		庄铭三	男			1954.2—1957.12
		庄铭三	男			1952.9—1954.2
		李午春	男	1926	浙江萧山	1954.5—1958.5
崇德县财政科	科长(兼)	李开元	男			1949.8—1950.5
	科　长	赵嘉祥	男			1950.5—1951.5
	副科长	赵嘉祥	男			1949.6—1950.3
		沈邦人	男	1917.5	浙江桐乡	1951.4—1952.8
崇德县人民政府税务局 1950 年 3 月建立,1955 年 11 月改为崇德县税务局。	局　长	赵嘉祥	男			1950.3—1951.5
		刘春桢	男	1922	河北恩县	1953.9—1954.5
		殷龙生	男	1928.8	江苏泰兴	1955.9—1958.2
	副局长	刘春桢	男	1922	河北恩县	1950.3—1953.9
		殷龙生	男	1928.8	江苏泰兴	1953.3—1955.9
		张炳华	男	1934	浙江嘉兴	1954.6—1957.11
		马连芳	男	1927.6	浙江海宁	1956.3—1958.5
崇德县财政局 1958 年 4 月建立。	第一副局长	马连芳	男	1927.6	浙江海宁	1958.5—1958.9
	第二副局长	李午春	男	1926	浙江萧山	1958.5—1958.12
桐乡国税稽征所	军代表	王崇礼	男			1949.6—1949.11
	代理主任	应业统	男	1921.10	浙江永康	1949.6—1949.11
	代理副所长	孟庆和	男	1921	山东临朐	1949.11—1950.3

续表 27－3

机构名称	职　务	姓　名	性别	出生年月	籍　贯	任职起止时间
桐乡县财粮科	科　长	李紫林	男	1931	山东	1952.10—1954.4
		葛朗秋	男	1923	湖南	1954.5—1955.8
		周延芳	男	1922.4	山东乐陵	1956.6—1958.5
	副科长	李紫林	男	1931	山东	1949.5—1949.9
		周延芳	男	1922.4	山东乐陵	1952.10—1956.6
		朱光明	男			1953.4—1953.12
		陈秉权	男	1919.3	浙江桐乡	1956.8—1958.5
桐乡县财政科	副科长	杜守矩	男	1920	山东沂南	1949.9—1950.5
	科　长	丁肇锡	男	1905.7	山东莒南	1950.5—1952.10
	副科长	沈邦人	男	1917.5	浙江桐乡	1951.4—1952.8
桐乡县人民政府税务局 1950 年 3 月建立。1955 年 11 月改为桐乡县税务局。	负责人	秦福苍	男	1914	山东日照	1950.3—1950.4
		杜守矩	男	1920	山东沂南	1950.4—1950.5
	局　长	杜守矩	男	1920	山东沂南	1950.5—19552.10
		丁肇锡	男	1905.7	山东莒南	1952.10—1957.2
	副局长	陈自觉	男	1925	江苏启东	1953.6—1956.6
		万连芳	男	1929	安徽临泉	1954.2—1956.1
		沈锡元	男	1928.3	浙江海宁	1956.10—1958.4
		沈锡元	男	1928.3	浙江海宁	1957.2—1958.4(全面负责)
		於宝裕	男	1928.12	浙江海宁	1956.10—1958.5
		徐炳章	男	1925.10	浙江桐乡	1956.10—1958.5
桐乡县财政局 1958 年 4 月建立。	局　长	丁肇锡	男	1905.7	山东莒南	1958.5—1958.12
	副局长	徐炳章	男	1925.10	浙江桐乡	1958.5—1958.12
		陈秉权	男	1919.3	浙江桐乡	1958.5—1958.12

表 27－4　　桐乡县(市)财税系统科局级领导干部名录

(1958 年 12 月—1997 年)

机构名称	职　务	姓　名	性别	出生年月	籍　贯	任职起止时间
桐乡县财政局(1958 年 11 月两县合并，崇德县财政局并入桐乡县财政局)	局　长	徐炳章	男	1925.10	浙江桐乡	1958.12—1959.11
		程万滋	男	1918.9	山东文登	1963.10—1968.5
	副局长	陈秉权	男	1919.3	浙江桐乡	1958.12—1968.5
		李午春	男	1926	浙江萧山	1958.12—1960.3
		周延芳	男	1922.4	山东乐陵	1959.8—1962.7
		姚英翔	男	1933.8	浙江海盐	1959.11—1968.5 1963.10 前全面负责
		吴函秋	男	1921.7	浙江嘉兴	1960.7—1961.8

续表 27-4

机构名称	职务	姓名	性别	出生年月	籍贯	任职起止时间
桐乡县税务局 1961年8月恢复桐乡县税务局。	局长	徐炳章	男	1925.10	浙江桐乡	1961.8—1963.1
		丁肇锡	男	1905.7	山东莒南	1963.1—1968.5
	副局长	吴函秋	男	1921.7	浙江嘉兴	1961.8—1962.8
		沈邦人	男	1917.5	浙江桐乡	1962.4—1963.1
		徐荣生	男	1927.11	江苏江阴	1963.1—1968.5
桐乡县财税局革委会	主任	姚英翔	男	1933.8	浙江海盐	1968.5—1969.12
	副主任	徐荣生	男	1927.11	江苏江阴	1968.5—1969.12
		徐自强	男	群众代表		1968.5—1969.12
县革委会财办	负责人	姚英翔	男	1933.8	浙江海盐	1969.12—1970.12
桐乡县财政金融局革委会	主任	姚英翔	男	1933.8	浙江海盐	1970.12—1971.8
	委员	张兆祥	男			1970.12—1971.8
		张寅权	男			1970.12—1971.8
		李文华	男			1970.12—1971.8(群众代表)
桐乡县财政金融局领导小组	组长	姚英翔	男	1933.8	浙江海盐	1971.8—1973.3
	副组长	程万滋	男	1918.9	山东文登	1973.1—1973.4
		张兆祥	男	1926.3	浙江桐乡	1971.8—1973.3
	组员	李文华	男			1970.8—1973.3(群众代表)
		张寅权	男			1970.8—1973.3
		董以信	男			1970.8—1973.3
桐乡县财税局领导小组	组长	姚英翔	男	1933.8	浙江海盐	1973.3—1975.12
		李文筠	男	1931.2	浙江嘉兴	1975.12—1978.6
桐乡市(县)财政税务局(1993年4月撤县建市)	局长	李文筠	男	1931.2	浙江嘉兴	1978.6—1987.6
		钱满程	男	1950.9	浙江桐乡	1987.12—1990.5
		莫建林	男	1953.7	江苏吴江	1990.6—1993.2
		沈培璋	男	1953.8	浙江桐乡	1993.2—1997.5
	副局长	张之松	男	1934.11	浙江湖州	1978.6—1986.3
		夏建清	男		浙江海宁	1983.5—1983.9
		钱满程	男	1950.9	浙江桐乡	1987.12—1990.5
		莫建林	男	1953.7	江苏吴江	1986.3—1990.6
		沈培璋	男	1953.8	浙江桐乡	1989.12—1993.2
		柏利勇	男	1952	浙江桐乡	1992.4—1992.12
		沈锡明	男	1953.6	浙江桐乡	1992.4—1997.5
		汤震明	男	1957.3	浙江桐乡	1993.6—1997.5
		陆劲	男	1951.2	浙江桐乡	1994.9—1997.5
		杨雪明	男	1955.8	浙江桐乡	1994.9—1997.5

续表 27－4

机构名称	职务	姓名	性别	出生年月	籍贯	任职起止时间
桐乡市(县)财政税务局	局长助理	汤震明	男	1957.3	浙江桐乡	1990.6.—1992.3 1992.12—1993.6
桐乡市财政局	局　长	沈培璋	男	1953.8	浙江桐乡	1997.5—1997.7
		柏利勇	男	1952	浙江桐乡	1997.7—接后续
	副局长	沈锡明	男	1953.6	浙江桐乡	1997.5—1997.10
		汤震明	男	1957.3	浙江桐乡	1997.5—接后续
		杨雪明	男	1955.8	浙江桐乡	1997.5—接后续
		陆　劲	男	1951.2	浙江桐乡	1997.5—1997.10
桐乡市国税局	局　长	沈锡明	男	1953.6	浙江桐乡	1994.9—1997.10
		沈培璋	男	1953.8	浙江桐乡	1997.10—
	副局长	汤震明	男	1957.3	浙江桐乡	1994.9—1997.10
		陆　劲	男	1951.2	浙江桐乡	1994.9—
		沈锡明	男	1953.6	浙江桐乡	1997.10—(正局级)
桐乡市地税局	局　长	沈培璋	男	1953.8	浙江桐乡	1994.9—1997.10
		柏利勇	男	1952	浙江桐乡	1997.10—接后续
	副局长	杨雪明	男	1955.8	浙江桐乡	1994.9—接后续
		岳锡龙	男	1955.11	浙江桐乡	1995.7—1997.4
		汤震明	男	1957.3	浙江桐乡	1997.10—接后续

表 27－5　　桐乡市财政局、地税局、国资办科局级领导干部名录

（1997—2010 年）

机构名称	职务	姓名	性别	出生年月	籍贯	任职起止时间
桐乡市财政局	局　长	柏利勇	男	1952.3	浙江桐乡	1997.7—2003.4
		赵洪亮	男	1963.1	江苏无锡	2003.4—2010.9
		姜　玮	男	1970.1	浙江桐乡	2010.9—
	副局长	汤震明	男	1957.3	浙江桐乡	1997.5—1999.7
		杨雪明	男	1955.8	浙江桐乡	1997.5—1999.7
		尹夏青	男	1954.4	浙江桐乡	1998.1—2001.3
		吴建勇	男	1957.9	浙江桐乡	1999.6—1999.12
		梁　虎	男		浙江	2001.3—2002.1
		林建强	男	1951.9	浙江桐乡	2001.11.—2005.3(正局级)
		茅永良	男	1963.9	浙江桐乡	2001.3—2005.8. 2002.9 前任局长助理
		姜　玮	男	1970.1	浙江桐乡	2005.8—2008.4 2007.4 前任局长助理

续表 27－5

机构名称	职　　务	姓　名	性别	出生年月	籍　　贯	任职起止时间
桐乡市财政局	副局长	吴海燕	女	1962.9	浙江桐乡	2005.8—
		房治方	男	1967.4	浙江桐乡	2005.8—
		沈富春	男	1969.2	浙江桐乡	2008.5—
	正局调研员	李炳松	男	1946.8	浙江桐乡	2001.3—2003.12
桐乡市地税局	局　长	柏利勇	男	1952.3	浙江桐乡	1997.7—2003.4
		赵洪亮	男	1963.1	江苏无锡	2003.6—2010.12
		姜　玮	男	1970.1	浙江桐乡	2010.12—
	副局长	汤震明	男	1957.3	浙江桐乡	1997.10—1999.6
		杨雪明	男	1955.8	浙江桐乡	1997.10—1999.7
		吴建勇	男	1957.9	浙江桐乡	1999.12—
		沈培荣	男	1966.1	浙江桐乡	2008.3—
桐乡市国资办	主　任	赵洪亮	男	1963.1	江苏无锡	2008.3—2010.10
		姜　玮	男	1970.1	浙江桐乡	2010.10—
	副主任	朱政华	男	1965.1	浙江桐乡	2008.5—
桐乡市地税局稽查局	局　长 (副科级)	沈建峰	男	1970.9	浙江桐乡	2010.4—

表 27－6　　1992 年 12 月县委批准下列 8 人定为副局级

庄福奎	连轩云	钱子茂	李康治
周金生	林建强	沈云奎	严　勇

表 27－7　　桐乡市国税局局级领导干部名录(1997—2010 年)

机构名称	职　　务	姓　名	性别	出生年月	籍　　贯	在职起止时间
桐乡市国税局	局　长	沈培璋	男	1953.8	浙江桐乡	1997.9—2001.6
		沈锡明	男	1953.6	浙江桐乡	2001.6—2008.5
		钟　华	男	1959.4	浙江平湖	2008.5—
	副局长	沈锡明	男	1953.6	浙江桐乡	1997.9—2001.6
		陆　劲	男	1951.2	浙江桐乡	1994.9—2008.7
		汤震明	男	1957.3	浙江桐乡	1999.6—2009.12 2009.12—
		葛向红	女	1968.9	浙江萧山	2005.9—2007.10
		王新华	男	1964.1	浙江桐乡	2006.7—2007.4

续表 27－7

机构名称	职　务	姓　名	性别	出生年月	籍　贯	在职起止时间
桐乡市国税局	副局长	罗建荣	男	1970.8	浙江桐乡	2007.4—
		吕　伟	女	1970.2	安徽怀远	2008.3—2010.3
		陆文忠	男	1968.11	浙江桐乡	2009.12—
		赵振贤	男	1973.9	浙江桐乡	2009.12—
		高海群	女	1970.2	浙江桐乡	2009.3—
	纪检组长	刘延军	男	1965.11	黑龙江五大连池	2001.11—2006.5
		顾玖松	男	1964.2	浙江海宁	2006.5—2009.9
		陆文忠	男	1968.11	浙江桐乡	2009.9—2009.12
		杨胜亮	男	1964.6	浙江桐乡	2009.12—
	总经济师	王新华	男	1964.1	浙江桐乡	2004.6—2006.7
		陆文忠	男	1968.11	浙江桐乡	2006.7—2009.9
		杨胜亮	男	1964.6	浙江诸暨	2009.9—
稽查局	局　长	许建良	男	1965.6	浙江海宁	2003.7—2005.10
		陆文忠	男	1968.11	浙江桐乡	2005.10—2006.7
		邬卫国	男	1969.1	浙江海宁	2008.8—
崇福税务分局	局　长	杨胜亮	男	1964.6	浙江诸暨	2007.12—2009.10
		王云飞	男	1973.5	浙江桐乡	2009.11—
濮院税务分局	局　长	沈永才	男	1964.1	浙江桐乡	2009.4—

二、内设机构负责人名录

表 27－8　　桐乡县、崇德县财政局、税务局内设机构负责人名录

（1950 年 3 月—1958 年 12 月）

机构名称	职　务	姓　名	任职时间	备　注
桐乡县税务局秘书股(总务股)	负责人	杨世煌	1950.3—1950.5	1950 年 3 月设总务股，1951 年 12 月总务股改称秘书股
	股　长	陈自觉	1952.10—1953.6	
		徐荣生	1954.12—1955.8	
		王九如	1955.8—1957.7	
	副股长	杨世煌	1950.5—1953.10	
		徐荣生	1954.3—1954.12	
		殳志明	1956.9—1956.11	
		吴涵秋	1956.9—1958.12	

续表 27－8

机构名称	职务	姓名	任职时间	备注
桐乡县税务局税政股(税务股)	负责人	解规本	1950.3—1950.5	1950年3月设税务股,1951年12月税务股改称税政股
	股长	沈敦栓	1954.5—1956.8	
		王九如	1957.7—1958.12	
	副股长	解规本	1950.5—1953.4	
		沈敦栓	1952.10—1954.5	
		李宗海	1956.10—1958.4	
桐乡县税务局会计股(会票股)	负责人	金　奎	1950.3—1950.5	1950年3月设会计股,1953年5月会计股改称会票股
	副股长	金　奎	1950.5—1953.9	
		朱继平	1952.10—1956.9	
桐乡县税务局计划股	副股长	王九如	1952.10—1954.5	1951年10月设计划股
桐乡县税务局计会股	股长	王九如	1954.5—1955.8	1954年2月计划股和会票股合并称计会股
		毛静芳	1956.9—1958.3	
	副股长	毛静芳	1955.2—1956.9	
		张之松	1956.9—1958.4	
桐乡县税务局监察股(检查股)	副股长	沈锡元	1952.10—1953.12	1951年10月设检查股,1953年5月改称监察股,1956年1月撤销监察股,设专职监察员。
桐乡县财政局秘书股		无		1958年4月桐乡县财粮科、税务局、保险公司三家机构合并,建立桐乡县财政局,设秘书股、工商保险业务股、农业税股、财务预算股
桐乡县财政局工商保险业务股	副股长	李宗海	1958.4—1958.12	
桐乡县财政局农业税股	副股长	张之松	1958.4—1958.12	
桐乡县财政局财务预算股	股长(兼)	陈秉权	1958.6—1958.12	
崇德县税务局秘书股(总务股)	人事干事	夏涓卿	1952.9—1953.5	1950年3月设总务股,1951年8月总务股改称秘书股
	股长	吕锡珍	1953.12—1954.6	
		李　洁	1954.6—1957.1	
		姚英翔	1956.9—1958.5	
	副股长	吕锡珍	1952.9—1953.12	
		章观年	1954.6—1958.5	
		朱文嘉	1955.5—1957.2	
		姚英翔	1956.8—1956.9	
崇德县税务局税政股(税务股)	负责人	孙世芳	1951.10—1952.3	1950年3月设税务股,后税务股改称税政股
		李启民	1952.3—1952.9	
		万长玮	1952.9—1953.1	
	股长	曹际平	1950.3—1951.10	
		朱炯强	1953.12—1956.8	
		沈彤寿	1957.1—1958.5	

续表 27－8

机构名称	职　　务	姓　名	任职时间	备　　注
崇德县税务局税政股(税务股)	副股长	朱炯强	1953.1—1953.12	1950 年 3 月设税务股,后税务股改称税政股
		张曙光	1953.6—1954.2	
		马连芳	1954.6—1954.10	
		白汝平	1954.2—1954.6	
		白汝平	1954.10—1955.7	
		吴国荣	1955.7—1956.3	
		连轩云	1956.8—1958.5	
崇德县税务局会计股	负责人	谢子荛	1950.3—1953.12	1950 年 3 月设会计股
	副股长	谢子荛	1953.12—1954.6	
崇德县税务局计划股	负责人	陈裕发	1951.10—1952.9	1951 年 10 月设计划股
	副股长	李　洁	1952.9—1954.6	
崇德县税务局计会股	第一副股长	谢子荛	1954.6—1956.3	1953 年计划股和会计股合并称计会股
	第二副股长	张灌生	1954.6—1958.5	
	副股长	张英夫	1956.8—1956.9	
崇德县税务局监察股(检查股)	股　长	曹际平	1951.10—1952.3	1951 年 10 月设检查股,1953 年改称监察股,1955 年 5 月撤销监察股
		马连芳	1954.10—1955.9	
	副股长	张炳华	1952.3—1953.7	
		马连芳	1953.12—1954.6	
		朱文嘉	1954.10—1955.5	
崇德县财政局秘书股	股　长	姚英翔	1958.5—1958.12	1958 年 4 月崇德县财粮科、税务局、保险公司三家机构合并,建立崇德县财政局,设秘书股、业务股、财会股
	副股长	章观年	1958.5—1958.12	
崇德县财政局业务股	股长	沈彤寿	1958.5—1958.12	
崇德县财政局财会股	副股长	张灌生	1958.5—1958	

表 27－9　　桐乡市(县)财政局、税务局内设机构负责人名录

(1958 年 11 月两县合并　1958 年 12 月—1997 年 12 月)

机构名称	职　　务	姓　名	任职时间	备　　注
桐乡县财政局秘书股	股　长	姚英翔	1958.12—1959.11	1.1958 年 11 月崇德县撤销建制,崇德县财政局并入并入桐乡县财政局,局机关设秘书股、工商保险业务股、农业税股、财务预算股。1964 年 12 月财税两局合并办公
		吴涵秋	1960.5—1960.8	
		张之松	1960.10—1961.4	
		孙仁楚	1961.4—1962.7	
桐乡县财政局工商保险业务股	股　长	李宗海	1958.12—1961.11	
		施德森	1961.11—1968.5	

续表 27－9

<table>
<tr><th>机构名称</th><th>职务</th><th>姓名</th><th>任职时间</th><th>备注</th></tr>
<tr><td>桐乡县财政局工商保险业务股</td><td>副股长</td><td>周世耐</td><td>1959.9—1960.5</td><td rowspan="8">1.工商保险业务股，1959 年 9 月改称税政企业股，1961 年 9 月改称企业财务股，1964 年 12 月和税务局税政股合并称业务股。
2.农业税股，1959 年 9 月改称公社财务股，1964 年 12 月改原称。
3.财务预算股，1959 年 9 月改称预算股，1964 年 12 月和税务局税政股合并称预算计会股</td></tr>
<tr><td rowspan="4">桐乡县财政局农业税股</td><td rowspan="3">股长</td><td>吴涵秋</td><td>1959.9—1960.5</td></tr>
<tr><td>周世耐</td><td>1960.5—1962.6</td></tr>
<tr><td>张寅权</td><td>1965.7—1968.5</td></tr>
<tr><td>副股长</td><td>孙金波</td><td>1961.11—1962.6</td></tr>
<tr><td rowspan="3">桐乡县财政局财务预算股</td><td rowspan="2">股长</td><td>张之松</td><td>1958.12—1960.10</td></tr>
<tr><td>张之松</td><td>1961.4—1968.5</td></tr>
<tr><td>副股长</td><td>宋月华</td><td>1960.10—1961.11</td></tr>
<tr><td>桐乡县税务局秘书股</td><td>股长</td><td>朱培铨</td><td>1961.11—1968.5</td><td rowspan="5">1.1961 年 8 月恢复桐乡县税务局，设秘书股、计会股、税政股。
2.1964 年 12 月财税两局合并办公</td></tr>
<tr><td rowspan="3">桐乡县税务局计会股</td><td>股长</td><td>曹啸天</td><td>1966.4—1968.5</td></tr>
<tr><td rowspan="2">副股长</td><td>宋月华</td><td>1961.11—1968.8</td></tr>
<tr><td>张灌生</td><td>1961.11—1968.8</td></tr>
<tr><td>桐乡县税务局税政股</td><td>股长</td><td>李宗海</td><td>1961.11—1968.5</td></tr>
<tr><td rowspan="4">桐乡县财税局革委会政工组</td><td rowspan="2">组长</td><td>徐自强</td><td>1968.11—1968.12</td><td rowspan="9">“文化大革命”时期。1968 年 5 月成立桐乡县财税局革命委员会。设政工组、生产组、后勤组</td></tr>
<tr><td>姚英翔</td><td>1968.12—1969.12</td></tr>
<tr><td rowspan="2">副组长</td><td>汪旋军</td><td>1968.11—1968.12</td></tr>
<tr><td>徐自强</td><td>1968.12—1969.12</td></tr>
<tr><td rowspan="3">桐乡县财税局革委会生产组</td><td>组长</td><td>徐荣生</td><td>1968.11—1969.12</td></tr>
<tr><td rowspan="2">副组长</td><td>张永樵</td><td>1968.11—1969.12</td></tr>
<tr><td>施德淼</td><td>1968.11—1969.12</td></tr>
<tr><td rowspan="2">桐乡县财税局革命委员会后勤组</td><td>组长</td><td>吕云涛</td><td>1968.11—1968.12</td></tr>
<tr><td>副组长</td><td>朱培铨</td><td>1968.11—1968.12</td></tr>
<tr><td>桐乡县财政金融局革委会政工组</td><td>负责人</td><td>李文华</td><td>1970.12—1971.8
(群众代表)</td><td rowspan="2">1969 年 12 月撤销县财税局革委会。其工作交县革委会生产指挥组财贸办公室负责</td></tr>
<tr><td>桐乡县财政金融局革委会办事组</td><td>负责人</td><td>张寅权</td><td>1970.12—1971.8</td></tr>
<tr><td rowspan="2">桐乡县财政金融局革委会生产组</td><td rowspan="2">负责人</td><td>张兆强</td><td>1970.12—1971.8</td><td rowspan="2">1970 年 12 月建立县财政金融局革委会，设政工组、办事组、生产组</td></tr>
<tr><td>施德淼</td><td>1970.12—1971.8</td></tr>
<tr><td>县财政金融局领导小组政工组</td><td>负责人</td><td>李文华</td><td>1971.8—1973.8
(群众代表)</td><td rowspan="3">1971 年 8 月桐乡县财政金融局改称桐乡县革命委员会生产指挥组财政金融局。撤销局革命委员会，建立局领导小组</td></tr>
<tr><td>县财政金融局领导小组企业信贷财务组</td><td>负责人</td><td>施德淼</td><td>1971.8—1973.8</td></tr>
<tr><td>县财政金融局领导小组办事组</td><td>负责人</td><td>张寅权</td><td>1971.8—1973.8</td></tr>
</table>

续表 27-9

机构名称	职　　务	姓　名	任职时间	备　　注
县财政金融局领导小组会计计划统计组	负责人	魏寅生	1971.8—1973.8	局领导小组下设政工组、企业信贷财务组、办事组、会计计划统计组、房地产管理组、税务农金财务组
		归关华	1971.8—1973.8	
县财政金融局领导小组房地产管理组	负责人	董以信	1971.8—1973.8	
县财政金融局领导小组税务农金财务组	负责人	张兆强	1971.8—1973.8	
桐乡县财政税务局人事秘书股	股　长	朱培铨	1973.10—1984.7	1.1973年3月撤销桐乡县革命委员会生产指挥组财政金融局建立桐乡县财政税务局，设人事秘书股。 2.人事秘书股于1993年1月撤销
		莫建林	1984.7—1986.12	
		陈建明	1987.8—1990.7	
		柏利勇	1990.8—1992.12	
	副股长	莫建林	1983.11—1984.7	
		刘智跃	1986.8—1992.12	
		陈建明	1986.12—1987.7	
		尹夏青	1990.12—1992.12	
桐乡县财政税务局财政监察股	股　长	夏建清	1980.9—1983.11	1.1980年9月桐乡县财政税务局增设财政监察股。 2.财政监察股于1993年1月撤销
		吕应鳌	1983.11—1990.8	
	副股长	陈建明	1986.3—1986.12	
		沈明富	1989.12—1992.3	
		朱召平	1992.4—1992.12（全面负责）	
桐乡市（县）财政税务局办公室	主　任	刘智跃	1993.7—1997.8	1.1992年11月，桐编委（92）64号文批复，撤销人事秘书股、财政监察股，设办公室、人事监察科。 2.1993年4月撤县建市股改科
	副主任	刘智跃	1992.12—1993.7（全面负责）	
		张绍雄	1992.12—1997.12	
		李建平	1992.12—1995.1	
桐乡市（县）财政税务局人事监察科	股　长	陆　劲	1992.12—1993.4	
	副股长	吴炳甫	1992.12—1993.4	
	科　长	陆　劲	1993.4—1997.8	
	副科长	吴炳甫	1993.4—1996.2	
		李建平	1995.1—1997.8	
桐乡市财政税务局人事教育科	科　长	陆　劲	1997.8—1997.10	1997年8月，桐政办（1997）163号通知，人事监察科分设为人事教育科和监察科
	副科长	李建平	1997.8—1997.10（主持日常工作）	
桐乡市财政税务局监察科	科　长	陆　劲	1997.8—1997.10	
	副科长	章建忠	1997.8—1997.12	

续表 27－9

机构名称	职务	姓名	任职时间	备注
桐乡县财政税务局预算会计股	股长	张之松	1973.10—1978.6	1973年3月撤销县革委会生产指挥组财政金融局，建立县财政税务局，设预算会计股
	副股长	吕应鳌	1978.11—1980.9	
		宋月华	1973.10—1980.9	
桐乡市(县)财政税务局预算股(科)	股长	吕应鳌	1980.9—1983.11	1.1980年9月预算会计股分设预算股、计划会计股。 2.1993年4月撤县建市股改科
		钱满程	1984.7—1986.3	
		徐松燧	1987.5—1992.12	
		尹夏青	1992.12—1993.4	
	副股长	钱满程	1980.8—1984.7	
桐乡市(县)财政税务局预算股(科)、行政事业财务科	副股长	陆振方	1986.3—1986.9	1.1995年7月建立行政事业财务科，与预算科合署办公。 2.1997年8月改为预算科(税政科、基本建设科)
		施勤甫	1986.3—1989.8	
		茅永良	1990.8—1993.4	
	科长	尹夏青	1993.4—1997.12	
	副科长	茅永良	1993.4—1997.12	
桐乡市(县)财政税务局计划会计股(科)	股长	徐文元	1987.5—1988.3	1.1980年9月预算会计股分设预算股、计划会计股。 2.1993年4月撤县建市股改科
		张志明	1989.12—1992.12	
	副股长	宋月华	1980.9—1987.1	
		陆劲	1984.7—1987.5	
		茅永良	1987.5—1990.8	
		张志明	1988.6—1989.12	
		朱召平	1992.12—1993.4(全面负责)	
		沈永才	1990.8—1993.4	
	科长	沈永才	1995.1—1997.9	
	副科长	朱召平	1993.4—1994.8(全面负责)	
		沈永才	1993.4—1995.1	
桐乡市(县)财政税务局税政股(科)	股长	李宗海	1973.10—1978.6	1.1973年3月撤销桐乡县革命委员会生产指挥组财政金融局，建立桐乡县财政税务局，设税政股。 2.1993年4月撤县建市股改科
		汤震明	1986.3—1991.11	
		吴建勇	1991.11—1993.4	
	副股长	徐文元	1980.8—1987.5	
		汤震明	1984.3—1986.3	
		钟雪明	1987.5—1988.3	
		吴建勇	1988.3—1991.11	
		王新华	1992.12—1993.4	
	股长助理	王新华	1992.3—1992.12	
	科长	吴建勇	1993.4—1997.12	
	副科长	王新华	1993.4—1997.9	

续表 27－9

机构名称	职　务	姓　名	任职时间	备　注
桐乡市(县)财政税务局农业税股(科)	股　长	张寅权	1973.10—?	1.1973 年 3 月撤销县革委会生产指挥组财政金融局，建立县财政税务局，设农业税股。 2.1980 年 5 月改为农业财务股。1997 年 8 月改为农业和农业税收管理科
		沈彤寿	1984.7—1988.6	
	副股长	包万象	1988.3—1993.4	
	副科长	包万象	1993.4—1997.7	
	科　长	包万象	1997.7—1997.12	
桐乡市(县)财政税务局企业财务股(科)	副股长	施德森	1973.10—1981.8	1.1973 年 3 月撤销县革委会生产指挥组财政金融局，建立县财政税务局，设预算会计股。 2.1993 年 4 月撤县建市股改科
	股　长	施德森	1981.8—1990.5	
		杨雪明	1990.5—1993.4	
		金克贤	1984.7—1991.11	
		于勇达	1986.8—1990.5	
	科　长	杨雪明	1993.4—1997.8	
	副科长	武利深	1995.1—1997.12(全面负责)	
		潘家武	1995.1—1997.12	
桐乡市(县)财政税务局会计事务管理股(科)	副股长	施勤甫	1989.8—1993.4	1.1989 年 8 月建立会计事务管理股。1997 年 8 月更名为会计管理科。 2.1993 年 4 月撤县建市股改科
	股　长	施德森	1990.5—1992.3	
		金克贤	1992.3—1993.4	
	科　长	金克贤	1993.4—1994.6	
		张富祥	1995.1—1997.12	
	副科长	施勤甫	1993.4—1994.12	
		张富祥	1994.8—1995.1	
桐乡市(县)财政税务局资金管理股(科)	股　长	沈彤寿	1989.12—1990.12	1.1989 年 12 月建立资金管理股。 2.1993 年 4 月撤县建市股改科
	副股长	于勇达	1990.5—1993.4	
	副科长	于勇达	1993.4—1994.12	
	科　长	于勇达	1994.12—1997.8	
		宋宵鸣	1997.8—1997.12	
桐乡市财政税务局资金结算中心	主　任	沈老虎	1996.7—1997.12(副股级)	1996 年 7 月建立资金管理结算中心。归口预算管理
桐乡市(县)财政税务局综合计划股(科)	股　长	张志明	1992.12—1993.4	1.1990 年 11 月建立综合计划股。 2.1993 年 4 月撤县建市股改科
	副股长	吴锡良	1992.3—1993.4	
	股长助理	王仲新	1992.3—1993.4	
	科　长	张志明	1993.4—1997.12	
	副科长	吴锡良	1993.4—1993.7	
		杨亦青	1993.7—1997.12	
		王仲新	1993.7—1997.12	
	科长助理	王仲新	1993.4—1993.7	

续表 27－9

<table>
<tr><th>机构名称</th><th>职　务</th><th>姓　名</th><th>任职时间</th><th>备　注</th></tr>
<tr><td rowspan="6">桐乡市(县)财政税务局国有资产管理股(科)</td><td>股　长</td><td>金克贤</td><td>1991.11—1993.4</td><td rowspan="6">1.1991 年 5 月建立国有资产管理股。
2.1993 年 4 月撤县建市股改科</td></tr>
<tr><td rowspan="3">科　长</td><td>金克贤</td><td>1993.4—1993.7</td></tr>
<tr><td>杨雪明</td><td>1994.10—1996.7(兼)</td></tr>
<tr><td>孙　坚</td><td>1996.7—1997.12</td></tr>
<tr><td rowspan="2">副科长</td><td>张一鸣</td><td>1993.7—1994.8</td></tr>
<tr><td>秦建棠</td><td>1996.2—1997.12</td></tr>
<tr><td>桐乡市控制社会集团购买力办公室</td><td>副主任</td><td>吴锡良</td><td>1993.7—1997.12(正股级)</td><td>1989 年 4 月建立“市控办”，为市政府设于财政局的机构</td></tr>
<tr><td rowspan="11">桐乡市(县)财政税务局检查组(股、科)</td><td>副组长</td><td>陆　劲</td><td>1987.5—1988.10</td><td rowspan="11">1.1986 年 3 月建立检查组(股级)，1988 年 10 月更名为稽管检查股，1995 年 10 月更名为稽管检查科，1997 年 8 月更名为征收管理科。
2.1993 年 4 月撤县建市股改科</td></tr>
<tr><td rowspan="3">股(所)级巡视员</td><td>朱培铨</td><td>1984.7—1988.10</td></tr>
<tr><td>方联翩</td><td>1984.7—1988.10</td></tr>
<tr><td>金润生</td><td>1984.7—1988.10</td></tr>
<tr><td rowspan="2">股　长</td><td>陆　劲</td><td>1988.10—1992.12</td></tr>
<tr><td>沈明富</td><td>1992.12—1993.4</td></tr>
<tr><td rowspan="2">副股长</td><td>吴锡良</td><td>1990.5—1992.3</td></tr>
<tr><td>张富祥</td><td>1992.12—1993.4</td></tr>
<tr><td>科　长</td><td>沈明富</td><td>1993.4—1997.9</td></tr>
<tr><td rowspan="2">副科长</td><td>张富祥</td><td>1993.4—1994.8</td></tr>
<tr><td>蒋一真</td><td>1993.7—1997.8</td></tr>
<tr><td>发票管理所</td><td>所长(兼)</td><td>沈明富</td><td>1992.12—1997.10</td><td>1992 年 11 月建立</td></tr>
<tr><td rowspan="6">桐乡市(县)财政税务局涉外税收管理科(涉外税收管理所)</td><td>股　长</td><td>徐文元</td><td>1988.3—1990.3</td><td rowspan="6">1.1988 年 3 月建立涉外税收管理股。
2.1993 年 4 月撤县建市股改科。
3.1994 年 4 月建立涉外税收管理所，与涉外税收管理科合并办公</td></tr>
<tr><td rowspan="2">副股长</td><td>钟雪明</td><td>1988.3—1991.7</td></tr>
<tr><td>宋宵鸣</td><td>1991.7—1993.4</td></tr>
<tr><td>科　长</td><td>宋宵鸣</td><td>1995.1—1997.8</td></tr>
<tr><td rowspan="2">副科长</td><td>宋宵鸣</td><td>1993.4—1995.1</td></tr>
<tr><td>钟雪明</td><td>1997.8—1997.9</td></tr>
<tr><td>桐乡市地税局计算机管理科</td><td>副科长</td><td>韦庆勇</td><td>1997.8—1997.12</td><td>2002 年 3 月撤销</td></tr>
</table>

表 27－10　　桐乡市财政局、地税局、国资办内设机构负责人名录

（1997 年 12 月—2010 年）

<table>
<tr><th>机构名称</th><th>职　务</th><th>姓　名</th><th>任职时间</th><th>备　注</th></tr>
<tr><td rowspan="8">桐乡市财政局、地税局办公室</td><td rowspan="5">主　任</td><td>张绍雄</td><td>1997.12—2000.7</td><td rowspan="8">1.1997 年 8 月财政局、地税局“三定方案”设办公室。
2.财政、地税局办公室合署办公</td></tr>
<tr><td>田绿峰</td><td>2000.7—2004.6</td></tr>
<tr><td>许　雷</td><td>2004.6—2004.10</td></tr>
<tr><td>沈富春</td><td>2004.10—2006.8</td></tr>
<tr><td>徐建中</td><td>2006.8—</td></tr>
<tr><td rowspan="3">副主任</td><td>陈敏娅</td><td>1998.12—2009.9</td></tr>
<tr><td>沈富春</td><td>2000.3—2004.10</td></tr>
<tr><td>沈荣民</td><td>2005.11—</td></tr>
<tr><td rowspan="5">桐乡市财政局、地税局人事教育科</td><td rowspan="3">科　长</td><td>章建忠</td><td>2000.4—2000.7</td><td rowspan="5">1.1997 年 8 月财政局、地税局“三定方案”设人事教育科。
2.财政、地税局人事教育科合署办公</td></tr>
<tr><td>吴海燕</td><td>2000.7—2004.6</td></tr>
<tr><td>方　真</td><td>2004.06—</td></tr>
<tr><td rowspan="2">副科长</td><td>章建忠</td><td>1997.12—2000.4（主持全面工作）</td></tr>
<tr><td>陈晓曙</td><td>2004.6—</td></tr>
<tr><td rowspan="6">桐乡市财政局、地税局监察科（监察室）</td><td rowspan="4">科　长（主任）</td><td>章建忠</td><td>2000.4—2000.7</td><td rowspan="6">1.1997 年 8 月财政局、地税局“三定方案”设监察科。
2.2005 年 4 月监察科更名为监察室。
3.财政、地税局办公室合署办公</td></tr>
<tr><td>包万象</td><td>2000.7—2003.6</td></tr>
<tr><td>张林芳</td><td>2004.6—2009.9</td></tr>
<tr><td>张丽萍</td><td>2009.9—</td></tr>
<tr><td rowspan="2">副科长（副主任）</td><td>章建忠</td><td>1997.12—2000.4</td></tr>
<tr><td>张林芳</td><td>2003.5—2004.6</td></tr>
<tr><td rowspan="12">桐乡市财政局、地税局政策法规科</td><td rowspan="4">科　长</td><td>张绍雄</td><td>1998.4—2000.3</td><td rowspan="12">1.1997 年 8 月财政局、地税局“三定方案”设政策法规科。
2.财政、地税局办公室合署办公</td></tr>
<tr><td>王小寅</td><td>2000.3—2004.6</td></tr>
<tr><td>蒋一真</td><td>2004.6—2010.5</td></tr>
<tr><td>冯永梅</td><td>2010.5—</td></tr>
<tr><td rowspan="8">副科长</td><td>茅永良</td><td>1998.4—2000.3（兼财政）</td></tr>
<tr><td>沈培荣</td><td>1998.4—2000.3（兼税务）</td></tr>
<tr><td>沈富春</td><td>2000.3—2002.3（兼税务）</td></tr>
<tr><td>杨亦青</td><td>2000.3—2002.3（兼财政）</td></tr>
<tr><td>孙　健</td><td>2002.3—2005.11（兼财政）</td></tr>
<tr><td>马玉坤</td><td>2004.6—2005.4</td></tr>
<tr><td>叶坤泉</td><td>2005.11—2010.7（兼财政）</td></tr>
<tr><td>金新华</td><td>2006.3—</td></tr>
</table>

续表 27－10

机构名称	职务	姓名	任职时间	备注
桐乡市财政局预算科(税政科、基本建设科)	科长	尹夏青	1997.12—1998.5	1.1997年8月财政局“三定方案”设预算科(税政科、基本建设科)。 2.2002年2月财政局“三定方案”设预算科(税政科)。 3.1999年8月基本建设科单设。 4.2011年10月财政局“三定方案”预算科(税政科)更名为预算局(财政收入管理科)
		茅永良	2000.3—2000.7	
		孙　坚	2000.7—2004.6	
		姜　玮	2004.6—2006.8	
		沈富春	2006.8—2008.6	
		徐国平	2008.6—	
	副科长	茅永良	1997.12—2000.3	
		孙　健	1998.5—2002.2	
		沈　锋	2000.7—2004.6	
		张伟良	2002.3—2008.6	
		施杏仙	2004.6—2010.5	
		茅路平	2010.5—	
桐乡市财政局行政事业科	科长	孙　坚	2002.3—2004.6	1997年8月财政局“三定方案”设行政事业科(社会保障科),2002年3月前行政事业科负责人不单独任命,与预算科合署
		姜　玮	2004.6—2006.8	
		沈富春	2006.8—2008.6	
		徐国平	2008.6—2010.5	
		施杏仙	2010.5—	
	副科长	沈　锋	2002.3—2004.6	
		张伟良	2002.3—2008.6	
		施杏仙	2004.6—2010.5	
		张金良	2010.5—	
桐乡市财政局社会保障科	科长	茅永良	2000.7—2002.3	2000年7月行政事业科(社会保障科)分设为行政事业科、社会保障科两个独立科室
		宋霄鸣	2002.3—2004.6	
		张绍雄	2004.6—2006.3	
		曹　丽	2006.8—	
	副科长	曹　丽	2004.6—2006.8	
		沈　锋	2002.3—2004.6(兼)	
桐乡市财政局综合计划科	科长	张志明	1997.12—2000.7	1997年8月财政局“三定方案”设综合计划科
		钟莲芬	2000.7—2002.3	
	副科长	钟莲芬	1997.12—2000.3	
		姜　玮	2000.3—2002.3	

续表 27－10

机构名称	职务	姓名	任职时间	备注
桐乡市财政局综合科	科长	钟莲芬	2002.3—2006.8	1.2002年2月财政局“三定方案”综合计划科更名为综合科。 2.2010年5月综合科和行政事业科合署办公
		孙羽萍	2006.8—2010.5	
		施杏仙	2010.5—2013.9	
	副科长	陆 坚	2005.4—2008.6	
		张金良	2008.6—	
桐乡市财政局基本建设科（经济建设科）	科长	张绍雄	2000.7—2004.6	1999年8月单设基本建设科，2002年2月更名经济建设科
		徐文标	2004.6—2008.6	
		陆 坚	2008.6—	
桐乡市财政局企业财务科	科长	孙 坚	2000.3—2000.7	1997年8月财政局“三定方案”设企业财务科
		张志明	2000.7—2004.10	
		朱政华	2004.10—2008.6	
		张伟良	2008.6—	
	副科长	武利深	1997.12—2000.7	
		潘家武	1997.12—2000.7	
		朱政华	2002.3—2004.10	
		王晓洁	2006.8—2009.9	
		孙伟杰	2009.9—	
桐乡市财政局会计管理科	科长	张富祥	1997.12—2000.3	1.1997年8月财政局“三定方案”设会计管理科。 2.2011年10月财政局“三定方案”会计管理科更名为会计科
		钟莲芬	2000.3—2000.7	
		许 雷	2000.7—2004.6	
		孙 坚	2004.6—2005.11	
		韦庆勇	2005.11—	
	副科长	邱利宁	1998.5—2002.3	
		朱政华	2000.7—2002.3	
		武利深	2002.3—2008.8	
桐乡市财政局农业和农业税收征收管理科	科长	包万象	1997.12—2000.7	1997年8月财政局“三定方案”设农业和农业税收管理科，2002年2月财政局“三定方案”更名为农业和农业税收征收管理科，2011年10月财政局“三定方案”更名为农业科
		孙羽萍	2000.7—2006.8	
		徐国平	2006.8—2008.6	
		沈 锋	2008.6—	
	副科长	张伟良	1998.5—2002.3	
		杨亦青	2002.3—2005.7	
		朱建国	2006.8—2009.9	
		朱铭星	2009.9—	

续表 27－10

机构名称	职务	姓名	任职时间	备注
桐乡市财政局资金管理科	科 长	宋霄鸣	1997.12—2002.2	1.1997 年 8 月财政局“三定方案”设资金管理科。 2.2003 年 3 月撤销
	副科长	武利深	2000.7—2002.2	
桐乡市财政局资金结算中心	主 任	沈老虎	1997.12—1998.5(副股级)	2003 年 3 月撤销
	主任(兼)	宋霄鸣	1998.5—2002.3	
	副主任	沈老虎	1998.5—2002.3	
桐乡市财政局国库科	科 长	姜 玮	2002.3—2004.6	2002 年 2 月财政局“三定方案”设国库科
		沈 锋	2004.6—2008.6	
		吴雪明	2008.6—	
	副科长	吴锡良	2002.3—2008.1	
		邱利宁	2002.3—2008.12	
		孙伟杰	2008.4—2009.9	
		王晓洁	2009.9—	
		周炳根	2010.5—	
桐乡市政府采购中心	主 任	徐文标	1999.2—2000.7	1999 年 1 月成立采购中心,2004 年 5 月注销
		张绍雄	2000.7—2000.3	
桐乡市政府采购办公室	主 任	姜 玮	2002.3—2004.6	2002 年 2 月财政局“三定方案”另设桐乡市政府采购办公室(市政府设于财政局的机构)
		沈 锋	2004.6—2008.6	
		吴雪明	2008.6—	
	副主任	吴锡良	2002.3—2008.1	
		邱利宁	2002.3—2008.12	
		周炳根	2010.5—	
桐乡市政府控制社会集团购买力办公室	副主任(正股级)	吴锡良	1997.12—2008.1	1989 年 4 月建立桐乡市政府控制社会集团购买力办公室(市政府设于财政局的机构)
		徐文标	2000.3—2000.7	
		张绍雄	2000.7—2002.3	
		姜 玮	2002.3—2004.6	
		沈 锋	2004.6—2008.6	
	副主任(正股级)	吴雪明	2008.6—	
桐乡市财政局财政稽查队	队 长	孙羽萍	2000.3—2000.7	1.1999 年 1 月建立财政稽查队。 2.2000 年 7 月建立财政监督科,与财政稽查队合署办公
		徐文标	2000.7—2002.2	
	副队长	孙羽萍	1999.2—2000.3	
		杨亦青	1999.2—2002.2	
财政监督科	科 长	徐文标	2000.7—2002.2	

续表 27－10

<table>
<tr><th>机构名称</th><th>职　　务</th><th>姓　名</th><th>任职时间</th><th>备　　注</th></tr>
<tr><td rowspan="5">桐乡市财政局监督检查科(财政支出绩效评价科)</td><td rowspan="3">科　长</td><td>徐文标</td><td>2002.3—2004.6</td><td rowspan="5">1.2002 年 2 月财政局“三定方案”财政监督科”更名为监督检查科。
2.2006 年 6 月监督检查科增挂财政支出绩效评价科牌子</td></tr>
<tr><td>田绿峰</td><td>2004.6—2010.5</td></tr>
<tr><td>孙羽萍</td><td>2010.5—</td></tr>
<tr><td rowspan="2">副科长</td><td>叶坤泉</td><td>2005.11—2010.7</td></tr>
<tr><td>杨爱香</td><td>2010.8—</td></tr>
<tr><td rowspan="6">桐乡市财政局国有资产管理科</td><td rowspan="3">科　长</td><td>孙　坚</td><td>1997.12—2000.7</td><td rowspan="6">1.1992 年 7 月财政局建立国有资产办公室,与国有资产管理股合并办公。
2.1993 年 4 月撤县建市股改科。
3.2007 年 12 月成立“国资办”,该科的职能转入“国资办”相应科室</td></tr>
<tr><td>张志明</td><td>2000.7—2004.10</td></tr>
<tr><td>朱政华</td><td>2004.10—2008.6</td></tr>
<tr><td rowspan="3">副科长</td><td>杨亦青</td><td>1997.12—1999.2</td></tr>
<tr><td>秦建棠</td><td>1997.12—2002.3</td></tr>
<tr><td>王晓洁</td><td>2006.8—2008.6</td></tr>
<tr><td rowspan="9">桐乡市地税局征收管理科</td><td rowspan="4">科　长</td><td>张　铮</td><td>2000.3—2002.3</td><td rowspan="9">1997 年 8 月地税局“三定方案”设征收管理科</td></tr>
<tr><td>蒋一真</td><td>2002.3—2004.6</td></tr>
<tr><td>汪春荣</td><td>2004.6—2009.3</td></tr>
<tr><td>江永明</td><td>2009.3—2011.10</td></tr>
<tr><td rowspan="5">副科长</td><td>张　铮</td><td>1997.12—2000.3</td></tr>
<tr><td>孙红英</td><td>2000.1—2002.3</td></tr>
<tr><td>冯永梅</td><td>2003.3—2008.6</td></tr>
<tr><td>江永明</td><td>2008.9—2009.3
(正股级)</td></tr>
<tr><td>李富中</td><td>2008.6—</td></tr>
<tr><td rowspan="3">桐乡市地税局涉外税收管理科、涉外税收管理所</td><td>副科长
副所长</td><td>王小寅</td><td>1997.12—2000.3
(主持全面工作)</td><td rowspan="3">1997 年 11 月浙嘉地税人(1997)188 号文批复市地税局设涉外税收管理科(涉外税收管理所)</td></tr>
<tr><td>科　长</td><td>张　铮</td><td>2000.3—2002.3</td></tr>
<tr><td>副科长</td><td>沈培荣</td><td>2000.3—2002.3</td></tr>
<tr><td rowspan="3">桐乡市地税局税政科</td><td rowspan="3">科　长</td><td>吴建勇</td><td>1997.12—2000.3</td><td rowspan="10">1.1997 年 8 月地税局“三定方案”设税政科。
2.2002 年 1 月地税局“三定方案”设税政管理科(规费管理科、涉外税收管理科)。
3.2005 年 7 月地税局税政管理科(规费管理科、涉外税收管理科)分设为税政管理科(涉外税收管理科)、规费管理科两个独立科室</td></tr>
<tr><td>张　铮</td><td>2000.3—2002.3</td></tr>
<tr><td>沈培荣</td><td>1997.12—2002.3</td></tr>
<tr><td rowspan="4">桐乡市地税局税政管理科(规费管理科、涉外税收管理科)</td><td rowspan="2">科　长</td><td>沈培荣</td><td>2002.3—2004.6</td></tr>
<tr><td>王小寅</td><td>2004.6—2005.7</td></tr>
<tr><td rowspan="2">副科长</td><td>侯涛红</td><td>2002.3—2006.3</td></tr>
<tr><td>吴雪明</td><td>2006.3—2008.6</td></tr>
<tr><td rowspan="3">桐乡市地税局税政管理科(涉外税收管理科)</td><td>科　长</td><td>王小寅</td><td>2005.7—</td></tr>
<tr><td rowspan="2">副科长</td><td>吴雪明</td><td>2006.3—2008.6</td></tr>
<tr><td>盛大年</td><td>2008.</td></tr>
</table>

续表 27－10

机构名称	职务	姓名	任职时间	备注
桐乡市地税局规费管理科	科长	王小寅	2005.7—2008.6	2005年7月，地税局税政管理科(规费管理科、涉外税收管理科)分设为税政管理科(涉外税收管理科)和规费管理科
		姚剑祥	2008.6—	
	副科长	吴雪明	2006.3—2008.6	
桐乡市地税局计划财务科	科长	王仲新	2000.3—2005.7	1997年8月地税局"三定方案"设计划财务科
		徐建中	2005.7—2006.8	
		马玉坤	2006.8.—2008.6	
		王晓丹	2008.6—	
	副科长	王仲新	1997.12—2000.3	
		韦庆勇	2000.3—2005.7	
		王晓丹	2003.12—2008.6	
		李永仙	2008.6—	
		侯涛红	2010.5—	
桐乡市国资办国有经营资产管理科	科长	陆建华	2008.6—	1.2007年12月建立国资办与财政局合署办公。 2.国资办"三定方案"设国有经营资产管理科
	副科长	沈科	2010.5—	
桐乡市国资办行政事业资产管理科	科长	张伟良	2008.6—	国资办"三定方案"设国有经营资产管理科
	副科长	王小洁	2008.6—2009.9	
		孙伟杰	2009.9—	

表 27－11　　桐乡市国税局内设机构负责人名录

(1997年12月—2010年)

机构名称	职务	姓名	任职时间	备注
办公室	主任	刘智跃	1997.11.25—1999.1.25	增挂政策法规科(1997.11—1999.6)
		施文奎	1999.1.25—2001.5.28	
		沈永才	2001.5.28—2005.5.30	
		施文奎	2005.5.30—2008.9.28	
		高荣甫	2009.4.16—2009.11.30	
		杨伟东	2009.11.30—	
		朱伟	2011.3.21—	
	副主任	李建平	2005.5.30—2006.9.5	
		姚志义	2005.5.30—2009.5.19	
		高荣甫	2008.9.28—2009.4.15	
		张国民	2009.8.12—	

续表 27－11

机构名称	职　　务	姓　名	任职时间	备　　注
人事教育科	科　长	陆　劲	1992.12.1—1997.11.24	
		吕依萍	1997.11.24—1999.1.25	
		刘智跃	1999.1.25—2008.4.16	
		王云飞	2008.4.16—2009.11.5	
		虞福庆	2009.11.5—	
监察室	主　任	陆　劲	1992.12.1—1997.11.24	
		陆林荣	2000.4.28—2007.5.29	
		朱国强	2007.5.29—2009.8.28	
		朱　泳	2009.8.28—	
	副主任	陆林荣	1997.11.25—2000.4.28	
机关党委办公室	主　任	虞福庆	2008.4.16—2008.9.28	增挂思想政治办公室 2010.1.15—
	副主任	朱　伟	2008.9.28—	
税政科	科　长	王新华	1999.1.25—2005.5.30	增挂政策法规科，1999.6.24
		钟雪明	2005.5.30—2009.11.30	
	副科长	王新华	1997.11.25—1999.1.25	
		杨伟东	2005.5.30—2008.4.16	
		徐兴良	2008.4.16—	
征管科	科　长	沈明富	1997.11.25—2001.5.28	
管理科	科　长	毕振亚	2003.7.18—2005.6.1	
	副科长	沈明富	2003.7.18—2005.6.1	
		朱仲寅	2003.7.18—2005.6.1	
计财科	科　长	沈永才	1997.11.25—2001.5.28	
		沈明富	2001.5.28—2002.1.1	
计统征收科	科　长	金　鑫	2001.12.19—2005.5.30	
	副科长	杨　镰	2001.12.19—2005.5.30	
		施　距	2001.12.19—2005.5.30	
计划征收科(办税服务厅)	科　长	金　鑫	2005.5.30—2005.12.19	
		朱仲寅	2008.4.16—2008.9.28	
		杨伟东	2008.9.28—2009.11.30	
	副科长	朱仲寅	2005.5.30—2008.4.16	
		施　距	2005.5.30—2008.9.28	
		孙利民	2009.8.12—2009.11.30	

续表 27-11

机构名称	职务	姓名	任职时间	备注
纳税服务科(办税服务厅)	科长(主任)	朱仲寅	2009.11.30—	
	副科长(副主任)	孙利民	2009.11.30—	
纳税评估科	科长	严勇	2003.7.18—2005.6.1	
	副科长	高荣甫	2003.9.15—2005.5.30	
涉外税收管理科	科长	张一鸣	2003.7.18—2005.5.30	
市场税收管理科	科长	杨胜亮	2003.7.18—2005.5.30	
	副科长	朱泳	2003.7.18—2005.5.30	
		王云飞	2003.9.15—2005.5.30	
税源管理一科	科长	杨胜亮	2005.5.30—2007.11.28	
		沈建学	2008.4.16—2009.11.30	
		高荣甫	2009.11.30—	
	副科长	沈建学	2005.5.30—2008.4.16	
		杨伟东	2008.4.16—2008.9.28	
		王文其	2008.9.28—	
		冯恺	2009.8.20—2009.11.30	
税源管理二科	科长	毕振亚	2005.5.30—2009.11.30	
		钟雪明	2009.11.30—	
	副科长	沈明富	2005.5.30—2006.3.27	
		朱泳	2005.5.30—2009.8.28	
		王云飞	2005.5.30—2008.4.16	
		王文其	2008.4.16—2008.9.28	
		陈桂强	2008.9.28—	
		冯恺	2010.3.12—	
税源管理三科	科长	沈永才	2005.5.30—2009.5.18	
		朱国强	2009.8.28—	
	副科长	高海群	2005.5.30—2007.5.29	
		范伟林	2008.9.28—	
进出口税收管理科	科长	钟雪明	2003.7.18—2005.5.30	
	副科长	高海群	2003.9.15—2005.5.30	
税源管理四科	科长	严勇	2005.5.30—2007.5.29	
		高海群	2007.5.29—2008.9.28	
		朱仲寅	2008.9.28—2009.11.30	
		沈建学	2009.11.30—	
	副科长	高荣甫	2005.5.30—2008.9.28	
		张芳	2008.9.28—2009.11.30	
征收管理科	科长	金润冬	2009.11.30—	
	副科长	冯恺	2009.11.30—2010.3.20	
		钟筱春	2010.4.29—	
收入核算科	科长	张芳	2009.11.30—	

三、基层机构负责人名录

表 27－12　　桐乡市地税局乌镇税务分局(所)负责人名录

(1950—2010 年)

机构名称	职务	姓名	任职时间	备注
桐乡县青乌镇税捐稽征所	副所长	杨世煌	1950 年前后	1949 年 5 月桐乡县和平解放。6 月税收业务工作正常开展
		赵志功	1950 年前后	
桐乡县人民政府税务局乌镇税务所(1950.3—1958.4)	负责人	孟庆和	1950.3—1950.5	1950 年 3 月成立桐乡县人民政府税务局，下设青乌镇税务所，1955 年 11 月改称乌镇税务所
	副负责人	赵志功	1950.3—1950.5	
	所　长	孟庆和	1950.5—1952.10	
		万连芳	1952.10—1954.2	
		沈锡元	1954.7—1956.9	
		朱继平	1956.9—1958.4	
	副所长	赵志功	1950.5—1952.10	
		万连芳	1952.2—1952.10	
		余春根	1953.5—1956.4	
		李务敏	1954.11—1956.9	
		姚镌明	1955.2—1955.5(第三副所长)	
桐乡县财政局乌镇财政办事处(1958.4—1959.9)	主　任	谢永发	1958.4—1959.9	1958 年 4 月县财粮科、税务局、保险公司合并，成立财政局，下设办事处
桐乡县财政局乌镇财政所(1959.9—1961.8)	所　长	谢永发	1959.9—1961.8	1959 年 9 月全省统一基层财政机构名称，办事处改称财政所
桐乡县财税局乌镇税务所(1961.8—1970.12)	所　长	谢永发	1961.8—1968.5	1.1961 年 8 月恢复桐乡县税务局，下设税务所。原财政所同时撤销。 2.1964 年 12 月财、税两局实行两块牌子，一套人马，合并办公。 3.1966 年 5 月“文化大革命”开始，1968 年 5 月各基层所相继成立“革命领导小组”。革命领导小组主持工作
	副所长	洪彬耀	1961.8—1968.5	
		李士信	1966.4—1968.5	
	组　长	洪彬耀	1968.5—1971.2	
	副组长	李正林	1968.5—1970.5 群众代表 临时助征员	
		李士信	1968.5—1971.2	
		谢永发	1970.6—1971.2	
桐乡县财政金融局乌镇财政金融所(1971.1—1973.5)	全面负责	洪彬耀	1971.2—1973.5	1.1970 年 12 月财税与银行合并建立财政金融局。下设财政金融所。 2.财税所与银行营业所合并办公后，相继成立财政金融所革命领导小组
	负责农村线	熊增三	1971.2—1973.3	
		李士信	1971.2—1973.5	
	负责城镇线	谢永发	1971.2—1973.5	
		鲍敏德	1971.2—1973.3	

续表 27－12

机构名称	职务	姓名	任职时间	备注
桐乡县(市)财政税务局乌镇财税所(1973.5—1997.12)	全面负责	洪彬耀	1973.5—1978.11	1.1973年3月撤销财政金融局,建立桐乡县财政税务局(银行单独建立)。下设财政税务所。 2.1994年10月至1997年9月对外挂财政、国税、地税三块牌子,实行三块牌子,一套班子,合署办公。 3.1997年9月国、地税进一步分设,12月国税局分署。 4.1993年4月桐乡撤县建市
	农村线	熊增三	1973.5—1978.11	
	城镇线	谢永发	1973.5—1978.11	
	所　长	洪彬耀	1978.11—1988.3	
		林建强	1988.3—1994.12 1992.12副局级	
		毕振亚	1997.8—1997.9	
	副所长	谢永发	1978.11—1980.12	
		李士信	1978.11—1979.5	
		方联翩	1980.8—1984.7	
		陈宏烈	1983.7—1988.3	
		毛培生	1984.7—1991.7	
		毕振亚	1991.7—1997.8	
		马志刚	1992.6—1997.12	
		方　真	1992.3—1992.6 (所长助理)	
		毛培生	1997.8—1997.9	
		虞福庆	1997.8—1997.9	
桐乡市财政税务局乌镇财政所、乌镇地税所(1997.12—2002.3)	所　长	马志刚	1999.3—2000.7	1.1997年8月,市财政局“三定方案”下设财政所,市地税局“三定方案”下设税务所。 2.地税所、财政所合署办公
		陆永根	2000.7—2002.3	
	副所长	马志刚	1997.12—1999.3 (主持全面工作)	
		叶坤泉	1997.12—2001.11	
		朱铭星	2001.11—2002.3	
桐乡市地税局乌镇税务所(2002.3—2003.6)	所　长	陆永根	2002.3—2003.6	2002年2月财政局“三定方案”不设财政所。2003年财政所隶属乡镇
	副所长	朱铭星	2002.3—2003.6	
桐乡市地税局乌镇税务所(征管局)(2003.6—2004.4)	所　长 (局长)	陆永根	2003.6—2004.4	2003年6月浙桐地税发(2003)71号《桐乡市地方税务局关于成立征管局的通知》,下设征管局
	副所长 (副局长)	朱铭星	2003.6—2004.4	
桐乡市地税局乌镇税务分局(2004.4—)	局　长	陆永根	2004.4—2004.6	2004年1月浙地税发(2004)2号《关于进一步规范全省地税系统基层征管机构名称的通知》、浙嘉地税人教(2004)69号《关于桐乡市地
		沈培荣	2004.6—2008.6	
		马玉坤	2008.6—	

续表 27－12

机构名称	职　　务	姓　名	任职时间	备　　注
桐乡市地税局乌镇税务分局 （2004.4—）	副局长	朱铭星	2004.4—2004.6	方税务局规范基层征管机构名称的批复》，征管局（税务所）更名为税务分局
		莫根林	2004.6—2005.1	
		马玉坤	2005.4—2006.8	
		周耀芬	2006.8—2010.5	
		许霖杰	2010.5—	

表 27－13　　桐乡市地税局濮院税务分局（所）负责人名录

（1950—2010 年）

机构名称	职　　务	姓　名	任职时间	备　　注
桐乡县濮院税捐稽征所	所　长	陈自觉	1949.9—1950.3	1949 年 5 月桐乡县和平解放。6 月税收业务工作正常开展
桐乡县人民政府税务局濮院税务所 （1950.3—1958.4）	负责人	陈自觉	1950.3—1950.5	1950 年 3 月成立桐乡县人民政府税务局，下设税务所
	所　长	陈自觉	1950.5—1952.10	
		沈锡元	1954.5—1954.7	
		万洪岐	1956.10—	
	副所长	赵志功	1952.2—1954.9	
		沈锡元	1953.5—1954.5	
		于宝裕	1954.5—1956.9	
桐乡县税务局濮院税务所	副所长	徐文达	1954.7—1955.5	
		吕应鳌	1955.5—1958.4 （第二副所长）	
桐乡县财政局濮院财政办事处 （1958.4—1959.9）	副主任	凌　霖	1958.4—1959.3	1958 年 4 月县财粮科、税务局、保险公司合并，成立财政局，下设办事处
		朱培铨	1959.1—1959.9	
桐乡县财政局濮院财政所 （1959.9—1961.8）	所　长	朱培铨	1959.9—1961.8	1959 年 9 月全省统一基层财政机构名称，办事处改称财政所
桐乡县财税局濮院税务所 （1961.8—1970.12）	所　长	朱培铨	1961.8—1961.11	1. 1961 年 8 月恢复桐乡县税务局，下设税务所。原财政所同时撤销。 2. 1964 年 12 月财、税两局实行两块牌子，一套人马，合并办公。 3. 1966 年 5 月“文化大革命”开始，1968 年 5 月各基层所相继成立“革命领导小组”。革命领导小组主持工作
	副所长	吕应鳌	1961.8—1968.5	
		丁德荣	1961.11—1968.5	
	组　长	吕应鳌	1968.5—1971.2	
	组　员	李伯贤		
		张士清	1968.5—1970.5 群众代表 临时助征员	

续表 27－13

机构名称	职务	姓名	任职时间	备注
桐乡县财政金融局濮院财政金融所(1971.1—1973.5)	组长	吕应鳌	1971.2—1973.5	1.1970年12月财税与银行合并建立财政金融局。下设财政金融所。 2.财税所与银行营业所合并办公后,相继成立财政金融所革命领导小组
	副组长	唐观莲	1971.2—1973.3	
		赵昌楣	1971.2—1973.3	
桐乡县(市)财政税务局濮院财税所(1973.5—1997.12)	组长	吕应鳌	1973.5—1978.11	1.1973年3月撤销财政金融局,建立桐乡县财政税务局(银行单独建立)。下设财政税务所。 2.1994年10月至1997年9月,对外挂财政、国税、地税牌子,实行三块牌子,一套班子,合署办公。 3.1997年9月国、地税进一步分设,12月国税局分署。 4.1993年4月桐乡撤县建市
	所长	李康治	1978.11—1993.7 1992.12为副局级	
		陈宏烈	1993.7—1997.12	
	副所长	钱立强	1981.8—1984.7	
		杨雪明	1984.7—1988.4	
		朱召平	1986.8—1992.4	
		张一鸣	1992.4—1993.7	
		朱召平	1994.9—1997.10	
桐乡市财政税务局濮院财政所、濮院地税所(1997.12—2002.3)	所长	陈洪烈	1997.12—2000.7	1.1997年8月,市财政局"三定方案"下设财政所,市地税局"三定方案"下设税务所。 2.地税所、财政所合署办公
	副所长	陈敏亚	1997.12—1998.12	
		徐建中	2000.3—2002.3	
	所长助理	徐建中	1998.12—2000.3	
桐乡市财税局濮院税务所(2002.3—2003.6)	所长	徐建中	2002.3—2003.6	2002年2月财政局"三定方案"不设财政所。2003年财政所隶属乡镇
桐乡市地税局濮院税务所(征管局)(2003.6—2004.4)	所长(局长)	徐建中	2003.6—2004.4	2003年6月浙桐地税发(2003)71号《桐乡市地方税务局关于成立征管局的通知》,下设征管局
	副所长(副局长)	陆奇英	2004.1—2004.4	
桐乡市地税局濮院税务分局(2004.4—)	局长	徐建中	2004.4—2005.7	2004年1月浙地税发(2004)2号《关于进一步规范全省地税系统基层征管机构名称的通知》、浙嘉地税人教(2004)69号《关于桐乡市地方税务局规范基层征管机构名称的批复》,征管局(税务所)更名为税务分局
		沈建峰	2005.7—2010.5	
		张铮	2010.5—	
	副局长	陆奇英	2004.4—2008.9	
		费佳	2008.6—2009.9	
		朱建国	2009.9—	

续表 27－13

机构名称	职　务	姓　名	任职时间	备　注
桐乡市国税局、地税局濮院个体税收联合征管所（2009.9—）	所　长	朱建国	2009.9—（副股级）	2009年9月，浙桐地税发〔2009〕37号《关于设立濮院个体税收联合征收管理所的通知》“根据桐政办发〔2009〕12号《个体税收联合征收管理实施办法》精神，成立濮院个体税收联合征收管理所，下设管理一组、管理二组和综合服务组。正副所长、组长由国、地税协商，实行聘任制，聘期三年。”
	副所长	包全荣	2010.4—（国税局编制）	

表 27－14　　桐乡市地税局石门税务分局(所)负责人名录

（1950—2010年）

机构名称	职　务	姓　名	任职时间	备　注
崇德县石湾税捐稽征所	负责人	徐　靖	1949.6—1949.8	1.1949年5月桐乡县和平解放。6月税收业务工作正常开展。2.石湾改称石门
崇德县石门税捐稽征所	所　长	颜承思	1950年前后	
崇德县人民政府税务局石门税务所（1950.3—1958.4）	所　长	朱静高	1950.3—1950.8	1950年3月成立崇德县人民政府税务局，下设税务所
		殷龙生	1950.9—1953.3	
		张炳华	1953.12—1954.6	
		吕锡珍	1954.6—1955.9	
		马连芳	1955.9—1956.3	
		朱顺康	1956.3—1956.9	
	副所长	张炳华	1953.7—1953.12	
		张曙光	1954.2—	
		钱子茂	1956.8—1958.5	
		沈维章	1957—	
崇德县财政局石门财政所（1958.4—1958.12）	副所长	连轩云	1958.5—1958.12	1958年4月县财粮科、税务局、保险公司合并，成立财政局，下设财政所
桐乡县财政局石门财政办事处（1958.12—1959.9）	副主任	连轩云	1958.12—1959.9	1958年11月崇德县建制撤销，并入桐乡县财政局后称办事处
桐乡县财政局石门财政所（1959.9—1961.8）	所　长	连轩云	1959.9—1961.8	1959年9月全省统一基层财政机构名称，办事处改称财政所

续表 27-14

<table>
<tr><th>机构名称</th><th>职务</th><th>姓名</th><th>任职时间</th><th>备注</th></tr>
<tr><td rowspan="7">桐乡县财税局石门税务所
(1961.8—1970.12)</td><td>所长</td><td>连轩云</td><td>1961.8—1968.5</td><td rowspan="7">1.1961 年 8 月恢复桐乡县税务局,下设税务所。原财政所撤销。
2.1964 年 12 月财、税两局实行两块牌子,一套人马,合并办公。
3.1966 年 5 月“文化大革命”开始,1968 年 5 月各基层所相继成立“革命领导小组”。革命领导小组主持工作</td></tr>
<tr><td rowspan="3">副所长</td><td>张曙光</td><td>1961.8—1962.6</td></tr>
<tr><td>王天仁</td><td>1962.11—1968.5</td></tr>
<tr><td>朱鹤群</td><td>1966.5—1968.5</td></tr>
<tr><td>组长</td><td>陈剑平</td><td>1968.5—1970.5
群众代表
临时助征员</td></tr>
<tr><td rowspan="2">组员</td><td>王天仁</td><td>1968.5—1969.11</td></tr>
<tr><td>朱鹤群</td><td>1968.5—1971.2</td></tr>
<tr><td rowspan="3">桐乡县财政金融局石门财政金融所
(1971.1—1973.5)</td><td>组长</td><td>连轩云</td><td>1971.3—1973.5</td><td rowspan="3">1970 年 12 月财税与银行合并建立财政金融局。下设财政金融所。基层相继成立所革命领导小组</td></tr>
<tr><td>副组长</td><td>朱鹤群</td><td>1971.3—1973.5</td></tr>
<tr><td>组员</td><td>张祖炎</td><td>1971.3—1973.3</td></tr>
<tr><td rowspan="10">桐乡县(市)财政税务局石门财税所
(1973.5—1997.12)</td><td>组长</td><td>连轩云</td><td>1973.5—1978.11</td><td rowspan="10">1.1973 年 3 月撤销财政金融局,建立桐乡县财政税务局(银行单独建立)。下设财政税务所。
2.1994 年 10 月至 1997 年 9 月对外挂财政、国税、地税三块牌子,实行三块牌子,一套班子,合署办公。
3.1997 年 9 月国、地税进一步分设,12 月国税局分署。
4.1993 年 4 月桐乡撤县建市</td></tr>
<tr><td>副组长</td><td>朱鹤群</td><td>1973.5—1978.11</td></tr>
<tr><td rowspan="2">所长</td><td>钱子茂</td><td>1978.11—1993.7
1992.12 为副局级</td></tr>
<tr><td>孙坚</td><td>1993.7—1996.7</td></tr>
<tr><td rowspan="6">副所长</td><td>张富祥</td><td>1978.11—1984.7</td></tr>
<tr><td>孙坚</td><td>1984.7—1993.7</td></tr>
<tr><td>沈明富</td><td>1986.8—1989.12</td></tr>
<tr><td>毛培生</td><td>1991.7—1993.7</td></tr>
<tr><td>陆永根</td><td>1992.6—1997.12</td></tr>
<tr><td>金鑫</td><td>1996.2—1997.9
96.7 后全面负责</td></tr>
<tr><td rowspan="2">桐乡市财政税务局石门财政所、石门地税所
(1997.12—2002.3)</td><td>所长</td><td>陆永根</td><td>1997.12—2000.7</td><td rowspan="2">1.1997 年 8 月,市财政局“三定方案”下设财政所,市地税局“三定方案”下设税务所。
2.地税所、财政所合署办公</td></tr>
<tr><td>副所长</td><td>吴鉴伟</td><td>1997.12—2002.3</td></tr>
<tr><td rowspan="2">桐乡市财税局石门税务所
(2002.3—2003.6)</td><td>所长</td><td>吴鉴伟</td><td>2002.3—2003.6</td><td rowspan="2">2002 年 2 月财政局“三定方案”不设财政所。2003 年财政所隶属乡镇</td></tr>
<tr><td>副所长</td><td>沈建峰</td><td>2002.3—2003.6</td></tr>
<tr><td rowspan="2">桐乡市地税局石门税务所(征管局)
(2003.6—2004.4)</td><td>所长
(局长)</td><td>吴鉴伟</td><td>2003.6—2004.4</td><td rowspan="2">2003 年 6 月浙桐地税发(2003)71 号《桐乡市地方税务局关于成立征管局的通知》,下设征管局</td></tr>
<tr><td>副所长
(副局长)</td><td>沈建峰</td><td>2003.6—2004.4</td></tr>
</table>

续表 27－14

机构名称	职　务	姓　名	任职时间	备　注
桐乡市地税局石门税务分局(2004.4—)	局　长	吴鉴伟	2004.4—2004.6	2004年1月浙地税发(2004)2号《关于进一步规范全省地税系统基层征管机构名称的通知》、浙嘉地税人教(2004)69号《关于桐乡市地方税务局规范基层征管机构名称的批复》,征管局(税务所)更名为税务分局
		马志刚	2004.6—	
		张金良	2013.9—	
	副局长	沈建峰	2004.4—2005.7	
		倪为荣	2005.7—2008.6	
		吴黎鸿	2008.6—	

表 27－15　桐乡市地税局洲泉税务分局(所)负责人名录

(1950—2010年)

机构名称	职　务	姓　名	任职时间	备　注
崇德县人民政府税务局洲泉税务所(1950.3—1958.4)	负责人	季炳堃	1951.4—1952.3	1950年3月成立崇德县人民政府税务局,下设税务所
		曹际平	1952.3—1952.4	
		季炳堃	1952.4—1952.9	
	所　长	房大洪	1954.6—1956.3	
		张守廉	1956.9—1958.4	
	副所长	房大洪	1952.9—1954.6	
		白汝平	1954.6—1954.10	
		姚英翔	1954.10—1956.2	
		张守廉	1956.3—1956.9	
		沈维章	1956.8—	
崇德县财政局洲泉财政所(1958.4—1958.12)	所　长	张守廉	1958.4—1958.12	1958年4月县财粮科、税务局、保险公司合并,成立财政局,下设财政所
桐乡县财政局洲泉财政办事处(1958.12—1959.9)	主　任	张守廉	1958.12—1959.2	1958年11月崇德县建制撤销,并入桐乡县财政局后称办事处
		金润生	1959.3—1959.9	
桐乡县财政局洲泉财政所(1959.9—1961.8)	所　长	金润生	1959.9—1961.8	1959年9月全省统一基层财政机构名称,办事处改称财政所
桐乡县财税局洲泉税务所(1961.8—1970.12)	所　长	金润生	1961.8—1968.5	1.1961年8月恢复桐乡县税务局,下设税务所。原财政所撤销。 2.1964年12月财、税两局实行两块牌子,一套人马,合并办公。 3.1966年5月"文化大革命"开始,1968年5月各基层所相继成立"革命领导小组"。革命领导小组主持工作
	组　长	金润生	1968.5—1971.3	
	组　员	邱松南	1968.5—1970.5 群众代表 临时助征员	
		王旭如	1968.5—1970.5 群众代表 临时助征员	

续表 27－15

<table>
<tr><th>机构名称</th><th>职务</th><th>姓名</th><th>任职时间</th><th>备注</th></tr>
<tr><td rowspan="3">桐乡县财政金融局洲泉财政金融所
(1971.1—1973.5)</td><td>组长</td><td>金润生</td><td>1971.3—1973.5</td><td rowspan="3">1970年12月财税与银行合并建立财政金融局。下设财政金融所。基层相继成立所革命领导小组</td></tr>
<tr><td rowspan="2">组员</td><td>赵云江</td><td>1971.3—1973.3</td></tr>
<tr><td>王东初</td><td>1971.3—1973.3</td></tr>
<tr><td rowspan="10">桐乡县(市)财政税务局洲泉财税所
(1973.5—1997.12)</td><td>组长</td><td>金润生</td><td>1973.5—1978.11</td><td rowspan="10">1.1973年3月撤销财政金融局,建立桐乡县财政税务局(银行单独建立)。下设财政税务所。
2.1994年10月至1997年9月对外挂财政、国税、地税三块牌子,实行三块牌子,一套班子,合署办公。
3.1997年9月国、地税进一步分设,12月国税局分署。
4.1993年4月桐乡撤县建市</td></tr>
<tr><td rowspan="4">所长</td><td>金润生</td><td>1978.11—1984.7</td></tr>
<tr><td>徐松燧</td><td>1984.7—1987.6</td></tr>
<tr><td>庄福奎</td><td>1988.3—1990.8</td></tr>
<tr><td>严勇</td><td>1991.7—1997.9
1992.12副局级</td></tr>
<tr><td rowspan="4">副所长</td><td>徐松燧</td><td>1982.5—1984.7</td></tr>
<tr><td>庄福奎</td><td>1983.7—1988.3</td></tr>
<tr><td>严勇</td><td>1987.5—1991.7</td></tr>
<tr><td>吴海燕</td><td>1990.9—1997.12</td></tr>
<tr style="display:none"></tr>
<tr><td rowspan="4">桐乡市财政税务局洲泉财政所、洲泉地税所
(1997.12—2002.3)</td><td rowspan="2">所长</td><td>吴海燕</td><td>1997.12—2000.7</td><td rowspan="4">1.1997年8月,市财政局“三定方案”下设财政所,市地税局“三定方案”下设税务所。
2.地税所、财政所合署办公</td></tr>
<tr><td>马志刚</td><td>2000.7—2001.11</td></tr>
<tr><td rowspan="2">副所长</td><td>朱洪良</td><td>1997.12—2002.3</td></tr>
<tr><td>宓方冬</td><td>2001.11—2002.3
(全面负责)</td></tr>
<tr><td rowspan="2">桐乡市财税局洲泉税务所
(2002.3—2003.6)</td><td>所长</td><td>宓方冬</td><td>2002.3—2003.6</td><td rowspan="2">2002年2月财政局“三定方案”不设财政所。2003年财政所隶属乡镇</td></tr>
<tr><td>副所长</td><td>朱洪良</td><td>2002.3—2003.6</td></tr>
<tr><td rowspan="2">桐乡市地税局洲泉税务所(征管局)
(2003.6—2004.4)</td><td>所长
(局长)</td><td>宓方冬</td><td>2003.6—2004.4</td><td rowspan="2">2003年6月浙桐地税发(2003)71号《桐乡市地方税务局关于成立征管局的通知》,下设征管局</td></tr>
<tr><td>副所长
(副局长)</td><td>朱洪良</td><td>2003.6—2004.4</td></tr>
<tr><td rowspan="6">桐乡市地税局洲泉税务分局
(2004.4—)</td><td rowspan="3">分局长</td><td>宓方冬</td><td>2004.4—2004.6</td><td rowspan="6">2004年1月浙地税发(2004)2号《关于进一步规范全省地税系统基层征管机构名称的通知》、浙嘉地税人教(2004)69号《关于桐乡市地方税务局规范基层征管机构名称的批复》,征管局(税务所)更名为税务分局</td></tr>
<tr><td>陆永根</td><td>2004.6—2008.9</td></tr>
<tr><td>陆奇英</td><td>2008.9—</td></tr>
<tr><td rowspan="3">副分局长</td><td>朱洪良</td><td>2004.4—2005.11</td></tr>
<tr><td>张月龙</td><td>2005.11—2008.6</td></tr>
<tr><td>朱洪良</td><td>2008.6—</td></tr>
</table>

表 27－16　　　　桐乡市地税局梧桐税务分局(所)负责人名录

（1950—2010 年）

机构名称	职务	姓名	任职时间	备注
桐乡县城区税捐稽征所	所长	朱静高		1949 年 5 月桐乡县和平解放。6 月税收业务工作正常开展
桐乡县人民政府税务局梧桐税务所（1950.3 至 1958.4）	副所长	徐炳章	1954.3—1955.2（第一副所长）	1950 年 3 月成立桐乡县人民政府税务局，1953 年 11 月省局浙税人字第 605 号批复成立梧桐镇税务所。1956 年 4 月县委办字第 838 号批复撤销梧桐镇税务所，由县局办理城区业务
	副所长	郭恺成	1954.3—1955.12（第二副所长）	
	所长	徐炳章	1955.2—1956.4	
	副所长	徐文达	1955.5—1956.9（第一副所长）	
桐乡县财政局梧桐财政办事处（1959.4—1959.9）				1959 年 4 月桐委办 0476 号批复同意恢复梧桐财政办事处
桐乡县财政局梧桐财政所（1959.9—1961.8）	所长	孙仁楚	1959.9—1961.4	1959 年 9 月全省统一基层财政机构名称，办事处改称财政所
	所长	张守廉	1961.4—1961.8	
桐乡县财税局梧桐税务所（1961.8—1970.12）	所长	张守廉	1961.8—1968.5	1.1961 年 8 月恢复桐乡县税务局，下设税务所。原财政所撤销。2.1964 年 12 月财、税两局实行两块牌子，一套人马，合并办公。3.1966 年 5 月“文化大革命”开始，1968 年 5 月各基层所相继成立“革命领导小组”。革命领导小组主持工作
	副所长	王天仁	1961.8—1962.11	
	副所长	殳志明	1962.11—1966.5	
	指导员	秦有余	1966.11—1968.5	
	组长	张守廉	1968.5—1970.12	
	组员	秦有余	1968.5—1970.12	
	组员	沈休治	1968.5—1970.10 群众代表 临时助征员	
	组员	陈楹梅	1968.5—1970.12 群众代表、干部	
	组员	李文华	1968.5—1969.12 群众代表、干部	
桐乡县财政金融局梧桐财政金融所（1971.1—1973.5）	组长	张守廉	1970.12—1973.5	1970 年 12 月财税与银行合并建立财政金融局。下设财政金融所。基层相继成立所革命领导小组
	副组长	殳志明	1970.11—1973.5	
	副组长	陈楹梅	1971.1—1971.3	
桐乡县(市)财政税务局梧桐财税所（1973.5—1997.12）	组长	张守廉	1973.5—1978.11	1.1973 年 3 月撤销财政金融局，建立桐乡县财政税务局(银行单独建立)。下设财政税务所。2.1994 年 10 月至 1997 年 9 月对外挂财政、国税、地税三块牌子，实行三块牌子，一套班子，合署办公
	副组长	殳志明	1973.5—1978.11	
	所长	沈彤寿	1978.11—1984.7	
	所长	柏利勇	1984.7—1990.8	
	所长	庄福奎	1990.8—1997.12 1992.12 副局级	

续表 27－16

机构名称	职务	姓名	任职时间	备注
桐乡县(市)财政税务局梧桐财税所 (1973.5—1997.12)	副所长	殳志明	1978.11—1984.7	3.1997年9月国、地税进一步分设，12月国税局分署。 4.1993年4月桐乡撤县建市
		陈楹梅	1982.5—1987.8	
		张守廉	1984.7—1992.1	
		包万象	1986.8—1988.3	
		史文奎	1988.1—1997.9	
桐乡县(市)财政税务局梧桐财税所	副所长	钟雪明	1991.7—1997.8	
		蒋一真	1997.8—1997.12	
桐乡市财政税务局梧桐财政所、梧桐地税所 (1997.12—2002.3)	所　长	杨雪明	1997.12—1999.3	1.1997年8月，市财政局“三定方案”下设财政所，市地税局“三定方案”下设税务所。 2.地税所、财政所合署办公
		蒋一真	1999.3—2002.3	
	副所长	蒋一真	1997.12—1999.3 (主持日常工作)	
		朱铭星	1997.12—2001.11	
		孙羽萍	1997.12—1999.2	
		莫根林	2000.3—2002.3	
桐乡市财税局梧桐税务所 (2002.3—2003.6)	所　长	张　铮	2002.3—2003.6	2002年2月财政局“三定方案”不设财政所。2003年财政所隶属乡镇
	副所长	莫根林	2002.3—2003.6	
		江永明	2002.3—2003.6	
桐乡市地税局梧桐税务所(征管局) (2003.6—2004.4)	所　长 (局长)	张　铮	2003.6—2004.4	2003年6月浙桐地税发(2003)71号《桐乡市地方税务局关于成立征管局的通知》，下设征管局
	副所长 (副局长)	莫根林	2003.6—2004.4	
		江永明	2003.6—2004.4	
桐乡市地税局梧桐税务分局 (2004.4—)	局　长	张　铮	2004.4—2004.6	2004年1月浙地税发(2004)2号《关于进一步规范全省地税系统基层征管机构名称的通知》、浙嘉地税人教(2004)69号《关于桐乡市地方税务局规范基层征管机构名称的批复》，征管局(税务所)更名为税务分局
		吴鉴伟	2004.6—	
	副局长	江永明	2004.4—2005.11	
		徐国平	2004.6—2006.8	
		朱洪良	2005.11—2008.6	
		盛大年	2006.8—2008.6	
		冯永梅	2008.6—2010.5	
		倪为荣	2008.6—	
		黄莉莉	2008.6—	
		陶　红	2010.5—	

表 27－17　　桐乡市地税局崇福税务分局(所)负责人名录

(1950—2010 年)

机构名称	职　务	姓　名	任职时间	备　注
桐乡县财政局崇福财政办事处 (1958.12—1959.9)	主　任	沈彤寿	1958.12—1959.9	1958 年 12 月桐乡县财政局建立崇福财政办事处
桐乡县财政局崇福财政所 (1959.9—1961.8)	所　长	沈彤寿	1959.9—1961.8	1959 年 9 月全省统一基层财政机构名称，办事处改称财政所
桐乡县财税局崇福税务所 (1961.8—1970.12)	所　长	沈彤寿	1961.8—1968.5	1.1961 年 8 月恢复桐乡县税务局，下设税务所。原财政所同时撤销。 2.1964 年 12 月财、税两局实行两块牌子，一套人马，合并办公。 3.1966 年 5 月“文化大革命”开始，1968 年 5 月各基层所相继成立“革命领导小组”。革命领导小组主持工作。 4.1968 年 5 月至 1971 年 7 月启用“红卫税务所革命领导小组”印章
	副所长	钱慧生	1961.8—1968.5	
	组　长	钱慧生	1968.5—1970.12	
	副组长	李云南	1968.5—1970.5 群众代表 临时助征员	
	组　员	张剑静	1968.5—1970.5 群众代表 临时助征员	
		徐炳江	1968.5—1970.5 群众代表 临时助征员	
桐乡县财政金融局崇福财政金融所 (1971.1—1973.5)	组　长	钱慧生	1971.1—1973.5	1970 年 12 月财税与银行合并建立财政金融局。下设财政金融所。基层所相继成立所革命领导小组
	副组长	郭洪忠	1971.7—1973.3	
		沈彤寿	1971.7—1973.5	
桐乡县(市)财政税务局崇福财税所 (1973.5—1997.12)	组　长	钱慧生	1973.5—1978.6	1.1973 年 3 月撤销财政金融局，建立桐乡县财政税务局(银行单独建立)。下设财政税务所。 2.1994 年 10 月至 1997 年 9 月对外挂财政、国税、地税三块牌子，实行三块牌子，一套班子，合署办公。 3.1997 年 9 月国、地税进一步分设，12 月国税局分署。 4.1993 年 4 月桐乡撤县建市
	副组长	沈彤寿	1973.5—1978.11	
	所　长	连轩云	1978.11—1993.7 1992.12 副局级	
		吕依萍	1993.7—1997.9	
	副所长	吕依萍	1978.11—1993.7	
		柏利勇	1983.3—1984.8	
		张富祥	1984.7—1991.7	
		田绿峰	1991.7—1997.12	
桐乡市财政税务局崇福财政所、崇福地税所 (1997.12—2002.3)	所　长	田绿峰	1997.12—2000.7	1.1997 年 8 月，市财政局“三定方案”下设财政所，市地税局“三定方案”下设税务所。 2.地税所、财政所合署办公
		章建中	2000.7—2002.3	
	副所长	宓方东	1997.12—2001.11	
		叶坤泉	2001.11—2002.3	
桐乡市财税局崇福税务所 (2002.3—2003.6)	所　长	章建中	2002.3—2003.6	2002 年 2 月财政局“三定方案”不设财政所。2003 年财政所隶属乡镇
	副所长	叶坤泉	2002.3—2003.6	

续表 27－17

机构名称	职　务	姓　名	任职时间	备　注
桐乡市地税局崇福税务所(征管局)(2003.6—2004.4)	所　长(局长)	章建中	2003.6—2004.4	2003年6月浙桐地税发(2003)71号《桐乡市地方税务局关于成立征管局的通知》,下设征管局
	副所长(副局长)	叶坤泉	2003.6—2004.4	
桐乡市地税局崇福税务分局(2004.4—)	局　长	章建中	2004.4—2009.3	2004年1月浙地税发(2004)2号《关于进一步规范全省地税系统基层征管机构名称的通知》、浙嘉地税人教(2004)69号《关于桐乡市地方税务局规范基层征管机构名称的批复》,征管局(税务所)更名为税务分局
		汪春荣	2009.3—	
	副所长	叶坤泉	2004.4—2005.11	
		江永明	2005.11—2008.9	
		张月龙	2008.6—	
		施锦松	2008.9—	
桐乡县(市)税务检查站(1989.8—1997.8)	副站长	田绿峰	1989.12—1997.8	1989年8月,县编委(89)22号批准建立税务检查站(所级,由崇福财税所代管),1997年8月撤销

表 27－18　　桐乡市财税局炉头财税所(组)负责人名录

(1951—1996年12月)

机构名称	职　务	姓　名	任职时间	备　注
桐乡县人民政府税务局炉头稽征组(1951.11—1959.9)	组　长	余春根	1953.2—1953.5	1951年11月,桐乡县人民政府税务局,设置炉头稽征组
		吴文忠	1953.5—1955.5	
		朱鹤群	1960.4—1960.4	
桐乡县财政局炉头财政所(1959.9—1961.8)	副所长	朱鹤群	1960.4—1961.8	1959年9月,桐乡县财政局增设炉头财政所
桐乡县财税局炉头税务所(1961.8—1966.5)	副所长	朱鹤群	1961.8—1966.5	1961年8月恢复桐乡县税务局,下设税务所。原财政所同时撤销
桐乡县(市)财政税务局炉头财税所(1973.5—1996.12)	副所长	朱鹤群	1978.11—1984.7	1966年4月,并入乌镇税务所。1973年5月,根据县委〔73〕14号文件精神,建立炉头财政税务所。1996年12月,根据嘉财人(96)324号,浙嘉国税人(96)156号、浙嘉地税人(96)175号批复,撤销炉头财政税务所,其管辖范围划归乌镇财政税务所管理
	所　长	林建强	1987.5—1988.3	
		陈宏烈	1989.4—1993.7	
	副所长	林建强	1984.7—1987.5	
		陈宏烈	1988.3—1989.4(全面负责)	
		马志刚	1989.4—1992.6	
		方　真	1992.6—1994.9(所长助理)	
		毛培生	1993.7—1996.12(全面负责)	

表 27－19　　桐乡市财税局屠甸财税所负责人名录

（1950—2000 年 3 月）

<table>
<tr><th>机构名称</th><th>职　务</th><th>姓　名</th><th>任职时间</th><th>备　注</th></tr>
<tr><td rowspan="3">桐乡县屠甸税捐稽征所</td><td rowspan="2">负责人</td><td>万宾甫</td><td>1949.6—1949.8</td><td rowspan="3">1949 年 5 月桐乡县和平解放。6 月税收业务工作正常开展</td></tr>
<tr><td colspan="2">任职期间因贪污判刑七年</td></tr>
<tr><td>副所长</td><td>金　奎</td><td>1949.8—1950.3</td></tr>
<tr><td rowspan="9">桐乡县人民政府税务局屠甸税务所
（1950.3—1958.4）</td><td>负责人</td><td>万莲芳</td><td>1950.3—1950.5</td><td rowspan="9">1950 年 3 月成立桐乡县人民政府税务局，下设税务所</td></tr>
<tr><td rowspan="2">副所长</td><td>万莲芳</td><td>1950.5—1952.2</td></tr>
<tr><td>徐文达</td><td>1950.10—1953.5</td></tr>
<tr><td>暂代所长</td><td>徐文达</td><td>1952.5—1952.10</td></tr>
<tr><td>负责人</td><td>凌　霖</td><td>1953.5—1954.3</td></tr>
<tr><td rowspan="3">副所长</td><td>凌　霖</td><td>1954.3—1958.4
第二副所长</td></tr>
<tr><td>姚镌明</td><td>1955.5—1957.10</td></tr>
<tr><td>苏良益</td><td>1957.2—1958.4</td></tr>
<tr><td>桐乡县财政局屠甸财政办事处
（1958.4—1959.9）</td><td>副主任</td><td>苏良益</td><td>1958.4—1959.9</td><td>1958 年 4 月县财粮科、税务局、保险公司合并，成立财政局，下设办事处</td></tr>
<tr><td>桐乡县财政局屠甸财政所
（1959.9—1961.8）</td><td>所　长</td><td>苏良益</td><td>1959.9—1961.8</td><td>1959 年 9 月全省统一基层财政机构名称，办事处改称财政所</td></tr>
<tr><td rowspan="3">桐乡县财税局屠甸税务所
（1961.8—1970.12）</td><td>所　长</td><td>苏良益</td><td>1961.8—1968.5</td><td rowspan="3">1. 1961 年 8 月恢复桐乡县税务局，下设税务所。
2. 1968 年 5 月各基层所相继成立“革命领导小组”</td></tr>
<tr><td>组　长</td><td>苏良益</td><td>1968.5—1971.3</td></tr>
<tr><td>副组长</td><td>周凉奇</td><td>1968.5—1970
群众代表
临时助征员</td></tr>
<tr><td rowspan="3">桐乡县财政金融局屠甸财政金融所
（1971.1—1973.5）</td><td>总负责</td><td>徐金永</td><td>1971.3—1973.3</td><td rowspan="3">1. 1970 年 12 月财税与银行合并建立财政金融局。下设财政金融所。
2. 财税所与银行营业所合并办公后，相继成立财政金融所革命领导小组</td></tr>
<tr><td>负责农村线</td><td>蒋茂言</td><td>1971.3—1973.3</td></tr>
<tr><td>负责城镇线</td><td>苏良益</td><td>1971.3—1973.5</td></tr>
<tr><td rowspan="9">桐乡县（市）财政税务局屠甸财税所
（1973.5—1997.12）</td><td>负责人</td><td>苏良益</td><td>1973.5—1978.11</td><td rowspan="9">1. 1973 年 3 月撤销财政金融局，建立桐乡县财政税务局（银行单独建立）。下设财政税务所。
2. 1994 年 10 月至 1997 年 9 月对外挂财政、国税、地税牌子，实行三块牌子，一套班子，合署办公。
3. 1997 年 9 月国、地税进一步分设，12 月国税局分署。
4. 1993 年 4 月桐乡撤县建市</td></tr>
<tr><td rowspan="4">所　长</td><td>苏良益</td><td>1978.11—1984.7</td></tr>
<tr><td>王庆林</td><td>1984.7—1988.4</td></tr>
<tr><td>杨雪明</td><td>1988.4—1990.5</td></tr>
<tr><td>沈云奎</td><td>1990.5—1997.9
1992.12 副局级</td></tr>
<tr><td rowspan="4">副所长</td><td>莫建林</td><td>1981.8—1983.11</td></tr>
<tr><td>姚文生</td><td>1986.12—1997.9</td></tr>
<tr><td>沈云奎</td><td>1989.7—1990.5</td></tr>
<tr><td>钱彬耀</td><td>1996.2—1997.12</td></tr>
</table>

续表 27－19

机构名称	职　务	姓　名	任职时间	备　注
桐乡市财政税务局屠甸财政所、屠甸地税所 (1997.12—2000.3)	副所长	钱彬耀	1997.12—2000.3 (全面负责)	2000年3月，浙嘉地税人(2000)66号、桐编委(2000)11号，批复，撤销屠甸财政税务所，其管辖范围划归梧桐财政税务所管理
		沈富春	1997.12—2000.3	

表 27－20　　桐乡市财税局高桥财税所(组)负责人名录

(1951年10月—1997年8月)

机构名称	职　务	姓　名	任职时间	备　注
崇德县人民政府税务局高桥税务所 (1951.10—1958.4)	组　长	徐　靖	1950.3—1951.10	1.1950年3月成立桐乡县人民政府税务局，下设留良税务组。 2.1951年10月留良税务组扩建为高桥税务所
	负责人	陈　铣	1951.10—1952.9	
		曹涣江	1956.8—1957.1	
	副所长	施德森	1952.10—1954.9	
		朱顺康	1954.9—1955.5	
		吴国荣	1954.10—1955.7	
		谢子尧	1956.3—1956.8	
		曹涣江	1957.1—1958.4	
	所　长	朱顺康	1955.2—1956.3	
崇德县财政局高桥财政所 (1958.4—1958.12)	副所长	曹涣江	1958.4—1958.12	1958年4月县财粮科、税务局、保险公司合并，成立财政局，下设财政所
		钱子茂	1958.11—1958.12	
桐乡县财政局高桥财政办事处 (1958.12—1959.9)	副主任	钱子茂	1958.12—1959.9	1958年11月崇德县建制撤销，并入桐乡县财政局后称办事处
桐乡县财政局高桥财政所 (1959.9—1961.8)	副所长	钱子茂	1959.9—1961.8	1959年9月全省统一基层财政机构名称，办事处改称财政所
桐乡县财税局高桥税务所 (1961.8—1970.12)	所　长	钱子茂	1961.8—1969.11	1.1961年8月恢复桐乡县税务局，下设税务所。原财政所撤销。 2.1966年5月“文化大革命”开始，1968年5月各基层所相继成立“革命领导小组”。革命领导小组主持工作
	组　长	钱子茂	1969.11—1971.2	
	组　员	张坤勤	1969.11—1971.2 群众代表、干部	
		杨徐华	1969.11—1970.5 群众代表 临时助征员	
桐乡县财政金融局高桥财政金融所 (1971.1—1973.5)	组　长	钱子茂	1971.2—1973.5	1970年12月财税与银行合并建立财政金融局。下设财政金融所。基层所相继成立所革命领导小组

续表 27－20

机构名称	职　务	姓　名	任职时间	备　注
桐乡县(市)财政税务局高桥财税所(1973.5—1997.12)	组　长	钱子茂	1973.5—1978.11	1.1973 年 3 月撤销财政金融局，建立桐乡县财政税务局。下设财税所。 2.1997 年 8 月，根据嘉财人(96) 324 号，浙嘉国税人(96) 156 号、浙嘉地税人(96)175 号批复，撤销高桥财政税务所，其管辖范围划归南日财政税务所管理
	副所长	仲善诚	1978.11—1984.7	
		张楚雄	1981.8—1989.4	
		沈永才	1986.3—1988.3	
	所　长	张楚雄	1989.4—1997.8	
	副所长	管利权	1989.4—1991.7	
		杨胜亮	1991.7—1997.8	

表 27－21　　**桐乡市财税局南日财税所负责人名录**

（1954 年 10 月—1999 年 4 月）

机构名称	职　务	姓　名	任职时间	备　注
桐乡县人民政府税务局南日税务所(1954.10—1955.6)	副所长	吕应鳌	1954.9—1955.5	1951 年 7 月成立南日税务稽征组，1954 年 10 月，县府 3598 号批准，稽征组扩建为税务所。1955 年 6 月，县府人字第 648 号通知，撤销南日税务所
桐乡县财政局南日财政所(1959.9—1961.8)	副所长	仲善诚	1960.4—1961.8	1959 年 9 月全省统一基层财政机构名称为财政所。同月，成立南日财政所
桐乡县财税局南日税务所(1961.8—1970.12)	副所长	仲善诚	1961.8—1968.5	1961 年 8 月恢复桐乡县税务局，下设税务所。原财政所撤销。1968 年 5 月成立“革命领导小组”
	负责人	仲善诚	1968.5—1971.2	
桐乡县财政金融局南日财政金融所(1971.1—1973.5)	负责人	仲善诚	1971.2—1973.5	1970 年 12 月财税与银行合并建立财政金融局。下设财政金融所。基层所相继成立所革命领导小组
桐乡县(市)财政税务局南日财税所(1973.5—1997.12)	负责人	仲善诚	1973.5—1978.11	1.1973 年 3 月撤销财政金融局，建立桐乡县财政税务局(银行单独建立)。下设财政税务所。 2.1994 年 10 月至 1997 年 9 月对外挂财政、国税、地税牌子，实行三块牌子，一套班子，合署办公。 3.1997 年 9 月国、地税进一步分设，12 月国税局分署。 4.1993 年 4 月桐乡撤县建市
	副所长	张楚雄	1978.1—1981.8	
		张守廉	1981.8—1984.7	
		邹才松	1984.7—1985.5	
		包万象	1984.7—1986.8	
		夏　敏	1986.3—	
		徐文标	1986.8—1989.4(全面负责)	
	所　长	徐文标	1989.4—1993.8	

续表 27－21

机构名称	职务	姓名	任职时间	备注
桐乡县(市)财政税务局南日财税所(1973.5—1997.12)	副所长	张志伟	1989.12—1991.2	
		管利权	1991.7—1995.4	
		徐国平	1995.1—1997.12	
		吴炳甫	1996.2—1997.9	
	所长	张楚雄	1997.8—1997.12	
	副所长	杨胜亮	1997.8—1997.9	
桐乡市财政税务局南日财政所、南日地税所(1997.12—1999.6)	所长	张楚雄	1997.12—1999.6	1999年4月,根据浙嘉地税人(1999)73号、桐编委(1999)35号批复撤销南日财税所,其管辖范围划归崇福财税所管理
	副所长	徐国平	1997.12—1999.6	

表 27－22

桐乡市财税局大麻财税所负责人名录

(1952年2月—1997年8月)

机构名称	职务	姓名	任职时间	备注
崇德县大麻税务所(1952.2—1958.4)	负责人	房大洪	1952.3—1952.9	
崇德县人民政府税务局大麻税务所(1952.2—1958.4)	副所长	张曙光	1952.9—1953.6	1950年3月成立崇德县人民政府税务局,下设大麻税务组。1952年2月嘉兴专署税务局税秘字85号通知,成立大麻税务所
		朱顺康	1953.6—1954.9	
		施德森	1954.9—1955.2	
		赵　文	1954.10—1955.2	
		张守廉	1955.2—1956.3 第一副所长	
		施德森	1955.2—1956.3 第二副所长	
	负责人	施德森	1956.3—1957.1	
	副所长	施德森	1957.1—1958.4	
崇德县财政局大麻财政所(1958.4—1958.12)	副所长	施德森	1958.4—1958.12	1958年4月县财粮科、税务局、保险公司合并,成立财政局,下设财政所
桐乡县财政局大麻财政办事处(1958.12—1959.9)	副所长	施德森	1958.12—1959.9	1958年11月崇德县建制撤销,并入桐乡县财政局后称办事处
桐乡县财政局大麻财政所(1959.9—1961.8)	副所长	施德森	1959.9—1960.10	1959年9月全省统一基层财政机构名称,办事处改称财政所
		张寅权	1960.11—1961.8	
桐乡县财税局大麻税务所(1961.8—1966.3)	副所长	张寅权	1961.8—1965.7	1961年8月恢复桐乡县税务局,下设税务所。原财政所撤销。1966年3月,桐委人事62号批复,大麻税务所并入崇福税务所,成立税务稽征组

续表 27－22

机构名称	职务	姓名	任职时间	备注
桐乡县(市)财政税务局大麻财税所(1973.5—1997.8)	所长	周金生	1985.5—1997.8 1992.12 副局级	1973 年 5 月,根据县委(73)14 号文件精神,成立大麻财政税务所。 1997 年 8 月,根据嘉财人(96)324 号,浙嘉国税人(96)156 号、浙嘉地税人(96)175 号批复,撤销大麻财政税务所,其管辖范围划归洲泉财政税务所管理
	副所长	孙宝廉	1981.8—1988.3	
		孙宝廉	1992.12—1997.8 (副所级调研员)	
		金　鑫	1988.4—1996.2	
		杨胜亮	1990.12—1991.7	
		杨　镛	1996.3—1997.8	

表 27－23　　**国税局基层机构负责人名录**

（1997 年 11 月—2010 年）

机构名称	职务	姓名	任职时间	备注
乌镇税务所	所长	毕振亚	1997.11.25—1999.1.25	
	副所长	虞福庆	1997.11.25—1999.1.25	
		毛培生	1997.9.3—1997.12.1	
濮院税务所	副所长	杨胜亮	1997.11.25—1999.1.25	
		朱召平	1997.11.25—1999.1.25	
梧桐税务所	副所长	施文奎	1997.9.3—1997.12.1	
		施　炬	1997.12.19—1999.2.1	
		陆文忠	1997.12.19—1999.1.25	
屠甸税务所	副所长	吴炳甫	1997.11.25—1999.1.25	
		罗建荣	1997.12.19—1999.1.25	
南日税务所	副所长	李建平	1997.11.25—1999.1.25	
		朱国强	1997.12.19—1999.1.25	
石门税务所	所长	金　鑫	1997.11.25—1999.1.25	
	副所长	朱仲寅	1997.12.19—1999.1.25	
洲泉税务所	所长	沈云奎	1997.11.25—1999.1.25	
	副所长	杨　镛	1997.11.25—1999.1.25	
		姚志义	1997.12.19—1999.1.25	
崇福税务所	所长	严　勇	1997.11.25—1999.1.25	
	副所长	朱　泳	1997.12.19—1999.1.25	
涉外税收管理分局	副局长	钟雪明	1997.11.25—1999.1.25	
	局长	王新华	2000.8.16—2001.5.28	
		张一鸣	2001.5.28—2005.6.1	
进出口税收管理分局	局长	钟雪明	1999.11.29—2003.7.18	
发票管理所	所长	沈明富	1997.11.25—2001.5.28	

续表 27－23

机构名称	职务	姓名	任职时间	备注
征管分局	局长	吕依萍	1999.1.25—2001.5.28	
	副局长	严　勇	1999.1.25—2001.5.28	
		毕振亚	1999.1.25—2001.5.28	
		金　鑫	1999.1.25—2001.5.28	
		杨胜亮	2000.3.14—2001.5.28	
梧桐办税服务厅	主任	吕依萍	女，1999.1.25—2001.5.28	
	副主任	吴炳甫	1999.1.25—2001.5.28	
		施　炬	1999.1.25—2001.5.28	
崇福办税服务厅	主任	严　勇	1999.1.25—2001.5.28	
乌镇办税服务厅	主任	毕振亚	1999.1.25—2001.5.28	
石门办税服务厅	主任	金　鑫	1999.1.25—2001.5.28	
洲泉办税服务厅	主任	杨胜亮	1999.1.25—2001.5.28	
	副主任	杨　镛	1999.1.25—2001.5.28	
管理局(征收管理科)	局长(科长)	吕依萍	2001.5.28—2003.7.18	
	副局长(副科长)	严　勇	2001.5.28—2003.7.18	
		杨胜亮	2001.5.28—2003.7.18	
征收局	局长	金　鑫	2001.5.28—2001.12.19	
	副局长	施　炬	2001.5.28—2002.1.1	
		杨　镛	2001.5.28—2001.12.1	
崇福税务分局综合股	分局长	杨胜亮	2007.11.19—2009.10.23	
		王云飞	2009.10.23—	
	副分局长	施　炬	2008.9.28—2009.11.30	
		严　勇	2009.11.30—	
	综合股股长	朱　伟	2008.4.16—2008.9.28	
		杨　镛	2008.9.28—	
濮院税务分局	分局长	沈永才	2009.4.22—	
	综合股股长	朱　凡	2009.8.12—	

四、稽查机构负责人名录

表 27－24　桐乡市财税系统稽查机构负责人名录

(1991 年 9 月—2010 年)

机构名称	职务	姓名	任职时间	备注
桐乡县(市)财税局稽查队(1991.9—1994.10)	队长	沈明富	1992.3—1994.9	1. 1991 年 9 月，县编委(1991)47 号批复建立局税务稽查队。2. 检察院驻财税局检察室，稽查队、检察室合署办公
	副主任	沈明富	1991.9—1994.9(兼)	
		张富祥	1991.9—1994.9	

续表 27－24

机构名称	职务	姓名	任职时间	备注
桐乡市国税局、地税局税务稽查大队(税务稽查分局)(1994.10—1997.12)	大队长	汤震明	1994.9—1997.12	1994年10月,桐编委(1994)8号批复,撤销税务稽查队。组建税务稽查大队,同时挂税务稽查分局(副局级)牌子
	副大队长	张一鸣	1994.8—1997.9(主持日常工作)	
桐乡市地税局税务稽查大队(税务稽查分局)(1997.12—1998.9)	大队长	汤震明	1998.8—1999.3(兼)	1997年9月国、地税机构进一步分设,12月国税局分署
	副大队长(副股级)	方　真	1997.12—1999.3(主持日常工作)	
桐乡市地税局稽查局(1998.9至今)	局　长	汤震明	1999.3—1999.6(兼)	1998年9月,浙编办(1998)47号、浙地税人教(1998)88号,税务稽查大队(税务稽查分局)更名为桐乡市地方税务局稽查局
		吴建勇	1999.12—2010.4(兼)	
		沈建峰	2010.4—	
	副局长(正股级)	方　真	1999.3—2004.6	
		马志刚	2001.11—2004.6	
		张　铮	2004.6.—2010.5	
		宓方冬	2004.6.—	
桐乡市地税局稽查局综合股	股　长	方　真	1999.6—2002.2(兼)	1999年4月,浙嘉地税人(1999)71号批复,同意桐乡市地方税务局稽查局设立综合股、检查一股、检查二股、案件审理股、执行股,级别为副股级
		吴雪明	2002.3—2006.3	
		侯涛红	2006.3—2010.5	
		费　佳	2010.5—	
桐乡市地税局稽查局检查一股	股　长	徐国平	1999.6—2004.6	
		宓方冬	2004.6—2006.3(兼)	
		董卫泉	2006.3—	
桐乡市地税局稽查局检查二股	股　长	朱铭星	1999.6—2001.11(兼)	
		汪春荣	2001.11—2004.6	
		朱铭星	2004.6—2009.9	
		沈洪明	2009.6—	
桐乡市地税局稽查局检查三股	股　长	冯永梅	2000.3—2003.2	2000年3月,浙嘉地税人(2000)67号批复增设检查三股
		马志刚	2003.2—2004.2	
		姚剑强	2004.1—2008.6	

续表 27－24

机构名称	职务	姓名	任职时间	备注
桐乡市地税局稽查局案件审理股	股长	姚文生	1999.6—1999.10	
		汪春荣	2000.3—2001.11	
		马玉坤	2001.11—2004.6	
		金新华	2004.6—2006.3	
		沈洪明	2006.3—2009.7	
		费佳	2009.7—2010.5	
		蔡梅洁	2010.5—	
桐乡市地税局稽查局执行股	股长	徐国平	1999.6—2000.3	
		钱彬耀	2000.3—2010.9	
		宓方冬	2010.9—(兼)	

表 27－25　　桐乡市国税局稽查机构负责人名录

（1997—2010年）

机构名称	职务	姓名	任职时间	备注
稽查局(税务稽查大队)	副局长(副大队长)	张一鸣	1997.11.25—2001.5.28	
		沈云奎	1999.1.25—2001.5.28	
	综合股股长	李建平	1999.1.25—2001.5.28	
	稽查股股长	罗建荣	1999.1.25—2001.5.28	
	案审股股长	朱国强	1999.1.25—2001.5.28	
	执行股股长	沈云奎	1999.1.25—2000.5.24(兼)	
		毛培生	2000.5.24—2001.5.28	
崇福稽查中队	队长	朱泳	1999.1.25—2001.5.28	
乌镇稽查中队	队长	虞福庆	1999.1.25—2001.5.28	
梧桐稽查中队	队长	陆文忠	1999.1.25—2001.5.28	
	副队长	朱召平	1999.1.25—2001.6.6	
石门稽查中队	队长	朱仲寅	1999.1.25—2001.5.28	
洲泉稽查中队	队长	姚志义	1999.1.25—2001.5.28	
稽查局	局长	毕振亚	2001.5.28—2003.7.18	
		许建良	2003.7.22—2005.10.9	
		陆文忠	2005.10.9—2006.7.14	
		严勇	2007.5.29—2008.9.26	
		邬卫国	2008.9.26—	

续表 27－25

机构名称	职　务	姓　名	任职时间	备　注
稽查局	副局长	沈云奎	2001.5.28	
		朱国强	2001.12.19—2003.7.18 2003.7.18—2005.5.30 任稽查局局长助理 2005.5.30—2007.5.29	
		虞福庆	2005.5.30—2008.4.16 2008.9.28—2009.11.5	
		严　勇	2008.9.26—2009.11.30	
		施　炬	2009.11.30—	
	指导员	刘智跃	2008.4.16—	
	综合股股长	李建平	2001.5.28—2005.5.1	
		吴炳甫	2008.9.28—2010.1.29	
		邵　青	2010.1.29—	
	执行股股长	毛培生	2001.5.28—2001.12.19	
		朱　泳	2001.12.19—2003.7.18	
		杨　镛	2005.5.30—2008.9.28	
		毛培生	2008.9.28—2009.5.19	
		杨少杰	2009.8.12—2010.1.29	
		刘智跃	2010.1.29— （兼）	
	选案股股长	杨　镛	2005.5.30—2006.9.5	
		李建平	2006.9.5—2008.9.28	
		吴炳甫	2008.9.28—2010.1.29 （兼）	
		邵　青	2010.1.29— （兼）	
	协查股股长	吴炳甫	2005.5.30—2008.9.28	
	审理股股长	朱国强	2001.5.28—2003.9.15	
		杨伟东	2003.9.15—2005.5.30	
		邵　青	2008.9.28— （兼）	
	检查一股股长	陆文忠	2001.5.28—2001.11.12	
		虞福庆	2001.12.19—2005.11.1	
	检查二股股长	朱　泳	2001.5.28—2001.12.19	
		毛培生	2001.12.19—2008.9.28	

续表 27－25

机构名称	职务	姓名	任职时间	备注
稽查局	检查三股股长	虞福庆	2001.5.28—2001.12.19	
	检查四股股长	姚志义	2001.5.28—2002.2.21	
	检查股	许富强	2008.9.28—	
	涉外税收检查股	罗建荣	2001.5.28—2001.11.12	
		朱仲寅	2001.12.19—2003.7.18	
	增值税专业发票协查股	朱仲寅	2001.5.28—2001.12.19	
		吴炳甫	2001.12.19—2005.5.30	

五、事业单位负责人名录

表 27－26 桐乡市财税系统企事业单位负责人情况表

(1992—2010 年)

机构名称	职务	姓名	任职时间	备注
桐乡市财税培训中心(全民事业)	主任	徐文标	1993.8—1997.12	1992 年 12 月县政府办公室(92)237 号文同意建立,2004 年 5 月桐编(2004)26 注销
		徐文标	1997.12—2001.6	
		田绿峰	2001.6—2004.5	
桐乡市金兰大酒店(全民企业)	总经理	徐文标	1995.1—1999.1	1995 年 5 月建立,2004 年 10 月桐体改办(2004)17 号同意改制为有限责任公司
		朱学伟	1999.1—2000.3	
		徐小平	2000.3—2004.10	
	副总经理	高海群	1995.1—1997.9	
财务开发公司(全民事业)	总经理	沈彤寿	1988.6—1989.12	1988 年 6 月建立,1989 年 12 月注销
桐乡市财政信用开发公司(全民事业)	总经理	莫建林	1992.7—1996.7	1992 年 6 月县编委(92)16 文批准建立,2004 年 12 月桐事改(2004)2 号文批复改制
		于勇达	1996.7—1996.8	
		宋宵鸣	1997.8—2004.12	
	副总经理	于勇达	1992.7—1996.7	
		张伟良	1996.7—1998.5	
桐乡市会计师事务所(全民事业)	所长(兼)	莫建林	1992.9—1995.3	1991 年 9 月建立,1999 年 12 月省财政厅浙财会(99)315 号文批复注销
	副所长	施德淼	1992.9—1995.3	
		施建勋	1995.3—1998.5(全面负责)	
		徐佩珠	1998.5—1999.12(法人代表)	
		黄少明	1998.5—1999.12	
桐乡市税务师事务所(全民事业)	所长	徐松燧	1995.1—1997.9	浙国税征(1995)11 号、浙地税征(1995)11 号文批准建立,1997 年 9 月转给国税局

续表 27－26

机构名称	职务	姓名	任职时间	备注
桐乡地益税务师事务所(全民事业)	副所长	孙红英	1998.5—2000.1	1998年5月桐编委(1998)7号批复建立,2000年1月桐编委(2000)10号批复注销
桐乡市地税局信息中心(全民事业)	主　任	王忡新	2000.3—2005.7	1.1997年11月浙嘉地税人(1997)188号文批复市地税局建立信息中心。 2.2001年9月桐编委(2001)24号批复建立财政局信息中心。 2004年5月桐编(2004)26号通知,财政局、地税局信息中心定为社会公益类纯公益性事业单位
		徐建中	2005.7—2005.11	
		孙　健	2005.11—	
	副主任	韦庆勇	1997.12—2005.11	
		沈晓刚	2008.4—	
桐乡市财政局信息中心(全民事业)	主　任	王忡新	2001.9—2005.7	
		徐建中	2005.7—2005.11	
		孙　健	2005.11—	
	副主任	韦庆勇	2001.9—2005.11	
		沈晓刚	2008.4—	
桐乡市收费管理办公室(全民事业)	主任(兼)	张志明	1998.5—2000.7	1.1998年6月桐编委(1998)7号批复建立收费管理办公室。 2.2000年7月桐编委(2000)28号批复建立农业税征收管理中心。 3.2004年5月桐编委(2004)5号文两单位合并。并定为监督管理类事业单位。 4.2010年12月桐编(2010)16号批复市收费管理办公室(市农业税征收管理中心)增挂桐乡市财政票据管理中心牌子
		钟莲芬	2000.7—2006.8	
		孙羽萍	2006.8—2010.5	
		施杏仙	2010.5—	
	副主任(兼)	钟莲芬	1998.5—2000.3	
		姜　玮	2000.3—2002.3	
桐乡市农业税收征收中心	主　任	孙羽萍	2000.7—2006.8	
		徐国平	2006.8—2008.6	
		沈　锋	2008.6—	
桐乡市财政支付(核算)中心	主　任	孙　坚	2001.7—2004.6	1.2001年7月市编委(2001)12号批复建立桐乡市预算会计核算中心。 2.2004年5月桐编委(2004)26号文批复更名市财政支付(核算)中心
		沈　锋	2004.6—2008.6	
		吴雪明	2008.6—	
	副主任	施杏仙	2001.7—2004.6	
		姚仿娟	2002.10—	
桐乡市国有资产投资经营有限公司	董事长 法人代表	柏利勇	2000.3—2005.6	1999年12月桐政发(1999)162号文批复建立桐乡市国有资产投资经营有限公司
	副董事长	尹夏青	2000.3—2005.6	
		宋宵鸣	2000.3—2005.6	
	总经理	宋宵鸣	2000.3—2005.6	

续表 27-26

机构名称	职务	姓名	任职时间	备注
桐乡市城市建设投资有限公司(1)	董事长 法人代表	张文华	2003.10—2005.6 (常务副市长)	2003年10月桐政发(2003)58号文《桐乡市人民政府关于组建桐乡市城市建设投资有限公司的批复》,组建桐乡市城市建设投资有限公司。公司性质:国有独资
	董事会 成员	李建平	2003.10—2005.6 (副市长)	
		顾根梁	2003.10—2005.6 (发改局局长)	
		赵洪亮	2003.10—2005.6 (财政局局长)	
		凌枫	2003.10—2005.6 (国土资源局局长)	
	监事会 召集人	沈季强	2003.10—2005.6 (人大常委会副主任)	
	监事会 成员	柏利勇	2003.10—2005.6 (政协副主席)	
		孙晓东	2003.10—2005.6 (监察局局长)	
		凌云	2003.10—2005.6 (审计局局长)	
	总经理	赵洪亮	2003.10—2005.6 (财政局局长)	
桐乡市城市建设投资有限公司(2)	董事长 法人代表	赵洪亮	2005.6—2010.1 (财政局局长)	2005年6月桐政函(2005)16号文《桐乡市人民政府关于同意市城投公司和国投公司合并的批复》,同意桐乡市城市建设投资有限公司与桐乡市国有资产投资经营有限公司合并,组建新的桐乡市城市建设投资有限公司。注销国投公司
		姜玮	2010.1— (财政局局长)	
	董事会 成员	茅永良	2005.6任职 (财政局副局长)	
		杨亦青	2005.6任职 (财政局)	
		朱政华	2005.6任职 (财政局)	
		姜玮	2005.6—2008.4 (财政局)	
	监事会 召集人	孙晓东	2005.6任职 (监察局局长)	
	监事会 成员	吴海燕	2005.6任职 (财政局副局长)	
		房治方	2005.6任职 (审计局副局长)	
		徐中伟	2005.6任职 (职工代表)	
	总经理	杨亦青	2005.6— (财政局)	

续表 27 - 26

机构名称	职　务	姓　名	任职时间	备　注
桐乡市人民政府采购中心	主　任	徐文标	1999.2—2000.7	1999 年 1 月桐编委(1999)7 号文批复建立,2004 年 5 月桐编委(2004)26 号文注销。(市政府设于财政局的机构)
		张绍雄	2000.7—2002.3	
桐乡市乌镇古镇旅游投资有限公司(1)	董事长 法人代表	陈向宏	2006.12 任职(乌镇旅游公司总经理)	2006 年 12 月桐政函(2006)24 号文《桐乡市人民政府关于同意组建桐乡市乌镇古镇旅游投资有限公司的批复》,同意组建桐乡市乌镇古镇旅游投资有限公司
	董事会 成　员	赵洪亮	2006.12 任职(财政局局长)	
		朱政华	2006.12 任职(财政局科长)	
	监事会 召集人	张建红	2006.12 任职(审计局科长)	
	监事会 成　员	王晓洁	2006.12 任职(财政局副科长)	
		沈慧霞	2006.12 任职城投公司财务经理	
	总经理	杨亦青	2006.12 任职 城投公司总经理	
桐乡市乌镇古镇旅游投资有限公司(2)	董事长 法人代表	姜　玮	2010.12 任职(财政局局长)	
	董事会 成　员	张建林	2010.12 任职(乌镇镇镇长)	
		朱政华	2010.12 任职(国资办副主任)	
		林建强	2010.12 任职(局退休干部)	
		杨亦青	2010.12 任职 城投公司总经理	
	监事会 召集人	鲍向农	2010.12 任职(审计局副局长)	
	监事会 成　员	沈　科	2010.12 任职(国资办副科长)	
桐乡市乌镇古镇旅游投资有限公司	监事会 成　员	沈慧霞	2010.12 任职城投公司财务经理	2010 年 12 月董事会、监事会部分成员进行了调整
	总经理	杨亦青	2010.12 任职 城投公司总经理	

续表 27－26

机构名称	职　务	姓　名	任职时间	备　注
桐乡市新市镇投资开发有限公司	董事长	赵洪亮	2010.1 任职（财政局局长）	2010 年 1 月桐政函(2010)2 号文件批复同意建立桐乡市新市镇投资开发有限公司（简称新市镇公司）
	董事会成员	沈富春	2010.1 任职（财政局副局长）	
		朱政华	2010.1 任职（国资办副主任）	
		房治方	2010.1 任职（财政局副局长）	
		杨亦青	2010.1 任职 城投公司总经理	
		徐永强	2010.1 任职（市农办副主任）	
		沈培根	2010.1 任职（国土局副局长）	
		沈慧霞	2010.1 任职 城投公司财务经理	
	总经理	杨亦青	2010.1 任职 城投公司总经理	
	监事会召集人	鲍向农	2010.1 任职（审计局副局长）	
	监事会成员	吴海燕	2010.1 任职（财政局副局长）	
		庄长荣	2010.1 任职（监察局监察室主任）	
		虞志刚	2010.1 任职（城投公司职工代表）	
		徐中伟	2010.1 任职（城投公司职工代表）	

表 27－27　　桐乡市国税系统企事业单位负责人名录

（1997—2010 年）

机构名称	职　务	姓　名	任职时间	备　注
桐乡税务师事务所	副所长	毛培生	1997.11.25—2000.7.12	
		徐松燧	1997.11.25—	
税务培训中心			1997.11.5—2001.4.28	
税务计算中心	主　任	沈明富	1997.11.25—2001.5.28	
	副主任	金润冬	1997.12.9—2001.5.28	
信息中心	主　任	金润冬	2007.5.30—2010.8.30	
	副主任	金润冬	2001.5.28—2007.5.29	
		叶志伟	2010.8.30—	
机关服务中心	主　任	施文奎	2001.5.28—2005.6.1	
	副主任	吴炳甫	2001.5.28—2002.1.1	

第三节 非领导职务

表 27－28 1987—1995 年桐乡市财税系统非领导职务情况表

任职时间＼职务	主任科员	副主任科员
1987		吕应鳌 宋培铨 周锦浩 施德淼 王乐群 沈彤寿 徐文元 方联翩 施勤甫 金克贤
1991	王乐群 金克贤 施德淼 周锦浩 施勤甫 徐松燧	吴成善 张绍雄
1992	胡文英	尹夏青 宋宵鸣 潘家武 沈 婕 吴炳甫 姚顺龙 包万象
1993	吴成善 钱和生 李康治 庄福奎 钱子茂 李孝国 周金生 连轩云 王庆华 沈云奎	陆 劲 夏剑芬 张志明 沈明富 杨亦青 吴建勇 韩 筠 吴锡良 张一鸣 徐文标 杨雪明 蒋一真 秦建棠 朱召平 沈老虎 韦庆勇 李建平 林建强 毕振亚 王煜初 王美华 虞福庆 陈宏烈 施文奎 王雨田 丁仲良 孙瑞隆 陈国珍 姚文生 管利权 朱 炜 孙 坚 张楚雄 陆永根 吕依萍 王云儿 周正远 孙达敏 朱玉龙 吴海燕 庄国良
1994		章建平 毛培生 钱建明 钱炳耀 王湘达 王建庆 王仲新 于勇达 张富祥 朱兰英 董建芬 陆应铨 沈少黎 陆 坚 章伟杰 曹钻逸 蒋卫成 方 茵 姚志义 王华恳 章建忠 沈建荣 褚 燕 陈明明 余华君 祝培锋 张志伟 韦庆龄 张黎光 沈力人 杨胜亮 张建成 沈荣民 房治方 何建华
1995	尹夏青 潘家武 李建平 秦建堂 张绍雄 潘伟宏 夏木根 丁仲良	黄 健 茅永良 陈敏亚 徐伟强 李建兴 孙羽萍 邱根英 杨建芳 章美海 金 鑫 朱新华 朱仲寅
1995		周 华 徐跃新 田绿峰 朱顺庆 朱晓明 沈林寿 钟莲芬 潘红根 钟雪明 朱铭星 吕 伟 曹清华

表 27－29 1996—2010 年桐乡市财政地税系统非领导职务名录

任职时间＼职务	主任科员	副主任科员
1997		马志刚 武利深 张 铮 邱利宁
1998		朱学伟 施建勋 丁明森 张林芳 叶坤泉 李磊石 廖红伟
1999		王金泉 沈钰坤 范益明 管建梁
2000	吴建勇 韩 筠 宋晓鸣 包万象	张伟良 兰 平 吴剑波 徐韵福 缪 健 王小寅 章国敏 朱陶静 顾利平 孙 健 施杏仙 王晓丹 沈培荣 魏 琼 林宏颜 许连强 沈小涵 孙红英 徐霞华 方 真 吴鉴伟 金志刚 周新宁 朱 弘 吴万仁 汪春荣 徐杏清
2001	李建兴	陆海文 许 雷 侯涛红
2002		莫根林 李正环 周生炎 金 刘 宓方冬 沈毛娜 金新华 王剑峰 陈春达 朱建生 马英杰 沈 峰 李富中 李子良 凌 红 李文荣 高惠娟 朱建国 朱政华 沈建良 郭林强 朱伟强 朱树明 朱洪良 商正浩 徐国平 马玉坤

续表 27－29

职务 任职时间	主任科员	副主任科员
2003		吴雪明　胡美龙
2004	杨文新	张月龙　张金良　王雪寒　陆海欣
2005	沈老虎　陈宏烈　章建忠　夏剑芬　孙　坚　吴锡良　张志明　杨亦青　徐文标　朱兰英　朱学伟　陆永根　张楚雄　王仲新　钱炳耀　陆应铨　潘红根　沈毛娜　陈国珍	冯永梅　沈富春　陆中林　俞新娟　姜　玮　黄　静
2006	张林芳　田绿峰　张　铮　马志刚　孙达敏　周　华　蒋一真　武利深　沈林寿　朱爱琴	周耀芬　徐建中　曹　丽　沈洪明　许亚明　杨爱香
2007	吕　伟　陈敏亚　叶坤泉　吴海燕　朱铭星	费　佳
2008	施建勋　丁明森　李磊石　廖红卫　方　真　孙红英　孙羽萍　姜　玮	董建平　沈群初　陆建华　王晓洁　陈伟达　姚剑祥　沈骁刚　倪为荣　徐卫其　成建中　许霖杰　李伟庆　陈明华　江永明　管振强　潘伟强　沈玉华　陆新予
2009	范益明　管建梁　张伟良　兰　平　徐韵福　吴剑波　沈钰坤　韦庆勇　蒋卫成	陈晓曙　吴黎鸿　徐水芬　陆奇英
2010	王小寅　吴鉴伟　张建纺　徐杏清　汪春荣　沈小涵	陶　宏　潘　婷　吴剑宏　乐树兴

表 27－30　　1997—2010 年桐乡市国税系统非领导职务名录

职务 任职时间	主任科员	副主任科员
1998	沈云奎	张建成　庄国良　王伟鹏　钱有松　邱根英　杨胜亮　黄　健　沈　婕　徐伟强　陈明明　朱玉龙　朱仲寅　朱培峰　金　鑫　钟雪明　余华君　虞福庆　曹钻逸　方　茵　朱　炜　孙瑞隆　朱　箭　刘智跃　沈娟英　范继成　严　勇　李　红　潘明娜　支英强　毕振亚　朱顺庆　王美华　杨娟芳　朱新华　曹清华　章美海　吴炳甫　徐跃新　朱晓明　毛培生　陆林荣　王春辉　钱建明　施文奎　管利权　董建芳　周正远　王湘达　姚志义　王煜初　沈明富　王华恳　张一鸣　王云儿　沈建荣　朱召平　吕依萍　章伟杰
1999	章伟杰　姚志义	沈志强　李　烨　张金初　潘秋生　钱建中　邱晓蕾　沈永才　王敏飞　陆文忠　金建梅　朱　泳　徐文彬　陈政飞　郭　星　沈银汉
2000	陆　劲　张一鸣　王云儿　吕依萍　朱召平　沈建荣　王华恳　沈明富　王煜初　管利权　钱建明　周建明	苏晓辚　沈岑家　张冬明　王建松　居培明　高海群　罗建荣　金润冬　魏　中　赵建明　潘英姿

续表 27－30

任职时间＼职务	主任科员	副主任科员
2001	王湘达　吴炳甫　朱晓明　周正远　施文奎　董建芬　王美华　毕振亚　朱顺庆	汪文华　钱炳坤　沈建学　胡伟华　王新华　徐天鹏　施永新　邬志强　曹学年　秦咸志　吴佩英　庄玲玲　马美渝　沈　静　杨　镛　高臻杰　龚吟冰　徐华斌
2002	汤震明	王文其　张增梁　陈桂强　陶红建　孙利民　潘　峰
2003	徐跃新　曹清华　刘智跃　严　勇　朱　箭	吴霞萍　施　炬　陈洁莲　兰　荣　高荣甫　卓　荦　陆振玮　帅学军　杨伟东　颜碧芬　陆立竑　屠炳坤　钮天云　钟似洪　蔡惠根　孙德芳　陆根梅　郑　炜　潘雪洪
2004	孙瑞隆　朱　炜	毕玲仙　褚云彬　冯　恺　金琴仙　徐兴良　杨少杰　朱　伟　朱亚杰　申柏坤　俞小琪　费卫星
2005	沈志强　李　烨　钱建中　张金初　潘秋生　苏晓辚　沈岑家　汪雪林　王建松　曹钻逸　陆林荣　毛培生　王春辉　方　茵　居培明　虞福庆　张冬明	陈保林　朱国强　高遵毅　周建慧　王亚红　张国民　金雅萍　范伟林　方建萍　李其华　陈云东　包全荣　叶志伟　毛铁峰　蒋益洪　汪国良　朱　悦　吴小娟　王筱莉　陈晓华　范建华　郭建林　梁　红　钱晓红　邵　青　王　哲　王云飞　张　芳　张国平　朱国荣　朱树泉
2007	杨娟芳　朱新华　章美海　王新华　钟雪明　徐天鹏　朱仲寅　马美渝　邬志强　庄玲玲　沈　静　祝培峰　曹学年　吴佩英　秦咸志　胡伟华　钱炳坤　杨　镛　汪文华　余华君　施永新　邹梅蓉	陈　奇　朱　凡　俞宏杰　张季峰　彭国强　钱新峰　朱伟宏　徐惠芳　史风雷
2008	顾玖松　沈娟英　支英强　潘明娜　范继成　吴霞萍　王文其　沈　婕　沈建学　陈明明　陈洁莲　黄　健　徐伟强　郭　星　陈正飞　杨胜亮　张增梁　施　炬　高荣甫　兰　荣　帅学军　朱玉龙　陆振玮　卓　荦	钟筱春　许富强　朱爱良　龚　伟　吴小新
2009	沈永才　钟似洪　毕玲仙　吴小娟	邹奇江
2010	王敏飞　朱国强　邱根英　陆立竑　陈保林　高遵毅	韦庆玲　肖松明　舒跃强　鲍正伟

第四节　技术职务

一、会计师

表 27－31　　桐乡市财政税务系统中级职务技术人员名录

任职时间	会计师	批准文号	备注
1989	沈锡明	福建省批准	考核评定
1992	韦庆勇(注册会计师)		考试合格

续表 27－31

任职时间	会计师	批准文号	备注
1992	韦庆勇	嘉财会职办(93)199号	考试合格
1992.11	宋宵鸣 潘家武 张志明 杨雪明 陆劲 尹夏青 张一鸣 朱召平 沈明富 莫建林 柏利勇 于勇达 王仲新 包万象 杨亦青 施德森 金克贤 施勤甫 韩筠 王乐群 周锦浩 吴建勇 钟雪明 茅永良 沈永才 汤震明	桐职办资(93)12号	评审确定
1993.11	曹钻逸 丁仲良 邱根英 陈明明 沈培荣 王敏飞 秦建棠 廖宏伟 朱陶静 虞福庆 吴海燕 施杏仙 孙键	嘉财会职办(94)72号	考试合格
1994.10	王小寅 徐国平 徐霞华 章国敏 祝培峰 孙红英 冯永梅 周华 金志刚 张建成 许雷 朱炜 金建梅 陆文忠	嘉职办资(95)55号	考试合格
1996.5	陈云伟 金润东 姜玮 钱毅强	桐职办资(1996)57号	考试合格
1997.5	李富中 凌红 周建慧 沈锋 徐兴良 王亚红 钱有松	桐职办资(1998)5号	考试合格

表 27－32　桐乡市财政地税系统中级职务技术人员情况表

任职时间	会计师	批准文号	备注
1998	沈荣民 俞新娟		考试合格
1999	朱森波		考试合格
2002.5	曹丽 周炳根	嘉职办(2002)68号	考试合格
2003.9	程晓岚 徐红梅 张利亚	嘉职改办(2003)83号 桐职办资(2004)5号	考试合格
2004.5	杨雪瑶 胡臻 沈慧霞	嘉职改办(2004)62号 桐职办资(2004)41号	考试合格
2006.5	王淑芳	嘉职办资(2006)66号 桐职办资(2006)44号	考试合格
2007.5	李海良	嘉职办资(2007)60号 桐职办资(2007)31号	考试合格

表 27－33　桐乡市国税系统会计师系列中级职务技术人员名录

任职时间	会计师	批准文号	备注
2002.5	邵青 方建萍	嘉职办(2002)68号	考试合格

二、经济师

表 27－34　桐乡市财政税务系统经济师系列中级职务技术人员名录

任职时间	经济师	批准文号	备注
1987	孙吉士 陈楹梅 杨国标 范莲英 洪炳跃 李启民 徐靖 连轩云	嘉财会职办(87)599号	考核评定
1988	(1)沈彤寿 徐文元 苏良益 徐松燧 钱子茂 (2)应业统 (3)张守廉 陆永祥	(1)嘉财会职办(88)199号 (2)嘉财会职办(88)472号 (3)嘉财会职办(88)6号	考核评定

续表 27－34

任职时间	经　济　师	批 准 文 号	备　注
1989	朱培铨	嘉财会职办(89)119 号	考核评定
1992	李孝国	嘉职改办(92)44 号	考核评定
1993	(1)陈宏烈 (2)张楚雄　吕依萍　朱玉龙　孙　坚　林建强	(1)嘉职办资(93)185 号 (2)嘉职办资(94)43 号	考核评定
1994	(1)管利权　王云儿　沈云奎　朱兰英　严　勇　陈敏亚　施文奎　金　鑫　姚文生　吴海燕	(1)嘉职办资(94)65 号	考核评定
	(2)朱铭星	(2)嘉职办资(94)74 号	考试合格

表 27－35　　桐乡市财政地税系统经济师系列中级职务技术人员名录

任职时间	经　济　师	批 准 文 号	备　注
1998	韦庆勇　曹　丽　沈富春　陆海欣　汪春荣　沈琴初　张志伟		考试合格
1999	陆建华　徐中伟　蒋卫成　沈建峰　张金良　方　真　魏　琼　虞志刚		考试合格
2000	陈国珍　吴雪明　管振强　林宏颜　高惠娟　沈小涵　胡美龙		考试合格
2001	武利深　陆奇英　马玉坤　朱晓红　许亚明　蔡梅洁　徐水芬　陈晓曙　王雪寒　宓方冬　王晓洁　谢树兴　费　佳　孙达敏　杨海容		考试合格
2002	施锦松　姚剑祥　沈晓刚　倪为荣	嘉职办资(2003)29 号 桐职办资(2003)13 号	考试合格
2003	盛大年　徐益明	嘉职办资(2004)33 号 桐职办资(2004)16 号	考试合格
2004	潘　婷　张　炎　黄莉莉　董卫泉　朱海强　陶　红　虞明曦	嘉职办资(2005)28 号 桐职办资(2005)13 号	考试合格
2005	陈　强　孙伟杰　吴黎鸿　周建明　张国萍　董建平　吴剑宏　周耀芬　钱　斌　吴剑波　沈永琪　蒋强峰	嘉职办资(2006)26 号 桐职办资(2006)25 号	考试合格
2006	沈燕萍　刘春雨　沈凡茹　吴学飞　金新华　张冶红	嘉职办资(2007)32 号 桐职办资(2007)16 号	考试合格
2007	钟　彦　茅路平	嘉职办资(2008)40 号 桐职办资(2008)6 号	考试合格
2008	李泉江　罗咏莲　严锦磊　房英钰	嘉职办资(2009)41 号 桐职办资(2009)30 号	考试合格
2009	陆国英　邱　毅　钱伟琴　李海良　王淑芳　黄　涛　袁韩伟　沈　科　孙　雅	嘉职办资(2010)40 号 桐职办资(2010)20 号	考试合格
2010	周子梅　沈丹捷	嘉职办资(2011)40 号 桐职办资(2011)24 号	考试合格

表 27－36　　1998 年以后桐乡市国税系统中级职务技术人员名录

任职时间	经　济　师	批 准 文 号	备　注
1998	吴炳甫　朱仲寅　王伟鹏　屠炳坤　沈银海　庄国良　徐文彬 朱　泳　魏　中　赵建明　龚吟冰　高臻杰　褚云彬		考试合格
1999	潘秋生　沈岑家　陆立竑　潘英姿　徐华斌　方建萍		考试合格
2000	汪文华　沈建学　张　芳　徐惠芳		考试合格
2001	潘　峰　陈桂强　陶红健　金琴仙　孙利民　郭建林　范伟林 范建华　冯　恺　李其华　陈晓华　许富强　钱晓红		考试合格
2002.11	孙德芳　钮天云　蔡惠根　郑　炜　潘雪洪　杨少杰　陆根梅	嘉职改办(2003)29 号 桐职办资(2003)13 号	考试合格
2003.11	陈云冬　费卫星　朱树泉　梁　红　张国民　陆振玮　朱亚杰 金雅萍　申柏坤　俞小琪　朱　伟	嘉职办资(2004)33 号 桐职办资(2004)16 号	考试合格
2004.11	俞宏杰　张季峰　朱　悦　叶志伟　汪国良　张国平　王云飞 史风雷　钱新峰　毛铁峰　蒋益洪	嘉职办资(2005)28 号 桐职办资(2005)13 号	考试合格
2005.11	彭国强　朱　凡　朱伟宏	嘉职办资(2006)26 号 桐职办资(2006)25 号	考试合格
2006.11	韦庆玲	嘉职办资(2007)32 号 桐职办资(2007)16 号	考试合格
2007.11	吴小新　龚　伟	嘉职办资(2008)40 号 桐职办资(2008)6 号	考试合格
2008.11	邱玲娣	嘉职办资(2009)41 号 桐职办资(2009)30 号	考试合格

三、税务师(执业税务师)

表 27－37　　1995 年后桐乡市财政税务系统税务师情况表

任职时间	税　务　师	批 准 文 号	备　注
1995	沈锡明　张　铮　章建平　许连强　沈培璋　汤震明　陆　劲 杨雪明　沈永才　方　真　宋宵鸣　吴建勇　王新华　徐文标 蒋一真　刘智跃　马志刚　毕振亚　毛培生　虞福庆　陈宏烈 朱召平　钟雪明　周金生　杨胜亮　吴海燕　严　勇　金　鑫 田禄峰　徐国平　沈　婕　章国敏　孙　健　施杏仙　秦建棠 王小寅　茅永良　朱陶静　王敏飞　余华君　祝培锋　邱根英 陈明明　金志刚　曹钻逸　徐霞华　朱　炜　朱玉龙　陈政飞	1995 年 4 月，经省国税局、地税局联合发文考核认定。 考核认定条件： 1. 连续从事税收业务工作 15 年以上，胜任本职工作的；	考核认定

续表 27－37

任职时间	税务师	批准文号	备注
1995	孙红英　方　茵　朱铭星　王美华　钟莲芬　褚　燕　徐伟强　夏木根　王煜初　朱仲英　陈国珍　韦庆玲　王雨田　孙羽萍　蒋卫成　黄　健　潘红根　沈力人　周　华　张一鸣　沈明富　庄福奎　姚文生　张楚雄　孙　坚　支英强　吕依萍　张志明　杨亦青　王仲新　张富强　武利深　包万象　于勇达　廖宏卫　张伟良　周锦浩　王云儿　韩　筠　陈敏亚　董建芬　钱建明　李　烨　沈娟英　朱兰英　吴剑波　朱新华　曹清华　徐韵福　陆应铨　管建梁　潘明娜　朱顺庆　周正远　范继成	2. 连续从事税收业务工作 10 年以上并现任科、股以上职务； 3. 连续从事税收业务工作 10 年以上，并具有中级经济、会计技术职称的税务干部。 注：其时此项资格尚未获人事部门认可。	考核认定
1997	岳锡龙　钱彬耀　杨　镛　沈培荣　吴霞萍　帅学军　金　刘　周生炎　陈春达　张增梁　卓　荦　徐天鹏　陆海文　马美渝　秦咸志　曹学年　施永新　丁明森　施建勋　张黎光　钱建中　张建仿　朱　弘　许之成　周新宁　吴鉴伟　吴万仁　孙达敏　朱建生　杨娟芳　管利权　施文奎　缪　鉴　李正环　王建锋　莫根林　金新华　沈建学　王文其　宓方冬　郭　星　施　炬　陈洁莲		考核认定
1998	柏利勇　马英杰　张绍雄　沈富春　陆永根　韦庆勇　凌　红　潘家武　丁仲良　吴成善　吴锡良　张志伟　陆　坚　吕　伟　王建庆　沈林寿　潘伟宏　尹夏青　朱洪良		考核认定

表 27－38　　桐乡市财政税务系统执业税务师名录

任职时间	执业税务师	批准文号	备注
1997	张守廉　金克贤　李孝国　钱子茂　陆荣祥　李康治　连轩云　徐松燧	浙国税征(1997)30 号 (退休人员)	考核认定
1998	柏利勇　汤震明　杨雪明　尹夏青　张　铮　夏木根　陈宏烈　陈敏亚　潘伟宏　孙羽萍　陈国珍　徐国平　徐霞华　张建仿　陆应铨　朱建生　陈春达　沈林寿　沈力人　马志刚　钱彬耀　沈富春　陆永根　张楚雄　吴鉴伟　蒋一真　朱铭星　朱洪良　吴海燕　沈培荣　孙红英　吴万仁　金新华　李正环　朱　弘		考核认定

表 27－39　　桐乡市财税系统注册税务师名录

任职时间	执业税务师	批准文号	备注
1998. 6	陈春达　吴万仁　沈力人　李正环　朱建生　金新华　孙红英　徐霞华　夏木根　潘伟宏　陈国珍	嘉职办资(1998)93 号 浙嘉地税人(1998)227 号	考试合格
2003. 9	陆建华		考试合格

表 27－40　　国税局注册税务师名录

任职时间	执业税务师	批准文号	备注
2007. 6	许富强　王亚红	浙人专〔2007〕205 号 嘉职办资〔2007〕69 号	考试合格

表 27－41　　桐乡市财政税务系统高级职务技术人员名录

任职时间	高级经济师	高级会计师	批准文号	备注
1988	方联翩		浙江会计职务办(88)15 号	考核评定
2004.5		茅永良　许　雷　吴海燕　陈敏亚 韦庆勇　房治方	嘉职办资(2004)48 号 桐职办资(2004)34 号	考评结合
2005.4		陆建华	嘉职办资(2005)47 号 桐职办资(2005)19 号	考评结合
2006.4		沈培荣　沈　锋	嘉职办资(2006)45 号 桐职办资(2006)32 号	考评结合

表 27－42　　桐乡市国税系统高级职务技术人员名录

任职时间	高级经济师	高级会计师	批准文号	备注
2004.5		钟　华　钟雪明	嘉职办资〔2004〕48 号 桐职办资〔2004〕34 号	考评结合
2006.4		金　鑫　杨伟东　罗建荣	嘉职办资〔2006〕45 号 桐职办资〔2006〕32 号	考评结合
2007.4		高海群　徐兴良	浙财会字〔2007〕32 号 嘉职办资〔2007〕56 号	考评结合

表 27－43　　桐乡市国税系统专业职称情况表

年份	高级会计师	会计师	会计员	助理会计师	经济师	经济员	助理经济师
1997		27	3	6	6	13	31
1998		27	3	6	21	13	32
1999		27	3	6	27	13	32
2000		27	3	6	31	13	32
2001		27	3	6	44	13	32
2002		27	3	6	54	13	32
2003		27	3	6	65	13	32
2004	2	27	3	6	74	13	32
2005	2	27	3	6	77	13	32
2006	4	27	3	6	78	13	31
2007	6	26	3	6	77	13	30
2008	6	25	2	6	79	13	29
2009	6	25	2	5	79	13	28
2010	6	25	2	5	79	12	28

四、其他职称

表 27－44　　桐乡市财政税务系统中级职务技术人员情况表

任职时间	姓名与技术职称	批准文号	备　注
2007.12	朱国强　工程技术中级职务(工程师) (桐乡市财政支付(核算)中心)	桐职办资〔2008〕1号	评审通过
2009.5	张良忠　计算机技术与软件专业 (数据库系统工程师)	桐职办资〔2009〕39号	考试合格

第二十八章　干部教育与队伍管理

桐乡财税部门历来重视干部队伍建设，抓干部的教育、培养与管理，通过教育、文化引导，财税干部整体素质不断提高，各项工作得到上级的肯定与嘉奖。本章主要记述1996—2010年间桐乡财税部门抓教育培训、文明创建与文化建设、抓干部管理以及财税部门在此期间获得的荣誉与奖励等内容。

第一节　教育培训

财税系统对干部（职工）的教育培训包括三个大的方面，一是入门教育，二是在职教育，三是自主学习（含学历教育和职称考试等）。

一、入门教育

新招收入伍的财税干部一般都首先进行入门教育。其历史可追溯到1973年。当年，财税系统从下乡知识青年中招收21名助征员，县局组织为期约一个星期的入门教育，教育内容包括革命传统教育、税收业务知识培训、职业道德教育等。20世纪80年代，先后四次面向社会公开招收驻公社财政员、税务员，分别送湖州税务干校、桐乡农科所、嘉兴会计学校等参加为期一个月左右的入门教育，军转干部一般集中参加嘉兴市局或省局统一组织的入门教育，时间三个月左右。90年代开始，招收的大中专毕业生先直接分配到岗位锻炼，不定期开展职业道德和财税文化建设等方面的教育培训，时间一般在3～4天。国、地税分设后，分别开展入门教育。由两个系统组织实施。

财政地税部门从2003年开始，新录用公务员统一参加省地税局组织的岗位业务培训，时间约一个月。省局培训结束，市局人事教育科联合监察室对新录用公务员进行上岗前集体廉政谈话，组织内部规章制度的学习。2007年1月，市局召开近五年新录用工作人员廉政座谈会，组织观看《中国人民大学教授肖群忠知荣辱、求和谐、谈社会主义荣辱观》《取之有道、用之有道——世界首富比尔·盖茨》《忏悔录，疯狂敛财，害人害己》等电教片，同时组织座谈交流。26名新参加工作人员交流发言，结合自身学习体会谈社会主义荣辱观、世界观、人生观、价值观。

国地税分设后，国税系统新招收入伍的人员，统一参加省税务学校三个月的入门教育。

二、在职教育

包括在职干部日常思想政治教育、作风建设教育、廉政教育和业务培训。

思想政治教育历来是财税部门干部教育的重点。1986年8月份财税局召开全县所、股长扩大会议，局长钱满程作《加强思想政治工作，促进财税部门的廉政建设》主题报告。

1990年，根据国务院电话会议和省税务局明传电报“加强廉政建设纠正行业不正之风”的精神，县局党组将会议和文件精神传达到各所、股、站，并围绕“廉政建设和行风建设”主题组织全系统开展学习讨论。

1991年，根据嘉兴市局的指示，桐乡县财税局开展评创“廉政、勤政先进标兵”活动，11个基层财税所和县局机关共评出15名廉政、勤政候选人，作为桐乡县财税部门的“廉政、勤政先进个人”，1992

年，李康治、徐松燧分别被评为嘉兴市财政系统“廉政、勤政”标兵和先进个人。

1992 年 5 月，县局召开股、所长参加的财税系统政治思想工作研讨会，研究在新的改革开放形势下，财税部门如何解放思想、更新观念，发挥经济综合部门的作用，既支持促进经济发展，又抓好干部队伍建设、促进廉政建设的课题。

1993 年 7 月，根据桐乡市委的统一要求，桐乡市财税局党组开展领导班子思想作风建设活动，按要求制订规划、召开动员会、组织学习、召开民主生活会、落实整改措施等。当年，根据上级文件对安装电话机和配备其他通讯设备问题、财税干部从事第二职业问题作出相关规定。

1995 年 1 月，下发《关于要求全体干部、职工在春节期间厉行廉洁自律的通知》，春节后又下发文件对春节期间廉洁自律执行情况开展检查和座谈交流。

1996 年开始，全市财税系统每年开展行风建设，行风建设主题根据年度干部教育培训规划确定。同年 9 月，组织全系统干部进行廉政规定考试。

1997 年，财税部门重申廉政建设规定：严禁用公款和单位车辆学习驾驶技术、私自开车；规定时间和场所禁止饮酒、机关工作人员不准买卖股票、厉行节约，制止奢侈浪费；不得违反规定配备使用移动电话和住宅电话；严禁赌博。同年 8 月，召开思想作风建设读书会。

国、地税分设后，财政地税和国税对干部教育分别组织实施。

（一）财政地税系统

1998 年后，财政地税部门每年集中 2～3 天召开中层干部读书会，每年根据形势安排专题讲座或专题辅导报告，结合半年度业务工作展开专题讨论与研究。当年读书会主题是学习中共十五大精神和邓小平理论，邀请市委党校老师作辅导报告。

同年始，人教科每年制订教育培训计划，确定年度教育主题，安排政治学习。1995 年，开展“远学孔繁森、杨东海、近学身边人”活动；1997 年，开展“奉献于财税、服务于人民”主题活动。

1998—2000 年，连续三年开展“形象工程”建设活动，相继开展“整顿作风、整顿环境”活动、推行政务公开，首次公布财政地税《政务公开项目》，2001 年相关内容经整理重新公布。

1999 年开展“三讲三比”教育活动；2000 年进行“两思”教育；2001—2002 年开展“三个代表”重要思想教育；2002 年始，结合文明行业创建开展“规范服务、优质服务”活动和“转变作风，优化环境”主题教育。

2003 年始，开展学习型组织建设活动，2007 年进一步推进学习型组织建设。

2004—2009 年，每年开展“党风廉政主题教育”活动。

2005 年，开展共产党员先进性教育和职业道德教育，当年开始，连续三年将廉政台历、廉政手册发放给每位干部职工，推送廉政短信。

2006 年，开展社会主义荣辱观教育，组织“学党章、知荣辱”知识竞赛；同年还邀请市检察院教导员陈政为全体干部作《增强自我保护意识，预防职务犯罪》的专题讲座。

2007 年，开展“作风建设年”暨“转变作风树形象、比学赶超促发展”主题实践活动；先后组织全体干部职工进行“知荣辱，廉洁在我心”和“五不承诺”签名活动。

2008 年，开展“岗位创业，工作创新”实践活动；当年还组织全体干部职工开展“勤学、修身、奉献”读书征文活动。

2009 年，开展“科学发展观”教育实践活动；举办廉政书法作品展；组织参观警示教育基地。

2010 年，开展“转变作风树形象，提升效能促发展，人人争当‘菊乡先锋’创先争优”活动。

结合各类主题教育，市局择时组织征文比赛、演讲比赛、知识竞赛、大讨论等多种形式的活动，提高教育效果。

市财政地税局每年组织不同形式的业务培训。1998年地税局编印税收业务资料,重点培训业务骨干,由各所组织业务骨干开展辅导,年终市局组织业务知识竞赛。2000—2010年共组织7次税收业务考试和税收业务知识竞赛,获得优异成绩的团体和个人给予通报表彰。

财政科室的业务培训从2001年开始,每月安排一个业务专题,由相关科室轮流作专题辅导,同时每年邀请浙江财经学院或上海财经大学的教授作财经专题讲座,年终进行业务知识考试,考试成绩与岗位责任制考核挂钩。2010年市局对财政业务考试获奖的个人进行通报表彰。

1996年始,根据市人事局的统一安排开展公务员计算机初级培训;2003年始,开展计算机二级〔电子商(政)务〕培训;2005年始,开展计算机新三级轮训。

2004年,全系统组织开展普通话培训,45周岁以下公务人员均接受培训,1964年1月1日以后出生的公务人员通过国家语委普通话三等甲级测试,当年有156名公务人员通过普通话测试。

(二)国税系统

1998—2010年,市国税局制订《关于加强干部教育培训工作的意见》《干部学习教育管理办法》干部教育培训计划,实施教育培训记录制、考勤制,推行工作目标考核奖惩制度,推进干部教育培训的制度化、常态化。

1998年,市国税局分期分批开展微机培训,78名干部获得初级计算机证书,并实施省国税局编制的ZTAX软件。

1999年,开展税收业务知识培训。举办出口退税办税员培训,增值税专用发票知识培训等。

2000年,举办各类培训11期,内容涉及外企业务、增值税业务、稽查业务、征管业务和计算机能力等。选拔20名干部参加嘉兴市国税局组织的征管、稽查业务操作竞赛活动。

2001年,分两期举办新计算机二级培训考核,市国税局参考率100%,合格率95%。抓好成人教育,鼓励干部提高学历层次。41周岁以下未取得大专以上学历的干部全部参加各种形式的学习,29名干部报名参加湖南大学远程教育专升本学习,带动干部业务技能和队伍素质双提高。

2002年,开展周五学习日活动,政治和业务学习落到实处。结合中国入世,组织中层以上干部参加国家税务总局举办的WTO专题培训班。同时开展新《中华人民共和国税收征收管理法》及其实施细则的学习。

2003年,落实《2003—2007年干部教育培训方案》,采用集中培训、外聘教师讲课等形式,与省国税局培训中心合作建立干部培训教育基地,分层次、分对象举办《小企业会计制度》《中华人民共和国公务员法》等专门培训,增强干部规范执法意识,干部轮训面达到100%。

2004年,制订《2003—2007年桐乡市国税系统干部教育培训方案》,确立“注重综合素质,提升岗位能力,创新培训方式,实施全员培训,促进终身学习”的总体思路。安排45名干部进行6期轮训,干部参与率25%以上。开展计算机技能竞赛,选拔45周岁以下公务员进行“五笔输入法”文字输入、文字编辑等方面的计算机比拼。

2005年,开展保持共产党员先进性教育活动,党组书记作动员报告和上党课、邀请战斗英雄进行革命传统教育、观看全国先进性教育活动试点和牛玉儒先进事迹电教片等。

2006年,举办专门业务培训2期,参训率91.7%;“六员”培训12期,参训率92.5%。11月,举办系统内计算机操作技能比赛,32人参与竞技,比赛内容涉及通用软件、综合服务平台、CTAIS等业务系统的操作。

2007年，建立国税稽查、法规、纳税评估、政治思想工作、文秘、统计分析、信息技术、后备干部等人才库，优化人才结构，12人列入省局人才库，22人列入嘉兴市局人才库。参加嘉兴市局组织的税收管理员业务考试和全省税收管理员业务考试。2007年，邀请中纪委驻杭州培训中心教育长、反腐败研究所所长陈武明作《加强作风建设，促进廉洁从政》专题报告，组织学习《行政机关公务员处分条例》《税收执法管理信息系统过错责任追究办法》《深化禁止赌博专治治理的实施意见》等。

2008年，按照《税务系统贯彻〈干部教育培训工作条例(试行)〉实施办法》，开展在职干部岗位培训、任职培训、专门业务培训、初任培训及其他培训等，正、副科级领导职务的集中脱产培训时间不少于15天；初任培训时间不少于30天；一般干部每年累计不少于12天，5年累计不少于60天。当年，制定《桐乡市国家税务局2008—2010年干部教育培训规划》，确立"科教兴税、突出技能、注重实效、面向未来"的总体思路，大力实施"123"三年教育培训工程，明确教育培训工作目标和培训工作职责。

2009年，举办税务稽查业务知识、企业所得税年度纳税申报表、企业所得税政策业务、增值税转型政策、所得税在线备案管理系统操作等14期培训。全面推广应用浙江国税网上教育平台，建立干部教育培训电子档案，提高干部教育培训和管理的信息化水平。

2010年，全系统组织各类培训58期，由税校老师授课的提高中层干部业务知识和综合能力培训班开班。17期中青年税收实务研习班，分税收职业道德、税收政策和法规、财务会计实务、税源管理与实务、出口退税与反避税、纳税评估、税务稽查、税收分析与调研等八个单元，采取专家讲课、视频讲座、业务骨干谈经验等，干部年度人均培训12.7天。

三、干部(职工)自主学习

1983年，县局首次通过选拔的形式选送1名在职干部脱产参加浙江财政学校的学历教育，为期二年，取得中专学历文凭；1名在职干部选送脱产参加中央电视大学桐乡分校的学历教育，毕业取得大专学历文凭；80年代，相有近10名在职干部，分别选送杭州财政学校、宁波财政学校、湖州财政学校参加在职学历教育，毕业取得中专学历文凭。

(一)财政地税系统

1998年，财政地税局对系统干部(职工)读书管理作出规定：从事财税工作二年以上的干部职工，申请后经批准可以报名参加与财税专业对口的学历教育和职称考试，一般不占用工作时间；读书人数控制在部门单位人数的20%以内；学习费用自理，实行奖学金制度，具体标准：大专800元，本科1000元；参加全国会计专业、经济专业、计算机专业资格考试合格的，一次性给予奖学金助级200元，师级300元。

2001年，对干部(职工)的读书管理作出补充规定：干部(职工)参加学历培训不再有人员比例的限制；参加学历教育的费用管理，实行毕业后凭毕业证书报销的办法。

2003年，市局再次对读书管理规定作出调整，增加研究生进修费用的报销规定：参加研究生班进修的干部(职工)，结业后凭结业证书，一般干部报销三分之一学费，副局级以上领导干部报销三分之二学费。结业后取得学位的，凭学位证书准予报销学位申请段的学杂费用，同时按规定报销车费和住宿费。经批准脱产(或半脱产)到院校深造的干部(职工)，可凭毕(结)业证书，按规定标准报销车费和住宿费。

2004年，市局进一步出台《财政地税系统干部(职工)学习激励办法》，参加大专学历教育不再设人员比例限制，本科学历教育比例扩大到按本单位人数50%为限；专业技术等级证书考试采取按规定报销费用的办法，同时还增加取得普通话等级证书一次性奖励300元的规定，对职工技能等级考试，也准予取证后按规定报销。

2006年，进一步理顺教育培训管理办法，出台《公务员教育培训管理办法》，对公务员教育培训、学历教育、专业技术资格教育管理重新作出明文规定，对取得专业技术资格人员实行奖励制，一项资格奖励1000元。

1998—2010年，财政地税干部自主参加学历教育，70人经考试合格取得大专文凭、99人取得本科学历文凭；全国会计师职称考试合格16名、经济师职称考试合格83名、注册税务师考试合格12名、高级会计师考试合格8名。

(二)国税系统

国税系统根据规定，对全国会计专业、经济专业、计算机专业资格考试合格的，准发一次性奖学金，初级200元，中级300元；2001年，下发《关于鼓励和支持学历教育的再补充通知》，规定凡经批准参加各类成人高校业余学习的，在学习期间或完成学业后，可凭成绩合格证书或毕业证书报销学费和考务费；2000年和2001年省国税局连续两年与浙江财经学院合作举办在职干部函授或脱产大专班，要求大专以下学历、年龄在40周岁以下的正式干部必须报名参加考试；2001年，国家税务总局教育中心与湖南大学联合举办远程学历财政学专业“专升本”班。2001年年底，国税部门在读干部总数共124人，其中8人参加省局脱产大专班，19人参加省国税局函授大专班，21人参加党校大专函授班，18人参加省国税局函授本科班，19人参加党校本科函授班，1人进修省国税局研究生班，1人进修党校研究生。2001年开始，省国税局与上海财大、浙江财经学院联合举办研究生课程进修班，凡符合申请硕士学位条件的学员，其学位申请费由省国税局统一支付，学习期间往返交通费与住宿费按学员所在单位有关规定报销。2003年，国税系统出台多项措施，鼓励干部参加函授、自学等多种形式的学历教育，当年，有25人报名参加东北财经大学网络教育学院举办的专升本教育。全系统取得大专以上学历的干部为155人，占干部总数的77.89%。当年，国税系统50余人参加大专以上学历教育学习，40岁以下的干部已全部达到大专以上学历。2006年，全系统取得本科和大专学历的181人，占干部职工总数的84.6%。2010年，7人参加上海财经大学的研究生学历教育，32人取得“三师资格”。2003－2010年间，有13人参加研究生进修班，4人取得硕士学位。1998－2010年，国税系统干部参加学历教育，经考试合格取得大专文凭共48人，取得本科文凭的共114人；全国会计师职称考试合格16名、经济师职称考试合格82名、注册税务师考试合格28名、高级会计师考试合格5名。

第二节　文明创建与文化建设

一、财政地税系统

(一)文明创建

财税系统历来重视干部队伍建设，倡导积极向上的财税文化。

1992年，根据省局的统一部署，开展“争当税务干部标兵，争创文明财税所”活动。

1997年，在开展“文明财税所”创建的基础上，全局开展“青年文明号”创建活动。

2001年，文明创建又注入新的内容，开展“创三优科所、当三满意人民公仆”活动；2002年，市局提出在系统内全面推行文明行业创建活动的要求，并制定出台《桐乡市财政地局创建文明行业实施办法》，相继推出的还有“规范服务达标窗口”创建、“文明标兵”争创等系列活动；2004年始，开展“业务标兵”评创。2002—2009年分别开展“文明标兵”评创5次、“业务标兵”评创3次，每次评出标兵10名。2009年，在梧桐分局试点的基础上，全局推出“纳税服务之星”评选活动，2010年出台《桐乡市地方税务局纳税服务之星考评实施办法》，2009年、2010年分别评出纳税服务之星8名、9名。

2004 年，市局出台《窗口单位规范化服务标准》《优胜单位评选办法》；2005 年，又对《基层文明单位创建办法》进行修订、完善；当年，市局分别与基层税务分局、稽查局和各科室签订《嘉兴市级文明行业创建责任书》；举办文明创建工作现场会，推动各单位系列文明创建。

2007 年，开展“财税精品（特色）工作”评选活动，“工商、国税、地税协作办证及源头控管”、“办税服务‘星级服务牌’立体评议办法”、“加强建设资金管理，改革授权支付方式”三项工作被评为当年度财税精品（特色）工作，获通报表彰。2008 年，市局出台《桐乡市财政局、地税局工作创新成果评选制度》，至 2010 年，三年评出工作创新成果 27 个，其中“财政支农资金整合”“金财工程一体化一期工程”“推行数字证书网上申报”三个项目分别获得三个年度一等奖。

文明创建活动不断向纵深推进，全系统文明创建活动得到社会各界和上级部门的肯定。

2001 年、2002 年，桐乡市财政地税局被中共桐乡市委、市人民政府命名为“桐乡市级文明机关、文明行业”；2006 年被中共嘉兴市委市府命名为 2004—2005 年度“嘉兴市级文明行业”；2011 年被嘉兴市文明委命名为 2009—2010 年度“嘉兴市级文明单位”。各基层单位的创建活动也得到上级部门的肯定与认可。

表 28－1　　1997—2010 年桐乡市财税系统获省级文明创建成果一览表

<table>
<tr><th>年　度</th><th>创　建　单　位</th><th>命　名　名　称</th></tr>
<tr><td>1996 年</td><td>桐乡市崇福财政所、国税所、地税所</td><td>财税系统省级文明所（单位）</td></tr>
<tr><td>1997 年</td><td>桐乡市财政局崇福财政所、地税局崇福税务所</td><td>省级基层财税文明单位</td></tr>
<tr><td>1998 年</td><td>桐乡市财政局崇福财政所、地税局崇福税务所</td><td>省级基层财税文明单位</td></tr>
<tr><td>1999 年</td><td>桐乡市财政局、地税局洲泉所</td><td>省级基层财税文明单位</td></tr>
<tr><td>2000 年</td><td>桐乡市财政地税局</td><td>省级形象工程活动先进单位</td></tr>
<tr><td>2000 年</td><td>桐乡市财政局、地税局洲泉所</td><td>省级基层财税文明单位</td></tr>
<tr><td>2001 年</td><td>桐乡市地方税务局洲泉征管局</td><td>省级基层文明单位</td></tr>
<tr><td>2002 年</td><td>桐乡市地方税务局洲泉洲泉所</td><td>省级基层文明单位</td></tr>
<tr><td>2003 年</td><td>桐乡市地方税务局石门税务分局</td><td>省级基层文明单位</td></tr>
<tr><td>2004 年</td><td>桐乡市地方税务局崇福税务分局</td><td>省级基层文明单位</td></tr>
<tr><td>2004 年</td><td>桐乡市地方税务局石门税务分局</td><td>省级“青年文明号”</td></tr>
<tr><td rowspan="2">2005 年</td><td>桐乡市地方税务局石门税务分局</td><td>省级基层文明单位</td></tr>
<tr><td>桐乡市地方税务局石门税务分局</td><td>省级“青年文明号”</td></tr>
<tr><td rowspan="2">2006 年</td><td>桐乡市地方税务局濮院税务分局</td><td>省级基层文明单位</td></tr>
<tr><td>桐乡市梧桐分局征收计会组</td><td>省级“巾帼文明号”</td></tr>
<tr><td rowspan="3">2007 年</td><td>桐乡市梧桐分局</td><td>省级“青年文明号”</td></tr>
<tr><td>桐乡市地方税务局濮院税务分局</td><td>省级基层文明单位</td></tr>
<tr><td>桐乡市地方税务局乌镇税务分局</td><td rowspan="2">全省地税系统群众满意基层站所（办事窗口）先进单位</td></tr>
<tr><td rowspan="3">2008 年</td><td>桐乡市地方税务局乌镇税务分局</td></tr>
<tr><td>桐乡市地方税务局乌镇税务分局</td><td>地税系统省级基层文明单位</td></tr>
<tr><td>桐乡市地方税务局梧桐税务分局</td><td>省级青年文明号</td></tr>
<tr><td>2009 年</td><td>桐乡市地方税务局乌镇税务分局</td><td>地税系统省级基层文明单位</td></tr>
<tr><td>2010 年</td><td>桐乡市地方税务局稽查局</td><td>地税系统省级基层文明单位</td></tr>
</table>

表 28－2　　1995—2010 年获嘉兴市级财税系统文明创建成果一览表

年　度	创　建　单　位	命　名　名　称
1995 年	桐乡市乌镇财政所、国税所、地税所	市(地)级文明所
	桐乡市崇福财政所、国税所、地税所	
	桐乡市洲泉财政所、国税所、地税所	
	桐乡市洲泉财政所、国税所、地税所	市(地)级“青年文明号”
1996 年	桐乡市崇福财政所、国税所、地税所	市(地)级文明所
	桐乡市濮院财政所、国税所、地税所	
	桐乡市乌镇财政所、国税所、地税所	
	桐乡市洲泉财政所、国税所、地税所	市(地)级“青年文明号”
1998 年	桐乡市财政局、地税局洲泉所	“形象工程”活动先进单位
	桐乡市财政局、地税局崇福所	市(地)级基层财税文明单位
	桐乡市财政局、地税局乌镇所	
	桐乡市财政局、地税局洲泉所	
1999 年	桐乡市财政局、地税局洲泉所	“形象工程”活动先进单位
	桐乡市财政局、地税局崇福所	
	桐乡市财政局、地税局洲泉所	市(地)级基层财税文明单位
	桐乡市财政局、地税局乌镇所	
2000 年	桐乡市财政局、地税局崇福所	“形象工程”活动先进单位
	桐乡市财政局、地税局梧桐所	
	桐乡市财政局、地税局洲泉所	(地)级基层财税文明单位
	桐乡市财政局、地税局乌镇所	
2001 年	桐乡市地方税务局洲泉所	市(地)级基层文明单位
	桐乡市地方税务局崇福所	
2002 年	桐乡市地方税务局乌镇征管局	嘉兴市地税系统基层文明单位
	桐乡市地方税务局洲泉征管局	
2003 年	桐乡市地方税务局石门税务分局	嘉兴市地税系统“青年文明号”
	桐乡市地方税务局洲泉税务分局	嘉兴市地税系统基层文明单位
	桐乡市地方税务局石门税务分局	
2004 年	桐乡市地方税务局崇福税务分局	嘉兴市地税系统基层文明单位
	桐乡市地方税务局石门税务分局	
	桐乡市地方税务局石门税务分局	嘉兴市地税系统“青年文明号”
2005 年	桐乡市梧桐分局征收计会组	嘉兴市巾帼文明示范岗
2006 年	桐乡市地方税务局崇福税务分局	嘉兴市地税系统基层文明单位
	桐乡市地方税务局濮院税务分局	
	桐乡市地方税务局梧桐分局	嘉兴市群众满意基层站所(办事窗口)

续表 28－2

年　度	创　建　单　位	命　名　名　称
2007 年	桐乡市地方税务局濮院税务分局	嘉兴市地税系统基层文明单位
2008 年	桐乡市地方税务局梧桐税务分局	嘉兴市级地税系统级群众满意基层站所(办事窗口)
	桐乡市地方税务局乌镇税务分局	全市地税系统基层文明单位
	桐乡市地方税务局石门税务分局	
	桐乡市地方税务局梧桐税务分局	嘉兴市地税系统“青年文明号”
2007—2008 年	桐乡市地方税务局濮院税务分局	嘉兴市级文明单位
2009 年	桐乡市地方税务局乌镇税务分局	全市地税系统基层文明单位
	桐乡市地方税务局洲泉税务分局	
	桐乡市地方税务局濮院税务分局	嘉兴市地税系统“青年文明号”
	桐乡市地方税务局梧桐税务分局	嘉兴市级文明示范窗口
2009—2010	桐乡市财政地税局	嘉兴市级文明单位
2010 年	桐乡市地方税务局稽查局	嘉兴市地税系统“市级基层文明单位”
	桐乡市地方税务局石门税务分局	
	桐乡市地方税务局梧桐税务分局	全市地税系统青年文明号(新命名)
	桐乡市地方税务局濮院税务分局	全市地税系统青年文明号(继续认定)
	桐乡市地方税务局石门税务分局	全市地税系统青年文明号

表 28－3　　2002—2010 年获桐乡市级文明创建成果一览表

年　度	创　建　单　位	命　名　名　称
2002 年	市预算会计核算中心	文明规范服务示范窗口
	市地税局洲泉所	
2004 年	市预算会计核算支付中心	巾帼文明示范岗
	市地方税务局梧桐税务所征税大厅	巾帼文明示范岗
2003—2004 年度	市地方税务局濮院税务分局	文明单位
2005 年	市地方税务局梧桐税务分局	青年文明号
	市地方税务局濮院税务分局	巾帼文明示范岗
	市地方税务局梧桐税务分局征收计会组	十佳“巾帼文明示范岗”
2006 年	市地方税务局濮院税务分局	十佳“巾帼文明示范岗”
	市地方税务局梧桐税务分局	青年文明号
	市地方税务局濮院税务分局	
2008 年	市地方税务局乌镇税务分局征收计会组	青年文明号
	市地方税务局濮院税务分局	首批十佳桐乡市青年文明号

续表 28-3

年　度	创　建　单　位	命　名　名　称
2008 年	市地方税务局崇福税务分局征收计会组	巾帼文明示范岗
	市地方税务局石门税务分局征收计会组	
	市审批中心财政地税窗口	服务民生满意站所(办事窗口)
	市地方税务局乌镇税务分局	
	市地方税务局崇福税务分局	
2009 年	市地方税务局梧桐税务分局征收计会组	十佳巾帼文明岗
	市地方税务局乌镇税务分局征收计会组	
	市地方税务局洲泉税务分局征收计会组	
	市地方税务局洲泉税务分局征收计会组	青年文明号
2009—2010 年	桐乡市财政支付(核算)中心	文明单位
2010 年	市地方税务局梧桐税务分局	一星级群众满意基层站所(办事窗口)
	市地方税务局濮院税务分局	二星级群众满意基层站所(办事窗口)
	市地方税务局洲泉税务分局征收计会组	十佳桐乡市青年文明号

(二)文化建设

在开展文明创建的同时,财税部门也注重文化建设,2006 年,在总结几十年财税文化的基础上,对"财税文化"进行提炼,形成"聚财为国,执法为民"的财税工作宗旨;"勤学、精业、清廉、奉献"的财税人价值观,"以人为本、科学管理、务实创新、持续改进"的财税组织理念,"恪尽职守、秉公办事、优质服务、追求卓越"的财税职业精神,"社会满意度高、团队凝聚力强、组织与个人共同进步"的团队建设目标。同时,局党委陆续提出"有德、有才、有表率""读书修身、运动健身、品德立身、静心养身""守法、守纪、守德"和"一主四建"的干部队伍建设要求。

依托党支部、工会、团支部、妇委会等组织开展一系列文化活动。2005 年,组织 80 名干部组成合唱队,参加"保持先进性,永远跟党走"革命歌曲比赛;参与社区组织的广场文艺演出、嘉兴文艺调演和桐乡第二届群众文艺菊花奖汇演;举办"树先进形象,展财税风采"演讲比赛和"党在我心中"迎七一革命歌曲大家唱;参加抗战胜利 60 周年文艺演出。2006 年,举办"送戏到农家、税收入人心"主题文艺专场,举办抗战 60 周年艺术作品展,收集 170 多幅作品,编印纪念画册;2007 年,举办"转作风、创业绩、树形象"演讲比赛和会计业务知识竞赛。2008 年,组织广大党员开展"种植财税林、建设新农村"活动;当年组织全系统廉政文艺汇演。2009 年,参加嘉兴市局举办的廉政演讲比赛;当年还与嘉兴市局联合举办廉政书法活动。

2010 年 11 月,桐乡市财政(地税)局组织能力提升辩论赛

1999 年始,组织财税干部义务献血,每年约

有20人次参与献血,其中2004年40人次,2008年24人次,2009年17人次,2010年29人次。

2003年开始,每年组织财税干部参加"慈善一日捐"活动,当年参加捐款178人次,募集善款11650元,2006年参加捐款195人次,募集善款12540元。2008年,组织开展"抗震救灾爱心募捐"和党员缴纳"特殊党费"活动,为四川汶川地震灾区募集捐款19.67万元。

2003年开始,参与社区共建,组织财税干部参加社区义务劳动、夜巡防等活动。

当年开始,市局工会、团支部、妇委会相继成立业余乒乓球队、篮球队和瑜伽队、网球队和"合唱沙龙",组织系统乒乓球比赛和模类比赛,组织干部、职工参加嘉兴市局和桐乡市总工会和乒乓球协会组织的各类比赛。

2006年,邀请上海师范大学教授作"公务员身心健康"专题讲座;次年,市局出台《桐乡市财政地税局健康素质工程方案》,用三年时间,分三个阶段落实干部健康素质提升计划。其间,开展广播操比赛、邀请市康慈医院心理咨询师作三期心理健康讲座、组织三次个人体能测试(每年一次),建立起个人体质基础资料及心理健康档案。

二、国税系统

国税系统历来重视文化建设与文明创建工作,注重抓好四类文化构建、"四项工程"建设和文明创建活动。

(一)文化建设

市国税局以抓好四类文化构建为目标,坚持"以人为本"的文化管理,激发广大干部热爱税收、献身事业的工作热情,用先进文化铸就国税发展之魂,实现国税事业持续发展与国税干部个人全面发展的结合。一是推进精神文化建设,搭建文明创建活动载体,将文明单位、群众满意基层站所(办事窗口)创建等活动,落实在践行先进国税文化建设的行动上,培育桐乡国税新型团队精神。二是推进制度文化建设,建立"四统一、四规范"的办税制度,做到窗口设置统一、服务标志统一、设施配置统一、服务内容统一和服务时间规范、服务形象规范、服务纪律规范、服务用语规范,为纳税人开展"定制式"服务,做到急事急办,特事特办,努力在服务过程中,做到"零距离""零缺陷",在执法过程中,实现"零投诉""零诉讼"。对纳税人实行"四零""五感"活动,即通过办税服务零距离、办税流程零障碍、办税质量零差错、办税对象零投诉,达到纳税人进门有亲切感、咨询有信任感、缴税有自豪感、办事有高效感、出门有满足感,提高办税效率和办税质量。三是推进行为文化建设,创建学习型机关、和谐型机关、服务型机关、效能型机关、法治型机关、创新型机关的"六型机关"增强干部队伍的凝聚力和向心力。开展群众喜闻乐见的文体活动,成立摄影书画、棋牌、乒乓球、羽毛球、太极拳、瑜珈、垂钓、健步走等文体兴趣小组开展文体活动,发挥干部职工特长,释放潜能,塑造团队精神,营造生动活泼、健康向上的文化氛围。四是推进物态文化建设,打造国税形象品牌,树立"从小事做起,重视细节,抓住细节,管理细节"的服务理念,办税大厅有税收公告栏、有服务值班台、有触摸查询屏、有纳税人意见箱、有税收资料架、有休闲茶水等,大厅实行"首问责任制""服务承诺制""限时服务制""延时服务制""预约服务制"等便民设施。利用国税内

2000年11月10日,桐乡市国税局方队在桐乡市第二届菊花节上

网、学习园地、宣传栏等,营造国税机关浓郁的文化氛围。开展义务献血、慈善捐款捐物、扶贫帮困、爱心助学等活动志愿者活动,培养为社会作贡献的精神。

(二)四项工程建设

市国税局高度重视省国税局提出的"国税党建、国税人才、国税文化和平安国税"四项工程建设,坚持以人为本、从严治队,细化党建工程、深化人才工程、优化文化工程、强化平安工程,以树立一流形象、争创一流业绩为目标,全方位推进四项工程建设全面发展。一是"党建工程"建设,加强党性建设,开展党员教育,提高党员觉悟,形成风正、心齐、气顺、劲足的正能量。机关7个党(总)支部创建市级"五好机关党(总)支部"获得"满堂红"。二是"人才工程"建设,做到以人为本、从严治队,高标准要求,高起点定位,取得实效,在2007年省国税系统召开四项工程"人才工程"建设经验交流大会,桐乡国税先进事迹会上交流。三是"文化工程"建设,坚持"以人为本"的文化管理,构筑国税文化实体,丰富国税文化载体,提升国税文化内涵,做国税先进文化实践者,在桥牌、棋类、乒乓球、保龄球、羽毛球等多种文体比赛中,均取得过优异成绩,实现国税事业持续发展与广大国税干部个人全面发展的最佳结合。四是"平安工程"建设,多管齐下,全面启动,上下联动,积极打造平安国税建设,整个单位充满和谐、正气的氛围,全局干部职工未发生一起违法、违纪案件。

(三)文明创建

市国税局一直热心公益事业,履行社会职责,不断向社会传递着正能量。长期以来,市国税局党组坚持"两手抓,两手都要硬"的方针,把文明创建工作列为"一把手"工程,制定文明创建工作规划、国税系统文明单位创建工作规划,出台《创建文明科室考评办法》。2002年,在办税服务厅推行"五个一工程":以"一张笑脸"热情欢迎纳税人;以"一杯茶水"热情接待纳税人;以"一圈方便座"热情为纳税人办税提供舒适的休息场所;以"一只意见箱"热情接受纳税人提出的意见建议;以"一个咨询台"热情为纳税人宣传税收政策和解答涉税疑难。2003年,积极参与社区建设、扶贫、助学等共建活动。与庆丰、环南、杨家门、九曲等4个社区签订《共建文明社区责任书》,提供创建经费55000余元,并规划创建13个文明楼群、5个特色楼道。2006年,坚持以纳税人满意为目标,结合机关效能建设活动,完善《文明服务制度》《服务明星评选制度》《文明行业服务规范》等措施,推进国税文化工程建设,获得省国税系统优秀单位和桐乡市委、市政府先进部门(垂直管理部门第一名)。2007年,开展争创"五好党总支""五好党支部"活动。实现机关争创"五好党总支""五好党支部"活动"满堂红"。2008年,坚持"依法、科学、创新,致力聚财为国;团结、清廉、文明,构建和谐国税"的精神理念和核心价值,深入开展文明创建工作,坚持高标准要求,高起点定位,积极创建嘉兴市级文明单位,并顺利通过嘉兴市文明办的考核验收。2009年,开展创建学习型、创新型、服务型、效能型、廉洁型"五型机关",营造浓厚的文明单位创建工作氛围。2010年,以"文明员工""文明科室""服务明星"评选活动为载体,探索创新工作方式和方法。积极参与地方"文明家庭""文明楼宇"等文明评创活动,提高对创建工作的积极性和创造性。

表28-4　　桐乡市国家税务局国家级文明创建成果表

年度	创建单位	命名名称
2001	桐乡市国家税务局	青年文明号

注:共青团中央、国家税务总局命名

表 28－5 桐乡市国家税务局省级文明创建成果表

年度	创建单位	命名名称
1998	桐乡市国家税务局大厅	最佳办税服务厅
1999	桐乡市国家税务局大厅	全省国税系统青年文明号
1999	桐乡市国家税务局大厅	青年文明号
1999	桐乡市国家税务局	全省国税系统文明单位
2000	桐乡市国家税务局征管分局	全省国税系统文明单位
2000	桐乡市国家税务局征管分局	全省国税系统青年文明号
2001	桐乡市国家税务局管理局	全省国税系统文明单位
2001	桐乡市国税局办税服务厅	全省国税系统青年文明号
2006	桐乡市国家税务局	全省国税系统文明单位

注:浙江省国家税务局命名

表 28－6 桐乡市国家税务局桐乡市级文明创建成果表

年度	创建单位	命名名称
2000	桐乡市国家税务局	文明单位
2001	桐乡市国家税务局	文明单位
2001	桐乡市国家税务局	文明行业
2002	桐乡市国家税务局	文明单位

说明:桐乡市委、市人民政府命名

第三节 在职干部管理

一、财政地税系统

(一)岗位责任制考核

1998 年,全面推行工作目标管理,重新出台《桐乡市财税局岗位目标责任制考核办法》,局机关科室按《岗位目标责任书》的目标任务完成情况进行考核,评定先进;基层所按行政执法和工作目标执行情况进行千分制考核,包括综合类、税收类、财政类三个方面的内容;1999 年,责任制考核办法进一步完善,实行基层所工作目标单独考核,出台《桐乡市财政地税局基层所工作目标责任制考核办法》,考核内容进一步细化,税务稽查、税收票证、税收计会统同时实行独立考核和同工种竞赛,考核、竞赛结果换算为工作目标责任制考核得分;2004 年,出台《局机关工作目标责任制考核办法》,局机关各科室考核分共同性目标和专业性目标两部分,实行百分制考核,共同性目标包括行政执法和行政管理,专业性目标包括重点工作和日常工作。以后年度每年根据实际工作需要,考核内容有所变更,考核形式均未作大的调整。

(二)人才培养和人才选拔

开展定期、不定期的干部岗位交流是干部多岗位锻炼的需要,也是廉政建设的需要,县(市)局每年开展中层干部考察回访,作为中层干部岗位交流的参考依据。2000年干部轮岗交流21名;2001年出台《桐乡市财政地税局干部轮岗制度》,规定一般3年内每人轮换一次,每年轮岗人数不超过20%,科、所长在同一岗位时间一般不超过5年,每次轮岗人数在20%左右;2002年2月,根据中共桐乡市委组织部、桐乡市人事局《关于竞争上岗、双向选择的实施意见》,市财政局制订《桐乡市财政地税局竞争上岗实施办法》,全系统开展中层干部竞争上岗,48名中层干部全部免职(以临时负责的形式履行相应职权),重新竞争上岗。2004年3月,进一步完善干部轮岗制度,出台《干部交流制度》,规定中层干部交流一般5年进行一次;一般干部交流采取定期交流和不定期交流相结合办法,不定期交流一般在听取科室和基层单位意见的基础上,由市局择时统一组织;定期交流分二种:5年一次的双向选择交流和二年一次的末位人员轮岗交流。新制度出台的当年,中层干部轮岗交流19名,一般干部交流7名,其中3名为末位交流人员(当年根据制度规定经二轮民主推荐和综合评定产生5名末位人员);2005年,中层干部轮岗交流11人,一般干部轮岗交流30人次;2006年,中层干部轮岗交流10名、一般干部轮岗交流14名。

2004年,市局下发《关于建立中层后备干部人才库的通知》,规定中层职位出现空缺一般将采取竞争上岗办法,运用民主推荐和考试等形式,公开选拔中层后备干部,建立中层后备干部人才库,同时采取下派、外派多岗位锻炼等形式,充实中层后备干部人才库,作为中层干部使用的后备人才资源,2005年上半年,首次在全系统开展后备干部选拔。有6名青年干部进入后备干部人才库;经民主推荐,有3名青年干部进行后备干部人才库;1名青年干部通过市长电话办公室锻炼后进入后备干部人才库。后备干部人才库达到10名,当年共有5名后备干部被提拔使用,走上中层副职岗位,5名中层副职提拔为中层正职岗位。2006年,对中层干部的民主推荐、竞争、选拔、考察进一步制度化,出台《中层干部选拨任用实施办法》,当年按新制度共选拔后备干部10名、中层副职6名,中层正职3名。2009年市局出台《桐乡市财政局、地税局后备干部和青年干部培养管理使用办法》,实行确定后备干部联系人制度与量化考核制度、新录用公务员基层一线锻炼制度、多岗位锻炼制度、联系人制度与青年干部奖励制度,促进干部健康成长。

(三)制度建设

1999年,对历年制订的各项制度进行梳理,并拾遗补缺,修订完善,把20多个工作规程、办法、职责、纪律等,整理形成《制度汇编》;2002年,重新整理形成《桐乡市财政地税局文件制度汇编》,收纳“思想政治”“学习会议”“廉洁自律”“文明服务”“内部管理”等方面38个制度、规定;2006年,再次整理形成《桐乡市财政局、地税局文件制度汇编》,收纳“学习、教育类”“党风廉政类”“内部管理类”“文明服务类”文件制度46个;2009年,分管人、管事两个大类,整理形成两本《桐乡市财政局、地税局政策制度汇编》,其中(一)收纳“预算”“国库”“社保”“农财”“企财”“国资”“财政监督”“综合”八个方面的政策制度38个;(二)收纳“学习、教育类”“党风廉政类”“内部管理类”“文明服务类”制度规定57个。

二、国税系统

(一)岗位责任制考核

市国税局抓好工作目标考核,专门成立工作目标考核领导小组,将税收收入、征管改革、规范执法、队伍建设等方面内容分解落实。2000年至2010年,按照省国税局工作目标考核实施办法,逐步建立科学量化的工作衡量标准。2003年,税收收入目标完成税收收入102208万元,完成年度计划90881万元的112.46%。征管质量考核平均登记率100%、申报率99%、入库率99.78%。金税工程建设实现防伪税控系统全覆盖，稽核子系统专用发票存根联采集率100%，稽查协查系统通报协查受托回复率100%，主机共享系统和网上认证系统100%。2000年、2003年、2004年、2006年、2007年、2008年分别获评全省国税系统工作目标考核优秀单位。

（二）人才培养和人才选拔

市国税局以人为本，提升干部素质。一是"以考促干"，用灵活有序的激励机制激发干部的工作热情。建立健全岗位责任、目标管理等一系列考核制度。实行一季一考，以考促学；树立正确的选人用人观，把业务素质高，工作能力强，参加省、市岗位竞赛成绩优秀的干部纳入"人才库"，予以提拔重用。二是"以用促学"，以岗位工作需要来调动干部职工学习的积极性。组织参加各类岗位培训活动，根据岗位特点、年龄结构、学历层次的不同，针对性地举办"人人是老师，各个做学生"论坛、周末夜学班、中青年研习班等培训班。三是"以廉树形"，通过强化廉政建设，塑造公正廉洁的国税干部形象。以学习贯彻十八大精神，开展正反典型教育等活动为载体，狠抓干部的理想信念教育；签订廉政责任书，开展执法监察，聘请特约监察员。

（三）制度汇编

市国税局加强规章制度建设，1997年至2010年间，围绕国税工作的整体思路，在组织收入、依法治税、征管改革、科学管理、队伍建设等方面，制订一系列工作制度。做到有章可循，有规可依。党的建设出台党支部工作制度、民主评议党员等制度；文明单位创建制订文明科室考评办法等制度；税收政策法规历年制订制度汇编；优化服务制订、修订汇编作风纪律、工作制度、考核制度等4个方面的32项制度和文明服务、服务明星评选、文明行业服务规范等制度；内部管理办公室汇编桐乡市国家税务局经费财务管理工作暂行办法、车辆使用管理规定、固定资产购置处置管理制度、来宾接待制度、保安值勤制度、内部紧急突发事件处置预案等12项制度。

第四节　老干部管理

1996年年底，有老干部53人。1997年国地税机构分设，财政地税系统老干部共38人，国税系统12人。

一、财政地税系统

2003年年底，财政地税系统老干部在册人数37人，其中离休8人、退休27人、退职2人；2010年年底，老干部在册人数48人，其中离休8人，退休38人，退职2人。老干部由人教科联合办公室共同管理，随着离退休人员逐年增加，2004年筹备成立老干部文体协会财政地税局分会，实现老干部半自主的管理形式，建立以顾家斗活动室为主的老年活动阵地，日常老年活动由老干部自主管理，每年的几个主要节日组织老干部开展活动，春节、重阳节召开老干部座谈会、茶话会，慰问走访身体欠佳的老干部，"七一"期间开展走访、慰问老干部、老党员活动。每年分上下半年组织老干部外出。

2004年，桐乡老干部文体协会财税分会成立大会

二、国税系统

1997年年底，国地税机构进一步分设后，国税系统退休干部在册12人，其中1人离休，11人退休；2010年在册老干部共20人，其中1人离休，19人退休。2007年12月，成立退休干部党支部。老干部管理一直以来由人教科管理，国税部门在每年的几个主要节日组织老干部开展活动，重阳节召开老干部座谈会、茶话会，慰问身体欠佳的老干部，春节期间开展走访、慰问老干部活动。每年组织老干部外出参观。

第五节　先进集体和个人

2006年建立的财政地税局荣誉室

一、财政地税系统

桐乡市财税系统干部职工，立足本职，勤奋工作，为桐乡市财税事业的建设和发展，作出了较大的贡献，每年涌现出许多先进事迹。2006—2010年财政地税局连续五年在市委年度考核中被评为先进单位，2006年财政局获“全省财政系统先进集体”荣誉。本节收录1997年至2010年部分获得省、市、县(市)级以上先进荣誉称号的单位和个人。

表28－7　桐乡市财政局、地税局、国资办先进集体名录

时间(年度)	单位名称	荣誉名称	批准单位
1998	桐乡市财政局 桐乡市地税局	全省财税系统干部教育培训工作先进单位	浙江省财政厅、浙江省地方税务局
1999	桐乡市财政局 桐乡市地税局	形象工程活动达标单位	浙江省财政厅、浙江省地方税务局
2000—2001	桐乡市地税局	税收计会统工作(综合)竞赛优胜	浙江省地方税务局
2000	桐乡市地税局	个人所得税征收管理工作先进单位	浙江省地方税务局
2000—2002、2004	桐乡市地税局	企业职工基本养老保险基金征收管理先进单位	浙江省地方税务局、劳动和社会保障厅
2001、2006—2007、2009—2010	桐乡市地税局	征管工作目标责任制考核先进单位	浙江省地方税务局
2002	桐乡市地税局洲泉征管局	嘉兴市财政地税系统先进集体	嘉兴市人事局、财政局、地税局
2003—2010	桐乡市财政、地税局	部门工作考核先进单位	桐乡市委、市政府
2004、2008	桐乡市税务学会	2001—2004年度、2005—2008年度先进税务学会	省税务学会
2004	桐乡市财政地税局	2004年度全省财政地税系统党风廉政建设先进单位	省财政厅、地税局
2004—2010	桐乡市地税局	全省地税系统质量管理先进单位	省地税局

续表 28－7

时间(年度)	单　位　名　称	荣　誉　名　称	批　准　单　位
2004	桐乡市财政地税局机关三支部	先进基层党组织	中共桐乡市委
2005	桐乡市财政局	2005 年度嘉兴市卫生先进单位	嘉兴市爱卫委
2003－2005	桐乡市财政地税局	综治先进集体	桐乡市委、市政府
2005	桐乡市财政地税局机关二支部	先进基层党组织	中共桐乡市委
2006	桐乡市财政局	全省财政系统先进集体	省人事厅、财政厅
2006	桐乡市地税局梧桐税务分局	嘉兴市财政地税系统先进集体	嘉兴市人事局、财政局、地税局
2006	桐乡市财政地税局机关二支部	先进基层党组织	中共桐乡市委
2006	桐乡市财政地税局	桐乡市第三届群众文艺“菊花奖”铜奖	桐乡市委、市政府
2006	桐乡市财政地税局	政府法制工作先进单位	桐乡市人民政府
2007、2009、2010	桐乡市地税局	全省地税系统税政管理工作综合先进单位	省地税局
2008、2009	桐乡市地税局	规费管理工作先进单位	省地税局
2008、2010	桐乡市财政局	会计管理工作先进单位	省财政厅
2008	桐乡市财政地税局濮院税务分局支部	先进基层党组织	中共桐乡市委
2009	桐乡市地税局	浙江地税质量管理奖	省地税局
2009	桐乡市地税局	税收计财工作综合优胜单位	省地税局
2009	桐乡市地税局梧桐分局支部	先进基层党组织	中共桐乡市委
2010	桐乡市地税局	全省地税纳税服务工作目标责任制考核先进单位综合奖(一等奖)	省地税局
2007－2010	桐乡市财政地税局	综合治理先进集体	桐乡市委、市政府
2010	桐乡市地税局	2010 年度全省税收管理工作综合考核先进单位	省地税局
2007－2010	桐乡市财政地税局	普法教育依法行政工作先进集体	市人民政府
2008－2010	桐乡市地税局	依法行政工作考核优秀单位	省地税局
2010	桐乡市地税局	全省地税系统先进集体	省人力资源社会保障厅、省地税局
2010	桐乡市财政地税局	浙江省卫生先进单位	省爱卫委
2010	桐乡市地税局梧桐税务分局	市财政地税系统先进集体	嘉兴市人力资源和社会保障局、财政局、地税局
2010	桐乡市财政地税局	2006－2010 年嘉兴市法制宣传教育先进集体	嘉兴市委、市政府
2010	桐乡市地税局梧桐税务分局	先进基层党组织	中共桐乡市委

表 28－8　　桐乡市财政局、地税局、国资办先进个人名录

时间	单位名称	姓　名	荣　誉　名　称	批准单位
2001	桐乡市地税局稽查局	方　真	全省地税稽查工作先进个人	省地税局
2002	桐乡市局稽查局	董卫泉	全省地税系统“查账能手”	省地税局
2002	桐乡市财政局 桐乡市地税局	孙　坚 王晓丹	嘉兴市财政地税系统先进个人	嘉兴市人事局、财政局、地税局
2003	桐乡市地税局	王晓丹	全国税务系统先进个人	国家税务总局
2006	桐乡市地税局	张林芳	全省地税系统纪检监察先进工作者	省地税局
2006	桐乡市地税局濮院税务分局	沈建峰	嘉兴市优秀共产党员	嘉兴市委
2006	桐乡市地税局梧桐税务分局	孙伟杰	嘉兴市优秀农村工作指导员	中共嘉兴市委
2006	桐乡市财政地税局	周新宁　徐杏清 李永仙	嘉兴市财政地税系统先进个人	嘉兴市人事局、财政局、地税局
2008	桐乡市地税局	沈骁刚	桐乡市十佳公仆暨人民满意公务员	中共桐乡市委
2009	桐乡市地税局	朱潇洁　张国萍	省级纳税服务之星	省地税局
2010	桐乡市地税局	张国萍　王　英	2010 年度省级纳税服务之星	省地税局
2010	桐乡市财政地税局	杨文新　江永明 徐国平	全市财政地税系统先进工作者	嘉兴市人事局、财政局、地税局

二、国税系统

1997 年至 2010 年，桐乡市国税系统干部职工为桐乡市国税事业的建设和发展作出了较大的贡献，涌现出一批先进单位和个人。

表 28－9　　桐乡市国家税务局获得先进集体荣誉名录

序号	获奖时间	单位名称	荣　誉　名　称	批　准　单　位
1	2001. 3. 31	桐乡市国税局	2000 年度全省国税系统工作目标考核优胜单位	浙江省国家税务局
2	2004. 1. 31	桐乡市国税局	档案工作目标管理省一级合格证	浙江省国家税务局、浙江省档案局
3	2007. 1. 31	桐乡市国税局	2006 年度全省国税系统工作目标考核优秀单位	浙江省国家税务局
4	2007. 2. 28	桐乡市国税局	全市纪检监察系统先进集体	中共嘉兴市纪委、人事局、监察局
5	2007. 9. 30	桐乡市国税局	全省国税系统四项工程建设先进单位	浙江省国家税务局
6	2007. 12. 31	桐乡市国税局	授予桐乡市国家税务局集体三等功	浙江省国家税务局
7	2008. 1. 31	桐乡市国税局	授予桐乡市国家税务局集体嘉奖	嘉兴市国家税务局
8	2008. 2. 28	桐乡市国税局	2007 年度全省国税系统工作目标考核优秀单位	浙江省国家税务局
9	2009. 2. 28	桐乡市国税局	2008 年度全省国税系统工作目标考核优秀单位	浙江省国家税务局

续表 28－9

序号	获奖时间	单位名称	荣　誉　名　称	批　准　单　位
10	2009.10.31	桐乡市国税局	授予桐乡市国家税务局集体嘉奖	浙江省国家税务局
11	2010.12	桐乡市国税局	浙江省治安安全示范单位	浙江省综治委办、浙江省公安厅

表 28－10　　国税局获得个人荣誉名录

序号	获奖时间	获奖个人	荣　誉　名　称	批　准　单　位
1	1997.1.21	金　鑫	全省税务系统先进工作者	省国税局、省地税局
2	2002.7.30	沈锡明	全省国税系统优秀税务工作者	省国税局
3	2002.7.30	王新华	全省国税系统优秀税务工作者	省国税局
4	2002.7.30	金　鑫	全省国税系统优秀税务工作者	省国税局
5	2003.1.29	王新华	十佳公仆	桐乡市委、市人民政府
6	2005.7.14	金　鑫	全省国税系统优秀税务工作者	省国税局
7	2005.7.14	杨胜亮	全省国税系统优秀税务工作者	省国税局
8	2008.10.24	顾久松	全省国税系统“四项工程”建设先进个人	省国税局
9	2008.7.31	杨胜亮	全省国税系统优秀税务工作者	省国税局
10	2008.6.24	朱仲寅	创优创新优秀共产党员	嘉兴市国税局
11	2008.12	刘智跃	2006－2007 年度浙江省无偿献血奉献奖	省卫生厅、省红十字会
12	2009.7.3	叶志伟	全省国税系统优秀税务工作者	省国税局
13	2010.6.25	魏　中	全省国税系统优秀税务工作者	省国税局

附件一：

1996 年桐乡市财政局、国税局、地税局干部、事业人员、职工清册（年末数）

干　部									事　业	职　工	离退休	
沈培璋	沈锡明	汤震明	陆　劲	杨雪明	岳锡龙	李建平	吴霞萍	章建忠	徐佩珠	朱学伟	李康治	姚镌明
吴成善	刘智跃	张绍雄	邱晓蕾	王美华	徐杏清	缪　健	管利权	高海群	邱学文	徐小平	仲善诚	张守廉
沈小涵	尹夏青	茅永良	孙　健	施杏仙	沈　峰	徐益明	吴锡良	姜　玮	芩国安	朱德全	杨国标	陈楹梅
武利深	潘家武	胡文英	魏　琮	陈伟达	吴建勇	王新华	沈　婕	朱国强	黄少明	陈伟敏	陆荣祥	王庆林
沈培荣	张志伟	侯涛红	徐天鹏	沈明富	蒋一真	顾利平	周建慧	陆奇英	张　波	施建忠	钱子茂	李孝国
朱伟宏	宋宵鸣	王小寅	夏剑芬	毛铁峰	范伟林	张　芳	沈永才	方　真	殳　云	陆国欣	林凤翔	季炳坤
朱陶静	张冬明	王晓丹	徐中伟	王亚红	张富祥	韩　筠	周炳根	邱利宁	王　静	陈　琴	吴文忠	吉岱云
包万象	钟莲芬	陆　坚	于勇达	张伟良	章国敏	钱毅强	王雨田	张志明	沈　波	张泉华	范莲英	徐　蓉
杨亦青	王仲新	褚　燕	朱政华	廖宏卫	林红颜	李建兴	张一鸣	王云儿	罗亚明	许益菊	杨永琪	吕经襄
张　铮	冯永梅	沈洪明	潘雪洪	郭建林	施建勋	林　红	徐文标	孙　坚	（企业	莫建云	朱培铨	周锦浩
秦建棠	王晓洁	韦庆勇	金润冬	沈老虎	周新宁	毕振亚	马志刚	王煜初	干部）	钟志良	梅月玲	朱永明
陆海文	李正环	陈敏亚	沈　静	汪文华	夏木根	徐伟强	庄国良	郑　炜	陈浩古	崔　翼	周金生	方联翩

续表

干部									事业	职工	离退休	
曹 丽	李伟庆	郑雪骑	沈建荣	朱 箭	帅学军	刘俊彦	朱少鹰	高臻杰	张云娟	姚忠东	徐文元	沈彤寿
金琴仙	蒋益洪	叶坤泉	钱有松	吴剑宏	潘 婷	江永明	居培明	高荣甫		倪斌兵	李文筠	徐松燧
钟似洪	梁 红	沈 科	潘云峰	毛培生	虞福庆	沈毛娜	张月龙	周趯芬		王建良	金克贤	施德森
赵建明	钮天云	汪春荣	姚剑祥	沈志强	王敏飞	马美渝	陈晓曙	王云飞		何晓臣	张子松	彭 洁
沈建良	陈宏烈	朱召平	朱仲寅	周 华	董建芬	钱建明	曹学年	秦咸志			连轩云	徐培成
吴佩英	潘伟宏	徐建中	董建平	郭林强	鲍正伟	徐华斌	邹奇江	乐树兴			苏良益	钱立强
范益明	徐跃新	周建明	彭国强	钟筱春	庄福奎	施文奎	钟雪明	祝培峰			闻 达	金润生
孙羽萍	马英杰	曹清华	陈明明	金建梅	邱根英	朱新华	莫根林	丁明森			王乐群	钱荣新
丁仲良	李磊石	吕 伟	吴剑波	韦庆玲	李 烨	施永新	朱铭星	徐韵福			孙吉士	应业统
胡伟华	金新华	沈娟英	沈少黎	陆新予	朱 泳	王剑锋	余华君	孙瑞隆			李启民	郭秀琴
朱兰英	孙德芳	龚吟冰	陆海欣	朱 凡	赵振贤	朱亚杰	陆立宏	王筱莉			王庆华	钱和生
陈国珍	高惠娟	陆振玮	邬志强	兰 荣	魏 中	施锦松	朱树泉	李 红			施爱珠	李建中
沈云奎	姚文生	钱彬耀	张黎光	金 刘	周生炎	蒋卫成	金志刚	曹钻逸			夏林甫	张月仙
王建松	杨娟芳	陶红健	罗建荣	沈立秦	陈桂强	章美海	管振强	陈育超				
王 英	钱 斌	徐惠芳	张季峰	陆仁利	吴炳甫	徐国平	徐霞华	陈明华				
徐文彬	朱森波	许 雷	高遵毅	朱玉龙	陶 宏	商正浩	朱 炜	兰 平				
陈晓华	陆林荣	沈建章	张楚雄	杨胜亮	黄 健	苏晓麟	包全荣	王雪寒				
朱森娟	孙利民	陆建华	朱 伟	钱曙光	汪国良	冯 恺	王振波	马玉坤				
金 鑫	陆永根	许志诚	朱 弘	潘红根	沈建学	管建梁	陆应铨	许连强				
钱建中	章伟杰	陆文忠	颜碧芬	沈群初	李文荣	陈云伟	沈富春	沈建峰				
杨伟东	徐兴良	屠炳坤	钱炳坤	叶志伟	钟金强	宵松明	沈岑家	潘 峰				
谢树兴	朱晓红	王 哲	邵 青	张建仿	计学良	俞宏杰	史风雷	严 勇				
吴海燕	陆根梅	陈春达	陈政飞	潘伟强	成建中	俞小琪	蔡惠根	陈 奇				
黄继强	倪为荣	李子良	吴渊斌	吴黎鸿	褚云彬	陈保林	张国民	朱伟强				
沈钰坤	朱洪良	张国平	许亚明	钱新峰	周金生	杨 镛	潘明娜	朱建生				
王文其	孙红英	申柏坤	王华恳	费卫星	吴雪明	沈银汉	李富中	田力强				
徐水芬	姚志义	金雅萍	朱树明	朱国荣	范建华	钱孝红	吕依萍	田绿峰				
吴鉴伟	吴万仁	张增梁	孙达敏	郭 星	卓 荦	宓方冬	施 炬	陈洁莲				
周正远	支英强	范继成	朱顺庆	庄玲玲	方 茵	王湘达	沈林寿	沈力人				
张金良	王建庆	潘秋生	朱晓明	张建成	俞新娟	毕玲仙	陆中林	许霖杰				
潘英姿	张金初	杨少杰	朱 悦	胡美龙	方建萍	沈永祺	陈云东	李其华				
沈玉华	沈荣民	朱建国	虞明曦	舒跃强	吴晓新	徐亚萍						
合 计	394								11	16	50	

附件二：

1997年桐乡市财政局、地税局干部、事业人员、职工清册(年末数)

干部									事业	职工	离退休	
柏利勇	汤震明	杨雪明	章建忠	吴成善	张绍雄	徐杏清	缪 健	沈小涵	徐佩珠	徐小平	李康治	姚镌明
尹夏青	茅永良	孙 健	施杏仙	沈 峰	徐益明	吴锡良	姜 玮	武利深	邱学文	陆国欣	仲善诚	张守廉
潘家武	胡文英	魏 琼	陈伟达	吴建勇	沈培荣	张志伟	侯涛红	蒋一真	芩国安	张泉华	杨国标	陈楹梅
顾利平	陆奇英	宋宵鸣	王小寅	夏剑芬	方 真	朱陶静	王晓丹	徐中伟	黄少明	许益菊	陆荣祥	王庆林
张富祥	韩 筠	周炳根	邱利宁	包万象	钟莲芬	陆 坚	张伟良	章国敏	张 波	莫建云	钱子茂	李孝国

续表

干部									事业	职工	离退休	
钱毅强	王雨田	张志明	杨亦青	王仲新	褚 燕	朱政华	廖宏卫	林红颜	殳 云	崔 翼	林风翔	季炳坤
李建兴	张 铮	冯永梅	沈洪明	施建勋	凌 红	徐文标	孙 坚	秦建棠	王 静	王建良	吴文忠	吉岱云
王晓洁	韦庆勇	沈老虎	周新宁	马志刚	陆海文	李正环	陈敏亚	夏木根	沈 波		范莲英	徐 蓉
曹 丽	李伟庆	叶坤泉	吴剑宏	潘 婷	江永明	沈 科	潘云峰	沈毛娜	马薇琪		杨永琪	吕经襄
张月龙	周趯芬	汪春荣	姚剑祥	陈晓曙	沈建良	陈宏烈	周 华	潘伟宏	吴建耀		朱培铨	周锦浩
徐建中	董建平	郭林强	乐树兴	范益明	周建明	庄福奎	孙羽萍	马英杰	周富英		梅月玲	朱永明
莫根林	丁明森	丁仲良	李磊石	吕 伟	吴剑波	朱铭星	徐韵福	金新华	徐红梅		周金生	方联翩
沈少黎	陆新予	王剑锋	朱兰英	陆海欣	陈国珍	高惠娟	施锦松	姚文生	沈炜章		徐文元	沈彤寿
钱彬耀	张黎光	金 刘	周生炎	蒋卫成	金志刚	管振强	王 英	钱 斌	罗亚明		李文筠	徐松燧
陆仁利	徐国平	徐霞华	陈明华	朱森波	许 雷	陶 宏	商正浩	兰 平			金克贤	施德森
张楚雄	王雪寒	陆建华	钱曙光	马玉坤	陆永根	许志诚	朱 弘	潘红根			张子松	彭 洁
管建梁	陆应铨	许连强	沈群初	李文荣	沈富春	沈建峰	谢树兴	朱晓红			连轩云	徐培成
张建仿	计学良	吴海燕	陈春达	潘伟强	成建中	倪为荣	李子良	吴黎鸿			苏良益	周金生
朱伟强	沈钰坤	朱洪良	许亚明	朱建生	孙红英	吴雪明	李富中	田力强			李建中	夏林甫
徐水芬	朱树明	田绿峰	吴鉴伟	吴万仁	孙达敏	宓方冬	沈林寿	沈力人			张月仙	
张金良	王建庆	俞新娟	陆中林	许霖杰	胡美龙	沈永祺	沈玉华	沈荣民				
朱建国	虞明曦	徐亚萍	费 佳	盛大年	陈斌嵩	严锦磊	董卫泉	朱海强				
蔡梅洁	江 煜	朱学伟										
合 计	201								14	7	39	

附件三：

1997—2010年桐乡市财政局、地税局干部、事业人员、职工变动清册

年限	增加		减少	
	干部	事业(职工)	离退休	其他减员
1997	柏利勇 王春辉 王伟鹏 费 佳 盛大年 陈斌松 严锦磊 董卫泉 朱海强 蔡梅洁 江 煜 王伟鹏 王春辉 朱学伟	沈炜章 马薇琪 吴建耀 周富英 徐红梅	周金生	国地税分设调入国税局208人，其中职工8人。 沈立秦 陈云伟 于勇达 岳锡龙 朱学伟(职工)
1998	王金泉 沈骁刚 黄莉莉 张 炎 孙伟杰 钟 炎 徐卫其 吴学飞 李永仙 费忠云 张林芳	张 潜(职工) 沈燕萍 樊国宏 陈林荣 陈 强 徐 伟 范洪法 张 鹏 金志玲 陆国忠 徐美萍 朱 晔 沈玉生 马建福 张雪龙 金连有 钟建平 杨平川 钱汉佳 娄蕴华 虞志刚 高 健(职工)	吴成善	张黎光(辞职) 王 英
1999	李炳松	沈少黎 郑敏洁		汤震明 杨雪明 沈少黎

续表

年限	增加		减少	
	干部	事业(职工)	离退休	其他减员
2000	陈柏松	郑敏洁	胡文英 韩 筠 姚文生 庄福奎	钱毅强 王雨田 张富祥(辞职) 沈炜章(事业) 会计师、税务师事务所脱钩,下列27名人员划出: 徐佩珠 邱学文 岑国安 黄少明 张 波 殳 云 王 静 沈 波 马薇琪 吴建耀 周富英 金志玲 张 鹃 罗亚明 陆国忠 范洪法 徐美萍 朱 晔 沈玉生 马建福 张雪龙 娄蕴华 金连有 钟建平 杨平川 钱汉佳 郑敏洁
2001	梁 虎 林建强	沈凡茹 沈 强 郭红一 程晓岚 杨雪瑶 叶 峰 周耀文 张利亚 沈学强 姚仿娟 胡 臻 朱国强		梁 虎 尹夏青
2002	沈凡茹 黄 静 蒋强峰	张建仿 田力强 曹 巍 邵利红 张治红 程 斌 刘春雨 李海良 孙寅儿		(许志诚 朱森波 许连强三人辞职) 徐中伟(调企业) 丁仲良(去世) (张建仿 田力强未公务员登记) 沈凡茹(事业)
2003	赵洪亮 蒋娟芬 贝宏斌 沈 恺 杨庭玉	孙 佳 徐华玲 张 岚 王淑芳 张良忠 郁锋磊(职工) 洪娟娟(职工)	李炳松 沈毛娜 潘家武	
2004	杨文新 邱 森 李泉江 袁韩伟 钱伟琴 宋菊英	熊瑞淑	夏剑芬 徐小平(职工退休)	许 雷 陈柏松 徐益明 虞志刚 高 健(事业单位改制) 张云娟 陈浩古(企业改制)
2005	房治方 陆毓英 茅路平 黄 涛 孙 雅 邱 毅 刘春雨 程 斌	沈恺红 王 瑛 罗咏莲		茅永良 沈 恺 朱晓红 莫根林(辞职) 刘春雨(事业) 程 斌(事业)
2006	朱爱琴 郑敏洁	张建洪 陈 蓉		郑敏洁(事业)
2007	朱 君 吴 婧 姚剑飞 朱潇洁 宋亚平 陆砚秋 罗永莲	杨 玥		蒋娟芬 罗永莲(事业)

续表

年限	增加		减少	
	干部	事业(职工)	离退休	其他减员
2008	张　岚　顾海黎　朱　珏　谢晓霞	倪蕾丽　潘　俊　张嘉宁	朱兰英　陈宏烈 夏木根　潘伟宏 林建强	姜　玮　沈凡茹 王建锋(辞职) 陆毓英 曹　巍(事业) 沈学强(事业) 张　岚(事业)
2009	张丽萍　毛　琦　潘　俊　姚丽乐 董人帅　吴欣苗　李　静　曹　丹 闵　巍　熊瑞淑	吴震伟	陆应铨　施建勋	钱曙光(辞职) 宋亚平(调出) 熊瑞淑(事业) 潘　俊(事业)
2010	姜　玮　杨爱香　唐恒珺　王青青 陈鸿亚　杨俊梅　杨晓杰　商　涛 何建华　文纪丽	胡　莹　蒋　园 楚　赟		赵洪亮　邱　毅 周生炎(去世)

附件四：

1997—2010年国税局干部变化情况表

年度	干部	职工	离退休	其他减员
1997	沈培璋　沈锡明　陆　劲　吕依萍　吴霞萍　陆林荣　沈志强　刘智跃 管利权　邱晓蕾　王美华　王筱莉　王新华　沈　婕　赵振贤　徐天鹏 沈明福　周建慧　朱伟宏　沈永才　张冬明　王亚红　钟雪明　毛铁峰 范伟林　张　芳　高海群　张一鸣　王云儿　潘雪洪　郭建林　王敏飞 帅学军　金润冬　毕振亚　虞福庆　王煜初　沈　静　汪文华　徐伟强 郑　炜　郑雪骑　沈建荣　朱　箭　吴渊斌　刘俊彦　朱少鹰　高臻杰 金琴仙　蒋益洪　钱有松　居培明　高荣甫　钟似洪　梁　红　赵建明 钮天云　许富强　朱爱良　王云飞　杨胜亮　朱召平　徐跃新　董建芬 钱建明　曹学年　秦咸志　吴佩英　鲍正伟　徐华斌　邹奇江　庄国良 彭国强　钟筱春　王春辉　施文奎　施　炬　陆文忠　陈明明　金建梅 邱根英　朱新华　韦庆玲　李　烨　施永新　胡伟华　沈娟英　祝培峰 余华君　孙瑞隆　孙德芳　龚吟冰　朱　凡　朱亚杰　陆立竑　曹清华 陆振玮　邬志强　兰　荣　魏　中　朱树泉　李　红　王伟鹏　陈　奇 朱　悦　吴炳甫　罗建荣　王建松　杨娟芳　陶红健　曹钻逸　陈桂强 章美海　陈育超　徐惠芳　张季峰　龚　伟　李建平　朱国强　徐文彬 高遵毅　朱玉龙　朱　炜　陈晓华　沈建章　黄　健　苏晓犇　包全荣 朱森娟　孙利民　汪国良　冯　恺　王震波　朱　伟　金　鑫　朱仲寅 钱建中　章伟杰　沈建学　颜碧芬　杨伟东　徐兴良　屠炳坤　钱炳坤 叶志伟　钟金强　肖松明　沈岑家　潘　峰　王　哲　邵　青　俞宏杰 史风雷　沈云奎　杨　镛　姚志义　陈政飞　俞小琪　蔡惠根　黄继强 褚云彬　陈保林　张国平　张国民　钱新峰　潘明娜　王文其　申柏坤 王华恳　费卫星　陆根梅　钱晓红　金雅萍　朱国荣　范建华　严　勇 朱　泳　郭　星　卓　荦　张增梁　陈洁莲　周正远　支英强　范继成 朱顺庆　庄玲玲　方　茵　王湘达　潘秋生　朱晓明　张建成　毕玲仙 潘英姿　张金初　杨少杰　沈银海　方建萍　陈云冬　李其华　舒跃强 吴小新　毛培生　马美渝　方　炜	朱德全 陈伟敏 施建忠 陈　琴 钟志良 姚忠东 倪斌兵 何骁臣	钱立强 闻　达 金润生 王乐群 钱荣新 孙吉士 应业统 李启民 郭秀琴 王庆华 钱和生 施爱珠	

续表

年度	干　　部	职　工	离退休	其他减员
1998	汪惠芳			方　炜
1999	汤震明	顾利根		
2000	周建明			
2001	刘延军			赵振贤　朱森娟 黄继强　陆文忠 罗建荣　沈培章
2002	沈海东　吴云海		沈云奎	汪慧芳
2003	许建良			陈育超　闻　达
2004	邱玲娣　顾益明　詹晶晶　林上尧　顾　祺			吴云海
2005	葛向红　都仁杰　吴小娟　汪雪林　陆文忠			许建良　金　鑫 李　红　顾　祺
2006	顾玖松　方　恋　邹梅蓉		王煜初	刘延军　钟金强 金润生
2007	罗建荣　金硕元　钟　霞　徐大伟　苏　旦　何晓丽　陈　雅		王云儿 王湘达 朱召平 吕依萍	王新华　葛向红
2008	钟　华　徐　燕　张红云　颜高翔　张洁倩　沈　宁　吕　伟　邬卫国		章伟杰 董建芬 陆　劲	高海群　徐大伟 都仁杰
2009	赵振贤　陈　元　李　珺　徐春莉　汤琴芳　钱芳瑜　黄海芸			顾玖松　陆文忠 王乐群
2010	钟　琰　胡颖群　陈　剑　范　露　范志伟		沈建荣 王华恳	吕　伟　钱和生 张洁倩

第二十九章　廉政建设与纪检监察

1991年3月，财税局设立纪检组。1997年9月，国地税机构分设，财政地税局、国税局分别设立纪检组与监察室。

2010年4月，根据市纪委文件，市财政地税局纪委改为市派驻纪检组，人事关系未调整。

1997—2010年间，国税局14年内无重大违法违纪发生，连续十一年获桐乡市"纪检监察工作先进集体"。2007年被嘉兴市委、市政府评为"2007年度纪检监察工作先进集体"。2010年度被桐乡市委、市政府评为"推进惩防体系建设和落实党风廉政建设责任制优秀单位"。

2003年，桐乡市财政、地税局被嘉兴市财政地税局评为"全市纪检监察工作先进单位"。2004年，被省财政厅、省地税局评为"党风廉政建设先进单位"。2008年，被桐乡市职务犯罪预防工作领导小组、桐乡市预防职务犯罪工作协会评为"2006—2007年度预防职务犯罪工作先进单位"。

本章记述1996—2010年间财税部门党风廉政建设与纪检监察工作开展情况。

第一节　党风廉政责任制

1997年，桐乡财税系统提出建立党风廉政责任制要求，按照下管一级的原则，实行廉政纪律科所长负责制。国地税分设后，按照上级的要求，两局逐步建立党风廉政责任制。

一、财政地税系统

（一）建立、完善领导责任制

1998年，财政地税局在全系统实行《岗位目标责任制考核办法》，把作风纪律建设与廉政建设纳入考核内容，并实行科所长负责制，市局成立以局长为组长的考核工作领导小组。

2000年4月，桐乡市财政地税局成立党风廉政建设责任制领导小组，领导、协调全系统党风廉政建设。

2003年，出台《桐乡市财政、地税系统党风廉政建设责任制考核评议办法》，市局主要领导与各科室、基层所负责人签订《党风廉政责任书》，为期二年，以后年份每二年签订一次。

2005年，市局出台《桐乡市财政、地税局建立健全惩治和预防腐败工作机制实施办法》，进一步明确"一把手"负总责，领导班子成员各负其责的党风廉政建设责任制格局，并从2006年开始，局主要领导与局领导班子成员签订《党风廉政建设暨惩防体系建设责任书》。

（二）分解责任、落实"一岗双责"

2003年开始实施的科所长《党风廉政责任书》与2006年起实施的领导班子成员《党风廉政建设暨惩防体系建设责任书》，重点解决党风廉政责任的分解，真正实现"一岗双责"。《党风廉政责任书》责任内容包括：党风廉政与财税业务工作的结合、领导以身作则、强化监督管理、注重源头治腐、落实责任追究等五个方面；《党风廉政建设暨惩防体系建设责任书》包括十个方面的责任落实与五个方面的责任分解。建立起“教育”“保证”“制约”“惩治”“预警”五大机制，并落实相应牵头科室和协办科室，分管领导做到党风廉政工作与财政地税业务工作紧密结合，一起布置、一起落实、一起考核。

2007年开始，在局领导与各单位、各部门负责人签订《党风廉政建设责任书》的基础上，科室与基层税务分局、稽查领导与一般干部签订《廉政承诺书》，从加强政治学习、遵守规章制度、遵守职业道德规范、八小时外自律、重大事项报告、执行效能规定等方面进行承诺，形成自我约束机制。

(三)建立、完善责任考核与追究机制

1998年的《岗位目标责任制考核办法》，初步建立起财政地税局作风纪律建设、廉政建设与业务工作一同考核、一同追究的考核模式。

2003年起，实行“党风廉政建设责任制考核评议办法”，考评分两部分：对基层单位(征管局、稽查局)及其领导班子的考评；对中层正副职领导的考评。考核由市局党风廉政建设责任制领导小组组织，考核采取组织评议、自查、市局检查(抽查)相结合的办法，每年年底，各科室、基层单位、领导班子和中层个人须对照考评要求写出自查报告(2005年起中层正副职在年终考评时实行廉政述职)。考评结果与年终考核相结合；与干部任用、提拔相结合，实行“一票否决制”，领导班子差票20%以上、中层领导差票30%以上，取消评优资格，并对单位领导进行谈话。

2010年3月24日，市国税局召开党风廉政建设工作会议

二、国税系统

1997年至2010年，市国税局不断健全和完善落实党风廉政建设责任制的领导体制与工作机制，紧紧抓住责任分解、责任考核和责任追究三个关键环节，形成谁主管、谁负责，一级抓一级、一级带一级、一级对一级负责、人人签订责任书的良好工作格局。

(一)完善领导体制和严格工作机制

全系统在落实党风廉政建设责任制过程中，不断健全和完善党组统一领导，领导班子主要负责人负总责，其他班子成员按照分工对所分管的单位负责，部门各负其责，纪检监察部门组织协调，群众支持参与的领导体制和工作机制。系统各单位高度重视并自觉担负起推进反腐倡廉建设的政治责任和领导责任，把党风廉政建设纳入税收工作整体规划，作为加强税务干部队伍建设的根本措施和领导班子成员绩效考核的重要内容，与组织税收收入、精神文明建设、队伍建设和其他业务工作一起通盘考虑，统筹谋划，整体推进。

(二)科学分解责任落实“一岗双责”

按照“一岗双责”的要求，各单位将党风廉政建设责任逐项分解到每个成员、职能部门和纪检监察部门，层层签订《党风廉政建设目标管理责任书》，自上而下将责任落实到具体岗位和具体人，确保工作有计划、责任有标准、执行有措施、完成有时限、考核有要求、追究有力度，形成“横向到边，纵向到底”的责任网络和主要领导亲自督导、层级负责的工作格局。

(三)强化责任考核严格责任追究

建立健全党风廉政建设责任制落实情况的检查考核制度，科学制定检查考核的评价标准、指标体系，明确检查考核的内容、方法、程序，坚持把检查考核作为落实责任制的重要手段，不断强化措施，努力取得实效。2010年，制定领导班子和领导干部党风廉政建设责任目标，坚持日常考核和专项考核相结合，坚持与领导班子、领导干部工作目标考核、年度考核、惩治和预防腐败体系建设检查工作等结合进行，坚持由各级领导班子成员带队开展检查考核，结合实际制定《党风廉政建设责任制实施办法》，明确规定落实党风廉政建设责任制的指导思想、组织领导、操作方法和步骤，规范落实责任制的奖惩机制，增强责任制的刚性和可操作性。凡是违反党风廉政建设责任制规定，造成严重影响的，都按照干部管理权限及有关程序，严肃追究直接责任人和主要领导的责任，起到追究一个、教育一片、防范一线的作用。

第二节　廉政建设与行风建设

财税系统历来重视干部队伍建设，结合思想政治教育抓廉政建设和行风建设，具体教育内容和形式见第二十六章《干部教育与队伍管理》。

20世纪80年代开始，桐乡县财税局陆续在廉政建设和行风建设方面明确相关纪律、制定制度与规定，1986年县财政税务局根据县委、县政府《关于在廉政建设方面近期抓好九件事的决定》，就财税部门实际提出要抓六件事：①严禁公款吃喝；②一律不准向企业购买低于成本价的产品、商品和物资；③刹住低价购买高档耐用消费品的歪风；④清理党政干部违法违章违纪建私房；⑤建立两项约束监督制度：联系走访制度、义务监督制度；⑥及时坚决地查处违法违纪案件。

随后，财税部门对财税干部使用摩托车问题、使用移动电话问题、春节期间廉政纪律问题相继作出一系列明确规定。1988年出台《财税机关干部保持廉洁八条纪律》；1990年制定《财税机关干部队伍保持廉洁五条补充规定》；1993年下发《进一步加强廉政建设的若干补充规定》。

国税、地税分设后，两局对干部廉政建设及行风建设方面的管理情况分别如下：

一、财政地税系统

（一）强化廉洁从政

在继续严格执行原有的廉政纪律制度的基础上，2001年财政地税局进一步对相关廉政制度进行补充、修订和完善，相继出台《财政地税干部廉洁自律制度》《收受礼品登记制度》《内部审计制度》《干部轮岗制度》《财税工作人员离岗移交制度》《财税人员重大事项报告制度》等，进一步深化、细化廉政工作，把廉政工作抓到实处。市局每年由监察室牵头，联合财政监督和计财科等对基层所（分局）和市局相关科室进行财务审计；干部轮岗严格实行离任审计和离岗移交；实行礼品、礼金、礼券上缴制度，干部职工主动拒收或上缴“三礼”，2000年至2010年，共有约440人次干部、职工主动上缴礼金、礼券，其中礼金102.755万元（上交市纪委的礼金不包括在内）、礼卡330张。

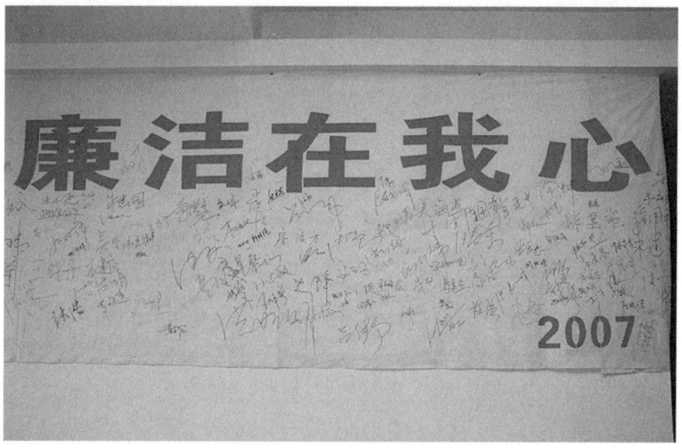

2007年，桐乡市财政地税系统组织廉政签名活动

1998年7月，根据上级的统一部署，建立干部廉政档案，建档对象主要是财税系统中层以上干部，建档内容包括：个人简历及家庭情况、廉洁自律方面的自查小结、民主生活会及民主评议情况、受表彰、奖励及处分情况、群众反映的材料及核查结论、个人收入情况、上交礼品登记及个人重大事项报告等材料、个人述职报告、纪检监察机关发出的信访方面通知书及回复材料、离任审

计报告等,当年建档60份,2010年建档68份。

(二)提高服务效能

在抓廉政建设的同时,财政地税部门扎扎实实抓勤政,在改善服务态度、提高服务效能上下功夫,出实招。1998年推出《财政地税系统服务承诺制度》;2001年进一步出台《首问责任人制度》;2002年出台《切实转变机关作风、全面推进优质服务的具体措施》;2003年出台《财政地税局效能建设制度》;2004年下发《桐乡市财政地税局午餐禁酒的通知》;2005年根据国家税务总局、省纪委监察厅、省厅省局、桐乡市纪委相继出台的《机关工作人员五项禁令》《四条禁令》《五条禁令》《六条禁令》和《2005年桐乡市深化机关效能建设实施意见》,桐乡市财政地税局当年出台午餐禁酒令,下发《全面落实禁令,深化机关效能建设的通知》;2006年,又下发《全面落实禁令,持久开展机关效能建设的通知》。《服务承诺制度》多次修订,承诺的服务时限多次缩短,服务效能不断提升。

1996年设立办税服务厅后,地税部门不断在提高服务厅工作效率上下功夫,抓窗口人员业务素质的提升。2000年开始每年对窗口人员进行业务、礼仪培训;改善大厅服务功能,2005年开始尝试实行大厅"一窗式""一站式"服务;大厅先后设置意见箱、意见薄、服务评价器等,及时吸收、反馈纳税人的意见建议。具体内容见第二十一章《纳税服务》。

(三)建立惩防机制

根据上级纪委的统一要求,财政地税部门从2005年开始探索建立惩治和预防腐败相结合的工作机制,制订《惩治和预防腐败工作机制的实施办法》,以"建立健全明确的责任机制""建立健全有效的教育机制""建立健全严格的制度保证机制""建立健全严密的监督制约机制""建立健全科学的评估预警机制"为框架,全面梳理财政地税的各项工作内容,明确市局领导、职能科室、基层单位在党风廉政建设工作中各自的责任、职责;2008年,市局对"惩治和预防腐败工作机制"进行回头看,发现问题,拾遗补缺,进一步完善惩防体系。

2009年,进一步推进惩防体系建设,从"建立健全反腐倡廉教育机制""健全完善反腐倡廉内控机制""加强税收征管制度建设""深化财政体制机制改革""强化国资监督管理""建立健全法纪约束和惩处机制""建立和健全测评预警机制""建立健全保障机制"八个方面,提出目标要求,制订《桐乡市财政地税局建立健全惩治和预防腐败体系五年工作规划》。

根据惩防体系五年规划,同年,全系统开展廉政风险点排摸,全局分单位、分岗位排摸财税工作过程中的各个廉政风险点,防患于未然,汇总形成廉政风险点55条,在此基础上,2010年制订出台《桐乡市财政、地税局岗位廉政风险点防控办法》,对各风险点加强制度预警。

二、国税系统

(一)落实廉洁从政若干准则

1997年至2010年,市国税局按照《党员领导干部廉洁从政若干准则》和《税务系统领导干部廉洁从政"八不准"》等规定,对"一把手"用权行为进行限制,规定"一把手"不得直接分管人事、财务、基建,集体研究末位发言,对领导班子成员分工以及公务回避等做出量化、硬性规定,防止"权力失衡",明确干部选拔任用票决制、记实制和署名推荐制,严格"裸官"使用和管理,推动选人用人标准、程序的公平公正,加大权力运行偏差的责任追究和问责力度。切实抓好领导干部个人有关事项报告、民主生活会、诫勉谈话、廉政谈话、函询等制度的落实,建立完善国税系统干部的廉政档案,结合公务员年度考核,对领导干部进行述职述廉和廉政测评。执行领导干部廉洁从政的各项规定,开展任前廉政谈话,有针对性地开展对领导干部收受礼金、有价证券和参与赌博等专项清理活动。严格执行厉行节约各项规定，因公出国（境）、公务用车购置及运行、公务接待等压缩指标均按要求落实。坚决反对借培训、考察的名义公款旅游，借婚丧嫁娶之机收受礼金等不正之风，促进领导干部廉洁从政。不断完善监督检查体制机制，建立健全纪律保障机制，加强对政治纪律执行情况的监督检查，严肃查处违反政治纪律的行为，严肃查处有令不行、有禁不止的行为，保证了政令畅通。

（二）落实“一报告两评议”制度

坚持以“两权”监督为重点，围绕税额核定、一般纳税人认定、增值税专用发票管理、纳税评估、税务稽查、行政处罚、减免税审批、出口退税、所得税税前列支审批、缓税审批等重点环节，深入开展执法监察，及时发现和纠正税收执法上存在的问题，共执法监察立项 185 项，提出建议 8 项，采纳 8 项。同时，围绕干部选拔任用关键环节，积极探索和改进监督方式方法，加强对干部选拔任用、人员录用的监督，重点对方案拟订、酝酿、考试、测评、考察等环节实施监督，对干部选拔任用“一报告两评议”制度执行情况进行监督，对干部选拔任用中的违纪违规及行贿受贿问题，认真查核，严肃处理，防止和纠正选人用人上的不正之风，提高选人用人公信度。

（三）坚持不懈抓好行风建设

1997 年至 2010 年，认真执行总局制定的《关于进一步加强税务系统政风行风建设的意见》，明确政风行风建设的指导思想、工作目标、主要任务和保障措施，提出加强政风行风建设的长远规划和刚性要求，要求全系统进一步健全齐抓共管的政风行风建设责任机制和税务人员职业道德规范、从业行为准则，努力构建防治不正之风的长效机制。通过开展纠风专项治理，纠正税务机关和税务人员参与税务代理中介业务、向纳税人强行推广纳税申报方式、乱摊派、推销商品、接受纳税人宴请、纳税人出资的旅游、经商办企业等不正之风，查处损害纳税人利益的案件，全面推行“办税八公开”，依法保障纳税人的知情权、参与权、表达权和监督权，保证各项行政权和税收执法权公开透明运行。在政风行风建设工作中，注重借助外力，敞开大门访民意，打开心扉听民声，组织特邀监察员到基层进行明察暗访，发现问题，及时纠正。纪检监察部门采取发放廉政监督卡、在窗口单位设立接访点集中接访、召开税企座谈会、组织特约监察员明察暗访、参加政风行风热线、开展税务人员向纳税人述职述廉、网上评廉、国地税共评共建等形式，自觉接受社会和舆论监督。市局针对社会各界反馈的意见和建议，开展“大走访、大评议、大整改”活动，主要领导亲自进行走访，现场解决实际问题，现场进行评议整改，受到社会各界的好评。

2006 年 3 月 28 日，市国税局召开党风廉政建设、预防职务犯罪工作会议

2010 年，开展学习落实廉政准则成果展示活动，以学习落实《廉政准则》为主题，以演讲、小品、情景剧、朗诵等形式，突出税务特点，结合税务廉政文化建设，融入地域文化特色，学习理解廉政准则的内涵，表示贯彻执行廉政准则的决心，展示国税机关学习落实廉政准则的成果。

第三节 纪检与监察

一、建立兼职监察员队伍

1982年6月,桐乡县财税局聘请7个基层所的7名干部为财政监察通讯员,后更名为兼职监察员。1986年8月开始,建立兼职监察员活动日制度,每个季度的第三个月兼职监察员集中活动一次。1993年兼职监察员又更名为兼职纪检监察员,11个基层所每个所确定1名,一般由基层所的正职或副职领导担任。

2003年,财政地税局调整兼职监察员队伍,人员扩大到市局相关科室,同时制订《兼职监察员工作职责》,充分发挥兼职监察员承上启下、信息沟通的桥梁作用。

二、建立行风监督员队伍

1989年,根据省财政厅通知,县财税局推行公开办税制度,下发《关于执行公开办税制度接受社会监督的通知》,此后,财税部门聘请社会相关部门和企业的热心人士担任义务监督员,对财税部门在社会上的反响和财税工作人员在执法、服务中的表现进行信息反馈。义务监督员聘期二年,聘请的人数根据情况变化作适当调整。财税部门定期召开义务监督员会议,听取意见建议、沟通交流;1995年改称特约监察员;1996年改称特约纪检监察员;1998年更名为特邀监察员,并重新聘请,本次聘请特邀监察员10名;2003年又更名为特邀行风监督员,当年同时出台《特邀行风监督员工作制度》。

表29-1　1998年桐乡市财政地税局聘请的党风廉政建设特邀监察员名录

姓名	单位	职务	姓名	单位	职务
孙明皋	市人大财经工委	主任	赵家萌	市人民检察院行装科	科长
程亚平	市政协办公室	秘书长	黄金林	市司法局办公室	主任
徐林熊	市纪委、监察局	常委	李燕萍	桐乡报社	记者
施掌林	市教委	副主任	钟锦楠	崇福供销社(民建支部)	业务组长
张继荣	市公安局	纪委	冯培祥	乌镇羊毛衫厂(私营)(工商联)	厂长

三、监督与监察

20世纪80年代开始,桐乡财税局根据上级的指示先后多次开展廉政建设方面的自查自纠,在加强自查自纠的同时广泛向社会征求意见,接受社会监督。

90年代开始,每年开展纠正行业不正之风评议活动,县局成立纠正行业不正之风领导小组,公布联系电话21911,开展廉政建设检查;同时,全系统每年开展春节期间廉政纪律自查,每年春节后每个干部填写"廉洁自律执行情况自查表",具体自查情况见本章第一节。

1996年4月,根据上级反腐败斗争的总体部署,全省在财税、工商、公安、邮电四大系统开展行风建设评议,财税系统评议的范围包括财政、国税、地税局机关各科室及基层单位,重点是提供财税服务的管理部门和税收征管、检查岗位。设立联系信箱,书面征求意见,邀请特邀监察员座谈,广泛听取意见,自查自纠,在此基础上接受市反腐败斗争行风评议小组的集中评议。

国地税分设后,财政地税部门和国税部门各自抓好干部队伍监督与监察。

（一）财政地税系统

广泛接受社会监督

开展行风评议活动以来，财税部门一直非常重视听取社会各界的意见建议，不定期的走访人大、政协、政府部门相关领导和知情人士，走访纳税人，广泛听取社会各界对财税部门的评价、服务需求与意见建议，接受社会的监督。

2002—2004 年，根据市委、市政府和市纠风办的统一部署，财政地税系统连续三年开展"万名群众评机关"活动，结合各种文明创建，不断改进工作作风和窗口形象。市局成立领导小组，具体部署评议活动，广泛听取意见建议，自查自纠，根据市纠风办反馈的社会各界对财政地税部门的评议，市局召开专题会议，制定整改方案，分解整改责任，落实整改措施。

加强内部监督与监察

2000 年 4 月开始，实施税务稽查回访制度，在稽查检查环节向被查单位发放《廉政执法监督反馈单》，同时对稽查被查单位就稽查人员在执法过程中的廉政纪律和工作制度执行情况进行回访；2005 年回访范围扩大到纳税评估企业。2003—2009 年，累计组织税务案件回访 433 户次，回收廉政执法反馈单 501 份。

2001 年，根据《国家公务员暂行条例》及财政部、国家税务总局对财税干部的纪律规定，财政地税局出台《行政监察工作实施细则》，结合行政执法检查、业务工作考核和各种争创考评，对全系统干部职工不同的工作岗位开展行政监察，每年检查不少于 2 次，监察结果与评创活动、执法责任制考核、岗位责任制考核相结合。同时实行《勤政廉政监察通知书制度》，对群众来信来访反映财税干部存在的勤政廉政方面问题的或组织认为有必要对干部职工个人问题作进一步了解的，使用《勤政廉政监察通知书》或直接找本人谈心谈话。2003—2010 年接受信访案件 10 件，通过信访案件开展干部谈心谈话，"拉拉袖子"提提醒。

同年出台《财政地税局八小时外监督管理办法》，告诫财税干部自我约束，八小时以外警钟长鸣。2008 年，与原有的《廉洁自律制度》合并，修订出台《桐乡市财政地税局财税人员廉洁自律及其监督管理办法》，廉洁纪律、监督方式、处理方式结合为一体。

2004 年，根据上级的统一部署，全系统开展效能建设活动，市局组织相关科室组成监督小组，并邀请行风监督员参与，定期不定期地对局机关科室和基层单位开展明查暗访，并对明查暗访情况进行通报。

2001—2010 年间，对纪律制度执行情况监督、监察通报 6 次；违法行为通报 1 次；内审情况通报 4 次；工作人员执法过错通报 6 次；税务执法检查情况通报 15 次；规范化考评情况通报 8 次。

（二）国税系统

1997 年国地税正式分设以后，国税系统重点对减税政策、组织收入情况开展监督检查，保证各项税收政策落实到位，防止"寅吃卯粮"、转引税款、虚收空转以及违规先征后返等问题的发生。

2003 年，成立防腐保廉工作领导小组，建立防腐保廉体系，推进行政效能建设。

2005 年，把廉政文化建设纳入国税文化建设之中，开展廉政文化进基层、进机关、进家庭等贴近实际、贴近生活、贴近群众的文化活动。在税务机关和办税场所广泛开展廉政文化建设，将税务廉政文化建设渗透到家庭、融入社会、延伸到纳税人。积极参加地方党政部门组织的廉政文化创建活动。通过廉政知识竞赛、演讲比赛、诗歌朗诵会、文艺演出、廉政教育月、廉政文化成果展、家庭助廉、构建税收廉政文化电子网络、读书思廉、为廉政建言献策等活动，2008 年组织"警言警句"征集活动，共收到警言警句 213 条。组织观看《黄昏苦酒》《枪声过后的思索》《警钟长鸣》系列片。2005 年至 2010 年，开展

1998年4月12日，全市国税系统召开纪检监察工作会议

“清廉文明、平安国税”“规范税收执法、预防职务犯罪”“知荣辱、树新风、创和谐”“崇勤廉、讲操守、重品行”“加强作风建设，促进勤政廉政”“献爱心、平心态、守清廉”等主题教育活动，廉政文化教育深入人心。

2006年，抓好“平安国税”工程建设。根据市纪委关于开展惩防体系建设检查的要求，普遍进行自查、问卷和测评统计，掌握第一手材料，全面了解情况。

2007年至2010年，落实《关于在全市国税系统共同开展预防职务犯罪工作的实施意见》，制定贯彻落实的具体措施，明确责任主体，逐项分解任务，狠抓工作落实，教育、制度、监督、改革、纠风、惩治等方面工作整体推进。把惩防体系基本制度的学习宣传作为党组理论中心组学习、党课教育和干部日常学习的重要内容。2010年，形成包括风险点、岗责体系、工作流程、工作规程、内部管理制度等内容的内控机制制度汇编，列入对干部的考核评价范围，坚持每年对惩防体系建设进展情况进行专项检查，查找问题，认真整改，总结经验。2010年，这一做好稳控的内控机制建设项目，作为国税纪检监察创新工作呈报，得到桐乡市纪检监察机关的肯定与推介。

2009年，市国税局使用税务纪检监察管理信息系统，对信访受理、初核、了结或转立案等流程进行动态管理，用信息化手段实现实时监控、数据综合分析，共梳理查找风险点195项、健全岗责体系、建立健全各项工作流程、制定完善工作规程、内部管理制度7项。完善案件查办工作制度和机制，按照“一案双查”和“一案两报告”制度，在提交案件调查报告的同时，分析案件发生的制度性漏洞，提出工作建议，提高工作针对性。开展治理商业贿赂专项工作，建立治理商业贿赂工作情况月报制、举报投诉督办制、重要案件线索移送制等制度。协助检察机关查处违法案件，配合检察机关查办破坏社会主义市场经济秩序渎职犯罪案件，与检察机关共同召开国税人员渎职犯罪典型案例分析会，深入研究探讨税务职务违纪违法案件的发案规律、特点和防范措施。开展典型案例教育，提高国税干部队伍遵纪守法意识，通过警示教育，以身边的事教育广大国税干部职工为民执法。

2010年，运用税收执法管理信息系统和税收执法监察系统，加强税收执法动态监控，发现问题及时纠正。在国税系统上线推广运行税务纪检监察管理信息系统V1·0，在金税三期工程中使用纪检监察软件，使纪检监察管理系统与税收业务信息系统实现有机融合、无缝链接，提高监督工作的时效和质量。加强政府采购工作监督，将立项、采购方式确定、开评标等采购关键环节作为监督工作重点，及时提出监督建议29项。通过对4个政府采购重点项目实施有效监督，规范政府采购行为程序，节约国家资金，为纳税人减轻负担。

第三十章　行政事务与后勤保障

本章记述1996—2010年间桐乡市财政地税、国税系统行政事务与后勤保障情况，包括公文管理、档案管理、财税信息与调研管理和人大政协议案提案办理等文秘综合性工作；以及财产管理、财务管理、后勤服务和信访接待处理等事务。

第一节　文秘综合

一、公文管理

(一)财政地税系统

财税公文管理分收文、局发文及市委、市政府交办件、督办件等。公文处理由局办公室负责。2000年，市局出台《基层所公文处理办法》，规范基层单位的收发文程序。2001年前，桐乡财税部门的公文都采用纸质流转。2001年，公文处理系统ODPS启用，地税公文实现与省地税局的远程收发，1月1日起，地税系统取消纸质公文，所有收发文进入公文处理系统；财政部门公文从当年7月1日起也进入ODPS，相关公文收文采用扫描后进电脑管理，发文采用电脑拟文、编号后纸质打印，初步实现财税公文流转的自动化。2001年6月，出台《桐乡市财政税务局公文处理工作规程》，对公文电子化环境下收、发文程序和公文的归档与管理作出规定。2004年，根据省厅、省局和市政府的有关规定，在《公文处理工作规程》的基础上修订出台《桐乡市财政、地税机关公文处理办法》。

2007年始，公文处理系统升级，启用《财政地税综合办公平台FOA》，财政地税部门公文流转全面实现电子化；是年，开通桐乡市《机关协同办公系统》，财政地税部门与桐乡市其他部门间的公文流转，通过《机关协同办公系统》收发后导入或导出FOA处理。基本实现公文流转无纸化。

(二)国税系统

1997年机构进一步分设后，市国税局规范税务公文处理，在公文流转的各环节全面落实签收、登记、拟办、批办、承办、督查催办等岗位职责。

1999年，办公自动化进程加快，《公文处理软件》成为推行办公自动化的基础软件。

2000年，试运行办公自动化操作规程和系统运行的管理制度。

2001年，贯彻落实全国税务机关公文处理办法和实施细则(试行)办法。

2002年，按照《公文处理作业规范》，做到职责明确、流程规范，文件传递及时、准确、安全，办文、办事顺畅，效率高。

2004年，按照国家税务总局《全国税务机关公文处理实施办法》，公文处理贯彻“党政分开”原则，明确公文的流转和办理要求，提高公文质量。

2007年，开通桐乡市《机关协同办公系统》，财政地税部门与桐乡市其他部门间的公文流转，通过《机关协同办公系统》收发后倒入或倒出FOA处理。基本实现公文流转无纸化。

2008年,推行公文处理网络化、无纸化办公,各部门之间实现网上公文流转。

2010年,按照全国税务机关公文处理办法,推进机关公文处理工作科学化、制度化、规范化管理,坚持实事求是、准确规范、精简高效、安全保密的原则。2010年,接收登记各类文件1895件,各类综合发文527件。

二、档案管理

(一)档案室设置

桐乡财政税务局根据工作职责及辖区范围,分别设置局机关综合档案室和基层单位业务档案室。1991年2月,市局成立综合档案室。财政地税与国税分立后,1997—1998年,原财税局下属的11个基层税务所陆续合并为6个,业务档案室也相应合并为6个,1998年地税稽查局单独设置业务档案室。

1997年国地税分设后,国税系统设置综合档案室。

(二)档案管理机构

1990年10月,县财税局成立档案工作领导小组。1994年12月,建立兼职档案员队伍,每个科室确定一名兼职档案员。1995年,在兼职档案员的基础上建立档案管理网络小组。

国地税分设后:

财政地税系统　2004年12月档案工作领导小组调整,同时建立综合档案鉴定小组;2008年7月,同时调整局档案鉴定小组、档案管理网络小组成员。

国税系统　2002年2月19日,成立综合档案管理领导小组,2005年12月—2010年9月,先后5次调整综合档案管理领导小组成员。2002年2月22日,建立局综合档案鉴定小组,2008年6月—2010年11月,两次调整局综合档案鉴定小组成员。

(三)档案管理制度

1990年10月,县财税局制定出台《档案室岗位责任制》《档案室保密制度》《档案借阅制度》;1995年,制定《机关档案工作管理制度》。

国地税分设后:

财政地税系统　1998年,地税局稽查局制订《桐乡市地税稽查档案管理暂行办法》,在稽查过程中形成的稽查管理资料和稽查案件按规定独立完整归档,稽查档案主要为文书资料,共分稽查管理类、违章案件类、综合类三大类。

2004年12月,印发《桐乡市财政局、地方税务局档案管理办法》,设文书档案类、册籍档案类、借款合同类、稽查案件类、会计档案类、科技档案类、特种载体类、国资管理类、政府采购类、户籍档案类、世行贷款类、诉讼案件类十二大类档案,并修订档案资料的立卷、归档办法。

2008年,根据国家档案局第8号令,修订、完善《桐乡市财政地税局档案管理办法》,确定新的归档范围及保管期限,同时修订和出台《档案工作职责及制度》,包括“立卷归档”“档案管理”“档案借阅”“档案利用”“档案保密”“档案库房管理”“档案统计”“档案鉴定销毁”等一系列制度。

国税系统　2002年7月24日,印发《桐乡市国家税务局档案管理办法》。同时出台《桐乡市国家税务局档案管理工作规章制度》,内容包括档案分管领导工作职责、综合档案室主任工作职责、综合档案室工作职责、档案工作人员职责、档案立卷归档制度、综合类档案管理制度、税务行政经费会计、税收会计档案管理制度、设备档案管理办法、特种载体档案管理制度、照片档案管理办法、档案保密制度、档案借阅制度、档案利用制度、档案统计制度、档案利用和控制使用范围说明、档案库房管理制度、档案保管制度、档案鉴定销毁制度等。

（四）档案达标

1995年，市档案局考核认定，桐乡市财税局综合档案室为三级综合档案室。

国地税分设后：

财政地税系统　2000年至2010年，逐年接受市档案局年检，局机关档案2003年、2006年、2009年被评为优秀等次，2004年合格等次，其余均为免检。2005年，省财政厅、地税局、档案局联合考核认定，桐乡市财政局、地税局为档案工作目标管理省二级单位；2008年，考核认定为省一级单位。2010年12月，市财政地税局综合档案室被命名为嘉兴市规范化数字档案室。

2001年，洲泉地税所、濮院地税所档案目标管理经市档案局考核验收为建档合格单位；2004年，地税稽查局经市档案局考核为市一级单位。是年，乌镇税务分局、梧桐税务分局、石门税务分局被评定为建档合格单位，当年桐乡地税稽查局又经省财政厅、地税局、档案局联合考核认定为省二级单位；2005年，梧桐税务分局经考核认定为省二级单位；2009年，地税稽查局经考核认定为省一级单位。

国税系统　2000年至2010年逐年接受市档案局年检，局机关档案2000年被认定为合格，2001年、2002年、2003年、2005年、2007年、2009年免检、2004年、2006年、2008年、2010年为优秀档次。2002年6月，局综合档案室通过桐乡市机关档案一级标准验收。是年12月，局综合档案室通过浙江省档案局、省国税局、嘉兴市档案局、嘉兴市国税局、桐乡市档案局验收，被认定为省二级单位。2003年12月，被认定为省一级单位。2010年，被嘉兴市档案局命名为“2010年度嘉兴市规范化数字档案室”。

2003年12月2日，国税局档案管理省一级达标

（五）档案保存

财政地税系统　2001年前，档案室收藏资料均为纸质。2001年7月1日起，财政地税局出台《桐乡市财政税务局公文处理工作规程》，公文归档实行纸质文件与电子文件双重归档办法。

纸质档案的管理办法根据桐乡档案馆（局）的规定实行定期移交，历年来共移交7次：

1989年12月25日，县财政税务局向县档案馆移交31年（1950—1980年）的崇德、桐乡两县财政总会计档案459卷。

1994年8月8日，市财政税务局向市档案馆移交32年（1949—1980年）的文件材料541卷。

1997年1月14日，市财政局向市档案馆移交民国7年（1918）和1951—1953年桐乡、崇德两县的地籍档案5055卷（张），包括两县农业税土地产量分户清册、土地房产所有证存根、民国时期土地草图、地形原图。

1998年8月20日，市财政局向市档案馆移交10年（1981—1990年）的文书材料431卷。

2001年6月20日，市财政局向市档案馆移交15年（1981—1995年）的财政总会计档案486卷。

2004年2月9日，市财政局向市档案馆移交29年（1984年前）的文件材料501卷，包括文书档案、房产证存根和民国时期桐乡县实测户地图。

2007年12月24日，市财政、地税局向市档案局移交6年（1990—1995年）的文书档案435卷。

国税系统　1999年，新办公大楼设置档案库房和阅览室，在88平方米的库房中配置22组密集架、中央空调4个调温出口,除湿机,温湿度记录仪,消防设施和灭虫药物等设备,库房条件基本符合“六防”要求。

2002年,室藏档案累计31444卷,包括综合类586卷、征管类20892卷、稽查类3155卷、出口退税类2640卷、计统征收类2053卷、会计类482卷、基建类30卷、设备类31卷、特种载体类1575卷(照片5卷、盘片1532卷、实物38卷)。同时,收集《中国税务报》《税收政策文件汇编》《国家税务总局公报》等十多种资料,设立专柜陈列,较全面反映国税机构、人员、职能、工作业绩、干部任免等变化和发展轨迹。

2005年,推行《归档文件整理工作规则》,完成年度归档案卷1662卷。其中综合类12卷508件(永久1卷106件,长期1卷257件,短期10卷145件),征管类59卷,保管期限(短期),稽查类246卷(长期145卷,短期101卷),出口退税类1067卷,保管期限(永久),计统征收类173卷,完税凭证(定期),会计类105卷,〈2004年度账册14卷,即永久3卷、定期11卷;凭证68卷(定期)、2001—2005年度基建账册12卷(定期)、2001—2005年度基建凭证11卷(定期)〉。2009年9月,创建数字档案室,根据档案数字化的要求,将泰宇档案管理系统升级为龙宇档案管理系统,新增会计档案、特种载体等各类业务档案的数字化软件功能。将纸质档案通过扫描建立电子档案,完成文书档案案卷级621卷、文件级2863件,扫描页数60164页;会计档案31卷,扫描页数3100页、部分特种载体20卷,扫描页数4000页,共扫描合计:67264页,总容量7.33GB,初步完成档案数字化工作。

三、财税信息与调研

(一)财税信息

财税部门的信息报道工作由局办公室负责,办公室秘书承担市局层面相关信息的采集、上报和局相关刊物的编纂等工作,各科室和基层单位确定一名兼职信息员负责信息采集并向局报送。

20世纪80年代,财税局出刊内部刊物《桐乡财税》,重点交流桐乡财税系统内部各部门工作和学习情况,特定时期根据需要出刊专刊,1991年开始,税收宣传月期间出刊《税收宣传月专刊》,每年中层干部读书会出刊《中层干部读书会专刊》。

国地税分设后:

财政地税局

出刊内部刊物:1998年开始,新增《地税宣传》,作为税收宣传资料重点向纳税人分发,至2010年止,累计出刊120期。

2007年,出刊《桐乡财税一作风建设年专刊》3期;2009年出刊《桐乡财税一深入学习实践科学发展观活动专刊》30期,同年出刊《桐乡财税一“小金库”专项治理工作专刊》1期;2010年出刊《桐乡财税一纳税服务志愿者活动专刊》3期。至2010年年底止累计出刊《桐乡财税》184期(包括专刊)。

2008年7月,新增《内部工作情况》刊物,到2010年年底止累计出刊14期。2001年1月,出台《桐乡市财政地税信息工作考核评比办法》,开展信息工作先进单位评比和信息员评比活动。

2003年12月1日,在修改、完善原考核评比办法的基础上出台《桐乡市财政局、地方税务局信息和通讯报道工作考核暂行办法》,采用部门记分考核和个人稿酬支付相结合,同时年终再根据各部门信息考核得分情况,评选年度信息工作先进部门和先进个人,给予通报表彰和奖励。

2008年1月开始,进一步修改考核办法,桐乡市局范围内信息的采用从《桐乡财税》扩大到《地税宣传》和桐乡财税内、外网,采用后的加分力度也有增加。

根据省财政厅、省地税局信息报道工作的要求,桐乡市财政地税局根据各单位上报信息的数量和质量对1999年度信息工作先进个人进行通报表彰，当年有5人受到表彰；2000年度有8人受到通报表彰。

2000年至2010年期间，市财政地税局向上级部门报送大量的信息报道，许多被正式刊物录用。2004—2010年，共被录用368篇，其中省委、省政府录用6篇，省厅省局录用69篇，《浙江税务》录用42篇，嘉兴市委、市政府录用48篇，《嘉兴财税》录用106篇，桐乡市委、市政府录用97篇。

在省财政厅信息工作考核中，桐乡市局2000年、2002年、2006年度被评为三等奖，2008年度获二等奖。在省地税局信息工作考核中，桐乡市局2001年、2006年、2008年度被评为二等奖，2002年、2005年、2007年被评为三等奖，2003年为达标单位；沈荣民在2005—2008年连续四年被评为先进个人。

在桐乡市党委信息工作考核中，市财政（地税）局2006年被评为三等奖，2007—2009年连续三年被评为先进集体；沈荣民2006—2008年度连续三年被评为先进个人，2009年沈荣民被评为优秀信息员。

在桐乡市政务信息工作考核中，市财政局2006年被评为二等奖，2008年、2009年被评为先进集体；2006年、2008年、2009年沈荣民被评为优秀信息员。

在全省地税稽查动态的信息工作考核中，2006年桐乡市地税局被评为三等奖。

2004年，《浙江法制报》录用桐乡财税报送的《桐乡稽查严补税千余万》；2005年，省委、省政府录用桐乡报送的《桐乡市财务会计实行信用等级管理》《桐乡市财政局多举措强化涉农收费监管力度》等2篇信息报道；2006年，省财政厅、省地税局录用桐乡报送的信息《桐乡市实施“绿色生态改造工程”》《桐乡市全面推进城乡一体化建设》《桐乡市财政局采取四项措施积极化解乡镇债务》《桐乡市地方税务局在税收宣传月中开展六项主题活动》；2007年，省财政厅、省地税局录用桐乡财税报送的信息《桐乡市政策性农业保险启动早、推进快、效果好》《桐乡市建立稳定的城乡社区卫生服务筹资和投入机制》《桐乡工商税务无照无证协作管控见成效》《全面推进城乡一体化建设》；2008年，省政府录用《事例财政支农资金，推进现代农业农村发展》《桐乡市全面实现国有资产信息化管理》等信息；2009年，省政府录用桐乡财税报送的信息《桐乡市设立现代新市镇和城乡一体新社区建设专项资金》；2010年，省财政厅、省地税局录用桐乡财税报送的信息《桐乡市五举措加大工业平台建设推动产业集聚发展》《桐乡市局在全省率先全面推广数字证书网上申报》，当年，《“中国制造”：压力虽然大信心也不小》一文刊登于《中国税务报》，并被桐乡市委宣传部评为2010年度对外宣传优秀新闻作品二等奖。

国税局

机构分设后，制定《新闻信息工作考核办法》，组建国税新闻信息通讯员和信息员队伍。办公室秘书负责市局层面相关信息的采集和局属各部门兼职新闻信息员采集的上报新闻信息整合，将信息编辑报送上级局和各级地方党委、政府信息刊物，将新闻稿件编辑报送各新闻媒介。办公室收集各级新闻和信息刊物录用的稿件，按考核办法分值列入工作目标考核，根据年终绩效给予表彰和奖励。

1997年，首次编发《桐乡国税信息》，至2010年，该刊共编印560期，用稿5000多篇，约120万字。

是年，被浙江省国税局评为1997年度全省税务新闻先进集体。多年来，不定期邀请专业人士授课，参与省、市局新闻信息培训。新闻信息稿件，分别被国家税务总局、省国税局、嘉兴市国税局、桐乡市委办、政府办政务信息录用和新闻媒体录用。2010年，被省级以上部门录用新闻39条、信息13条。其中《中国税务报》采用6篇、《中国税务》杂志采用24篇、《浙江日报》采用5篇、《浙江法制报》采用4篇、《浙江国税信息》采用13条。分别被省国税局、嘉兴市国税局评为省、市国税系统先进集体；管利权分别被省、市国税局评为先进个人。

2007年1月1日起,桐乡市对个体工商户登记实现工商、国税、地税三方联合一窗式办证。个体工商户在办理工商登记时,工商登记窗口同时核发国地税税务登记证。8月21日,国家税务总局第103期税务简报以《浙江省桐乡市加强部门配合实现个体工商户税务登记证和工商营业执照"一窗式"办理》为题刊发此信息。浙江省国家税务局将此评为2007年度管理创新入库项目。2008年,国税部门对"普通发票管理系统"进行优化,配套研发"发票查询举报系统",实现普通发票闭环控管。7月23日,《中国税务报》对此作专门报道。8月25日,国家税务总局第127期税务全文刊发。此项目,被浙江省国家税务局评为2008年度管理创新优秀项目。

1997年至2010年间,国税部门共获得省国税局税务新闻、政务信息工作先进集体3次、先进个人2(人)次;获得嘉兴市国税局税务新闻、政务信息工作先进集体8次、先进个人13(人)次;获得桐乡市委办、政府办政务信息工作先进集体1次、先进个人6(人)次。

(二)财税调研

桐乡财税立足财税工作实际,依托财税学会开展调研,从经济与税收的视角发现问题、提出解决问题的建议。

1995—2010年间,财税部门各种调研成果在桐乡市级、嘉兴市级及以上多个层级的调研成果评选中得到肯定。1997年至2010年,国税部门课题调研撰写发表各类论文105篇,获奖作品46篇,分别采入《浙江省税收论文集》《嘉兴国税税收论文集》《桐乡市调研文选》。

1.1997—2001年:1997年汤震明撰写的《规范征收方式消除增值税异常申报》一文,被《浙江税收优秀论文集》收录。桐乡国税局课题组撰写的《浅议增值税日常稽核》被收录于《1999年度浙江税收优秀论文集》;柏利勇、尹夏青、孙健、陈敏娅撰写的《规范预算支出,调整支出结构》和尹夏青、沈锋、姜玮撰写的《浅论乡镇预算外资金管理方式》被同时收录于《1999年桐乡市调研文选》。国税局、地税局、税务学会课题组《建设良好的依法治税环境》一文收录于《2000年度浙江税收优秀论文集》;钟雪明撰写的《先征后退是出口退税方式的最佳选择》一文刊登在2000年《税务研究》第11期;朱政华撰写的《我市预算管理存在的问题及对策》一文刊登在2000年《浙江预算管理与会计》第一期。冯永梅、吴黎鸿撰写的《加大依法治税力度,堵塞税收漏洞》一文刊登在2001年《财经改革》第3期;柏利勇、梁虎、孙羽萍、朱弘撰写的《农村费改税对地方财政的影响及对策》收录于《桐乡市2001年调研文选》。

2.2001—2004年10月:承担省财政学会、省税务学会下达的调研课题《城市维护建设税改革研究》,被分别列入浙江省和全国优秀论文集;《加强个体(私营)税收管理,完善全体(私营)税收征管体系》《建设良好的依法治税环境,迎接经济合理化挑战》《做好政府各部门的协税、护税 迎接经济全球化和知识经济的挑战》等调研课题在浙江省国家税务局、地方税务局、省税务学会、省国际税收研究会联合召开的2000年税收理论政策研讨会上作大会交流发言;《中小企业产权多元化财政税收政策探讨》一文参加浙江省财政学会关于"地方中小企业的改革与发展研究》课题研讨,被推荐为大会交流发言材料,并得到与会人员的

2005年5月,桐乡市财税学会组织调研论文写作讲座

肯定；《重振丝绸雄风》一文被省财政厅、省财政科研所编入《财源建设专辑》；省财政学会下达的课题《规范预算支出 调整支出结构》一文被评为二类论文；报送的二篇局长征文被编入《全国财税局长论文集》。

3.2004 年 10 月—2006 年 2 月，上报省财政厅、省税务学会、财政学会评选文章 39 篇，《开征社会保障税的探讨》《开征社会保障税的可行性研究》《地方税体系问题的研究》《关于我国地方税体系若干问题的研究》4 篇获一等奖；《税收征管基础辨析》《税收征管机制若干问题探讨》《进出口税收制度的调整与完善》《税源监控与管理的国际借鉴》《东北增值税转型试点在全国推广办法和时机的研究》《推行城乡一体化管理的思考》6 篇获二等奖；《农村费改税对地方财政的影响及对策》《加入 WTO 对桐乡纺织服装业的影响及对策》《部门预算改革的难点及对策》《农村税费改革后如何确保义务教育健康发展问题的思考》《行政事业单位国有资产管理略论》《县级财政推行集中支付的探讨》《提高会计信息质量促进地方经济发展》《浅议我市非税收入改革目标和对策》《统一内外资企业所得税的办法及对策》《农村社会保障制度研究》《乡镇政府债务问题研究》《内外资企业平等纳税问题研究》《构建新型纳税服务体系的思考》《现行税收政策存在的问题及对策》《流程再造——深化税收业务重组新的探索》《推行部门预算存在的问题和设想》《防范地方债务风险的思考》17 篇获三等奖。

《开征社保税的可行性研究》在获得省财政厅、省地税局调研论文一等奖的同时，又获嘉兴市第九届社会科学优秀成果二等奖。2005 年度报送的两篇调研课题，分别获得一、二等奖。上报市科协、市委政策调研室的课题也均获得不同的奖项，得到市委、市政府和科协的好评。

4.2006 年 2 月—2010 年：《完善义务教育保障机制改革的思考》《正确认识科学化、精细化管理内涵 努力提高税收征管工作效能》《桐乡市镇街财政运行分析》获省级一等奖；《桐乡市财政收入总量与结构的现状及思考》《建立和谐社会新型社区社会保障体系的探讨》《桐乡市失地农民社会保障问题的调查和思考》《工薪所得税费用扣除标准研究》《完善税源管理的国际借鉴研究》《桐乡市财政支农资金整合试点实证分析》《桐乡市如何推进"三个子"公共预算管理改革的探索》《关于实施信息管税的若干思考》《强化房地产税制体系的税收调节功能》获二等奖；《新企业所得税法税前扣除之征管难点与对策》《完善税收优惠 促进中小企业发展》《加强国地税协作配合的实践与思考》《关于政府非税收入实现收入一个笼子的思考》获三等奖。此外，《推进城乡教育一体化管理的思考》和《桐乡市镇乡(街道)财政运行分析》》分别获嘉兴市第十一届和十五届社会科学优秀成果三等奖。2010 年，国税局钟华撰写的《桐乡市增值税收入与经济 GDP 关系浅析》，获嘉兴国税系统一等奖和桐乡市调研论文一等奖。

表 30-1　　1995—2010 年桐乡市财税调研成果一览表

评选年度	调研篇目	评选结果	撰写单位
1995 年	社会主义市场经济下的财政职能及其实现	全省财政理论研究成果二等奖	桐乡财税局课题组
1998 年	理顺管理关系 规范预算外资金	全省财政理论研究成果三等奖	桐乡市财政局课题组
1999 年	对粮食企业亏损的思考	全省财政课题研究成果评选中获优秀奖	桐乡市财税学会课题组
	规范预算支出 调整支出结构	全省财政课题研究成果评选中获三等奖	桐乡市财政局课题组

续表 30-1

评选年度	调研篇目	评选结果	撰写单位
1999年	乡镇财政建设研究	全省财政课题研究成果评选中获二等奖	桐乡市财政局课题组
	重振丝绸雄风的思考	全省财政课题研究成果评选中获三等奖	桐乡市财税学会课题组
	在税收征管新模式下如何发挥“四项稽查”的整体功能	财政,地税系统优秀调研论文鼓励奖	桐乡市地税局课题组
	事业单位、社会团体征收企业所得税的难点和对策	财政,地税系统优秀调研论文鼓励奖	桐乡市地税局课题组
2000年	构建新时期财政监督体系论析	全省财政理论研究成果三等奖	桐乡市财政局课题组
2001年	农村税费改革对地方财政的影响及对策	全省财政课题研究成果评选中获三等奖	桐乡市财政局课题组
	关于开征社会保险税的研究	省财政地税系统一等奖	桐乡市地税局课题组
	浅议依法治税	省财政地税系统鼓励奖	桐乡市地税局课题组
2002年	行政事业单位国有资产管理略论	全省财政系统调研报告三等奖	桐乡市财政局课题组
	农村税费改革后如何确保农村义务教育健康发展问题的思考	省农村财政优秀论文三等奖	桐乡市财政局课题组
	税收征管机制若干问题探讨	省税收优秀学术研究成果评选二等奖	桐乡市地税局课题组
	加入 WTO 对桐乡纺织服装业的影响及对策	全省“加入 WTO 的财政政策研究”课题研究成果评选二等奖	桐乡市财政局课题组
	农村税费改革后 如何确保农村义务教育健康发展问题的思考	省财政课题研究成果评选二等奖	桐乡市财政局课题组
	关于部门预算若干问题的思考	全省财政课题研究成果评选三等奖	桐乡市财政局课题组
	对税收征管机制若干问题的探讨	优秀调研报告评选特别奖	桐乡市地税局课题组
	开征社会保障税的可行性研究	优秀调研报告评选特别奖	桐乡市地税局课题组
	开征社保税的可行性研究	省税收优秀学术研究成果评选一等奖	桐乡财税局课题组
	出口企业免抵退办法实施情况的调查与思考	省税务学会佳作奖	沈锡明、钟雪明
	完善增值税若干问题的研究	省税务学会佳作奖	沈锡明、汤震明、王新华
2003年	打造会计信息质量 促进地方经济发展	全省财政课题成果三等奖	桐乡市财政局课题组
	县级财政推行集中支付的探讨	全省财政课题成果评选三等奖	桐乡市财政局课题组
	地方税体系建设的研究省	税收优秀学术研究成果评选一等奖	桐乡市地税局课题组
	税源监控与管理的研究	省税收优秀学术研究成果评选佳作奖	桐乡市地税局课题组
2004年	内外资企业平等纳税问题研究	省税收优秀学术研究成果评选三等奖	桐乡财税局课题组

续表 30－1

评选年度	调　研　篇　目	评　选　结　果	撰写单位
2004 年	构建新型纳税服务体系的思考	省税收优秀学术研究成果评选三等奖	桐乡财税局课题组
	乡镇政府债务研究	省财政课题成果三等奖	桐乡财政局课题组
	农村社会保险制度研究	省财政课题成果二等奖	桐乡财政局课题组
2005 年	浙江省财政系统 2005 年度优秀调研成果奖三等奖		桐乡财政局课题组
	防范地方政府债务风险的思考	系统优秀调研成果三等奖	桐乡财政局课题组
	关于我国地方税体系建设若干问题的思考	系统优秀调研报告三等奖	桐乡地税局课题组
	关于完善城乡居民最底生活保障制度的思考	省财政课题成果三等奖	桐乡财政局课题组
	我国地方税体制若干问题的研究	税收优秀学术研究成果一等奖	桐乡市地税局课题组
	推进城乡一体化管理的思考	省财政学会二等奖	桐乡市财政学会课题组
	推进部门预算存在的问题和设想	省财政学会三等奖	桐乡市财政学会课题组
2006 年	全省“财力总量和结构问题研究”协作课题成果评选获二等奖		桐乡市财政学会课题组
	建立和谐社会新型社区保障体系的探讨	省财政课题成果评选二等奖	桐乡市财政局课题组
	地方税管理权配置研究	省税收优秀学术研究成果评选佳作奖	桐乡市地税局课题组
2005—2006 年	桐乡市财政收入总量与结构的现状及思考	嘉兴市财税系统突出调研成果奖	桐乡市财税学会课题组
2007 年	嘉兴市财政地税系统调研课题公开教学优胜奖		桐乡市财政、地税局
	全国财经科研成果特别奖		桐乡市财政局课题组
	推进城乡教育一体化管理的思考	嘉兴市第十一届社会科学优秀成果三等奖	桐乡财税学会课题组课题组
	完善义务教育保障机制改革的思考	省财政课题成果评选中获得一等奖	桐乡市财政局课题组
	正确认识科学化精细化管理内涵提高税收征管效能	省税收优秀学术研究成果评选三等奖	桐乡市地税局课题组
2008 年	工薪所得税费用扣除标准研究	省税收优秀学术研究成果二等奖	桐乡市地税局课题组
	完善税源管理的国际借鉴研究	省国税局、地税局、税务学会指定课题二等奖	国税局课题组
2009 年	新企业所得税法税前扣除之征管难点与对策	省税收优秀学术研究成果评选三等奖	桐乡市地税局课题组
	桐乡市委优秀调研成果二等奖		桐乡市财政局
2010 年	桐乡市镇乡(街道)财政运行分析	嘉兴市第十五届社会科学优秀成果三等奖	桐乡市财政局
	完善税收优惠促进中小企业发展的研究	省税收优秀学术研究成果评选三等奖	桐乡市地税局课题组
	桐乡市增值税收入与经济 GDP 关系浅析	嘉兴国税系统一等奖	钟华

1998—2002 年，财政地税局汇集系统干部五年的调研成果，先后出版两册《丑小鸭》，收录干部调研文章 84 篇。

议案提案办理

桐乡财政、税务系统对人大建议、政协提案的办理由局办公室负责牵头、协调,按建议、提案内容分送相关业务科室,由业务科室具体办理,并按规定时间答复议案人与提案人。业务科室在办理过程中事先与议案、提案人见面沟通,2003年开始,财政、地税局分管领导牵头以专题召开议案、提案牵头人座谈会的形式与议案、提案人沟通交流,研讨议案、提案的背景与解决方案。2002年开始,议案、提案的答复件采用正式公文。2007年开始,人大建议和政协提案办理纳入财政地税局ISO 9001质量管理体系,各部门工作职责进一步明确,办理程序进一步规范。1999年市财政局被市政协评为承办提案先进单位,尹夏青被评为先进个人。2000—2010年市财政(地税局)办理的人大代表建议和政协提案连续十一年受到市人民政府表彰,同时受表彰的还有先进个人:沈富春(2000年)、茅永良(2001年)、孙坚(2002年)、林建强(2003—2005年)、吴海燕(2006年)、沈荣民(2007—2009年)、徐国平(2010年)。

第二节 后勤管理

桐乡财税系统的后勤服务包括财产和财务管理、后勤保障等方面,由局办公室行使主管职能。

一、财产管理

财产管理主要包括房产管理和车辆管理,房产管理分办公用房和干部职工住房管理两类。

(一)办公用房管理

1958年4月桐乡、崇德分别成立财政局,桐乡局办公地址设于梧桐镇北门栏杆桥堍10号;崇德局办公地址设于崇福镇西寺弄1号。同年11月撤销崇德县建制,崇德县财政局并入桐乡县财政局。1986年原青少年宫主体大楼1000平方米有偿作价转给财政局,用于涉外税收办公;1994年办公区域扩建,截至国地税分设前,局办公区域面积3874平方米;1997年8月国地税机构分设,国税局机关迁入梧桐镇振兴西路38号,办公面积3800平方米;2001年11月18日,国税局机关迁入庆丰南路51号,办公面积主楼8766.49平方米、辅楼1227.34平方米;2004年5月,财政地税局机关迁入梧桐街道茅盾西路2号,办公面积15443.82平方米。

1995年,财税局在梧桐镇鱼行街花园弄1号新建金兰大酒店,占地面积3581.72平方米,2003年12月转制,产权相应转移。

基层所(分局)的办公用房也曾作过多次调整。1985年乡财税组建立,1986年县局批准4个基层财税所下辖的民兴、灵安、钱林、八泉、羔羊、留良、芝村、虎啸8个乡财税组建造办公用房,共拆建442平方米,新建588平方米,由县地方财力加县局自筹建造。1997年8月国地税分设,基层所办公用房产权相应进行分配,梧桐国税所随局机关迁入振兴西路,与局机关合用办公用房;2004年5月财政地税局搬迁,梧桐地税所一并搬入茅盾西路2号,与局机关合用办公用房。2010年前国地税基层所(分局)办公用房情况及产权归属情况如下:

表30-2　桐乡市基层所(分局)办公用房管理情况一览表

基层所(分局)名称	坐落地及产权	办公面积	曾经的办公用房及产权
梧桐国税	梧桐镇振兴路		

续表 30－2

基层所（分局）名称	坐落地及产权	办公面积	曾经的办公用房及产权
梧桐地税分局	梧桐镇茅盾西路2号	一、二、三层	梧桐镇新华书店南面（200平方米）、梧桐镇庙桥街（250平方米）、梧桐镇环城南路（1030平方米）、城河路个体组（106.65平方米）、灵安镇财政组（421.2平方米）
崇福国税	崇德路北办公楼	1593.5平方米	
崇福地税分局	崇福镇崇德路114号	2727平方米＋363平方米	崇福太平弄318平方米（地税）、崇福宫前街600平方米（地税）、崇德东路1594平方米＋350平方米（国税）、崇福南门外检查站257平方米（地税）
乌镇国税	常新街观后街24号		办公楼909.02　办税大厅491.06　老办公楼338.64平方米
乌镇地税分局	乌镇镇子夜路		乌镇常新街老房子514.2平方米（国税）、乌镇常新街办公楼、征收大厅1000平方米＋400平方米（国税）、乌镇常丰街大桥路东1359平方米（地税）
濮院国税			
濮院地税分局	濮院镇行政中心西侧	3157平方米＋1078平方米	濮院镇柳岸街办公楼及附属房1300平方米＋100平方米（地税）
石门国税			
石门地税分局	石门镇子恺路北侧	3572平方米＋511平方米	石门新乔弄710平方米（地税）、人民路办公楼、征收大厅720平方米＋324平方米（地税）、集贸市场办公室80平方米（地税）
洲泉国税	洲泉镇马安新村		办公楼608.13平方米
洲泉地税分局	洲泉镇南市街庄前桥新区（地税）	2374平方米＋151平方米	洲泉圣贤里面积不详（租用）、曲尺里283平方米（国税）、马坟头办公楼及仓库食堂525.8平方米＋180平方米（国税）、农贸市场49.56平方米（国税）
原屠甸所			屠甸公园西路办公楼、车库及食堂960平方米＋100平方米（国税）
原南日所			南日大街办公楼、车库及食堂550平方米＋80平方米（国税）
原炉头所			炉头花石西路老房子200平方米（地税）、花石西路办公楼400平方米（地税）
原大麻所			大麻乡试桥西办公楼、车库及食堂563.2平方米＋322平方米（国税）
原高桥所			高桥府前路办公楼853平方米（地税）、骑塘集镇征收办120平方米（地税）

（二）干部职工住房管理

桐乡财税系统自1983年开始建造干部职工宿舍，局机关8套，建于机关大院内；梧桐所9套，建于邵介桥；崇福所9套，建于朱家门头。八九十年代，相继在其他各所建造干部宿舍。截至1997年，全局共建造干部职工宿舍528套，其中局机关175套，基层所353套。1997年后建造干部宿舍36套，1999年后不再新建干部宿舍。

1994 年开始，根据省指示精神，桐乡财税系统启动房改，并建立职工住房公积金和住房提租补贴办法。1995—2004 年出售干部职工住房 356 套。1999 年 1 月 1 日起，停止住房实物分配，2001 年 9 月起对符合条件的人员实行一次性货币分房，2009 年 2 月底止，享受一次性货币分房补贴人员 30 人，补贴金额 42.15 万元，2010 年止，享受一次性住房补贴 1 人，补贴金额 2.97 万元。1999 年起对新参加工作的人员在 10%公积金补贴外再加 8%(150 元)的住房公积金补贴，截至 2010 年年底，享受人员 50 人。

国地税机构分设，国税部门除划入的办公用房和个人房产外，1998 年购入庆丰小区干部宿舍 20 套；2000 年在迎凤二期新建干部宿舍 20 套。房产由国税局办公室负责管理。2001 年 4 月，国税局新设机关服务中心，房产由机关服务中心管理。2005 年 5 月，机关服务中心撤销，房产重新划入办公室管理和维护。

（三）车辆管理

1985 年 5 月，局机关购置第一辆公务用车，福州 WFR 旅行车，牌照浙 FE2885。1989 年为部分所配置边三轮，时有三轮摩托 8 辆，二轮摩托 1 辆；同时为梧桐、乌镇、濮院、崇福 4 个所配置金盾双排座面包车；1990 年先后为南日、屠甸、大麻、洲泉、石门、炉头、高桥 7 个基层所配置重庆长安面包车，1994—1995 年陆续更新为普通型桑塔纳轿车，1997 年国地税分设，原有车辆进行分配，共 24 辆车，国税局 10 辆，财政局 6 辆，地税局 6 辆，大检办 2 辆。

公务用车由市局办公室负责管理，办公室指定专人具体负责局机关车辆调度和全局车辆、驾驶员的日常管理。1996 年 2 月，市局下发《加强春节期间和"双休假日"车辆管理的通知》，规定驾驶人员一律凭出车单按指定时间、地点出车，所有车辆实行定员保养、驾驶和管理。1997 年 11 月，市局出台《桐乡市财政局、地税局系统车辆管理办法》，建立车管小组，指定正副组长，实行驾驶员安全考核制度。2001 年、2002 年，先后下发《机关工作人员用车的规定》和《关于加强车辆管理的通知》，严格用车纪律。2009 年，根据市政府提出的公务用车经费削减 20%的规定，市局出台车辆管理补充规定，实行基层所上下班人员集中接送、控制出车频率、登记车辆行驶公里及油耗、车辆维修按权限报批、车辆保险和加油充值由局办公室统一办理等制度。

根据市政府统一要求，2010 年 7 月财政、地税局实行公务用车改革，市局 27 辆公务用车全部移交国有资产管理机关，其中公开拍卖 22 辆，报废 1 辆，4 辆移交市机关事务管理局。全系统 263 名公务人员参加车改，其中公务员 226 人，事业人员 37 人。公务人员出差和下乡实行公务交通费补贴，嘉兴市范围内不再报销交通费用，交通费补贴标准按职级发放，梧桐镇以外的基层分局人员按距离远近相应上浮补贴标准，具体如下：

表 30－3　　桐乡市财政(地税)局个人公务交通费标准一览表

序号	人员范围		标准(元/月)	序号	人员范围		标准(元/月)
1	局正职		1767	6	公务员	中层副职	800
2	局副职(正局级)		1615	7		一般人员(含行政工人)	720
3	局副职		1520	8	事业	中层正职	820
4	党委委员		1235	9		中层副职	740
5	公务员	中层正职	880	10		一般人员	660

表 30－4　　　　梧桐镇以外基层分局工作人员上浮补贴标准一览表

所　在　地	中层(元/月)	一般人员(元/月)	所　在　地	中层(元/月)	一般人员(元/月)
乌镇分局	75	60	洲泉分局	95	80
濮院分局	45	30	崇福分局	75	60
石门分局	65	50			

截至 2010 年年底，国税局共有车辆 17 辆。国税部门车辆管理实行市局统一领导、办公室统筹调配，公务用车(包括工作日与非工作日)按照定单位、定车辆的办法，分别调度、合理调节。局长室及局机关各部门用车由办公室保障；配置车辆的部门用车原则上自行保障。当工作需要时，办公室可调用全局所有车辆。特殊情况非公务用车，由办公室负责统一调度。驾驶员在完成出车任务后一律将车辆停放在指定的地点或车库，车辆发生故障维修实行审批制度，车辆实行定点刷卡加油制度。驾驶人员的安排、车辆的调配、技术培训等由办公室统一负责管理。年终对驾驶人员进行工作考评。

国税部门没有实行公务用车改革。

二、财务管理

1979 年起，县财税局对各基层财税所试行经费指标管理办法：即“核定年度报销控制指标、当年节余结转下年使用，当年超支在下年核定指标中抵扣”，经费指标包括：一个总控制指标、二个分控制指标(公务费、税务业务费)，按基层所实有人数计算定额，据资料查实：1982 年平均每人按 160 元计算。

1990 年 4 月，县局下发《关于贯彻过“紧日子”思想，加强内部经费管理的通知》，要求县局职能股一年内对局所二级财务进行一次互审，加强平时的检查辅导，健全完善财务管理制度。是年继续实行各所公务费包干和社会集团购买力控制指标包干。

国地税分设后：

(一)财政地税系统

1998 年 4 月，桐乡财政地税局出台《财税系统内部财务管理暂行办法》，实行财务分级管理，市局实行一级会计核算，基层所实行经费预算包干和报账制管理。全局行政、事业经费实行“一支笔”审批，一般支出 5000 元以下由办公室主任审批，5000 元以上由局长审批，重大支出由局长办公会议研究决定。市局对基层所的经费实行“人员经费按实拨付、公用经费定额包干、专项经费申报审批，专款专用”的办法。当年开始，基层所的经费管理纳入《岗位目标责任制考核办法》。

2007 年 4 月，在对原有财务制度完善的基础上重新出台《桐乡市财政局、桐乡市地方税务局内部财务管理办法》，重新调整经费审批权限及标准，下列 4 个方面的经费支出须经局长办公会议讨论并经局长审批：①大额基建及费用性支出 10 万元以上，②2000 元以上的会议，③5000 元以上的费用性支出，④临时生活困难补助。办公室主任的审批权限(办公室主任审核，局长审批)：①各类各类捐助(赞助)支出；②工资发放、水电费、电话费及个人住房公积金提取、职工子女医药费幼儿入托保教费报销等；③人教科签署意见后的干部学历培训学杂费；④经车辆小组组长审核后的车辆经费审批。各分局、稽查局实行报账制，会计核算采用省地税局统一下发的会计核算软件，实行电算化管理。基层分局发生的代征代扣手续费支出、相关业务费支出向局计财科结报；基层分局和稽查局发生的各项公务费、业务招待费、税务业务费支出和基层分局的修缮费支出向局办公室结报。

(二)国税系统

国税部门加强财务管理、健全财务制度，规范财务收支行为，完善监督约束机制，实行《桐乡市国家税务局经费财务管理工作暂行办法》，经费管理实行“统一领导，垂直管理，下管一级，分级核算”的财务管理体制。经费由办公室集中管理，全局的各项经费及财务收入(包括上级拨入经费、住房基金收入、地方财政补助、固定资产变价收入、房屋出租收入及其他各项收入)、各项经费财务支出(人员经费支出、公用经费支出、基建经费支出、工会和其他支出等)由办公室统一核算管理。2001年实行增人不增资的政策。2004年，打破“一把手”分管财务的旧格局，实施新的财务管理办法，单位“一把手”由原来的审批人变为监督人，并建立重大支出集体审议制度，报销支出10000元以上由局长办公会议集体决定。2007年至2010年，使用国税系统网络财务管理软件。

三、后勤保障

市局办公室负责局机关后勤保障，办公室确定专门人员负责相关工作内容，1995年前局机关食堂聘请长期临时人员，同时为局机关提供开水，1995年，局建立培训中心(对外名称：金兰大酒店)，由局派专职干部任法人代表兼总经理；1999年1月、2000年3月相继作二任人事更换，2003年12月，金兰大酒店转制，公开拍卖。后局机关食堂改到金兰大酒店底楼，并由金兰负责为局机关提供开水；局机关传达室聘请临时人员管理。

国地税分设后：

(一)财政地税系统

1999年，市局出台《治安保卫工作实施办法》。2004年5月开始，聘请东方物业负责局机关新大楼的物业管理；聘请桐乡保安公司提供大楼安全保卫工作；局机关干部职工使用桶装纯净水；招聘1名合同制人员专门负责大楼的水电维护与保养。

基层所食堂一直由基层所各自负责聘请临时人员(2004年后使用合同制人员)管理；各基层所的安全保卫采取聘请当地临时人员管理传达室的办法，2004年开始，市局统一聘请桐乡保安公司委派保安值班。

(二)国税系统

1997年10月5日，成立国税局机关综合治理领导小组。1999年6月15日，成立桐乡市国税机关创建冶安安全合格单位领导小组，2003年聘请桐乡保安公司提供大楼安全保卫。各基层所的安全保卫采取聘请当地临时人员管理传达室的办法。2001年，局机关干部职工使用桶装纯净水。2004年5月，聘请东方物业负责局机关大楼的物业管理。局机关招聘1名专业人员负责大楼的水电维护与保养。

2010年12月29日，国税局妇委会组织女干部开展厨艺比赛

2004年，国税局机关干部职工工作时间就餐采取购买快餐的方式解决。2008年12月，局机关食堂正式开办，主要提供中餐和晚餐。各基层所自建食堂或以合办形式解决就餐。

2000年，市国税局出台《局机关印章管理办法》，公章统一由局办公室负责，实行专人管理。

第三节　信　访

一、财政地税系统

市财政地税局信访工作由局办公室承办，专人负责牵头与协调，经局长签批后交相关科室承办。群众来电反映情况视作信访件处理，2002年开始接受办理上级交办的“市长电话”信访件，随后信访渠道拓宽到“网上民生”“市长信箱”等，还有市领导批示交办的信访件。

据有完整记载的资料反映，2005—2010年共接受来信79件，“市长电话”等信访件125件，办结率100%。

信访件的内容涉及范围较广，主要有：国有资产管理、国有企业改转制后职工养老保障、企业生产经营困难要求减免税、偷税漏税举报、设假账举报等。

涉及与财税干部相关的举报件交由局监察室办理，或直接由监察室接访。

稽查局设立的举报中心受理件由稽查局办理。

二、国税系统

国税信访工作由局办公室负责，再报送局长签发。反映偷税漏税行为的，送稽查局办理；反映纳税服务的，送纳税服务科办理；反映干部违纪行为的，送监察室办理。办理部门将办理结果返还办公室存档。直接向稽查热线“96196”电话举报的涉税案件由稽查局办理；向监察室举报干部违纪行为的案件由监察室办理。

1997年，市国税局建立信访工作领导小组，根据人员变动及时调整信访领导小组成员，日常办事机构设在办公室，负责来信、来访和“市长电话”的接收、转办和督办。同时，负责议案提案的办理。

2004—2010年，共接收来信来访57件，其中，桐乡市信访局转办1件、嘉兴市国税局转办1件。接收“市长电话”89件，其中，省长信箱1件、嘉兴市“市长电话”1件、嘉兴市国税局转办2件。处理结案的来信来访和“市长电话”案卷，反映的主要内容涉及偷税漏税、发票管理、定期定额调整、减免税、纳税服务等方面。

丛录　优秀调研成果

关于我国地方税体系建设若干问题的研究[①]

桐乡市地方税务局课题组

1994 年我国实行的分税制财政体制初步规范了中央和地方的分配关系，建立了地方税体系的基础。从 11 年的运行实践来看，地方税体系对促进地方经济持续、健康、快速发展发挥了重要作用。但随着宏观经济态势的根本变化和行政管理体制初步改革的需要，现有地方税体系的问题日益凸现出来。如何完善地方税体系，建立起符合我国国情的财政管理体制，将是关系到公共财政建设的成败的大问题。本文将围绕如何完善地方税体系建设若干问题进行一些探讨。

一、地方税及地方税体系的内涵

（一）地方税的含义

目前，我国的税收理论界和实际工作部门在探讨地方税体系的过程中，对地方税这一概念，尚未形成一致的意见。如《财政百科全书》的定义为："地方税，中央税的对称，属于地方财政固定收入的税收，一般是将税源分散、收入零星，又与地方经济联系密切的税种划为地方税。"《新税务大辞典》的定义为："地方税，中央税的对称，由地方政府负责征收管理和支配的税收。"钱晟主编的《税务管理》的定义为："地方税是指根据预算体制安排确定、收入归属地方政府的税收。"上述地方税概念从不同侧重点对地方税内涵进行了界定，但都未能完整的包括所有的的地方税要素。对于地方税的定义无外乎三个因素的归属，即：收入归属权、征收管理权、立法权。立法权和征收管理权同属于国家税收管理权限，其中税收立法权包括税法制定权、审议权、表决权、批准权及公布权，它属于法律范畴，其职权属于国家立法机构；征收管理权则是一种行政权力，它包括税法解释权、税种开征停征权、税目税率调整权、税收减免权以及征税权，属于政府及其职能部门的职权范围。

很显然，收入归属地方政府应当是地方税的必要条件，但它并非充分条件。因为，假设某个税种，其收入全部或部分归属地方政府，但其征收管理权属于中央政府，地方对于该税种的征收、管理无法产生直接的影响力，从某种程度上说，这部分收入对于地方政府而言无异于得自中央政府的补助。因此，地方政府拥有一定的征收管理权应是地方税的另一重要条件。对于立法权，从世界各国的实践来看，只有在美国等少数几个实行彻底分税制的国家，地方政府对于地方税拥有完全的立法权，如果将立法权也作为地方税的一个必要条件，那么对于世界上的大多数国家，不论是单一制还是联邦制，都会由于"地方税"的税种数量及收入规模过小而失去研究的意义，对我国尤其如此。因此可以说，地方

---

① 该文获 2003 年全省地税税收优秀学术研究成果一等奖。

税的立法权可以归属中央政府，也可以归属地方政府。

综合以上分析，我们认为“地方税”的概念可以界定为：地方税是为了实现地方政府职能，根据一国税收管理体制的规定，由中央或者地方立法，由地方负责征收并拥有一定管理权，收入完全归属地方政府的各个税种的总称。

（二）地方税的本质

深入理解地方税的概念，需从本质上澄清以下两个问题：首先，地方税不是简单的收入问题，其实质是一个管理体制的范畴。“地方税”从形态上表现为归属于地方政府的若干个税种和一定规模的税收收入，但其实质决不仅仅是简单的收入问题，而是财政管理体制的范畴。地方税之所以要从一国税收体系中独立出来，与中央税相区别，完全是因为政府管理体制及其相对应的财税管理体制的需要，是分级政府和分级财政的要求。显然，在实行高度集权、统收统支的财政管理体制中，中央拨付给地方政府的税收收入虽也被称为地方税收收入，但它与这里所谈的地方税却是两个截然不同的问题。其次，地方税反映的是中央与地方的税收分配关系，而不是政府与纳税人的分配关系。地方税作为国家税收的一个组成部分，属于税收的范畴，它本质上所反映的是中央与地方政府之间的税收权益分配关系。一个国家从体制设置的需要出发设立地方税，其目的不是为了如何处理政府与纳税人的分配关系，而是为了处理中央与地方的关系。不论地方税如何设计、地方税设置多少，都是对原中央拥有的税收管理权限和收入的分配。地方税的起源、发展、调整和改革也无不是围绕与中央政府如何合理分权分利这一中心问题展开的。当然，在地方税的征管过程中同样会发生政府与纳税人的分配关系，但这种分配关系并非是因地方税的设立而产生的。

（三）地方税体系的内涵

所谓“地方税体系”，有狭义的和广义的两种理解，狭义的地方税体系多指地方税的税种制度体系，即税制体系。广义的涵义即指包括地方税制、征收管理以及司法保障在内的整个地方税的立法、执法和司法所组成的统一体。地方税的税种制度体系是广义地方税体系的核心，也是本文探讨的重点所在。

二、地方税体系存在的理论依据

（一）一国政府实现其职能要求财权、财力在各级政府间合理配置

1.历史、政治、经济的原因导致一国通常要设置地方政府，实行必要的地方分权。从历史角度上看，在主权国家之前，人群是以许多分散的辖区出现，由于战争和文化、政治、经济等原因，这些分散的辖区组成为一个国家时，原来所形成的区域性特征并未因此而完全消失。这一点在联邦制国家尤显得突出。联邦制国家本来就是由原来独立政治组织组合而成的，这些原来的组织组成为一个国家后并没有完全放弃自已原来所拥有的权力，因此有进行地方分权的必要。从政治角度上看，中央政府将权力高度集中不利于调动地方管理的积极性，同时中央政府将全国一切事务统于一身也是不可能的。再从经济理论的角度看，市场在一定程度上可以达到经济资源的有效配置，但“市场失灵”普遍存在，因此，政府的一项重要职能是向社会提供私人部门不能生产或不愿生产的公共产品和劳务，如国防、教育、道路等。这些公共商品和劳务的受益范围是不同的，有些是全国性的，有些是地区性的，从提高经济效率出发，全国性受益的公共产品和劳务应由中央政府提供，地方性受益的则由地方政府来提供，以便中央政府集中力量和财力考虑整体的需要，地方政府根据本地居民的要求和偏好提供合适的地方性公共产品和劳务。由此决定了一国应在其中央政府与地方政府间适度分权。

2.在多级政府组成的体制中，政府实现其职能要求财权、财力在各级政府间合理划分。从上面的

分析中可以得出这样的结论:即一国政府有必要从体制上划分为中央政府和地方政府,政府的各项职能应根据分级政府的要求由中央政府和地方政府分别承担和行使,且由于不同级次的政府具有不同的特点,各级政府的职能各有侧重,不宜相互替代。通常,在财政方面中央政府主要承担收入分配和稳定经济的职能,在资源配置方面,负责提供全国性的公共产品和对在全国范围内具有自然垄断性的产品和行业进行管理,对收益外溢性的由地方政府提供的公共产品提供一定的财政拨款,以便使溢外收益内在化;地方政府更主要地在资源配置上发挥作用,提供大量的地方性的公共产品。总之,在多级政府组成的体制中,各级政府应分工明确、彼此协调、相互配合,共同实现政府的各项职能。各级政府能够有效行使其各项职能,必须有相应的财权、财力做保证,这就要求一国将其财政收入及财政管理权限在各级政府间合理划分,使各级政府的财权与事权相适应,最终保证高质量高效率地完成政府各项职能。

(二)税收作为一国政府财政收入的主要形式使财权、财力的配置归结为税收、税权的配置,从而出现了地方税

1.税收因其自身的优越性而成为世界各国财政收入的主要形式。一国政府取得财政收入的形式较多,而在政府取得财政收入的诸多手段中,税收有其独特的优越性,这是由税收的特点所决定的。税收的强制性决定着纳税人纳税的无条件性,从而保证了政府财政收入的顺利征收和稳定;税收的无偿性表明政府无须付出任何代价占有纳税人的部分财富,税收的征收是财富所有权的单向转移;税收的固定性表明,对纳税人来说,征税对象、征税数额、纳税时间、纳税方式等的相对稳定可以保证纳税人心中有数,有利于他们安排经营及纳税事务,避免征税的不确定性给纳税人带来不便,也能够从法律上保护纳税人的利益;对政府来说,税收的固定性则有利于确保征税的计划性、收入的确定性、均衡性和稳定性。这些都是其它的财政收入形式所无法做到的,因而税收自然就成为各国政府取得财政收入的主要形式。目前,大多数国家税收收入占其财政收入的比重一般都在80%以上,不少国家达95%以上。

2.税收收入及税权在各级政府间的划分使地方税的产生成为可能。税收一旦成为一国财政收入的主要形式,各级政府对财权、财力的划分则归结为对税收收入及税权的划分,那么,地方政府就有可能掌握一部分税收收入及税权,从而产生了地方税。从一些国家和我国的实践看,中央和地方政府之间对税收的分配大致可以归纳为分成制、包干制、分税制三种模式。税收收入分成制就是将各级政府组织的全部税收收入作为一个整体,再根据一定的标准确定中央和地方收入的分成比例,税收收入包干制是中央政府根据地方政府的支出数,确定地方政府对中央政府的税收收入上缴包干基数,超支不补,超收归己。分税制是西方国家实行分级预算体制中普遍采用的划分各级预算收入的方法,它是指一个国家通过对税种或税源以及税收管理权限在中央和地方之间的划分,以确立中央和地方政府间收入分配的一种制度。

在前两种模式中,虽然此时地方政府的财政收入也以税收为主要形式,但作为地方财政收入的税收并不具有地方税的特征。另外,也存在一些小税种因划归地方管理而具有地方税的性质,但它们在地方财政收入中的比重很小,中央与地方间的收入分配关系仍是以全国税收总额为对象,通过"讨价还价"式的谈判方式确定的,地方税税种的多少,税收规模的大小与地方政府的财政收入没有必然的联系,它们也仅仅是作为国家税收总收入的一部分在中央和地方之间进行分配的,而前面已经论述过,地方税的本质是体制的范畴,是出于分级政府分级财政的需要,独立完整的地方税体系是在分税制模式下产生的。

(三)分税制作为理想的财权、财力划分模式被世界各国普遍采用,最终形成了独立完整的地方税体系

经过世界各国的长期探索,分税制最终作为一种理想的财权财力划分方式而被普遍采用。它的基本原则是:在合理划分各级政府事权的基础上,按税种划分各级预算的税收收入,分设中央税与地方税,与之相适应分设国家税务局和地方税务局分别征收管理本级税收,从而建立起各自相互独立、相互协调的中央和地方两套税收体系,并建立起相应的转移支付制度。可见,它能够从体制上确保地方税体系的独立性和稳定性。因此,尽管分税制的形式很多,但它们的一个共同特点是:地方税体系的形成是实施分税制的必然结果,而建立和完善地方税体系又是顺利实施分税制的客观要求。

三、当前地方税体系中存在的主要问题

(一)地方税税制结构体不完善

首先,中央与地方的税收划分格局有待于进一步调整。1994 年的分税制改革中,将 18 个税种划归地方,初步形成了中央税体系和地方税体系,然而在按税种划分收入的同时还保留了按行业或行政隶属关系划分收入的不规范方式,企业所得税和营业税、城市维护建设税等税种都有这种现象,与地方建设有关宗旨不相协调。其次,地方税体系中缺乏有效的主体税种,难以获得稳定的收入来源。而且,1994 年的税制改革侧重于流转税和所得税,对其他税种的触动不大,一些地方税的税种老化,有待于通过继续推进税制改革来加以完善。此外,地方各级政府间的纵向税制结构体系尚未建立起来,应根据地方各级政府的职能特点科学地进行税种配置。

(二)现行的地方税管理体制过于集权

1994 年的分税制改革中主要着眼于收入的划分,在地方税体系建设方面的举措很少,尚未作出全面的规范。我国目前地方税的税权仍然高度集中于中央,在实践中暴露出了许多弊端:地方政府没有税收立法权,不利于地方政府开辟新税源,组织财政收入;地方政府因缺乏必要的税收管理权而无法灵活运用税收手段调节地区经济;税权过分集中使地方政府求助于收费的形式来筹集收入,扰乱了分配秩序,因而也不利于规范地方政府的分配行为。

(三)地方税的收入规模偏低,不利于地方政府有效实现其职能

适度的地方税收入规模是分税制体制顺利实施的基本保证,只有当地方税收入在地方财政收入中占优势地位,能够满足地方政府财政支出的较大部分时,才能够保证分税制体制的稳定性和有效性。从现实情况看,尽管我国的地方税收入在全国税收总额中已占有一定的比重,但满足地方政府财政支出的程度并不高,这说明我国的地方税收入规模偏低,既不符合分税制体制的要求,也不能满足现实的支出需要,不利于地方政府有效实现其职能。

四、完善地方税体系的设想

建立一个税种设置科学、税源稳定、适合地方特点的地方税体系,是实行分税制财政体制的基础,同时还影响着分税制改革的成效。从我国分税制实施几年来的情况看,由于地方税体系比较薄弱,在很大程度上制约着分税制的规范化,进而在中央和地方之间引起许多矛盾。因此,借鉴其他国家地方税制建设的先进经验,结合我国具体国情,建立一个充满财政、经济活力的地方税体系对我们来说至关重要。

1. 合理界定事权范围。在发达的市场经济国家中,政府职能划分标准明确。虽然各国国情不一,在生产力发展水平、人文地理环境、社会文化背景等方面都存在一定差异,但在划分各级政府事权及支出范围上,各国大多根据公共产品理论及财政职能划分理论来确定中央和地方财政关系,并以法

律、法规的形式加以确定。中央政府和地方政府之间的职责范围十分明确,并在长时间内保持稳定,使各级财政都在法律规范的体制框架之内行使其职责,避免和减少了相互间的利益冲突。

各级政府间事权范围和财政支出范围的划分,体现着一个国家经济和政治体制的结合,这种划分既包含着利益的分配,也包含着权力的分割。通常,各国都将外交、国防、事关国家主权的公共安全事务划归中央管理;其他公共安全事务,则分别由各级政府负责管理,或由中央和地方共同管理。在内政方面,国家机构的建制由中央政府决定,地方机构的建制由中央和地方政府决定并建立。在文化和教育方面,按照其受益范围的大小,由中央、地方分别专门负责,或由中央和地方共同负责。关于经济事务,全国范围内的产业事项,包括基础设施、涉及国民经济各个领域的技术管理方面的制度,由中央政府管理。局部范围的产业事项和独立的基础设施则由地方政府负责。

在既定的事权划分原则下,在兼顾集中与分散并处理好两者之间关系的基础上,在划分我国各级政府的职责及支出范围时,我们应充分考虑到,我国的社会主义市场经济,是市场在国家宏观调控的基础上对资源配置起基础性的作用的。因此,在我国,与宏观调控相关的一切事务均应由中央政府负责,即中央政府统一领导全国的经济建设,制定有关的方针、政策、法规和决议,并拥有与宏观调控相适应的一切权力,如决策权、规划权、干预权和重点项目的投资权。具体来说,中央政府调控宏观经济的职责是:制定和实施国家经济、科技、社会发展计划,负责财政、金融、外贸、外汇、投资、价格、社会保障和产业结构政策的制定和立法;负责经济运行中社会总供求的协调和管理,实现国民经济的综合平衡;组织全国性跨省区大流域的基础设施和重大工程的建设;制定市场管理规则,调节市场供求,控制物价水平,安定人民生活;负责对外经济援助与合作项目的统筹和重大项目的实施;消除国家重大灾难的后果等。

地方政府在实施中央方针、政策、法规、决策的前提下,掌握本区域内地区性经济的决策权、规划权、调控权和投资权。具体来说,地方政府在经济方面的事权有:制定和实施地区性社会发展规划,充分利用地区资源优势,发展地区经济;负责地区基础设施和重要工程的建设,开发公共事业,治理污染,保护环境,维持生态平衡;组织城乡商品流通,搞好地区市场协调与平衡,保障地区人民生活供应和物价的稳定。

2.赋予地方政府适当的税收权限。大多数实行分税制的国家在保持中央主导地位的前提下,都赋予地方一定的税收管理权限,对地方税的主要税种,地方有调整权、减免权,对次要税种有立法权。不论是联邦制的美国、德国,还是单一制的日本、英国,都赋予了地方税较大的权限,之所以如此,是因为实行税收分权,在规范各级政府间税收分配关系方面,有着不可低估的作用。只有对地方税拥有充分的管理权和适度的立法权,地方政府才能真正地成为一级财政主体,才能根据本地区财政、经济的需要,运用税权进行必要的调整或开征地方性税种。也只有这样,才能真正促进地方政府重视税收管理,开拓财源,建立充满活力和发展后劲的税收增长机制和地方财政分配机制。

根据我国的具体国情和目前的税收管理权限的现状,首先,应当制定具有指导意义的税收基本法,以法律的形式规范中央和地方税收管理的权限,进一步明确地方税的性质、立法原则、管理体制等。其次,在地方税收管理权限划分上实行分类分级管理。(1)中央税和共享税的税收立法权、征收权和管理权完全集中于中央,以保持中央税和共享税管理权限的完整和统一,维护中央的利益,增强宏观调控能力。(2)对在全国统一开征且对宏观经济影响较大的地方税,即地方税中的重要税种,包括营业税、个人所得税、土地增值税等,其税收立法权、税率确定和调整权、减免权等都应集中于中央,地方只拥有征收权。其目的在于,在分级财政的前提下实行合理的集中,保持大的税收政策的全国一致，防止和拆除“税收篱笆”。(3)对全国统一开征，但对宏观经济影响较小的地方税，即地方税中的次要税种，在立法权归中央的前提下，地方政府可拥有一定的税收管理权，即地方政府有权在中央规定的基本法规的基础上，根据本地区的实际情况，对具体的开征范围、税目的设计、税率的确定进行调整。(4)地方根据当地的资源特色，有决定开征某些地方税的权力。这样，既有利于全国统一市场的形成和中央宏观调控作用的发挥，又有利于地方因地制宜，保证地方财政收入的稳定增长。同时，也可以有效地抑制和杜绝地方擅自越权干预税收和乱收费、乱摊派等现象，真正以法律形式规范地方财政收入。当然，对于地方政府享有税目、税率调整权和减免权的地方税，应规定某些限制条件，要求地方政府将拟定调整的征税办法和税收政策报中央批准后，方可实施。对由地方决定立法开征的地方税，中央应保有建议权或指导权，乃至最终的否决权。这样，在有利于扩大地方税收管理权限的同时，又将地方税权的运用纳入中央的宏观调控体系中，从而保持了全国税收政策和税收制度的基本统一。

3.建立一个科学、合理的地方税体系，保持地方税收入的适度规模。建立一个税种设置科学、税源稳定、适合地方特点的地方税体系，是实行分税财政体制的基础。虽然分税制并不要求地方政府完全依靠地方税收入满足其支出需要，中央政府还要通过转移支付制度来调节各级政府间的财力分配，但如果地方政府税收收入过少，将会影响地方财政的独立性和税收调节作用的有效发挥。因此，恢复地方税种单纯性，科学合理地确定地方主体税种，是健全和完善地方税体系的重要内容，也是进一步深化分税制改革的客观要求。根据我国当前的经济发展水平和税制结构现状，借鉴国际上的成功经验，可考虑将财产税、营业税、城市维护建设税作为我国地方税的主体税种。

(1)从发达国家的经验来看，其地方税体系大都以财产税类作为主体税种。财产税的税基一般不会发生地区间的转移，也无法偷逃税，十分稳固，是有效筹集财政收入的手段。其原因在于：一是作为房产税和土地税的课税对象的房产和土地散布在各个辖区之内，只有地方政府(尤其是市、镇政府)才能详细掌握税源、核实房价地价，纳税人不易逃漏税款，课征效率高。反之，如果由中央政府出面课征房地产税，则所面临的实际困难会明显增多；二是财产有固定的坐落地，由地方课征比较方便；三是房地产与其主人的居住地通常是在一起的，均享受了来自地方财政的公共利益，因此，由地方政府对房地产征税，筹措资金以提供充足的地方公共产品和服务，是符合地方税的受益性特征的；四是税基稳定，不会发生税基的大量地区性转移；五是纳税面宽，主要涉及当地居民，容易控管，税源可靠。另外，财产税还具有十分重要的经济、社会调节功能，可通过调节财产所有者由于财产的规模、数量等因素而获得的某些级差收益，调节贫富悬殊，缩小贫富差距，从而有利于社会的稳定和发展。古老的房产税和土地税，长期以来，之所以毫无例外地成为各个国家的地方税收，在很大程度上是与上述原则分不开的。

在西方国家中，除了一些特殊的房地产外，一般不论其用途均纳入征税范围，并按规定每隔一段时间重新进行价值评估。因此，只要地方政府专心优化本地投资环境，搞好基础设施与公共服务，吸引越来越多的企业到自己的地区范围投资，就可以不断推动本地的不动产升值，扩大自己的税基，形成长久不衰的财源。因此，从长远的眼光看，财产税作为地方税主体税种是必然的选择。在我国，可考虑在时机成熟时调整房产税、城镇土地使用税、车船使用税等税种，建立新的财产税体系。遵循国际通行做法，按使用占用、转让销售、收益所得三个环节设计规划税种。在财产使用占用环节，合并房产税、土地使用税、城市房地产税，设置内外资统一的房地产税；合并车船使用税、车船使用牌照税，设置内外资统一的车船税；开征遗产税与赠与税。在财产转让销售环节，取消现行印花税中有关财产产权转让方面的税目，设置房地产登记税；在财产收益环节，继续征收土地增值税、所得税，待条件成熟后再取消土地增值税,将土地收益放在所得税中实行加成征收。从而建立起多环节征收、作用互补、自成系统的财产税体系。

(2)改革现行营业税,建立新型的营业税体系。营业税具有明显的地方税特征,其税源较宽、收入较丰,虽然从其长期发展趋势来看,营业税的许多销售和劳务品目将纳入增值税的征收范围,使其征收范围缩小,但若将银行、保险公司和铁道部门的营业收入完全归属地方,营业税仍能在地方主体税种中占一席之地。

(3)改革城市维护建设税,使其成为地方加强城市维护和建设的重要资金来源。遵循税种独立性、便利性和普遍性,收入保证性的原则,改变城市维护建设税附加税的地位,扩大其征收范围,改变其计税依据,使该税不仅局限于城市、县城、建制镇、工矿区开征,纳税人不分国内国外的企业和个人,凡有经营收入的单位和个人都应以纳税人的销售收入、营业收入和其他经营收入为计税依据进行征税。一方面,使其成为独立的税种,提高其地位,更好地发挥作用。另一方面,也可以扩大税基,稳定税源,保证收入。在改革后,城市维护建设税应成为完全的地方税种,不再被肢解。

五、结论

根据以上分析,对于地方税体系建设,可以得出如下结论:

(一)地方税体系的建设应以有利于地方政府职能的实现为宗旨。凡地方税税种的设定、税权的赋予以及税收机构的设立,均应围绕这个宗旨来考虑,有利的就应肯定,不利的就应否定。当然,政府的划分有其客观的标准,而在当代中国划分的主导权在中央。但在划定以后,就应保持稳定,并以此为标准,规范地方税体系的建设。不能单纯从收入分配角度去对待地方税体系。

(二)地方税体系是由地方政府负责征收并拥有一定立法权、管理权,收入完全归属于地方政府的税种组成的体系,并有它存在的客观理论依据。因此建设完善的地方税体系,应该在立法权、管理权和收入归属、征收机构等方面作出系统性的规划,逐步建立完善。不能随意裁定中央税、地方税的划分,也不能削弱地方税征收机构。

(三)面对当前地方税体系存在的税制结构不完善、管理体制过于集权和收入规模偏低等问题,应在进一步分清各级政府事权的基础上,重点抓住适度放权、恢复地方税税种单纯性、合理建立地方税主体税种三个方面。

(组长:吴建勇;成员:方联翮、陈敏亚)

完善义务教育保障机制改革的思考[①]

桐乡市财政局预算课题组

党中央、国务院历来把农村义务教育作为新时期教育工作的重中之重。改革开放以来,我国农村义务教育事业取得了举世瞩目的成就。但随着农村税费改革的深入,农民不再是义务教育投入的主体,传统的投入保障机制瓦解。农村义务教育经费分担与保障机制的缺失,引发了一系列的问题,如义

① 该文获2007年全省财政课题成果一等奖。

务教育经费投入总量不足，投入结构失衡，资金使用效率不高，各级财政部门责任不清等。本文就目前桐乡市义务教育所取得的成绩、存在问题及原因调研分析，结合我国义务教育现状，借鉴美国、法国经验，提出进一步完善义务教育经费保障机制的设想：逐步建立我国义务教育投资的长效保障机制。

一、桐乡市义务教育基本情况

（一）资源布局

2006年全市现有义务教育阶段学校72所，学生81284人，在编教职工5172人，实有教职工4241人，专任教师3907人。

小学43所，在校学生52623人，在编教职工3011人，实有教职工2511人。

初中29所，在校学生28661人，在编教职工2161人，实有教职工1730人。

桐乡市义务教育学校概况表

项　　目	合　计	小学阶段	初中阶段
学校数	72所	43所	29所
2006年在校学生数	81284人	52623人	28661人
其中：贫困生人数	8942人	5789人	3153人
住宿生人数	4633人	0人	4633人
2006年年末教职工人数	4241人	2511人	1730人
其中：专任教师数	3907人	2340人	1567人
截至2006年校舍建筑总面积	602159平方米	309754平方米	292405平方米

（二）经费安排

2007年桐乡市教育总投入6.27亿，其中财政安排4.68亿；而义务教育总投入4.11亿（占教育投入66%），义务教育财政安排3.6亿（占总教育财政安排经费77%）；具体经费明细为：义务教育一小学教育教育投入23964.35万，其中财政安排21677.46万；

初中教育一教育投入16907.92万，其中财政安排经费14128.38万；一特殊教育一聋哑学校投入233.72万，其中财政安排经费206.22万；（详见附表）

2007年桐乡市义务阶段小学收支预算表

单位：元

项　　目	2007年收　入	项　　目	合　计	财政预算内安排		财政预算外专户安排		单位自筹资金安　排
				一般预算	政　府基　金	一般预算外资金	政府专项资金	
一、财政预算拨款、财政补助收入	196734584	一、基本支出	180059006	167469584		5296421		7293000
1.一般预算补助收入	184710481	1.工资福利支出	136109131	124653187		4162944		7293000
2.政府基金补助收入	12024103	2.商品和服务支出	20281812	19504731		777081		

续表

项　　目	2007年收　入	项　　目	合　计	财政预算内安排		财政预算外专户安排		单位自筹资金安　排
				一般预算	政　府基　金	一般预算外资金	政府专项资金	
二、财政预算外专户拨款收入	28725407	3.补助支出	23668062	23311666		356396		
1.政府专项资金补助收入	17000000	二、项目支出	55835200	20280897	12024103	2739700	17000000	3790500
2.一般预算外资金补助收入	11725407	1.建设性支出	20850000		1850000	2000000	17000000	
三、事业收入		2.修缮支出	7949285	4000000	3500000	449285		
四、经营收入(事业)		3.设备购置支出	13290200	6000000		3499700		3790500
五、其他收入	14183500	4.会议支出	650000	650000				
		5.大型活动支出	4170000	4170000				
		6.转移性支出	200000	200000				
		7.政策性支出	5000000		5000000			
		8.其他支出	7475000	5260897	1674103	480000		60000
本年收入合计	239643491	本年支出合计	239643491	187750481	12024103	11725407	17000000	11083500

2007年桐乡市义务制阶段中学收支预算表

单位:元

项　　目	2007年核准数	项　　目	合　计	财政预算内安排		财政预算外专户安排		单位自筹资金安　排
				一般预算	政　府基　金	一般预算外资金	政府专项资金	
一、财政预算拨款、财政补助收入	141283770	一、基本支出	120754755	106594370		9309385		4851000
1.一般预算补助收入	130925270	1.工资福利支出	92703921	80883968		6968953		4851000
2.政府基金补助收入	10358500	2.商品和服务支出	15581832	14286902		1294930		
二、财政预算外专户拨款收入	22582700	3.补助支出	12469002	11423500		1045502		
1.政府专项资金补助收入		二、项目支出	48324400	24330900	10358500	13273315		361685
2.一般预算外资金补助收入	22582700	1.建设性支出	16032400	9950000		5727815		354585
三、事业收入		2.修缮支出	8000000	2000000	4000000	2000000		
四、经营收入(事业)		3.设备购置支出	6851400	3500000		3344300		7100

续表

项　　目	2007年核准数	项　　目	合　计	财政预算内安排		财政预算外专户安排		单位自筹资金安　排
				一般预算	政　府基　金	一般预算外资金	政府专项资金	
五、其他收入	5212685	4.会议支出	700000	700000				
		5.大型活动支出	5400000	5400000				
		6.转移性支出	1924700			1924700		
		7.政策性支出	5000000		5000000			
		8.其他支出	4415900	2780900	1358500	276500		
本年收入合计	169079155	本年支出合计	169079155	130925270	10358500	22582700		5212685

2007年桐乡市义务制阶段特教收支预算表

单位：元

项　　目	2007年核准数	项　　目	合　计	财政预算内安排		财政预算外专户安排		单位自筹资金安　排
				一般预算	政　府基　金	一般预算外资金	政府专项资金	
一、财政预算拨款、财政补助收入	2062190	一、基本支出	2237890	2037190		157500		43200
1.一般预算补助收入	2062190	1.工资福利支出	1587386	1402386.20		141800		43200
2.政府基金补助收入		2.商品和服务支出	231027	231027.48				
二、财政预算外专户拨款收入	175000	3.补助支出	419476	403776.00		15700		
1.政府专项资金补助收入		二、项目支出	99300	25000		17500		56800
2.一般预算外资金补助收入	175000	1.建设性支出						
三、事业收入		2.修缮支出	36000			17500		18500
四、经营收入(事业)		3.设备购置支出	38300					38300
五、其他收入	100000	4.会议支出						
		5.大型活动支出						
		6.转移性支出	25000	25000				
		7.政策性支出						
		8.其他支出						
本年收入合计	2337190	本年支出合计	2337190	2062190		175000		100000

(三)教育债务

根据摸底统计,目前全市义务教育阶段学校无建设债务。

附:桐乡市新机制保障情况表

项目		合计	小学	初中
截止2006年校舍建筑总面积(平方米)		602159	309754	292405
免学杂费	2006年年末学生数(人)	81284	52623	28661
	2007年预算安排资金(万元)	1744.96	999.77	745.19
免费提供教科书	2006年年末学生数(人)	8942	5789	3153
	2007年预算安排资金(万元)	238.00	132.86	105.14
补助公用经费	2006年年末学生数(人)	81284	52623	28661
	2007年预算安排资金(万元)	2685	1523	1162
校舍修建情况	2006年校舍新建面积(平方米)	90261	51640	38621
	金额(万)	11583.64	5255.38	6328.26
	2006年校舍改扩建面积(平方米)	8028	1963	6065
	金额(万)	685.25	161.96	523.29
	2007年预算安排资金(万元)	4650	2737	1913

二、桐乡市落实义务教育经费保障机制主要措施

(一)完善"以市为主"的农村义务教育管理体制,实现均衡发展与优质发展的有机结合。

1.落实"以市为主"管理体制,解决农村义务教育经费。桐政发(2006)24号《关于进一步完善"以市为主"义务教育管理体制的实施意见》,规定自2006年1月1日起实施落实"以市为主"义务教育管理体制,明确规定市政府宏观管理和统筹协调全市教育工作,切实担负起全市教育经费投入等职能;教育局负责组织实施全市义务教育,负责制定全市教育发展规划和实施学校布局调整,负责人事管理和逐步改善中小学办学条件;各镇(乡、街道)负责辖区内学前教育、成人教育、相应的义务教育管理职能及校园周边环境综合治理,镇乡负责实施学校基本建设。义务教育管理体制全面理顺,职责明确,有利于义务教育事业获得均衡投入,有利于农村义务教育资源共享和健康发展,有利于经济欠发达乡镇减轻教育投入压力,集中精力抓学校建设,从理顺机制入手基本解决了制约农村义务教育发展的经费投入,扩大了公共财政覆盖农村的范围。

2.严格实行预算制度,提高经费使用效益。义务教育阶段学校正常运转所需的教师工资、公用经费、建设经费等逐项纳入预算,依法保障教育经费实现了"三个增长"①和"两个提高"②。(详见桐乡市教育支出"三个增长"、"二个提高"达标表),全面实施"校财县管"制度,自2007年1月1日起将全市初中、小学财务核算纳入会计核算教育分中心,实行集中核算和"收支两条线"管理。

---

① 三个增长:各级人民政府教育财政拔款的增长应当高于财政经常性收入的增长;并使按在校学生人数平均的教育费用逐步增长;保证教师工资和学生人均公用经费逐步增长。

② 两个提高:财政性教育经费支出占国内生产总值的比例逐年提高,预算内教育经费支出占财政支出的比例逐年提高。

2006 年度"三个增长"、"二个提高"情况

项目		三个增长						二个提高			
		教育财政拨款的增长应当高于财政经常性收入的增长		按在校学生人数平均的教育费用逐步增长		教师工资和学生人均公用经费逐步增长		财政性教育经费支出占国内生产总值的比例逐年提高		预算内教育经费支出占财政支出的比例逐年提高	
	年度	数额（千元）	增减	数额（元）	增减	数额（元）	增减	数额（千元）	比例	数额（千元）	比例
教育财政拨款	2005 年	294620									
	2006 年	343620	16.63								
财政经常性收入	2005 年	1005890									
	2006 年	1134930	12.83								
生均教育费用	2005 年		初中	3026.03							
	2006 年			3817.14	26.14						
教师工资	2005 年		小学	2437.59		41346.78					
	2006 年			3272.01	34.23	46899.58	13.43				
生均公用经费	2005 年				初中	502.97					
	2006 年					582.94	15.90				
财政性教育经费支出	2005 年				小学	391.22		421390	2.118		
	2006 年					460.99	17.83	458350	2.035		
国内生产总值	2005 年							19898000			
	2006 年							22524536			
预算内教育经费支出	2005 年									294620	24.43
	2006 年									343620	25.96
财政支出	2005 年									1206150	
	2006 年									1323590	
达标情况		达标		达标		达标		未达标		达标	

3. 确保建设经费来源，加大建设补助力度。教育费附加实行 100%市统筹，其中 5%专项用于镇(乡、街道)的幼儿、成人教育，15%用于镇乡义务教育阶段学校建设。为加大筹资力度，从镇乡商住用地、市区商住用地、全市工业用地的土地出让收入中分别提取 1%、2%、0.5%比例的资金专项用于中小学校建设。提高学校基本建设的市财政补助标准，基本建设补助 500 元/平方米，征地补助 3 万/亩，新建项目附属工程按 40%标准补助。2007 年安排基本建设经费 4500 万元，校舍维修及小土建按 70%标准补助，财政年初预算安排经费 600 万元。

4. 提高日常公用经费、人员经费标准，及时足额保障到位。贯彻国发(2005)43 号《国务院关于深化农村义务教育经费保障机制改革的通知》文件精神，相合浙江省政府 2007 年起全面启动义务教育经费保障机制改革，从 2007 年春季学期开始，逐步提高全省义务教育阶段中小学公用经费保障水平，全省 2007 年小学生均公用经费达到 230 元/生，初中达到 330 元/生的文件精神。桐乡市 2007 年年初

预算初定:初中、小学公用经费标准分别是350元/生和250元/生,对不足1000人的学校,公用经费标准提高20%,同时另安排定项管理邮电费、提取福利费、提取工会经费项目(小学221.62万元,中学146.54万元);维修及小土建专项(小学400万元,中学200万元)。初步计算全市平均公用经费水平初中达到475元/生,小学达到367元/生;教师工资由财政实行统发,2007年对在职教师"四统一"奖金调高到9000元/人,退休教师奖金提高到6100元/人;两项都列入市财政年初预算足额保障;对名师、劳模、学科带头人等骨干教师安排180.96万专项经费预算。

(二)以新的管理体制为依托,大力实施"四项工程"

贯彻全国、全省农村教育工作会议精神,落实省政府、嘉兴市政府的工作要求,切实抓好"四项工程"的实施,教育局会同市财政局于2005年11月制订了《关于进一步做好家庭经济困难学生助学工作的实施办法》、《关于加快农村中小学布局调整和学校标准化建设的实施办法》和《关于农村中小学教师素质提升的实施办法》,并经桐乡市人民政府批转实施。深化落实"四项工程",完善了相关具体措施。

1.贫困学生资助工程。为切实保障家庭经济困难学生公平接受教育的机会和权利。2007年年初,研究出台了《关于做好2007年桐乡市困难家庭学生助学工作的通知》规定资助对象为四类,分别是(一)持有低保证、特困证家庭子女、福利机构监护的未成年人、革命烈士子女、五保供养的未成年人以及残疾学生;(二)家庭人均收入高于当地低保20%以内或农村居民年人均收入2000元以下、城镇居民年人均可支配收入4000元以下的低收入家庭子女;(三)少数民族学生;(四)因受灾、疾病等原因造成家庭经济困难的学生。规定资助标准是上述四类学生均免收课本费、作业本费和住宿生住宿费,并且在我市民办学校就读的家庭经济困难学生,其减免额度按相应学段公办学校的正常收费标准确定。总的目标是建立扶贫助学长效机制,做到"应助尽助",要求全市受资助学生总数达到在校生总数的9%左右。2007年6月实际发放2006年第二学期小学、中学阶段扶困助学专项资金150.19万,受资助学生9256人,资助人数所占比例为11.39%。

实施"免费教育"出现的经费缺口和扶贫助学所需的经费全额由市财政予以保障,其中资助扩面工程年初预算安排专项经费255万元。

2.爱心营养餐工程。对符合上述四类义务教育阶段贫困学生在校就餐的,由学校每周免费提供不少于2到3餐荤素搭配、营养合理的营养餐,规定补助标准每餐不少于3元。实施"免费教育"出现的经费缺口和扶贫助学所需的经费全额由市财政予以保障,其中爱心营养餐工程全市年初预算安排经费222万元。

3.学校标准化建设和布局调整工程。至2006年6月底,我市共有41所学校先后通过或接受了验收,2007年还将有桐乡六中、崇福镇小、屠甸小学、石门小学和洲泉中学共5所学校迎接省标准化学校验收,至2007年底全市义务教育阶段标准化学校将达到90%以上。2007年,财政大力支持,使得环城北路小学新建和高桥初中迁建工程均按省Ⅰ类标准投入建设。对全市农村中小学校舍进行了全面安全检查,存在安全隐患的教学用房立即采取了停用、查封、拆建等相应措施,2007年将安排4000多万专项资金重点推进布局调整和陈旧校舍的改建工作。因地制宜实施撤点并校,撤并12班以下初中工作已经完成,加大了撤并6班以下小学(教学点)的工作力度,在今年底前基本完成6班以下小学的撤并任务,目前我市已有5个镇乡、街道告别了村小(教学点)。

"食宿改造"工程取得重大进展。我市上报省食宿改造工程项目共3个,其中石门中心小学和虎啸中心小学两所食堂均于去年竣工并投入使用,高桥初中食堂新建工作5月份开工。自2006年开始，我市还实施了“食厕改造”工程，市财政安排专项资金落实村小、村幼儿园的食堂、宿舍、厕所、用水改造工程，现已完成实验一小、邵逸夫中学、石门小学安兴分校等食堂拆建、厕所改造工作。

4.教师素质提升工程。为高标准建设我市师资队伍，推进城乡教育均衡发展，我市重视农村教师素质提升工程，2007年市财政专项列支200万元，保证全市师资轮训一遍，结合实施学历提升工程，使农村小学教师具有大专及以上学历的比例达到65%以上，农村初中教师具有本科及以上学历的比例达到55%以上。

三、现阶段桐乡市义务教育经费保障方面存在的问题及原因分析

（一）教育经费不足矛盾仍然存在

市委、市政府坚持把教育摆在优先发展的地位，不断加大教育投入，极大地改善办学条件，但教育经费的增长与教育发展需求的矛盾依然存在。一是财政总量相对不足，教育的适度超前发展的经费供求矛盾还比较突出。二是以县为主，乡镇认识上出现偏差，同时乡镇财力不足使乡镇财政对教育投入有所萎缩。近几年来，乡镇财政超收分成中投入教育的比例自然减少。三是，对教育收费项目大量取消，财政的增长不足以弥补。

（二）教育公平问题未得到彻底保证

虽然为促进均衡发展采取了许多措施，但城区与农村之间，学校与学校之间还有差距，广大人民对优质教育的需求日益强烈，优质教育资源的短缺，影响了又一层次教育公平的实现。

（三）义务教育阶段的教职工工资以外福利待遇少

尽管财政保障的力度在不断加强，在职教师“四统一”奖金保底预算补助逐年在调高，从2005年人均5000元到2006年的人均6500元到2007年的人均9000元；教师实际得到的奖金数往往还是有差异的；公办城区所在地学校教师的“四统一”奖金往往高于公办乡镇所在地学校，民办学校教师的“四统一”奖金往往高于公办城区学校，简单地说大部分的乡镇所在地学校教师的“四统一”奖金只能拿财政保底数。这样就必然存在：农村教师不安心农村教育工作，就想法调入城镇学校，城镇学校的教师想法调入民办学校。造成农村优秀骨干教师严重流失，农村中小学教师整体素质与城区教师差距明显。

（四）学校标准化建设和布局调整工程不够彻底

全市义务教育阶段标准化学校未达到100%；由于主客观等多方面的原因，学校发展水平仍然不平衡，有的学校内部装备相对滞后，有的学校管理工作比较粗放等等。

（五）教师素质提升工程的措施力度不够

特别是针对教师缺编，队伍结构不合理，队伍不稳定的现象，未实施确实有效的彻底性方法。

四、进一步完善义务教育经费保障机制的设想和建议

通过桐乡市落实义务教育经费保障机制的调研，综合分析我国义务教育投资状况，借鉴美国、法国经验，构思进一步完善义务教育经费保障机制的设想，逐步建立我国义务教育投资的长效保障机制。

（一）探索并逐步建立义务教育投资的长效保障机制

1.调整财政教育支出结构，增加对义务教育的投入，确保“义务教育基本（最低）物质和服务标准”；调整考核指标，增设对义务教育考核指标，突出义务教育位置。

《义务教育法》规定，国家用于义务教育的财政拨款的增长比例，应当高于财政经常性收入的增长比例，并使在校学生人数平均的教育费用逐步增长。在东部地区，特别是发达城市，学校经费已经很富余，而当地财政收入增长在30%以上，如此要求财政给教育拔款，是不合理的。而在一些西部地区，财政收入连发工资也不够，还要求教育经费要高于财政收入的增加，又是不现实的。本人认为：原“教育支出”的含义是指财政预算内政府收支科目205类的教育支出（小学支出是指政府收支科目2050202小学教育支出，中学支出是指政府收支科目2050203初中教育支出，特殊教育是指政府收支科目20507特殊教育支出）因作必要的修改，给于“教育支出”更广的含义：指当地财政安排的一切教育经费[①]。

根据现阶段的状况如何合理安排财政性资金义务教育投入，科学制定“义务教育基本（最低）物质和服务标准”，是十分必要的。义务教育支出标准总指标一国家财政提供了用于义务教育方面生均全部教育经费，教育经费包括人员经费、公用经费，建设经费三项。

现初步设想建立“义务教育基本（最低）物质和服务标准”，同时建议设立桐乡市义务教育基本经费保证资金专户；通过逐步分析各学校的具体情况，然后再从专户细化预算落实预算到各个学校；

表一　义务教育基本经费保证示意表

<table>
<tr><th>最低实物
及服务</th><th>当　地
单　价</th><th>行均最低
预算费用</th><th>全市义务教育
最低预算费用</th><th>计算本市可用财力</th><th>上级最低补助</th></tr>
<tr><td>A</td><td>B</td><td>C</td><td>D</td><td>E</td><td>F=D−E</td></tr>
<tr><td>人均老师</td><td>×价格</td><td>=工资</td><td rowspan="4">（假设有81284名学生）6160 元 × 81284 = 50071万</td><td rowspan="4">设本市财力136000万 136000 万 × 36% = 48960万</td><td rowspan="4">50071−48960=1111元</td></tr>
<tr><td>人均公共消耗</td><td>×价格</td><td>=费用</td></tr>
<tr><td>人均建筑设备等</td><td>×价格</td><td>=费用</td></tr>
<tr><td>总　　计</td><td></td><td>（假设）6160元</td></tr>
</table>

①计算生均教师工资。首先以标准师生比确定学校教师数量。我国现在的初等教育和中等教育生师比分别为24∶1和17∶1，与中等收入国家平均值24∶1和18∶1相当。但我国收入居于中等收入的低档，教师资源使用近乎奢侈，教育部有必要重新核定，特别是“基本保障标准”。桐乡市有各中小学校核定基本编制[②]的比例，各校的教师人数，那工资水平就可以确定。再按岗位并结合职称名额分配各级教师，如一所小学需要的高级职称教师，中教、小教一级、二级、助教，乘以各级工资水平，就可确定工资总额；同时根据绩效考核办法，由学校或主管部门确定分配制度，建立激励机制有利于教师素质的提高。

在公式中，需要最低工资数值。由于“最低工资”不易获得，可参照当地职工平均收入，设置权数测算。权数应是工资的下限与当地职工平均收入的比值。工资的下限是将教师工资与企事业单位比较得出的最低工资，在此基础上按照学校等级，所在地均设置一定的权数。

②计算生均最低公共经费。应当在基本公用物品和劳务保障标准的基础上，调查各学校实际支出情况加以测算合理估计，计算出这部分公共经费。

---

① 教育经费指小学教育、初中教育、特殊教育包括一般预算205类教育及教育费附加支出，地方教育附加支出，及当地预算外专资金（中小学建设费）等一切财政性资金。

② 中小学校核定基本编制，学校所在地为城镇19∶1；县市所在地21∶1；村小为23∶1；特教—小学每班配3.5个教师，中学每班配4.5个教师）。

③计算生均最低设备、建设、维修费用(包括校地购置,建筑及学校设备的支出)在该项目下分新建或改扩建,在做预算时区别对待。新建学校,需要教室、办公室、校园其他设备以及土地的全部费用。

确定最低或基本教育经费。在生均预算经费＝生均经费×学生人数。该指标反映一所小学或初级中学财政必须提供的最低支付标准。算出全市的“最低或基本教育保障支出”。

2.多渠道筹措义务教育经费,建议设立以商品和劳务为税基的教育税

现阶段我国义务教育经费投入中,乡财政负担近78%,县财政负担近9%,省级财政负担约11%,而中央财政负担2%;中央和省级政府对初级、中级教育的资金投入明显不足,义务教育投入主体实施“以乡为主”到“以县为主”;而县级财政明显财力不足的现象。就桐乡而言:2007年义务教育总投入资金4.11亿。结构分析:财政性资金占比87%,一般预算外资金占比8%,单位自筹资金占5%;结论:义务教育投入的经费基本由财政投入。桐乡市2005年一般预算收入230065万,2006年一般预算收入271454万;增长比例为17.99%;2005年经常性财政收入100589万,2006年经常性财政收入113493万;增长比例为12.83%;2005年教育费附加收入2126万,2006年教育费附加收入3353万,增长比例达57.71%,尽管教育费附加收入的增长比例较快,但教育费附加收入占财政收入的比率较小,还远远不能满足政府庞大的教育经费开支;2005年教育附加收入占财政收入的1.46%,2006年教育附加收入占财政收入0.92%。解决义务教育经费问题,单纯依靠财政拨款来弥补显然是不现实的,必须探索多种筹资渠道。我国是穷国办大教育,在经费投入渠道上应该广开门路,吸纳更多的资金用于义务教育,可考虑采用社会捐助、开征教育税、教育储蓄贷款、教育基金、教育彩票和教育公债的方式弥补农村义务教育经费的不足。

现代公共经济学认为,通过税收还是通过收费来筹措政府收入,取决于政府提供产品的性质。义务教育属于纯公共产品,非义务教育属于准公共产品。因而政府作为教育投资的主体,通过税收来保证教育投入是一项明智的选择。综观世界各国,无一不是主要依靠政府税收来解决教育经费的。比如韩国1980年就通过《教育税法》,采取多种形式、不同比例向纳税者征收教育税。

教育税的设计:①税基:即对商品或劳务的交易额征税;②教育税的税率采用比例税率,可参照城建税的做法,即按产品销售收入、营业收入等计税依据,实行0.5%～1.0%的幅度税率;③税种归属:从教育税开征的最终目的看,宜将教育税划作中央和地方共享税,由中央和地方按一定比例进行分成。划归地方财政的教育税收入用于对地方教育,包括义务教育、中等教育和其他形式的教育投入。划归中央财政的教育税收入则作为中央政府财政转移支付的一个固定资金来源,着重用于国家重点建设的高等教育项目。

3.加强义务教育支出管理,提高资金使用效率

义务教育投入保障,不仅是给钱的问题,还需要运用绩效评价的支出管理方式,必须建立以教育质量为中心的义务教育绩效评价机制,将评价结果列入各级政府政绩。

1)建立政府对义务教育投入绩效评估机制。

(a)建立动态的、可扩充的绩效评估指标体系。财政部门根据绩效评估工作的开展情况,不断完善基本指标;教育部门按照指标设置的要求、内容,结合评估对象的不同特点,会同财政部门研究确定具体指标。评估指标分为业务指标①和财政指标②两部分。当评估对象确定后,从具体指标中选取若

① 业务指标:目标设定对象、目标完成程度、组织管理水平、经济效益、生态环境效益、可持续性影响等。

② 财政指标:资金落实情况、实际支出情况,会计信息质量、财务管理状况、资产配置与使用等。

干指标,构成评估对象的一套完整指标,具体指标的设定、选用、权重(或分值),原则上由教育主管部门与财政部门研究确定。

一般而言,业务指标(A)占整个指标体系的60%,财务指标(B)占40%。每类指标总分都为100分,根据其具体指标对照评估标准后得分(Pi)和设定的权重(Ii)计算出得分(A或B),再将每类指标的得分与权重的乘积加总,初步得出评估分值(S)。

S=A*60%+B*40%

A=(Pi*Ii)

Pi:每项具体指标算出的结果转化成相应的分值;

Ii:根据评价对象的性质,对所选指标设定相应的权重;

B的计算方法同A。

评估结果分为优秀、良好、合格、不合格4个等次,根据计算结果的分值,确定评价对象最后达到的等次。具体见表一

表　一

评价等次	优　　秀	良　　好	合　　格	不合格
参考分值	S>90	90>S>75	75>S>60	S<60

(b)成立教育事业投入绩效评估专门机构。通过上述教育事业投入的绩效评估指标体系和评估机制,对教育投入、教育设施、教学环境、教师素质、教学质量、队伍建设、社会效益等一系列内容进行绩效评估,将评估结果与教育资源配置有机结合,做到教育事业投资和教育质量提高双丰收。

2)建立城镇中小学教师到乡村任教服务期制度,合理配置教师资源,鼓励优秀教师到农村中小学任教;改革的最终目的是促进教育均衡发展,因此在改革过程中,要正确处理抓改革与抓质量的关系,进一步深化教育人事制度改革,完善教育内部管理机制,提高中小学领导班子的管理水平,提升教师队伍的整体素质;加大实施"城区教师轮岗支教帮扶工程",加强农村薄弱学校建设;积极发展现代远程教育,加快农村学校信息化步伐;充分挖掘优质学校的发展潜力,扩大优质学校办学规模,提升全市教育发展水平。

3)改革目前的义务教育拨款模式,采用以绩效管理为中心的拨款制度,提高资金使用效率。优化财政支出结构,组织有关部门科学核定、重新调整义务教育阶段学校教师编制,认真清理、统筹配置学校运转必不可少的代课教师、食堂炊事员、保安人员等临代人员,充分保障他们的工资待遇,切实保证学校正常运转;妥善解决义务教育阶段中小学教职工的交通费,避免教师收入下降幅度过大,人才资源流失,教育教学质量滑坡。

(二)科学整合教育资源,加快布局调整和学校标准化建设工程

坚持"集中高中、整合初中、规范小学、放开幼教"的既定工作思路,按照规划先行、稳步实施的原则,结合中小学危房改造工作,全面整合教育资源,加快推进教育布局结构调整,优化配置资源,进一步取消分散教学点;以创办优质学校为重点,扩大办学规模,进一步缓解入学高峰期的压力,大力推进全市农村义务教育与城镇义务教育、公办义务教育与民办义务教育、义务教育与其他教育协调均衡发展。

建立中小学校舍维修改造专项资金管理办法：

1.具体办法：根据义务教育阶段中小学在校生人数和在校舍面积、使用年限、单位造价等因素，在财政预算中安排校舍维修改造专项资金，计算公式如下：

预算年度中小学校校舍维修改造专项资金＝上年末中小学在用校舍面积×单位造价÷使用年限

单位造价按不低于700元、使用年限在30－50年范围内，根据实际情况确定。

就桐乡市2006年义务教育学校校舍建筑总面积等情况每年财政需安排资金是可以接受的(详见表二)。

表　二

项　　目	合　计	小学阶段	初中阶段
学校数(所)	72	43	29
2006年校舍建筑总面积(平方米)	602159	309754	292405
按单位造价(元)	700	700	700
按单位造价700元计算需资金(万元)	42151	21683	20468
按30年使用年限需专项按排资金(万元)	1405	723	682
按50年使用年限需专项按排资金(万元)	843	434	409

财政设立专项资金，根据校舍维修改造成效、改造规模、财力状况、项目申报等因素，给予奖励性补助。

专项资金财政分项核算管理。按专项资金支出计划和项目进度支付资金。次年有维修改造要求的学校填报《校舍维修专项资金项目申请书》、提供相关材料向财政、教育主管部门提出申请。财政、教育主管部门根据中小学布局调整规划和学校申请，结合专项资金规模，按收支平衡、略有结余的原则，编制中小学校舍维修改造专项资金收支计划。并及时将项目再批复到项目学校。

建立校舍安全预警体系，认真落实校舍定期查勘鉴定制度。中小学校加强校舍日常安全检查，发现险情及时报教育主管部门；教育主管部门、财政部门要及时掌握本市中小学校校舍安全情况，每年不少两次落实人员实地专项查看，根据本市中小学校校舍安全情况，及时列维修改造计划，组织维修改造。

建立校舍安全管理目标责任制度。财政、教育部门根据年度计划和项目资金预算；各学校落实专人具体负责校舍维修改造项目的实施。

建立校舍维修改造资金使用的考评制度，政府对维修改造成效突出的学校给予奖励；对工作不力，保障措施不到位，或挪用、截留校舍维修改造资金，造成校舍安全责任故的，按照《财政违法行为处罚处分条例》等有关规定查处：情节严重构成犯罪的，依法追究刑事责任。

2.用途：主要用于中小学的教学及教学辅助用房、行政办公用房、生活服务用房等校舍的维修改造。首先用于危房改造和破旧房改造，在有余力情况下，可用于学校配套设施建设。当年没有校舍维修改造任务或当年校舍维修改造资金小于专项资金规模的，安排适当资金消化历年中小学建设债务。

3.范围：校舍维修改造包括校舍的翻修工程、大修工程和中修工程。翻修工程，是指需全部拆除、另行设计、重新建设的工程。大修工程，是指需增加或拆换部分结构性主体部件，但不需要全部拆除的工程。中修工程,是指需增加或拆换少量主体部件,但保持原房屋规模和结构的工程。

小修工程,是指以及时修复小损小坏,保持房屋完好为目的的日常养护工程。小修工程纳入中小学公用经费开支范围,

新建学校或整体迁建学校所需资金,不在校舍维修改造专项资金中安排。财政另行安排专项资金。

(课题组组长:姜玮;课题组成员:姜玮、沈富春、陈伟达、章国敏;执笔:章国敏)

完善税源管理的国际借鉴研究[①]

桐乡市国家税务局课题组

国家通过税收法律规定了税款征收的指向及尺度,税源管理就是将这种指向及尺度转化为现实的税收收入的过程及其结果。税源管理的目的,除了组织税收收入,减少税收流失外,更包括了体现税法正义、实现税收公平、促进征纳和谐。税收工作的最理想境界,是依照税法规定的应征税款,等同于实际征收的税款,而这种理想境界的实现,既一直困扰古今与中外,也必将长期处于博弈之中。而现实的努力是可以将实征税款趋近于应征税款,这就需要不断地完善税源的管理。许多事情,总是处在相对合理、习以为常与发现不足、持续改进的状态中。对完善税源管理进行国际借鉴研究,正是以一种相对超脱的位置,不同以往的视角,跳出井中观天的局限,借鉴他山之石,琢磨自身之玉,以前沿的理论、成败的经验,进行有拓展、有突破的扬弃,以更有利于我国税源管理工作效率的不断完善和提高。

一、税源管理相关因素的中外比较

税源管理的质量,不仅包括税源管理的专业手段与运作方式,更包括税收制度的设计、税务机构的战略目标设定、税务部门的组织架构、税务人员的从业导向与绩效评价。开展国际借鉴研究,应是在比较中分析发现自身的问题、不足和可以加以改进与完善的机会与可能。

(一)税务机关使命与目标比较

美国国内收入局 IRS 于 1998 年将其组织的目标确定为“帮助纳税人理解并主动遵从税法,并采取对所有纳税人公正、公平的执法方式来提供顶级的服务水准”。并进一步分解为三大战略目标:一是充分考虑纳税人的权益,提供优质高效的最佳服务,服务好每一个纳税人;二是一视同仁地公平、公正地执法,坚决防止让偷逃税款者侵害主动遵从者的利益,要让每一名纳税人确信他们的邻居和商业竞争者都同样依法纳了税,并充分运用执法权对不能够自觉履行纳税义务的,进行税款的追缴,以服务好全体纳税人;三是通过高质量的工作环境来提高效率,以最少的资源实现目标。

英国皇家收入与关税局 HMRC 的目标是使税收和海关的管理更加公平、有效,以便纳税人尽可能容易地理解并履行纳税义务、享有税收优惠政策和其他权利。其任务可细化为帮助纳税人理解并履行其纳税义务,同时理解并享有其应得的权利;加强海关监督管;检查和处理违反税法的纳税人。同时,其充分强调一是如何让纳税人全面理解其纳税义务和不履行纳税义务导致的风险,二是以税务部门内部运行的有效性和高效率、实现政策预期效果等目标的环环相扣的征管流程及相应的业务环

① 本文系 2008 年度浙江税收获奖论文集二等奖作品。

节，服务好纳税人，三是规模效益的最大化和操作的有效性，四是风险和建立在情报基础上的纳税遵从程序。

同为亚洲国家的新加坡国税局 IRAS 的组织的愿景或者说目标是要成为一个卓越的税务管理机构，因其公正、公平和专业受到尊敬，以实现外部纳税人的满意。

我国税务部门的使命是：依法治税，应收尽收，坚决不收过头税，充分发挥税收调节经济和调节分配的作用。根据国家税务总局确定的的"以申报纳税和优化服务为基础，以计算机网络为依托，集中征收，重点稽查，强化管理"的税收征管模式，提高税收征管质量和效率是我国税收工作的基本目标，具体包括：一是执法规范。努力做到严格执法、公正执法、文明执法，确保各项税收政策措施落实到位。二是征收率高。依据税法和政策，通过各方面管理和服务工作，使税款实征数不断接近法定应征数，保持税收收入与经济协调增长。三是成本降低。降低税收征纳成本，以尽量少的征纳成本获得尽量多的税收。四是社会满意。有效发挥税收作用，为纳税人提供优质高效的纳税服务，税务部门形象日益改善。

（二）税务部门的组织架构比较

美国国内收入局总部组织架构，基本上分为二层结构，第一层是联邦总部和支持辅助部门，主要包括局长直接领导下的首席律师办公室、复议办公室、全国纳税人权益维护办公室、平等就业机会与多样性办公室、研究分析与统计司、对外沟通联络司。第二层是由副局长分管的二大部份，其中业务操作部门包括大中型企业税收管理司、工资与投资收益税收管理司、小型企业与自雇者税收管理司、免税组织与政府机构税收管理司，以及犯罪调查局、税收执业者管理办公室。其中支持辅助与专门职能部门包括首席信息官办公室、首席财务官办公室、人力资源官办公室、全局共享服务中心，以及任务保障办公室。

意大利财政部门下设七个与税务管理有关的部门，分别为国内收入局、财务局、关税管理局、区域税收管理局、财税政策局、税务监督局（税务警察局），7 个局按照各自的职能独立行使管理监督权限，相互之间没有隶属关系。税务系统实行垂直管理。区域税收管理局主要负责征收不动产转让税，国内收入局负责增值税、所得税和其他直接税的征管。国内收入局内设税务系统管理局、税务评估局、复议申诉局、人力资源局、财务管理局、审计监察局、内部事务局 7 个业务局，以及战略规划办公室、经济研究办公室、信息技术办公室、外部关系办公室 4 个综合办公室；下设有 21 个大区税务局，在主要城市设有 387 个地方办事处（包括 7 个呼叫中心和 2 个运作中心），较大的办事处还设有分支机构，以便为纳税人提供更为便利的服务。

亚洲国家日本国税厅，由国税审议会、税务大学、国税不服审判所，以及内设的办公厅、课税部、征收部、调查稽查部构成。四个内设机构主要对税务执行、管理进行规划、制定办法及对税法进行统一解释，指导并监督国税局、税务署的业务等。国税厅下设 11 个国税局和冲绳国税事务所以及 524 个税务署。

我国在 1994 年对税务机关的机构设置进行了重大调整，中央政府设立国家税务总局，是国务院主管税收工作的直属机构，2008 年总局机构调整后，主要包括办公厅、政策法规司、收入规划核算司、督查内审司、货物和劳务税司、所得税司，国际司、大企业管理司、财产和行为税司、纳税服务司、征管和科技发展司、稽查局、人事司、财务司、信息中心、注税中心、教育中心、科研所、纪检组、监察局、服务中心等。省及省以下税务机构分设为国家税务局和地方税务局两个系统。国家税务局系统的机构设置为四级，即：国家税务总局，省、地（市）、县（市）国家税务局，实行国家税务总局垂直管理的领导体制。地方税务局按行政区划设置,分为三级,即省、地(市)、县(市)地方税务局。省级地方税务局实行省人民政府和国家税务总局双重领导,以地方政府领导为主的管理体制。国家税务总局对省级地方税务局的领导,主要体现在税收政策、业务的指导和协调以及对国家统一的税收制度、政策的组织实施和监督检查等方面。省以下地方税务局实行上级税务机关和同级政府双重领导、以上级税务机关垂直领导为主的管理体制。

(三)税务人员的从业导向与绩效评价比较

新加坡国税局IRAS实行机构的扁平化,并用清晰的业务目标来反复灌输个人责任。IRAS局长要求税务人员:“要帮助纳税人遵守税法。我们必须相信,如果纳税人确信他们只是支付公平的份额,他们将会主动遵守税法。不是多交,也不是少交。”IRAS强调和提升“公正、公平、专业、质量”的核心价值观,并作为员工的行动指南,鼓励持续的业绩提升,营造认同员工建议的主动性文化和“我能做”的强烈内在信念。IRAS对税务官员设立了32个业绩指标,建立并实施个人责任制。为了充分完整地体现个人业绩,IRAS自动捕获和编制个人累计业绩统计,并将之与基准数据对比。这种非总结报告式的方式,以及信息实时无时间间隔的直接收集,使税务人员的业绩及优点、缺点被更有效和直观地跟踪。

美国国内收入局IRS及其雇员既努力为纳税人提供良好的服务,以帮助他们理解和履行其纳税义务。同时采取措施,阻止试图逃避纳税义务的行为发生,并大力追查那些违反税法的纳税人。美国国内收入局仰赖纳税人自觉依法纳税,但仍随时准备在他们违法时采取适当的行动。IRS强调在提供优质服务和规范执行税法之间寻求平衡,正如其指导原则“服务+执法=遵从”所反映的那样,服务和执法是同等重要的优先策略。IRS加强对执法的关注,所有的执法活动必须建立在保障纳税人合法权利的基础之上,并坚持秉承高质量的执法标准。在任何时候都会努力地提供优质服务,同时也会公正、专业地执行税法,应该而且必须做到服务和执法的平衡。IRS认识到绝大多数纳税人都是诚实守法的,理应得到高效、专业的服务和公平的税收执法,有权得到所期望的权利保障,同样,他们周围的人和竞争对手也是如此。IRS将诚信、责任、准确、尊重、专业、合作作为全体高级官员、管理人员和员工在履行其职责时应该体现的核心价值观,秉承诚实、忠诚、可信和正直的最高标准;对照承诺不断地进行自我检查,并且对我们自己的行为和工作结果负责;勤勉工作,以确保取得准确、细致的工作成果;重视人与人的差别,重视不同观点的差别,并且以公平、尊敬和尊重的态度对待他人;努力提高工作能力和工作效率,且致力于追求卓越;听取利益相关者的意见和建议,并与他们紧密合作;在此基础上,成为一个既能满足使命要求,又能保护纳税人合法权利的组织。

中国国家税务总局:工作价值:公平,公正,公开;社会价值:真诚,诚实,以服务为导向,统一,文明,高效。以坚定理想信念为重点加强思想建设,以造就高素质、专业化干部队伍为重点,加强组织建设;以优化服务、规范执法为重点,加强行业作风建设;以完善税务系统惩治和预防腐败体系为重点,加强反腐倡廉建设,造就一支高素质的专业化干部队伍。落实“聚财为国,执法为民”的税务工作宗旨,依法征管,文明执法,诚心服务。树立征纳双方法律地位平等的理念,公正、公开和文明执法的理念,纳税人正当需求应予合理满足的理念,坚持服务与管理并举,不断提高税法遵从度,努力构建和谐的税收征纳关系。从人员管理的层面,自上而下地探索建立惩治和预防腐败体系,加强二权监督制约,全面运用以环节和岗位监督与制约为特点的CTAIS系统和与之相配套的税收执法管理系统,建立并实施执法过错责任追究制度。在绩效评价上,我们更多地是对机关、部门的评价,如目标考核;而对于个人,除了很少的责任追究外,大部份是报告型的、定性类的评比,而不是定量的测定,因此,在科学的、有效的、客观的绩效评价体系都尚未建立，做得怎样都无法准确测定的情况下，是还难于有激励与鞭策的。

（四）税源管理的专业手段与运作方式比较

在美国，实行自行申报，也叫“自愿遵从”，也就是说，纳税人的纳税是建立在自行申报制度基础上的。在税源监控上，主要的方式有：除小额交易外，一律通过银行帐户转帐，否则就是违法；社会安全号具有无以伦比的认证、授权与监督作用，其既是身份证，也是纳税代码，在社会经济各方面广泛应用，既便于税务部门与其他部门的信息交换，也可准确掌握纳税人的各项收入情况，进行有效的监督；纳税处罚记录在案，并作为一种信用记录对个人信用有着相当大的影响。在美国国内收入局 IRS 的征管流程中，并未特别设置税源管理的部门或者环节，而是在联邦、州和地方的各级税务局中，均设有专门的税务稽查机构负责税务稽查和审计工作。美国税务检查主要通过审计来进行。税务审计的形式通常有一般审计和特别审计，一般审计主要是对一般税收违章行为进行审计，基本采用抽查形式。国内收入局采用数学公式和统计分类、纳税申报表的审计、税务审计结果处理的三个阶段进行审计。2004 年对所有纳税人的审计达到了 100 万次，执法收入达 431 亿美元。税务审计中，IRS 分四个层次对纳税人的有关信息进行搜索、追踪、锁定，必要时对纳税人进行模拟指认，以减少在现实中对纳税人不必要的干扰，最后提出最佳处理方案。这四个层次分别是：搜索出应税未报者；对纳税人进行特点描述并确定所在区域；运用“类神经网络的模型”指认一般的违法类型；运用“应收税款预测模型”，对待查案件做优先顺序及最佳化的处理。由于现代化技术手段的普遍应用和纳税人自行申报纳税，税务机关的主要力量放在了税务审计上，其人员占到了 50%。审计人员经专业化培训，审计过程专业化协作分工，审计后的处理、司法专业化进行，在最大程度上保证了审计的质量和公正性。税务稽查人员通过计算机自动数据系统对纳税申报表的分析，并结合其他渠道的资料，判断出纳税申报的误差概率，进而选择下列情况的纳税人作为重点稽查对象：申报的缴税额与其收入来源有明显的出入；申报的免税额明显过多；收入数额庞大且无预扣所得税；具有特殊避税的嫌疑；收入与成本费用的比例极不协调；营业过程中有大量现金收入；历年所得、储蓄、投资等增长比例不合理；连续亏损多年，等等。美国税法中对偷逃税的处罚非常重，因而一般人不敢铤而走险，更不敢抗税。由于税务审计稽查的专业化、高质量和公正性，使其具有极大的震慑力，有效遏制了偷逃税。

在我国，在征管查格局下的税收管理，是征收与稽查的过渡与连接。征收除了本身的受理申报与组织税款等功能外，同时也辅助税收管理提供部分的管理信息。而税务稽查，一定程度上是税务管理的补充和后盾，《税收征收管理法》明确的稽查职能是专司偷骗抗税和虚开发票，其通常的案件来源，一是接受上级局确定的专项检查任务，二是受理举报案件，三是受理税务管理部门移送的案件，四是人机结合下的选案。但一般情况下，上述一、二类案件已经占用了极大部份的稽查力量。根据现行的税收管理员制度，管理工作的职责包括：一是宣传贯彻税收法律、法规和各项税收政策，开展纳税服务，为纳税人提供税法咨询和办税辅导；督促纳税人按照国家有关规定及时足额申报纳税、建立健全财务会计制度、加强账簿凭证管理。二是调查核实分管纳税人税务登记事项的真实性；掌握纳税人合并、分立、破产等信息；了解纳税人外出经营、注销、停业等情况；掌握纳税人户籍变化的其他情况；调查核实纳税人纳税申报（包括减免缓抵退税申请，下同）事项和其他核定、认定事项的真实性；了解掌握纳税人生产经营、财务核算的基本情况。三是对分管纳税人进行税款催报催缴；掌握纳税人的欠税情况和欠税纳税人的资产处理等情况；对纳税人使用发票的情况进行日常管理和检查，对各类异常发票进行实地核查；督促纳税人按照税务机关的要求安装、使用税控装置。四是对分管纳税人开展纳税评估,综合运用各类信息资料和评估指标及其预警值查找异常,筛选重点评估分析对象;对纳税人纳税申报的真实性、准确性做出初步判断;根据评估分析发现的问题,约谈纳税人,进行实地调查;对纳税人违反税收管理规定行为提出处理建议。五是按照纳税资料"一户式"存储的管理要求,及时采集纳税人生产经营、财务核算等相关信息,建立所管纳税人档案,对纳税人信息资料及时进行整理、更新和存储,实行信息共享。从税收管理员的职责,可以看到,是一种兼有纳税服务、税源管理、稽查选案和内部事务管理的综合的岗位。这一岗位,是我们税源管理的中心与重心,在其职责与工作任务中真正作为税源监控、分析、发现、处理的份额是并不大的。在实际的税源管理中,一般采用的形式有:依纳税人的需要而进行的事前审核,如一般纳税人认定前审核,发票领购资格及限量、限额审核;依非自主的选择而进行的事中审核,如发票、出口货物等的协查,滞留票、海关完税凭证核查,依规定而进行的任务型审核,如各种行政审批事项的审核,所得税汇算清缴审核;依临时布置而进行的报告型审核,如一般纳税人税负异常分析,规定完成时限的行业性分析评估;依应急事件而进行的突击,如走逃企业的防伪税控设备及发票追缴,欠税的保全和强制执行;以及其他一些形式和内容的税源管理工作。其实,"如果每件事都是重点,那就是根本没有重点"。

二、完善税源管理国际借鉴研究的结论与设想

如上所作的比较中我们可以看出来,涉及税源管理的税务机构使命与目标设定、组织架构、人员从业导向与绩效评价、专业手段与运作方式等等方面,我国与国际上其他国家,存在着或大或小的差异甚至距离。研究如何完善税源管理,既应借鉴其他国家的先进理念、成功方式,更应从我国的社会经济现状、社会历史文化氛围、政治经济体制、税收法律体系及环境等多方面出发,厘清现实的税源管理中存在的突出问题与中远期的目标,选择体制的、机制的、技术的创新改革与调整的方向与内容。我们的观点是:

(一)明确和坚持的使命与目标,有利于促进税源的管理

税务机构和税务人员的使命与目标,是其取得法律赋权并存在、运转和发展的依据,也是引导其从业人员职业理想、从业精神、敬业取向、事业成就感的标杆。使命与目标,应该是明确和简洁的,并且是专业的,与税收本身的功能所相应的其他职能,比如维护国家经济主权,调节经济运行,调节收入与分配,不是税收本原的使命与目标,而只是在前的税收法律法规的范畴,或者是在后的财政范畴。在商言商,在税就应该言税,所以税收的使命与目标,是国家在赋于税务行政权力的同时,一并赋于的行政职责的集中体现。使命与目标,也应该是在相当长的时间里是保持稳定的,变革与创新是需要的,但变革与创新更多地应该是体现在更好地完成与达到使命与目标上,而不是针对其本身。因为认识并在思想中树立使命感与目标性,是需要不断地反复地灌输的,多变的提法只会让人模糊并由此而迷离。

我们认为,我们的使命与目标可以归纳为:确保税收法律被准确并完整地执行,以服务帮助每一个纳税人方便地履行其纳税义务,以执法保证所有的纳税人公平地承担其纳税责任。

(二)合理和有效的组织架构,更有利于效率的提高

机构的组织架构,是服从和服务于机构的职责与任务的。我国的税务机构组织架构,近年来在不断地调整,以更好地适应需要。讨论组织架构,首先应该结合考虑政治体制、财政体制和税收征收机制。我们认为,从国税系统的涉及税源管理的组织架构而言,可以设计为:

一是全国一体化的信息技术体系。从现有的社会经济环境和税务管理目标来看,没有体制机制与信息技术的良好结合,已经很难于有良好的成效体现。信息化,已经是税务管理的不可或缺的支

撑。信息化的目的,除了规范业务流程外,更重要的,是提高效率、过程追溯和业绩评价,而一体化的信息技术体系,才有可能从更广泛的途径与渠道获取信息、进行数据的整合与分析,从而为税源管理提供支持。

二是向上负责的监督评价体系。人员管理,涉及的内容很多,而其中对于税收执法权的是否被正当使用,既不越权,也不让渡,更不用于利益交换,对于税源管理有着极其重要的意义,因此,对税收执法权,需要监督,更需要管理,而不仅仅只是监督查处以权谋私和腐败。一支受命于上级、对上负责、并且最好是自成系列的监督评价体系,才有可能真正有效地、独立地行使其职责,并促进人员的守业与敬业。

三是倒金字塔型的政策管理体系。机构的扁平化是合理的,但要实现也是很难的。对政策管理体系实行倒金字塔型,有利于政策——措施——执行之间可以更好地贯通与落实。倒金字塔型顶部的宽,是为了确保政策设计与制定具有专业化和精准性;中间层级的逐步集约,是据于政策是统一的,并不需要根据地方特点另行制定,一定程度的集约化,将更有利于提出与政策相结合的管理措施;而对于基层部门来说,则是将政策与管理对象进行结合的过程,侧重的是执行,归并与集中会更有利于统筹落实,减少和防止事出多头,节奏不一,以提高管理效能。

四是服务与执法相对分离的基层机构。服务与执法的目的,其实是一致的,但在实际操作中,既应该防止为服务而服务,为执法而执法,又应该防止服务象执法,执法象服务。服务需要的是方式、内容与程度的到位,而执法讲究的是程序与威慑。服务与执法相对分离,税收征管查三大职能中,征加部份管,作为税务服务;查加部份管,作为税务执法。各有工作内容、质量标准与业绩评价,唯此才能服好务,执好法,促进治税秩序的优化,保证税收遵从度的提高。

(三)职责明确,绩效清晰,决定着人员的从业趋向

以人为本是常识也是共识,完善税源管理,提高税源管理的质量,关键在人。人的管理与运用,虽然涉及社会环境、文化背景、教育引导等多个方面,但作为一个职业人员,其职业的核心价值与行为指南,更直观也更有切身体会的,是明确其职务的责任,并对其职务履行的结果有清晰记录与准确的评价。我们认为,税源管理人员的职责,就是通过其管理活动,实现应收税款与实收税款差异的最小化。其他的如审核、评估、报告……都只是其职责的工作内容的具体化。如果将工作内容视为职责,强调的只是过程而不是目的,就会引起重形式而轻实效的问题。目的性不明确地工作,是注定会发生制度设计与实际执行之间的偏差的。

明确税源管理的职责,是建立税源管理人员绩效考核与评估体系的前提。围绕税源管理的职责,主要的评价内容应该是不登记、不申报、少申报的程度,因为这三项都造成了应收税款与实收税款的差异,形成税收缺口。虽然我国目前还未建立起成熟的税收缺口评估的专业机构和机制,但我们可以以此为方向,使用接近的指标进行绩效评价。

绩效评价的重点是客观和准确。因此评价的内容应该是尽可能地使用定量的指标,评价的手段应该尽可能地使用信息技术,评价的方式应该尽可能地是记录型而不是总结报告型的。

新加坡国税局 IRAS 局长曾说过,“我们所要做的和我们必须成功做的,是要保持和增加高质量的人才。我们必须为优秀的人员创造空间让他们成长并接受挑战”。“当优秀的人员离开时我们将要担忧”。优化人员的从业趋向,就应该避免让人不知道为什么而做、应该做些什么、做的结果如何无人确知的情况。我们应该担忧的是,有激情的人员变得懈怠、优秀的人员变得平庸、懈怠与平庸的人员无忧而悠闲。

（四）方式与手段的选择，决定着税源管理的质量

税源管理的目的在于实现应收税款与实收税款差异的最小化，在这一点上的最大风险，就是不申报或者少申报的未被发现。无论这种未被发现，是源于什么原因，引起的后果就不仅仅是不申报或者少申报者有了不法得利，更是否定了法律的正义和执法的公正。如果不缴或者少缴税款的行为不被有效地纠正和惩戒，纳税遵从与税收秩序将受到极大的负面的影响。因此，必须首先明确税源管理的目的，然后才研究具体的方式与手段。

目前，在我们的税收征管查三位一体结构中，对于税源管理的责任，是兼而有之；在我们设计的许多关于加强税源管理的“办法”、“规程”中，程序性规定和形式要件成为了重点；在我们对于人力资源的使用中，强调的是岗位制约，而不是独立负责制；在我们的监管层，尚未能总结提练出一套完整科学地评判结果并追溯过程的有效办法，这一切，都制约着税源管理的进一步完善。我们认为，当前在完善税源管理上，重点应该探索与实践的，一是强化对缺口税款的分析测定与评估，既要建立税务机关内部对缺口税款的分析测算，也要充分重视有关国际组织的分析测算结论；在目前尚未能完全改变税收收入任务概念及考核的情况下，在税务系统的高层和中层，比如总局和省局一级，分析缺口税款率和缺口税款额，可以更好地认识工作中存在的问题和改进的机会。二是强化风险管理的机制与措施，通过风险的有效识别，如税务登记风险中的虚假登记，纳税申报风险中的不申报、迟申报，瞒报或少报收入风险中的少列收入、多列支出，税收缴款风险中的未按期缴纳、不缴纳等等，落实有针对性的预防与处置措施。三是强化信息的广泛获取与综合分析处理，不仅要自下而上地更多更集中地获取税务系统本身拥有的信息，也应横向地多渠道地获取其他政府部门、银行、交通、电力等部门的第三方信息，在此基础上加以集中的数据处理与分析，并将之用于税源的管理中。四是强化社会中介力量的作用，要将税务师事务所等社会中介机构的职能与服务更多地倾斜到为纳税人提供涉税帮助与支持，使纳税人可以更好地规避非故意性不遵从而带来的风险，而不是将其作为税务机关的辅助。五是强化法律手段的运用。税收征管法赋于的税务执法权，包括强制权、保全权、代位权、处罚权等，在实际的税源管理中并未被充分有效地运用，这其中的原因只应该从税务部门内部去分析；只有充分发挥法律的威慑力，才可能提高税源管理的质量，提高纳税遵从。此外，还应在全国范围建立由专家管理的、统一权威的、便利查阅的、服务税源管理人员的税源管理知识库。这一知识库，不仅应包括法律法规等例常知识，也应包括前沿理论、成功经验、典型案例，还应包括例外知识的解答或者互动讨论。

（课题组成员：沈锡明、钟华、汤震明、吕伟；执笔：沈建学）

后　记

根据桐乡财政地税局、国税局党委（组）的决定，2011 年 4 月，两个局商议制订《〈财税志〉编修实施方案》，同时成立领导小组，组建编纂队伍，着手《桐乡财政税务志》（1996—2010）的编纂。

该志是 1998 年版《桐乡财政税务志》的延续，跨时 15 年，共设 30 章 121 节。

全志以财税管理为脉络，大致分四个板块。一是围绕财政体制、财政收支、财政财务管理、国有资产管理等内容，记述财政管理的状况；二是记述税收、基金及费的征收与管理的相关内容；三是记述与财税工作密切相关的现代管理手段的运用与法制建设、财源结构、财税职能履行中延伸的财税扶持经济发展等方面的内容；四是有关财税系统内部管理方面的记述，包括组织人事、干部教育、纪检监察、行政事务与后勤保障等。各章内容相对独立又互相照应。

编纂者遵循“地方志是严肃、科学、规范、真实的资料书”的原则，脚踏实地，广泛收集资料；认真鉴别，反复考核；尊重史实，慎重取舍，最终得以编纂成书。

本志从建立组织架构、纲目确定、资料搜集到编纂定稿，历时 5 年半。资料搜集过程中，局档案管理人员和各业务科室的工作人员积极配合、协助，表现了高度的互助协作精神；市档案局相关工作人员也给予极大的方便；市人大办、政协办、市属相关部门也同时给予很大的帮助；审稿阶段，得到省财政厅、省国税局、省地税局、嘉兴财政地税局、嘉兴国税局、桐乡史志办的大力帮助，提出了十分中肯的修改意见；市局部分老领导钱满程、莫建林、柏利勇、沈锡明、赵洪亮、林建强、李炳松、尹夏青等，在修编、审稿过程中均贡献了很好的意见、建议；其余许多曾在财税部门工作过的同志、已经退休的和不再担任职务的同志，在编纂过程中都曾给予帮助。对上述单位、个人，谨在此一并表示诚挚的感谢！

本志得到俞尚曦老师的鼎力帮助与指导，表示衷心感谢！

十五年的财税发展历史，即便是书写数百万字也难尽其意。编纂者虽尽力而为，但由于水平有限，差错难以避免，敬祈各位读者批评指正，同时寄希望于后来者的补正。

《桐乡市财政税务志》编纂办公室

2016 年 12 月